Dieter Schneider

Professor Dr. rer. pol.

Investition und Finanzierung

Lehrbuch der Investitions-, Finanzierungs- und Ungewißheitstheorie

3., neubearbeitete Auflage

Westdeutscher Verlag 1974

3., neubearbeitete Auflage 1974
ISBN 3-531-11110-8 kart.
ISBN 3-531-11112-4 Ln.

Umschlaggestaltung: Hanswerner Klein, Opladen
Druck: Druckerei Dr. Friedrich Middelhauve GmbH, Opladen
Printed in Germany

Vorwort zur ersten Auflage

Die Betriebswirtschaftslehre ist eine reizvolle Wissenschaft. Sie kennt Probleme, deren Lösung schärfste Logik voraussetzt, sie zwingt dazu, praktisch bedeutsame Fragen durch Abwägen vielfältiger Zusammenhänge zu beantworten, und schließlich kann man mit ihr auch Geld verdienen. Das Reizvolle an einigen betriebswirtschaftlichen Fragen in einer verständlichen Sprache darzustellen, ist meine Absicht.

Dieses Lehrbuch behandelt theoretische Überlegungen, die zu zielentsprechenden (»optimalen«) Investitions- und Finanzierungsentscheidungen führen sollen. Das Lehrbuch enthält somit einen Bereich der theoretischen Betriebswirtschaftslehre.

Die theoretische Betriebswirtschaftslehre umfaßt nur einen Teil des notwendigen betriebswirtschaftlichen Wissens. Das Einzelwissen um die praktischen Probleme, die Unternehmenskunde, ist nicht Gegenstand dieses Lehrbuches. Das Erfahrungswissen über die juristischen und banktechnischen Voraussetzungen bei Finanzierungsgeschäften, die Details einzelner Aktien- und Kreditarten zu vermitteln, ist Gegenstand einführender Lehrbücher. Hier geht es jedoch um die Bedingungen für wirtschaftlich richtige Entscheidungen. Die theoretische Betriebswirtschaftslehre wird als Lehre von den zielentsprechenden einzelwirtschaftlichen Entscheidungen verstanden, als Theorie der Unternehmungspolitik.

Betriebswirtschaftliche Entscheidungen fallen immer angesichts einer ungewissen Zukunft. Weil eine Investitions- und Finanzierungstheorie ohne ausdrückliches Einbeziehen der Ungewißheit Kinderei bliebe, habe ich die Grundlagen für rationale Entscheidungen unter Ungewißheit ausführlich dargestellt. Dadurch erklärt sich der Umfang des einleitenden Kapitels.

Um die Lesbarkeit zu erhöhen, wurde das Wichtige durch größeren Druck abgehoben von Sonderproblemen und Literaturanalysen. Das Kleingedruckte kann der Praktiker und Studienanfänger getrost überschlagen; es ist für den Spezialisten gedacht.

Dem Leser, der rasch mit den Grundlagen der Investitions- und Finanzierungstheorie vertraut werden will, empfehle ich, die allgemeinen Ausführungen über die Entscheidungen unter Ungewißheit (A III) zunächst zu überschlagen; er braucht diese Kenntnisse erst, wenn er auf das Problem der Programmentscheidungen unter Ungewißheit (D III) stößt.

Ein solches Buch ist nicht ohne Hilfe zu schreiben. Für zahlreiche kritische Anmerkungen und technische Hilfeleistungen danke ich meinen Mitarbeitern, vor allem den Herren Dr. Helmut Brede, Dipl.-Kfm. Horst Dietz, Dipl.-Vw. Herwarth Pumplün und Dipl.-Kfm. Jürgen Rehberg.

Dieter Schneider

Vorwort zur dritten Auflage

Die dritte Auflage bringt für den praktisch und den theoretisch interessierten Leser Neues.

Das Schwergewicht der Überarbeitung lag in Kapitel A. Neu geschrieben wurden Teile des Abschnitts über Unternehmungspolitik und Unternehmensmodelle und die Entscheidungen unter Ungewißheit. Dabei habe ich mich bemüht, die umstrittenen Grundfragen schärfer herauszuarbeiten (Anordnung der Zukunftslagen, Begründung der Gleichwahrscheinlichkeit einzelner Zukunftslagen). Diese Vertiefung erlaubt es, die Einwände zu widerlegen, die immer noch gegen die Theorie des Risikonutzens erhoben werden. Als Nebenergebnis konnte der Grundsatz der Transitivität als für die Entscheidungstheorie inhaltsleer erkannt werden. Für das Problem des Informationsoptimums wird eine Lösung vorgetragen.

In Kapitel B hoffe ich die offenen Probleme der finanziellen Zielgrößen besser als bisher dargelegt zu haben.

In Kapitel C wurde der Abschnitt über den Einfluß der Besteuerung auf die Investitionen völlig neu gefaßt. Die Modellerörterungen habe ich gestrafft, die Bedingungen für die Einflußlosigkeit der Gewinnbesteuerung auf die Investitionen herausgearbeitet. An zahlreichen Beispielen wurden Vorteilsvergleiche über Sonderabschreibungen, Abschreibungsfonds, Investitionszulagen und steuerfreie Rücklagen sowie Leasing von Anlagegütern durchgeführt.

In Kapitel D habe ich die Programmentscheidungen unter Ungewißheit neu geschrieben, und insbesondere die Ausführungen über den Risikoverbund in Investitionsmischungen vertieft.

In allen Kapiteln wurde die Darstellung überprüft und Neuerscheinungen berücksichtigt.

Meinen Mitarbeitern Dr. Jürgen Rehberg, Dipl.-Kfm. Thomas Kalveram, Dipl.-Kfm. Gotthard Jüstel und Dipl.-Ökonom Hermann Froese danke ich für ihre Hilfe und ihren kritischen Rat.

Dieter Schneider

Inhalt

A. Voraussetzungen einer Theorie der Unternehmenspolitik

I. Unternehmenspolitik und Unternehmensmodelle

Ist es zweckmäßig, neue Anlagen zu erwerben, alte zu ersetzen, Gewinne auszuschütten, Kredite aufzunehmen, Preise zu erhöhen oder zu senken, Arbeiter einzustellen oder zu entlassen? Das sind Fragen, die das wirtschaftliche Handeln in den Betrieben bestimmen und mit denen sich die Betriebswirtschaftslehre zu beschäftigen hat.
Ehe Einzelfragen des wirtschaftlichen Handelns erörtert werden, empfiehlt es sich, eine gemeinsame Sprache zu finden. Deshalb sind einige Begriffe zu klären. Bei der Begriffswahl handelt es sich um Zweckmäßigkeitsentscheidungen, die weder richtig noch falsch sein können. Eine Übereinkunft in den Begriffen ist jedoch notwendig, damit Leser und Autor nicht aneinander vorbeireden.

a) Betrieb, Unternehmer und Unternehmung

Was ist ein Betrieb? Wer ist Unternehmer? Was ist eine Unternehmung? Ist »die Unternehmung« oder »der Betrieb« Gegenstand der Betriebswirtschaftslehre? Über solche begrifflichen Fragen kann man jahrelang streiten, und die Literatur hat nicht versäumt, es zu tun. Indes ist es für die meisten Probleme unerheblich, wie »Unternehmung« und »Betrieb« definiert werden und wie weit der Untersuchungsgegenstand der Betriebswirtschaftslehre gefaßt wird. Leider ist es nicht für alle Probleme gleichgültig, und der Problemkreis »Investition und Finanzierung« gehört zu diesen Ausnahmen. Deshalb muß hier versucht werden, die Begriffe abzugrenzen.

1. Was ist ein Betrieb?

Wirtschaften heißt über knappe Mittel verfügen, um Bedürfnisse zu befriedigen. Gewirtschaftet wird in wirtschaftlichen Einheiten. Eine wirtschaftliche Einheit ist die Zusammenfassung von Menschen und Sachen zum Zweck der Bedürfnisbefriedigung. Bedürfnisse werden befriedigt durch Erstellen und Verbrauchen von Gütern und Dienstleistungen. *Betriebe* sind wirtschaftliche Einheiten, die der Erstellung von Gütern und Dienstleistungen dienen (und dabei Vorleistungen verbrauchen). *Haushalte* verbrauchen Güter und Dienstleistungen.
Die Trennung von Betrieben und Haushalten ist etwas gewaltsam. Da nur wenige Menschen rohes Fleisch und ungeschälte Kartoffeln lieben, zählt die Küche zu den Betrieben und nur der gedeckte Eßtisch zum Haushalt. An der Folgerung, daß strenggenommen die Küche zu den Betrieben zählt, sollte man sich nicht stören. Für die Küche werden tatsächlich betriebliche Entscheidungen getroffen. Die Frage, ob eine Tiefkühl-

truhe oder ein neuer Elektroherd angeschafft werden soll, ist ein Investitionsproblem, das im Prinzip mit den gleichen Entscheidungshilfen gelöst werden muß, wie sie ein Stahlkonzern für die Frage: neue Walzstraße oder neues Kraftwerk? anwendet.

2. Wer ist Unternehmer?

Das Erstellen von Gütern und Dienstleistungen verlangt *Organisation,* also das Zusammenfassen von Menschen und Sachen zu einem Zweck. Die Leistungserstellung erfolgt, anders ausgedrückt, durch die Kombination von Produktionsfaktoren. Die Kombination von menschlicher Arbeit und Sachen zur Leistungserstellung setzt Entscheidungen und ausführende Tätigkeiten voraus. Jeder, der eine Tätigkeit ausführt, steht vor Entscheidungsproblemen, auch der Hilfsarbeiter, der sich überlegt, ob er die linke oder die rechte Seite des Hofes zuerst ausfegt. Es kommt auf die Tragweite der Entscheidung an, ob das Entscheidungsproblem theoretische Überlegungen erfordert. Jede Entscheidung setzt ein Ziel voraus, die Möglichkeit, Mittel einzusetzen, und die Kenntnis von Handlungsmöglichkeiten, um durch den Mitteleinsatz das Ziel zu erreichen. Wem Ziele, Mittel und Handlungsmöglichkeiten im einzelnen vorgegeben sind, der verwaltet eine Aufgabe (Sauberhalten des Hofes, wie der Hilfsarbeiter); er ist kein Unternehmer. Wer die Ziele erst im einzelnen festlegen, die Mittel suchen, die Handlungsmöglichkeiten in ihren Beiträgen zum Ziel und ihrer Mittelbeanspruchung erforschen muß und sich für eine Handlungsmöglichkeit entscheidet, den nennen wir »Unternehmer«. Ob ein Wahlproblem eine »unternehmerische« Entscheidung erfordert, hängt also allein von den Schwierigkeiten des Problems ab, ob Nachdenken über wirtschaftliche Tatbestände und damit eine Theorie für die Lösung des Entscheidungsproblems notwendig ist.

Unternehmer ist, wer über knappe Mittel verfügt und dabei Ziele und Handlungsmöglichkeiten untersuchen muß. Dieser Begriff vom Unternehmer entspricht nicht dem allgemeinen Sprachgebrauch. Unter einem Unternehmer stellt man sich meistens den Eigentümer eines Betriebes vor, auch den Vorstand einer Aktiengesellschaft. Soziologisch angehauchte Autoren legen demgegenüber Wert auf die Trennung von Unternehmer und Manager.

Für eine Theorie wirtschaftlicher Entscheidungen ist eine solche Begriffsbildung unzweckmäßig. Jeder, der über Geld verfügen will, steht z. B. vor Investitions- und Finanzierungsentscheidungen: der Einzelkaufmann, der einen Bankkredit beantragt, um Skonti seiner Lieferanten auszunutzen, Vorstand und Aufsichtsrat der Aktiengesellschaft, die über eine Kapitalerhöhung beraten, um danach die Kapazitäten auszubauen, der Malergeselle, der mit 1000 Mark spekuliert und nächtelang über die einzelnen Anlagemöglichkeiten und ihre Mittelbeanspruchung grübelt. Sind die Entscheidungen des Malergesellen »betriebswirtschaftliche« Entscheidungen? Die Spekulationen des Malergesellen sind Investitionsentscheidungen: Rendite, Finanzierung, Risiko hat er genauso zu untersuchen wie ein Konzernstratege beim Aufkauf einzelner Firmen. Will man die Investitionsentscheidungen des Malergesellen nicht zu den betriebswirtschaftlichen Problemen rechnen, dann darf man die Betriebswirtschaftslehre nicht als Lehre einzelwirtschaftlicher Entscheidungen verstehen, sondern muß sich auf die altüberkommene »institutionelle« Betrachtungsweise beschränken, auf die Erklärung des wirtschaftlichen Geschehens in »Firmen« oder »Betrieben«. Da aber auch in der Institution »Firma« bzw. »Betrieb« Menschen handeln, die ihre persönlichen Interessen verfolgen, löst man mit der institutionellen Betrachtungsweise die Entscheidungsprobleme nicht.

Die bisherigen Beispiele für unternehmerische Investitions- und Finanzierungsentscheidungen gehörten zum Bereich der »Konsumvorsorge« bzw. der »Leistungserstellung«, nicht zum Bereich der gegenwärtigen Konsumentscheidungen. »Leistungserstellung« dient dem künftigen Konsum, allgemeiner: der künftigen Zielerfüllung. Die Investitions- und Finanzierungsentscheidungen lassen sich aber nicht von den gegenwärtigen Konsumwünschen trennen: Die Höhe der Wertpapierkäufe des Malergesellen hängt von seinem Sparwillen ab, ob er z. B. bereit ist, den Ärger über seinen Fußballverein herunterzuschlucken, statt ihn zu ertränken. Ob der Einzelkaufmann den beantragten Kredit bekommt, hängt u. a. von seinem Eigenkapital und damit auch von seinen bisherigen Privatentnahmen ab. Wir können also nicht einmal Konsumentscheidungen gänzlich aus dem Bereich betriebswirtschaftlicher Entscheidungen verbannen. Auch deshalb wählen wir für den Begriff »Unternehmer« einen so umfassenden Inhalt.
Für die hier zu erörternden Sachfragen gilt: Unternehmer ist derjenige, der Investitions- und Finanzierungsentscheidungen trifft. Im Einzelfall kann das ein Einzelkaufmann, ein Geschäftsführer einer GmbH, ein Abteilungsleiter in einem Konzern sein oder ein Familienvater, der überlegt, ob er einen Bausparvertrag abschließen oder einen Zweitwagen erwerben soll.
Die Investitions- und Finanzierungsentscheidungen in den Firmen (Betrieben) sind umfangreicher und schwieriger als die privaten Entscheidungen. Deshalb werden wir uns vorwiegend auf die Entscheidungsprobleme in Firmen (Betrieben) beschränken.

3. Was ist eine Unternehmung?

Nachdem wir wissen, wer Unternehmer ist, bleibt zu fragen: Was ist eine Unternehmung? Hier beginnen die Schwierigkeiten, weil verschiedene Wege gangbar sind:

(1) Der Begriff Unternehmung umfaßt alle Handlungen einer Person mit dem Ziel der Leistungserstellung: das, was einer »unternimmt«. Der Begriff Unternehmung schließt hier die Gesamtheit der leistungserstellenden Tätigkeiten eines Unternehmers ein. Konsumentscheidungen gehören nicht in die Unternehmung; sie bestimmen allerdings die Mittel, die für die Unternehmung verbleiben. Wir sprechen vom *personenbezogenen* Unternehmungsbegriff.

(2) Unternehmung wird verstanden als rechtliche Institution, als Firma. Das ist der *firmenbezogene* Unternehmungsbegriff.

Beide Unternehmensbegriffe sind mit dem Begriff »Betrieb als wirtschaftliche Einheit, die der Leistungserstellung dient«, vereinbar. Im folgenden werden wir Betrieb und Unternehmung gleichsetzen, meistens aber von »Unternehmen« sprechen. Autoren, die Wert auf die Trennung von Betrieb und Unternehmung legen, wählen andere Definitionen, z. B.: Unternehmung ist die rechtlich-finanzielle Einheit, Betrieb die technischorganisatorische, oder Unternehmung ist eine historische, kapitalistische Erscheinungsform des Betriebes[1]. Aber für die Erörterung einzelner Entscheidungen braucht man diese begriffliche Trennung nicht, und unnötige Unterscheidungen gehören in den Papierkorb.

Der *praktische Sprachgebrauch* meint mit Unternehmung meist den firmenbezogenen Begriff. Wenn von den Unternehmungen gesprochen wird, so stellt man sich Firmen wie AEG oder Siemens, Bayer oder Hoechst bzw. Kaufhäuser und Einzelhandelsläden vor. Unternehmung entspricht, dem praktischen Sprachgebrauch nach, ungefähr dem Begriff des Kaufmanns im Sinne des Handelsrechts. Die Abgrenzungsschwierigkeiten liegen hier bei den Fragen: Zählen Handwerker und Bauern zu den Unternehmern? Wie ist es mit Betrieben im öffentlichen Eigentum, der Bundesbahn, der Bundespost, dem städtischen Wasserwerk? Wir wollen nicht in die Abgrenzungsschwierigkeiten eindringen, denn diese »institutionelle« Begriffsbildung ist unzweckmäßig, wenn man eine Theorie wirtschaftlicher Entscheidungen entwickeln will: Wann, wo, wieviel ist zu investieren, wann, wo, wieviel Kredit ist aufzunehmen? Das sind Probleme, die in allen Betrieben auftreten, die den Erzkapitalisten genauso beschäftigen wie den sozialistischen »Verwalter« volkseigenen Vermögens, und beide werden ihre Entscheidungen treffen nach den ihnen auferlegten Vorschriften anderer, nach ihren persönlichen Zielen und hoffentlich unter Anwendung ihrer Vernunft. *Die betriebswirtschaftliche Theorie sucht vernunftgemäße, zielentsprechende Entscheidungen abzuleiten und Maßstäbe zu finden, um die Zielentsprechung früherer Entscheidungen zu beurteilen.* Die Ziele selbst können dem Entscheidenden durch andere vorgegeben sein, oder er hat sie sich selbst gesetzt.

Wichtig für die Investitions- und Finanzierungsentscheidungen ist die Trennung von personenbezogener und firmenbezogener Unternehmung.

Nehmen wir an, ein Sägewerksbesitzer erwirbt eine Möbelfabrik. Wenn wir vom *firmenbezogenen Begriff* ausgehen, liegen zwei Unternehmen vor, Sägewerk und Möbelfabrik. Wirtschaftlich sind sie eine Einheit, weil der Sägewerksbesitzer bei seinen Entscheidungen stets die Lage des Sägewerks, der Möbelfabrik und seiner sonstigen Interessen, z. B. seines Wertpapierbesitzes, bedenken wird. Die wirtschaftliche Tätigkeit des Unternehmers besteht darin, daß er seine Arbeitskraft und sein Geld einsetzt.

Unterschiede zwischen der firmenbezogenen und der personenbezogenen Betrachtung können sich allenfalls bei zwei Entscheidungen ergeben: bei der Frage des unternehmerischen Arbeitseinsatzes und des Kapitaleinsatzes.

Gehen wir vom *personenbezogenen Unternehmungsbegriff* aus, dann umfaßt die Unternehmung des Sägewerksbesitzers alle seine Geldinteressen: die beiden Firmen Sägewerk

[1] Aus der Fülle der Literatur zum Begriff Unternehmung sei nur hingewiesen auf die Ausführungen von *Erich Gutenberg*, Grundlagen der Betriebswirtschaftslehre. Bd. 1, Die Produktion. 14. Aufl., Berlin–Heidelberg–New York 1968, Dritter Teil; und *Walther Busse von Colbe*, Die Planung der Betriebsgröße. Wiesbaden 1964, 1. Kapitel. – Auf die Unternehmung als Gesamtheit wirtschaftlicher Handlungen stellen Rieger und Koch ab, vgl. *Wilhelm Rieger*, Einführung in die Privatwirtschaftslehre. 3., unveränd. Aufl., Erlangen 1964, z. B. S. 13, 44; *Helmut Koch*, Grundlagen der Wirtschaftlichkeitsrechnung. Wiesbaden 1970, S. 70 f.

und Möbelfabrik, sein Wertpapierdepot und sein Sparbuch. Der Unternehmer kann hier ex definitione nicht außerhalb seiner »Unternehmung« investieren. Er kann nur wählen zwischen verschiedenen Anlagemöglichkeiten, z. B. Sachanlagen im Sägewerk, in der Möbelfabrik, Finanzanlagen (Wertpapiere) in der Firma Sägewerk, in der Möbelfabrik oder in seinem Privatvermögen.

Wenn die Person, die ihr Kapital einsetzt, auch die Investitions- und Finanzierungsentscheidungen trifft, dann ist der personenbezogene Unternehmensbegriff zu wählen: Der Sägewerksbesitzer als Einzelkaufmann und Alleingesellschafter der Möbelfabrik-GmbH wird seine sämtlichen Kapitalanlagen als Einheit betrachten.

Aber nicht immer trifft die Person, die ihr Kapital einsetzt, auch die Entscheidungen. Bereits beim Kommanditisten ist das nicht mehr der Fall. Am deutlichsten ist die Trennung bei Publikums-Aktiengesellschaften, in denen eine Vielzahl von Kleinaktionären einem selbstherrlichen Vorstand gegenübersteht. Art und Umfang der Investitionen lassen sich nicht mit den Wünschen von vielleicht 100 000 Aktionären abstimmen; deshalb bildet die Firma eine selbständige Entscheidungseinheit. Hier muß vom firmenbezogenen Unternehmensbegriff ausgegangen werden.

Nur wenn eine Person ihre gesamte Arbeitskraft und ihr gesamtes Geld in einer Firma investiert, dann sind firmenbezogene und personenbezogene Unternehmung identisch. Im praktischen Regelfall umfassen firmenbezogene und personenbezogene Unternehmungen nicht das gleiche.

Die Frage des unternehmerischen Arbeitseinsatzes betrifft das Ausmaß, in dem sich ein Entscheidender mit dem Firmenziel identifiziert, in wie starkem Maße er sich bemüht, neue Handlungsmöglichkeiten zu sehen und zu suchen. Zu diesem Problem kann die Betriebswirtschaftslehre bislang nur wenig sagen [2], und ich befürchte, daß mit Mitteln der ökonomischen Theorie hierzu auch kaum etwas Handfestes erarbeitet werden kann. Die mit dem Ausmaß des unternehmerischen Arbeitseinsatzes zusammenhängenden Schwierigkeiten werden bei der Frage der Informationsauswertung und bei der Frage des unternehmerischen Handlungszeitraums deutlich werden.

Das Problem des unternehmerischen Kapitaleinsatzes betrifft die Frage: In welchen Firmen soll das eigene Kapital investiert werden? Sollen Gewinne ausgeschüttet und konsumiert oder zurückbehalten und investiert werden? In diesem Buch brauchen wir deshalb die Unterscheidung zwischen firmenbezogenem und personenbezogenem Unternehmensbegriff bei zwei Fragen, erstens bei der Frage nach den finanziellen Zielen, nach denen sich die Investitions- und Finanzierungsentscheidungen zu richten haben; zweitens bei der Frage nach der »optimalen Kapitalstruktur«, insbesondere bei der Suche nach dem richtigen Ausmaß an Eigenfinanzierung und Selbstfinanzierung.

[2] Vgl. z. B. *Adolf Moxter*, Präferenzstruktur und Aktivitätsfunktion des Unternehmers. In: ZfbF, Jg. 16 (1964), S. 6–35.

b) Unternehmensplanung und Entscheidungsmodelle

1. Unternehmenspolitik und Unternehmensplanung

Unternehmenspolitik umfaßt alle Entscheidungen, durch die das Unternehmensgeschehen gelenkt wird: Entscheidungen über die anzustrebenden Ziele und über die Wege, um die Ziele zu erreichen.

Von *Planung* des Unternehmensgeschehens sprechen wir dann, wenn der Entscheidung ein gedanklicher Ordnungsprozeß vorausgegangen ist. Unternehmensplanung bedeutet vernunftgemäße, rationale Unternehmungspolitik. Irrational ist eine Unternehmungspolitik, die ohne Vorausdenken impulsiv oder improvisierend erfolgt. Eine irrationale Unternehmenspolitik braucht keine schlechte Unternehmenspolitik zu sein. Gerade bei den wichtigsten Entscheidungen (über die Aufnahme neuer Geschäftszweige oder bei Personalentscheidungen) werden selten alle Einflußgrößen vernunftgemäß abgewogen. Doch spricht das nicht gegen die Notwendigkeit der Unternehmensplanung. Denn sich auch dann auf die Intuition zu verlassen, wenn vernünftig begründete Anhaltspunkte und Entscheidungshilfen gegeben werden können, das heißt eben, ohne die Vernunft handeln.

Der Planungsprozeß als gedankliches Ordnen und Durchdringen eines Entscheidungsproblems verlangt das Durchschreiten mehrerer Stufen. Es ist zu klären:

(1) Was soll erreicht werden? Das ist die Frage nach der *Zielbildung*. Zielbildung umfaßt das Bemühen, von den Motiven unternehmerischen Handelns auf das Einzelziel für ein Wahlproblem zu schließen. Dabei ist einmal das Einzelziel in der Sache zu kennzeichnen (z. B.: Maximiere das Vermögen in fünf Jahren bei jährlichen Entnahmen von 30 000 Mark). Zum anderen ist der Ungewißheit der künftigen Entwicklung Rechnung zu tragen. Das Problem, rationale Entscheidungen im Hinblick auf die Ungewißheit der Zukunft zu treffen, berührt in erster Linie die Zielbildung, wie wir sehen werden.

(2) Wie kann man das Ziel erreichen? Das ist die *Untersuchung der Handlungsmöglichkeiten und der Umweltbedingungen*. Dabei ist im einzelnen zu prüfen:
a) Welche Handlungsmöglichkeiten sind zu erwägen? Das ist die Suche nach Wahlmöglichkeiten. Soll z. B. ein Lastwagen ersetzt werden, so bezieht sich die Suche nach Wahlmöglichkeiten auf die Analyse, welche Fabrikate bzw. Typen in die »engere Wahl« kommen.

Die Suche nach Handlungsmöglichkeiten ist qualitativer Natur. Ein einfallsreicher (»dynamischer«) Unternehmer wird mehr Möglichkeiten sehen als ein »statischer« (Betriebs-)»Wirt«[3]. Die betriebswirtschaftliche Theorie kann allerdings heute über die Suche nach Wahlmöglichkeiten nur wenig sagen. Sie beschränkt sich bisher auf die Frage: Wie entscheidet sich ein Unternehmer bei *gegebenen* Wahlmöglichkeiten?

[3] Im Sinne Schumpeters, vgl. *Joseph [A.] Schumpeter*, Theorie der wirtschaftlichen Entwicklung. 5. Aufl., Berlin 1952, S. 110 f., 117, 137 f.

b) Welche gegenwärtigen und künftigen Umweltbedingungen sind zu beachten? Zu den Umweltbedingungen zählen erstens die Gegebenheiten in der Unternehmung, z. B.: Welche finanziellen Mittel stehen zur Erweiterungsinvestition bereit? Sind die Arbeitskräfte vorhanden, um die neuen Maschinen zu bedienen? Zu den Umweltbedingungen zählen zweitens die Gegebenheiten auf den Absatz- und Beschaffungsmärkten der Unternehmung, z. B.: Wie wird in Zukunft die Absatzentwicklung verlaufen? Um wieviel werden die Löhne steigen? Zu welchen Bedingungen sind Kredite zu bekommen?

(3) Wie dienen die einzelnen Handlungsmöglichkeiten dem angestrebten Ziel? Hierbei sind die einzelnen Handlungsmöglichkeiten miteinander zu vergleichen. Das ist die Aufgabe *betriebswirtschaftlicher Planungsrechnungen*. Im einzelnen ist hier zu klären:
a) Was tragen die einzelnen Handlungsmöglichkeiten zum gewünschten Ziel bei?
b) Wie beanspruchen sie die vorhandenen Mittel?
c) Wie sind die einzelnen Handlungsmöglichkeiten zu sich gegenseitig ausschließenden Handlungsprogrammen zusammenzufassen?
Will man die zielentsprechende (optimale) Handlungsmöglichkeit finden, so ist über den Einsatz aller vorhandenen Mittel zu entscheiden. Es ist ein Gesamtoptimum der Unternehmung zu bestimmen. Die einzelnen erwogenen Handlungsmöglichkeiten beanspruchen die vorhandenen Mittel in unterschiedlicher Höhe. Deshalb sind die einzelnen Handlungsmöglichkeiten »vollständiger« zu formulieren, bis sich ausschließende Handlungsprogramme entstehen. Aus den alternativen Entscheidungsprogrammen ist durch einen Vorteilsvergleich das zielentsprechende (»optimale«) Handlungsprogramm abzuleiten.

Ein Beispiel mag das verdeutlichen: Eine Unternehmung prüft zwei Erweiterungsinvestitionen. Objekt A erfordert 100 000 Mark, Objekt B erfordert 70 000 Mark. Die Unternehmung muß mindestens 100 000 Mark für Investitionszwecke bereitstellen, sonst besteht die Wahlmöglichkeit nicht. Nehmen wir an, die 100 000 Mark sind die gesamten vorhandenen Mittel für Investitionszwecke. Um hier zwischen A und B abzuwägen, ist zu berücksichtigen, daß B 30 000 Mark weniger Kapital erfordert als A. Es ist also zu fragen: Wenn wir uns für B entscheiden, was können wir mit den verbleibenden 30 000 Mark anfangen? Die A gegenüberzustellende Handlungsalternative besteht aus B plus der »Differenzinvestition«, welche die 30 000 Mark aufzehrt. Der Ertrag von B und der Differenzinvestition zusammen wird mit dem Ertrag von A verglichen. Die vollständige Formulierung der Handlungsalternative führt zum Aufstellen eines »Entscheidungsprogramms« (B plus Differenzinvestition). Die praktische Zusammenstellung solcher Entscheidungsprogramme bereitet Schwierigkeiten. Wir werden die damit verbundenen Probleme ab S. 364 erörtern.
Das Beispiel zeigt, daß es *im Regelfall der Planungsrechnung nötig wird, zusätzliche Handlungsmöglichkeiten zu suchen* und für diese Handlungsmöglichkeiten wiederum die künftige Entwicklung zu prognostizieren. Gleichzeitig kann die Analyse der Handlungsmöglichkeiten eine Neuformulierung des Wahlproblems zweckmäßig erscheinen lassen. So kann sich z. B. bei der Analyse der Möglichkeiten »Einzelreparatur oder Generalüberholung einer Anlage« herausstellen, daß statt dessen auch ein vollständiger

Ersatz der Anlage zu prüfen ist. Aus einem kurzfristigen Wahlproblem wird so ein weit gewichtigeres Investitionsproblem, das wegen seiner langfristigen Wirkung weitreichendere Überlegungen verlangt.

(4) Wie ist zu entscheiden? Die *Entscheidung* hängt ab
a) vom Ergebnis der Planungsrechnung, b) von unwägbaren Einflüssen (»qualitativen Momenten«), z. B. ästhetischen Empfindungen gegenüber einem neuen PKW, c) von der *subjektiven* Einschätzung der Ungewißheit, wie sie in der Zielsetzung unter Ungewißheit (der »Entscheidungsregel«) zum Ausdruck kommt.

Die vier Stufen des Planungsprozesses sind also:
(1) Zielbildung,
(2) Untersuchung der Handlungsmöglichkeiten und der Umweltbedingungen,
(3) Vergleich der Handlungsmöglichkeiten (Planungsrechnung),
(4) Entscheidung.

In der kaum übersehbaren Literatur zur betrieblichen Planung ist der Begriff der Planung unterschiedlich weit gefaßt und folglich der Planungsprozeß verschieden gegliedert worden. Der für die Planung unter Ungewißheit so wichtige Bereich der Zielbildung wurde dabei allerdings oftmals ausgeklammert, oder er galt als »vorherbestimmt«. Im einzelnen:
a) Die engste Auffassung vom Wesen der Planung sieht in ihr nur die Stufe der Prognose, das Zusammenstellen eines Finanz- oder Absatzplanes, eine »Vorschaurechnung«[4].
b) Eine weitere Auffassung sieht in der Planung Prognose und Analyse der Handlungsmöglichkeiten (Eventualplanung bzw. Alternativplanung genannt). Die betriebliche Planung äußert sich hier »in einem geordneten System von Vorschlägen für Entscheidungen«[5]. Die Entscheidung selbst steht außerhalb des Planungsprozesses.
c) Eine dritte Auffassung bezieht die Entscheidung in den Planungsprozeß ein. Das entspricht der überwiegend vertretenen Auffassung[6].
d) Gelegentlich wird auch die Vorgabe von Sollziffern (Aufstellung eines Plansolls) in den Planungsbegriff aufgenommen, um daran später die Durchführung der Entscheidung zu kontrollieren[7].

Ich halte es für zweckmäßig, den Planungsprozeß mit der Entscheidung abzuschließen, dafür aber dem Problem der Zielbildung eine gesonderte Stufe einzuräumen. Die Vorgabe von Sollziffern, z. B. zur Kontrolle der Wirtschaftlichkeit der Leistungserstellung, enthält nur mehr

[4] Vgl. dazu z. B. *H[einrich] Nicklisch*, Budgetierung und Rechnungswesen. In: Zeitschrift für Handelswissenschaft und Handelspraxis, Jg. 22 (1929), S. 50–55, hier S. 53 f.; oder *Martin Lohmann*, Der Wirtschaftsplan der Unternehmung. Die kaufmännische Budgetrechnung. 2. Aufl., Berlin-Leipzig-Wien 1930, S. 10.

[5] So z. B. *Waldemar Wittmann*, Unternehmung und unvollkommene Information. Köln–Opladen 1959, S. 81.

[6] Vgl. z. B. *Helmut Koch*, Absatzplanung. In: Handwörterbuch der Sozialwissenschaften, Bd. 1, Stuttgart–Tübingen–Göttingen 1956, S. 15–20, hier S. 15; *Ludwig Orth*, Die kurzfristige Finanzplanung industrieller Unternehmungen. Köln–Opladen 1961, S. 15 f.; mit zahlreichen weiteren Quellenangaben.

[7] Vgl. z. B. *Karl Hax*, Unternehmensplanung und gesamtwirtschaftliche Planung als Instrumente elastischer Wirtschaftsführung. In: ZfbF, Jg. 18 (1966), S. 447–465, bes. S. 450; hier bezieht er zusätzlich die Zielbestimmung in die Planung ein. Vgl. ferner *Gérard Gäfgen*, Theorie der wirtschaftlichen Entscheidung. 2. Aufl., Tübingen 1968, S. 100–102.

ausführende Detailarbeit, wenn eine sorgfältige Produktionsplanung mit der Entscheidung über ein bestimmtes Produktionsprogramm und Produktionsniveau vorausgegangen ist.
Die einzelnen Stufen des Planungsprozesses vor der Entscheidung lassen sich in ihrer zeitlichen Folge nicht streng ordnen. Die Prognose der künftigen Entwicklung kann in einem Fall vor der Überlegung über Auswahl und Analyse von Handlungsmöglichkeiten liegen; einzelne Handlungsmöglichkeiten können im anderen Fall erwogen werden, ehe man an die Prognose der künftigen Entwicklung geht. Wenn sämtliche Handlungsmöglichkeiten analysiert sind, kann es sich als zweckmäßig erweisen, das Ziel und die darin ausgedrückte Risikoneigung zu überprüfen, z. B. dann, wenn keine Handlungsmöglichkeit das gewünschte Mindesteinkommen mit ausreichender Glaubwürdigkeit verspricht. In jedem Fall ist es notwendig, sich klare Vorstellungen zu bilden über das angestrebte Ziel, die zur Wahl stehenden Handlungsmöglichkeiten und über die wirtschaftlichen Folgen einer jeden Handlungsmöglichkeit.

2. Was nützen Modellüberlegungen der Unternehmenspolitik?

Jedes Modell ist eine vereinfachende Abbildung der Wirklichkeit. *Unternehmensmodelle* geben Gedanken über das Geschehen in einer Unternehmung wieder. Als *Erklärungsmodelle* dienen sie dazu, Abhängigkeiten zwischen betrieblichen Gegebenheiten zu ergründen, z. B. etwas auszusagen über das Verhältnis von investierten Abschreibungserlösen und Kapazitätsentwicklung (vgl. ab S. 548). Als *Entscheidungsmodelle* helfen sie beim Erarbeiten einer Entscheidung: Mit Entscheidungsmodellen soll die zahlenmäßige Abhängigkeit der angestrebten Ziele von den Handlungsmöglichkeiten und Umweltbedingungen erfaßt werden. Entscheidungsmodelle (Planungsmodelle) sind Grundlage der Planungsrechnung. Die betriebliche Planungsrechnung ist nichts anderes als die praktische Anwendung von Unternehmensmodellen. Deshalb ist auch die betriebliche Planung insgesamt nie besser als die ihr zugrunde liegenden Modelle des Unternehmensgeschehens.
Was nützt ein Modell der Unternehmenspolitik? Diese Frage muß vorab geklärt werden, ehe die Modelle der betriebswirtschaftlichen Investitions- und Finanzierungstheorie im einzelnen untersucht werden.
Eine Modellaussage kann nie die Entscheidung des Unternehmers ersetzen, denn nicht alle Einflußgrößen des Wahlproblems lassen sich quantifizieren. Ein Modell dient deshalb nur der Entscheidungsvorbereitung.
Entscheiden heißt: zwischen Handlungsmöglichkeiten wählen.
Jedes Entscheidungsmodell enthält Angaben über die angestrebten Ziele, über die Umweltbedingungen und die Handlungsmöglichkeiten.
Formelmäßig wird das Entscheidungsmodell durch eine Zielfunktion und durch Nebenbedingungen wiedergegeben.
Die *Zielfunktion* besteht aus Zielvorschrift und Zieldefinition.
Die *Zielvorschrift* enthält eine Anweisung über eine Zielgröße, z. B.: Maximiere den Gewinn im Monat Januar.
Die *Zieldefinition* nennt die Bestandteile, aus denen sich die Zielgröße zusammensetzt.
Die Nebenbedingungen enthalten erstens Annahmen über die Umweltbedingungen. Umweltbedingungen sind sowohl die in der Unternehmung vorhandenen Mittel (Arbeitskräfte, Geldmittel, Vorräte, Fertigungskapazitäten, technisches Wissen) als auch die Gegebenheiten auf den Beschaffungs- und Absatzmärkten. Die Nebenbedingungen

enthalten zweitens Annahmen über die Mittelbeanspruchung, d. h. die Wirkung der einzelnen Handlungsmöglichkeiten auf die Umweltbedingungen.

Ein einfaches Beispiel klärt die Begriffe.

Was soll im Monat Januar produziert werden? Diese Frage ist durch Modellüberlegungen zu beantworten.

Dazu müssen wir zunächst wissen: Was will der Unternehmer überhaupt? Der Unternehmer will, so sei unterstellt, möglichst viel Gewinn erzielen. Die *Zielvorschrift* lautet also: Maximiere den Gewinn!

Mit der Festlegung der Zielvorschrift ist die erste Planungsstufe »Zielbildung« abgeschlossen.

In der zweiten Planungsstufe »Untersuchung der Handlungsmöglichkeiten und Umweltbedingungen« wird geklärt:

(1) Welche Wahlmöglichkeiten hat der Unternehmer für die Produktion im Monat Januar? Nehmen wir an, der Unternehmer kann entweder Produkt x_1 (Eierbecher aus Kunststoff) und/oder Produkt x_2 (Salatschüsseln aus Kunststoff) fertigen.

(2) Welche Umweltbedingungen sind zu beachten? Im Hinblick auf die vorhandenen Mittel nehmen wir an, daß die Finanzierungsmöglichkeiten begrenzt sind. Es stehe nur ein Betrag F, z. B. 100 000 Mark, zur Verfügung. Mit ihm sind alle Ausgaben zu bestreiten, ehe die Umsatzeinnahmen hereinfließen.

Im Hinblick auf die Marktgegebenheiten gelte, daß der Preis für Eierbecher vorgegeben, vom Unternehmer nicht beeinflußbar, sei. Für die Salatschüsseln unterstellen wir, der Unternehmer sei Monopolist. Das bedeutet: Er kann den Preis allein festsetzen. Er muß dabei allerdings berücksichtigen, daß größere Mengen an Salatschüsseln nur zu niedrigeren Preisen verkauft werden können. Die Verhältnisse auf den Beschaffungsmärkten werden vernachlässigt.

Für die dritte Planungsstufe, die »Planungsrechnung«, sind hier zwei Fragen zu beantworten (die Programmplanung vernachlässigen wir zur Vereinfachung):

(1) Wie dienen die Handlungsmöglichkeiten dem angestrebten Ziel? (Zieldefinition). Hier ist zu überlegen: Wie hängt der Gewinn von der Fertigung der beiden Produktarten ab? Wir machen es uns leicht und sagen: Der Gewinn ist die Differenz zwischen Umsatz und Kosten des Monats Januar. Wir sehen also von Lagerhaltung, Schwund, Forderungsausfällen, Garantieleistungen und allen sonstigen praktischen Erschwernissen ab. Der Umsatz besteht aus der Summe der Einzelumsätze bei den beiden Produkten. Am Ende der Planperiode sollen die Umsatzeinnahmen anfallen.

(2) Wie beanspruchen die Handlungsmöglichkeiten die vorhandenen Mittel? (Mittelbeanspruchung). Bei der Mittelbeanspruchung müssen wir festlegen: Von welchen Einflußgrößen hängen die Kosten des Monats Januar ab, und welche Rückwirkungen ergeben sich aus der Produktion für die Finanzierung?

Die Kosten hängen von der erzeugten Menge an Eierbechern und Salatschüsseln ab. Das ist das einzige, was wir über die Kosten aussagen. Unter den Tisch fällt damit, daß die Höhe der Kosten von der Zahl und Qualität der Arbeiter, der Höhe der Tariflöhne und Sozialabgaben, von der Art der Werkstoffe und der verwandten Maschinen beeinflußt wird usw.

Die Kosten sollen mit den Ausgaben für Arbeitskräfte, Kunststoffe, Maschinen usw.

identisch sein. Für eine einperiodische Betrachtung ist diese Vereinfachung zulässig. In der heute üblichen Symbolschrift sieht dann unser Modell, »mathematisch formuliert«, so aus:

Zielvorschrift: $G = max!$

Zieldefinition: $G = E - K$
$E = q_1 \cdot x_1 + q_2 \cdot x_2$

Zielfunktion: $Max = E - K.$

Annahmen über die Umwelt:

a) Annahmen über die vorhandenen Mittel $F \geq K$

b) Annahmen über die Marktgegebenheiten $q_1 = \text{konstant}$
$q_2 = f(x_2)$

c) Annahmen über die Mittelbeanspruchung $K = K(x_1, x_2)$,

und natürlich $x_1 \geq 0$; $x_2 \geq 0$, weil man keine negativen Produkte erzeugen kann, sowie x_1, x_2 = ganzzahlig!, weil z. B. halbe Eierbecher kaum Umsatz bringen werden.

Im einzelnen bedeuten die Buchstaben: G steht für Gewinn, max! für die Extremwertvorschrift »maximiere!«, x_1 bezeichnet die Menge an Eierbechern, x_2 die Menge an Salatschüsseln; q_1 ist der Preis der Eierbecher; er ist als Konstante vorgegeben, d. h. gleichgültig, wieviel Eierbecher hergestellt werden, alle werden zum gleichen Preis q_1 verkauft. q_2 ist der Preis der Salatschüsseln. Der Preis der Salatschüsseln hängt von der verkauften Menge an Salatschüsseln ab, q_2 ist also eine Funktion von x_2. E steht für Erlös. K bezeichnet die Kosten, und die Kosten hängen in irgendeiner Weise von der Anzahl beider Produkte ab. F ist schließlich der begrenzte Kapitalbetrag. Da die Kosten mit den Ausgaben identisch sein sollen, dürfen insgesamt nur Kosten in Höhe des Kapitalbetrages F anfallen.
Die Nichtnegativitätsbedingung ist für ökonomische Überlegungen so selbstverständlich, daß man sie meistens wegläßt. Nur positive Lösungen sind zulässig. Rechnet man ein Modell mit Hilfe einer Rechenmaschine durch, so ist allerdings die Nichtnegativitätsbedingung in den Rechenvorgang aufzunehmen. Sonst spuckt der Computer plötzlich die Anweisung aus, im Monat Januar 5 000 negative Salatschüsseln herzustellen.
Meistens schreibt man das Modell nicht so ausführlich, sondern setzt, soweit möglich, die Bedingungen für die Umwelt bzw. die Mittelbeanspruchung gleich in die Zieldefinition ein. Zielvorschrift und Zieldefinition zusammen nennt man dann Zielfunktion.

Wir haben damit ein Modell zur Abstimmung von produktions-, absatz- und finanzwirtschaftlichen Fragen formuliert, und es bereitet keine Schwierigkeiten, die allgemeinen mathematischen Eigenschaften der zielentsprechenden Lösung anzugeben.
Aber uns interessiert vorerst nicht die Lösung. Sie sagt wegen der einengenden Voraussetzungen praktisch sowieso nichts aus. Wir wollen vielmehr klären: Haben solche Modellansätze überhaupt Sinn? Und um diese Frage zu beantworten, treiben wir den Teufel mit dem Beelzebub aus, indem wir das Modell noch mehr vereinfachen. Letzten

Endes stellen nämlich alle Optimierungskriterien nur eine Erweiterung eines sehr einfachen Prinzips dar, und dieses Prinzip wollen wir ableiten (es wird den meisten Lesern schon bekannt sein): Die formale Grundlage für alle ein- oder mehrperiodischen Optimierungskriterien bildet das Marginalprinzip, das in den Anfängervorlesungen meistens in der Erscheinungsform des Cournotschen Theorems abgeleitet wird.

Das Cournotsche Modell macht eine Aussage darüber, wieviel ein Monopolist bei einperiodischer Planung herstellen und verkaufen wird. Um das Theorem zu erläutern, streichen wir aus unserem Modell die Eierbecher und den knappen Kapitalbetrag und betrachten nur die Salatschüsselproduktion unter der Annahme, Geld sei in beliebiger Menge zu bekommen.

Der Unternehmer überlegt sich also: Wieviel Salatschüsseln soll ich im Monat Januar herstellen? Er wird folgern: Es lohnt sich, jedes Stück herzustellen, das mehr an Umsatz erbringt, als es an Kosten zusätzlich verursacht. Können z. B. 2000 Stück zu einem Preis von 1,10 Mark verkauft werden, und kosten sie 1600 Mark, dann entstehen 600 Mark Gewinn. Soll mehr verkauft werden, muß er den Preis für die gesamte Absatzmenge senken. Wenn der Unternehmer jetzt schätzt, bei einem Preis von 1 Mark könne er 2300 Stück verkaufen, dann erzielt er bei 2300 Stück einen Mehrumsatz von 100 Mark, nämlich 2300 mal 1 Mark minus 2000 mal 1,10 Mark. Kosten ihn die 2300 Stück 1690 Mark, dann betragen die Mehrkosten 90 Mark, und folglich verbleiben ihm nach Mehrproduktion und Preissenkung 100 Mark Mehrumsatz minus 90 Mark Mehrkosten, also 10 Mark mehr Gewinn.

Den zusätzlichen Umsatz je Stück nennt man Grenzerlös, die zusätzlichen Kosten Grenzkosten, und so läßt sich sagen: Strebt ein Unternehmer nach Gewinnmaximierung, so wird er jede Handlungsmöglichkeit durchführen (hier: jede Salatschüssel zusätzlich herstellen), deren Grenzerlös größer als ihre Grenzkosten ist, sofern der Grenzerlös zuvor stets über den Grenzkosten, danach stets unter den Grenzkosten liegt. Natürlich ist dieser Cournotsche Satz nicht auf den Monopolisten beschränkt. Er enthält eine rein formallogische Aussage, die für jede Art von Handlungsmöglichkeiten gilt.

Die Richtigkeit der Aussage ist offensichtlich: Wenn eine Handlungsmöglichkeit (ein zusätzliches Stück) mehr einbringt als sie kostet, steigt der Gewinn. »Da es aber eine Klasse von Menschen gibt, die in wortwörtlicher Anwendung eines Kantschen Satzes die Meinung vertreten, die Wissenschaftlichkeit beginne erst da, wo man ein Tröpfchen mathematischen Öles feststellen könne, so mag noch eine formelmäßige Begründung beigefügt werden.«[8]

Für den Erlös der Salatschüsseln schreiben wir $E = E(x)$, weil der Erlös von der Menge x der Salatschüsseln abhängt. Für die Kosten schreiben wir entsprechend $K = K(x)$. Es gilt also

$$G = E(x) - K(x).$$

Das Maximum der Gewinnfunktion ist dadurch definiert, daß die erste Ableitung der Gewinnfunktion nach x Null und die zweite negativ wird:

[8] *Ernst Walb*, Die Erfolgsrechnung privater und öffentlicher Betriebe. Berlin–Wien 1926, S. 59 f. (in anderem Zusammenhang).

$$\frac{dG}{dx} = E'(x) - K'(x) = 0; \quad \text{d. h.} \quad E'(x) = K'(x)$$

$$\frac{d^2G}{dx^2} < 0; \qquad \text{d. h.} \quad E''(x) < K''(x).$$

Die erste Ableitung der Erlösfunktion, ihre Steigung, hier mit $E'(x)$ bezeichnet, ist die Grenzerlösfunktion; die erste Ableitung der Kostenfunktion, hier $K'(x)$, ist die Grenzkostenfunktion. Im Gewinnmaximum, dem gesuchten Optimum, müssen Grenzerlös und Grenzkosten gleich sein, wobei die Steigung des Grenzerlöses (die zweite Ableitung der Erlösfunktion) kleiner ist als die Steigung der Grenzkostenfunktion. Das bedeutet: Vor dem Optimum ist der Grenzerlös stets höher als die Grenzkosten, danach niedriger.

Es gibt Puristen, die darauf beharren, die Begriffe Grenzerlös und Grenzkosten nur auf unendlich kleine Änderungen zu beziehen, weil für die mathematische Ableitung die Differentialrechnung angewandt wurde. Das Argument überzeugt nicht. Um die Gültigkeit des Satzes zu beweisen, braucht man keine Differentialrechnung. Sie bietet sich nur deshalb an, weil sie die bequemste mathematische Methode ist. Außerdem gibt es in der Wirtschaft keine unendlich kleinen Änderungen. Wer die Begriffe Grenzerlös und Grenzkosten (und das methodische Prinzip, das hinter ihnen steht: das Marginalprinzip) auf unendlich kleine Änderungen beschränkt, macht die Begriffe für wirtschaftliche Überlegungen wertlos. Er muß dann für den gleichen Tatbestand andere Namen verwenden, und was ist damit gewonnen?

Über die Vorteilhaftigkeit einer Einzelentscheidung (einer Handlungsmöglichkeit) bestimmen die durch die Handlungsmöglichkeit ausgelösten zusätzlichen Einnahmen (Erlöse) und Ausgaben (Kosten), also die Änderung der Zahlungsströme für die Unternehmung. Das Abstellen auf die Änderungen einzelner Größen bezeichnet man als Marginalprinzip[9]. Das Marginalprinzip liegt allen Handlungsempfehlungen zugrunde, soweit die vorausgesetzte unternehmerische Zielvorstellung eine Extremwertvorschrift enthält (z. B.: Maximiere den Gewinn! Minimiere die Arbeitszeit!). Das ist darin begründet, daß das Marginalprinzip, wie eben abgeleitet, nicht mehr enthält als die verbale Beschreibung der hinreichenden und notwendigen Bedingungen für einen Extremwert (Maximum, Minimum).

Wenn man das einmal verstanden hat, bereitet die Einsicht in den Wert von Modellüberlegungen keine Schwierigkeiten: *Um das Optimum für irgendein Wahlproblem zu finden, müssen in mathematischer Formulierung oder in verbaler Umschreibung die hinreichenden und notwendigen Bedingungen für das Maximum (Minimum) festgelegt werden.* Das ist der formallogische Akt der Optimumsuche. *Der ökonomische Gehalt des Modells liegt allein in der Zielbildung, der Erfassung der Umweltbedingungen und in*

[9] Vgl. *Fritz Machlup*, Marginal Analysis and Empirical Research. In: The American Economic Review, Vol. 36 (1946), S. 519–554, bes. S. 521; *Erich Schneider*, Der Realismus der Marginalanalyse in der Preistheorie. In: Weltwirtschaftliches Archiv, Bd. 73 (1954 II), S. 38–58, hier S. 38.

den Annahmen über die Zieldefinition und die Mittelbeanspruchung. Von welchen Einflußgrößen Grenzerlöse und Grenzkosten abhängen und wie man praktisch Grenzerlöse und Grenzkosten errechnen kann, das entscheidet darüber, ob unser Modellbeispiel unternehmungspolitischen Wert hat oder nicht.

Allerdings scheint diese Auffassung vom Wert ökonomischer Modellüberlegungen noch nicht allgemein anerkannt zu sein.

Studiert man die Literatur, dann entsteht gelegentlich der Eindruck, die Zielvorschrift »Maximiere!« und das Rechenverfahren bestimmten den ökonomischen Gehalt eines Modells. Beides, das Problem, ob Extremwerte angestrebt werden, und die Vorzüge und Nachteile einzelner Rechenverfahren zur Optimumbestimmung (herkömmliche »Marginalanalyse« gegen die Techniken der »mathematischen Programmierung«), wird in beängstigender Ausführlichkeit erörtert. Wie man zur Zieldefinition und den Nebenbedingungen kommt, darüber findet man wenig.

Wie ist das zu erklären? Nun, Klappern gehört zum Handwerk: Zur Zielvorschrift und zum Rechenverfahren läßt sich regelmäßig sehr viel sagen. Die erste führt zur Psychologie und Soziologie, das zweite zur Mathematik — und so erweckt man auch bei oberflächlicher Garnierung leicht den Eindruck erhabener Wissenschaftlichkeit. Die *wirtschaftlichen* Probleme der Zieldefinition und der Mittelbeanspruchung zu klären, das erfordert ein Eindringen in Einzelfragen, es ist mühsam und erscheint weit weniger bildungsbeflissen. Das könnte eine Erklärung sein. Aber betrachten wir die Zusammenhänge näher.

Wer Entscheidungshilfen für die Praxis erarbeiten will, der steht vor zwei Aufgaben:

(1) Er muß ein gedankliches Abbild (ein Modell) der Zielvorstellungen, Umweltbedingungen und Mittelbeanspruchung des praktischen Falls entwerfen und Zahlen und Beziehungen zu finden suchen, welche die Bedingungen der Wirklichkeit »hinreichend genau« in der Abbildung wiedergeben.

(2) Er wird die zielentsprechende Lösung für die Modellannahmen ausrechnen wollen, um eine Entscheidungsempfehlung für diese oder jene Handlungsmöglichkeit aussprechen zu können. Dabei entsteht ein Problem der Rechentechnik, ob man also dividiert, logarithmiert oder linear programmiert.

Die erste Aufgabe nenne ich das »Sachproblem«, die zweite Aufgabe ist eine Rechenangelegenheit, keine wirtschaftswissenschaftliche Frage.

Nur in drei Fällen ist zu prüfen, ob die Rechenangelegenheiten für den Ökonomen bedeutsam werden.

Der erste Fall betrifft die technischen Rechenhilfen zur Datenerfassung und -aufbereitung (wie elektronische Datenverarbeitung). Wieweit solche Organisationshilfen für die Planung verwendet werden können, hängt davon ab, ob brauchbare Planungsmodelle vorliegen. Nur die Planungsmodelle stehen hier zur Diskussion.

Ein zweiter Fall könnte eintreten, wenn es für ein und denselben Modellansatz verschiedene Verfahren zum Ausrechnen der Lösung (verschiedene »Optimierungsverfahren«) gibt. Die Suche nach zweckmäßigen Rechenverfahren ist jedoch Aufgabe der Mathematik, nicht der Wirtschaftswissenschaften. Für die Lösung der meisten Rechenprobleme gibt es verschiedene »Optimierungsverfahren«. Wer z. B. die Zahl π näherungsweise bestimmen will, kann die Leibnizreihe wählen oder andere Verfahren,

welche die richtige Zahlenfolge rascher angeben. Die Anwendung der einzelnen Näherungs-, Probier- und sonstigen Rechenverfahren ist zwar mit unterschiedlichen Kosten verbunden und insoweit könnte die Wahl des Rechenverfahrens »ökonomischer« Natur sein. Aber derartige Wirtschaftlichkeitsprobleme kennt jede Wissenschaft, ohne daß man diese Probleme zu wirtschaftswissenschaftlichen Problemen erklären wird.
Der dritte Fall ist jener, für den Ökonom und Mathematiker gemeinsam ein Problem lösen müssen. Nehmen wir an, jemand hätte ein hinreichend wirklichkeitsgetreues Abbild eines Entscheidungsproblems erarbeitet und stellt fest: Es gibt noch kein Rechenverfahren, um das Optimum für dieses Modell auszurechnen. Damit entsteht für unseren Modellschreiner ein neues Wahlproblem: Entweder verzichtet er auf ein Lösungsverfahren, versucht per Hand (durch Probieren) eine Lösung zu finden, oder er vereinfacht das Modell, indem er nach und nach so viel von dem hinreichend wirklichkeitsgetreuen Abbild abhackt, bis das zurechtgestutzte Modell mit einem Rechenverfahren lösbar wird.
Für diese aus rechentechnischen Gründen erzwungene Vereinfachung wird sich der Ökonom mit einem Mathematiker zusammensetzen, und beide werden überlegen, wie weit man vereinfachen muß, um ein Lösungsverfahren zu finden. Aufgabe des Ökonomen ist, dabei zu beurteilen, auf welche Abhängigkeiten er notfalls in dem Modell verzichten kann. Erst wenn man die Vereinfachungen (und d. h.: die vorsätzlichen Fehler) kennt, die man zu machen gezwungen war, kann man ein Urteil über den praktischen Wert eines Modells abgeben.
Das Bemühen des Wirtschaftswissenschaftlers muß vor allem darin bestehen, die Schwierigkeiten zu lösen, die dem »hinreichend genauen« Abbild der wirtschaftlichen Wirklichkeit in Modellen entgegenstehen. Wie das Optimum ausgerechnet werden kann, das ist eine Frage zweiter Ordnung.
Demgegenüber verläuft der Weg der Unternehmensforschung regelmäßig entgegengesetzt: Man übernimmt oder entwickelt eine Rechentechnik, für die dann wirtschaftliche Anwendungsfälle gesucht werden. Die sog. »ökonomischen« Modelle, die als Ergebnis der Suche nach Anwendungsfällen vorgetragen werden, bezeugen durchweg, daß die Verfasser etwas von mathematischer Schreibweise, schon seltener etwas von Mathematik, und häufig nicht allzuviel von Wirtschaftswissenschaften verstehen.

3. Das Informations- und Organisationsproblem

aa) Informationsbeschaffung

Wie erlangt man Kenntnis über die Ziele, Umweltbedingungen und Handlungsmöglichkeiten? Diese Frage kennzeichnet die Informationsbeschaffung, die Beschaffung des Wissens, um Entscheidungsprobleme zu lösen. Die Informationsbeschaffung hat eine menschliche, eine technische und eine ökonomische Seite.
Die menschliche Seite betrifft die Begabung des Entscheidenden und seinen Willen, seine Begabung für die Lösung des Entscheidungsproblems einzusetzen. Wie genau legt der Entscheidende seine Ziele fest? Wie sorgfältig denkt er über Umweltbedingungen

und Handlungsmöglichkeiten nach? Auf die menschliche Seite und damit die Psyche des Entscheidenden wird hier nicht eingegangen. Für das folgende wird vorausgesetzt, daß Ziele, Handlungsmöglichkeiten und Umweltbedingungen vorgegeben sind. Wie die Einsicht in Ziele, Handlungsmöglichkeiten und Umweltbedingungen zustande kommt, diese psychologischen Fragen werden nicht untersucht.

Die technische Seite der Informationsbeschaffung erfaßt die Wege, Wissen zu erlangen. Welche Wege einzuschlagen sind, kann nur im Einzelfall entschieden werden: Die Wege führen von der Grundlagenforschung über die Produktionstechnik bis zu stichprobenhaften Verbraucherbefragungen; sie führen von der Zeitungslektüre bis zur eigenständigen wissenschaftlichen Untersuchung, vom Besuch von Tagungen bis zum In-Versuchung-Führen gut informierter Leute. Die Wege zur Beschaffung von Wissen werden hier nicht dargestellt.

Die ökonomische Seite der Informationsbeschaffung betrifft die finanziellen Auswirkungen der Beschaffung von Wissen: »Kosten« und »Erträge« von Informationen. Zusätzliches Wissen verspricht zusätzliche Zielbeiträge, weil besser (mit höherem Gewinn, mit geringerem Risiko) geplant werden kann. Aber die Beschaffung des Wissens kostet regelmäßig etwas. Die ökonomische Seite der Informationsbeschaffung führt zu der Frage nach dem Informationsoptimum: dem zielentsprechenden Ausmaß der Beschaffung von Wissen für die Lösung eines bestimmten Entscheidungsproblems.

Um das zielentsprechende Ausmaß der Beschaffung von Wissen formal zu bestimmen, bietet sich der Cournotsche Satz an: Das Optimum ist erreicht, wenn der »Grenzerlös« aus einer zusätzlichen Information gleich den »Grenzkosten« dieser Information ist. Da es sich bei dem Cournotschen Satz um eine formallogische Aussage handelt, kann er auf jedes beliebige Problem angewandt werden. Doch ist zu fragen: Ist mit der Übertragung des formalen Cournotschen Satzes auf die Informationsbeschaffung etwas gewonnen? Inhaltlich sagt die Optimumbedingung nichts aus, solange Grenzerlös und Grenzkosten der Information nicht ermittelt werden können. Dabei wirft die Ermittlung der Grenzkosten im Regelfall keine zusätzlichen Probleme auf, keine Probleme über die Fragen hinaus, die auch im Produktionsbereich einer Unternehmung (insbesondere eines Dienstleistungsbetriebes) bei der Grenzkostenermittlung zu beantworten sind – und die zum Teil noch keine Antwort gefunden haben.

Weitaus schwieriger ist es, die Grenzerlöse einer Information zu bestimmen. Das beginnt schon bei der heiklen Frage: Die Ermittlung der Grenzerlöse einer Information ist doch, für sich genommen, auch ein Informationsproblem. Lohnt sich folglich die Information über die Höhe der Grenzerlöse einer zusätzlichen Information? Gibt es ein Optimum der Informationsbeschaffung über die Informationen?

Bei dem Versuch, ein Informationsoptimum zu bestimmen, stoßen wir auf ein neues Informationsproblem und damit wieder auf die Informationsoptimierung. Anscheinend bewegen wir uns auf einer Spirale ins Unendliche.

Doch in Wirklichkeit belegt die unendliche Spirale nur einen Denkfehler. Wir haben bisher das Pferd vom Schwanz her aufgezäumt. Jedem Entscheidenden steht seine eigene Arbeitskraft kostenlos zur Verfügung. Jeder besitzt einen kostenlosen Grundbestand an Wissen. Kindergarten, Schule und Hochschulausbildung dienen schließlich dazu, diesen Grundbestand an Wissen über erstrebenswerte Ziele, über Umweltbedin-

gungen und Handlungsmöglichkeiten zu erweitern. Das Problem der Informationsbeschaffung besteht deshalb für den Entscheidenden lediglich darin zu klären, ob er bei irgendeinem Entscheidungsproblem (z. B. Äpfel oder Birnen, Automobilfabriken oder Luftfahrtgesellschaften zu kaufen) über den Grundbestand an Wissen hinaus zusätzliches Wissen erwirbt oder nicht.
Nun ist aber die Entscheidung, zusätzliches Wissen einzuholen, eine Entscheidung unter Ungewißheit. Man hofft etwas Bestimmtes zu erfahren; doch ob man es erfährt, weiß man vor dem Eintreffen der Information nicht. Das Informationsoptimum kann deshalb nur mit den Mitteln der Ungewißheitstheorie bestimmt werden. Deshalb stellen wir dieses Problem zurück und gehen zunächst davon aus, daß der Entscheidende ein bestimmtes Wissen habe und dieses Wissen nicht zu vermehren sei. Auf dieser Grundlage wird die zielentsprechende Entscheidung unter Ungewißheit abgeleitet. Nachdem wir wissen, wie bei gegebenem Informationsstand die zielentsprechende Entscheidung unter Ungewißheit aussieht, werden wir (S. 150) das Problem des Informationsoptimums erneut aufgreifen und fragen: Wie bestimmt sich das zielentsprechende Ausmaß der Informationsbeschaffung?

bb) *Informationsauswertung*

Die Informationsauswertung ist streng von der Informationsbeschaffung zu trennen. Informationsbeschaffung gleicht dem Einkauf von Rohstoffen, Informationsauswertung ihrer Verarbeitung. Die Informationsbeschaffung ist mit dem Erwerb eines Lehrbuchs, Gutachtens, Prüfungsberichts abgeschlossen. Die Informationsauswertung beginnt mit dem Studium des Lehrbuchs, Gutachtens, Prüfungsberichts, und sie endet mit der Antwort auf die Frage: Wie findet man aus *vorgegebenen* Informationen die Entscheidung? Gestattet z. B. das Studium des Gutachtens, des Prüfungsberichts über eine Firma den Schluß: Für den Erwerb dieser Firma können wir bis zu 5 Mill. Mark ausgeben?
Die scharfe Trennung der Informationsauswertung von der Informationsbeschaffung ist im Schrifttum nicht üblich. Zunächst erscheint in der Tat die Informationsauswertung der Informationsbeschaffung gleichgerichtet. Sie hat eine menschliche Seite: Ist der Entscheidende bereit und fähig, eine zielentsprechende, widerspruchsfreie Lösung zu erarbeiten? Bereitschaft und Fähigkeit hierzu werden im weiteren unterstellt. Die Informationsauswertung kennt eine technische Seite: Wie können die vorhandenen Informationen ausgewertet werden? Die Antwort liefern die Verfahren der Planungsrechnung und Entscheidungstheorie, die zum Teil Gegenstand dieses Buches sind. Die Informationsauswertung kennt einen ökonomischen Aspekt: Ist es vorteilhaft, umfassende, weit verästelte »Totalmodelle« für jedes Entscheidungsproblem aufzustellen oder genügen einfachere Modelle, z. B. die klassischen Ansätze oder gar die Faustformeln der Praxis?
Der ökonomische Unterschied zwischen Informationsbeschaffung und Informationsauswertung offenbart sich bei dem Versuch, die Informationsauswertung zielentsprechend zu gestalten. Bei der Informationsauswertung geht es um den Umfang und damit auch den Schwierigkeitsgrad der anzuwendenden Entscheidungsmodelle. Nehmen wir

an, das Wissen für ein Entscheidungsproblem sei beschafft worden. Es gelte nun, aus den vorliegenden reichhaltigen oder dürftigen Daten und Annahmen die zielentsprechende Lösung abzuleiten. Dabei sind verschiedene Wege möglich: Man kann alle denkbaren Zukunftsentwicklungen berücksichtigen oder sich nur auf eine (oder wenige sehr wahrscheinliche) beschränken. Man kann bei den Handlungsmöglichkeiten nur zwei Alternativen betrachten (aus den börsengängigen Wertpapieren z. B. nur den Kauf von Bayer- oder BASF-Aktien) oder sehr viele Handlungsprogramme gegeneinander abwägen (Anlage des ganzen Geldes in Aktien einer Chemiefabrik, in verschiedenen Chemieaktien, in Chemie- und Stahlaktien, in Chemie-, Stahl- und Bankaktien usw.). Bei der Informationsauswertung geht es also u. a. darum, ob man ein Gesamtoptimum sucht und sich deshalb bemüht, die einzelnen Handlungsmöglichkeiten »vollständig zu formulieren« oder ob man sich mit einem Teiloptimum begnügt und deshalb mit vereinfachenden Pauschalannahmen arbeitet. Regelmäßig ist dabei der Versuch zu einer »vollständigeren Formulierung« verbunden mit der Notwendigkeit, weitere Informationen zu beschaffen: Wer neben den Chemieaktien auch Stahlaktien erwägt, muß sich über ihre Kursentwicklung zusätzlich erkundigen. Es sind dann während der Informationsauswertung neue Vorentscheidungen zu treffen, ob sich das Einholen weiteren Wissens lohnt oder nicht; darauf wurde schon S. 25 hingewiesen.

Sollen alle vorliegenden Informationen vollständig ausgewertet und ein Totaloptimum angestrebt werden oder ist es zielentsprechend, nur ein Teiloptimum zu suchen und dafür nur einen Teil der Informationen auszuwerten und sonst mit vereinfachenden Pauschalannahmen zu arbeiten?

Die Wahl zwischen umfassenden oder einfachen Modellen hofft die Literatur [10] mit Hilfe eines »optimalen Komplexionsgrades« der Modelle zu entscheiden. Doch mehr als das Wort »optimaler Komplexionsgrad« hat die Literatur zur Lösung des Wahlproblems bisher nicht erarbeitet. Und der Begriff »optimaler Komplexionsgrad« ist aus sprachlichen und sachlichen Gründen bedenklich. Sprachlich ziehe ich den Ausdruck »Grad zulässiger Vereinfachungen« vor, weil mir aufgeblasene Fremdwörter die Klarheit im Denken nicht zu fördern scheinen. Wie unklar der Begriff des »optimalen Komplexionsgrades« ist, zeigt sich daran, daß aus der Sache heraus überhaupt kein »Optimum« eines Komplexionsgrades bestimmt werden kann.

Die Literatur (soweit sie die Informationsauswertung überhaupt als Problem erkennt) glaubt zwar, daß für das zielentsprechende Ausmaß der Informationsauswertung dieselben Überlegungen gelten wie für das zielentsprechende Ausmaß der Informationsbeschaffung. Man habe zu planen: Wie ändere eine Verfeinerung der Planungsmodelle (eine höhere Komplexion) den Zielbeitrag der Entscheidung? Die Verfeinerung des Planungsmodells sei dann zu beenden, wenn eine weitere Verfeinerung den Zielbeitrag der Entscheidung nicht mehr erhöhe.

[10] Vgl. z. B. *Herbert Hax, Helmut Laux,* Flexible Planung – Verfahrensregeln und Entscheidungsmodelle für die Planung bei Ungewißheit. In: ZfbF, Jg. 24 (1972), S. 318–340, hier S. 328 f.; *Heinz Teichmann,* Die optimale Komplexion des Entscheidungskalküls. In: ZfbF, Jg. 24 (1972), S. 519–539.

Aber diese Überlegung beruht auf einem Trugschluß. Das verdeutlicht ein einfaches Beispiel: Geprüft werde, ob über den Aktienkauf mit Hand und Bleistift entschieden werden soll, oder mit Hilfe eines Modells der mathematischen Programmierung unter Einschaltung eines Rechenzentrums. Dazu ist (nach der Literatur) zu planen, wie hoch der Zielbeitrag der Wertpapiermischung bei dem Modell der mathematischen Programmierung und bei der herkömmlichen Schreibtischarbeit sei. Aber um die Zielbeiträge des Computermodells und des Hand- und Bleistiftmodells abzuschätzen, müßten doch beide Modelle erst ausgerechnet werden! Wenn man beide Modelle ausrechnet, entfällt das Entscheidungsproblem, welches man nun ausrechnen soll. Das heißt aber: Für die fragliche Sachentscheidung »Aktienkauf« kann nicht entschieden werden, ob das zeitraubendere Programmierungsmodell oder das einfachere Hand- und Bleistiftmodell zielentsprechend ist. Sinn hat das Ausrechnen beider Planungsmodelle nur, wenn man für spätere Wertpapierkäufe eine Vorentscheidung treffen will, welcher Modellansatz »grundsätzlich« in Zukunft anzuwenden sei. Aber eine solche Entscheidung über die in Zukunft anzuwendenden Modelle ist anfechtbar, weil strenggenommen die zielentsprechende Modellstruktur nur für das gerade zu entscheidende Sachproblem festzulegen ist.

Es gibt deshalb kein Optimum der Informationsauswertung: Die zielentsprechende Modellstruktur ist vor der Problemlösung nicht zu bestimmen, weil die Zielbeiträge einer verbesserten Modellstruktur vor der Problemlösung nicht zu ermitteln sind.

Eine eindeutige Aussage über die Informationsauswertung läßt sich nur dann treffen, wenn keine Grenzkosten für die zusätzliche Informationsauswertung entstehen. Solange die Verfeinerung der Modelle, die Verbesserung der Informationsauswertung, nicht zu zusätzlichen Kosten führt, ist stets das umfangreichere, wirklichkeitsnähere Modell dem einfacheren Modell überlegen.

Doch selbst wenn die Planungskosten für beide Modelle gleich sind, heißt das nicht unbedingt, daß das Modell der mathematischen Programmierung vorzuziehen ist. Dazu muß erst geprüft werden, ob es tatsächlich wirklichkeitsnäher ist als das Hand- und Bleistiftmodell. Nicht das formal aufwendigere Modell ist vorzuziehen, sondern jenes, das mehr von der Wirklichkeit einfängt.

Entstehen durch den umfassenderen, wirklichkeitsnäheren Modellansatz zusätzliche Planungskosten, dann hat die Wissenschaft dem Entscheidenden Alternativen zu bieten. Einfachere Planungsansätze, welche die Einzelheiten der Wirklichkeit nur grob erfassen und zu geringen Planungskosten führen, sind umfassenderen Ansätzen gegenüberzustellen, welche versuchen, die Abhängigkeiten in der Wirklichkeit weitgehend wiederzugeben und damit durchweg höhere Planungskosten hervorrufen.

Es muß dem Ermessen des Entscheidenden vorbehalten bleiben, ob er umfangreiche Planungsmodelle, eine weitgehende Informationsauswertung und damit hohe Planungskosten wählt, oder einfachere Planungsmodelle, eine geringere Informationsauswertung und damit niedrigere Planungskosten. Der Grad zulässiger Vereinfachungen in der Planung und damit das Ausmaß der Informationsauswertung sind letztlich vom Arbeitseinsatz abhängig, den der Entscheidende für die Lösung seiner Probleme aufzuwenden bereit ist. »Wie wichtig« jemand die ökonomischen Wahlprobleme nimmt, diese Frage scheint mir mit Mitteln der ökonomischen Theorie nicht lösbar zu sein. Deshalb gibt es zwar ein Problem der Informationsauswertung, aber keine ökonomische Lösung dieses Problems und damit auch keinen »optimalen Komplexionsgrad«.

cc) Organisation des Entscheidungsprozesses

Wir setzen den im Einzelfall Entscheidenden gleich dem »Unternehmer«. Das ist eine Vorstellung vom Unternehmer, die für den Anfang betriebswirtschaftlicher Theorie zweckmäßig ist. Aber in der Wirklichkeit trifft nicht eine einzelne Person allein alle Entscheidungen. Deshalb ist zu fragen: Wie kommen Entscheidungen in einer Gruppe Entscheidungsberechtigter zustande (z. B. in der Gruppe »Vorstand«)? Wie beeinflußt die Verlagerung von Entscheidungsbefugnissen auf Mitarbeiter die Entscheidung? Wie kann erreicht werden, daß die Untergebenen ihre Entscheidungen an den Zielen der Unternehmensspitze ausrichten? Wie wirkt sich die Mitbestimmung der Arbeitnehmer auf Güte und Schnelligkeit der Entscheidungen aus? Diese Fragen gehören zum Problem der Organisation des Entscheidungsprozesses.

Das Organisationsproblem wird in diesem Buch nicht im einzelnen behandelt. Das Organisationsproblem auszuklammern, vereinfacht die Erörterung der Investitions- und Finanzierungstheorie. Die Nachteile dieses Verfahrens sind: Wir müssen im weiteren unterstellen, daß die Organisation des Entscheidungsprozesses keinen Einfluß auf die Entscheidung nimmt. Unsere Aussagen gelten streng genommen nur für eine Unternehmung, in der ein einzelner alle Entscheidungen trifft. Sobald die Entscheidungen nicht mehr von einem einzelnen allein getroffen werden, entsteht das Problem der Verlagerung von Entscheidungsbefugnissen, das Problem der Abgrenzung der Verantwortungsbereiche, der gegenseitigen Information der Entscheidenden, kurz: erst dann entstehen jene Probleme, die das Leben zwischen Kollegen untereinander und im Verhältnis von Vorgesetzten zu Untergebenen so schwierig machen.

Die Hemmnisse, die einer reibungslosen Organisation des Entscheidungsprozesses entgegenstehen, haben ihre gemeinsame Wurzel in dem Verhältnis zwischen handelnden Menschen, ihren widersprüchlichen Zielen und ihrer mehr oder weniger ausgeprägten Entscheidungsfreude gegenüber einer nicht beherrschbaren Zukunft.

Wenn wir von diesen Bedingungen menschlichen Handelns absehen, unterstellen wir als Entscheidenden mehr oder weniger einen Roboter. Indes: Eine solche grobe Vereinfachung ist als erstes notwendig. Ohne Zweifel ist die Psyche des Handelnden (und die seiner Mitarbeiter) ein wichtiges Problem beim Finden betriebswirtschaftlich richtiger Lösungen. Es ist nur nicht das einzige Problem. Daneben bestehen Probleme rein wirtschaftlicher Art, die auch nicht ohne Schwierigkeiten sind. Sie können nicht gelöst werden, wenn sie zugleich mit den seelischen Eigenarten handelnder Menschen verknüpft werden. Wer glaubt, auf Anhieb Einzelfragen ökonomischer Logik mit psychologischen, soziologischen, anthropologischen und sonstigen Spekulationen in einer »qualitativen Gesamtschau« verknüpfen zu können, der liefert keine ökonomische Theorie, sondern (nach den bisherigen Erfahrungen) nur breiartiges Gerede. Man kann ökonomische Probleme nur lösen, wenn man zunächst vereinfacht, unter den Vereinfachungen eindeutige Aussagen ableitet, und dann von einfachen Zusammen-

hängen zu schwierigeren übergeht. Heroische Vereinfachungen sind die Muttermilch der Theorie.
Jede Theorie muß mit grob gestutzten Zusammenhängen anfangen und sich Stück für Stück an die Wirklichkeit herantasten. Der Leser, der diesen mühsamen Weg mitgeht, darf sicher sein, daß er allen Schönrednern, die glauben, ohne sorgfältige Detailanalyse wirtschaftliche Wahrheiten zu kennen, durch Sachfragen den Schleier von dem dürren Gerippe ihrer Phrasen reißen kann.
Um zu vereinfachen, sehen wir in diesem Band von allen zwischenmenschlichen Problemen ab. Erst nachdem die ökonomischen Sachfragen unter dieser Vereinfachung beantwortet worden sind, kann die Frage beantwortet werden: Wie ändern sich die Sachentscheidungen, wenn die Organisation selbst zum Problem wird?
Bei der Vielzahl von Vereinfachungen hinsichtlich der Informationsbeschaffung, der Informationsauswertung und der Organisation wird es dem Leser sicher langsam unheimlich werden. Aber eine Theorie der Unternehmenspolitik verlangt in erster Linie, alle Einflußgrößen zu nennen und alle Voraussetzungen aufzuzählen, auf denen einzelne Empfehlungen für optimales Handeln beruhen. Um Optima zu definieren, müssen die vielfältigen Zusammenhänge der Wirklichkeit rücksichtslos gestutzt werden. Vereinfachen der Wirklichkeit heißt sehr oft: vorsätzlich Fehler machen. Erst wenn man die Fehler kennt, kann man sie beseitigen und im Einzelfall jenen Grad der Annäherung an das »Totalmodell« suchen, der erwünscht und erreichbar ist.

Dem Leser, dem dies mißfällt, bleiben drei Möglichkeiten:

(1) das Studium der Betriebswirtschaftslehre aufzugeben;

(2) dieses Lehrbuch wegzuwerfen und ein Lehrbuch zu suchen, das die Voraussetzungen und Schwierigkeiten nicht aufzählt, oder

(3) im Bewußtsein der Schwierigkeiten Schritt für Schritt von der Muttermilch heroischer Vereinfachungen zu den Reistafeln praktisch brauchbarer Modelle fortzuschreiten.
Der Autor empfiehlt den dritten Weg.

4. Unternehmensmodelle und die Aufgaben betriebswirtschaftlicher Forschung

Mancher Abstieg einer Wissenschaft folgt aus dem Hang zur Methodologie. Methodologie kann Gift sein. Gelegentlich ist etwas Gift heilsam. Das wenige an methodologischen Einsichten, das zur Klärung unseres Vorgehens förderlich sein kann, soll nun dargestellt werden.
Die Betriebswirtschaftslehre beschäftigt sich mit dem wirtschaftlichen Handeln in Unternehmungen. Drei Aufgaben hat sie dabei zu lösen:

1. Sie hat das Erfahrungsmaterial der Praxis zu den einzelnen Entscheidungsproblemen zu ordnen (Welche Kreditarten bieten sich an? Welche Entlohnungsformen sind zu unterscheiden?) – »systematisierende Theorie«.
2. Sie hat Modellvorstellungen zur Lösung praktischer Entscheidungsprobleme zu entwickeln – »formale Theorie«.

3. Sie hat die Modellvorstellungen dem Erfahrungswissen gegenüberzustellen und dabei Entscheidungsregeln abzuleiten, die der Unternehmungspolitik nützlich sind — »operationale Theorie«.

Im einzelnen:

Zu 1.: Die Betriebswirtschaftslehre muß die mannigfachen Erscheinungsformen des Unternehmensgeschehens in der Wirklichkeit erfassen. Das Sammeln des Erfahrungsmaterials, z. B. über industrielle Erzeugungsverfahren, die Formen der Kreditfinanzierung oder die Besonderheiten einzelner Vertriebsformen, kann jedoch noch nicht als Theorie bezeichnet werden. Soweit sich die Betriebswirtschaftslehre mit dem Sammeln empirischen Wissens begnügt, ist sie *Unternehmenskunde.* Das Sammeln des Erfahrungsmaterials ist Voraussetzung für eine betriebswirtschaftliche Theorie. Von einer Theorie kann erst gesprochen werden, wenn Probleme gedanklich durchdrungen und bewältigt werden. Die erste Aufgabe der betriebswirtschaftlichen Theorie liegt in der Ordnung der vielfältigen Erscheinungen, darin, aus der Fülle des Empirisch-Gültigen die wesentlichen Einflußfaktoren und Strukturbeziehungen herauszufinden. Auf dieser ersten Stufe ist die betriebswirtschaftliche Theorie eine die Erscheinungsformen der Wirklichkeit *systematisierende Theorie,* so wie sie etwa im Produktionsbereich in der Lehre von den Kosteneinflußfaktoren, im Absatzbereich in der Lehre von den Absatzmethoden, im Finanzbereich in dem System der Finanzierungsarten vorliegt.

Zu 2.: Die zweite Aufgabe betriebswirtschaftlicher Forschung besteht in der Untersuchung der Lösungsmöglichkeiten einzelner Probleme der Unternehmungspolitik. Dazu bedient sich die betriebswirtschaftliche Theorie der Modellanalyse.

Aus einem Modell werden formallogisch unbestreitbare Schlüsse abgeleitet. Deshalb ist auf dieser Stufe die betriebswirtschaftliche Theorie formale, die Wirklichkeit »formalisierende« Theorie. Der Erkenntniswert der *formalen Theorie* liegt in der formallogischen Aussage, in dem Erhellen dessen, was stillschweigend in den Prämissen bereits gesagt ist. Durch die Anwendung von Rechentechniken zur Optimumbestimmung hofft man, das Wahlproblem gelöst zu haben. Gewonnen ist jedoch zunächst nur ein formallogischer Schluß ohne Bezug zur wirtschaftlichen Wirklichkeit. Eine ökonomische Frage ist erst beantwortet, wenn die Modellbedingungen den wesentlichen Daten in der Wirklichkeit entsprechen, d. h. wenn die Zielvorschrift im Modell sich mit den Motiven des Entscheidenden deckt, wenn die Umweltbedingungen die Verhältnisse in der Unternehmung und auf den Märkten wiedergeben und wenn die Definitionen des Ziels und der Umweltbedingungen so gewählt werden, daß sie mit Zahlen aus dem betrieblichen Rechnungswesen belegt werden können [11].

Zu 3.: Der dritte Schritt führt deshalb zu einer *operationalen Theorie.* Das ist eine Theorie, die ihre Begriffe so wählt, daß die Modelle in der Wirklichkeit anwendbar sind. Sie schlägt eine Brücke zwischen der deduktiven Modelltheorie und der induktiven systematisierenden Theorie. Sie ist Voraussetzung dafür, daß die betriebswirtschaftliche Theorie eine Theorie der Unternehmungspolitik wird, also gedankliches Vorwegnehmen praktischen Handelns.

[11] Wenn also, wie man es mitunter zu sagen vorzieht, eine »Isomorphie« zwischen Modell und Wirklichkeit besteht, vgl. z. B. *Erich Kosiol,* Modellanalyse als Grundlage unternehmerischer Entscheidungen. In: ZfhF, NF, Jg. 13 (1961), S. 318—334, hier S. 321.

Den Versuch, eine Theorie an der Wirklichkeit zu überprüfen, nennt man Verifizierung der Theorie. Mit Verifizieren ist regelmäßig die statistische Überprüfung einer Hypothese gemeint. Statistische Kostenuntersuchungen stellen z. B. den Versuch dar, einzelne theoretische Vorstellungen über den Kostenverlauf einer Unternehmung am Erfahrungsmaterial der Praxis zu überprüfen und so die Hypothesen der Kostentheorie zu »verifizieren«. Eine Theorie operational zu formulieren, ist eine notwendige Voraussetzung für die Verifizierung. Bevor eine Theorie statistisch überprüft werden kann, ist die Frage zu beantworten: Wie sind die Begriffe, in denen das formallogische Denken abrollt, inhaltlich zu fassen, damit sie auf praktische Einzelprobleme angewandt werden können? Wie eng sind z. B. die Begriffe »Grenzkosten«, »Investitionsobjekt« zu definieren, damit ihnen überhaupt eindeutiges Zahlenmaterial aus dem Rechnungswesen zugeordnet werden kann? Mit dem Bemühen, den Begriffen der Modellanalyse meßbaren wirtschaftlichen Inhalt zu geben, schafft man erst die Voraussetzung, um eine Theorie an der Wirklichkeit zu überprüfen, sie zu bestätigen oder zu widerlegen – sie zu »falsifizieren«, wie man es heutzutage im Anschluß an Popper[12] nennt. Die operationale Theorie im hier verstandenen Sinn ist unabweisbarer Teil jeder theoretischen Arbeit in den Erfahrungswissenschaften.

Gegen die Dreiteilung der betriebswirtschaftlichen Theorie in einen systematisierenden, einen formalisierenden und einen operationalen Teil lassen sich Bedenken vortragen. So höre ich den Einwand: Ökonomische Theorie sei nur (mathematische) Modelltheorie. Die gedankliche Ordnung des empirischen Wissens (die systematisierende Theorie) sei ein anerkennenswertes vorwissenschaftliches Bemühen, und die Schwierigkeiten der »Operationalisierung« und »Verifizierung« seien statistischer Natur, keine Probleme der ökonomischen Theorie. Eine Annäherung der Theorie an die Bedürfnisse des Rechnungswesens, wie sie hier erstrebt werde, gehe über den Charakter theoretischer Untersuchungen hinaus. Diesen Einwand lasse ich nicht gelten; denn er erweckt zu leicht den Verdacht, der »Theoretiker« wolle sich vor den ökonomischen Problemen drücken, für die er nicht mehr als eine formale, nur mathematisch befriedigende Lösung zu bieten hat. In der Tat: Durch eine solche Betrachtungsweise beschränkt man die ökonomische Theorie auf ein formallogisches Spiel, in dem statt Schachfiguren wirtschaftliche Scheinbegriffe bewegt werden. Die Arbeit der ökonomischen Theorie ist doch nicht schon dann beendet, wenn die formale Lösung eines Modells gelungen, wenn nachgewiesen ist, daß für das Problem überhaupt eine Lösung existiert (Existenzbeweis) oder daß ein Optimum beim Handeln nach einer Extremwertvorschrift (»Grenzerlöse gleich Grenzkosten« u. ä.) erreicht ist. Beschränkt sich die ökonomische Theorie darauf, dann sind ihre Probleme lediglich – und in der Mehrzahl recht einfache – Aufgaben der angewandten Mathematik. Gibt es für die Wirtschaftswissenschaften überhaupt eigene Probleme, dann liegen sie in der systematischen Erfassung des Wirtschaftslebens, dessen Reduktion auf handliche Modelle und vor allem in der Umformung und Erweiterung der Modellergebnisse zu anwendbaren Aussagen: in der »Operationalisierung« und »Verifizierung« der Theorie. Diese Schritte von der ökonomischen Theorie zu trennen, heißt doch die Verbindung der Modelltheorie zur ökonomischen Wirklichkeit abzuschneiden – und was ist dann an der Theorie noch ökonomisch?

Erst wenn die Grundlagen erarbeitet sind, die sicherstellen, daß die Modellüberlegungen Lösungsansätze für praktische Einzelprobleme bilden können, erst dann ist die Aufgabe des Theoretikers beendet. Die Betriebswirtschaftslehre als Theorie der Unternehmungspolitik muß auf der Auseinandersetzung mit der formalen Theorie aufbauen. Sie sucht theoretisch begrün-

[12] Vgl. *Karl R. Popper*, Logik der Forschung. 2. Aufl., Tübingen 1966, S. 8.

dete Aussagen, deren Bausteine mit Hilfe des Rechnungswesens ermittelt werden können. In diesem Sinne ist die betriebswirtschaftliche Theorie als Lehre von der Unternehmungspolitik zu verstehen [13].

Ein zweiter Einwand lautet: Aufgabe der ökonomischen Theorie sei es nicht, Handlungsempfehlungen abzuleiten. Aufgabe sei es, die Wirklichkeit zu erklären. Wer die Formulierung von Handlungsempfehlungen als Aufgabe der Wissenschaft ansehe, betreibe »Kunstlehre«, aber keine Theorie. Tatsächlich hat die Wirtschaftstheorie zwei verschiedene Aufgaben. Zum einen will sie aus vorgegebenen Zielen folgerichtige Entscheidungen ableiten. Hier fragt sie z. B.: Wenn das höchste Einkommen angestrebt wird, welches Investitionsprogramm ist dann für die nächsten fünf Jahre zu wählen? Solche Fragestellungen sind Gegenstand der »beratenden« (präskriptiven, normativen) Theorie. Zum anderen will die Wirtschaftstheorie aus vorgegebenen Entscheidungen auf Verhaltensannahmen zurückschließen. Hier fragt sie z. B.: Warum richtet ein Unternehmer die Höhe seiner Investitionen an den verdienten Abschreibungen des Vorjahres aus? Solche Fragestellungen sind Gegenstand der »erklärenden« (explikativen) Theorie.

Der Unterschied zwischen beratender und erklärender Theorie liegt nur in der Betrachtungsweise. Die Probleme sind bei beiden Betrachtungsweisen gleich: Solange die Wirklichkeit genau dem bisherigen Wissen (der bisherigen Theorie) entspricht, verlangt niemand nach einer neuen Theorie. Für nötig befunden wird Forschung und eine neue Theorie erst dann, wenn das vorhandene Wissen mit den Erfahrungen aus der Wirklichkeit nicht mehr übereinstimmt. Vier Fälle sind denkbar, warum die Aussagen der Theorie der Wirklichkeit widersprechen können:

1. In der Wirklichkeit werden andere Ziele verfolgt als in der Theorie (in den Modellen) angenommen wird: falsche Verhaltensannahme.

2. Handlungsmöglichkeiten und Umweltbedingungen der Wirklichkeit werden von der Theorie unzutreffend wiedergegeben: falsche Abbildung der Wirklichkeit.

3. Die Theorie enthält logische Fehler: falsche Modellableitung.

4. In der Wirklichkeit findet sich unvernünftiges Verhalten: falsches Verhalten der Wirklichkeit.

zu 1.: Das Prüfen von Verhaltensannahmen ist unmittelbarer Forschungsgegenstand der erklärenden Theorie. Für die beratende Theorie stellt sich das Zielproblem in gleicher Weise. Oft werden auch der beratenden Theorie ungenaue und widersprüchliche Ziele vorgegeben. Wenn ein Fettsüchtiger zum Arzt geht, möchte er gesund werden (erstes Ziel) und so schlemmen wie bisher (zweites Ziel). Und beides schließt sich im Regelfall aus. Und wer möchte im Wirtschaftsleben nicht am liebsten »maximalen Gewinn bei minimalen Kosten und kleinstem Risiko«? Die in der Wirklichkeit vorgefundenen Ziele sauber voneinander abzugrenzen und sie widerspruchsfrei zu formulieren, ist eine der ersten Aufgaben jeder Theorie.

zu 2.: Für die beratende Theorie ist die wirklichkeitsentsprechende Wiedergabe der Handlungsmöglichkeiten und Umweltbedingungen unmittelbarer Gegenstand der Forschung. Für die erklärende Theorie stellt sich jedoch das Abbildungsproblem in gleicher Weise: Gegen die Verhaltensannahme, die Unternehmer wollten ihren Gewinn maximieren, ist z. B. allen Ernstes eingewandt worden, die nicht abschätzbaren Reaktionen der Konkurrenten machten dies unmöglich (vgl. S. 64). Man verwarf die Verhaltensannahme, obwohl der Widerspruch zwischen

[13] »Economic theory has ... no end in itself; it is only a servant of those parts of economic science which are devoted to the treatment of concrete economic problems«. *Erik Lindahl*, The Dynamic Approach to Economic Theory. In: Studies in the Theory of Money and Capital. London 1939, 2nd impression 1950, S. 21–136, hier S. 33.

Modellaussage (hier der Preistheorie des Oligopols) und Wirklichkeit in der Erfassung der Umweltbedingungen lag. Ob jemand sich gewinnmaximal verhält, kann schließlich nur danach entschieden werden, ob er unter den eigenen Handlungsmöglichkeiten diejenige wählt, die den höchsten Gewinn verspricht, und nicht danach, wie schwer ihm fremde Handlungen das Erreichen der eigenen Ziele machen.

zu 3.: Logische Fehler sind Denk- und/oder Rechenfehler. Einen Denkfehler als solchen anzuerkennen, setzt Einigkeit darüber voraus, was »vernünftig« ist. Über logische Schlußregeln und damit das, was vernünftig ist, herrscht noch keineswegs Einigkeit, insbesondere nicht bei Entscheidungen unter Ungewißheit. Was der eine als einfache logische Schlußregel, als Folge vernünftigen Verhaltens ansieht, sehen andere als zu prüfende Annahme über tatsächliches Verhalten, ja als schon widerlegte Verhaltensannahme an. Das »Unabhängigkeitsprinzip« in der Theorie des Risikonutzens steht z. B. in dieser Weise im Meinungsstreit (vgl. S. 137 ff.).

zu 4.: Ob sich jemand in der Wirklichkeit vernünftig oder unvernünftig verhalten hat, kann nur dann geprüft werden, wenn vor der Entscheidung Ziele, Handlungsmöglichkeiten, Umweltbedingungen und die logischen Schlußregeln offengelegt worden sind. Das wird nur selten der Fall sein. Wenn die Offenlegung nicht erfolgte, muß damit gerechnet werden, daß ein Entscheidender, dem nachträglich ein Fehler, also unvernünftiges Verhalten, angekreidet wird, sich damit verteidigt, daß er andere Ziele als die ihm unterstellten verfolgt habe oder mit abweichenden Umweltbedingungen habe rechnen müssen.

Solche Schutzbehauptungen können nur nachgeprüft (widerlegt) werden, wenn vor der Entscheidung Ziele, Handlungsmöglichkeiten, Umweltbedingungen und Schlußregeln festgelegt wurden.

Sind diese Prüfvoraussetzungen nicht erfüllt und widersprechen sich Theorie und Wirklichkeit, dann darf der Widerspruch nicht durch unvernünftiges Verhalten in der Wirklichkeit begründet werden, denn diese Begründung wäre nicht nachprüfbar und somit unwissenschaftlich. Wissenschaft unterscheidet sich schließlich von Religionen und Ideologien dadurch, daß sie nachprüfbare Aussagen bietet und gerade nicht zum ungeprüften Glauben zwingt.

Sind die Prüfvoraussetzungen nicht erfüllt und widersprechen sich Theorie und Wirklichkeit, dann muß der Widerspruch in falschen Verhaltensannahmen, falschen Abbildungen der Wirklichkeit oder falscher Modellableitung gesucht werden. Es ist das durch die Wirklichkeit widerlegte Modell durch ein besseres, noch nicht widerlegtes zu ersetzen.

Das erneute Aufrollen eines Problems von den Grundlagen her ist mühsam, ja lästig. Einfacher ist natürlich zu sagen: Wenn die Wirklichkeit der Theorie widerspricht, um so schlimmer für die Wirklichkeit, so wie es Dogmatiker, Ideologen und andere Scharlatane seit Menschengedenken tun. Und am bequemsten ist es, den Widerspruch der Theorie mit der Wirklichkeit gar nicht zur Kenntnis zu nehmen. Ein solches Verhalten, das sich gern mit dem Markenzeichen der »reinen« Theorie schmückt, ist unwissenschaftlich, denn hier immunisiert sich die Theorie gegenüber der Wirklichkeit. Wissenschaftlich arbeiten heißt aber Erkennen und nicht Verachten der Wirklichkeit.

c) Das Zeitproblem in der Theorie der Unternehmung

Von oberflächlichen Betrachtern wird die ökonomische Theorie als wirklichkeitsfern bezeichnet, weil sie im wesentlichen mit statischen, »zeitlosen« Modellen arbeite. Eine dynamische Theorie, eine Theorie, die das Zeitmoment ausdrücklich berücksichtigt, sei zu fordern. Wer so argumentiert, hat die ökonomische Theorie nicht verstanden, denn auch statische Modelle enthalten eine Zeitvorstellung. Um das zu begründen, soll das

Zeitproblem in seiner Bedeutung für die Theorie der Unternehmung untersucht werden. Drei Aspekte kann man hierbei herausschälen[14]:

(a) Die Zeit, welche die wirtschaftlichen Handlungen umrankt: das Problem des Handlungszeitraums und des Planungszeitraums.
(b) Die Zeit als ökonomisches Gut neben anderen: das Problem der Produktions- und Konsumtionszeit.
(c) Die Zeit als Hemmnis wirtschaftlichen Handelns: das Problem der Anpassungsgeschwindigkeit.

Die Aspekte (b) und (c) sind in der Produktions- und Absatztheorie zu erörtern. Dort stellt sich z. B. die Frage, wann der Käufer eines Fernsehgerätes wieder als Nachfrager auftreten wird, oder wann die Konkurrenten auf eine Preissenkung reagieren werden. Für unsere Probleme können wir die Aspekte (b) und (c) vernachlässigen.

1. Handlungszeitraum und Planungszeitraum

Der Handlungszeitraum umfaßt die Zeitspanne, in der ein Mensch wirtschaftliche Entscheidungen trifft, also die Zeit bis zum Lebensende. Der Handlungszeitraum ist regelmäßig nicht mit dem Planungszeitraum identisch. Der Planungszeitraum schließt die Zeit ein, für die ins einzelne gehende Unternehmenspläne aufgestellt, Einzelmaßnahmen erwogen werden. Wegen der Unsicherheit der Zukunft mag es sich z. B. nicht lohnen, mehr als fünfjährige Pläne aufzustellen (Planungszeitraum 5 Jahre). Ein vierzigjähriger Unternehmer wird gleichwohl erwarten, daß er mindestens noch fünfundzwanzig Jahre tätig sein kann (Handlungszeitraum 25 Jahre). Zur Vereinfachung wollen wir den Handlungszeitraum bereits mit Erreichen des Rentenalters enden lassen.
Wie lang der Handlungszeitraum im einzelnen sein wird, ist für die Unternehmenspolitik nicht von Bedeutung. Wir müssen nur wissen: Ist der erwartete Handlungszeitraum länger als der gegenwärtige Planungszeitraum, oder beendet der Unternehmer seine Tätigkeit nach Ablauf der gegenwärtigen Unternehmensplanung? Demgemäß sind zwei Fälle zu unterscheiden:
(1) Im Regelfall ist der erwartete Handlungszeitraum länger als der gegenwärtige Planungszeitraum. Der Unternehmer plant so, daß er sein Unternehmen auch nach dem Ende des gegenwärtigen Planungszeitraums (nach dem gegenwärtigen Planungshorizont) weiterführen will. Diesen Fall bezeichne ich als »Unternehmung auf Dauer«. *Unternehmung auf Dauer* heißt also nicht »auf unbegrenzte Zeit«, sondern »*länger als der gegenwärtige Planungszeitraum*«. Das bedeutet praktisch: Zum Ende des gegenwärtigen Planungszeitraums (zum Planungshorizont) müssen hinreichende Ausgangsbedin-

[14] Vgl. *P. N. Rosenstein-Rodan,* The Rôle of Time in Economic Theory. In: Economica, New Series, Vol. 1 (1934), S. 77–97, hier S. 77 f.; in ähnlicher Art auch *Bertil Ohlin,* A Note on Price Theory with Special Reference to Interdependence and Time. In: Economic Essays in Honour of Gustav Cassel. London 1933, S. 471–477, bes. S. 475.

gungen für das Weiterleben der Unternehmung geschaffen worden sein. Der Unternehmer darf z. B. nicht alle Einnahmenüberschüsse während der Planperiode als Einkommen entnehmen, vielmehr muß er in der Unternehmung Kapazitäten erstellen, Vermögen halten, damit ihm die Unternehmung auch nach dem gegenwärtigen Planungshorizont als Einkommensquelle und Betätigungsfeld dienen kann.

(2) Im Sonderfall ist der Handlungszeitraum gleich dem Planungszeitraum: »Unternehmung auf Zeit«. Nehmen wir an, ein 46jähriger Unternehmer wäre durchaus in der Lage, ins einzelne gehende Unternehmenspläne für die nächsten fünf Jahre zu entwickeln, aber er hat sich so über Konkurrenten, Betriebsrat und Finanzamt geärgert, daß er beschließt, bereits am 50. Geburtstag Rentner zu werden. Sein Handlungs- und Planungszeitraum schrumpft damit auf vier Jahre zusammen.

Eine *Unternehmung auf Zeit* ist in zwei Erscheinungsformen denkbar. F. und V. Lutz haben sie als »unabhängiger« und »abhängiger« Planungshorizont bezeichnet[15]:

a) Der Unternehmer plant und arbeitet innerhalb eines vorgegebenen, vom Ergebnis seines Handelns unabhängigen Zeitraums. Er setzt z. B. ohne Rücksicht auf das Ergebnis seiner Tätigkeit seinen Handlungszeitraum auf noch vier Jahre fest. Bis zu diesem unabhängigen Planungshorizont strebt er nach möglichst hohem Einkommen oder nach möglichst bequemem Leben oder was seine Handlungsmotive sonst noch sein mögen.

b) Der Handlungszeitraum des Unternehmers hängt vom Ergebnis seines Handelns ab (abhängiger Planungshorizont). Der abhängige Planungshorizont kann mit einem finanziellen Ziel verbunden oder durch ein nichtfinanzielles Ziel erzwungen sein.

Ein abhängiger Planungshorizont mit finanziellem Ziel liegt z. B. in folgendem Fall vor: Ein Unternehmer erwirbt ein Lager an Iphöfer Julius-Echter-Berg Silvaner Trokkenbeerenauslese des Jahres 1964. Mit wachsendem Alter gewinnt der Wein an Wert. Der Unternehmer lagert die Trockenbeerenauslese so lange, bis sie den höchsten Wert erreicht hat. Dann verkauft er die Hälfte und setzt sich mit der anderen Hälfte zur Ruhe. Wir werden später (S. 222 f.) sehen, daß die optimale Lagerzeit des Weines (seine Investitionsdauer) bei abhängigem Planungshorizont länger ist als im Normalfall, in dem der Unternehmer nach Verkauf der 64er Trockenbeerenauslese andere Weine einlagert oder auch nur sein Geld auf dem Sparbuch weiter anlegt.

Ein abhängiger Planungshorizont mit nichtfinanziellem Ziel ist in folgendem Fall gegeben: Der Unternehmer kauft eine Weingroßhandlung für 1 Mill. Mark und nimmt sich vor, nur solange zu arbeiten, bis aus der einen Million zwei Millionen geworden sind. Das bedeutet, das Ziel des Unternehmers ist Minimierung der Arbeitszeit unter der finanziellen Nebenbedingung, das eingesetzte Kapital zu verdoppeln. Der Handlungszeitraum hängt auch hier von den Handlungsmöglichkeiten ab. Diesen Fall werden wir nicht weiter beachten.

[15] Vgl. *Friedrich [A.]* and *Vera Lutz*, The Theory of Investment of the Firm. Princeton (N. J.) 1951, S. 25 f.

In welchem Verhältnis stehen Handlungszeitraum des Unternehmers und Lebensdauer der »Unternehmung« zueinander?
In personenbezogenen Unternehmen sind Handlungszeitraum des Unternehmers und Lebensdauer der »Unternehmung« begrifflich identisch, denn die personenbezogene Unternehmung umfaßt alle Arbeitshandlungen und Geldanlagen einer Person. Es ist zu beachten, daß die Firmen (Sägewerk, Möbelfabrik) innerhalb einer personenbezogenen Unternehmung über den Handlungszeitraum des Unternehmers hinaus bestehenbleiben können. Übernimmt der Erbe Sägewerk und Möbelfabrik des in den Ruhestand getretenen Unternehmers, dann entsteht eine neue personenbezogene Unternehmung.
Die »firmenbezogene Unternehmung« besteht unabhängig von der Arbeit und dem Kapitaleinsatz einer Person. Bei »firmenbezogenen Unternehmen« tritt an die Stelle des Handlungszeitraums des Unternehmers der Begriff »Lebensdauer der Firma«. Eine firmenbezogene Unternehmung kann auf begrenzte Zeit oder auf unbegrenzte Zeit (auf Dauer) errichtet sein. Firmenbezogene Unternehmen auf Zeit sind z. B. Konsortien, die zusammentreten, um eine bestimmte Wertpapieremission durchzuführen, oder Arbeitsgemeinschaften aus mehreren Firmen, die gemeinsam ein Kraftwerk in einem Entwicklungsland errichten. Im allgemeinen ist jedoch ein Ende der firmenbezogenen Unternehmung am Planungshorizont nicht vorgesehen, und dann liegt eine Unternehmung auf Dauer vor. In diesem Fall hat der Unternehmer, z. B. der Alleinvorstand einer Aktiengesellschaft, so zu planen, daß am Ende des Planungszeitraums die Bedingungen für das Weiterleben der Firma gesichert sind. Er wird das selbst dann als seine Aufgabe ansehen, wenn er plant, während der nächsten drei oder fünf Jahre auszuscheiden.

2. Die Länge des Planungszeitraums

aa) Drei Bestimmungsgründe des Planungshorizonts

Für wie lange plant der Unternehmer? Der Planungszeitraum kann nicht bis zum Jüngsten Gericht reichen. Die Planperiode ist vielmehr durch ein bestimmtes »Gesichtsfeld« bestimmt, durch einen »ökonomischen Horizont« begrenzt[16]. Wie weit reicht das Gesichtsfeld in die Zukunft? Der Planungshorizont als Grenze des Planungszeitraums hängt von drei Größen ab:

(1) Von den Zielen (Handlungsmotiven) des Unternehmers; aus den Zielen folgen der Handlungszeitraum des Unternehmers und damit die Obergrenze des Planungszeitraums. Der Handlungszeitraum wurde bereits erörtert.
(2) Von der Bedeutung des Entscheidungsproblems für die Unternehmung.
(3) Von den Möglichkeiten der Informations-(Daten-)gewinnung für die Entscheidungen.

[16] Begriffe nach *J[an] Tinbergen,* Ein Problem der Dynamik. In: Zeitschrift für Nationalökonomie, Bd. 3 (1932), S. 169–184, hier S. 171; *ders.,* The Notions of Horizon and Expectancy in Dynamic Economics. In: Econometrica, Vol. 1 (1933), S. 247–264, bes. S. 247. Zu den allgemeinen Problemen der Bestimmung des Planungshorizonts vgl. auch *Odd Langholm,* Tidshorisonten. Bergen 1964.

Wie hängt der Planungszeitraum von der Bedeutung des Entscheidungsproblems ab? Die Literatur weist darauf hin, der Planungshorizont (die »zeitliche Übersichtstiefe«) sei für die einzelnen Wahlprobleme unterschiedlich anzusetzen [17]. Gegen diese Auffassung ist eingewandt worden, alle betrieblichen Entscheidungen bedingten einander. Wegen der Interdependenzen der betrieblichen Teilpläne müßte eine einheitliche Planperiode zugrunde gelegt werden. Denn nur für einen einheitlichen Zeitraum könne die gegenseitige Abhängigkeit der einzelnen Teilpläne berücksichtigt werden [18]. Dieses Argument bedarf einer Ergänzung:

Wenn die gewünschte Lebensdauer der Unternehmung über den (z. B. durch die Ungewißheit bestimmten) ökonomischen Horizont hinausreicht, dann kann wegen der Interdependenz aller betrieblichen Entscheidungen der ökonomische Horizont nicht als Begrenzungslinie der Zukunftsüberlegungen schlechthin verstanden werden. Der durch den ökonomischen Horizont begrenzte Planungszeitraum bezeichnet vielmehr das Gesichtsfeld (Entscheidungsfeld), in dem sich die Planungen durch die Analyse einzelner Einflußfaktoren zu verbindlichen, das Optimum anstrebenden Entscheidungen verdichten. Für die Zeit innerhalb des Planungszeitraums wird im einzelnen geplant. Nach Ablauf einer Periode werden dabei die früheren Pläne korrigiert, der Planungshorizont erweitert und für diesen neuen Planungshorizont neue Ausgangsbedingungen für die weitere Zukunft gesetzt. Nur auf diesem Wege überrollender (überlappender) Planungen kann eine tragfähige Unternehmungsplanung entwickelt werden. Auf das Problem »Schaffen der Ausgangsbedingungen für die weitere Zukunft« wird ab S. 236 im einzelnen eingegangen werden.

Das Erfordernis eines einheitlichen Planungszeitraums für alle Entscheidungen gilt nur dann, wenn alle Entscheidungen gemeinsam getroffen werden: wenn ein Totalmodell des künftigen Unternehmensgeschehens aufgestellt wird. Ein solches Totalmodell, in dem Investitions-, Finanzierungs-, Beschaffungs-, Produktions- und Absatzentscheidungen gemeinsam aufeinander abgestimmt und gleichzeitig festgelegt werden, ist das Ideal des Theoretikers. Aber wie jedes Ideal hat es wenig mit der Wirklichkeit zu tun. Die Schwierigkeiten einer solchen Gesamtplanung der Unternehmung liegen auf der Hand: Zunächst müssen alle Einflußfaktoren und ihre gegenseitigen Abhängigkeiten für einen Bereich (z. B. den Finanzbereich) erfaßt werden. Darüber hinaus sind die Abhängigkeiten zwischen den einzelnen Teilbereichen unternehmerischer Planung: Beschaffung, Produktion, Absatz, Investition und Finanzierung zu erkennen und zu berücksichtigen. Für die Mehrzahl aller Entscheidungen wird man notgedrungen auf eine Gesamtschau aller Teilbereiche verzichten müssen und Einzelentscheidungen aufgrund eines isolierten Planes, aufgrund eines Partialmodells, treffen. In solchen Partialüberlegungen wird die zeitliche Übersichtstiefe unterschiedlich sein, und sie wird bestimmt werden durch die drei allgemeinen Bestimmungsgründe des Planungshorizonts (Zielsetzung, Informationsgewinnung, Bedeutung des Problems) und durch den Grad an Vereinfachung, den der Entscheidende für noch vertretbar hält.

[17] Vgl. *Tinbergen,* Ein Problem der Dynamik, S. 171; *Wittmann,* Unternehmung und unvollkommene Information, S. 141 f.

[18] Vgl. *Orth,* S. 55.

bb) Planungshorizont und Informationsbeschaffung

Wie begrenzen die Informationsmöglichkeiten den Planungszeitraum? Zunächst ein Beispiel:
Ein Unternehmer erwägt, in einem sonnigen Entwicklungsland ein Zweigwerk zu bauen. Bei den wackligen politischen Verhältnissen kann er nicht ausschließen, daß eine Regierung an die Macht kommt, die ausländische Niederlassungen verstaatlicht. Ob der Unternehmer sich auf den Bau einläßt, hängt u. a. davon ab, für wie lange er die politische Zukunft des Entwicklungslandes mit für ihn hinreichender Glaubwürdigkeit zu beurteilen vermag. Rechnet er damit, daß die politische Lage während der nächsten fünf Jahre stabil bleibt und sich die Investition in drei Jahren amortisiert, so wird er den Bau wagen, denn selbst wenn nach fünf Jahren die Verstaatlichung droht, hat bis dahin die Investition Gewinne abgeworfen.
Wird der Unternehmer für 5, 6 oder 7 Jahre ins einzelne gehende Investitions- und Finanzpläne aufstellen? Für 7 Jahre zu planen, lohnt sich nur dann, wenn heute bessere Entscheidungen möglich sind als bei z. B. fünfjähriger Planung.
Zunächst sollen keine Informationskosten aufgewendet werden. Es werden dann bestimmte Erwartungen mit hoher Glaubwürdigkeit für die nahe Zukunft und solche mit geringerer Glaubwürdigkeit für die ferne Zukunft vorliegen: Preise und Löhne im nächsten Jahr sind besser abzuschätzen als Preise und Löhne in fünf Jahren. Der Planungshorizont liegt dann in der Periode, für die der Unternehmer eine ins einzelne gehende Planung angesichts der Ungewißheit als nicht mehr sinnvoll ansieht. Das sei z. B. das Ende des fünften Jahres. Dieser Planungshorizont kann durch zusätzliche Ausgaben zur Informationsgewinnung und -verarbeitung hinausgeschoben werden. Fährt der Unternehmer zur Information in das Entwicklungsland oder beauftragt ein anderer Unternehmer ein Marktforschungsbüro oder besucht ein dritter einen Astrologen, so vermögen alle drei vielleicht die subjektive Überzeugung zu gewinnen, daß auch für Perioden jenseits des ursprünglichen Planungshorizonts (für das 6. und 7. Jahr) detailliert geplant werden kann, da sie glauben, sich ihrer Zukunft in hinreichendem Maße versichert zu haben.
Wer sich Wissen für Entscheidungen in zielentsprechendem Ausmaß beschafft, bestimmt zugleich den optimalen Planungshorizont, denn auch über die zeitliche Erstreckung der Umwelteinflüsse und Handlungsmöglichkeiten müssen Informationen eingeholt werden.
Nachdem bislang das Problem des Informationsoptimums als ungelöst galt, wird es verständlich, daß die Theorie den Planungshorizont als gegeben angesehen hat. Auch ich bediene mich dieser rohen Annahme, weil das Informationsoptimum erst später bestimmt werden kann. Innerhalb des Planungszeitraums von z. B. fünf Jahren könne, so wird vorausgesetzt, der Unternehmer einen ins einzelne gehenden Gesamtplan für die Unternehmung aufstellen.

3. Planperioden und Abrechnungsperioden

aa) Statische (einperiodische) und dynamische (mehrperiodische) Planungsmodelle

Der Planungszeitraum kann nach einer Periode enden, dann sprechen wir von einperiodischer Planung. Der Planungszeitraum wird aber regelmäßig mehrere Perioden einschließen. Die Gesamtplanung der Unternehmung ist dann eine mehrperiodische Planung. Einperiodische Planungsmodelle nennt man »statische« Modelle. Mehrperiodische Planungsmodelle sind »dynamische« Modelle.

Genauer: Die statische Theorie gilt für einen Zeitraum, in dem die Datierung der Ereignisse innerhalb des Zeitraums keine Rolle spielt. Für eine dynamische Analyse besitzt demgegenüber die Datierung der Ereignisse entscheidende Bedeutung: Mindestens eine der Variablen eines Modells muß sich auf einen anderen Zeitraum beziehen als die übrigen; die verschiedenen Perioden zugeordneten Variablen müssen funktional miteinander verbunden sein[19].

Was heißt »funktional« miteinander verbunden? Die Nachfrage nach Porzellan im Monat Januar hängt ganz entscheidend davon ab, wie das Weihnachtsgeschäft, also der Absatz im November und Dezember, verlief. Wer zu Weihnachten neues Porzellan bekam, wird allenfalls nach einer schlimmen Silvesternacht als Nachfrager im Januar auftreten. Zwei Perioden sind also in bezug auf eine Einflußgröße (Nachfrage, Kosten, Preise u. ä.) miteinander verbunden, wenn die Höhe der Einflußgröße in einer Periode nur beurteilt werden kann, nachdem sie für die andere Periode bekannt ist. In diesem Fall sind die beiden Perioden gemeinsam zu analysieren, soll eine richtige Entscheidung getroffen werden.

Wem die klassische Trennung von statisch und dynamisch zu kompliziert erscheint, der kann sich mit folgender vereinfachter Regel helfen: Statische Modelle berücksichtigen nur zwei Zahlungszeitpunkte (Anfang und Ende der Planperiode); müssen mehr als zwei Zahlungszeitpunkte berücksichtigt werden, liegt ein dynamisches Modell vor.

bb) Wie lange dauert eine Abrechnungsperiode?

Wenn der Planungshorizont der Unternehmung am Ende des fünften Jahres liegt, führt dann der Unternehmer eine einperiodische Planung durch (eine Periode gleich einem Fünfjahreszyklus) oder eine Fünfperiodenplanung oder eine 1826 Perioden umfassende Tagesplanung? Die Frage nach der Länge einer Periode scheint zunächst eine praktische Ermessens- und Zweckmäßigkeitsfrage zu sein. Sie ist es nicht. Um das

[19] Vgl. *Ragnar Frisch,* On the Notion of Equilibrium and Disequilibrium. In: The Review of Economic Studies, Vol. 3 (1935/36), S. 100–105, und ihm folgend heute der überwiegende Teil der Literatur, z. B. *J[ohn] R[ichard] Hicks,* Value and Capital. 2nd edition, Oxford 1946, reprinted 1965, S. 115; *Paul Anthony Samuelson,* Foundations of Economic Analysis. Cambridge 1947, 5th printing 1958, S. 314 (Samuelson kritisiert allerdings die Formulierung von Hicks, daß die »unterschiedliche Datierung« das Wesen dynamischer Analyse ausmache).

zu beweisen, müssen wir die Mindestdauer einer Planperiode näher kennzeichnen. Die Mindestplanperiode ist dadurch gekennzeichnet, daß sie zeitlich nicht mehr unterteilt wird. Wir wollen die Mindestplanperiode »Abrechnungsperiode« nennen. Die Abrechnungsperiode beginnt und endet mit einem Zahlungszeitpunkt. Besteht also die Planperiode eines Modells aus einer einzigen Abrechnungsperiode, dann liegt ein statisches Modell vor. In dynamischen Modellen umfaßt der Planungszeitraum mehrere Abrechnungsperioden.

Die Länge einer Abrechnungsperiode festzulegen, schafft Probleme: Der Salatschüsselhersteller möge sich für einen Preis von 1 Mark entschieden haben. Wie lange bleibt die Entscheidung gültig? Die Zeitspanne, in welcher der Unternehmer seine Entscheidungen nicht ändert, kann als einheitlicher Zeitraum, als eine Abrechnungsperiode, verstanden werden. Solange sämtliche Daten der preispolitischen Entscheidung: die Beschaffungspreise, Produktionskosten, Nachfrageschätzungen unverändert bleiben, solange also die Erwartungen des Unternehmers sich erfüllen, hat er keinen Grund, den Preis zu ändern. Hat er jedoch am 15. Januar (überraschend) eine Preiserhöhung bei den Kunststoffen von 10% hinzunehmen, dann wird sich der Unternehmer vermutlich schon sehr rasch durch einen neuen Preis an diese neue Umweltbedingung anzupassen versuchen. Daraus könnte zunächst geschlossen werden: Die Zeitspanne, für die Modellüberlegungen gelten, wird durch die Datenänderungen bestimmt. Sobald sich ein wesentliches Datum ändert, muß sich der Unternehmer anpassen, neue Entscheidungen treffen, neue Preise setzen, und diese bleiben bis zur nächsten wesentlichen Datenänderung gültig. Marshall hat aus dieser Einsicht gefolgert: Für die ökonomische Theorie läßt sich das Zeitmoment durch die Datenänderung, d. h. durch Ereignisse innerhalb des ökonomischen Systems, erfassen[20]. Die Zeit wird »endogen« gemessen, nicht in Stunden, Tagen oder anderen Kalenderzeitvorstellungen[21]. Es ist hier nicht der Ort, um die Schwächen von Marshalls Konzept der »operational time« offenzulegen[22].

Ein Einwand ist offensichtlich: Der Unternehmer kann nicht auf jede Datenänderung durch Neuplanung reagieren. Vor lauter Umplanen und Neuorganisieren käme er nicht mehr dazu, seinen Betrieb aufzubauen, die Produktion in Gang zu setzen und die Erzeugnisse zu verkaufen. Für eine bestimmte Mindestzeitspanne müssen »fixierte relevante Pläne«[23] verabschiedet und durchgeführt werden. Datenänderungen werden

[20] Vgl. *Alfred Marshall*, Principles of Economics. Vol. I, 2nd edition, London 1891, S. 389, 418–428.

[21] Das ist in Marshalls aus der Physik übernommener Zeitkonzeption eindeutig, während sonst seine Ausführungen über das Zeitproblem reichlichen Anlaß zu Mißverständnissen geben, vgl. im einzelnen hierzu *Redvers Opie*, Marshall's Time Analysis. In: The Economic Journal, Vol. 41 (1931), S. 199–215; *Lionel Robbins*, Remarks upon Certain Aspects of the Theory of Costs. In: The Economic Journal, Vol. 44 (1934), S. 1–18, hier bes. S. 17; ferner *Wm. C. Hood*, Some Aspects of the Treatment of Time in Economic Theory. In: The Canadian Journal of Economics and Political Science, Vol. 14 (1948), S. 453–468, bes. S. 458.

[22] Vgl. dazu z. B. *Dieter Schneider*, Lohnänderungen und unternehmenspolitische Anpassungsprozesse. In: Lohnpolitik und Einkommensverteilung, herausgegeben von Helmut Arndt. Berlin 1969, S. 232–254, hier S. 236 f.

[23] Vgl. dazu bes. *Dag Hammarskjöld*, Utkast till en algebraisk metod för dynamisk pris-

also nur zu bestimmten Zeitpunkten registriert und berücksichtigt. Die Zeitspanne zwischen zwei Registrierungsdaten ist dann die Abrechnungsperiode (die von der Literatur auch Registrierungsperiode[24] genannt worden ist). Die Entscheidungen über die Höhe der Produktion, der Preise usw. werden stets an den Nahtstellen von einer Registrierungsperiode zur nächsten gefällt, also z. B. stets am Montagmorgen um 9 Uhr. Während der nächsten Woche erfolgen keine neuen Entscheidungen, sondern die Entscheidungen über Einkauf, Produktion und Verkauf werden durchgeführt. Erst am nächsten Montagmorgen, 9 Uhr, werden aufgrund der eingetretenen Ereignisse der letzten Abrechnungsperiode neue Pläne entworfen.

Diese Vorstellung von der Registrierungsperiode als Einheitsperiode sämtlicher Planungen muß allerdings noch in einem Punkt ergänzt werden: Wenn am Montag um 9.20 Uhr ein Wechsel vorgelegt wird und nicht bezahlt werden kann, weil erst am Freitagabend genügend Geld in der Kasse ist, dann platzt der Wechsel — und das Malheur ist passiert. Für die Abrechnungsperiode als Ganzes ist zwar die Liquidität der Unternehmung gewährt. Aber das nützt nicht viel, wenn zu irgendeinem Zeitpunkt die Unternehmung zahlungsunfähig wird. Um solche Fälle auszuschließen, muß die Abrechnungsperiode so definiert werden, daß keine Zahlungsvorgänge innerhalb der Abrechnungsperiode stattfinden, oder daß die Zahlungsvorgänge nicht das Unternehmensgeschehen beeinträchtigen. In den Unternehmensmodellen geht man dazu so vor, daß die Zahlungsvorgänge während einer Abrechnungsperiode auf die Anfangs- und Endzeitpunkte konzentriert werden. Es werden z. B. sämtliche Ausgaben auf den Periodenanfang vorverlegt, sämtliche Einnahmen auf das Periodenende verschoben. Wenn die Zahlungsfähigkeit am Periodenanfang und -ende gewahrt ist, dann sind damit auch Liquiditätsschwierigkeiten innerhalb der Abrechnungsperiode ausgeschaltet.

Beispiel: Ausgaben: 2. 1.: 500; 10. 1.: 200; 20. 1.: 200; 28. 1.: 100;
Einnahmen: 7. 1.: 200; 12. 1.: 400; 26. 1.: 600;

Wählt man als Abrechnungsperiode 1 Monat, dann vereinfachen sich die Zahlungen auf: Periodenanfang 2. Januar (t_0): — 1000; Periodenende 31. Januar (t_1): + 1200. Soll die Zahlungsfähigkeit genau überwacht werden, dann wird die monatliche Planung zu grob erscheinen. Unternehmen oder Unternehmensbereiche, die sich ausschließlich mit finanzwirtschaftlichen Fragen beschäftigen, werden in der Regel jeden Werktag als eigene Abrechnungsperiode ansehen.

cc) *Finanzwirtschaftliche und leistungswirtschaftliche Abrechnungsperioden*

Als Zeiteinheit der Produktions- und Absatzplanung ist dieser finanzwirtschaftliche Abrechnungszeitraum durchweg zu kurz. Man kann ihn unbedenklich erweitern, wenn

analys. In: Ekonomisk Tidskrift, Årgang 34 (1932), S. 157–176; *Lindahl*, Dynamic Approach, S. 40–49; *Erik Lundberg*, Studies in the Theory of Economic Expansion. New York 1937, reprinted 1954, S. 47.

24 Vgl. *Lindahl*, Dynamic Approach, S. 53 f., er definiert im Anschluß an Svennilson: »... the shortest [period] taken into account in any given case (since only the total result and not its distribution within the period is of relevance) may be called the ›period of registration‹.«

die Zahlungsvorgänge innerhalb einer Abrechnungsperiode für die zur Wahl stehenden Handlungsmöglichkeiten unbeachtet bleiben dürfen. So wird man oft die kurzfristige Finanzplanung innerhalb eines Monats als allein finanzwirtschaftlich interessierendes Problem ansehen. Erst von Monat zu Monat wird erwogen, ob drohende Fehlbeträge durch Einschränkung der Produktionstätigkeit und Lagerhaltung vermieden, Überschüsse durch zusätzliche Faktorbeschaffung oder höhere Fertiglager gebunden werden sollen. Das bedeutet: Nur von Monat zu Monat werden hier aufgrund organisatorischer Regelungen die Unternehmensbereiche »Produktion« und »Finanzwirtschaft« aufeinander abgestimmt.

Sind solche organisatorischen Regelungen sinnvoll? Die Trennung von Finanz- und Produktionsbereich während eines Monats bedeutet: finanzwirtschaftliche und leistungswirtschaftliche Abrechnungsperiode weichen voneinander ab. Man unterstellt, daß der Produktionsbereich während des Monats einen »konstanten Kapitalbedarf« verursacht. Obwohl im Laufe des Monats Produkte fertiggestellt und verkauft werden, Zahlungen eingehen, Auszahlungen stattfinden, vereinfacht man und nimmt an, diese Geschäftsvorfälle berühren die Produktionsplanung nur an den Nahtstellen der einzelnen Abrechnungsperioden für die Produktionsplanung, z. B. am Monatsanfang und Monatsende. Es ist nicht möglich und auch nicht notwendig, jederzeit alle betrieblichen Entscheidungen »simultan« zu planen. Nicht nur der Theoretiker, vor allem der Praktiker muß vereinfachen. Die Interdependenzen zwischen den betrieblichen Teilbereichen werden deshalb durch organisatorische Regelungen bewältigt, indem nur zu bestimmten Zeitpunkten eine gegenseitige Einflußnahme der einzelnen Unternehmensbereiche zugelassen wird.

Für die Abrechnungsperiode wird Konstanz der Plandaten unterstellt. Da eine Abrechnungsperiode nur eine kurze Zeitspanne umfaßt, sind die Daten der nächsten Abrechnungsperiode im allgemeinen recht genau vorhersehbar. Das schließt nicht aus, daß trotzdem Datenänderungen eintreten können. Die Datenänderungen können sogar vor Beginn der Abrechnungsperiode bekannt sein, aber wegen notwendiger Anpassungs- und Herstellungszeiten noch nicht berücksichtigt werden. Die Datenänderungen können auch so schwer wiegen, daß sofort Änderungen in den Plänen vorgenommen werden müssen. Für den Monat Januar sei z. B. die Fertigung von Gehäusen aus einer bestimmten Metallegierung vorgesehen. Nach vier Tagen merkt man, daß das Material nicht die erforderliche Qualität hat. In diesem Fall bleibt nichts anderes übrig, als diese Fertigung einzustellen und zwischenzeitlich andere Aufträge vorzuziehen, bis das gewünschte qualitativ einwandfreie Material zur Verfügung steht. Hier tritt eine außerplanmäßige Durchbrechung der Abrechnungsperiode ein. Solche Fälle sind nicht auszuschließen. Deshalb können wir die Abrechnungsperiode nur so definieren, daß sie die Zeitspanne umfaßt, in der normalerweise keine Änderungen zu erwarten sind.

Es liegt nahe, die Abrechnungsperiode gleich der Zeitspanne der Abrechnungen in der kurzfristigen Erfolgsrechnung zu setzen. Das empfiehlt sich aus rechentechnischen und organisatorischen Gründen. Die rechentechnische Zweckmäßigkeit beruht darauf, daß ein System betrieblicher Planungsrechnungen ohne gleichzeitige Kontrollrechnungen im luftleeren Raum schwebt. Die organisatorische Zweckmäßigkeit folgt aus der Trägheit des eingefahrenen Ablaufs und aus der Notwendigkeit, übersichtliche Zeitspannen für die Aufgabenerfüllung vorzugeben. Selbst bei einer außerplanmäßigen Durchbrechung der Abrechnungsperiode, z. B. wenn der zu Beginn der Periode beschlossene Produktionsplan nicht zu Ende geführt werden kann, wird man bestrebt sein, nach einer Übergangszeit wieder in das Schema der herkömmlichen Abrechnung hineinzufinden. Insgesamt gesehen bestimmt sich die Abrechnungsperiode nach den Vereinfachungen, die der Entscheidende bei den einzelnen Wahlproblemen für zulässig hält. Werden die einzelnen Unternehmensbereiche für sich geplant, kann die Abrechnungsperiode in den verschiedenen Leistungsbereichen und im Zahlungsbereich unterschiedlich sein. Zur Abrechnungsperiode in der Investitions- und Finanzplanung vgl. im einzelnen S. 165 f.

4. Zeitliche Voraussetzungen betrieblicher Planungsmodelle

Planungsmodelle liefern Entscheidungen für einperiodische oder mehrperiodische Planungen. Was unterstellen die Planungsmodelle über das Geschehen während einer Periode? Wir greifen zur Erläuterung auf den Cournotschen Satz zurück. Für welche Zeitspanne gilt die Handlungsempfehlung »Grenzerlöse gleich Grenzkosten«? Die Entscheidung gilt entweder für einen Zeitpunkt oder für einen Zeitraum. Bezöge sich die Entscheidung auf einen Zeitpunkt, wäre sie praktisch wertlos. Wann sollen die Vorräte beschafft, die Produkte erzeugt und verkauft werden? Es kommt also nur die Zeitraumbetrachtung in Frage. Da die Handlungsempfehlung keine Aussagen über die Zeit enthält, können nicht mehrere aufeinanderfolgende Perioden gemeint sein. Die Handlungsempfehlung »Grenzerlöse gleich Grenzkosten« und die daraus folgende Entscheidung beziehen sich also auf eine einzige Abrechnungsperiode. Der Cournotsche Satz ist, wie jede andere Aussage eines statischen Modells, eine einperiodische Entscheidungsempfehlung.

Eine Abrechnungsperiode besteht aus dem Periodenanfang (z. B. 2. Januar, 8.00 Uhr), dem Zeitinhalt der Periode (2. bis 31. Januar) und dem Periodenende (31. Januar, 17.00 Uhr). Wir haben zu klären, was an den einzelnen Tagen aufgrund der Handlungsempfehlung zu geschehen hat.

Plant der Unternehmer nur für eine Periode, dann liegt sein Planungshorizont an diesem Periodenende (31. Januar, 17.00 Uhr). Bei einperiodischer Planung deckt sich der Planungszeitraum mit einer Abrechnungsperiode. Natürlich besteht kaum eine Unternehmung nur für einen Monat. Wenn die aus der Handlungsempfehlung folgende Entscheidung richtig sein soll, dann muß unterstellt werden, daß das, was im Dezember und früher geschah, keinen Einfluß auf die Entscheidung (auf die Höhe der Produktionsmenge) hat und daß das, was im Februar und später geschehen wird, bei der Entscheidung im Januar nicht berücksichtigt zu werden braucht. Die einperiodische Planung ist also nur dann zielentsprechend, wenn die einzelnen Abrechnungsperioden völlig unverbunden nebeneinander stehen, so daß jede einzelne Abrechnungsperiode isoliert geplant werden kann.

Was bedeutet im einzelnen, die Abrechnungsperioden seien unverbunden? Ein statisches, einperiodisches Planungsmodell unterstellt im Grunde folgendes[25]:

(1) Die Tätigkeit, die durch das Modell beschrieben wird, beginnt am Periodenanfang (in t_0: 2. Januar, 8.00 Uhr) und endet an einem anderen Datum (in t_1: 31. Januar, 17.00 Uhr). Der Salatschüsselhersteller beschließt also am 2. Januar vor Geschäftseröffnung, einen Preis von 1 Mark zu verlangen und 2 300 Stück herzustellen. Am 2. Januar beginnt die Produktion, am 31. Januar beendet er den Absatz.

(2) In der Zeitspanne zwischen Periodenanfang und Periodenende fallen keine Entscheidungen. Die Planperiode gleicht einer Abrechnungsperiode. Würden während des Monats neue Entscheidungen getroffen werden, z. B. am 10., 17., 24. Januar, dann läge keine einperiodische Planung vor, sondern eine mehrere Abrechnungsperioden umfassende Planung.

(3) Da nur eine Periode betrachtet wird, muß die Unternehmung am Periodenanfang errichtet und am Periodenende liquidiert werden können. Denn wäre es nicht möglich, die Unternehmung am Periodenanfang zu errichten und am Periodenende zu liquidieren, dann wäre die Lebensdauer der Unternehmung länger als eine Abrechnungsperiode, und folglich müßte eine mehrperiodische Planung erfolgen. Die einzelnen Abrechnungsperioden wären nicht mehr unverbunden.

(4) Alle Zahlungsvorgänge in der Unternehmung erfolgen am Periodenanfang oder am Periodenende. Unter dieser Voraussetzung ist die Zahlungsfähigkeit der Unternehmung innerhalb des Planungszeitraums gewährleistet. Es muß ausgeschlossen sein, daß am 3. Januar ein Wechsel vorgelegt wird, der platzt, weil erst am 23. Januar genügend Geld in der Kasse ist.

Die Voraussetzung (4) ist für unsere Zwecke die wichtigste. t_0, der Periodenanfang (bzw. das Ende der Vorperiode), und t_1, das Ende der ersten Periode bzw. der Anfang der nächsten Periode, sind die Zahlungszeitpunkte des einperiodischen Modells.

In der Literatur ist es üblich, von den Einnahmen bzw. Ausgaben »einer Periode« zu sprechen. Diese Ausdrucksweise ist ungenau: Die Zahlungen erfolgen entweder am Periodenanfang oder am Periodenende.

Dabei sind zwei Wege gangbar:

a) Man ordnet gedanklich sämtliche Ausgaben einer Periode dem Periodenanfang zu, sämtliche Einnahmen dem Ende dieser Periode. Der Sinn dieses Vorgehens ist folgender:

In der Investitionsplanung werden nicht alle Zahlungszeitpunkte berücksichtigt; denn sonst müßte stets ein über mehrere Jahre reichender täglicher Finanzplan aufgestellt werden, um sicherzugehen, daß jederzeit die Zahlungsfähigkeit der Unternehmung gewahrt ist. Wenn wir jedoch einen zweijährigen Investitionsplan mit drei Zahlungs-

[25] In der Literatur werden die Voraussetzungen selten genannt, eine Ausnahme bildet *Sune Carlson*, A Study on the Pure Theory of Production. Stockholm 1939, reprinted New York 1956, S. 4 f.

zeitpunkten: t_0 = 31. Dezember 1973; t_1 = 31. Dezember 1974; t_2 = 31. Dezember 1975 aufstellen und sämtliche Ausgaben des Jahres 1974 auf t_0 beziehen, sämtliche Einnahmen des Jahres 1974 und sämtliche Ausgaben des Jahres 1975 auf t_1, dann ist die Unternehmung während 1974 und 1975 liquide, wenn sie in t_0 und t_1 zahlungsfähig ist. In t_0 mag die Unternehmung z. B. die Ausgaben durch den Anfangskassenbestand oder durch Kreditaufnahmen decken; in t_1 deckt sie die Ausgaben für die zweite Abrechnungsperiode durch die Einnahmen aus der ersten. Um die kurzfristige Finanz-(Liquiditäts-)planung brauchen wir uns dann bei Investitionsüberlegungen nicht mehr zu kümmern.

Durch den Verzicht auf das Berücksichtigen sämtlicher Zahlungszeitpunkte entstehen Fehler im Hinblick auf die Zinszahlungen. Diese Fehler werden sich bei mehrperiodischer Planung verstärken, sofern nicht diese »kurzfristigen« Zinsaufwendungen und -erträge geschätzt und in der Planung berücksichtigt werden.

Wem dieses Vorgehen zu grob erscheint, der muß Zahlungszeitpunkt während eines Jahres beachten, z. B. jedes Quartalsende oder, noch genauer, jeden einzelnen Tag.

b) Nur wenn die Zahlungsfähigkeit auf andere Weise während einer Periode von vornherein als gesichert gelten kann, ist es zulässig, Ausgaben und Einnahmen auf das Ende einer Periode zu beziehen. Wir werden von dieser Annahme im Kapitel über die Planung von Einzelinvestitionen ausgehen, denn dort ist unterstellt, die Finanzierung der Investition sei gesichert und die Zahlungsfähigkeit sei kein Problem.

Das Leisten von Zahlungen innerhalb der Abrechnungsperiode ist unzulässig, weil dann die einzelnen Zahlungstage die Entscheidung beeinflussen könnten und folglich der Planungszeitraum in Abschnitte gegliedert werden müßte, was der Definition der Abrechnungsperiode widerspricht. Gehen die Einnahmen nicht am Tag der Fertigstellung oder am Verkaufstag ein, dann entscheidet über die Länge der Abrechnungsperiode der Tag des Einnahmeneingangs. *Im statischen Modell ist damit die »Kapitalbindung« während des gesamten Planungszeitraumes gleich hoch.* Aus der »Unverbundenheit« einzelner Abrechnungsperioden im statischen Modell folgt weiter: Es gibt keine Lagerhaltung, keine zeitliche Wirkung absatzpolitischer Maßnahmen; dauerhafte Produktionsfaktoren (»Potentialfaktoren«, wie Maschinen) sind nur unter zusätzlichen Voraussetzungen einzubeziehen (vgl. S. 528 f.). Sind die einzelnen Perioden miteinander verbunden, dann (so muß man schließen) kann nur eine mehrperiodische (dynamische) Theorie die Zusammenhänge klären.

II. Unternehmensziele

a) Rationales Verhalten und Ziel-bewußte Entscheidungen

Entscheiden heißt zwischen mehreren Handlungsmöglichkeiten wählen. Die Entscheidung kann zufällig oder gewohnheitsmäßig erfolgen. Die Entscheidung kann auch durch eingehende Überlegungen begründet sein. Im letzten Fall sprechen wir von *zielbewußten* Entscheidungen. Zufällige oder gewohnheitsmäßige Entscheidungen sind die Regel bei den Kleinigkeiten des täglichen Lebens. Zufällige Entscheidungen können durchaus richtig sein, wie jede gefühlsmäßige Entscheidung richtig sein und nachträglich vernunftgemäß begründet werden kann. Für den Begriff der zielbewußten Entscheidung kommt es jedoch darauf an, ob beim Treffen der Entscheidung Klarheit über das angestrebte Ziel und die Zielentsprechung der Entscheidung herrschte. »Ziel-bewußte« Entscheidungen sind rationale Entscheidungen, denn sie sind durch den Versuch gekennzeichnet, ein Ziel zu verfolgen und im Hinblick auf dieses Ziel die Entscheidung unter den Wahlmöglichkeiten zu treffen. Theoretische Überlegungen stehen unter dem Bemühen zu klären, was rationale Lösungen, zielbewußte Entscheidungen sind.

Handelt ein Selbstmörder rational? Die Antwort wird durch die Sprachregelung festgelegt: Was ist »rational«? Rational heißt einmal zielbewußt, ohne daß geprüft wird, ob das Ziel sinnvoll oder sinnlos erscheint. In diesem »formalen« Sinn kann auch der Selbstmörder rational handeln.

Rational wird aber auch so verstanden, daß zugleich das Ziel selbst in Frage gestellt wird: Ist es im Hinblick auf »übergeordnete Werte« zielentsprechend, sich das Leben zu nehmen? Ob in diesem »substantiellen« Sinn der Selbstmord vernünftig oder unvernünftig ist, kann nur entschieden werden, wenn man die »übergeordneten Werte« kennt.

Kennt man aber die übergeordneten Werte (herrscht z. B. Einigkeit darüber, daß die Erhaltung des menschlichen Lebens Vorrang vor allen anderen Zielen hat), dann liegt wieder formale Rationalität vor: Bei diesem Ziel ist der Selbstmord unvernünftig. Kennt man die »übergeordneten Werte« nicht (einigt man sich nicht über das Wertsystem), ist die Frage: Handelt ein Selbstmörder rational? nicht eindeutig zu beantworten. Aus diesem Grund empfiehlt sich die Sprachregelung: Rationales Verhalten ist nur im formalen Sinne zu verstehen. *Nur im Hinblick auf eine vor der Entscheidung offenbarte Zielvorschrift kann das Handeln vernünftig, also Ziel-bewußt, sein.*

Mit der Festlegung, »vernünftiges Verhalten heißt einer vorgegebenen Zielvorschrift entsprechendes Verhalten«, ist jedoch noch nichts darüber gesagt, ob das Ziel von der Umwelt als gut oder schlecht, sinnvoll oder sinnlos angesehen wird. Der Sinn dieser Sprachregelung über »rational« ist es, das nachprüfbare Schließen von Zielen (Voraussetzungen) auf Entscheidungen (Folgerungen) scharf zu trennen von dem zweiten Problem, zwischen Zielen zu wählen. Die Sprachregelung trennt »wertfreie«, nachprüfbare Aussagen von »wertenden« Aussagen: der Wahl zwischen Zielen. Eine wertfreie Wissenschaft kann es deshalb gar nicht geben, denn »vernünftig« folgern setzt stets ein vorgegebenes Ziel voraus, und das Ziel selbst kann nur durch ein Werturteil gesetzt werden. Worauf es in den Wirtschaftswissenschaften ankommt, ist die saubere Trennung von wertenden Zielannahmen und Zielabwägungen gegenüber den wertfreien logischen Schlüssen aus vorgegebenen Zielen.

b) Handlungsmotive und Zielsetzungen

Was sind die Ziele des Unternehmers? Die Frage kann nicht auf Anhieb beantwortet werden. Die Ziele festzulegen, ist vielmehr die erste Aufgabe der Unternehmenspolitik. Hier geht es zunächst um die Ziele der Unternehmung als Ganzes. Um Klarheit zu schaffen, ist nach eindeutigen Begriffsabgrenzungen zu suchen. Zunächst ist zwischen *Handlungsmotiven, Zielsetzungen* (Zielvorschriften) und *Zielgrößen* zu unterscheiden. Ich verwende dabei den Begriff Zielvorschrift lieber als Zielsetzung. In ihm kommt zum Ausdruck, daß eine Anweisung zum Handeln gemeint ist. Der Begriff »Zielsetzung« ist zudem mit Nebenbedeutungen beladen. Die Literatur setzt ihn mitunter gleich Handlungsmotiv, Zielvorschrift oder Zielgröße.

Handlungsmotive sind das, was ein Entscheidender insgeheim will. Zielvorschrift ist dagegen der Ausdruck der Handlungsmotive im wirtschaftlichen Bereich. Die Zielvorschrift enthält eine Anweisung über eine Zielgröße. Zielgröße ist der Maßausdruck für das Erstrebte.

Handlungsmotiv und Inhalt der Zielvorschrift können sich decken. Handlungsmotiv sei z. B., möglichst viel Einkommen zu erzielen. Einkommen ist die Zielgröße, und die Zielvorschrift lautet dann: Maximiere das Einkommen! Handlungsmotiv und Zielvorschrift decken sich aber nicht immer: Ein Unternehmer strebt z. B. nach mehr Einfluß, mehr Ansehen, mehr Macht. Machtstreben sei das Handlungsmotiv. Mit der Kennzeichnung des Handlungsmotivs läßt sich hier noch keine ökonomische Entscheidung begründen. Welche Preispolitik z. B. der machtgierige Unternehmer verfolgen wird, läßt sich erst dann entscheiden, wenn bekannt ist, in welchen ökonomischen Größen er seine Machtbefriedigung mißt und wann er sein Machtstreben als erfüllt ansieht. Wir müssen das Handlungsmotiv (Machtstreben) in eine Zielvorschrift übersetzen. Wir müssen dazu die Größen kennen, in denen die Erfüllung des Machtstrebens gemessen wird, in denen der Entscheidende »rechnet«. Solche Zielgrößen können z. B. der Marktanteil oder die absolute Umsatzhöhe sein. Wir müssen weiter wissen, wann das Machtstreben erfüllt ist, was der Unternehmer im Rahmen seines Planungszeitraumes mit den Zielgrößen anstrebt: einen maximalen Umsatz oder einen als befriedigend empfundenen Marktanteil von, sagen wir, 50%. Die Zielvorschrift lautet also: Maximiere den Umsatz! oder: Erreiche mindestens 50 % Marktanteil! Die Umdeutung von Handlungsmotiven in Zielgrößen und Zielvorschriften bezeichnen wir als Zielbildung.

Ist die Zielvorschrift bekannt, dann gilt es, die Abhängigkeit der Zielgröße von den Handlungsmöglichkeiten zu beschreiben. Das nennen wir Zieldefinition. Die Zieldefinition gehört in eine der Zielbildung nachgeordnete Planungsstufe, die Planungsrechnung.

Es sind also folgende Begriffe zu trennen:

Handlungsmotive sind Ausdruck dessen, was der Entscheidende insgeheim will (z. B. Streben nach Einkommen, nach Prestige, nach Pflichterfüllung).

Zielgröße ist der wirtschaftliche Begriff für das Erstrebte (z. B. Gewinn, Marktanteil, Arbeitszeit).

Zielvorschrift ist die Anweisung über eine Zielgröße (z. B.: Maximiere den Gewinn des Monats Januar! Erhalte den Marktanteil des Vorjahrs! Minimiere die Arbeitszeit!).

Zieldefinitionen zeigen die Abhängigkeit der Zielgröße von den Handlungsmöglichkeiten an (z. B. der Gewinn des Monats Januar entsteht aus Erlösen minus Kosten; Erlöse und Kosten folgen aus Produktion und Verkauf von Salatschüsseln und Eierbechern aus Kunststoff).

Zielbildung ist das Bemühen, von Handlungsmotiven zu Zielvorschriften für einzelne Entscheidungsprobleme zu kommen.

Zur Zielbildung ist im einzelnen zu sagen: Jeder praktischen Entscheidung liegt ein

Bündel von Handlungsmotiven zugrunde. Der Entscheidende wird die ihm aufgetragenen Ziele seiner Vorgesetzten (des Chefs, des Aufsichtsrats, der Eigentümer) zu erreichen versuchen und daneben seine privaten Interessen verfolgen. In der Literatur wird eine Fülle solcher Handlungsmotive genannt (und meist als »Zielsetzungen« bezeichnet)[26]. Sie lassen sich im Regelfall auf drei Motive zurückführen: das Einkommensmotiv, das Pflichtmotiv und das Prestigemotiv.

Der Sinn wirtschaftlicher Betätigung ist einmal darin zu sehen, Einkommen zu erzielen. Das *Einkommensmotiv* bedeutet für den selbständigen Unternehmer: Gewinnerzielung; für den angestellten Geschäftsführer: Gewinnerzielung für die Unternehmung oder auch Umsatzmaximierung (wenn sein Gehalt an den Umsatz gekoppelt ist, wie z. T. in Handelsbetrieben üblich). Das Einkommensmotiv ist also nicht in jedem Fall als Gewinnstreben oder gar mit Gewinnmaximierung zu übersetzen. Gleichwohl ist die Übersetzung des Einkommensmotivs in eine Zielvorschrift einfacher als die Übersetzung des Pflicht- oder Prestigemotivs.

Wer wirtschaftlich entscheidet, kann auch bemüht sein, übernommene Aufgaben zu erfüllen. Das *Pflichtmotiv* kann beim selbständigen Unternehmer im einzelnen bedeuten: sich einer technischen Idee verpflichtet zu fühlen, die Familientradition und die Selbständigkeit der Unternehmung aufrechtzuerhalten, sozialen oder ethischen Bindungen gerecht zu werden. Das Pflichtmotiv kann für den angestellten Geschäftsführer (z. B. den Vorstand einer Aktiengesellschaft) bedeuten, ausschließlich im Interesse der Aktionäre zu handeln und für sie nach ausreichendem oder gar möglichst hohem Gewinn zu streben. Das Pflichtmotiv mag für den Abteilungsleiter oder Sachbearbeiter bedeuten, den Anweisungen genau nachzukommen und im Rahmen der eigenen Entscheidungsfreiheit nach Lösungen zu suchen, die dem Wohl der Gesamtunternehmung dienen.

Das *Prestigemotiv* ist Ausdruck des Selbstbehauptungswillens und des persönlichen Ehrgeizes. In seiner kultivierten Form kann es dazu führen, durch überzeugende technische und organisatorische Leistungen die Achtung der Mitarbeiter, Konkurrenten und der Öffentlichkeit zu erlangen. In seiner barbarischen Form entartet es in kaltes Machtstreben. Das Prestigemotiv kann zu sozial fortschrittlichen Leistungen und zur Ausbeutung führen, zu Edelmut und zu Intrigen, zu verbraucherfreundlicher Preispolitik oder zu rücksichtsloser Ausnutzung aller Marktchancen. Ein prestigesüchtiger Unternehmer kann über Perserteppiche oder über Leichen schreiten – das hängt von seinen menschlichen Qualitäten ab.

Für die ökonomische Theorie sind jedoch nicht die Abgründe der Unternehmerseele maßgeblich. Die Theorie hat vielmehr zu fragen: Wie äußert sich das Motivbündel des Entscheidenden in ökonomischen Zielgrößen?

[26] Vgl. hierzu z. B. *Helmut Koch,* Betriebliche Planung. Wiesbaden 1961, S. 15; *Adolf Moxter,* Präferenzstruktur und Aktivitätsfunktion des Unternehmers. In: ZfbF, Jg. 16 (1964), S. 6–35; *Johannes Bidlingmaier,* Unternehmerziele und Unternehmerstrategien. Wiesbaden 1964, insbes. 3. Kapitel; *Edmund Heinen,* Das Zielsystem der Unternehmung. Wiesbaden 1966, insbes. Teil C; *Helge Strasser,* Zielbildung und Steuerung der Unternehmung. Wiesbaden 1966, S. 13 f.; *Ulrich Schmidt-Sudhoff,* Unternehmerziele und unternehmerisches Zielsystem. Wiesbaden 1967, S. 64 f.

Nur selten werden die Handlungsmotive offengelegt werden. Wer wird sich schon hinstellen und sagen: Ich strebe nach Macht, deshalb werde ich jetzt die Konkurrenten vom Markt verdrängen!? Die tatsächlichen Handlungsmotive werden regelmäßig durch vorgeschobene, in der ethischen Wertung der Umwelt höher stehende Motive abgeschirmt. Das ist eine Schwierigkeit, der sich die Motivforschung gegenübersieht. Die zweite Schwierigkeit liegt in folgendem: Empirisch lassen sich durchweg nur die angestrebten Zielgrößen: Gewinn, Marktanteil usw. feststellen. Die Zielgrößen können jedoch durch unterschiedliche Handlungsmotive bedingt sein. Die Zielvorschrift »Gewinnmaximierung«, die ein angestellter Geschäftsführer befolgt, kann sowohl durch das Einkommensmotiv verursacht sein als auch durch das Prestigemotiv oder durch das Pflichtmotiv gegenüber den Anteilseignern.

Zu diesen Schwierigkeiten tritt hinzu, daß jede einzelne Entscheidung durch augenblickliche Handlungsmotive der Entscheidenden zusätzlich beeinflußt wird. Dieser zusätzliche Einfluß äußert sich darin, daß die Entscheidenden die grundsätzlich festgelegte Rangordnung ihrer Handlungsmotive kurzfristig ändern, daß ihre Entscheidungen von Stimmungen und anderen schwer vorhersehbaren Einflüssen abhängen[27].

Für die Theorie unternehmerischer Entscheidungen ist die Frage wichtig, ob sie die Psyche des Unternehmers kennen muß, um ihr Gebäude aus Zielvorschriften zu gründen. Bei der Antwort auf diese Frage sind zwei Probleme wirtschaftswissenschaftlicher Forschung zu trennen:

a) Welche Handlungsmöglichkeiten werden überhaupt erwogen?

b) Wie sieht die Entscheidung bei vorgegebenen Handlungsmöglichkeiten aus?

Um eine Entscheidung bei gegebenen Handlungsmöglichkeiten fällen zu können, ist das Motivbündel des Handelnden in eine Zielvorschrift zu übersetzen.

Bei der Übersetzung der Handlungsmotive in ökonomisch definierte Zielvorschriften wird sich eines zeigen: Die Mehrzahl der Handlungsmotive beeinflußt gar nicht die Entscheidung zwischen verschiedenen *gegebenen* Handlungsmöglichkeiten. Ob im Monat Januar mehr Eierbecher oder mehr Salatschüsseln aus Kunststoff hergestellt werden, die Entscheidung darüber hat weder mit sozialen und ethischen Verpflichtungen noch mit dem gesellschaftlichen Ansehen des Unternehmers etwas zu tun. Die Mehrzahl der Handlungsmotive tritt nicht bei der einzelnen Sachentscheidung zutage, sondern sie wirkt auf die *Auswahl* der Handlungsmöglichkeiten ein: Ob sich ein Entscheidender mit dem Unternehmensziel identifiziert, ob er seine privaten Interessen den allgemeinen Unternehmensinteressen unterordnet, wie intensiv er sich mit seinen Aufgaben auseinandersetzt, davon hängt es ab, welche Handlungsmöglichkeiten in der Unternehmung gesehen und diskutiert, ob neue Wege erkundet werden, oder ob das Betriebsgeschehen in träger Routine dahinschleicht. Von der Stärke der sozialen und ethischen Bindung schließlich hängt es ab, ob fragwürdige Alternativen erwogen werden oder von vornherein außer Betracht bleiben.

[27] Auf die daraus folgenden Schwierigkeiten für die Formulierung unternehmerischer Präferenzfunktionen hat vor allem Boulding hingewiesen, vgl. *K[enneth] E. Boulding*, Implications for General Economics of More Realistic Theories of the Firm. In: The American Economic Review, Vol. 42 (1952), Papers and Proceedings, S. 35–44, hier S. 42 f.

Für die Suche nach Handlungsmöglichkeiten kann die Motivforschung von Nutzen sein. Um zu klären, wie nachhaltig ein Unternehmer seine Fähigkeiten den wirtschaftlichen Aufgaben widmet, mögen gesellschaftswissenschaftliche Spekulationen durchaus am Platz sein (wie Max Webers These, daß die protestantische Ethik den Geist des Kapitalimus zeugte); sie sind es aber nicht für die Antwort auf Einzelfragen, die praktisch das Leben einer Unternehmung füllen.
Sind die Handlungsmöglichkeiten gegeben, dann stellt sich das Problem: Für welche Alternative fällt die Entscheidung? Diese Frage suchte die betriebswirtschaftliche Theorie zu beantworten. Die vorgelagerte Frage: Welche Handlungsmöglichkeiten werden gesehen und erwogen?, diese Frage steht am Rande der bisherigen ökonomischen Theorie; denn die Theorie geht regelmäßig von vorgegebenen Absatzchancen, Investitionsvorhaben, Finanzierungsquellen u. ä. aus, und diese Einschränkung ist als erste Annäherung an die Wirklichkeit durchaus berechtigt. Die vorgelagerte Frage nach der Bestimmung der Handlungsmöglichkeiten bleibt hier außer acht.

c) Die Zielgrößen

Die Zielsetzungen sind im praktischen Fall nicht immer klar formuliert. Das liegt an gedanklichen und sprachlichen Ungenauigkeiten (»möglichst hoher Gewinn bei minimalen Kosten«) und an wenig begründeten Forderungen, wie: Wir streben 6 % Umsatzrendite an, mehr nicht. Solche mehrfachen und nicht im einzelnen durchdachten empirischen Zielsetzungen sind Ausdruck unklaren Denkens oder unklarer Anweisungen. Sie können auch Ausdruck ungenannter Handlungsmotive sein. Man sagt: »Wir streben nach Sicherung unseres Marktanteils, nach befriedigendem Gewinn«, und versucht in Wirklichkeit nur, Machtpositionen auszubeuten. Bei der Bestimmung der Unternehmensziele kommt es also zunächst darauf an, eindeutige ökonomische Zielgrößen festzulegen. Anschließend ist die Zielvorschrift zu formulieren, d. h. es ist festzulegen, was mit den Zielgrößen geschehen soll.
Welche Vorstellungen über die unternehmerischen Zielgrößen sind plausibel? Einkommens-, Pflicht- und Prestigemotiv legen zunächst eine Minimumanforderung nahe: Die Unternehmung soll dauerhaft als Einkommensquelle, als Betätigungsfeld erhalten werden. Das setzt »Sicherheitsstreben«, »ständige Aufrechterhaltung der Liquidität«, »Unternehmenserhaltung« voraus. Man sollte jedoch mit diesen Begriffen im Bereich unternehmerischer Zielsetzungen vorsichtig sein: Was bedeutet Sicherheitsstreben bei der Auswahl aus gegebenen Wahlmöglichkeiten? Meistens ist es nur eine nichtssagende Floskel. Wer möglichst viel Sicherheit will, dem bleibt nichts anderes übrig, als Goldbarren auf einer vulkanlosen Südseeinsel tief zu vergraben. Sinn hat das Sicherheitsstreben als Zielsetzung nur bei folgendem Wahlproblem: Mehr Gewinn (oder mehr Umsatz) bei höherem Risiko oder geringerer Gewinn (geringerer Umsatz) und ruhig schlafen können? — Das ist die Frage nach der Risikoneigung, eine Kernfrage der Ungewißheitstheorie. »Liquiditätsstreben« ist eine selbstverständliche Nebenbedingung langfristiger Unternehmenspolitik. Als selbständiges Ziel ist Liquiditätsstreben fehl am Platz. Es führt auf das Sicherheitsstreben zurück. Unternehmenserhaltung schließlich ist eine selbstverständliche Folge langfristiger Unternehmenspolitik. Auf das Problem der Unternehmenserhaltung kommen wir bei der Erörterung des Gewinnbegriffs zurück.

Als Zielgröße für das Gesamtziel erscheint die Einkommens-(Gewinn-)erzielung plausibel. Sie muß bei wirtschaftlicher Betätigung regelmäßig beachtet werden, um die Gelder zur Lebenshaltung zu erzielen und um die Unternehmung dauerhaft zu erhalten. Doch hier stellt sich die entscheidende Frage: Was ist Gewinn? Sind es die möglichen Entnahmen der Anteilseigner, oder ist es der Wertzuwachs der Anteile (ein möglichst hohes Vermögen)? Mit Sicherheit ist es nicht die Größe, die im Handels- und Steuerrecht als Bilanzgewinn bezeichnet wird. Aber alles andere ist offen.

Man kann die Zielgrößen »Einkommen« bzw. »Vermögen«, also die Wünsche nach »mehr Geld«, als die »finanziellen Zielgrößen« der Unternehmung bezeichnen[28].

Diese allgemeine Formulierung hat den Vorzug, daß über den Gewinnbegriff (Einkommensbegriff) vorerst nicht nachgedacht zu werden braucht. Wir verschieben das Problem, wie die finanziellen Zielgrößen näher bestimmt werden können, bis auf S. 176. Was finanzielle Zielgrößen für das Unternehmen sind, ist strittig. Erst recht ist dann die finanzielle Zielgröße für mehrperiodische oder sachlich eingeengte Entscheidungsprobleme nicht eindeutig definiert. Gewinn als Zielgröße ist ein leerer Ausdruck, solange nicht geklärt wird, was unter Gewinn zu verstehen ist. In dieser Zieldefinition liegen die ökonomischen Probleme.

Wir halten fest, daß finanzielle Zielgrößen (die man in der Theorie gemeinhin als »Gewinn« bezeichnet, ohne ihren Inhalt näher zu bestimmen) in jedem Fall in das Gesamtziel der Unternehmung eingehen und damit im Regelfall auch bei einzelnen Sachentscheidungen zum Tragen kommen. Eine finanzielle Zielgröße wird regelmäßig dem Einkommensmotiv gerecht; sie kann dem Pflichtmotiv (Handeln im Auftrag der Anteilseigner) und dem Prestigemotiv entsprechen (Einkommen und Vermögen als Maß sozialer Geltung).

Nicht alle unternehmerischen Entscheidungen lassen sich jedoch durch »Gewinnstreben« erklären, und deshalb fordert die Literatur häufig folgende Differenzierung: Man müsse zwischen kurzfristiger und langfristiger Gewinnmaximierung unterscheiden. Unternehmerisches Gesamtziel sei langfristige Gewinnmaximierung; kurzfristig würden mitunter Gewinnchancen ausgelassen, um das Gesamtziel Gewinnmaximierung auf lange Sicht zu erreichen. Man verzichte z. B. in einer plötzlichen Knappheitssituation darauf, die Preise rücksichtslos zu erhöhen, um die Kunden auf lange Sicht nicht zu verärgern.

Gegen den Versuch, Abweichungen vom kurzfristigen Gewinnmaximum seien durch das Streben nach langfristiger Gewinnmaximierung zu erklären, ist zu Recht der Vorwurf erhoben worden, daß diese langfristige Gewinnmaximierung nicht viel konkreter sei als die Aussage, »daß jedermann für das, was er tue, wohl seine Gründe haben müsse«[29].

Langfristige Gewinnmaximierung ist, kurz gesagt, nicht viel besser als die Zielsetzung Nutzenmaximierung, solange jede nähere Bestimmung fehlt, wie die finanzielle Zielgröße als Gesamtziel zu verstehen ist und wie daraus Einzelziele abgeleitet werden können.

Neben diesem inhaltlichen Einwand scheint mir noch ein formallogischer Einwand gegen die Trennung von kurzfristiger und langfristiger Gewinnmaximierung zu sprechen:

[28] Vgl. dazu *Moxter*, Präferenzstruktur und Aktivitätsfunktion des Unternehmers, S. 11 f.

[29] *Martin Lohmann,* Einführung in die Betriebswirtschaftslehre. 4. Aufl., Tübingen 1964, S. 211.

Jedes Modell erstreckt sich über eine bestimmte Zeitspanne. Für diese Planperiode wird die Zielvorschrift vorgegeben. Kurzfristig auf Gewinnchancen zu verzichten und langfristig den Gewinn zu maximieren, heißt doch genauer: Die Planperiode erstreckt sich über mehrere Abrechnungsperioden, und in einer unmittelbar bevorstehenden Abrechnungsperiode verzichtet man auf Handlungsmöglichkeiten, die in dieser Abrechnungsperiode Erträge bringen, aber die Erträge der späteren Perioden erheblich schmälern. Eine Zielgröße ist aber für die gesamte Planperiode zu maximieren. Bei mehrperiodischer Planung ist es selbstverständlich, daß die Wirkungen einer Entscheidung für eine Periode auf die späteren Perioden beachtet werden. Darin liegt ja der Sinn mehrperiodischer Planung. So gesehen, erweist sich die Trennung von kurzfristiger und langfristiger Gewinnmaximierung – wie manch andere Unterscheidung auch – lediglich als ein Relikt ungenauen Denkens.

Die Vielfalt der Zielgrößen legt eine Unterteilung nahe. Wir trennen zwischen finanziellen und nichtfinanziellen Zielgrößen. In finanziellen Zielvorschriften wird ein Geldausdruck maximiert (das periodische Einkommen oder das Vermögen der Unternehmung); nichtfinanzielle Zielgrößen (wie Umsatz, Marktanteil, Arbeitszeit) werden daneben, wenn überhaupt, dann nur als Nebenbedingungen berücksichtigt.

In nichtfinanziellen Zielvorschriften werden Geld- oder Mengengrößen maximiert (minimiert), wie Umsatz oder Arbeitszeit; finanzielle Zielgrößen erscheinen nur als Nebenbedingungen, z. B. gelten nur die Investitionsvorhaben als zulässig, die wenigstens 6% Rendite erwirtschaften.

Um Optimumbedingungen abzuleiten, genügt es, von irgendeiner Zielgröße auszugehen: Die Technik der Ableitung von Optimumbedingungen bleibt dieselbe, auch wenn die Zielgröße geändert wird. Trotz aller Kritik an dem Erwerbsstreben erscheinen mir finanzielle Zielgrößen (Einkommen, Vermögen) immer noch für unser Wirtschaftssystem typisch zu sein. Finanzielle Zielgrößen stehen deshalb für das Weitere im Vordergrund. Wie sie im einzelnen aussehen, wird in Teil B erörtert.

d) Die Zielvorschrift

1. Die Extremwertforderung

Wirtschaftliches Handeln wird gern unter das formale »Wirtschaftlichkeitsprinzip« gestellt: Handle so, daß ein bestimmtes Ziel mit einem Minimum an Mitteln erreicht wird, bzw. handle so, daß ein Ziel bei gegebenem Mitteleinsatz bestmöglich erreicht wird. Indes: Dieses Wirtschaftlichkeitsprinzip hat einen Pferdefuß. Die Minimum- und die Maximumformulierung sind nicht gleichwertig. Ehe überhaupt ein Problem gelöst werden kann, müssen die Mittel dazu vorhanden sein. Der Mittelbestand ist immer beschränkt; wirtschaften heißt schließlich über begrenzte Mittel verfügen. Ist es bei gegebenem Mittelbestand wirklich richtig, diejenige Handlungsmöglichkeit zu wählen, die ein gegebenes Ziel mit einem Minimum an Mitteln erreicht? Das Minimum an Mitteleinsatz anzustreben, lohnt sich nur, wenn der ersparte Mittelbestand sinnvoll anderweitig verwendet werden kann. Das muß nicht notwendigerweise der Fall sein, und deshalb ist die Minimumformulierung nicht immer sinnvoll. Nur die Maximumformulie-

rung definiert das formale Wirtschaftlichkeits-(Rational-)prinzip hinlänglich[30]. Das verdeutlicht am besten ein Beispiel: Eine Großbäckerei will 1 000 Stück Pflaumenkuchen backen. Nach dem Rationalprinzip in der Minimumformulierung würden wir also sagen: Diejenige Produktionsmöglichkeit ist zu wählen, welche die 1 000 Stück Pflaumenkuchen mit einem Minimum an Kosten, z. B. mit einem Minimum an Pflaumen (im Rahmen der gesetzten Qualitätsgrenze) produziert. Das zulässige Minimum des Pflaumeneinsatzes läge, so nehmen wir an, bei 50 kg. Die Bäckerei hat aber insgesamt 100 kg Pflaumen auf Lager. Wirtschaften heißt über einen begrenzten Mittelbestand verfügen, und deshalb ist unser Produktionsproblem nicht vollständig formuliert. Wir müssen fragen: Falls die Unternehmung die pflaumenminimale Produktionsmöglichkeit verwirklicht, was geschieht dann mit den restlichen 50 kg? Im Normalfall ist die anderweitige Verwendung von 50 kg Rohstoff kein Problem. Aber im Ausnahmefall kann es falsch sein, die werkstoffminimale Lösung zu wählen. Nehmen wir an, mehr Pflaumenkuchen werde nicht nachgefragt, so daß die ersparten 50 kg Pflaumen verderben würden. Die Kosten des Wegtransports der verdorbenen Pflaumen betrügen je kg 0,20 Mark. Hat es hier Sinn, die pflaumenminimale Produktionsmöglichkeit zu verwirklichen? Je mehr Pflaumen gespart werden, desto höher ist das Risiko des Verderbs, desto höher sind die Beseitigungskosten. Natürlich, das Beispiel ist ein Ausnahmefall, aber eine allgemeine Aussage darüber, wann eine Handlung rational (»wirtschaftlich«) ist, muß für den Regelfall und für den Ausnahmefall zutreffen. Deshalb ist die Minimumformulierung unvollständig. Nur die Maximumaussage des Wirtschaftlichkeitsprinzips ergibt eine eindeutige Handlungsvorschrift. Weil nur die Maximumvorschrift allgemein gültig ist, deshalb muß regelmäßig das Entscheidungsproblem erst »vollständig formuliert« werden, ehe eine Entscheidung getroffen werden kann. Auf die Wichtigkeit der vollständigen Formulierung der Handlungsmöglichkeiten wurde auf S. 25 schon hingewiesen.
Rational entscheiden heißt also, das Maximum der Zielgröße aus einer Reihe vollständig formulierter Handlungsprogramme suchen. Zielvorschrift ist stets eine Extremwertforderung bei gegebenen Wahlmöglichkeiten. Nur sie sichert die Eindeutigkeit der Entscheidung. Angemessenheitsvorstellungen, wie »befriedigender Gewinn«, lösen ohne zusätzliche Extremwertforderung das gestellte Entscheidungsproblem nicht.
Beispiel: Eine öffentliche Unternehmung ist Monopolist, will aber einen kostendeckenden Preis erzielen. Zwei Preise bieten sich an; ein hoher Preis bei geringer Ausbringungsmenge bei Eintritt in die Gewinnzone und ein niedriger Preis bei hoher Ausbringungsmenge am Ende der Gewinnzone. Eindeutig wird die Entscheidung erst durch eine zusätzliche Extremwertforderung, wie: kostendeckender Preis bei maximaler Güterversorgung.
Augenscheinlich handeln die meisten Menschen nicht nach der Extremwertvorschrift. Das hat zwei Gründe: Zum ersten läßt sich schwer erkennen, ob ein Extremwert angestrebt wird, und insofern kann der Augenschein täuschen. Obst und Gemüse im Laden an der Ecke zu kaufen anstatt auf dem zwei Kilometer entfernten Wochenmarkt, kann

[30] Vgl. *Helmut Brede*, Die wirtschaftliche Beurteilung von Verwaltungsentscheidungen in der Unternehmung. Köln–Opladen 1968, S. 17 f., mit etwas anderer Begründung entscheidet sich auch *Gäfgen*, S. 103, für die Maximumformulierung.

durchaus »kostenminimal« (»nutzenmaximal«) sein; das hängt vom Preis ab, den man für den zusätzlichen Weg und die zusätzliche Zeit einsetzt. Zum zweiten erfordert rationales Entscheiden stets Arbeit: das Suchen und Auswerten von Informationen und schließlich das Nachdenken über die richtige Entscheidung. Bei den meisten Entscheidungen, die man täglich trifft, »lohnt« sich die Arbeit nicht. Man handelt nach dem Grundsatz der Bequemlichkeit. Erst Knappheiten oder Leidenschaften (Engpässe an Zufriedenheit) überwinden die Trägheitsschwelle der Bequemlichkeit und zwingen zur Rationalität, zur Suche nach einer maximalen Zielerfüllung bei gegebenen Mitteln. Der glücklichere Fall liegt freilich vor, wenn das zu lösende Problem Spaß (Spielfreude) weckt. Hier schafft bereits die Suche nach der optimalen, rationalen Entscheidung Bedürfnisbefriedigung. Sehen wir von diesem Glücksfall ab, dann bereitet das Streben nach Rationalität Arbeit, ist deshalb lästig und folglich nicht häufig anzutreffen. Doch das tatsächliche Verhalten ist kein Argument gegen die Extremwertforderung. Wirtschaftlich handeln heißt über *knappe* Mittel verfügen, und deshalb müssen rationale wirtschaftliche Entscheidungen von der Extremwertforderung »Maximiere die Zielgröße bei gegebenen Mitteln« ausgehen.

Die Literatur der letzten Jahre kritisiert indes gerade die Extremwertforderung. Gewinn wird als Zielgröße anerkannt, strittig ist die »Maximierung« des Gewinns. Gegen sie und für das Streben nach einem befriedigenden, angemessenen Gewinn werden vor allem zwei Argumente geltend gemacht. Es wird behauptet:

1. Der Unternehmer könne gar nicht seinen Gewinn maximieren,
2. der Unternehmer wolle gar nicht seinen Gewinn (oder eine andere Zielgröße) maximieren.

Zum ersten Argument: Die Ungewißheit, der sich der Unternehmer bei seinen Entscheidungen gegenübersähe, und die nicht abschätzbaren Reaktionen der Konkurrenten machten eine Maximierung von Zielgrößen unmöglich. Der Unternehmer müsse sich auch gegen seinen Willen mit einem befriedigenden Gewinn (oder einem befriedigenden Marktanteil) bescheiden. Dieses Argument wurde vor allem bei der spieltheoretischen Erörterung der Ungewißheitsprobleme vorgetragen[31]. Das Argument steht in Widerspruch zu Neumann-Morgensterns Theorie des rationalen Verhaltens unter Ungewißheit (der Maximierung des Erwartungswerts des Risikonutzens) und beruht darüber hinaus auf einer Verwechslung von Zielvorschrift und Zieldefinition. Die Frage, was ein Unternehmer anstrebt (die Zielvorschrift), ist zu trennen von der Frage, welche Handlungsmöglichkeiten er sieht und wie er die Zieldefinition wählt. Die Handlungsmöglichkeiten und deren Einflußgrößen, wie die Ungewißheit und die nicht abschätzbaren Reaktionen der Konkurrenten, sind Daten, unter denen die Unternehmer ihre Entscheidungen zu treffen suchen. Zielvorschriften, wie Gewinnmaximierung, können nur angestrebt werden, wenn die Datenkonstellationen einschließlich der Erwartungen über die künftige Datenentwicklung gegeben sind. Bei bekannten Handlungsmöglichkeiten sind nur Extremwertentscheidungen rational. Das gilt auch bei Ungewißheit über künftige Daten. Im nächsten Kapitel wird das im einzelnen erläutert werden.
Zum zweiten Argument: Der Unternehmer wolle gar nicht seinen Gewinn oder eine andere

[31] Vgl. z. B. *Oskar Morgenstern,* Die Theorie der Spiele und des wirtschaftlichen Verhaltens. In: Jahrbuch für Sozialwissenschaft, Bd. 1 (1950), S. 113–139, hier S. 115 f.

Zielgröße maximieren. Ihm genüge z. B. ein befriedigendes Einkommensniveau[32]. Das Erwerbsstreben sei durch eine Fülle anderer Handlungsmotive eingeschränkt. Hierzu ist zu sagen: Die Bindung des Erwerbsstrebens an andere Motive wird sich mit Sicherheit in dem Finden und in der Auswahl der einzelnen Handlungsmöglichkeiten zeigen. In der Bequemlichkeit, neue Handlungsmöglichkeiten zu erforschen, zeigt sich mancher Unternehmer gelegentlich als »satisficing animal«[33], grob gesagt: als Faultier.

Die Suche nach Handlungsmöglichkeiten ist aber ein ganz anderes Problem als die Entscheidung darüber: Welche von mehreren gegebenen Handlungsmöglichkeiten ist vorzuziehen[34]? Und ich kann mir nicht vorstellen, daß selbst ein fauler Unternehmer, vor die Wahl gestellt, zwischen drei mit gleichem Risiko und gleichem Arbeitseinsatz behafteten Investitionen zu wählen, sich nicht für die lukrativste entscheidet.

Die These eines zufriedenstellenden Anspruchsniveaus, mit der die jüngere Organisationstheorie hofft, die herkömmliche Theorie der Unternehmung aus den Angeln zu heben, trifft nur auf die Bestimmung der einzelnen Wahlmöglichkeiten vor einer konkreten Entscheidung zu. Aber zu dem Problem »Bestimmung der Handlungsmöglichkeiten« (und das heißt auch: zu dem Ausmaß der Informationsauswertung) kann die ökonomische Theorie bis heute nur wenig sagen. Die Frage, die das Interesse der ökonomischen Theorie bisher beherrscht hat, lautet: Wie entscheidet sich ein Unternehmer rational bei gegebenen Wahlmöglichkeiten? Hier bedeutet »rational entscheiden«, daß die Zielgröße maximiert wird.

Daraus folgt: Die Literatur prügelt auf der Zielsetzung Gewinnmaximierung herum. Sie meint aber etwas ganz anderes, nämlich die Tatsache, daß die ökonomische Theorie wirklichkeitsfremd ist, und zwar

1. weil sie Handlungsmöglichkeiten und Mittelbeanspruchung nicht befriedigend erfasse[35], und
2. weil die Ungewißheit der Zukunft in den Modellen nicht oder nicht hinreichend berücksichtigt werde (so Morgenstern), und
3. weil die Auswahl der Handlungsmöglichkeiten nicht nur mit sturem Blick auf das Erwerbsstreben erfolge, sondern von einer Fülle von Handlungsmotiven abhänge und daß bei jeder Entscheidung die Unbequemlichkeiten (bzw. Kosten) der Informationsbeschaffung und Entscheidungsvorbereitung beachtet werden müssen (darin scheint mir der Kern des Simon-Arguments zu liegen).

[32] Vgl. *Herbert A. Simon,* Theories of Decision-Making in Economics and Behavioral Science. In: The American Economic Review, Vol. 49 (1959), S. 253–283, hier S. 262–264, und die dort angegebenen Quellen; ferner *Heinz Sauermann, Reinhard Selten,* Anspruchsanpassungstheorie der Unternehmung. In: Zeitschrift für die gesamte Staatswissenschaft, Bd. 118 (1962), S. 577–597.

[33] Vgl. *Simon,* Theories of Decision-Making, S. 277.

[34] An anderer Stelle scheint Simon auch dieser Auffassung zu sein, vgl. *Herbert A. Simon,* Models of Man. New York—London 1957, S. 198 f.

[35] Darauf baut vor allem die ältere Kritik der Gewinnmaximierung auf, sei es im älteren betriebswirtschaftlichen Schrifttum, sei es in der angelsächsischen Kritik der Marginalanalyse, vgl. z. B. *R[obert] A[aron] Gordon,* Short-Period Price Determination in Theory and Practice. In: The American Economic Review, Vol. 38 (1948), S. 265–288, hier S. 268; *Andreas G. Papandreou,* Some Basic Problems in the Theory of the Firm. In: A Survey of Contemporary Economics, Vol. II, edited by Bernard F. Haley. Homewood (Ill.) 1952, S. 183–219, hier S. 205–210.

Alle drei Einwände sind berechtigt. Nur: Ist die Zielvorschrift »Maximiere!« der richtige Prügelknabe? Der Mangel liegt doch in viel stärkerem Maße in der Problematik der Zielgrößen, der Zieldefinition und in den Annahmen über die Mittelbeanspruchung, also in den Strukturdaten ökonomischer Modelle. Dort ist die ökonomische Wirklichkeit zu erfassen, an der sich jede Entscheidung auszurichten hat.

2. Die Zielvorschrift bei konkurrierenden Zielgrößen (Zielkonflikten)

In vielen Fällen ist damit zu rechnen, daß mehrere Zielgrößen zugleich angestrebt werden, wie z. B. mehr Gewinn und höherer Marktanteil, hohe Dividenden und der Anspruch, als sozial fortschrittliches Unternehmen zu gelten. Bei solchen Zielbündeln ist eine eindeutige Entscheidung erst möglich, wenn der Zielkonflikt (mehr Gewinn auf Kosten des Marktanteils oder höherer Marktanteil auf Kosten des Gewinns?) gelöst ist. Bei konkurrierenden Zielgrößen stehen wir vor dem Problem, daß zunächst eine *mehrfache Zielvorschrift* vorliegt, z. B. »Erhöhe den Gewinn und den Marktanteil!« oder »Erhöhe den Gewinn und vermindere das Risiko!«
Eine *einfache Zielvorschrift* wäre gegeben, wenn nur eine Zielgröße genannt und erstrebt wird (»Unser Ziel ist Gewinnerzielung, alles andere tritt zurück«; oder »Risikominimierung, alles andere tritt zurück«).
Bei einfacher Zielvorschrift kann die optimale Handlungsmöglichkeit unmittelbar bestimmt werden. Bei mehrfacher Zielvorschrift sind zwei Schritte für die Entscheidung notwendig. Im ersten Schritt ist der Bereich abzumessen, für den die Zielgrößen konkurrieren. Im zweiten Schritt ist festzulegen, wie die Entscheidung im Bereich der konkurrierenden Zielgrößen fällt.
Zum ersten Schritt: Aus allen Handlungsmöglichkeiten sind die guten (»effizienten«) Lösungsmöglichkeiten herauszusuchen. Gute Lösungsmöglichkeiten sind diejenigen, bei denen nur mehr die Wahl zwischen Mehrerfüllung einer Zielgröße und geringerer Erfüllung einer anderen Zielgröße besteht.
Ein Beispiel: Die erklärten Ziele lauten Gewinnerhöhung und Umsatzsteigerung. Eine Analyse der Handlungsmöglichkeiten ergibt folgende drei Fälle: (a) 8% Gewinn- und 7% Umsatzsteigerung, (b) 8% Gewinn-, 10% Umsatzsteigerung, (c) 10% Gewinn-, 7% Umsatzsteigerung. Unter den drei Fällen ist (a) von vornherein unterlegen (»inferior«); denn die anderen Handlungsmöglichkeiten bringen bei gleichem Gewinn mehr Umsatz oder bei gleichem Umsatz mehr Gewinn. Eine wirtschaftlich vernünftige Entscheidung kann nur zwischen den Lösungsmöglichkeiten (b) und (c) fallen. (b) bringt mehr Umsatzsteigerung, aber weniger Gewinn, (c) bringt mehr Gewinn, aber weniger Umsatzsteigerung; hier konkurrieren die Zielgrößen. (b) und (c) sind »gute« Wahlmöglichkeiten, denn sie dominieren gegenüber (a) bei beiden Zielgrößen. Gute Handlungsmöglichkeiten werden von schlechten nach diesem »Dominanzprinzip« getrennt, das eine Grundannahme vernünftigen Verhaltens ist, vgl. S. 111.

Beim zweiten Schritt ist zu fragen: Für welche Möglichkeit fällt die Entscheidung? Das ist nur zu beantworten, wenn die mehrfache Zielvorschrift auf eine einfache Zielvorschrift zurückgeführt wird. Vier Wege gibt es hierfür:

1. Unterdrückung anderer Zielgrößen.
2. Vorrang für ein Ziel unter Nebenbedingungen für andere Zielgrößen.
3. Formulierung eines übergeordneten Ziels (einer »substitutionalen« Nutzenfunktion).
4. Einzelanordnung nach dem Vorrang der Zielgrößen (»lexikographischer« Nutzen).

Der einfachste Weg, Zielkonflikte zu lösen, besteht in der Festlegung eines absolut herrschenden Ziels. So führt die Aussage, Gewinnerhöhung ist stets Umsatzerhöhung vorzuziehen, die mehrfache Zielvorschrift auf eine einfache Zielvorschrift zurück. Dieser Weg, eine Zielgröße herrschen zu lassen, die anderen zu unterdrücken, löst den Zielkonflikt sofort, aber auf Kosten eines der Ziele. Das ist keine tragbare Lösung.

Der zweite Weg besteht in einer Entscheidung für eine Zielgröße unter Festlegung von Mindestanforderungen für andere Zielgrößen, z. B.: Umsatzsteigerung unter der Voraussetzung, daß eine Mindestrendite von 6% erzielt wird, oder Gewinnsteigerung unter der Nebenbedingung, daß die Wahrscheinlichkeit eines Verlustes 5% nicht überschreitet. Handlungsmöglichkeiten, welche die Nebenbedingung verletzen, gelten als unzulässig und werden von vornherein verworfen. Die Klippen dieser Fahrrinne sind offensichtlich: Handlungsmöglichkeit A bringt z. B. mit 95% Wahrscheinlichkeit einen Gewinn von 1 und mit 5% einen Verlust von 1; sie gilt als zulässig. Handlungsmöglichkeit B bringt mit 94% Wahrscheinlichkeit einen Gewinn von 1000 und mit 6% einen Verlust von 1; sie gilt als unzulässig. Darüber hinaus führt dieses Vorgehen nicht immer zu einer Entscheidung. Was geschieht, wenn keine der Handlungsmöglichkeiten die gesetzte Nebenbedingung erfüllt? Wenn z. B. der Unternehmer vor Investitionsvorhaben steht, von denen jedes mit mehr als 5% Wahrscheinlichkeit einen Verlust erwarten läßt? Der zweite Weg, durch das Setzen von Mindestanforderungen den Zielkonflikt zu lösen, bleibt unbefriedigend.

Über den dritten Weg, der Formulierung eines übergeordneten Ziels, versucht sich die Literatur regelmäßig bei Zielkonflikten zu retten. Statt Gewinnerzielung und Umsatzsteigerung wird z. B. das übergeordnete Ziel »Nutzenmaximierung« gewählt, und schon ist die mehrfache Zielvorschrift in eine einfache Zielvorschrift umgewandelt und der Konflikt zwischen den Zielgrößen umgangen. Dieses Vorgehen, Zielkonflikte durch Formulierung übergeordneter Zielvorschriften zu umgehen, ist mehrfach als inhaltsleer kritisiert worden[36], nicht ganz zu Recht; denn die Formulierung eines übergeordneten Zieles muß nicht zu einer Leerformel werden. Was zur Lösung des Zielkonflikts benötigt wird, ist eine zusätzliche Information, eine Aussage darüber: Was schätzt der Entscheidende höher, (z. B.) 1% mehr Gewinn oder 1% mehr Umsatz? Kann diese Austausch-(Substitutions-)Beziehung zwischen zwei Zielgrößen genannt werden, dann ist der Zielkonflikt legitim gelöst. Die Austauschregel zwischen den Zielen ist nichts anderes als die sinnvoll formulierte übergeordnete Zielgröße (eine Art »Nutzenfunktion«). Ob also als unternehmerisches Ziel Nutzenmaximierung gesetzt werden kann oder nicht, hängt davon ab, wie der Nutzen konkret definiert und gemessen wird. Wird über die für den

[36] Vgl. z. B. *Kenneth E. Boulding*, The Present Position of the Theory of the Firm. In: Linear Programming and the Theory of the Firm, edited by Kenneth E. Boulding, W. Allen Spivey. New York 1960, S. 1–17, hier S. 4; *Waldemar Wittmann*, Überlegungen zu einer Theorie des Unternehmungswachstums. In: ZfhF, NF, Jg. 13 (1961), S. 493–513, hier S. 501.

Einzelfall gültige Nutzenmessung und Nutzendefinition nichts ausgesagt, dann allerdings ist die Einführung eines übergeordneten Zieles Nutzenmaximierung nur ein fauler Trick.

Der dritte Weg setzt eine Substitution der Zielgrößen voraus. Aber davon kann nicht immer ausgegangen werden. Ein Beispiel: Der Vorstand einer Familien-Aktiengesellschaft muß um seinen Posten bangen, wenn er nicht mindestens 100 000 Mark Gewinn erwirtschaftet; er muß mit Vorwürfen rechnen, wenn der Marktanteil unter 10% sinkt. Das Hauptziel lautet: Mindestens 100 000 Mark Gewinn, sonst wackelt der Vorstandssessel; das Nebenziel heißt: Wenn möglich, 10% Marktanteil, um keinen Vorwürfen ausgesetzt zu sein. Unter solchen Bedingungen wird eine Substitution zwischen den Zielgrößen Gewinn und Marktanteil erst erwogen werden, wenn beide Mindestanforderungen erfüllt sind: Nur für gute Umweltbedingungen läßt sich hier ein übergeordnetes Ziel, eine substitutionale Nutzenfunktion, formulieren. Jedoch: Wie ist zu entscheiden, wenn die Umweltbedingungen so ungünstig sind, daß die Mindestanforderungen nicht erfüllbar sind? Eine Lösung dieses Zielkonfliktes kann auf dem vierten Weg gefunden werden.

Der vierte Weg besteht in einer Einzelanordnung nach dem Vorrang der Zielgrößen, in dem Bemühen, einen lexikographischen Nutzen festzulegen. Alle Handlungsmöglichkeiten, die mit hinreichender Wahrscheinlichkeit mindestens 100 000 Mark Gewinn erzielen, gelten als gut; erfüllen mehrere Handlungsmöglichkeiten das Hauptziel, dann fällt die Entscheidung zwischen ihnen nach dem Nebenziel. Die Preispolitik, die 100 000 Mark Gewinn bei 10% Marktanteil sichert, wird z. B. jener vorgezogen, die 200 000 Mark Gewinn bei 9% Marktanteil verspricht. Die Rangordnung der Handlungsmöglichkeiten gleicht also der Anordnung der Wörter in einem Lexikon. Entscheidend ist der Anfangsbuchstabe (das Hauptziel); bei gleichem Anfangsbuchstaben (Hauptziel) entscheidet der zweite Buchstabe (das Nebenziel). Der Unterschied zwischen der Nutzenmaximierung im herkömmlichen Sinne und der lexikographischen Präferenzordnung ist folgender: Die herkömmliche Nutzenmaximierung beruht auf dem Austausch der einzelnen Zielgrößen. Sie setzt Vergleichbarkeit und damit Substituierbarkeit der Zielgrößen voraus. Der vierte, lexikographische Weg geht davon aus, die Zielgrößen seien unvergleichbar, der Entscheidende könne oder wolle nicht zwischen z. B. mehr Gewinn bei höherem Risiko und weniger Gewinn bei geringerem Risiko wählen. Er ziehe etwa in jedem Fall das geringere Risiko vor, und erst bei gleichem Risiko entscheide der höhere Gewinn[37].

Praktische Entscheidungen sind immer Entscheidungen unter Ungewißheit, und hier ist stets ein Zielkonflikt gegeben: Mehr Gewinn (oder Marktanteil) bei höherem Risiko und

[37] Die Lösungsvorschläge der Literatur bei Zielkonflikten laufen auf den Versuch hinaus, eine, wenn auch vereinfachte Austauschregel zwischen den Zielen zu definieren; vgl. z. B. *Carl N. Klahr*, Multiple Objectives in Mathematical Programming. In: Operations Research, Vol. 6 (1958), S. 849–855, hier S. 851 f.; ähnlich *Werner Dinkelbach*, Unternehmerische Entscheidungen bei mehrfacher Zielsetzung. In: ZfB, Jg. 32 (1962), S. 739–747, hier S. 743; nichts anderes steckt auch hinter den zusätzlichen Nebenbedingungen, die Charnes und Cooper einführen, um die minimale Abweichung einer Lösung von zwei zusammen unerreichbaren Zielen zu bestimmen, ein Verfahren, dem sie den zugkräftigen Namen »goal programming« gaben,

geringerer Gewinn (Marktanteil) bei geringerem Risiko? Für diese Entscheidungslage scheint mir eine Kombination aus drittem und viertem Weg zweckmäßig zu sein: Solange keine Existenzgefährdung besteht, kann man von einer Substitution der Zielgrößen ausgehen und eine übergeordnete Nutzenfunktion formulieren. Die Annahmen, die dazu erforderlich sind, werden im nächsten Kapitel erörtert. Steht der Entscheidende vor existenzgefährdenden Wahlproblemen, dann ist als erstes eine Überprüfung seines eigenen Zielsystems notwendig. Die Überprüfung kann dazu führen, den Austausch der Zielgrößen zu erwägen oder nur eine Rangordnung der Zielgrößen festzulegen. Zu klären, was man vor allem will (Zielerforschung), ist genauso ein Schritt zu besseren Entscheidungen wie die gründliche Erforschung der Umweltbedingungen.

Solange ein einzelner die Entscheidungen trifft, wird die Lösung des Zielkonflikts vielleicht einige schlaflose Nächte bereiten; aber erst nachdem die mehrfache Zielvorschrift in eine einfache Zielvorschrift (in ein übergeordnetes Ziel oder eine Rangordnung der Zielgrößen) umgewandelt worden ist, läßt sich eine vernünftige Entscheidung treffen. Entscheidet eine Gruppe, dann wirft die Lösung des Zielkonflikts zusätzliche Probleme auf. Jeder, der sich mit Politik (Wirtschaftspolitik, Unternehmungspolitik) beschäftigt, weiß, daß in Gruppen schwer Einigung über Austauschbeziehungen zwischen Zielgrößen zu erreichen ist. Man muß sich meistens auf eine Festlegung der Rangordnung alternativer Zielgrößen beschränken, und in dieser Rangordnung liegt der meiste Zündstoff. Weil in Entscheidungsgremien Zielfragen als Grundsatzprobleme zudem Leidenschaften und endloses Grundsatzgeschwätz wecken, pflegt man dort selten über Ziele zu reden und sich bei möglichst allgemeiner Kompromißzielsetzung (wie: Unternehmenswachstum bei angemessener Dividende) über einzelne Entscheidungen zu einigen. Der Zwang, eine Mehrheit zu finden, verlangt meistens unklare, kompromißhafte Zielangaben. Zielentsprechende Entscheidungen können aber nur aus klar formulierten Zielen abgeleitet werden. Weil Gruppen sich selten auf klare, widerspruchsfreie Zielangaben einigen werden, deshalb ist bei Gruppenentscheidungen Rationalität viel schwieriger zu verwirklichen als bei einsamen Entschlüssen einzelner.

vgl. *A. Charnes, W. W. Cooper,* Management Models and Industrial Applications of Linear Programming. Vol. I, New York–London 1961, S. 215–221; vgl. auch *Yuji Ijiri,* Management Goals and Accounting for Control. Amsterdam 1965, insbes. Kapitel 2 und 4. Zum vierten Weg, mit Hilfe lexikographischer Anordnungen die Entscheidung zu finden, vgl. *John S. Chipman,* The Foundations of Utility. In: Econometrica, Vol. 28 (1960), S. 193–224, bes. S. 194, 208; *Hans Heinrich Nachtkamp,* Der kurzfristige optimale Angebotspreis der Unternehmen bei Vollkostenkalkulation und unsicheren Nachfrageerwartungen. Tübingen 1969, S. 118–121, 131–152, und die dort angegebene Literatur.

III. Entscheidungen unter Ungewißheit

a) Die Aufgabe der Entscheidungstheorie

1. Das Entscheidungsproblem unter Ungewißheit

Ungewißheit bedeutet mangelnde Kenntnis der künftigen Entwicklung. Kann z. B. bei Vernachlässigung der Ungewißheit der Kunststoffverarbeiter (S. 28) im Monat Januar bei den Salatschüsseln mit einem Gewinn von 2000, bei den Eierbechern mit einem von 3000 Mark rechnen, dann wird unter Berücksichtigung der Ungewißheit bei den Salatschüsseln vielleicht mit einem Gewinn von — 2000 bis + 5000 Mark, bei den Eierbechern von 0 bis + 3000 Mark zu rechnen sein. Welche Gewinnhöhe tatsächlich eintreten wird, mag davon abhängen, ob ein Preiskampf entsteht, welche Lohnsteigerung mit welcher Absatzpreisentwicklung zusammenfällt, ob die Kredite billiger, die Werkstoffe teurer werden. Aus dem so einfachen Entscheidungsproblem »Salatschüsseln (Zielbeitrag + 2000) oder Eierbecher (Zielbeitrag + 3000)« wird das gar nicht mehr so triviale Wahlproblem »Salatschüsseln (mögliche Gewinne — 2000 bis + 5000) oder Eierbecher (mögliche Gewinne 0 bis + 3000)«. Die Gefahr, vielleicht 2000 Mark zu verlieren, kann durchaus die Chance ausgleichen, bei den Salatschüsseln mehr als bei den Eierbechern zu verdienen.

Entscheidungen unter Ungewißheit sind also dadurch gekennzeichnet, daß jede einzelne Handlungsmöglichkeit zu mehreren »künftigen Zuständen der Welt« (im Beispiel: alternative Gewinnhöhen im Monat Januar) führen kann. Diese denkbaren künftigen Zustände der Welt schließen sich gegenseitig aus: Nur einer wird tatsächlich eintreten. Die denkbaren künftigen Zustände der Welt nennen wir *alternative Zukunftslagen.* Manche Leute sind so gute Lateiner, daß sie unter »Alternativen« nur zwei sich gegenseitig ausschließende Ereignisse verstehen. Mir erscheint die Gewohnheit zweckmäßiger, alle sich gegenseitig ausschließenden Möglichkeiten als »Alternativen« zu bezeichnen.

Vernünftig zu entscheiden setzt die Kenntnis eines Ziels voraus, die Kenntnis von Handlungsmöglichkeiten und Umweltbedingungen, mit und unter denen das Ziel erreicht werden kann. Unter Ungewißheit mangelt es aber gerade an der Kenntnis. Das fehlende Wissen kann sich auf die Umweltbedingungen, die Handlungsmöglichkeiten und auf das Ziel erstrecken.

Keine Kenntnis im Hinblick auf die Umweltbedingungen, also Unkenntnis der alternativen Zukunftslagen, macht Entscheidungen überflüssig. Wer überhaupt nicht weiß, was kommen kann, für den ist es gleichgültig, was er tut. »Ungewißheit« heißt deshalb nicht, daß gar keine Kenntnis über die Umweltbedingungen besteht. Es heißt vielmehr, daß mindestens zwei voneinander abgrenzbare Zukunftsentwicklungen bekannt sind. Wie viele alternative Zukunftslagen bei einer Entscheidung zu trennen sind, das hängt vom Wahlproblem selbst, vom Wissen und dem Verstand des Entscheidenden ab. Wie man bei der Aussonderung der alternativen Zukunftslagen vorzugehen hat, wird Seite 74 dargestellt werden. Hier halten wir zunächst fest, daß mindestens zwei alternative Zukunftslagen erkannt werden müssen, damit überhaupt ein Entscheidungsproblem unter Ungewißheit entsteht.

Keine Kenntnis im Hinblick auf die Handlungsmöglichkeiten macht Entscheidungen unmöglich. Wer überhaupt nicht weiß, was er tun soll, der hat keine Wahl. Wer nicht wählen kann, braucht nicht zu entscheiden. Entscheiden unter Ungewißheit setzt voraus, daß mindestens zwei Handlungsmöglichkeiten erkannt werden, im einfachsten Fall: etwas zu tun oder nichts zu tun. Wieviele Handlungsmöglichkeiten der Entscheidende erkennt, hängt vom Wahlproblem ab, vom Wissen und dem Verstand des Entscheidenden. Aus mangelndem Wissen oder Dummheit kann der Entscheidende Handlungsmöglichkeiten genauso übersehen wie alternative Zukunftslagen. Gegen Dummheit kämpfen Götter selbst vergebens, und deshalb kann die Entscheidungstheorie auch nur etwas gegen mangelndes Wissen tun. Sie kann die Bedingungen nennen, unter denen zusätzliches Wissen eingeholt werden soll. Die psychologische Frage, wie Handlungsmöglichkeiten erkannt werden, klammern wir aus. Hier halten wir fest, daß mindestens zwei Handlungsmöglichkeiten gesehen werden müssen, damit überhaupt ein Entscheidungsproblem unter Ungewißheit entsteht.

Keine Kenntnis über die eigenen Ziele macht vernünftige Entscheidungen unmöglich, denn vernünftig entscheiden heißt zielentsprechend handeln, und das setzt die Kenntnis von Zielen voraus. Bei Entscheidungen unter Ungewißheit ist stets eine mehrfache Zielvorschrift gegeben.

Zum ersten muß der Entscheidende eine Vorstellung von den anzustrebenden Sachzielen haben, z. B. Einkommen zu erzielen, einen Markt zu beherrschen, einen Urlaubsort rasch zu erreichen. Die Vorstellung von den Sachzielen kann klar abgegrenzt sein (gleichbleibende Entnahmen während der nächsten 5 Jahre unter der Voraussetzung, daß nach 5 Jahren ein Vermögen von 100 000 Mark angesammelt ist) oder nur ungefähr bestehen: In Zukunft soll »Gewinn« erzielt werden, wobei zunächst weder die Zukunft genau eingegrenzt wird, noch die Vorstellung von dem, was als Gewinn zu verstehen ist. Die genaue Abgrenzung eines jeden Sachziels ist Vorbedingung für vernünftige Entscheidungen.

Ohne eine klar abgegrenzte Vorstellung über das anzustrebende Sachziel sind die Handlungsmöglichkeiten nicht zu vergleichen. Beispiel: Jemand hat die Wahl, Schlafmittel zu nehmen oder Bohnenkaffee zu trinken. Hier vom Entscheidenden eine allgemeingültige Aussage zu fordern, was er vorzieht, ist Unsinn. Erst muß der Entscheidende wissen, was er im Augenblick will: schlafen oder wach werden.

Die Bedingung, alle alternativen Zukunftslagen müssen vergleichbar sein, heißt genauer: Von zwei Zukunftslagen z_i und z_j gilt entweder

$$z_i \succ z_j \quad \text{oder} \quad z_j \succ z_i \quad \text{oder} \quad z_j \sim z_i$$

wobei $\succ$ bedeutet »wird vorgezogen« und $\sim$ »wird gleichgeschätzt«.

Zum zweiten hat jeder Entscheidende ein bestimmtes Verhalten gegenüber der Ungewißheit. Das zweite Ziel können wir als »Sicherheitsstreben« bzw. »Wagemut« gegenüber der Ungewißheit bezeichnen. Hohes Sicherheitsstreben entspricht einem schwachen Wagemut, einer geringen Risikoneigung. Die Vorstellung von der persönlichen Risikoneigung wird im Regelfall nur »ungefähr« vorhanden sein; vielleicht erschöpft sie sich zunächst in der Aussage, daß das sichere Einkommen dem weniger sicheren vorgezogen wird. Die genaue Eingrenzung der Risikoneigung ist eine Vorbedingung für vernünftige Entscheidungen (vgl. Abschnitt e).

Das Entscheidungsproblem unter Ungewißheit besteht in der Wahl zwischen mehreren Handlungsmöglichkeiten auf Grund einer mehrfachen Zielvorschrift: Die Handlungsmöglichkeiten sind durch sich ausschließende Zukunftslagen für jeden Zahlungszeitpunkt gekennzeichnet, und die mehrfache Zielvorschrift besteht aus dem Sicherheitsstreben (der Risikoneigung) und den angestrebten Sachzielen.

2. Die vier Schritte zu einer vernünftigen Entscheidung bei gegebenem Informationsstand

Bei dem Urteil darüber, ob eine Entscheidung vernünftig ist oder nicht, ist streng zu trennen zwischen der Lage vor der Entscheidung und der Lage danach. Dazu ein einfaches Beispiel: Im November ist zu entscheiden, ob ab Januar die Preise um 5 % zu erhöhen sind oder nicht. Bestünde keine Ungewißheit, dann könnte im November behauptet werden: Der Umsatz im Januar wird nach der Preiserhöhung 10 Millionen Mark betragen, ohne Preiserhöhung 9 Millionen Mark. In Wirklichkeit, unter Ungewißheit, wird man alternative Umsatzhöhen als möglich ansehen, z. B. nach der Preiserhöhung wird der Umsatz zwischen 8 und 12 Millionen Mark liegen, je nachdem, wie die Konkurrenz reagiert, die Konjunktur sich entwickelt und welche Einflußgrößen noch zu beachten sind.

Ende Januar ist bekannt, daß nach der Preiserhöhung rund 10 Millionen Mark Umsatz erzielt wurde. Im nachhinein läßt sich stets sagen, die Entscheidung für die Preiserhöhung im November war richtig oder falsch. Nur ist die Aussage im nachhinein praktisch wertlos. Die Entscheidung, die Preise zu erhöhen oder nicht zu erhöhen, muß im November fallen und zwar mit dem im November gegebenen Wissen über die künftige Entwicklung.

Ob der Entscheidende sich vernünftig oder unvernünftig verhalten hat, darf deshalb nicht danach beurteilt werden, ob seine Entscheidung im nachhinein erfolgreich war oder nicht, obwohl jedermann zunächst entgegengesetzt reagiert und die Güte einer Entscheidung am späteren Ergebnis mißt. Ob die Entscheidung richtig oder falsch war, darf nur beurteilt werden auf Grund des Wissens, das im Entscheidungszeitpunkt vorhanden war oder hätte beschafft werden müssen.

Als erstes ist deshalb im Entscheidungszeitpunkt zu fragen: Wie weit soll die Beschaffung zusätzlichen Wissens gehen? Soll bei dem gegenwärtigen Wissensstand das Sachproblem entschieden werden oder soll die Entscheidung über das Sachproblem aufgeschoben werden bis zusätzliches Wissen eingeholt wurde?

Nachdem die Informationsbeschaffung abgeschlossen ist, wäre als zweites zu beantworten: Wie ist das Sachproblem zu entscheiden bei dem nun gegebenen Informationsstand?

Aber leider ist das erste Problem nicht zu lösen, ohne daß die zweite Frage beantwortet ist. Das Problem: Sachentscheidung ohne Einholen zusätzlichen Wissens oder Aufschieben der Sachentscheidung bis nach dem Eintreffen zusätzlichen Wissens, muß schließlich bei dem im Augenblick gegebenen Informationsstand gelöst werden. Aus diesem Grunde müssen wir uns zunächst mit der Frage beschäftigen: Wie sieht die vernünftige Entscheidung unter Ungewißheit bei einem gegebenen Informationsstand aus? Erst nachdem wir diese Frage beantwortet haben, können wir (in Kapitel f) das zielentsprechende Ausmaß der Informationsbeschaffung bestimmen.

Wer bei gegebenem Informationsstand vor Entscheidungen unter Ungewißheit steht und vernünftig im Hinblick auf ein vorgegebenes Sachziel handeln will, wird vier Schritte gehen:

1. Er wird sich durch Nachdenken klare Vorstellungen zu verschaffen suchen über Anzahl und Inhalt der Handlungsmöglichkeiten, die sich ihm bieten, und über Anzahl und Inhalt der alternativen Zukunftslagen, auf die jede Handlungsmöglichkeit treffen kann. Die alternativen Zukunftslagen einer jeden Handlungsmöglichkeit werden dabei durch ihre Beiträge zum vorgegebenen Sachziel (bzw. den verschiedenen Sachzielen) gekennzeichnet.

Die Bestimmung der alternativen Zukunftslagen für jede Handlungsmöglichkeit ist der erste Schritt zu einer vernünftigen Entscheidung unter Ungewißheit.

2. Der Entscheidende wird versuchen, den alternativen Zukunftslagen Glaubwürdigkeitsziffern zuzuordnen. Das ist notwendig, um gute von schlechten Handlungsmöglichkeiten zu trennen. Denn eine Handlungsmöglichkeit, die mit 80 % Glaubwürdigkeit einen Gewinn von 100 und mit 20 % einen Gewinn von Null erbringt, ist einer anderen vorzuziehen, die nur mit 50 % Glaubwürdigkeit 100 und mit den restlichen 50 % Null verspricht.

Die Bestimmung der Glaubwürdigkeiten für die einzelnen Zukunftslagen ist der zweite Schritt zu einer vernünftigen Entscheidung unter Ungewißheit.

3. Der Entscheidende wird versuchen, alle sich ihm bietenden Handlungsmöglichkeiten in alternative Handlungsprogramme zu ordnen. Oft bieten sich Handlungsmöglichkeiten an, die bei Katastrophen Vorteile versprechen, z. B. Versicherungen, und solche, die bei günstiger Entwicklung hohe Gewinne erbringen, z. B. Rohstoffspekulationen. Weil bei den einzelnen denkbaren Zukunftslagen die verschiedenen Handlungsmöglichkeiten unterschiedliche Gewinne erwarten lassen, deshalb empfiehlt sich eine Mischung verschiedener Handlungsmöglichkeiten in einem Handlungsprogramm. Das Streben nach Risikoausgleich kann nur in einem Handlungsprogramm verwirklicht und das im Einzelfall tragbare Risiko nur durch eine Untersuchung der Gesamtsituation der Unternehmung bestimmt werden.

Das Aufstellen alternativer Handlungsprogramme ist der dritte Schritt zu einer vernünftigen Entscheidung unter Ungewißheit.

4. Der Entscheidende wird seine Risikoneigung zu erfassen suchen und den Zielkonflikt zwischen Sachziel (Sachzielen) und Risikoneigung in einer Entscheidungsregel lösen. Die alternativen Handlungsprogramme werden nach der Entscheidungsregel beurteilt und danach richtet sich, welches Handlungsprogramm als das zielentsprechende anzusehen ist.

Das Festlegen der Entscheidungsregel und ihr Anwenden auf die alternativen Handlungsprogramme ist der vierte und letzte Schritt zu einer vernünftigen Entscheidung bei gegebenem Informationsstand.

Es geht also in der betriebswirtschaftlichen Entscheidungstheorie gar nicht darum, die (im nachhinein) richtige Entscheidung zu treffen. Gesucht wird vielmehr diejenige Entscheidung, die bei dem im Entscheidungszeitpunkt zu beschaffenden Wissen zielentsprechend erscheint.

b) Der erste Schritt: Die Bestimmung der alternativen Zukunftslagen

1. Das Festlegen der Anzahl der alternativen Zukunftslagen

Entscheidungen unter Ungewißheit sind dadurch gekennzeichnet, daß für alle Handlungsmöglichkeiten alternative Zukunftslagen bestehen. Jede der Handlungsmöglichkeiten ist zunächst durch einen Beitrag zum Sachziel bei jeder Zukunftslage gekennzeichnet, z. B. z_1 : 0; z_2 : 1000; z_3 : 3000 Mark Gewinn bei der Eierbecherproduktion im nächsten Monat. Wieviele Zukunftslagen sind bei den einzelnen Entscheidungsproblemen zu trennen? Drei Aussagen sind über die Anzahl der Zukunftslagen möglich:

(a) Es wird auf Grund der Datenanalyse im einzelnen (Preise, Absatzmengen, Kosten) nur eine einzige Zukunftsgröße für möglich gehalten, z. B. 2 887 Mark als Gewinn der Eierbecherproduktion im Monat Januar. In einem solchen Fall liegt subjektive Sicherheit in den Zukunftserwartungen vor. Ob die subjektive Sicherheit zur objektiven Gewißheit wird, weiß man frühestens Ende Januar. Nicht nur im wirtschaftlichen, auch im naturwissenschaftlichen Bereich gibt es strenggenommen keine objektive Gewißheit. Wir können nur sagen, nach unserer Kenntnis der Naturgesetze wird genau in 1000 Jahren um Mitternacht die Venus an der und der Stelle im Weltraum zu finden sein. Aber ob nicht zwischenzeitlich doch das Jüngste Gericht tagt, wer wagt das gänzlich auszuschließen?

(b) Eine begrenzte Zahl von Zukunftsentwicklungen ist denkbar, z. B. wird erwartet, daß schlimmstenfalls ein Verlust von 2 000, höchstens ein Gewinn von 5 000 erzielt wird; aber auch zahlreiche Zwischenwerte werden für möglich erachtet. Diesen Fall werden wir anschließend näher untersuchen.

(c) Man kann die Zahl der möglichen Zukunftsereignisse nicht bestimmen. Genaugenommen bedeutet dieser Fall: Bei der Eierbecherproduktion sind Einnahmenüberschüsse von minus Unendlich bis plus Unendlich denkbar. Hier wäre von totaler Ungewißheit zu sprechen. Ist ein solcher Fall möglich? In unserem Beispiel zumindest nicht. Wenn der Begriff totaler Ungewißheit überhaupt Inhalt hat, dann nur in dem Sinn, daß über das, was in der Zukunft passieren kann, noch nicht nachgedacht wurde. Wenn Sherlock Holmes (oder einer seiner Nachfahren) in einen dunklen Stollen eindringt, kann ihm »alles Mögliche« passieren, und insofern herrscht totale Ungewißheit. Doch handelt kein klassischer Detektiv unter völliger Ungewißheit. Er handelt vielmehr vernünftig und denkt vorher nach: Wenn er in den Stollen eindringt, verfolgt er schließlich einen Zweck, z. B. den Gangster und die entführte Schöne zu finden. Allein durch die Zwecksetzung (Fragestellung) läßt sich die Zahl möglicher Zukunftsentwicklungen vermindern: Entweder findet er den Gangster und zugleich die Schöne oder den Gangster allein oder die Schöne allein oder keinen von beiden. Nachdem die vier Zukunftsentwicklungen bekannt sind, wird er entscheiden, ob er überhaupt in den Stollen klettert oder seinen Gehilfen Dr. Watson schickt und selbst lieber wartet. Der Fall totaler Ungewißheit (unbekannter Zahl der Zukunftsentwicklungen) besitzt keine praktische Bedeutung.

Die größte Gefahr bei jeder Planung liegt darin, daß eine mögliche Zukunftsentwicklung gänzlich übersehen wird. Man erkennt eigene Handlungsmöglichkeiten nicht oder vernachlässigt Handlungsmöglichkeiten der »Gegenseite« (der Konkurrenten, der staatlichen Wirtschaftspolitik, allgemein: der Umwelt).

Im Gegensatz zu Sherlock Holmes würde Dr. Watson vielleicht eine fünfte Zukunftslage übersehen, nämlich daß im Stolleneingang auch eine Tretmine liegen kann und somit allenfalls sein Geist bis ans Stollenende zu dringen vermag. Es sind diese Tretminen, derentwegen man bei Verhandlungen und Verträgen hereinfällt. Katastrophale Fehlentscheidungen sind durchweg die Folge davon, daß man »diese Entwicklung nicht vorhergesehen habe«.

Größte Sorgfalt erfordert deshalb die Aufgabe, die alternativen Zukunftsentwicklungen überhaupt zu erkennen. In manchen Fällen erscheint das sehr einfach: Z. B. erwartet man, die Nachfrage stagniere, wachse wenig oder sprunghaft an. Hoffentlich hat man bei dieser Aussage genau geprüft, warum der Fall, daß die Nachfrage sinkt, nicht beachtet werden muß. In anderen Fällen besteht das Problem gerade darin, erst die möglichen Zukunftsentwicklungen zu erarbeiten. Bei der Vorbereitung von Verhandlungen (Tarifverhandlungen, Lieferabkommen, Frühstücksgesprächen mit Konkurrenten zur Programm- und Marktbereinigung) kommt es in erster Linie darauf an, sämtliche Argumente der Gegenseite rechtzeitig zu erkennen und sich die Antworten vorher zu überlegen. Verhandlungen sind organisierte Kampf-(Spiel-)situationen. Jeder funktionierende Wettbewerb zwischen wenigen Marktpartnern enthält gleichfalls Elemente einer Kampfsituation. Wenn ein Oligopolist den bisher festen Marktpreis unterbietet und den Konkurrenten damit kräftig auf die Füße tritt, dann muß er sich vorher alle ihre Reaktionsmöglichkeiten überlegt haben, vom Zusammenschluß der Konkurrenz über den Aufkauf von Lieferanten bis zu möglichen rechtlichen Maßnahmen.

Unter Ungewißheit rational entscheiden setzt vor allen Dingen voraus, daß die möglichen Strategien der Gegenseite (die alternativen Zukunftslagen) erkannt werden.

Durch Fragen nach sich ausschließenden Zukunftslagen (Ist der Gangster im Tunnel oder ist er es nicht?) lassen sich stets Zukunftslagen erschöpfend kennzeichnen. Allerdings entstehen dabei häufig Schwierigkeiten, weil es beliebig viele Arten von »entweder/oder«-Fragestellungen gibt.

2. Das Problem der erschöpfenden Aufzählung der alternativen Zukunftslagen und ihrer »Gleichwahrscheinlichkeit«

Wer nach Aufheben des Skats einen Grand mit dem dritten und vierten Jungen spielen will, wird überlegen, wie hoch die Wahrscheinlichkeit ist, daß Kreuz-Bube und Pik-Bube nicht in einer Hand sitzen. Die übliche erste Antwort lautet: Entweder sitzen die Jungen zusammen oder nicht. Die Wahrscheinlichkeit, daß die Jungen auseinandersitzen, betrage 50 %.

Aus der Tatsache zweier sich gegenseitig ausschließender Zukunftslagen (»entweder die Jungen sitzen zusammen oder nicht«) wird hier gefolgert: Beide Zukunftslagen seien »gleich möglich« bzw. gleich glaubwürdig (wahrscheinlich). Der Schluß: Wenn man nichts Näheres wisse, seien alle denkbaren Zukunftslagen als gleich wahrscheinlich anzusehen, geht auf die Anfänge der Wahrscheinlichkeitstheorie zurück. Man nennt ihn das »Prinzip vom mangelnden Grunde« [38].

Wann ist die Anwendung des Prinzips vom mangelnden (oder: unzureichenden) Grunde zulässig und wann nicht?

Ist es in unserem Skatbeispiel erlaubt zu folgern, die Wahrscheinlichkeit, daß die beiden Jungen auseinandersitzen, sei 50 %?

Dagegen könnte man einwenden: Entweder sitzen die beiden Jungen beim ersten Gegenspieler oder beim zweiten Gegenspieler oder jeder hat einen Jungen. Es bestehen drei alternative Zukunftslagen und die Wahrscheinlichkeit, daß die beiden Jungen auseinander sind, beträgt nur ein Drittel!

Gegen diese zweite Antwort läßt sich wiederum sagen: Kreuz- und Pik-Bube können beim ersten Gegenspieler oder beim zweiten Gegenspieler sein, weiter kann der Kreuz-Bube beim ersten, der Pik-Bube beim zweiten und umgekehrt der Pik-Bube beim ersten, der Kreuz-Bube beim zweiten Gegenspieler liegen. Es bestehen vier Zukunftslagen, von denen in zweien jeweils die Jungen auseinander sitzen. Die Wahrscheinlichkeit beträgt also doch 50 %. Welche Ansicht ist richtig?

Nur die letzte Aussage zählt alle denkbaren Fälle auf. Nur sie enthält eine erschöpfende Aufzählung der Zukunftslagen, aus der sich Schlüsse über die Gleichmöglichkeit und damit die Glaubwürdigkeit des Eintretens ziehen lassen. Die zweite Antwort enthält einen Denkfehler. Die Kennzeichnung der dritten Zukunftslage »Jeder hat einen Jungen« ist verfehlt, weil sie zwei gleichmögliche Fälle zusammenfaßt: Der erste Gegenspieler hat den Kreuz-Buben (der zweite den Pik-Buben) und der erste Gegenspieler hat den Pik-Buben (der zweite den Kreuz-Buben). Wenn aber vier statt drei Zukunftslagen bestehen, ist es falsch, daraus drei gleichwahrscheinliche Fälle zu machen.

Fehler im Erkennen der Anzahl alternativer Zukunftslagen machen aber nicht nur alltägliche Menschen in ihren Spielen und Geschäften. Solche Fehler unterlaufen auch

[38] Die Wahrscheinlichkeitstheorie begann mit der Untersuchung von Glaubwürdigkeitsurteilen (Jakob Bernoulli 1713, Pierre Simon de Laplace 1814); zahlreiche deutsche Logiker beschäftigten sich mit der »Gleichmöglichkeit« bzw. dem »Prinzip vom mangelnden Grunde«. Auf ihren Erkenntnissen baute Keynes auf (*John Maynard Keynes,* A Treatise on Probability. London 1921, reprinted 1957) – »logische« Wahrscheinlichkeitslehre.
Die »subjektive« (personale) Wahrscheinlichkeitslehre suchte das Prinzip vom mangelnden Grunde zu vermeiden und aus den persönlichen Wertschätzungen des einzelnen heraus logische Folgerungen zu ziehen: »we do not regard it as belonging to formal logic to say what should be a man's expectation of drawing a white or black ball from an urn; ... all we have to point out is that if he has certain expectations he is bound in consistency to have certain others« (*Frank Plumpton Ramsey,* Truth and Probability. In: The Foundations of Mathematics and other Logical Essays, edited by R. B. Braithwaite. London 1931, 2nd impression 1950, S. 156–198, hier S. 189; vgl. ferner vor allem *Bruno de Finetti,* La

erlauchten Geistern. So behauptete der berühmte Mathematiker d'Alembert im 18. Jahrhundert, die Wahrscheinlichkeit, daß bei zweimaligem Münzwurf mindestens einmal Wappen falle, sei $^2/_3$. Denn, so folgerte er, entweder fällt im ersten Münzwurf Wappen oder im zweiten Wurf oder gar nicht. Von drei möglichen Zukunftslagen enthalten zwei Wappen und damit betrage die Wahrscheinlichkeit $^2/_3$ [39].

Hier liegt derselbe Denkfehler vor wie bei unserem Skatbeispiel. Bei zweimaligem Münzwurf können fallen: 1. Wappen, 2. Wappen, oder 1. Zahl, 2. Zahl, oder 1. Zahl, 2. Wappen, oder 1. Wappen, 2. Zahl. Es bestehen vier Zukunftslagen, von denen drei mindestens einmal Wappen enthalten. Die Wahrscheinlichkeit beträgt also $^3/_4$.

Nach diesen Beispielen wollen wir jetzt eine allgemeine Regel ableiten, wann in einer Anordnung von Zukunftslagen alle als »gleichwahrscheinlich« betrachtet werden dürfen. Vorausgesetzt wird dabei, daß keinerlei Gründe vorhanden sind, den Eintritt einer Zukunftslage als eher möglich anzusehen. Denn hier geht es um die Bedingungen, wann überhaupt Glaubwürdigkeitsziffern (Wahrscheinlichkeitsziffern) existieren. Erst wenn wir die Bedingungen kennen, unter denen es logisch zulässig ist, Zukunftslagen, über deren Eintritt man nichts weiß, als gleichwahrscheinlich zu bezeichnen, erst dann können wir Glaubwürdigkeitsziffern in den Fällen festlegen, in denen Gründe dafür vorhanden sind, daß eine Zukunftslage eher eintritt als eine andere. Im Beispiel: Erst wenn wir wissen, bei unserem Skatspiel beträgt die Wahrscheinlichkeit 50 %, daß beide Jungen auseinandersitzen, wenn keine weiteren Informationen gegeben sind, erst dann können wir schließen: Wenn ein Gegenspieler über 24 gereizt hat, ist die Wahrscheinlichkeit geringer als im Fall, daß beide vor 24 paßten.

Folgende drei Bedingungen sind notwendig, damit überhaupt Glaubwürdigkeitsziffern existieren:

1. Die einzelnen Zukunftslagen müssen sich gegenseitig ausschließen. Es muß sich um »Alternativen« handeln. Eine Aufzählung: a) Der Konkurrent senkt den Preis, b) der Konkurrent führt ein neues Produkt ein, ist nur dann als Anordnung der Zukunftslagen sinnvoll, wenn gemeint ist: a) Der Konkurrent senkt den Preis und führt kein neues Produkt ein, b) der Konkurrent senkt den Preis um denselben Betrag und führt ein neues Produkt ein.

2. Die Aufzählung der Zukunftslagen muß erschöpfend sein. Die Aussagen: a) Die Löhne steigen um 5 %, b) die Löhne steigen um 10 %, schließen sich zwar gegenseitig

prévision, ses lois logiques, ses sources subjectives. In: Annales de l'Institut Henri Poincaré, Vol. 7 (1937), S. 1–68; *Leonhard J. Savage*, The Foundations of Statistics. New York–London 1954.

Gegen logische und subjektive Wahrscheinlichkeitslehre wenden sich die Vertreter der objektiven Wahrscheinlichkeitslehre, die Wahrscheinlichkeitsaussagen nur auf der Grundlage empirischer Häufigkeitsziffern zulassen wollen (vgl. z. B. *Richard von Mises*, Wahrscheinlichkeit, Statistik und Wahrheit. 3. Aufl. Wien 1951, bes. S. 87 f., 91 f.; *G. L. S. Shackle*, Expectation in Economics. 2nd edition, Cambridge 1952, S. 111–114). Ihre Lehre trägt zur Lösung wirtschaftlicher Entscheidungsprobleme kaum etwas bei, denn für Investitions- und Finanzierungs-, Produktions- und Absatzentscheidungen sind fast nie Häufigkeitsziffern vorhanden vgl. S. 84).

[39] Vgl. *Savage*, The Foundations of Statistics, S. 65.

aus, sind aber nicht notwendigerweise erschöpfend. Die Löhne können auch um z. B. 8 % oder gar nicht steigen.

Eine erschöpfende Aufzählung erhält man stets durch eine »entweder/oder«-Anordnung: a) Die Löhne steigen um 5 %, b) die Löhne steigen nicht um 5 %. Aber die »entweder/oder«-Anordnung genügt nicht, denn es muß geklärt werden, was hinter dem »nicht 5 %« steht. Eine Anordnung von Zukunftslagen ist erst dann als befriedigend anzusehen, wenn die logische Untergliederung (A, nicht A) solange fortgesetzt wird, bis an die Stelle eines »nicht A« (z. B. »nicht 5 %« Lohnsteigerung) eine positive Bestimmung treten kann, z. B. 8 % Lohnsteigerung. Wann man die logische Untergliederung durch eine positive Bestimmung abbricht, das ist eine Frage nach der Genauigkeit der Abbildung der Wirklichkeit in einem Entscheidungsmodell, also ein »Isomorphie«-Problem (vgl. S. 40).

3. Alle Zukunftslagen müssen der gleichen Ebene für die logische Untergliederung angehören [40].

Im Skatspiel:

1. Ebene: Alternative	A: Beide Jungen sitzen zusammen	
2. Ebene: Unteralternative	B: beim 1. Spieler	Nicht-B: beim 2. Spieler
1. Ebene: Alternative	Nicht-A: Jeder hat einen Jungen	
2. Ebene: Unteralternative	C: Kreuz-Bube beim 1. Spieler	Nicht-C: Kreuz-Bube beim 2. Spieler

Nachdem alle Zukunftslagen auf derselben Ebene der logischen Untergliederung liegen und auf der untersten Ebene jede negative Inhaltsbestimmung (»Nicht-B«) in eine positive umgewandelt worden ist (»beim zweiten Spieler«), ist die Aufzählung der Zukunftslagen erschöpfend.

Der Fehler bei der zweiten Antwort im Skatspiel (Wahrscheinlichkeit für das Zusammensitzen der Jungen = 2/3) war, daß dort Zukunftslagen aus zwei Ebenen der logischen Untergliederung zusammengestellt wurden: Die beiden Jungen sitzen beim ersten oder beim zweiten Gegenspieler (Ebene 2) und drittens: Jeder hat einen Jungen (Ebene 1).

Sind die Zukunftslagen erschöpfend aufgezählt worden und keine Gründe vorhanden, das Eintreten einer Zukunftslage als glaubwürdiger anzusehen als das der anderen, dann sind alle Zukunftslagen als gleichwahrscheinlich zu betrachten.

[40] *Keynes,* S. 59 f., demgegenüber fordert »Symmetrie« in den Gründen, die für oder gegen einzelne Zukunftslagen vorgebracht werden. Das Prinzip vom mangelnden Grunde könne nur gelten, wenn ein Argument für eine Zukunftslage auch für jede andere zutreffe. Er verlangt weiter, daß solche Fälle ausgeschlossen werden, in welchen eine der Alternativen eine Absonderung von Unteralternativen »in derselben Form« darstellt. »Symmetrie« in den Gründen scheint mir eine Eigenschaft aller Zukunftslagen zu sein, die auf der gleichen Ebene der logischen Untergliederung liegen.

Die Gleichwahrscheinlichkeit ist der äußerste Fall der Ungewißheit bei bekannter Anzahl alternativer Zukunftslagen. Die Entscheidungslage wird nur dann noch unsicherer, sobald sich die Zahl der Zukunftslagen erhöht. Beispiel: Ein Unternehmer erwägt die Einführung eines verbesserten Produktes. Sein Konkurrent hat zwei Strategien: Preissenkung um 5 % oder Verzicht auf Preissenkung bei dem bisherigen Erzeugnis. Das sind die beiden Zukunftslagen, mit denen der Unternehmer rechnen muß. Es lassen sich keine Anhaltspunkte für das Verhalten des Konkurrenten finden. Das bedeutet, beide Zukunftslagen sind gleichwahrscheinlich. Die Entscheidungslage wird unangenehmer (das »Risiko« größer), wenn der Konkurrent noch eine dritte Zukunftslage verwirklichen kann, z. B. die Preise um 10 % zu senken.

Entscheidend für den äußersten Ungewißheitsgrad ist deshalb die Anzahl der alternativen Zukunftslagen. Bei Glücksspielen und Kartenspielen ist die Zahl der Möglichkeiten von vornherein begrenzt. Hier findet man durch Nachdenken rasch die logisch einwandfreie Untergliederung.

Bei wirtschaftlichen Entscheidungen liegen die Verhältnisse weitaus schwieriger. Der Duopolist, der ein neues Produkt einführen will, muß mit Preissenkung oder Verzicht auf Preissenkung bei seinem Konkurrenten rechnen, er muß prüfen, ob der Konkurrent verbesserte Erzeugnisse einführen, sich mit einem Großkunden zusammenschließen kann. Der Duopolist muß die Konjunkturentwicklung beachten, die Verhältnisse auf dem Arbeitsmarkt und bei den Zulieferern, die Währungspolitik und die Wechselkursentwicklung. Bei wirtschaftlichen Entscheidungen muß stets eine Fülle von Einflußgrößen beachtet werden und deshalb besteht hier eine Fülle von Anordnungsmöglichkeiten. Welche Anordnungsmöglichkeit gewählt wird, das ist eine Frage der Abbildung der Wirklichkeit in einem Entscheidungsmodell. Das Abbildungsproblem wird von verschiedenen Menschen unterschiedlich gelöst werden.

Die Regeln für die erschöpfende Aufzählung der Zukunftslagen geben die Bedingungen an, wann es logisch berechtigt ist, Glaubwürdigkeitsziffern zu bilden. Diese »Existenzbedingungen« für Glaubwürdigkeitsziffern sind *Regeln für die Abbildung des Entscheidungsproblems in Entscheidungsmodellen.* Es handelt sich hierbei, wie bei der Frage nach der »Gleichwahrscheinlichkeit« ersichtlich wurde, letztlich um Probleme der menschlichen Erkenntnis überhaupt. Kein Wunder, daß unter Logikern die Eingrenzung des Gültigkeitsbereichs des Prinzips vom mangelnden Grunde noch umstritten ist.

Es ist bezeichnend für die im wesentlichen von mathematischen Statistikern entwickelte Entscheidungstheorie, daß der wichtigste erste Schritt, die Abbildung des Entscheidungsproblems in alternativen Zukunftslagen, nirgends als Problem hervorgehoben wurde. Diese Autoren sehen das schwierigste Problem als vorab gelöst an. Die »logische« Wahrscheinlichkeitslehre dringt deshalb eine Stufe tiefer als die »subjektive« (personale) Wahrscheinlichkeitslehre. Ramsey, der Keynes und sein »principle of indifference« (das Prinzip vom mangelnden Grunde) kritisiert, erkennt ganz richtig, daß es außerhalb der formalen Logik steht. Doch gerade weil es hier nicht um die innere Schlüssigkeit (»logic of consistency«), sondern um gedankliche Abbildung der Wirklichkeit (»logic of truth«) geht, also um die Entsprechung der Erkenntnis mit »dem Gegenstand« (Kant), kann die Frage nach den a priori Wahrscheinlichkeiten (durch Anwendung des Prinzips vom mangelnden Grunde) nicht als »a meaningless question« abgetan werden.

Savage sieht zwar einige Wahrheit im Prinzip vom mangelnden Grunde, glaubt jedoch, daß die Kritik daran nicht gänzlich zurückgewiesen werden kann und legt sich deshalb nicht näher fest.

Arrow wendet gegen Keynes und seine Behandlung des Prinzips vom mangelnden Grunde ein, daß er Wahrscheinlichkeitsurteile von der »Form der Sprache« abhängig mache, was man als Einwand einsehen möge oder nicht. Vom technischen Standpunkt aus sei ein größerer Nachteil des Prinzips vom mangelnden Grunde, daß man keine befriedigenden Aussagen über die Wahrscheinlichkeit von unendlich vielen Zukunftslagen treffen könne [41].
Indes: Das Prinzip vom mangelnden Grunde liefert die Grundlage, um alternative Zukunftslagen zu formulieren und damit Entscheidungsprobleme der Wirklichkeit in Modellen abzubilden. Die »Form der Sprache« ist nichts anderes als die Abbildung der Wirklichkeit in einem Entscheidungsmodell (das »Isomorphieproblem«). Man macht sich die Entscheidungstheorie zu leicht, wenn man dieses Problem ausklammert. Streitfragen, wie die nach der Gültigkeit der Axiome der Theorie des Risikonutzens, können letztlich nur von den erkenntnistheoretischen Grundlagen (von den Regeln für die Abbildung der Wirklichkeit in Modellen) her beantwortet werden. Der zweite, technische Einwand Arrows ist noch schwächer: Wer die Wirklichkeit erklären will, steht nie vor unendlich vielen Fällen. Unendliche Mengen (wie z. B. stetige Normalverteilungen) sind lediglich eine mathematische Gedankenhilfe. Mit unendlichen Mengen kann man häufig bequemer rechnen als mit endlichen Mengen. Deshalb sind sie in der Mathematik so beliebt.

c) Der zweite Schritt: Das Bilden von Glaubwürdigkeitsziffern

1. Glaubwürdigkeitsziffern als Maßgröße für das Sicherheitsstreben

Bei Entscheidungen unter Ungewißheit ist stets eine mehrfache Zielvorschrift gegeben. Für beide Ziele, das Sachziel (z. B. Einkommensstreben) und das Sicherheitsstreben sind deshalb meßbare Zielgrößen festzulegen. Stellvertretend für die Sachzielgröße steht im folgenden der Gewinn.
Vorbedingung für vernünftige Entscheidungen ist, daß die einzelnen Zukunftslagen im Hinblick auf jede Zielgröße vergleichbar sind (vgl. S. 71). Deshalb müssen auch im Hinblick auf das Sicherheitsstreben alle Zukunftslagen miteinander vergleichbar sein. Der Entscheidende muß also für zwei beliebige Zukunftslagen z_i, z_j sagen können: Im Hinblick auf die Sicherheit des Eintretens gilt entweder $z_i \succ z_j$ oder $z_j \succ z_i$ oder $z_j \sim z_i$. Sind keine Gründe dafür vorhanden, eine Zukunftslage als sicherer anzusehen als eine andere, dann sind alle Zukunftslagen als gleich »sicher« (wahrscheinlich) anzusehen. Es wird das Prinzip vom mangelnden Grunde angewandt.
Um eine Maßgröße für die Einschätzung einer Zukunftslage im Hinblick auf die Sicherheit ihres Eintreffens zu finden, wählen wir Verhältniszahlen, Anteilsziffern. Diese Anteilsziffern werden Glaubwürdigkeitsziffern bzw. (subjektive) Wahrscheinlichkeiten genannt. Wir verwenden den Begriff Wahrscheinlichkeit dabei ähnlich dem Begriff des Marktanteils. Wer einen Markt vollkommen beherrschen will, hat dieses Ziel bei einem Marktanteil von 100 % erreicht, und 50 % Marktanteil besagt, daß er

[41] Vgl. *Ramsey,* S. 189, 192; *Savage,* S. 64–66; *Kenneth J. Arrow,* Alternative Approaches to the Theory of Choice in Risk-Taking Situations. In: Econometrica, Vol. 19 (1951), S. 404–437, hier S. 413; vgl. auch *R. Duncan Luce and Howard Raiffa,* Games and Decisions. New York 1957, S. 284 f.

die Hälfte des Marktes beherrscht. Wer nach Sicherheit strebt, hat dieses Ziel bei 100 % Wahrscheinlichkeit erreicht, und bei 50 % Glaubwürdigkeit für eine Zukunftslage spricht genausoviel dafür wie dagegen, daß diese Zukunftslage eintritt. Jeder Zukunftslage wird eine Glaubwürdigkeitsziffer zugeordnet, und die Summe aller Glaubwürdigkeiten für die alternativen Zukunftslagen beträgt 1. Jede Zukunftslage ist deshalb durch ihren Beitrag zum Sachziel (im folgenden kurz Zielbeitrag genannt) gekennzeichnet und durch eine Glaubwürdigkeitsziffer. *Die Zusammenstellung der Zielbeiträge und der Glaubwürdigkeitsziffern für alle Zukunftslagen einer Handlungsmöglichkeit nennen wir Wahrscheinlichkeitsverteilung der Zielbeiträge.*

Ob alle Zukunftslagen als gleichmöglich erachtet werden oder ob einzelne im Hinblick auf ihr Eintreten glaubwürdiger erscheinen, darüber entscheidet das persönliche Wägen und Gewichten von Argumenten. Aus der Kenntnis der Vergangenheit, aus gegenwärtigen Untersuchungen und aus Überlegungen über die Entwicklung möglicher Einflußgrößen, kurz aus den »Informationen«, die der Planende besitzt, versucht er Schlüsse über den Grad an Glaubwürdigkeit einzelner Zukunftslagen zu ziehen. Glaubwürdigkeitsaussagen enthalten logische Schlüsse von vorhandenem Wissen auf den Grad der Sicherheit des Eintretens einzelner Zukunftslagen [42].

Es liegt nahe, die Techniken der statistischen Wahrscheinlichkeitslehre auf Glaubwürdigkeitsziffern zu übertragen. Warum das zulässig ist, werden wir bei Erörterung der Axiome der Theorie des Risikonutzens (insbesondere beim Unabhängigkeitsprinzip) klären. Allerdings ist die Aussagefähigkeit bestimmter Risikomaße (wie Standardabweichung) dabei sehr sorgfältig abzuwägen; ihre Anwendung bei Glaubwürdigkeitsziffern unterstellt eine ganz bestimmte Risikoneigung, wie auf S. 147 gezeigt werden wird.

Aus Gründen sprachlicher Bequemlichkeit werden wir im folgenden die Ausdrücke »Glaubwürdigkeitsziffern« und »Wahrscheinlichkeiten« synonym verwenden.

2. Risiko und Ungewißheitsgrade

Mit dem Begriff *Risiko* ist in der Literatur die Gefahr einer Fehlentscheidung bezeichnet worden [43].

Diese Definition ist aus zwei Gründen unzweckmäßig. Es bleibt offen, wie die Gefahr einer Fehlentscheidung zu messen ist, und es richtet sich der Begriff danach, ob sich die Entscheidung im nachhinein als richtig erweist. Das ist kein vernünftiger Bezugspunkt. Mitunter wird Risiko (Wagnis) auch enger als Verlustgefahr umschrieben. Das ist zu

[42] »The Theory of Probability is logical ..., because it is concerned with the degree of belief which is *rational* to entertain in given conditions, and not merely with the actual beliefs of particular individuals, which may or may not be rational.« *Keynes,* S. 4, Hervorhebung im Original kursiv.

[43] Vgl. *Wilhelm Krelle,* Unsicherheit und Risiko in der Preisbildung. In: Zeitschrift für die gesamte Staatswissenschaft, Bd. 113 (1957), S. 632–677; *Waldemar Wittmann,* Unternehmung und unvollkommene Information. Köln und Opladen 1959, S. 35 bzw. 189, und die dort genannten Quellen.

einseitig: Eine Investition, deren mögliche Rendite zwischen 0 und 100 % liegt, wäre dann risikolos. Selbst wenn keine Verlustgefahr besteht, kann die Ungewißheit sehr weit gehen.

Hier werden Risiko, Ungewißheit und Unsicherheit gleichgesetzt. Das Risiko einer Handlungsmöglichkeit läßt sich nur durch die Gesamtheit der alternativen Zukunftslagen und ihre Glaubwürdigkeitsziffern kennzeichnen. *Das Risiko einer Handlungsmöglichkeit wird gemessen in der Wahrscheinlichkeitsverteilung ihrer Zielbeiträge.*

In der Literatur trennt man regelmäßig drei Ungewißheitsgrade:

(1) Sicherheit: Nur eine einzige Zukunftslage wird für möglich gehalten.

(2) Risikosituation im Sinne von Knight [44]: Die Zukunftsvorstellung beruht hier auf der Kenntnis einer empirisch ermittelten Häufigkeitsverteilung (auf objektiven Wahrscheinlichkeiten). Da der Unternehmer die statistische Wahrscheinlichkeitsverteilung der möglichen Ergebnisse kennt, kann er das Risiko einer einzelnen zusätzlichen Entscheidung berechnen. Für eine hinreichend große Zahl von wiederholten Entscheidungen wandelt sich dieser Risikofall in Sicherheit um, denn bei hinreichend vielen Wiederholungen verwirklicht sich die Häufigkeitsverteilung.

(3) Ungewißheit im Sinne von Knight: Ungewißheit ist stets bei einer einmaligen, nicht wiederholbaren Entscheidung gegeben.

Die Ungewißheit wird gelegentlich untergliedert in

a) den Fall, in dem subjektive Wahrscheinlichkeiten (Glaubwürdigkeitsziffern) gebildet werden können;

b) den Fall, in dem keine subjektiven Wahrscheinlichkeiten genannt werden können.

Manche Autoren sprechen von objektiver Ungewißheit und sehen darin den Fall, daß das eigene Handeln von dem Handeln anderer (z. B. der Konkurrenten im Oligopol) abhängt – Spielsituation [45].

Das übliche Schema der Ungewißheitsgrade überzeugt nicht.

Das Herausheben der Risikosituation erweist sich als überflüssig [46]. Entweder wird die Entscheidung beliebig oft wiederholt, dann führt die Risikosituation zu dem Fall der Sicherheit zurück, oder die Entscheidung wird nicht beliebig wiederholt, dann liegt in jedem Falle Ungewißheit vor, auch dann, wenn eine empirisch ermittelte Häufigkeitsverteilung gegeben ist. So ist z. B. für jeden Geburtsjahrgang eine Häufigkeitsverteilung über die Sterblichkeit und damit eine Aussage über die durchschnittliche Lebenserwartung bekannt. Für die Lebensversicherungsgesellschaft ist Wiederholbar-

[44] Vgl. *Frank H. Knight,* Risk, Uncertainty, and Profit. Boston–New York 1921, reprinted Chicago 1957, S. 20, S. 197–233.

[45] Vgl. z. B. *Horst Albach,* Wirtschaftlichkeitsrechnung bei unsicheren Erwartungen. Köln–Opladen 1959, ab S. 166; *Hans Schneeweiß,* Entscheidungskriterien bei Risiko. Berlin–Heidelberg–New York 1967, S. 12.

[46] Obwohl bereits *Arrow,* Alternative Approaches to the Theory of Choice in Risk-Taking Situations, S. 417, auf die Fragwürdigkeit der Unterscheidung von Knight hingewiesen hat, wird sie noch heute ziemlich durchgängig von der Literatur verwandt. Kritisch äußert sich jedoch *Karl H. Borch,* Wirtschaftliches Verhalten bei Unsicherheit, Wien–München 1969, S. 125.

keit gegeben: Für sie ist das Todesrisiko kalkulierbar. Bei einer hinreichend großen Zahl an Versicherten besteht praktisch keine Ungewißheit mehr. Jeder einzelne von uns wird jedoch sein Todesjahr als mindestens ebenso ungewiß ansehen wie die Aussagen über die Kupferpreise oder die Börsenkurse im nächsten Jahr. Vielleicht sieht jemand bei Kenntnis der statistischen Häufigkeitsverteilung ein bestimmtes Todesjahr als entschieden glaubwürdiger an als andere (während er bei den Kupferpreisen mehrere Werte nur als gleichmöglich erachtet). Die Kenntnis der Häufigkeitsverteilung erhöht dann den Grad des Vertrauens (die Glaubwürdigkeit) einzelner Annahmen. Es liegt der Fall der Ungewißheit vor, welche die Bildung von Glaubwürdigkeitsaussagen erlaubt.

Die Untergliederung der Ungewißheit in subjektive Ungewißheit und Spielsituation ist schon aus formallogischen Gründen nicht gut. Sie gehorcht keinem einheitlichen Unterteilungsmerkmal. In der Sache ist einzuwenden: Erkennt man einmal subjektive Wahrscheinlichkeiten an, dann ist man gezwungen, auch Spielsituationen subjektive Wahrscheinlichkeiten zuzuordnen. Erscheint keine der Strategien des Gegenspielers glaubwürdiger als die andere, dann sind sie alle als gleichwahrscheinlich zu betrachten.

Die Frage ist lediglich, ob man für alle Fälle Glaubwürdigkeitsziffern ansetzen kann. Das wird von zahlreichen Autoren bestritten. Aber ihre Argumente überzeugen nicht. Eine Kritik müßte sich gegen das Prinzip vom mangelnden Grunde richten. Doch der Verweis auf jene Schwierigkeiten des Prinzips vom mangelnden Grunde, die aus den verschiedenen Anordnungsmöglichkeiten der Zukunftslagen folgen (vgl. das Skatbeispiel S. 75 f.), wird schon deshalb hinfällig, weil alle Ansätze, die ohne Glaubwürdigkeitsziffern auszukommen versuchen, vor denselben logischen Schwierigkeiten stehen. Auch wer Entscheidungsprobleme nach spieltheoretischen Entscheidungsregeln zu lösen versucht, muß die Frage beantworten, ob er das zu lösende Problem der Wirklichkeit in einer Entscheidungsmatrix abbilden soll, die zwei, drei, vier oder noch mehr Zukunftslagen kennt. Die Lösung wird häufig davon abhängen, wieviele Zukunftslagen unterschieden werden [47]. Es steht jedoch nicht im Belieben des Entscheidenden, wie viele Zukunftslagen er trennt. Wer ein Problem der Wirklichkeit lösen will, muß sich die Anzahl der Zukunftslagen erarbeiten. Er kann sich allerdings das Problem vereinfachen, indem er denkbare Zukunftslagen vernachlässigt. Doch läuft er dann Gefahr, sich falsch zu entscheiden.

Die Schwierigkeiten beim Prinzip vom mangelnden Grunde betreffen das Problem der Abbildung der Wirklichkeit in Entscheidungsmodellen: ein Problem, das die Spieltheoretiker ausdrücklich gar nicht erörtern.

Wie wenig Blick für die Wirklichkeit hinter der üblichen Trennung von Risiko und Ungewißheit steckt, zeigt Krelles Anordnung der Ungewißheitsgrade [48].

Krelle unterscheidet a) Spiele gegen die Natur und b) Spiele gegen bewußt handelnde Gegenspieler. Bei den Spielen gegen die Natur trennt er zwischen dem Fall bekannter Wahrscheinlichkeiten = Risiko und dem Fall unbekannter Wahrscheinlichkeiten = Unsicherheit.

[47] Vgl. *Luce and Raiffa*, S. 295.

[48] Vgl. *Wilhelm Krelle*, unter Mitarbeit von *Dieter Coenen*, Präferenz- und Entscheidungstheorie, Tübingen 1968, S. 119.

Die Unterordnung der Entscheidungsprobleme unter das System der Spieltheorie erscheint mir unzweckmäßig. Für wirtschaftliche Entscheidungen besitzt die Spieltheorie vorerst herzlich wenig Bedeutung. Kaum eine wirtschaftlich wesentliche Entscheidung kann als Spiel gegen die Natur aufgefaßt werden. Stets sieht sich der Entscheidende bewußt handelnden Gegenspielern gegenüber: Konkurrenten, Lieferanten, Banken, der staatlichen Wirtschaftspolitik. Selbst die Masse der Nachfrager oder die allgemeine Konjunktur ist nur mit Gewalt als Zufallsapparat »Natur« zu bezeichnen.
Die Unterteilung in bekannte und unbekannte Wahrscheinlichkeiten kann sich auf die Kenntnis von objektiven Häufigkeitsziffern oder auf subjektive Glaubwürdigkeiten beziehen. Für wirtschaftlich wichtige Entscheidungen sind allenfalls in Sonderfällen objektive Wahrscheinlichkeiten bekannt, bestimmt nicht bei Investitions- und Finanzierungsentscheidungen. Selbst wenn nach fünf oder sieben Jahren eine Ersatzinvestition erfolgt, sind die Umweltbedingungen meist so verändert, daß kaum von einer »Wiederholung« gesprochen werden kann.
Weil wirtschaftliches Handeln stets Handeln für oder gegen die Interessen anderer heißt, auch deshalb ist der Fall bekannter objektiver Wahrscheinlichkeiten kaum von praktischer Bedeutung. Bei allen wichtigen Entscheidungsproblemen liegen keine Massenerscheinungen mit Zufallsabhängigkeiten vor, sondern subjektive Einschätzungen über die bewußten Entscheidungen anderer. Erkennt man dies an, dann erübrigt sich der Fall »unbekannter Wahrscheinlichkeiten«. Unbekannte Wahrscheinlichkeit kann nur heißen, der Entscheidende kennt eine in Wirklichkeit vorhandene empirische Häufigkeitsverteilung nicht. Der Fall, daß der Entscheidende nichts über seine eigene »subjektive Wahrscheinlichkeitsverteilung« weiß, kann nicht auftreten, denn der Entscheidende wird aus den ihm vorliegenden Unterlagen Aussagen über die Glaubwürdigkeit einzelner Zukunftslagen (künftiger Zustände der Umwelt) ableiten. Er erarbeitet sich eine subjektive Wahrscheinlichkeitsverteilung über die einzelnen möglichen Zukunftsereignisse. Krelle behauptet hingegen, zwischen dem Verhalten bei Risiko (bekannten Wahrscheinlichkeiten) und Unsicherheit (unbekannten Wahrscheinlichkeiten) müßte unterschieden werden. Es gelte ein »Informationsaxiom«: Bei Unsicherheit verhalte man sich risikoscheuer als bei Risiko im Sinne von Knight. Zur Stützung dieser Behauptung wählte er als Beispiel ein sogenanntes Entscheidungsparadoxon. Auf S. 137 wird jedoch gezeigt werden, daß dieses Paradoxon bei richtiger Analyse keineswegs ein zusätzliches »Informationsaxiom« erfordert. Mir scheint, daß Krelle bei der Trennung zwischen Risiko und Ungewißheit nur daran denkt, ob objektive Wahrscheinlichkeiten vorliegen oder nicht. Bezeichnenderweise erörtert er erst später die subjektiven Wahrscheinlichkeiten (Glaubwürdigkeitsziffern). Für wirtschaftliche Entscheidungen kommen jedoch praktisch nur subjektive Wahrscheinlichkeiten in Frage.

3. Das praktische Ermitteln von Glaubwürdigkeiten

aa) Drei Stufen des Messens

Das Bilden von Glaubwürdigkeitsziffern vollzieht sich auf drei Stufen. Auf jeder Stufe wird eine höher entwickelte Form des Messens angewandt:
1. Man stellt zunächst sämtliche möglichen Ergebnisse zusammen. Das ist die Festlegung der Zukunftslagen und ihrer Zielbeiträge. Diese Sammlung bezeichnet man vielfach als »nominale Messung«.
2. Man ergründet Rangunterschiede zwischen einzelnen Zukunftslagen: Sind alle Zukunftslagen gleichwahrscheinlich oder einzelne glaubwürdiger? – »ordinale Messung«.

3. Man versucht, die Abstände zwischen den nach ihrem Glaubwürdigkeitsrang geordneten Zukunftslagen festzulegen – »kardinale Messung«. Dazu wird die Rangordnung für alle Zukunftslagen in die Zwangsjacke von Wahrscheinlichkeitsziffern gepreßt, deren Gesamtsumme gleich 1 ist. Die Technik dieses Vorgehens wird im nächsten Abschnitt beschrieben.

bb) Wie ergründet man Rangunterschiede zwischen den Zukunftslagen?

Die erste Stufe der Messung ist mit der Bestimmung der alternativen Zukunftslagen und ihrer Zielbeiträge abgeschlossen.
In der zweiten Stufe ist zu prüfen, ob eine Zukunftslage für glaubwürdiger erachtet werden kann als eine andere. Die Entscheidung darüber beruht auf der Auswertung von Informationen. Die Auswertung vorhandener Informationen kann mit Hilfe statistischer Techniken erfolgen oder durch Nachdenken über die Zusammenhänge.

Wenn es gilt, Informationen mit Hilfe statistischer Techniken auszuwerten, sind vor allem drei Fälle zu nennen:
(a) Es liegen empirische Häufigkeitsverteilungen vor. Das Wahlproblem bestehe z. B. darin, die voraussichtliche Erlösminderung aufgrund von Garantieleistungen zu errechnen, die für einen künftigen Zahlungszeitpunkt zu erwarten ist. Läßt sich nun voraussetzen, daß die Umweltbedingungen, die in der Vergangenheit Einfluß auf die Produktqualität nahmen, in gleicher Weise in Zukunft wirken werden, dann kann die Zukunftsvorstellung auf den Kenntnissen aus der Vergangenheit aufbauen. Wir nehmen an, es liege eine empirisch ermittelte Wahrscheinlichkeitsverteilung über die Höhe der Garantieleistungen vor. Die Qualität der Arbeiter, der Werkstoffe, die Verläßlichkeit der Betriebsmittel und die Art des Produktionsverfahrens mögen in Zukunft dieselben sein wie in der Vergangenheit. Was kann man mit der Häufigkeitsverteilung früherer Garantiefälle anfangen? Diese Frage beantwortet am besten ein Beispiel:

Unter den letzten 1000 Lieferungen waren z. B.
28 Totalausfälle (endgültiger Erlös je Stück 0)
36 Halbausfälle (Erlös je Stück etwa 5 000 Mark)
936 mal keine Reklamationen (Erlös je Stück 10 000 Mark).

Bei der Prognose sind zwei Fragen zu trennen:
(1) Prognose des Erlöses für die nächsten tausend Lieferungen. Für die oft wiederholten Lieferungen wird der Gesamterlös »ziemlich genau« 9,54 Mill. Mark betragen. »Ziemlich genau« bedeutet, der Planende vernachlässigt mögliche Abweichungen. Abweichungen vom Erwartungswert 9,54 Mill. Mark wären darauf zurückzuführen, daß in der Zukunft doch nicht dieselben Ursachen wirksam sind wie in der Vergangenheit oder, falls dieselben Ursachen wirksam wären, tausend Lieferungen noch keine »hinreichend große Zahl« von Wiederholungen darstellen, um die Wahrscheinlichkeitsverteilung der Garantiefälle genau wiederzugeben.
(2) Prognose des Erlöses einer einzelnen Lieferung. Der Verlust bei einer einzelnen Lieferung kann 0%, 50% oder 100% betragen. Bei der Einzellieferung wäre es falsch,

zu sagen, der Erlös beträgt voraussichtlich 9540 Mark. 9540 Mark erlöst man mit Sicherheit nicht. Für die Prognose des Erlöses einer Einzellieferung ist vielmehr zu schließen:

mit ca. 3% Wahrscheinlichkeit 0 Mark je Stück,
mit ca. 3% Wahrscheinlichkeit 5 000 Mark je Stück,
mit ca. 94% Wahrscheinlichkeit 10 000 Mark je Stück.

Häufigkeitsverteilungen lassen sich nur in der Weise für die Prognose von Einzelereignissen verwenden, daß die Häufigkeitsverteilung als subjektive Wahrscheinlichkeitsverteilung für das Einzelereignis gedeutet wird. Die unveränderte Übernahme der Häufigkeitsverteilung als subjektive Wahrscheinlichkeitsverteilung ist allerdings nur dann zulässig, wenn keine Gründe erkennbar sind, daß in der Zukunft andere Ursachen wirksam werden als in der Vergangenheit.

(b) Was für das Garantiebeispiel gilt, trifft im wesentlichen auch auf (andere) Stichprobenuntersuchungen zu. Die Probleme liegen hier jedoch nicht in den statistischen Feinheiten und Techniken, sondern in der Deutung des Stichprobenergebnisses für das zu prognostizierende Zukunftsergebnis.

Ein Beispiel: Für die Abschätzung der Nachfrage nach einem neuen Produkt ist Marktforschung mit Hilfe von stichprobenhaften Verbraucherbefragungen betrieben worden. Bei der Auswertung der Ergebnisse lauten die entscheidenden Fragen: Wie weit kann das Ergebnis verallgemeinert werden? Sind mögliche Konkurrenzreaktionen berücksichtigt worden? Erst die Beurteilung des Stichprobenergebnisses nach diesen ergänzenden Fragen erlaubt die Festlegung von Glaubwürdigkeitsziffern.

(c) Als neueste Technik der Informationsaufbereitung werden zur Zeit Simulationsmodelle gepriesen. Gelingt es, ein Planungsmodell über die Abhängigkeiten zwischen den Prognosegrößen zu entwickeln, dann kann die Zukunftsentwicklung simuliert werden. Unter Simulation wird Verschiedenes verstanden. Wir begrenzen den Begriff auf die Fälle des Durchspielens von Planungsmodellen mit alternativen Parametern (Wertansätzen usw.). Wenn ein Modell vorliegt und eine Rechentechnik zur Optimumbestimmung bekannt ist, läßt sich dieses Modell für eine elektronische Datenanlage programmieren und in kurzer Zeit mit sehr vielen alternativen Wertansätzen (entsprechend den möglichen Zukunftslagen) durchspielen.

Dabei wird empfohlen, daß Zufallszahlen die Wahl der Parameter festlegen. Damit hofft man, Wahrscheinlichkeitsverteilungen zu »simulieren« [49]. Sinn hat das Verfahren nur dann, wenn es sich tatsächlich um zufallsabhängige Tatbestände handelt (z. B. bei Warteschlangenproblemen). Die Betriebswirtschaftslehre kennt jedoch Zufallsprozesse nur bei untergeordneten Problemen. Bei allen wichtigen Entscheidungen sind die Reaktionen bewußt handelnder Gegenspieler (Kunden, Konkurrenten) zu beachten. Hier hilft nur das Nachdenken über die Zusammenhänge, über die Ziele und Möglich-

[49] Vgl. zu Simulationsmodellen z. B. *Martin Shubik*, Simulation of the Industry and the Firm. In: The American Economic Review, Vol. 50 (1960), S. 908–919; *Geoffrey P. E. Clarkson, Herbert A. Simon*, Simulation of Individual and Group Behavior. Ebenda, S. 920–932; *Peter Mertens*, Simulation. Stuttgart 1969.

keiten der Gegenseite, will man Rangordnungen für die Glaubwürdigkeit einzelner Zukunftslagen aufstellen. Ich befürchte deshalb, daß die praktische Bedeutung von Simulationsmodellen für Entscheidungen unter Ungewißheit bescheiden bleiben wird.
Grundsätzlich gilt: Statistische Entscheidungstechniken können das eigene Nachdenken nicht ersetzen. Diese Aussage erscheint selbstverständlich, aber gegen sie wird oft verstoßen. Namentlich jene Studierenden und Praktiker, die kein Verhältnis zur Mathematik haben und folglich vor jeder Formel in Ehrfurcht erstarren, übersehen, daß statistische Techniken den Informationsquark nur filtern, nicht vermehren können. Und manchmal treten sie ihn auch nur breit.
Das Schwergewicht der Informationsauswertung beruht auf Nachdenken und gefühlsmäßigem Beurteilen. Der logische Teil der Ermittlung von Glaubwürdigkeiten besteht in einer Modellbildung. Man setzt Ausgangsdaten und folgert daraus die künftige Entwicklung. Jeder tut das, wenn er argumentiert. In weitem Maße gefühlsmäßig bedingt ist die Beurteilung des abgeleiteten Ergebnisses. Widerspricht das Ergebnis dem Gefühl, werden u. U. das Ergebnis und seine Ausgangsdaten verworfen. Ein neues Gedankenmodell mit anderen Daten wird errichtet. Es ist dieses Abtasten und Korrigieren von Voraussetzungen und Schlüssen, das als wirtschaftliches Fingerspitzengefühl zu jedem unternehmerischen Handeln gehört.

cc) Wie gewinnt man Glaubwürdigkeitsziffern?

Die dritte Stufe der Messung von Glaubwürdigkeiten verlangt, die Abstände in der Rangordnung der Glaubwürdigkeiten zu beziffern. Es geht dabei nicht darum, das Fingerspitzengefühl (die Erfahrung) zu ersetzen, sondern die Erfahrung in allen ihren Ursachen zu erfassen und in Zahlen umzusetzen. Für jede Zu- oder Abneigung gegenüber einzelnen Zukunftslagen sind Gründe maßgebend. Wenn jemand sagt: Aufgrund meiner Erfahrungen wird der Umsatz nicht mehr als 5% in diesem Zeitraum steigen, dann ist ihm zu entgegnen: »Mit welchen Gründen belegen Sie Ihre Erfahrung?« Er wird frühere Beispiele nennen, die Aktivität der Konkurrenz, allgemeine wirtschaftliche Erwägungen. Jedes dieser Argumente ist zu prüfen, ob es tatsächlich in der Zukunft zutreffen kann. Jede Sachdiskussion fördert neue Gesichtspunkte und Zusammenhänge an den Tag (allerdings nur unter vernünftigen Leuten). Argumente, die bisher vielleicht übersehen wurden, werden in ihrer Bedeutung erkannt und helfen, die Gefahr falscher Entscheidungen zu verringern. Kann man den erfahrenen Beurteiler dazu zwingen, seine Vermutungen zu quantifizieren, also Glaubwürdigkeitsziffern festzulegen, dann gewinnt man zusätzliche Möglichkeiten, um die innere Schlüssigkeit der Zukunftsbewertung zu überprüfen.
Jeder, der wissenschaftlich arbeitet, weiß, wie leicht logisches Denken auf Irrpfade führen kann. Die Schlüsse sind folgerichtig, gleichwohl kann die Fülle an Voraussetzungen, die bei fortschreitendem Verfolgen eines Gedankens (bewußt oder unbewußt) gesetzt wurden, zu praktisch belanglosen Ergebnissen führen. Es gilt, diese Sackgassen logischen Denkens zu erkennen. Dazu dient auch der Versuch, Glaubwürdigkeitsgrade zahlenmäßig festzulegen und durch Testfragen auf ihre Schlüssigkeit zu prüfen.
Praktisch muß hierbei beachtet werden: Scharfes Nachdenken ist unbequem, und Dis-

kussionen geraten leicht an den Punkt, an dem nur noch Vorurteile verteidigt werden. Indem man jemanden zwingt, Zukunftslagen mit Glaubwürdigkeiten zu beziffern, schafft man Grundlagen, um die Überlegungen zu kontrollieren. Nur wenige besitzen soviel Mut, sich und anderen Rechenschaft im Detail über mögliche Fehlplanungen zu geben. Deshalb läßt man lieber alles bei vorsichtigen Qualitätsurteilen. Das ist unverbindlich und stört die Karriere nicht. In der Theorie können wir jedoch von solchen persönlichen Rücksichten absehen und folgern: Qualitative Erfahrungsurteile oder Vermutungen über einzelne Zukunftslagen quantitativ festzulegen, sie später zu überprüfen und den Abweichungen auf den Grund zu gehen, das ist der einzige Weg, um aus der Erfahrung zu lernen und künftige Entscheidungen zu verbessern.

Das Beziffern von Glaubwürdigkeiten verlangt, qualitatives Abwägen in Zahlen auszudrücken. Dazu hilft die Einsicht, daß auf den ersten Blick jedes schwierige Problem allein qualitativ bestimmt erscheint. Für Homer war auch das Fliegen eine qualitative Eigenschaft, die Göttern und Vögeln, nicht aber den Menschen gegeben war. Die Voraussetzungen des Fliegens sind heute zahlenmäßig erfaßt. In ähnlicher Weise gilt für wirtschaftliche Probleme: Qualitative Wahlprobleme lassen sich – wenigstens teilweise – auf quantitative Überlegungen zurückführen. Die Probleme sind dann in einigen Aspekten einer Wirtschaftlichkeitsrechnung zugänglich. Die Entscheidung folgt einem logischen, von anderen Personen nachvollziehbaren Prozeß. Zum rationalen Entscheiden gehört immer, den subjektiven (qualitativen) Rest im Entscheidungsproblem zu minimieren.

dd) Ein Beispiel für die Ermittlung von Glaubwürdigkeitsziffern

Wir nehmen an, dem Eierbecher-Produzenten sei es gelungen, für die Planung des Monats Januar folgende fünf repräsentative Zukunftslagen zu trennen:

a) Konjunkturrückschlag mit verstärktem Konkurrenzdruck, Gewinn = —2 000.
b) Konjunkturrückgang ohne verstärkten Konkurrenzdruck, Gewinn = Null.
c) Gleichbleibende Konjunktur und verstärkter Konkurrenzdruck, Gewinn = + 1 000.
d) Gleichbleibende Konjunktur ohne verstärkten Konkurrenzdruck, Gewinn = + 3 000.
e) Sprunghaft ansteigende Konjunktur ohne verstärkten Konkurrenzdruck, Gewinn = + 5 000.

Bei der Beurteilung der Glaubwürdigkeit ist jeder der fünf Zukunftslagen eine Wahrscheinlichkeitsziffer für ihr Eintreten beizulegen. Wir nehmen an, im ersten Anlauf habe der Unternehmer sich nicht entscheiden können, eine der fünf Zukunftslagen für glaubwürdiger als andere zu erachten. Gleichwohl steht er vor einer »Wahrscheinlichkeitsverteilung«.

In der folgenden Tabelle bedeuten Z = Zielgröße, p = Wahrscheinlichkeiten für jede Zukunftslage, m = Wahrscheinlichkeiten für jene Einkommen, die mindestens erreicht oder überschritten werden (»kumulierte Wahrscheinlichkeit«). Vorausgesetzt, sämtliche Zukunftslagen sind erfaßt, erhalten wir mit einer Wahrscheinlichkeit von 1 ein Ergebnis, das nicht schlechter ist als 2 000 Mark Verlust. Mit einem Glaubwürdigkeitsgrad von 80% liegt der Gewinn bei Null oder darüber.

Tabelle 1

	Z	p	m
a)	− 2 000	0,2	1,0
b)	0	0,2	0,8
c)	+ 1 000	0,2	0,6
d)	+ 3 000	0,2	0,4
e)	+ 5 000	0,2	0,2

Aus der Tabelle 1 erkennt man zunächst, wie wichtig das Erfassen sämtlicher Zukunftslagen ist. Sollte es sich herausstellen, daß nur eine mögliche Zukunftslage übersehen wurde, so sinkt die Einzelwahrscheinlichkeit aller Zukunftslagen von 1/5 auf 1/6. Der Fall der Gleichwahrscheinlichkeit, den Tabelle 1 zeigt, beschreibt den stärksten Grad an Ungewißheit bei *gegebenen* Zukunftslagen. Eine stärkere Ungewißheit tritt nur dann ein, wenn noch mehr Zukunftslagen zu beachten sind.

Zu prüfen ist nun, ob tatsächlich keine der fünf Zukunftslagen einer anderen vorgezogen werden kann. Der Entscheidende muß jede Zukunftslage jeder anderen gegenüberstellen und an Hand der ihm vorliegenden Informationen (und nach seinem Fingerspitzengefühl) abschätzen, ob er alle als gleich realistisch ansieht. Das ist der Versuch, die bisher nur nominal gemessene (nacheinander geordnete) Reihe der Zukunftslagen in eine ordinale Rangordnung (mehr oder weniger glaubwürdig) zu bringen. Der Entscheidende fragt also (oder er wird von einem gedachten Interviewer gefragt): Spricht tatsächlich genausoviel für 2 000 Mark Verlust wie für 3 000 Mark Gewinn? Die Antwort mag z. B. lauten: Nein, doch nicht; gleichbleibende Konjunktur ohne verstärkten Konkurrenzdruck ist wahrscheinlicher als die schlechteste Situation. Durch weiteres Gegenüberstellen der einzelnen Zukunftslagen mag sich folgende Anordnung ergeben:

(1) $$d \succ e \sim b \succ a \sim c$$

Die Rangordnung (1) besagt: Der Fall gleichbleibender Konjunktur ohne verstärkten Konkurrenzdruck wird als glaubwürdiger erachtet als der Fall des sprunghaften Konjunkturanstiegs. Dieser Fall gilt als genausogut möglich wie ein Konjunkturrückgang ohne verstärkten Konkurrenzdruck, ist jedoch glaubwürdiger als ein Konjunkturrückschlag mit verstärktem Konkurrenzdruck. Andererseits wird der schlimmste Fall in gleicher Weise für möglich gehalten wie der Fall der gleichbleibenden Konjunktur mit verstärktem Konkurrenzdruck.

Es wird meistens gelingen, eine solche Rangordnung einzelner Zukunftslagen nach ihrer Glaubwürdigkeit aufzustellen. Schwierigkeiten werden sich in der Praxis dann zeigen, wenn man versucht, den Entscheidenden dahin zu bringen, die ordinale Messung in eine kardinale Messung umzuwandeln, also die Abstände zwischen den einzelnen Zukunftslagen zu beziffern. Tatsächlich ist es jedoch von der Rangordnung zur kardinalen Messung der Glaubwürdigkeit nur ein kleiner Schritt. Es sind im Regelfall nur seelische Hemmungen, die der Entscheidende überwinden muß, ehe er sich durch eine kardinale

Messung festlegt. Er erkennt nämlich bei der Bezifferung plötzlich, wieweit er seine Präferenzen bzw. Zukunftseinschätzungen bereits offenbart hat, und scheut zurück, weil er sich so genau nicht festlegen will.
Wie nahe wir durch die Festlegung der Rangordnung bereits an der kardinalen Messung sind, zeigt sich, wenn wir die Rangordnung der Grundbedingung für die Glaubwürdigkeitsziffern (daß die Summe der Glaubwürdigkeiten 1 ergeben muß) gegenüberstellen. Wir erhalten folgende Bedingungen:

$$d \succ e \sim b \succ a \sim c \tag{1}$$

$$d + e + b + a + c = 1. \tag{2}$$

Im praktischen Fall genügt es meistens, möglichst einfache Zahlen zu finden, die beiden Bedingungen (der Rangordnungsbedingung und der Wahrscheinlichkeitssummenbedingung) genügen. Denn die Einschätzung der einzelnen Zukunftslagen unterliegt einer sehr breiten »Fühlbarkeitsschwelle« [50], so daß 1 % mehr oder weniger Glaubwürdigkeit einfach nicht mehr empirisch faßbar ist. Unser Unternehmer mag sich, dies beherzigend, z. B. zu Tabelle 2 durchgerungen haben:

Tabelle 2

	Z	p	m
a)	− 2 000	0,1	1,0
b)	0	0,2	0,9
c)	+ 1 000	0,1	0,7
d)	+ 3 000	0,4	0,6
e)	+ 5 000	0,2	0,2

Diese Glaubwürdigkeitstabelle ist durch Testfragen auf ihre Schlüssigkeit zu prüfen. Solche Testfragen lauten z. B.: Angenommen, man brauche den verstärkten Konkurrenzdruck nicht zu berücksichtigen, sondern nur die Konjunkturentwicklung allein, dann blieben die Zukunftslagen: b, d, e. Ist d (gleichbleibende Konjunktur mit 3 000 Gewinn) genausogut möglich wie das Abweichen von dieser Gewinnziffer nach oben oder unten durch sprunghaft wachsende oder sinkende Konjunktur zusammen?

4. Wie faßt man mehrere Glaubwürdigkeitsverteilungen zusammen?

Im praktischen Fall wird eine Vielzahl von Einflußgrößen und damit eine Fülle von Zukunftslagen zu beachten sein. Es wird deshalb notwendig werden, die Vielzahl denkbarer Zukunftsentwicklungen auf wenige repräsentative Zukunftslagen zu verdichten. Dabei treten mehrere Probleme auf, wie folgendes Beispiel zeigt:

[50] Vgl. *Krelle*, Präferenz- und Entscheidungstheorie, S. 21 f., S. 198 f.

Jede mögliche Zukunftslage soll durch ihren Beitrag zur unternehmerischen Zielgröße (hier: Gewinn) dargestellt werden. Die Gewinne einer Handlungsmöglichkeit (z. B. der Eierbecherproduktion) hängen ab

a) von der allgemeinen Konjunkturentwicklung (hier werden drei Fälle als denkbar angesehen: sinkende Konjunktur, gleichbleibende Wirtschaftslage, sprunghaftes Wachstum),

b) vom Konkurrentenverhalten (hier werden ebenfalls drei Fälle als denkbar angesehen: keine Änderung der Preise, 10%ige Preissenkung, 20%ige Preissenkung),

c) von der Kostenentwicklung (vier Fälle: steigende Rohstoffpreise oder gleichbleibende Rohstoffpreise, Lohnerhöhung um 5 oder 10%).

Es ist nicht auszuschließen, daß jede Kombination der Einflußgrößen auftreten kann, etwa sinkende Konjunktur zusammenfällt mit verstärktem Konkurrenzdruck, steigenden Rohstoffpreisen und einer Lohnerhöhung um 10% — wenngleich diese Kombination weniger glaubwürdig erscheinen mag als die Annahme, daß es den Gewerkschaften bei sprunghaftem Wirtschaftswachstum eher gelingt, eine 10%ige Lohnerhöhung durchzudrücken. In unserem Beispiel ergäben sich somit insgesamt 3 x 3 x 4 = 36 Zukunftslagen – und damit zugleich 36 mögliche Gewinnziffern für eine einzige Handlungsmöglichkeit (Eierbecherproduktion).

Die gleichen Überlegungen sind für die konkurrierenden Handlungsmöglichkeiten (z. B. Salatschüsselproduktion) aufzustellen. Meistens verfügt der Unternehmer nicht nur über zwei, sondern vielleicht über fünf oder sechs Handlungsmöglichkeiten. Sein Wahlproblem zeigt dann z. B. für jede der fünf oder sechs Handlungsmöglichkeiten 30 bis 40 alternative Zukunftslagen an (und das bei einem einperiodischen Wahlproblem!).

Diese Fülle an Daten ist praktisch nicht mehr überschaubar. Man muß das Wahlproblem »verdichten«, sich auf wenige wesentliche Zukunftslagen beschränken.

Für mehrperiodische Wahlprobleme, insbesondere für Investitionsentscheidungen, stehen dem Bilden von Glaubwürdigkeitsziffern zusätzliche Schwierigkeiten entgegen. Bereits die einperiodische Entscheidung zwischen Eierbecher- und Salatschüsselproduktion führte zu einer Vielzahl alternativer Zukunftslagen. Bei mehrperiodischen Wahlproblemen ist damit zu rechnen, daß für jeden entfernteren Zahlungszeitpunkt immer mehr Zukunftslagen zu beachten sind und daß die Einschätzung ihrer Glaubwürdigkeit immer schwieriger wird. Das Problem der Verdichtung einer Vielzahl alternativer Zukunftslagen auf einzelne repräsentative Lagen (auf eine repräsentative Glaubwürdigkeitsverteilung) gewinnt damit besonderes praktisches Gewicht. Die Technik dieser Zusammenfassung sei kurz dargestellt.

Das Vorgehen wird am besten an einem einfachen Beispiel erläutert: Eine Investition (mit einer »sicheren« Ausgabe in t_0) erstrecke sich über drei Zahlungszeitpunkte. Die Datenanalyse habe im einzelnen folgende Tabelle ergeben:

Tabelle 3

	t_1			t_2			t_3		
	Z	p	m	Z	p	m	Z	p	m
Zukunftslage I	0	0,2	1,0	– 20	0,1	1,0	– 30	0,2	1,0
Zukunftslage II	60	0,6	0,8	0	0,2	0,9	0	0,2	0,8
Zukunftslage III	80	0,2	0,2	70	0,5	0,7	30	0,2	0,6
Zukunftslage IV				90	0,2	0,2	70	0,2	0,4
Zukunftslage V							100	0,2	0,2

Um aus diesen Werten die Zielgröße und ihren Unsicherheitsgrad zu berechnen, sind drei Wege gangbar:

(1) Man verdichtet die Wahrscheinlichkeitsverteilung für jeden Zahlungszeitpunkt zu repräsentativen Maßgrößen, wie z. B. dem Erwartungswert der Zielbeiträge und dem Erwartungswert der Verluste. Im Erwartungswert der Zielbeiträge sind die einzelnen Zielbeiträge einer Handlungsmöglichkeit mit ihren Wahrscheinlichkeiten gewichtet und dann addiert worden. Der Erwartungswert der Einnahmenüberschüsse Z in t_1 beträgt: $0 \cdot 0{,}2 + 60 \cdot 0{,}6 + 80 \cdot 0{,}2 = 52$. Das Risiko wird in einer weiteren Größe gemessen, z. B. in der Verlusterwartung (Erwartungswert der Verluste). Die Verlusterwartung ist in $t_1 = 0$, in $t_2 = 20 \cdot 0{,}1 = 2$, in $t_3 = 30 \cdot 0{,}2 = 6$. Die Problematik dieser Rückführung der Gewinn-Risiko-Schätzung auf derartige stellvertretende Werte wird später (S. 147) dargestellt. Hier ist dieses Vorgehen von vornherein abzulehnen, denn es scheidet in einem sehr frühen Stadium der Datenauswertung mögliche Zukunftslagen aus. Der Grundsatz bei der Datenanalyse muß jedoch sein, die »Mehrwertigkeit« der Erwartungen (das Auftreten mehrerer Zukunftslagen) möglichst bis ins Entscheidungsstadium fortzutragen. Erst der Überblick über alle unsicheren Einzeldaten erlaubt das Beurteilen des Risikos einer Investition insgesamt.

(2) Man ordnet sämtliche Zahlungssalden nach ihrer Mindestglaubwürdigkeit vollständig an. Wir stellen also zusammen (a) die Zahlungssalden, die mit Sicherheit nicht unterschritten werden, (b) die Zahlungssalden, die mit 90% Glaubwürdigkeit nicht unterschritten werden, usw. Dabei nehmen wir an, die einzelnen Perioden seien unabhängig voneinander, d. h. der Eintritt einer Zukunftslage in t_1 beeinflusse nicht die Wahrscheinlichkeit in t_2 bzw. t_3 (vgl. dazu S. 418 ff.). Es entsteht folgende Tabelle, p zeigt die Einzelwahrscheinlichkeit der sich ergebenden Mindesteinkommen an.

Tabelle 4

m	Z(t_1)	Z(t_2)	Z(t_3)	p
1,0	0	– 20	– 30	0,1
0,9	0	0	– 30	0,1
0,8	60	0	0	0,1
0,7	60	70	0	0,1
0,6	60	70	30	0,2
0,5	60	70	30	
0,4	60	70	70	0,2
0,3	60	70	70	
0,2	80	90	100	0,2
0,1	80	90	100	

Wir erhalten damit 10 denkbare Zukunftslagen, die jede für sich genommen zu 10⁰/₀ glaubwürdig sind. Im Beispiel fallen allerdings in drei Fällen zwei Werte zusammen, so daß 7 Zukunftslagen verbleiben. Für jede der 7 Zukunftslagen ist nun die Zielgröße, z. B. der Kapitalwert (vgl. dazu S. 201), auszurechnen.
Würden dabei für t_2 zwei Zinssätze, für t_3 drei Zinssätze für möglich gehalten, entstünden daraus 42 Kapitalwerte. Im allgemeinen macht es keinen großen Fehler, bei abweichenden Zinserwartungen mit einem durchschnittlichen Zinssatz zu rechnen. Es bleiben somit 7 Kapitalwerte, von denen 4 zu je 10⁰/₀ und 3 zu je 20⁰/₀ glaubwürdig sind. Die 7 Werte gehen mit ihren Einzelglaubwürdigkeitsziffern in die Planungsrechnung ein.

(3) Man bildet neue repräsentative Zukunftslagen aus der Überprüfung der vorliegenden Einzelschätzungen. Nachdem die Einzelwerte der Tabelle 3 vorliegen, hält man z. B. nach erneuter Durchsicht der vorliegenden Informationen die Beschränkung auf drei Zukunftslagen (schlechte, mittlere, gute Entwicklung) für zulässig.
Den drei neuen repräsentativen Zukunftslagen werden dabei aufgrund der Neuschätzung die Werte der Tabelle 5 zugeordnet:

Tabelle 5

Zukunftslage	Z(t_1)	Z(t_2)	Z(t_3)	p	m
schlecht	0	– 10	– 30	0,2	1,0
mittel	60	70	40	0,5	0,8
gut	70	90	100	0,3	0,3

Die zweite Methode ist zweifelsohne die technisch sauberste. Dennoch ist sie der dritten nicht von vornherein überlegen, und zwar aus folgendem Grund: Um die Zielbeiträge aus der Einzelanalyse der Daten abzuleiten, sind mehrmals zusammenfassende Rechenschritte notwendig: Aus den Annahmen über Absatzmengen und Preise einzelner Produkte folgen alternative Umsatzhöhen, aus alternativen Umsätzen und alternativen (ausgabenverursachenden) Kosten die möglichen Zahlungssalden, daraus schließlich die denkbaren Kapitalwerte. Beschreitet man mehrmals hintereinander den Weg der vollständigen Anordnung wie bei Methode 2, wird die Endtabelle sehr umfangreich. Sie enthält dann statt der noch überschaubaren 10 Zukunftslagen 50 oder 100 (z. B. für jeden Glaubwürdigkeitsprozentsatz eine). Damit täuscht die Technik der Zusammenfassung von Einzeldaten eine Datengenauigkeit vor, die durch die Ausgangsinformationen nicht gerechtfertigt ist. Die Technik der Datenaufbereitung darf jedoch nie die Unzuverlässigkeit der Ausgangsdaten verdecken.

Weil es sich bei den Ausgangsdaten um subjektive Schätzungen handelt, für die nur bestimmte Abstände der Einzelglaubwürdigkeiten (z. B. 5% oder 10%) spürbar sind, deshalb scheint mir der dritte Weg im allgemeinen der bessere zu sein, mindestens bis zur Festlegung repräsentativer Zahlungssalden. Erst im letzten Schritt, der Umwandlung alternativer Zahlungssalden in repräsentative Zielgrößen (z. B. Kapitalwerte), ist die vollständige Anordnung zweckmäßig. Aber auch hier läßt es sich in zahlreichen Fällen vertreten, die Fülle an möglichen Zahlungssalden mit ihren Glaubwürdigkeiten durch eine Neuschätzung zu wenigen repräsentativen Werten zu verdichten.

Eine jede Handlungsmöglichkeit wird damit durch die Zielbeiträge für ihre alternativen (repräsentativen) Zukunftslagen beschrieben. Nachdem die verschiedenen Handlungsmöglichkeiten mit ihren alternativen Zielbeiträgen erfaßt sind, stellt sich die Frage: Wie sieht eine rationale Entscheidung zwischen den risikobehafteten Handlungsmöglichkeiten aus?

d) Der dritte Schritt: Das Aufstellen des Handlungsprogramms

1. Wirtschaftliche Bestimmungsgründe rationalen Verhaltens unter Ungewißheit

Wie läßt sich bei der Datenfülle aus Wahrscheinlichkeitsverteilungen konkurrierender oder sich ergänzender Handlungsmöglichkeiten eine vernünftig begründete Entscheidung treffen?

Das einzige, was auf Anhieb gesagt werden kann, lautet: Die Entscheidung hängt von der Risikoneigung des Entscheidenden ab. Damit liegt der Schluß nahe: Der Unternehmer muß sich eine »Risikopräferenzvorstellung« bilden: Ist er risikoscheu oder risikofreudig? Ist die Risikopräferenzvorstellung bekannt, dann liegt auch die Entscheidung eindeutig fest.

Doch diese Lösung ist zu schön, um auf Anhieb gut zu sein. Der Rückgriff auf persönliche Präferenzen bedeutet stets das Eingeständnis, zur Sache selbst nichts mehr sagen zu können. Dieser Rückgriff darf deshalb erst erfolgen, nachdem erkundet worden ist, ob und wieweit allgemeingültige Aussagen über die Risikoneigung abgeleitet werden können. Die Aussage, die Entscheidung hänge von der individuellen Risikoneigung ab, ist eine Leerformel. Sie ist empirisch gehaltlos, weil sie nicht widerlegt werden kann. Dieser Bannspruch gilt allerdings nicht mehr, wenn wir Einzelannahmen über die Risikoneigung machen, denn Einzelannahmen können widerlegt oder bestätigt werden. Sie schaffen zusätzliche Erkenntnisse. Um Einzelaussagen über die Risikoneigung und

die Bedingungen rationalen Verhaltens unter Ungewißheit treffen zu können, sind zwei Problemkreise zu untersuchen:
a) Die Risikoneigung bei einer Einzelentscheidung hängt offensichtlich von den Umweltbedingungen ab, insbesondere von der wirtschaftlichen Lage des Unternehmers. Wir müssen also einmal klären, ob es nicht wirtschaftliche Bestimmungsgründe für die Höhe des im Einzelfall tragbaren Risikos gibt. Diese Frage ist Gegenstand dieses Abschnitts.
b) Unabhängig von den wirtschaftlichen Umständen des Einzelfalls ist zu prüfen, ob nicht allgemein logische Kriterien genannt werden können, die es erlauben, gute und schlechte Handlungsmöglichkeiten unter Ungewißheit zu trennen. Dieses Problem werden wir in Abschnitt e) untersuchen.

Zahlreiche ökonomische Umstände, die aus der jeweiligen wirtschaftlichen Lage des Unternehmers folgen, wirken auf die Risikoneigung bei jeder Einzelentscheidung zurück. Diese wirtschaftlichen Bestimmungsgründe der Risikoneigung zu erfassen, zu ordnen, und, wenn möglich, ihr Gewicht zu messen, das ist eine Aufgabe der ökonomischen Ungewißheitstheorie.
Vier Beispiele mögen die wirtschaftlichen Bestimmungsgründe der Risikoneigung zeigen:
(1) Ein weltweiter Automobilkonzern konkurriert auf dem Markt für kleinere Sportcoupés mit einem unabhängigen Hersteller. Beide haben ein neues Modell entwickelt und prüfen, ob sie die Serienfertigung aufnehmen sollen.
Der Konzern baut daneben Lastwagen und Personenwagen jeder Preisklasse. Der Anteil des Sportcoupés am Gesamtumsatz wird im günstigsten Fall auf 2% geschätzt. Im schlimmsten Fall wird ein Jahresverlust erwartet, der gerade 10% des Gewinns der anderen Produkte aufzehrt. Der unabhängige Hersteller baut daneben nur einen größeren sportlichen Wagen. Der Anteil des Sportcoupés wird im günstigsten Fall auf 70% des Umsatzes geschätzt. Im ungünstigsten Fall muß mit einem Verlust gerechnet werden, der das Fünffache des bisherigen Jahresgewinns beträgt und in einem Jahr ein Drittel des Eigenkapitals aufzehrt.
Selbst wenn die Einnahmen- und Ausgabenerwartungen beider Hersteller identisch sind, so ist doch das Gewicht der Entscheidung und damit das Risiko für beide Unternehmungen sehr verschieden. Die leistungswirtschaftlichen Bedingungen, wie Betriebsgröße, Produktionsprogramm, Kostenstruktur der Produktionsverfahren, sind die ersten wirtschaftlichen Bestimmungsgründe der Risikoneigung.

(2) Zwei gleich große Papierfabriken investieren je eine große Verarbeitungsmaschine. Der eine Fabrikant finanziert die Investition zur Hälfte durch eine Kapitalerhöhung, zur anderen Hälfte durch langfristige, wenngleich teurere Lieferantenkredite. Der zweite Fabrikant nimmt billigere Schuldscheindarlehen und Bankkredite auf. Der erste Fabrikant hat bei seiner Investitionsfinanzierung noch einen Kreditspielraum, der etwa die Hälfte des Investitionsbetrages ausmacht; der zweite Fabrikant hat seinen Kreditspielraum ausgeschöpft.
Zeigt eine Verarbeitungsmaschine Anlaufschwierigkeiten, die zeitweiligen Stillstand bei fortlaufenden Lohnzahlungen bedingen, oder sinken die Preise, weil beide Fabrikanten investiert haben und damit erhebliche Überkapazitäten bestehen, beide Male wird der

erste Fabrikant aufgrund seines hohen Finanzierungsspielraums die Schwierigkeiten leichter überwinden. Das heißt, auch die Art der Finanzierung bestimmt das Risiko, das einer Investition innewohnt.

(3) Ein Einzelunternehmer streitet sich mit einem Lieferanten über einen Preisnachlaß wegen Qualitätsmängeln bei gelieferten Einzelteilen. Der Einzelunternehmer ist überzeugt, recht in der Sache zu haben. Er wird hart verhandeln und auch das (an sich geringe) Risiko in Kauf nehmen, daß der Lieferant ihn nicht mehr beliefert. Bis ein Ersatzlieferant die Teile herstellen kann, vergeht Zeit, die eigenen Maschinen stehen still, der mögliche Verlust kann in die Millionen gehen. Aber der Einzelunternehmer mag dieses geringe Risiko vernachlässigen oder für tragbar halten.
Der angestellte Geschäftsführer einer GmbH steht vor den gleichen Verhandlungen. Er ist ebenfalls überzeugt, recht zu haben. Trotzdem wird er rascher geneigt sein, einen Kompromiß zu schließen, und auf z. B. 60 000 Mark Preisnachlaß verzichten, denn er muß fürchten: Zwar ist es sehr unwahrscheinlich, daß es zum Krach kommt, aber wenn es dazu kommt und die Fabrik wegen Zulieferschwierigkeiten einen Monat lang nicht arbeiten kann, muß er mit erheblichen Vorwürfen von seiten der Gesellschafter rechnen. Er ist dann der Sündenbock dafür, daß es soweit gekommen ist. Wenn der Geschäftsführer heute bei härtester Verhandlungsstrategie noch 60 000 Mark mehr herausholt, wird er dafür jedoch kaum ein anerkennendes Wort von den Gesellschaftern erfahren. Die Risikoneigung des Entscheidenden hängt damit sehr wesentlich auch von der Entscheidungsorganisation in einer Unternehmung und der Abhängigkeit der Entscheidenden ab.

(4) Ein Büromaschinenfabrikant hat seine Elektromotoren bisher ausschließlich von zwei kleineren Firmen im süddeutschen Raum bezogen. Der eine Lieferant, der etwa drei Viertel des Motorenbedarfs deckt, verkauft seinen Betrieb überraschend an einen amerikanischen Büromaschinenkonzern und fällt als Lieferant aus. Der zweite Lieferant nutzt die Situation aus und erklärt, er könne zwar die drei- bis vierfache Zahl an Motoren liefern, allerdings erfordere das bei ihm Überstunden und hohe Investitionen. Er verlangt ein langfristiges Lieferabkommen, das ihm mindestens 50% der Lieferanteile sichert, und einen höheren Preis. Der Büromaschinenfabrikant steht vor nur zwei Wahlmöglichkeiten: das Diktat des verbleibenden Lieferanten zu akzeptieren oder das Risiko einzugehen, zu möglicherweise noch höheren Preisen von anderen Herstellern zu beziehen, bei denen zusätzlich die Gefahr besteht, daß nicht auf Anhieb die gewünschte Qualität geliefert wird, und außerdem noch durch lange Lieferfristen Verzögerungen in der eigenen Produktion entstehen. Zudem steht der Büromaschinenfabrikant unter »sofortigem Entscheidungszwang«, weil seine Vorräte rasch schrumpfen.

Ein zweiter Büromaschinenfabrikant hat hingegen von Anfang an eine vorsichtigere Einkaufspolitik verfolgt und z. B. mit drei Lieferanten gleichzeitig gearbeitet, so daß nach Ausfall des bisherigen Hauptlieferanten zwei weitere Lieferanten die gewünschte Qualität liefern und vor allem gegeneinander ausgespielt werden können. Ferner hält dieser Unternehmer Sicherheitsbestände, die ihm ausreichend Zeit zu Verhandlungen mit neuen Lieferanten lassen.
Die beiden Unternehmen sind im Hinblick auf einzelne Zukunftslagen (wie Ausfall

des Hauptlieferanten) unterschiedlich anpassungsfähig. Wie der Ausfall des Hauptlieferanten im einzelnen zu beurteilen ist, hängt davon ab, ob dieser Fall überhaupt als alternative Zukunftslage erkannt und ob in der Planung für diese Zukunftslage vorgesorgt wurde. Die Anpassungsfähigkeit ist also eine Frage der Sorgfalt in der Unternehmensplanung. Darauf werden wir im Abschnitt über Programmplanung und Anpassungsfähigkeit näher eingehen.
Vier wirtschaftliche Tatbestände wirken somit auf die Risikoneigung: Die leistungswirtschaftlichen Gegebenheiten (wie z. B. Betriebsgröße, Produktionsprogramm), die finanzwirtschaftlichen Gegebenheiten (wie die Art der Finanzierung), die Entscheidungsorganisation und das Ausmaß an Unternehmensplanung, das den Grad der Anpassungsfähigkeit der Unternehmung kennzeichnet. *Das im Einzelfall tragbare Risiko kann deshalb nur durch eine Untersuchung der Gesamtsituation der Unternehmung bestimmt werden.*

2. Programmentscheidungen und Einzelentscheidungen

Bei der Planung des Unternehmensgeschehens sieht sich der Unternehmer risikoarmen und risikoreichen Handlungsmöglichkeiten gegenüber. Er kennt Handlungsmöglichkeiten, die bei Katastrophen Vorteile versprechen (z. B. Versicherungen), und solche, die bei günstiger Entwicklung hohe Gewinne erbringen (z. B. Rohstoff- oder Wertpapierspekulationen). Über den Wohlstand des Unternehmers entscheidet das Risiko, dem die Unternehmung als Ganzes ausgesetzt ist. Durch eine geeignete Mischung aus risikoreichen und risikoarmen Handlungsmöglichkeiten läßt sich das Risiko der Unternehmung begrenzen. Wer z. B. so handelt, daß er einen Teil seines Geldes in Anlagen investiert, die auch bei schlechter Konjunktur noch verhältnismäßig gut sind (z. B. öffentliche Anleihen), und einen Teil in solche, die bei guter Konjunktur hohe Gewinne abwerfen (z. B. Aktien), der lebt sicherer als einer, der nur auf schlechte Konjunktur spekuliert oder nur Handlungsmöglichkeiten für gute Konjunkturlagen berücksichtigt. Um die wirtschaftlichen Bestimmungsgründe der Risikoneigung zu erfassen, müssen wir in der Lage sein, zu beurteilen, welches Risiko zwei Handlungsmöglichkeiten, gemeinsam durchgeführt, ergeben im Vergleich zu dem Fall, daß nur eine allein (u. U. in doppeltem Umfang) verwirklicht wird. *Die entscheidende Aufgabe unternehmerischer »Risikopolitik« liegt in der zweckmäßigen Mischung der Handlungsmöglichkeiten für einen Entscheidungszeitpunkt während des Planungszeitraums.* Die wirtschaftlichen Bestimmungsgründe der Risikoneigung lassen sich also nur im Rahmen langfristiger unternehmerischer Gesamtplanung (Programmplanung) erfassen.

Ein Handlungsprogramm enthält (im Idealfall) alle Handlungsmöglichkeiten, über deren Verwirklichung zu einem Entscheidungszeitpunkt beschlossen wird. Das Handlungsprogramm legt die Unternehmenstätigkeit für sämtliche Abrechnungsperioden des Planungszeitraums fest. Nach Ablauf einer Abrechnungsperiode liegen Ergebnisse vor, die Erwartungen können sich geändert haben. Es wird ein neues Handlungsprogramm aufgestellt (»überlappende Planung«). Das neue Handlungsprogramm kann aus einer Weiterführung des bisherigen bestehen (wenn keine neuen Daten zu beachten sind). Es kann grundlegend verändert sein, wenn Erfahrungen und Erwartungen dies notwendig machten.

Eine umfassende betriebliche Gesamtplanung mit vollständigen Handlungsprogrammen ist jedoch der Ausnahmefall in der Praxis. In der Praxis werden zwar umrißhafte Programmentscheidungen getroffen, die Einzelheiten der Programmausführung bleiben dann den einzelnen Abteilungen überlassen, z. B. legt der Vorstand fest: Erweiterung der Kapazität um 30%. Welche Drehbänke, Fräsmaschinen usw. angeschafft werden, das zu entscheiden, bleibt im einzelnen den Werksleitern vorbehalten. Vielfach erfolgt in der Praxis heute nicht einmal der Versuch zu einer Gesamtplanung, sondern es werden Einzelentscheidungen getroffen, je nachdem, wie die Probleme anfallen. Dieses Vorgehen ist Ausdruck mangelnder betriebswirtschaftlicher Einsicht der Unternehmensführung. Richtige Entscheidungen könnten selbst unter Sicherheit nur für die Unternehmung als Ganzes und das heißt in einem Gesamtplan des Unternehmensgeschehens getroffen werden. Unter Ungewißheit wird die Gesamtplanung besonders vordringlich, um die Risikowirkungen der einzelnen Handlungsmöglichkeiten gegeneinander abzuwägen. *Wir gehen für das Folgende davon aus, daß sich die Unternehmensleitung um eine Gesamtplanung bemüht.*

Einzelentscheidungen treten dann in zwei Erscheinungsformen auf:
a) Es handelt sich um das Ergänzen eines bestehenden, laufenden Programms, um marginale Programmänderungen; z. B. mag im Vorjahr beschlossen worden sein, ein Investitionsvolumen von insgesamt 10 Mill. zu verwirklichen. Im Januar stellt man fest, daß eine Ersatzinvestition, die ursprünglich zurückgestellt worden war, besser doch durchgeführt wird. Es erfolgt ein neuer Beschluß, einen Kredit von 100 000 Mark aufzunehmen und die Ersatzinvestition nachträglich in das Investitionsprogramm einzubeziehen.
b) Es handelt sich um das Ausfüllen eines grob vorgegebenen Programms. Für die Kapazitätserweiterung ist in einem Zweigwerk z. B. 1 Mill. bereitgestellt worden. Ob ein Teil des Geldes in einen oder zwei neue Lastwagen investiert werden soll und in welchen Lastwagentyp, das bleibt der Einzelentscheidung vorbehalten.
Wir beziehen den Begriff Einzelentscheidungen nur auf die Vielzahl kleinerer Handlungsmöglichkeiten, die bestehende Unternehmensgesamtpläne ergänzen oder im Detail ausfüllen. »Einzelentscheidung« und »Entscheidung über ein einzelnes Investitionsvorhaben« decken sich nicht. Ein Stahlkonzern möge z. B. beschließen, eine neue Walzstraße zu bauen, Investitionsausgaben 750 Mill. Mark, verteilt auf drei Jahre. Das gesamte Investitionsvolumen des Konzerns betrage in diesem Zeitraum 1 Mrd. Mark. Die Walzstraße könnte als »einzelnes« Investitionsvorhaben angesehen werden, aber die Entscheidung, ob sie gebaut wird oder nicht, kann sinnvollerweise nur unter Abwägen der wirtschaftlichen Lage des Konzerns insgesamt, im Rahmen einer Programmentscheidung, getroffen werden.

Nur Programmentscheidungen erlauben es, die wirtschaftlichen Bestimmungsgründe der Risikoneigung zu erfassen. Soll eine Entscheidung rational sein, dann müssen gleichzeitig die wirtschaftlichen Einflüsse auf die Risikoneigung berücksichtigt werden. Strenggenommen muß sogar bei der Entscheidung, ob im Januar Eierbecher oder Salatschüsseln gefertigt werden, die wirtschaftliche Gesamtlage des Kunststoffverarbei-

ters berücksichtigt werden: Kann er es sich erlauben, 2 000 Mark Verlust hinzunehmen, oder muß er unter allen Umständen Verluste zu vermeiden suchen?
Einzelentscheidungen nehmen ihrem Wesen nach keinen Bezug auf die wirtschaftliche Gesamtsituation; sie können deshalb nur bedingt rational sein. Bei Einzelentscheidungen wird unterstellt, gleichgültig, welche Zukunftslage später eintritt, die wirtschaftliche Gesamtsituation verschlechtere sich aufgrund dieser Entscheidung nicht nachhaltig. Bei Einzelentscheidungen sind also jederzeit Verluste zulässig, denn aus dem Wesen der Einzelentscheidung folgt, daß man diese Verluste ausgleichen kann.
Demgegenüber werden bei Programmentscheidungen alternative Wohlstandsstufen verglichen: Die Entscheidung fällt zwischen sich ausschließenden Handlungsprogrammen mit einer Gesamtvermögensangabe (bzw. Gesamteinkommensangabe) für jede Zukunftslage. Das Risiko, das einem Handlungsprogramm innewohnt, zeigt die Gefahr, die dem Wohlstand des Unternehmens insgesamt droht. Alle Programme, die mit einer beachtlichen Wahrscheinlichkeit eine Zukunftslage aufweisen, in der das Einkommen Null oder weniger beträgt, müssen von vornherein als zu risikoreich verworfen werden.
Wann ist eine Wahrscheinlichkeit »beachtlich«? Das ist eine Frage, die eng mit der »Fühlbarkeitsschwelle« von Einschätzungen zusammenhängt. Die Wahrscheinlichkeit, daß ein gesunder 50jähriger Mann innerhalb der nächsten 24 Stunden stirbt, beträgt rund 0,01%. Niemand wird bei seinen Entscheidungen diese Wahrscheinlichkeit beachten.
Bei nicht existenzgefährdenden Entscheidungen liegt die Fühlbarkeitsschwelle meist nur wenig unter 5%. Rund 3% Wahrscheinlichkeit bedeutet z. B., daß bei einem Münzwurfspiel fünfmal hintereinander »Zahl« fallen muß. Kaum jemand wird diese Möglichkeit in Rechnung stellen. Wie hoch mindestens eine »beachtliche« Wahrscheinlichkeit sein muß, kann nicht verbindlich festgelegt werden. Sie kann wenig über Null liegen, aber auch 3 oder 4% betragen. Aus Gründen bequemer Darstellung gehen wir im weiteren davon aus, daß zulässige Handlungsprogramme stets das Existenzminimum »mit Sicherheit« gewährleisten müssen. Erfüllt kein Handlungsprogramm diese Bedingung, liegt eine »Grenzentscheidung« vor, vgl. S. 117.

Im einzelnen legen folgende Gründe fest, daß streng rationales Verhalten unter Ungewißheit nur für Programmentscheidungen bestimmt werden kann:

1. Optimale Entscheidungen sind — auch unter Sicherheit — nur dann zu finden, wenn die Unternehmung als eine Einheit betrachtet wird. Über die Vorteilhaftigkeit einer einzelnen Handlungsmöglichkeit kann nur entschieden werden nach dem Zielbeitrag (z. B. dem Einkommens- bzw. Vermögenszuwachs), der daraus für die Unternehmung insgesamt entsteht. Daran kann sich nichts ändern, wenn die Ungewißheit ausdrücklich berücksichtigt wird.

2. Die Risikoneigung des Entscheidenden wird durch wirtschaftliche Gründe wesentlich mitbestimmt. Die wirtschaftlichen Einflüsse auf die Risikoneigung lassen sich nur durch eine Mischung der verschiedenen risikobehafteten Handlungsmöglichkeiten erfassen.

3. Nur die Gesamtbetrachtung alternativer Wohlstandsstufen erlaubt es, verhältnismäßig strenge logische Anforderungen an die Rationalität von Entscheidungen unter Ungewißheit zu stellen, wie wir im nächsten Kapitel sehen werden.

4. Der vierte Grund, der eine »Programmformulierung« des Entscheidungsproblems erzwingt, ist methodischer Natur. Eine Aufgabe der ökonomischen Theorie ist es, die Preisbildung bei risikotragenden Anlagen zu erklären. Wie entwickelt sich z. B. der Kurs einer Aktie mit hohem Gewinn bei einer Zukunftslage, mit Verlust bei einer anderen im Vergleich zu dem einer Staatsanleihe mit gleichbleibendem Ertrag bei beiden Zukunftslagen? Eine Theorie der Preisbestimmung für risikotragende Anlagen setzt voraus, daß Käufer und Verkäufer der Wertpapiere vor alternative Wohlstandslagen, vor alternative Gesamtvermögens- oder Gesamteinkommenshöhen gestellt werden [51].
Praktisch wird kaum ein Handlungsprogramm alle Investitions- und Finanzierungsmöglichkeiten umfassen und damit Gesamtvermögenshöhen (Gesamteinkommenshöhen) für alternative Zukunftslagen angeben. Vollständige Handlungsprogramme aufzustellen, ist umständlich und nicht bei jeder Entscheidung notwendig. Bei zahlreichen Wahlproblemen kann übersehen werden, daß die wirtschaftliche Lage der Unternehmung nicht wesentlich verändert wird, selbst wenn die ungünstigste Zukunftslage eintritt. Zeitdruck, Informations- und Entscheidungskosten bei einer Programmplanung erzwingen in vielen Fällen (nur bedingt rationale) Einzelentscheidungen.

3. Ein Beispiel zur Programmplanung

Programmplanung bedeutet Entscheidung über sämtliche Handlungsmöglichkeiten, die zu Beginn des Planungszeitraums ergriffen werden, und Bestimmung der Folgeentscheidungen, die in späterer Zeit durchzuführen sind, je nach dem, welche Zukunftslagen eintreten. Programmplanung bedeutet deshalb endgültige Entscheidung für den Beginn des Planungszeitraumes und Eventualplanung für alle folgenden Zahlungszeitpunkte. Ein einfaches Beispiel mag den Inhalt der Programmplanung kennzeichnen.
Im ersten Teil des Beispiels wird die Ungewißheit vernachlässigt, um daran später den

[51] Der Versuch, das Risikoverhalten durch die Gesamtbetrachtung (zunächst in einer Tauschwirtschaft) zu erklären, geht zurück auf Arrow, vgl. *K[enneth] J. Arrow*, The Role of Securities in the Optimal Allocation of Risk-bearing. In: Review of Economic Studies, Vol. 31 (1964), S. 91–96, eine frühere Fassung erschien bereits 1953; vgl. auch *Gerard Debreu*, Theory of Value. New York–London 1959, S. 98–102; Hirshleifer nennt diesen Ansatz (time-) »state-preference-approach«, er gibt eine ausführliche Begründung für die Notwendigkeit dieser Betrachtungsweise und erkennt deutlich, daß nur auf diesem Weg die Anforderungen an rationales Verhalten präzisiert werden können. Auf die m. E. noch wichtigeren Probleme der Erfassung der wirtschaftlichen Bestimmungsgründe der Risikoneigung geht er jedoch nicht ein; vgl. *J[ack] Hirshleifer*, Investment Decision under Uncertainty: Choice-Theoretic Approaches. In: The Quarterly Journal of Economics, Vol. 79 (1965), S. 509–536; *ders.*, Investment Decision under Uncertainty: Applications of the State-Preference Approach. In: The Quarterly Journal of Economics, Vol. 80 (1966), S. 252–277.

zusätzlichen Aufwand zu verdeutlichen, den eine Programmplanung unter Ungewißheit beansprucht. Unter Vernachlässigung der Ungewißheit soll die Entscheidung nach dem höchsten Kapitalwert (dem höchsten Barwert aller Zahlungen) fallen. Der Kalkulationszinsfuß betrage 10 %.

Ein Unternehmer muß wegen langfristiger Lieferverpflichtungen heute, in t_0, investieren. Er hat die Wahl zwischen folgenden Möglichkeiten:

A: Eine Großanlage kostet 700 000 Mark, und ihre Kapazität reicht aus, um in t_1 einen Überschuß von 100 000 Mark zu erzielen. Für t_2 ff. erwirtschaftet die Großanlage einen Barwert (berechnet für den Zeitpunkt t_1) von 1 000 000 Mark.

B_1: Eine Kleinanlage kostet 400 000 Mark, und ihre Kapazität reicht aus, um in t_1 einen Einnahmenüberschuß von 50 000 Mark zu erwirtschaften. Sie verspricht für t_2 ff. einen Barwert (berechnet für den Zeitpunkt t_1) von 500 000 Mark.

B_2: Es kann sein, daß die Kapazität der Kleinanlage auf die Dauer zu gering ist. Deshalb besteht die Möglichkeit, in t_1 eine weitere Kleinanlage anzuschaffen. Sie erwirtschaftet einen Barwert (für t_1 berechnet) von 500 000 Mark.

Die Entscheidung muß deshalb zwischen folgenden Zahlungsreihen fallen (in tausend Mark):

Zahlung in	t_0	t_1	Barwert in t_1 für die Zeit t_2 ff.	Kapitalwert in t_0
A:	—700	100	1000	300
B_1:	—400	50	500	100
B_2:		—400	500	91
$B_1 + B_2$:	—400	—350	1000	191

Der Kapitalwert für A errechnet sich dabei so: Die Einnahme von 100 000 in t_1 und der Barwert der späteren Zahlungen von 1 Mill. ergeben einen Betrag von 1,1 Mill. in t_1. Wird dieser Betrag um ein Jahr mit 10 % abgezinst, errechnet sich ein Ertragswert von 1 Million. Die Differenz zwischen diesem Ertragswert und den Anschaffungsausgaben von 700 000 Mark bezeichnet den Kapitalwert von 300 000 Mark.

Die Großanlage A ist besser als der stufenweise Ausbau durch die Investition von jeweils einer Kleinanlage in t_1 und t_2.

Nunmehr wird die Ungewißheit in das Beispiel eingeführt. Für t_1 seien nur zwei Zukunftslagen zu unterscheiden: gute Konjunktur, Einnahmenüberschuß 100 000, und schlechte Konjunktur, Einnahmenüberschuß 50 000. Die gute Konjunktur sei dabei zu 60 % glaubwürdig, die schlechte zu 40 %.

Für die weitere Zukunft möge gelten: Wenn die Konjunktur in t_1 gut war, so ist mit einer Glaubwürdigkeit von 60 % damit zu rechnen, daß die Konjunktur auch in t_2 ff. gut bleibt, Barwert in t_1 für die Einnahmenüberschüsse der folgenden Jahre: 1 Million. Mit 40 % Glaubwürdigkeit wird die weitere Entwicklung befriedigend sein, Barwert in t_1 für die Einnahmenüberschüsse der folgenden Jahre: 800 000.

War die Konjunktur in t_1 schlecht, dann betrage für t_2 ff. die Wahrscheinlichkeit für eine gute Konjunktur nur 30 %, der Barwert der Einnahmenüberschüsse sei hier mit 950 000 angenommen. Diese 950 000 können jedoch nur realisiert werden, wenn die

Großanlage oder beide Kleinanlagen investiert worden sind. Wurde nur in t_0 eine Kleinanlage investiert, so sind wegen der begrenzten Kapazität von den 950 000 nur 500 000 tatsächlich zu erzielen.
War die Konjunktur in t_1 schlecht, sprechen 40 % für eine weitere mittelmäßige Entwicklung, Barwert der Einnahmenüberschüsse 500 000, und 30 % für eine schlechte Konjunktur, Barwert der Einnahmenüberschüsse 200 000.
Im einzelnen ergeben sich die folgenden Zahlen (p = Glaubwürdigkeit, Z = Zielbeitrag [in tausend Mark]):

t_1	Barwert in t_1 für $t_2$ff.
p Z	p Z
60% : 100	60% : 1000 (für B_1: 500) 40% : 800 (für B_1: 500)
40% : 50	30% : 950 (für B_1: 500) 40% : 500 30% : 200

Die drei Handlungsmöglichkeiten A, B_1, B_2 erlauben die Zusammenstellung verschiedener, sich gegenseitig ausschließender Handlungsprogramme. Eine Möglichkeit, die Handlungsalternativen zu formulieren wäre:

1. Anschaffung der Großanlage A in t_0,
2. Anschaffung der Kleinanlage B_1 in t_0 und keiner weiteren Anlage,
3. Anschaffung der Kleinanlage in t_0 und einer weiteren Kleinanlage in t_1, also $B_1 + B_2$.

In der Literatur hat man ein solches Vorgehen als »starre Planung« bezeichnet. Hier wird nämlich in t_0 schon festgelegt, ob man in t_1 investiert oder nicht. Ein solches Vorgehen ist unvernünftig. Ob es sich lohnt, in t_1 noch eine Kleinanlage zu investieren, das braucht in t_0 noch nicht entschieden zu werden. Dazu wird man zweckmäßigerweise warten, ob in t_1 die Konjunktur gut oder schlecht wird. Allerdings muß bei der Entscheidung, ob heute die Großanlage oder die Kleinanlage gewählt wird, bereits berücksichtigt werden, daß bei der Wahl der Kleinanlage zwei Anpassungsmöglichkeiten verbleiben: Eine weitere Kleinanlage zu investieren, falls die Konjunktur gut wird, oder keine weitere Anlage zu investieren, falls die Konjunktur schlecht ist.
Die Alternativen, richtig gegenübergestellt, lauten deshalb:
I. Anschaffung einer Großanlage in t_0, wobei für t_1 kein Spielraum zur Finanzierung weiterer Investitionen verbleibt.
II. Anschaffung einer Kleinanlage in t_0, wobei für t_1 ein Entscheidungsspielraum bleibt. Man kann eine weitere Kleinanlage in t_1 investieren oder darauf verzichten: stufenweiser Ausbau. Die Alternative II, Anschaffung einer Kleinanlage, gilt dabei als die »anpassungsfähigere« Wahlmöglichkeit, weil sie für den Eintritt der schlechten Zukunftslage zu geringeren Einbußen führt als die Großanlage, und weil sie bei begrenzten Finanzierungsmöglichkeiten für t_1 noch Entscheidungsspielraum läßt.

Wie kann man die größere Anpassungsfähigkeit der Kleinanlage in der Planung berücksichtigen? Das geschieht durch das Zusammenstellen der entsprechenden Zahlen für die einzelnen Zukunftslagen. Dabei ist zu beachten, daß die Kleinanlage wegen ihrer begrenzten Kapazität in t_1 auch bei guter Konjunktur nur 500 000 Mark Einnahmenüberschuß erzielen kann. Es entsteht (in tausend Mark) für I und II:

	t_0	t_1 p	t_1 Z	Barwert in t_1 für t_2 ff. p	Barwert in t_1 für t_2 ff. Z
I:	—700	60%	100	60%	1000
				40%	800
		40%	50	30%	950
				40%	500
				30%	200
II:	—400	60%	50 —400 — 350	60%	1000
				40%	800
		40%	50	30%	500
				40%	500
				30%	200

Um eine Entscheidung zwischen der anpassungsfähigen Kleinanlage und der unelastischen Großanlage zu treffen, ist eine Entscheidungsregel notwendig, die erlaubt, sichere Ausgaben und die künftigen Einkommenschancen miteinander zu vergleichen. Für unser Beispiel genügt die einfache Entscheidungsregel des Erwartungswertes: Man multipliziert die Einnahmenüberschüsse für jede Zukunftslage mit der Glaubwürdigkeit der Zukunftslage und addiert die Produkte für jeden Zahlungszeitpunkt. Man erhält damit einen Zahlungsstrom der Erwartungswerte. Es ist dabei zu beachten, daß der Barwert 1 Million in der ersten Zukunftslage zwar zu 60 % glaubwürdig ist, aber zugleich davon abhängt, wie in t_1 die Konjunktur war. Es besteht also nur eine Wahrscheinlichkeit von 60 % (gute Konjunktur in t_1) dafür, daß mit einer weiteren Wahrscheinlichkeit von 60 % die Konjunktur gut bleibt. Solche bedingten Wahrscheinlichkeiten berechnet man durch Ausmultiplizieren: 60 % mal 60 % = 36 %. Es entsteht für II bzw. I':

	t_0	t_1	Barwert in t_1 für t_2 ff.
II:	—400	60% · (—350) = —210	60% · 60% · 1000 = 360
		40% · 50 = 20	60% · 40% · 800 = 192
			40% · 30% · 500 = 60
			40% · 40% · 500 = 80
			40% · 30% · 200 = 24
II:	—400	—190	+716
I:	—700	+ 80	+770

Beim Kalkulationszinsfuß von 10 % beträgt der Erwartungswert des Kapitalwerts für I rund 73, derjenige für II 78, und damit fällt die Entscheidung für den stufenweisen Ausbau. Ohne Berücksichtigung des stufenweisen Ausbaus wäre der Kauf der Großanlage besser gewesen, der Kapitalwert für die Investition nur einer Kleinanlage beläuft sich auf 67.

Ob die Entscheidung für die anpassungsfähigere Handlungsweise II fällt, hängt von den Gegebenheiten des Einzelfalls ab. Bereits kleine Änderungen der Umweltbedingungen können zu einer Entscheidung für die unelastische Großanlage I führen. Im Beispiel beginnt die unelastische Großanlage schon vorteilhaft zu werden, wenn anstelle der 950 000 mit 1 Million Mark in der dritten Zukunftslage für t_2 ff. gerechnet wird.

Daraus folgt: Die künftigen Folgeentscheidungen (wie stufenweiser Ausbau), welche anpassungsfähige Handlungsmöglichkeiten zulassen, sind zwar in die Planung einzubeziehen, aber nicht immer ist ein anpassungsfähiges Handlungsprogramm (wie II) auch das beste.

Die Anordnung der Zukunftslagen in einem Schema, wie oben, wird von der Literatur gern als »graphentheoretischer Zustandsbaum« bezeichnet. Wenn für die einzelnen Zukunftslagen Entscheidungen vorgesehen sind, spricht man von einem »Entscheidungsbaum«. Anstelle eines solchen Schemas lassen sich genausogut die alternativen Zukunftslagen in Tabellenform anordnen.

Das einfache Beispiel für eine Programmplanung war bewußt auf die Wahl zwischen einer »anpassungsfähigen« Kleinanlage und einer »unelastischen« Großanlage abgestellt. Nachdem wir durch das Beispiel über den Ablauf einer Programmplanung im Grundsatz unterrichtet sind, können wir uns nun mit der »Anpassungsfähigkeit« unternehmerischen Handelns angesichts einer ungewissen Zukunft näher beschäftigen.

4. Programmplanung und Anpassungsfähigkeit

Anpassungsfähigkeit, im Wissenschaftsdeutsch auch »Flexibilität« oder »Elastizität« genannt, ist eines der Modeworte bei dem Bemühen, Regeln für vernünftige Entscheidungen unter Ungewißheit abzuleiten. Die Beliebtheit dieser Worte hängt eng mit der wenig präzisen Festlegung ihres Inhalts zusammen. Was mit Anpassungsfähigkeit ursprünglich gemeint war, zeigt ein Blick auf eines der Standardbeispiele:

Wenn die Wahl besteht zwischen Maschine M, die erst ab 70 % Kapazitätsauslastung Gewinn erwirtschaftet, aber bei Vollbeschäftigung einen Gewinn von 100 erbringt und Maschine N, die schon bei 50 % Beschäftigung einen Gewinn erwirtschaftet, doch bei Vollbeschäftigung nur 80 erzielt, dann gilt Maschine N als die anpassungsfähigere, weil sie bei schlechten Zukunftslagen (geringerer Kapazitätsauslastung) zu höheren Zielbeiträgen führt als Maschine M.

Anpassungsfähigkeit bezeichnet also die Eigenschaft einer Handlungsmöglichkeit, bei schlechten Zukunftslagen höhere Zielbeiträge zu erwirtschaften als eine andere Handlungsmöglichkeit, deren Vorzug wiederum der höhere Zielbeitrag bei guter Zukunftslage ist.

Der Begriff »Anpassungsfähigkeit« kann auch auf Handlungsprogramme übertragen werden. Durch das Zusammenstellen eines Handlungsprogramms bestimmt der Entscheidende die Anpassungsfähigkeit dieses Programms: Er kann risikoreiche Handlungsmöglichkeiten (Handlungsmöglichkeiten mit hohen Zielbeiträgen bei guten Zukunftslagen und geringen Zielbeiträgen bei schlechten Zukunftslagen) kombinieren mit risikoärmeren Handlungsmöglichkeiten (Handlungsmöglichkeiten mit weniger geringen Zielbeiträgen bei den schlechten, weniger hohen bei den guten Zukunftslagen). Durch eine Mischung aus z. B. Aktien, die bei guter Konjunktur hohe Gewinne abwerfen und Rentenwerten, die auch bei schlechter Konjunktur sicheren Zinsertrag gewähren, läßt sich erreichen, daß gegenüber einer Wertpapieranlage nur in Aktien bei schlechten Zukunftslagen mehr Einkommen erzielt wird, also insgesamt mehr »Anpassungsfähigkeit« verwirklicht wird.

So gesehen ist Planung von Anpassungsfähigkeit nur ein anderes Wort für das Streben nach Risikoausgleich durch Mischung von Handlungsmöglichkeiten in einem Handlungsprogramm. Ob allerdings für das altbekannte Streben nach Risikoausgleich die allseits beliebten Ausdrücke »Anpassungsfähigkeit«, »Elastizität«, »Flexibilität« notwendig sind, bezweifle ich.

Gelegentlich wird zusätzlich noch zwischen Planung der Flexibilität und »flexibler« Planung getrennt. Recht unterschiedliche Merkmale sind zur Kennzeichnung der »flexiblen« Planung herangezogen worden:

(1) Flexibel plant, wer Entscheidungen aufschiebt, bis sie zeitlich unumgänglich werden [52].
Das ist eine sehr fragwürdige Empfehlung. Richtig muß das Wahlproblem lauten: Sofort Entscheiden oder Aufschieben der Entscheidung, bis weitere Informationen eingetroffen sind. Es sind nämlich auch die Gefahren zu beachten, die durch das Aufschieben der Entscheidung entstehen können: Wegfall von Handlungsmöglichkeiten, weil Konkurrenten zuvorkommen, Preissteigerungen.

(2) Zusätzlich zu (1) sei zu beachten, daß Abweichungen zwischen erwarteten und tatsächlichen künftigen Daten möglich sind, daß also alternative Zukunftslagen in die Planung eingehen [53]. Aber dann ist flexible Planung mit Planung unter Ungewißheit identisch. Jede nicht flexible Planung würde die Ungewißheit vernachlässigen. Eine solche Begriffsbildung ist unzweckmäßig.

(3) Es seien für die künftigen alternativen Zukunftslagen heute bedingte Entscheidungen zu treffen: Falls diese Zukunftslage eintrete, werde diese Folgeentscheidung durchgeführt, falls jene Zukunftslage sich verwirkliche, werde jene Folgeentscheidung gewählt [54].
Gegen diese Begriffswahl spricht, daß das Einplanen von Folgeentscheidungen ein Wesensmerkmal jeder Programmplanung ist. Die Menge der künftigen Folgeentscheidungen ist doch in der Menge aller Handlungsmöglichkeiten enthalten, die bei der Planung erkannt und beurteilt werden. Alle in der Planungsstufe »Untersuchung der Handlungsmöglichkeiten« erkannten Wahlmöglichkeiten auch in den folgenden Planungsstufen »Planungsrechnung« und »Entscheidung« abzuwägen, ist eine selbstverständliche Bedingung vernünftigen Verhaltens; allerdings nur, solange die Kosten der Planung vernachlässigt werden.

»Flexible« Planung ist deshalb entweder falsch (Merkmal 1) oder mit der Planung unter Ungewißheit identisch (Merkmale 2 und 3), jedenfalls solange die Planungskosten außer acht bleiben. Eine andere als die sog. »flexible« Planung (eine »starre« Planung) wäre von vornherein unvernünftig.

Werden die Planungskosten berücksichtigt, dann können Empfehlungen zu »flexibler« Planung, d. h. zur Programmplanung mit Beachtung aller Folgeentscheidungen, fragwürdig werden. Programmplanung ist aufwendig. Anpassungsmaßnahmen einzubauen (für alle Zukunfts-

[52] Vgl. *Albert Gailord Hart*, Anticipations, Uncertainty, and Dynamic Planning. Chicago 1940, reprinted New York 1951, S. 54–59.

[53] Vgl. *Wittmann*, Unternehmung und unvollkommene Information, S. 181–189, bes. S. 187 f.

[54] Vgl. *Herbert Hax*, Investitionstheorie, S. 133; *Hax, Laux*, Flexible Planung, S. 320; vgl. dazu im einzelnen auch *Dieter Schneider*, »Flexible Planung als Lösung der Entscheidungsprobleme unter Ungewißheit?« in der Diskussion. In: ZfbF, Jg. 24 (1972), S. 456–476.

lagen Folgeentscheidungen durchzuplanen) erfordert eine erheblich größere Informationsbeschaffung und -auswertung als eine Planung, die auf Anpassungsmaßnahmen verzichtet oder nur wenige Folgeentscheidungen erfaßt. Solange die Planungskosten vernachlässigt werden können, wird der Entscheidende stets das Modell wählen, das möglichst viele Anpassungsmöglichkeiten erfaßt, weil es mehr von der denkbaren Wirklichkeit einfängt.
In der Praxis müssen die Planungskosten beachtet werden. Es ist dann abzuwägen zwischen Planungsmodellen, die keine oder wenige Anpassungsmöglichkeiten enthalten, deshalb geringe Informationsmengen auswerten und zu geringen Planungskosten führen, und solchen Planungsmodellen, welche zahlreiche Anpassungsmöglichkeiten erfassen und deshalb die Auswertung höherer Informationsmengen mit sich bringen. Die Theorie kann hier dem Entscheidenden nur die Alternativen nennen. Ein Optimum der Informationsauswertung kennen wir nicht.
Die bisher erörterte »Anpassungsfähigkeit« bezog sich auf das Einplanen von Folgeentscheidungen für alle in der Planung beachteten alternativen Zukunftslagen. Nicht selten treten jedoch in der Praxis Umweltbedingungen auf, die in der Planung nicht vorhergesehen wurden. Weil dieser Fall häufig gegeben sein wird, deshalb vor allem muß die Planung laufend überholt werden (»überlappende Planung«, vgl. auch S. 97).

e) Der vierte Schritt: Das Erfassen der Risikoneigung

1. Was nützen Axiome über rationales Verhalten?

Grundannahmen, die sich nicht auf andere Sätze zurückführen lassen, werden als Axiome bezeichnet. Dabei ist zu beachten, daß der Begriff Axiom in der Wirtschaftstheorie einen anderen Inhalt hat als in der Mathematik. Wirtschaftliche Axiome müssen im Prinzip widerlegbar sein. Die Grundannahme darf nicht so selbstverständlich sein, daß sie inhaltsleer wird. Die stärkste Gefahr einer empirischen Wissenschaft besteht darin, daß sie, um der größtmöglichen Allgemeingültigkeit willen, ihre Aussagen so weit abstrahiert, daß nur noch »Leerformeln« (non meaningful theorems[55]) übrigbleiben. Ist ein Axiom nicht widerlegbar, dann vermehrt es nicht unser Wissen über die Umwelt und ist folglich wissenschaftlich bedeutungslos. Andererseits: Wird ein Axiom durch die Wirklichkeit widerlegt, dann ist es als Grundannahme nicht mehr zu halten. Axiome müssen also widerlegbar, aber nicht widerlegt sein. Das verdeutlicht am besten ein Beispiel: »Jedermann maximiert seinen Nutzen. Wer sich dazu entschließt, die Apfelsine wegzuwerfen und die Schale zu essen, handelt rational (nutzenmaximal), denn würde er durch das Essen der Schale nicht seinen Nutzen maximieren, dann würde er sie nicht essen«. Eine solche Aussage ist eine typische Leerformel, weil sie den Begriff »rational« überflüssig macht. Wenn man Rationalität als folgerichtigen Entschluß bei einer *augenblicklichen* Präferenzordnung definiert, dann gibt es kein unvernünftiges Verhalten, weil man nie nachprüfen kann, welche Präferenzordnung der Entscheidende im Entscheidungszeitraum hatte. Wenn das Gegenteil eines Begriffs nicht denkbar bzw. empirisch nicht möglich ist, dann ist der Begriff selbst überflüssig. »Rational« läßt sich also nur definieren im Hinblick auf eine *vor der Entscheidung* bekannte Präferenzordnung.

[55] Vgl. *Samuelson,* Foundations of Economic Analysis, S. 3 f.

Andererseits ist zu beachten, daß die Aussage »Rationales Verhalten setzt Risikoabneigung voraus« mindestens in dieser allgemeinen Form als Axiom unhaltbar ist, weil die Aussage durch die Wirklichkeit widerlegt wird. Jeder, der Geld im Lotto, Toto oder in Lotterien einsetzt, handelt danach nicht rational (weil in Lotterien allenfalls die Hälfte – meistens weniger – von dem ausgeschüttet wird, was eingezahlt wird – und deshalb die Gewinnerwartung niedriger ist als der Einsatz). Warum sollte es unvernünftig sein, 1 Mark (deren Besitz oder Nichtbesitz für mein Wohlstandsniveau ziemlich bedeutungslos ist) in einer Lotterie zu riskieren?

Wenn wir rationales Verhalten definieren wollen, müssen wir versuchen, zwischen den Sandbänken der Leerformeln und den Riffen unzulässiger Verallgemeinerungen hindurchzusegeln. Ob eine Aussage als Axiom rationalen Verhaltens anerkannt werden kann, hängt davon ab, ob »jedermann« einen Verstoß gegen die Aussage unvernünftig fände. Praktisch werden nicht alle Leute gleicher Meinung sein, und deshalb ist die Frage, was rationales Verhalten unter Ungewißheit sei, eine Frage der Übereinkunft. Es läßt sich jetzt schon ahnen, daß die Fahrt zwischen Riffen und Sandbänken nicht ganz einfach sein wird. Deshalb müssen wir uns erst darüber klar werden, ob wir sie überhaupt unternehmen sollen.

Was nützt die Suche nach Axiomen rationalen Verhaltens unter Ungewißheit? Sie erlaubt zweierlei:

Erstens lassen sich gute und schlechte Handlungsmöglichkeiten (bzw. -programme) trennen, ohne sofort auf die persönliche Risikoneigung zurückgreifen zu müssen. Ein sehr einfaches Axiom lautet z. B.: Die Handlungsmöglichkeit, die bei gleichem Risiko ein höheres Einkommen als alle anderen verspricht, ist vorzuziehen. Jeder, ob Spielernatur oder Hasenfuß, wird diese Aussage akzeptieren. Aus diesem Axiom folgt: Nur jene Handlungsmöglichkeiten sind »gut« (und deshalb bei der Entscheidung zu berücksichtigen bzw. näher zu analysieren), bei denen abgewogen werden muß zwischen höherem Einkommen, verbunden mit höherem Risiko, und niedrigerem Einkommen, verbunden mit geringerem Risiko. Gelingt es, noch weitere Axiome rationalen Verhaltens zu definieren, dann kann der Bereich der »guten« Handlungsmöglichkeiten weiter eingeschränkt werden. Je strenger die Anforderungen an Rationalität gesetzt werden können, desto weniger »gute« Handlungsmöglichkeiten verbleiben, bis schließlich im Idealfall eine, die »beste«, übrigbleibt, ohne daß die persönliche Risikoneigung zur Entscheidung bemüht werden mußte.

Zweitens erlauben Axiome rationalen Verhaltens ein Urteil über jene Entscheidungsregeln unter Ungewißheit, welche die Literatur bevölkern. Der Nachweis, daß (wie sich zeigen wird) die Mehrzahl aller herkömmlichen Entscheidungsregeln einfach unvernünftig ist, trennt immerhin »gute« von weniger guten theoretischen Aussagen.

In der Literatur finden sich zahlreiche Anordnungen von Grundannahmen über vernünftiges Verhalten[56]. Die Axiomensysteme stellen Spielarten eines Entscheidungsprinzips dar, das als Bernoulli-Prinzip bzw. Theorie des Risikonutzens bezeichnet wird.

[56] Vgl. *John von Neumann, Oskar Morgenstern,* Spieltheorie und wirtschaftliches Verhalten. 2., unveränd. Aufl., Würzburg 1967, S. 15–30 und Anhang; *Savage,* S. 17–26; *Luce and*

Viele der Axiomensysteme sind überbestimmt: Sie enthalten Annahmen, die sich überschneiden oder wiederholen. Hier wurde versucht, das System soweit wie möglich zu vereinfachen.
Die Grundannahmen über vernünftiges Verhalten unter Ungewißheit ordne ich zwei Gruppen zu.
In der ersten Gruppe sind jene Annahmen enthalten, die das Entscheidungsproblem unter Ungewißheit kennzeichnen.
Die zweite Gruppe von Annahmen enthält Aussagen über die Möglichkeit des Austausches von Sachzielen und Risikoneigung. Die Annahmen über die Austauschbarkeit von Zielgrößen stellen Verhaltensannahmen dar.

2. Die aus dem Entscheidungsproblem unter Ungewißheit folgenden Grundannahmen

aa) Das Prinzip der Rangordnung

Der Entscheidende muß in der Lage sein, im Hinblick auf jedes Ziel (Sachziel, Sicherheitsstreben) die Zukunftslagen jeder Handlungsmöglichkeit miteinander zu vergleichen. Es gibt keine unvergleichbaren Zukunftslagen. Rationales Verhalten setzt voraus, daß der Entscheidende im Hinblick auf jedes einzelne Ziel zwischen den Zukunftslagen Rangordnungen erstellen kann. Zwischen zwei Zukunftslagen gilt: entweder A wird B gleichgeschätzt oder A wird B bzw. B wird A vorgezogen. Dabei müssen die einzelnen Ziele »unter sonst gleichen Bedingungen« betrachtet werden. A wird B im Hinblick auf das Einkommen vorgezogen unter der Annahme, daß beide gleichwahrscheinlich sind. B wird A im Hinblick auf die Sicherheit des Eintretens vorgezogen, unter der Annahme, daß beide gleiches Einkommen versprechen. Die Isolierung »unter sonst gleichen Bedingungen« ist notwendig, damit nicht die Wertschätzung für eine Zielgröße (z. B. Sicherheitsstreben) auf die Rangordnung bei dem anderen Ziel (z. B. Einkommen) Einfluß nimmt.
Das Rangordnungsprinzip erscheint auf den ersten Blick trivial: Entscheidungen sind nur möglich, wenn Rangordnungen aufgestellt werden können. Das Rangordnungsprinzip ist jedoch keine Leerformel.

Das Rangordnungsprinzip setzt Entscheidungsfähigkeit und damit ein gewisses Maß an Klarheit über die eigenen Ziele und Einsicht in die Umweltbedingungen voraus: Die Wahl zwischen Bohnenkaffee und Schlafmittel ist erst möglich, wenn das Ziel »Schlafen« oder »Wachbleiben« feststeht. Das Rangordnungsprinzip fordert zugleich rechtzeitige Entscheidungsfähigkeit auch bei unangenehmen Wahlproblemen. Vor ärgerlichen Entscheidungen den Kopf nicht in den Sand zu stecken, ist schon nicht mehr selbstverständlich. Es sind also Verstöße gegen das Rangordnungsprinzip denkbar, und deshalb ist es wissenschaftlich nicht bedeutungslos.

Raiffa, Games and Decisions, S. 25–31; vgl. auch *Krelle,* Präferenz- und Entscheidungstheorie, S. 125–170; *Jack Hirshleifer,* Investment, Interest and Capital. Englewood Cliffs 1970, S. 219–224.

In der Literatur wird das Rangordnungsprinzip regelmäßig in der strengeren Form vorgetragen: Die Rangordnung über alle Zukunftslagen muß durchgehend sein (Grundsatz der Transitivität). Wenn Bier dem Tee und Tee dem Kaffee vorgezogen wird, dann wird auch Bier dem Kaffee vorgezogen. In Symbolen: Wenn A $\succ$ B und B $\succ$ C, dann A $\succ$ C.
Allerdings kann die Forderung nach durchgehender Rangordnung zweierlei bedeuten, je nachdem von welchen Voraussetzungen stillschweigend ausgegangen wird. Im ersten Fall steht der Entscheidende vor der Menge der Zukunftslagen (A, B, C). Wählt er hier A, dann verbleibt als Restmenge (B, C), und wählt er daraus B, dann hat sich die durchgehende Rangordnung logisch zwangsläufig ergeben. Hier ist die durchgehende Rangordnung einfach eine logische Folge und keine Grundannahme über vernünftiges Verhalten. Die Tatsache, daß sich der Planende überhaupt entscheiden kann (daß überhaupt eine Rangordnung besteht), genügt, eine durchgehende Rangordnung zu sichern.
Im zweiten Fall entscheidet sich der Planende aus der Menge (A, B) für A, aus der Menge (B, C) für B und daraus wird mit einem »Induktionsschluß« gefolgert: Wenn A $\succ$ B und B $\succ$ C gewählt wird, dann muß auch A $\succ$ C sein. Hier enthält der Grundsatz der durchgehenden Rangordnung eine zusätzliche Verhaltensannahme. Es wird aus den Entscheidungen über die Mengen (A, B) (B, C) auf die Entscheidung bei der Menge (A, C) bzw. auf die Gesamtmenge (A, B, C) geschlossen.
Nur im zweiten Fall ist der Grundsatz der durchgehenden Rangordnung mehr als eine logische Folge. Hier enthält er eine zusätzliche Verhaltensannahme.
Das Entscheidungsproblem unter Ungewißheit besteht in der Wahl aus einer erschöpfend aufgezählten Anzahl sich gegenseitig ausschließender Zukunftslagen für alle Handlungsmöglichkeiten. Der Entscheidende muß dabei alle alternativen Zukunftslagen gegeneinander abwägen. Er steht also vor der Menge (A, B, C) der sich ausschließenden Zukunftslagen und hat dann für jedes seiner Ziele die Rangordnung über die Zukunftslagen festzulegen. Bei Entscheidungen unter Ungewißheit ist deshalb die Forderung nach Transitivität (nach einer durchgehenden Rangordnung) inhaltsleer: Der Entscheidende muß stets aus der Gesamtmenge der Zukunftslagen die beste wählen, aus der Restmenge wieder die beste usw., so daß ein Widerspruch zum Grundsatz der durchgehenden Rangordnung überhaupt nicht denkbar ist. Bei Entscheidungen unter Ungewißheit ist Transitivität eine logische Folge, keine selbständige Annahme über vernünftiges Verhalten. Das ist in der Literatur durchweg übersehen worden.
Nur wenn die Handlungsmöglichkeiten nicht als sich gegenseitig ausschließende »Alternativen« bei bestimmten Umweltbedingungen formuliert sind, lassen sich Widersprüche zum Grundsatz der durchgehenden Rangordnung denken. Wer zwischen Bier, Tee und Kaffee wählt, kann Bier dem Tee, Tee dem Kaffee und Kaffee dem Bier vorziehen, je nachdem, welche nicht näher genannten Umweltbedingungen herrschen. So werden die meisten von uns morgens eine andere Rangordnung der Getränke haben als abends. Und selbst wenn ich abends normalerweise Bier vorziehe, so hängt die Getränkewahl doch auch davon ab, ob zum Essen Bockwurst oder Kirschtorte serviert wird. Wird der Grundsatz der durchgehenden Rangordnung auf verschiedene Umweltbedingungen bezogen, dann enthält er eine zusätzliche Verhaltensannahme. Eine durchgehende Rangordnung bei wechselnden Umweltbedingungen ist aber alles andere als selbstverständlich. Und um Verhaltensannahmen zu prüfen, müssen die gleichen Umweltbedingungen geschaffen werden.

Nun könnte allerdings auch unter Ungewißheit die Forderung nach einer durchgehenden Rangordnung den Charakter einer zusätzlichen Verhaltensannahme gewinnen: Nehmen wir an, die Anzahl der sich ausschließenden Zukunftslagen sei so groß, daß der Entscheidende nicht alle Zukunftslagen auf einmal beurteilen kann. Hier muß der Entscheidende mit einem paarweisen Vergleich der Alternativen beginnen. Es ist möglich, daß dann Verstöße gegen die durchgehende

Rangordnung auftreten, z. B. er wählt A $\succ$ B, B $\succ$ C, aber C $\succ$ A. Doch sobald der Entscheidende durch den paarweisen Vergleich seine Rangordnung aufgestellt hat, und den Widerspruch (die Intransitivität) erkennt, hat er zu bedenken, daß Entscheidungen unter Ungewißheit stets Entscheidungen unter sich gegenseitig ausschließenden Zukunftslagen sind. Er hat die paarweise geordneten Alternativen zu einer Gesamtmenge zu vereinigen. Die Richtschnur, an der Irrtümer auf Grund der begrenzten Informationsauswertung ausgemerzt werden können, ist hier die logisch notwendige durchgehende Rangordnung. Ich vermag deshalb die Forderung nach Transitivität des Verhaltens nicht als Grundannahme vernünftigen Verhaltens unter Ungewißheit anzuerkennen: Sie ist vielmehr eine Folgerung aus den Vorbedingungen, daß a) sich gegenseitig ausschließende Zukunftslagen bestehen und b) alle Zukunftslagen vergleichbar sind (Rangordnungsprinzip).

Psychologen haben in Experimenten häufig Verstöße gegen die durchgehende Rangordnung festgestellt. Aber daraus läßt sich kein Einwand herleiten gegen das Rangordnungsprinzip. Niemand verhält sich in Wirklichkeit fehlerfrei, und oft erreicht man widerspruchsfreies Verhalten erst durch gründliches Nachdenken. Verstöße gegen den Grundsatz der durchgehenden Rangordnung können drei Ursachen haben: Es werden (1) sich nicht ausschließende Handlungsmöglichkeiten oder (2) ungleiche Umweltbedingungen verglichen oder es besteht (3) Entscheidungszwang bei Gleichschätzung der Alternativen. Nehmen wir an, Sie haben keine fühlbare Präferenz zwischen Whisky, Cognac und Portwein. Der Gastgeber bietet Whisky oder Cognac an. Da Sie sich entscheiden müssen, wählen Sie Cognac. Hätte er Ihnen Cognac oder Portwein angeboten, hätten Sie sich für Portwein entschieden und bei Frage Portwein oder Whisky für Whisky, und so kommt es zum Verstoß gegen die durchgehende Rangordnung.

bb) Das Unabhängigkeitsprinzip

Das Hinzutreten oder Wegfallen einer Zukunftslage mit gleichem Zielbeitrag und gleicher Glaubwürdigkeit für alle Handlungsmöglichkeiten darf die Rangordnung der Handlungsmöglichkeiten nicht ändern. Wenn z. B. unter Sicherheit Handlungsmöglichkeit A $\succ$ B, dann gilt auch [57]

$$p\,A + (1 - p)\,C \succ p\,B + (1 - p)\,C.$$

Aus der sicheren Entscheidung zwischen A und B ist hier eine Entscheidung unter Unsicherheit geworden, in der A und B jeweils nur mit der Wahrscheinlichkeit p und als zweite Zukunftslage C mit der Restwahrscheinlichkeit (1–p) auftreten.

Das Unabhängigkeitsprinzip setzt voraus, daß der Entscheidende weder Spielfreude noch Spielabneigung empfindet. Der Leser stelle sich zwei Glücksspiele vor, welche die gleichen Gewinnchancen bieten. Das erste Spiel gebe das Ergebnis bereits nach einem Zug bekannt. Im zweiten Spiel bleibe der Kitzel, ob man etwas gewinnt, über zwanzig Züge erhalten. Das Unabhängigkeitsprinzip fordert: Beide Spiele müssen vom Entscheidenden gleichgeschätzt werden, weil die Gewinnchancen gleich sind. Spielfreude

[57] Vgl. *Paul A[nthony] Samuelson*, Probability, Utility, and the Independence Axiom. In: Econometrica, Vol. 20 (1952), S. 670–678, hier S. 672; *Milton Friedman and Leonard J. Savage*, The Expected – Utility Hypothesis and the Measurability of Utility. In: The Journal of Political Economy, Vol. 60 (1952), S. 463–474, hier S. 468.

darf die Wertschätzung der Spiele nicht beeinflussen. Wegen des Erfordernisses der Austauschbarkeit von einfachen und komplizierten Spielen mit gleichen Gewinnchancen heißt das Unabhängigkeitsprinzip auch Substitutionsprinzip.

Nun besteht aber häufig Spielfreude. Ist damit das Unabhängigkeitsprinzip durch die Wirklichkeit widerlegt? Keineswegs! Wenn neben das Sachziel »Gewinnstreben« ein zweites, »Spielfreude«, tritt, dann ist die Rangordnung der Spiele für jede der Zielgrößen aufzustellen. Für jede einzelne Zielgröße darf das Hinzutreten oder Wegfallen einer Zukunftslage mit gleichem Zielbeitrag und gleicher Glaubwürdigkeit die Rangordnung der Handlungsmöglichkeiten bei diesem einen Ziel nicht ändern.

Über die Bedeutung des Unabhängigkeitsprinzips sind zahlreiche Arbeiten erschienen. Von allen Axiomen ist das Unabhängigkeitsprinzip der stärksten Kritik ausgesetzt worden (vgl. dazu im einzelnen ab S. 137).

In Wirklichkeit enthält das Unabhängigkeitsprinzip gar keine zusätzliche Verhaltensannahme. Es ist vielmehr eine logische Folge aus der Definition des Entscheidungsproblems unter Ungewißheit: Das Unabhängigkeitsprinzip folgt zwingend aus der Tatsache, daß sich gegenseitig ausschließende Zukunftslagen bestehen. Wenn wir das Unabhängigkeitsprinzip als selbständiges Axiom fordern, wählen wir also nur eine andere Darstellungsform für die Bedingung, daß die einzelnen Zukunftslagen sich gegenseitig ausschließen.

Würde man entgegen dem Unabhängigkeitsprinzip zulassen, daß sich bei irgendeinem Ziel die Rangordnung $A \succ B$ bei Hinzutreten der Zukunftslage C in

$$p\,B + (1-p)\,C \succ p\,A + (1-p)\,C$$

ändern darf, dann würden die einzelnen Zukunftslagen A (bzw. B) nicht einzeln (isoliert) bewertet, vielmehr würden »Kombinationen« zwischen dieser Zukunftslage A (bzw. B) und der anderen Zukunftslage C gemeinsam betrachtet und deshalb höher (geringer) eingeschätzt werden. Kombinationen zwischen sich gegenseitig ausschließenden Fällen zu erwägen, das ist aber ein logischer Widerspruch.

cc) Das Dominanzprinzip

Jene Handlungsmöglichkeit ist überlegen, die bei einer Zukunftslage eine Zielgröße besser, bei allen anderen Zukunftslagen diese und alle anderen Zielgrößen mindestens gleich gut erfüllt als die konkurrierenden Handlungsmöglichkeiten. Leichter einsichtig ist die folgende, vergröberte Fassung: Von zwei Handlungsmöglichkeiten ist jene vorzuziehen, die bei gleichem »Risiko« ein höheres Einkommen erbringt bzw. bei gleichem Einkommen mehr »Sicherheit« (ein geringeres »Risiko«) verkörpert.

Der erste Fall: Wenn mehrere Handlungsmöglichkeiten im »Risiko« gleich sind, also die Wahrscheinlichkeiten der einzelnen Zukunftslagen übereinstimmen, dann wird diejenige Handlungsmöglichkeit vorgezogen, die für mindestens eine Zukunftslage ein höheres, für alle anderen mindestens das gleiche Einkommen erbringt wie die anderen Handlungsmöglichkeiten. Der zweite Fall: Wenn für mehrere Handlungsmöglichkeiten die Zielbeiträge bei allen Zukunftslagen übereinstimmen, dann wird jene Handlungsmöglichkeit vorgezogen, die für eine Zukunftslage mit hohem Zielbeitrag eine höhere Wahrscheinlichkeit und für eine Zukunftslage mit niedrigerem Einkommen eine geringere Wahrscheinlichkeit besitzt als eine andere Handlungsmöglichkeit.

1. Fall:	Wahrscheinlichkeit	0,2	0,5	0,3
Handlungsmöglichkeit I	Einkommen	10	50	100
Handlungsmöglichkeit II	Einkommen	10	50	90
offensichtlich ist I $\succ$ II				

2. Fall:	Einkommen	10	50	100
Handlungsmöglichkeit I	Wahrscheinlichkeit	0,2	0,5	0,3
Handlungsmöglichkeit II	Wahrscheinlichkeit	0,4	0,3	0,3

Um hier zu erkennen, daß I $\succ$ II, empfiehlt sich eine Umformung. Wir fragen: Mit welcher Wahrscheinlichkeit m wird ein bestimmtes Mindesteinkommen erreicht?

Einkommen	m I	m II
mindestens 10	1	1
mindestens 50	0,8	0,6
mindestens 100	0,3	0,3

Das Einkommen von mindestens 10 ist bei beiden sicher; das Einkommen von mindestens 50 ist für I wahrscheinlicher.

Aus dem Dominanzprinzip leitet sich folgender Zusammenhang ab: Wenn A $\succ$ B, dann ist auch A $\succ$ pA + (1–p) B $\succ$ B, wenn p die Wahrscheinlichkeit für das Eintreffen von A ist ($0 < p < 1$).

Beispiel: Ein Einkommen A von 50 wird einem Einkommen B von 40 vorgezogen. Folglich wird auch A einer Lotterie vorgezogen, in der man zu, sagen wir, 20 % Wahrscheinlichkeit A, zu 80 % B erhält. Die Lotterie wird wiederum B vorgezogen, denn in der Lotterie erhält man mindestens B = 40, vielleicht aber auch A = 50.

Ist das Dominanzprinzip empirisch gehaltvoll? Man hat versucht, Ausnahmefälle zu konstruieren, in denen dagegen verstoßen wird, z. B.:

Ein Bergsteiger erwägt die Besteigung der Eiger-Nordwand. A steht für Leben, B für Tod. Offensichtlich ist A $\succ$ B. Die Besteigung der Eiger-Nordwand bringt nun ein nicht unbeträchtliches Todesrisiko. Die Handlungsmöglichkeit »Besteigung der Eiger-Nordwand« können wir so schreiben: Es besteht eine Wahrscheinlichkeit von, sagen wir, 80 % zum Überleben und 20 % zum Sterben. Entschließt sich der Bergsteiger für die Besteigung, dann gilt für ihn

$$0{,}8\,A + 0{,}2\,B \succ A \succ B,$$

was dem Dominanzprinzip widerspricht. Die Mehrzahl der Flachlandbewohner wird schließen: Wer die Eiger-Nordwand besteigt, handelt unvernünftig; das müsse dem Dominanzprinzip widersprechen. Aber so einfach ist das Problem nicht. Wenn wir von der riskanten Eiger-Nordwand zu dem noch nicht ganz so riskanten deutschen Autobahnverkehr zur Urlaubszeit übergehen, stehen wir vor einer ähnlichen Tatsache. Offenbar wird das risikoreiche Unternehmen »Urlaubsreise über deutsche Autobahnen« dem sicheren Leben auf dem heimischen Sofa vorgezogen. Die Urlaubsreise werden die meisten Menschen nicht als unvernünftig ansehen. Kann man darin einen Widerspruch zum Dominanzprinzip sehen? Nein, denn in diesem Beispiel ist das Wahlproblem nicht richtig formuliert. Es liegen folgende Handlungsmöglichkeiten vor: Sicheres, aber langweiliges Leben oder interessantes Leben (Bergbesteigung, Urlaubsreise). Die Kombination: Wahrscheinlichkeit des Lebens und Wahrscheinlichkeit des Todes ist in der Präferenzordnung des Entscheidenden nicht gleichzusetzen der Handlungsmöglichkeit »interessantes Leben«. Erst eine genaue Untersuchung der Wünsche und Handlungsmöglichkeiten des Entscheidenden erlaubt die Aussage, ob bei einer Entscheidung das Dominanzprinzip beachtet worden ist. Schon deshalb ist das Dominanzprinzip keineswegs eine Trivialität oder Leerformel.

3. Die Annahmen über die Austauschbarkeit von Sachzielen und Risikoneigung

aa) Das Stetigkeitsprinzip

Ein erfolgreicher Verkäufer will seine Stellung wechseln. Er steht vor folgender Entscheidung: als Angestellter das Einkommen B (z. B. 30 000 Mark jährlich) zu verdienen oder auf Provisionsbasis zu arbeiten, mit der Chance, das Einkommen A (100 000 Mark jährlich) oder auch nur C (10 000 jährlich) zu erzielen. Unter Sicherheit gilt natürlich

$$A \succ B \succ C.$$

Unter Unsicherheit lautet das Wahlproblem: Der Verkäufer erwartet das hohe Einkommen A mit einer bestimmten Wahrscheinlichkeit p, das geringe Einkommen C mit der Restwahrscheinlichkeit (1–p). Dieser Handlungsmöglichkeit steht die Alternative B (30 000 Mark mit Sicherheit) gegenüber. Der Verkäufer hat zu prüfen:

$$pA + (1 - p)\,C \gtrless B?$$

Das Stetigkeitsprinzip behauptet nun: Es gibt eine Wahrscheinlichkeitsziffer für das Eintreten von A, bei der der Verkäufer die Möglichkeit B gerade gleichschätzt der Chance, A (100 000 Mark) oder C (10 000 Mark) zu bekommen. Setzen wir zunächst p = 0,3, dann heißt das, mit 30%iger Wahrscheinlichkeit erhält der Verkäufer 100 000 Mark, mit 70%iger Wahrscheinlichkeit 10 000 Mark. Nehmen wir an, er zieht die 30 000 Mark sicheres Einkommen vor. Er wird dann vor eine weitere Entscheidung gestellt, z. B. mit 50% Wahrscheinlichkeit 100 000 Mark und mit 50% Wahrscheinlichkeit 10 000 Mark zu verdienen. Hier möge er sich für die risikobehaftete Handlungsmöglichkeit entscheiden. Zwischen p = 0,5 und p = 0,3 wird es nun eine Wahrscheinlichkeitsziffer für A geben (z. B. 40%), bei der der Verkäufer die sicheren 30 000 Mark genau gleichschätzt der Chance, 100 000 Mark bzw. 10 000 Mark zu erzielen. Das

Stetigkeitsprinzip klammert also Sprünge in der Wertschätzung des Entscheidenden aus. Es fordert bei sinkenden Wahrscheinlichkeiten für das höhere Einkommen A einen stetigen Übergang von der Höherschätzung über die Gleichschätzung zur Minderschätzung der Einkommenschancen A und C gegenüber dem sicheren Einkommen B. *Das Stetigkeitsprinzip besagt damit: Für jede Wahrscheinlichkeitsverteilung aus zwei Zukunftslagen (A und C) existiert ein »Sicherheitsäquivalent« (B).* Ein Sicherheitsäquivalent ist ein sicheres Einkommen, das einer Wahrscheinlichkeitsverteilung aus niedrigerem und höherem Einkommen gleichgeschätzt wird.

Angenommen, 30 000 Mark wären das Sicherheitsäquivalent dafür, mit 40% Glaubwürdigkeit 100 000, mit 60% 10 000 Mark zu erhalten, dann heißt das: Dem Entscheidenden ist es gleichgültig, ob er bei gegebenem Einsatz (an Geld und Arbeitskraft) 30 000 Mark sicheres Einkommen erzielt oder mit einer Chance von 40% 100 000 und mit einer Chance von 60 % 10 000 Mark. *Das Sicherheitsäquivalent ist also ein Umrechnungswert für Einkommenschancen.* Es entspricht nicht dem »Einsatz«, den man für die Einkommenschancen zu opfern bereit wäre. Dieser Unterschied muß klar erkannt werden: Wir können uns vorstellen, daß es dem Verkäufer das gleiche bedeutet, ob er als Angestellter für 30 000 Mark sicheres Einkommen arbeitet oder als Selbständiger mit 40% Wahrscheinlichkeit 100 000 Mark verdient, mit 60% nur 10 000. Derselbe Verkäufer braucht indessen keineswegs bereit zu sein, einen Kredit von 30 000 Mark aufzunehmen und diesen Betrag in einem Glücksspiel einzusetzen, um mit 40% Wahrscheinlichkeit 100 000, mit 60% nur 10 000 Mark zu gewinnen und im letzteren Fall den Offenbarungseid leisten zu müssen, weil er den Kredit nicht zurückzahlen kann.

Bei dem Glücksspiel auf Kredit lauten die künftigen Wohlstandslagen: Null mit Sicherheit oder 70 000 (minus Zinsen) bei Gewinn des Spiels, minus 20 000 (minus Zinsen) bei Verlust des Spieles. Das ist eine andere Entscheidungslage als 30 000 sicher zu erhalten gegenüber der Chance 100 000 oder 10 000. Deshalb sind Sicherheitsäquivalent und »Einsatz« bei Programmentscheidungen (also bei »großen« Einsätzen) nicht identisch. Bei kleinen Beträgen kann man Spieleinsatz und Sicherheitsäquivalent gleichsetzen.

Gegen die Vorstellung eines »Sicherheitsäquivalents« kann vorgebracht werden: In Wirklichkeit sei alles ungewiß, es gäbe kein absolut sicheres Einkommen. Dazu ist zu sagen: Das Sicherheitsäquivalent ist lediglich ein Umrechnungswert für Einkommenschancen. Umrechnungswert und Einkommenschancen können selbst ungewiß sein. Ein Beispiel: Dem Verkäufer sagt man: »Wenn es uns gelingt, die Firma Y zu übernehmen, dann bieten wir Ihnen an, entweder als Leiter derVerkaufsniederlassung 30 000 Mark Gehalt zu bekommen oder auf Provisionsbasis zu arbeiten!« Die Chance, Firma Y zu übernehmen, mag dabei nur 50% betragen. Gleichwohl muß der Verkäufer sich heute entscheiden. Er muß die Einkommenschancen auf Provisionsbasis umrechnen in die Einkommenschance »festes Gehalt«.

Die Bezeichnung »Sicherheitsäquivalent« ist deshalb nicht besonders gut. Das Stetigkeitsprinzip behauptet vielmehr die Existenz eines »Umrechnungswertes« von alternativen Einkommenschancen in eine einzige Einkommenshöhe, die diesen Einkommenschancen entspricht. Daß das Sicherheitsäquivalent als »risikobehafteter« Umrechnungswert gedeutet werden kann, folgt aus dem Unabhängigkeitsprinzip.

Das Stetigkeitsprinzip verlangt vom Entscheidenden, daß er ein Sicherheitsäquivalent nennen kann für eine Wahrscheinlichkeitsverteilung aus *zwei* Einzelwerten. Würde gefordert werden, daß für beliebig große Wahrscheinlichkeitsverteilungen ein Sicherheitsäquivalent anzugeben sei, dann wäre das Entscheidungsproblem sofort gelöst: Die Entscheidung fiele für die Handlungsmöglichkeit mit dem höchsten Sicherheitsäquivalent. Aber eine so weitgehende Forderung an die Entscheidungsfähigkeit ist praktisch nicht zu erfüllen. Die Theorie des Risikonutzens ist hier bescheiden. Sie verlangt lediglich, daß für jeweils zwei Einkommenschancen ein gleichwertiges sicheres Einkommen genannt werde (und das wird manchem Entscheidenden schwer genug fallen). Diese bescheidene Anforderung der Theorie des Risikonutzens macht jedoch eine weitere Annahme notwendig: Sicherheitsäquivalent und Wahrscheinlichkeitsverteilung müssen sich jederzeit ineinander überführen lassen, damit Wahrscheinlichkeitsverteilungen aus beliebig vielen Einzelwerten erfaßt und beurteilt werden können. Diese Überführung wird durch das Unabhängigkeitsprinzip gesichert.

Das Stetigkeitsprinzip ist keine Selbstverständlichkeit, folgendes Beispiel zeigt dies. Jedermann wird die Rangordnung aufstellen:

$$2 \text{ Pfennig} \succ 1 \text{ Pfennig} \succ \text{Tod.}$$

Aber kaum jemand wird bereit sein, einen Pfennig gleichzuschätzen einem Spiel, in dem er zwei Pfennig gewinnen oder das Leben verlieren kann, selbst wenn die Todeswahrscheinlichkeit nur 1 % oder noch weniger beträgt.

Wenn wir von einer physischen Existenzgefährdung absehen, bleibt das Stetigkeitsprinzip immer noch fragwürdig, wenn nur ungünstige Wahlmöglichkeiten bestehen. Angenommen, ein Unternehmer sehe sein gesellschaftliches Existenzminimum bei 30 000 Mark Einkommen. Bedeutet dem Unternehmer die gesellschaftliche Stellung sehr viel, so wird er möglicherweise nicht bereit sein, Handlungsprogramme zu erwägen, die ihn der Gefahr aussetzen, unter sein gesellschaftliches Existenzminimum zu fallen. Für das Einkommen von 30 000 Mark gibt es in seiner Schätzung keine gleichwertigen risikobehafteten Handlungsprogramme, und das heißt zugleich: Der Unternehmer ist nicht bereit, für jene Wahrscheinlichkeitsverteilungen (Handlungsprogramme) Sicherheitsäquivalente zu nennen, bei denen Zukunftslagen auftreten, die weniger als 30 000 Mark Einkommen erbringen. Alle derartigen Handlungsprogramme verwirft er von vornherein. Das ändert sich erst, wenn kein Handlungsprogramm ihm mindestens 30 000 Mark Einkommen erbringt. Kann er nur 20 000 Mark sicher erwarten, so ist es durchaus möglich, daß er die 20 000 Mark aufgibt, um mit einer Chance von nur 20 % die erwünschten 30 000 Mark zu erhalten (oder mit 80% noch tiefer, auf vielleicht 10 000 Mark, zurückzufallen).

Ein solches Verhalten widerspricht dem Stetigkeitsprinzip. Doch kann bei dem herrschenden (Prestige-)Ziel »Erhalte mindestens das bisherige Wohlstandsniveau« die Entscheidung nicht als falsch bezeichnet werden. Bei nur ungünstigen Handlungsmöglichkeiten liegt eine Art Grenzentscheidung vor. In solchen Fällen wird der Entscheidende nicht mehr unbedingt seinen Nutzen als Funktion von Einkommen und Risiko zu maximieren trachten; seine Zielvorstellung kann sich durchaus auf die Festlegung »erstrebenswerter Mindestanforderungen«, auf Rangordnungsvorschriften über Haupt- und Nebenziele beschränken (vgl. S. 68). Für solche »Grenzentscheidungen« kann das

Stetigkeitsprinzip nicht mehr uneingeschränkt als Bedingung rationalen Verhaltens gelten. Eine andere Frage ist, ob man unter solchen mißlichen Umweltbedingungen das Ziel »Erreiche mindestens 30 000 Mark Einkommen« selbst noch als vernünftig bezeichnen kann oder ob die Vernunft nicht eine Zielanpassung (ein Herabschrauben des Anspruchsniveaus) nahelegt. Die »Vernünftigkeit« von Zielvorstellungen selbst steht allerdings jenseits des Erkenntniswertes der Axiome rationalen Verhaltens, denn sie müßte aus übergeordneten Zielvorstellungen abgeleitet werden.

bb) Das Prinzip der Beschränkung der Risikonutzenfunktion

Die Austauschbarkeit von Sachzielen und Risikoneigung, wie sie das Stetigkeitsprinzip fordert, wird nicht immer gegeben sein. Deshalb ist das Vorgehen der Theorie des Risikonutzens ergänzungsbedürftig. Mir erscheint eine weitere Annahme notwendig, die den Gültigkeitsbereich des Stetigkeitsprinzips eingrenzt. *Nach dem Prinzip der Beschränkung ist die Risikonutzenfunktion erst ab einem persönlichen Existenzminimum und nur bis zu einem endlichen Nutzenmaximum definiert.*

Die untere Grenze ist notwendig, um die empirische Gültigkeit der Theorie des Risikonutzens zu sichern. Die obere Grenze muß aus formallogischen Gründen gesetzt werden. Die untere Grenze ist wichtiger und beschäftigt uns zunächst.

Bei der Befragung über die Risikoneigung hat der Entscheidende eine Aussage über das von ihm geforderte Existenzminimum zu treffen. Alle Handlungsprogramme, die mit einer »beachtlichen« Wahrscheinlichkeit ein Einkommen erwarten lassen, das unter diesem Existenzminimum liegt, gelten als unzulässig und werden verworfen. Diese Annahme folgt aus der Tatsache, daß nur Programmentscheidungen die wirtschaftlichen Bestimmungsgründe der Risikoneigung erfassen und damit vernünftige Entscheidungen unter Ungewißheit ermöglichen können.

Nun erfolgt jedoch die Aussage über die Risikoneigung vor der genauen Untersuchung der einzelnen Handlungsprogramme, weil sich rationales Verhalten nur im Hinblick auf eine vorab geäußerte Risikoneigung definieren läßt. Deshalb können zwei Fälle auftreten, welche die Entscheidung nach der Theorie des Risikonutzens in Frage stellen. Im ersten Fall erkennt der Unternehmer nach Analyse der Handlungsprogramme, daß keines das gewünschte Existenzminimum sichert. Alle Handlungsprogramme sind nach der gewählten Risikoneigung unzulässig. Sie wird deshalb überprüft werden.

Im zweiten Fall sieht der Unternehmer bei der Suche nach Wahlmöglichkeiten ein Vorhaben, das zwar die Bedingung nach Sicherung des Existenzminimums verletzt, aber eine hohe Wohlstandsverbesserung verspricht, so daß er nicht bereit ist, dieses Vorhaben als von vornherein unzulässig zu erklären. Nach der vorab geäußerten Risikoneigung handelt er unvernünftig, wenn er dieses Vorhaben näher untersucht oder sich sogar hierfür entscheidet. Doch wird der Entscheidende kaum zögern, seine ursprüngliche Risikoneigung umzustoßen. Neben den Routinehandlungsmöglichkeiten »Angestellter«, »Vertreter«, sieht der Verkäufer z. B. eine Chance, sich selbständig zu machen und als internationaler Waffenschieber entweder in kurzer Zeit Millionär zu werden oder das gerechte Schicksal solcher Leute zu erleiden. Daß jemand aus dem

bürgerlichen Trott ausbricht und existenzgefährdende Handlungsmöglichkeiten erwägt, kann nicht von vornherein als unrationales Verhalten erklärt werden.
Beide Fälle seien als Grenzentscheidungen bezeichnet, weil hier die vorab gesetzte Bedingung für das Existenzminimum nicht mehr eingehalten wird. Grenzentscheidungen setzen zweierlei voraus:
(1) Die Änderung der Zielvorstellung (Risikoneigung) darf nur auf Grund neuer Informationen (bei der Suche und Auswertung der Handlungsmöglichkeiten) erfolgen. Ohne Grund die Risikoneigung zu ändern, ist mit rationalem Verhalten unvereinbar.
(2) Die geänderte Zielvorstellung muß der Entscheidende offenbaren, bevor er die Entscheidung trifft, weil sonst nicht nachgeprüft werden kann, ob die Entscheidung zielentsprechend war oder nicht.

Die Zielüberprüfung kann die Theorie des Risikonutzens bestätigen, z. B. ein anderes Mindesteinkommen und neue Sicherheitsäquivalente setzen; sie kann auch dazu führen, daß der Entscheidende sich lexikografische Nutzenvorstellungen bildet. Das Stetigkeitsprinzip gilt deshalb nur unter der Einschränkung, daß keine Grenzentscheidungen auftreten.
Die Risikonutzenfunktion ist desweiteren im oberen Wahlbereich zu begrenzen. In der Wirklichkeit gibt es keine unendlich großen Einkommenschancen. Aber um in erdachten Spielen unsinnige Folgerungen zu vermeiden, ist die Annahme notwendig, daß bereits bei einem endlichen Einkommen ein Nutzenmaximum entsteht, also der zusätzliche Nutzen von Einkommenschancen (der Risikogrenznutzen) Null wird. Karl Menger zeigte: Für jede »unbeschränkte« Risikonutzenfunktion (also eine Funktion, die erst im Unendlichen ihr Maximum erreicht), läßt sich ein Glücksspiel konstruieren, für das sich ein unendlicher Risikonutzen errechnet. Jedermann müßte für dieses Glücksspiel allen Besitz riskieren. Da aber niemand, der weiter leben will, vernünftigerweise sein ganzes Vermögen auf ein Glücksspiel setzen wird, ist die Annahme der unbeschränkten Risikonutzenfunktion nicht haltbar [58]. Mengers Überlegung wird auf S. 128 an einem Beispiel verdeutlicht.

Gegen die Trennung von gewöhnlichen Programmentscheidungen und Grenzentscheidungen könnte eingewandt werden, damit werde die Theorie des Risikonutzens gegen eine Widerlegung durch die Wirklichkeit immunisiert. Immer dann, wenn in der Wirklichkeit ein Verstoß gegen die Axiome der Theorie des Risikonutzens zu beobachten sei, könne der Widerspruch zwischen praktischem Verhalten und Theorie dadurch beseitigt werden, daß die der Theorie des Risikonutzens widersprechende Entscheidung zu einer »Grenzentscheidung« erklärt werde.
Der Einwand geht fehl: Um das zu erkennen, ist zunächst zu klären: Wann kann überhaupt ein Widerspruch zwischen praktischem Verhalten und Verhalten nach der Theorie des Risikonutzens beobachtet werden? Ob eine praktische Entscheidung der Theorie entspricht (im Sinne der Theorie »vernünftig« ist) oder nicht, kann nur beurteilt werden, wenn die Prüfvoraussetzungen (S. 43) erfüllt sind. Der Entscheidende muß vor der

[58] Vgl. *Karl Menger*, Das Unsicherheitsmoment in der Wertlehre: Betrachtungen im Anschluß an das sogenannte Petersburger Spiel. In: Zeitschrift für Nationalökonomie, Bd. 5 (1934), S. 459–485, hier S. 464 f.

Entscheidung Ziele, Handlungsmöglichkeiten und Umweltbedingungen nachprüfbar festgehalten haben. Eine Grenzentscheidung liegt nur dann vor, wenn der Entscheidende während des Planungsprozesses (bzw. während des Experiments) erklärt, er sehe sich genötigt, das vorher festgelegte Ziel umzustoßen und dafür einen Grund nennt: z. B. keines der Handlungsprogramme sei unter dem vorher festgelegten Ziel zulässig oder nach den neu ausgewerteten Informationen erscheine ihm eine Handlungsmöglichkeit so verlockend, daß er die vorher festgelegte Risikoneigung als nicht mehr seiner jetzigen Einsicht entsprechend anerkennen könne. Es kann dann geprüft werden, ob die endgültige Entscheidung dem während des Planungsprozesses neu festgelegten Ziel entspricht oder nicht.

Wird eine Entscheidung im nachhinein angegriffen und beruft sich der Entscheidende nachträglich auf geänderte Ziele bzw. auf eine Grenzentscheidung, so sind das Schutzbehauptungen, aber kein Beweis für vernünftiges Verhalten. Wegen der Prüfvoraussetzungen kann eine Entscheidung gar nicht nachträglich zur Grenzentscheidung erklärt werden, und damit ist eine Immunisierung der Theorie gegen die Wirklichkeit ausgeschlossen. Zum Wesen der Grenzentscheidung gehört das Offenlegen des Ziels zu Beginn des Planungsprozesses und die Begründung für die Zieländerung während des Planungsprozesses.

Im Regelfall der Wirklichkeit legt der Entscheidende Ziele, Handlungsmöglichkeiten und Umweltbedingungen nicht in einer später nachprüfbaren Weise vor der Entscheidung fest. Die Prüfvoraussetzungen sind deshalb regelmäßig nicht erfüllt, und es kann folglich nicht beurteilt werden, ob das praktische Verhalten der Theorie gemäß war oder ihr widersprach. Die Tatsache, daß die Prüfvoraussetzungen nicht von vornherein erfüllt sind, sondern erst geschaffen werden müssen, stellt jedoch auch keine »Immunisierung« der Theorie dar. In der Naturwissenschaft müssen auch die Bedingungen für das Prüfen von Hypothesen (Theorien) erst mühsam erarbeitet werden. Warum sollte dies in der Wirtschaftswissenschaft anders sein? Verhaltensannahmen können nur in kontrollierten, die Prüfvoraussetzungen wahrenden Experimenten bestätigt oder widerlegt werden.

4. Axiome rationalen Verhaltens und Risikoneigung

aa) Die Bedeutung der Grundannahmen für die Erfassung der Risikoneigung

Rangordnungs- und Dominanzprinzip sind bisher stets als Bedingungen für vernünftiges Verhalten angesehen worden. Aber sie allein erlauben nur ausnahmsweise eine eindeutige Entscheidung. Regelmäßig werden zahlreiche Handlungsprogramme bestehen, von denen auf Grund beider Axiome keines einem anderen vorgezogen werden kann. Erkennt man nur Rangordnungs- und Dominanzprinzip als Bedingung rationalen Verhaltens an, dann ist die Entscheidungstheorie am Ende, sobald die alternativen »guten« Handlungsprogramme zusammengestellt sind. »Gut« sind dabei alle Handlungsprogramme, die nicht durch das Dominanzprinzip als unterlegen ausgeschieden worden sind. Eine rationale Entscheidung unter den guten Handlungsprogrammen ist nicht zu definieren. Manche Autoren vertreten diese Auffassung. Sie kapitulieren vor dem Problem rationaler Entscheidung unter Ungewißheit.

Zu der Aussage, das Problem rationaler Entscheidung unter Ungewißheit sei nicht zu lösen, gehört weder viel Mut noch viel Verstand. So einfach sollte man es sich nicht machen.

Von zahlreichen Autoren sind Unabhängigkeits- und Stetigkeitsprinzip zusätzlich als Bedingung vernünftigen Verhaltens anerkannt worden. Rangordnungs-, Dominanz-, Unabhängigkeits- und Stetigkeitsprinzip kennzeichnen die Theorie des Risikonutzens. Dabei wurde bisher jedoch versäumt, die artmäßigen Unterschiede zwischen den Annahmen herauszuarbeiten.

Rangordnungs-, Unabhängigkeits- und Dominanzprinzip folgen aus der Definition des Entscheidungsproblems unter Ungewißheit. Das Rangordnungsprinzip sichert die Entscheidungsfähigkeit. Das Unabhängigkeitsprinzip folgt aus der Tatsache, daß die einzelnen Handlungsmöglichkeiten durch sich gegenseitig ausschließende Zukunftslagen beschrieben werden müssen. Das Dominanzprinzip verlangt, eine Handlungsmöglichkeit dann vorzuziehen, wenn sie ein Ziel besser (alle anderen Ziele mindestens gleich gut) erfüllt als die anderen Handlungsmöglichkeiten. Wer Rangordnungs-, Unabhängigkeits- oder Dominanzprinzip bestreitet, leugnet im Grunde das Entscheidungsproblem unter Ungewißheit.

Das Stetigkeitsprinzip enthält eine Verhaltensannahme, die nicht notwendigerweise erfüllt sein muß. Ich habe versucht, durch das Prinzip der Beschränkung der Risikonutzenfunktion den Gültigkeitsbereich des Stetigkeitsprinzips abzusichern. Wer die Verhaltensannahmen über die Austauschbarkeit von Sachzielen und Risikoneigung bestreitet, kann das Entscheidungsproblem unter Ungewißheit nur lösen, wenn er einen anderen Weg wählt, um die mehrfache Zielvorschrift unter Ungewißheit in eine einfache Zielvorschrift umzuwandeln (vgl. S. 66). Da die Unterdrückung einer Zielgröße (des Sachziels oder des Sicherheitsstrebens) bzw. der Vorrang eines Ziel unter einer starren Nebenbedingung für das andere zu keiner angemessenen Lösung des Zielkonflikts führt, bleibt als Alternative zum Austausch von Sachziel und Sicherheitsstreben (dem Stetigkeitsprinzip) nur die »lexikografische« Einzelanordnung nach dem Vorrang der Zielgrößen. Das heißt aber praktisch: Risikominderung (bzw. Einkommensmehrung) hat stets den Vorrang und bei gleichem Risiko (bzw. Einkommen) entscheidet die Einkommensmehrung (bzw. Risikominderung). Den Austausch von mehr Sicherheit gegen die Chance höheren Einkommens grundsätzlich und überall als nicht den Zielen der Entscheidenden entsprechendes Verhalten anzusehen, erscheint mir nicht wirklichkeitsnah. Deshalb werden Alternativen zur hier vorgetragenen Lösung vor allem in abweichenden Annahmen über den Gültigkeitsbereich des Stetigkeitsprinzips, die Vorgehensweise bei Zielüberprüfungen und das Verhalten bei Grenzentscheidungen zu suchen sein.

bb) Die Erscheinungsformen der Risikoneigung

Sollen 5 Mark in der Fernsehlotterie eingesetzt werden? Für diese »Einzelentscheidung« wird man sowohl Risikozuneigung (Einsatz) wie Risikoabneigung (Verzicht) als »vernünftiges« Verhalten anerkennen müssen. Sind Risikozuneigung und Risikoabneigung rationale Verhaltensweisen auch bei Programmentscheidungen? Kann es vernünftig sein, alles, was man über das Existenzminimum verdient, im Lotto einzusetzen? Um diese Frage zu beantworten, müssen wir zunächst Risikozuneigung, Risikoneutralität und Risikoabneigung definieren. Hierfür bietet sich das Verhältnis von Sicherheitsäquivalent zu Erwartungswert an [59].

Risikoneutralität ist gegeben, wenn Sicherheitsäquivalent und Erwartungswert übereinstimmen. Wer 20 000 Mark sicheres Einkommen gleichschätzt dem Spiel, mit Wahrscheinlichkeiten von 8/9 10 000 oder 1/9 100 000 Mark zu verdienen (Erwartungswert 20 000), der handelt risikoneutral.

Risikoabneigung (Risikoscheu) liegt vor, wenn das Sicherheitsäquivalent kleiner ist als der Erwartungswert: z. B. wenn der Unternehmer sagt, 20 000 Mark mit Sicherheit seien ihm gleich wert 10 000 Mark mit 50% Wahrscheinlichkeit und 100 000 Mark mit 50% Wahrscheinlichkeit (Erwartungswert 55 000 Mark).

Risikozuneigung (Risikofreude) tritt auf, wenn das Sicherheitsäquivalent über dem Erwartungswert liegt: z. B. wenn der Unternehmer die Chance, mit 10% Wahrscheinlichkeit 100 000 Mark zu verdienen oder mit 90% Wahrscheinlichkeit 10 000 Mark (Erwartungswert 19 000), gleichschätzt dem sicheren Einkommen von 20 000 Mark. Jeder, der sich an Lotto, Toto und anderen Glücksspielen beteiligt, handelt dabei dem Risiko zugeneigt, denn bei allen diesen Glücksspielen wird nur ein Teil des Einsatzes ausgeschüttet. Der Erwartungswert liegt deshalb unter dem Sicherheitsäquivalent. (Solange nur ein bescheidener Bruchteil des Vermögens verspielt wird, können wir Sicherheitsäquivalent und Einsatz gleichsetzen, vgl. S. 114).

Es ist zu beachten, daß die Begriffe Risikofreude und Risikoscheu, so wie sie hier definiert wurden, jeweils einen sehr breiten Verhaltensbereich einschließen.

Risikoscheu ist z. B. jeder, der 20 000 Mark sicheres Einkommen höher schätzt als das Spiel, zu 8/9 Wahrscheinlichkeit 10 000 Mark und zu 1/9 100 000 Mark Einkommen zu erzielen. Der risikofeindliche Unternehmer kann immer noch ein Spekulant mit riskanten Neigungen sein, z. B. wenn er bereits bei 1/8 Wahrscheinlichkeit für 100 000 Mark auf die 20 000 Mark zu verzichten bereit wäre. Es kann sich jedoch auch um einen ängstlichen Zauderer handeln, der selbst bei 98% Wahrscheinlichkeit für die 100 000 Mark die 20 000 Mark sicheres Einkommen nicht aufzugeben bereit ist.

Sind Risikofreude, Risikoneutralität und Risikoscheu rationale Verhaltensweisen bei Programmentscheidungen?

Im allgemeinen wird Risikoabneigung als vernünftige Verhaltensweise empfunden werden. Für sehr hohe Einkommenschancen folgt Risikoabneigung schon aus dem Stetigkeitsprinzip und dem Prinzip über die Beschränkung der Risikonutzenfunktion; denn soll die Risikonutzenfunktion ein Maximum im Endlichen haben, dann muß die Kurve nach und nach abflachen, wenn sie stetig verläuft.

Wie sieht es bei geringen Einkommenshöhen aus?

In der Literatur finden sich hierzu zahlreiche Vermutungen, z. B.: Es bestehe zunächst

[59] Vgl. auch *Schneeweiß*, S. 45.

ein Bereich der Risikoabneigung, dann folge eine Zone der Risikofreude, und schließlich sei der Entscheidende bei hohen Einkommen dem Risiko wiederum abgeneigt [60].
Die Gründe, die dabei für eine Risikozuneigung sprechen könnten, sind allerdings durch die bisherigen Axiome ausgeschaltet: Zunächst gehen wir von der Annahme aus, nur Programmentscheidungen ließen rationales Verhalten zu; damit entfällt die Risikofreude bei Einzelentscheidungen, wie sie sich beim Ausfüllen des wöchentlichen Lottozettels äußert. Das Unabhängigkeitsprinzip klammert die Spielfreude aus. Für Hasardeure, die ihr ganzes Vermögen auf eine Karte setzen, gilt nicht die hier definierte Risikonutzenfunktion, denn durch die Beschränkung der Risikonutzenfunktion sind Grenzentscheidungen ausgeklammert, und damit ist es auch der Fall, daß jemand die Ladenkasse plündert und zur Spielbank fährt, um durch die erhofften Gewinne dem Gerichtsvollzieher zu entgehen.
Die Axiome scheinen damit Risikoabneigung als vernünftige Verhaltensweise nahezulegen [61], jedoch erzwungen wird Risikoabneigung durch die Axiome des beschränkten Risikonutzens keineswegs.
Risikoabneigung wird weiter durch die allgemeinen Verhaltensannahmen der ökonomischen Theorie gestützt. Das »Gesetz des abnehmenden Grenznutzens« läßt sich auch auf die Einschätzung von Einkommenschancen, den Risikonutzen, übertragen.
Gleichwohl kann Risikoabneigung weder als weiteres Axiom rationalen Verhaltens angesehen, noch als Folge aus den Axiomen betrachtet werden. Warum sollte jemand nicht dem Risiko zugeneigt sein, solange das Existenzminimum gesichert bleibt? Risikoabneigung ist eine weit verbreitete Verhaltensnorm, die gerade deshalb allgemein als vernünftig empfunden wird. Sie ist keine notwendige Bedingung rationalen Verhaltens unter Ungewißheit.

5. Wie wird die rationale Entscheidung abgeleitet?

Ein Unternehmer hat die Wahl, seine Kapazitäten durch Aufnahme von Lohnfertigung auszulasten oder durch Eröffnung des Preiskampfes bei einem Produkt. Handlungsprogramm A zeigt die alternativen Einkommenshöhen beim Ausweichen auf Lohnfertigung. Die Ungewißheit folgt hier aus unterschiedlichen Preis- und Mengenerwartungen hinsichtlich der Lohnaufträge. Handlungsprogramm B zeigt die Lage der Unterneh-

[60] Vgl. dazu *Milton Friedman, L[eonard] J. Savage*, The Utility Analysis of Choices Involving Risk. In: The Journal of Political Economy, Vol. 56 (1948), S. 279–304, hier S. 295; zur Kritik vgl. *Hirshleifer*, Investment Decision under Uncertainty: Applications of the State-Preference Approach, S. 258–264.

[61] Auf dieses Ergebnis zielt auch *Hirshleifer*, Investment Decision under Uncertainty: Applications of the State-Preference Approach, S. 254–264, ab. Hirshleifer trennt dabei zwischen wohlstandsorientierten Handlungsmöglichkeiten und dem den Wohlstand nur am Rande berührenden Spieltrieb. Bei Spieltrieb sei Risikofreude vernünftig, weil Spiele ohne Risiko kaum angenehme Abwechslung verschaffen; eine Unterscheidung, die sich in ähnlicher Weise bereits bei Marshall (*Alfred Marshall*, Principles of Economics. Vol. I, 3rd edition, reprinted New York 1949, S. 135) findet.

mung nach dem Preiskampf: Schlagen alle Konkurrenten zurück, bleiben nur 11 000 durch die nicht im Preis umkämpften Erzeugnisse. Reagieren nur wenige Konkurrenten, bleiben 30 000 Mark. 70 000 fallen an, wenn kein Konkurrent reagiert.
Welches Handlungsprogramm ist vorzuziehen?

	Z	p		Z	p
A:	20 000	0,1	B:	11 000	0,4
	30 000	0,3		30 000	0,2
	40 000	0.5		70 000	0,4
	50 000	0,1			

Die Befragung des Unternehmers (die Feststellung seiner persönlichen Risikoneigung) und die Anwendung der fünf Axiome führen zu einer Entscheidung, die *rational ist im Hinblick auf die in der Befragung geäußerte Risikoneigung.* Wie die Entscheidung abgeleitet wird, verdeutlicht das folgende Beispiel.

aa) Die Befragung

Um die Risikoneigung des Unternehmers zu erkunden, wird der Unternehmer vor ein drittes Handlungsprogramm gestellt. Bei dem dritten Handlungsprogramm kann er entweder ein sehr niedriges Einkommen (z. B. das Existenzminimum) erzielen oder ein sehr hohes Einkommen. Das Existenzminimum betrage 10 000 Mark, das hohe Einkommen 100 000 Mark. Der Unternehmer wird nun gefragt: Mit welcher Wahrscheinlichkeit muß ihm das hohe Einkommen 100 000, mit welcher Restwahrscheinlichkeit das Existenzminimum 10 000 Mark geboten werden, damit er diese Einkommenschancen gleichschätzt einem festen Einkommen von z. B. 11 000, 20 000, 30 000 Mark usw. Im einzelnen: Angenommen, bei Handlungsprogramm A würden sich 20 000 Mark realisieren, welche Wahrscheinlichkeit für 100 000, welche Restwahrscheinlichkeit für 10 000 müßte geboten werden, damit die 20 000 Mark gleichbewertet werden den Einkommenschancen von 100 000 oder 10 000 Mark? Gefragt wird also nach den Wahrscheinlichkeiten, mit denen das hohe Einkommen mindestens eintreten muß, damit auf ein festes Einkommen verzichtet wird. Wir wollen die zu erfragenden Wahrscheinlichkeiten »Präferenzwahrscheinlichkeiten« nennen.
Es ist zweckmäßig, die Präferenzwahrscheinlichkeiten von den normalen Glaubwürdigkeiten für die einzelnen Zukunftslagen zu trennen: Die Wahrscheinlichkeit von 10%, daß bei A ein Einkommen von 20 000 erzielt wird, ist Ausdruck der Glaubwürdigkeit für ganz bestimmte Umweltbedingungen. Die Präferenzwahrscheinlichkeit, daß 20% für 100 000 Mark sprechen müssen (80% für 10 000 Mark), um auf 20 000 Mark festes Einkommen zu verzichten, ist hingegen Ausdruck der unternehmerischen Risikoneigung. Präferenzwahrscheinlichkeiten beschreiben das persönliche Verhalten gegenüber der Ungewißheit, nicht die Glaubwürdigkeit für bestimmte künftige Zustände der Umwelt.

Die Befragung möge folgendes Ergebnis erbracht haben:

festes Einkommen	Präferenzwahrscheinlichkeit für 100 000 Mark	Restwahrscheinlichkeit für 10 000 Mark
11 000	5%	95%
20 000	20%	80%
30 000	40%	60%
40 000	55%	45%
50 000	70%	30%
70 000	90%	10%

Aus dem Befragungsergebnis läßt sich rasch erkennen, ob der Unternehmer risikofreudig oder risikoscheu ist. Wir errechnen den Erwartungswert der Einkommenschancen und vergleichen ihn mit dem sicheren Einkommen (dem »Sicherheitsäquivalent«):

Sicherheitsäquivalent in tausend Mark	Erwartungswert in tausend Mark	Abweichung in tausend Mark
11	14,5	3,5
20	28	8
30	46	16
40	59,5	19,5
50	73	23
70	91	21

Die Abweichung kann als »Risikoabschlag« gedeutet werden. Aus dem Wachstum des Risikoabschlages läßt sich erkennen, daß der hier befragte Unternehmer mit wachsendem Einkommen immer weniger bereit ist, das Risiko einzugehen, auf das Existenzminimum zurückzufallen; er verhält sich also (bis auf den letzten Wert) zunehmend risikoscheu.

bb) Beschränkung der Risikonutzenfunktion

Das Existenzminimum des Unternehmers beträgt 10 000 Mark. Beide Handlungsprogramme zeigen als schlechtestes Ergebnis ein Einkommen, das über dem Existenzminimum liegt. Der Unternehmer steht damit vor nicht existenzgefährdenden Entscheidungen. Wir können die Gültigkeit der vier Axiome des Bernoulli-Prinzips uneingeschränkt annehmen. Die obere Grenze der Risikonutzenfunktion ist hier ohne Bedeutung, da nur endliche Einkommenschancen auftreten.

Für das Weitere beschränken wir uns auf die Untersuchung des Handlungsprogramms A. Der Leser sollte die Rechnungen für B selbst nachvollziehen.

cc) Anwendung des Stetigkeitsprinzips

Handlungsprogramm A kennt vier alternative Zukunftslagen. Für jede alternative Zukunftslage wird mit einem einzigen, einem »festen« Einkommen gerechnet. Nach dem Stetigkeitsprinzip können wir jederzeit eine Wahrscheinlichkeitsverteilung durch ihr Sicherheitsäquivalent (das feste Einkommen) austauschen. Hier ersetzen wir umgekehrt festes Einkommen durch eine Wahrscheinlichkeitsverteilung. Wir wechseln das feste Einkommen von 20 000 in der ersten Zukunftslage aus gegen die Wahrscheinlichkeitsverteilung der Einkommenschancen: 20% für 100 000 und 80% für 10 000 Mark. In gleicher Weise wird das feste Einkommen von 30 000, das die zweite Zukunftslage verspricht, gegen eine Wahrscheinlichkeitsverteilung der Einkommenschancen ausgetauscht: 40% für 100 000 und 60% für 10 000 Mark, usw.

dd) Anwendung des Unabhängigkeitsprinzips

Bei Anwendung des Stetigkeitsprinzips wird das Einkommen einer jeden Zukunftslage als das Sicherheitsäquivalent einer Wahrscheinlichkeitsverteilung aus Einkommenschancen von 100 000 und 10 000 Mark angesehen. Die Einkommen von 20 000 Mark bei der ersten Zukunftslage, 30 000 bei der zweiten Zukunftslage usw., sind jedoch alles andere als sicher; 20 000 Mark sind nur zu 10% glaubwürdig, 30 000 Mark zu 30%. Darf unter diesen Umständen überhaupt das »feste« Einkommen 20 000 Mark durch eine Wahrscheinlichkeitsverteilung aus Einkommenschancen von 100 000 oder 10 000 Mark ausgetauscht werden? Das Unabhängigkeitsprinzip besagt: Die Umrechnung eines festen Einkommens (Sicherheitsäquivalents) in eine Wahrscheinlichkeitsverteilung ist *jederzeit* möglich; an der Präferenzwahrscheinlichkeit für das hohe Einkommen ändert sich nichts, selbst wenn das feste Einkommen (Sicherheitsäquivalent) ungewiß ist, also nur eine von mehreren möglichen Zukunftslagen bezeichnet.
Durch Anwendung des Stetigkeits- und Unabhängigkeitsprinzips wandelt sich Handlungsprogramm A in folgende Verteilung um (u = Präferenzwahrscheinlichkeit, p = Glaubwürdigkeit der Zukunftslage, die Einkommensziffern stehen für je 1 000 Mark):

	u		1−u		p
20 ~	0,20 · 100	+	0,80 · 10		mit 10%
30 ~	0,40 · 100	+	0,60 · 10		mit 30%
40 ~	0,55 · 100	+	0,45 · 10		mit 50%
50 ~	0,70 · 100	+	0,30 · 10		mit 10%

Das Unabhängigkeitsprinzip enthält noch eine weitere Aussage: Da sich die Präferenzwahrscheinlichkeiten nicht ändern, wenn ein sicheres Einkommen zu einer unsicheren Einkommenschance für eine Zukunftslage wird, sind zugleich die einzelnen Wahrscheinlichkeitsverteilungen unabhängig voneinander. Wir können also ohne Bedenken die Wahrscheinlichkeiten der einzelnen Zukunftslagen ausmultiplizieren und zusammenzählen und erhalten folgende Präferenzwahrscheinlichkeiten für das hohe Einkommen: 0,02 + 0,12 + 0,275 + 0,07 = 0,485.
Handlungsprogramm A wird damit gleichgeschätzt einer Präferenzwahrscheinlichkeit von 48,5% für 100 000 Mark und einer Restwahrscheinlichkeit von 51,5% für 10 000 Mark.

Handlungsprogramm B wird demgegenüber gleichbewertet einer Präferenzwahrscheinlichkeit von 46% für 100 000 Mark und einer Restwahrscheinlichkeit von 54% für 10 000 Mark.

ee) Anwendung des Dominanz- und Rangordnungsprinzips

Nach dem Dominanzprinzip wird dasjenige Handlungsprogramm vorgezogen, das bei gleichen Einkommenschancen die größere Wahrscheinlichkeit für das höhere Einkommen besitzt. Bei A besteht eine Präferenzwahrscheinlichkeit von 48,5% für das höhere Einkommen gegenüber einer Präferenzwahrscheinlichkeit von 46% bei B. Damit ist Handlungsprogramm A besser als Handlungsprogramm B.
Hinter dieser Entscheidung steht das Rangordnungsprinzip. Es setzt die Fähigkeit, eine Präferenzordnung aufzustellen, und damit Entscheidungsfähigkeit voraus.
Die Ableitung der rationalen Entscheidung unter Ungewißheit erfolgt also durch Umwandlung der ursprünglichen Handlungsprogramme in gleichwertige Handlungsprogramme mit nur zwei Einkommenschancen (dem Existenzminimum und einem hohen Einkommen). Die Entscheidung fällt für das Handlungsprogramm, das die Präferenzwahrscheinlichkeit für das hohe Einkommen maximiert. Zur Umrechnung wurden lediglich die vier Axiome des Bernoulli-Prinzips benötigt. Erkennt man sie als Bedingungen rationalen Verhaltens an, dann ist das Problem rationaler Entscheidungen unter Ungewißheit gelöst.
Die »Entscheidungsregel«, mit der hier die Entscheidung unter Ungewißheit gefunden wurde, lautet also »Maximiere die Präferenzwahrscheinlichkeit für das hohe Einkommen«. Diese Entscheidungsregel ist eine Spielart der Theorie des Risikonutzens, eine Spielart der Entscheidungsregel: »Maximiere den Erwartungswert des Risikonutzens«, wie wir im nächsten Abschnitt sehen werden. Bei unserem Vorgehen kommt der Risikonutzen unmittelbar nicht vor. Mittelbar ist er jedoch vorhanden: Die Präferenzwahrscheinlichkeiten sind der erfragte Ausdruck der Nutzenschätzung von Einkommenschancen, der erfragte Ausdruck für den Risikonutzen.

6. Die verschiedenen Entscheidungsregeln

Rationales Verhalten unter Ungewißheit ist eine Frage der Zielbildung. In das Ziel des Unternehmers gehen Einkommenswünsche (oder andere Zielgrößen) ein und die Risikoneigung. Unter Ungewißheit liegt deshalb zunächst eine »mehrfache Zielsetzung« vor. Im Kapitel über die Zielbildung haben wir vier Möglichkeiten kennengelernt, um Optima bei mehrfachen Zielsetzungen zu bestimmen. Die Entscheidungsregeln der Literatur lassen sich den ersten drei Wegen zuordnen:

(1) Man entscheidet nach einer einzigen Zielgröße, die anderen werden unterdrückt. Es wird z. B. die Risikoneigung vernachlässigt und nur nach dem Einkommensstreben entschieden. Das ist das Vorgehen der Wirtschaftstheorie, soweit sie die Ungewißheit vernachlässigt.

(2) Man ordnet die Zielgrößen ihrem Range nach, z. B.: man strebt nach Einkommensmaximierung unter der Nebenbedingung, daß das Risiko eine bestimmte Grenze nicht überschreiten darf.

(3) Man nimmt alle Zielgrößen in die Zielfunktion auf und formuliert die Zielfunktion neu. An die Stelle der bisherigen Ziele, z. B. Einkommensstreben und Risikoabneigung, setzt man ein übergeordnetes Ziel, etwa: Maximiere den Nutzen in Abhängigkeit von Einkommen und Risiko.

Das dritte Vorgehen nennt die allgemeine Lösungsmöglichkeit. Es läßt zwei Wege offen:

aa) Für die Formulierung der übergeordneten Zielsetzung wird das Risiko in seiner ursprünglichen Form, d. h. die gesamte Wahrscheinlichkeitsverteilung der Handlungsprogramme, herangezogen. Die übergeordnete Zielsetzung weist dann den Weg, wie Wahrscheinlichkeitsverteilungen in vergleichbare Nutzenziffern umgerechnet werden können. Das ist der Weg, den die Theorie des Risikonutzens einschlägt.

bb) Für die Formulierung der übergeordneten Zielsetzung wird das Risiko in einer vereinfachten Maßgröße ausgedrückt. Die Wahrscheinlichkeitsverteilung wird auf repräsentative Werte verdichtet. Man rechnet nicht mit der gesamten Wahrscheinlichkeitsverteilung, sondern mit dem Erwartungswert des Einkommens und mit vereinfachten Risikomaßen, z. B. mißt man das Risiko lediglich durch die Streuung oder durch den Erwartungswert der Verluste. Die Abhängigkeit des Risikonutzens von solchen Ersatzgrößen für Wahrscheinlichkeitsverteilungen wird durch Risikopräferenzfunktionen beschrieben.

In diesem Abschnitt wird zunächst die Theorie des Risikonutzens näher dargestellt. Damit schaffen wir die Grundlage, um die Rationalität der sonstigen Entscheidungsregeln zu prüfen: der Entscheidungsregeln, die mit einer einzigen Zielgröße arbeiten, der Entscheidungsregeln, die aus einer Zielgröße und einer Nebenbedingung bestehen, und jener Entscheidungsregeln, die auf Risikopräferenzfunktionen aufbauen.

aa) Die Theorie des Risikonutzens im einzelnen

Wer behauptet, man könne rational unter Ungewißheit entscheiden und dazu brauche man eine kardinal meßbare »Nutzenfunktion«, der wird in der Praxis überlegenes Lächeln bei herabgezogenen Mundwinkeln ernten. Nutzen, so wird man ihm höflich erwidern, sei nicht »zahlenmäßig« meßbar. Auf die Gegenbehauptung, der Risikonutzen dürfe nicht mit dem in der Tat kaum kardinal meßbaren Güternutzen verwechselt werden, wird man mit Achselzucken zur Tagesordnung übergehen. In den Wirtschaftswissenschaften sind Theorie und Praxis meistens um Meilen auseinander. Im Hinblick auf das Verhalten gegenüber der Ungewißheit scheinen sich Theorie und Praxis sogar auf verschiedenen Kontinenten zu bewegen. Die Theorie ist daran nicht unschuldig. Wer Orgien an Unverständlichkeit liebt, der möge im einzelnen studieren, was über die Axiome rationalen Verhaltens und die Theorie des Risikonutzens geschrieben wurde.
Dabei ist der Gedanke so einfach: Um zwischen den Handlungsprogrammen A und B zu entscheiden, sind die einzelnen Zukunftslagen mit ihren Glaubwürdigkeitsziffern auf eine vergleichbare Grundlage zu stellen. Die einfachste Umrechnung bestünde darin, den Erwartungswert von A und B auszurechnen, also das Einkommen je Zukunftslage mit seiner Glaubwürdigkeitsziffer zu multiplizieren und die Produkte zu addieren. Nur, dieses Vorgehen hat einen Pferdefuß: 1 Million Mark mit 1% Wahrscheinlichkeit wird genau so gewertet wie 10 000 Mark mit Sicherheit. Die Taube auf dem Dache ist aber etwas anderes als der Spatz in der Hand. Um dem Rechnung zu tragen, muß für die Umrechnung nicht das Einkommen selbst gewählt werden, sondern eine Ersatzgröße, welche die persönliche Wertschätzung der Einkommenschance von z. B. 1 Mill. Mark ausdrückt. Diese Ersatzgröße nennt man unglücklicherweise »Nutzen« bzw. »Risikonutzen« und die Zuordnung der Ersatzgröße zu alternativen Einkommenschancen »Risikonutzenfunktion«. Wie wir gesehen haben, braucht man die Risikonutzenfunktion gar nicht unmittelbar; es genügt ihr mittelbarer Ausdruck in Form der Präferenzwahrscheinlichkeiten, um das optimale Programm zu bestimmen. Trotzdem ist es nützlich, davon auszugehen, die Risikonutzenfunktion wäre als algebraische Funktion bekannt: Damit lassen sich das Verhältnis des Risikonutzens zu den Präferenzwahrscheinlichkeiten, zu einzelnen Risikomaßen und die Vorstellung von Risikoindifferenzkurven besser verdeutlichen.

α) Bernoullis Lösung

Der erste Autor, der das rationale Verhalten gegenüber der Ungewißheit mit Hilfe einer Risikonutzenfunktion zu erklären versuchte, war der Mathematiker Daniel Bernoulli. Man nennt deshalb die ersten vier Axiome der Theorie des Risikonutzens auch das Bernoulli-Prinzip. Um die Entscheidung mit Hilfe des Risikonutzens zu verdeutlichen, ist es zweckmäßig, kurz die Lösung von Bernoulli zu betrachten.

Ausgangspunkt für die Überlegungen Bernoullis bildete die Theorie der Glücksspiele. Vor ihm war man der Auffassung, daß der Erwartungswert eines Spiels die Höhe des Einsatzes bestimme. Aber der Erwartungswert als Entscheidungskriterium bedeutet Risikoneutralität. Denn wird der Erwartungswert gewählt, dann sind 20 000 Mark mit einer Wahrscheinlichkeit von 1 gleich z. B. 0 mit 98%, 1 Million Mark mit 2% Wahrscheinlichkeit. Darüber hinaus kann der Erwartungswert als Entscheidungsregel zu unsinnigen Folgen führen, wie sich beim sogenannten »Petersburger Spiel« zeigte.

Der Leser prüfe selbst: Wieviel Einsatz würde er äußerstenfalls wagen, um an folgendem Spiel beteiligt zu werden? Es wird eine Münze geworfen. Fällt Zahl, erhält der Leser 2 Mark, und das Spiel ist beendet. Fällt Wappen, erfolgt ein zweiter Wurf. Fällt beim zweiten Wurf Zahl, erhält der Leser 4 Mark, und das Spiel ist beendet. Fällt beim zweiten Wurf Wappen, erfolgt ein dritter Wurf. Fällt beim dritten Wurf Zahl, erhält der Leser 8 Mark usw. Das Spiel ist also beendet, wenn beim n-ten Wurf erstmals Zahl fällt. Dem Leser werden 2^n Mark ausgezahlt.

Die Wahrscheinlichkeit, daß beim ersten Wurf Zahl fällt, beträgt (bei einer idealen Münze) $1/2$; die Wahrscheinlichkeit, daß beim zweiten Wurf Zahl fällt, beträgt $1/2 \cdot 1/2 = 1/4$. Die mathematische Erwartung errechnet sich für das Spiel als

$$1/2 \cdot 2 + 1/4 \cdot 4 + 1/8 \cdot 8 + + + = 1 + 1 + 1 + + + = \infty$$

Jedoch wird kaum jemand auch nur 10 Mark für das Spiel einsetzen.

Daniel Bernoulli zeigte 1738, daß nicht die mathematische Erwartung den Wert (bzw. äußersten Einsatz) eines Spieles bestimme, sondern die »moralische Erwartung« als Ausdruck einer Risikonutzenfunktion (dieser Gedanke, ein früher Ansatz der Grenznutzenlehre, findet sich bereits bei G. Cramer, auf den Bernoulli auch hinweist [62]). Bernoulli ging von einer eindeutigen Nutzenfunktion aus. Die moralische Erwartung verlaufe nach einer logarithmischen Funktion: also im einfachsten Fall: $N(E) = \ln E$, wobei E die Einkommenshöhe (Spielauszahlung) bezeichnet und N(E) ihren Risikonutzen, die moralische Erwartung. Der Erwartungswert μ des Risikonutzens gleicht der Summe der mit ihren Wahrscheinlichkeiten gewichteten Risikonutzen einer jeden möglichen Spielauszahlung, also:

[62] Vgl. *Daniel Bernoulli*, Specimen theoriae novae de mensura sortis. In: Commentarii academicae scientiarum imperialis Petropolitanae, Jg. 5 (1738), S. 175–192; deutsche Übersetzung (durch Alfred Pringsheim): Versuch einer neuen Theorie der Wertbestimmung von Glücksfällen. Leipzig 1896. Eine leichter zugängliche englische Übersetzung findet sich in der Econometrica, Vol. 22 (1954), S. 23–36. – Zu den historischen Einzelheiten vgl. auch den lesenswerten Aufsatz von *Karl Menger*, Das Unsicherheitsmoment in der Wertlehre: Betrachtungen im Anschluß an das sogenannte Petersburger Spiel. In: Zeitschrift für Nationalökonomie, Bd. 5 (1934), S. 459–485.

$$\mu\,[N(E)] = {}^1/_2 \cdot \ln 2 + {}^1/_4 \ln 4 + {}^1/_8 \ln 8 + + +$$
$$= \sum_{n=1}^{\infty} \ln (2^n)\,({}^1/_2)^n = \sum_{n=1}^{\infty} n \ln 2\,({}^1/_2)^n = \ln 2 \sum_{n=1}^{\infty} n\,({}^1/_2)^n$$

Dieser Ausdruck unter dem letzten Summenzeichen lautet ausgeschrieben

$$1 \cdot {}^1/_2 + 2 \cdot {}^1/_4 + 3 \cdot {}^1/_8 + 4 \cdot {}^1/_{16} + + = 2,$$

folglich

$$\mu[N(E)] = 2 \ln 2.$$

Der Erwartungswert des Risikonutzens beträgt bei der gewählten Risikonutzenfunktion demnach für das Petersburger Spiel 2 ln 2, also etwa 1,39. Dieser Nutzenindex ist natürlich nicht mit dem Spieleinsatz identisch; das wäre Unsinn, denn der Spieler erhält mindestens 2 Mark (oder 4 oder noch mehr). Der Einsatz ist vielmehr aus der Funktion für die moralische Erwartung abzulesen.

Aus $\ln E = 2 \ln 2$ folgt $E = 2^2 = 4$.

Der maximale Spieleinsatz beträgt bei der unterstellten Risikonutzenfunktion 4 Mark.
Wir sehen damit folgendes: Wird der Erwartungswert als Entscheidungskriterium gewählt, dann wird der Chance, das doppelte Einkommen zu erzielen, auch ein doppelter »Nutzen« beigelegt, und damit errechnet sich das unsinnige Ergebnis »unendlich« für die Wertschätzung (den äußersten Spieleinsatz) beim Petersburger Spiel. Wird an die Stelle der Einkommenshöhe ein anderer »Nutzenindex« für das Einkommen gesetzt, schätzt man die Chance doppelten Einkommens zwar höher, aber nicht doppelt so hoch ein, sondern z. B. nur gleich dem Logarithmus des doppelten Einkommens, dann errechnet sich für das Petersburger Spiel der einleuchtende Einsatz von 4 Mark. Bernoullis Nutzenfunktion erscheint somit mindestens näherungsweise empirisch brauchbar zu sein, und wir finden sie ähnlich im Weber-Fechnerschen »Grundgesetz der Psychophysik« wieder. Gleichwohl kann sie zu unsinnigen Ergebnissen führen.
Um das zu zeigen, wandeln wir das Petersburger Spiel ab, indem wir die Spielauszahlung erhöhen: Beim ersten Wurf werden $2^2 = 4$ Mark ausbezahlt, falls Zahl fällt. Kommt es zu einem zweiten Wurf, erhält der Spieler $2^4 = 16$ Mark, falls Zahl fällt. Kommt es zu einem dritten Wurf, werden bei Zahl $2^8 = 256$ Mark bezahlt; fällt Zahl erst im vierten Wurf, sind $2^{16} = 65\,536$ Mark zu zahlen, usw.
Die Gewinnchancen des Spielers sind erheblich gestiegen, trotzdem wird kaum jemand 10 000 Mark oder gar sein ganzes Vermögen und künftiges Einkommen bei diesem Spiel verpfänden. Nach der Bernoulli-Nutzenfunktion errechnet sich jedoch:

$$\mu[N(E)] = {}^1/_2 \ln (2^2) + {}^1/_4 \ln (2^4) + {}^1/_8 \ln (2^8) + {}^1/_{16} \ln (2^{16}) + + +$$
$$= {}^1/_2 \cdot 2 \ln 2 + {}^1/_4 \cdot 4 \ln 2 + {}^1/_8 \cdot 8 \ln 2 + {}^1/_{16} \cdot 16 \ln 2 + + + = \infty$$

Würde tatsächlich jemand nach der Bernoulli-Nutzenfunktion handeln, müßte er für die Teilnahme an diesem Spiel sein ganzes Vermögen und sein künftiges Einkommen einzusetzen bereit sein, und das wird kein vernünftiger Mensch tun, denn »aller Wahrscheinlichkeit nach« wird er 4, 16 oder 256 Mark, aber »kaum« mehr erzielen. Dieses Beispiel, das wir gegen die Bernoulli-Nutzenfunktion konstruiert haben, kann verallgemeinert werden:
Für jede unbeschränkte Nutzenfunktion (jede Nutzenfunktion, die erst im Unendlichen ihr Maximum hat) läßt sich ein Glücksspiel konstruieren, dessen Risikonutzen unendlich ist und folglich die Risikonutzenfunktion empirisch widerlegt. Aus dieser Tatsache schloß Karl Menger (S. 117), daß die Risikonutzenfunktion beschränkt sein müsse: bereits bei endlichen Einkommenshöhen müsse ihr Maximum liegen. Nur so können unsinnige Ergebnisse, wie unendlicher

Risikonutzen für bestimmte Entscheidungssituationen unter Unsicherheit, ausgeschaltet werden. Wir haben die Aussage, daß die Risikonutzenfunktion im oberen Bereich beschränkt sein muß, in das 5. Axiom rationalen Verhaltens einbezogen.

β) Risikonutzen, Präferenzwahrscheinlichkeiten und kardinale Meßbarkeit

Einzelne algebraische Funktionen für den Risikonutzen können natürlich nie Allgemeingültigkeit beanspruchen. Aber sie sind nützlich, um die Zusammenhänge zu verdeutlichen. Die einfachste Nutzenfunktion, die allen 5 Axiomen gerecht wird, ist eine quadratische Funktion. Mit ihr wollen wir arbeiten.

Wir nehmen an, ein Unternehmer messe seinen Risikonutzen durch folgende Funktion (N steht für Risikonutzen, E für Tausendmarkscheine an Einkommen):

$$N = -E^2 + 200\,E - 1900$$

Die Funktion sei nur betrachtet im Bereich $10 \leqslant E \leqslant 100$. Das Existenzminimum sei $E = 10$ (d. h. 10 000 Mark); es hat den Nutzenindex 0. Das Maximum des Risikonutzens liegt hier bei $E = 100$ (d. h. 100 000 Mark) und beträgt 8 100 »Nutzeneinheiten«, wie sich leicht errechnen läßt. Das Nutzenmaximum bereits bei 100 Tausendmarkscheinen anzusetzen, ist sicher nicht wirklichkeitsnah (aber zweckmäßig, um handliche Zahlen zu erhalten). Wer sich daran stört, möge sich eine andere Funktion aufbauen mit einem Maximum bei 10 oder 100 Mill. Mark. Daß der Grenzrisikonutzen des Einkommens sinkt, ist plausibel:

$\frac{dN}{dE} = -2\,E + 200$. Daß er linear fällt, ist sicher nicht allgemein gültig, aber als Beispiel bzw. erste Annäherung eine brauchbare Annahme.

Für diese Funktion rechnen wir aus, daß 20 Tausendmarkscheine einen Risikonutzen von 1700 Einheiten gewähren; 30 Scheine einen solchen von 3200 Einheiten ergeben.

Wir fragen nun: Welche Wahrscheinlichkeitsverteilung der Einkommenschancen, 10 000 oder 100 000 Mark zu erhalten, gewährt den gleichen Risikonutzen von 1 700 Einheiten? Die Rechnung ist leicht: Da der Risikonutzen des Einkommens von 10 000 Mark = 0 ist und der von 100 000 Mark sich mit 8 100 Einheiten berechnet, muß gelten:

$$1\,700 = 8\,100\,u_1;\; u_1 = 0{,}21, \text{ d. h. rund } 20\%.$$

In ähnlicher Weise errechnet sich für 30 000 Mark Einkommen:

$$3\,200 = 8\,100\,u_2;\; u_2 = \text{rund } 40\%.$$

(Natürlich wurden die Präferenzwahrscheinlichkeiten des Unternehmers im Beispiel, S. 123, so gewählt, daß sie gerundet mit den Werten übereinstimmen, die sich aus dieser Nutzenfunktion errechnen.) Wir sehen: Die Präferenzwahrscheinlichkeiten für die Einkommenschancen 10 000 oder 100 000 Mark sind nichts anderes als Ausdruck eines bestimmten Risikonutzens.

Bei Kenntnis der Risikonutzenfunktion ist es leicht, für jede Handlungsmöglichkeit den Risikonutzen auszurechnen. 20 000 Mark Einkommen verkörpern bei der hier gewählten Funktion einen Nutzen von 1700, 30 000 Mark einen von 3200 usw., und so können wir für die Handlungsmöglichkeit A sehr einfach den Erwartungswert des Risikonutzens berechnen als

$0{,}1 \cdot 1\,700 + 0{,}3 \cdot 3\,200 + 0{,}5 \cdot 4\,500 + 0{,}1 \cdot 5\,600 = 3\,940.$

Für B errechnet sich entsprechend knapp 3 600.

Der Unternehmer wird danach streben, den Erwartungswert des Risikonutzens zu maximieren, und folglich A wählen.

Bei der Berechnung des Risikonutzens ist immer auf eines zu achten: Die Nutzenziffern verkörpern keineswegs den »Nutzen« des Einkommens schlechthin, sondern lediglich den Nutzen

von Einkommenschancen: 20 000 Mark Einkommen gewähren im Beispiel einen Risikonutzen von 1700; denn die 20 000 sind für diese Zukunftslage »sicher«. Die Zukunftslage selbst ist jedoch unsicher, nur zu 10% wahrscheinlich. Die 20 000 Mark stellen also nur eine Einkommenschance dar. Der Risikonutzen ist also keineswegs mit dem Einkommensnutzen bzw. mit dem Güternutzen identisch, er beruht auf einer ganz anderen Fragestellung.
Beim Nutzen des Einkommens wird z. B. gefragt: Werden 30 000 Mark jährlich bei 50 Stunden wöchentlicher Arbeitszeit gleichgeschätzt 20 000 Mark bei 40 Stunden-wöchentlicher Arbeitszeit? Entsprechend beim Güternutzen in der Haushaltstheorie: Sind Ihnen drei Äpfel oder zwei Birnen lieber? Es werden also die Mengen verschiedenartiger »Güter« gegeneinander abgewogen: Mehr Einkommen gegen mehr Arbeit, Äpfel gegen Birnen. Beim Risikonutzen geht es demgegenüber um die Bewertung alternativer, sich ausschließender Mengen ein und desselben Gutes: Die Chance, 100 000 Mark oder nur 10 000 Mark zu verdienen, wird verglichen mit dem festen Gehalt von 30 000 Mark. Weil sich der Risikonutzen lediglich auf das Abwägen alternativer Mengen ein und desselben Gutes bezieht, deshalb ist auch die Behauptung von Neumann-Morgenstern fraglich, ihr Risikonutzen liefere zugleich eine Methode, den Güternutzen kardinal zu messen [63].
Die Aussage, daß nach herrschender Auffassung der Güternutzen nur »ordinal« meßbar sei, Entscheidungen unter Ungewißheit jedoch einen »kardinal« meßbaren Nutzen voraussetzen, verwirrt viele Studierende. Deshalb soll noch einmal versucht werden zu verdeutlichen, was ordinale und was kardinale Messung heißt.
Wie genau kann man seine Präferenzen äußern? Bier ist mir lieber als Tee und Tee lieber als Kaffee; dahinter steht eine ordinale Messung. Den Zuwachs an Genuß, wenn ich Bier statt Tee zu trinken bekomme, schätze ich höher als den Zuwachs an Genuß, Tee statt Kaffee trinken zu dürfen; dahinter steht eine kardinale Messung, weil hier eine Aussage über die Nutzenabstände zwischen zwei Gütern erfolgt. Hier wird nämlich festgelegt, ob in meiner Gunst Tee näher am Bier als am Kaffee liegt. Meine Aussage ist auf drei unterschiedliche Güter bezogen, und nach herrschender Auffassung kann im allgemeinen nicht die Güterschätzung soweit festgelegt werden. Pareto und andere zeigten bekanntlich, daß für die Haushaltstheorie eine kardinale Meßbarkeit des Nutzens auch gar nicht nötig sei. Ordinale Messung genügt.
Bei der Entscheidung unter Ungewißheit ist die Fragestellung jedoch anders: Es steht nur ein Gut, das Einkommen, zur Wahl. 100 000 Mark mit 40% Wahrscheinlichkeit, 10 000 Mark mit 60% Wahrscheinlichkeit, das ist eine Möglichkeit, 30 000 Mark mit Sicherheit die zweite. Es wird gefragt, ob die 30 000 Mark sicheres Einkommen den beiden Einkommenschancen gleichgeschätzt werden oder ob eine bessere Chance für das hohe Einkommen geboten werden muß, um sich zwischen beiden Wahlmöglichkeiten indifferent zu verhalten. Weil hier nur sich gegenseitig ausschließende Handlungsmöglichkeiten zur Wahl stehen, und nicht einzelne, sich nicht gegenseitig ausschließende Güter, deshalb ist kardinale Messung leicht möglich.
Weiter ist zu beachten, daß kardinale Messung keineswegs eine eindeutige numerische Festlegung bedeutet. Die Literatur [64] verdeutlicht den Unterschied gern durch folgende Aussage: Jede Temperaturmessung sei kardinal, denn sie ermittele Abstände zwischen zwei Werten. Eindeutig

[63] Vgl. *von Neumann-Morgenstern*, S. 18; zur Kritik *William J. Baumol*, The Cardinal Utility which is Ordinal. In: The Economic Journal, Vol. 68 (1958), S. 665–672, hier S. 669; *Tapas Majumdar*, Behaviourist Cardinalism in Utility Theory. In: Economica, New Series, Vol. 25 (1958), S. 26–33, hier S. 32 f.

[64] Vgl. *Baumol*, S. 667, Fußnote 3; *Kenneth J. Arrow*, Social Choice and Individual Values, 2nd edition, New York–London–Sydney 1963, S. 10.

(numerisch) werde sie erst, nachdem der Nullpunkt und die Skaleneinheit festgelegt worden seien, nachdem man sich z. B. für Celsius oder Fahrenheit entschieden habe. Bei kardinaler Messung liegt die Wertschätzung nur fest bis auf eine »lineare Transformation«: bis auf einen multiplikativen Faktor (entsprechend der Skaleneinheit) und eine additive Konstante (entsprechend der Wahl des Nullpunkts). Daraus folgt, die Entscheidung unter Ungewißheit muß dieselbe bleiben, gleichgültig ob die Funktion

$$N = -E^2 + 200\,E - 1\,900 \text{ gewählt wird oder}$$

$$N = -7\,E^2 + 1\,400\,E + 5\,000.$$

Weil kardinale Meßbarkeit nicht numerisch eindeutige Messung bedeutet, deshalb lassen sich auch die Präferenzwahrscheinlichkeiten als Maßgrößen einer (unbekannten) Risikonutzenfunktion ansehen.

γ) Risikonutzenfunktion, Risikopräferenzfunktion und Risikoindifferenzkurven

Es ist üblich, Entscheidungen unter Ungewißheit als Wahlprobleme anzusehen, in denen zwischen höherem Einkommen mit höherem Risiko und geringerem Einkommen mit geringerem Risiko gewählt werden müsse. Grafisch löst man das Problem mit Hilfe von Risikoindifferenzkurven. Eine Risikoindifferenzkurve zeigt alle Kombinationen von Einkommenserwartungen und Risiko, die einem Unternehmer gleichwertig erscheinen. Nun ist die Vorstellung einer Substitution von Einkommen gegen Risiko reichlich schief, einfach deshalb, weil Risiko kein Gut ist. Es werden vielmehr Wahrscheinlichkeitsverteilungen mit unterschiedlichen Einkommenschancen gegeneinander ausgetauscht. Aber für eine vereinfachende Betrachtung haben sich Risikoindifferenzkurven eingebürgert, und wir wollen deshalb den Zusammenhang zwischen Risikonutzenfunktion und Risikoindifferenzkurven verdeutlichen.

Wenn Indifferenzkurven zwischen Einkommen und Risiko aufgestellt werden sollen, dann muß das Risiko in einer einzigen Größe gemessen werden. Wir können dazu nicht mehr »Risiko« gleich »gesamte Wahrscheinlichkeitsverteilung« setzen, sondern müssen die Wahrscheinlichkeitsverteilung auf einen Wert zusammenpressen. Wir messen das Risiko durch ein Streuungsmaß, die Standardabweichung vom Erwartungswert.

Für denjenigen, der die statistischen Details vergessen hat: Die Abstände der Einzelwerte einer Wahrscheinlichkeitsverteilung vom Erwartungswert werden ins Quadrat erhoben und anschließend mit den Wahrscheinlichkeiten der Einzelwerte gewichtet. Die Summe aller dieser gewichteten, quadrierten Abstände heißt Varianz. Die Wurzel aus der Varianz ist die Standardabweichung.

Beispiel: 20% für 100; 80% für 10 ergibt einen Erwartungswert $\mu = 28$. Die Standardabweichung σ dieser Verteilung errechnet sich als

$$\sigma = \sqrt{0{,}2\,(100 - 28)^2 + 0{,}8\,(10 - 28)^2} = 36.$$

Wer Statistik sorgfältig studiert hat, wird sich an dieser Stelle mit Grausen abwenden: Eine Verteilung aus zwei Werten, 100 bzw. 10, wird hier ausgedrückt durch einen Mittelwert von 28 und eine Streuung von 36. Das erscheint mehr als dubios. Diese Gleichsetzung ist unter bestimmten Annahmen über die Risikoneigung jedoch tatsächlich zulässig. Und natürlich entscheiden diese Annahmen über die Risikoneigung, ob die Messung des Risikos durch die Standardabweichung Sinn hat oder unsinnig ist. Mit der Wahl des Risikomaßes Streuung (Standardabweichung) setzen wir also einengende Annahmen über die Risikoneigung. Das wird auf S. 147 im einzelnen erläutert werden. Vorerst gehen wir ganz naiv vor und folgen der Literatur, die zum großen Teil unkritisch die Standardabweichung als Risikomaß wählt und vereinfachend in der Streuung das Risiko schlechthin sieht.

Risikoindifferenzkurven bezeichnen die Abhängigkeit zwischen dem Erwartungswert des Einkommens und dem Risiko für einen gegebenen Index des Risikonutzens. Die Abhängigkeit des Risikonutzens vom Erwartungswert des Einkommens und vom Risiko nennen wir Risikopräferenzfunktion. Wenn N den Risikonutzen bezeichnet, μ den Erwartungswert des Einkommens und σ die Streuung, läßt sich die Risikopräferenzfunktion so schreiben:

$$N = N(\mu, \sigma).$$

In welchem Verhältnis stehen Risikopräferenzfunktion und Risikonutzenfunktion? In der Risikonutzenfunktion hängt der Risikonutzen von den Einkommenschancen ab. Die Risikonutzenfunktion wird auf die ursprüngliche, volle Wahrscheinlichkeitsverteilung angewendet, z. B. auf die Handlungsprogramme A und B, S. 122. In der Risikopräferenzfunktion hängt der Risikonutzen nicht mehr von den Einkommenschancen der alternativen Zukunftslagen ab, sondern von Ersatzgrößen: dem Erwartungswert des Einkommens und einem Risikomaß, z. B. der Streuung. Entscheiden nach der Risikonutzenfunktion statt nach der Risikopräferenzfunktion, das ist ein Unterschied ähnlich dem vom Trinken euterfrischer Kuhmilch im Vergleich zu Trockenmilch mit Leitungswasser. Arbeiten wir mit der Risikonutzenfunktion, dann wird der Zielbeitrag einer jeden Zukunftslage eines Handlungsprogramms ausgewertet. Arbeiten wir mit der Risikopräferenzfunktion, dann wird die Wahrscheinlichkeitsverteilung eines jeden Handlungsprogramms erst auf Ersatzgrößen zusammengeschlagen, wie Erwartungswert und Streuung, ehe der Risikonutzen des Handlungsprogramms bestimmt wird.
Mit Hilfe eines (zulässigen) Tricks, der Anwendung des Unabhängigkeitsprinzips, können wir das Verhältnis von Risikopräferenz- und Risikonutzenfunktion geometrisch verdeutlichen. Grafisch verlangt die Risikopräferenzfunktion eine dreidimensionale Darstellung (z. B. Abszisse: Einkommenserwartung, Ordinate: Streuung, Höhe: Risikonutzen). Wir erhalten somit ein »Nutzengebirge« analog dem Ertragsgebirge in der Produktionstheorie. Es sind dabei drei Abhängigkeiten zu unterscheiden:

(1) Die Abhängigkeit von Nutzen und Einkommenserwartung bei konstanter Streuung (konstantem Risiko). Setzen wir die Streuung gleich Null, dann bleibt die Beziehung zwischen Risikonutzen und Einkommen: die Risikonutzenfunktion.

(2) Die Abhängigkeit von Nutzen und Risiko: Wie sinkt der Risikonutzen, wenn bei konstanter Einkommenserwartung das Risiko steigt?

(3) Die Abhängigkeit von Einkommenserwartung und Risiko bei konstantem Risikonutzen: Das sind die Risikoindifferenzkurven.

Als Beispiel wählen wir die Risikopräferenzfunktion

$$N = -\mu^2 + 200\,\mu - 1900 - \sigma^2,$$

wobei μ, der Erwartungswert des Einkommens, in Tausendmarkscheinen gemessen wird.
Wir setzen zunächst σ konstant und betrachten die Abhängigkeit zwischen Risikonutzen und Erwartungswert des Einkommens. Der wichtigste Fall ist natürlich $\sigma = 0$. Eine Streuung von Null bedeutet, es gibt nur einen einzigen Einkommenswert: Die Risikopräferenzfunktion wird identisch mit der Risikonutzenfunktion.
Hier kann eine gedankliche Schwierigkeit auftreten: Die Streuung von 0 bedeutet doch, es gibt nur einen einzigen Einkommenswert in der Wahrscheinlichkeitsverteilung. Der einzige Einkommensbetrag hat die Wahrscheinlichkeit 1 und ist natürlich dann mit dem Erwartungswert identisch. Kann er dann noch eine »Einkommenschance« bezeichnen, für die ein bestimmter

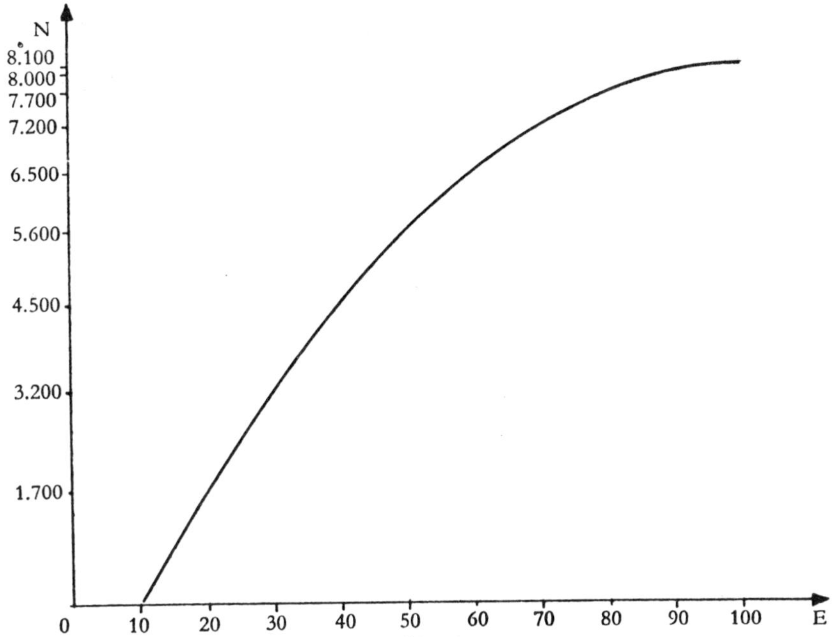

Abb. 1

Risikonutzen zu errechnen ist? Er kann. Wir brauchen uns nur vorzustellen, für eine der Zukunftslagen bestehe nicht eine einzige Einkommensziffer, vielmehr eine Wahrscheinlichkeitsverteilung: Falls es dem Verkäufer gelingt, seine Konkurrenten um die Stelle als Bezirksvertreter bzw. Leiter der Verkaufsniederlassung auszustechen, erzielt er entweder mit 40% 100 000 Mark oder mit 60% 10 000 Mark, und diese Wahrscheinlichkeitsverteilung für die vielleicht nur zu 10% glaubwürdige Zukunftslage »Ich bekomme die Stelle« schätzt er gleich dem festen Gehalt von 30 000 Mark bei dieser Zukunftslage. Das Unabhängigkeitsprinzip erlaubt uns also, auch eine Einkommenserwartung mit der Streuung 0 als Einkommenschance aufzufassen.
Grafisch ergibt sich obiges Bild für die Risikonutzenfunktion (Abb. 1).
Aufgrund des Prinzips der Beschränkung der Risikonutzenfunktion beginnt die Funktion erst beim Einkommen 10 und endet beim Einkommen 100. Alle höheren Werte gelten als nicht durch die Funktion definiert; denn es wäre Unsinn, anzunehmen, daß ein Einkommen über 100 (über 100 000 Mark) einen niedrigeren Nutzen erbrächte als ein geringeres Einkommen. Das fünfte Axiom behauptet vielmehr auf diesen Fall bezogen: Einkommen über 100 000 Mark werden vom Entscheidenden nicht gesondert in die Risikoüberlegungen einbezogen: Da die Nutzenfunktion nur bis zu E = 100 definiert ist, dürfen, strenggenommen, höhere Einkommen nicht auftreten.
Neben der Risikonutzenfunktion ($\sigma = 0$) ist auch der Fall zu beachten, daß σ konstant und ungleich Null ist. Setzen wir z. B. $\sigma = 30$, dann lautet die »Risikonutzenfunktion bei gegebener positiver Streuung«:

$$N = -\mu^2 + 200\,\mu - 2\,800.$$

Das Einkommensniveau, das den Nutzenindex Null verkörpert, steigt von 10 (10 000 Mark) auf rund 15 (die zweite Nullstelle, 185, liegt außerhalb der Begrenzung der Risikonutzenfunktion). Aufgrund dieser Funktion schätzt der Unternehmer das sichere Existenzminimum 10 gleich einer Wahrscheinlichkeitsverteilung von Einkommenschancen mit einem Mittelwert von 15 und einer Streuung von 30. Das ist eine reichlich fragwürdige Aussage; wir werden sie später mit Hilfe des Prinzips über die Beschränkung der Risikonutzenfunktion richtigstellen. Vorerst halten wir fest: Mit den Werten $\mu = 10$ für $\sigma = 0$ und $\mu = 15$ für $\sigma = 30$ kennen wir bereits zwei Punkte auf der Risikoindifferenzkurve mit dem Nutzenindex Null.

Setzen wir die Einkommenserwartung konstant, z. B. $\mu = 20$, dann erhalten wir die Abhängigkeit des Risikonutzens vom Risiko (von der Streuung)

$$N = 1\,700 - \sigma^2.$$

Für $\sigma = 0$ ist $N = 1\,700$, d. h., das Einkommen von 20 gewährt einen Nutzenindex von 1 700. Der Nutzen Null wird erreicht bei $\sigma = 41$. Wir haben damit bereits einen dritten Punkt auf der Risikoindifferenzkurve mit dem Nutzenindex Null: $\mu = 20$ für $\sigma = 41$.

Setzen wir N konstant, erhalten wir die Abhängigkeit des Risikos vom Erwartungswert, also die Substitutionsbeziehung zwischen Risiko und Einkommen. Für $N = 0$ gilt:

$$\sigma^2 = -\mu^2 + 200\,\mu - 1\,900.$$

Das ist die Gleichung für die Risikoindifferenzkurve des Nutzenindexes 0. Auf der Kurve mit dem Nutzenindex 0 liegen z. B.

I: $\mu = 10$; $\sigma = 0$; II: $\mu = 15$; $\sigma = 30$; III: $\mu = 20$; $\sigma = 41$;

aber auch IV: $\mu = 100$; $\sigma = 90$.

Es ist nützlich, sich zu verdeutlichen, welche Wahrscheinlichkeitsverteilungen hinter einigen Wertepaaren stehen können. So kann z. B. bedeuten (p=Wahrscheinlichkeit, gerundete Werte):

	μ	σ	erstes Einkommen, p_1	zweites Einkommen, p_2
II:	15	30	0 mit 80%	75 mit 20%
IV:	100	90	0 mit 45%	182 mit 55%

Scheinbar führen unsere Ausrechnungen in einen Widerspruch, denn daß II und IV den gleichen Nutzenindex verkörpern sollen, widerspricht dem Dominanzprinzip, da bei IV ein höheres Einkommen mit einer höheren Wahrscheinlichkeit erwartet wird. Der Widerspruch löst sich, wenn wir die Formel für die Risikonutzenfunktion bedenken. Das Nutzenmaximum liegt bei $E = 100$, anschließend fällt der Risikonutzen. Für $E = 182$ entsteht (wenn die Beschränkung der Risikonutzenfunktion nicht beachtet wird) nur ein Nutzenindex von rund 1 376; 182 000 Mark werden also geringer eingeschätzt als 20 000 Mark, die ein Nutzen von 1 700 auszeichnet! Die Annahme eines fallenden Risikonutzens für hohe Einkommen ist, wie schon erwähnt, ökonomischer Unsinn: Der Unternehmer braucht ja nur 82 Tausendmarkscheine wegzuwerfen, um auf den Nutzenindex von 8 100 zu gelangen. Sinnvoll ist die Risikonutzenfunktion allein dann, wenn sie nur bis zu ihrem Maximum definiert ist. Das bedeutet: Nur diejenigen Wahrscheinlichkeitsverteilungen sind zulässig, deren höchste Einkommenschance kleiner oder gleich dem Nutzenmaximum (im Beispiel: 100 Tausendmarkscheine) ist. Verspricht eine Handlungsmöglichkeit ein höheres Einkommen von, sagen wir, 182 000 Mark, darf diese Einkommenschance in den Nutzenschätzungen des Unternehmers strenggenommen gar nicht beachtet werden. (Setzen wir bei IV anstelle von 182 den Wert $E = 100$, dann lautet die Verteilung 0 Mark mit 45% und 100 Mark mit 55%. Ihr Nutzenindex ist natürlich größer als Null.)

Daraus folgt weiter: Die größte zulässige Streuung für jeden Nutzenindex hat diejenige Einkommensverteilung, deren höchste Einkommenschance bei $E = 100$ liegt. Das wäre für den Nutzenindex 0 z. B.:

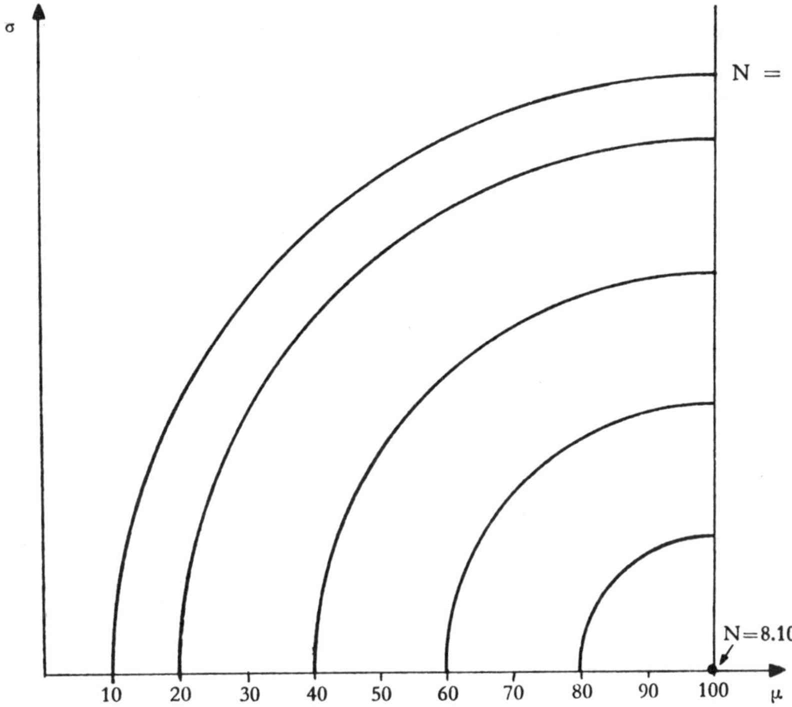

Abb. 2

V: E = 0 mit 81% und E = 100 mit 19%.
Diese Verteilung bedeutet zugleich $\mu = 19$, $\sigma =$ rund 39.

Wenn wir die Tatsache beachten, daß man bei einer ökonomisch sinnvollen Deutung der Risikopräferenzfunktion und der Risikonutzenfunktion diese Funktionen nur bis zu dem Einkommensmaximum betrachten darf, dann stellen sich die Abhängigkeiten zwischen Erwartungswert des Einkommens und Streuung grafisch nach Abb. 2 dar.
Eine zweite scharfe Beschränkung der möglichen Wahrscheinlichkeitsverteilungen wird uns aufgezwungen, wenn wir die Aussage ernst nehmen, 10 000 Mark seien das Existenzminimum, welches nicht (jedenfalls nicht mit einer »beachtlichen« Wahrscheinlichkeit) unterschritten werden dürfe. Der Unternehmer wird dann alle Handlungsmöglichkeiten (Wahrscheinlichkeitsverteilungen) vorab als unzulässig verwerfen müssen, die mit einer Wahrscheinlichkeit von, sagen wir, mehr als 5% ein Einkommen erbringen, das unter 10 000 Mark liegt. Für die zeichnerische Darstellung fordern wir, daß alle Handlungsmöglichkeiten unzulässig sind, die überhaupt weniger als 10 000 Mark enthalten. Die Handlungsmöglichkeiten II, IV und V sind dann unzulässig. Von allen Wahrscheinlichkeitsverteilungen, die gleichen Erwartungswert und gleiche Streuung aufweisen – und das sind unendlich viele –, werden dann nur noch diejenigen als zulässig angesehen, die mit Sicherheit ein Einkommen von mindestens 10 000 und höchstens 100 000 Mark erwirtschaften.
In Abb. 3 ist der Fall abgetragen, daß nur solche Wahrscheinlichkeitsverteilungen zulässig sind, die mindestens E = 10, höchstens jedoch E = 100 erbringen. Die Anforderung, nur solche Handlungsprogramme zu betrachten, die mindestens das Existenzminimum sichern, bedeu-

tet zunächst, daß die Indifferenzkurve mit dem Nutzenindex 0 auf den Abszissenpunkt 10 zusammenschrumpft, denn jede Wahrscheinlichkeitsverteilung, die mindestens 10 000 Mark oder mehr erbringt, muß dann einen höheren Nutzenindex als 0 haben. Wie in Abb. 2 ist in Abb. 3 für jeden Nutzenindex eine maximale Streuung definiert, nur daß hier mit wachsen-

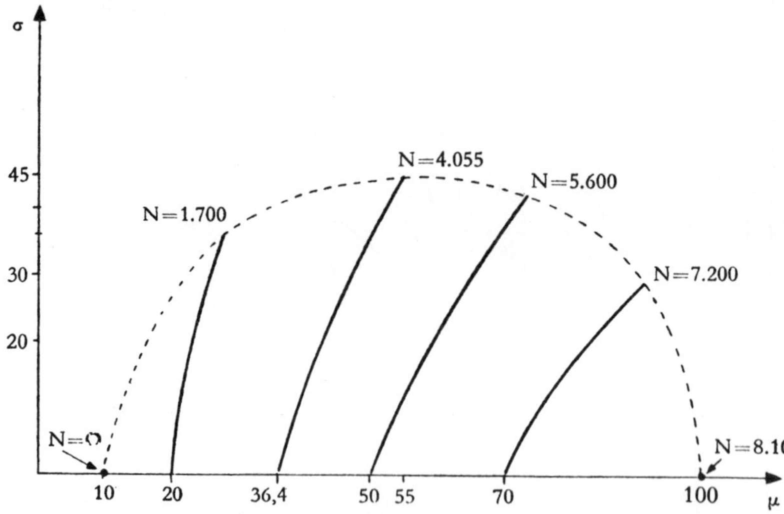

Abb. 3

dem Nutzenindex die maximale Streuung (und damit die »zulässige« Länge der Indifferenzkurve) zunächst steigt und dann fällt. Die einzelnen Indifferenzkurven berechnen sich wie folgt: Das Einkommen 50 sichert in der Risikonutzenfunktion ($\sigma = 0$) einen Nutzenindex von 5 600. Für diesen Wert lautet die Risikopräferenzfunktion

$$5\,600 = -\mu^2 + 200\,\mu - 1\,900 - \sigma^2$$

$$\sigma^2 = -\mu^2 + 200\,\mu - 7\,500.$$

Die äußerste zulässige Verteilung ist die Verteilung aus den Grenzwerten 10 und 100; für N = 5 600 folgt (nach S. 122) 100 mit p = 0,7; 10 mit p = 0,3. Hierfür gilt $\mu = 73$; so errechnet sich σ = rund 42. Die längste Risikoindifferenzkurve geht vom Abszissenwert (dem Sicherheitsäquivalent) 36,4 aus. Die maximale Streuung wird auf dieser Indifferenzkurve erreicht bei einem Erwartungswert von 55, der aus der Wahrscheinlichkeitsverteilung der beiden gerade noch zulässigen Grenzeinkommen E = 10 und E = 100 mit einer Wahrscheinlichkeit von je 50% entsteht, die Streuung beträgt hier 45.

Für einen Unternehmer, der alle Handlungsprogramme verwirft, die nicht mindestens 10 000 Mark an Einkommen bringen, und dessen Risikonutzen bei 100 000 Mark sein Maximum erreicht, ist also nur ein zusammengeschrumpftes Indifferenzkurvenfeld (wie Abb. 3) vorhanden. Das geschrumpfte Indifferenzkurvenfeld folgt aus dem Prinzip über die Beschränkung der Risikonutzenfunktion.

δ) Würdigung der Theorie des Risikonutzens

Sicher ist, daß heute kaum jemand sich nach der Theorie des Risikonutzens entscheidet. Aber das ist kein Argument gegen die Theorie, aus zwei Gründen: Nur bei wenigen Entscheidungen unter Ungewißheit bemüht man sich, tatsächlich rational, d. h. den Zielvorstellungen entsprechend, zu handeln. Zum zweiten ist es nicht die Aufgabe dieser Theorie, das praktische Verhalten zu beschreiben, sondern zu helfen, praktische Entscheidungen zu verbessern.

Die Anforderungen, welche die Theorie bei ihrer Anwendung stellt, scheinen lösbar: Der Unternehmer muß in der Lage sein, Präferenzwahrscheinlichkeiten zu nennen; d. h. es muß das Stetigkeitsprinzip gelten. Der Unternehmer darf sich nicht widersprüchlich verhalten (das verlangen im Grunde Rangordnungs-, Unabhängigkeits- und Dominanzprinzip). Aber bei näherem Hinsehen ist die Forderung nach »nicht widersprüchlichem« Verhalten alles andere als selbstverständlich, und das wirft die Frage auf, ob die vier Axiome des Bernoulli-Prinzips wirklich rationales Verhalten definieren.

Die Theorie des Risikonutzens verlangt mitunter Entscheidungen, die nicht alle Menschen als vernünftig akzeptieren werden. Zwei Beispiele, mit denen insbesondere das Unabhängigkeitsprinzip in Frage gestellt werden sollte, wollen wir erörtern.

Beim Ellsberg-Paradoxon, mit dem z. B. Krelle die Trennung von Risiko und Ungewißheit zu stützen sucht, soll aus einer Urne mit 90 Bällen ein Ball gezogen werden [65].

Man weiß, 30 Bälle sind rot, die restlichen schwarz oder gelb. Unbekannt ist, wie viele schwarze oder gelbe Bälle in der Urne liegen. Welche Handlungsmöglichkeit wäre Ihnen lieber:

(a) Sie erhalten 100 Mark, wenn Sie einen roten Ball ziehen?

(b) Sie erhalten 100 Mark, wenn Sie einen schwarzen Ball ziehen?

Die Chance, einen roten Ball zu ziehen, beträgt ein Drittel. Die Wahrscheinlichkeit, einen schwarzen Ball zu ziehen, kann zwei Drittel betragen (wenn neben den roten nur schwarze, keine gelben Bälle in der Urne sind); die Chance, einen schwarzen Ball zu ziehen, kann auch Null sein (wenn neben den roten nur gelbe Bälle in der Urne sind). Die Wahrscheinlichkeit, einen schwarzen Ball zu ziehen, liegt also zwischen Null und zwei Drittel.

Mancher Spieler wird (a) wählen, weil hier die Chance genau bekannt ist. Derselbe Spieler wird nun vor die Handlungsmöglichkeit (c) und (d) gestellt:

(c) Er erhält 100 Mark, wenn er einen roten oder gelben Ball zieht.

(d) Er erhält 100 Mark, wenn er einen schwarzen oder gelben Ball zieht.

Die Handlungsmöglichkeiten (c) und (d) sind »risikoärmer« als (a) und (b). Bei (d) hat der Spieler eine Chance von zwei Drittel 100 Mark zu gewinnen; bei (c) liegt die Chance zwischen ein Drittel (wenn kein gelber Ball in der Urne ist) und eins (wenn neben den roten nur gelbe Bälle in der Urne sind).

Es ist zu vermuten, daß der Spieler, der beim Spiel »(a) oder (b)« auf (a) gesetzt hat (die Chance ein Drittel ist genau bekannt), beim Spiel »(c) oder (d)« auf (d) setzt (die Chance zwei Drittel ist genau bekannt.)

Indes: Mit einer solchen Wahl bewertet der Entscheidende die einzelnen Chancen nicht mehr unabhängig voneinander. Die beiden Spiele unterscheiden sich nur darin, daß im ersten Spiel die gelben Bälle stets verlieren, rote oder schwarze gewinnen, im zweiten Spiel die gelben Bälle stets gewinnen und zusätzlich die roten oder schwarzen. Das bedeutet lediglich, die Wahrscheinlichkeit der Auszahlung wurde im zweiten Spiel erhöht. Wenn der Spieler im ersten Spiel (a) wählt, müßte er »logischerweise« im zweiten Spiel (c) wählen. Wählt er hingegen (d), dann nimmt offenbar die Änderung der Wahrscheinlichkeit für die Auszahlung Einfluß auf die Entscheidung. Die Beurteilung der Handlungsmöglichkeiten ist nicht mehr unabhängig davon, ob alle Wahlmöglichkeiten gleich sicher oder gleich unsicher sind. Der Entscheidende verstößt gegen das Unabhängigkeitsprinzip.

[65] Vgl. *Daniel Ellsberg*, Risk, Ambiguity, and the Savage Axioms. In: The Quarterly Journal of Economics, Vol. 75 (1961), S. 643–669, hier S. 653 f.; vgl. auch *Howard Raiffa*, Risk, Ambiguity, and the Savage Axioms: Comment. Ebenda, S. 690–694, bes. S. 693 f.; *Krelle*, Präferenz- und Entscheidungstheorie, S. 182 f.

Mir scheint, ein solches Spiel ist kein Argument gegen das Unabhängigkeitsprinzip. Erst recht ist es keine Stütze für die Trennung von Risiko (bekannter Wahrscheinlichkeit) und Ungewißheit (unbekannter Wahrscheinlichkeit) bzw. für das »Informationsaxiom« Krelles, mit dem er die Gültigkeit des Unabhängigkeitsprinzips auch im Ellsberg-Beispiel zu retten hofft. In allen diesen konstruierten Spielen kommt die Fehlentscheidung (hier der Verstoß gegen das Unabhängigkeitsprinzip) durch die Kompliziertheit des Spiels zustande. Bereits ein kurzes Nachdenken darüber, worauf die Ungewißheit des Spiels beruht, sichert dem Spieler die folgerichtige Entscheidung.

Wenn der Spieler nachdenkt, ehe er sich entscheidet, kommt er zu folgendem Ergebnis: Welche Handlungsmöglichkeit vorzuziehen ist, hängt ausschließlich davon ab, ob mehr schwarze oder mehr gelbe Bälle in der Urne sind. Vermutet man, es sind z. B. 31 schwarze und 29 gelbe in der Urne, dann ist im ersten Spiel (b) vorteilhaft, denn die Chance ist mit 31/90 für schwarz größer als mit 1/3 für rot. Im zweiten Spiel wird entsprechend (d) vorgezogen. Die vernünftige Folgerung aus den verschiedenen Zukunftslagen lautet deshalb:

1. Mehr schwarze Bälle	2. mehr gelbe Bälle
(b) $\succ$ (a)	(a) $\succ$ (b)
oder (d) $\succ$ (c)	oder (c) $\succ$ (d)

Der Spieler hat zu prüfen, ob er die erste oder die zweite Zukunftslage für glaubwürdiger erachtet. Hat er sich für einen Fall (mehr schwarze oder mehr gelbe Bälle) entschieden, dann widerspricht seine Entscheidung auch nicht dem Unabhängigkeitsprinzip.

Hat der Spieler keinen Grund, mehr schwarze oder mehr gelbe Bälle anzunehmen, wird er nach dem Prinzip vom mangelnden Grunde die Glaubwürdigkeit für die Anzahl der schwarzen Bälle der für die gelben gleichsetzen. Dann sind aber (a) und (b) bzw. (c) und (d) gleichwertige Alternativen. Es ist bedeutungslos, wie entschieden wird. In diesem Fall kann sich der Spieler sogar den »Widerspruch« erlauben, erst (a) dann (d) zu wählen, denn bei gleichwertigen Alternativen kann Entscheidungszwang für eine Alternative zu scheinbaren Widersprüchen führen, wie sich schon bei der Whisky/Cognac/Portwein-Wahl S. 110 zeigte.

Vernünftig unter Ungewißheit zu entscheiden, bedeutet in erster Linie Nachdenken über das Problem (dies führt hier zur richtigen Anordnung der Wahlmöglichkeiten) und erst an zweiter Stelle Treffen einer »gefühlsmäßigen« richtigen Entscheidung. Das ist beim Ellsberg-Paradoxon übersehen worden.

Ein zweites Beispiel gegen das Unabhängigkeitsprinzip hat Allais konstruiert [66].

Entscheiden Sie bitte zwischen A_1 und B_1!

A_1: Sie erhalten eine Million mit Sicherheit.

B_1: Sie erhalten fünf Millionen mit einer Wahrscheinlichkeit von 0,1 oder
eine Million mit einer Wahrscheinlichkeit von 0,89 oder
nichts mit einer Wahrscheinlichkeit von 0,01.

Vermutlich wird ein erheblicher Teil der Leser A_1 wählen.

[66] Vgl. *M. Allais,* Le Comportement de l'Homme Rationnel devant le Risque: Critique des Postulats et Axiomes de l'Ecole Américaine. In: Econometrica, Vol. 21 (1953), S. 503–546, hier S. 527; kritisch setzt sich damit auseinander vor allem *Savage,* The Foundations of Statistics, S. 102 f.; vgl. auch *Harry M. Markowitz,* Portfolio Selection. New York–London 1959, S. 218–224.

Nunmehr entscheiden Sie sich bitte zwischen A_2 und B_2!

A_2: Sie erhalten eine Million mit einer Wahrscheinlichkeit von 0,11 oder nichts mit einer Wahrscheinlichkeit von 0,89.

B_2: Sie erhalten fünf Millionen mit einer Wahrscheinlichkeit von 0,10 oder nichts mit einer Wahrscheinlichkeit von 0,90.

Hier werden viele Leser B_2 wählen; denn bei fast gleicher Wahrscheinlichkeit besteht hier die Chance, fünf Millionen zu gewinnen.

Es ist also damit zu rechnen, daß eine große Zahl von Versuchspersonen A_1 gegenüber B_1 vorzieht; B_2 jedoch gegenüber A_2. Diese Doppelentscheidung wollen wir etwas näher betrachten. Die Präferenzordnung $A_1 \succ B_1$, $B_2 \succ A_2$ widerspricht nämlich den vier Axiomen des Bernoulli-Prinzips. Wer nach der Theorie des Risikonutzens handelt und beim ersten Spiel A_1 gewählt hat, muß beim zweiten Spiel A_2 wählen, sonst wirft er seine ursprüngliche Präferenzordnung um (verstößt gegen das Rangordnungsprinzip). Der Nachweis ist leicht zu führen:
Die vier Axiome erlauben eine Nutzeneinschätzung der möglichen Gewinne. Die Nutzeneinschätzung, eine Million zu gewinnen, bezeichnen wir mit N(1), den Nutzen der Möglichkeit, fünf Millionen zu gewinnen, mit N(5). Entscheidungskriterium ist nach den vier Axiomen der maximale Erwartungswert des Risikonutzens. Also sind die einzelnen Risikonutzenvorstellungen mit ihren Wahrscheinlichkeiten zu gewichten und dann zu addieren. Wir erhalten dann für die 2 x 2 konkurrierenden Handlungsmöglichkeiten jeweils einen Erwartungswert des Risikonutzens: $1 \cdot N(1)$ ist der »Erwartungswert« des Risikonutzens von Spiel A_1. Der Erwartungswert des Spiels B_1 lautet:

$$0{,}1\,N(5) + 0{,}89\,N(1) + 0{,}01\,N(0).$$

Die Versuchsperson hat entschieden, $A_1 \succ B_1$, folglich muß der Erwartungswert des Risikonutzens von A_1 über dem von B_1 liegen, also:

$$N(1) \succ 0{,}1\,N(5) + 0{,}89\,N(1) + 0{,}01\,N(0).$$

Die Person hat ferner entschieden, $B_2 \succ A_2$, folglich muß der Erwartungswert des Risikonutzens von B_2 über dem von A_2 liegen, also:

$$0{,}1\,N(5) + 0{,}9\,N(0) \succ 0{,}11\,N(1) + 0{,}89\,N(0).$$

Wenn wir die rechte und linke Seite beider Spiele addieren, was nach dem Unabhängigkeitsprinzip zulässig ist, so entsteht

$$0{,}1\,N(5) + N(1) + 0{,}9\,N(0) \succ 0{,}1\,N(5) + N(1) + 0{,}9\,N(0).$$

Das ist jedoch ein Widerspruch, denn beide Seiten sind identisch. Dieser Widerspruch kann zwei Ursachen haben: Entweder entschied die Versuchsperson unvernünftig, dann mag die Theorie des Risikonutzens als Theorie rationalen Verhaltens gültig sein, oder die Versuchsperson handelte rational, dann beschreibt die Theorie des Risikonutzens nicht das rationale Verhalten.
Allais meinte, daß die Versuchsperson unvernünftig handle, könne nicht behauptet werden, und er glaubte damit nachgewiesen zu haben, daß das Bernoulli-Prinzip nicht als Bedingung rationalen Verhaltens anerkannt werden dürfe. Nur das Rangordnungs- und das Dominanzprinzip seien als Voraussetzungen rationalen Verhaltens unter Ungewißheit anzusehen, nicht jedoch das Stetigkeits- und das Unabhängigkeitsprinzip. Seine Kritiker schlossen hingegen: Rationales Verhalten sei keineswegs selbstverständlich, und bei komplizierten Wahlproblemen müsse man eben mit unvernünftigem, den vier Axiomen widersprechendem Verhalten rechnen.

Wenn die Versuchspersonen auf den Widerspruch in ihren Entscheidungen aufmerksam gemacht worden sind, werden sie ihre erste Entscheidung umstoßen, sobald sie darüber nachgedacht haben, worin der Unterschied zwischen beiden Spielen liegt. Das Beispiel von Allais können wir uns als das Ziehen von durchnumerierten Losen aus einer Trommel vorstellen [67].

Losnummern:	1–11		12–100
Gewinne bei A_1:	1 Million		1 Million
Gewinne bei A_2:	1 Million		0
Losnummern:	1	2–11	12–100
Gewinne bei B_1:	0	5 Millionen	1 Million
Gewinne bei B_2:	0	5 Millionen	0

Wer seine Vernunft gebraucht, wird folgern: Ziehe ich ein Los der Nummern 12–100, dann ist es gleichgültig, ob ich A_1 oder B_1 bzw. A_2 oder B_2 wähle. Die Zahlung ist hier für beide Alternativen gleich: im ersten Spiel 1 Million, im zweiten Spiel nichts. Die Spiele unterscheiden sich nur für den Fall, daß ich ein Los mit den Nummern 1–11 ziehe. Für diesen Fall besteht zwischen beiden Spielen das gleiche Risiko: Bei A_1 und A_2 gewinne ich 1 Million, bei B_1 und B_2 bestehen zehn Zukunftslagen, um 5 Millionen zu gewinnen und eine, nichts zu erhalten. Das Wahlproblem: 1 Million gegen eine 10 : 1 Chance 5 Millionen oder nichts zu erzielen, ist bei beiden Spielen dasselbe, und deshalb muß die Entscheidung in beiden Spielen gleich lauten.

Wer (wie Allais und seine Nacheiferer) nach dieser Erläuterung nicht bereit ist, seine erste Entscheidung umzustoßen, dessen Verhalten bezeichne ich solange als unvernünftig, bis der Betreffende einen überzeugenden Grund genannt hat, weshalb er dieser Erläuterung nicht zu folgen vermag. Denn die Mindestanforderung an vernünftiges Verhalten ist doch, Gründe zu nennen und Gegengründe zu prüfen.

Ein Gesichtspunkt ist denkbar, mit dem Allais und seine Schule das Aufrechterhalten ihrer Doppelentscheidung begründen könnten [68]: Eine sichere Alternative (A_1) sei anders einzuschätzen als eine unsichere (A_2) und deshalb könne das Unabhängigkeitsprinzip nicht allgemeingültig sein. Viele Leute werden dieser Aussage zu folgen geneigt sein. Doch sie begehen damit einen Denkfehler:

Voraussetzung für vernünftige Entscheidungen unter Ungewißheit ist stets eine erschöpfend aufgezählte Anzahl sich gegenseitig ausschließender Zukunftslagen. Eines der hundert Lose wird mit Sicherheit gezogen werden, und deshalb gibt es keinen Grund, die Einschätzung: Losnummer 1–11 mit 1 Million Gewinn gegen Losnummer 1 mit 0 und Losnummer 2–11 mit 5 Millionen Gewinn, davon abhängig zu machen, ob die Losnummern 12–100 auch gewinnen oder nicht. Weil sich die Zukunftslagen gegenseitig ausschließen, kann der Vergleich zwischen zwei Zukunftslagen nicht davon beeinflußt werden, wie die dritte, vierte und jede weitere Zukunftslage aussieht. Mit welchem Argument sollte auch eine gegenseitige Abhängigkeit (eine »Komplementarität«) zwischen zwei Ereignissen begründet werden, wenn die Ereignisse »A« und »nicht-A« lauten, also sich gegenseitig ausschließen?

Zudem widerspricht sich Allais. Gerade er hat das Dominanzprinzip als Grundbedingung vernünftigen Verhaltens herausgestellt. Seine Ablehnung des Unabhängigkeitsprinzips bewirkt

[67] Vgl. *Savage*, The Foundations of Statistics, S. 103.

[68] Das Argument klingt bei *Allais*, S. 525–529, an; ähnlich auch *Krelle*, Präferenz- und Entscheidungstheorie, S. 139–148.

aber zugleich Verstöße gegen das Dominanzprinzip. Nach Allais darf nicht geschlossen werden, wenn unter Sicherheit A $\succ$ B, dann gelte auch unter Ungewißheit notwendigerweise 0,11 A + 0,89 C $\succ$ 0,11 B + 0,89 C (wenn beispielhaft p = 0,11 gesetzt wird). Aber nach dem Dominanzprinzip ist die gleiche Entscheidung wie unter Sicherheit zwingend (man setze z. B. A = 100, B = 90, C = 0).
Die Aussage, eine Zukunftslage würde unter Sicherheit (bzw. bekannter objektiver Wahrscheinlichkeit) anders eingeschätzt als unter Unsicherheit (bzw. bei unbekannter objektiver Wahrscheinlichkeit), läßt sich nach all dem nur noch so verteidigen:
Es sei gar nicht sicher, ob eine der hundert Zukunftslagen eintreffe; vielleicht gebe es auch eine 101. Zukunftslage, z. B., daß die Gewinne gestohlen würden, oder bei wirtschaftlichen Entscheidungen: daß eine wesentliche Zukunftslage bei der Planung übersehen worden sei. Weil in Wirklichkeit nicht ausgeschlossen werden könne, daß denkbare Zukunftslagen vergessen werden, deshalb verhalte man sich unter Unsicherheit anders (risikoscheuer) als unter Sicherheit, und das begründet die Vernünftigkeit von Allais' Doppelentscheidung.
Aber auch dieser Einwand zieht nicht: Im ersten Spiel kann genausogut wie im zweiten Spiel eine 101. Zukunftslage übersehen worden sein. Nur wer einen Grund angeben kann, daß bei A_1 mehr Zukunftslagen zu beachten sind als bei A_2, kann der Allais-Entscheidung folgen. Indes: Hat der Betreffende einen Grund, dann muß er bei A_1 und A_2 von vornherein unterschiedliche Zukunftslagen ansetzen.
Die Frage, ob alle Zukunftslagen erkannt worden sind oder nicht, betrifft die Abbildung der Wirklichkeit in Entscheidungsmodellen. Die Grundannahmen für vernünftiges Verhalten unter Ungewißheit gehen davon aus, daß das Entscheidungsproblem eine hinreichend getreue Abbildung der Wirklichkeit darstellt. Zunächst muß ein Modell aufgestellt werden, dann kann man über seine Lösung nachdenken. Natürlich erklärt die Modellösung nur insoweit die Wirklichkeit als das Modell die Wirklichkeit getreu abgebildet hat. Deshalb kann eine ernsthafte Herausforderung der Theorie des Risikonutzens nur am Stetigkeitsprinzip oder an den Kriterien ansetzen, die bisher für die erschöpfende Aufzählung der alternativen Zukunftslagen (und damit für die Abbildung der denkbaren künftigen Wirklichkeit) erarbeitet worden sind, also an der erkenntnistheoretischen Grundfrage.
Doch steht dieses Abbildungsproblem jenseits der Würdigung der Axiome der Theorie des Risikonutzens. Das Abbildungsproblem gilt auch bei Allais als gelöst. Es geht ihm allein darum, ob das Unabhängigkeitsprinzip für die beiden abgebildeten Spiele als vernünftig anzusehen ist oder nicht.
Deshalb bleibt den Kritikern des Unabhängigkeitsprinzips als letzte Rechtfertigung nur die Annahme, daß der Entscheidende nicht in der Lage sei, in sich ausschließenden Zukunftslagen, in strengen Alternativen, zu denken. Sicher können viele Leute nicht klar denken. Aber zum Begriff »vernünftig« gehört in jedem Fall soviel Geisteskraft, in »Disjunktionen« (entweder/oder-Sätzen, in sich ausschließenden Ereignissen) denken zu können. Weil das Unabhängigkeitsprinzip nichts anderes ist als eine Anwendung disjunktiver Urteile, deshalb ist es ein Merkmal vernünftigen Verhaltens. Es ist, wie das Beispiel von Allais zeigt, keineswegs eine Leerformel, denn zahlreiche Leute verstoßen dagegen.
Vernünftiges Verhalten setzt stets Nachdenken voraus und bewußtes, manchmal mühsames Überprüfen einzelner Schlüsse. Schon die herkömmliche Wirtschaftstheorie unter Vernachlässigung der Ungewißheit erhellt, daß vernünftiges Verhalten alles andere als selbstverständlich ist, sondern Nachdenken voraussetzt. Nachdenken heißt: das Setzen von Ausgangsbedingungen und das Ableiten von Schlüssen unter diesen Bedingungen. Kaum jemand wird z. B. so vermessen sein, die einzelnen Erkenntnisse (z. B. daß die Nutzungsdauer identischer Anlagen in einer endlichen Investitionskette unterschiedlich lang ist, vgl. S. 282) als »vernünftig« zu

bezeichnen, solange er Voraussetzung und Schlüsse nicht kennt, die zu diesem überraschenden Ergebnis führen.

Kann die Entscheidung mit Hilfe des Risikonutzens unternehmenspolitische Bedeutung erlangen? Bei der Antwort darauf ist zu beachten: Die Theorie des Risikonutzens sichert lediglich die innere Schlüssigkeit in der Bewertung der Ungewißheit! Setzt man eine bestimmte Risikoneigung (bestimmte Präferenzwahrscheinlichkeiten) voraus, dann ist z. B. A, nicht B, zu wählen. *Mehr als die Widerspruchsfreiheit der Bewertung liefert die Theorie rationalen Verhaltens unter Ungewißheit nicht.* Die Widerspruchsfreiheit zwischen gesetzten Zielen (Neigungen), Annahmen und Entscheidung zu sichern, ist schließlich der Sinn theoretischer Überlegungen.

Dem Praktiker wird das ganze Vorgehen vermutlich äußerst bedenklich und aufwendig erscheinen. Indes erfordert das Streben nach Rationalität stets Arbeit. Wer versuchen will, vernünftig unter Ungewißheit zu entscheiden, der muß sich zunächst über seine Risikoneigung klar werden. Sträubt sich das Gefühl gegen das Ergebnis, dann ist zu fragen: Woher kommt die Abneigung? Jeder gefühlsmäßige Widerstand muß Anlaß geben, die Einzelannahmen über Zukunftslagen, Glaubwürdigkeitsziffern, Präferenzwahrscheinlichkeiten zu überprüfen. Nur durch den Versuch, das Fingerspitzengefühl durch Argumente zu begründen, und durch das Bemühen, einzelne Argumente gegeneinander abzuwägen, gewinnt der Entscheidende die Überzeugung, daß die Entscheidung unter den gegebenen Umständen und Informationen richtig (zielentsprechend) ist.

Die Entscheidung mit Hilfe des Risikonutzens ist nicht ganz einfach. Die Literatur sieht auch einfachere Lösungen vor. Eine Fülle von »Entscheidungsregeln unter Ungewißheit« werden dabei vorgetragen. Mit diesen Entscheidungsregeln und der Frage, inwieweit sie vernünftig sind, beschäftigen wir uns nun. Wir können die Entscheidungsregeln nach der Art und Weise ordnen, wie sie mit dem Problem der mehrfachen Zielsetzung (Einkommensstreben, Risikoneigung) fertig werden.

bb) Entscheidungsregeln mit einer einzigen Zielgröße

α) Regeln, die Informationen unterdrücken: Minimax, Häufigster Wert u. ä.

Als Auswahlkriterium für die optimale Handlungsmöglichkeit gilt hier der Ziel-(z. B. Einkommens-)beitrag einer einzigen Zukunftslage; sämtliche anderen Zukunftslagen werden vernachlässigt: Sie beeinflussen die Entscheidung nicht. Entscheidungsregeln, die nur eine Zukunftslage als repräsentativ gelten lassen, sind insbesondere [69]:

(1) Man wählt als repräsentative Zukunftslage die schlechtestmögliche und entscheidet sich für jene Handlungsmöglichkeit, die das höchste Einkommen bei der schlechtesten Zukunftslage anzeigt. Praktisch wird hier allein das Ziel Risikominimierung beachtet. Von wenigen Ausnahmen abgesehen, führt diese Regel zu ziemlich unvernünftigen Entscheidungen, z. B. in

[69] Zu den einzelnen Entscheidungsregeln vgl. z. B. *Luce-Raiffa*, S. 278–286; *Wittmann*, Unternehmung und unvollkommene Information, S. 150–154; *Schneeweiß*, S. 20–24; *Krelle*, Präferenz- und Entscheidungstheorie, S. 185–193.

folgendem Fall: Es konkurrieren die Handlungsprogramme I und II mit den Zukunftslagen a (der Konkurrent senkt die Preise) und b (der Konkurrent senkt die Preise nicht).

	a	b
I	10	100
II	11	12

Kaum jemand würde hier die Wahl von II für vernünftig halten. Die Entscheidungsregel verlangt aber die Wahl von II, weil dort bei der ungünstigsten Zukunftslage a der Gewinn am höchsten ist. Die günstigere Zukunftslage b wird bei der Entscheidung gänzlich unterdrückt. Die Regel, welche die Entscheidung am Einkommen der schlechtesten Zukunftslage ausrichtet, heißt in der Literatur Minimaxprinzip (oder auch Maximinprinzip) oder Wald-Regel (weil sie von dem Mathematiker Abraham Wald entwickelt wurde). Sie hat in der Spieltheorie große Bedeutung gewonnen. Es wird gern behauptet, die Minimaxregel sei bei äußerster Ungewißheit (also dann, wenn keine Unterschiede in der Glaubwürdigkeit der einzelnen Zukunftslagen ermittelt werden können) die allein rationale Entscheidungsregel. Wisse man nicht, wie der Konkurrent reagiere, handele man nur dann rational, wenn man davon ausgehe, der Konkurrent verhalte sich so, daß man selbst am meisten geschädigt werde. In dieser Argumentation liegt indes ein Widerspruch. Äußerste Ungewißheit ist gegeben, wenn keine Zukunftslage für glaubwürdiger als eine andere erachtet wird. Die Minimaxregel unterstellt aber stillschweigend das Gegenteil: Daß man praktisch mit Sicherheit wisse, der Konkurrent handele so, daß die für den Entscheidenden ungünstigere Zukunftslage verwirklicht werde. Nur bei Sicherheit (bei einer Wahrscheinlichkeit von 0% für die günstigere Zukunftslage b) ist das Minimaxprinzip von vornherein rational. Aber dann ist keine Entscheidungsregel mehr nötig, weil für jede Handlungsmöglichkeit nur eine Zukunftslage angegeben werden kann. Wenn nur die Wahl zwischen 10 und 11 Mark besteht, wählt man natürlich 11 Mark. Im Grunde geht das Minimaxprinzip von einer verstümmelten Risikonutzenfunktion aus: Nur noch der Punkt des Mindestgewinns sei von Bedeutung! Das Minimaxprinzip kann zudem gegen das Dominanzprinzip verstoßen. Man betrachte etwa folgendes Beispiel:

	a	b
I	10	100
II	10	11

Nach dem Minimaxprinzip ist strenggenommen I $\sim$ II, was dem Dominanzprinzip widerspricht.
(2) Genauso unvernünftig, wie die Entscheidung allein an der schlechtesten Zukunftslage auszurichten, ist es, den Blick nur auf die beste Zukunftslage zu werfen. Hier wird das Risiko überhaupt nicht berücksichtigt. Dieses »Maximaxprinzip« wird kaum vertreten. Gelegentlich wird jedoch behauptet, die herkömmliche Zielsetzung »Gewinnmaximierung« sei damit identisch: Gewinnmaximierung könne nicht zum Optimum führen, weil die gewinnmaximale Handlungsmöglichkeit nicht für jede Strategie des Konkurrenten optimal sei [70]. Eine solche Aussage ist verfehlt, weil unter Ungewißheit der »Gewinn« einer Handlungsmöglichkeit überhaupt nicht in Form einer einzigen Zahl definiert ist.

[70] Vgl. z. B. *Albach*, Wirtschaftlichkeitsrechnung bei unsicheren Erwartungen, S. 173.

(3) Man wählt als Entscheidungskriterium den häufigsten Wert einer jeden Handlungsmöglichkeit. Die Entscheidung fällt für diejenige Handlungsmöglichkeit, die dann das höchste Einkommen verspricht. Hierzu folgendes Beispiel:

	p_1	z_1	p_2	z_2	p_3	z_3	p_4	z_4
I:	0,05	10	0,45	20	0,20	30	0,30	100
II:	0,05	10	0,45	20	0,50	30		—

Häufigster Wert bei I ist 20, bei II 30. Deshalb wird II vorgezogen. Wer vernünftig entscheiden will, wird indes so rechnen: Mindestens 10 sind bei beiden Alternativen sicher, mindestens 20 erhält man bei beiden mit 95 %, mindestens 30 bei beiden mit 50 % Glaubwürdigkeit. Bis hierhin sind I und II gleich. Jedoch können bei I mit 30 % Glaubwürdigkeit auch 100 verdient werden. Also wird I gewählt. Die Entscheidung nach dem häufigsten Wert kann, wie das Beispiel zeigt, gegen das Dominanzprinzip verstoßen.

(4) Einer gewissen Beliebtheit erfreuen sich Entscheidungsregeln, die aus zwei Zukunftslagen (unter Vernachlässigung anderer) gebildet werden. Zu diesen Regeln zählt insbesondere die Pessimismus-Optimismusregel von Hurwicz. Sie kombiniert die schlechteste und beste Zukunftslage mit einem Pessimismus-Index α. α ist dabei eine aus der Psyche des Entscheidenden fließende Größe. Bei $\alpha = 1$ wird die schlechteste Möglichkeit mit 1 gewichtet, die beste mit 0. Die Handlungsprogramme A und B (S. 122) werden dann folgendermaßen bewertet:

A: $20\,000 \cdot 1 + 50\,000 \cdot 0 = 20\,000$
B: $11\,000 \cdot 1 + 70\,000 \cdot 0 = 11\,000.$

Praktisch ist dann die Minimax-Regel verwirklicht. Wenn $\alpha = 0$, ist das Maximax-Prinzip erreicht. Bei $\alpha = 1/2$ werden beste und schlechteste Zukunftslage für jede Handlungsmöglichkeit gemittelt. Wenn man der Auffassung zustimmt, daß eine rationale Entscheidung stets alle vorhandenen Informationen (alle Zukunftslagen) berücksichtigen muß, dann kann auch diese Regel nicht als vernünftig angesehen werden.

(5) Die Regel »Minimiere die maximale Enttäuschung« (von Savage und Niehans) erläutert folgendes Beispiel (in Tausend Mark):

	a	b	c
I	0	40	100
II	20	50	70

Wählt der Unternehmer II und es tritt Zukunftslage a oder b ein, dann war seine Entscheidung richtig. Realisiert sich c, dann ist er enttäuscht, weil er nicht die bestmögliche Entscheidung getroffen hat. Seine »Enttäuschung« beträgt 30 000 Mark. Andererseits: Wählt er I und es tritt a ein, dann ist er um 20 000 Mark enttäuscht worden, bei b nur um 10 000 Mark. Wer seine maximale Enttäuschung minimieren will, muß sich folglich für I entscheiden: die maximale Enttäuschung ist mit 20 000 geringer als bei II mit 30 000 Mark.

Gegen diese Regel ist zunächst einzuwenden, daß das Minimieren von Enttäuschungen ein fragwürdiger Lebenszweck ist. Die Entscheidung für I kann ferner den Hungertod bedeuten, falls Zukunftslage a eintritt. Darüber hinaus verwertet die Regel nicht alle vorhandenen Informationen (b nimmt keinen Einfluß); sie kann einmal Risikoneutralität, das andere Mal Risikoabneigung oder -zuneigung implizieren.

Ohne weitere Entscheidungsregeln dieser Art einzeln aufzuführen, können wir festhalten, *daß rationales Verhalten die Auswertung aller vorhandenen Zukunftslagen voraussetzt.* Die Regeln, die nur einzelne Zukunftslagen der Entscheidung zugrunde legen, sind nicht vernünftig [71].

β) Eine Regel, die alle Informationen zusammenfaßt: Entscheidung nach dem Erwartungswert

Der Vorteil, Erwartungswerte zu berechnen, ist offensichtlich: Alle vorhandenen Informationen werden ausgewertet und in einer Einkommensgröße verdichtet. Darüber hinaus läßt sich sagen: Wenn keine Möglichkeit besteht, das zukünftige Einkommen richtig vorherzubestimmen, so bleibt als vertretbarer Ausweg, dasjenige Ergebnis zu wählen, das die Gesamtheit aller Abweichungen von ihm minimiert. Die mathematische Erwartung hat bekanntlich diese Eigenschaft. Gleichwohl kann der Erwartungswert nicht ohne weiteres als rationale Entscheidungsregel angesehen werden. Bereits das Petersburger Spiel zeigte dies. *Rational wird der Erwartungswert nur dann, wenn die Gestalt der Risikonutzenfunktion durch Risikoneutralität gekennzeichnet ist.* Da Risikoneutralität keineswegs allgemein gültig ist und darüber hinaus dem Prinzip der Beschränkung der Risikonutzenfunktion widerspricht, verkörpert auch der Erwartungswert – mindestens für Programmentscheidungen – keine vernünftige Entscheidungsregel.

cc) Entscheidungsregeln mit einer Zielgröße unter der Nebenbedingung einer Risikogrenze

Zwei Wege sind denkbar: Es soll das Risiko minimiert werden unter der Nebenbedingung, ein bestimmtes Einkommen zu erzielen, oder es soll das Einkommen maximiert werden unter der Nebenbedingung, daß das Risiko eine bestimmte Grenze nicht überschreitet. Wir beschränken uns auf den zweiten Weg. Die Entscheidung erfolgt hier über das Setzen von Risikogrenzen.

Risikogrenzen können in unterschiedlicher Form errichtet werden, z. B.: Nur solche Handlungsmöglichkeiten sind zulässig, die mit Sicherheit keinen Verlust erwirtschaften, oder etwas weniger risikoscheu: Alle Handlungsmöglichkeiten sind zulässig, die mit 95% Wahrscheinlichkeit keinen Verlust von über 2 000 Mark hervorrufen. Die Nebenbedingung (Risikogrenze) scheidet also unzulässige und zulässige Handlungsmöglichkeiten. Die Entscheidung unter den zulässigen Handlungsmöglichkeiten fällt dann allein nach der Zielgröße Einkommen. Auch hier sind wieder verschiedene Spielarten denkbar: Man wählt als repräsentatives Einkommen den häufigsten Wert oder das höchstmögliche Einkommen oder den Erwartungswert. Aber aus dem vorherigen Abschnitt wissen wir, daß eine vernünftige Lösung wenigstens auf dem Erwartungswert aufbauen muß, nicht auf Einzelwerten, die Informationen unterdrücken, wie dem häufigsten Wert.

Für Programmentscheidungen erscheint das Verfahren der Risikogrenzen zunächst sinnvoll. Nur diejenigen Handlungsprogramme sind zulässig, die »mit Sicherheit« (bzw. ohne »beachtliches« Risiko, vgl. S. 116) das Existenzminimum gewähren. (Ist kein solches Handlungsprogramm zu finden, dann liegt eine Grenzentscheidung vor, für die nur noch eingeschränkt rationales Verhalten zu definieren ist, also nicht mehr alle Axiome Gültigkeit besitzen.) Insoweit ist das Verfahren der Risikogrenzen brauchbar. Unvernünftig ist jedoch der zweite Schritt: Unter den zu-

[71] Einen formalen Beweis, daß diese Gruppe von Entscheidungen den vier Axiomen des Bernoulli-Prinzips widerspricht, führt *Schneeweiß*, S. 103–111.

lässigen Handlungsprogrammen fällt die Entscheidung für dasjenige mit dem höchsten Erwartungswert. Damit ist, wie wir wissen, Risikoneutralität (eine lineare Risikonutzenfunktion in bezug auf das Einkommen) unterstellt, die für Programmentscheidungen nicht allgemein gültig ist. Darüber hinaus wird die obere Beschränkung der Risikonutzenfunktion nicht beachtet.

Für Einzelentscheidungen ist sogar das Setzen der Risikogrenzen selbst fragwürdig: Warum sollte bei einer einzelnen Entscheidung kein Verlustrisiko eingegangen werden?

Wie wenig sinnvoll das Verfahren der Risikogrenzen sein kann, zeigt folgendes Beispiel:

I	mit $p = 0{,}99$:	0;	II	mit $p = 0{,}01$:	-1;
	$p = 0{,}01$:	$+\,1$;		$p = 0{,}99$:	$+\,1000$;

Liegt die Risikogrenze in der Vorschrift »Verlustgefahren sind unzulässig«, dann ist I zulässig, II von vornherein zu verwerfen.

Entscheidungen nach der Regel »Einkommensstreben unter Beachtung von Risikogrenzen« (bzw. »Risikominimierung unter Beachtung eines Mindesteinkommens«) können deshalb nicht als rational angesehen werden.

In der Literatur ist das Verfahren der Risikogrenzen in zahlreichen Abwandlungen vorgetragen worden, z. B. in der Form, daß die Ruinwahrscheinlichkeit minimiert wird [72], oder auch in folgender Weise: Das zulässige Verlustrisiko möge 5% betragen. Sind nur Handlungsmöglichkeiten gegeben, die mit mehr als 5% Wahrscheinlichkeit Verluste erwarten lassen, dann fällt die Entscheidung für die Handlungsmöglichkeit mit der geringsten Verlustwahrscheinlichkeit. Die Gewinnerwartungen werden hier nicht beachtet. Sind jedoch Handlungsmöglichkeiten gegeben, bei denen die Verlustwahrscheinlichkeit unter 5% liegt, dann werden allein diese Handlungsmöglichkeiten als zulässig empfunden, und unter ihnen fällt die Entscheidung nach dem höchsten Erwartungswert [73]. Wir haben dieses Vorgehen bereits erwähnt als ein mögliches Ergebnis der Zielüberprüfung bei Grenzentscheidungen.

Eine weitere Variante des Verfahrens der Risikogrenzen hat Koch vorgetragen [74]. Als zulässig werden nur diejenigen unter den einzelnen Handlungsmöglichkeiten angesehen, die »hinreichende Gewinnsicherheit« versprechen. Dabei wird berücksichtigt, daß zusätzliche Sicherungsmaßnahmen (Versicherungen, Streuung des Produktionsprogramms) es erleichtern, einen bestimmten Mindestgewinn zu erzielen. Die Beachtung ergänzender Handlungsmöglichkeiten zielt auf Programmentscheidungen ab. Auf Einzelheiten sei hier verzichtet, da das Vorgehen Kochs an mehreren Stellen gegen das Dominanzprinzip verstößt.

[72] Vgl. *A. D. Roy*, Safety First and the Holding of Assets. In: Econometrica, Vol. 20 (1952), S. 431 – 449.

[73] Vgl. z. B. *A. Charnes, W. W. Cooper*, Chance-Constrained Programming. In: Management Science, Vol. 6 (1960), S. 73–79; vgl. dazu auch *Schneeweiß*, S. 59 f., 99 f.

[74] Vgl. *Helmut Koch*, Grundlagen der Wirtschaftlichkeitsrechnung. Wiesbaden 1970, bes. S. 155–158; zur Kritik vgl. *Dieter Schneider*, Anpassungsfähigkeit und Entscheidungsregel unter Ungewißheit. In: ZfbF, Jg. 24 (1972), S. 745–757.

dd) Entscheidungsregeln mit mehreren Zielgrößen: Risikopräferenzfunktionen

Einkommensstreben und Risikoneigung gehen hier in eine übergeordnete Zielfunktion ein. Jede Zielfunktion mit mehreren Zielgrößen kann als spezielle Nutzenfunktion (Präferenzfunktion) bezeichnet werden. Hier sind die Risikopräferenzfunktionen zu untersuchen.

Risikopräferenzfunktionen vermeiden die umständliche Berücksichtigung aller alternativen Zukunftslagen. Sie beachten nicht die gesamte Wahrscheinlichkeitsverteilung einer Handlungsmöglichkeit, sondern versuchen, die Eigenschaften der Wahrscheinlichkeitsverteilung (das Risiko einer Handlungsmöglichkeit) durch repräsentative Größen zu messen. Solche Risikomaße sind z. B. der Erwartungswert der Verluste oder ein Streuungsmaß. Risikopräferenzfunktionen beschränken sich meistens auf zwei Parameter, auf den Erwartungswert (μ) und die Verlusterwartung (η) oder auf den Erwartungswert und die Standardabweichung (σ) als Streuungsmaß. Der Risikonutzen wird als abhängig vom Erwartungswert und der Verlusterwartung angesehen: $N = N(\mu, \eta)$ oder als abhängig von Erwartungswert und Standardabweichung: $N = N(\mu, \sigma)$. Gelegentlich wird das Risiko auch durch zwei Maßgrößen beschrieben, z. B. durch die Standardabweichung und die Schiefe der Wahrscheinlichkeitsverteilung. Dann enthält die Risikopräferenzfunktion drei Parameter: Erwartungswert, Standardabweichung, Schiefe. Zahlreiche Abwandlungen sind hier denkbar, insbesondere können unterschiedliche Streuungsmaße verwandt werden. Allen diesen Risikopräferenzfunktionen ist eigen, daß sie nur unter einschränkenden Voraussetzungen rational sind [75]: Sie widersprechen den Axiomen des Bernoulli-Prinzips und damit der Theorie des Risikonutzens nur dann nicht, wenn

a) die Wahrscheinlichkeitsverteilung einer Handlungsmöglichkeit eine bestimmte Form aufweist (z. B. bei der $[\mu, \sigma]$-Regel [Präferenzfunktion] eine Normalverteilung ist) oder

b) wenn die Risikonutzenfunktion eine bestimmte algebraische Gestalt hat (bei der $[\mu, \sigma]$-Regel z. B. eine quadratische Funktion des Einkommens ist).

Wir werden diese Behauptung für jene zwei Risikopräferenzfunktionen zu verdeutlichen suchen, die in der Literatur eine besondere Rolle spielen.

α) Risikomessung durch den Erwartungswert der Verluste

Jede Handlungsmöglichkeit wird durch ihren Gewinnbeitrag und durch ihr Risiko gekennzeichnet. Der Gewinnbeitrag wird im Erwartungswert gemessen. Das Risiko wird ausgedrückt durch den Erwartungswert der Verluste η, d. h. durch die Summe der mit ihren Wahrscheinlichkeiten gewichteten alternativen Verlusthöhen [76]. Der Leser beachte, daß bei dem (μ, η)-Verfahren die Verluste zweimal in die Rechnung eingehen: Zunächst werden sie bei der Berechnung des Erwartungswertes der Zielbeiträge erfaßt, und anschließend wird der Erwartungswert der Verluste gesondert als Risikomaß betrachtet.

Ein Beispiel: Die Eierbecher- und Salatschüsselproduktion verspricht im Monat Januar folgende alternative Gewinn- und Verlusthöhen:

[75] Vgl. im einzelnen *Schneeweiß*, S. 46–61, und die dort genannte Literatur.

[76] Vgl. dazu *Evsey D. Domar, Richard A. Musgrave*, Proportional Income Taxation and Risk-Taking. In: The Quarterly Journal of Economics, Vol. 58 (1943/44), S. 389–422; kritisch hierzu vor allem *Marcel K. Richter*, Cardinal Utility, Portfolio Selection and Taxation. In: The Review of Economic Studies, Vol. 27 (1959/60), S. 152–166, bes. S. 155–157.

Eierbecher	
Z	p
− 2 000	0,1
0	0,2
+ 1 000	0,1
+ 3 000	0,4
+ 5 000	0,2

Salatschüsseln	
Z	p
0	0,3
+ 1 000	0,1
+ 2 000	0,5
+ 3 000	0,1

Der Erwartungswert der Eierbecherproduktion beträgt 2 100; ihr Risiko (Erwartungswert der Verluste) beträgt 200. Der Risikonutzen der Eierbecher, N_1, ist folglich gekennzeichnet durch $N_1 = N(2\,100; 200)$.
Der Erwartungswert der Salatschüsselproduktion beträgt 1 400. Die Verlustgefahr ist Null. Der Risikonutzen der Salatschüsselproduktion, N_2, ist gekennzeichnet durch $N_2 = N(1\,400; 0)$.
Um die Entscheidung zwischen Eierbechern und Salatschüsseln zu treffen, muß der Unternehmer seine Präferenzen offenbaren. Er muß sagen, ob er bereit ist, für 700 Mark (2 100 — 1 400) mehr an Gewinnerwartung das Risiko einer Verlusterwartung von 200 zusätzlich einzugehen.

Die Problematik dieser Entscheidungsregel liegt in folgendem:

(1) Alle Wahrscheinlichkeitsverteilungen, die zum gleichen Erwartungswert und zur gleichen Verlusterwartung führen, versprechen dem Unternehmer den gleichen Nutzen. Das ist eine sehr weitgehende Annahme über die Präferenzstruktur, denn der Eierbecherproduktion werden z. B. auch die zwei folgenden Handlungsmöglichkeiten I und II gleichgeschätzt:
I erbringt mit 90% Glaubwürdigkeit — 222,22, mit 10% + 23 000.
II erbringt mit 1% Glaubwürdigkeit — 20 000, mit 99% + 2 323,23.
Da Eierbecherproduktion, I und II dieselben (μ, η)-Werte haben, verkörpern alle drei Handlungsmöglichkeiten denselben Punkt auf einer Indifferenzkurve im μ,η-Diagramm (Abb. 4 b).

(2) Nur bei Einzelentscheidungen sind Handlungsmöglichkeiten mit Verlusterwartungen zulässig. Bei Programmentscheidungen (der Wahl zwischen alternativen Wohlstandslagen) ist der Bereich zulässiger Wahlmöglichkeiten auf Handlungsprogramme beschränkt, die mindestens das Existenzminimum sichern. Für alle diese zulässigen Handlungsprogramme ist die Verlusterwartung folglich Null. Das (μ, η)-Verfahren ist hier identisch mit der Entscheidung nach dem Erwartungswert allein. Für Programmentscheidungen muß deshalb das (μ,η)-Verfahren als unvernünftig bezeichnet werden, denn es verstößt gegen das Prinzip der Beschränkung der Risikonutzenfunkion. Entscheiden nach dem Erwartungswert bedeutet zudem Risikoneutralität. Das ist eine sehr einseitige Festlegung der Risikoneigung.

(3) Für Einzelentscheidungen kann diese Risikopräferenzfunktion vernünftig sein. Es ist allerdings zu beachten, daß sie eine geknickte, lineare Risikonutzenfunktion impliziert (Abb. 4 a): Auch die Indifferenzkurven zwischen Erwartungswert und Verlusterwartung sind Geraden (Abb. 4 b, N_1, N_2 sind Indifferenzkurven mit unterschiedlichem Risikonutzen). Denn für alle Handlungsmöglichkeiten, bei denen die Verlusterwartung konstant (z. B. = 0) ist, erfolgt die Entscheidung nur nach dem Erwartungswert, d. h. der Erwartungswert des Risikonutzens ist identisch mit dem Erwartungswert: $N = \mu$. Der Risikonutzen ist hier offensichtlich eine lineare Funktion der Einkommenshöhe.
Für alle Handlungsmöglichkeiten, für die der Erwartungswert konstant (z. B. 0 oder 100) ist, hängt der Risikonutzen von der Verlusterwartung allein ab, d. h. er ist eine lineare Funktion der

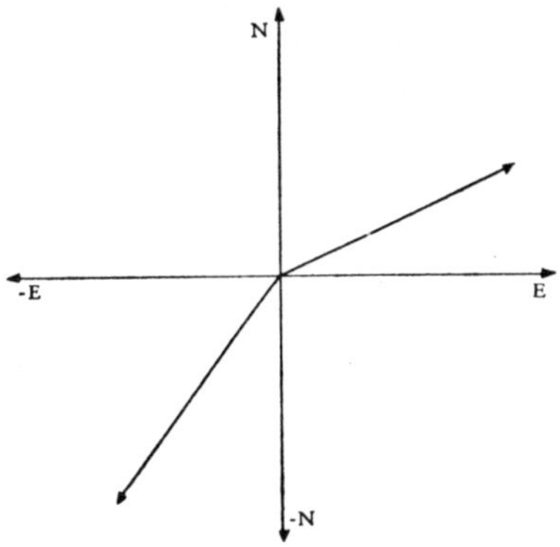

Abb. 4a

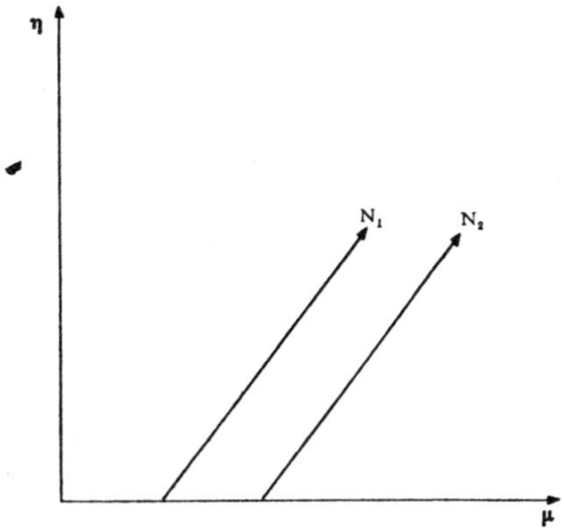

Abb. 4b

negativen Einkommen: N = — aE; daraus können wir schließen, daß bei der (μ, η)-Regel der Risikonutzen insgesamt eine »geknickte« lineare Funktion der Einkommenshöhen ist, denn die Steigung a des negativen Nutzens von Verlusten ist größer als die von Gewinnen (da in den Erwartungswert μ positive und negative Einkommen eingehen und folglich den Durchschnittsnutzen senken)[77].

β) Risikomessung durch ein Streuungsmaß

Das Risiko wird oft durch ein Streuungsmaß gemessen. Wir beschränken uns hier auf das am häufigsten verwendete Streuungsmaß, die Standardabweichung σ (die Wurzel der Varianz).

Die Risikopräferenzfunktion enthält hier den Erwartungswert und die Standardabweichung $N = N(\mu, \sigma)$.

Diese Risikopräferenzfunktion findet sich häufig in der Literatur[78]. Erfolgt die Entscheidung nach dieser Regel, dann wird unterstellt, alle Wahrscheinlichkeitsverteilungen, die gleichen Mittelwert und gleiche Standardabweichung besitzen, verkörperten für den Entscheidenden den gleichen Risikonutzen.

Die Varianz der Eierbecherproduktion berechnet sich so (alles in 1 000 Mark, $\mu = 2{,}1$):

$$\sigma^2 = 0{,}1\,(-2-2{,}1)^2 + 0{,}2\,(0-2{,}1)^2 + 0{,}1\,(1-2{,}1)^2 + 0{,}4\,(3-2{,}1)^2 + 0{,}2\,(5-2{,}1)^2 = 4{,}7; \quad \sigma = \text{ca. } 2{,}2.$$

Der Eierbecherproduktion werden hier z. B. gleichgeschätzt

I mit 51,5% Glaubwürdigkeit ein Einkommen von 0, mit 48,5% +4 330

II mit 90% Glaubwürdigkeit ein Einkommen von 1378, mit 10% +8 600.

77 Vgl. zur formalen Beweisführung *Richter*, S. 155–157; *Markowitz*, S. 286–294, insbesondere 291 f.

78 So bereits bei *Irving Fisher*, The Nature of Capital and Income. New York 1906, reprinted 1965, Kapitel XVI. Vgl. ferner z. B. *H[elen] Makower*, *J[acob] Marschak*, Assets Prices and Monetary Theory. In: Economica, New Series, Vol. 5 (1938), S. 261–288; *Lutz*, S. 191; *Markowitz*, bes. ab Kapitel IV.

Aus den Beispielen erkennen wir, daß die (μ, σ)-Regel für Programmentscheidungen nicht ohne weiteres als vernünftig anzusehen ist. Setzen wir für einen Moment das Existenzminimum mit 1 000 an, dann sehen wir, daß II eine zulässige Handlungsmöglichkeit wäre; sie wird aber den dann unzulässigen Handlungsmöglichkeiten Eierbecherproduktion und I gleichgeschätzt. Auf S. 147 wurde behauptet, die vier Axiome des Bernoulli-Prinzips und die Annahme, alle Handlungsmöglichkeiten mit gleichem μ und σ gewährten gleichen Risikonutzen, erzwängen eine quadratische Risikonutzenfunktion. Diese Aussage läßt sich so verdeutlichen: Für alle Handlungsmöglichkeiten, die gleiches σ aufweisen, fällt die Entscheidung allein nach dem Erwartungswert. Hierfür ist die Nutzenfunktion eine lineare Funktion des Einkommens (wie im $[\mu,\eta]$-Fall). Für alle Handlungsmöglichkeiten mit gleichem Erwartungswert fällt die Entscheidung allein nach σ (bzw. σ^2); in der Varianz kommt jedoch das Einkommen in der zweiten Potenz vor. Daraus können wir schließen, daß die Risikonutzenfunktion, die der (μ, σ)-Regel entspricht, eine quadratische Funktion des Einkommens sein muß [79]. Wir können also schreiben:

$$N(E) = -aE^2 + bE + c.$$

Um dem Beschränkungsprinzip zu genügen und um die unsinnige Folge eines negativen Grenznutzens für wachsende Einkommen zu vermeiden, muß das Vorzeichen des quadratischen Gliedes negativ sein, und die Funktion selbst ist nur von E_0 (dem Existenzminimum, dem wir den Risikonutzen 0 geben) bis zu ihrem Maximum $E = \frac{b}{2a}$ definiert, also für $E_0 \leqslant E \leqslant \frac{b}{2a}$.
An einem Beispiel für diesen Funktionstyp wurde die Theorie des Risikonutzens verdeutlicht. Die (μ, σ)-Regel ist die erste Risikopräferenzfunktion, die alle Axiome der Theorie des beschränkten Risikonutzens erfüllen kann. Sie enthält jedoch Einschränkungen über die Axiome hinaus. Die (μ, σ)-Regel betrachtet nicht alle Zukunftslagen einer jeden Handlungsmöglichkeit (bzw. eines jeden Handlungsprogramms). Für sie enthalten vielmehr alle Handlungsmöglichkeiten mit gleichem Erwartungswert und gleicher Streuung auch den gleichen Nutzen. Diese Vereinfachung, zusammen mit den übrigen Axiomen, bewirkt eine sehr enge Annahme über die Art der Risikoneigung: Die Risikonutzenfunktion ist quadratisch, d. h. die Abnahme des Risikogrenznutzens in bezug auf das Einkommen ist konstant. Eine so enge Annahme über den Verlauf der Risikoabneigung kann nicht allgemein gültig sein. Sie ist mit Sicherheit keine Bedingung rationalen Verhaltens bei Programmentscheidungen. Wir können deshalb die (μ, σ)-Regel nur als Näherungslösung gelten lassen. Immerhin ist sie die erste der herkömmlichen Entscheidungsregeln, die wenigstens im groben mit den genannten Axiomen rationalen Verhaltens unter Ungewißheit vereinbar ist.

f) Das Optimum der Informationsbeschaffung

1. Das Wahlproblem

Die Aufgabe der betriebswirtschaftlichen Entscheidungstheorie wurde bisher darin gesehen, jene Entscheidung zu suchen, die bei einem gegebenen Informationsstand zielentsprechend erscheint. Nunmehr erweitern wir die Aufgabenstellung und fragen: Wie bestimmt sich das zielentsprechende Ausmaß der Informationsbeschaffung?

[79] Vgl. zum formalen Beweis *J[ames] Tobin*, Liquidity Preference as Behavior towards Risk. In: The Review of Economic Studies, Vol. 25 (1957/58), S. 65 – 86, hier S. 74 – 77; *Richter*, S. 153, Fußnote 3; *Markowitz*, S. 286 f.; *Schneeweiß*, S. 89 – 98, 113 – 117.

Ohne Einholen zusätzlicher Informationen zu entscheiden, kann sehr unvernünftig sein. Nehmen wir an, zwei Studenten stehen Anfang Juli vor der Frage, ob sie in einer Woche an einer Übungsklausur teilnehmen oder statt dessen gleich ans Meer fahren sollen. Sie wollen an der Klausur teilnehmen, solange das Durchfallrisiko erträglich erscheint. Beide Studenten sehen ihr gegenwärtiges Wissen als zu gering und damit das Durchfallrisiko als überwältigend an. Der erste beschließt, lieber gleich ans Meer zu fahren. Der zweite meint, durch Einholen zusätzlicher Informationen, z. B. Lesen der Übungsunterlagen in der verbleibenden Woche, das Durchfallrisiko auf ein erträgliches Ausmaß mindern zu können. Er folgert: Vorbereitung auf die Klausur und schreiben sei besser, als gleich ans Meer zu fahren. Wer von beiden handelt vernünftig?
Nach unserem bisherigen Vorgehen müssen wir auch das Gleich-ans-Meer-Fahren als vernünftig bezeichnen, denn Schwimmen ist sicher besser als Klausur schreiben und mit hoher Wahrscheinlichkeit Durchfallen. Der Fehler des ersten Studenten liegt jedoch darin, daß er sich das falsche Problem gestellt hat. Er durfte in diesem Fall die Möglichkeit, seinen Informationsstand zu verbessern, nicht außer acht lassen. Erst wenn er nach Berücksichtigung des Lernleides zu der Erkenntnis kommt, ans Meer fahren sei besser als Lernleid, Klausurleid und möglicher Durchfallärger, erst dann ist seine Entscheidung ans Meer zu fahren, zielentsprechend. Aber diese Planung setzt voraus, daß der Student die zusätzliche Handlungsmöglichkeit erkennt, durch Lernen das Risiko der Zielerreichung zu mindern. Im Erkennen zusätzlicher Handlungsmöglichkeiten unterscheiden sich kluge Leute von Dummköpfen.
Der Entscheidende hat aus seinem Grundbestand an Wissen das Entscheidungsproblem zu formulieren, also Ziel, Umweltbedingungen und Handlungsmöglichkeiten zu nennen. Zu den Handlungsmöglichkeiten zählt, zusätzliches Wissen über eine Entscheidung zu erlangen. Die Entscheidung, ob zusätzliches Wissen eingeholt werden soll oder nicht, ist eine Vorentscheidung zur Sachentscheidung, ans Meer zu fahren oder an der Klausur teilzunehmen. Die Vorentscheidung kann nicht ohne Bezug auf die Sachentscheidung getroffen werden.
Der Entscheidende muß deshalb fragen:
(I) Wie hoch ist der Zielbeitrag der Sachentscheidung, wenn das Problem ohne Einholen zusätzlichen Wissens gelöst wird?
(II) Wie hoch ist der Zielbeitrag, wenn vor der Problemlösung noch zusätzliches Wissen eingeholt wird?
Diese beiden Fragen kennzeichnen das Wahlproblem der Vorentscheidung (Informationsentscheidung).

2. Beispiele

Sobald die Handlungsmöglichkeiten durch finanzielle Zielgrößen gekennzeichnet sind, messen wir den Zielbeitrag der Sachentscheidung durch den Erwartungswert des Risikonutzens. Um den Zusammenhang von Vorentscheidung und Sachentscheidung zu verdeutlichen, sei auf das Beispiel zurückgegriffen, mit dem die Entscheidung nach der Theorie des Risikonutzens abgeleitet wurde.
Für den Fall (I), daß ohne Einholen zusätzlichen Wissens entschieden werden soll,

gelten die Ergebnisse von Seite 121–125: Die Lohnfertigung wird dem risikoreichen Preiskampf vorgezogen.

Der Unternehmer habe jedoch auch die Möglichkeit, durch Zahlen von 1000 Mark sich zusätzliches Wissen zu verschaffen, wie der wichtigste Konkurrent sich verhalten wird. Die 1000 Mark Informationskosten nehmen wir hier aus Vereinfachungsgründen als sichere Ausgabe an.

Welches Wissen tatsächlich die Information liefert, ist jedoch vor ihrem Erwerb nicht bekannt. Es kann sein, daß die Information nutzlos ist, der versprochene Geheimtip erweist sich als Seifenblase. Es kann sich auch um eine vom Konkurrenten bewußt ausgestreute Falschinformation handeln. Es sei mit 50 % Glaubwürdigkeit damit zu rechnen, daß 1000 Mark Informationskosten gezahlt werden, ohne daß sich das tatsächliche Wissen vermehrt. Damit sprechen 50 % Glaubwürdigkeit dafür, daß folgende Wahrscheinlichkeitsverteilung B auftritt (vgl. S. 122): In der ersten Zukunftslage gehen alle Konkurrenten auf den Preiskampf ein, und das dem Unternehmer verbleibende Einkommen betrage nur 11 000 Mark; dieses Einkommen sinkt jedoch hier wegen der zusätzlichen Informationskosten auf 10 000 Mark. Dieser Fall bleibt zu 40 % glaubwürdig.

In der zweiten Zukunftslage schlagen einige Konkurrenten zurück, das verbleibende Einkommen beträgt 30 000 Mark minus 1000 Mark Informationskosten gleich 29 000 Mark. Dieser Fall bleibt zu 20 % glaubwürdig.

In der dritten Zukunftslage senkt kein Konkurrent die Preise; das verbleibende Einkommen beträgt nach Abzug der Informationskosten 69 000 Mark. Dieser Fall bleibt zu 40 % glaubwürdig.

50 % Glaubwürdigkeit stehen dafür, daß die zu erwerbende Information nützlich ist. Wenn die Information nützt, kann jedoch ihr Inhalt für den Unternehmer günstig oder ungünstig sein. Es mögen 25 % Glaubwürdigkeit dafür sprechen, daß der Konkurrent die Preise senkt und 75 % dafür, daß er sie nicht senkt, falls die Information zutrifft. Senkt der Konkurrent den Preis, dann entfalle die günstige Zukunftslage mit 70 000 Mark Einkommen vor Abzug der Informationskosten. Es verbleiben dann zwei Zukunftslagen: ein Einkommen von 10 000 Mark nach Abzug der Informationskosten, das nunmehr mit 67 % (ursprünglich 0,4) glaubwürdig ist und ein Einkommen von 29 000 Mark nach Abzug der Informationskosten, das jetzt mit 33 % (ursprünglich 0,2) glaubwürdig ist.

Senkt der Konkurrent den Preis nicht, dann entfalle die schlechteste Zukunftslage mit 11 000 Mark Einkommen vor Abzug der Informationskosten. Es verbleibt dann ein Einkommen von 29 000 Mark nach Abzug der Informationskosten, das jetzt zu 33 % (ursprünglich 0,2) glaubwürdig ist und ein Einkommen von 69 000 Mark, das zu 67 % (ursprünglich 0,4) wahrscheinlich ist.

Die Glaubwürdigkeitsverteilung der Zielbeiträge lautet bei dem Beschluß, die zusätzliche Information einzuholen (aber vor dem Eintreffen der Information!) für B, den Preiskampf,

B II

	Q	q	Z	p
(1) Die Information ist nutzlos	0,5		10 000	0,4
			29 000	0,2
			69 000	0,4
(2) Die Information ist nützlich	0,5	0,25	10 000	0,67
			29 000	0,33
		0,75	29 000	0,33
			69 000	0,67

Q = Wahrscheinlichkeit dafür, daß die Information nutzlos oder nützlich ist;
q = Wahrscheinlichkeit dafür, daß die nützliche Information ein ungünstiges oder günstiges Ergebnis bringt.
Q und q sind Glaubwürdigkeiten über die Zukunftslagen der Information. p sind die Glaubwürdigkeiten für die Zukunftslagen der Sachentscheidung; Z bezeichnet die Zielbeiträge, hier nach Abzug der Informationskosten.
Nach dem Unabhängigkeitsprinzip können wir die Glaubwürdigkeiten der Information und die Glaubwürdigkeit des Sachproblems ineinander umrechnen. Das geschieht bei solchen bedingten Wahrscheinlichkeiten einfach durch Ausmultiplizieren (z. B.: $0{,}5 \cdot 0{,}4 + 0{,}5 \cdot 0{,}25 \cdot 0{,}67$ für die 10 000 Mark bei B). Zusammengefaßt erhalten wir die Verteilung

B II a)

Z	p	u
10 000	0,28	0%
29 000	0,27	37%
69 000	0,45	89%

Dem steht als Alternative die Wahrscheinlichkeitsverteilung für die Auswirkungen des Preiskampfes bei Verzicht auf das Einholen der zusätzlichen Information gegenüber (vgl. S. 122);

B I

Z	p
11 000	0,4
30 000	0,2
70 000	0,4

Als Maßgröße für den Risikonutzen wählen wir wieder Präferenzwahrscheinlichkeiten u (vgl. S. 123). Die auf S. 123 nicht aufgeführten Präferenzwahrscheinlichkeiten enthält die Spalte u bei II a).
Es errechnet sich für II a) eine Präferenzwahrscheinlichkeit von 50 %. Sie ist höher als die Präferenzwahrscheinlichkeit von I mit 46 % (vgl. S. 124).
Die Alternative (II), Einholen einer selbst unsicheren Information vor der Entscheidung über Lohnerhöhung oder Preiskampf, führt zu einem höheren Zielbeitrag (Erwartungswert des Risikonutzens bzw. Präferenzwahrscheinlichkeit), als die Alternative

(I), Entscheidung über Lohn-Fertigung oder Preiskampf ohne Einholen einer zusätzlichen Information.

Damit ist die Beschaffung der zusätzlichen Information ökonomisch sinnvoll.

Es ist darauf zu achten, daß hier nur über die Frage »Einholen oder nicht Einholen der zusätzlichen Information« entschieden wurde, nicht darüber, ob tatsächlich die Lohnfertigung oder der Preiskampf gewählt wird! Die Entscheidung, ob Lohnfertigung oder Preiskampf zu wählen ist, wird erst gefällt, nachdem die erworbene Information zugegangen ist. Die Information kann nutzlos, falsch oder richtig sein. Ob die Information falsch oder richtig war, kann man erst im nachhinein feststellen, und das hat auf die Entscheidung über Lohnfertigung oder Preiskampf keinen Einfluß mehr. Ob die Information nutzlos ist, das kann bei ihrem Eingang und vor der Entscheidung über Lohnfertigung oder Preiskampf erkannt werden.

Nehmen wir an, die Information erweist sich als nutzlos. Dann entsteht folgende Entscheidungslage:

Die Alternative »Lohnfertigung« wird durch die Verteilung A I wiedergegeben. Die Informationskosten werden von den Zielbeiträgen der Verteilung über die Lohnfertigung abgezogen (da die Informationskosten bei beiden Alternativen gleich sind, könnte man sie auch als »sunk costs« vergessen, die Entscheidung bliebe gleich).

A I	Z	p	u
	19 000	0,1	15%
	29 000	0,3	37%
	39 000	0,5	52%
	49 000	0,1	68%

u bezeichnet die Präferenzwahrscheinlichkeit eines Zielbeitrages, ermittelt auf Grund einer Befragung.

Die Alternative »Preiskampf« führt jetzt, nach Abzug der nutzlosen Informationskosten, zu der Verteilung

B III	Z	p
	10 000	0,4
	29 000	0,2
	69 000	0,4

Damit ist nach Einholen der nutzlosen Information die Entscheidung für die Lohnfertigung (Präferenzwahrscheinlichkeit gleich 45,4 %) und gegen den Preiskampf (Präferenzwahrscheinlichkeit gleich 43 %) zu treffen. Das Erwerben der zusätzlichen Information hat sich im nachhinein als Fehlmaßnahme erwiesen. Dennoch war die Entscheidung über das Einholen der Information vernünftig. Bei den zum Zeitpunkt der Entscheidung über das Einholen der Information herrschenden Erwartungen war das Einholen zielentsprechend.

Dieser Zusammenhang ist in der Literatur häufig durch ungenaues Gegenüberstellen der Alternativen verdunkelt worden. Man spricht vom Zustand »vor« und »nach« der Information. Die Entscheidung über das Einholen der Information betrifft jedoch nicht die Zustände der Welt »vor« und »nach« der Information, sondern die Frage:

Sachentscheidung *ohne* die Information oder Sachentscheidung *mit* der Information (aber vor Kenntnis ihres tatsächlichen Inhalts!)?

Im Beispiel betraf die Information nur eine Handlungsmöglichkeit, und sie änderte bei dieser Handlungsmöglichkeit die Zielbeiträge (wegen der Informationskosten) und die Glaubwürdigkeitsziffern. Im allgemeinen Fall wird die zusätzliche Information mehrere, wenn nicht alle Handlungsmöglichkeiten betreffen oder gar die Zahl der Handlungsmöglichkeiten vergrößern oder verringern. Die Information kann sowohl die Anzahl der Zukunftslagen erhöhen oder verringern als auch die Zielbeiträge und die Glaubwürdigkeitsziffern verändern.

Im Beispiel lohnte sich die Information, weil die Sachentscheidung mit der Information zu einem höheren Zielbeitrag führte als die Sachentscheidung ohne Information. Es kann aber auch der Risikonutzen der Sachentscheidung mit der Information niedriger sein als jener der Sachentscheidung ohne Information. Dennoch empfiehlt sich das Einholen der Information, wenn mit der Information eine andere Entscheidung zielentsprechend wird. Beispiel:

Die Information für 1000 Mark verspreche als zweite Erkenntnis: Treffe sie zu, dann entfalle bei der Lohnfertigung die günstigste Handlungsmöglichkeit (vor Abzug der Informationskosten 50 000 Mark, die zu 10 % glaubwürdig sind), dafür werde die schlechteste Zukunftslage (vor Abzug der Informationskosten 20 000 Mark) zu 20 % glaubwürdig.

Zusätzlich ändere ich die Annahmen über die Glaubwürdigkeiten für das Eintreffen eines günstigen bzw. ungünstigen Inhalts der Information über das Konkurrentenverhalten im Preiskampf (damit der Risikonutzen für die Lohnfertigung und den Preiskampf sinkt): Die Glaubwürdigkeit, daß die Information den ungünstigen Inhalt »Erwiderung des Preiskampfes durch den Konkurrenten« enthält, steige auf 40 % (statt 25 %), die Glaubwürdigkeit, daß die Information den günstigen Inhalt »keine Preissenkung durch den Konkurrenten« enthält, sinke auf 60 % (statt 75 %).

Das Wahlproblem lautet wiederum:

(I) Entscheidung über Lohnfertigung oder Preiskampf ohne Einholen der zusätzlichen Information? Es gilt für A und B das auf S. 121–125 Gesagte, oder:

(II) Entscheidung über Lohnfertigung oder Preiskampf mit Einholen der zusätzlichen Information?

Alternative II, Entscheidung über Lohnfertigung oder Preiskampf mit Einholen der zusätzlichen Information, führt zu folgenden Glaubwürdigkeitsverteilungen:

II A

	Q	Z	p
(1) Die Information ist nutzlos			
	0,5	19 000	0,1
		29 000	0,3
		39 000	0,5
		49 000	0,1
(2) Die Information ist nützlich			
	0,5	19 000	0,2
		29 000	0,3
		39 000	0,5

Zusammengefaßt ergibt sich

Z	p
19 000	0,15
29 000	0,30
39 000	0,50
49 000	0,05

An Hand der oben angegebenen Präferenzwahrscheinlichkeiten errechnet sich für A eine Präferenzwahrscheinlichkeit von 42,75 %.

II B

	Q	q	Z	p
(1) Die Information ist nutzlos				
	0,5		10 000	0,4
			29 000	0,2
			69 000	0,4
(2) Die Information ist nützlich				
	0,5	0,4	10 000	0,67
			29 000	0,33
		0,6	29 000	0,33
			69 000	0,67

Zusammengefaßt ergibt sich

Z	p
10 000	0,33
29 000	0,27
69 000	0,40

Daraus errechnet sich eine Präferenzwahrscheinlichkeit für B von 45,6 %.

Alternative I, Entscheidung ohne Einholen der Information, führte zu einem Zielbeitrag für A von 48,5 % Präferenzwahrscheinlichkeit (B: 46 %). Alternative II, Entscheidung mit Einholen der Information führt zu einem Zielbeitrag für B von 45,6 % Präferenzwahrscheinlichkeit (A: 42,75 %). Da der Zielbeitrag der besten Alternative vor Einholen der Information (A: 48,5 %) größer ist als der Zielbeitrag der besten Alternative mit Einholen der Information (B: 45,6 %), könnte man schließen: Das Einholen der Information lohne sich nicht.

Aber dieser Schluß wäre falsch: Ohne Einholen der Information hätte der Entscheidende zwar geglaubt, bei der Lohnfertigung den höheren Zielbeitrag von 48,5 % Präferenzwahrscheinlichkeit zu erwarten, aber dieser Glaube täuschte. Bei dem Wissen, das der Entscheidende nach seiner eigenen Einschätzung der Zukunft sich im Entscheidungszeitpunkt hätte beschaffen können, war der Zielbeitrag der Lohnfertigung nicht

48,5 %, sondern nur 42,75 % und lag damit unter dem von B. Weil bei dem höheren Informationsstand die Alternative B vorteilhafter wird, deshalb muß vor der Sachentscheidung die Information eingeholt werden.
Das Verständnis für diesen Fall bereitet Schwierigkeiten, deshalb wollen wir diesen Fall gleich noch auf andere Weise erläutern.

3. Die Bedingungen für das zielentsprechende Ausmaß der Informationsbeschaffung

Die Literatur behauptet, ein höherer Informationsstand sei stets dann einem niedrigeren vorzuziehen, wenn mit Einholen der Information der Zielbeitrag der besten Handlungsmöglichkeit höher liege als ohne Einholen der Information [80].

Wie unvernünftig das sein kann, zeigt ein alltägliches Beispiel. Zur Wahl stehe für die beiden Zukunftslagen z_1 und z_2

	z_1	z_2
A	6	0
B	5	0.

Natürlich fällt die Entscheidung für A. Nun seien aber diesem Problem umfangreiche Rechnungen vorausgegangen. Es bestehe die Gefahr, daß ein Rechenfehler unterlaufen sei: statt A: 6, 0 könne es auch A: 0, 0 heißen. Die einzuholende Information betrifft die Kenntnis darüber, ob man sich verrechnet hat oder nicht.
Nach der Literatur lohnt das Einholen der (sogar kostenlosen) Information »Proberechnung« nicht, denn durch die Information könnte der Zielbeitrag der besten Handlungsmöglichkeit sinken. Denk- oder Rechenfehler nicht zu beseitigen, wie es die Literaturaussage nahelegt, ist aber offensichtlich unvernünftig. Woher kommt der Widerspruch zwischen offensichtlich vernünftigem Verhalten (Denkfehler vor der Entscheidung zu korrigieren) und der Literaturmeinung?
Wenn zwei unterschiedlich begabte Menschen aus demselben Grundstock an Wissen ein Wahlproblem abbilden sollen durch Wahrscheinlichkeitsverteilungen für die Handlungsalternativen, so sind unterschiedliche Wahrscheinlichkeitsverteilungen zu erwarten. Der geniale Planer wird die Zukunftslagen richtig anordnen, vielleicht auch mehr Handlungsmöglichkeiten sehen als der Durchschnittsmensch. Der geniale Planer verrechnet sich nicht, der Durchschnittsmensch schon. Der geniale Planer berücksichtigt im Fall »Preiskampf oder Lohnfertigung« von vornherein, daß bei der Lohnfertigung

[80] Vgl. *Jakob Marschak*, Towards an Economic Theory of Organisation and Information. In: Decision Processes, edited by R. M. Thrall, C. H. Coombs, R. L. Davis. New York–London 1954, S. 187–220, hier S. 201 f.; *Savage*, S. 107; *Robert Schlaifer*, Probability and Statistics for Business Decisions. New York–Toronto–London 1959, S. 515 f.; *C. Jackson Grayson jr.*, Decisions under Uncertainty, Drilling Decisions by Oil and Gas Operators. Boston 1960, Chapter 11; *Horst Albach*, Informationswert. In: Handwörterbuch der Organisation. Stuttgart 1969, Sp. 720–727.

unter Umständen Zukunftslagen entfallen können und beim Preiskampf die Glaubwürdigkeitsverteilung sich ändern kann. Der Durchschnittsmensch stößt auf diese Einsicht vielleicht erst durch die Überlegung, ob er eine zusätzliche Information kaufen soll oder nicht. Der geniale Planer wird den vorhandenen Grundstock an Wissen vollständig und zutreffend auswerten. Er wird intuitiv alle Ungewißheitsmöglichkeiten sehen. Bei ihm weist sich die erste Niederschrift als unsicherste Darstellung des Wahlproblems aus. Der geniale Planer wird in der ersten Niederschrift des Wahlproblems eine vollständige Abbildungstreue der Ungewißheit seines Entscheidungsproblems erreichen. Für ihn können zusätzliche Informationen die Ungewißheit nur noch verringern. Von diesem Idealbild des genialen Planers geht die Literatur aus.

Wir wirklichen Menschen wissen jedoch, daß die erste Abbildung eines Wahlproblems in Wahrscheinlichkeitsverteilungen (die erste Abschätzung des Entscheidungsproblems) noch mit zahlreichen Fehlern behaftet ist. Keineswegs haben wir alle Zukunftslagen sofort erfaßt, alle möglichen Ungewißheitseinflüsse erkannt. Erst durch mühsames Nachdenken können wir uns eine halbwegs abbildungstreue Wahrscheinlichkeitsverteilung für das Wahlproblem erarbeiten, sämtliche denkbaren Zukunftslagen beschreiben, ihre Zielbeiträge festlegen, undurchführbare Handlungsmöglichkeiten ausklammern. Für uns Durchschnittsmenschen können zusätzliche Informationen durchaus zu der Erkenntnis führen, daß wir bisher die Ungewißheit zu gering eingeschätzt haben. Die zusätzliche Information zeigt uns dann erst, mit welchen Gefahren zu rechnen ist. Die zusätzliche Information erlaubt uns eine etwas getreuere Abbildung des Wahlproblems in den Entscheidungsunterlagen.

Für den geistigen Normalverbraucher können zusätzliche Informationen durchaus zu einer erhöhten Ungewißheit führen (den Risikonutzen der besten Handlungsmöglichkeit beim höheren Informationsstand senken): dann, wenn die Information die Abbildungstreue der Entscheidungsunterlagen verbessert. Zusätzliche Informationen können natürlich auch zu einer Verringerung der Ungewißheit führen: dann, wenn die zusätzliche Information nicht die Abbildungstreue des Modells mit niedrigerem Informationsstand in Frage stellt.

Die Abbildungstreue eines Modells wäre zu messen durch die Abweichungen zwischen den Entscheidungsunterlagen (den Wahrscheinlichkeitsverteilungen für das Wahlproblem) des besten Planers für dieses Problem und denen des jeweiligen Entscheidenden bei gleichem Informationsstand. Treten keine Abweichungen auf, ist die Abbildungstreue vollständig. Natürlich kann der Grad der Abbildungstreue bestenfalls im nachhinein errechnet werden: Nur wer einer Fehlentscheidung im nachhinein auf den Grund gehen will und Einblick in alle Entscheidungsunterlagen nimmt, kann später feststellen: So hätte der sachgerechte Entwurf zur Lösung des Entscheidungsproblems aussehen müssen. Der Begriff der Abbildungstreue dient uns deshalb nur dazu, zu verdeutlichen, warum zusätzliche Informationen scheinbar die Ungewißheit erhöhen können, in Wirklichkeit aber nur zu oberflächliche Erstschätzungen zurechtrücken.

Wenn nun im Fall mit Einholen der Information der Risikonutzen der besten Handlungsmöglichkeit sinkt, aber die ohne Einholen der Information beste Handlungsmöglichkeit identisch ist mit der mit Einholen besten, dann wird durch die höhere Abbildungstreue zwar das Wahlproblem »realistischer« beurteilt, gleichwohl lohnt sich diese

Information nicht, denn die Entscheidung bleibt dieselbe. Und wieviel tatsächlich die beste Handlungsmöglichkeit erbracht hat, erfährt man doch erst im nachhinein. Ändert sich jedoch die beste Handlungsmöglichkeit mit Einholen der Information, dann lohnt sich die Information. Die höhere Abbildungstreue führt hier zu einer besseren Entscheidung.

Die bisherigen Erörterungen erlauben, die allgemeine Regel für die Vorteilhaftigkeit zusätzlicher Informationen abzuleiten:

Ein höherer Informationsstand wird einem niedrigeren vorgezogen (das Einholen einer Information lohnt sich) dann, wenn

1. die Entscheidung beim höheren Informationsstand anders ausfällt als beim niedrigeren, oder
2. die Entscheidung beim höheren Informationsstand gleich ausfällt wie beim niedrigeren, aber der Zielbeitrag (Erwartungswert des Risikonutzens) durch die Information steigt.

Um die allgemeine Regel über die Vorteilhaftigkeit zusätzlicher Informationen zu verdeutlichen und dem Leser die Irrtümer der Literatur zu ersparen, sollen die denkbaren Fälle ohne und mit Einholen der Information gegenübergestellt werden. Es können vier Fälle auftreten:

(1) Mit der Information steigt der Zielbeitrag der Alternative, die ohne Einholen der Information gewählt worden wäre, aber der Zielbeitrag einer anderen Alternative steigt mit Einholen der Information stärker, und es erscheint die andere Alternative vorteilhaft.

(2) Mit der Information sinkt der Zielbeitrag der bisher besten Alternative, aber sie bleibt die beste Alternative.

(3) Mit der Information steigt der Zielbeitrag der bisher besten Alternative, und sie bleibt die beste Alternative.

(4) Mit der Information sinkt der Zielbeitrag der bisher besten Alternative, und es erscheint eine andere Alternative vorteilhaft.

Unstrittig sind die Fälle (1) und (2). Jedermann wird bei (1) die Information einholen und niemand wird es bei (2) tun. Strittig sind (3) und (4). Bei (3) könnte man fragen: Warum soll die Information eingeholt werden, wenn die Sachentscheidung doch nicht verändert wird? Hier das Einholen der Information abzulehnen [81], beruht indes auf einer falschen Problemstellung. Das Wahlproblem lautet:

(I) Sachentscheidung ohne die Information oder

(II) Sachentscheidung mit der Information,

und da bei (II) der Zielbeitrag der besten Alternative über dem bei (I) liegt, ist (II), Sachentscheidung mit Information, zu wählen.

Bei (4) könnte gefragt werden: Warum soll es sich lohnen, Wissen einzuholen, wenn dadurch der Zielbeitrag der besten Alternative sinkt? Die Antwort lautet: weil ohne die Information die falsche Entscheidung getroffen wird. Der höhere Zielbeitrag beim

[81] So *Heinz Teichmann*, Die Bestimmung der optimalen Information. In: ZfB, Jg. 41 (1971), S. 745–774, hier S. 759 f.; die zutreffende Lösung bringt *Jürgen Rehberg*, Wert und Kosten von Informationen. Frankfurt 1973, S. 172.

niedrigeren Informationsstand täuscht. Er ist durch eine mangelnde Abbildungstreue der Wirklichkeit im Modell beim niedrigeren Informationsstand entstanden. Mit den Informationen, die im Entscheidungszeitpunkt hätten beschafft werden können, ist der Zielbeitrag für A z. B. nicht 6, 0, sondern 0, 0, und deshalb ist B vorzuziehen. Das erkennt man jedoch erst, wenn man (entgegen dem Vorgehen der in Fußnote 80 genannten Literatur) sich für das Beschaffen der zusätzlichen Information entscheidet.
Auf S. 34 wurde das Informationsoptimum nach der Regel »Grenzerlös« gleich »Grenzkosten« der zusätzlichen Information abgeleitet. Was ist von dieser Regel übriggeblieben? Grenzerlöse und Grenzkosten der Information können unmittelbar gar nicht einander gegenübergestellt werden, denn bei der Entscheidung über unterschiedliche Informationsstände handelt es sich um eine Entscheidung unter Ungewißheit. Vielmehr ist zunächst das Wahlproblem klar zu formulieren:

(I) Sachentscheidung, ohne zusätzliches Wissen zu erwerben, oder
(II) Aufschieben der Sachentscheidung und Erwerb zusätzlichen Wissens.

Bei der Alternative (II) ist die Wahrscheinlichkeitsverteilung des Sachproblems neu zu bestimmen, weil einmal die Informationskosten die Zielbeiträge in allen Zukunftslagen mindern und zum anderen die Informationen selbst Handlungsmöglichkeiten und Umweltbedingungen verändern können.
Das zielentsprechende Ausmaß der Informationsbeschaffung wird Schritt für Schritt erreicht: Jede Information wird eingeholt, die entweder zu einer anderen Sachentscheidung führt oder bei gleicher Sachentscheidung zu einem höheren Erwartungswert des Risikonutzens. Das Optimum ist erreicht, wenn sich keine einholenswerte Information mehr bietet. Dieser Planungsvorgang verlangt alternative Planungsrechnungen für unterschiedliche Informationsstände. Der Planungsvorgang setzt damit voraus, daß keine Engpässe in der Informationsauswertung bestehen. Engpässe in der Informationsauswertung können ein Abbrechen der Vorentscheidungen über das Einholen aller Informationen erzwingen.
Diese Überlegungen gelten wie alle vorangehenden bei einem vorgegebenen Arbeitseinsatz des Entscheidenden. Sieht er sich nur Grenzentscheidungen gegenüber, dann wird der Entscheidende seinen Arbeitseinsatz verstärken, um sich überhaupt Informationsmöglichkeiten zu verschaffen, die ihm bessere Alternativen zu erarbeiten erlauben.

g) Zusammenfassung: Bestimmungsgründe für Programm- und Einzelentscheidungen unter Ungewißheit

Das Entscheidungsproblem unter Ungewißheit ist definiert durch sich gegenseitig ausschließende Zukunftslagen für alle Handlungsmöglichkeiten, durch eine mehrfache Zielsetzung (Sachziele und Sicherheitsstreben) und durch Rangordnungen über alle Zukunftslagen jeder Handlungsmöglichkeit für jedes Ziel. Jede Handlungsmöglichkeit wird gekennzeichnet durch die Beiträge zu den Sachzielen (z. B. Einkommenshöhen bei dem Sachziel Einkommensstreben) und durch die Zielgröße des Sicherheitsstrebens (die Glaubwürdigkeitsziffer) für jede ihrer Zukunftslagen: durch eine Wahrscheinlichkeitsverteilung.

Die erste Aufgabe des Entscheidenden ist es, die Wahrscheinlichkeitsverteilung jeder Handlungsmöglichkeit zu erarbeiten. Das erfordert zunächst Vorentscheidungen über die Beschaffung zusätzlichen Wissens. Wie dabei zu verfahren ist, wurde im vorigen Kapitel beschrieben. Solche Vorentscheidungen sind auf jeder Stufe des Entscheidungsprozesses unter Ungewißheit zu treffen.

Über zwei Stufen gelangt man zur Wahrscheinlichkeitsverteilung jeder Handlungsmöglichkeit:

Es sind die alternativen Zukunftslagen erschöpfend aufzuzählen, auf die jede Handlungsmöglichkeit treffen kann, und es sind die Glaubwürdigkeitsziffern zu bestimmen, die jeder alternativen Zukunftslage beigelegt werden sollen. Diese beiden Stufen führen zu den meisten Schwierigkeiten, denn hier geht es um die Abbildung von Vermutungen über die denkbare künftige Wirklichkeit in Entscheidungsmodellen.

Die zweite Aufgabe des Entscheidenden ist es, aus den durch Wahrscheinlichkeitsverteilungen beschriebenen Handlungsmöglichkeiten die zu verwirklichende Handlungsmöglichkeit auszusuchen. Dazu sind eine dritte und eine vierte Stufe zu bewältigen.

Auf der dritten Stufe ist durch Einordnen der Handlungsmöglichkeiten in alternative Handlungsprogramme nach Wegen der Risikominderung zu suchen. Durch die Programmplanung werden die wirtschaftlichen Bestimmungsgründe der Risikoneigung erfaßt.

Auf der vierten Stufe wird die persönliche Risikoneigung des Entscheidenden untersucht und in einer Entscheidungsregel ausgedrückt. Dazu sind Grundannahmen für vernünftiges Verhalten unter Ungewißheit abzuleiten. Die Suche nach Axiomen vernünftigen Verhaltens unter Ungewißheit führt durch eine gefährliche Fahrrinne: Von der Scylla der nichtssagenden, weil nicht widerlegbaren Leerformeln ist Abstand zu halten, und die Charybdis der unzulässigen Verallgemeinerungen von plausiblen Einzellösungen ist zu vermeiden.

Drei Grundannahmen vernünftigen Verhaltens folgen bereits aus der Definition des Entscheidungsproblems unter Ungewißheit: Das Rangordnungsprinzip, das die Entscheidungsfähigkeit sichert, das Unabhängigkeitsprinzip als logische Folge aus der Tatsache, daß unter Ungewißheit zwischen sich gegenseitig ausschließenden Zukunftslagen zu wählen ist, und das Dominanzprinzip, das unabhängig von der persönlichen Risikoneigung gute von schlechten Handlungsmöglichkeiten trennt.

Ein viertes Axiom, das Stetigkeitsprinzip, fordert Austauschbarkeit zwischen Sachzielen und Sicherheitsstreben. Der Austausch eines sicheren Einkommens gegen zwei Einkommenschancen wird nicht unter allen Umständen vom Entscheidenden vorgenommen werden, und deshalb ist das Stetigkeitsprinzip durch eine weitere Annahme in seinem Gültigkeitsbereich auf »Nicht-Grenzentscheidungen« zu beschränken.

Die drei Axiome, die sich aus der Definition des Entscheidungsproblems unter Ungewißheit herleiten und das in seinem Gültigkeitsbereich eingeschränkte Stetigkeitsprinzip erlauben es, die mehrfache Zielsetzung unter Ungewißheit umzuwandeln in eine (kardinal meßbare) Risikonutzenfunktion. Die mehrfache Zielsetzung aus z. B. Einkommensstreben und Risikoneigung verdichtet sich zu der Zielvorschrift: Maximiere den Erwartungswert des Risikonutzens! bzw.: Maximiere die Präferenzwahrscheinlichkeiten!

Das Setzen von Grundannahmen vernünftigen Verhaltens erlaubt zwei Aussagen:

1. Mit der Zielvorschrift: Maximiere den Erwartungswert des Risikonutzens (maximiere die Präferenzwahrscheinlichkeiten) läßt sich eine »vernünftige« Entscheidung unter Ungewißheit treffen.

»Vernünftiges« Verhalten unter Ungewißheit ist dabei definiert als Widerspruchsfreiheit im Hinblick auf die vorab in der Befragung geäußerte Risikoneigung. Das (eingeschränkte) Stetigkeitsprinzip und die drei aus der Definition des Entscheidungsproblems unter Ungewißheit folgenden Axiome der Rangordnung, der Dominanz, der Unabhängigkeit sichern dabei die innere Schlüssigkeit der Entscheidung.

Nur für Programmentscheidungen lassen sich die Präferenzwahrscheinlichkeiten verläßlich ermitteln. Bei Einzelentscheidungen besteht die Gefahr, daß die Präferenzwahrscheinlichkeiten durch gegenwärtige wirtschaftliche Umstände oder die Spielfreude beeinflußt werden. Einzelentscheidungen sind dadurch gekennzeichnet, daß die Verlustgefahr überschaubar ist und die Unternehmensexistenz nicht gefährdet wird. Deshalb entfällt das Prinzip der Beschränkung der Risikonutzenfunktion bei Einzelentscheidungen.

Da bei Einzelentscheidungen das Risiko »tragbar« ist, empfiehlt sich eine einfache Entscheidungsregel. *Wir wählen für Einzelentscheidungen den Erwartungswert.* Der Erwartungswert ist einfach zu handhaben; er erfüllt die vier Axiome der Theorie des Risikonutzens. Da bei Einzelentscheidungen Risikofreude, Risikoneutralität und Risikoscheu verfolgt werden können, andererseits eine einfache Entscheidungsregel gesucht werden muß, bietet sich der Erwartungswert als Mittelweg an. Allerdings ist eine Einschränkung zweckmäßig: In vielen Betrieben ist eine Gesamtplanung noch nicht möglich. Hier muß auch bei Einzelentscheidungen ein Risikomaß verwendet werden, um die Ungewißheit rechnerisch zu erfassen. In der Praxis versucht man durch Berechnung »kritischer Werte« bei Einzelentscheidungen die Ungewißheit zu erfassen. Kritische Werte erhöhen das Wissen des Unternehmers, solange keine ausgebaute Programmplanung besteht. Mit der Berechnung kritischer Werte werden wir uns S. 293 befassen.

2. *Das Setzen von Grundannahmen vernünftigen Verhaltens erlaubt ein Urteil über jene Entscheidungsregeln, welche die Literatur bevölkern.* Das Urteil ist hart:

a) Alle Entscheidungsregeln, die nur eine Zukunftslage für die Entscheidung auswählen (wie Minimax, häufigster Wert), sind unvernünftig; sie verstoßen zum Teil sogar schon gegen das Dominanzprinzip. Das gleiche Urteil trifft jene Entscheidungsregeln, die nur einige wenige Zukunftslagen berücksichtigen (wie Pessimismus-Optimismus-Kriterium) oder eine Zukunftslage wählen und Risikogrenzen als Nebenbedingung setzen.

b) Der Erwartungswert als alleiniges Entscheidungskriterium und jene Entscheidungsregeln, die aus Erwartungswert und Risikogrenze bzw. aus zwei Erwartungswerten (Erwartungswert aller Zahlungen und Verlusterwartung) bestehen, unterstellen Risikoneutralität und verstoßen dann noch gegen das Prinzip der Beschränkung. Sie sind deshalb für Programmentscheidungen unvernünftig.

c) Nimmt man in die Entscheidungsregel Erwartungswert und Streuungsmaß auf, dann genügt die Regel zwar allen fünf Axiomen (vgl. S. 135 f.), legt jedoch die Risikoneigung zu eng fest: Der Grenznutzen des Einkommens in bezug auf das Risiko fällt linear. Immerhin kann diese Entscheidungsregel in vielen Fällen als brauchbare Annäherung verwandt werden. Erwartungswert und Streuungsmaß bilden darüber hinaus stets eine vernünftige Entscheidungsregel, wenn die Zukunftslagen einer Wahrscheinlichkeitsverteilung genügen, die einer Normalverteilung entspricht. Aber davon kann man bei wirtschaftlichen Entscheidungen nicht ausgehen, denn hier liegen nur sehr selten Zufallsabhängigkeiten vor, die normal verteilt sind.

Eine grundsätzliche Bemerkung sei zum Abschluß gestattet:
Die Ungewißheit der Daten ist seit Jahren ein beliebter Einwand gegen die Ansätze der betriebswirtschaftlichen Theorie. Man sagt: Ins einzelne gehende Investitionsrechnungen, langfristige, detaillierte Investitions- und Finanzpläne, lohnten sich nicht angesichts der Ungewißheit. Gegen alle Versuche, unter (zunächst) vereinfachenden Annahmen eindeutige Aussagen zu gewinnen, wendet man die »Ungewißheit der Daten« ein. Die Ungewißheit ist unbestreitbar. Aber der Einwand ist trotzdem verfehlt. Der Einwand geht fehl, weil kein vernünftiger Mensch glaubt, ein betriebswirtschaftliches Planungsmodell könne a priori richtige Entscheidungen liefern. Theoretische Überlegungen rechtfertigen sich nur dadurch, daß sie zu besseren Lösungsvorschlägen führen können, als sie bisher dargestellt und in der Praxis angewandt wurden. Eine bessere Lösung ist dabei eine solche, die deutlicher die Voraussetzungen herausarbeitet, die weniger stillschweigende Annahmen — und das heißt: weniger vorsätzliche Fehler — enthält als die bisherige Übung. Die »Ungewißheit der Daten« ist nur dann ein ernst zu nehmender Einwand, wenn nicht alle Methoden zur Einengung der Ungewißheit erschöpft worden sind, z. B. keine Programmplanung erfolgt.

Bei Entscheidungsproblemen stellt sich jedoch regelmäßig nur folgende Alternative: Eine gefühlsmäßige (traditionelle, praktische) Entscheidungsregel steht gegen eine logisch durchdachte theoretische Entscheidungsregel. Eine praktische Entscheidungsregel lautet z. B.: Wir rechnen in der Investitionsplanung mit Sicherheitsabschlägen. Von den »erwarteten Einnahmen« (vermutlich also: dem häufigsten Wert) schlagen wir sicherheitshalber 25% ab (oder erhöhen den Kalkulationszinsfuß entsprechend). Lohnt sich danach die Investition noch, gilt sie als beschlossen.
Die theoretische Entscheidungsregel fordert demgegenüber: Nachdenken über die Höhe der Einnahmen bei allen wesentlichen Zukunftslagen, Abschätzen der Glaubwürdigkeit der einzelnen Zukunftslagen, Festlegen der Risikoneigung und Treffen einer vernunftgemäßen Entscheidung im Hinblick auf die geäußerte Risikoneigung, z. B. nach der Regel »Maximiere die Präferenzwahrscheinlichkeiten«.
Die gefühlsmäßige Entscheidungsregel erfaßt und bewertet die Ungewißheit stillschweigend, die theoretische Entscheidungsregel legt die Ungewißheit offen. Durch das Offenlegen erkennt man erst die Voraussetzungen, welche die Lösung eines Problems verlangt. Beide Entscheidungsregeln stehen vor derselben Ungewißheit der Zukunft. Es unterliegt keinem Zweifel, daß das theoretische Verfahren mit besseren Gründen gerechtfertigt werden kann.

B. Die Grundlagen finanzwirtschaftlicher Unternehmenspolitik

I. Die Unternehmung als Investitions- und Finanzierungsobjekt

a) Zahlungs- und Leistungsbereich der Unternehmung

Betriebe (Unternehmungen) sind wirtschaftliche Einheiten, die der Erstellung von Gütern und Dienstleistungen dienen. Gedanklich läßt sich jeder Betrieb in einen Leistungsbereich und einen Zahlungsbereich zerlegen. Im Leistungsbereich vollzieht sich die Kombination von Produktionsfaktoren (der menschlichen Arbeit und der Sachmittel). Der Zahlungsbereich umfaßt die durch die unternehmerischen Entscheidungen ausgelösten Zahlungsströme.

Die Trennung in Leistungsbereich und Zahlungsbereich erweist sich für viele Fragen als zweckmäßig, insbesondere, wenn es gilt, ein System des unternehmerischen Rechnungswesens zu entwickeln[1]. Die Trennung führt allerdings zu Schwierigkeiten bei Dienstleistungsbetrieben, die sich mit Finanzgeschäften abgeben, denn für ein Kreditinstitut ist die Erfüllung eines Kreditantrages ebenso eine Leistung wie im Walzwerk die Erledigung eines Auftrages über 50 t Karosserieblech. Für Kreditinstitute fallen Leistungsbereich und Zahlungsbereich zum großen Teil zusammen. Wir wollen die Abgrenzungsschwierigkeiten hier nicht weiter verfolgen. Das Leitbild unserer Erörterungen ist der Industriebetrieb. Die »Allgemeine« Betriebswirtschaftslehre ist bisher durchweg – und trotz mancher Kritik – als Betriebswirtschaftslehre der industriellen Unternehmung verstanden worden. Warum auch nicht? Für die Fragen, die in der formalen (»reinen«) Theorie behandelt werden, ist das Leitbild einer realen (Industrie-, Handels-, Bank-) Unternehmung belanglos. Und für die »operationale« Theorie, für den Versuch also, Modelle so zu formulieren, daß mit ihnen unternehmungspolitische Aufgaben gelöst werden können, sind die grundsätzlichen Probleme (z. B. Grenzerlöse, Grenzrenditen, Grenzkosten zu bestimmen) für alle Wirtschaftszweige dieselben. Weiter gilt: Sobald es gelungen sein wird, praktisch brauchbare Investitions-, Produktions- und Absatzmodelle für Industrieunternehmen zu entwickeln, ist es zur Lösung der Investitions-, Produktions- und Absatzprobleme von Handels-, Bank- und Versicherungsunternehmungen nur noch ein kleiner Schritt. Nur soweit Unternehmenskunde betrieben und auf der Unternehmenskunde aufbauende Fallösungen für Einzelbetriebe gesucht werden, gewinnt die Art des Betriebes Bedeutung.

Im weiteren betrachten wir zunächst den Zahlungsbereich; die Verbindung von finanzwirtschaftlichen und leistungswirtschaftlichen Aussagen ist Gegenstand von Kapitel F.

Die Bedeutung des Zahlungsbereichs für die Unternehmungspolitik ist offenkundig: Die Aufrechterhaltung der Zahlungsbereitschaft (Liquidität) ist Voraussetzung für das

[1] Vgl. z. B. *Ernst Walb*, Die Erfolgsrechnung privater und öffentlicher Betriebe. Berlin–Wien 1926, S. 42–45.

Weiterbestehen der Unternehmung. Ist die Unternehmung nicht mehr zahlungsfähig, dann muß sie Konkurs anmelden oder versuchen, über ein Vergleichsverfahren oder andere Sanierungsmaßnahmen ihre Existenz zu retten.
Die Bedeutung des Zahlungsbereichs liegt weiterhin darin, daß im Zielsystem eines Unternehmers stets finanzielle Zielgrößen (Einkommen, Vermögen) enthalten sind. Soweit ein Unternehmer nach Einkommen strebt, betreibt er die Unternehmung nach der Regel »Geld – Ware – mehr Geld«. Er sieht sie als Investitions- und Finanzierungsobjekt an. Betrachten wir die Unternehmung als Investitions- und Finanzierungsobjekt, dann ist die Unternehmung durch die Zahlungsströme definiert, die aus den Entscheidungen des Unternehmers folgen. Die Zahlungsreihe einer Unternehmung besteht aus den Zugängen an Zahlungsmitteln (Einnahmen) und den Abgängen (Ausgaben). Mitunter werden in der Literatur Einnahme und Einzahlung, Ausgabe und Auszahlung unterschieden. Ich sehe darin keinen Sinn: Über das Wohl und Wehe einer Unternehmung entscheiden die tatsächlichen Zahlungen. Nur sie interessieren bei Investitions- und Finanzierungsentscheidungen.
Von einer Zahlungsreihe, einem Zahlungsstrom, kann man nur im Zeitablauf sprechen. Wir müssen deshalb den Zeitbezug der Zahlungsströme näher bestimmen. Wir untergliedern das Unternehmensgeschehen in einzelne Abrechnungsperioden. Für manche finanzwirtschaftlichen Fragen ist die Abrechnungsperiode sehr kurz zu wählen: Bei der Liquiditätsplanung kann sie nicht länger als einen Tag dauern. Die Fragen der Kassenhaltung (Liquiditätsplanung) und der kurzfristigen Finanzplanung interessieren jedoch nicht bei Erörterung des Problemkreises Investition und Finanzierung, und deshalb werden wir eine längere Abrechnungsperiode wählen.
Die Abrechnungsperiode leistungswirtschaftlicher Planungen (der Beschaffungs-, Produktions- und Absatzplanung) beträgt regelmäßig ein Vielfaches der Abrechnungsperiode der Kassenplanung (der Liquiditätsplanung). Für den Problemkreis Investition und Finanzierung interessiert der Verlauf der Zahlungsreihe auf »längere Sicht«, d. h. über mehrere leistungswirtschaftliche Abrechnungsperioden hinweg.
Hierzu ein Beispiel: In einer Unternehmung betrage z. B. die Mindestplanperiode für die Abteilung Kassenhaltung einen Tag. Die kurzfristige Finanzplanung der Unternehmung umschließt jeweils drei Monate, weil die leistungswirtschaftliche Abrechnungsperiode (die Zeitspanne, innerhalb derer die leistungswirtschaftlichen Abteilungen regelmäßig ohne Abstimmung mit der Finanzabteilung handeln) drei Monate beträgt. Alle drei Monate wird ein gegenseitig abgestimmter Beschaffungs-, Produktions-, Absatz- und Finanzplan für die Unternehmung insgesamt vom Vorstand beschlossen. Dieser Gesamtplan trägt nach dem üblichen Sprachgebrauch »kurzfristigen« Charakter. Der Investitions- und Finanzausschuß des Vorstandes beschäftigt sich mit den Ergebnissen dieser kurzfristigen Gesamtplanung. Der Investitions- und Finanzausschuß interessiert sich für die geplanten und tatsächlichen (summierten) Einnahmen und Ausgaben zu jedem Quartalsschluß. Für Entscheidungen über Anlageinvestitionen genügt es in der Regel sogar, die voraussichtlichen Zahlungsströme nur für zwei Zahlungszeitpunkte in jedem Jahr (Anfang, Ende) zu planen.
Wir werden im folgenden von einer solchen ein Jahr umfassenden Abrechnungsperiode

ausgehen (sofern im Einzelfall keine anderen Annahmen erfolgen). Die Zahlungsreihen der Unternehmen, die im folgenden betrachtet werden, entstehen somit aus den (im Jahresablauf angehäuften) Einnahmen und Ausgaben, bezogen auf den Anfang oder das Ende eines jeden Jahres. Wir gehen also von der Vereinfachung aus, daß Zahlungen nur an den Nahtstellen zweier Perioden anfallen. Um zwischenzeitliche (»kurzfristige«) Liquiditätsprobleme auszuschalten, beziehen wir sämtliche leistungswirtschaftlichen Ausgaben während einer Periode auf den Periodenanfang, sämtliche leistungswirtschaftlichen Einnahmen auf das Periodenende. Zur Deckung der Ausgaben stehen finanzwirtschaftliche Einnahmen bereit (Einlagen der Gesellschafter, Kreditaufnahmen) sowie die Einnahmenüberschüsse der Vorperiode. Erfolgen finanzwirtschaftliche Ausgaben während eines Jahres (Zins- und Tilgungszahlungen, Rückzahlung von Einlagen), dann werden sie gedanklich auf den Periodenanfang vorverlegt. Wenn wir sagen, eine Investition sei z. B. durch eine Ausgabe von 100 in t_0 und eine Einnahme von 150 in t_1 gekennzeichnet, dann sind in t_0, dem 2. Januar 1973, sämtliche Ausgaben für die Investition im Jahre 1973 angehäuft und in t_1, dem 31. Dezember 1973, sämtliche Einnahmen aus der Investition im Jahre 1973 erfaßt. Unser Vorgehen ist eine Vereinfachung, um kurzfristige Liquiditätsprobleme auszuschalten. Wem das Vorgehen als zu grob erscheint, der muß mit mehreren Zahlungszeitpunkten während eines Jahres rechnen, also z. B. ein Quartal, einen Monat oder gar jeden Tag als Abrechnungsperiode wählen. Nur wenn die Erhaltung der Liquidität keine Probleme aufwirft, können Ausgaben und Einnahmen einer Periode gemeinsam auf einen Zahlungszeitpunkt, z. B. das Periodenende, bezogen werden.

b) Die Begriffe Investition und Finanzierung

Die Begriffe Investition und Finanzierung ordnen wir allein dem Zahlungsbereich der Unternehmung zu. Das steht nicht im Einklang mit dem üblichen Sprachgebrauch. Mit dem Wort Investition verbindet man praktisch einen leistungswirtschaftlichen *und* einen finanzwirtschaftlichen Aspekt. *Investition wird regelmäßig definiert als die Umwandlung von Geld in Betriebsgüter.* Der Begriff Betriebsgüter wird dabei von den einzelnen Autoren unterschiedlich weit gefaßt: nur Anlagegüter oder Anlagevermögen und Umlaufvermögen einschließlich Finanzanlagen (wie Beteiligungen) oder ohne Finanzanlagen[2].

Wenn man sich dieser Definition von »Investition« anschließen wollte, dann erschiene die weiteste Fassung (Sach- und Finanzanlagen) zweckmäßig.

Der leistungswirtschaftliche Aspekt der Investitionen äußert sich darin, daß durch die Umwandlung von Geld in Betriebsgüter eine Leistungsbereitschaft geschaffen wird, Faktorkapazitäten bereitgestellt werden. Bei der praktischen Anwendung des Investi-

[2] Vgl. dazu z. B. *Erich Preiser*, Der Kapitalbegriff und die neuere Theorie. In: Die Unternehmung im Markt, Festschrift für Wilhelm Rieger. Stuttgart–Köln 1953, S. 14–38, hier S. 37; *Karl Hax*, Langfristige Finanz- und Investitionsentscheidungen. In: Handbuch der Wirtschaftswissenschaften, Bd. 1, herausgegeben von Karl Hax, Theodor Wessels, 2. Aufl., Köln–Opladen 1966, S. 399–489, hier S. 403 f.; *Ludwig Pack*, Betriebliche Investition. Wiesbaden 1959, S. 45.

tionsbegriffs engt die Literatur jedoch den Begriff auf den finanzwirtschaftlichen Aspekt ein: Unter der Überschrift »Investitionsplanung«, »Investitionsrechnung« werden nur die finanzwirtschaftlichen Folgen der Investition, ihre Zahlungsströme also, betrachtet. Der leistungswirtschaftliche Aspekt (der »Kapazitätseffekt« der Investitionen) wird unter anderen Überschriften (Kapazitäts-, Betriebsgrößenplanung, Produktion) behandelt. Die Literatur hält sich also nicht an ihren Investitionsbegriff. Um eine Theorie der Abstimmung von Investition und Finanzierung zu ermöglichen, ist es zweckmäßig, den Begriff Investition allein dem Zahlungsbereich der Unternehmung zuzuordnen.
Wir definieren: *Eine Investition ist durch einen Zahlungsstrom gekennzeichnet, der mit einer Ausgabe beginnt.* Die Definition wird begründet, nachdem der Finanzierungsbegriff geklärt ist.
Die Literatur zum Investitionsbegriff ist nicht einheitlich, aber auch nicht umfangreich. Beim Begriff »Finanzierung« hingegen ist der Meinungssalat furchterregend. Die Bandbreite der Begriffsinhalte erstreckt sich von der »Kapitalbeschaffung für Anlageninvestitionen« bis zu »allen Kapitaldispositionen im Leben der Unternehmung« (und da fast alle unternehmerischen Entscheidungen Kapitaldispositionen nach sich ziehen, hätte danach die Betriebswirtschaftslehre fast ausschließlich mit »Finanzierung« zu tun[3]). Die vorherrschende Meinung bezeichnet mit *Finanzierung* nur *die Kapitalbeschaffung*[4], nicht die Kapitalverwendung.
Von der Definition: »Finanzierung gleich Kapitalbeschaffung« könnte man ausgehen, wenn nicht der Begriff Kapital zu den schillerndsten der Wirtschaftswissenschaft gehörte. Über das, was Kapital ist, wurde vor allem in der Volkswirtschaftslehre gestritten. Für betriebswirtschaftliche Fragen sind eigentlich nur zwei Definitionen von Bedeutung:
(a) Kapital als abstrakte Wertsumme des Vermögens; d. h. praktisch: Kapital ist alles, was auf der Passivseite der Bilanz steht (von Wertberichtigungen abgesehen), und
(b) Kapital als Geld, als Zahlungsmittelbestand[5].
Im Grunde kann man beim Begriff Finanzierung nur die zweite, »monetäre« Fassung von Kapital meinen; denn Geld kann man beschaffen, abstrakte Wertsummen nicht. Indes: Wenn Finanzierung Zahlungsmittelbeschaffung ist, wozu braucht man dann den Begriff Kapital? Beschaffung von Zahlungsmitteln heißt: für Einnahmen sorgen. Folglich können wir sagen: *Ein Finanzierungsvorgang ist durch einen Zahlungsstrom gekennzeichnet, der mit einer Einnahme beginnt.*
Investition und Finanzierung unterscheiden wir deshalb nur durch das Vorzeichen der ersten Zahlung, und das heißt, Investition und Finanzierung sind zwei Seiten ein und derselben Sache: *Es geht um die zielentsprechende Gestaltung des Zahlungsbereichs, um den »optimalen Finanzplan« der Unternehmung.* Deshalb ist es auch von untergeordneter Bedeutung, ob wir eine Entscheidung als Investitions- oder Finanzierungs-

[3] Vgl. *Karl Hax,* Buchbesprechung zu Beckmann, L[iesel], Die betriebswirtschaftliche Finanzierung. 2. Aufl. In: ZfhF, NF, Jg. 9 (1957), S. 408–411, bes. S. 410.
[4] Vgl. z. B. *Karl Hax,* Langfristige Finanz- und Investitionsentscheidungen, S. 415 f. Eine Systematik der unterschiedlichen Finanzierungsbegriffe versucht *Werner Engelhardt,* Die Finanzierung aus Gewinn im Warenhandelsbetrieb und ihre Einwirkungen auf Betriebsstruktur und Betriebspolitik. Berlin 1960, S. 27–54.
[5] Ähnlich *Preiser,* S. 16: Kapital ist Geld für Investitionszwecke.

entscheidung bezeichnen. Weniger aus sachlicher Notwendigkeit als um der guten Ordnung willen trennen wir deshalb Investition und Finanzierung und sagen: *Eine unternehmerische Entscheidung ist eine Investitionsentscheidung, wenn der durch sie ausgelöste Zahlungsstrom mit einer Ausgabe beginnt. Eine unternehmerische Entscheidung ist eine Finanzierungsentscheidung, wenn der durch sie ausgelöste Zahlungsstrom mit einer Einnahme beginnt*[6].

Neue Definitionen rechtfertigen sich nur, wenn sie die wissenschaftlichen Aussagen verbessern oder erleichtern. Worin liegen die Vorzüge unserer Definition?

(1) Ziel ist es, optimale Investitions- und Finanzierungsentscheidungen abzuleiten. Für dieses Ziel müssen Investition und Finanzierung in einheitlichen Größen gemessen werden. Wir messen sie in Einnahmen und Ausgaben, in Zahlungsvorgängen.

(2) Werden Investition und Finanzierung als sich entsprechendes Begriffspaar definiert, dann ist es offensichtlich, daß die Methoden, die zur Bestimmung der Vorteilhaftigkeit einer Investition dienen, in gleicher Weise (nur mit anderem Vorzeichen) zur Bestimmung der Vorteilhaftigkeit einer Finanzierungsmaßnahme dienen können.

(3) Mehrdeutige Begriffe, wie Kapital, bleiben aus der Definition ausgeschlossen. Wenn wir den Begriff Kapital benutzen, können wir ihn auf die zeitpunktbezogene Bedeutung „abstrakte Wertsumme", also auf die Bilanz, beschränken. Sobald die monetäre Definition gemeint ist, sprechen wir lieber gleich von Geld. Die bilanzmäßige Betrachtung des Kapitals ist zweckmäßig, wenn das Problem der optimalen Kapitalstruktur untersucht werden soll. Die Kapitalstruktur beschreibt das Verhältnis der einzelnen Arten der internen und externen Finanzierung zueinander, insbesondere das Verhältnis von Eigenfinanzierung und Selbstfinanzierung zur Fremdfinanzierung.

Gegen die Definition von Investition und Finanzierung ließe sich einwenden:

(1) Die Definition weicht vom üblichen – aber doch uneinheitlichen – Sprachgebrauch ab.

(2) Es lassen sich Fälle denken, welche die Begriffsbildung in Frage stellen. Zwei Beispiele:

(a) Ein Finanzmakler verlangt die Barzahlung seiner Vermittlungsprovision, ehe der Kredit ausbezahlt wird. Nach unserer Definition ist das Geschäft als Investition zu bezeichnen. Wenn die Bezahlung der Provision Jahre vor der Kreditauszahlung erfolgen muß, wird sich kaum jemand daran stoßen, dieses Geschäft als »Investition« zu bezeichnen. Doch für den Investitionsbegriff kann nicht entscheiden, wann eine Ausgabe vor der Einnahme anfällt.
(b) Das Verteidigungsministerium gibt an eine Unternehmung einen Entwicklungsauftrag für einen neuen Senkrechtstarter und leistet eine Anzahlung. Praktisch wird der Entwicklungsauftrag so abgewickelt werden, daß das Ministerium eine Anzahlung leistet und in regelmäßigen Abständen nach den Abrechnungen der Unternehmung Zwischenzahlungen leistet. Der finanzwirtschaftliche Teil dieses Geschäfts zählt nach unserer Definition zur Finanzierung, weil die erste Einnahme vor den Ausgaben liegt. Tatsächlich kann man hier und in ähnlichen Fällen mit

[6] Die Definition geht zurück auf *Bertil Hållsten*, Investment and Financing Decisions. On Goal Formulation and Model Building. Stockholm 1966, S. 17 f., Hållsten widerlegt in diesem Zusammenhang die Trennung Erich Schneiders in Investitionen vom Typ I und Typ II (*Erich Schneider*, Wirtschaftlichkeitsrechnung. Theorie der Investition. 7. Aufl., Tübingen–Zürich 1968, S. 9 f.).

Anzahlung von einer mindestens teilweisen Finanzierung durch den Auftraggeber sprechen. Wird der Entwicklungsauftrag vom Auftraggeber voll vorfinanziert, kann sich die Unternehmung auf die leistungswirtschaftlichen Tätigkeiten beschränken.

Begriffliche Schwierigkeiten treten also bei der Frage auf, ob eine Maßnahme Investition oder Finanzierung sei. Aber diese Frage hat im Grunde keine betriebswirtschaftliche Bedeutung. Über die Vorteilhaftigkeit der Maßnahme entscheiden ihre Zahlungsströme, gleichgültig, wie man sie benennt.

Die meisten Investitions- und Finanzierungsentscheidungen in der Praxis führen zudem zu typischen Zahlungsverläufen: Nach Investitionsentscheidungen entstehen zunächst Ausgaben und später (hoffentlich) Einnahmen; auf Finanzierungsentscheidungen folgen zunächst Einnahmen und später (leider) Ausgaben. Nach Abwägen der Vor- und Nachteile erscheint die vom üblichen Sprachgebrauch abweichende Begriffsbildung berechtigt.

c) Das System der Finanzierungsquellen

In welchem Verhältnis steht der Finanzierungsbegriff zu der üblichen Systematik der Finanzierungsquellen?
Üblicherweise trennt man externe Finanzierung von interner Finanzierung und ordnet der externen Finanzierung die Beschaffung neuen Eigenkapitals und neuen Fremdkapitals zu. Zur internen Finanzierung zählt die Finanzierung aus Umsatzerlösen (»über den Produktpreis«), buchhalterisch gesehen z. B. in Form von Abschreibungs- und Rückstellungsgegenwerten, der Zurückbehaltung von Gewinnen (Selbstfinanzierung). Zur internen Finanzierung zählt man ferner die Finanzierung durch Vermögensumschichtung, d. h. durch Verminderung des betriebsnotwendigen Vermögens, wie Lagerabbau, und durch Verkauf nicht betriebsnotwendiger Vermögensteile, z. B. Veräußerung von Reservegrundstücken[7]. Im einzelnen läßt sich folgendes System entwickeln:

I. Externe Finanzierung
- a) Eigenfinanzierung
  1. Erhöhung von Kapitalanteilen der Gesellschafter
  2. Eintritt neuer Gesellschafter
- b) Fremdfinanzierung
  1. Kapitalmarktkredite (wie Schuldverschreibungen)
  2. Bankkredite
  3. Lieferantenkredite
  4. Kredite sonstiger Außenstehender (z. B. Staatskredite)
  5. Gesellschafterdarlehen

II. Interne Finanzierung
- a) Finanzierung aus ordentlichen Umsatzerlösen
  1. über verrechneten Aufwand
     aa) Abschreibungen

[7] Vgl. z. B. *Karl Hax,* Langfristige Finanz- und Investitionsentscheidungen, S. 415 f.

bb) Rückstellungen

cc) sonstige Aufwandsposten, die nicht unmittelbar zu Ausgaben führen (z. B. Materialentnahmen vom Lager)

2. aus zurückbehaltenen buchhalterischen Gewinnen (Selbstfinanzierung)

aa) aus nichtausschüttungsfähigem buchhalterischem Gewinn (z. B. Substanzerhaltungsrücklagen: unternehmenserhaltende Selbstfinanzierung)

bb) aus ausschüttungsfähigem Gewinn: wachstumsfördernde Selbstfinanzierung

b) Finanzierung aus außerordentlichen Umsatzerlösen

1. Verminderung des betriebsnotwendigen Vermögens
2. Verkauf nicht betriebsnotwendigen Vermögens

Gegen das System kann man zwei formale Einwände erheben. Zunächst fließen auch die Umsatzerlöse von außen in die Unternehmung, insofern gibt es keine »interne« Finanzierung. Bei diesem Einwand wird übersehen, daß mit der Trennung extern und intern nicht die Unternehmung gemeint ist, sondern der Leistungsbereich der Unternehmung.

Mit externer Finanzierung sind die Vorgänge gemeint, die nur den Zahlungsbereich der Unternehmung berühren: Finanzgeschäfte, die (beim Industrie- und Handelsbetrieb) im Grundsatz unabhängig von dem Leistungsbereich sind; allerdings nur im Grundsatz, weil häufig zusätzliches Eigenkapital oder zusätzliche Kredite nur aufgrund von Interessen Außenstehender an der Leistungserstellung zu bekommen sind, z. B. wenn sich ein Großkunde an einer Unternehmung beteiligt.

Mit interner Finanzierung sind diejenigen Vorgänge gemeint, die Zahlungs- und Leistungsbereich der Unternehmung berühren. Umsatzerlöse setzen das Beschaffen von Produktionsfaktoren, das Erstellen von Leistungen voraus. Jeder internen Finanzierung sind also Investitionen vorangegangen. Mit interner Finanzierung bezeichnet man die Einnahmen aus früheren Investitionen: die späteren Einnahmen in einem Zahlungsstrom, der mit einer Ausgabe begann. Die Investition: Kauf einer Ware in t_0 und Verkauf in t_1

t_0	t_1
− 100	+ 150

führt also in t_1 zu »interner Finanzierung«, zu Umsatzeinnahmen.

Wer begriffliche Wortklaubereien liebt, könnte nun schließen: Da aber Investitionen vorgenommen werden, um Einnahmen zu erzielen, zählt die interne Finanzierung in unserem System strenggenommen nicht zur Finanzierung, sondern sei der zweite Akt einer Investition. Dementsprechend sei es auch verfehlt, die späteren Zahlungen (Ausgaben) eines Zahlungsstroms, der mit einer Einnahme begann, als Investition zu bezeichnen, wie Erwerb eigener Schuldverschreibungen oder eigener Aktien, Rückkauf laufender eigener Wechsel.

Das Problem löst sich einfach: Investition und Finanzierung sind zwei Seiten ein und derselben Sache. Jede Desinvestition führt zu Einnahmen, und jede »Entfinanzierung«

(Tilgung) erfordert Ausgaben. Wenn aus früheren Investitionsentscheidungen heute Einnahmen fließen, dann erlauben eben die früheren Entscheidungen heute die Finanzierung neuer Vorhaben.

Ein zweiter Einwand lautet: Das System enthält Überschneidungen, z. B. bei den Lieferantenkrediten und der Finanzierung aus Umsatzerlösen über verrechneten Materialaufwand bzw. bei Lagerabbau und Verminderung des betriebsnotwendigen Vermögens. Hier entsteht die Frage, was ordentlicher und was außerordentlicher Umsatz ist.

Es überschneiden sich ferner Fremdfinanzierung und Finanzierung aus Rückstellungen, denn es unterliegt keinem Zweifel, daß z. B. Pensionsrückstellungen Fremdkapital darstellen. (Die »Verlustrückstellungen«, z. B. Rückstellungen für Garantieleistungen, enthalten hingegen Eigen- und Fremdkapitalteile). Die Überschneidung ist zwangsläufig, denn die externe Finanzierung wird nach dem juristischen Kriterium untergliedert: Wer hat das Eigentum?, die interne Finanzierung nach dem Sachkriterium: Was ist Aufwand, was ist Gewinn? Allerdings habe ich wenig Scheu, diese Unlogik in Kauf zu nehmen. Eine einwandfreie Systematik müßte auf viele in der Praxis eingebürgerte Begriffe verzichten. Bei diesem einfachen Zusammenhang wie der Systematik der Finanzierungsquellen scheinen mir Überschneidungen das geringere Übel gegenüber ungewohnten Begriffen zu sein.

Nicht zur Finanzierung gehört allerdings das Hinauszögern von Ausgaben, das Unterlassen von Investitionen. Für den Finanzierungsbegriff ist es wesentlich, daß Geld in die Kasse kommt, und das ist hier nicht der Fall. Die Liquidität, das »finanzwirtschaftliche Gleichgewicht«, kann natürlich genausogut gewahrt werden durch zusätzliche Einnahmen (Finanzierung) wie durch Unterlassen von Ausgaben (Investitionen). Wir müssen also beachten, daß die Zahlungsbereitschaft (Liquidität) der Unternehmung sowohl durch Finanzierungstätigkeiten wie durch Verzögerung von Investitionen (Unterlassen von Ausgaben) erreicht werden kann.

d) Das Verhältnis von Investitions- und Finanzierungstheorie zur finanzwirtschaftlichen Unternehmenskunde

Ziel dieses Buches ist eine Theorie finanzwirtschaftlicher Unternehmungspolitik. Eine solche Theorie soll vernunftgemäße Investitions- und Finanzierungsentscheidungen erleichtern. Eine Theorie der finanzwirtschaftlichen Unternehmungspolitik muß Investition und Finanzierung als Einheit sehen. Sie hat also Aussagen zu treffen über die optimale Geldanlage (Investition) und damit über die Bestimmungsgründe des Zahlungsmittelbedarfs und über die optimale Geldbeschaffung (Finanzierung). Die Theorie finanzwirtschaftlicher Unternehmungspolitik sucht finanzwirtschaftliche Unternehmenskunde und formale Investitions- und Finanzierungstheorie in einer »operationalen« Theorie zu vereinen. Unmittelbar anwendbar wird auch eine solche Theorie kaum jemals sein (schließlich ist es nicht Aufgabe der Theorie, den Unternehmer zu ersetzen). Stets muß von mehreren praktisch bedeutsamen Einflüssen abstrahiert werden. Hier wird z. B. vernachlässigt das Problem der Organisation der Investitions- und Finanzierungsentscheidungen. Die Art der Organisation oder ob eine Vorstandsgruppe harmoniert oder untereinander verfeindet ist, beides hat erheblichen Einfluß auf die

Entscheidungen, was investiert und wie finanziert werden soll. Unter diesen Einschränkungen soll versucht werden, die bestehende Investitions- und Finanzierungstheorie in Richtung auf eine finanzwirtschaftliche Unternehmungspolitik weiterzuentwickeln.
Voraussetzung finanzwirtschaftlicher Unternehmungspolitik ist die Kenntnis der finanzwirtschaftlichen Unternehmenskunde. Die finanzwirtschaftliche Unternehmenskunde enthält die technischen Kenntnisse, über die jeder Praktiker in der Finanzabteilung einer Unternehmung verfügen muß. Die finanzwirtschaftliche Unternehmenskunde läßt sich in drei Wissensgruppen unterteilen: finanzwirtschaftliche Strukturlehre, finanztechnische Geschäfte, Technik finanzwirtschaftlicher Analysen.
Die *finanzwirtschaftliche Strukturlehre* vermittelt das Wissen über die rechtlichen Bedingungen einzelner Finanzierungsmaßnahmen und die Kenntnis jener buchtechnischen und rechtlich-organisatorischen Maßnahmen (z. B. einer Fusion), die oftmals Voraussetzung für die geordnete Finanzwirtschaft einer Unternehmung sind.
Der Bereich *finanztechnischer Geschäfte* umschließt das Wissen über die Einzelheiten der Finanzierungsarten und des Zahlungsverkehrs. Auch hier sind Rechtskenntnisse notwendig, z. B. Kenntnis des Wechsel- und Scheckrechts, der aktienrechtlichen Vorschriften über die Kapitalerhöhung u. ä.
Zur finanzwirtschaftlichen Unternehmenskunde gehört letztlich *die Technik finanzwirtschaftlicher Analysen:* Wie erstellt man eine Kapitalbedarfsrechnung bzw. einen Finanzplan? Wieweit kann man aus einer Bilanz auf die Kreditwürdigkeit einer Unternehmung schließen? Bilanzanalysen und Bewegungsbilanzen, die Aussagefähigkeit einzelner Bilanzpositionen, das Erkennen von stillen Reserven in der Bilanz u. ä., all das ist notwendig, um über die Kreditwürdigkeit einzelner Unternehmen zu urteilen und zu entscheiden: Soll langfristig Lieferantenkredit gewährt werden? Soll eine Beteiligung erworben werden? Die Kenntnis der Technik finanzwirtschaftlicher Analysen ist auch notwendig, um den eigenen Kreditantrag bei einer Bank zu begründen.

Im einzelnen zählen zur finanzwirtschaftlichen Unternehmenskunde somit:

a) Finanzwirtschaftliche Strukturlehre
   1. Finanzwirtschaftliche Kriterien für die Wahl der Rechtsform der Unternehmung
   2. Die Gründung als finanzwirtschaftliches Problem
   3. Umwandlung und Verschmelzung als finanzwirtschaftliches Problem
   4. Sanierung
   5. Liquidation

b) Finanztechnische Geschäfte
   1. Technik der Eigenfinanzierung: Kapitalerhöhungen
   2. Technik der Fremdfinanzierungen über den Kapitalmarkt: Ausgabe von Obligationen, Wandelschuldverschreibungen
   3. Schuldscheindarlehen
   4. Bankkredite einschließlich Außenhandelsfinanzierung
   5. Lieferantenkredite in ihren einzelnen Formen
   6. Sonstige Finanzquellen, z. B. Leasing von Anlagegütern
   7. Technik des Zahlungsverkehrs

c) Technik finanzwirtschaftlicher Analysen
   1. Kapitalbedarfsrechnungen
   2. Das Aufstellen von Finanzplänen
   3. Finanzwirtschaftliche Bilanzanalysen
   4. Kreditwürdigkeitsprüfungen

Die finanzwirtschaftliche Unternehmenskunde wird hier nicht dargestellt. Über die technischen bzw. rechtlichen Einzelheiten gibt es hinreichend Literatur, wenn auch kein umfassendes Gesamtwerk. Auch ohne die Fülle an einzelnen finanzwirtschaftlichen Techniken aufzuführen, ist dieses Buch umfangreich genug geworden.

Die finanzwirtschaftliche Unternehmenskunde darzustellen, ist eine Aufgabe, welche die herkömmliche betriebswirtschaftliche Finanzierungslehre hätte erfüllen sollen.

Die Finanzierungslehre wählte zwar als Ausgangspunkt mitunter einen sehr umfassenden Begriff der Finanzierung (z. B. »Finanzierung umfaßt alle Kapitaldispositionen«), aber dem weiten Begriff folgte oft ein schmaler Inhalt. Bei der Problemerörterung beschränken sich die Lehrbücher der Finanzierung im wesentlichen auf das von Schmalenbach vorgegebene Schema, nur die »aus dem Rahmen des gewöhnlichen Geschäftsbetriebs herausfallenden finanztechnischen Geschäfte«[8], wie Gründung, Sanierung, Fusion, zu beschreiben. Die Lehrbücher der Finanzierung behandeln mit ausreichender Vollständigkeit durchweg nur die finanzwirtschaftliche Strukturlehre[9].

Im Vordergrund stehen ferner die langfristigen finanztechnischen Geschäfte, wie Kapitalerhöhungen oder Obligationenausgabe. Die Einzelheiten kurzfristiger Finanzierungsmaßnahmen, wie die Technik der Kontokorrent-, der Aval- und Akzeptkredite, überläßt man gern Lehrbüchern der Bankbetriebslehre oder Einzelbeiträgen [10].

Über die Technik finanzwirtschaftlicher Analysen unterrichten nur Einzelveröffentlichungen. Sie zeigen, wie schwer sich die Betriebswirtschaftslehre tat, vom buchhalterischen Ertrags/Aufwands- bzw. Kostendenken zu einer zahlungsstrom-orientierten Betrachtungsweise zu finden. So beruhen Kapitalbedarfsrechnungen[11] meist nicht auf den Zahlungsströmen, sondern auf Durchschnittsgrößen aus Erfolgs- und Kostenrechnung. Die Diskussion über die Zahlungsfähig-

8 *E[ugen] Schmalenbach*, Finanzierungen. 6. Aufl., Leipzig 1937, S. 2.

9 Vgl. *E[ugen] Schmalenbach*, Finanzierungen. 6. Aufl., Leipzig 1937; teilweise wiederaufgelegt als „Die Beteiligungsfinanzierung". 9. Aufl., Köln–Opladen 1966; *Liesel Beckmann*, Die betriebswirtschaftliche Finanzierung. 2. Aufl., Stuttgart 1956; *Heinrich Rittershausen*, Industrielle Finanzierungen. Wiesbaden 1964; *Paul Deutsch*, Grundfragen der Finanzierung. 2. Aufl., Wiesbaden 1967; einen weiteren Rahmen spannen *Karl Hax*, Langfristige Finanz- und Investitionsentscheidungen, und *Bernhard Bellinger*, Langfristige Finanzierung. Wiesbaden 1964.

10 Vgl. dazu z. B. *Karl Fr[iedrich] Hagenmüller*, Der Bankbetrieb. Bd. II, Wiesbaden 1964; *Heinrich Rittershausen*, Die kurzfristigen Finanzdispositionen. In: Handbuch der Wirtschaftswissenschaften, Bd. 1, herausgegeben von Karl Hax, Theodor Wessels. 2. Aufl., Köln–Opladen 1966, S. 343–397; *Deutsch*, Grundfragen der Finanzierung, widmet ein umfangreiches Kapitel der Außenhandelsfinanzierung; vgl. ferner *Robert Wittgen*, Moderner Kreditverkehr. München 1970. Zur Technik des Zahlungsverkehrs vgl. *Hans-Dieter Deppe*, Betriebswirtschaftliche Grundlagen der Geldwirtschaft. Band 1: Einführung und Zahlungsverkehr. Stuttgart 1973.

11 Vgl. z. B. *Wilhelm Rieger*, Einführung in die Privatwirtschaftslehre. 3. unveränd. Aufl., Erlangen 1964, S. 162; *M[ax] R[udolf] Lehmann*, Allgemeine Betriebswirtschaftslehre. 3. Aufl., Wiesbaden 1956, S. 243–246; *Liesel Beckmann*, Kapitalbedarfsrechnung. In: Handwörterbuch der Betriebswirtschaft. 3. Aufl., Bd. 2, Stuttgart 1958, Sp. 2966–2971.

keit konzentrierte sich lange Zeit auf bestimmte an der Bilanz orientierte Finanzierungsregeln und auf strukturelle (statische) Liquiditätsziffern[12]. Wenn überhaupt Fragen der Kapitalstruktur untersucht wurden, ging man von einem gegebenen Kapitalbedarf, also bereits getroffenen Investitionsentscheidungen, aus [13]. Erst in den letzten Jahrzehnten wurde die Folgerung aus der Erkenntnis gezogen, daß das Liquiditätsproblem »dynamisch« [14], als Aufrechterhaltung ständiger Zahlungsbereitschaft, gesehen werden muß. Erst danach wurden die Fragen der Finanzplanung und ihre Technik im einzelnen untersucht.

Bei der Antwort auf die Frage: »Wie ist ein zu erwartender Geldüberschuß zu verwenden, bzw. ein voraussichtlicher Kapitalbedarf zu decken?«[15], wurde jedoch das Problem der Abstimmung von Entscheidungen im leistungswirtschaftlichen Bereich und im Finanzbereich der Unternehmung bewußt ausgeklammert. Wir werden in Kapitel F, bei dem Versuch, Investitions- und Finanzplanung mit der Produktions- und Absatzplanung abzustimmen, sehen, welche Schwierigkeiten zu bewältigen sind, um den kurzfristigen Interdependenzen aller Unternehmensbereiche gerecht zu werden.

Die Einzelprobleme der kurzfristigen Finanzplanung und damit auch das Problem der optimalen Kassenhaltung untersuchen wir nicht im einzelnen. Das Problem der optimalen Kassen- bzw. Liquiditätshaltung ist ein typisches Lagerhaltungsproblem, und es wäre mit den Methoden der Lagerhaltungstheorie zu lösen.

Die Theorie finanzwirtschaftlicher Unternehmungspolitik bezieht sich auf mehrperiodische, langfristige Fragestellungen. Ihre Aufgabe ist es, Investition und Finanzierung als Einheit zu sehen, also Grundsätze für die optimale Geld(Kapital-)anlage und Geld(Kapital-)beschaffung zu entwerfen. Eine solche Theorie finanzwirtschaftlicher Unternehmungspolitik findet in der bestehenden Finanzierungslehre nur insoweit eine Stütze, als diese ihr das systematisch geordnete Wissen um die Quellen betrieblichen Kapitals, die Technik finanzwirtschaftlicher Analysen und Anhaltspunkte über das bietet, was nach vorherrschender Meinung als gesundes kaufmännisches Gebaren zu gelten hat.

Das Ziel, eine Theorie finanzwirtschaftlicher Unternehmungspolitik zu entwerfen, kann auf verschiedenen Wegen verfolgt werden[16]. Aufgabe der Theorie ist es dabei, allgemeine Lösungen zu bieten und die Schwierigkeiten aufzuzeigen, die im Einzelfall zu beachten sind. Eine Theorie kann nicht vollständig die Sonderprobleme eines Betriebes oder einer Gruppe von Betrieben erfassen. Die Theorie der Unternehmungspolitik ist deshalb bewußt so allgemein gehalten, daß sie »die strukturellen Unterschiede zwischen den Unternehmungen vernachlässigt« [17]. Die strukturellen Eigenarten einer Unternehmung schlagen sich in ihren Umweltbedingungen und in den im Einzelfall zu setzenden Annahmen über die Mittelbeanspruchung nieder. Die Voraus-

[12] Vgl. z. B. *M[ax] R[udolf] Lehmann,* Liquidität und Liquiditätsbilanz. In: Annalen der Betriebswirtschaft, Bd. 1 (1927), S. 329–347, 480–504, hier bes. S. 345; *Erich Schäfer*, Die Unternehmung. 6. Aufl., Köln–Opladen 1966, S. 149–159; *Arno Strobel*, Die Liquidität. 2., unveränd. Aufl., Stuttgart 1953, S. 48 f.

[13] Vgl. z. B. *Jürgen Anderegg,* Das Problem der optimalen Kapitalausstattung der Unternehmung. Diss. Frankfurt 1956, S. 29 f.

[14] So *Schäfer*, S. 153.

[15] *Ludwig Orth,* Die kurzfristige Finanzplanung industrieller Unternehmungen. Köln–Opladen 1961, S. 6. Orth bietet zugleich eine umfassende Analyse der Literatur zur Finanzplanung. Zur Finanzplanung vgl. auch *Gert von Kortzfleisch,* Die Grundlagen der Finanzplanung. Berlin 1957; *Wolfgang Lücke*, Finanzplanung und Finanzkontrolle in der Industrie. Wiesbaden 1965.

[16] Vgl. dazu auch *Karl Oettle,* Unternehmerische Finanzpolitik. Stuttgart 1966, bes. II. Teil.

[17] *Oettle*, S. 299.

setzungen zu schaffen, um für den Einzelfall Umweltbedingungen und Mittelbeanspruchungen wirklichkeitsnah in Planungsmodellen zu erfassen, das ist der Zweck einer operationalen betriebswirtschaftlichen Theorie. Manche Autoren fordern darüber hinaus eine von der operationalen Theorie abweichende Morphologie bzw. Betriebstypenlehre als Grundlage für die Lösung konkreter Entscheidungsprobleme [18].

Um in die Fragen der finanzwirtschaftlichen Unternehmungspolitik einzudringen, sind Optimierungsüberlegungen erforderlich, Überlegungen, die ihren ersten Niederschlag in den Modellen der Investitionstheorie fanden. Allerdings treten in der üblichen (klassischen) Erörterung der Investitionstheorie die Beziehungen zwischen Investition und Finanzierung nur verkümmert zutage.

Die betriebswirtschaftliche Investitionstheorie ist aus der volkswirtschaftlichen Kapital- und Zinstheorie entstanden. Die volkswirtschaftliche Kapital- und Zinstheorie wurde für makroökonomische Fragestellungen entwickelt, und sie ist für diese Fragestellungen heute ziemlich vollständig von der Wachstumstheorie verdrängt worden. Lebendig sind einige Begriffe und Aussagen der Kapital- und Zinstheorie nur noch in der betriebswirtschaftlichen Investitions- und Finanzierungstheorie.

Die volkswirtschaftliche Kapital- und Zinstheorie gründet sich weitgehend auf von Böhm-Bawerk. Von Böhm-Bawerks Arbeiten besitzen allerdings nur wenig unmittelbares betriebswirtschaftliches Interesse. Dagegen geht die Bestimmung der wirtschaftlichen Nutzungsdauer auf einen kapitaltheoretischen Satz von Jevons zurück[19]. Wichtig sind auch heute noch die Arbeiten von Irving Fisher und Knut Wicksell[20].

Auf der Kapital- und Zinstheorie bauen die Arbeiten über die Theorie einer Einzelinvestition auf[21]. Eine zusammenfassende Darstellung dieser klassischen einzelwirtschaftlichen Investitionstheorie bringen F. und V. Lutz[22].

Die Grenzen der klassischen Investitionstheorie liegen in der Annahme, daß keine finanziellen Engpässe zu berücksichtigen seien. Damit wird das Finanzierungsproblem zu einem Rentabilitätsproblem degradiert. Die klassische Investitionstheorie geht von einem »vollkommenen Kapitalmarkt« aus: Zu einem einzigen Zinssatz kann man nach Belieben Kredite aufnehmen und Kapital anlegen. Gelegentlich wird, etwa bei Lutz, auch ein Teilaspekt des unvollkommenen Kapitalmarktes untersucht, z. B. die Wirkung steigender Kreditzinssätze. An der Modellstruktur ändert sich dadurch nicht viel. An die Stelle der Aussage »Grenzrendite gleich Kalkulationszinsfuß« tritt in Analogie zum Cournotschen Satz die Aussage »Grenzrendite gleich Grenzkapital-

18 Vgl. hierzu z. B. *Oettle*, III. Teil, und auch *Engelhardt*, S. 88 f.

19 Vgl. *Eugen von Böhm-Bawerk*, Kapital und Kapitalzins. 2. Abt.: Positive Theorie des Kapitales. 4., unveränd. Aufl., Jena 1921; *W. Stanley Jevons*, Die Theorie der politischen Ökonomie. Ins Deutsche übertragen von Otto Weinberger, Jena 1924.

20 Vgl. *Irving Fisher*, The Nature of Capital and Income. New York 1906, reprinted 1965; *ders.*, Die Zinstheorie. Ins Deutsche übertragen von Hans Schulz, Jena 1932; *Knut Wicksell*, Lectures on Political Economy. Vol. I, General Theory. 6th impression, London 1951.

21 Das gilt vor allem für die Bestimmung des Investitionsvolumens, vgl. die grundlegenden Aufsätze von *K[enneth] E. Boulding*, The Theory of a Single Investment. In: The Quarterly Journal of Economics, Vol. 49 (1934/35), S. 475–495; *ders.*, Time and Investment. In: Economica, New Series, Vol. 3 (1936), S. 196–220. Sehr eng an Boulding lehnt sich *Erich Schneider*, Wirtschaftlichkeitsrechnung, an, zumindest in den grundlegenden Kapiteln. Vgl. besonders auch *Paul A[nthony] Samuelson*, Some Aspects of the Pure Theory of Capital. In: The Quarterly Journal of Economics, Vol. 51 (1936/37), S. 469–496.

22 Vgl. *Friedrich [A.]* and *Vera Lutz*, The Theory of Investment of the Firm. Princeton (N. J.) 1951.

kosten«. Die Frage, die hinter dem Zinsproblem steckt, genauer, die den Zins erst zu einem Problem macht, nämlich die Frage nach den zeitlichen Konsumwünschen des Unternehmers, wird vernachlässigt.

Die Theorie finanzwirtschaftlicher Unternehmungspolitik baut auf der klassischen Investitionstheorie auf. Sie erweitert jedoch die Aufgabenstellung, indem sie fragt:

(1) Von welchen finanziellen Zielgrößen (Konsum-, Besitz- und Liquiditätswünschen) gehen Unternehmer aus?

(2) Wie ist die Vorteilhaftigkeit einzelner Investitionen unter den in der Praxis geltenden Umständen wie technischer Fortschritt, Gewinnsteuerzahlungen usw. zu bestimmen?

(3) Wie lassen sich gemeinsam Investitions- und Finanzierungsprogramme planen?

(4) Gibt es allgemeingültige Finanzierungsregeln, lassen sich insbesondere Optima der Kapitalstruktur definieren?

(5) Wie beeinflussen Investitions- und Finanzierungsentscheidungen die Einzelentscheidungen in der Produktions- und Absatzplanung?

Es sind dies die Fragen, die im folgenden beantwortet werden sollen.

II Finanzielle Zielgrößen und finanzwirtschaftliche Vorteilsmaßstäbe

a) Alternative finanzielle Ziele

1. Bedürfnisbefriedigung und finanzielle Zielgrößen

Ziel des Wirtschaftens einer jeden Person ist »Bedürfnisbefriedigung«. Bedürfnisse können befriedigt werden durch eine Tätigkeit selbst oder durch die Vergütung für eine Tätigkeit. Maßgrößen für die Bedürfnisbefriedigung, die durch das Tätigwerden selbst entsteht, sind bisher noch nicht gefunden worden. Es dürfte auch schwer sein, die Freude am Schaffen in einen hinreichend meßbaren Ausdruck umzuformen. Da hier nicht die Nutzentheorie in ihrer ganzen Problematik aufgerollt werden kann, beschränken wir uns auf die Bedürfnisbefriedigung durch die Vergütung für eine Tätigkeit. Als Ergebnis einer Tätigkeit fließen dem Wirtschaftenden finanzielle Mittel zu, von Naturalentlohnung sehen wir also ab.
Die Bedürfnisbefriedigung aus der Verwendung von Einnahmenüberschüssen ist doppelter Art. Zum einen entsteht Bedürfnisbefriedigung durch Konsum, zum anderen durch den Besitz von Gütern oder Geld.

Um eine Maßgröße für die Bedürfnisbefriedigung aus Konsum zu finden, ist zunächst die Frage nach dem Zeitpunkt der Bedürfnisbefriedigung zu beantworten. Liegt Bedürfnisbefriedigung bei der Idee, sich einen Sportwagen zu kaufen, bei der Bestellung, Ablieferung, Bezahlung, während der Fahrzeit oder gar erst dann, wenn der Sportwagen am Brückenpfeiler zerschellt? Für eine dynamische Theorie, eine Theorie, die den Zeitablauf ausdrücklich berücksichtigt, wird es unabweislich, genau zu prüfen, mit welcher Handlung der »Nutzen« entsteht. Im 19. Jahrhundert hat sich zwar die Grenznutzenschule Gedanken über dieses Problem gemacht, aber seither sind diese Gedanken weder gründlich geprüft noch vertieft worden [23]. Es ist üblich geworden, Bedürfnisbefriedigung im Zeitpunkt der Konsumausgabe anzunehmen.

Zum anderen ist zu fragen: Darf der Sportwagen überhaupt als Konsumgut betrachtet werden? Wie sind die langlebigen Gebrauchsgüter zu behandeln und wo ist die Grenze zu ziehen zwischen Konsum und Investition in Gebrauchsgütern?

Die hier aufgeworfenen Fragen läßt die Theorie unter den Tisch fallen, wenn sie von finanziellen Zielgrößen spricht. Sobald finanzielle Zielgrößen gewählt werden, setzt man die Bedürfnisbefriedigung (den Nutzen) gleich mit der Erzielung von Einkommen bzw. Vermögen. Eine solche Identitätsannahme kann nur eine grobe Vereinfachung sein.

Neben dem Konsum schafft auch der Besitz von Gütern, der Vermögensbestand als solcher, Bedürfnisbefriedigung. Wenn von zwei gleichaltrigen Postsekretären der eine Villenbesitzer ist, Bauerwartungsland und ein umfangreiches Wertpapierdepot erbt, der andere sich nur die standesübliche Dachkammerwohnung leisten kann, so ist das offensichtlich. Der Vermögensbestand erlaubt, die Versorgung der Angehörigen nach dem Todesfall sicherzustellen, er schafft mehr Handlungsspielraum, Kreditfähigkeit und führt zu einem größeren »Freizeitnutzen«. Die Maßgröße für die Bedürfnisbefriedigung aus Besitz könnte im »Wert des Vermögens« gesehen werden. Aber der »Wert des Vermögens« ist eine sehr unklare Größe und der Begriffsinhalt des »Vermögens« selbst fragwürdig, wie sich im Laufe dieses Kapitels herausstellen wird.

Wenn wir die Bedürfnisbefriedigung aus Konsum und Besitz im Zeitablauf erfassen wollen, müssen wir eine gemeinsame Maßgröße finden. Die Theorie sieht diese Maßgröße in der vom Entscheidenden gewünschten zeitlichen Verteilung der Konsumausgaben. Mit der Festlegung der zeitlichen Verteilung der Konsumausgaben wird zugleich entschieden, welche Einnahmenüberschüsse nicht entnommen werden und zur internen Finanzierung von Investitionen dienen und damit den »Wert des Vermögens« erhöhen. Die Messung des Nutzens durch eine gewünschte zeitliche Verteilung der Konsumausgaben setzt das Wissen voraus, wie Konsum und Besitz gemeinsam die Bedürfnisbefriedigung bestimmen. Darüber hinaus wird ein vorgegebener Arbeitseinsatz je Periode unterstellt. Das Wahlproblem »Mehr Geld – weniger Freizeit oder weniger Geld – mehr Freizeit?« kennt unser Unternehmer nicht. Damit tritt ein vorgegebener (»unabhängiger«) Planungshorizont (S. 45) als weitere Unterstellung hinzu.

Selbst wenn man bis hierhin alle Vereinfachungen akzeptiert, so bleibt noch ein weiteres Problem: Die Theorie verlangt im Grunde, der Entscheidende könne die gewünschte zeitliche Verteilung seiner Konsumausgaben bis zum Lebensende (mindestens aber bis zum Ende des gegenwärtigen Planungszeitraumes) angeben. Auf dieser Grundlage bemüht sich die Theorie dann, das zielentsprechende Investitions- und Finanzierungs-

[23] Vgl. *Böhm-Bawerk*, Positive Theorie des Kapitals, Bd. 2, S. 205–247, bes. S. 228 f., 236; siehe auch *Dieter Schneider*, Gewinnermittlung und steuerliche Gerechtigkeit. In: ZfbF, Jg. 23 (1971), S. 352–394, hier S. 360 f.

programm zusammenzustellen. Im Regelfall der Wirklichkeit bestehen aber beim Planenden keine klaren Vorstellungen über die Verteilung des Konsums im Zeitablauf. Dies hat mehrere Gründe:
Nur ein Teil der Bedürfnisse kehrt regelmäßig wieder (wie der Wunsch zu essen, zu trinken). Ein großer Teil der Bedürfnisse wird erst durch die Umwelt geweckt. Das beginnt schon bei der Frage, was gegessen und getrunken wird. Und wenn der Nachbar ein neues Auto hat, verlangt häufig die soziale Selbstachtung ähnlichen Besitz. Wem im Supermarkt die Pralinen vor der Nase aufgebaut werden, kauft sie sich vielleicht, obwohl er sich ihres mißlichen Beitrags auf sein Körpergewicht bewußt ist. Weil ein mehr oder weniger großer Teil der Bedürfnisse erst durch die Umwelt und unmittelbar vor der Konsumausgabe geweckt wird, schon deshalb kann niemand eine eindeutige Vorstellung über die wünschenswerte zeitliche Verteilung seiner Konsumausgaben angeben.
Keiner weiß, wie lange er lebt und ob jederzeit ein wünschenswertes Minimum an Konsumausgaben finanziert werden kann. Wenn überhaupt, so kann nur bis zum Ende eines verhältnismäßig kurzen Planungszeitraums, nicht bis zum Ende des Handlungszeitraums, eine zeitliche Verteilung des Konsums angegeben werden. Der Wunsch, für die eigene Zukunft vorzusorgen, Angehörige gegenüber möglichen Unglücksfällen sicherzustellen, wird die Konsumverteilung zusätzlich beeinflussen. Die Ungewißheit der Zukunft und die Erfahrungen mit dem Eintreten oder Ausbleiben günstiger oder ungünstiger Zukunftslagen ändert zudem eine einmal gewählte zeitliche Verteilung des Konsums.
Deshalb werden in der Wirklichkeit auch langlebige Investitionsvorhaben nach mehr oder weniger kurzfristigen Zielangaben entschieden, z. B.: Kann ich mir in diesem Jahr noch leisten, ein neues Auto zu kaufen? Angesichts der Wankelmütigkeit, die fast jeder in seinen Vorstellungen über die mehrjährige Verteilung seines Konsums hegt, darf bezweifelt werden, ob ein solches Verhalten »unvernünftig« ist. Vernünftiges Verhalten ist schließlich nur zu definieren bei einem im voraus festgelegten Ziel. In der Wirklichkeit sind aber über die zeitliche Verteilung des Konsums nur für die nächste Zukunft genaue Wünsche zu erfahren, vielleicht noch ergänzt durch Angaben über spätere Zeitpunkte, zu denen stoßweise Ausgaben auftreten (Hausbau, Erneuerung des Autos in zwei Jahren).
Wenn für einen mehrjährigen Planungszeitraum eine zielentsprechende Entscheidung gefunden werden soll, muß jedoch das finanzielle Ziel für den gesamten Planungszeitraum eindeutig vorgegeben werden. Der Entscheidende wird aber seine mehrjährigen Konsumvorstellungen nur ungenau und selbst beim besten Willen nur in einer groben Linie kennzeichnen können. Deshalb beschränken wir uns bei den einzelnen finanziellen Zielen darauf, nur die Richtung zu nennen, wie z. B. gleichbleibender oder gleichmäßig steigender Konsum im Zeitablauf.
Die Fülle an heroischen Annahmen, die jede Empfehlung für vernünftige Investitions- und Finanzierungsentscheidungen voraussetzt, kann Zweifel wecken, ob die Theorie überhaupt der Praxis nützt. Fruchtbar sind solche Zweifel, wenn sie den Willen schüren, die bestehende Theorie durch eine bessere zu ersetzen. Unfruchtbar werden solche Zweifel, wenn sie sich im Nörgeln an den Voraussetzungen der bestehenden Theorie erschöpfen. Wer die bestehende Theorie verdammt, ohne etwas Besseres an ihre Stelle

setzen zu können, der schüttet nur das Kind mit dem Bade aus. Und das nützt weder dem Kind noch der Reinlichkeit, weder der Wissenschaft noch der Praxis.

2. Finanzielle Ziele in personenbezogenen Unternehmen

aa) Vermögens-, Einkommens- und Wohlstandsstreben

Um die finanziellen Zielgrößen einer Unternehmung zu beschreiben, müssen wir zwischen personenbezogenen und firmenbezogenen Unternehmen trennen. Wir betrachten zunächst die personenbezogene Unternehmung und fragen: Welche finanziellen Ziele wird ein Unternehmer anstreben?

Investierender Unternehmer ist nach dem personenbezogenen Begriff jeder, der Geld anlegt, gleichgültig, ob er damit zukünftiges Zinseinkommen erzielen will oder ein neues Auto anspart. Für uns steht jedoch der Unternehmer im Vordergrund, der zugleich einen Betrieb führt. Wir erinnern uns des Unternehmers, der als Einzelkaufmann ein Sägewerk führt, sämtliche GmbH-Anteile einer Möbelfabrik besitzt und zugleich noch Wertpapiere sein eigen nennt. Er kann rationale finanzielle Entscheidungen nur treffen, wenn er sein Vermögen insgesamt betrachtet. Seine »Unternehmung« umfaßt alle seine Geldinteressen. Der Unternehmer kann also ex definitione nicht außerhalb seiner Unternehmung investieren. Er kann nur wählen zwischen verschiedenen Anlagemöglichkeiten, z. B. Sachanlagen im Sägewerk, Sachanlagen in der Möbelfabrik oder Finanzanlagen (Wertpapiere), die er in der Bilanz seines Sägewerks, seiner Möbelfabrik oder in seinem Privatvermögen führt. Auch die Anlage von Geld auf dem Sparbuch ist für ihn Investition in seiner »Unternehmung«. Wenn in der Literatur unterschieden wird zwischen Anlage in der Unternehmung und außerhalb der Unternehmung (z. B. auf dem Kapitalmarkt), dann wird mit Unternehmung nicht die Gesamtheit der wirtschaftlichen Handlungen einer Person (die personenbezogene Unternehmung) gemeint, sondern eine bestimmte Firma.

Welche finanziellen Ziele kann der Unternehmer verfolgen? Will er rational handeln, so muß er einen Extremwert anstreben, ein Maximum an »mehr Geld«. Die Problematik der finanziellen Zielvorschriften beginnt mit der Frage: Wann will er mehr Geld: heute, morgen oder wann in der Zukunft?

Welche finanziellen Ziele kann ein Unternehmer verfolgen, wenn er für einen begrenzten Planungszeitraum (z. B. 5 Jahre) plant? Drei Wahlmöglichkeiten bestehen:

a) Der Unternehmer entnimmt jährlich einen festen Betrag zum Konsum, und er will sein »Vermögen« am Ende des Planungszeitraums maximieren. Der feste Konsumbetrag kann im Zeitablauf gleich bleiben, fallen oder steigen. Wichtig ist, daß der Konsumbetrag in einer absoluten Größe angegeben wird. Das Ziel der Maximierung des Vermögens am Planungshorizont bei vorgegebenem Konsum nennen wir *Vermögensstreben.*

b) Der Unternehmer will seine Konsumentnahmen während des Planungszeitraums maximieren, wobei er von einem vorgegebenen Endvermögen am Planungszeitraum ausgeht. Dieses Ziel nennen wir *Einkommensstreben.* In der Investitionstheorie wird

»Einkommen« durchweg mit Konsumausgaben (mit Entnahmen aus einer Firma) gleichgesetzt. Zurückbehaltene, gesparte Beträge stellen folglich kein »Einkommen« dar.

Dieser Einkommensbegriff darf nicht mit dem Einkommensbegriff des Steuerrechts oder dem Begriff des Handels- und Steuerbilanz-»Gewinns« verwechselt werden. Die dem praktischen Sprachgebrauch widersprechende Definition des Unternehmereinkommens als des Betrages, den der Unternehmer konsumieren kann, ohne das gewünschte Endvermögen zu beeinträchtigen, folgt aus dem hier angewandten Unternehmensbegriff: Die Unternehmung umfaßt alle Geldanlagen einer Person, und Einkommen umschließt alles Geld, das nicht angelegt wird (Horten ist eine Anlageform, der Zinssatz beträgt hier Null Prozent).

Das Ziel Einkommensmaximierung kann in verschiedenen Spielarten verwirklicht werden: Der Unternehmer kann jährlich gleich hohe Konsumentnahmen wünschen oder steigende, fallende, vielleicht sogar einen Verlauf mit wechselndem Auf und Ab. Da von ausdrücklich festgelegten Konsumwünschen für mehrere Jahre im voraus praktisch kaum ausgegangen werden kann, genügt es, typische Verläufe zu betrachten. Als typisch kann der Wunsch nach regelmäßig steigenden Konsumentnahmen angesehen werden. Dies hat zwei Gründe: Zum ersten ist mit ständiger Geldentwertung zu rechnen. Der Wunsch nach konstantem Realeinkommen (gleichbleibendem Konsumniveau) erfordert hier schon im Zeitablauf steigende Entnahmen. Zum zweiten fällt es leichter, von einem Konsumniveau auf ein höheres fortzuschreiten, aber sehr schwer, sich mit einem niedrigeren zufriedenzugeben. Auch dieser psychologische Umstand spricht für eine ständig steigende Reihe geplanter Konsumausgaben. Die Höhe des jährlichen Entnahmezuwachses läßt sich natürlich allgemeingültig nicht nennen. Für die praktische Planung werden Annahmen zu wählen sein wie die, daß die Konsumentnahmen in t_2 gleich dem 1,1fachen der Entnahmen in t_1 sein sollen.

Von der Annahme eines im Zeitablauf gleichbleibenden Stromes von Konsumausgaben auszugehen, erscheint nur dann wirklichkeitsnah, wenn bei der Planung der Zahlungsströme auch für künftige Zahlungszeitpunkte die Preise von heute unterstellt wurden, also von vornherein mit Geldwert-korrigierten Zahlen gerechnet wurde. Für die Investitions- und Finanzplanung ist das eine zu grobe Annahme. Gleichwohl werden wir in den folgenden Beispielen von dem Wunsch nach jährlich gleich hohen Entnahmen ausgehen; das erleichtert rechnerisch die Beispielslösung.

c) Der Unternehmer wünscht sowohl steigende Entnahmen als auch wachsendes Vermögen. Er wägt für jeden Zahlungszeitpunkt die Höhe der gegenwärtigen Entnahmen mit der künftigen Entnahme und dem Endvermögen ab. Wir nennen das *Wohlstandsstreben.*

Man kann nicht zwei voneinander abhängige Größen wie Entnahmen und Endvermögen zugleich maximieren. Hier liegt also eine mehrfache Zielsetzung vor. Eine eindeutige Lösung ist nur dann zu erreichen, wenn die Austauschregel zwischen den Zielgrößen bekannt ist: Auf wieviel Konsum heute ist der Entscheidende zu verzichten bereit, damit der Konsum bzw. das Vermögen morgen um ein Prozent steigen?

Den Wunsch nach steigendem Vermögen können wir auch als Wunsch nach Unternehmenswachstum deuten. Der Unternehmer sucht hier sowohl steigendes Einkommen als auch Unternehmenswachstum. Dieses Streben wurde mit dem allgemeinen Begriff Wohlstandsmaximierung umschrieben. Genausogut hätten wir von »finanzieller Nutzenmaximierung« sprechen können, denn jede mehrfache Zielsetzung läßt sich als das Streben nach einer Art Nutzen bezeichnen. Wohlstandsmaximierung ist die allgemeinste finanzielle Zielvorschrift [24]. Wir kommen auf dieses Ziel bei der Erörterung der optimalen Selbstfinanzierungsrate zurück.

Der Unterschied zwischen Vermögens- und Einkommensstreben einerseits, Wohlstandsstreben andererseits, liegt in der Annahme über die Austauschbarkeit von gegenwärtigem und künftigem Konsum bzw. Endvermögen. Bei Vermögens- und Einkommensstreben besteht keine Möglichkeit, das gegenwärtige Konsumniveau zugunsten künftigen Konsums zu verändern. Die zeitliche Verteilung der Konsumentnahme ist vorgegeben: Bei Vermögensstreben durch die absolute Höhe der gewünschten Entnahme, bei Einkommensstreben durch das Verhältnis der Konsumentnahmen im Zeitablauf zueinander (gleichbleibende, jährlich um 10 % steigende Entnahmen usw.).

Bei Wohlstandsstreben ist jedoch der Entscheidende bereit, auf gegenwärtigen Konsum zugunsten künftigen Konsums bzw. Endvermögens zu verzichten: gegenwärtige und künftige Entnahmen bzw. Endvermögen sind in Grenzen austauschbar.

Wenn wir die gewünschten Konsumentnahmen eines jeden Zahlungszeitpunkts für einen Augenblick als selbständige Zielgröße auffassen, so können wir sagen: Bei Vermögens- und Einkommensstreben herrscht zwischen den Konsumentnahmen eines jeden Zahlungszeitpunkts eine lexikographische Ordnung, eine Art »Limitationalität«. Bei Wohlstandsstreben hingegen besteht eine übergeordnete Nutzenfunktion, in welche die Konsumentnahmen sämtlicher Zahlungszeitpunkte eingehen; zwischen den gewünschten Konsumentnahmen für jeden Zahlungszeitpunkt ist Austauschbarkeit, »Substitutionalität«, gegeben.

Ist der Entscheidende bereit, zwischenzeitlichen Austausch der Konsumentnahmen anzunehmen oder nicht? Und welche Gründe bestimmen im einzelnen den Verlauf der Konsumindifferenzlinien zwischen zwei und mehr Zahlungszeitpunkten? Diese Fragen führen in die Grundlagen der Nutzen- und Zinstheorie. Sie können hier nicht weiter verfolgt werden. Wir gehen im weiteren von den drei finanziellen Zielvorstellungen Vermögensstreben, Einkommensstreben und Wohlstandsstreben aus, wohlwissend, daß ungelöste Fragen der Wirtschaftstheorie hinter dieser bequemen Dreiteilung lauern.

Ein Teilproblem der finanziellen Zielgrößen muß allerdings hier untersucht werden: das »Endvermögen« am Planungshorizont, das bei Vermögensstreben als Zielgröße maximiert, bei Einkommensstreben als Nebenbedingung gesetzt wird und bei Wohlstandsstreben hinter der Vorstellung vom zeitlichen Austausch der Entnahmen steht.

[24] Vgl. dazu *J[ack] Hirshleifer,* On the Theory of Optimal Investment Decision. In: The Journal of Political Economy, Vol. 66 (1958), S. 329–352; zitiert nach dem Wiederabdruck in: The Management of Corporate Capital, edited by Ezra Solomon. 3rd printing London 1964, S. 205–228, hier S. 205 f.; *Adolf Moxter,* Präferenzstruktur und Aktivitätsfunktion des Unternehmers. In: ZfbF, Jg. 16 (1964), S. 6–35, hier S. 11–18; Koch, der ebenfalls »ein Theorem über die Handlungsweise des privaten Subjekts« ableiten will, »welches so allgemein wie möglich gehalten ist«, engt den Konsumstrom jedoch auf eine vorgegebene zeitliche Verteilung der Entnahmen ein, vgl. *Helmut Koch,* Grundlagen der Wirtschaftlichkeitsrechnung. Wiesbaden 1970, S. 73–76.

bb) Das Problem des »Endvermögens« am Planungshorizont

Soll als Endvermögen ein bestimmter Geldbetrag vorgegeben bzw. angestrebt werden? Oder soll das Endvermögen einen bestimmten Bestand an Gegenständen und Rechten verkörpern, einen Wertpapierbestand z. B. oder eine Firma?

Um eine klare Vorstellung von dem Endvermögen zu erhalten, das bei den finanziellen Zielvorschriften vorgegeben oder maximiert wird, empfiehlt es sich, zwischen der Unternehmung auf Zeit und der Unternehmung auf Dauer zu trennen.

In einer Unternehmung auf Zeit beendet der Unternehmer seine wirtschaftliche Tätigkeit am Planungshorizont. Handlungszeitraum und Planungszeitraum stimmen überein. In der Unternehmung auf Zeit macht sich der Unternehmer keine Gedanken darüber, was nach dem Planungshorizont geschieht (würde er darüber nachdenken, wäre sein Handlungszeitraum länger als der Planungszeitraum). In der Unternehmung auf Zeit wird der Unternehmer deshalb so planen, daß am Planungshorizont alle Vermögensanlagen liquidiert sind: Das Endvermögen entspricht hier dem Kassenbestand zum Planungshorizont.

In einer Unternehmung auf Dauer ist der Planungszeitraum kürzer als der Handlungszeitraum. Wegen der Ungewißheit der Zukunft, der Kosten der Informationsbeschaffung und der Planung hält es der Unternehmer für zweckmäßig, ins einzelne gehende Pläne z. B. nur für fünf Jahre aufzustellen, obwohl er noch längere Zeit zu arbeiten gedenkt. In der Unternehmung auf Dauer kann man nicht davon ausgehen, daß alle Vermögensanlagen zum Planungshorizont liquidiert werden. Vielmehr dient die Firma, das Haus, der Wertpapierbestand als Grundlage für die weitere Tätigkeit. In der Unternehmung auf Dauer sind zwei Fälle zu unterscheiden: Die Planung erfolgt durch einen Unternehmensgesamtplan oder die Planung beschränkt sich auf den Finanzbereich. In einem Unternehmensgesamtplan werden Beschaffung, Produktion, Absatz (der Leistungsbereich also) zusammen mit dem Finanzbereich geplant. In einem Unternehmensgesamtplan muß sich der Unternehmer Vorstellungen bilden über die Höhe der Vorräte, die Produktionskapazitäten, die Absatzeinrichtungen, die am Planungshorizont vorhanden sein müssen, damit die Unternehmung weiter als Betätigungsfeld und Einkommensquelle dienen kann. Auf die Schwierigkeiten einer solchen Unternehmensgesamtplanung kommen wir in Kapitel F zu sprechen. Hier beschränken wir uns auf eine Planung des Finanzbereichs allein. In das Endvermögen gehen dann nicht Grundstücke, Maschinen, Werkzeuge ein. Das Endvermögen ist vielmehr ein Betrag, der den Wert dieser Vermögensgegenstände verkörpert. Was für ein Wert ist anzusetzen?

Folgende Möglichkeiten bieten sich an:

1. Die Summe der Einzelveräußerungspreise sämtlicher Vermögensgegenstände (der »gemeine« Wert) zum Planungshorizont: Gegen die Schätzung des Einzelveräußerungspreises sämtlicher Vermögensgegenstände als »Endvermögen« spricht, daß in einer Unternehmung auf Dauer gar nicht beabsichtigt ist, am Planungshorizont sämtliche Vermögensgegenstände zu veräußern. Selbst wenn man liquidieren wollte, würde doch versucht werden, die Unternehmung als Ganzes zu veräußern, denn der Preis für die Unternehmung als Ganzes ist regelmäßig höher als die Summe sämtlicher Einzelveräußerungspreise.

2. Der Verkaufspreis für die Unternehmung als Ganzes am Planungshorizont: Er ist das Ergebnis der Verhandlungen von Anbieter und Nachfrager. Der Markt für Unternehmen weist als Marktform regelmäßig das bilaterale Monopol aus. Deshalb können für den Gesamtwert durchweg nur Preisgrenzen aus der Sicht des Verkäufers angegeben werden. Das erschwert erheblich die Abschätzung des künftigen Verkaufspreises einer Unternehmung als Ganzem. Zusätzlich ist wiederum einzuwenden, daß in einer Unternehmung auf Dauer gar nicht beabsichtigt ist, die Unternehmung zu verkaufen. Vielmehr soll das Vermögen weiter als Einkommensquelle dienen.
3. Ein Gegenwert für die aus dem Vermögen nach dem Planungshorizont fließenden Konsumausgaben: Genaugenommen läßt sich das Vermögen einer Person zu einem Zeitpunkt nur bestimmen, wenn sämtliche künftigen Konsumausgaben dieser Person bekannt sind und zusätzlich noch die Zinssätze gegeben sind, mit denen der Barwert der künftigen Konsumausgaben errechnet werden kann. Dieser Barwert erfaßt das Gesamtvermögen einer Person in einem Zeitpunkt. In die Konsumausgaben müßte allerdings auch der künftige Vermögensbetrag eingesetzt werden, der den Erben hinterlassen werden soll. Dieser Vermögensbetrag läßt sich aber erst dann genau berechnen, wenn die künftigen Konsumausgaben der Erben und deren Nachkommen bekannt sind usw. Auf Grund solcher Überlegungen hat man bezweifelt, ob Vermögensstreben bzw. der Ansatz eines Endvermögens überhaupt eine sinnvolle Aussage sei. Wer diese Zweifel beherzigt, dem bleibt allerdings nur die vierte Möglichkeit.
4. Man setzt keine ausdrückliche Annahme über das Endvermögen zum Planungshorizont: Dann ist aber das Endvermögen am Planungshorizont, z. B. nach fünf Jahren, mit Null anzugeben. Nach fünf Jahren ein Endvermögen von Null zu unterstellen, bedeutet, der Unternehmer habe beschlossen, in fünf Jahren Selbstmord zu verüben und den Erben nichts zu hinterlassen. So wird kaum jemand planen. In einer Unternehmung auf Dauer wird jeder ein positives Endvermögen anstreben, selbst wenn es nur als grobe, fehlerbehaftete Größe geschätzt werden kann.

Wie ist nun das Problem des »Endvermögens am Planungshorizont« zu lösen?

Jede praktische Planung muß sich auf einen begrenzten Planungszeitraum beschränken. Ins einzelne gehende Annahmen über die wünschenswerte zeitliche Verteilung der Konsumausgaben werden kaum für die Zeit während der nächsten fünf Jahre erfolgen können, schon gar nicht darüber hinaus.

Sicher lassen sich Annahmen über die Konsumausgaben, das den Erben zu hinterlassende Vermögen und die Geldanlagemöglichkeiten nach dem Planungshorizont treffen. Nur sind solche Annahmen genauso willkürbehaftet wie die Annahme eines bestimmten Geldbetrages als Endvermögen zum Planungshorizont. Fehlerbehaftet sind beide Annahmen, einfach deshalb, weil man die Zukunft nicht bis zum jüngsten Gericht vorhersehen kann. Und ohne eine solche fehlerbehaftete Annahme läßt sich überhaupt nicht planen.

Bei Vermögensstreben beantwortet sich die Frage nach dem »Endvermögen« so: Die Konsumentnahmen während des Planungszeitraums sind vorgegeben und alle Investitions- und Finanzierungsmaßnahmen, die am Planungshorizont mehr »Wert« versprechen, werden verwirklicht. Der Wert ist dabei ein Geldausdruck für die gesamten Vermögensgegenstände, ein roher Schätzpreis für den Gesamtwert der Unternehmung.

Bei Wohlstandsstreben ist das Problem Endvermögen hinter dem Austauschverhältnis von gegenwärtigem und künftigem Konsum versteckt. Einzelannahmen über das Endvermögen erübrigen sich hier, weil in den »vorgegebenen« Indifferenzkurven viel weiterreichende Annahmen verborgen liegen, die Einzelannahmen über das Endvermögen stillschweigend mit enthalten.
Nur bei Einkommensstreben sind Einzelannahmen über das zu erwartende Endvermögen zu treffen. Bei Einkommensstreben ist jener Betrag als Endvermögen anzusetzen, den der Unternehmer braucht, um das gewünschte jährliche Einkommen auch nach dem gegenwärtigen Planungshorizont zu erzielen. Aber damit beginnen erst die Probleme: Ein heute 50jähriger Sägewerksbesitzer hat den Wunsch, sich mit 60 Jahren und einer Rente von jährlich 60 000 Mark zur Ruhe zu setzen. Wenn er nur für fünf Jahre planen kann, muß er dann zum Planungshorizont (heute in 5 Jahren) 1 Million, 1,2 Million oder 800 000 Mark Vermögen besitzen?
Das Problem des »Endvermögens« bei Einkommensstreben kann man so lösen:
(1) Entweder soll ein fester Betrag als Gelderlös vorhanden sein (wieder verstanden als am Planungshorizont voraussichtlich realisierbarer Gelderlös), z. B. soll das Anfangskapital erhalten bleiben oder die Kaufkraft des Anfangskapitals.
(2) Oder man verlängert die Annahme über die zeitliche Verteilung der Konsumausgaben während des Planungszeitraums über den Planungshorizont hinaus. Dann wären als Wert des Vermögens der Barwert zum Planungshorizont der künftigen Konsumausgaben anzusetzen, abgezinst mit einer geschätzten Alternativrendite. Auf die Einzelheiten der Annahme über das Endvermögen kommen wir bei Erörterung des Gewinnbegriffs (ab S. 236) zurück.
Wir halten fest: Jedes mehrperiodische Planungsmodell enthält (ausdrücklich oder stillschweigend) eine Annahme über das Endvermögen zum Planungshorizont. Keine Annahme über das Endvermögen ist von Einwänden frei, weil praktisch niemand vorhat, sein Leben zum gegenwärtigen Planungshorizont zu beenden. Ohne eine fehlerbehaftete Pauschalannahme über das Endvermögen läßt sich aber nicht planen.

3. Finanzielle Ziele in firmenbezogenen Unternehmen

aa) Das Problem »firmeneigener Ziele«

Der Begriff Unternehmung, wie er sich meist in der Literatur findet, ist firmenbezogen. Personenbezogene und firmenbezogene Unternehmung können sich im Ausnahmefall decken, wie beim Einzelkaufmann, der alle seine Geschäfte und Geldanlagen in seiner Firma abwickelt. Im Regelfall betreffen personenbezogene und firmenbezogene Unternehmungen verschiedene Tätigkeiten. So wird sich ein Unternehmer, der eine GmbH beherrscht, schon aus steuerlichen Gründen hüten, alle seine Geldanlagen innerhalb der GmbH abzuwickeln. Er müßte dann für alle anfallenden Zinseinkünfte Gewerbeertragsteuern, Körperschaftsteuern und bei Ausschüttung zusätzlich Einkommensteuern zahlen.

Nun lebt eine Firma nicht nur wegen der Interessen des Eigentümers. Wieweit man dem »Unternehmen an sich« (der Firma) eigene Interessen, unabhängig von denen des Eigentümers, zubilligt, hängt von gesellschaftspolitischen Vorstellungen ab. So kann man z. B. sagen: Die Interessen des »Unternehmens an sich« setzen sich aus den Wünschen aller im Unternehmen Beschäftigten zusammen, die ihre Arbeitsplätze behalten wollen. Die Interessen der Firma (des Unternehmens an sich) und die Interessen des Unternehmers (des Eigentümers) brauchen sich nicht zu decken. Der Eigentümer legt z. B. Wert auf möglichst hohe Entnahmen. Im Interesse der langfristigen Lebensfähigkeit der Firma und der Erhaltung der Arbeitsplätze läge es jedoch, Selbstfinanzierung zu betreiben, um die Firma durch neue Investitionen konkurrenzfähig zu erhalten.

Noch deutlicher werden Abweichungen zwischen Firmen- und Personeninteresse bei Firmen mit mehreren Eigentümern. Hier müssen die Komplementäre einer offenen Handelsgesellschaft oder die geschäftsführenden Gesellschafter einer GmbH zu einer Zielvorstellung für die Firma insgesamt kommen. Die Gruppe der Entscheidenden muß sich durch Nachgeben in ihren unterschiedlichen persönlichen Wünschen auf gemeinsame Ziele einigen. Lassen sich keine Kompromißziele und Wege zu ihrer Verwirklichung finden, dann bricht über kurz oder lang die Gesellschaft auseinander. Bei Gesellschafterfirmen kann folglich nicht mehr unbedenklich vom personenbezogenen Unternehmensbegriff ausgegangen werden.

Am deutlichsten wird die Abweichung zwischen Personeninteresse und Firmenziel in Publikumsgesellschaften, wie in einer Aktiengesellschaft mit einer Vielzahl von Kleinaktionären. Unternehmer sind hier die Vorstandsmitglieder (eventuell auch ein sehr starker Aufsichtsratsvorsitzender). Sie treffen die Entscheidungen. Es ist möglich, daß sie gar keine Aktien besitzen, und wenn sie nach Einkommensmaximierung für sich selbst streben, dann braucht das keineswegs mit den Interessen der Belegschaft und denen der Aktionäre identisch zu sein. Die Interessen von Vorstandsmitgliedern und Geschäftsführern gegen jene der Aktionäre abzuwägen, ihre Macht zu begrenzen, ist Aufgabe des Gesellschaftsrechts. Dieses Problem näher zu untersuchen, gehört in den Problemkreis Organisation von Entscheidungsprozessen, den wir ausgeklammert haben.

Immer dann, wenn die Anteilseigner ihre Interessen nicht durchsetzen können, sprechen wir von »firmeneigenen« Zielsetzungen. In einer firmenbezogenen Unternehmung können also die Interessen der Anteilseigner verfolgt werden oder firmeneigene Ziele. Firmeneigene Zielsetzungen werden vor allem in Aktiengesellschaften, Genossenschaften, vielleicht auch in GmbH's mit zahlreichen Gesellschaftern verwirklicht werden. Darüber hinaus können firmeneigene Ziele bei Unternehmen in öffentlichem Besitz vorliegen. Wir werden uns näher nur mit Publikumsgesellschaften beschäftigen.

Hier ist ein Wort zur Terminologie angebracht: Im strengen Wortsinne kann das Gebilde »Firma« keine Ziele anstreben. Ziele verfolgen nur die in einer Firma handelnden Menschen. Mit dem Begriff firmeneigene Zielsetzung ist gemeint, daß die Ziele der in der Firma Entscheidenden nicht die der Anteilseigner sind.

Im praktischen Regelfall entscheidet über das Firmengeschehen in einer Aktiengesellschaft nicht ein einzelner, sondern ein Vorstandskollegium, das sich zudem an die Wünsche des Aufsichtsrates anpassen muß. Allerdings ist es für deutsche Aktiengesellschaften nicht selten, daß der Aufsichtsrat den Vorstand bestellt und der Vorstand praktisch den Aufsichtsrat. Die Herren Werks- und Bankdirektoren bleiben mit den Gewerkschaftsvorsitzenden unter sich. Das Einkommens- und Prestigestreben der Vor-

stände äußert sich meist in der Zielgröße Unternehmenswachstum. Damit die Aktionäre ruhig bleiben, wird ihnen höchstens die branchenübliche Dividende gezahlt. Daß ein solches Streben nach »firmeneigenen Zielen« praktisch durchführbar ist, liegt an der schwachen gesellschaftsrechtlichen Stellung der Kleinaktionäre.
Die Arbeitnehmervertreter im Aufsichtsrat interessiert gleichfalls stärker das Unternehmenswachstum als die Dividende für die Aktionäre.
Schließlich müssen sich die Vorstände mit ihren Mitarbeitern und dem Betriebsrat herumärgern und werden zu Kompromißentscheidungen gedrängt.
All diese vielschichtigen Abhängigkeiten, die Einfluß auf die einzelnen Entscheidungen nehmen, fassen wir vergröbernd unter dem Begriff »firmeneigenes Ziel« zusammen. Wegen der unterschiedlichen Handlungsmotive der am Entscheidungsprozeß in Publikumsgesellschaften und Genossenschaften Beteiligten werden firmeneigene Ziele sehr vielschichtig sein. Wir müssen deshalb vereinfachen und beschränken uns auf einen Gesichtspunkt: Das Ziel der in einer Firma Tätigen wird sehr oft auf Stärkung dieser Firma, auf Unternehmenswachstum ausgerichtet sein; in finanziellen Zielgrößen ausgedrückt: Die Firmenleitung strebt nach »firmeneigener Vermögensmaximierung«.

bb) Handeln im Interesse der Anteilseigner

Wenn der Vorstand einer Aktiengesellschaft ausschließlich im Interesse der Aktionäre handeln will, so muß er klären: Was ist das Interesse der Aktionäre? Einer wünscht hohe Dividenden, ein anderer hohes Unternehmenswachstum, also Selbstfinanzierung, evtl. mit Ausgabe von Gratisaktien. Die Interessen der Anteilseigner werden nicht von vornherein übereinstimmen.
Was kann als finanzielles Ziel einer Publikumsgesellschaft angesehen werden?
Einkommensmaximierung und Vermögensmaximierung sind auch in Publikumsgesellschaften denkbare finanzielle Ziele. Ausgeschlossen ist die Wohlstandsmaximierung für alle Aktionäre, denn eine Austauschregel zwischen mehr Dividende oder mehr Selbstfinanzierung, die alle Aktionäre befriedigt, ist praktisch nicht zu finden.
Der Vorstand einer Publikumsgesellschaft kann also so handeln, daß er versucht, den Aktionären einen möglichst hohen gleichbleibenden Dividendenstrom zukommen zu lassen. Er wird dann nur soviel an buchhalterischem Gewinn zurückbehalten, wie zur Sicherung der wirtschaftlichen Leistungsfähigkeit und damit zur Sicherung des gleichbleibenden Dividendenstromes nötig ist. Bei dieser Einkommensmaximierung für die Aktionäre unterstellt der Vorstand: Es läge im Interesse der Aktionäre, Dividendeneinkommen zu erzielen. Das Wahlproblem »Selbstfinanzierung in der Firma (und damit möglicherweise Kurssteigerung) oder Gewinnausschüttung« käme für die Aktionäre nicht in Frage. So könnte man z. B. argumentieren: Es soll den Aktionären selbst überlassen werden, was sie mit ihren Dividendeneinkünften machen. Wollen sie die Dividendeneinkünfte wieder in die Unternehmung investieren, dann können sie weitere Aktien kaufen oder bei einer Kapitalerhöhung neue Aktien zeichnen.
Handeln im Interesse der Anteilseigner kann ferner heißen: Vermögensmaximierung für den Durchschnittsaktionär. Wenn in einer Publikumsgesellschaft der Vorstand im Interesse der Aktionäre handeln will, muß er deren Interesse kennen. Den Konsumwünschen

der Aktionäre kann er nur in grober Form gerecht werden: Entweder wird alles ausgeschüttet, oder es wird eine extern definierte, vorgegebene Dividende gezahlt, z. B. die branchenübliche. Der Vorstand kann sich aber auch bemühen, das Vermögen der Aktionäre zu steigern. Dabei muß der Vorstand von der Annahme ausgehen, daß die Aktionäre ihre Dividendeneinkünfte wieder investieren wollen, bzw. daß sie eine vorgegebene Mindestdividende konsumieren, den darüber hinaus erzielten Betrag anlegen wollen. Die Frage lautet dann: Wächst das Vermögen der Aktionäre mehr, wenn das Geld von vornherein in der Unternehmung bleibt (Selbstfinanzierung) oder wenn es an die Aktionäre ausbezahlt wird und die Aktionäre es anderwärts oder in Aktien dieser Firma reinvestieren? Es werden Gewinne ausgeschüttet, wenn der Aktionär sie besser anlegen kann als die Firma; es werden Gewinne einbehalten, wenn das zu größeren Vermögenssteigerungen führt. Damit der Vorstand diese Entscheidungen treffen kann, müssen zahlreiche Voraussetzungen erfüllt sein. Wir werden bei Erörterung des Optimums an Selbstfinanzierung die Voraussetzungen im einzelnen untersuchen und die Ziele Einkommensstreben (Ausschüttungsmaximierung) und Vermögensmaximierung für den Durchschnittsaktionär gegeneinander abwägen.

Die bisherige Erörterung der finanziellen Ziele läßt sich so zusammenfassen:

In personenbezogenen Unternehmen sind als finanzielle Zielsetzungen Vermögens-, Einkommens- oder Wohlstandsstreben denkbar. Personenbezogene Unternehmungen können dabei Unternehmungen auf Zeit oder auf Dauer sein. Der personenbezogene Unternehmensbegriff kann versagen, wenn die Interessen mehr als einer Person bei einer Firma maßgebend sind.
Bei Personengesellschaften und Kapitalgesellschaften in Familienbesitz kann, solange die Interessen der Entscheidenden einigermaßen gleich lauten, weiter vom personenbezogenen Unternehmensbegriff ausgegangen werden.
Für Publikumsgesellschaften und Unternehmen in öffentlichem Besitz muß der firmenbezogene Unternehmensbegriff gewählt werden. Publikumsgesellschaften können theoretisch auch Unternehmungen auf Zeit sein (nur für eine begrenzte Lebensdauer errichtet sein). Aber diesen Fall kann man, ohne der Wirklichkeit Gewalt anzutun, vernachlässigen. Publikumsgesellschaften erscheinen damit als Unternehmungen auf Dauer. Finanzielle Zielsetzung kann hier Einkommensmaximierung für die Anteilseigner sein oder firmeneigene Vermögensmaximierung oder Vermögensmaximierung im Sinn der Aktionäre. Vermögensmaximierung im Sinne der Aktionäre kann praktisch nur Vermögensmaximierung für einen durchschnittlichen Aktionär bedeuten.
Wir werden die Optimumbedingungen für die Investitions- und Finanzierungspolitik nach diesen Zielsetzungen zu differenzieren haben. Als erstes prüfen wir: Unter welchen Voraussetzungen führen die alternativen Ziele zu denselben Entscheidungen?

4. Das Verhältnis zwischen Vermögens-, Einkommens- und Wohlstandsstreben

Wir gehen vom personenbezogenen Unternehmensbegriff aus und unterstellen zunächst, der Unternehmer strebe nach Vermögensmaximierung. Der Einfachheit halber seien dabei seine Entnahmen Null; der Unternehmer lebt also z. B. von den Einkünften seiner

Frau. Als zweites prüfen wir, ob sich die Entscheidung ändert, wenn er Maximierung seines Einkommens wünscht.
Der Unternehmer hat zwischen zwei Investitionen A und B zu wählen. A und B schließen sich gegenseitig aus. Sie versprechen ihm folgende Zahlungsströme:

	t_0	t_1	t_2	t_3
A	− 1000	0	0	1331
B	− 700	300	500	

A und B sind noch nicht vergleichbar. Dies aus drei Gründen:

(1) Der Unternehmer muß mindestens 1 000 Mark haben, damit sich überhaupt das Problem A oder B stellt. Wenn er über 1 000 Mark verfügt, dann ist aber bei B zu fragen: Was geschieht mit den restlichen 300 Mark? Ohne eine Information darüber ist das Problem nicht zu lösen. Hat der Unternehmer mehr als 1 000 Mark, dann ist zu prüfen: Was fängt er mit diesem Gesamtbetrag an? Um mehrere Handlungsmöglichkeiten zu vergleichen, muß also die Anfangskapitalbindung gleich hoch sein. Das bedeutet, die einzelnen Handlungsmöglichkeiten sind in sich ausschließende Handlungsprogramme einzuordnen. Wir nehmen an, der Unternehmer verfüge über genau 1 000 Mark. Handlungsprogramm I enthält Objekt A, Handlungsprogramm II enthält B plus die Differenzinvestition von 300 Mark.

(2) Der Handlungs- und Planungszeitraum muß mindestens bis t_3 reichen. Reicht er nur bis t_2, dann stellt sich die Wahl von A nicht. Reicht der Planungszeitraum aber bis t_3 oder darüber hinaus, dann ist zu fragen: Was geschieht mit den Einnahmenüberschüssen von B nach t_1 und t_2? Die zeitliche Erstreckung aller Handlungsprogramme muß also ebenfalls gleich sein. Wir unterstellen, der Planungszeitraum reiche bis t_3; in t_3 liquidiere der Unternehmer die »Unternehmung« und setze sich zur Ruhe.
Angenommen, der Unternehmer habe gerade 1000 Mark als Kassenbestand in t_0, und die 300 Mark könnten als Differenzinvestition angelegt werden und erbrächten in t_3 484 Mark, dann wäre beiden Bedingungen: gleicher Ausgangsbetrag, gleiche zeitliche Erstreckung, Genüge getan. Wie sehen nun, nach Einbeziehung der Differenzinvestition, die Zahlungsströme der zu vergleichenden Handlungsprogramme aus?

	t_0		t_1	t_2	t_3
Kassenbestand	1000				
A	− 1000	0	0	0	1331
Kassenbestand	1000				
B	− 700				
	− 300	0	300	500	484

Offenbar sind die Investitionsvorhaben immer noch nicht vergleichbar. Es ist zu fragen:

(3) Was geschieht mit den 300 Mark in t_1 und den 500 Mark in t_2? Um den Vergleich zweier Alternativen vollständig zu ermöglichen, sind auch zwischenzeitliche Zahlungs-

salden auszuschalten. Nehmen wir an, der Unternehmer würde beide Beträge aufs Sparbuch legen und 4% Zinsen dafür erhalten. Das heißt, die 300 Mark werden in t_1, die 500 Mark in t_2 wieder zu Ausgaben, indem sie investiert werden. Das Sparguthaben einschließlich der Zinsen wird in t_3 abgehoben, es beträgt rund 844 Mark. Vollständig formuliert, sieht damit das Investitionsproblem so aus:

	t_0		t_1		t_2		t_3	
Kasse	1000							
A	− 1000	0		0		0		1331
Kasse	1000							
B	− 700		300		500		844	
	− 300	0	− 300	0	− 500	0	484	1328

Bei dem Ziel Vermögensmaximierung wird der Unternehmer Handlungsprogramm A wählen.

Folgerung: Bei vollständiger Formulierung des Investitionsvergleichs sind alle durch eine Handlungsmöglichkeit ausgelösten Zahlungen, einschließlich der Finanzierungszahlungen, zu berücksichtigen. Bei vollständiger Formulierung kann die vorteilhafteste Investition unmittelbar abgelesen werden. »Methoden der Investitionsrechnung« sind überflüssig, insbesondere braucht man keine Abzinsung (Barwertberechnung).

Strebt der Unternehmer nach möglichst hohem Einkommen, so hat er sich zunächst Vorstellungen über das Endvermögen und über die zeitliche Verteilung der Entnahmen zu bilden. Wir nehmen an, der Unternehmer möchte nach 3 Jahren den ursprünglich eingesetzten Betrag von 1 000 Mark erhalten wissen und wünscht für jede Periode gleich hohe Entnahmen.

Das Ziel Einkommensmaximierung läßt sich ohne zusätzliche Information bei Handlungsprogramm A nicht verwirklichen. Entnahmen würden in t_1, t_2 und t_3 anfallen. Nehmen wir an, ein Kredit könne zu 10% Zinsen jederzeit aufgenommen werden. Mit Hilfe dieser Finanzierungsmöglichkeit lassen sich die maximalen periodischen Entnahmen bestimmen. Alternative A würde dem Unternehmer einen jährlichen Einkommensstrom von 100 Mark gewähren, denn wenn er im ersten Jahr 100 Mark Kredit aufnimmt, um daraus seinen Lebensunterhalt zu bestreiten, und im zweiten Jahr 100 Mark, so hat er dafür in t_3 200 Mark plus 31 Mark Zinsen an die Bank zurückzuzahlen. Ihm verbleiben 100 Mark Einkommen in t_3 und das Anfangskapital von 1 000 Mark.

Wie sieht der maximale Entnahmestrom bei Alternative B aus? Er ist höher und beträgt rund 105 Mark, denn: wenn in t_1 105 Mark entnommen werden, so können noch 195 Mark auf dem Sparbuch zu 4% angelegt werden. Sie bringen in t_3 ca. 210,90 Mark. Wenn in t_2 105 Mark entnommen werden, bleiben 395 Mark, die in t_3 auf 410,80 angewachsen sind; die Einnahmen in t_3 betragen dann 105,70 plus 1 000 Mark Anfangskapital. Die Zahlungsreihen der Handlungsprogramme sehen folglich so aus:

A	t_0	t_1		t_2	t_3	
Kasse	+ 1000	+ 100	(Kredit)	+ 100	+ 1331	
	− 1000	− 100	(Ausschüttung)	− 100	− 231	(Kreditrückzahlung)
					− 100	(Ausschüttung)
	0	0		0	+ 1000	

B	t_0	t_1		t_2	t_3	
Kasse	+ 1000	+ 300		+ 500	+ 484	
	− 1000	− 105	(Ausschüttung)	− 105	+ 210,9	(Sparbuch t_1)
		− 195	(Sparbuch)	− 395	+ 410,8	(Sparbuch t_2)
					− 105,7	(Ausschüttung)
	0	0		0	+ 1000	

Daraus können wir schließen: *Fallen Kreditzinsen und Rendite von Geldanlagen (Soll- und Habenzinsen) auseinander, so führen die beiden finanziellen Ziele Vermögens- und Einkommensstreben nicht unbedingt zu denselben Entscheidungen.* In diesem Fall müssen die Optimumbedingungen für jedes finanzielle Ziel gesondert untersucht werden.

Nur wenn die Zinssätze, zu denen Periodenüberschüsse angelegt und Kredite aufgenommen werden können, identisch sind, ist es gleichgültig, ob der Unternehmer nach maximalem periodischem Einkommen oder nach maximalem Vermögen strebt. Nehmen wir an, für aufgenommene Kredite sind 10% Zinsen zu zahlen und Einnahmenüberschüsse ließen sich zu 10% anlegen. Für Alternative A errechnen wir, wie bisher, ein Endvermögen von 1 331 bzw. ein Einkommen von 100. Bei Alternative B müssen wir von einem Gesamtkassenbestand von 1 000 Mark ausgehen. Die Anlage der 1 000 Mark erbringt in t_1 300, in t_2 500, in t_3 484 Mark. Die 300 Mark in t_1 und die 500 Mark in t_2 können dann bis t_3 zu 10% angelegt werden. Alternative B erwirtschaftet ein Endvermögen von 1 397 Mark bzw. ein Einkommen von knapp 120. B ist bei beiden Zielen die bessere Lösung.
Gilt für Kreditaufnahme und Geldanlage ein einheitlicher Zinssatz, dann kann jede Gewinnausschüttung durch eine Kreditaufnahme mit Kosten in Höhe des einheitlichen Zinssatzes finanziert werden. Jede Geldanlage (jeder Verzicht auf Gewinnausschüttung) läßt das Vermögen jährlich um die Zinsen wachsen. Deshalb stimmen bei einheitlichem Zinssatz Vermögensstreben und Einkommensstreben überein.

Wenn aber Vermögens- und Einkommensstreben zu denselben Entscheidungen führen, dann führt es auch Wohlstandsstreben, denn Wohlstandsstreben ist nichts anderes als eine von den persönlichen Präferenzen abhängige Mischung aus Einkommens- und Vermögensstreben. Andererseits: Bei unterschiedlichen Soll- und Habenzinsen können Vermögens- und Einkommensstreben zu unterschiedlichen Entscheidungen führen. Wir werden später sehen (S. 350), daß Wohlstandsstreben eine Entscheidung nahelegen kann, die sich weder mit der bei Vermögensstreben noch mit der bei Einkommensstreben deckt.

b) Modellstruktur und finanzielles Zielsystem

1. Vollständiger Vorteilsvergleich durch finanzwirtschaftliche Totalmodelle

Wie findet man die zielentsprechenden Investitions- und Finanzierungsmöglichkeiten? Aus den bisherigen Beispielen ersieht man: Das optimale Investitions- und Finanzierungsvorhaben ist offenkundig, sobald der Vorteilsvergleich zwischen den Handlungsmöglichkeiten vollständig formuliert ist. »Vollständig formuliert« heißt dabei:
Jede Handlungsmöglichkeit weist als Zahlungssaldo nur noch die Zielgröße aus. Bei Vermögensstreben stellt die Zielgröße eine Einnahme am Ende des Handlungszeitraums dar. Bei dem Ziel »Einkommensstreben« wird die Zielgröße durch einen in jedem Zahlungszeitpunkt gleich hohen Einnahmenüberschuß verkörpert; hinzu tritt eine Einnahme am Ende des Handlungszeitraums in Höhe des gewünschten Endvermögens.

Bei einem vollständigen Vorteilsvergleich muß somit für alle Alternativen gelten:

(1) gleicher Ausgangsbetrag, und dieser muß dem Anfangskapital (Eigenkapital plus Fremdkapital) entsprechen,

(2) gleiche zeitliche Erstreckung,

(3) gleiche Kapitalbindung während der Laufzeit.

Die drei Bedingungen besagen zugleich: Nach Entnahme der Zielgrößen (des periodischen Einkommens bzw. des Endvermögens) muß der Zahlungssaldo aller Alternativen Null sein. Einnahmen und Ausgaben müssen sich in jedem Zahlungszeitpunkt entsprechen. Kassenhaltung gilt dabei als Investitionsvorhaben mit der Rendite 0% (bei Kreditbeschränkungen kann es sich gleichwohl lohnen, Kasse zu halten, vgl. S. 377 f.).
Aufgabe des vollständigen Vorteilsvergleichs ist »Zielerfüllung unter der Bedingung, daß die Zahlungsfähigkeit in jedem Zeitpunkt gewahrt bleibt«. Damit ist zugleich die Aufgabe der Investitions- und Finanzplanung schlechthin beschrieben. *Ein vollständiger Vorteilsvergleich erfolgt also immer an Hand eines Finanzplanes.*
Im Regelfall führen die einzelnen Wahlmöglichkeiten zu unterschiedlichen Kapitaleinsätzen am Anfang, zu unterschiedlichen periodischen Rückflüssen und auch zu einer unterschiedlichen Investitionsdauer (zeitlichen Erstreckung). Dann ist ein Vorteilsvergleich erst möglich, nachdem die einzelnen Wahlmöglichkeiten zu sich gegenseitig ausschließenden Handlungsprogrammen vervollständigt worden sind. Zu der ursprünglichen Zahlungsreihe einer Wahlmöglichkeit sind die Finanzierungszahlungen und zusätzliche Investitionen hinzuzufügen, bis ein vollständiger Finanzplan aufgebaut ist (vgl. Beispiel S. 382–392).
Wird ein Wahlproblem so formuliert, daß über sämtliche Verwendungsmöglichkeiten eines Mittelvorrats im einzelnen disponiert wird und die Zielgröße allein als Zahlungssaldo verbleibt, dann sprechen wir von einem Totalmodell. Ein Totalmodell braucht man also, um einen vollständigen Vorteilsvergleich anzustellen.
Wie jedes Entscheidungsmodell besteht das Totalmodell aus einer Zielvorschrift (z. B.: Maximiere das Vermögen bei vorgegebenen jährlichen Entnahmen!), der Zieldefinition

(z. B.: Das Vermögen gleicht dem Kassenbestand am Ende des Handlungszeitraums) und den Annahmen über die Umwelt und die Mittelbeanspruchung. Die wichtigste Bedingung dabei lautet: Die Liquidität ist in jedem Zahlungszeitpunkt zu erhalten. Die Ausgaben dürfen die Einnahmen nicht übersteigen, wobei sich Ausgaben und Einnahmen nach den einzelnen Investitions- und Finanzierungsmöglichkeiten richten. Sämtliche gegenwärtigen und künftigen Investitions- und Finanzierungsmöglichkeiten sind dabei so zu kombinieren, daß ein optimaler Finanzplan erreicht wird, ein Finanzplan, der die Zielgröße maximiert und sämtlichen Nebenbedingungen (insbesondere der Liquiditätsbedingung) genügt. *Unter diesen Voraussetzungen braucht der Unternehmer keinen Kalkulationszinsfuß, denn hier ist es nicht nötig, die einzelnen Zahlungen auf- oder abzuzinsen*[25]. Eine Abzinsung oder Aufzinsung (Barwert- oder Endwertberechnung) ist überflüssig, weil in das Totalmodell Investitions- und Finanzierungsmöglichkeiten mit ihren vollständigen Zahlungsströmen eingehen und die finanzielle Zielgröße unmittelbar berechnet wird. Das vorteilhafteste Investitions- und Finanzierungsprogramm ist danach unmittelbar ablesbar. Eine Aufzinsung oder Abzinsung wird erst notwendig, wenn mit finanziellen Ersatzzielgrößen (wie Kapitalwert, Rendite) gerechnet wird, nicht mehr mit den ursprünglichen finanziellen Zielen »Vermögenszuwachs bei gegebenen Entnahmen«, »Einkommensstreben«, »Wohlstandsstreben«.
In den Beispielen A und B auf S. 188 ff. war die vollständige Formulierung des Vorteilsvergleichs einfach. Wir gingen davon aus, es werde nur für drei Jahre geplant. Was später geschieht, darüber wurden keine Annahmen gemacht, und d. h.: Die Entscheidung war nur dann richtig, wenn der Unternehmer sich nach drei Jahren zur Ruhe setzt oder wenn seine künftige Tätigkeit in keiner Weise durch seine gegenwärtige Entscheidung beeinflußt wird, was sicher nicht der Fall sein wird. Weiter wurde vorausgesetzt: Der Unternehmer habe nur zwei Wahlmöglichkeiten. Er kenne ferner die künftigen Kreditzinsen bzw. Renditen der Geldanlage, und er könne die Erfolge seiner Tätigkeit hinreichend sicher voraussehen, d. h. er rechnet nicht mit Abweichungen von seinen Planzahlen.

Im praktischen Fall wirft die Suche nach dem optimalen Finanzplan (das Aufstellen eines Totalmodells) kaum lösbare Schwierigkeiten auf, und zwar aus vier Gründen:

(1) Es sind sämtliche Investitions- und Finanzierungsmöglichkeiten vom Planungszeitpunkt heute bis zum Ende des Handlungszeitraumes des Unternehmers zu erfassen und zielentsprechend zu kombinieren. Das bedeutet: Bei personenbezogenen Unternehmen wäre z. B. über zwanzig und dreißig Jahre detailliert zu planen, bei firmenbezogenen Unternehmen sogar auf »unbegrenzte« Zeit.

(2) Gegenwärtige und künftige Entscheidungen bedingen sich teilweise gegenseitig. Welche Preispolitik in drei Jahren verfolgt werden kann, hängt auch von den Anlagen ab,

[25] Nach *Hållsten*, S. 41, findet sich diese Erkenntnis erstmals in einer Arbeit von *T. Rødseth*, Allokering av kapital. Bergen 1961, S. 115 ff. Im deutschen Schrifttum sind Modelle dieser Art vorgetragen worden von *Herbert Hax*, Investitions- und Finanzplanung mit Hilfe der linearen Programmierung. In: ZfbF, Jg. 16 (1964), S. 430–446, hier S. 436 f.; *H[erbert] Jacob*, Neuere Entwicklungen in der Investitionsrechnung. In: ZfB, Jg. 34 (1964), S. 487 bis 507, 551–594, hier S. 581–591.

auf denen in drei Jahren produziert wird und über deren Investition heute entschieden werden soll. Andererseits nehmen die in drei Jahren erzielbaren Einnahmen Einfluß auf die Auswahl der Investitionsobjekte heute. Dieses Interdependenzproblem wirft zahlreiche ungelöste Fragen auf. Ein Totalmodell muß im Grunde alle Unternehmensentscheidungen: Investition, Finanzierung, Beschaffung, Produktion, Absatz, Organisation gemeinsam zu treffen erlauben, und zwar für den Zeitraum bis zum Lebensende der Unternehmung.

(3) Die Ungewißheit der Zukunft macht eine ins einzelne gehende »simultane« Planung unmöglich; sie schränkt zugleich den Planungszeitraum auf eine Zeitspanne ein, die im Regelfall erheblich kürzer ist als der gewünschte Handlungszeitraum des Unternehmers.

(4) Einer Planung aufgrund von Totalmodellen stehen arbeits- und rechentechnische Schwierigkeiten entgegen. Die Suche nach dem optimalen Finanzplan ist ein Kombinationsproblem, das die Anwendung von Verfahren der mathematischen Programmierung verlangt, und zwar sind dabei ganzzahlige Lösungen zu suchen, da es wenig Sinn hat, halbe Lastwagen und zu einem Viertel gedeckte Fabrikdächer als optimal anzusehen. Diese Ganzzahligkeit macht soviel Schwierigkeiten, daß vielfach nichts anderes übrigbleibt, als alle Kombinationen durchzurechnen oder sich von vornherein auf einige wenige zu beschränken, mit der Gefahr, die bestmögliche Kombination dabei zu übersehen, vgl. im einzelnen S. 392 ff.
Weiter ist zu bedenken: Jede Datenänderung erfordert eine finanzwirtschaftliche Umdisposition, der fünfjährige Finanzplan wäre damit tagtäglich neu aufzustellen, um die richtige Entscheidung zu finden. Wer je versucht hat, in der Praxis einen mehrjährigen Finanzplan aufzustellen, der weiß, daß dies die Arbeit von Monaten ist, selbst wenn an zahlreichen Stellen über den Daumen gepeilt wird.

Aus den vier Gründen folgt: Es ist unmöglich, eine »tatsächlich optimale« Entscheidung zu treffen. Das Optimum optimorum ist für den allgemeinen Fall ökonomisch nicht zu bestimmen. Formal ist die Lösung klar: Es sind die notwendigen und hinreichenden Bedingungen für das Maximum der Zielfunktion zu nennen — und im allgemeinen Fall führt das zu Problemen der Variationsrechnung, vgl. S. 563 f. –, aber damit ist ökonomisch das Problem nicht gelöst. *Die Aufgabe betriebswirtschaftlicher Theorie ist es deshalb, nach sinnvollen Vereinfachungen zu suchen. Das Dilemma besteht darin, daß mit jeder Vereinfachung die Gefahr einer Fehlentscheidung wächst.*
Da die Begrenzung des Planungszeitraumes durch die Ungewißheit nie vermieden werden kann und das Interdependenzproblem nur näherungsweise lösbar ist, gibt es in strengem Sinne keine Totalmodelle des Unternehmensgeschehens, sondern nur »Partialmodelle«, also Modelle, die nur unter Einschränkungen und Vereinfachungen zielentsprechende Entscheidungen liefern[26].

[26] Vgl. dazu auch *Herbert Hax*, Bewertungsprobleme bei der Formulierung von Zielfunktionen für Entscheidungsmodelle. In: ZfbF, Jg. 19 (1967), S. 749–761, bes. S. 760.

Allerdings sind zahlreiche Abstufungen bei den Partialmodellen zu beachten. Um eine dieser Abstufungen zu kennzeichnen, verwenden wir auch in Zukunft den Begriff Totalmodell. Wir engen den Begriff dabei wie folgt ein:
Ein Totalmodell liegt stets dann vor, wenn innerhalb des Planungszeitraumes Einzelannahmen über die vollständige Verwendung eines Mittelvorrats gemacht werden. Die Einzelannahmen können durch zusätzliche Voraussetzungen eingeengt sein. Es kann das Ungewißheitsproblem ausgeklammert sein; man kann von vorgegebenen Einnahmen und Ausgaben für die einzelnen Handlungsmöglichkeiten ausgehen, also das Interdependenzproblem vernachlässigen. *Entscheidend für den Begriff des Totalmodells ist, daß unter den gesetzten Annahmen über das Interdependenz- und Ungewißheitsproblem ein vollständiger und zielentsprechender Finanzplan des Unternehmens aufgestellt wird.*
Zwei Arten finanzwirtschaftlicher Totalmodelle sind zu unterscheiden:

a) Zeitlich vollständige Totalmodelle bestimmen den optimalen Finanzplan bis zum Ende des Handlungszeitraums des Unternehmers, für eine Unternehmung auf Zeit.

b) Zeitlich unvollständige Totalmodelle suchen den optimalen Finanzplan für eine Unternehmung auf Dauer, also unter der Annahme, daß am Planungshorizont die Unternehmung nicht beendet wird, sondern weiter als Einkommensquelle und Betätigungsfeld dienen soll.
Zu diesem Zweck ist ein Endvermögen anzustreben bzw. bei der Berechnung der Entnahmen vorauszusetzen. Das Endvermögen verkörpert eine Pauschalannahme über die zu erwartenden Konsumausgaben bzw. das Vermögenswachstum für die Zeit nach dem gegenwärtigen Planungshorizont.

2. Begrenzter Vorteilsvergleich durch finanzwirtschaftliche Partialmodelle

Die langfristige Unternehmensplanung muß auf Vereinfachungen aufbauen. Sie beruht auf finanzwirtschaftlichen Partialmodellen. *Ein finanzwirtschaftliches Partialmodell liegt vor, wenn für die Zeit innerhalb des Planungszeitraums Pauschalannahmen über einzelne Investitions- und Finanzierungsmöglichkeiten erfolgen.* Finanzwirtschaftliche Partialmodelle unterscheiden sich von zeitlich unvollständigen Totalmodellen in folgendem: Zeitlich unvollständige Totalmodelle enthalten Pauschalannahmen über Einkommen bzw. Vermögenswachstum nach dem gegenwärtigen Planungshorizont. Finanzwirtschaftliche Partialmodelle enthalten die gleiche Vereinfachung, und darüber hinaus wählen sie zusätzliche Pauschalannahmen während des Planungszeitraums, z. B. wird nur mit einem Zahlungszeitpunkt je Jahr gerechnet. Oder sie beachten nicht mehr alle Investitions- und/oder Finanzierungsmöglichkeiten während des Planungszeitraums.

Es empfiehlt sich, zwei Arten finanzwirtschaftlicher Partialmodelle zu unterscheiden:

(a) Kombinatorische Partialmodelle wählen Pauschalannahmen über einige Handlungsmöglichkeiten, bestimmen aber die Zielgrößen unmittelbar: Sie gehen von Vermögens-, Einkommens- oder Wohlstandsstreben aus.

(b) Klassische Partialmodelle wählen ebenfalls Pauschalannahmen über einige Handlungsmöglichkeiten, aber gehen nicht von den finanziellen Zielen unmittelbar aus. Ihre Zielvorschriften enthalten finanzwirtschaftliche Vorteilskriterien, die als Ersatzzielgrößen für die ursprünglichen Ziele dienen. Klassische Partialmodelle versuchen, den »Kapitalwert«, die »Annuität« oder den »internen Zinsfuß« zu maximieren.

Zu (a): Kombinatorische Partialmodelle dienen, wie finanzwirtschaftliche Totalmodelle, der Suche nach einem optimalen Finanzplan. Sie setzen eine Kombination der einzeln und pauschal erfaßten Investitions- und Finanzierungsmöglichkeiten voraus. Kombinatorische Partialmodelle erscheinen in zwei Abstufungen:

(1) »Partialmodell mit Kapitalmarktbeschränkungen«. Innerhalb des Planungszeitraums werden alle externen Finanzierungsmöglichkeiten berücksichtigt, denn sie stellen regelmäßig den Engpaß finanzieller Planungen dar. Dabei werden die Höchstbeträge, die bei den einzelnen Kreditarten und Kreditinstituten aufgenommen werden können, ausdrücklich in das Planungsmodell einbezogen. Wie weit sie ausgenutzt werden, das gibt die Modellösung an, in der die einzelnen Finanzierungsmöglichkeiten mit ihren Höchstbeträgen und Fristigkeiten den einzelnen Investitionsvorhaben und ihren Zahlungsströmen gegenübergestellt werden.
Solche Modelle bieten sich an, wenn man die lineare Planungsrechnung anwenden will[27].
(2) »Partialmodell mit unvollkommenem Kapitalmarkt«: Es wird auf Einzelannahmen über die externe Finanzierung verzichtet. Die Möglichkeiten interner Finanzierung sind durch die Einnahmenüberschüsse der Investitionsobjekte beschrieben. Die strategischen Investitionen werden einzeln durch ihre Zahlungsströme aufgeführt. Ausgabenüberhänge und Einnahmenüberschüsse sind zu jedem Zahlungszeitpunkt möglich. Es wird unterstellt, Einnahmenüberschüsse könnten jederzeit und in beliebiger Menge zu einem Habenzins angelegt werden. Der Habenzins kann auch Null sein, dann ist nur das Horten von Geld möglich. Weiter wird vorausgesetzt, Ausgabenüberhänge könnten jederzeit und in beliebiger Menge durch zusätzliche Kreditaufnahmen beseitigt werden. Die Kredite kosten Sollzinsen. Der Sollzins liegt über dem Habenzins. Soll- und Habenzinsen können konstant sein oder von der Menge der nachgefragten (angebotenen) Gelder abhängen. Dann wird mit steigenden oder auch fallenden Soll- und Habenzinsen gerechnet. Die Unvollkommenheit des Kapitalmarkts äußert sich darin, daß zwei Zinssätze herrschen, einer für Geldanlagen, einer für Kreditaufnahmen. Schuld an der »Unvollkommenheit« sind Bankprovisionen, die Börsenumsatzsteuer und sonstige Kreditspesen. Kreditbeschränkungen herrschen hier jedoch nicht. Das Partialmodell mit unvollkommenem Kapitalmarkt vereinfacht bereits in starkem Maße, aber noch nicht genug, um die klassischen finanzwirtschaftlichen Vorteilskriterien (wie Kapitalwertrechnung) unbesehen anwenden zu können, vgl. im einzelnen S. 362 f.

Zu (b): Klassische Partialmodelle verzichten auf die Ermittlung eines optimalen Finanzplans. Sie sehen in der Investitions- und Finanzplanung kein Liquiditätsproblem, son-

[27] Vgl. im einzelnen S. 364–397.

dern nur eine Frage der Rentabilität. Sie erfassen nicht die ursprünglichen finanziellen Ziele, sondern wählen finanzwirtschaftliche Vorteilskriterien als Ersatzzielgrößen. Sie gehen von einem vorgegebenen Zinssatz aus, zu dem Beträge entliehen und verliehen werden können. Klassische Partialmodelle sind alle diejenigen Modelle, die mit finanzmathematischen Methoden arbeiten: Kapitalwert-, Annuitäts- und interne Zinsfußmethode sind Ausdruck klassischer Partialmodelle. Wir werden sie gleich darstellen.

Zwei Abstufungen der klassischen Partialmodelle sind zu unterscheiden:

(1) Es werden nur einige Investitionsmöglichkeiten und nur einige Finanzierungsmöglichkeiten ausdrücklich aufgenommen. Soll- und Habenzinsfuß sind identisch, d. h. zum Kalkulationszinsfuß können nach Belieben Beträge entliehen oder verliehen werden. Die Literatur behauptet, in diesem Fall sei ein »vollkommener Kapitalmarkt« unterstellt [28]. Dabei ist zu beachten, daß man hier die Voraussetzungen, welche die Theorie sonst für einen »vollkommenen Markt« annimmt, nur zum Teil gelten läßt. Man geht lediglich davon aus, daß auf dem Kapitalmarkt zu einem einzigen Zinssatz nach Belieben Geld entliehen oder verliehen werden kann. Auf einem »vollkommenen Markt« dürfte für Finanzierungsvorhaben nur ein Preis (Zins) herrschen. Aber das braucht hier nicht der Fall zu sein. Das Modell kann so aufgebaut sein, daß es z. B. drei günstige Finanzierungsvorhaben ausdrücklich berücksichtigt und unterstellt, darüber hinaus könnten in beliebiger Menge Kredite aufgenommen werden. Da hier für Kredite kein einheitlicher Preis (Zinsfuß) besteht, kann strenggenommen nicht von einem vollkommenen Kapitalmarkt gesprochen werden. Es liegt genaugenommen nur ein vollkommener »Rest-Kapitalmarkt« vor.

Der hier beschriebene Fall kann vor allem in folgender Form auftreten. Der Unternehmer besitzt Mittel aus interner Finanzierung (zurückbehaltene Umsatzerlöse der Vorperiode), sie stehen ihm ohne Finanzierungsausgaben zur Verfügung. Er bekommt ferner vielleicht einen subventionierten Staatskredit in bestimmter Höhe, und darüber hinaus kann er in beliebiger Menge Kredite zum herrschenden Marktzinsfuß aufnehmen und Geld zu diesem Zinssatz anlegen.

In der Literatur sind Modelle mit der Annahme eines einheitlichen Marktzinsfußes allerdings meistens so formuliert worden, daß keine Finanzierungsmöglichkeiten ausdrücklich berücksichtigt worden sind. Investition und Finanzierung unter diesen Voraussetzungen aufeinander abzustimmen, bezeichnet man vielfach als das Aufstellen eines »neoklassischen Kapitalbudgets«. Die Bezeichnung ist schief; vor der »neoklassischen« gab es überhaupt keine Lösung dieses Problems; man kann nicht gut die erste Lösung eines Problems als neoklassisch bezeichnen. Bei der klassischen Lösung handelt es sich um ein »Partialmodell mit vollkommenem Restkapitalmarkt«.

[28] Vgl. u. a. *Irving Fisher*, The Theory of Interest. New York 1930, reprinted 1965, S. 257; *Hirshleifer*, On the Theory of Optimal Investment Decision, S. 206; *Horst Albach*, Investition und Liquidität. Die Planung des optimalen Investitionsbudgets. Wiesbaden 1962, S. 30 f.

(2) Es soll die Vorteilhaftigkeit einer einzelnen Investition beurteilt werden. An die Stelle von Finanzierungsmöglichkeiten und konkurrierenden Investitionsvorhaben tritt ein Kalkulationszinsfuß. Er erfaßt hier die Rendite sämtlicher anderer Investitionsvorhaben und die Kosten sämtlicher Finanzierungsmöglichkeiten. Wir sprechen vom »isolierten Vorteilsvergleich«. Er ist die einfachste Form eines finanzwirtschaftlichen Partialmodells. Lediglich für ein Vorhaben soll entschieden werden, ob es zu verwirklichen oder zu verwerfen ist. Der isolierte Vorteilsvergleich kann auch angewandt werden, um das beste aus einer Gruppe sich gegenseitig ausschließender Vorhaben zu errechnen.

3. Modellstruktur bei Einzel- und Programmentscheidungen

Zwei Arten von Investitionsentscheidungen sind zu trennen: Bei Einzelentscheidungen geht es um die Vorteilhaftigkeit einer einzelnen Investition. Bei Programmentscheidungen handelt es sich darum, Art und Anzahl der vorteilhaften Investitionen zu bestimmen, die innerhalb eines Gesamtplanes verwirklicht werden sollen. Einzelentscheidung heißt: Eines von mehreren konkurrierenden Vorhaben ist zu wählen. So sei z. B. ein neuer Lastwagen anzuschaffen, weil sein Vorgänger auf vereister Autobahn zum Schrotthaufen wurde. Es konkurrieren dann fünf oder sechs verschiedene Typen miteinander. Die einzelnen Lastwagen sind sich gegenseitig ausschließende Investitionsobjekte.

Programmentscheidungen bestimmen den Umfang der Tätigkeit. Hier ist zu fragen: A allein oder A plus B oder A plus B plus C? Bei Programmentscheidungen schließen sich die einzelnen Handlungsmöglichkeiten nicht gegenseitig aus, z. B.: Sollen in diesem Jahr eine neue Lagerhalle und ein neues Verwaltungsgebäude gebaut werden, und soll der Lastwagenpark verdoppelt werden? Im Regelfall setzt jedes der Projekte, aus denen sich das Investitionsprogramm zusammensetzt, zahlreiche Einzelentscheidungen voraus: Falls der Lastwagenpark verdoppelt werden soll, welche Lastwagentypen sind anzuschaffen? Programmentscheidungen lassen sich auch als Alternativentscheidungen formulieren: Soll Programm I gewählt werden (Bau der Lagerhalle) oder Programm II (Bau von Lagerhalle und Verwaltungsgebäude) oder Programm III (Bau der Lagerhalle und Verdoppelung des Lastwagenparks) usw.? Die Entscheidung, ob I, II oder III gewählt wird, richtet sich danach, ob es sich lohnt, zusätzliches Kapital (Eigen- und Fremdkapital) aufzunehmen, das man benötigt, um I, II oder III zu finanzieren.

Da es in Wirklichkeit keinen vollkommenen Kapitalmarkt gibt, können die Entscheidungen über das Investitions- und Finanzierungsprogramm nicht an Hand der klassischen Partialmodelle erfolgen. Eine vernunftgemäße Unternehmungspolitik muß hier auf alternative langfristige Finanzpläne und d. h. (mindestens) auf kombinatorische Partialmodelle zurückgreifen. Es hängt dabei vom Niveau der betriebswirtschaftlichen Abteilung der Unternehmung ab, ob man sich mit einem groben, mehr oder weniger über den Daumen gepeilten Umrißplan begnügen muß, oder ob die Unternehmensplanung so weit entwickelt ist, daß versucht werden kann, ein kombinatorisches Partialmodell für die nächsten Jahre zu entwerfen. Voraussetzungen dafür sind eine gut ausgebaute kurzfristige Unternehmensplanung und eine langfristige Planung der Leistungserstellung (Produktions- und Absatzplanung); denn die Zahlungssalden, die in

das finanzwirtschaftliche Planungsmodell eingehen, sind aus den Produktions- und Absatzschätzungen abzuleiten. Um eine wenigstens näherungsweise Lösung des Interdependenzproblems kommt man nicht herum.
Die Methoden zur Suche des optimalen Finanzplanes, nachdem die einzelnen Handlungsmöglichkeiten durch ihre Zahlungsströme gekennzeichnet sind (nachdem also das Interdependenzproblem gelöst ist), werden in Kapitel D dargestellt werden. Dem Interdependenzproblem selbst ist das Kapitel F gewidmet.
Entscheidungen über das Investitions- und Finanzierungsprogramm sind Grundsatzentscheidungen der Unternehmungspolitik. In den meisten Unternehmen bilden die Vorbereitungen zu den Entscheidungen über das jährliche Investitions- und Finanzierungsprogramm sogar die einzigen Ansätze zu einer Unternehmensgesamtplanung. Entscheidungen über das Investitions- und Finanzierungsprogramm werden regelmäßig Entscheidungen über einzelne Gruppen von Investitionsobjekten sein. Der Vorstand legt fest: Nächstes Jahr wird dieses Zweigwerk ausgebaut, und zwar ist die Kapazität zu verdoppeln. Die Einzelheiten überläßt man den Fachbereichen bzw. den einzelnen Werken. Über kleinere Investitionen, die meist Ersatzinvestitionen sind, entscheiden auch die einzelnen Werke selbst. In der Praxis finden sich hierzu vor allem zwei Lösungen:

(a) Einzelinvestitionen mit einem Anschaffungsbetrag unter einer bestimmten Grenze (z. B. unter 20 000 Mark) führen die einzelnen Fabriken in eigener Zuständigkeit aus. Für diese Investitionen können sie sich bei der Zentrale verschulden. Alle größeren Objekte sind beim Vorstand zu beantragen, und über ihre Verwirklichung wird dort entschieden.

(b) Den einzelnen Werken werden alle Investitionen überlassen, die zusammengenommen ein Budget von z. B. 1 Mill. Mark jährlich nicht übersteigen. Die einzelnen Fachbereiche bzw. Werke erhalten somit ein bestimmtes Investitionsbudget vorgegeben. Wie sie es verwenden, ist ihre Angelegenheit. Aufgabe des Fachbereichsleiters ist es, regelmäßig in zähem Ringen mit konkurrierenden Bereichen seinen Anteil am gemeinsamen Investitionsbudget zu steigern. Meistens werden dabei die Investitionsmittel den einzelnen Werken zu einem bestimmten Zinssatz überlassen.

Mitunter werden die Wege (a) und (b) miteinander kombiniert.

Die Einzelentscheidungen, die in den einzelnen Werken zu treffen sind, sind dadurch gekennzeichnet, daß ihre Finanzierung kein Problem mehr aufwirft: Die Geldmittel sind vorab bewilligt worden. Für die Einzelentscheidungen ist nur noch die Rentabilität, nicht mehr die Finanzierung zu prüfen. Wenn die Geldmittel zu einem bekannten Zinsfuß zur Verfügung stehen (und der Verzicht auf ihre Inanspruchnahme Zinsen spart, die Mittel also zum Kalkulationszinsfuß angelegt werden können), lassen sich in der Investitionsplanung die klassischen Verfahren anwenden. Hier ist es berechtigt, über die Vorteilhaftigkeit der einzelnen Vorhaben nach ihrem Kapitalwert zu entscheiden. Als Kalkulationszinssatz wählt man dann den Zinssatz, zu dem das Kapital überlassen wird. Der Kalkulationszinssatz kann den effektiven Fremdkapitalzinsen entsprechen oder ein von der Unternehmensspitze vorgegebener Verrechnungspreis für das Kapital sein. Solche Einzelentscheidungen sind meist für kleinere Erweiterungsinvestitionen von einzelnen Anlagen zu treffen. Hier ist dann zwischen sich ausschließenden Vorhaben zu wählen: Dieser Lastwagen oder jener? Wir werden bei der Planung von Einzelinvestitionen (Kapitel C) die Kapitalwertmethode anwenden, beim Ersatzproblem auch die Annuitätsrechnung.

Der Zusammenhang von Modellstruktur und finanziellem Zielsystem läßt sich damit so kennzeichnen: *Entscheidungsprogramme*, die Anspruch erheben, auch unter wirklichkeitsnahen Bedingungen betriebswirtschaftlich vernünftig zu sein, *müssen die finanziellen Zielgrößen unmittelbar enthalten. Programmentscheidungen können durchweg nur anhand von Totalmodellen oder kombinatorischen Partialmodellen erfolgen, allenfalls bei besonderen Umweltbedingungen sind klassische Modelle nützlich* (vgl. S. 253 f.). *Für Einzelentscheidungen können Ersatzzielgrößen an die Stelle der ursprünglichen finanziellen Zielgrößen treten. Hier sind klassische Partialmodelle anwendbar.*

c) Die Problematik der herkömmlichen finanzwirtschaftlichen Vorteilsmaßstäbe

1. Cournotscher Satz, Kapitalwert und Rendite im einperiodischen Vorteilsvergleich

Aus der Tatsache, daß in einperiodischen Modellen alle Zahlungsvorgänge am Beginn und am Ende der Periode liegen, folgt im einzelnen: In statischen Modellen wird mit der Fiktion gearbeitet, Einnahme, Ertrag und Erlös seien identisch. Ausgabe, Aufwand und Kosten gleichermaßen.

Im Regelfall liegen die Ausgaben zu Beginn der Periode, die Einnahmen am Ende. In diesem Fall ist Kapital in Höhe der Gesamtausgaben während des Planungszeitraums in der Unternehmung gebunden. Eine Kapitalbindung entsteht durch Ausgaben, die spätere Einnahmen erwarten lassen. Dabei ist es gleichgültig, ob die Unternehmung als Gegenwert für die Ausgaben Güter erhält oder nicht. Kraftfahrzeugsteuer und Zulassungsgebühr führen für den Taxifahrer genauso zur Kapitalbindung wie die Anschaffungsausgaben des Autos. Ausgaben ohne Einnahmenerwartung sind Verluste oder Einkommenszahlungen. Einnahmen ohne Verpflichtung zu späteren Ausgaben (und sei es in Form von Liquidationszahlungen) sind Geschenke.

Liegen die Ausgaben vor den Einnahmen, läßt sich die Rendite (Kapitalrentabilität) der einperiodischen Unternehmung berechnen, denn die Kapitalrentabilität bezeichnet das Verhältnis zwischen Einnahmenüberschuß (Gewinn) und eingesetztem (gebundenem) Kapital.

Es ist auch denkbar, daß die Einnahmen zu Beginn der Periode anfallen, die Ausgaben am Ende. Dann besteht während der Planperiode keine Kapitalbindung in der Unternehmung, sondern ein Kapitalüberschuß. Hier ist eine Art »negative Rendite« zu errechnen, sinngleich etwa der Effektivbelastung durch einen Kredit. Nehmen wir an, die Unternehmung bestehe lediglich aus einer Einnahme von 100 in t_0 (z. B. Vorauszahlung für einen Auftrag) und einer Ausgabe von 110 in t_1 (Bezahlung der Löhne für die geleistete Arbeit und der Rohstoffe), dann können wir sagen, die Rendite dieser Unternehmung ist minus 10%, und das heißt: Das Geschäft lohnt sich nur dann, wenn man die Einnahme in t_0 so investieren kann, daß sie mehr als 10% erbringt.

Im Ausnahmefall liegen Ausgaben und Einnahmen nur am Anfang oder nur am Ende einer Abrechnungsperiode. Das einperiodische Modell ist dann auf einen Zahlungszeitpunkt degeneriert. Übersteigen die Einnahmen im einzigen Zahlungszeitpunkt die Ausgaben, entsteht Gewinn; bleiben die Einnahmen unter den Ausgaben, entsteht Verlust. Eine Rendite (bzw. Effektivbelastung) ist dann nicht mehr zu berechnen, denn die Kapitalrentabilität bezeichnet das Verhältnis zwischen Einnahmenüberschuß und eingesetztem Kapital (Ausgaben) *während einer Abrechnungsperiode*. Liegt nur ein Zahlungszeitpunkt vor, steht im Nenner Null; der Bruch (die Rendite) wird zu einem sinnlosen Ausdruck.

Nachdem die zeitlichen und finanziellen Voraussetzungen statischer Modelle geklärt sind, sehen wir, daß der Cournotsche Satz etwas verschweigt: Wie steht es mit den Finanzierungskosten, z. B. den Fremdkapitalzinsen? Da im Regelfall die Grenzerlöse (Einnahmen) einer Periode nach den Grenzkosten (Ausgaben) anfallen, kann man dann Grenzerlös ohne weiteres gleich Grenzkosten setzen? Die Antwort auf diese Frage lautet: Die Handlungsempfehlung ist eine formale Aussage. Die Behauptung »Handle so, daß der Grenzerlös den Grenzkosten gleicht«, sagt überhaupt nichts darüber, was zu den Grenzerlösen und was zu den Grenzkosten zählt; die Empfehlung sagt erst recht nicht, wie sie zu berechnen sind. Erst nachdem man die formale Handlungsempfehlung kennt, beginnt also die Arbeit des Ökonomen: zu untersuchen, was im Einzelfall Grenzerlös und Grenzkosten bestimmt.

Um unser Gewissen zu beruhigen, können wir annehmen, in den Grenzkosten seien die Finanzierungskosten enthalten. Aber zweckmäßiger ist es, die Finanzierungskosten gesondert aufzuführen. Die Finanzierungskosten mögen in der Periode i % betragen. Normalerweise versteht man unter einem Kalkulationszinssatz i einen Jahreszins. Wenn die Abrechnungsperiode nur einen Monat umfaßt, dann ist i als monatliche Verzinsung, als ein Zwölftel des Jahreszinses, anzusehen.

Wir gehen von dem Fall aus, daß die Einnahmen eine Periode später anfallen als die Ausgaben: Ausgaben entstehen in t_0, Einnahmen in t_1. Dann können wir die Finanzierungskosten in doppelter Weise berücksichtigen. Wir zinsen die Einnahmen E' um eine Periode ab und beziehen so alle Zahlungen auf den Periodenanfang, oder wir zinsen die Ausgaben K' um eine Periode auf und beziehen so alle Zahlungen auf das Periodenende. Beide Male kommt offensichtlich dasselbe heraus: Eine Handlungsmöglichkeit lohnt sich, wenn

$$(1) \qquad \frac{E'}{1+i} \geqq K' \quad \text{oder} \quad E' \geqq K'(1+i).$$

Wir nennen den Ausdruck (1) fortan »finanzwirtschaftliches Cournot-Theorem«. Es besagt: Eine Handlungsmöglichkeit ist dann vorteilhaft, wenn ihr diskontierter zusätzlicher Erlös (die diskontierte Einnahme der Handlungsmöglichkeit) größer, allenfalls gleich ist den zusätzlichen Ausgaben. Im einperiodischen Modell sind Einnahmen und Erlöse, Ausgaben und Kosten identisch, deshalb können wir auch sagen: Der Barwert der Grenzerlöse muß größer oder gleich den Grenzkosten sein. Der Leser achte auf die Begriffe: Die Einnahme (der Erlös) eines zusätzlichen Stückes (allgemein: einer zusätzlichen Handlungsmöglichkeit) ist identisch mit der Grenzeinnahme (dem Grenzerlös) der Gesamtproduktion (des gesamten Handlungsprogramms). Entsprechend gilt:

Die Rendite einer zusätzlichen Handlungsmöglichkeit ist identisch mit der Grenzrendite des Handlungsprogramms.

Nun kann (1) so geschrieben werden:

$$\text{(2)} \qquad \frac{E'}{1+i} - K' \geqq 0.$$

Das heißt: Der Barwert der zusätzlichen Einnahmen (Erlöse) minus »Barwert« der zusätzlichen Ausgaben (Kosten) muß größer oder gleich Null sein.
Die Differenz von Barwert der Einnahmen und Barwert der Ausgaben einer Handlungsmöglichkeit wird *Kapitalwert* der Handlungsmöglichkeit genannt. Mit dem Kapitalwert der Handlungsmöglichkeit wird der Vermögenszuwachs der Unternehmung durch die Handlungsmöglichkeit zum Planungszeitpunkt ausgedrückt. Wir können Gleichung (2) auch als das *»Kapitalwertkriterium« für den Einperiodenfall* bezeichnen.

Lösen wir (2) nach i auf, dann entsteht (3):

$$\text{(3)} \qquad \frac{E' - K'}{K'} \geqq i.$$

Die Umformulierung besagt, daß die Differenz zwischen zusätzlichen Einnahmen und zusätzlichen Ausgaben, also der Einnahmenüberschuß, bezogen auf das in der Periode »gebundene Kapital«, größer als der Zinssatz sein muß. Der Periodenüberschuß, bezogen auf das eingesetzte Kapital (hier gleich den zusätzlichen Ausgaben, die in t_0 geleistet werden), zeigt die Rendite des eingesetzten Kapitals an. In (3) wird also die Vorteilhaftigkeit einer Handlungsmöglichkeit durch ihre Rentabilität, den sog. »internen Zinsfuß«, gemessen. Eine Handlungsmöglichkeit ist also vorteilhaft, wenn ihre *Rendite* (ihr *»interner Zinsfuß«)* größer ist als der Kalkulationszinsfuß (ihm allenfalls gleicht): *Kriterium des internen Zinsfußes für den Einperiodenfall.*
Mit der Umformulierung des finanzwirtschaftlichen Cournot-Theorems haben wir die finanzwirtschaftliche Struktur statischer Modelle offengelegt. *Cournotscher Satz* (vorausgesetzt, die Zinsen sind in den Grenzkosten enthalten), *Kapitalwert und interner Zinsfuß erweisen sich im einperiodischen Modell als sinngleiche Vorteilhaftigkeitskriterien.*
Für mehrperiodische Planungen und damit für alle praktischen Investitions- und Finanzierungsprobleme *gilt das nicht mehr,* und daraus erwächst ein Teil der Probleme, mit denen wir uns später herumschlagen müssen.

2. Kapitalwert und Annuität als mehrperiodische Vorteilsmaßstäbe

Der Kapitalwert einer Investition ist der Vermögenszuwachs, berechnet für irgendeinen Zeitpunkt. Für Alternative A (S. 188) kann der Kapitalwert für t_0, t_1, t_2, t_3 berechnet werden, und wem es Spaß macht, der kann auch den Kapitalwert für den Zeitpunkt t_{10} ausrechnen. Wählen wir als Kalkulationszeitpunkt das Ende des Handlungszeitraums, dann entspricht der Kapitalwert der Endeinnahme, abzüglich der aufgezinsten früheren Ausgaben (einschließlich der Anschaffungsausgaben), zuzüglich der aufgezinsten früheren Einnahmen.

Wir wollen jedoch ein für alle Mal festlegen, daß wir den Kapitalwert stets auf den Anfang des Planungszeitraums beziehen. Wir berechnen den Kapitalwert also für den Zeitpunkt »unmittelbar vor« Beginn der ersten Periode, für den Zeitpunkt unmittelbar vor der ersten Zahlung. Es ist zweckmäßig, Kalkulations- und Entscheidungszeitpunkt gleichzusetzen und beide »unmittelbar vor« die erste Zahlung zu legen. Über die Vorteilhaftigkeit einer Handlungsmöglichkeit entscheiden stets die von einer Handlungsmöglichkeit nach der Entscheidung, also in Zukunft, ausgelösten Zahlungsströme. Prüfen wir z. B., ob eine Anlage hinausgeworfen werden soll oder nicht, dann entscheiden darüber (neben den Zahlungsströmen der möglichen Ersatzanlage) ausschließlich die noch in Zukunft eintretenden Zahlungen der Anlage. Alle Zahlungen, die in der Vergangenheit liegen, wie z. B. die Anschaffungsausgaben, sind für die Entscheidung bedeutungslos. Bei jeder Entscheidung darüber, was in Zukunft geschehen soll, gelten alle früheren Zahlungen als versunken und vergessen.

Wenn wir jetzt als Kalkulations- und Entscheidungszeitpunkt den Zeitpunkt unmittelbar vor der ersten Zahlung wählen, dann werden alle Zahlungen des Investitionsobjekts berücksichtigt. Wählten wir jedoch den Zeitpunkt unmittelbar nach der ersten Zahlung, dann gehörte die erste Zahlung der Vergangenheit an. Die erste Zahlung erfolgte dann bereits vor der Entscheidung. Ein Beispiel: Eine Anlage ist gekauft, man befürchtet, einen Mißgriff getan zu haben, und prüft: Soll die Anlage überhaupt eingebaut werden? Für die Entscheidung, ob der Einbau erfolgt oder nicht, sind die Anschaffungsausgaben bedeutungslos. Sie gehören der Vergangenheit an und sind folglich versunken und vergessen. Über die Wahl »Einbau oder nicht« entscheidet allein, ob die künftigen Einnahmen und Ausgaben bei Einbau zu einem höheren Kapitalwert führen als die Einnahmen und Ausgaben, die bei Nichteinbau (sofortiger Weiterveräußerung) entstehen. Bei Berücksichtigung der Besteuerung besteht allerdings ein indirekter Einfluß durch die früheren Ausgaben: Die Anschaffungsausgaben bestimmen die Höhe der steuerlichen Abschreibungen und damit die künftigen Steuerzahlungen.

Der Kapitalwert ist die Summe der Barwerte aller Zahlungen (berechnet zum Zeitpunkt unmittelbar vor der ersten Zahlung). Bezeichnen z(t) die Zahlungen zu den einzelnen Zahlungszeitpunkten t (t = 0, 1, 2, . . ., n) und nennt i den Kalkulationszinssatz, dann errechnet sich der Kapitalwert K als Summe der Barwerte aller Zahlungen:

$$K = \sum_{t=0}^{n} z(t)\,(1+i)^{-t}. \qquad (1)$$

Für die Investition B, S. 188, folgt z. B. bei 6% Zinsen ein Kapitalwert von

$$K = -700 + \frac{300}{1+0{,}06} + \frac{500}{(1+0{,}06)^2} = 28.$$

Bei den meisten Investitionen ist es zweckmäßig, nicht alle Zahlungen zusammen zu betrachten, sondern die Summe der Barwerte sämtlicher Zahlungen nach t_0 zu berechnen und diese Summe den Anschaffungsausgaben I = z(o) gegenüberzustellen. Den Barwert sämtlicher den Anschaffungsausgaben folgenden Zahlungen z(t) – hier gilt t = 1, 2, . . ., n, – bezeichnet man als »Ertragswert« der Investition. Der Kapitalwert ist dann definiert als Ertragswert minus Anschaffungsausgaben I der Investition:

(1 a) $$K = \sum_{t=1}^{n} z(t)\,(1+i)^{-t} - I.$$

Im Einzelfall kann es sinnvoll sein, die künftigen Zahlungen in ihre Einzelbestandteile zu untergliedern. So werden wir bei der Berechnung der wirtschaftlichen Nutzungsdauer einer Anlage die laufenden Periodenüberschüsse Q(t) von dem einmaligen Restverkaufserlös R(n) trennen, der bei Veräußerung der Anlage im Jahre n anfällt. Dann schreiben wir

(1 b) $$K = \sum_{t=1}^{n} Q(t)\,(1+i)^{-t} + R(n)\,(1+i)^{-n} - I.$$

Der Periodenüberschuß – und u. U. der Restverkaufserlös – ist weiter zu zerlegen, wenn Einzeleinflüsse untersucht werden sollen, z. B. der Einfluß von Gewinnsteuerzahlungen auf die Investitionen. All diese Verästelungen ändern an dem Grundsatz nichts: Stets ist der Kapitalwert der Barwert sämtlicher Zahlungen einer Investition bzw. Finanzierungsmaßnahme.

Bei der Kapitalwertberechnung werden die Zahlungsströme einer Handlungsmöglichkeit an einer alternativen Handlungsmöglichkeit gemessen (Investition, Finanzierungsmöglichkeit), die sich gerade zum Kalkulationszinssatz verzinst. Diese alternative Handlungsmöglichkeit besitzt den Kapitalwert Null. Der wirtschaftliche Sinn der Abzinsung liegt in dem Vergleich der Handlungsmöglichkeit mit einer Alternative, die sich zum Kalkulationszinssatz verzinst.

Ein Vorhaben gilt somit als vorteilhaft, wenn sein Kapitalwert größer als Null ist. Für Investitionen ist das unmittelbar klar: Die Investition — 1 000 in t_0, + 1 100 in t_1, ist bei 8% Kreditkosten vorteilhaft. Die Finanzierungsmaßnahme + 1 000 in t_0, – 1 060 in t_1, führt bei einem Kalkulationszinssatz von 8% (hier zu verstehen als Wiederanlagemöglichkeit zu 8%) zu einem positiven Kapitalwert. Es lohnt sich also, den Kredit zu 6% aufzunehmen, wenn das Geld zu 8% angelegt werden kann.

Die Annuität ist eine Rente aus einem Anfangskapital. Bei der Berechnung der Annuität wandelt man die im Zeitablauf ungleichmäßig anfallenden Zahlungen in eine »durchschnittliche«, für alle Perioden gleich hohe Zahlung um. Rechentechnisch geschieht das in folgender Weise: Man errechnet zunächst den Barwert einer Zahlungsreihe. Wird der Barwert der Zahlungsreihe mit dem Wiedergewinnungs-(Annuitäten-)faktor multipliziert, dann erhält man die Annuität. Die Annuität ist dann die periodische Rente, die aus dem Barwert der Zahlungsreihe fließt.

Aus finanzmathematischen Lehrbüchern ist der Wiedergewinnungsfaktor (Annuitätenfaktor) w bekannt:

$$w = \frac{i\,(1+i)^n}{(1+i)^n - 1}.$$

Wir wählen als Barwert einer Zahlungsreihe den Ertragswert der Investition A (S. 188), bei einem Kalkulationszinssatz von 4% beträgt er rund 1 183. Der Annuitätenfaktor für die dreijährige Rente bei 4% Zinsen beträgt rund 0,36. Die Annuität des Ertrags-

werts beläuft sich somit auf rund 426; werden drei Jahre lang 426 Mark als Einkommen entnommen und können die Entnahmen durch Kreditaufnahmen zu 4% finanziert werden, dann ist in t_3 das gesamte Vermögen aufgezehrt.
Die Annuität der Anschaffungsausgaben berechnet sich auf rund 360 Mark. Das heißt: Würden die 1 000 Mark nur auf dem Sparbuch zu 4% angelegt werden können, dann beliefen sich die Entnahmen auf 360 Mark jährlich. Die Annuität des Kapitalwerts beträgt dann 426 — 360 = 66 Mark. Aber nun passiert etwas (scheinbar) Merkwürdiges: Wird drei Jahre lang die Annuität des Kapitalwerts entnommen, dann scheinen zwar 183 Mark (der Kapitalwert von A) aufgezehrt zu sein, trotzdem ist in t_3 mehr als das Anfangskapital von 1 000 Mark erhalten. Wenn die 66 Mark Entnahmen in t_1 und t_2 durch Kreditaufnahmen zu 4% finanziert werden, sind in t_3 rund 140 Mark an die Bank zurückzuzahlen. Nach Entnahme der 66 Mark in t_3 verbleiben 1 125 Mark. Die Annuität der Einnahmenüberschüsse (die Annuität des Kapitalwerts) zehrt also nicht alle Einnahmenüberschüsse einer Investition auf. Wir werden den Grund hierfür bei Erörterung des ökonomischen Gewinnbegriffs (S. 236 ff.) kennenlernen.
Die Annuität der Einnahmenüberschüsse a ist allgemein definiert als Kapitalwert K mal Wiedergewinnungsfaktor w:

(2) $$a = K \cdot w = [\sum_{t=0}^{n} z(t)\,(1+i)^{-t}] \cdot \frac{i\,(1+i)^n}{(1+i)^n - 1}\,.$$

Um vom Kapitalwert auf die Annuität zu schließen, ist nur ein zusätzlicher Rechenschritt erforderlich. Kapitalwert und Annuität sind zwei Spielarten ein und desselben Vorgehens. Im Grunde sind sie identisch. Die Berechnung der Annuität bereitet (von wenigen Ausnahmen abgesehen) mehr Arbeit als die Berechnung des Kapitalwerts. Wir werden deshalb meist mit dem Kapitalwert arbeiten. Aber all das, was kritisch zum Kapitalwert gesagt wird, gilt für die Annuitätsrechnung in gleicher Weise.
Beim Vergleich von Kapitalwert und Annuität mit den finanziellen Zielen (Vermögens-, Einkommens-, Wohlstandsstreben) läge folgende Aussage nahe: Der Kapitalwert bezeichne einen Vermögenszuwachs, er entspreche der Zielsetzung »Vermögensstreben«; die Annuität bezeichne die periodische Einkommenserhöhung als Folge einer Investition, sie entspreche der Zielsetzung »Einkommensstreben«. Doch ein solcher Vergleich wäre gründlich verfehlt: Kapitalwert und Annuität lassen sich ineinander überführen. Vermögens- und Einkommensstreben sind jedoch nur dann identisch, wenn zum gleichen Zinssatz Geld entliehen und verliehen werden kann. Daraus folgt: Besteht ein solcher Zinssatz, dann führt der Vorteilsvergleich nach der Kapitalwert- und Annuitätsrechnung zu solchen Entscheidungen, die sowohl bei Vermögens- als auch bei Einkommensstreben erwünscht sind. Besteht ein solcher einheitlicher Zinssatz nicht, dann kann man mit der Kapitalwert- und Annuitätsrechnung nur dann etwas anfangen, wenn man den »richtigen« Kalkulationszinsfuß wählt. Aber welcher Zinsfuß ist »richtig«?
Es ist z. B. zu prüfen, ob eine Sachinvestition durchgeführt werden soll, deren Zahlungsstrom lautet: $t_0 = -1\,000$; $t_1 = +1\,060$. Der Habenzins (z. B. Verzinsung von Sparguthaben) beträgt 4%, der Sollzins (Kreditzins) 8%. Bei 4% lohnt die Sachinvestition,

bei 8% nicht. Steht von vornherein fest, daß überschüssiges Kapital vorhanden ist, das entweder in die Sachinvestition oder aufs Sparbuch fließt, dann kennt man den »richtigen« Kalkulationszinsfuß (hier die »Alternativrendite« 4%). Steht von vornherein fest, daß Kredit aufgenommen werden muß, dann beträgt der richtige Kalkulationszinsfuß 8%. Aber wenn es gilt, ein Investitions- und Finanzierungsprogramm für die nächsten Jahre aufzustellen, weiß man von vornherein nicht, ob es sich lohnt, Geld auf dem Sparbuch anzulegen oder Kredit aufzunehmen. Solange man vor der Bestimmung des optimalen Investitions- und Finanzierungsprogramms den »richtigen« Kalkulationszinsfuß nicht kennt, kann man mit Kapitalwert und Annuität bei unvollkommenem Kapitalmarkt und bei Kreditbeschränkungen nichts mehr anfangen. Kapitalwert und Annuität sind also zweifelsfreie Vorteilskriterien nur in dem Fall, in dem zu einem einheitlichen Zinssatz Periodenüberschüsse angelegt und Ausgabenüberschüsse durch Kreditaufnahmen finanziert werden können.

Die Identität von Soll- und Habenzins, die Voraussetzung für die Anwendung der Kapitalwertmethode ist, braucht allerdings nur für jeweils eine Periode zu gelten. Es muß kein einheitlicher Zinsatz für alle Perioden vorausgesetzt werden. Wird z. B. damit gerechnet, daß in der ersten Periode der Zinssatz 8%, in der zweiten 6% und ab der dritten 7% beträgt, dann sind die Zahlungen in t_1 mit 8%, die in t_2 mit 6%, die in t_3 und später mit 7% zu diskontieren. Von Periode zu Periode variierende Zinssätze erschweren etwas die Rechnung, beeinträchtigen aber die Aussagefähigkeit der Kapitalwertmethode nicht. Nur für jeweils eine Periode müssen Geldanlagen und Kreditaufnahmen dem gleichen Zinssatz unterliegen.

Die Annuitätsrechnung ist allerdings bei im Zeitablauf schwankenden Zinssätzen nicht mehr anwendbar, es sei denn, man vergröbert und rechnet mit einem durchschnittlichen Zinssatz für den Planungszeitraum.

In der Praxis kann man nicht zu einem einheitlichen Zinssatz Beträge entleihen oder verleihen. Folglich scheinen Kapitalwert und Annuität zu nichts nütze zu sein, und wir hätten uns ihre Erörterung sparen können! Nun, so schlimm ist es nicht: Bei Einzelentscheidungen und bei einer groben, über den Daumen peilenden Programmplanung sind die klassischen Instrumente anwendbar.

3. Der interne Zinsfuß als mehrperiodisches Rentabilitätsmaß

aa) Ein Wahlproblem mit Tücken

Kapitalwert und Annuität sind finanzmathematische Instrumente, die manchem eingefleischten Praktiker überzüchtet erscheinen mögen. Was »rentabel« ist und was die Rendite einer Handlungsmöglichkeit ist, das meint er zu wissen. In diesen Begriffen pflegt er zu denken. Das folgende Kapitel dient eigentlich nur dazu, nachzuweisen, daß der Praktiker nicht weiß, was er tut, wenn er in »Renditen« denkt.

Nehmen wir an, ein junger Verkäufer will selbständiger Vertreter werden. Zwei Kosmetikfirmen C und D bieten ihm den Alleinvertrieb für Mittelfranken an. Der junge Mann will sich zunächst nur für zwei Jahre festlegen. »Unmittelbar vor« Beginn des ersten Jahres, unmittelbar vor t_0, hat er seine Entscheidung zu treffen. Er schätzt den jährlichen Umsatz bei beiden Firmen auf 80 000 Mark. Seine laufenden Ausgaben plant er in t_0 mit 8 000 Mark und in t_1 und t_2 mit je 16 000 Mark. 20 000 Mark wünscht er in t_0, t_1 und t_2 als Mindesteinkommen. Erwirtschaftet er das nicht, wird er sich überlegen, ob er überhaupt die selbständige Tätigkeit ausübt. Das Anfangskapital betrage 30 000 Mark.

Die Firma C wirbt um den Verkäufer mit folgendem Argument: »Wir stellen jedem neuen Bezirkshändler bis zu 18 000 Mark als Finanzierungshilfe zur Verfügung. Diese 18 000 Mark brauchen erst nach zwei Jahren in einer Summe zurückgezahlt zu werden; Rückzahlungsbetrag 19 830 Mark. Das entspricht etwa einer Verzinsung von 5%. Für die Lieferungen im ersten Jahr erhalten Sie Zahlungsziel bis zum Jahresende, die Lieferungen des zweiten Jahres müssen Sie im voraus bezahlen. Bei einem geschätzten Umsatz von 160 000 Mark beläuft sich Ihre Verbindlichkeit an uns auf 88 000 Mark, zahlbar in t_1.«

Der junge Mann stellt sich danach folgenden Finanzplan zusammen:

C	t_0	t_1	t_2
Kasse	+ 30 000		
Umsatzeinnahmen		+ 80 000	+ 80 000
laufende Ausgaben	— 8 000	— 16 000	— 16 000
Privatentnahmen	— 20 000	— 20 000	— 20 000
Zahlungen von bzw. an C	+ 18 000	— 88 000	— 19 830
Saldo	+ 20 000	— 44 000	+ 24 170

Die Firma D stellt andere Bedingungen: D verlangt von jedem Großhändler, daß er zu Beginn seiner Tätigkeit eine Anzahlung leistet. Sie beträgt bei dem erwarteten Umsatz 22 000 Mark. Der junge Mann müßte also Kredit aufnehmen. Die Restzahlung der Waren braucht jedoch erst in t_2 zu erfolgen. Der Rechnungsbetrag der Waren soll sich bei dem erwarteten Umsatz auf 90 170 Mark belaufen, nach Abzug der Anzahlung verbleibt eine Restzahlung von 68 170 Mark. Die Alternative D ergibt folgenden Finanzplan:

D	t_0	t_1	t_2
Kasse	+ 30 000		
Umsatzeinnahmen		+ 80 000	+ 80 000
laufende Ausgaben	— 8 000	— 16 000	— 16 000
Privatentnahmen	— 20 000	— 20 000	— 20 000
Zahlungen an D	— 22 000		— 68 170
Saldo	— 20 000	+ 44 000	— 24 170

Der junge Mann fängt nun an zu überlegen:

(1) »Bei D zahle ich für die Waren insgesamt 90 170 Mark, bei C 88 000 Mark. Bei C erziele ich also einen wesentlich günstigeren Einstandspreis, das spricht für C.«

(2) »Für C spricht weiterhin die günstige Finanzierung. 18 000 Mark Kredit zu 5% ist sehr entgegenkommend. D verlangt hingegen eine Anzahlung der Waren. Wie kann man nur die Waren von D vertreten?«

(3) »Gegen C spräche allenfalls, daß die Warenlieferung in einer Summe zu zahlen ist, während bei D der größere Teil später zu zahlen ist. Doch ist dies nicht von besonderem Gewicht. Entscheidender ist wohl der absolute Zahlungssaldo, bei C werden insgesamt 170 Mark mehr eingenommen, bei D hingegen sind die Ausgaben um 170 Mark höher als die Einnahmen.«

Der junge Mann neigt also zu Firma C. Aber ihm fällt kurz vor Vertragsabschluß noch ein: Er muß auch bei C Kredit aufnehmen, nämlich in t_1, bei D bereits in t_0. Möglicherweise haben die Kreditzinsen Einfluß auf die Entscheidung.
Kredit sei zu 8% zu bekommen; Einnahmenüberschüsse können zu 8% auf dem Kapitalmarkt angelegt werden. Dann sieht sein (weitergeführter) Finanzplan folgendermaßen aus:

	t_0	t_1	t_2
Saldo C	+ 20 000	— 44 000	+ 24 170
Geldanlage	— 20 000	+ 21 600	
Kredit		+ 22 400	— 24 192
Endgültiger Zahlungssaldo	0	0	— 22

	t_0	t_1	t_2
Saldo D	— 20 000	+ 44 000	— 24 170
Kredit	+ 20 000	— 21 600	
Geldanlage		— 22 400	+ 24 192
Endgültiger Zahlungssaldo	0	0	+ 22

Offensichtlich ist D besser, und alle früheren Argumente für C waren schlechthin falsch. Der Verkäufer entdeckt nunmehr langsam seine Sympathien für Firma D. Zugleich hört er, daß seine Rechnung auf unzutreffenden Zahlen aufbaut. Da er sein Geld nur für jeweils ein Jahr lang anlegen kann, erhält er lediglich 5% Zinsen, nicht 8%. Für den Kredit muß er nach wie vor 8% bezahlen. Eine neue Rechnung zeigt ihm nunmehr, daß beide Angebote nicht mehr besonders reizvoll sind. Bei C entsteht in t_2 ein Minus von 670; bei D von 650. Er muß also seine Privatentnahmen im zweiten Jahr zurückschrauben. Trotzdem ist D immer noch besser als C. Da er das gewünschte Mindesteinkommen bei keinem Angebot erwirtschaftet, ist der Verkäufer unentschlossen, ob er überhaupt selbständiger Handelsvertreter werden soll, bis er hört, daß zur Errichtung eines eigenen Geschäftes »zinsbegünstigte Aufbaukredite« von einer staatlichen Stelle gegeben werden. Der Zinssatz für diese Aufbaukredite beträgt 5%. Der junge Mann, nunmehr doch für D entschlossen, rechnet zur Sicherheit nach:

	t_0	t_1	t_2
Saldo C	+ 20 000	— 44 000	+ 24 170
Geldanlage	— 20 000	+ 21 000	
Aufbaukredit		+ 23 000	— 24 150
Endgültiger Saldo C	0	0	+ 20

	t_0	t_1	t_2
Saldo D	— 20 000	+ 44 000	— 24 170
Aufbaukredit	+ 20 000	— 21 000	
Geldanlage		— 23 000	+ 24 150
Endgültiger Saldo D	0	0	— 20

Damit erscheint C als vorteilhafter. Der Verkäufer ist langsam etwas verwirrt und beschließt, die Rendite der beiden Handlungsmöglichkeiten auszurechnen. Er wird sich für die rentablere von beiden Handlungsmöglichkeiten entscheiden. Er entsinnt sich, gehört zu haben, in der betriebswirtschaftlichen Theorie nenne man die Rendite den internen Zinsfuß einer Investition. Der Verkäufer schlägt in einem jener betriebswirtschaftlichen Lehrbücher nach, die den internen Zinsfuß als Maßstab für die Vorteilhaftigkeit einer Investition empfehlen. Dabei stellt er folgendes fest:
Der interne Zinsfuß r ist jener Zinssatz, zu dem der Kapitalwert einer Investition Null wird. Bei dem internen Zinsfuß gleicht also der Barwert der Einnahmen dem Barwert der Ausgaben. Wenn wir eine Investition wählen, die zwei Perioden umschließt, so gilt:

$$z(0) + \frac{z(1)}{1 + r} + \frac{z(2)}{(1 + r)^2} = 0$$

z(0), z(1), z(2) sind die Zahlungen zu den Zeitpunkten t_0, t_1, t_2. Die allgemeine Lösung dieser quadratischen Gleichung lautet:

$$r = \frac{-2\,z(0) - z(1) \pm \sqrt{z(1)^2 - 4\,z(0)\,z(2)}}{2\,z(0)}$$

Es ist zu beachten, daß die Lösung nur für positive Zahlungen (Einnahmen) gilt; ist eine der Zahlungen negativ (Ausgabe), dann sind die Vorzeichen entsprechend zu ändern. Unser Verkäufer, der dies, mißtrauisch geworden, nach einigen Mühen nachgeprüft hat, erhält nun folgenden Ansatz für C (nachdem er zunächst sämtliche Zahlungen durch 20 000, die erste Zahlung, dividiert hat, dadurch wird die Rechnung leichter):

$$r_C = \frac{-2 + 2{,}2 \pm \sqrt{4{,}84 - 4 \cdot 1{,}2085}}{2}$$

$\sqrt{0{,}006}$ ist ungefähr gleich 0,08. und folglich gilt

$$r_C = \frac{0{,}2 \pm 0{,}08}{2};$$

d. h. r_C gleicht sowohl (rund) 14% wie (rund) 6%.

Nun wird der junge Mann langsam ärgerlich: Es leuchtet ihm zwar ein, daß C eine Rendite von 6% haben kann, denn bei 5% ist C schließlich vorteilhaft. Aber wieso kann eine Handlungsmöglichkeit zwei Renditen aufweisen? Und wieso kann C auch die Rendite von 14% haben, wenn C bei 8% Zinsen unvorteilhaft ist? Nach dem gesunden Menschenverstand muß schließlich eine Investition, deren Rendite 14% beträgt, bei 8% Kapitalkosten noch immer einen beträchtlichen Überschuß abwerfen.
Der Verkäufer ist also auf einiges gefaßt, als er die Rendite der Wahlmöglichkeit D ausrechnet. Er erhält (nach Division durch 20 000):

$$r_D = \frac{+2 - 2{,}2 \pm \sqrt{4{,}84 - 4 \cdot 1{,}2085}}{-2},$$

und das gibt offenbar dasselbe wie bei C, nämlich r_D gleich (rund) 6% und (rund) 14%. Demnach sind C und D gleich rentabel, obwohl doch festgestellt wurde, daß D bei 8% Zinsen besser als C ist und bei 5% Zinsen C besser als D. Jetzt hat der junge Mann endgültig genug; er bleibt Verkäufer. Hätte er in diesem Buch nachgeschlagen, so hätte er lesen können, warum er zu so absonderlichen Ergebnissen gekommen ist.
Die Merkwürdigkeiten sind zu erklären, wenn wir den Kapitalwert für alternative Zinssätze ausrechnen. Wann ist der Kapitalwert für C und D positiv? Bei welchen Zinssätzen lohnt sich C, bei welchen D? Betrachten wir die folgende Darstellung:

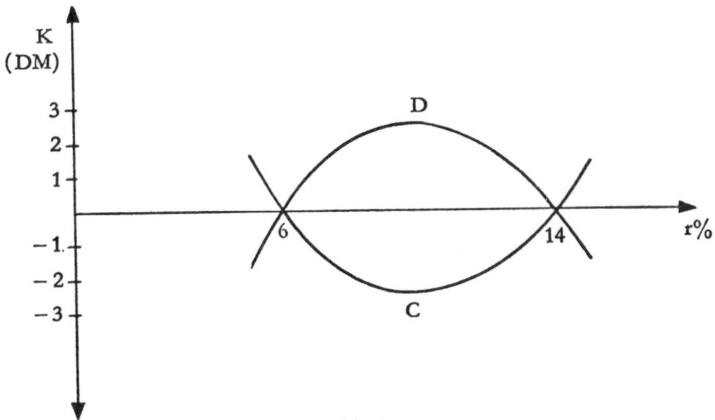

Abb. 1

Handlungsmöglichkeit C ist vorteilhaft (führt zu einem positiven Kapitalwert), solange der Zinssatz kleiner als 6% und größer als 14% ist. Handlungsmöglichkeit D ist nur dann vorteilhaft, wenn der Zinssatz zwischen 6% und 14% liegt. Warum tritt dieses Ergebnis ein?
C und D sind Handlungsmöglichkeiten, die beide sowohl Kreditaufnahme als auch zwischenzeitliche Geldanlage erfordern. Die Beträge, die entliehen oder verliehen wer-

den, sind nicht gleich hoch und hängen außerdem von den Zinssätzen ab. Das bewirkt, daß je nach der Höhe des Zinssatzes einmal die Einnahmen, das andere Mal die Ausgaben stärker gewichtet werden.

Diese Rechnung bestätigt erneut, was wir aus den Beispielen A und B wissen: Die Berechnung des Kapitalwerts einer Investition (und die Berechnung der Annuität) ist nur bei einem vorgegebenen Zinssatz sinnvoll.

bb) Die »Rendite« im Mehrperiodenfall

Was läßt sich aus den Beispielen C und D über die Rendite bzw. den internen Zinsfuß schließen?

Nach der Definition, der interne Zinsfuß sei der Zinssatz, zu dem der Kapitalwert Null wird, liegt der Schluß nahe, der interne Zinsfuß sei ein Abkömmling des Kapitalwerts, und die Methode des internen Zinsfußes sei letztlich mit der Kapitalwertmethode identisch[29]. Doch eine solche Aussage verdeckt gerade die entscheidende Problematik. Bei der Beurteilung von internem Zinsfuß und Kapitalwert darf nicht von mathematischen Gemeinsamkeiten ausgegangen werden. Es sind vielmehr die wirtschaftlichen Unterstellungen zu sehen, die hinter diesen Begriffen stehen: Mit dem Kapitalwert mißt man die Vorteilhaftigkeit in einer absoluten Größe, in einem Ausdruck für den Vermögenszuwachs, der durch die Handlungsmöglichkeit erzielt wird. Der ökonomische Sinn des internen Zinsfußes liegt in der Vorstellung von einer »Rendite«. Die Ausführungen zum finanzwirtschaftlichen Cournot-Theorem (S. 200) zeigten dies bereits. Für mehrperiodische Wahlprobleme wird allerdings die Deutung des internen Zinsfußes als »Rendite« fragwürdig.

Die Rendite (Kapitalrentabilität) berechnet sich als Bruch aus Einnahmenüberschuß im Zähler und gebundenem Kapital (Kapitaleinsatz) im Nenner. Ein solcher Bruch hat nur dann Sinn, wenn die Kapitalbindung in dem betrachteten Zeitraum, in dem der Einnahmenüberschuß entsteht, konstant bleibt. Bei einem einperiodischen Modell (Ausgabe in t_0, Einnahme in t_1) ist das der Fall. Bei einer mehrjährigen Obligation ist das wenigstens im Prinzip der Fall: Gebunden bleibt (aus der Sicht des Wertpapierkäufers) stets der Anschaffungsbetrag, die Einnahmenüberschüsse sind jährlich gleich hoch, und wenn man das Disagio gleichmäßig auf die Laufzeit verteilt (wie es der praktischen Übung entspricht), dann rechnet man als Einnahmenüberschuß den durchschnittlichen Einnahmenzuwachs je Jahr bei einer Kapitalbindung in Höhe der Anschaffungsausgaben. Bei Sachinvestitionen oder Beteiligungen ist nicht mit gleichmäßigen Zahlungen zu rechnen, die Kapitalbindung während der Laufzeit der Investition ist nicht konstant, und deshalb wird die Berechnung einer Rendite fragwürdig.

Betrachten wir die Alternative D (S. 206). Die Kapitalbindung von t_0 bis t_1 beträgt 20 000. Zwischen t_1 und t_2 ist jedoch kein Kapital mehr gebunden, vielmehr ist ein finanzieller Überschuß von netto 24 000 Mark vorhanden. Für den Zeitraum t_0 bis t_2 läßt sich

[29] So *Erich Schneider*, Kritisches und Positives zur Theorie der Investition. In: Weltwirtschaftliches Archiv, Bd. 98 (1967 I), S. 314–348, hier S. 316; *ders.*, Wirtschaftlichkeitsrechnung, S. 26.

somit ohne zusätzliche Unterstellungen keine Rendite berechnen. Daraus lassen sich drei mögliche Folgerungen ziehen:

(1) Für Investitions- bzw. Finanzierungsvorhaben, die neben einer Anfangs- und Endzahlung auch zwischenzeitliche Zahlungen enthalten, muß auf die Berechnung einer Rendite verzichtet werden. Dieser Schluß ist rigoros, doch tatsächlich braucht man die Renditenvorstellung nicht, um richtige Investitions- und Finanzierungsentscheidungen zu treffen.

(2) Für solche Investitions- und Finanzierungsvorhaben läßt sich erst dann eine Rendite berechnen, wenn durch zusätzliche Einzelannahmen über Investitions- und Finanzierungsvorhaben die zwischenzeitlichen Zahlungen ausgeglichen werden: wenn die Alternativen vollständiger formuliert sind.

(3) Man berechnet die Rendite aufgrund der vorliegenden Zahlungen mit der stillschweigenden Unterstellung, daß alle zwischenzeitlichen Zahlungen sich zum berechneten internen Zinsfuß verzinsen. Das heißt: Alle Einnahmen können zum berechneten internen Zinsfuß angelegt werden, alle Ausgabenüberschüsse werden durch Kredite mit Kapitalkosten in Höhe des internen Zinsfußes finanziert. Genau das letzte unterstellt die interne Zinsfußmethode.

Der dritte Weg soll verdeutlicht werden. Ein schockierendes Beispiel für die Mehrdeutigkeit des internen Zinsfußes ist die Zahlungsreihe E[30]:

	t_0	t_1	t_2
E:	— 1 000	+ 5 000	— 6 000

Die internen Zinsfüße lauten 100⁰/₀ und 200⁰/₀. Der Leser faßt sich mit Recht an den Kopf, wenn ihm jemand einreden will, eine Investition mit insgesamt 7 000 Mark Ausgaben und 5 000 Mark Einnahmen sei zu 100⁰/₀ oder gar zu 200⁰/₀ rentabel. Tatsächlich rentiert sich die Investition E zu 100⁰/₀ oder 200⁰/₀, *wenn wir eine bestimmte Prämisse setzen:* daß die zwischenzeitlichen Zahlungen zu 100 bzw. 200⁰/₀ angelegt werden können[31]! Folgende Rechnung zeigt das:

30 Vgl. *Samuelson,* Some Aspects of the Pure Theory of Capital, S. 475; *Hirshleifer,* On the Theory of Optimal Investment Decision, hier S. 222 — 227. Auf die Mehrdeutigkeit hat erstmals hingewiesen *C. A. Wright,* A Note on »Time and Investment«. In: Economica, New Series, Vol. 3 (1936), S. 436–439; Wright setzt sich mit *K[enneth] E. Boulding,* Time and Investment, ebenda, S. 196–220, auseinander, der den internen Zinsfuß vor allem propagierte.

31 *W[olfgang] Kilger,* Zur Kritik am internen Zinsfuß. In: ZfB, Jg. 35 (1965), S. 765 — 798, hier S. 792, bestreitet für den Normalfall einer Investition (Ausgabe in der ersten Periode, dann laufende Einnahmenüberschüsse) die Notwendigkeit dieser Prämisse: »Es kann auch keinen Zweifel daran geben, daß der Lösungswert des internen Zinsfußes die Effektivrendite der Investition angibt, und zwar ohne irgendwelche Prämissen über die Anlage frei werdender Beträge.« Diese Tatsache versucht er an einem Beispiel zu beweisen, in dem die Periodenüberschüsse aufgespalten werden in Zinszahlung und Kapitalrückzahlung. Das Beispiel beweist aber genau das Gegenteil dessen, was bewiesen werden soll; denn die Unterstellung, daß das Kapital teilweise zurückgezahlt wird, ist doch schließlich eine Prämisse über die Anlage freiwerdender Beträge. Abgesehen davon kann man bestreiten, ob es zweckmäßig ist, den Begriff Effektivrendite zu verwenden, wenn die Kapitalbindung der Investition im Zeitablauf sinkt.

	t_0	t_1	t_2 bei 100%	t_2 bei 200%
E	— 1 000	+ 5 000	— 6 000	— 6 000
Geldanlage		— 5 000	+ 10 000	+ 15 000
Zahlungssaldo E	— 1 000	0	+ 4 000	+ 9 000

Daß 100% (bzw. 200%) Rendite vorliegen, wenn man für 1 000 Mark heute in zwei Jahren 4 000 (9 000) Mark zurückbekommt, sieht jeder ein. An dem Beispiel wird deutlich: Nur für den »Zahlungssaldo E« ist eine Renditenberechnung sinnvoll, denn die Kapitalbindung ist während der Laufzeit der Investition konstant (gleich 1 000 Mark). Für E ohne Wiederanlage ist es sinnlos, eine Rendite berechnen zu wollen. Für E ist zwar der interne Zinsfuß berechnet worden, d. h. der Zinssatz, für den die Zahlungsreihe E Null wird. Diese (mehrfache) Lösung der algebraischen Gleichung sagt jedoch ökonomisch nichts aus – es sei denn, man unterstellt, daß zu diesem Zinssatz zwischenzeitliche Einnahmenüberschüsse angelegt (Ausgabenüberschüsse finanziert) werden können. Als Folge dieser Prämisse wandelt sich E in den »Zahlungssaldo E« um, und für diesen Zahlungssaldo kann die Rendite berechnet werden, weil der Kapitaleinsatz im Zeitablauf gleich hoch ist.

Den internen Zinsfuß als Rentabilitätsziffer zu deuten, könnte Schwierigkeiten bereiten, wenn das erste Glied aus einer Einnahme besteht. Denn dann ist ja kein Kapital gebunden. Die Schwierigkeit ist jedoch nur scheinbar: Besteht die erste Zahlung aus einer Einnahme, dann ist nach unserer Definition ein Finanzierungsvorhaben gegeben. Berechnet wird nicht die Rentabilität, sondern die Effektivverzinsung. Beispiel C, in der Weise betrachtet, bedeutet: Das »Finanzierungsgeschäft« C hat eine Effektivverzinsung von 6 bzw. 14%, wie leicht zu zeigen ist:

	t_0	t_1	t_2 bei 6%	t_2 bei 14%
C	+ 20 000	— 44 000	+ 24 170	+ 24 170
Kredit zu 6% bzw. 14%		+ 44 000	— 46 640	— 50 160
Zahlungssaldo C	+ 20 000	0	— 22 470	— 25 990

Der »Restkredit« mit der Zahlungsreihe + 20 000 in t_0 und – 22 470 (bzw. – 25 990) in t_2 hat eine Effektivverzinsung von rund 6% (14%) jährlich.

In der Literatur ist mehrfach bestritten worden, daß die Anwendung der internen Zinsfußmethode die Wiederanlage freiwerdender Beträge zum internen Zinsfuß impliziere. Schuld an diesem Streit ist die abgekürzte Ausdrucksweise (»der interne Zinsfuß impliziere . . .«). Um es zu wiederholen:

Der interne Zinsfuß ist mathematisch definiert als der Zinssatz, zu dem der Kapitalwert einer Zahlungsreihe Null wird, d. h. er ist die Lösung einer algebraischen Gleichung. Eine solche mathematische Lösung impliziert natürlich gar nichts. Die Lösung der algebraischen Gleichung soll jedoch als ökonomisches Maß für die Vorteilhaftigkeit einer Zah-

lungsreihe verwendet werden, als Rentabilitätsziffer. Die Deutung als Rentabilitätsziffer setzt voraus, daß die Kapitalbindung im Zeitablauf konstant ist. Wenn man den internen Zinsfuß als Rentabilitätsziffer deuten will, dann muß man (um die Kapitalbindung konstant zu halten) unterstellen, zwischenzeitliche Zahlungssalden verschwinden, d. h. Einnahmenüberschüsse werden zum internen Zinsfuß angelegt, Ausgabenüberschüsse werden finanziert durch Kreditaufnahmen mit Kosten in Höhe des internen Zinsfußes. Wird der interne Zinsfuß einer Zahlungsreihe, wie E, als Rentabilitätsziffer gedeutet, dann wird also keine Aussage über die Vorteilhaftigkeit von E gemacht, sondern eine Aussage über die Rendite des »Zahlungssaldos E«! Die Aussage »E habe eine Rendite von 100 bzw. 200%« unterstellt eben, die 5000 Mark in t_1 können so angelegt werden, daß sie zu 10 000 bzw. 15 000 Mark in t_2 führen.
Dabei ist zu beachten: Auch die Gleichung für den Zahlungssaldo E

$$-1000 + \frac{4000}{(1 + r)^2} = 0$$

hat zwei Lösungen, nämlich + 1 und − 3, also 100% und − 300%. Ebenso die für den Zahlungssaldo C mit + 0,06 und − 2,06 bzw. 0,14 und − 2,14. Doch hier können wir mit einigem Recht jeweils die zweite Lösung als unsinnig verwerfen, denn es ist offensichtlich, daß der Unternehmer beim Zahlungssaldo E mindestens 3 000 Mark gewinnt und nicht Geld verliert. Bei mehreren positiven internen Zinsfüßen und bei negativen, die unter 100% liegen, bei denen also nicht das ganze Anfangskapital verlorengeht, zieht diese Notbremse des Verwerfens der zweiten Lösung nicht. Daß wir überhaupt eine Notbremse brauchen, auch wenn der Fall so klar liegt wie bei den Zahlungssalden C und E, ist unangenehm. Tatsächlich ist der interne Zinsfuß im mehrperiodischen Fall, auch wenn konstante Kapitalbindung vorausgesetzt wird, kein überzeugender Maßstab.
Für den Einperiodenfall konnten wir zweifelsfrei mit der Rendite arbeiten, denn dort ist das Kriterium des internen Zinsfußes nur eine Umformulierung des Kapitalwertkriteriums. Das folgt aus dem finanzwirtschaftlichen Cournot-Theorem, vgl. S. 200. Eine einzelne Handlungsmöglichkeit war vorteilhaft, wenn ihre Rendite größer war als der Kalkulationszinsfuß. Für den Zweiperiodenfall versagt diese einleuchtende Gegenüberstellung, selbst wenn die Kapitalbindung während der Perioden gleich hoch ist. Wir erhalten dann

$$\frac{z_2}{(1 + i)^2} - z_0 > 0 \qquad \text{(Kapitalwertkriterium)}$$

$$\text{bzw.} \quad \frac{z_2 - z_0}{z_0} > (1 + i)^2 - 1$$

$$\frac{z_2 - z_0}{z_0} > 2i + i^2 \qquad \text{(Kriterium des internen Zinsfußes)}$$

Der Einnahmenüberschuß, bezogen auf das eingesetzte Kapital, die Rendite also, muß größer sein als zweimal der Kalkulationszinsfuß plus dem Quadrat des Kalkulationszinsfußes. Das ist eine Aussage, der Anschaulichkeit abgeht. Es ist deshalb ganz vernünftig zu schließen: Die Berechnung des internen Zinsfußes ist nur dann einwandfrei, wenn nur zwei Zahlungszeitpunkte (t_0, t_1) vorliegen[32].

cc) Zusammenfassende Kritik am internen Zinsfuß

Aufgaben, Eigenschaften und Schwächen des internen Zinsfußes sind im einzelnen:

(1) Seiner Bestimmung nach soll der interne Zinsfuß Ausdruck der Rentabilität einer Handlungsmöglichkeit sein.

(2) Aufgrund des internen Zinsfußes einer Handlungsmöglichkeit allein kann nicht entschieden werden, ob die Handlungsmöglichkeit vorteilhaft ist oder nicht. Ob eine Handlungsmöglichkeit vorteilhaft ist, kann nur durch einen Vergleich entschieden werden: Die Rendite dieser Handlungsmöglichkeit wird gegenübergestellt der Rendite einer anderen Handlungsmöglichkeit bzw. den Kosten der Finanzierung der Handlungsmöglichkeit. Dieser Vergleichsmaßstab ist der Kalkulationszinsfuß; er wird sowohl bei dem Vorteilsvergleich nach dem Kapitalwert als auch bei dem Vorteilsvergleich beim internen Zinsfuß benötigt. Die Wahl des Kalkulationszinsfußes ist das heikle Kapitel bei der Kapitalwertrechnung. Wir sehen: Die interne Zinsfußmethode bietet gegenüber der Kapitalwertrechnung keinen Vorteil, weil auch sie die Kenntnis eines Kalkulationszinsfußes voraussetzt.

(3) Die Ermittlung des internen Zinsfußes verlangt das Lösen einer algebraischen Gleichung n-ten Grades. Das hat zwei Folgen:

(aa) Ist die Investitionsdauer $n > 4$, so läßt sich, von Ausnahmen abgesehen, der interne Zinsfuß nur noch näherungsweise bestimmen. Das Abschätzen der Lösung ist zwar umständlich, aber kein entscheidendes Hindernis. Für praktische Zwecke genügt es regelmäßig, den internen Zinsfuß bis auf eine Stelle hinter dem Komma zu kennen.

(bb) Wesentlich unangenehmer ist die Tatsache, daß jede Gleichung n-ten Grades n verschiedene Lösungen hat. Die meisten Lösungen werden komplexe Zahlen sein, und sie sind für die ökonomische Betrachtung belanglos. Peinlich wird es, wenn mehrere reelle Lösungen auftreten, wie in den Beispielen C, D, E. Peinlich ist es auch, wenn eine Zahlungsreihe gar keinen reellen internen Zinsfuß hat, wie z. B. die Reihe

t_0	t_1	t_2
— 1 000	+ 3 000	— 2 500

Diese Reihe führt zu einer quadratischen Gleichung, deren beide Lösungen komplexe Zahlen sind. Als mathematischer Grund für die mehrfachen reellen Lösungen wird der Vorzeichenwechsel in der Zahlungsreihe angegeben.[33] Eine Reihe, in der das Vorzeichen

[32] Vgl. *Hirshleifer,* On the Theory of Optimal Investment Decision, S. 222, 228.

[33] Vgl. *Hirshleifer,* On the Theory of Optimal Investment Decision, S. 225; vgl. dazu auch *Daniel Teichroew, Alexander A. Robichek, Michael Montalbano,* An Analysis of Criteria for Investment and Financing Decisions under Certainty. In: Management Science, Vol. 12 (1966), S. 151–179; *William H. Jean,* On Multiple Rates of Return. In: The Journal of Finance, Vol. 23 (1968), S. 187–191, und die dort angegebenen Quellen.

nur einmal wechselt, hat nur eine reelle Lösung. Eine Reihe, in der das Vorzeichen zweimal wechselt (wie C, D, E), hat höchstens zwei reelle Lösungen, u. U. auch gar keine.
Die Mehrdeutigkeit des internen Zinsfußes hat eine lebhafte Diskussion ausgelöst. Das schwächste Argument gegen die Mehrdeutigkeit lautet: Solche Fälle kämen praktisch nicht vor. Für die in der Praxis bedeutsamen Investitionen seien die Zahlungssalden während der Laufzeit stets positiv, und die Ausgabenüberschüsse lägen am Anfang, und folglich werde nur ein positiver interner Zinsfuß auftreten[34]. Wer diese Auffassung vertritt, für den gibt es keine Auftragsforschung, keine Entwicklungsprojekte oder keine Großbauten, in denen zunächst Anzahlungen geleistet werden, dann die Ausgaben anfallen, dann die endgültige Abrechnung erfolgt. Für den zählen zu den praktisch bedeutsamen Investitionen auch jene Objekte nicht, die in regelmäßigen Abständen generalüberholt werden müssen, so daß z. B. nach zwei oder drei Jahren mit Einnahmenüberschüssen wegen der Generalüberholung ein Jahr mit einem Ausgabenüberschuß auftritt.

(4) Die Rangordnung zweier sich ausschließender Investitionsvorhaben nach dem internen Zinsfuß ist nicht neutral gegenüber gleich hohen Datenänderungen[35].
Es konkurrieren z. B. zwei Anlagen

	t_0	t_1	t_2	t_3	r
F:	— 180	+ 140	+ 100	+ 40	32%
G:	— 180	+ 100	+ 100	+ 100	30%

Offensichtlich ist F vorzuziehen. Der junge Diplom-Kaufmann, der dies errechnet, hat dabei die Abbruchkosten der alten Anlage, die bei F und G in gleicher Höhe von — 40 anfallen, vernachlässigt. Sie können, sagt er sich, die Entscheidung, ob F oder G besser ist, nicht beeinflussen. Sein Chef mißtraut ihm und rechnet nach (mit – 220 in t_0). Natürlich ändern sich die beiden internen Zinsfüße, das war zu erwarten. Aber leider ändert sich auch die Rangordnung: $r_F = 16\%$; $r_G = 17\%$. Der Leiter der Revisionsabteilung des Unternehmens wird als Sachverständiger hinzugezogen. Er meint, natürlich seien die Abbruchkosten zu vernachlässigen. Aber er stellt fest, daß der Lohn eines Arbeiters nicht berücksichtigt ist. Ihm wird entgegengehalten, der Arbeiter müsse bei beiden Vorhaben beschäftigt werden. Beide Male entstehen Ausgaben von 20, was die relative Vorteilhaftigkeit nicht beeinflussen könne. Werden sie jedoch berücksichtigt, errechnet sich bei Anschaffungsausgaben von 180 für F 14%, für G 16%. Wiederum wird die ursprüngliche Rangordnung umgestoßen. Die Angelegenheit kommt vor den Vorstand, und der entscheidet vernünftig: Er verbietet die Anwendung der internen Zinsfußmethode.

(5) Der interne Zinsfuß einer bereits in Betrieb befindlichen Anlage ist nicht mehr zu berechnen. Welchen internen Zinsfuß hat z. B. folgende Investition in t_1?

t_0	t_1	t_2
— 1 000	0	+ 1 210

[34] So *Erich Schneider*, Kritisches und Positives zur Theorie der Investition, S. 317.
[35] Vgl. dazu auch *Hållsten*, S. 55.

In t_0 ist ihre Rendite 10%. In t_1 sind die Anschaffungsausgaben versunken und vergessen. Der Zahlungsstrom lautet nur mehr $t_1 : 0$; $t_2 : + 1210$. Der interne Zinsfuß ist »Unendlich«, die Vorstellung einer Rendite ist hier Unsinn.

(6) Richtige Investitions- und Finanzierungsentscheidungen können nur getroffen werden, wenn Investition und Finanzierung als Einheit gesehen werden. Und das heißt: Für jeden Zahlungszeitpunkt muß die Liquidität erhalten sein, die Einnahmen müssen gleich den Ausgaben sein. Die Rechnungen bei A, B, C und D zeigten das. Der endgültige Zahlungssaldo war in allen Zahlungszeitpunkten (bis auf den letzten) Null. Hier ist die Vorteilhaftigkeit einer Handlungsmöglichkeit sofort abzulesen, man braucht kein Renditenberechnungen und damit keinen internen Zinsfuß. Eine Renditenberechnung wäre auch gar nicht möglich, da alle vorausgegangenen Zahlungssalden Null sind.

(7) Nach dem, was wir bisher über den internen Zinsfuß gehört haben, wundert es nicht mehr, daß zwei Vorhaben unterschiedliche Rangordnungen ergeben, je nachdem, ob man sie nach ihren internen Zinsfüßen oder nach ihren Kapitalwerten ordnet. Auch dazu ein Beispiel (der Kalkulationszinsfuß sei 8%):

	t_0	t_1	t_2	r	K
H	— 1 000	0	+ 1 210	= 10%	37,4
L	— 1 000	+ 1 000	+ 122,1	= 11%	30,6

Wie ist das zu erklären? Welche Handlungsmöglichkeit ist vorzuziehen?
Die Erklärung liegt nach dem bisher Ausgeführten auf der Hand: Wenden wir die Kapitalwertmethode und die interne Zinsfußmethode auf unser Beispiel an, dann vergleichen wir – ökonomisch gesehen – nicht die ursprünglichen Zahlungsströme, sondern folgende »vollständig formulierte« Modelle:

Kapitalwertmethode:

	t_0	t_1	t_2
H	— 1 000	0	+ 1 210
L	— 1 000	+ 1 000 [— 1 000]	+ 122,10 [+ 1 080,—]
		0	+ 1 202,10

Offensichtlich ist H vorzuziehen.

Interne Zinsfußmethode:

	t_0	t_1	t_2
H	— 1 000	0	+ 1 210
L	— 1 000	+ 1 000 [— 1 000]	+ 122,10 [+ 1 110,—]
		0	+ 1 232,10

Offensichtlich ist L vorzuziehen.

Die unterschiedlichen Einnahmen aus den Differenzinvestitionen ergeben die abweichende Vorteilhaftigkeit der Handlungsmöglichkeiten. Die Höhe der Verzinsung der Differenzinvestitionen wird bei nicht vollständiger Formulierung des Investitionsvergleichs durch die angewandten Rechenverfahren impliziert.
Die Annahme, daß sich die Periodenüberschüsse zum internen Zinsfuß verzinsen, ist willkürlich. Wenn die Beträge angelegt werden, dann werden diese Zusatzinvestitionen im Regelfall eine vom internen Zinsfuß abweichende Rendite erbringen. Entstehen Fehlbeträge, die zusätzliche Kreditaufnahmen erfordern, so werden die Sollzinsen nicht dem internen Zinsfuß entsprechen. Die Annahme, daß sich die Periodenüberschüsse zum Kalkulationszinsfuß verzinsen, ist ebenfalls eine grobe Vereinfachung. Aber sie ist zulässig, denn der Kalkulationszinsfuß ist definiert als jener Zinssatz, zu dem sich eine »anderweitige« Handlungsmöglichkeit verzinst – eine alternative Investition oder ein Finanzierungsvorhaben. Der Kalkulationszinsfuß bezeichnet also eine stets gegebene Wiederanlage- oder Finanzierungsmöglichkeit. Hält man diese Vereinfachung für unzulässig, dann bleibt nur ein Weg: durch ausdrückliche Annahmen über die Reinvestitions- und Finanzierungsmöglichkeiten das Wahlproblem vollständig als Finanzplan zu formulieren, wie wir es bei A, B, C, D getan haben.
Ergebnis:
Die Rendite (der interne Zinsfuß) ist ein geeignetes Maß für die Vorteilhaftigkeit nur im Einperiodenfall. Dort ist eine Deutung als Rentabilitätsziffer unproblematisch. Im mehrperiodischen Fall bietet die Anwendung des internen Zinsfußes gegenüber dem Kapitalwert keine Vorteile. Die Methode des internen Zinsfußes führt zwar in vielen Fällen zu denselben Entscheidungen wie die Kapitalwertmethode, aber leider nicht in allen. Der interne Zinsfuß ist rechnerisch umständlicher zu ermitteln als der Kapitalwert, und er ist in manchen Fällen mehrdeutig. In diesen mehrdeutigen Fällen ist er als Vorteilskriterium wertlos. Es empfiehlt sich deshalb, mit dem internen Zinsfuß nur bei einperiodischen Wahlproblemen zu arbeiten. Dort erleichtert die Anwendung einer Rentabilitätsziffer die Argumentation. Nur solange man eine grobe, vereinfachende Analyse für ausreichend hält, läßt sich auch in mehrperiodischen Modellen der interne Zinsfuß verwenden.

4. Rentabilitätsstreben als finanzielles Ziel?

aa) Grenzrendite und Durchschnittsrendite

Die Vorstellung von der Rentabilität einer Handlungsmöglichkeit ist unproblematisch für einperiodische Wahlprobleme. Wir beschränken uns zunächst darauf (mehrdeutige oder komplexe Lösungen können also nicht auftreten). Eine Handlungsmöglichkeit ist danach vorteilhaft, wenn ihre Rendite größer als der Kalkulationszinsfuß ist. Aber hier können Mißverständnisse auftreten: In der Literatur spricht man davon, daß eine Investition vorteilhaft ist, wenn ihre *Grenzrendite* über dem Kalkulationszinsfuß liegt. Wir müssen also das Verhältnis von (Durchschnitts-)Rendite und Grenzrendite klären. Die Schwierigkeit folgt einfach aus einer ungenauen Ausdrucksweise. Eine einzelne Investition hat nur eine (»Durchschnitts«-)Rendite: das Verhältnis von Einnahmenüberschuß zu eingesetztem Kapital. Den Begriff »Grenzrendite« kann man nicht bei sich gegenseitig ausschließenden Investitionsobjekten verwenden, sondern nur bei der Betrachtung von »Investitionsprogrammen«, die sich aus mehreren sich gegegenseitig nicht ausschließenden Investitionsobjekten zusammensetzen. Jedes Investitionsprogramm hat eine Durchschnittsrendite und eine Grenzrendite. Grenzrendite ist hier die Rendite der letzten eingesetzten Mark (bzw. der letzten 100 oder 1 000 Mark, wenn man den Begriff Grenzrendite nicht auf sehr kleine Änderungen beschränkt). Der Begriff Grenzrendite hat jedoch einige Tücken, die wir an einem Beispiel klären. Ein Unternehmer steht vor drei Handlungsmöglichkeiten:

	t_0	t_1
A:	— 1 000	+ 1 100
B:	— 800	+ 1 000
C:	— 100	+ 108

Die Rendite von A ist 10%, die Rendite von B ist 25%. Die Rendite von C (Geldanlage auf dem Kapitalmarkt) ist 8%. Offensichtlich sind A und B besser als C. Wenn sich die Projekte nicht gegenseitig ausschließen, wird der Unternehmer also A und B zusammen durchführen. Wie hoch ist die Durchschnittsrendite des Investitionsprogramms A plus B? Wir können natürlich nicht den gewöhnlichen Durchschnitt aus beiden Renditen, also 17,5 % nehmen. Das wäre falsch, weil der Kapitaleinsatz unterschiedlich ist. Wir müssen die Einzelrenditen mit ihren Kapitaleinsätzen gewichten. r_p ist die Rendite des Investitionsprogramms.

$$r_p = \frac{0{,}1 \cdot 1000 + 0{,}25 \cdot 800}{1800} = 16^2/_3\,\%$$

Es liegt nahe, die Rendite für eine Reihe alternativer Kapitaleinsätze festzulegen, z. B. für 800, 1 000, 1 600 und 1 800 Mark. Um eine solche Reihe der Rentabilitäten für alternative Kapitaleinsätze aufzustellen, brauchen wir den Begriff Grenzrendite. Grenzrendite ist der Bruch aus Änderung des Einnahmenüberschusses im Zähler und Änderung des Kapitaleinsatzes im Nenner. Das beste Projekt ist B. Hat der Unternehmer nur 800 Mark, wird er B wählen. Die »Grenzrendite« der ersten 800 Mark (bezogen auf die »Investition« von Null Mark) gleicht also der »Durchschnittsrendite« des Objektes B von 25%.
Welches Investitionsvorhaben wird der Unternehmer wählen, wenn er 1 000 Mark einsetzen will? Offenbar gibt es zwei Möglichkeiten.

a) Er wählt Vorhaben A, das genau 1 000 Mark beansprucht. Die Grenzrendite des Vorhabens A, bezogen auf die »Investition« von Null Mark, gleicht der Durchschnittsrendite von A = 10%.
Wie hoch ist nun die Renditenänderung, wenn von 800 Mark Kapitaleinsatz auf 1 000 Mark Kapitaleinsatz übergegangen wird? Anders ausgedrückt: Wie hoch ist die Grenzrendite der letzten 200 Mark? Wenn A anstelle von B gewählt wird, beträgt die Änderung des Einnahmenüberschusses minus 100 Mark, denn der Einnahmenüberschuß bei A ist plus 100 (= 1 100 — 1 000), der Einnahmenüberschuß von B gleicht jedoch 1 000 – 800 = 200. Statt 200 Einnahmenüberschuß bei B erzielt man bei A nur 100. Die Änderung des Kapitaleinsatzes berechnet sich als Kapitaleinsatz von A 1 000 minus Kapitaleinsatz bei B 800 gleich 200 Mark.
Die Grenzrendite bezeichnet das Verhältnis von Einnahmenänderung, wenn A statt B gewählt wird, also minus 100 im Zähler, und Änderung des Kapitaleinsatzes, also 200 im Nenner, gleich — 50%.

b) Für den Unternehmer, der 1 000 Mark einsetzen will, gibt es jedoch noch eine zweite Möglichkeit. Er kann Vorhaben B verwirklichen und die restlichen 200 Mark auf dem Kapitalmarkt anlegen. Ist das besser als die Wahl von Vorhaben A?

Die Rechnung ist einfach: Die ersten 800 Mark erbringen einen Überschuß von 200; die restlichen 200 Mark erbringen 8%, also zusätzlich 16 Mark. Die Rendite des Investitionsprogramms B plus 2 x C gleicht 216 : 1 000 = 21,6%.
Wenn wir eine Reihe der Rentabilitäten für alternative Kapitaleinsätze aufstellen wollen, eine »Kurve des (maximalen) internen Zinsfußes in Abhängigkeit von der Kapitalmenge«, dann fällt also Vorhaben A unter den Tisch. Es ist von vornherein unterlegen. Von zwei alternativen Investitionsprogrammen für 1 000 Mark Kapitaleinsatz, nämlich Programm I gleich Vorhaben A und Programm II gleich Vorhaben B plus 2 x C, ist nur Alternative II sinnvoll. II ist also die »effiziente« Wahlmöglichkeit.
Wie sieht das rentabelste Investitionsprogramm bei 1 600 Mark Kapitaleinsatz aus? Am günstigsten ist es offenbar, zwei Einheiten von B zu verwirklichen, vorausgesetzt, daß dies technisch möglich und ökonomisch sinnvoll ist. Bei 1 600 Mark Kapitaleinsatz steigt die Durchschnittsrendite wieder auf 25% an. Es ist also durchaus denkbar, daß die Durchschnittsrendite zunächst fällt, dann steigt und wieder fällt. Mit einem ähnlichen Auf und Ab ist bei der Grenzrendite zu rechnen. Für allgemeine theoretische Überlegungen sieht man von derartigen komplizierten Verläufen ab. Um handliche — aber nicht notwendigerweise wirklichkeitsentsprechende — Aussagen über das optimale Investitionsprogramm zu erhalten, geht man entweder von einer von Anfang an mit wachsendem Kapitaleinsatz fallenden Durchschnittsrendite aus, oder man unterstellt, zunächst steige die Durchschnittsrendite, und dann falle sie (vgl. im einzelnen ab S. 341). Für den folgenden Abschnitt wählen wir den zweiten Verlauf.

bb) Kapitalwertmaximierung und Maximierung der Rentabilität des Eigenkapitals

Wir gehen von folgenden Annahmen aus: Die Rendite von Investitionen in einer Firma (z. B. Sachanlagen, Beteiligungserwerb) werde durch die Kurven der Grenzrendite und der Durchschnittsrendite wiedergegeben. Daneben könne der Unternehmer zum Kalkulationszinsfuß i beliebige Beträge aufnehmen oder außerhalb der Firma »auf dem Kapitalmarkt« anlegen, z. B. indem er Anleihen kauft. Mit steigendem Kapitaleinsatz wachse zunächst die Rentabilität des gesamten in der Firma eingesetzten Kapitals, danach falle sie stetig. Folglich liegt die Grenzrendite zunächst über der Durchschnittsrendite, und sie fällt mit wachsendem Kapitaleinsatz.
Aus der Kostentheorie wird dem Leser bekannt sein, daß im Minimum der Durchschnittskosten Grenzkosten und Durchschnittskosten gleich sind. Hier liegt ein spiegelbildlicher Fall vor: Im

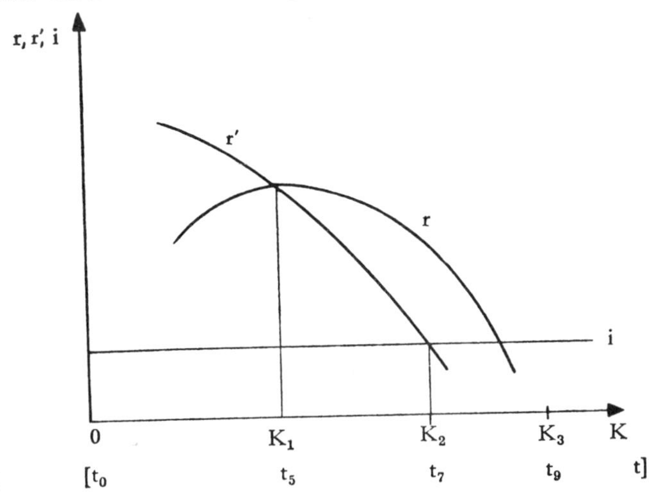

Abb. 2

Maximum der Durchschnittsrendite sind Durchschnittsrendite und Grenzrendite gleich groß. Der Beweis ist leicht zu führen: Solange die Rendite einer zusätzlich eingesetzten Mark (die Grenzrendite des Kapitaleinsatzes) noch über der Durchschnittsrendite aller bisher eingesetzten Gelder liegt, muß die Durchschnittsrendite steigen, wenn diese 1 Mark zusätzlich investiert wird. Liegt die Grenzrendite unter der Durchschnittsrendite, dann muß die Durchschnittsrendite fallen, wenn die 1 Mark zusätzlich eingesetzt wird. Folglich ist das Maximum der Durchschnittsrendite erreicht, wenn sich Grenzrendite und Durchschnittsrendite gleichen, zuvor die Grenzrendite über, danach unter der Durchschnittsrendite liegt.

Abb. 2 erlaubt eine Aussage über das Verhältnis von Maximierung des Kapitalwertes (»Gewinnmaximierung«) und Maximierung der Rentabilität des Gesamtkapitals und des Eigenkapitals. Das Maximum der Rentabilität des Gesamtkapitals ist erreicht bei dem Betrag K_1. Für diesen Kapitalbetrag ist die Durchschnittsrendite des gesamten eingesetzten Kapitals am größten. Das Gewinnmaximum (Maximum des Kapitalwerts) liegt bei jenem Kapitaleinsatz, bei dem die Grenzrendite gleich dem Kalkulationszinsfuß ist. Das folgt unmittelbar aus dem finanzwirtschaftlichen Cournot-Theorem. Das Kapitalwertmaximum wird von dem Kapitaleinsatz K_2 bezeichnet.

Bei welchem Eigenkapitaleinsatz ist das Maximum der Rentabilität des Eigenkapitals erreicht? Natürlich nicht bei K_1, dort liegt das Maximum der Rentabilität des Gesamtkapitals, und das Gesamtkapital kann aus Eigen- und Fremdkapital bestehen. Um das Maximum der Rentabilität des Eigenkapitals zu bestimmen, müssen wir zunächst das Eigenkapital in Abb. 2 einführen. Wir nehmen als erstes an, der Unternehmer habe überhaupt kein Eigenkapital. In diesem Fall ist keine Rentabilität des Eigenkapitals zu berechnen, denn das eingesetzte Eigenkapital ist Null, und der Bruch: Gewinn zu Eigenkapital ist hier sinnlos.

Als zweites nehmen wir an, das Eigenkapital gleiche dem Betrag K_1. Dieses Kapital will der Unternehmer auf alle Fälle investieren. Konsum kommt also nicht in Frage. (Steht der Unternehmer vor der Wahl zwischen Konsum oder Investition, dann gelten andere Überlegungen. Mit der Abb. 2 ist dann nichts mehr anzufangen, vgl. im einzelnen S. 347 ff.)

Lohnt sich eine Fremdkapitalaufnahme, nachdem bereits das Investitionsvolumen K_1 erreicht ist? Offenbar lohnt es sich, bis K_2 Fremdkapital aufzunehmen; denn jede aufgenommene Mark kostet i %, erbringt aber eine höhere Grenzrendite.

Bei konstantem Eigenkapital sind damit das Gewinnmaximum und das Maximum der Rentabilität des Eigenkapitals identisch, denn bei konstantem Eigenkapital ist der Nenner konstant, und der Bruch »Einnahmenüberschuß, dividiert durch Kapital« wird dann am größten, wenn der Einnahmenüberschuß am größten ist. Um das noch zu verdeutlichen, überlegen wir: Was passiert, wenn der Unternehmer Eigenkapital in Höhe von K_3 hat? In der Firma wird er investieren bis zur Menge K_2; danach lohnen sich die Investitionen in der Firma, deren Vorteilhaftigkeit durch den Verlauf der Grenzrendite gekennzeichnet wird, nicht mehr. Nach der Menge K_2 wird der Unternehmer sein Eigenkapital auf dem Kapitalmarkt zum Kalkulationszinsfuß i anlegen.

Was geschieht, wenn das Eigenkapital variabel ist? Zu diesem Problem ist eine umfangreiche Literatur entstanden[36], die leider nicht auf die grundlegenden Ausführungen von F. und V.

[36] Vgl. z. B. *B. M. Gerbel*, Rentabilität, Fehlinvestitionen, ihre Ursache und ihre Verhütung. 2. Aufl., Wien 1955, S. 102–107; *Otfrid Fischer*, Bankbilanz-Analyse. Meisenheim 1956, S. 50 — 53; *Herbert Vormbaum*, Die Zielsetzung der beschäftigungsbezogenen Absatzpolitik erwerbswirtschaftlich orientierter Betriebe. In: ZfhF, NF, Jg. 11 (1959), S. 624—636; *ders.*, Das finanzwirtschaftliche Gleichgewicht des Betriebes. In: ZfB, Jg. 32 (1962), S. 65 — 81, bes. S. 67 f.; *Ludwig Pack*, Maximierung der Rentabilität als preispolitisches Ziel. In: Zur Theorie der Unternehmung, Festschrift zum 65. Geburtstag von Erich Gutenberg, herausgegeben von Helmut Koch. Wiesbaden 1962, S. 73–135, bes. S. 93–105.

Lutz[37] zurückgriff und folglich hinter deren Ergebnissen zurückblieb. Die Antwort lautet, daß das Eigenkapital überhaupt nicht variabel sein kann, wenn das Problem richtig gestellt wird[38]. Um das zu verdeutlichen, erinnern wir uns der Trennung zwischen personenbezogenen und firmenbezogenen Unternehmen.

In einer personenbezogenen Unternehmung wird der Unternehmer sein gesamtes Eigenkapital als Einheit betrachten. Die Frage »Konsum oder Investition« scheidet aus, sie erfordert andere Überlegungen. Wenn das Konsumproblem ausgeklammert ist, verfügt der Unternehmer über einen fest vorgegebenen, konstanten Eigenkapitalbetrag. Für den personenbezogenen Unternehmer ist also das Eigenkapital im Planungszeitraum nie variabel.

In firmenbezogenen Unternehmen ist demgegenüber offenbar das Eigenkapital variabel: Eine Aktiengesellschaft kann schließlich Kapitalerhöhungen durchführen. Aber hier ist zu fragen: Wann wird eine Aktiengesellschaft ihr Eigenkapital erhöhen? Zwei Gründe können der Anlaß sein:

Falls sich der Vorstand nicht an den Interessen der Aktionäre ausrichtet, wird er das Eigenkapital erhöhen, sobald er es für billiger hält als Kreditaufnahmen. In diesem Fall interessieren den Vorstand weder die Maximierung der Rentabilität des Eigenkapitals noch die Gewinnmaximierung der Eigenkapitalgeber. Folglich können wir den Fall, daß der Vorstand sich nicht um die Interessen der Aktionäre kümmert, hier ausschalten.

Wenn der Vorstand im Interesse der Aktionäre handeln will, muß er prüfen: Wann liegt eine Kapitalerhöhung im Interesse der Aktionäre? Sehen wir von allen unterschiedlichen Einzelinteressen der Aktionäre ab, werden sie eine Kapitalerhöhung nur wünschen, wenn ihre finanziellen Ziele gefördert werden, d. h. wenn sie danach mehr Vermögen bzw. mehr Einkommen erzielen. Die Gruppe der Aktionäre können wir in diesem Fall vergröbernd als einen »personenbezogenen Unternehmer« auffassen. Folglich gilt auch hier, was vorhin für den personenbezogenen Unternehmer schon festgestellt wurde: Wenn im Interesse der Kapitalgeber gehandelt wird, wird die Aktiengesellschaft solange Eigenkapital aufnehmen (ihr Kapital erhöhen), wie es in der Firma mehr verdient als bei anderweitiger Anlage. Das Kapital wird nicht mehr erhöht, wenn die Grenzrendite in der Firma auf den Kalkulationszinssatz der Aktionäre gesunken ist. Ein Unterschied zwischen Gewinnmaximierung und Maximierung der Rentabilität des Eigenkapitals besteht nicht.

Wie steht es jedoch mit der Aufnahme neuer Gesellschafter in eine Personengesellschaft? Neue Gesellschafter werden nur aufgenommen, wenn danach das Einkommen der alten Gesellschafter steigt (vgl. im einzelnen S. 451). Maximierung der Rentabilität des Eigenkapitals ist einfach kein sinnvolles Ziel, wenn es vom Einkommensstreben (Gewinnmaximierung) abweicht.

In einem Ausnahmefall führen allerdings Maximierung des Gewinns und der Rentabilität des Eigenkapitals zu unterschiedlichen Entscheidungen. F. und V. Lutz haben darauf aufmerksam gemacht. In diesem Sonderfall bleibt jedoch auch das anfangs eingesetzte Eigenkapital »konstant«. Dieser Fall betrifft den abhängigen Planungshorizont. Um die wirklichkeitsfremden Voraussetzungen dieses Falles zu erkennen, untersuchen wir vorab eine Investition bei unabhängigem Planungshorizont.

Wir betrachten dazu Abb. 2, nur sei jetzt auf der Abszisse nicht mehr der Kapitaleinsatz je Zeiteinheit abgetragen, sondern der Zeitablauf, t_0 bis t_9. Wir stellen uns einen Weinhändler vor, der sein ganzes Kapital 1964 (= t_0) in 100 Flaschen Trockenbeerenauslese angelegt hat. Wird der

[37] Vgl. *Lutz*, S. 16–48.

[38] Vgl. dazu auch *Herbert Hax*, Rentabilitätsmaximierung als unternehmerische Zielsetzung. In: ZfhF, NF, Jg. 15 (1963), S. 337 — 344, bes. S. 342.

Wein älter, so steigt zunächst sein Wert; später fällt er. Der Weinhändler will den Wein solange behalten, bis er sein Einkommen bzw. die Rentabilität des eingesetzten Kapitals maximiert hat. Wie lange wird er den Wein lagern, wenn er sein Einkommen maximieren will? Sein Planungszeitraum sei dabei 10 Jahre.

Nehmen wir an, 10 000 Mark habe der Weinhändler aufgewandt. Nach 5 Jahren (z. B. t_5) sei der Verkaufserlös 15 000 Mark, nach 6 Jahren 16 000, nach 7 Jahren 17 000, nach 8 Jahren 17 500, nach 9 Jahren 18 000, und später müsse mit sinkenden Erlösen gerechnet werden, weil der Wein eine längere Lagerung wegen zu geringer Säure nicht mehr ohne Schaden übersteht. Der Kalkulationszinsfuß (die Rendite anderweitiger Kapitalanlagen) sei 6%. Wir berechnen die Grenzrenditen für alternative Lagerzeiten (»Nutzungsdauern«). Der Einnahmenüberschuß am Ende des sechsten Jahres beträgt: Erlös nach 6 Jahren (16 000 Mark) minus Erlös im Vorjahr (15 000 Mark). Das im Wein »gebundene Kapital« gleicht hier dem Erlös, der im Vorjahr zu erzielen gewesen wäre, also 15 000 Mark. Die (zeitliche) Grenzrendite bei sechsjähriger Lagerung beträgt also $\frac{16\,000 - 15\,000}{15\,000} = 6^2/_3\%$. Die Grenzrendite bei siebenjähriger Lagerung gleicht $\frac{17\,000 - 16\,000}{16\,000} = 6^1/_4\%$; die Grenzrendite bei achtjähriger Lagerung beträgt ungefähr 3%.

Der Weinhändler wird also den Wein nach siebenjähriger Lagerzeit verkaufen, 17 000 Mark kann er dann zum Kalkulationszinsfuß von 6% anlegen, und er erzielt am Ende des achten Jahres 17 000 Mark plus 1 020 Mark an Zinsen, gleich 18 020 Mark, während er bei Lagerung des Weines im achten Jahr nur insgesamt 17 500 Mark erlöst hätte. Die nächsten zwei Jahre bis zum Ende des Planungszeitraums legt der Unternehmer dieses Kapital wiederum zum Kalkulationszinsfuß an.

Allgemein: Der Weinhändler wird die Investitionsdauer (Lagerzeit) verlängern, solange die Grenzrendite höher ist als der Kalkulationszinsfuß. Das gilt für den Fall, daß er sein Einkommen bzw. Vermögen maximieren will.

Nun nehmen wir an, der Weinhändler wollte die Rentabilität der 10 000 Mark eingesetzten Kapitals maximieren. Wie lange wird er dann den Wein lagern? Nach unserer Zeichnung würden wir zunächst sagen: bis t_5, also 5 Jahre. Dort liegt das Rentabilitätsmaximum. Doch bei dieser Aussage wird eines übersehen: Der Planungszeitraum des Unternehmers ist nicht 5 Jahre, sondern 10 Jahre. Wenn der Unternehmer die Durchschnittsrendite des Weines maximiert und nach fünf Jahren veräußert, erlöst er 15 000 Mark. Was macht er mit dem Geld während der verbleibenden fünf Jahre? Da der Planungszeitraum 10 Jahre beträgt, muß er das Geld dann zum Kalkulationszinsfuß anlegen: in t_6 wären dann die 15 000 Mark auf 15 900 Mark angewachsen. Hätte der Unternehmer den Wein ein Jahr länger behalten, hätte er jedoch 16 000 Mark erlöst. Auch bei konstantem Anfangskapital und vorgegebenem Planungszeitraum maximiert der Unternehmer also die Rentabilität des Eigenkapitals nur dann, wenn er den Einnahmenüberschuß maximiert, also den Wein 7 Jahre lagert. Wir erhalten bei variabler Investitionsdauer dasselbe Ergebnis wie bei variablem Kapitaleinsatz im statischen Modell.

Aber es gibt auch den Fall des »abhängigen Planungshorizonts«. Bisher war der Planungszeitraum vorgegeben. Nun gehen wir von zwei Weinhändlern aus, die folgende merkwürdige Zielvorstellungen haben: Beide Weinhändler A und B wollen sich alsbald zur Ruhe setzen. Sie wollen gerade noch diese Trockenbeerenauslese lagern. Eine Wiederanlage des Geldes auf dem Kapitalmarkt komme nicht in Betracht, vielleicht haben sie sich über Bankprovisionen und Kursschwankungen geärgert.

Weinhändler A sagt: Ich will das Endvermögen maximieren und mich dann zur Ruhe setzen. Wie lange lagert er den Wein? Da eine Wiederanlage des Geldes nicht in Frage kommt, ist der

Kalkulationszinsfuß, der die Investitionsdauer begrenzt, hier Null. Weinhändler A lagert den Wein neun Jahre lang, dann erlöst er 18 000 Mark. Er versteckt das Geld im Sparstrumpf und setzt sich zur Ruhe.

Weinhändler B sagt: Ich will noch ein »rentables« Geschäft machen. Ich lagere den Wein solange, bis ich die höchste Rendite erreicht habe: Er lagert den Wein also fünf Jahre, erlöst 15 000 Mark, versteckt das Geld im Sparstrumpf und wird bereits nach 5 Jahren Rentner.

Nur für den absonderlichen Fall des »abhängigen Planungshorizonts« führt die Maximierung der Rentabilität des (auch hier: konstanten!) Anfangseigenkapitals zu einem anderen Ergebnis als die Kapitalwertmaximierung (das Vermögens- bzw. Einkommensstreben). In allen anderen Fällen führen bei sinnvoller Formulierung (Betrachtung des unternehmereigenen Kapitals als Einheit) die Maximierung des Kapitalwerts und die Maximierung der Eigenkapitalrentabilität zu denselben Entscheidungen.

Eines ist noch zu beachten: Wir haben hier den Begriff »Rentabilität« auf einen mehrperiodischen Fall bezogen und sind sofort in eine begriffliche Schwierigkeit verwickelt worden: Die Rentabilität welchen Eigenkapitals soll maximiert werden? Des Anfangseigenkapitals, des Eigenkapitals in t_5, t_7? Für die Weinhändler wurde die Rentabilität des Anfangseigenkapitals maximiert. Man kann auch fragen: In welchem Jahr ist die Rentabilität des »fortgeschriebenen Eigenkapitals« am höchsten? Das wäre die Frage nach dem Maximum der zeitlichen Grenzrendite. Aber viel ökonomischer Sinn steckt hinter dieser Frage nicht.

III. »Gewinn« als finanzielle Zielgröße

a) Gewinnbegriff und Zwecke der Gewinnermittlung

1. Drei Zwecke der Gewinnermittlung

Wenn nach unternehmerischen Zielgrößen gefragt wird, lautet die Antwort regelmäßig »Gewinn«. Wir haben bisher vermieden, bei den finanziellen Zielgrößen von »Gewinn« zu sprechen, denn der Gewinnbegriff ist ein heikles Kapitel, dem wir uns erst jetzt zuwenden können.

Bei »Gewinn« denkt man an den Gewinnbegriff des Handels- bzw. Aktienrechts, den des Steuerrechts oder an den »betriebswirtschaftlich richtigen« Erfolg. Es sind vielschichtige und im Grunde reichlich unklare Vorstellungen, die im praktischen Sprachgebrauch den »Gewinn« kennzeichnen. Wir versuchen, das, was Gewinn ist, präzise zu definieren, und fragen: Was ist Gewinn im betriebswirtschaftlichen Sinn, ohne Rücksicht auf geltende handelsrechtliche und steuerrechtliche Vorschriften? In welchem Verhältnis steht dieser ökonomische Gewinnbegriff zu dem, was als Gewinn in der Buchhaltung errechnet wird?

Jede Untersuchung des betriebswirtschaftlichen Gewinnbegriffs muß von folgenden Fragen ausgehen: Wird der Begriff »Gewinn« für unternehmerische Entscheidungen benötigt? Nach welchen Überlegungen wäre dieser betriebswirtschaftlich erforderliche Gewinnbegriff zu definieren? Diese Fragen zielen auf das Verhältnis von Gewinn und finanziellen Zielgrößen ab. Um das Verhältnis von Gewinn und finanziellen Zielgrößen zu klären, sind zunächst »Gewinn« und »Einkommen« voneinander abzugrenzen.

Einkommen und Gewinn sind für uns Geldgrößen. Neben Geldeinkommen gibt es auch

Nichtgeldeinkommen, z. B. die »Vorteile«, die mit einer »Stellung« verbunden sind, wie Dienstwagen mit Chauffeur, reichhaltiges Spesenkonto. Solche Nebenvergünstigungen denken wir uns in Geld bewertet und dem Geldeinkommen zugeschlagen.
Der Begriff »Gewinn« im betriebswirtschaftlichen Sinn ist im folgenden mit der Vorstellung einer Firma verbunden, nicht mit der einer Person. Der Unternehmer erzielt »Einkommen«, die Firma »Gewinn«. Wir wollen von Gewinn nur sprechen, wenn wir an den firmenbezogenen Unternehmensbegriff denken. Beim Einzelkaufmann ist also Gewinn das, was er in seiner Firma verdient. Der Gewinn aus der Firma und die Einkünfte aus anderen Tätigkeiten, aus Vermietung und Verpachtung und aus Geldanlagen, z. B. dem Sparbuch, bilden zusammen das Einkommen des Unternehmers.

Buchhalterisch wird der Gewinn nach Ablauf einer Periode ermittelt. Der Gewinn ist also eine »ex-post-Größe«.

Welchen Sinn hat die Ermittlung der ex-post-Größe »Gewinn«?
Drei Zwecke sind zu unterscheiden:

(aa) Bestimmung von Einkommenszahlungen,

(bb) Verbesserung künftiger Entscheidungen,

(cc) Rechenschaft gegenüber Außenstehenden.

Zu (aa): Bestimmung von Einkommenszahlungen: Jede Firma dient als Einkommensquelle für Arbeitnehmer, Eigentümer und schließlich für den Staat, der in den Unternehmen eine ergiebige Steuerquelle sieht. Von den Einkommenszahlungen, die eine Unternehmung zu leisten hat, ist der größere Teil unabhängig vom Gewinn. Die »kontraktbestimmten« Einkommen der Arbeitnehmer (Löhne, Gehälter) sind zu zahlen, ob gut oder schlecht verdient wird. Das gleiche gilt für das Fixum der Geschäftsführer und für die sogenannten Kostensteuern (z. B. Umsatzsteuer, Grundsteuer, Vermögensteuer). Die gewinnunabhängigen Ausgaben für Einkommenszahlungen interessieren hier nicht. Ein beachtlicher Teil der Einkommenszahlungen einer Unternehmung hängt jedoch vom Gewinn ab. Gewinnabhängige Ausgaben sind die Gewinnbeteiligungen für Arbeitnehmer und Geschäftsführer, u. U. auch die Pensionszusagen, die allerdings erst in späteren Perioden zu Ausgaben werden. Gewinnabhängige Ausgaben sind ferner die Gewinnausschüttungen an die Anteilseigner und die Gewinnsteuerzahlungen (Einkommensteuer, Körperschaftsteuer, Gewerbeertragsteuer). Um die gewinnabhängigen Ausgaben festzulegen, ist die Höhe des Gewinns zu errechnen.

Wie eng Gewinnermittlung und Gewinnverwendung heute verzahnt sind, zeigt ein Beispiel: Eine Aktiengesellschaft habe für ein Jahr 10 Mill. Mark Gewinn nach Steuerrecht errechnet. Selbst wenn die Aktiengesellschaft nichts an ihre Aktionäre und ihre Belegschaftsmitglieder ausschüttet, werden davon rund 6 Mill. Mark zu Ausgaben (vgl. im einzelnen S. 299).
Jede Mark, die als Gewinnbeteiligung an die Belegschaftsmitglieder ausgeschüttet wird, mindert zwar den steuerpflichtigen Gewinn, führt aber auch zu Ausgaben. Jede Mark, die an die Aktionäre ausgeschüttet wird, führt wegen des gespaltenen Körperschaftsteuersatzes zu einer geringeren Steuerbelastung, aber gleichwohl zu Ausgaben. Kapital-

gesellschaften müssen also damit rechnen, daß mindestens 60% des erzielten Gewinns zu Ausgaben führen.
Einzelkaufleute und Personengesellschaften unterliegen einem progressiven Einkommensteuertarif. Gut verdienende Personengesellschafter bzw. Einzelkaufleute kommen ziemlich rasch auf eine Steuerbelastung von über 50%, z. B. ein Junggeselle bereits vor 100 000 Mark, wenn man Gewerbeertragsteuer, Einkommensteuer, Ergänzungsabgabe und Kirchensteuer zusammenzählt. Hinzu treten seine Privatentnahmen und etwaige Gewinnbeteiligungen der Arbeitnehmer.
Mit der Gewinnermittlung ist somit zum größten Teil die Gewinnverwendung vorwegbestimmt. Wenn wir von kleineren und schlechtverdienenden Personengesellschaften absehen, können wir sagen, daß mindestens 60% des Gewinns, regelmäßig aber erheblich mehr zu Ausgaben führen. Daraus folgt: Bei der Ermittlung des Gewinns sind die finanziellen Auswirkungen des Gewinnausweises zu berücksichtigen.
Wer den Gewinn definiert, ohne die Tatsache zu beachten, daß der größte Teil des ausgewiesenen Gewinns mehr oder weniger zwangsläufig zu Ausgaben wird, geht einfach an der Wirklichkeit vorbei. Genau das tut aber die bisherige Bilanzliteratur in überwiegendem Maße. Immer noch findet man die Dogmen, daß die Gewinnermittlung nichts mit der Gewinnverwendung zu tun habe, und daß zwischen erzieltem und ausschüttbarem Gewinn zu trennen sei[39]. Aufgabe der Bilanztheorie sei es, den richtigen »erzielten« Gewinn zu definieren. Demgegenüber halten wir fest: *Die erste Aufgabe der Gewinnermittlung besteht darin, die Einkommenszahlungen an (Unternehmer-) Haushalte und Staat festzulegen.*

Zu (bb): Verbesserung künftiger Entscheidungen: Die Ermittlung des Gewinns kann zur Kontrolle dienen, inwieweit früher gesetzte Ziele erreicht worden sind. Der Unternehmer, der an keinerlei handels- und steuerrechtliche Vorschriften gebunden ist, mag es gleichwohl für nützlich halten, einen Gewinn als Kontrollgröße zu errechnen, um aus der Abweichung zwischen angestrebtem Ziel (Soll) und erreichtem Ist für die Zukunft zu lernen. Die Abweichung zwischen Plangewinn und Istgewinn einer Abrechnungsperiode weist nach, wie verläßlich seine Planungen waren. Für jede Abweichung zwischen Soll und Ist müssen Gründe gefunden werden. Die Analyse der Abweichungen bei den Einnahmen und Ausgaben (Erträgen und Aufwendungen), aus denen sich der Gewinn zusammensetzt, zeigt, welche Einflußgrößen überschätzt, welche unterschätzt oder ganz übersehen wurden. Aufgrund dieser Erfahrungen werden künftige Planungen verbessert und erleichtert.
Die Kontrollrechnungen zur Verbesserung künftiger Entscheidungen stellt der Unternehmer für sich selbst an. Es liegt in seinem Interesse, hierbei den Istgewinn und die Abweichungen zwischen Soll und Ist möglichst genau zu erfassen. Nur dadurch können Erfahrungen gesammelt und künftige Entscheidungen verbessert werden. Der Unternehmer wird sich bei der Gewinnermittlung zur eigenen Kontrolle nicht selbst betrügen. Neurotiker werden zwar auch das tun, weil sie ihre Irrtümer nicht einsehen wollen.

[39] Vgl. dazu erstmals *Ernst Walb*, Unternehmungsgewinn und Betriebsgewinn. In: ZfhF, Jg. 20 (1926), S. 545 — 559, hier S. 553.

Zu (cc): Rechenschaft ist allen abzulegen, die Ansprüche an die Unternehmung haben. Bezieht sich die Rechenschaft auf Zahlen aus dem Betriebsgeschehen, so spricht man von Rechnungslegung. Wie im einzelnen die Rechnungslegung über den Gewinn und andere Unternehmensdaten auszusehen hat, das zu regeln, ist Aufgabe des Handels- und Gesellschaftsrechts bzw. des Steuerrechts. Die Rechnungslegung, vor allem gegenüber den Anteilseignern, beschränkt sich nicht auf den Gewinn, aber hier interessiert nur die Gewinnermittlung.

Eine vollständige Rechnungslegung müßte die Informationen liefern, die der Unternehmer für sich selbst zur Verbesserung seiner Entscheidungen aufbereitet. Sie müßte die Planungen des Unternehmers enthalten und einen Vergleich des Plangewinns mit dem erreichten Ist zulassen. Nur so kann derjenige, dem Rechenschaft zu geben ist, beurteilen, ob gut oder schlecht gehandelt wurde. Aber hier beginnen die Schwierigkeiten. Ein so weitgehendes »Auf-die-Finger-schauen« kann jede Initiative des Entscheidenden lähmen. Zudem treten technische Schwierigkeiten auf, denn Rechenschaft kann nur gegeben werden, soweit die berichteten Vorgänge und Ereignisse auch von Außenstehenden nachgeprüft werden können.

Der »richtige« Gewinn einer Abrechnungsperiode kann nur ermittelt werden, wenn derjenige, der Rechenschaft zu geben hat, bei der Gewinnermittlung kein eigenes Ermessen geltend machen kann. Sobald bei der Gewinnermittlung Ermessensspielräume gegeben sind, besteht die Gefahr von Manipulationen, um sich der Rechenschaft zu entziehen. Die Manipulation besteht regelmäßig darin, daß in Zeiten guter Geschäfte Gewinne versteckt werden durch Bildung stiller Reserven. In Verlustzeiten werden die stillen Reserven aufgelöst, um wenigstens etwas Gewinn auszuweisen und so Fehler zu vertuschen und den Zorn der Anspruchsberechtigten wegen zu geringer Einkommenszahlungen zu mindern.

Rechnungslegung gegenüber den Anspruchsberechtigten bedeutet also: Vorlage derjenigen Planungs- und Kontrollrechnungen, die der Unternehmer für sich selbst erstellt, und Sicherung der Nachprüfbarkeit der offengelegten Planungs- und Kontrollrechnungen.

Planungsrechnungen sind grundsätzlich nicht vollständig nachprüfbar. Man kann zwar untersuchen, ob alle erkennbaren Einflußgrößen beachtet wurden. Ob die Wertansätze für künftige Einnahmen und Ausgaben stimmen, kann niemand im voraus wissen. Die Nachprüfung von Planungsrechnungen muß sich darauf beschränken, festzustellen, ob die Rechnung dem gegenwärtigen Wissensstand entspricht und der Ermessensspielraum nicht willkürlich überschritten wurde.

Kontrollrechnungen sind ebenfalls nur zum Teil nachprüfbar. Einzelne Vermögensposten (wie der Kassenbestand) können zwar genau überprüft werden; alle Bewertungsfragen in den Bilanzen (z. B.: Welche Abschreibungen sind bei den Anlagen vorzunehmen? Welche Rückstellungen sind zu bilden?) enthalten Prognosen über die Zukunft, und hier ist wie bei Planungsrechnungen die Nachprüfbarkeit nur bedingt möglich. Wegen des bei jeder Rechnungslegung auftretenden Ermessens müßte das von Außenstehenden nachprüfbare Ist von allen subjektiven Ermessensurteilen des Rechenschaftsgebenden getrennt werden.

Der Leser einer Bilanz kann die wirtschaftliche Lage einer Firma nicht aus der Restgröße Periodengewinn beurteilen, er benötigt dazu vielmehr einen detaillierten Ausweis von Zahlen aus dem Unternehmungsgeschehen. Dieser Einzelausweis über die wirtschaftliche Lage der Unternehmung müßte enthalten:

1. Einen Liquiditätsnachweis,
2. einen Nachweis der Eigentumsrechte (Vermögensnachweis),
3. eine Berichterstattung über Einzelereignisse der Vergangenheit und über Unternehmenspläne.

Das ganze Problem der öffentlichen Rechnungslegung ist im Grunde kein Gewinnermittlungs-(Bewertungs-)problem, sondern ein Ausweisproblem: Man veröffentliche detaillierte, unsaldierte Zahlungsströme oder, wem das zu weit geht: die Anschaffungsausgaben neben den vermutlichen Veräußerungserlösen, also ermessensfreie neben subjektiven Wertansätzen, und das Problem der »objektiven« öffentlichen Rechnungslegung ist vom Tisch. Eine manipulationsfreie Rechenschaftslegung erfordert, alternative Wertansätze nebeneinander zu publizieren.

Das verdeutlicht ein Beispiel: In der heutigen Handelsbilanz der Aktiengesellschaft werden Vorräte zum Niederstwertprinzip oder darunter »bewertet«. Der außenstehende Bilanzleser weiß nicht, welcher Wertansatz gewählt wird und welche Mengen hinter der Geldsumme stehen. Er kennt nur den üblichen Zusatz: »Die Vorräte wurden vorsichtig bewertet«, wodurch die Aussagefähigkeit der Zahlen erst recht vernebelt wird. Statt dessen müßte der Vermögensnachweis bei Vorräten in z. B. zwei Wertansätze aufgegliedert werden: Anschaffungspreise, vermutliche Nettoveräußerungserlöse (ersatzweise: Tageswiederbeschaffungspreise). Der erste Wertansatz ist nachprüfbar, für seine Richtigkeit bürgt der Wirtschaftsprüfer mit seinem Testat.

Der zweite Wertansatz ist nur bedingt, wenn überhaupt, nachprüfbar. Aus diesem getrennten Ausweis wird der Manipulationsraum in der Rechnungslegung offengelegt: Der Bilanzleser erkennt die unrealisierten Gewinne und die stillen Reserven, die in den Vorräten stecken. Er kann sich aus den alternativen Wertansätzen ein eigenes Bild über die Angemessenheit der Gewinnausschüttungen machen.

Eine Gewinnermittlung zum Zwecke der Rechnungslegung stellt also zunächst diejenigen Aufgaben, die eine Gewinnermittlung zur Verbesserung künftiger Entscheidungen (zur Kontrolle der Betriebsgebarung) erfüllen muß. Sie verlangt darüber hinaus eine Aufspaltung der Rechnungslegung in eine im einzelnen nachprüfbare Rechnung und in eine Beurteilung der Ereignisse durch den Rechenschaftsgebenden selbst.

Der Begriff des buchhalterischen Unternehmensgewinns (Firmengewinns) findet sich in zwei Erscheinungsformen:

Als Totalgewinn bezeichnet er das gesamte erwirtschaftete Mehr der Firma während ihrer Lebensdauer.

Als Periodengewinn bezeichnet er den finanziellen Erfolg einer Abrechnungsperiode, z. B. eines Jahres.

Braucht man für die drei Zwecke der Gewinnermittlung den Begriff Totalgewinn? Wie ist der Begriff Periodengewinn für diese Zwecke zu definieren? Das ist nunmehr zu untersuchen.

2. Der Totalgewinn und die Zwecke der Gewinnermittlung

Der Totalgewinn gleicht dem Endvermögen am Ende des Handlungszeitraums plus der Summe sämtlicher Entnahmen abzüglich der Summe sämtlicher Kapitaleinlagen der Gesellschafter. Als Entnahmen gelten dabei die Einkommenszahlungen der Unternehmung an die Eigentümer bzw. den Staat.

(aa) Braucht man den Begriff Totalgewinn für die Bestimmung der Einkommenszahlungen der Unternehmung an Haushalte und Staat? Wir müssen hier zwischen Unternehmer (personenbezogener Unternehmung) und Firma unterscheiden. Strebt der Unternehmer in einer personenbezogenen Unternehmung nach Vermögensmaximierung, dann sind seine Einlagen und seine Entnahmen vorgegeben. Vermögensmaximierung für eine Firma heißt Maximierung des Totalgewinns der Firma bei vorgegebenen Entnahmen und vorgegebenen Einlagen. Indes: Dürfen die Einlagen und die Entnahmen aus einer Firma tatsächlich vorgegeben sein, wenn der Unternehmer Vermögensmaximierung erstrebt? Will der Unternehmer sein gesamtes Vermögen (das Vermögen der personenbezogenen Unternehmung) maximieren, dann wird er Geld aus einer Firma entnehmen und in einer anderen Einkommensquelle investieren, wenn die andere Einkommensquelle höhere Erträge abwirft als die Firma. Vermögensmaximierung einer personenbezogenen Unternehmung bedeutet keineswegs Vermögensmaximierung für eine einzelne Firma. Schon aus diesem Grunde ist der Begriff des Totalgewinns einer Firma für die Investitions- und Finanzierungsentscheidungen ohne Bedeutung.
Wie sieht es bei einer firmenbezogenen Unternehmung aus? Vermögensmaximierung bedeutet hier Maximierung des Firmenvermögens. Die jährlichen Entnahmen bilden eine feste Größe, aber nicht notwendigerweise die Einlagen. Um das Vermögen der bisherigen Aktionäre zu maximieren, kann es sich durchaus lohnen, Kapitalerhöhungen durchzuführen und neue Aktionäre aufzunehmen. Gleichgültig, ob das Grundkapital durch Einlagen vermehrt oder ob es konstant gehalten wird, die Aufspaltung des zu maximierenden Endvermögens in Totalgewinnanteil und Kapitaleinlagen hat keinen Erkenntniswert. Nachdem ein Unternehmer eine Firma liquidiert hat, kann er zwar ausrechnen: Wieviel habe ich insgesamt an Einkommens- und Vermögenszuwachs durch diese Firma erzielt? Nur ist die Antwort allenfalls von historischem Interesse.
Strebt der Unternehmer nach Einkommensmaximierung oder nach Wohlstandsmaximierung, dann interessiert ihn vor allem die zeitliche Verteilung der Einkommenszahlungen. Die Gesamtsumme an Einkommens- und Vermögenszuwachs, der Totalgewinn, ist für seine augenblicklichen Entnahme-Entscheidungen ohne Belang.
Einkommenszahlungen lassen sich nach dem Begriff Totalgewinn nicht bestimmen.

(bb) Gewährt die Höhe des Totalgewinns einer Firma Informationen für Entscheidungen? Kontrollrechnungen dienen dazu, während des Handlungszeitraums den Grad der Zielerfüllung zu messen. Es empfiehlt sich auch hier, nach den finanziellen Zielgrößen zu unterscheiden.

(1). Bei Vermögensmaximierung genügt als Kontrollrechnung für den Unternehmer selbst ein Kassenbuch. Der Unternehmer muß wissen, wieviel er in dem betreffenden

Jahr investieren kann. Weicht sein Istkassenbestand in einem Zahlungszeitpunkt von dem geplanten Einnahmen- und Ausgabensaldo ab, dann muß der Unternehmer die Gründe erforschen und versuchen, seine künftigen Pläne zu verbessern. Der Totalgewinn interessiert nicht. Neben dem Kassenbuch wird der Unternehmer Kontrollrechnungen als Soll-Ist-Vergleiche durchführen, z. B. in Form von Plankostenrechnungen oder Abteilungserfolgsrechnungen, um die Arbeitsweise seiner Abteilungsleiter zu kontrollieren.

(2) Bei Einkommens- und Wohlstandsstreben interessiert: Ist der geplante Einnahmenüberschuß, der in jedem Zahlungszeitpunkt für die Einkommenszahlung benötigt wird, erreicht worden? Worauf sind Abweichungen zwischen Soll- und Ist-Zahlungssaldo zurückzuführen? Der Begriff des Totalgewinns ist auch hier bedeutungslos.

(3) Die finanziellen Zielvorschriften Vermögens-, Einkommens- und Wohlstandsstreben setzen rationales Verhalten und konstanten Arbeitseinsatz voraus. Der Vollständigkeit halber wollen wir noch eine vierte, nichtfinanzielle Zielsetzung betrachten. Ein Unternehmer, der nicht bereit ist, in jeder Periode gleich viel zu arbeiten, sondern die Höhe seines Arbeitseinsatzes von dem erreichten Vermögenszuwachs abhängig macht, wird in jedem Zahlungszeitpunkt überlegen, ob er sein Soll an Vermögenszuwachs erreicht hat, ob er es überschritten hat und folglich in Zukunft weniger arbeiten kann oder ob es nicht erreicht wurde und er seine Bemühungen verstärken muß. Ein solcher Unternehmer muß für jeden Zeitpunkt innerhalb seines Handlungszeitraumes das gewünschte Endvermögen vorausbestimmen. Der bis zu diesem Zeitpunkt angesammelte Totalgewinn interessiert auch ihn nicht.

(cc) Nützt der Begriff Totalgewinn der Rechnungslegung? Rechnungslegung bedeutet: Vorlage der Informationen, die der Unternehmer zur Verbesserung seiner Entscheidungen verwendet hat. Der Totalgewinn ist auch für die Rechnungslegung ohne Bedeutung.
Hiervon gibt es eine Ausnahme: Bei Unternehmungen auf kurze Zeit, z. B. Konsortien oder Arbeitsgemeinschaften mehrerer Baufirmen für einen Staudamm, kann die einzige Einkommenszahlung bei Liquidation der Unternehmung auf Zeit erfolgen. Die Abrechnungsperiode umfaßt hier die Lebensdauer der Unternehmung. Hier sind Periodengewinn und Totalgewinn identisch mit dem Einnahmenüberschuß des Geschäfts.
Sehen wir von diesem Sonderfall ab, dann wird der Begriff des Totalgewinns für keinen wirtschaftlichen Zweck benötigt. Auf überflüssige Begriffe, wie Totalgewinn, verzichtet man besser ganz.

3. Der Periodengewinn und die Zwecke der Gewinnermittlung

Wir unterstellen, daß kein Zwang des Handels- und Steuerrechts besteht, einen Periodengewinn zu berechnen; denn hier geht es darum, den Begriff Periodengewinn erst zu definieren. Braucht man den Begriff Periodengewinn für die drei Zwecke der Gewinnermittlung?

Zu (aa): Bestimmung der Einkommenszahlungen

1. Bei dem Ziel Vermögensmaximierung ist die Ermittlung eines Periodengewinns überflüssig. Von den Einnahmenüberschüssen eines Zahlungszeitpunktes sind zunächst die vorgegebenen Einkommenszahlungen abzusetzen, der Rest ist in das lukrativste Investitionsprogramm zu investieren: Nur so kann das Endvermögen maximiert werden.

2. Bei Einkommens- und Wohlstandsstreben steht der Unternehmer in jeder Periode vor dem Problem, das sich auch bei Vermögensmaximierung stellt: Was sind die lukrativsten Investitions- und Finanzierungsvorhaben? Zusätzlich muß der Unternehmer hier aber auch noch eine Vorentscheidung treffen: Welche Gelder dürfen entnommen werden, und wieviel verbleibt zum Investieren? Diese Vorentscheidung entfällt bei Vermögensmaximierung und bei nichtfinanziellen Zielsetzungen. Dort sind die Entnahmen vorgegeben, und damit ist der verbleibende Betrag zur Investition (die Höhe der Selbstfinanzierung) festgelegt.
Würde sich der Unternehmer in der Beurteilung der Zukunft nie irren, dann wäre auch bei Einkommensmaximierung eine Periodengewinnermittlung als Kontrollrechnung überflüssig. Die Pläne würden sich realisieren. In jedem Zahlungszeitpunkt würde der geplante Einnahmenüberschuß der Unternehmung als Einkommenszahlung die Unternehmung verlassen.
Nun ist aber die Zukunft ungewiß, und daß der Unternehmer nach der Gründung der Unternehmung überhaupt noch arbeiten (entscheiden) muß, beruht schließlich darauf, daß sich laufend Daten ändern und neue Pläne notwendig werden. Praktisch wird in kaum einem Zahlungszeitpunkt der geplante Einnahmenüberschuß mit dem tatsächlich erreichten übereinstimmen. Selbst wenn das einträte, würde die weitere Zukunft am Ende dieser Abrechnungsperiode vermutlich anders beurteilt werden als an ihrem Anfang. Am Ende jeder Abrechnungsperiode hat der Unternehmer zu prüfen: Dürfen die geplanten Einkommenszahlungen geleistet werden, ohne die Unternehmung in Zukunft zu schädigen und gegen die Bedingung »Handle so, daß das gewünschte Endvermögen erreicht wird« zu verstoßen? Diese Entscheidung verlangt für jeden Zahlungszeitpunkt die Berechnung des maximal entziehbaren Betrages. In der Berechnung des maximal entziehbaren Betrages, des Einkommens, liegt der betriebswirtschaftliche Sinn der Periodengewinnermittlung.
Der Unterschied zum Ziel Vermögensmaximierung muß klar erkannt werden: Bei Vermögensmaximierung sind die Entnahmen vorgegeben. Sie sind zu leisten, gleichgültig, ob man sich bei der Planung geirrt hat oder nicht. Zielgröße ist das Endvermögen, und Irrtümer in der Planung schlagen sich dann in einem erheblich verringerten (oder erhöhten) Endvermögen nieder. Der Unternehmer hat bei Vermögensmaximierung keine Wahl, die periodischen Einkommenszahlungen zu verringern oder zu erhöhen, und deshalb ist bei Vermögensmaximierung die Ermittlung des Periodengewinns (zum Zwecke der Einkommenszahlungen) überflüssig.
Bei Einkommensstreben hingegen sind die periodischen Entnahmen Zielgröße. Irrtümer in der Planung wirken sich auf die Entnahmen aus. Sie sind z. B. so weit zu verringern, daß das gewünschte Endvermögen erhalten bleibt. Weil der Unternehmer entscheiden muß, ob er mehr oder weniger ausschütten kann, deshalb muß er das in der Vor-

periode geplante Einkommensniveau mit dem heute für möglich gehaltenen vergleichen, also einen Periodengewinn zum Zwecke der Einkommenszahlung berechnen.
Bei Wohlstandsstreben ist wie bei Einkommensstreben in jedem Zahlungszeitpunkt über die Höhe des Einkommens zu entscheiden. Folglich ist bei Einkommens- und Wohlstandsstreben eine periodische Gewinnermittlung notwendig, um die Einkommenszahlungen festzulegen. Der Unternehmer hat zu prüfen: Haben sich die Pläne des Vorjahres realisiert, und wie sind die früher geplanten Ausschüttungen zu korrigieren, damit das Unternehmensziel »maximaler Einkommensstrom bei Erhaltung eines bestimmten Endvermögens« oder »maximaler Wohlstand« auch in Zukunft erreicht werden kann[40]?

3. Die Periodengewinnermittlung kann auch in einem Fall notwendig werden, in dem die Entnahmen vorgegeben sind. Angenommen, ein Unternehmer strebt nach Vermögensmaximierung, oder er versucht, nichtfinanzielle Ziele zu erreichen (Umsatzmaximierung, maximale Güterversorgung zu kostendeckenden Preisen). Die Zukunftsaussichten haben sich jedoch sehr verschlechtert. Wenn die geplante Entnahmehöhe beibehalten wird, dann sei abzusehen, daß noch innerhalb des Planungszeitraums die Unternehmung Konkurs anmelden muß. Formal gesehen, hat eine solche Fehlplanung keinen Einfluß auf das Unternehmensziel: Vermögensmaximierung bedeutet dann eben Maximierung, der Konkursquote. Aber jeder »vernünftige« Unternehmer wird bei einer drastischen Fehlplanung nicht nur seine bisherigen Entscheidungen überprüfen, sondern auch seine bisherigen Ziele. Er wird, selbst wenn er nach Vermögensmaximierung strebt, durch Herabsetzen seiner Entnahmen versuchen, zu retten, was zu retten ist. Die Antwort auf die Frage: Um wieviel sind die Entnahmen zu kürzen, damit die Existenz der Unternehmung gesichert bleibt? verlangt eine Periodengewinnermittlung. Im Grunde ist bei dieser Zielkorrektur zu überlegen: Wieviel kann maximal entnommen werden, um ein bestimmtes Endvermögen, und sei es das Vermögen von Null, zu erhalten? Weicht die Wirklichkeit so drastisch von den Plänen ab, daß Zielkorrekturen unvermeidlich werden, dann wird das korrigierte Ziel letztlich Einkommensstreben lauten, denn es ist zu entscheiden: Wie weit muß der Konsum eingeschränkt werden, damit die Einkommensquelle langfristig erhalten bleibt? Der hier erörterte Fall, der Zielkorrekturen nahelegt, bezeichnet eine Lage, die wir in Teil A als »Grenzentscheidung« beschrieben haben.

Ergebnis: Eine Periodengewinnermittlung ist zur Bestimmung von Einkommenszahlungen dann notwendig, wenn das Einkommen (die Höhe der Konsumausgaben) die Zielgröße ist oder es nach einer Zielkorrektur wird.

[40] Es trifft also nicht zu, wenn eine Gruppe von »Anti-Bilanz-Theoretikern« behauptet, der Unternehmer brauche für seine Planungs- und Kontrollzwecke den Begriff des Periodengewinns nicht. Diese Auffassung vertraten z. B. *Paul Riebel,* Die Problematik der Normung von Abschreibungen. In: Der Betrieb, Jg. 13 (1960), S. 729 — 734, hier S. 733 f.; *Walther Busse von Colbe,* Aufbau und Informationsgehalt von Kapitalflußrechnungen. In: ZfB, Jg. 36 (1966), 1. Ergänzungsheft, S. 82–114, bes. S. 113 f.; *Adolf Moxter,* Die Grundsätze ordnungsmäßiger Bilanzierung und der Stand der Bilanztheorie. In: ZfbF, Jg. 18 (1966), S. 28 — 59, bes. S. 41, 57.

Zu (bb): Verbesserung künftiger Entscheidungen

Den Periodengewinn zu ermitteln, um daraus Schlüsse für die Betriebslenkung zu ziehen, das ist der Grundgedanke der dynamischen Bilanzauffassung Schmalenbachs. Der Periodengewinn müsse »ein möglichst guter Maßstab der Wirtschaftlichkeit dieser Periode sein«[41]. Er diene der Betriebskontrolle und Betriebslenkung, nicht der »Rentenermittlung«, wie Walb sagt[42]. Zweck der Gewinnermittlung sei also die Berechnung eines erzielten Gewinns als Maß für die Wirtschaftlichkeit früherer Handlungen, Zweck sei nicht die Bestimmung von Einkommenszahlungen. An dieser Aussage hat sich die Bilanzliteratur der letzten 50 Jahre festgebissen.

Der erzielte Gewinn kann jedoch nur dann Maßstab für den Erfolg der Betriebsgebarung sein, wenn er mit einer Sollgröße verglichen wird. Nach der dynamischen Bilanzauffassung soll der Gewinn eines Jahres verglichen werden mit dem Gewinn vergangener Jahre, evtl. auch mit den Gewinnen vergleichbarer Unternehmen. Daraus sei zu ersehen, ob gut oder schlecht gearbeitet wurde und was künftig zu verbessern sei. Mit Hilfe eines zwischenzeitlichen Vergleiches oder eines zwischenbetrieblichen Vergleiches kann man jedoch nicht befriedigend den Erfolg einer Abrechnungsperiode beurteilen.

Künftige Entscheidungen lassen sich nur verbessern, wenn die Planungen verbessert werden, und das setzt voraus: Es ist ein Plansoll vorzugeben, und diesem Plansoll ist das erreichte Ist gegenüberzustellen. Werden die Abweichungen zwischen Soll-Gewinn und Ist-Gewinn untersucht, dann erkennt man, welche Fehler in der Planung vergangener Perioden gemacht wurden. Nur so lernt man, Fehler bei künftigen Planungen zu vermeiden. Schmalenbach ist sich darüber im klaren gewesen, daß Soll-Ist-Vergleiche für die Betriebslenkung bessere Dienste leisten als der Zeitvergleich der Ist-Ergebnisse mehrerer Perioden[43]. Als Schmalenbach seine dynamische Bilanzauffassung entwickelte, steckte jedoch die betriebswirtschaftliche Theorie noch in den Kinderschuhen. Es waren keine Methoden bekannt, ein Plansoll aufzustellen. Schmalenbach blieb also gar nichts anderes übrig, als auf den »Zeitvergleich« und den »zwischenbetrieblichen Vergleich« zurückzugreifen, wollte er die Betriebsgebarung kontrollieren und künftige Entscheidungen verbessern. Heute, über 50 Jahre später, kennen wir ausgefeilte Methoden der Unternehmensplanung für den »Soll-Ist-Vergleich«. Damit ist eine bessere Kontrolle als zu Schmalenbachs Zeiten möglich, und deshalb besitzen heute der Grundgedanke der dynamischen Bilanzauffassung und diese selbst nur noch historisches Interesse.

Dieses Urteil schmälert die geschichtlichen Verdienste Schmalenbachs nicht. Aber es zeigt, daß heute ein »vergleichbarer erzielter Erfolg« nicht mehr als überragender Zweck der Bilanzierung angesehen werden kann. Betriebswirtschaftlich sinnvolle Bilanzierungsgepflogenheiten (Grundsätze ordnungsmäßiger Bilanzierung) können heute nicht mehr aus einem Bilanzzweck abgeleitet werden, der allenfalls vor 50 Jahren neu und gut war. Die Kontrolle jeder Tätigkeit muß an die Ziele anknüpfen. Eine periodische Erfolgs-

[41] *E[ugen] Schmalenbach*, Grundlagen dynamischer Bilanzlehre. In: ZfhF, Jg. 13 (1919), S. 1–60, S. 65–101, hier S. 10; *ders.*, Dynamische Bilanz, 13. Aufl., Köln–Opladen 1962, S. 33 f.

[42] Vgl. *Walb*, Die Erfolgsrechnung, S. 362 f.

[43] Vgl. *Schmalenbach*, Dynamische Bilanz, S. 54.

rechnung, die zur Verbesserung künftiger Entscheidungen dienen soll, muß aus einer Gewinnprognose bestehen (dem Plangewinn, ermittelt zu Beginn des Jahres), der Ermittlung des Ist-Gewinns am Ende des Jahres und der Analyse der Abweichungen zwischen Plan und Ist. Allerdings wird dieser Soll-Ist-Vergleich über den Periodengewinn nur dann benötigt, wenn der Periodengewinn unternehmerische Zielgröße ist: bei Einkommens- und Wohlstandsstreben.
Braucht der Unternehmer diesen Periodengewinn als Kontrollgröße auch für andere Entscheidungen als die Bestimmung der Einkommenszahlungen? Für die Frage, in welchen Abteilungen gut oder schlecht gearbeitet wurde, bei welchen Produkten die Verkaufsanstrengungen zu verstärken sind, wo Produktionseinschränkungen notwendig werden, für alle diese Einzelfragen des Betriebsgeschehens braucht der Unternehmer auch hier den Periodengewinn der Firma nicht. Der Unternehmer wird zwar bei dezentraler Organisation darauf drängen, daß die einzelnen Werke Bereichs- oder Abteilungserfolgsrechnungen erstellen. Diese Rechnungen werden entweder als Soll-Ist-Rechnungen durchgeführt oder als selbständige Erfolgsrechnungen. Das Ziel selbständiger Erfolgsrechnungen ist die Ermittlung des Zielgrößenbeitrags der einzelnen Werke: Wieviel Einkommen liefert Werk A, wieviel B? In Kleinbetrieben, die über kein ausgebautes Rechnungswesen verfügen, müssen allerdings mangels anderer Unterlagen Finanzbuchhaltung, Handels- bzw. Steuerbilanz auch als Planungs- und Kontrollunterlagen dienen.
Wir stellen fest: Der Periodengewinn wird als betriebsinterne Kontrollgröße nur benötigt, um nach Ablauf einer Periode die Höhe der Einkommenszahlungen festzulegen bzw. zu überprüfen. Alle Informationen über die gute oder schlechte Arbeitsweise einer Unternehmung gewinnt der Unternehmer aus dem Rechnungswesen der Unternehmung insgesamt, aus Kostenrechnung und Finanzplanung, nicht aus der Restgröße Gewinn.

Zu (cc): Rechenschaft gegenüber Außenstehenden

Rechenschaft ist in erster Linie darüber abzulegen, inwieweit die ursprünglich gesetzten Ziele erreicht worden sind. In keinem Aktiengesetz der Welt ist dieser Informationsanspruch der Anteilseigner gewährleistet: Planungen werden nur sehr knapp veröffentlicht, und das, was als erzielter Gewinn ausgewiesen wird, ist durchweg nur ein manipulierter Restbetrag, den der Vorstand (der Unternehmer der Aktiengesellschaft) auszuschütten bzw. in die offenen Rücklagen zu buchen bereit ist. Tatsächlich kann, wie wir sehen werden, über den maximal ausschüttbaren Betrag keine voll nachprüfbare Rechnungslegung erfolgen: Die Ermittlung des maximal entziehbaren Betrages muß mit der Investitions- und Finanzplanung der nächsten Jahre abgestimmt werden, soll ein optimales Ergebnis erreicht werden; sie enthält subjektive Schätzungen. Von Außenstehenden kann nicht im einzelnen überprüft werden, ob der ausgewiesene ausschüttungsfähige Betrag manipuliert worden ist. Müssen allerdings die Berechnungsunterlagen des ausschüttbaren Betrages Jahr für Jahr veröffentlicht werden, dann bleibt gleichwohl der Manipulationsspielraum gering. Bewußtes Unter- oder Überschätzen verbietet sich, denn die Fehleinschätzungen sind im Zeitvergleich offenkundig. Werden darüber hinaus genügend nachprüfbare Einzelinformationen über die Liquiditäts- und Vermögenslage und Aussagen über die Unternehmenspläne gegeben, dann

kann sich jeder Außenstehende ein Bild über die Unternehmung machen. Der Einwand, daß die Unternehmungsleitung nur das als Gewinn ausweisen wird, was sie tatsächlich ausschütten will, ist leicht zu widerlegen: Aus den Einzelinformationen ersieht man die tatsächliche Ertragslage viel besser als aus dem Periodengewinn der heutigen Handelsbilanz. Eine Vorschrift, den steuerpflichtigen Jahresgewinn neben dem maximal für ausschüttungsfähig gehaltenen Betrag auszuweisen, ließe diesen Einwand gänzlich verstummen, denn der Vorstand müßte dann im einzelnen begründen, warum er nicht den gesamten versteuerten Gewinn für ausschüttungsfähig hält.
Ergebnis: Die einzige betriebswirtschaftliche Notwendigkeit, einen Periodengewinn zu ermitteln, folgt aus der Aufgabe, die Höhe des maximal entziehbaren Betrages je Periode (je Zahlungszeitpunkt) zu bestimmen. Zweck der Gewinnermittlung ist damit die Bestimmung von Einkommenszahlungen. Das ist zugleich der Sinn der steuerlichen Gewinnermittlung. Es ist auch die Aufgabe handels- bzw. aktienrechtlicher Bewertungsvorschriften; denn »Schutz der Gläubiger« kann nur heißen, der Unternehmung eine »Ausschüttungssperre« aufzuerlegen, damit bei Kapitalgesellschaften nicht Haftungskapital über den Weg der Gewinnausschüttung entzogen wird.

b) Der Periodengewinn als entnahmefähiger Einnahmenüberschuß

1. Der Gewinnbegriff in der Unternehmung auf Zeit

Der Alleininhaber einer Konservenfabrik in der Rechtsform einer GmbH will die Firma noch zwei Jahre leiten, sie dann verkaufen und sich zur Ruhe setzen. Während seines Handlungszeitraums möchte er sein Einkommen maximieren. Er geht dabei von in jeder Periode gleich hohen Entnahmen aus. Wie hoch sein Einkommen wird, läßt sich erst bestimmen, wenn er das Endvermögen angibt, über das er nach zwei Jahren verfügen will. Das Endvermögen kann hier, in der Unternehmung auf Zeit, absolut gesetzt werden, es kann Null sein oder gleich dem Anfangskapital oder gleich einer oder zwei Millionen Mark.
Nehmen wir an, der Alleininhaber möchte als Ruhestandsvermögen 1 Mill. Mark haben, wie bestimmt sich dann sein Einkommen? Das Einkommen des Alleininhabers besteht hier aus den Gewinnausschüttungen der GmbH. Die Frage nach dem Einkommen des Alleininhabers deckt sich (solange wir von Steuerzahlungen, dem Gesellschafter-Geschäftsführergehalt und Nebeneinkünften absehen) mit der Frage nach dem Gewinn der GmbH.
Der Gewinn der GmbH folgt aus den Investitions- und Finanzierungsentscheidungen, die der Unternehmer während seines Handlungszeitraums durchführt. In dieser Unternehmung auf Zeit ist es möglich, ein Totalmodell des Firmengeschehens aufzustellen. Wird ein solcher vollständiger Vorteilsvergleich zwischen alternativen Handlungsprogrammen durchgeführt, dann ist der Periodengewinn der GmbH definiert als der Saldo der Zahlungsströme (als Einnahmenüberschuß eines jeden Zahlungszeitpunktes), der verbleibt, nachdem alle Investitionen durchgeführt sind, um in der folgenden Periode das gleiche Einkommen und am Ende des Handlungszeitraums das vorgegebene Endvermögen zu erzielen. *Der »Periodengewinn« gleicht also dem Einnahmenüberschuß (den geplanten Konsumbeträgen) im optimalen Finanzplan des Unternehmens.*

Die Ermittlung des maximalen Nettoeinnahmenstromes setzt das Durchspielen aller Kombinationsmöglichkeiten von Investitions- und Finanzierungsvorhaben voraus. Dieses Vorgehen ist aufwendig und mit Schwierigkeiten in der Informationssammlung und der Rechentechnik verbunden. Wir sollten deshalb untersuchen, ob es nicht einen einfacheren Weg gibt, den Periodengewinn einer Firma auf Zeit zu definieren.
Ein solcher Gewinnbegriff ist in der Literatur vorgeschlagen worden für einen Sonderfall: wenn das Endvermögen gleich dem Anfangskapital der Firma ist. Gewinn ist danach der Überschuß, der entnommen werden kann, nachdem das Anfangskapital erhalten geblieben ist. Der Gewinnbegriff des Handels- und Steuerrechts beruht gleichfalls auf dieser Vorstellung einer »nominellen Kapitalerhaltung«. Nominelle Kapitalerhaltung ist jedoch nur unter wirklichkeitsfremden Voraussetzungen betriebswirtschaftlich sinnvoll, wie wir sehen werden.
Der vereinfachte Gewinnbegriff sei an einem Beispiel erläutert. Der Konservenfabrikant übernimmt heute die Konservenfabrik für 1 Mill. Mark; er will sie noch zwei Jahre leiten und verkauft sie dann weiter für 1 210 000 Mark. In der Zwischenzeit bestehe kein Saldo von Einnahmen und Ausgaben der Fabrik. Der Nettozahlungsstrom der Konservenfabrik sieht, ohne Entnahmen, wie folgt aus:

t_0	t_1	t_2
— 1 000 000	0	1 210 000

Damit das Anfangskapital von 1 Mill. Mark in t_2 erhalten bleibt, könnten 210 000 Mark entnommen werden. Aber der Unternehmer sucht ja einen maximalen periodischen Einkommensstrom. Er möchte in t_1 und t_2 den gleichen Betrag entnehmen und trotzdem in t_2 1 Mill. Mark Vermögen behalten.
Die Lösung ist einfach: Die Durchschnittsrentabilität der Konservenfabrik beträgt offenbar zehn Prozent. Hätte der Unternehmer die 1 Mill. Mark in t_0 auf die Bank getragen und zu zehn Prozent anlegen können, dann hätte er in t_2 1,21 Mill. Mark ausgezahlt bekommen.
Unter der Bedingung, daß das Anfangskapital erhalten bleibt, gleicht also der maximal ausschüttungsfähige Betrag dem Produkt aus Rendite (internem Zinsfuß) der Investition »Unternehmung« mal Anfangskapital. Wenn der Konservenfabrikant in t_1 und in t_2 je 100 000 Mark entnimmt, bleibt ihm in t_2 noch 1 Mill. Mark übrig. Daraus folgt: Soll in einer Unternehmung das Anfangskapital erhalten bleiben, dann kann der Periodengewinn definiert werden als Rendite mal Anfangskapital.
Aber hier erscheint eine Schwierigkeit: Wie finanziert der Konservenfabrikant die 100 000 Mark Gewinnausschüttung in t_1? Einnahmenüberschüsse sind nicht vorhanden. Kann der Unternehmer keinen Kredit bekommen, dann ist sein Ziel, gleichmäßiger Einkommensstrom in allen Perioden, nicht zu erfüllen. Nimmt der Unternehmer aber Kredit in Anspruch, dann tritt eine zusätzliche Schwierigkeit auf. Nehmen wir an, der Kredit wird für ein Jahr gewährt und kostet zehn Prozent, dann sieht die Nettozahlungsreihe der unternehmerischen Geschäfte wie folgt aus:

t_0	t_1	t_2
— 1 000 000	+ 100 000 (Kreditaufnahme)	+ 1 210 000
	— 100 000 (Gewinnausschüttung)	— 110 000 (Kreditrückzahlung mit Zinsen)
		— 100 000 (Gewinnausschüttung)
	0	+ 1 000 000

Offenbar stimmt die Rechnung nur, wenn die Kreditzinsen so hoch sind wie die Durchschnittsrentabilität der Unternehmung. Kostet der Kredit nur acht Prozent, dann bleiben bei 100 000 Mark Ausschüttung in t_2 1 002 000 Mark übrig, und der maximal ausschüttbare Betrag unter der Bedingung »Erhaltung des Anfangskapitals« müßte deshalb über 100 000 Mark liegen. Kostet der Kredit zwölf Prozent, dann sind bei 100 000 Mark Gewinnausschüttung in t_2 nur 998 000 Mark Kapital erhalten; der maximal ausschüttbare Betrag wäre hier kleiner als 100 000 Mark. Die Finanzierungsmöglichkeiten müssen bei der Bestimmung des maximal ausschüttbaren Periodengewinns berücksichtigt werden. Die einfache Rechnung, entnahmefähiger Betrag gleich Durchschnittsrentabilität mal Anfangskapital, stimmt nur, wenn zu diesem internen Zinsfuß nach Belieben Beträge entliehen oder verliehen werden können. Nur unter dieser Voraussetzung läßt sich also der ausschüttungsfähige Betrag *unabhängig* von den Finanzierungsmöglichkeiten errechnen.

Die Definition »Periodengewinn gleich interner Zinsfuß mal Anfangskapital« ist verschiedentlich vorgeschlagen worden[44]. Die Definition gilt aber nur in einer Unternehmung, in der das Endvermögen gleich dem Anfangskapital gesetzt wird (nominelle Kapitalerhaltung), und wenn dort zum internen Zinsfuß beliebige Beträge entliehen oder verliehen werden können. Eine solche Annahme ist noch haarsträubender als die des vollkommenen Kapitalmarkts, denn hier ist unterstellt, daß der interne Zinsfuß und der Kalkulationszinsfuß identisch sind, daß also keine sich höher als zum Fremdkapitalzinsfuß rentierende Investitionen vorhanden sind.

Wir halten fest: Wenn wir nicht unterstellen wollen, daß Durchschnittsrendite und Kalkulationszinsfuß (Kreditzinsen) identisch sind, kann in der Unternehmung auf Zeit der Periodengewinn nur durch ein Investitionsmodell errechnet werden, das die Finanzierungsmöglichkeiten ausdrücklich berücksichtigt. Der Periodengewinn ist dann definiert als periodischer Einnahmenüberschuß im optimalen Finanzplan.

2. Der Gewinnbegriff in der Unternehmung auf Dauer

Wenn der Periodengewinn als Einkommen verstanden wird, setzt seine Berechnung zweierlei voraus: eine Annahme über die Höhe des Endvermögens am Ende des Handlungszeitraums und eine Annahme über die zeitliche Verteilung des Einkommens wäh-

[44] Vgl. *Kenneth E. Boulding*, Economic Analysis. Revised edition, New York 1948, S. 820–822; *Lutz*, S. 220 f.; *Horst Albach*, Grundgedanken einer synthetischen Bilanztheorie. In: ZfB, Jg. 35 (1965), S. 21–31.

rend des Handlungszeitraums. In der Unternehmung auf Dauer ist eine verläßliche Annahme über das Endvermögen am Ende des Handlungszeitraums nicht möglich. Der Planungszeitraum ist kürzer als der Handlungszeitraum, und es ist nur eins gewiß: daß am gegenwärtigen Planungshorizont ein bestimmtes Vermögen vorhanden sein muß, will der Unternehmer nach dem gegenwärtigen Planungshorizont weiter Gewinn (Einkommen) erzielen. Eine Annahme über die zeitliche Verteilung des Einkommens ist hingegen bis zum Ende des Handlungszeitraums möglich. Die zeitliche Verteilung der Entnahmen sagt ja noch nichts über die tatsächliche Höhe aus. Wir gehen von der *einfachsten* Annahme aus, von jährlich gleich hohen Entnahmen, von Konstanz des Einkommensstroms. Ein heute 30jähriger Unternehmer, der sich selbständig gemacht hat und bis zum 60. oder 65. Jahr arbeiten will, möchte für seinen gesamten Handlungszeitraum das jährliche Einkommen maximieren. Könnte der Unternehmer die Zukunft der nächsten 35 Jahre genau voraussehen, läge eine Unternehmung auf Zeit vor, und er könnte den maximalen Entnahmestrom berechnen, den ihm seine Firma liefert. Kann der Unternehmer jedoch halbwegs verläßliche Planungen nur für die nächsten fünf Jahre aufstellen, dann muß er am Planungshorizont (Ende des fünften Jahres) soviel Vermögen in der Unternehmung halten, daß ihm danach das gleiche Einkommen verbleibt wie innerhalb des gegenwärtigen Planungszeitraums. Die Höhe dieses Endwerts ließe sich errechnen, wenn wir wüßten, welche Verzinsung die Kapitalanlage nach dem Ende des Planungszeitraums abwirft. Die Durchschnittsrentabilität dieser Kapitalanlagen jenseits des Planungshorizonts, multipliziert mit dem noch unbekannten Endwert der Unternehmung (dem Kapitalbetrag), ergibt den während des nachfolgenden Planungszeitraums ausschüttbaren Betrag.

Wir betrachten wieder den Konservenfabrikanten mit zweijährigem Planungszeitraum. Werden die Zahlungsströme der Konservenfabrik mit der geschätzten künftigen Rendite abgezinst, so erhalten wir einen »Ertragswert« der Unternehmung. Dieser Ertragswert ist der Gegenwartswert der Unternehmung, wenn ihre Einnahmenüberschüsse während des Planungszeitraums an einem Zinssatz, hier der vermuteten Rendite der Unternehmung nach dem gegenwärtigen Planungszeitraum, gemessen werden. Nehmen wir an, die Rendite künftiger Investitionen nach dem Planungshorizont sei sechs Prozent. Der Ertragswert der Unternehmung x beträgt dann im Zeitpunkt t_0:

$$x = \frac{1\,210\,000}{1{,}06^2} = \text{rund } 1\,076\,900 \text{ Mark.}$$

Wird vom Ertragswert das ursprünglich eingesetzte Kapital (die »Anschaffungsausgaben der Unternehmung«) abgezogen, so verbleiben 76 900 Mark als Überschuß. Diesen Überschuß (Kapitalwert) bezeichnet man auch als Firmenwert bzw. Goodwill der Unternehmung.

Im Jahre t_1 können sechs Prozent von 1 076 900 Mark (die Zinsen auf den Ertragswert) ausgeschüttet werden, d. h. rund 64 600 Mark. Denn der Ertragswert der Konservenfabrik würde in t_1, wenn man nichts ausschüttete, 1 210 000 : 1,06 = rund 1 141 500 Mark betragen. Zieht man davon 64 600 Mark ab, so verbleibt ein Wert von 1 076 900 Mark. Der Ertragswert ist in t_1 erhalten geblieben, nachdem die Zinsen auf den Ertragswert ausgeschüttet worden sind.

Doch tritt hier die gleiche Schwierigkeit auf wie in der Unternehmung auf Zeit. Einnahmenüberschüsse sind in t_1 nicht vorhanden. Wie sollen die 64 600 Mark gezahlt werden? Gehen wir zunächst davon aus, daß ein Kredit zu sechs Prozent aufgenommen werden kann, dann sieht die neue Zahlungsreihe so aus:

t_0	t_1		t_2	
— 1 000 000	+ 64 600	(Kredit)	+ 1 210 000	
	— 64 600	(Gewinnausschüttung)	— 68 500	(Kreditrückzahlung mit Zinsen)
			— 64 600	(Gewinnausschüttung)
	0		+ 1 076 900	

Diese 1 076 900 Mark können voraussetzungsgemäß bis in alle Ewigkeit zu sechs Prozent angelegt werden und erbringen einen konstanten Einkommensstrom von rund 64 600 Mark.

Weicht der Kreditzinssatz von dem Abzinsungssatz ab, dann ist das Konzept der Einkommenserhaltung nicht gesichert. Kann überhaupt kein Kredit aufgenommen werden, dann kann das Ziel »gleichmäßiger maximaler Entnahmestrom« im Planungszeitraum nicht erfüllt werden, es sei denn, der Unternehmer wählt andere (sich geringer rentierende) Investitionsmöglichkeiten, die jährliche Einnahmenüberschüsse abwerfen.

Aus dem Beispiel folgt: In der Unternehmung auf Dauer kann der Periodengewinn in erster Annäherung definiert werden als »Kalkulationszinssatz mal Ertragswert«, wobei der richtige Kalkulationszinsfuß der Rendite der Firma nach dem Planungshorizont entspricht.

Der Grundgedanke dieses Gewinnbegriffs ist folgender: Reicht der Handlungszeitraum des Unternehmers (die Lebensdauer der Firma) über den gegenwärtigen Planungshorizont hinaus, dann darf die Unternehmung am Planungshorizont nicht schlechter stehen als zu Beginn, denn die Unternehmung soll auch nach dem gegenwärtigen Planungszeitraum als Einkommensquelle dienen. Die Unternehmung soll am Ende des Planungszeitraums auch nicht besser dastehen als zu Beginn, denn das Ziel lautet ja: möglichst hohe Entnahmen während des Planungszeitraums. Was für den gesamten Planungszeitraum von z. B. fünf Jahren gilt, soll zugleich für jede einzelne Periode gelten. Der Periodengewinn ist also der Betrag, der am Ende einer Periode aus einer Firma entnommen werden kann, ohne daß sich die Unternehmung nach der Entnahme besser oder schlechter steht als zu Anfang der Periode[45]. Es ist dabei gleichgültig, ob der Periodengewinn dem Unternehmer, einer Gruppe von Anteilseignern, den Belegschaftsmitgliedern, dem Finanzamt oder sonst wem zufließt. Hier geht es um die Bestimmung des maximal entziehbaren Betrages aus einer Unternehmung (Firma), um die Festlegung eines dauerhaften Entnahmestroms, gleichgültig, wer der Nutznießer der Einkommensquelle Unternehmung ist.

[45] Vgl. *J[ohn] R[ichard] Hicks*, Maintaining Capital Intact: A Further Suggestion. In: Economica, New Series, Vol. 9 (1942), S. 174–179, hier S. 177.

Die Definition »Zinsen auf den Ertragswert« ist dem praktischen Denken fremd. Sie hört sich zudem schwerverständlich an, aber der Gedanke ist einfach: Wenn keine Prognoseirrtümer eintreten und während eines Jahres nichts entnommen wird, dann brauchen alle künftigen Zahlungsströme der Unternehmung am Ende des Jahres um ein Jahr weniger abgezinst zu werden. Der Ertragswert steigt also am Ende des Jahres um die Zinsen auf den Ertragswert am Anfang des Jahres an. Entnimmt man die Zinsen, so bleibt der ursprüngliche Ertragswert erhalten. So erklärt sich verbal die Definition.
Da in jedem neuen Jahr nur die Zinsen auf den Ertragswert entnommen werden, also der Ertragswertzuwachs, muß am Planungshorizont noch der zu Beginn des Planungszeitraums ermittelte Ertragswert vorhanden sein (immer vorausgesetzt, daß keine Prognoseirrtümer eintreten). Der hier zugrunde gelegte Gewinnbegriff unterstellt also, daß das Endvermögen gleich dem Ertragswert im Planungszeitpunkt ist. Rechentechnisch bereitet diese Unterstellung keine Schwierigkeiten:
Der Ertragswert x einer Unternehmung berechnet sich als Barwert aller künftigen Einnahmen und Ausgaben, aller Zahlungsströme der Unternehmung. Sie werden mit z(t) bezeichnet, wobei t den Index für die Zeit liefert (t = 1, 2, . . ., n Jahre). Voraussetzung der Gewinnermittlung ist, daß am Ende des Planungszeitraums, im Zeitpunkt n, noch der ursprüngliche Ertragswert vorhanden ist. Wenn i den Zinssatz bezeichnet, errechnet sich der Ausdruck für die Gewinndefinition als

$$x = \sum_{t=1}^{n} \frac{z(t)}{(1+i)^t} + \frac{x}{(1+i)^n}. \tag{1}$$

Nach Umformung und Erweiterung ergibt sich für den Periodengewinn als »Zinsen auf den Ertragswert«

$$ix = \left[\sum_{t=1}^{n} \frac{z(t)}{(1+i)^t}\right] \cdot \frac{i(1+i)^n}{(1+i)^n - 1} \quad \text{bzw. } G = B \cdot w. \tag{2}$$

Der Bruch am Schluß gleicht dem Annuitätenfaktor (Wiedergewinnungsfaktor) w; B ist der Barwert der Zahlungsströme, G der ökonomische Gewinn. Es ist zu beachten, daß der Barwert der Zahlungsströme B nicht mit dem Ertragswert identisch ist. Im Barwert der Zahlungsströme fehlt der Ertragswert am Planungshorizont als Ausdruck der Einnahmenüberschüsse nach dem gegenwärtigen Planungszeitraum.
Die Gleichung (2) lautet in Worten: Der entziehbare Gewinn (Zinsen auf den Ertragswert) gleicht der Annuität aller Periodenüberschüsse während des Planungszeitraums. Mehr steckt mathematisch nicht hinter dem »ökonomischen« Gewinnbegriff, der gleich näher beschrieben wird. Der ökonomische Gewinn ist also nichts anderes als der geglättete, in eine Reihe gleich großer Zahlungen umgewandelte Gesamteinnahmenüberschuß der Unternehmung.
Es ist darauf zu achten, daß der ökonomische Gewinn als Annuität der Einnahmenüberschüsse nicht der Annuität des Ertragswertes entspricht. Der ökonomische Gewinn G ist definiert als

$$G = i\,x;$$

die Rente (Annuität) a aus dem Ertragswert x errechnet sich als Ertragswert mal Wiedergewinnungsfaktor

$$a = x \frac{i\,(1 + i)^n}{(1 + i)^n - 1}.$$

Der sachliche Unterschied zwischen beiden ist folgender: Der ökonomische Gewinn verzehrt nur den jährlichen Vermögenszuwachs, das »Anfangsvermögen« (der Ertragswert) bleibt erhalten. Wird die Annuität des Ertragswerts ausgeschüttet, so werden Vermögenszuwachs und Anfangsvermögen (Ertragswert) aufgezehrt. Ökonomischer Gewinn und Annuität des Ertragswerts decken sich nur im Falle einer Unternehmung mit unendlich langer Lebensdauer, denn für die ewige Rente gilt:

$$a = ix.$$

Wer in dieser Form den maximal entziehbaren Betrag in einer Unternehmung auf Dauer berechnen will, muß zwei umstrittene Annahmen setzen:

(1) Es muß eine Annahme getroffen werden über die Rendite der Unternehmung nach dem Planungshorizont. Eine verläßliche Aussage über die Entwicklung der Unternehmung nach dem Planungshorizont ist aber ex definitione nicht möglich.

(2) Die Gewinndefinition »Annuität der Einnahmenüberschüsse (Zinsen auf den Ertragswert)« ist nur zulässig, wenn zum Kalkulationszinsfuß nach Belieben Kredite aufgenommen und Überschüsse angelegt werden können und dieser Kalkulationszinsfuß zugleich die mutmaßliche Rendite der Unternehmung nach dem gegenwärtigen Planungszeitraum verkörpert.

Der Gewinnbegriff unterstellt im Grunde: Während des Planungszeitraums bestehen lukrative (sich über dem Kalkulationszinsfuß rentierende) Investitionsmöglichkeiten, zum Kalkulationszinsfuß können nach Belieben Beträge entliehen oder verliehen werden. Nach dem Planungshorizont rentiert sich die Unternehmung nur mehr zu diesem Kalkulationszinssatz. Denn nur wenn die Firma nach dem Planungshorizont eine Rendite in Höhe des Kalkulationszinssatzes abwirft, ist es nötig, am Planungshorizont ein Vermögen in Höhe des ursprünglichen Ertragswertes zu erhalten, um das bisherige Einkommensniveau zu sichern.

Diese Unterstellungen liegen dem ökonomischen Gewinnbegriff zugrunde, der seit Irving Fisher von Zeit zu Zeit diskutiert worden ist[46]. Die Bezeichnung »ökonomischer Gewinn« ist zu allgemein, um gut zu sein; aber sie hat sich eingebürgert. Besser wäre es, vom »klassischen kapitaltheoretischen Gewinnbegriff« zu sprechen.

[46] Vgl. *Fisher*, The Nature of Capital and Income, S. 51 f.; *John B. Canning*, The Economics of Accountancy. New York 1929, bes. S. 143–178; *Erik Lindahl*, The Concept of Income. In: Economic Essays in Honour of Gustav Cassel. London 1933, reprinted 1967, S. 399–407; *ders.*, The Concept of Gains and Losses. In: Festskrift til Frederik Zeuthen. Utgivet af Nationaløkonomisk Forening. Nationaløkonomisk Tidskrift – Beilage zum 96. Band. København 1958, S. 208–219; *Hicks*, Maintaining Capital Intact, S. 177; *Jaakko Honko*, Yrityksen Vuositulos. The Annual Income of an Enterprise and Its Determination. A Study from the Standpoint of Accounting and Economics, Summary. Helsinki 1959; einige Stellen bei Schmalenbach *(E[ugen] Schmalenbach*, Dynamische Bilanz. 13. Aufl., Köln-Opladen 1962, S. 46 f.) und Rieger *(Wilhelm Rieger*, Einführung in die Privatwirtschaftslehre. 3. unveränd. Aufl., Erlangen 1964, S. 213) lassen sich in ähnlichem Sinne deuten; vgl. dazu auch *Dieter Schneider*, Bilanzgewinn und ökonomische Theorie. In: ZfhF, NF, Jg. 15 (1963), S. 457–474.

»Einkommen« wird im allgemeinen als Überschuß über ein zu erhaltendes Vermögen, als Reinvermögenszugang (z. B. eines Jahres) verstanden. Das Einkommen schließt sowohl Konsum wie Ersparnis ein. Versucht man jedoch, den Reinvermögenszugang wirtschaftstheoretisch zu bestimmen, dann errechnet sich der klassische kapitaltheoretische Gewinnbegriff: Das zu erhaltende Vermögen kann nur als Gesamtwert (Ertragswert) der Eigentumsrechte einer Person verstanden werden, und Einkommen als Reinvermögenszugang gleicht dann den Zinsen auf den Ertragswert. Einkommen als »Überschuß über ein zu erhaltendes Vermögen« kann wirtschaftstheoretisch nur eine Maßgröße für die Konsumausgaben bezeichnen, und es ist einwandfrei nur für eine Welt mit vollkommenem Kapitalmarkt zu berechnen.

Welche Unterstellungen des klassischen kapitaltheoretischen Gewinnbegriffs lassen sich durch eine vollständige Modellformulierung beseitigen?

Die Annahme, daß während des Planungszeitraums ein vollkommener Kapitalmarkt herrscht, ist durch Einzelannahmen über die Finanzierungs- und Geldanlagemöglichkeiten zu beseitigen. Bei vollständiger Formulierung des Planungsmodells wird der Kalkulationszinsfuß innerhalb des Planungszeitraums gänzlich überflüssig. Folglich kann der Gewinn nicht mehr als Annuität der Periodenüberschüsse (Zinsen auf den Ertragswert) definiert werden. Einkommen bezeichnet dann die zielentsprechende Konsumausgabe, die sich der Entscheidende durch eine Kombination seiner sämtlichen Investitions- und Finanzierungsmöglichkeiten errechnet. *Der »Periodengewinn« gleicht somit dem Einnahmenüberschuß im zielentsprechenden Finanzplan.*

Bei der vollständigen Formulierung des »Gewinnmodells« scheint die Ertragswerterhaltung auf eine Schwierigkeit zu stoßen, da nur der maximal entnahmefähige Betrag (der Einnahmenüberschuß) berechnet wird, nicht (wie bei der klassischen Definition) der Ertragswert. Doch diese Schwierigkeit ist zu beheben: Über die Rendite nach dem Planungszeitraum muß eine Pauschalannahme erfolgen. Den Wert eines am Planungshorizont noch nicht beendeten Investitionsvorhabens und die Höhe der noch nicht getilgten Schulden eines Finanzierungsvorhabens bezeichnen wir mit R_j für das jte Investitions- bzw. Finanzierungsvorhaben. Die Summe aller Werte der Investitions- und Finanzierungsvorhaben am Planungshorizont hat zu gleichen der Gewinnausschüttung D, dividiert durch die vermutete Rendite i (den Kalkulationszinsfuß) der Unternehmung nach dem Planungshorizont.

Das „Gewinnmodell" läßt sich so schreiben:

Zielfunktion: Maximiere D!

Nebenbedingungen für die Zahlungsfähigkeit:

in t_1: $\sum_j z_{j1} \cdot x_j - D = 0$

$\vdots$

in t_n: $\sum_j z_{jn} \cdot x_j - D = 0$

Bedingung der Ertragswerterhaltung: $\sum_j R_j x_j = \frac{D}{i}$.

Hierbei bedeutet z_{j1} die Zahlung (Ausgabe, Einnahme) des Investitions- und Finanzierungsvorhabens x_j in der ersten Periode; $z_{jn} x_j$ bezeichnet z. B. das Produkt aus Zahlung des jten Vorhabens im Jahre n, multipliziert mit der Anzahl der Vorhaben x_j. In diesem Modell wurden jährlich gleich hohe Ausschüttungen gefordert. Steigende oder sinkende Entnahmen ließen sich durch Multiplikatoren für die Ausschüttung (z. B. a_n D statt D in t_n) leicht berücksichtigen.

Da der Periodengewinn als Ausschüttungsgröße, als zielabhängige Ausgabe betrachtet wird, muß die Gewinnermittlung die Finanzierungsmöglichkeiten der Gewinnausschüttung berücksichtigen. Gewinn kann definitionsgemäß nur dann vorliegen, wenn die Entnahme finanziell möglich ist.

Beim klassischen kapitaltheoretischen Gewinnbegriff von Irving Fisher hingegen ist die Finanzierung der Gewinnausschüttung kein Problem. Dort ist ein vollkommener Kapitalmarkt unterstellt, und jede Entnahme kann durch einen Kredit mit Kosten in Höhe des Kalkulationszinsfußes finanziert werden.

In der Praxis ist die Finanzierung der Gewinnausschüttung ein Problem, und deshalb empfiehlt es sich immer dann, wenn die Finanzierungsmittel der Unternehmung beschränkt sind, das Planungsmodell so aufzubauen, daß zumindest ein kombinatorisches Partialmodell vorliegt. Dann ist sichergestellt, daß jeder ausgewiesene Gewinn auch ausgeschüttet werden kann, denn die Höhe des Periodengewinns ist ja unter Abstimmung mit der Investitions- und Finanzplanung zustande gekommen. Die Gewinnausschüttungen und damit auch ihr Gegenstück: die Selbstfinanzierung in die Investitions- und Finanzplanung einzubeziehen, ist schließlich der betriebswirtschaftliche Grund, überhaupt über den Einkommens-(Gewinn-)begriff nachzudenken.

Je nachdem, wie vollständig das Planungsmodell formuliert wird, können die beängstigenden Unterstellungen über die unbegrenzte Geldbeschaffung und Geldanlage innerhalb des Planungszeitraums, welche die Annahme eines einheitlichen Kalkulationszinsfußes enthält, vermieden werden. Der errechnete Gewinn muß jedoch entnommen werden, denn wäre die Gewinnausgabe nicht eingeplant worden, wären unter Umständen andere, besser rentierende Investitionsvorhaben gewählt worden. *Der entnahmefähige Gewinn ist also auch entnahmepflichtig, wenn das Planungsmodell optimal sein soll.* Wird der Gewinn nicht entnommen, wird gegen die Zielvorschrift verstoßen, nach der der optimale Plan aufgebaut wurde.

Eine Unterstellung läßt sich jedoch beim Gewinnbegriff in der Unternehmung auf Dauer nicht vermeiden: die willkürliche Annahme über die Rendite der Unternehmung nach dem Planungshorizont bzw. die Annahme über das Vermögen, das am Planungshorizont vorhanden sein soll, um später das gleiche Einkommensniveau zu sichern wie bisher.

3. Das Vermögen am Planungshorizont

aa) Erhaltung des Anfangskapitals oder des Ertragswertes?

Könnte man davon ausgehen, daß die Zukunft sicher vorhersehbar wäre, dann ließe sich bei Gründung der Unternehmung das Unternehmereinkommen bzw. der Firmengewinn als Einnahmenüberschuß unmittelbar errechnen. Eine Periodengewinnermittlung als Kontrollrechnung des Firmengeschehens wäre überflüssig, weil man am Tag der Gründung bereits alle künftigen Investitions- und Finanzierungsmöglichkeiten kennen würde. Der Grad der Zielerfüllung wäre für jede Periode von vornherein bekannt.

Weil aber die Zukunft nicht sicher vorhersehbar ist und folglich laufend neue Entscheidungen getroffen werden müssen, deshalb ist eine Periodengewinnermittlung als Kontrollrechnung über den Grad der bisherigen Zielerfüllung nötig. Weil der Handlungszeitraum des Unternehmers (die geplante Lebensdauer einer Firma) in der Regel länger ist als der Zeitraum, für den ins einzelne gehende Unternehmenspläne entwickelt werden können, deshalb muß der entziehbare Gewinn unter der Annahme errechnet werden, daß ein bestimmtes Vermögen am Planungshorizont zur Sicherung des späteren Einkommens vorhanden sein muß. Voraussetzungsgemäß kann nur bis zum Planungshorizont halbwegs verläßlich geplant werden, deshalb ist jede Annahme über die Ertragsfähigkeit der Unternehmung nach dem Planungshorizont willkürlich. Wir wollen nun untersuchen, ob es unter allen möglichen Annahmen über die Ertragsfähigkeit (und damit unter allen möglichen Vermögenshöhen) zum Planungshorizont nicht wenigstens eine gibt, die mit guten Gründen als etwas vernünftiger als die anderen bezeichnet werden kann.

Der klassische kapitaltheoretische Gewinnbegriff unterstellt, daß ein Vermögen in Höhe des Ertragswertes gehalten wird. Stillschweigend ist damit ausgesagt, nach dem Planungshorizont rentiere sich die Unternehmung nur mehr zum Kalkulationszinsfuß. Dem praktischen Denken näher läge die Erwägung, am Planungshorizont gerade das Anfangskapital zu erhalten. Gewinn wäre danach alles, was über die Erhaltung des nominellen Kapitals hinausgeht, wie es dem buchhalterischen Gewinnbegriff eigen ist. Lautet das Firmenziel »gleichmäßiger maximaler Gewinnstrom bis zum Lebensende der Unternehmung«, dann wird bei der nominellen Kapitalerhaltung unterstellt, nach dem Planungshorizont rentiere sich die Firma mit demselben internen Zinsfuß wie bisher. Es lassen sich auch später gleich rentierende Investitions- und Finanzierungsvorhaben verwirklichen.

Wird ein gleichbleibender Einkommensstrom gewünscht und ein Endvermögen gesetzt, das weniger als das Anfangskapital beträgt, so wird unterstellt, nach dem Planungshorizont ergeben sich Investitionsvorhaben, die sich höher rentieren als die Investition während des Planungszeitraums.

Einer näheren Analyse bedürfen die Vorschläge »nominelle Kapitalerhaltung« und »Ertragswerterhaltung«. Welche Annahme erscheint trotz der Unkenntnis der Zukunft vernünftiger?

Um hier eine Entscheidung zu treffen, sind zunächst die praktischen Folgen beider Gewinnbegriffe zu untersuchen. Wir gehen dazu von den einfachen Formulierungen beider Begriffe aus. Eine vollständigere Gewinndefinition führt beide Male dazu, unter Gewinn den Einnahmenüberschuß zu verstehen, der verbleibt, nachdem alle notwendigen Investitions- und Finanzierungsvorhaben durchgeführt sind, um entweder das Anfangskapital oder den Ertragswert (berechnet aufgrund der geschätzten Rendite nach dem Planungshorizont) zu erhalten, vgl. das Modell S. 241.

Für die jetzt zu behandelnden Probleme ist die vollständigere Formulierung nicht notwendig. Bei nomineller Kapitalerhaltung ist der Gewinn im einfachen Fall definiert als Durchschnittsrendite mal Anfangskapital. Bei Ertragswerterhaltung wird der Gewinn definiert als Kalkulationszins mal Ertragswert. Folglich ist nach Ausschüttung der so berechneten Gewinne an jedem Periodenende (an jedem Beginn der nächsten Periode) im ersten Fall das Anfangskapital, im zweiten Fall der Ertragswert erhalten. Das bedeutet, der Gewinn bei nomineller Kapitalerhaltung ist höher als der Ertragswertgewinn, denn das Anfangskapital liegt unter dem Ertragswert, sonst würde nicht investiert werden. (Von Fehlschätzungen der Zukunft sehen wir bis auf weiteres ab.)

Das erste Argument, das für den Ertragswertgewinn spräche, wäre also der Gesichtspunkt der Vorsicht. Nach diesem Gewinnbegriff entnimmt man heute weniger als bei dem Gewinnbegriff der nominellen Kapitalerhaltung. Je mehr Kapital aber in einer Unternehmung verbleibt, desto sicherer ist es, daß sie sich in Zukunft gut weiterentwickeln kann. Anders ausgedrückt: Ein vorsichtiger Unternehmer wird damit rechnen, daß nach dem gegenwärtigen Planungshorizont nicht mehr so gut rentierende Investitionsobjekte greifbar sind wie heute, und er wird – um sein Einkommensniveau zu erhalten – mehr Kapital in der Unternehmung belassen und weniger entnehmen. Ein optimistischer Unternehmer rechnet damit, daß nach dem Planungshorizont genausogut oder besser rentierende Objekte greifbar sind, und wird im Vertrauen auf diese Vermutung heute mehr entnehmen.

Der kaufmännische (buchhalterische) Gewinnbegriff steht nach herrschender Ansicht unter dem übergeordneten Gesichtspunkt der »Vorsicht«. Wir sehen bereits an dieser Stelle, wie wenig durchdacht die kaufmännische Gewinnkonzeption ist. Der kaufmännische Gewinnbegriff entspricht tendenziell dem Gewinnbegriff bei Anfangskapitalerhaltung – unterstellt also recht optimistische Zukunftserwartungen. Aber die praktische Ausschüttungspolitik von der Einzelfirma bis zur Publikumsgesellschaft besteht darin, daß ein erheblicher Teil des buchhalterischen Gewinns in die Rücklagen wandert, also nicht als ausschüttungsfähig anerkannt wird. Dem gewohnheitsmäßigen kaufmännischen Gebaren entspricht also eher die etwas pessimistische Zukunftseinschätzung, wie sie tendenziell im Gewinnbegriff bei Ertragswerterhaltung zum Ausdruck kommt.

bb) Erhaltung der »wirtschaftlichen Leistungsfähigkeit«

Das zweite Argument für die Ertragswerterhaltung läßt sich gewinnen durch eine Weiterführung älterer bilanztheoretischer Vorstellungen über Kapital- und Substanzerhaltung[47].

Wenn die Unternehmung als dauerhafte Einkommensquelle dienen soll, dann muß die wirtschaftliche Leistungsfähigkeit der Unternehmung erhalten bleiben. Gewinn, so kann man allgemein sagen, ist der Überschuß über den Betrag hinaus, der zur Erhaltung der wirtschaftlichen Leistungsfähigkeit in der Unternehmung verbleiben muß. Erhalten der wirtschaftlichen Leistungsfähigkeit bedeutet dabei Sicherung der Ertragskraft, der Kapazitäten, der Stellung im Markt. Nun genügt in der Praxis die nominelle Kapitalerhaltung nicht, um die wirtschaftliche Leistungsfähigkeit zu wahren. Preisänderungen, technischer

[47] Vgl. dazu bes. *Walb*, Die Erfolgsrechnung, S. 326–344; *Karl Hax*, Die Substanzerhaltung der Betriebe. Köln–Opladen 1957, S. 18 f., 43–52; *Walther Busse von Colbe*, Substanzerhaltung. In: Handwörterbuch der Betriebswirtschaft. 3. Aufl., Bd. 3, Stuttgart 1960, Sp. 5310–5321; *Dieter Schneider*, Ausschüttungsfähiger Gewinn und das Minimum an Selbstfinanzierung. In: ZfbF, Jg. 20 (1968), S. 1–29.

Fortschritt und Bedarfswandlungen verhindern, daß eine Gewinnermittlung und Ausschüttung auf der Grundlage einer nominellen Kapitalerhaltung die wirtschaftliche Leistungsfähigkeit der Unternehmung gewährleisten. Das Standardbeispiel hierfür lautet: Ist eine Ware zu 100 Mark gekauft worden und wurde sie zu 120 Mark verkauft, während inzwischen der Beschaffungspreis auf 110 Mark gestiegen ist, so liegt buchhalterisch 20 Mark Gewinn vor. Wird der Gewinn ausgeschüttet, dann ist zwar das nominelle Kapital erhalten, aber es fehlen 10 Mark zur Ersatzbeschaffung der Ware. Kann die Unternehmung die ursprüngliche Menge an Waren nicht mehr beschaffen, so hat sie – sieht man von technischem Fortschritt und Bedarfswandlungen ab – ihre Kapazität verringert und damit ihre wirtschaftliche Leistungsfähigkeit abgebaut.

Bei Vorliegen von technischem Fortschritt und Bedarfswandlungen sichern weder die Erhaltung des nominellen Kapitals noch die Erhaltung der ursprünglichen mengenmäßigen Substanz die wirtschaftliche Leistungsfähigkeit der Unternehmung. Die Unternehmung muß in der Lage sein, ihre Produktionsanlagen dem technischen Fortschritt anzupassen, trotz Bedarfswandlungen ihre Stellung im Markt, ihre relative Stellung in der Volkswirtschaft zu wahren. Der erste Autor, der dieses Problem klar sah, war Fritz Schmidt, der die »Gegenwartsprobleme der betriebswirtschaftlichen Rechnungsführung aus dem Grundsatz der Erhaltung des relativen Wertes der Unternehmung« zu lösen suchte[48]. Fritz Schmidt erkannte, daß die allgemeinen Produktivitätsverschiebungen bei der Definition des betriebswirtschaftlichen Gewinns berücksichtigt werden müssen. Lösen konnte er das Problem nicht, wenigstens nicht im Hinblick auf den technischen Fortschritt im Anlagevermögen. – In den letzten Jahrzehnten ist vielfach eine leistungsmäßige Substanzerhaltung vorgeschlagen worden. Die Begründungen für diese leistungsmäßige Substanzerhaltung führen zu ähnlichen Gedanken, wie sie Fritz Schmidt vortrug. Die Aussagen darüber, wie diese leistungsmäßige Substanzerhaltung praktisch verwirklicht werden kann, befriedigen jedoch im Ergebnis kaum mehr als die Vorschläge Fritz Schmidts[49].

Versucht man die Höhe des ausschüttungsfähigen Gewinns so festzulegen, daß alle diese Einflüsse auf die wirtschaftliche Leistungsfähigkeit berücksichtigt sind, dann bietet sich nur eine Bezugsgröße an: die Ertragskraft der Unternehmung, ihr Ertragswert. Mißt man die Erhaltung der wirtschaftlichen Leistungsfähigkeit an der Erhaltung der Ertragskraft, so folgt: Eine Unternehmung hat im Ablauf eines Jahres ihre wirtschaftliche Leistungsfähigkeit erhalten, wenn sie am Ende des Jahres den gleichen Ertragswert aufweist wie am Anfang. Ist ihr Ertragswert am Ende des Jahres gestiegen, so hat die Unternehmung Gewinn erzielt.

[48] *Fritz Schmidt,* Die organische Tageswertbilanz. Unveränd. Nachdruck der 3. Aufl. 1929, Wiesbaden 1951, Vorwort zur ersten Auflage.

[49] Vgl. zu diesen Ansätzen etwa *W[ilhelm] Hasenack,* Die Anlagenabschreibung im Wertumlauf der Betriebe und die Sicherung der Wirtschaft. In: ZfB, Jg. 15 (1938), S. 113–144, der sich im wesentlichen auf eine Gesamtschau von »Preis-, Ausschüttungs-, Reserven-, Rückstellungs-, Instandhaltungs- und Beschaffungspolitik« verläßt (S. 139, im Original gesperrt); *Karl Hax,* Die Substanzerhaltung der Betriebe, S. 18 f., 43–52; vgl. auch *Walter Endres,* Der erzielte und der ausschüttbare Gewinn der Betriebe. Köln–Opladen 1967, bes. S. 137 bis 144, 170–172.

Im Ertragswert lassen sich sämtliche Faktoren erfassen, die auf das wirtschaftliche Geschick einer Unternehmung Einfluß nehmen:

(1) Der Ertragswert ist nur erhalten, wenn die Einnahmen der Unternehmung ausreichen, die verbrauchten und im Wiederbeschaffungspreis gestiegenen Produktionsfaktoren zu bezahlen, und wenn trotz der gestiegenen Preise in jeder Periode der gleiche Einnahmenüberschuß über die Ausgaben verbleibt wie vor der Preissteigerung. Die Gewinndefinition nach dem Grundsatz »Erhaltung des Ertragswertes« verschärft die traditionellen Substanzerhaltungsvorstellungen. Steigen die Beschaffungspreise, ohne daß die Absatzpreise steigen, so kann ausschüttungsfähiger Gewinn erst vorliegen, nachdem eine zusätzliche Rücklage gebildet wurde. Die Investitionen, die durch diese zurückbehaltenen Beträge finanziert werden, müssen die Wiedergewinnung des ursprünglichen, durch die Preissteigerung auf dem Beschaffungsmarkt gesunkenen Ertragswertes sicherstellen.

(2) Der Ertragswert ist nur erhalten, wenn die Unternehmung Schritt mit der technischen Entwicklung hält und alle technischen Neuerungen prüft, ob es sich lohnt, sie zu verwirklichen. Sobald eine Unternehmung hinter der technischen Entwicklung zurückbleibt, werden die Konkurrenten Wettbewerbsvorteile genießen; das aber mindert die künftigen Gewinne der Unternehmung.

In der Praxis treten Preisänderungen bei den Produktionsfaktoren und technischer Fortschritt regelmäßig gleichzeitig auf. In diesem Fall bleibt der Ertragswert erhalten, wenn die technischen Verbesserungen es erlauben, die Auswirkungen von Preissteigerungen zu kompensieren. Der Ertragswert ist also das Maß, um Preisänderungen und technischen Fortschritt gemeinsam in ihrer Wirkung auf die wirtschaftliche Leistungsfähigkeit der Unternehmung zu erfassen.

(3) Der Ertragswert bleibt nur dann unverändert, wenn die Unternehmung ihre Stellung am Markt, ihre Konkurrenzfähigkeit, und ihre Stellung gegenüber Unternehmen anderer Wirtschaftszweige umsatz- und kostenmäßig halten kann. Der Ertragswert bleibt also nur dann unverändert, wenn Fritz Schmidts »relative Werterhaltung der Unternehmung in der Volkswirtschaft« gesichert ist.

Die Ertragswerterhaltung ist allerdings nicht mit der mengenmäßigen Substanzerhaltung identisch. Wer die mengenmäßige Substanz erhalten will, denkt in Gütermengen. Er greift zur Geldrechnung nur als Hilfsmaßstab, weil er Drehbänke und Schraubenmuttern nicht sinnvoll zusammenzählen kann. Wer den Ertragswert erhalten will, denkt grundsätzlich in Zahlungsströmen. Den zahlenmäßigen Unterschied zwischen der Gewinnermittlung nach nomineller Kapitalerhaltung, nach reproduktiver Substanzerhaltung und nach Ertragswerterhaltung verdeutlicht am leichtesten ein Beispiel.

Ein Unternehmer kauft in t_0 mit seinem Eigenkapital von 100 Mark einen Warenvorrat. Er verkauft ihn in t_1 zu 120; gleichzeitig sind die Beschaffungspreise auf 110 gestiegen. Der Unternehmer kauft die gleiche Menge wieder und verkauft sie in t_2 wiederum zu 120, dann setzt er sich zur Ruhe. Die Zahlungsströme des Unternehmers lauten:

t_0	t_1	t_2
— 100	+ 120 — 110	+ 120
	+ 10	

Der buchhalterische Gewinn errechnet sich aus Verkaufspreis minus Anschaffungsausgaben; der Gewinnbegriff bei reproduktiver Substanzerhaltung aus Verkaufserlös minus Wiederbeschaffungspreis. Der Gewinn des Unternehmers beträgt nach buchhalterischer Rechnung in t_1 20 Mark, der Gewinn soll unter Kreditaufnahme zu 6% entnommen werden; in t_2 verbleiben ein Gewinn von 9,40 Mark und 100 Mark Kapital. Der Gewinnbegriff bei Erhaltung der mengenmäßigen Substanz führt in t_1 zu 10 Mark Gewinn, in t_2 zu einem Endvermögen von 120 Mark, nämlich 10 Mark Gewinn und 110 Mark »Substanzgegenwert«. Bei einem Kalkulationszinsfuß von 6% errechnet sich ein Ertragswert von 116,23 Mark. Der Gewinn in t_1 beträgt $0{,}06 \cdot 116{,}23 = 6{,}97$ Mark, das Endvermögen in t_2 betrüge, falls in t_1 nur 6,97 Mark entnommen würden, 123,20 Mark, nämlich 6,97 Mark Gewinn plus 116,23 Mark Ertragswert.

Die Frage der Substanzerhaltung wurde ursprünglich im Zusammenhang mit dem Problem der Geldentwertung diskutiert. Preiserhöhungen für einzelne Wirtschaftsgüter, die Anlaß zu Substanzerhaltungsmaßnahmen geben, sind jedoch streng von allgemeinen Geldwertänderungen zu trennen. Strebt ein Unternehmer nach stetiger Einkommenserzielung und sinkt der Geldwert beständig, dann bedeutet gleichbleibendes Nominaleinkommen ständig sinkendes Realeinkommen. Man kann die Auffassung vertreten, daß die Gewinnermittlung in Firmen (und die Erhaltung ihrer wirtschaftlichen Leistungsfähigkeit) unabhängig von dem Problem des sinkenden Geldwertes zu behandeln sei[50]. Man kann aber auch Maßnahmen ergreifen, damit das Realeinkommen bei ständiger Geldentwertung gleich hoch bleibt. Wünscht ein Unternehmer bei ständiger Geldentwertung ein konstantes Realeinkommen, dann muß er den nominellen Einkommensstrom so bemessen, daß er jährlich um die Geldentwertungsrate wächst. Dieser Unternehmer muß also von einem jährlich steigenden Entnahmestrom ausgehen. Praktisch kann das mit Hilfe einer Indexrechnung erfolgen; z. B. in grober Form so: Beträgt der Kalkulationszinsfuß 6%, die jährliche Geldentwertungsrate 3%, so werden die Zahlungsströme der Unternehmung mit 9% abgezinst. Um den Gewinn zu errechnen, wird dieser zu 9% errechnete Ertragswert nur mit 6% multipliziert. Im Zeitablauf wachsen damit der Ertragswert und auch das entziehbare Einkommen.

Als Ergebnis dieser Erörterungen fassen wir zusammen: Sowohl die kaufmännische Vorsicht als auch die Überlegung, die wirtschaftliche Leistungsfähigkeit der Firma zu erhalten, sprechen dafür, den Ertragswert als Endvermögen am Planungshorizont zu setzen.

Der Gedanke, die wirtschaftliche Leistungsfähigkeit einer Unternehmung an ihrer Ertragskraft, ihrem Ertragswert, zu messen, leuchtet unmittelbar ein. Aber wie bei vielen auf den ersten Blick bestechenden wirtschaftlichen Argumenten steckt der Pferdefuß dann im Verborgenen.

Bei der Kritik ist zu bedenken, daß die Ertragswerterhaltung eine Hilfsvorstellung ist. Weil es praktisch nicht möglich ist, den Planungszeitraum bis zum Ende des Handlungszeitraums eines Unternehmers (bzw. bis zum Ende der Lebensdauer einer Firma) zu erstrecken, müssen wir uns mit zweifelhaften Behelfslösungen herumquälen. Wer die Be-

[50] Vgl. dazu *Dieter Schneider,* Ausschüttungsfähiger Gewinn und das Minimum an Selbstfinanzierung, S. 18.

helfslösungen, wie Ertragswerterhaltung, verwirft, steht nach wie vor dem Problem gegenüber, zu bestimmen, was entziehbarer Gewinn ist.
Für dieses Problem gibt es grundsätzlich folgende Lösungen:

a) Man überläßt die Entscheidung über den ausschüttbaren Gewinn dem Fingerspitzengefühl des Unternehmers. Das ist keine befriedigende Lösung. Bei Publikumsgesellschaften ist sie besonders problematisch, weil dann Vorstand und Aufsichtsrat sehr leicht in ihrem eigenen und nicht im Interesse der Aktionäre bzw. der Belegschaftsmitglieder handeln können. Dies ist dann um so leichter, wenn die Möglichkeit besteht, den im Jahresabschluß auszuweisenden Gewinn dahingehend zu manipulieren, daß gerade die willkürlich für ausschüttbar erklärte Größe als erzielter Gewinn erscheint. Eine solche Bilanzbewertung ist auch nach dem Aktiengesetz von 1965 noch vielfach die Regel in deutschen Aktiengesellschaften.

b) Man hält den gesamten erzielten Gewinn im Sinne der Buchhaltung für ausschüttungsfähig. Diese Auffassung wird kaum vertreten; auch nicht von den Vertretern herkömmlicher Bilanzierung, die als Aufgabe der Bilanzierung die Errechnung eines »erzielten«, nicht ausschüttungsfähigen Gewinns ansehen. Sie drücken sich vielmehr vor der Lösung des Problems, was ausschüttungsfähiger Gewinn ist.

c) Man korrigiert den erzielten buchhalterischen Gewinn durch Substanzerhaltungsüberlegungen. Aber hier stößt man sofort auf das Problem, die Auswirkungen des technischen Fortschritts und der Bedarfswandlungen rechnerisch zu erfassen.

d) Man versucht unter Berücksichtigung der Unternehmensziele (hier: maximaler Entnahmestrom im Zeitablauf) und durch Abstimmung mit der Investitions- und Finanzierungspolitik den maximal entziehbaren Betrag zu bestimmen – das ist mein Vorschlag.

Mir scheint, daß der Versuch zu einer wirtschaftlich vernünftigen Lösung immer noch besser ist, als alles dem Fingerspitzengefühl zu überlassen oder bewußt die finanziellen Folgen des Gewinnausweises zu übersehen (wie es die Ausschüttung des gesamten buchhalterisch erzielten Gewinnes unterstellt). Unter dem Zwang, keine restlos befriedigende Lösung zu kennen, sondern nur zwischen schlechten und weniger schlechten Lösungen zu wählen, steht die Betriebswirtschaftslehre als angewandte Wissenschaft regelmäßig. In der Unternehmenspolitik gibt es keine richtigen Entscheidungen, sondern nur bessere und schlechtere, und eine bessere Entscheidung ist eine solche, die mit guten Gründen als weniger falsch angesehen werden kann. Das muß im Auge behalten werden, wenn es um das Abwägen von Behelfslösungen geht, wie es die Bestimmung des Periodengewinns in einer Unternehmung auf Dauer nur sein kann.
Zwei Einwände drängen sich gegen die Ertragswerterhaltung auf: Welcher Kalkulationszinsfuß ist zu wählen? und: Wie ist die Ungewißheit der Zukunft zu berücksichtigen?
Wenn keine besseren Annahmen für die Rendite der Unternehmung nach dem Planungshorizont gefunden werden können, bietet sich folgende Überlegung zur vereinfachenden Abschätzung des Kalkulationszinsfußes an:
Wenn eine Unternehmung auf nicht begrenzte Zeit errichtet wurde, eine ins einzelne gehende Unternehmensplanung aber nur für einen begrenzten Zeitraum möglich ist, dann ist der Begriff des Periodengewinns (des maximal entziehbaren Betrages) an dem

Kriterium »Erhaltung der wirtschaftlichen Leistungsfähigkeit der Unternehmung« auszurichten. Um eine Maßgröße für die wirtschaftliche Leistungsfähigkeit der Unternehmung zu finden, um die »relative Stellung der Unternehmung in der Volkswirtschaft« zu messen, ist dabei der Betrag zu wählen, den jeder Außenstehende zahlen würde, damit diese Einkommensquelle sich ihm erschlösse. Das bedeutet Bewertung der Zahlungsströme an einer alternativen Rendite, die alle Außenstehenden erzielen können: am landesüblichen Zinsfuß. Der landesübliche Zinsfuß ist die Rendite risikoarmer Schuldverschreibungen, wie Bundesanleihen oder erstklassiger Industrieanleihen. Unter der Annahme, daß jeder Außenstehende die gleichen Zahlungsströme für die Unternehmung ansetzen würde (in den Zahlungsströmen also ihre Risikoeinschätzung bereits erfaßt ist), ergibt die Bewertung zum landesüblichen Zinsfuß ein Maß für die gegenwärtige allgemeine Wertschätzung der Unternehmung. Mangels besserer Informationen kann der landesübliche Zinsfuß zugleich die mutmaßliche Rendite nach dem Planungshorizont bezeichnen.

Der landesübliche Zinsfuß schwankt im Zeitablauf. Bei der Ermittlung des maximal entziehbaren Gewinns handelt es sich stets um die gegenwärtige Beurteilung der künftigen wirtschaftlichen Leistungsfähigkeit. Ändert sich der landesübliche Zinsfuß, so ändert sich der Ertragswert als Geldausdruck der wirtschaftlichen Leistungsfähigkeit der Unternehmung. Die Berechnung des maximal entziehbaren Gewinns ist aber jedes Jahr neu mit dem dann gültigen Zinsfuß vorzunehmen. Zinssatzänderungen verursachen ebenso wie erkennbar gewordene Fehlschätzungen über die künftige Entwicklung »Kapitalgewinne und Kapitalverluste«. Die Auswirkungen von Prognoseirrtümern sind nun zu untersuchen.

4. Das Problem der Zukunftsfehlschätzung

aa) Die Auswirkungen von Zahlungsstromänderungen auf Ertragswert und Gewinn

Treten keine Prognoseirrtümer auf, dann gleichen die Zinsen auf den Ertragswert der Differenz zwischen Ertragswert am Ende des Jahres und Ertragswert zu Beginn desselben Jahres. Praktisch wird aber die künftige Entwicklung der Unternehmung am Ende des Jahres nicht so beurteilt werden wie zu Beginn des Jahres. Dies aus drei Gründen:

(1) Betrug der Planungszeitraum am Anfang des Jahres fünf Jahre, so liegen am Ende des Jahres nur noch Pläne für vier Jahre vor. Am Ende des Jahres aber wird der Unternehmer in der Lage sein, seinen Planungszeitraum über den Planungshorizont zu Beginn des Jahres hinauszuschieben. Ein zusätzliches Jahr kann am Ende des ersten Jahres detailliert geplant werden.

(2) Der landesübliche Zinsfuß als Bewertungsmaßstab der »relativen Stellung der Unternehmung in der Volkswirtschaft« wird am Ende des Jahres im allgemeinen nicht mit dem Satz zu Beginn des Jahres identisch sein.

(3) Vor allem wird durch Erfahrungen des abgelaufenen Jahres und neu gewonnene Informationen die künftige Entwicklung der Absatz- und Beschaffungslage, der technischen und politischen Gegebenheiten anders beurteilt werden. Das Leben besteht schließlich aus der Erkenntnis von Irrtümern.

Der Gefahr von Zukunftsfehlschätzungen muß bei der Ermittlung des Periodengewinns Rech-

nung getragen werden. Das Schwergewicht hat dabei in der sorgfältigen Prognose der künftigen Entwicklung zu liegen. Allerdings sind aus Angst geborene Abschläge von den prognostizierten Werten oder Erhöhungen des Kalkulationszinsfußes um Risikoprämien ebenso verfehlt wie leichtfertiger Optimismus. Die Probleme, wie die Prognosetechniken verbessert werden können, müssen hier außer Betracht bleiben. Wir gehen von gegebenen Zukunftserwartungen aus. Es bleibt dann das technische Problem, wie Fehlschätzungen rechnerisch zu berücksichtigen sind.
Das Plan-Einkommen für ein Jahr wird aufgrund der Unternehmenspläne zu Beginn eines Jahres errechnet. Das Ist-Einkommen eines Jahres ist nach Ablauf des Jahres zu ermitteln. Das Einkommen ist definiert als Zinsen auf den Ertragswert zu Beginn des Jahres, z. B. zum 1. 1. 1973. Um Prognoseirrtümer während des Jahres auszuschalten und alle erreichbaren Informationen vor Ausschüttung des Gewinns zu verwerten, ist der Ertragswert bei Bilanzaufstellung zu errechnen, also z. B. im März 1974. Weil die Zukunft ungewiß ist, deshalb kann der maximal entziehbare Betrag immer nur aufgrund der gegenwärtigen Pläne und als Richtschnur für die Ausschüttungspolitik des abgelaufenen Jahres angesehen werden. Nach Ablauf eines weiteren Jahres liegen neue Informationen vor. Erfordern sie eine Änderung der langfristigen Unternehmenspläne, dann erfolgt zugleich eine Neuberechnung des maximal ausschüttbaren Betrages.

Die Auswirkungen von Fehlschätzungen und die Technik ihrer Berücksichtigung mag ein Beispiel verdeutlichen.

Zu Beginn des Jahres t_1 seien die Zahlungsströme der Unternehmung für den Planungszeitraum von fünf Jahren wie folgt geschätzt worden. Die Salden der Zahlungsströme sind dabei stets auf das Jahresende bezogen (alles in 1 000 Mark).

t_1	t_2	t_3	t_4	t_5
+ 100	+ 120	+ 60	+ 150	+ 150

Wir gehen hier von einer bestehenden Firma aus. In die Rechnung gehen nur die Zahlungssalden zu den einzelnen Zeitpunkten ein. Es darf also nicht der in t_0 vorhandene Bestand an Gebäuden, Betriebsmitteln, Vorräten, Rechten und der Stamm qualifizierter Arbeiter »bewertet« werden. Über Ertragswert und Gewinn entscheiden allein die künftigen Zahlungsströme.
Im Beispiel wird mit steigenden Einnahmenüberschüssen gerechnet. Der Einbruch im Jahr t_3 sei durch hohe Investitionen zu erklären. Die Einnahmenüberschüsse errechnen sich dabei aus geplanten Umsatzeinnahmen plus außerordentlichen Erträgen (Einnahmen) abzüglich Ausgaben für Produktionsfaktoren (Werkstoffe, Löhne, Investitionen), außerordentliche Aufwendungen (Ausgaben) und Steuerzahlungen. Im Beispiel sei unterstellt, daß die Gewinnsteuern bereits abgesetzt sind. Der landesübliche Zinssatz betrage 6%.

Der Periodengewinn wurde auf S. 239 durch
(2) $G = B \cdot w$ definiert.

Kennen wir den ausschüttungsfähigen Gewinn, so läßt sich der Ertragswert sehr einfach errechnen. Aus der Definition $G = ix$ folgt $x = \frac{G}{i}$.

Es errechnen sich zu Beginn des Jahres t_1

B rund 482 400
G rund 114 500
x rund 1 908 300

Diese Zahlen stellen somit die Planzahlen für das Jahr t_1 dar: Der Wert der Unternehmung, der erhalten bleiben soll, beträgt rund 1,9 Mill. Mark; der geplante ausschüttungsfähige Gewinn rund 114 000 Mark.

Am Ende des Jahres sieht die Zukunft nicht mehr so rosig aus. Die Zahlen des Jahres t_1 sind dabei realisiert, die Pläne für t_2 bis t_5 wurden entsprechend korrigiert, und für t_6 wurden erstmals die Planzahlen aufgestellt.

t_1	t_2	t_3	t_4	t_5	t_6
+ 95	+ 110	+ 50	+ 110	+ 130	+ 130

Der landesübliche Zinsfuß sei zu allem Überfluß auf 8% gestiegen. Es errechnen sich zu Beginn des Jahres t_1 folgende Werte:

B rund 473 200
G rund 102 400
x rund 1 279 500

Drastisch wirkt sich die Zukunftsfehlschätzung auf den Ertragswert aus. Er sinkt um fast ein Drittel. Die Problematik der Ertragswertermittlung sei deshalb zunächst untersucht.

Gegen den kapitaltheoretischen Gewinnbegriff wird von Kritikern immer wieder die Fragwürdigkeit der Ertragswertberechnung eingewandt. Man weist darauf hin, daß bei Gesamtbewertungen von Unternehmungen vielfach ein Gutachter auf mehr als den doppelten Wert kam als ein zweiter. Aber dieser Einwand schlägt nicht durch, und zwar aus drei Gründen. Zum ersten werden in der Praxis Gesamtbewertungen von Unternehmungen immer noch mit recht mittelalterlichen Methoden vorgenommen. Zum zweiten liegt es nahe, daß zwei Gutachter, die gegensätzliche Parteien vertreten, auch zu unterschiedlichen Ergebnissen kommen müssen, um ihren Auftraggebern gerecht zu werden. Räumt man diese Bedenken aus und treten trotzdem noch erhebliche Unterschiede im Ertragswert auf, so beruhen sie zum dritten auf unterschiedlichen, nicht sicher zu begründenden Annahmen über die künftige Entwicklung. Schätzungsdifferenzen lassen sich nicht vermeiden. Aber hier ist zu berücksichtigen, daß nicht der Ertragswert interessiert, sondern der Gewinn, und der ändert sich in weit geringerem Maße als der Ertragswert selbst. Doch betrachten wir zunächst die Ertragswertänderung genauer.

1 980 300 Mark war der Ertragswert zum 1. 1. 1973 auf Grund der alten Schätzung. Nach der neuen Schätzung beträgt er nur mehr 1 279 500. Gegenüber der Schätzung zu Jahresanfang ist ein »Kapitalverlust« von rund 629 000 Mark eingetreten. Man hat sich in der Literatur lange damit aufgehalten, ob und wie solche Kapitalverluste (oder bei günstigeren Zukunftsaussichten entsprechende Kapitalgewinne) den ausschüttbaren Jahresgewinn beeinflussen sollen[51]. Für eine praktikable Lösung bietet sich nur das Vorgehen an, den entziehbaren Betrag nach den Informationen zu errechnen, die man am Tag der Gewinnentnahme hat, das Vorgehen, wie es hier dargestellt wird.

Die Tatsache, daß praktisch immer Kapitalverluste oder Kapitalgewinne gegenüber dem Vorjahr eintreten werden, kann einen bedrückenden Einwand hervorrufen: Wegen der Prognoseirrtümer ist offensichtlich die Erhaltung des Ertragswertes nie gewahrt. Muß nicht schon deshalb dieses Konzept einer »wirtschaftlichen Unternehmenserhaltung« verworfen werden?

Um diesen Einwand zu beurteilen, ist es zweckmäßig, zwei Datenänderungen auseinander zu

[51] Vgl. *Hicks*, Maintaining Capital Intact, S. 177; *Lindahl*, The Concept of Gains and Losses, S. 216; ferner *Palle Hansen*, The Accounting Concept of Profit. København–Amsterdam 1962, S. 27 f.

halten: die Änderung der geschätzten Zahlungsströme und die Änderung des Kalkulationszinsfußes. Jede Änderung der Zahlungsströme beeinflußt die absolute Einkommenshöhe. Die Änderung des Kalkulationszinsfußes hingegen beeinträchtigt nur die relative Wertschätzung des Einkommensniveaus. Das zeigt ein Beispiel: Wenn der Marktzinssatz von 6% auf 8% steigt, dann sinkt der Kurs 6%iger Pfandbriefe von 100 auf ca. 80. Der Pfandbriefbesitzer erleidet eine Ertragswert(Vermögens-)einbuße von rund einem Fünftel, ohne daß irgend jemand daran zweifelt, daß die Pfandbriefanstalten halbjährlich den vereinbarten Zins zahlen werden. Die künftigen Zahlungsströme gelten weiterhin als sicher. Nur ihre gegenwärtige Einschätzung hat sich verändert. Für den Wertpapierbesitzer, der ein dauerhaft fließendes Einkommen erzielen will, ändert sich jedoch trotz des drastischen Kurssturzes das geplante Einkommensniveau nicht.

Für unsere Überlegungen interessiert in erster Linie das Einkommensniveau, nicht der Ertragswert. Die Ertragswerterhaltung ist nicht Selbstzweck, sondern eine Hilfsvorstellung, zu der man immer dann greifen muß, wenn der Handlungszeitraum des Unternehmers (die Lebensdauer der Firma) über den gegenwärtigen Planungszeitraum hinausreicht. Eine Hilfsvorstellung ist auch die Aussage, daß die Erhaltung der wirtschaftlichen Leistungsfähigkeit Ertragswerterhaltung bedinge. Gesucht wird hier lediglich ein Maß für das Vermögen, das benötigt wird, um die Unternehmung als dauerhafte Einkommensquelle zu erhalten. Das Entscheidende ist der Wunsch nach möglichst stetiger Einkommenserzielung. »Gleichmäßiger Einkommensstrom« lautet die finanzielle Zielgröße, die den Unternehmer dazu zwingt, einen Periodengewinn zu errechnen. Der Ertragswert dient nur als rechentechnisches Zwischenglied, das nach unserer Formel (2) (S. 239) gar nicht unmittelbar errechnet wird. Entscheidend ist der Gewinn, denn in Höhe des Gewinns entstehen der Unternehmung finanzielle Verpflichtungen. Das Problem, ob der Ertragswert oder der Gewinn das primäre ist, ähnelt etwas der Frage: Wer war zuerst da, das Ei oder die Henne? Aber hier ist es wichtig, daß wir uns für eine Größe entscheiden: Unternehmensziel ist nicht die Mehrung des Ertragswertes. Das wäre nur bei dem Streben nach Vermögensmaximierung der Fall, und dort taucht das Problem der Gewinndefinition nicht auf. Unternehmensziel ist hier: Erzielung eines – wenn keine Prognosefehler auftreten – gleichmäßig über den gesamten Handlungszeitraum hinweg fließenden, maximalen Einkommensstroms. Da die Zukunft ungewiß ist und auch durch die schönsten wahrscheinlichkeitstheoretischen Modelle nicht sicherer wird, wird im Nachhinein allerdings nie das Ziel gleichmäßiger maximaler Einkommensstrom erreicht worden sein. Die entscheidende Frage lautet deshalb: Ist wegen der zwangsläufigen Prognoseirrtümer der Wunsch nach gleichmäßigem Einkommen zu verwerfen?

Wenn die Ungewißheit eine strenge Zielerfüllung unmöglich macht, dann bleiben zwei Handlungsmöglichkeiten:

(1) Man erklärt, weil die Zukunft sich immer anders entwickelt, als man es sich vorstellt, sollen die Entnahmen willkürlich festgelegt werden, nach dem Fingerspitzengefühl des Unternehmers oder nach dem »pflichtbewußten« Abwägen des Vorstands und Aufsichtsrats. In diesem Fall ist das Problem der Bestimmung des Einkommens (Gewinns) als ökonomisch nicht erklärbar abgetan und damit vom Tisch.

(2) Man kann sich das Leben auch schwerer machen und argumentieren: Offensichtlich hängt die künftige wirtschaftliche Entwicklung einer Unternehmung von der Höhe gegenwärtiger Entnahmen ab. Die gegenwärtigen Entnahmen dürfen das künftige Einkommensniveau nicht gefährden. Deshalb werden die gegenwärtigen Entnahmen in der Höhe festgelegt, daß bei Eintritt der erwarteten Daten in Zukunft auch das gleiche Einkommen gezahlt werden kann wie heute. Darin liegt die wirtschaftliche Begründung für die Höhe des entziehbaren Betrages.

Da die Zukunft ungewiß ist, bleibt nur die Möglichkeit, die Höhe der Entnahmen nach den Informationen zu bestimmen, die im Zeitpunkt der vorgesehenen Entnahmen vorhanden sind und nach denen sich die Unternehmensplanung richtet. Bereits ein Jahr später wird sich die Ausschüttungsentscheidung des Vorjahrs als zu optimistisch oder zu pessimistisch erwiesen haben – aber im Nachhinein ist man immer klüger.
Wir sind bisher von erwarteten Zinsen und erwarteten Zahlungssalden ausgegangen; es wurde stillschweigend stets der Erwartungswert aus einer Wahrscheinlichkeitsverteilung zugrunde gelegt. Dieses Vorgehen vereinfacht. Solange man es für zulässig ansieht, mit dem bequemen klassischen kapitaltheoretischen Gewinnbegriff zu arbeiten, darf man sich auch die weitere Annehmlichkeit erlauben und nur mit dem Erwartungswert rechnen.
Bei streng rationaler Planung bestimmt sich im praktischen Fall und bei Vernachlässigung der Ungewißheit das jährliche Einkommen als Einnahmenüberschuß im optimalen Finanzplan. Wird die Ungewißheit berücksichtigt, dann zeigt jeder Finanzplan eine Wahrscheinlichkeitsverteilung der Einkommen. Den optimalen Finanzplan selbst ermittelt man durch ein »hinreichend zulässiges Investitions- und Finanzierungsprogramm«. In dieses Investitions- und Finanzierungsprogramm für die nächsten Jahre gehen die Entnahmen als zu maximierende, sichere Ausgaben ein, vgl. S. 438.

bb) Der Einfluß von Zinssatzänderungen

Der Gewinn sinkt im Beispiel um rund 11%, von 114 500 Mark auf 102 400 Mark, um die 11%, um die, grob gesehen, die künftigen Zahlungsströme sich verringert haben. Das erklärt sich daraus, daß der Gewinn nichts anderes als die Annuität der Zahlungsströme ist, also eine Umformung der Einnahmenüberschüsse in eine gleichmäßige Reihe. Änderungen des Zinssatzes sind von verhältnismäßig geringem Gewicht. Das folgt aus der Definition »Zinsen auf den Ertragswert«. Der Zinssatz steht einmal über dem Bruchstrich, einmal – bei der Ertragswertermittlung – darunter. Das muß seinen Einfluß mindern. Wie geringfügig sich Zinssatzschwankungen auswirken, zeigt eine kleine Abänderung des Beispiels.
Wenn wir annehmen, der Zinssatz bei der neuen Schätzung sei am Ende des Jahres wie zu Beginn des Jahres 6%, so errechnet sich ein Gewinn von rund 102 800, d. h. eine Zinssatzänderung um 25% (von 8 auf 6%) ändert den ausschüttungsfähigen Betrag nur um rund 0,4%. Ähnlich, wenn wir in der ersten Schätzung den Zins von 6 auf 8% erhöhen. Das Einkommen beträgt dann rund 114 100, die Zinssatzänderung um ein Drittel (von 6 auf 8%) ändert den entziehbaren Betrag um nur rund 0,3%.
Gegen diese Rechnung könnte eingewandt werden, Anfang und Ende des Jahres seien nicht vergleichbar, weil am Ende des Jahres ein Jahr mehr in die Planung eingehe. Dieser Einwand ist zunächst sachlich falsch: Je mehr Jahre detailliert geplant werden können, um so sicherer werden die Aussagen über den entziehbaren Betrag. Darüber hinaus ändert das sechste Jahr den entziehbaren Betrag nicht entscheidend, solange die prognostizierten Zahlungen nicht haarsträubend von den vorher prognostizierten Werten abweichen.
Aus diesem Beispiel können wir verallgemeinernd schließen: Zinssatzänderungen haben im Regelfall – d. h. bei nicht zu drastischen Schwankungen der Zahlungssalden – nur einen bescheidenen Einfluß auf die Höhe des Gewinns. Die entscheidende Fehlerquelle liegt in der Prognose der Zahlungssalden selbst.
Diese Einsicht hat eine bemerkenswerte Folge für die Wahl zweckentsprechender Planungsmodelle. Haben Zinssatzänderungen keinen entscheidenden Einfluß auf die Höhe des entziehbaren Betrages und kann die Unternehmung voraussetzen, daß sie unter normalen Umständen zum Marktzinssatz Kredite bekommen kann, bzw. zu einem nur wenig niedrigeren Zins Geld anlegen kann, dann ist es eine zulässige Vereinfachung, den Gewinn nach dem klassischen

kapitaltheoretischen Konzept »Annuität der Einnahmenüberschüsse (Zinsen auf den Ertragswert)« zu berechnen. In einem solchen Fall kann sogar die Investitionsplanung insgesamt von den einfachen Partialmodellen mit vollkommenem Kapitalmarkt ausgehen.

c) Der Gewinnbegriff der betriebswirtschaftlichen Theorie und der Gewinnbegriff des Handels- und Steuerrechts

1. Ein Beispiel

Den Periodengewinn als maximal entziehbaren Betrag zu bezeichnen und ihn mit Hilfe investitionstheoretischer Vorstellungen zu definieren, ist dem praktischen Denken fremd, und das erleichtert Mißverständnisse und beifallheischende Kritik. Wie weit sich unsere Erörterungen von der Gewinnermittlung nach Handels- und Steuerrecht entfernt haben, soll an einem Beispiel gezeigt werden. An diesem Beispiel werden die Eigenschaften des maximal entziehbaren Betrages verdeutlicht:

Am 1. 1. 1964 übernimmt ein Einzelkaufmann ein bestehendes Geschäft zum Preis von 50 000 Mark. Er führt eine Reihe gewinnträchtiger Neuerungen durch und verkauft das Geschäft am 31. 12. 1968 für 110 000 Mark. Es handelt sich also um eine Unternehmung auf Zeit; der Endwert zum Planungshorizont ist gegeben. Während seiner fünfjährigen Tätigkeit entnimmt der Unternehmer (jeweils am Jahresende) für seine privaten Zwecke Geld nach seinen Bedürfnissen, ohne sich um »Unternehmenserhaltung« und »maximale Ausschüttungspolitik« zu kümmern. Die Zielsetzung dieses Unternehmers kann gleichwohl Gewinnmaximierung sein. Unter den gegebenen Handlungsmöglichkeiten wählt er stets die mit dem höchsten Gewinn (Erlösüberschuß über die Kosten, bzw. Kapitalwert). Nur seine »Entnahmepolitik« folgt diesem Ziel nicht. Da er nicht die bei vorgegebener Unternehmenserhaltung erwirtschafteten maximalen Gewinne entnimmt, betreibt er (bewußt oder unbewußt) eine Politik des Unternehmenswachstums bzw. der Unternehmensschrumpfung. Denn jeder entnahmefähige Gewinn, der zurückbehalten wird, läßt den Ertragswert der Unternehmung ansteigen und führt zu einem Wachstum der Unternehmung. Jede Mark, die über den maximal entnahmefähigen Betrag hinaus entnommen wird, mindert den Ertragswert und läßt so die Unternehmung schrumpfen.

Das Schicksal der fünfjährigen Unternehmung lautet in Zahlen:

Datum	Zahlungen bei Kauf und Verkauf	Privatentnahmen	buchhalterischer Gewinn des Jahres (ohne Vortrag)	buchhalterisches Kapitalkonto
1. 1. 1964	— 50 000			50 000
31. 12. 1964		15 000	20 000	55 000
31. 12. 1965		15 000	— 5 000	35 000
31. 12. 1966		15 000	20 000	40 000
31. 12. 1967		20 000	30 000	50 000
31. 12. 1968	+ 110 000	25 000	50 000	75 000

buchhalterischer Totalgewinn 150 000
darunter bei Verkauf realisierte stille Rücklage 110 000 — 75 000 = 35 000

Um den entnahmefähigen Periodengewinn zu bestimmen, errechnen wir zunächst den Ertragswert dieser Unternehmung auf Zeit. Wir gehen wieder von dem vereinfachten Gewinnbegriff und der Unterstellung eines vollkommenen Kapitalmarktes aus, weil die Probleme der optimalen Kombination von Investitions- und Finanzierungsvorhaben im Beispiel nicht auftreten und darüber hinaus für die Unterschiede zwischen ökonomischem und buchhalterischem Gewinn nicht von Bedeutung sind.

Wir wollen dabei prüfen: Welchen Betrag hätte der Unternehmer entnehmen können, ohne sich nach den Entnahmen am Ende einer Periode schlechter zu stehen als zu Beginn der Periode? Entnahmefähiger Gewinn liegt erst dann vor, wenn das Wohlstandsniveau des Unternehmers, gemessen am Wert der Unternehmung, erhalten geblieben ist. Die Rechnung ist hier unproblematisch, da Vergangenheitszahlen vorliegen und somit keine Prognoseirrtümer auftreten.

Der Zinssatz sei 8%. Die Zahlungsströme der Unternehmung bestehen aus den Zahlen bei Kauf und Verkauf und den Privatentnahmen des Unternehmers. Die Privatentnahmen sind, von der Firma aus gesehen, Einnahmenüberschüsse. Der buchhalterische Gewinn ist hier für die Ermittlung des Ertragswertes bedeutungslos. Der buchhalterische Gewinn wäre für die Ermittlung des Ertragswertes nur dann von Gewicht, wenn ausdrücklich berücksichtigt würde, daß Bemessungsgrundlage für die Gewinnsteuern der (nach steuerrechtlichen Grundsätzen) ermittelte buchhalterische Gewinn ist. Aber davon sei hier abgesehen. Bei den Entnahmen und buchhalterischen Gewinnzahlen soll es sich um Werte nach Gewinnsteuerzahlungen handeln.

Der Ertragswert der Unternehmung, berechnet am 1. 1. 1964 aufgrund der Kauf- und Verkaufszahlen und der Entnahmen, beträgt 145 236 Mark; daraus errechnet sich ein maximal entnahmefähiger Betrag von 11 619 Mark. Da die tatsächlichen Entnahmen davon abweichen, ändert sich der Ertragswert der Unternehmung laufend, und mit ihm ändert sich von Jahr zu Jahr der aufgrund des neuen Ertragswertes errechnete maximal ausschüttungsfähige Betrag. Da der Unternehmer statt der rund 145 000 Mark am Schluß nur 110 000 Mark erlöst, hat er durch seine Entnahmepolitik in den fünf Jahren eine Politik der Unternehmensschrumpfung betrieben.

Aufgrund der vorliegenden Entnahmen entwickeln sich der Ertragswert, der aufgrund der Ertragswerterhaltung in jedem Jahr maximal ausschüttungsfähige Gewinn und die Abweichung vom ökonomischen und buchhalterischen Gewinn wie folgt:

Datum	Ertragswert zu Beginn des Jahres	Ausschüttungsfähiger Gewinn am Ende des Jahres	Ausschüttungsfähiger Gewinn minus buchhalterischer Gewinn
1964	145 236	11 619	— 8 381
1965	141 855	11 348	+ 16 348
1966	138 203	11 056	— 8 944
1967	134 259	10 741	— 19 259
1968	125 000	10 000	— 40 000
1969	110 000		

Der Ertragswert zu Beginn eines jeden Jahres kann dabei auf doppelte Weise errechnet werden. Um den Ertragswert zum 31. 12. 1964 (1. 1. 1965) zu ermitteln, können wir zunächst rechnen:

a) Ertragswert zum 1. 1. 1964 plus ausschüttungsfähiger Gewinn des Jahres (Zinsen auf den Ertragswert) minus tatsächliche Entnahmen gleich Ertragswert zum 1. 1. 1965. In Zahlen: 145 236 + 11 619 — 15 000 = 141 855.

b) Zu demselben Ergebnis muß es führen, den Barwert sämtlicher verbleibenden Zahlungen im Leben der Unternehmung zu errechnen: also Barwert der Entnahmen von 1965 bis 1969 einschließlich des Barwerts des Restverkaufserlöses. In Zahlen:

$$\frac{15\,000}{1,08} + \frac{15\,000}{1,08^2} + \frac{20\,000}{1,08^3} + \frac{135\,000}{1,08^4} = 141\,855.$$

Anhand des Beispiels lassen sich die Unterschiede zwischen buchhalterischem und kapitaltheoretischem Gewinn erklären:
In der buchhalterischen Rechnung liegt Gewinn vor, und die Unternehmung gilt als »erhalten«, wenn Vermögen im Werte des Anfangskapitals in der Unternehmung verbleibt. Nach der kapitaltheoretischen Rechnung liegt Gewinn vor, und die Unternehmung gilt als erhalten, wenn die wirtschaftliche Leistungsfähigkeit der Unternehmung als gesichert angesehen werden kann. Die wirtschaftliche Leistungsfähigkeit der Unternehmung wird hier an ihrem Ertragswert gemessen.
Wenn wir von Prognoseirrtümern absehen, muß der Ertragswert einer Investition (einer Unternehmung) immer höher sein als ihr Anschaffungsbetrag, denn sonst wird die Investition nicht durchgeführt bzw. die Unternehmung nicht betrieben.
Bei Ertragswerterhaltung ist nach der Gewinnausschüttung mehr Vermögen in der Unternehmung als bei nomineller Kapitalerhaltung. Im Regelfall wird deshalb der ökonomische Periodengewinn kleiner sein als der buchhalterische Periodengewinn. Aber das gilt nicht immer. Im Jahre 1965 liegt buchhalterisch ein Verlust vor, ökonomisch ein Gewinn, und die Abweichung zwischen beiden beträgt über 16 000 Mark. Wir wollen nun der Abweichung zwischen ökonomischem und buchhalterischem Gewinn auf den Grund gehen.

2. Ökonomischer Gewinn und handelsrechtliche Bewertungsvorschriften

Die wichtigsten buchhalterischen Bewertungskonventionen sind:
(1) Der Gewinn wird durch einen Vermögensvergleich errechnet, der auf einer Einzelbewertung von Vermögensgegenständen bzw. Lasten (Wirtschaftsgütern) aufbaut.

(2) Der Gewinn gilt als entstanden nach Abgang eines Vermögensgegenstandes bzw. bei Zugang einer Last (Realisationsprinzip). Das bedeutet: Zugänge an Vermögensgegenständen sind erfolgsneutral: Sie sind deshalb mit ihren Anschaffungsausgaben zu aktivieren. Abgänge an Lasten sind gleichfalls erfolgsneutral; eine Verpflichtung ist bei ihrem Zugang mit dem Rückzahlungsbetrag zu passivieren.

(3) Aufwand ist vorwegzunehmen, wenn bei einem Einzelgeschäft »Verluste drohen«. Was drohende Verluste sind, ist umstritten. Sicher drohen Verluste dann, wenn der voraussichtliche künftige Nettoerlös unter die Anschaffungsausgaben oder Herstellungskosten sinkt.

Diese Bewertungskonventionen faßt man regelmäßig folgendermaßen zusammen: Der buchhalterische Gewinn baut auf einem »Imparitätsprinzip« auf: Unrealisierte Gewinne dürfen nicht ausgewiesen werden, unrealisierte Verluste sind vorwegzunehmen.
Zahlreiche Autoren ergänzen diese Grundsätze durch ein allgemeines Vorsichtsprinzip, nach dem sich der Kaufmann im Zweifel lieber zu arm als zu reich zu rechnen habe. Mit diesem Leitsatz »Vorsicht, Vorsicht über alles« läßt sich allerdings die Aussagefähigkeit der Rechnungslegung restlos vernebeln.
Der ökonomische Gewinn wird der Aufwandsvorwegnahme gerecht, denn es gehen alle vermuteten künftigen Einnahmen und Ausgaben in die Ertragswertberechnung ein. Der ökonomische Gewinn beachtet aber das Realisationsprinzip nicht: Auch künftige, noch nicht in Rechtstiteln verbriefte Einnahmen werden berücksichtigt. Daraus erklärt sich im Beispiel, daß ein buchhalterischer Verlust mit einem ökonomischen Gewinn zusammen auftreten kann. Der Verstoß gegen das Realisationsprinzip wiegt schwer. Er verletzt eine tragende Säule des buchhalterischen Denkens. Wegen des Verstoßes gegen das Realisationsprinzip kann der ökonomische Gewinn nicht

an die Stelle des buchhalterischen treten, denn das Handelsrecht verbietet den Ausweis unrealisierter Gewinne.

Wie erklärt sich die Abweichung zwischen buchhalterischem und ökonomischem Denken? Buchhalterischer und ökonomischer Gewinnbegriff unterscheiden sich in der Periodisierungsbasis.

Der Grundgedanke bei dem ökonomischen Gewinn ist: einen jährlich gleichbleibenden Einkommensstrom zu errechnen. Die Höhe des Gewinns ändert sich nur, wenn sich die Daten ändern, wenn die künftige Entwicklung der Unternehmung im Planungszeitpunkt anders als früher eingeschätzt wird. Der Grundgedanke des ökonomischen Gewinns ist also die »Rentenermittlung«. Was ist der Grundgedanke des buchhalterischen Gewinns? Zunächst ist es der Gesichtspunkt des Gläubigerschutzes, der das Prinzip der nominellen Kapitalerhaltung und damit das Realisationsprinzip rechtfertigt: Gewinn liegt vor, nachdem das ursprüngliche Eigenkapital erhalten ist.

Die nominelle Kapitalerhaltung allein sichert die Gläubiger indes auch nicht. Werden in Zeiten steigender Preise, technischen Fortschritts mit Bedarfswandlungen laufend sämtliche nominellen Gewinne ausgeschüttet, dann sinkt die Ertragskraft der Unternehmung. Die Forderungen der Gläubiger werden gerade durch die abnehmende wirtschaftliche Leistungsfähigkeit der Unternehmung zweifelhaft, selbst wenn die nominelle Haftungsmasse erhalten bleibt. Der Grundsatz der nominellen Kapitalerhaltung definiert den betriebswirtschaftlich richtigen, den entziehbaren Gewinn nur für eine Welt ohne Preisschwankungen, technischen Fortschritt und Bedarfswandlung. Aber selbst für eine solche Welt sichern die herrschenden Bewertungskonventionen nicht unbedingt die Erhaltung der wirtschaftlichen Leistungsfähigkeit. Die Bewertungskonventionen sind Regeln zur finanziellen Vorsorge, zur »Ausschüttungssperre«. Gewinn ist erst entstanden (darf erst ausgeschüttet werden), nachdem bei Barverkäufen das Geld in der Kasse ist. Aber wie ist es mit Zielverkäufen? Den Gewinn hier schon als realisiert anzusehen, wenn die Ware verkauft und die Rechnung erteilt worden ist, vernachlässigt den Gedanken der finanziellen Vorsorge. Noch bedenklicher ist das Vorgehen bei Anlagegütern. Anlagen zu Anschaffungsausgaben, vermindert um ökonomisch nicht exakt begründbare Abschreibungen, zu bewerten und daraufhin Gewinn auszuschütten, läßt ebenfalls den Liquiditätsaspekt außer acht. Man merkt den handelsrechtlichen Bewertungskonventionen noch heute an, daß sie zu einer Zeit entwickelt worden sind, in der es kaum Anlagegüter, technischen Fortschritt und Bedarfswandlungen gab.

Deshalb kann man leicht überspitzt folgern: Die herrschenden Bewertungskonventionen, wie sie das Handels- und Steuerrecht zugrunde legen, definieren den betriebswirtschaftlich benötigten, den entziehbaren Periodengewinn nur für eine Welt ohne Zahlungsziele, Anlagegüter, Preisschwankungen, technischen Fortschritt und Bedarfswandlungen. Nur für eine solche Welt sichern die herrschenden Grundsätze ordnungsmäßiger Bilanzierung die Erhaltung der wirtschaftlichen Leistungsfähigkeit der Unternehmung.

Für die herrschenden Bewertungskonventionen spricht nur eins: Sie schalten mindestens teilweise subjektives Bewertungsermessen aus. Sie sind wenigstens teilweise von Außenstehenden nachprüfbar. Für die öffentliche Rechnungslegung von Publikumsgesellschaften ist die Nachprüfbarkeit notwendig, um Vorstand und Aufsichtsrat zu kontrollieren. Der Gesichtspunkt der Nachprüfbarkeit ist unabweisbar für die Ermittlung des zu versteuernden Gewinns bzw. Einkommens.

Nachprüfbarkeit und Gläubigerschutzgedanke sind für die Entnahmepolitik von Einzelkaufleuten und Personengesellschaften unerheblich. Ihre Entnahmen sind nicht an den buchhalterischen Gewinn gebunden. Wenn ein Einzelkaufmann oder eine Personengesellschaft das Ziel Einkommensmaximierung in reiner Form verfolgen, so können sie unabhängig von der buchhalterischen Gewinnermittlung ihre Privatentnahmen daran ausrichten. Ein Einzelkaufmann oder vollhaftender Gesellschafter kann sein Vermögen nach Belieben verwirtschaften, und gegen die Vermögensverschwendung zum Schaden der Gläubiger richtet sich nur ein schwacher Paragraph der Konkursordnung (§ 240).

Für Kapitalgesellschaften ist die Höhe der Gewinnausschüttungen an den buchhalterischen Gewinn geknüpft. Es darf nie mehr als der buchhalterische Gewinn ausgeschüttet werden, sofern man nicht früher gebildete freie Rücklagen auflöst. Für die Ausschüttungspolitik einer Kapitalgesellschaft wird deshalb der maximal ausschüttungsfähige Betrag durch zwei Nebenbedingungen begrenzt: *durch den buchhalterisch erzielten Gewinn und den ökonomisch entziehbaren Betrag.* Aus diesen beiden Nebenbedingungen folgt im einzelnen:

(1) Ist der ökonomische Gewinn höher als der buchhalterische Gewinn, dann bildet der buchhalterische Gewinn die Obergrenze für den ausschüttungsfähigen Betrag. In diesem Fall ist der buchhalterische Gewinn voll ausschüttungsfähig. Der buchhalterische Gewinn bildet die Obergrenze, weil den Forderungen des Gesellschaftsrechts genügt werden muß.

(2) Liegt der buchhalterische Gewinn über dem ökonomischen Gewinn (was langfristig die Regel ist), dann darf nur der ökonomische Gewinn ausgeschüttet werden; denn der ökonomische Gewinn ist definiert als der Betrag, der dem Unternehmen entzogen werden kann, ohne seine künftige Ertragsfähigkeit zu schwächen. Deshalb sichert nur eine Gewinnausschüttung höchstens in Höhe des ökonomischen Gewinns die Erhaltung der Unternehmung als dauerhafte Einkommensquelle.

(3) Derjenige Teil des buchhalterischen Gewinns, der nicht ökonomischer Gewinn ist und deshalb nicht ausgeschüttet werden darf, bildet ein Minimum an Selbstfinanzierung und muß als »Rücklage zur Erhaltung der Wirtschaftskraft« der Unternehmung, als »unternehmenserhaltende Rücklage«, angesehen werden.

(4) Besteht eine Rücklage zur Unternehmenserhaltung und sinkt der buchhalterische Gewinn unter den ökonomisch entziehbaren Gewinn, dann ist die unternehmenserhaltende Rücklage um die Differenz: ökonomischer Gewinn minus buchhalterischer Gewinn zu vermindern. Denn dann kann aufgrund ökonomischer Erwägungen mehr ausgeschüttet werden, als Buchgewinn erzielt wurde. Deshalb darf ein Teil der früher gebildeten unternehmenserhaltenden Rücklage von der Aufgabe befreit werden, die Unternehmenserhaltung zu sichern. Selbst wenn die Differenz zwischen ökonomischem und buchhalterischem Gewinn zusätzlich zum buchhalterischen Gewinn ausgeschüttet werden würde, bliebe die wirtschaftliche Leistungsfähigkeit der Unternehmung erhalten. Diese teilweise Auflösung der Rücklage zur Unternehmenserhaltung wird vor allem in den Jahren stattfinden, in denen durch hohe Investitionen und nicht aktivierte Investitionsnebenkosten bzw. durch hohe degressive Abschreibungen die buchhalterischen Gewinne stark gedrückt werden.

(5) Wird nicht der gesamte ökonomisch entziehbare Gewinn ausgeschüttet, dann entsteht eine zweite Art von Rücklagen. Solche Rücklagen stellen echte freie Rücklagen dar. Allerdings verstoßen solche Rücklagen gegen das Ziel Einkommensmaximierung. Hier wird nicht der maximal entziehbare Betrag ausgeschüttet. Die Unternehmung betreibt vielmehr Wachstumspolitik.

Mit der Ermittlung des ökonomisch ausschüttungsfähigen Betrages als Annuität der Einnahmenüberschüsse ist eine Entscheidungsregel für die Gewinnverteilung definiert. Sie ist nur unter der Vereinfachung anwendbar: Es bestehen keine finanziellen Engpässe (»vollkommener Kapitalmarkt«). Im allgemeinen Fall ist der entziehbare Betrag als Einnahmenüberschuß in einem umfassenderen Planungsmodell (z. B. in einem finanziell vollständigen Partialmodell) zu errechnen. Aber in vielen Fällen wird die einfache Regel für die Praxis zumindest als Näherungslösung sinnvoll sein.

Die Praxis der Gewinnverteilung weicht von dieser Regel ab. Die Höhe der Ausschüttung richtet sich vielfach nach dem gefühlsmäßigen Ermessen der Verwaltungsorgane, das meist mehr vom durchschnittlichen Verhalten der Branche als von den Gegebenheiten der Unternehmung beeinflußt wird. An die Stelle des gefühlsmäßigen Ermessens sollte aber eine ökonomisch begründete Entscheidungsregel treten.
Gegen die vorgetragene Entscheidungsregel liegt der Einwand nahe, die Höhe des Ertragswertes sei stark subjektiv bestimmt; deshalb könnten Vorstand und Mehrheitsaktionäre die Kleinaktionäre bei Gewinnausschüttungen benachteiligen. Es seien »objektive« Maßstäbe zu suchen. Der Einwand ist durch einen Vergleich mit der gegenwärtigen Rechtslage zu beurteilen. Der Schutz der Kleinaktionäre gegenüber den Interessen des Vorstands und der Mehrheitsaktionäre ist ein allgemeines gesellschaftsrechtliches Problem. Der Schutz der Kleinaktionäre fordert für den Bereich der Rechnungslegung, daß die Ermittlung des buchhalterisch erzielten Gewinns zunächst frei von Bewertungsmanipulationen ist, wie vorn ausgeführt wurde. Ist eine willkürfreie Bewertung gesichert, dann muß der Vorstand begründen, warum er nur soviel ausschüttet und nicht mehr. Es ist bekannt, daß das Aktienrecht die willkürfreie Bewertung nicht sichert. Hier wäre zuerst anzusetzen. Wollte man darüber hinaus die Rechte der Kleinaktionäre erweitern, dann müßte ein Zwang zur Publizität von zukünftigen Zahlungsströmen (von Unternehmensplänen) geschaffen werden. Es ist hier nicht der Platz, das Für und Wider im einzelnen zu erörtern.

3. Ökonomischer Gewinn und Gewinnbesteuerung

Über 90% aller Unternehmungen, nämlich alle, die nicht publizitätspflichtig sind, ermitteln nur den steuerpflichtigen Gewinn; sie interessieren sich für die Handelsbilanz und für betriebswirtschaftliche Gewinnvorstellungen nur insoweit, als diese Bewertungsregeln Einfluß auf den steuerpflichtigen Gewinn zu nehmen gestatten. Die Probleme der Gewinnbesteuerung im einzelnen zu diskutieren, würde ein eigenes Buch erfordern, so vielfältig ist die Gewinnbesteuerung mit finanzwissenschaftlichen, wirtschaftspolitischen und steuerrechtlichen Fragen verknüpft.
Als Gewinnsteuern bezeichnen wir alle unmittelbar vom Gewinn abhängigen Steuern: Einkommensteuer, Körperschaftsteuer, Gewerbeertragsteuer. Die Gewinnsteuern sind teilweise Personensteuern, wie die Einkommensteuer, teilweise betreffen sie Firmen, wie die Körperschaftsteuer, die Gewerbeertragsteuer. Juristisch ist auch die Körperschaftsteuer eine Personensteuer, sie wird von juristischen Personen erhoben. Die Folge davon ist die Doppelbesteuerung. Ökonomisch ist das, wie vieles im Steuerrecht, verfehlt. Aber in Deutschland wird es wohl nie möglich sein, Gesetze von außerordentlichem wirtschaftlichem Gewicht, wie es Steuergesetze stets sind, unter ökonomischen Gesichtspunkten und nicht unter formaljuristischen Dogmen abzufassen.
Die Gewinnbesteuerung soll eine Besteuerung nach der wirtschaftlichen Leistungsfähigkeit sein. Was heißt Besteuerung nach der Leistungsfähigkeit? Darüber ist man sich nicht einig, denn die Steuerrechtfertigungslehre zählt nicht gerade zu den Glanzstücken der Finanzwissenschaft. Zwei Auffassungen vom Wesen steuerlicher Leistungsfähigkeit lassen sich unterscheiden:
Nach der einen gleicht steuerliche Leistungsfähigkeit dem Zuwachs an Verfügungsmacht über Geld und Güter. Der Zuwachs an Verfügungsmacht wird gemessen durch das Einkommen, das als Reinvermögenszugang verstanden wird. Hiergegen spricht, daß sich Einkommen als Reinvermögenszugang nur in einer Welt ohne Ungewißheit und mit vollkommenem Kapitalmarkt ökonomisch sinnvoll definieren (vgl. S. 241) und nachprüfbar ermitteln läßt. Und selbst dann führt diese Definition auf Konsumausgaben zurück. Um in der Wirklichkeit das Einkommen zu bestimmen, braucht man Konventionen (wie Einzelbewertung, Realisationsprinzip). Solche Konventionen sind theoriefremde Hüllen, mit denen die Unmöglichkeit bemäntelt wird, Einkommen wirtschaftlich sinnvoll zu definieren. Sie sind das Eingeständnis, daß die Aufgabe nicht

gelöst werden konnte: wirtschaftlich begründete Maßgrößen für die steuerliche Leistungsfähigkeit zu finden.

Nach der zweiten Auffassung gleicht steuerliche Leistungsfähigkeit der persönlichen Bedürfnisbefriedigung. Doch an welchen Größen soll die Bedürfnisbefriedigung gemessen werden? Der Reinvermögenszugang, errechnet auf der Grundlage der kaufmännischen Konventionen, erweist sich dafür als ungeeignet. Bessere Maßgrößen wären die Konsumausgaben und der Vermögensbestand eines jeden Haushalts [52]. Aber hiergegen stehen technische Schwierigkeiten und politische Vorurteile.

Ein Ausweg wäre, auf den Begriff steuerliche Leistungsfähigkeit ganz zu verzichten. Die Politiker müßten ihre Vorstellungen von Einkommens- und Vermögensumverteilung, von Wettbewerbs- und Wachstumspolitik verdeutlichen, und auf dieser Grundlage wären dann die Einzelfragen der Besteuerung zu beantworten. Indes: Wer den Begriff steuerliche Leistungsfähigkeit ablehnt, der hält das Problem »gerechter« Besteuerung für unlösbar; Gleichmäßigkeit der Besteuerung (d. h. unterschiedslose Besteuerung gleicher steuerlicher Leistungsfähigkeit bzw. gleicher wirtschaftlicher Tatbestände) ist dann nicht zu verwirklichen. Der Glaube, daß Politiker klare Vorstellungen über eine gerechte Einkommens- und Vermögensverteilung entwickeln können, erscheint mir zudem reichlich naiv. Zu fragen ist doch: Sind Einkommen und Vermögen überhaupt eindeutige Maßgrößen für die wirtschaftliche Macht, die Höhe der Bedürfnisbefriedigung, oder was man sonst »gerecht« verteilen will? Genauso hastet derjenige Illusionen nach, der die Einzelprobleme der Besteuerung nach anderen Grundsätzen als denen der Gleichmäßigkeit der Besteuerung und der Leistungsfähigkeit beantworten will: Wie sollen aus wirtschaftspolitischen Forderungen, z. B. aus dem Wunsch nach Wachstumsorientierung, Konjunkturstabilisierung oder Wettbewerbsneutralität der Besteuerung wirtschaftlich begründete Aussagen über die Bemessungsgrundlagen der Steuern und die Steuersatzverläufe gewonnen werden?

Das Fundament, auf dem unser gegenwärtiges Steuersystem aufbaut, ist morsch. Aber die bisherigen Diskussionen über Steuerreform lassen wenig Hoffnung, daß bald neue Pfähle gesetzt werden, auf denen ein wirtschaftlich begründetes Steuersystem errichtet werden kann.

Wer wenigstens etwas an steuerlicher Gerechtigkeit verwirklichen will, wird vorerst von der angreifbaren Auffassung von steuerlicher Leistungsfähigkeit ausgehen müssen: Steuerliche Leistungsfähigkeit wird gemessen durch das Einkommen, verstanden als Vermögenszugang. Aus diesem Begriff steuerlicher Leistungsfähigkeit müssen die einzelnen steuerrechtlichen Vorschriften zur Einkommensermittlung abgeleitet werden: die Vorschriften zur Gewinnermittlung und zur Berechnung des Überschusses der Einnahmen über die Werbungskosten (Überschußrechnung). Nur so läßt sich eine unterschiedslose Besteuerung gleicher wirtschaftlicher Tatbestände (Gleichmäßigkeit der Besteuerung aller Einkunftsarten) erreichen.

Das erste Problem hierbei besteht in der Festlegung, wie der Reinvermögenszugang eines Jahres erfaßt werden soll. Die Praxis des Steuerrechts wählt folgenden Weg:

Um die Nachprüfbarkeit sicherzustellen, geht das Steuerrecht von der Einzelbewertung der Wirtschaftsgüter zu Anschaffungspreisen bzw. Herstellungskosten aus. Um sich an die kaufmännische Gewohnheit der Aufwandsvorwegnahme anzupassen, wurde zusätzlich eine Bewertung zum niedrigeren »Teilwert« zugelassen. Der Teilwert eines Wirtschaftsgutes entspricht nach der Legaldefinition (§ 6 EStG, § 10 BewG) dem Betrag, den der Erwerber des ganzen Betriebes im Rahmen des Gesamtkaufpreises für das einzelne Wirtschaftsgut ansetzen würde;

[52] Vgl. *Dieter Schneider*, Gewinnermittlung und steuerliche Gerechtigkeit. In: ZfbF, Jg. 23 (1971), S. 352–394.

dabei sei davon auszugehen, daß der Erwerber den Betrieb fortführt. Mit dem Begriff des Teilwerts hat das Steuerrecht versucht, die Einzelbewertung, die zum Zwecke der Nachprüfbarkeit der Rechnungslegung unumgänglich ist, zu vereinen mit der Gesamtbewertung, die eher eine ökonomisch sinnvolle Bewertung und damit eine Besteuerung nach der wirtschaftlichen Leistungsfähigkeit erlaubt. Der Versuch, Einzelbewertung und Gesamtbewertung zu vereinen, mußte jedoch scheitern. Die Schwierigkeiten der Nachprüfbarkeit bei der Gesamtbewertung werden nicht aufgehoben, sondern vervielfacht, wenn man den Gesamtwert auf einzelne Wirtschaftsgüter zurechnen will. Tatsächlich mußte die Praxis der steuerlichen Gewinnermittlung von der gesetzlichen Definition abrücken und sich auf nachprüfbare Wertansätze beschränken. Die Praxis der Teilwertberechnung griff in den sogenannten Teilwertvermutungen der steuerlichen Rechtsprechung auf die Beschaffungspreise (Anschaffungs- bzw. Wiederbeschaffungspreise) zurück. Die Vermutungen über den Teilwert können widerlegt werden, wenn nachgewiesen wird, daß der Veräußerungserlös (oder bei Anlagegütern ihr individueller Ertragswert) unter den fortgeführten Anschaffungs- bzw. Wiederbeschaffungskosten liegt. Die restlos verunglückte Legaldefinition des Teilwerts hat eine kaum übersehbare Literatur hervorgerufen, und zahlreiche Autoren haben versucht, dem Teilwertbegriff einen betriebswirtschaftlichen Sinn zu geben [53]. Erfolg hatten diese Versuche nicht, denn das Kernproblem liegt in dem Widerspruch, daß eine Besteuerung des Reinvermögenszugangs wirtschaftlich gesehen eine zwangsläufig subjektive Gesamtbewertung voraussetzt, die Grundanforderung jeder steuerlichen Gewinnermittlung jedoch die gesicherte Nachprüfbarkeit der Rechnungslegung ist. Die (wenigstens im Grundsatz) nachprüfbare Einzelbewertung führt aber zwangsläufig zu ökonomisch nicht befriedigenden Wertansätzen.

Um die Gleichbehandlung von Gewinnermittlung und Überschußrechnung zu erreichen, wären zahlreiche Änderungen im geltenden Bilanzsteuerrecht notwendig:

(1) Aus der Einzelbewertung und dem Realisationsprinzip leitet sich ab, daß der Kreis der Wirtschaftsgüter auf die selbständigen Gegenstände des Rechtsverkehrs beschränkt bleiben muß. Die weitergehende Lehre vom Wirtschaftsgut, welche die Rechtsprechung entwickelt hat, ist ein Relikt der dynamischen Bilanzauffassung, deren Zweck (vergleichbarer Periodengewinn zur Wirtschaftlichkeitskontrolle) mit dem Zweck steuerlicher Einkommens- und Gewinnermittlung unvereinbar ist.

(2) Der Zeitpunkt der Einkommensentstehung (Ertragsentstehung) müßte bei Gewinnermittlung und Überschußrechnung gleichgestaltet werden. Gewinn könnte danach erst bei Einnahmenzufluß, nicht allein bei Absendung einer Ware und Rechnungserteilung verwirklicht werden.

(3) Man engt den Ermessensspielraum ein, den die Gewinnermittlungsvorschriften heute noch lassen, z. B. durch eine strikte Bewertung zu Anschaffungsausgaben (bei Anlagen um die Absetzung für Abnutzung vermindert). Bewertungswahlrechte und Aufwandsvorwegnahmen könnten dann steuerlich nicht mehr geltend gemacht werden. Die Bewertung zum Teilwert würde entfallen. Der Gefahr, daß dann »Gewinne« besteuert würden, die sich später nicht in Einnahmen niederschlagen, wäre durch einen Verlustausgleich (vgl. dazu S. 303) zu begegnen. Eine gleichmäßigere Steuerbelastung zwischen den einzelnen Einkunftsarten ist nur durch eine Neufassung der Bemessungsgrundlagen zu erreichen. Aber in der Diskussion um eine Steuerreform droht dieses Ziel im Streit über Steuersätze und publikumswirksame Nebensächlichkeiten (wie z. B. die Kilometergeldpauschale) unterzugehen.

[53] Vgl. dazu näher *Dieter Schneider*, Die Problematik betriebswirtschaftlicher Teilwertlehren. In: Die Wirtschaftsprüfung, Jg. 22 (1969), S. 305 – 313.

C. Die Planung von Einzelinvestitionen

I. Die Datenerfassung

a) Das Investitionsobjekt

Investitionsentscheidungen betreffen die Vorteilhaftigkeit einzelner Investitionen (Einzelentscheidungen) sowie die Zusammensetzung und das Ausmaß der Investitionen insgesamt (Programmentscheidungen). In diesem Kapitel soll untersucht werden: Wie läßt sich die Vorteilhaftigkeit einer einzelnen Investition ermitteln? Das Investitionsobjekt wird dabei an einem Kalkulationszinsfuß gemessen, der ein pauschaler Wertmaßstab für die Finanzierungskosten wie für die Rendite alternativer Anlagen sein soll. In diesem Kapitel nehmen wir also isolierte Vorteilsvergleiche vor.

Die Vorteilhaftigkeit einer Investition wird durch ihre Zahlungsströme bestimmt. Das schwierigste Problem bei den Investitionsüberlegungen ist die Frage, wie die für ein Investitionsvorhaben repräsentativen Zahlungsströme ermittelt werden können. Nehmen wir an, in der Reparaturabteilung des Zweigwerks eines chemischen Konzerns sei eine Drehbank zu ersetzen. Die Drehbank stehe in keiner unmittelbaren Beziehung zum Fertigungsprozeß des Zweigwerks, und das Zweigwerk liefere nur Vorprodukte für das Hauptwerk, es habe keinen eigenen Absatzmarkt. Wie können dieser Drehbank Einnahmen und Ausgaben zugerechnet werden?

Um die Zahlungsströme erfassen zu können, ist zunächst zu definieren: Was ist als Investitionsobjekt anzusehen? Ist es die neue Drehbank, die Anlagenausstattung der Reparaturabteilung insgesamt oder gar ein wirtschaftlich selbständiger Komplex wie das Zweigwerk?

Um den Begriff »Investitionsobjekt« abzugrenzen, müssen wir etwas ausholen.

Fast alle Betriebe sind vertikal in Produktionsstufen gegliedert. In den Produktionsstufen werden durch die Kombination von Produktionsfaktoren Leistungen erstellt. Die kleinstmögliche Kombination von Produktionsfaktoren nennen wir Kapazitätseinheit. Um z. B. ein Werkstück an einer Drehbank zu bearbeiten, braucht man einen Dreher (Produktionsfaktor Arbeit), eine Drehbank (Produktionsfaktor Betriebsmittel), Energie, Schmiermittel und schließlich das Werkstück (Produktionsfaktor Werkstoffe). Stellt der Dreher selbständig bewertbare Teile her, dann liegt eine Kapazitätseinheit vor. Stellt der Dreher keine selbständig bewertbaren Teile her, dann umfaßt die Kapazitätseinheit die Dreharbeiten und alle weiteren Verrichtungen, die notwendig sind, um ein selbständig bewertbares Teil zu erzeugen. *In einer Kapazitätseinheit werden also Leistungen erstellt, die selbständig bewertbar, d. h. veräußerbar, also im Prinzip »marktgängig« sind.* Nur wenn man den Leistungsbegriff auf die selbständige Bewertbarkeit abstellt, können den Leistungen Einnahmen zugerechnet werden. Für produktionstheoretische Fragestellungen müssen die Begriffe Produktionsstufe und Kapazitätseinheit noch genauer definiert werden. Hier begnügen wir uns mit der Beschreibung, daß eine Kapazitätseinheit voraussetzt, daß die Ausgaben für die bereitzustellenden Produktionsfaktoren ermittelt werden können – das ist ein Problem besonders bei Teilen und Vorprodukten, die aus vorgelagerten Produktionsstufen bezogen werden – und daß die Leistungen der Produktionsstufe im Prinzip marktgängig sind, daß ihnen also Einnahmen zugerechnet werden können.

Nach dem üblichen Sprachgebrauch bezeichnet man im Produktionsbereich nur die Betriebsmittel als Investitionsobjekte. Das ist zu eng. Als Investitionsobjekt ist die gesamte Kapazitätseinheit als Kombination der Produktionsfaktoren Arbeit, Betriebsmittel, Werkstoffe und Energie zu betrachten. Wir müssen also fragen: Soll eine bestimmte Kapazitätseinheit angeschafft werden, oder ist es günstiger, auf die zusätzlichen Produktionsfaktoren zu verzichten? Investitionsüberlegungen beziehen sich nicht auf einzelne technische Anlageneinheiten (Maschinen, Apparaturen, Werkzeuge), sondern immer auf die Kapazitätseinheit insgesamt: auf die Zahlungsströme, die durch die Bereitstellung zusätzlicher Kapazitäten und deren Einsatz entstehen.

Die gewichtigste Einzelzahlung wird regelmäßig die Anschaffungsausgabe für die Betriebsmittelausstattung einer Kapazitätseinheit sein, z. B. die Anschaffungsausgabe für eine Spitzendrehbank mit allen notwendigen Anbauten und Energieanschlüssen. Diese »Kapital«-Ausstattung (Anlagenausstattung) der Kapazitätseinheit bildet bei wirtschaftlicher Betrachtung den Abschreibungsgegenstand für das Rechnungswesen. Allerdings zwingt der Grundsatz der Einzelbewertung praktisch dazu, Maschinen und Werkzeuge, die sachlich zusammengehören, getrennt zu bilanzieren.

Der Begriff Kapazitätseinheit ist nicht auf den Bereich der industriellen Fertigung beschränkt. Als Kapazitätseinheit ist z. B. auch die Einmann-Bankzweigstelle auf einem Dorfe anzusehen.

Es bestehen aber auch Investitionsprobleme innerhalb einer Kapazitätseinheit, z. B.: Lohnt sich die Reparatur eines Werkzeugs oder ist es besser gleich zu ersetzen? Strenggenommen müßten auch hier die Zahlungsströme der Kapazitätseinheit (einmal bei Reparatur, zum anderen bei Ersatz des Werkzeugs) bestimmt werden, ehe die Entscheidung fällt. Aber praktisch vereinfacht man und beschränkt sich auf die wichtigsten Ausgabearten.

b) Grundsätzliches zur Prognose von Zahlungsströmen

Die Zahlungsströme eines Investitionsobjekts hängen ab von dem Zeitraum, in dem das Objekt genutzt werden kann, von der Beschäftigung der Kapazitätseinheit, von den Erlösen der Produkte, von der Höhe der Anschaffungsausgaben und der Betriebskosten (Löhne, Werkstoffe usw.), von den Anlagenunterhaltungsaufwendungen und von der Entwicklung des Restverkaufserlöses alter Anlagen. Kurz, um die Vorteilhaftigkeit einer Investition zu bestimmen, müßte man wissen:

(1) Wie verläuft die allgemeine Entwicklung der Unternehmung in den nächsten zehn, zwanzig oder dreißig Jahren, und mit welchen Abweichungen von den angenommenen Daten ist zu rechnen?

(2) Wie sehen in diesem Zeitraum die Detailentscheidungen der Unternehmensführung aus, die einzelnen Entscheidungen zur Finanz-, Absatz- und Produktionspolitik?

Die erste Frage bezieht sich auf das Ungewißheitsproblem, die zweite Frage auf das Interdependenzproblem.

1. Das Ungewißheitsproblem

Wie soll man die Einnahmen eines Investitionsobjekts vorausschätzen, also über Jahre hinweg die künftigen Absatzmengen und ihre Preise? Die Fehlerquellen jeder Schätzung sind offensichtlich. Wie kann man die Prognoseschwierigkeiten beseitigen? Durch ausgefeilte Informationsbeschaffung und -auswertung (Marktforschung, Auswertung der Zahlen des Rechnungswesens) lassen sich die Prognoseschwierigkeiten etwas einengen; aber mehr ist nicht zu erreichen. Die Prognose der Einnahmen bleibt in hohem Maße risikobehaftet, die der Ausgaben zum Teil in geringerem Maße. Und das ruft immer wieder die Frage hervor: Lohnt sich der Versuch zu einer investitionsrechnerischen Beurteilung überhaupt? Soll man nicht besser auf Investitionsrechnungen verzichten?
Die Antwort auf diese Frage findet man sofort, wenn die Handlungsalternativen klar formuliert werden. Der Unternehmer hat zwei Möglichkeiten: Er verzichtet auf jede zahlenmäßige Voruntersuchung seiner Investitionsentscheidungen; oder er bemüht sich, zu einer quantitativen Beurteilung zu kommen und bewertet das Ergebnis der Planungsrechnung bei seiner Entscheidung an Hand seiner Erfahrungen und des Fingerspitzengefühls. Eine überzeugendere, bessere Lösung ist in jedem Fall durch das zweite Vorgehen zu erreichen; denn Investitionsrechnung plus Fingerspitzengefühl ergeben besseres Wissen für die Entscheidung als das Fingerspitzengefühl allein.
Für das Folgende gehen wir davon aus, der Unternehmer habe sich eine Glaubwürdigkeitsverteilung über die Einnahmen und Ausgaben gebildet, und er lege seinen Berechnungen den Erwartungswert der Zahlungsströme zugrunde (gemäß der Übereinkunft auf S. 162).

2. Das Interdependenzproblem

Das Interdependenzproblem hat in manchen Köpfen Verwirrung gestiftet. Die Zahlungsströme bestimmen sich aufgrund der künftigen Absatz- und Produktionspolitik. Wie die Absatz- und Produktionsentscheidungen aussehen, das können wir aber nicht sagen, solange nicht geklärt ist, auf welchen Anlagen produziert werden soll. Es ist in der Betriebswirtschaftslehre eben »alles interdependent, und die Grenzen sind flüssig«. Formal ist dieses allgemeine Abhängigkeitsproblem lösbar. Es verlangt für die Ableitung der Optimumbedingungen zwar schwierigere mathematische Verfahren (wie Variationsrechnung, vgl. S. 563 f.), aber die Erfassung allgemeiner Interdependenzen unternehmerischer Entscheidungen scheitert daran nicht. Wenn die Preis-Absatz-Funktion, die Abhängigkeit der Kostenfunktion von den Investitionsvorhaben und die Finanzierungsmöglichkeiten bekannt sind, läßt sich das Optimum einer simultanen Investitions-, Produktions- und Absatzplanung bestimmen. Leider ist die Betriebswirtschaftslehre keine angewandte Mathematik. Sie kann nicht von vorgegebenen Absatz-, Kosten- und Investitionsfunktionen (»Kapitalnachfragefunktionen«) ausgehen. Ihre Aufgabe ist vielmehr, zu klären: Welche Eigenschaften weisen die Absatz-, Kosten- und Investitionsfunktionen der Praxis auf? Ihre Aufgabe ist es, diese Funktionen zu ermitteln, und weil diese Aufgabe noch nicht allgemein gelöst ist, scheitert daran die praktische Bewältigung der gegenseitigen Abhängigkeit aller unternehmerischen Entscheidungen.
In diesem Kapitel gehen wir davon aus, daß die Zahlungsströme einer Investition ge-

schätzt werden können, ohne daß die Einzelentscheidungen der künftigen Absatz- und Produktionspolitik bekannt sind. Diese Annahme ist eine Vereinfachung. Die Vereinfachung ist notwendig, um die Probleme des finanziellen Bereichs der Unternehmung herauszuarbeiten. Ab S. 2 werden wir die Ansätze zu einer simultanen Abstimmung von Investitions-, Finanzierungs-, Produktions- und Absatzplanung darstellen und dabei zweierlei erkennen:

(1) Die formalen Optimumbedingungen ändern sich bei Simultanplanung gegenüber Einzelentscheidungen kaum, und

(2) die entscheidenden praktischen Fragen liegen in der Erfassung der Einzelabhängigkeiten (der Absatz- und Kostenfunktionen, der Zusammenstellung des Investitionsprogramms).

Wie ist bei der Schätzung der Zahlungsströme vorzugehen?

Es ist zweckmäßig, folgendes Schema zu beachten. Für jeden Zahlungszeitpunkt sind zu bestimmen:

Einnahmen der Unternehmung nach Vornahme der Investition
– Einnahmen der Unternehmung ohne Vornahme der Investition

Roheinnahmenänderung
– zusätzliche Ausgaben aufgrund dieser Investition in anderen Produktionsstufen

---

Leistungseinnahmen der Investition
– Ausgaben für die Investition in der betreffenden Produktionsstufe

---

Einnahmenüberschuß (Periodenüberschuß)
– gewinnabhängige Zwangsausgaben (Steuern, Gewinnbeteiligungen der Arbeitnehmer)

---

verbleibender Einnahmenüberschuß

Dazu eine Erläuterung:
Nehmen wir an, ein Unternehmer plane eine Investition, um einen Fertigungsengpaß zu beseitigen. Zwei Alternativen stellen sich ihm: Alternative I beseitigt den Engpaß und führt zu einer harmonischen Kapazitätsabstimmung in der Unternehmung. Die zweite Alternative lautet: Verzicht auf diese Investition. Diese »Null«-Alternative hat man immer. Betrachten wir die Überlegungen des Unternehmers bei Planung der Alternative I. Er schätzt die Gesamteinnahmen für die einzelnen Perioden, (a) für den Fall, wenn er I investiert, und (b), wenn er I nicht investiert. Als Saldo erhält er die Roheinnahmenänderung bei Investition von I. Die Ermittlung der Einnahmen und Ausgaben erfolgt also »relativ»[1], in bezug auf die Null-Alternative.

Bei der Schätzung der Ausgaben ist es zweckmäßig, zwei Stufen zu bilden. Erstens sind diejenigen Ausgaben zu erfassen, die aus der Interdependenz von Gesamtunternehmung

[1] Vgl. dazu auch *George Terborgh*, Business Investment Policy. A. Mapi Study and Manual, Machinery and Allied Products Institute. Washington 1958, S. 39.

und Einzelinvestitionsentscheidung folgen. Anlaß der Investitionsüberlegung bildet z. B. ein Fertigungsengpaß. Die Investition von I wird auch in den anderen vor- oder nachgelagerten Produktionsstufen höhere Beschäftigung hervorrufen. Das führt zu höheren Löhnen, höheren Hilfs- und Betriebsstoffausgaben in anderen Kapazitätseinheiten. Um diese zusätzlichen Ausgaben wird die Roheinnahmenänderung vermindert. Das Ergebnis sind die Leistungseinnahmen des Investitionsobjekts I für jede Periode. Wir rechnen also der zu investierenden Anlage die Einnahmenänderung der Unternehmung insgesamt zu, nachdem die anderen beteiligten Produktionsfaktoren zu ihren zusätzlichen Kosten (Grenzkosten) entlohnt worden sind. Der Leistungseinnahmenstrom liegt dem weiteren Kalkül zugrunde. Im Leistungseinnahmenstrom drückt sich die Interdependenz zwischen dem einzelnen Vorhaben und der Gesamtunternehmung aus.
Zweitens sind die Ausgabenänderungen in der Produktionsstufe selbst zu betrachten. Die Ermittlung der Anschaffungsausgaben und der Anschaffungsnebenkosten für die Ausstattung einer Kapazitätseinheit bereitet im allgemeinen keine Schwierigkeiten. Auf Anlagenunterhaltungsaufwendungen wird gesondert eingegangen werden. Zu den Betriebsausgaben zählen die Ausgaben für die anderen Produktionsfaktoren in einer Kapazitätseinheit: die Löhne der beschäftigten Arbeiter, die Ausgaben für Werkstoffe, Energie, Hilfsstoffe und Fremdleistungen. Betriebsausgaben können teilweise durch den Verschleiß der Anlage bedingt sein (z. B. höherer Energieverbrauch, höherer Ausschuß); aber auch Änderungen in den Löhnen und Werkstoffpreisen, die völlig unabhängig vom Zustand der Betriebsmittel sind, gehen in die Investitionsrechnung ein. Die voraussichtlichen Lohnsteigerungen sind bei der Prognose der Betriebsausgaben zu berücksichtigen; denn sie können ein Vorverlegen des Ersatzzeitpunktes und vielfach auch eine stärkere Automatisierung der Fertigung erzwingen. Steigende Werkstoffpreise können den Übergang zu anderen Erzeugungsverfahren und zum Werkstoffersatz nahelegen.
Weiter ist zu berücksichtigen: Wird heute eine neue Anlage angeschafft, dann ist nächstes Jahr diese Anlage technisch schon teilweise überholt. Dem vermuteten künftigen technischen Fortschritt ist Rechnung zu tragen. Dazu wird in jedem Zahlungszeitpunkt eine fiktive Ausgabe angesetzt. Die fiktive Ausgabe bezeichnet den voraussichtlichen Gewinnentgang wegen Nichtbenutzens der technisch jeweils besten Ersatzanlage (vgl. S. 272 f.).
Die Differenz zwischen den Leistungseinnahmen und den Ausgaben in einer Periode, die vom Investitionsobjekt selbst ausgehen, werden wir im folgenden als »Periodenüberschuß« des Investitionsobjekts bezeichnen. Berücksichtigt man die Gewinnsteuern ausdrücklich in der Investitionsrechnung, so ist es zweckmäßig, den Periodenüberschuß als Einnahmenstrom vor Berücksichtigung der gewinnabhängigen Zwangsausgaben zu definieren. Wird der Periodenüberschuß um die gewinnabhängigen Zwangsausgaben (Gewinnsteuern, Gewinnbeteiligungen der Arbeitnehmer) vermindert, folgt als Saldo der verbleibende Einnahmenüberschuß des Zahlungszeitpunktes.
Neben dem verbleibenden Einnahmenüberschuß ist für jeden möglichen Zahlungszeitpunkt der Restverkaufserlös der Kapazitätseinheit (vor bzw. nach Steuern) zu berechnen.

Der Restverkaufserlös der Anlagen ist für alle Jahre zu schätzen, die als Nutzungsdauerende in Frage kommen. Die Abschätzung des Restverkaufserlöses wirft einige Probleme auf. Zwei Arten von Restverkaufserlösen sind zu unterscheiden. Ein externer, der sich am Marktpreis alter Anlagen (bzw. am Schrotterlös) orientiert, und ein interner »Verrechnungspreis«, wenn ein Anlagegegenstand aus der einen Produktionsstufe herausgenommen wird, in einer anderen aber noch zu verwenden ist. So wird vielfach eine ältere Drehbank aus der Spitzendreherei herausgenommen und dient dann noch als Schruppmaschine oder zur Lehrlingsausbildung. Solche Verrechnungspreise exakt zu bestimmen, bereitet erhebliche Schwierigkeiten. Man wird deshalb meist über den Daumen peilen. Auf die Höhe des Marktpreises alter Anlagen wirken praktisch alle Bestimmungsgründe der Vorteilhaftigkeit einer Investition ein: die allgemeine Absatzlage, der technische Fortschritt, der Verschleiß. Aus Vereinfachungsgründen werden in der Praxis vielfach Restverkaufserlös und Abbruchkosten gleichgesetzt. Wenn wir von Restverkaufserlös sprechen, ist immer ein Nettorestverkaufserlös gemeint, ein Erlös nach Abzug der Abbruchkosten. Der Nettoerlös kann wegen der Abbruchkosten auch negativ sein.

Das Interdependenzproblem wird in der Literatur häufig als Zurechnungsproblem bezeichnet. Wir sehen: Das Zurechnungsproblem der Zahlungsströme auf ein Investitionsvorhaben ist nicht so trostlos unlösbar, wie es auf den ersten Blick erscheint. Es ist gar keine Zurechnung im strengen (verteilungstheoretischen) Sinn erforderlich, sondern eine »Grenz«-überlegung: Wie verändern sich die Zahlungsströme bei Durchführung der Investition und bei Verzicht auf sie? Stünde Alternative I in Konkurrenz zu einem anderen Investitionsobjekt, so würde auch für das konkurrierende Investitionsobjekt die gleiche Grenzüberlegung anzuwenden sein.

Das Interdependenzproblem als »Zurechnungsproblem« zu bezeichnen, ist reichlich schief. Zurechnung heißt: einen bestimmten Betrag auf verschiedene Produktionsfaktoren aufzuteilen, deren Preise nicht feststehen, denn in der Verteilungstheorie geht es um die Faktorpreisbildung. In der Investitionsrechnung liegt das Problem ganz anders. Es sind die Einnahmenüberschüsse der Unternehmung mit der zusätzlichen Investition und ohne diese zu schätzen; die Preise der einzusetzenden Produktionsfaktoren sind bekannt, und es geht darum, ob der »dispositive Faktor« (der Unternehmer) eine positive Rente erhält, wenn er die Investition durchführt.

Die Grenzüberlegung zielt darauf ab, die Änderung des Gesamtwertes der Unternehmung zu bestimmen, wenn eine Investition zusätzlich durchgeführt wird. Diese »Differenzmethode« wird manchem Leser aus der steuerlichen Teilwertlehre bekannt sein. Dort wird sie verworfen, weil sie zu unsinnigen Wertansätzen führt. So soll z. B. der Hauptschalter eines Elektrizitätswerkes ersetzt werden. Nach der Grenzüberlegung berechnet sich der Kapitalwert des Hauptschalters auf einige 100 Mill. Mark, denn ohne Hauptschalter kann das Elektrizitätswerk keinen Strom verkaufen und hat nur noch Schrottwert. Für die bilanzmäßige Bewertung einzelner Vermögensgegenstände ist die Differenzmethode tatsächlich verfehlt, nicht aber für Investitionsüberlegungen, denn der Kapitalwert stellt einen *Dringlichkeitsmaßstab* für Investitionen dar. Selbstverständlich wird das Elektrizitätswerk den defekten Hauptschalter zuerst ersetzen, damit überhaupt Strom verkauft werden kann, ehe es andere Investitionen durchführt.

Lassen sich mit Hilfe der Grenzüberlegung die zusätzlichen Einnahmen und Ausgaben eines Investitionsvorhabens hinreichend genau schätzen, dann sprechen wir von einem »vollständig bewertbaren Investitionsobjekt«.

In manchen Fällen kann aber auch mit Hilfe der Grenzüberlegung kein Überblick über

die Auswirkungen eines Investitionsobjektes auf den Einnahmenverlauf gewonnen werden. In einem solchen Fall muß mit den Ausgaben allein gerechnet werden; das Investitionsvorhaben ist dann nur »begrenzt bewertbar«.
Die Rechnung mit Ausgaben allein bedeutet folgendes: Ziel der Investitionsüberlegung ist es, die Vorteilhaftigkeit der Investition, ihre Gewinnwirkungen, zu erkunden. Die Entscheidung aufgrund der Ausgabenströme allein enthält die stillschweigende Unterstellung, von diesem Investitionsobjekt gingen keine Wirkungen auf den Einnahmenverlauf der Unternehmung aus, und das heißt: der Einnahmenverlauf der Unternehmung ändere sich durch die Benutzung dieser Anlage auch im Zeitablauf nicht.
Die Einschränkung, nur mit den Ausgaben allein zu rechnen, läßt sich noch auf eine zweite Art verdeutlichen:
Die Praxis ist vielfach noch nicht gewohnt, bei der Beurteilung der Vorteilhaftigkeit von Anlagen in Zahlungsströmen zu denken. Sie orientiert sich an altbekannten Bilanz- bzw. Kostenrechnungsvorstellungen, z. B. an den Gründen, die eine Anlagenabschreibung notwendig machen, an den Abschreibungsursachen. Die Vielzahl von Abschreibungsursachen läßt sich auf drei Gruppen zurückführen.

1. *Verschleißursachen.* Dazu zählen:

(a) Der ruhende Verschleiß, also Verwittern, Verrosten und Korrosionserscheinungen. Der ruhende Verschleiß tritt auch ein, wenn die Anlage nicht beschäftigt wird. Bei stillstehenden Anlagen ist der ruhende Verschleiß vielfach stärker als bei laufenden Anlagen.
(b) Der abnutzungsbedingte Verschleiß (Gebrauchsverschleiß). Damit ist die mechanische Abnutzung der Anlage durch die Beschäftigung gemeint. Der Substanzabbau bei Kiesgruben und Bergwerken kann als Sonderform des abnutzungsbedingten Verschleißes angesehen werden. In der Literatur ist gelegentlich auch der Katastrophenverschleiß zu den Abschreibungsursachen gezählt worden, also die Gefahr von Überschwemmungen, des Ausbrennens usw. Das ist schief, denn dieser Gefahr begegnet man in der Kostenrechnung nicht durch Anlagenabschreibung, sondern durch Versicherungsprämien bzw. durch die Verrechnung von Anlagenwagniskosten.
2. *Technische Überholung.* Dazu zählt die Gefahr, daß die Anlagen durch technische Neuerungen veralten. Preissenkungen auf dem Beschaffungsmarkt der Anlagen werden hier als eine Erscheinungsform des technischen Fortschritts angesehen.
3. *Wirtschaftliche Überholung.* Hierunter sind alle sonstigen Gründe zusammenzufassen, die das Ende der Nutzungsdauer einer Anlage erzwingen können, z. B. Bedarfsverschiebungen, Lohnsteigerungen, Liquiditätsschwierigkeiten, die zur Stillegung eines Teilbetriebes führen.

Will man die Wirkung der Abschreibungsursachen auf die Vorteilhaftigkeit einer Investition und auf die Nutzungsdauer einer Anlage gewichten, dann sind die Abschreibungsursachen durch Änderungen der Zahlungsströme der Unternehmung zu messen.
Eine Rechnung mit Ausgaben allein bedeutet dabei: Es kann der Abschreibungsursache Verschleiß und mindestens teilweise der technischen Überholung Rechnung getragen werden; die entscheidenden Aspekte der wirtschaftlichen Überholung, insbesondere alle Einflüsse, die von der Absatzseite auf die Vorteilhaftigkeit von Investitionen ausgehen, müssen unberücksichtigt bleiben.

c) Einzelfragen bei der Prognose der Zahlungsströme

1. Das Problem der »technischen« Nutzungsdauer

Um den Kapitalwert eines Investitionsvorhabens zu ermitteln, sind der Barwert der Einnahmen und der Barwert der Ausgaben über die gesamte Lebensdauer hinweg zu berechnen. Nun ist aber in fast allen praktischen Fällen die Lebensdauer eines Investitionsobjektes keine gegebene technische Größe. Das aus zwei Gründen: Einmal ist nicht der einzelne Anlagegegenstand Investitionsobjekt, sondern die Kapazitätseinheit als Ganzes. Die Anlagenausstattung der Kapazitätseinheit kann sich aus verschiedenartigen Aggregaten zusammensetzen, die, technisch gesehen, unterschiedlich lang halten. Zum zweiten ist die Lebensdauer der einzelnen Anlagegegenstände in der Kapazitätseinheit regelmäßig nicht technisch bestimmt, sondern durch wirtschaftliche Überlegungen.
In der Praxis unterscheidet man die Begriffe technische Lebensdauer und wirtschaftliche Lebensdauer einer Anlage. Was ist mit diesen Begriffen gemeint? Zur Abgrenzung beider Begriffe erinnern wir uns der Abschreibungsursachen.
Die technische Nutzungsdauer eines Anlagegutes bezeichnet die durch den Verschleiß begrenzte Lebensdauer dieses Anlagegutes.
Die wirtschaftliche Nutzungsdauer wird hingegen durch das Zusammenwirken aller Abschreibungsursachen bestimmt.
Die technische Nutzungsdauer ist regelmäßig länger als die wirtschaftliche Nutzungsdauer. Die wirtschaftliche Nutzungsdauer kann im Ausnahmefall der technischen Nutzungsdauer gleichen: dann, wenn die Anlagen keiner technischen und wirtschaftlichen Überholung unterliegen. Im Regelfall wirken auf die Nutzungszeit der Anlagen jedoch Verschleiß, technischer Fortschritt und wirtschaftliche Überholung gemeinsam ein. Hier ist die wirtschaftliche Nutzungsdauer kürzer als die technische.
Wie läßt sich die technische Nutzungsdauer praktisch bestimmen?
Man sollte zunächst meinen, die technische Nutzungsdauer sei durch die technologischen Daten vorgegeben, durch Materialermüdung, Verschleiß, Korrosion, Abrieb usw. Aber eine solche, allein technologisch bedingte Festlegung der Nutzungsdauer ist verfehlt. In Wirklichkeit ist nämlich die »technische« Nutzungsdauer gar keine technische Größe, sondern eine besondere Erscheinungsform der wirtschaftlichen Nutzungsdauer. Die sogenannte technische Nutzungsdauer ist diejenige wirtschaftliche Nutzungsdauer, die sich aufgrund der Verschleißursachen allein errechnet. Dazu ein Beispiel: Ein Taxifahrer kauft sich für 10 000 Mark einen neuen Wagen. Wie lang ist die technische Nutzungsdauer des Taxis? Der Verkäufer wird dem Fahrer gesagt haben: »100 000 Kilometer schaffen Sie glatt; bei schonender Behandlung sogar 150 000.«. Und der Taxifahrer errechnet sich folglich eine technische Nutzungsdauer von, sagen wir, drei Jahren. Beglückt fährt er aus dem Hof des Autohändlers, dann über einige holprige Steine, und plötzlich steht der Wagen, weil die Unterbrecherkontakte in der Zündung nicht richtig festgeschraubt waren. Technisch gesehen ist damit bereits die Lebensdauer des Autos zu Ende, denn es fährt nicht mehr. Natürlich ist eine auf diese Weise allein technisch definierte Lebensdauer sinnlos. Stets ist »ein gewisses Maß« an Instandhaltung, Wartungs- und Reparaturarbeiten mit einzukalkulieren. Aber damit beginnen die Probleme: Durch ausreichende Wartung und Instandhaltung läßt sich bei den meisten Anlagegütern, technisch

gesehen, die Nutzungsdauer praktisch bis ins Unendliche verlängern. Ein neuer Kotflügel heute, neue Reifen morgen, später ein neuer Motor, neue Sitze, und das Auto fährt und fährt und fährt. Anlagenersatz und Anlagenreparatur unterscheiden sich also nur in technischen Einzelheiten. Solange wir von technischer und wirtschaftlicher Überholung absehen, sind Anlagenersatz und Anlagenreparatur, ökonomisch betrachtet, gleichwertig[2]. Daraus folgt, die »technische« Nutzungsdauer müßte richtig »verschleißbedingte Nutzungsdauer« heißen. Sie kann nur wirtschaftlich errechnet werden als derjenige Zeitraum, innerhalb dessen sich Instandhaltungsmaßnahmen noch lohnen, wobei von der Wirkung der technischen und wirtschaftlichen Überholung abgesehen wird. Um die technische Nutzungsdauer zu berechnen, muß man also die Anschaffungsausgaben des Anlagegutes betrachten und diejenigen Betriebsausgaben, die durch den Verschleiß bedingt sind: Anlagenunterhaltungsaufwendungen, durch Verschleiß verursachte höhere Werkstoff- und Lohnaufwendungen. Die Einnahmen des Wirtschaftsgutes bleiben außer acht: Änderungen im Einnahmenverlauf sind Ausdruck der wirtschaftlichen Überholung. Wenn wir die technische Lebensdauer eines Aggregats ermitteln wollen, berechnen wir eine ausgabenminimale Nutzungsdauer (vgl. S. 286). Lassen sich die Einnahmenwirkungen abschätzen, so ist ein solches Vorgehen verfehlt.

Aber hier ist zu beachten, daß die Einnahmen nur für die Kapazitätseinheit als Ganzes ermittelt werden können. Soll überprüft werden, wie lange einzelne Anlagegegenstände in einer Kapazitätseinheit dienen (oder ob sich eine Reparatur noch lohnt), dann ist die Ermittlung dieser verschleißbedingten Nutzungsdauer sinnvoll. Wir halten also fest: *Die technische Nutzungsdauer wird für einzelne Anlagegegenstände ermittelt; die wirtschaftliche Nutzungsdauer für Kapazitätseinheiten, d. h. für eine Kombination von einzelnen Anlagegegenständen, die einem Fertigungsprozeß dienen.*

Für diejenigen Anlagen, denen keine Einnahmen zugerechnet werden können, kann immer noch eine technische (verschleißbedingte) Nutzungsdauer ermittelt werden.

Für Anlagegegenstände, bei denen sich eine Reparatur nicht lohnt (z. B. Glühbirnen) oder bei denen im Zeitablauf die technische Leistungsfähigkeit in etwa gleich bleibt (z. B. Wasserpumpen, Rohrleitungen, Telefonmasten), bietet sich die Möglichkeit an, auf statistischem Wege ihre technische Nutzungsdauer zu berechnen. Vor allem Ingenieure haben versucht, Anlagensterbetafeln aufzustellen, ähnlich den Sterbetafeln der Lebensversicherung[3]. Solche Anlagensterbetafeln können allerdings die wirtschaftliche und technische Überholung und auch die Auswirkungen der Instandhaltungspolitik kaum erfassen. Zur

[2] »Replacement is distinct from routine maintenance only in technical detail«. *Frank H. Knight*, Capital, Time, and the Interest Rate. In: Economica, New Series, Vol. 1 (1934), S. 257–286, hier S. 280.

[3] Vgl. bes. *Edwin B. Kurtz*, The Science of Valuation and Depreciation. New York 1937; *Anson Marston, Robley Winfrey, Jean C. Hempstead*, Engineering Valuation and Depreciation. 2nd edition, New York – Toronto – London 1953, S. 139–174; *Eugene L. Grant, Paul T. Norton jr.*, Depreciation. Revised printing, New York 1955, S. 42–86; *B. M. Gerbel*, Rentabilität. Fehlinvestitionen, ihre Ursache und ihre Verhütung. 2. Aufl., Wien 1955; vgl. auch *Dieter Schneider*, Die wirtschaftliche Nutzungsdauer von Anlagegütern als Bestimmungsgrund der Abschreibungen. Köln–Opladen 1961, S. 85–95.

Bestimmung der wirtschaftlichen Nutzungsdauer sind sie ungeeignet. Aber sie können Anhaltspunkte über die technische Haltbarkeit von Anlagen geben und so die Prognose der Zahlungsströme erleichtern.

2. Anlagenunterhaltungsausgaben

Die Anlagenunterhaltungsausgaben umfassen sämtliche Ausgaben, die für die Erhaltung der technischen Leistungsfähigkeit der Anlage aufgewandt werden. Sie sind der zahlenmäßige Ausdruck für die Abschreibungsursache »Verschleiß«. Der Begriff Anlagenunterhaltungsausgaben deckt somit die Ausgaben für die laufende Wartung und Pflege der Betriebsmittel, die Ausgaben für verschleiß- und schadensbedingte Reparaturen und die Ausgaben für Generalüberholungen. Die zahlenmäßige Bedeutung der Anlagenunterhaltungsausgaben ist in der Industrie beträchtlich. Die Anlagenunterhaltungsausgaben übersteigen gelegentlich den Abschreibungsbetrag. So betragen in der eisenschaffenden Industrie die Abschreibungen etwa 5% vom Umsatz, die Aufwendungen zur Anlagenunterhaltung etwa 10%. Die Schätzbarkeit der Anlagenunterhaltungsausgaben ist von Anlagegut zu Anlagegut verschieden zu beurteilen. Bei Neuentwicklungen ist jede Prognose unsicherer als bei bewährten Anlagen, obwohl sich auch bei bewährten Anlagen eine zusätzliche Maschine mitunter als »schwarzes Schaf« erweisen kann. Die Höhe der Anlagenunterhaltungsausgaben hängt von dem Verschleißverhalten der Betriebsmittel ab, der Verschleiß wird durch die künftige Beschäftigung beeinflußt, und deshalb spiegeln sich die Schätzungsungenauigkeiten der Einnahmenströme auch in der Ermittlung der Anlagenunterhaltungsausgaben wider. Die Einzelprobleme der Prognose können nur für die einzelnen Anlagentypen und Fertigungsprozesse gesondert untersucht werden.

Für die Erfolgsrechnung und Investitionskontrolle empfiehlt es sich, zwischen planmäßigen und außerplanmäßigen Anlagenunterhaltungsausgaben zu trennen. Diejenigen Unterhaltungsausgaben, die bei der Ermittlung der Vorteilhaftigkeit einer Investition berücksichtigt wurden und später eintreten, tragen planmäßigen Charakter. Die Anlagenunterhaltungsausgaben, die anfallen und bei der Investitionsrechnung nicht berücksichtigt wurden, tragen außerplanmäßigen Charakter.

Bei außerplanmäßigen Anlagenunterhaltungsausgaben sind zwei Fälle zu unterscheiden: außerplanmäßige Reparaturen und außerplanmäßige Verbesserungen. Außerplanmäßige Reparaturen stellen die ursprüngliche technische Leistungsfähigkeit wieder her. Außerplanmäßige Verbesserungen erweitern die ursprüngliche Leistungsfähigkeit, indem sie das Anlagegut dem inzwischen eingetretenen technischen Fortschritt anpassen. Außerplanmäßige Reparaturen und außerplanmäßige Verbesserungen können bei der Investitionsentscheidung über die Anschaffung einer Anlage nicht berücksichtigt werden; wohl aber bilden sie den Anlaß für die Prüfung während der Laufzeit der Anlage, ob die Anlage schon ihren optimalen Ersatzzeitpunkt erreicht hat.

3. Der technische Fortschritt

Der technische Fortschritt tritt in zwei Grundformen auf: Nach Investition einer Kapazitätseinheit können Anlagen auf den Markt kommen, die bei gleichem Preis eine höhere

Kapazität aufweisen oder geringere Betriebskosten verursachen. Das ist der eine Fall. Im zweiten Fall werden die Anlagen des gleichen Typs billiger. Wirtschaftlich gesehen, ist die Wirkung dieselbe: Bei jedem Beschäftigungsgrad würde eine neue Anlage billiger produzieren. Praktisch sind beide Wirkungen nicht immer zu trennen. Der Regelfall wird sein, daß neue Anlagen etwas teurer sind, aber erheblich mehr leisten. In jedem Fall zeigt sich, daß bei Investition der technisch besten Anlagenausstattung höhere Gewinne zu erzielen wären. In der Investitionsrechnung ist eine unmittelbare und eine mittelbare Wirkung des technischen Fortschritts zu unterscheiden.

Der technische Fortschritt berührt die Investitionsüberlegungen unmittelbar bei der Ersatzüberlegung: Eine Anlage arbeite seit zwei Jahren im Betrieb; es trete technischer Fortschritt ein, d. h. kostengünstigere Anlagen erscheinen auf dem Markt. Dieser technische Fortschritt sei bei der Investition der alten Anlage nicht vorhergesehen worden. Die Nutzungsdauer der alten Anlage sei auf sieben Jahre geschätzt worden. Das Auftreten der neuen Anlage verlangt nun eine Überprüfung der Nutzungsdauer der alten Anlage. Es erfordert die Neuberechnung des optimalen Ersatzzeitpunktes. Terborgh hat diesen Fall in einem frühen Werk plastisch bezeichnet als den Kampf zwischen dem »defender« (also der Anlage, die ihren Platz in der Unternehmung verteidigt) und dem »challenger« (dem Herausforderer, der diesen Platz in der Unternehmung einnehmen will)[4]. Die unmittelbare Wirkung des technischen Fortschritts äußert sich in einer zusätzlichen, durch den technischen Fortschritt erzwungenen Ersatzüberlegung. Der Zahlungsstrom der alten Anlage wird dem Zahlungsstrom der besten Ersatzanlage gegenübergestellt.

Die mittelbare Wirkung des technischen Fortschritts bezieht sich hingegen auf die Vorausschätzung künftiger technischer Verbesserungen: Die heute technisch beste Ersatzanlage kann nächstes Jahr bereits veraltet sein. Rechnet der Unternehmer damit, daß bald weitere technische Verbesserungen erfolgen, so kann es vorteilhaft sein, die alte Anlage weiter zu benutzen und eine Stufe des technischen Fortschritts zu überspringen[5]. Der künftige (vorhersehbare) technische Fortschritt, dem die heute beste Ersatzanlage unterliegt, muß in dem Zahlungsstrom der heute besten Ersatzanlage berücksichtigt werden. Solange keine offene Gegenüberstellung »heute beste Ersatzanlage« gegen »morgen beste Ersatzanlage« erfolgt (wie es in einem Totalmodell möglich wäre), bleibt nur der Weg, den künftigen technischen Fortschritt im Zahlungsstrom der heute besten Ersatzanlage vorwegzunehmen. Dazu setzt man für jeden künftigen Zahlungszeitpunkt einen Posten »Gewinnentgang wegen Nichtverwendens der jeweils besten Ersatzanlage« ein.

Wie lassen sich Informationen über den vermutlichen Verlauf der technischen Entwicklung gewinnen? Die Verhältnisse liegen hier von Branche zu Branche unterschiedlich. Es gibt z. B. Bereiche in der chemischen Industrie, in denen man heute weiß, in fünf Jahren sind die jetzt laufenden Anlagen und Verfahren technisch überholt. Und es gibt andere Bereiche, von denen gesagt werden kann, daß in den nächsten zehn Jahren mit hoher Verläßlichkeit keine entscheidenden technischen Verbesserungen auftreten werden. Vielfach wird behauptet, der technische Fortschritt sei nicht vorhersehbar. Doch so hoffnungs-

[4] Vgl. *George Terborgh*, Dynamic Equipment Policy. A Mapi Study, Machinery and Allied Products Institute. New York–Toronto–London 1949, S. 54.

[5] Vgl. *Friedrich [A.] and Vera Lutz,* The Theory of Investment of the Firm. Princeton (N. J.) 1951, S. 111.

los liegen die Verhältnisse nicht. Von der Erfindung bis zur technischen Produktionsreife vergehen regelmäßig Jahre, und wer die technische Entwicklung auf einem Gebiet verfolgt, ist vielfach in der Lage, brauchbare Prognosen zu stellen[6].

Wenn Vorstellungen über die vermutliche Entwicklung des technischen Fortschritts vorhanden sind, so sind diese in Zahlengrößen umzudeuten. Es ist der Gewinnentgang zu nennen, der dadurch entsteht, daß nicht jederzeit die beste Ersatzanlage verwendet wird. Beispiel: Betriebskosten der besten gegenwärtigen Ersatzanlage im nächsten Jahr = 10; Betriebskosten der bestmöglichen Ersatzanlage, die nächstes Jahr neu auf den Markt kommt, = 8; »Gesamtausgaben« für die heute greifbare Ersatzanlage im nächsten Jahr = 12, nämlich 10 plus 2 für den Gewinnentgang.

Der Zahlungsstrom der alten Anlage, die möglicherweise gegen die heute beste Ersatzanlage ausgetauscht wird, darf natürlich nur effektive Zahlungen, keinen Gewinnentgang wegen des Auftretens verbesserter Anlagen, enthalten. Die alte Anlage wird ja unmittelbar der technisch verbesserten Anlage gegenübergestellt.

Es ist klar, daß eine solche Schätzung nur einen groben Anhaltspunkt liefert. Aber auch hier gilt, daß der Versuch zu einer rechnerischen Berücksichtigung immer noch besser ist, als diese Einflußgröße völlig zu übergehen oder auf eine Rechnung ganz zu verzichten.

d) Der Kalkulationszinsfuß

Ein vollständiger Vorteilsvergleich (ein Totalmodell) kommt ohne Kalkulationszinsfuß aus. Alle Formen des begrenzten Vorteilsvergleichs (des Partialmodells) verwenden hingegen Pauschalannahmen über die Rendite der Unternehmung nach dem Planungshorizont, über Finanzierungs- und Wiederanlagemöglichkeiten während des Planungszeitraums. Der Kalkulationszinsfuß ist eine solche Pauschalannahme. Mit Hilfe des Kalkulationszinsfußes läßt sich jedes Partialmodell in einen vollständigen Vorteilsvergleich überführen, in ein Modell, das nur aus einer Auszahlung im Planungszeitpunkt und einer Einzahlung am Planungshorizont besteht. Das ist am raschesten bei dem isolierten Vorteilsvergleich einzusehen:

Wenn wir prüfen wollen, ob die Handlungsmöglichkeit B (S. 188) mit den Zahlungen t_0: – 700; t_1: + 300; t_2: + 500 vorteilhaft ist oder nicht, brauchen wir einen Vorteilhaftigkeitsmaßstab. Der Kalkulationszinsfuß sei z. B. 6%. Der Barwert der Einnahmen beträgt hier 728, der Kapitalwert als Differenz zwischen Einnahmenbarwert und Ausgabenbarwert beträgt + 28. Die Investition ist also vorteilhaft.

Welche Annahmen über die Finanzierung sind mit dieser Aussage unterstellt? Die Aussage, daß die Investition B vorteilhaft ist, besagt, daß zu ihrer Finanzierung Kreditkosten in Höhe von 6% anfallen dürfen. Bei höheren Kreditkosten kann die Investition unvorteilhaft werden (hier z. B. schon bei 9%).

Welche Annahmen sind über die Verwendung der Einnahmenüberschüsse unterstellt? Wenn der Kapitalwert von B 28 beträgt, dann ist damit gesagt, jede Wiederanlage von

[6] Vgl. im einzelnen *Gerhard Schätzle*, Forschung und Entwicklung als unternehmerisch gabe. Köln–Opladen 1965, hier S. 20–41.

Einnahmen des Investitionsobjekts verzinst sich zu 6%, denn, gleichgültig für wie lange die 300 Mark in t_1 und die 500 Mark in t_2 zu 6% angelegt werden, stets wird der Barwert dieser künftigen Einnahmen einen Kapitalwert im Planungszeitpunkt von 28 Mark ergeben. Hat der Unternehmer z. B. einen Planungszeitraum von 3 Jahren, so sieht das dem Kapitalwertmodell der Alternative B entsprechende Totalmodell so aus:

	t_0	t_1	t_2	t_3
B	− 700	0	0	+ 867,08

867,08 Mark, auf t_0 mit 6% diskontiert, ergibt den Kapitalwert von 28 Mark.

Weil der Kalkulationszinsfuß im Grunde nicht notwendig ist, sondern nur durch die Vereinfachung der Modellüberlegungen erzwungen wird, deshalb ist die Frage nach dem allgemein richtigen Kalkulationszinssatz sinnlos. In welcher Höhe der Kalkulationszinsfuß anzusetzen ist, richtet sich nach den Vereinfachungen des Modells.
Bei Einzelentscheidungen wird es meistens genügen, als Kalkulationszinsfuß die Effektivverzinsung langfristiger Kredite zu wählen. Man mißt dann die Vorteilhaftigkeit einer Investition an ihren Finanzierungskosten. Für die periodischen Einnahmenüberschüsse wird dabei unterstellt, daß sie zur Fremdkapitaltilgung verwandt werden oder anderweitig angelegt werden können zu einem Ertragssatz, der der Effektivverzinsung des Fremdkapitals entspricht.
Die Berechnung der Effektivverzinsung einzelner Finanzierungsmaßnahmen gleicht im Grundsatz der Berechnung des internen Zinsfußes einer Investition. Im Regelfall ist jedoch eine finanzmathematisch genaue Rechnung nicht nötig. In Investitionsrechnungen pflegt man mit ganzen Zinssätzen zu rechnen. Wenn aber die Rendite bzw. Effektivverzinsung doch genauer berechnet werden soll, dann genügen praktisch ein bis zwei Stellen hinter dem Komma.
Die Berechnung der Effektivverzinsung soll an einem Beispiel verdeutlicht werden. Wie hoch ist die Effektivverzinsung eines Schuldscheindarlehens von 1 Mill. Mark, Auszahlungskurs 95, Zinssatz 6% bei halbjährlicher Zinszahlung, Laufzeit 10 Jahre, Rückzahlungskurs 100?
Die praktische Rechnung erfolgt regelmäßig so: Um über 95 Mark zu verfügen, sind jährlich 6 Mark Zinsen zu zahlen. Der Zinssatz beträgt 6,00 : 95 = 6,32%. Ferner ist das Disagio auf die Laufzeit aufzuteilen, das ergibt jährlich 0,5%. Die Effektivverzinsung beträgt insgesamt 6,82%.
Eine genauere Rechnung berücksichtigt zunächst, daß die Zinszahlung halbjährlich erfolgt. 3 Mark, nach einem halben Jahr gezahlt, sind bei 6% Zinsen am Jahresende auf 3,09 Mark angewachsen. Es ist also zu rechnen: 6,09 : 95 = 6,41%; die genauere Rechnung beachtet ferner, daß bei den 5 Mark Disagio die Zinseszinswirkung erfaßt werden muß: Es ist die Annuität des Barwertes der 5 Mark zu berechnen. Sie gleicht etwa 0,38 DM, d. h. 0,38%. Zusammen ergibt das eine Effektivverzinsung von 6,79%. Wir sehen, die Fehler bei der praktisch-überschlägigen Rechnung gleichen sich weitgehend aus. Die Vernachlässigung der Zinsgewinne bei der praktischen Rechnung durch die halbjährliche Zinszahlung mindert die Effektivverzinsung, die gleichmäßige Verteilung des Agios erhöht sie. Im Regelfall genügt deshalb die praktisch-überschlägige Rechnung.

Die theoretisch exakte Rechnung würde verlangen, den internen Zinsfuß der Zahlungsreihe

t_0	t_1	t_2	t_3	...	t_{20}
+ 95	− 3	− 3	− 3	...	− 103

zu bestimmen. Dabei wäre der interne Zinsfuß allerdings für einen Halbjahreszeitraum definiert.
Bei ausschließlicher Eigenfinanzierung wird man als Zinssatz die Rendite einer Alternativanlage wählen. Bei Finanzierung aus Eigen- und Fremdkapital sind beide Zinssätze nach den Kapitalanteilen zu gewichten. Schwierigkeiten treten bei der Ermittlung der Effektivverzinsung (der Kapitalkosten) vor allem dann ein, wenn die steuerlichen Wirkungen berücksichtigt werden. Dieses Problem wird ab S. 304 im einzelnen behandelt.

Wir sehen im Kalkulationszinsfuß eine vereinfachende Pauschalannahme über die Finanzierungskosten und Erträge aus möglichen Geldanlagen. Demgegenüber werden in der Literatur auch andere Meinungen über die Aufgaben des Kalkulationszinsfußes vertreten:

(1) Der Kalkulationszinssatz entspreche nicht nur der Rendite einer offensichtlich auch zulässigen pauschalen Investitionsmöglichkeit, sondern er sei genauer festzusetzen in Höhe der Rendite der besten nicht mehr verwirklichten Investitionsgelegenheit[7].
Der Kalkulationszinssatz sei als Opportunitätskostensatz zu verstehen. Auf den ersten Blick ist dieses Argument bestechend. Beim zweiten Blick ist es logisch nicht mehr haltbar. Den Zinsfuß braucht man, weil nicht alle Investitionsvorhaben ausdrücklich berücksichtigt und analysiert worden sind. Um den Opportunitätskostensatz zu ermitteln, muß man jedoch wissen, welche Investitionsvorhaben werden durchgeführt, welche nicht. Die Rendite des besten nicht mehr verwirklichten Vorhabens zeigt den Opportunitätskostensatz, den »richtigen« Kalkulationszinsfuß an. Kennt man aber die zu verwirklichenden Investitionsvorhaben, dann braucht man keine Kapitalwertberechnung mehr und damit keinen Kalkulationszinsfuß als Maß der Alternativrendite.

(2) Der Kalkulationszinsfuß sei eine subjektive Mindestverzinsung. Diese Ansicht wird in zwei Varianten vorgetragen:

a) Lindahl und andere Autoren[8] behaupten, der Kalkulationszinsfuß setze sich aus dem Marktzinssatz plus einem subjektiven Risikozuschlag zusammen. Das Risiko im Kalkulationszinsfuß

[7] Vgl. *Adolf Moxter*, Die Bestimmung des Kalkulationszinsfußes bei Investitionsentscheidungen. Ein Versuch zur Koordination von Investitions- und Finanzierungslehre. In: ZfhF, NF, Jg. 13 (1961), S. 186–200, hier S. 186–198; *ders.*, Lineares Programmieren und betriebswirtschaftliche Kapitaltheorie. In: ZfhF, NF, Jg. 15 (1963), S. 285–309, hier S. 300 f.; *Hans Münstermann*, Wert und Bewertung der Unternehmung. Wiesbaden 1966, S. 74; *ders.*, Diskussionsbeitrag auf der Arbeitstagung der Schmalenbach-Gesellschaft in Köln am 1. Juli 1966. In: ZfbF, Jg. 18 (1966), S. 577 f.

[8] Vgl. *Erik Lindahl*, The Concept of Income. In: Economic Essays in Honour of Gustav Cassel. London 1933, reprinted 1967, S. 399–407, hier S. 400 bzw. 402, Fußnote; *Erich Schneider*, Wirtschaftlichkeitsrechnung. Theorie der Investition. 7. Aufl., Tübingen – Zürich 1968, S. 68 f.; *Lawrence Fisher*, Determinants of Risk Premiums on Corporate Bonds. In: The Journal of Political Economy, Vol. 67 (1959), S. 217–237, hier S. 217.

zu berücksichtigen, ist jedoch verfehlt. Der Kalkulationszinssatz ist ein Maß für die Finanzierungskosten oder die Alternativrendite sonstiger Anlagen. Durch den Risikozuschlag werden die alternativen Anlagen in ihrer Ertragsfähigkeit überschätzt. Dagegen werden die Verfechter des Risikozuschlags einwenden, sie wollten keine Alternativrendite, sondern eine subjektive Mindestverzinsung bestimmen. Darüber ist gleich zu sprechen.
Bedenklich wird diese subjektive Erhöhung des Kalkulationszinsfußes vor allem, wenn mit seiner Hilfe der ausschüttungsfähige Periodengewinn errechnet werden soll (was z. B. Lindahls Ziel war). Es läßt sich zeigen, daß der ausschüttungsfähige Gewinn meistens infolge des subjektiven Risikozuschlags steigt, was gewiß nicht die Absicht einer die Risiken berücksichtigenden Gewinnermittlung ist.

b) Der Kalkulationszinsfuß wird auch als eine subjektive, ökonomisch nicht begründbare Mindestrendite verstanden. Nehmen wir an, ein Unternehmer strebe nicht nach Einkommensmaximierung, sondern er versuche, ein nichtfinanzielles Ziel zu erreichen, und setze dabei einen Mindestgewinn als finanzielle Nebenbedingung. Unternehmensziel sei z. B. Umsatzmaximierung unter der Nebenbedingung 6% Rendite. Im Regelfall wird eine solche Nebenbedingung rational zu erklären sein, z. B. als die Rendite, welche die Unternehmung auch auf dem Kapitalmarkt erzielen könnte, oder als der Satz, der als branchenübliche Dividende an die Anteilseigner gezahlt werden muß.
Es ist aber nicht auszuschließen, daß der Unternehmer, ohne seine Vernunft zu Hilfe zu nehmen, sich für eine bestimmte Mindestrendite entscheidet, und nur dieser Fall ist hier gemeint. Was sonst als dieser nicht durch die Vernunft erklärbare Sonderfall kann gemeint sein, wenn der Kalkulationszinsfuß definiert wird als der »vom Investor (subjektiv) gesetzte Maßstab für die Entscheidung über die Vorteilhaftigkeit einer Investition«, und eine zahlenmäßige Abhängigkeit zwischen »einem Kalkulationszinssatz vor und nach der Besteuerung« andererseits entschieden abgelehnt wird[9]! Setzt man den Kalkulationszinsfuß in dieser Form als subjektive Mindestverzinsung, dann ist er ökonomisch nicht erklärbar. Das Problem, ihn zu bestimmen, ist vom Tisch. So einfach darf es sich die Theorie jedoch nicht machen.

II. Die Berechnung der Vorteilhaftigkeit einer Investition

a) Die einmalige Investition

Um den Kapitalwert eines Investitionsvorhabens zu berechnen, müssen wir die Zeitspanne kennen, für die es sich lohnt, das Investitionsvorhaben zu nutzen. Die Nutzungsdauer ist jedoch selbst ein ökonomisches Problem. Kapitalwert und »wirtschaftliche Nutzungsdauer« müssen also »simultan«, in ein und demselben Rechengang, bestimmt werden.
Von einer wirtschaftlichen Nutzungsdauer sprechen wir dann, wenn sämtliche Abschreibungsursachen berücksichtigt sind. Um die wirtschaftliche Nutzungsdauer zu berechnen, sind Einnahmen und Ausgaben einer Kapazitätseinheit zu erfassen. Die wirtschaftliche Nutzungsdauer verstehen wir dabei als die gewinnmaximale Investitionsdauer einer Kapazitätseinheit. Strenggenommen gilt diese Definition nur, wenn der Unternehmer ein finanzielles Ziel anstrebt. Bei nichtfinanziellen Zielsetzungen ist es denkbar, daß eine

[9] So *Erich Schneider*, Kritisches und Positives zur Theorie der Investition. In: Weltwirtschaftliches Archiv, Bd. 98 (1967 I), S. 314–348, hier S. 339 f.; *ders.*, Wirtschaftlichkeitsrechnung, S. 130.

vom Gewinnmaximum abweichende Nutzungsdauer dem Unternehmensziel besser gerecht wird. Doch hier kommt es nur darauf an, das Prinzip der Nutzungsdauerermittlung darzustellen. Unter einer abweichenden Zielsetzung ist das Nutzungsdauerproblem entsprechend abzuwandeln.

Die gewinnmaximale Investitionsdauer ist dann erreicht, wenn der Kapitalwert im Zeitablauf sein Maximum erreicht. Wie das zeitliche Kapitalwertmaximum ermittelt werden kann, werden wir gleich darstellen. In Totalmodellen bestimmt sich die wirtschaftliche Nutzungsdauer simultan mit dem Investitions- und Finanzierungsprogramm; da dort kein Kalkulationszinsfuß verwandt wird, ist auch kein Kapitalwertmaximum zu bestimmen. Zur Nutzungsdauerbestimmung in Totalmodellen vgl. S. 383.

Um die Vorteilhaftigkeit einer Investition und damit ihre wirtschaftliche Nutzungsdauer zu berechnen, müssen die Einnahmen und Ausgaben des Investitionsobjektes für eine Reihe von Jahren bekannt sein. Ferner sei ein Kalkulationszinsfuß vorgegeben. Aus Gründen sprachlicher Bequemlichkeit verwenden wir im weiteren die Begriffe Investitionsobjekt, Kapazitätseinheit und Anlage gleichbedeutend.

Zur Vereinfachung führen wir zunächst noch weitere Voraussetzungen ein. Wir nehmen an, die Unternehmung bestehe nur aus einer einzigen Kapazitätseinheit, und der Unternehmer plane für einen Zeitraum von, sagen wir, zehn Jahren. Innerhalb dieses Zeitraums will er diese Unternehmung nur während der wirtschaftlichen Nutzungsdauer der Anlage betreiben. Der Unternehmer sei z. B. ein Taxifahrer. Er fährt solange, wie es sich lohnt, das soeben gekaufte Taxi zu nutzen. Dann legt er sein Geld auf der Bank an und trifft bis zum Ende der zehn Jahre keine wirtschaftliche Entscheidung mehr. Die Voraussetzung, das Taxiunternehmen werde nur bis zum Ende der wirtschaftlichen Nutzungsdauer der Anlage betrieben, ist zweckmäßig, um vorerst das Problem der Investitionsketten auszuklammern. Die Anlage der freiwerdenden Beträge auf der Bank bis zum Planungshorizont ist notwendig, um einen »unabhängigen« Planungshorizont zu sichern. Für den Fall des abhängigen Planungshorizonts ergibt sich nämlich eine andere Nutzungsdauer (Investitionsdauer); das wurde auf S. 222 f. gezeigt.

Um die wirtschaftliche Nutzungsdauer zu bestimmen, berechnen wir deshalb den Kapitalwert für den Fall, daß die Anlage ein Jahr, zwei Jahre, drei, . . ., n Jahre genutzt würde. Als Maß der Vorteilhaftigkeit einer Anlage wird dann derjenige Kapitalwert gewählt, der bei variierter Nutzungsdauer am höchsten ist. Das Jahr, für welches der Kapitalwert am höchsten ist, bezeichnet gleichzeitig die wirtschaftliche Nutzungsdauer des Investitionsobjekts.

Der Kapitalwert einer einmaligen Investition K_1 ist definiert als die Summe der Barwerte aller Periodenüberschüsse Q(t) plus dem Barwert des Restverkaufserlöses R(n) am Ende der Nutzungsdauer (das ergibt zusammen den Ertragswert der Anlage) abzüglich der Anschaffungsausgaben I. $v^t = \frac{1}{(1+i)^t} = (1+i)^{-t}$ bezeichnet den Abzinsungsfaktor, i ist der Kalkulationszinsfuß, t die Anzahl der Jahre; n bedeutet das Nutzungsdauerende.

$$K_1 = \sum_{t=1}^{n} Q(t)\, v^t + R(n)\, v^n - I\,. \tag{1}$$

Setzt man nun Zahlen ein, so läßt sich der im Zeitablauf maximale Kapitalwert errechnen.

Die Spalten der folgenden Tabelle enthalten:

1. Anzahl der Nutzungsjahre; im Zeitpunkt 0 wird die Anlage angeschafft.

2. I = Anschaffungsausgaben; R(n) ist der Restverkaufserlös nach n-jähriger Nutzung.

3. $R(n)\, v^n$ = Barwert des Restverkaufserlöses, v^n ist der Abzinsungsfaktor.

4. $Q(t)$ = Periodenüberschuß in jedem Jahre t.

5. $Q(t)\, v^t$ = Barwert eines einzelnen Periodenüberschusses.

6. In $\sum_{t=1}^{n} Q(t)\, v^t$ sind die einzelnen Barwerte aufsummiert.

7. K_1 ist der Kapitalwert bei einmaliger Investition. Er errechnet sich aus dem Ertragswert der Anlage (Spalte 6 plus Barwert des Restverkaufserlöses, Spalte 3) abzüglich der Anschaffungsausgaben von 1 000. Die Zahlen in den einzelnen Zeilen sind so zu verstehen: Wenn die Anlage nur ein Jahr genutzt wird, dann entsteht ein negativer Kapitalwert von 23, wird sie statt dessen zwei Jahre genutzt, entsteht ein positiver Kapitalwert von 17 usw.

8. v gleicht den Werten der Abzinsungsfaktoren bei 10% Zinsen.

Jahre	I/R(n)	$R(n)v^n$	$Q(t)$	$Q(t)v^t$	$\sum_{t=1}^{n} Q(t)v^t$	K_1	v
1	2	3	4	5	6	7	8
0	1000	—	—	—	—	—	—
1	750	682	325	295	295	—23	0,909
2	550	454	325	268	563	17	0,826
3	400	300	300	225	788	88	0,751
4	300	205	275	188	976	181	0,683
5	200	124	250	155	1131	255	0,621
6	140	79	200	113	1244	323	0,565
7	80	41	150	77	1321	362	0,513
8	30	14	65	30	1351	365	0,467
9	0	0	25	11	1362	362	0,424
10	—	—	0	—	—	—	—

Die Berechnungen ergeben, daß bei einmaliger Investition der maximale Kapitalwert des Vorhabens 365 Mark beträgt. Er ist erreicht, wenn die Anlage 8 Jahre genutzt wird. 8 Jahre beträgt also die wirtschaftliche Nutzungsdauer der Anlage.

Wir wollen nun versuchen, die allgemeine Optimumbedingung für die gewinnmaximale Investitionsdauer (die wirtschaftliche Nutzungsdauer) zu finden. In welcher Periode ist der Kapitalwert am höchsten? Durch eine einfache Grenzüberlegung läßt sich das bestimmen.

Das zeitliche Kapitalwertmaximum ist offenbar dann erreicht, wenn der zeitliche Grenzgewinn der Anlage Null wird. Ist der zeitliche Grenzgewinn positiv, so steigt der Kapitalwert; ist der zeitliche Grenzgewinn negativ, so sinkt der Kapitalwert. Also gilt: Die wirtschaftliche Nutzungsdauer ist erreicht, wenn der zeitliche Grenzgewinn Null ist und zuvor (stets) positiv war, danach (stets) negativ bleibt. Wie berechnet sich nun der zeitliche Grenzgewinn?

Der zeitliche Grenzgewinn der Periode n, G(n), besteht:

1. aus dem Periodenüberschuß des n-ten Jahres einer Anlage: $+ Q(n)$
2. plus dem Restverkaufserlös in diesem n-ten Jahr: $+ R(n)$
3. abzüglich dem Restverkaufserlös, der im Vorjahr, im (n–1)ten Jahr, zu erzielen gewesen wäre. Nutzt man die Anlage noch im n-ten Jahr, gewinnt man zwar den Restverkaufserlös am Ende des n-ten Jahres, verliert aber den Restverkaufserlös des (n–1)ten Jahres: $- R(n-1)$.
4. Der Restverkaufserlös des (n–1)ten Jahres hätte zinsbringend im n-ten Jahr angelegt werden können, folglich sind die Zinsen auf das in der Anlage »gebundene Kapital« abzuziehen: $- iR(n-1)$.

Hierbei ist zu beachten, daß gemäß der früheren Übereinkunft die Zahlungen nur am Ende einer Periode anfallen. Q(n) ist also der Periodenüberschuß zum 31. 12. des n-ten Nutzungsjahres; das während des n-ten Jahres in der Anlage »noch gebundene Kapital« gleicht dem Restverkaufserlös des Vorjahres R(n–1). Diese Aussage folgt aus unserer Prämisse über das Zeitmoment: Zahlungsdaten sind stets die Nahtstellen zwischen zwei Perioden. Verfehlt ist für Wirtschaftlichkeitsrechnungen die praktische Übung, mit einer durchschnittlichen Kapitalbindung zu rechnen, vgl. S. 547.
Wir fassen die Einzelglieder des zeitlichen Grenzgewinns für das n-te Jahr – G(n) – zusammen:

$$G(n) = Q(n) + R(n) - (1 + i) R(n - 1). \tag{2}$$

Da die wirtschaftliche Nutzungsdauer erreicht ist, wenn der Grenzgewinn Null ist, gilt:

$$Q(n) = (1 + i) R(n - 1) - R(n). \tag{2a}$$

Der Periodenüberschuß der Anlage muß gerade gleichen dem aufgezinsten Restverkaufserlös am Ende der Vorperiode abzüglich dem Restverkaufserlös dieser Periode; dabei müssen zuvor die Periodenüberschüsse über, danach unter dieser Differenz liegen. Leichter verständlich ist vielleicht folgende Schreibweise:

$$Q(n) + R(n) > (1 + i) R(n - 1), \tag{2b}$$

d. h. die Nutzung einer Anlage lohnt sich, solange die Nettoeinnahmen bei Weiterverwendung um eine Periode $[Q(n) + R(n)]$ größer sind als die zusätzlichen Einnahmen bei Beendigung der Nutzung in der Vorperiode und Anlage des freigesetzten Kapitals zum Kalkulationszinsfuß.

Das verbal Abgeleitete soll für Ungläubige nunmehr mathematisch bewiesen werden. Für diesen Zweck schreiben wir die Gleichung (1) in stetiger Form. Wir gehen also von der »Periodenanalyse« zur »kontinuierlichen Analyse« über. Wir unterstellen unendlich viele sehr kleine Zeiträume. Die Abzinsung geschieht dann nicht mehr jährlich, sondern in jedem dieser sehr kleinen Zeiträume. Die Abzinsung erfolgt »stetig« im Zeitablauf. Damit treten an die Stelle des Kalkulationszinsfußes i die Verzinsungsenergie ϱ und an die Stelle des Abzinsungsfaktors $(1 + i)^{-t}$ der Faktor $e^{-\varrho t}$. Der Umwandlung des Kalkulationszinsfußes i in die ihm entsprechende stetige Verzinsung (Verzinsungsenergie) ϱ liegt folgender Gedanke zugrunde:
Wenn einmal im Jahr die Zinszahlung erfolgt, wächst das Kapital mit $(1 + i)^t$, wobei t die Zahl der Jahre bedeutet. Erfolgt die Zinszahlung mehrmals (z. B. m-mal, wobei m = 2, 3, ..., z), so wächst das Kapital mit $\left(1 + \frac{\varrho}{m}\right)^{mt}$, wobei ϱ derjenige Jahreszinssatz ist, der bei m-maliger Verzinsung zu demselben Ergebnis führt wie bei einmaliger jährlicher Zinszahlung der Zinssatz i, also

(a) $$(1 + i)^t = \left(1 + \frac{\varrho}{m}\right)^{mt}$$

Statt $\frac{\varrho}{m}$ setzen wir den Ausdruck $\frac{1}{k}$ ein $\left(\text{also } k = \frac{m}{\varrho}\right)$

(b) $$(1 + i)^t = \left(1 + \frac{1}{k}\right)^{k\varrho t}$$

Wir bilden nun den Grenzwert und unterstellen dabei, die Verzinsung erfolge unendlich oft, d. h. stetig in einer Periode. Wenn $m \to \infty$, wird auch $\frac{m}{\varrho} = k \to \infty$. Dann ist

$$\lim_{k \to \infty} \left(1 + \frac{1}{k}\right)^k = e$$

e ist die Basis der natürlichen Logarithmen (ln e = 1).
Aus (b) folgt dann

(c) $$(1 + i)^t = e^{\varrho t} \quad \text{oder} \quad \varrho = \ln(1 + i).$$

Für i = 0,1 (10 %) beträgt ϱ z. B. 0,095. Gleichung (c) zeigt den Zusammenhang zwischen dem Kalkulationszinsfuß i und der i entsprechenden Verzinsungsenergie ϱ.
Die einzelnen Zahlungen Q(t) werden bei stetiger Betrachtung ersetzt durch eine stetige, differenzierbare Funktion Q(t), und deshalb kann an die Stelle der Summierung die Integration treten. Für den Kapitalwert gilt dann:

(1a) $$K_1 = \int_0^n Q(t)\, e^{-\varrho t} dt + R(n)\, e^{-\varrho n} - I$$

Diese kontinuierliche Formulierung der Kapitalwertdefinition hat den Vorteil, daß man den Kapitalwert in allgemeiner algebraischer Form ausrechnen und nach n, der Nutzungszeit, differenzieren kann, um so die optimale Nutzungsdauer zu ermitteln.

Für die hier vorzunehmende Differenzierung eines Integrals gilt die Formel

$$\frac{d}{dn}\int_0^n f(t)\,dt = f(n);$$

für den Restverkaufserlösausdruck ist die Produktenregel anzuwenden. Daraus folgen

$$\frac{dK_1}{dn} = Q(n)e^{-\varrho n} - \varrho R(n)e^{-\varrho n} + \frac{dR(n)}{dn}e^{-\varrho n} = 0$$

und

(2c) $Q(n) = \varrho R(n) + [-R'(n)]$,

wobei $\frac{dR(n)}{dn} = R'(n)$. Um das Maximum zu sichern, wird angenommen, daß $\frac{d^2K_1}{dn^2} < 0$ ist.

— R'(n) wurde in Klammern gesetzt, weil das der Ausdruck für die Restverkaufserlösabnahme ist. Die Restverkaufserlösabnahme entspricht im diskontinuierlichen Fall der Differenz R(n—1) — R(n). Da nun die einzelnen Perioden unendlich eng aneinandergerückt sind, erscheinen hier einfach die Zinsen auf den Restverkaufserlös des n-ten Zeitpunktes, nicht wie im diskontinuierlichen Fall die Zinsen auf den Restverkaufserlös der Vorperiode.

Die Formel (2c) enthält die verbal bereits abgeleitete Aussage, daß im Optimum der Periodenüberschuß gleichen muß den Zinsen auf den Restverkaufserlös und der Restverkaufserlösabnahme, daß also der Grenzgewinn der Anlage Null ist.

Bei näherer Betrachtung läßt sich dieses Ergebnis auf einen fundamentalen, erstmals von Jevons formulierten Satz der Kapitaltheorie zurückführen[10]. Die günstigste Investitionsperiode (in der Kapitaltheorie werden als Beispiele genannt: Ausreifungszeit von Wein oder Wachstumszeit eines Holzbestandes) ist danach erreicht, wenn die Verzinsungsenergie dem relativen zeitlichen Grenzertrag gleicht.

Unter relativem zeitlichen Grenzertrag wird hierbei das Verhältnis von Ertragsänderung bei Veränderung der Lagerzeit des Weines um eine sehr kleine Periode zum Gesamtertrag verstanden. Eine bessere und allgemeinere Formulierung erhalten wir, wenn wir den relativen zeitlichen Grenzertrag so definieren, daß der zusätzliche Ertrag auf das investierte Kapital bezogen wird. In dem Sonderfall der Weinlagerung ist in jeder Periode der gesamte Ertrag gleich dem investierten Kapital. Im praktischen Regelfall sind Gesamtertrag und investiertes Kapital in jeder Periode verschiedene Größen. Das Verhältnis von zeitlichem Grenzertrag zu investiertem Kapital kann auch als Grenzrendite in bezug auf die Zeit bezeichnet werden. Die Zinsgleichung von Jevons ist also gleichbedeutend mit der Aussage »zeitliche Grenzrendite gleich Kalkulationszinsfuß«. Die Identität der Nutzungsdauergleichungen (2a) und (2c) mit der Zinsgleichung von Jevons läßt sich durch Umformulierung sofort erkennen. Aus (2c) folgt (2d):

$$\text{(2d)} \qquad \frac{Q(n) - [-R'(n)]}{R(n)} = \varrho$$

[10] Vgl. *W. Stanley Jevons,* Die Theorie der politischen Ökonomie. Ins Deutsche übertragen von Otto Weinberger, Jena 1924, S. 231 f.; vgl. dazu auch *Heinrich von Stackelberg,* Elemente einer dynamischen Theorie des Kapitals. (Ein Versuch.) In: Archiv für mathematische Wirtschafts- und Sozialforschung, Bd. 7 (1941), S. 8–29, 70–93, hier S. 19.

bzw. aus (2a)

$$\frac{Q(n) - [R(n-1) - R(n)]}{R(n-1)} = i. \tag{2e}$$

Über dem Bruchstrich steht: Einnahme der n-ten Periode minus Einnahmenentgang durch Benutzung der Anlage in der n-ten Periode (das ist gleich dem Einnahmenzuwachs der n-ten Periode). Das Verhältnis Einnahmenzuwachs zu investiertem Kapital (erzielbarer Verkaufserlös in der Vorperiode) bezeichnet die Grenzrendite der n-ten Periode.

b) Die wiederholte Investition

1. Die endliche Investitionskette

Wir waren bisher davon ausgegangen, die Investition werde nur einmal vorgenommen, und hatten damit unterstellt, daß der Unternehmer nach Ablauf der wirtschaftlichen Nutzungsdauer der Investition den betrachteten »Betrieb« beendet. Nunmehr verlassen wir den isolierten Vorteilsvergleich und untersuchen den Fall, daß eine Anlage mehrmals durch eine andere Anlage ersetzt wird. Dabei soll in jedem Zeitpunkt nur eine einzige Anlage im Betrieb dienen. Der Unternehmer plant innerhalb seines Planungshorizonts eine Kette aufeinanderfolgender Investitionen.
Zunächst nehmen wir an, daß die Anlage nur einmal, und zwar »identisch«, ersetzt werden soll. »Identisch« bedeutet dabei nicht etwa physische Identität (immer Taxi Baujahr 1973), sondern »gleiche Ertragsfähigkeit« bei gleichen Anschaffungsausgaben (gleiche Rendite). Identisch bedeutet also strenggenommen nicht einmal gleiche Zahlungsströme; die Zahlungsströme können verschieden sein, nur ihr Kapitalwert (für die Nutzungsdauer bei einmaliger Investition) und die Anschaffungsausgaben müssen gleich sein. Diese besondere Art von »Identität« muß beachtet werden.
Bei einmaliger Reinvestition umfaßt die Investitionskette zwei Glieder. Investitionsketten mit identischen Gliedern nennt man grob »identische Investitionsketten«. Der Gesamtgewinn der Unternehmung hängt jetzt von dem Gewinn ab, den beide Anlagen zusammen abwerfen. Der Gesamtgewinn hängt auch von dem Zeitpunkt ab, zu dem die erste Anlage durch die zweite Anlage ersetzt wird. Dieser Zeitpunkt liegt früher als das Ende der wirtschaftlichen Nutzungsdauer bei einmaliger Investition. Der Planungszeitraum des Unternehmers betrage z. B. 10 Jahre, die Nutzungsdauer einer Anlage ohne Nachfolger sei 5 Jahre. Werden jedoch zwei Anlagen hintereinander investiert, dann kann folgende Lage eintreten:

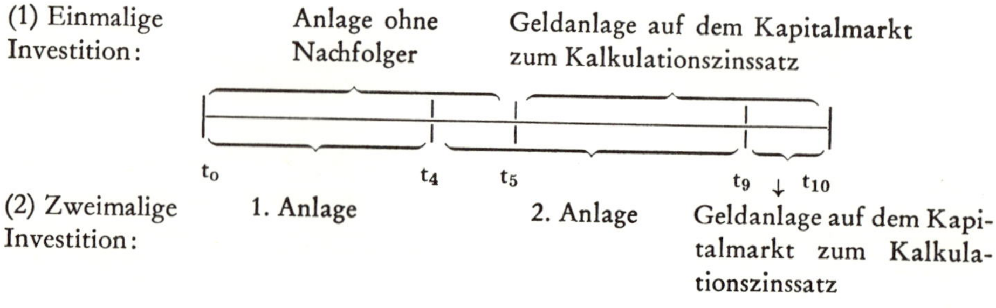

Dieses Ergebnis erklärt sich so: Bei einmaliger Investition wird die Anlage hinausgeworfen, wenn ihr zeitlicher Grenzgewinn Null ist (Grenzrendite = Kalkulationszinssatz). Hat der Unternehmer jedoch die Möglichkeit, anstelle der Geldanlage zum Kalkulationszinsfuß eine zweite Sachinvestition vorzunehmen, so wird ihm diese zweite Sachinvestition einen Einkommenszuwachs versprechen, und zwar in Höhe der Zinsen auf ihren Kapitalwert. Der »ökonomische Gewinn« einer Investition gleicht den Zinsen auf ihren Ertragswert. Die Zinsen auf die Anschaffungsausgaben würde der Unternehmer in jedem Fall verdienen, z. B. wenn er das Geld auf dem Kapitalmarkt anlegen würde. Der Einkommenszuwachs durch die zweite Sachanlage beläuft sich also auf die Differenz: Zinsen auf den Ertragswert minus Zinsen auf die Anschaffungsausgaben gleich Zinsen auf den Kapitalwert. Hat der Unternehmer die Wahl, die zweite Sachinvestition zu verschiedenen Zeitpunkten zu beginnen, so wird er sich für den Zeitpunkt entscheiden, an dem der zeitliche Grenzgewinn der alten Anlage unter den Gewinnzuwachs zu sinken droht, den die neue Anlage erbringen könnte. Wenn der Unternehmer die Ersatzbeschaffung ein Jahr vorzieht, so erhält er als Gewinnzuwachs für dieses Jahr die Zinsen auf den Kapitalwert der neuen Anlage. Ist jedoch für ein Jahr der zeitliche Grenzgewinn der alten Anlage noch höher als der Gewinnzuwachs durch die neue Anlage, so ist es für den Unternehmer vorteilhaft, mit der Ersatzinvestition zu warten.

Der zeitliche Grenzgewinn einer Anlage wird mit wachsender Jahreszahl fallen und schließlich auf Null sinken. Wird die Investition wiederholt, so ist die wirtschaftliche Nutzungsdauer beendet, wenn der zeitliche Grenzgewinn der ersten Anlage dem Gewinnzuwachs aus der nachfolgenden Investition gleicht. Wird die Investition nicht wiederholt, so ist ihre wirtschaftliche Nutzungsdauer beendet, wenn der zeitliche Grenzgewinn Null wird. Daraus folgt: Die Nutzungsdauer einer Anlage, die Nachfolger findet, ist stets kürzer als die einer Anlage ohne Nachfolger.

Wie paradox dieses Ergebnis ist, erkennen wir, wenn wir überlegen, was »identische« Reinvestition heißt: Erstinvestition und Ersatzinvestition weisen den gleichen Kapitalwert, u. U. sogar die gleichen Zahlungsströme auf. Das Taxi, das der Unternehmer als Ersatzinvestition erwägt, sei z. B. in seinen Zahlungsströmen völlig identisch mit dem vor Jahren angeschafften. Aus dem soeben Abgeleiteten folgt dann: Wenn bei nichtwiederholter Investition das Taxi eine Nutzungsdauer von fünf Jahren hat, dann kann es vernünftig sein, das Taxi, falls es identisch ersetzt werden sollte, bereits nach vier Jahren zu verkaufen.

Der mathematische Beweis ist gegenüber der verbalen Erklärung recht einfach, dennoch haben wir erst versucht, verbal die Lösung zu erklären. Man hat eine ökonomische Aussage erst dann verstanden, wenn man sie sich auch ohne Mathematik plausibel machen kann.

Der Gesamtkapitalwert der Unternehmung K_2 folgt aus dem Kapitalwert der ersten Anlage und dem Kapitalwert der Ersatzanlage. Der Kapitalwert der Ersatzanlage entspricht dem Kapitalwert bei einmaliger (nicht wiederholter) Investition; er wird deshalb K_1 genannt. K_1 ist hier zu beziehen auf das noch unbekannte Nutzungsdauerende der ersten Anlage. Der Gesamtkapitalwert der Unternehmung errechnet sich dann als Kapitalwert der zweigliedrigen Kette

$$(3) \qquad K_2 = \int_0^n Q(t)\, e^{-\varrho t} dt + R(n) e^{-\varrho n} - I + K_1 e^{-\varrho n}$$

und folglich gilt für

$$\frac{dK_2}{dn} = 0, \text{ daß}$$

(4) $$Q(n) = \varrho R(n) + [-R'(n)] + \varrho K_1.$$

Wir setzen dabei voraus, daß $\frac{d^2K_2}{dn^2} < 0$, so daß (4) tatsächlich ein Maximum bezeichnet.

Diese Überlegungen lassen sich auf Investitionsketten von mehr als zwei Anlagen ausdehnen. Besitzt die erste Anlage zwei Nachfolger, so hat sie zu den Zinsen auf den Kapitalwert des ersten Nachfolgers noch zusätzlich die (um die Nutzungsdauer des ersten Nachfolgers) abdiskontierten Zinsen auf den Kapitalwert des zweiten Nachfolgers zu tragen. Ihr erster Nachfolger hat seinerseits die Zinsen auf den Kapitalwert des zweiten Nachfolgers zu decken. Daraus folgt allgemein: In einer endlichen Kette identischer Investitionen ist die Nutzungsdauer jeder Anlage länger als die ihrer Vorgängerin und kürzer als die ihrer Nachfolgerin (Gesetz der Ersatzinvestition)[11].

Das paradoxe Ergebnis (mit wachsender Ersatzbeschaffung ständig länger werdende Nutzungsdauer der sonst in ihren Zahlungsströmen identischen Anlagen) tritt allerdings nur auf bei begrenztem Planungshorizont und einer endlichen Zahl von Ersatzbeschaffungen, d. h. in einer Unternehmung auf Zeit (wie wir gleich sehen werden). Daraus folgt, daß das »Gesetz der Ersatzinvestition« kein »Gesetz«, sondern ein merkwürdiger Sonderfall ist. Ein Sonderfall, der eintritt, wenn in einer Unternehmung nur eine Anlage oder eine konstante Zahl von Anlagen in jedem Zeitpunkt verwendet werden kann und wenn vor dem Ende des Planungshorizonts der Unternehmer sein Kapital nur mehr zum Kalkulationszinsfuß anlegt. Nur dann nämlich lohnt sich von Kettenglied zu Kettenglied die Streckung der Nutzungsdauer der Ersatzanlagen, weil nach einigen Ersatzbeschaffungen keine rentable Kapitalanlage (über den Kalkulationszinsfuß hinaus) mehr möglich ist.

2. Die unendliche Investitionskette

Erweitern wir die Betrachtung zu einem unendlich viele Ersatzvorgänge umfassenden Modell, so zeigt sich, daß das Ende der wirtschaftlichen Nutzungsdauer einer Anlage erreicht ist, wenn Periodenüberschuß plus Restverkaufserlös gerade noch ausreichen, den aufgezinsten Restverkaufserlös der Vorperiode und die Zinsen auf den Kapitalwert aller Nachfolger der Anlage zu decken. Erstreckt sich nun die Lebensdauer der Unternehmung bis ins Unendliche, so belasten die Zinsen auf die Kapitalwerte der Nachfolger jede Anlage der Investitionskette gleich hoch. Immer, bei der ersten, zweiten, tausendsten Anlage der Kette, sind ja die Zinsen auf die Kapitalwerte unendlich vieler künftiger Ersatzanlagen durch die Periodenüberschüsse zu decken. Wenn aber die Anlagen identisch sind und mit gleich hohen Zinsen auf die Kapitalwerte ihrer Nachfolger belastet

[11] Preinreich, der die Investitionsketten erstmals analysiert hat, spricht hier von einem »General law of replacement«; *Gabriel A. D. Preinreich*, Replacement in the Theory of the Firm. In: Metroeconomica, Vol. 5 (1953), S. 68 – 86, hier S. 76; Grundlage hierfür bildet seine Arbeit »The Economic Life of Industrial Equipment«. In: Econometrica, Vol. 8 (1940), S. 12 – 44.

werden, so muß auch die wirtschaftliche Nutzungsdauer aller Anlagen der Investitionskette gleich lang sein. In diesem Punkt unterscheidet sich der Fall der unendlichen Investitionskette von dem Fall einer begrenzten Zahl von Ersatzbeschaffungen.

Dieses Ergebnis soll formelmäßig abgeleitet werden. Nach dem bisher Gesagten folgt: Das Ende der Nutzungsdauer ist erreicht, sobald der Grenzgewinn der Anlage unter die Zinsen auf die Kapitalwerte aller ihrer Nachfolger zu sinken droht.

K_1 ist der im Zeitablauf maximale Kapitalwert für die einzelne Investition. Der Kapitalwert aller Investitionen in der unendlichen Kette K_a ist dann definiert als

$$K_a = K_1 + K_1 v^n + K_1 v^{2n} + \ldots + K_1 v^{\infty n}.$$

Als Summe dieser geometrischen Reihe erhalten wir

$$K_a = \frac{K_1}{1 - v^n} = \frac{K_1}{1 - \frac{1}{(1+i)^n}} \; . \tag{5}$$

Den Bruch erweitern wir mit $(1 + i)^n$ und erhalten $K_1 \frac{(1+i)^n}{(1+i)^n - 1}$; das ist nichts anderes als K_1 mal dem durch den Zinssatz dividierten Wiedergewinnungsfaktor (Annuitätenfaktor) $w = \frac{i(1+i)^n}{(1+i)^n - 1}$.

Gleichung (5) entspricht damit Gleichung

$$K_a = K_1 \cdot \frac{w}{i}. \tag{5a}$$

Diese Formel kann man sich sehr leicht merken, wenn man ihre Herleitung etwas anders betrachtet: K_1 ist ein Kapitalbetrag, $K_1 w$ bezeichnet die jährliche Rente aus dem Kapitalbetrag, und der Barwert K_a einer unendlichen Rente gleicht bekanntlich dem Quotienten »Rente dividiert durch Zinssatz«.

Die Zinsen auf den Kapitalwert aller Nachfolger bestimmen sich als $iK_a = K_1 w$, und für das Nutzungsdauerende folgt $G(n) = wK_1$, d. h. der Grenzgewinn muß auf die Höhe der Annuität der Einnahmenüberschüsse der Ersatzanlage gesunken sein. Die Annuität des Kapitalwerts (der Einnahmenüberschüsse) ist aber grob gesprochen nichts anderes als der jährliche »Durchschnittsgewinn« der Ersatzanlage.

Bei stetiger Betrachtungsweise ist die Ableitung der Nutzungsdauer mit einigem Rechenaufwand verbunden. Dazu setzen wir in Gleichung (5) für K_1 den Wert der Gleichung (1a) ein und erhalten, da $v^n = e^{-\varrho n}$ ist,

$$K_a = \frac{\int_0^n Q(t)\, e^{-\varrho t} dt + R(n)\, e^{-\varrho n} - I}{1 - e^{-\varrho n}}. \tag{5b}$$

Durch Differenzieren nach n, Null-Setzen der Ableitung und nach einigen Umformungen folgt dann

(6) $$Q(n) = \varrho R(n) + [-R'(n)] + \varrho K_a \text{ bzw.}$$

(6a) $$G(n) = \varrho K_a.$$

Die Nutzungsdauer einer Anlage in einer unendlichen Investitionskette ist also beendet, wenn ihr zeitlicher Grenzgewinn gleich dem Durchschnittsgewinn der Nachfolger ist. Das Nutzungsdauerende ist zugleich der optimale Ersatzzeitpunkt der Anlage durch ihren Nachfolger.

Für das Beispiel S. 278 beträgt $\frac{w}{i}$ im 8. Jahr 1,87, im 6. Jahr 2,30. Da $K_a = K_1 \cdot \frac{w}{i}$ ist, errechnet sich bei achtjähriger Nutzungsdauer $K_a = 683$; bei sechsjähriger Dauer $K_a = 743$. In der unendlichen identischen Investitionskette beträgt die Nutzungsdauer nur 6 Jahre. Gehen wir von einer unendlichen identischen Investitionskette aus, so unterstellen wir, daß die zukünftigen Ersatzanlagen dieselbe Vorteilhaftigkeit aufweisen werden. Der Verzicht auf die Gewinnrealisierung durch Anschaffung der Ersatzanlagen ist deshalb sehr beträchtlich. Nutzen wir jede Anlage nur 6 Jahre, dann ist zwar die Vorteilhaftigkeit jeder einzelnen Anlage, isoliert betrachtet, nicht mehr so groß (nur 323 anstelle von 365), für alle zusammengenommen ergibt sich jedoch bei dieser Nutzungsdauer bereits der höchste Kapitalwert.
Eine unendliche identische Investitionskette muß stets bei nur begrenzt bewertbaren Investitionsvorhaben unterstellt werden. Berechnung des »Kapitalwerts« bedeutet hier Berechnung des geringsten Ausgabenbarwerts (bzw. der geringsten Ausgabenannuität, der geringsten »Durchschnittskosten«). Denn eine Entscheidung über die Nutzungsdauer kann nur für eine Anlage in einer Investitionskette gefällt werden, weil bei einer nicht wiederholten Investition das »Ausgabenminimum« bereits im Anschaffungszeitpunkt erreicht wäre. Die Berechnung dient weiter dem Vergleich zwischen mehreren technisch etwa gleichwertigen Alternativen; welche von ihnen arbeitet am kostengünstigsten? Die Berechnung dient ferner der Bestimmung des optimalen Ersatzzeitpunktes solcher Anlagen und ihrer »wirtschaftlichen« (d. h. hier meist der »verschleißbedingten«) Nutzungsdauer.

3. Die praktische Bedeutung der Investitionsketten

Die bisherige Erörterung der wiederholten Investition beruhte auf der Annahme, daß in jedem Zeitpunkt nur eine einzige Anlage im Betrieb arbeitet. Diese Annahme ist entscheidend für den »Ketteneffekt«, die Verkürzung der Nutzungsdauer von Anlagen, die Nachfolger finden. In der endlichen und unendlichen Investitionskette stellt sich dabei stets das Ausschließlichkeitsproblem: entweder die alte Anlage oder die neue. Es ist diese Konkurrenz um den Platz in der Unternehmung, welche die Nutzungsdauerverkürzung verursacht. *Sobald wir zulassen, daß neben einer alten Anlage eine neue Anlage arbeitet, sobald Erweiterungsinvestitionen, nicht Ersatzinvestitionen betrachtet werden, gilt für das Nutzungsdauerende die Bedingung für die einmalige Investition,* nicht für die wiederholte. In wachsenden Unternehmungen verschwindet der Ketteneffekt. Deshalb ist die praktische Bedeutung der Investitionsketten gering. Im folgenden soll das nachgewiesen werden.

Wir gehen von dem einfachen Fall aus, daß in t_0 eine Ausgabe erfolgt und später am Ende der Investitionsdauer sämtliche Einnahmen anfallen. Alle zwischenzeitlichen Zahlungen seien Null. An den grundsätzlichen Aussagen ändert sich nichts, wenn man zwischenzeitliche Zahlungen zuläßt. Lediglich aus Gründen mathematischer Bequemlichkeit wird hier eine stetige Funktion des Endwertes der Investition angenommen. Bei Grundstücken, Beteiligungen oder dem klassischen Fall des Weinlagers bzw. der Aufforstung eines Waldes handelt es sich beim »Endwert« um den Verkaufserlös; in allen anderen Fällen um einen auf den Zeitpunkt n bezogenen Wert der Einnahmenüberschüsse des Investitionsobjekts einschließlich des Restverkaufserlöses.
Wir bezeichnen mit K_a den Kapitalwert der Investitionskette; R(n) ist der Endwert im Zeitpunkt n, I sind die Anschaffungsausgaben; $e^{-\varrho n}$ ist der Abzinsungsfaktor bei stetiger Verzinsung. K_n sei der Kapitalwert sämtlicher Nachfolgeinvestitionen im Zeitpunkt n. Die Nachfolgeinvestitionen können mit der ersten Investition identisch sein, brauchen es aber nicht. Wir nehmen aber einmal Identität an. Der Kapitalwert der Investitionskette ist dann definiert durch

$$K_a = R(n)\, e^{-\varrho n} - I + K_n\, e^{-\varrho n}. \qquad (7)$$

Die optimale Investitionsdauer ist erreicht, wenn

$$R'(n) = \varrho\, R(n) + \varrho\, K_n \cdot \qquad (8)$$

Bei diesem Modell ist nun folgendes unterstellt worden: Im Zeitpunkt Null investiert der Unternehmer die Anschaffungsausgaben I in Höhe von z. B. 10 000 Mark. Im Zeitpunkt n erhält der Unternehmer eine Einnahme in Höhe des Verkaufserlöses R(n), z. B. 15 000 Mark. Von diesen 15 000 Mark Einnahmen investiert er 10 000 Mark in die Nachfolgeinvestition. Was geschieht mit den restlichen 5 000 Mark? Über ihre Verwendung erfolgt keine ausdrückliche Annahme, und d. h. sie verzinsen sich nur zum Kalkulationszinsfuß (zur Verzinsungsenergie) ϱ ·
Wir fragen nun: Wie ändert sich der optimale Veräußerungszeitpunkt, wenn der volle Endwert (z. B. Veräußerungserlös) reinvestiert wird? Wir gehen also jetzt von der Annahme identischer Reinvestitionen (= Reinvestition der Anschaffungsausgaben) ab und lassen Unternehmenswachstum zu. Unternehmenswachstum heißt, über vorhandene Anlagen hinaus werden weitere eingesetzt. In unserem Fall sprechen wir von Unternehmenswachstum schon dann, wenn mehr als die ursprünglichen Anschaffungsausgaben der ersten Anlage reinvestiert werden; denn jede Mark, die über den ursprünglichen Anschaffungsbetrag hinaus in Sachanlagen investiert wird, bedeutet schließlich eine »Erweiterungsinvestition«. Die Reinvestition in Höhe der Anschaffungsausgaben I erbringt einen Kapitalwert K_n. Da der Unternehmer aber R(n) Mark zur Verfügung hat, könnte er insgesamt einen Betrag von R(n) reinvestieren. Er würde dann $\frac{R(n)}{I} K_n$ als Vermögenszuwachs erzielen. Wir wollen jedoch gleich den allgemeinen Fall untersuchen, daß ein bestimmter Prozentsatz α des Verkaufserlöses ($0 \leqslant \alpha \leqslant 1$) angelegt wird. Beträgt $\alpha = 1$, wird der gesamte Erlös der ersten Anlage in eine zweite Anlage

reinvestiert; beträgt $\alpha = 1/2$, dann nur die Hälfte. Wir unterstellen beliebige Teilbarkeit der Anlagen und erhalten folgenden Ansatz:

(9) $$K_a = R(n)\, e^{-\varrho n} - I + \alpha \cdot \frac{R(n)}{I} \cdot K_n\, e^{-\varrho n}.$$

Für $\frac{dK_a}{dn} = 0$ errechnet sich

$$-\varrho\, R(n) + R'(n) - \varrho \frac{\alpha K_n}{I} R(n) + \frac{\alpha K_n}{I} R'(n) = 0 \text{ und d. h.}$$

(9a) $$R'(n) = \varrho\, R(n).$$

Das bedeutet: Wird ein von den Einnahmen abhängiger Teil zu der höheren Rendite der Sachinvestition angelegt, dann bestimmt sich die optimale Investitionsdauer auch bei wiederholter Investition nach der Regel für die einmalige, nicht wiederholte Investition. Der Ketteneffekt entsteht folglich nur dann, wenn ein von der Höhe des Endwertes unabhängiger Betrag besser als zum Kalkulationszinssatz verzinslich angelegt werden kann, z. B. der »feste« Betrag I (oder ein Teil davon). Hängt hingegen der höher verzinsliche Betrag vom Endwert ab, dann heißt das: Je länger man wartet, um so höher ist der Endwert, um so mehr Geld kann höher verzinslich angelegt werden. Der maximale Betrag, der höher verzinslich angelegt werden kann, ist erreicht, wenn der Einnahmenzuwachs eines Jahres [R'(n)] gleich ist den Zinsen, die bei anderweitiger Anlage des gebundenen Kapitals zu erzielen wären [$\varrho R(n)$]. Eine Periode länger zu investieren, würde bedeuten, der Erlös wäre geringer als die Einnahme, die erzielt werden könnte, wenn ein Jahr früher verkauft und das Geld auf dem Kapitalmarkt angelegt worden wäre; ein Jahr früher zu veräußern, würde bedeuten, auf einen Betrag zu verzichten, der höher verzinslich angelegt werden könnte. Nur wenn das Maximum des Endwertes höher verzinslich angelegt wird, kann das Maximum an Vermögenszuwachs insgesamt erreicht werden.

Der Ketteneffekt ist also an die Voraussetzung gebunden, daß nur ein absoluter, vom Einnahmenüberschuß und der Nutzungsdauer unabhängiger Betrag höher verzinslich angelegt werden kann, daß z. B. nur die Anschaffungsausgaben der alten Anlage reinvestiert werden. Bei Unternehmenswachstum (z. B. Reinvestition des gesamten Erlöses) entfällt der Ketteneffekt. Der Ketteneffekt ist deshalb auf den Fall beschränkt, daß alte und neue Anlage sich gegenseitig ausschließen.

F. und V. Lutz haben nachgewiesen, daß der Ketteneffekt sich aufhebt, wenn in wachsenden Unternehmungen eine gleichmäßige Altersverteilung aller Anlagen erreicht ist[12]. Ihre Aussage ist zu eng: Der Ketteneffekt verschwindet stets, wenn der Betrag, der höher verzinslich angelegt werden kann, von der Nutzungsdauer der Anlage abhängt. Hängt die Rendite der Erweiterungsinvestition hingegen nicht von der Nutzungs-

[12] Vgl. *Lutz*, S. 108 f.

dauer ab, sondern z. B. von einer vorgegebenen Nachfrageentwicklung, dann bleibt der Ketteneffekt erhalten, etwa in dem Fall, in dem nach und nach neue Anlagen in Betrieb genommen werden, um eine wachsende Nachfrage zu befriedigen, die Nachfrage selbst sich bei einem hohen Niveau stabilisiert und so die Neuinvestitionen langsam zu einem Anlagenbestand mit gleichmäßiger Altersverteilung führen. In diesem (mathematisch reichlich komplizierten) Wachstumsmodell schwankt während des Anlagenwachstums die Nutzungsdauer der Anlagen, bis sie sich bei gleichmäßiger Altersverteilung auf die Nutzungsdauer bei einmaliger Investition einpendelt, wie Preinreich nachgewiesen hat[13]. Für praktische Überlegungen braucht man auf diese schwierigen Zusammenhänge keine Rücksicht zu nehmen. In solchen Wachstumsfällen wird man versuchen, die optimale Erweiterungsrate und die optimale Nutzungsdauer der Anlagen simultan in einem Totalmodell, in der Suche nach einem optimalen Finanzplan, festzulegen.

Das hier erarbeitete Ergebnis läßt sich auf die Unterstellungen zurückführen, die der Kapitalwertrechnung innewohnen. Der Kalkulationszinsfuß ist der deus ex machina, der alle Zahlungen gleichschaltet, über die keine ausdrücklichen Annahmen getroffen sind. Das Modell der endlichen oder unendlichen Investitionskette ist ein »echtes« Ersatzmodell, denn es unterstellt: Nur die Anschaffungsausgaben der ursprünglichen Investition können besser als zum Kalkulationszinsfuß angelegt werden. Das »Wachstumsmodell« gemäß Gleichung (9) nimmt an: Sämtliche Einnahmen können besser als zum Kalkulationszinsfuß angelegt werden, und das Bemerkenswerte ist, daß der optimale Ersatzzeitpunkt (das Nutzungsdauerende) sich für diesen Fall nach derselben Regel bestimmt wie in dem Fall, in dem der Unternehmer nur eine einzige lukrative Investition vornehmen kann und für den Rest des Planungszeitraums das Geld zum Kalkulationszinsfuß anlegt.

c) Das Problem des optimalen Ersatzzeitpunktes

Würden sich die Pläne stets realisieren, stünde der optimale Ersatzzeitpunkt bereits bei Investition der Anlage fest. Das Investitionsobjekt würde am Ende der geplanten wirtschaftlichen Nutzungsdauer ersetzt. Nun weicht aber die Wirklichkeit regelmäßig von den Planzahlen ab. In diesem Fall ist zu prüfen, ob nicht zu einem früheren oder späteren Zeitpunkt als dem geplanten Nutzungsdauerende eine im Betrieb befindliche Anlage ersetzt werden soll. Strenggenommen entsteht nach jeder Datenänderung die Aufgabe, den optimalen Ersatzzeitpunkt aller im Betrieb arbeitenden Anlagen neu zu berechnen.

Wie bestimmt sich der optimale Ersatzzeitpunkt einer im Betrieb befindlichen Anlage?

Das Ersatzproblem erfordert eine Entscheidung zwischen den beiden Möglichkeiten:

a) Ersatz heute,
b) Ersatz nach einem weiteren Nutzungsjahr.

Ob es sich lohnt, die alte Anlage länger als ein weiteres Jahr zu benutzen, wird erst

[13] Vgl. *Preinreich*, The Economic Life of Industrial Equipment, S. 20 f.

nächstes Jahr entschieden, denn bis dahin sind sicher weitere Datenänderungen eingetreten.
In diesem »echten« Ersatzfall schließen sich alte und neue Anlage gegenseitig aus. Dieser Fall wird im weiteren untersucht. Stellt sich das Problem so, daß *neben* die alte Anlage *oder* an ihre Stelle eine neue Anlage treten kann (schließen sich also alte und neue Anlage nicht mehr gegenseitig aus), dann liegt das im vorigen Abschnitt erörterte Wachstumsproblem vor. Das Nutzungsdauerende der alten Anlage bestimmt sich nach der Regel Grenzgewinn gleich Null, vorausgesetzt, der Grenzgewinn liegt zuvor stets über Null, danach stets darunter.
Das Ersatzproblem enthält stets den Vergleich zweier Handlungsmöglichkeiten. Deshalb sind die Voraussetzungen des Vergleichs vollständig zu formulieren, d. h. der Kapitaleinsatz und die zeitliche Erstreckung beider Handlungsmöglichkeiten müssen gleich sein. Die alte Anlage bindet Kapital nur in Höhe ihres Restverkaufserlöses, die neue Anlage in Höhe ihrer Anschaffungsausgaben. Wir gehen davon aus, die Differenz erziele nur eine Rendite in Höhe des Kalkulationszinsfußes. Im praktischen Fall kann das Kapital knapp sein. Dann kann die tatsächliche Alternativrendite über dem vorab gewählten Kalkulationszinsfuß liegen. Ersatzentscheidung und Entscheidung über Erweiterungsinvestitionen müssen in einem solchen Fall gemeinsam getroffen werden. Wir werden darauf bei der Erörterung der Frage, wie ein optimales Investitionsprogramm zu bestimmen ist, näher eingehen.
Um die zeitliche Erstreckung der Investitionsalternativen gleichzumachen, gehen wir von der Vorstellung einer unendlichen identischen Investitionskette aus. »Ersatz heute« besagt dann, die erste Anlage einer unendlichen Kette von Investitionen mit gleicher Rentabilität wird heute angeschafft. Die Gewinnbeiträge dieser Kette drücken wir durch den »Durchschnittsgewinn« aus (durch die »Annuität« des Kapitalwerts einer Investition bzw. die Zinsen auf den Kapitalwert aller Glieder, denn nach (5a) ist $wK_1 = iK_a$).
»Weiterbenutzen der Anlage um ein Jahr« bedeutet: Erst nach einem Jahr wird die erste Anlage einer unendlichen Kette von Investitionen mit gleicher Rentabilität erworben. Die Gewinnbeiträge dieser Kette bestehen aus dem Grenzgewinn der alten Anlage und anschließend aus dem Durchschnittsgewinn der Nachfolgeinvestitionen. Das Ersatzmodell besteht damit aus folgenden Gewinnströmen:

	t(n)	t(n+1)	t(n+2)	usw.
Sofortiger Ersatz (erste Investitionskette)	wK_1	wK_1	wK_1	usw.
Späterer Ersatz (zweite Investitionskette)	G(n)	wK_1	wK_1	usw.

Offenbar lohnt sich der sofortige Ersatz, sobald

(10) $$wK_1 > G(n),$$

d. h. sobald der zeitliche Durchschnittsgewinn der Ersatzanlage größer ist als der zeitliche Grenzgewinn der alten Anlage. Die Ersatzregel kann natürlich auch mit Hilfe der

Kapitalwertmethode formuliert werden: Der Ersatz heute lohnt sich, wenn der Kapitalwert der ersten Investitionskette größer ist als der Kapitalwert der zweiten Kette, bestehend aus dem abgezinsten zeitlichen Grenzgewinn der alten Anlage G(n) für das laufende Jahr plus dem Kapitalwert der Ersatzinvestitionskette, wenn der Ersatz nächstes Jahr durchgeführt wird. Dabei ist zu beachten, daß voraussetzungsgemäß die Zahlungen nur an den Endpunkten einer Periode anfallen. Über den Grenzgewinn der alten Anlage können wir also erst nach einem Jahr verfügen, ebenso ist der Kapitalwert der Ersatzinvestitionskette des nächsten Jahres um ein Jahr abzuzinsen. Planungszeitpunkt ist aber der Beginn der n-ten Periode (das Ende der (n-1)ten Periode).
Der Ersatz heute lohnt sich, sobald

$$K_a > \frac{G(n) + K_a}{1 + i} . \tag{10a}$$

Durch eine Umstellung und Kürzung gewinnen wir daraus die oben abgeleitete, der Annuitätsmethode entsprechende Ersatzregel

$$iK_a > G(n) . \tag{10b}$$

Gegen die Annahme identischer Reinvestition bei Ersatzüberlegungen kann man einwenden: Wenn die Ersatzüberlegung heute durch unvorhergesehenen technischen Fortschritt notwendig wurde, dann müsse auch in Zukunft mit Änderungen gerechnet werden. Von einer »identischen« Reinvestition auszugehen, sei unzulässig. Mit zwei Gesichtspunkten läßt sich jedoch die Annahme identischer Reinvestition verteidigen:
(1) In einer betriebswirtschaftlich richtigen Investitionsrechnung müssen bei sich ausschließenden Vorhaben die künftigen Ersatzanlagen berücksichtigt werden, denn nachweislich beeinflussen sie die Vorteilhaftigkeit der gegenwärtigen Investition.
(2) Welche Zahlungsströme die tatsächlich später anzuschaffenden Ersatzanlagen haben, weiß man nicht; man kann ja praktisch nicht einmal die Zahlungsströme der gegenwärtigen Ersatzanlage mit hinreichender Verläßlichkeit schätzen.
Aus diesem Dilemma zwischen theoretischer Notwendigkeit, Ersatzanlagen zu berücksichtigen, und praktischer Unmöglichkeit, ihre Zahlungsströme zu erfassen, kann man sich mit einer rigorosen Annahme helfen: Weil wir nichts Besseres wissen, unterstellen wir, die künftigen Anlagen werden sich genauso rentieren wie die gegenwärtig zu investierende. Formal rechnerisch gehen wir damit von einer Kette unendlich oft wiederholter identischer Investitionen aus. Damit ist, wie erwähnt, nicht gesagt, der Unternehmer plane eine Kette aufeinanderfolgender physisch identischer Investitionen (immer das Taxi Baujahr 1973). Das wäre Unsinn in einer Welt, in der technische und wirtschaftliche Überholung die wichtigsten Gründe für Ersatzinvestitionen sind. Es wird lediglich unterstellt, daß die zukünftigen, unbekannten Investitionen die gleiche Rentabilität wie die gegenwärtigen aufweisen. Wenn über die Rentabilität so weit in der Zukunft liegender Vorhaben keine glaubwürdigen Vorstellungen gebildet werden können, ist die Annahme, daß sich die gegenwärtigen Verhältnisse wiederholen werden, durchaus vernünftig.
Die unendliche Investitionskette wird trotz dieser Argumente von Praktikern mit Miß-

trauen betrachtet. Indes beruhen gerade die Faustformeln der Praxis auf der Voraussetzung einer unendlichen identischen Investitionskette.

Die in der Praxis übliche Faustformel für das Nutzungsdauerende bzw. den optimalen Ersatzzeitpunkt lautet: Die Nutzung einer Anlage lohnt sich, solange ihre laufenden jährlichen Betriebskosten kleiner sind als die jährlichen Kosten einer neuen Anlage. In die Sprache der Investitionstheorie übersetzt, heißt das, die Nutzung lohnt sich, solange die zeitlichen Grenzkosten kleiner sind als die zeitlichen Durchschnittskosten bzw. solange die Grenzausgaben der alten Anlage kleiner sind als die Ausgabenannuität der Ersatzanlage. Die Faustformel setzt also zunächst als Vereinfachung zeitliche Grenzkosten gleich Grenzausgaben und zeitliche Durchschnittskosten gleich Ausgabenannuität. Die Regel »Grenzkosten der alten Anlage gleich Durchschnittskosten der Ersatzanlage« muß gewählt werden bei nur begrenzt bewertbaren Investitionsvorhaben, denen zwar Ausgaben, aber keine Einnahmen zugerechnet werden können. Sie muß auch gewählt werden, wenn man für irgendeinen Zweck nur die verschleißbedingte Nutzungsdauer berechnen will. Die Regel unterstellt jedoch eine selten zutreffende Annahme über den Einnahmenverlauf, wie nunmehr gezeigt werden soll.

Als richtige Bedingung für das Nutzungsdauerende wurde abgeleitet: Grenzgewinn der alten Anlage gleich Durchschnittsgewinn der Ersatzanlage. Der Grenzgewinn entsteht aus Grenzeinnahmen minus Grenzkosten, der Durchschnittsgewinn aus Durchschnittseinnahmen minus Durchschnittskosten. Die Regel Grenzkosten der alten Anlage gleich Durchschnittskosten der neuen Anlage ist also nur dann richtig, wenn die Grenzeinnahmen der alten Anlage gleich den Durchschnittseinnahmen der neuen Anlage sind, und d. h., wenn im Zeitablauf ein konstanter Einnahmenstrom vorausgesetzt werden kann. Das bedeutet: Es dürfen keine Absatzschwankungen eintreten, und die Produktions- und Absatzmengen bei der alten und der neuen Anlage müssen gleich hoch sein. Das Alter einer Anlage darf ferner keine sonstigen Rückwirkungen auf die Höhe der Einnahmen ausüben. Da die Regel »zeitliche Grenzkosten gleich zeitliche Durchschnittskosten« nur richtig ist bei konstantem Einnahmenstrom, und d. h. konstanter Produktions- bzw. Absatzmenge, können wir die Regel auf das Stück beziehen und sagen: Der Ersatz lohnt sich, wenn die Stückkosten der neuen Anlage unter den Stück-Grenzkosten der alten Anlage liegen.

Da die Regel »Grenzgewinn gleich Durchschnittsgewinn« nur für die unendliche Kette gilt, stimmt die Faustregel nur dann, wenn zugleich eine unendlich wiederholte identische Investition unterstellt wird.

Der Leser beachte: Die Regel »Grenzgewinn der alten Anlage gleich Durchschnittsgewinn der neuen Anlage« legt den Ersatzzeitpunkt nur dann eindeutig fest, wenn der Grenzgewinn im Zeitablauf ständig fällt. Es ist denkbar, daß der Grenzgewinn der alten Anlage in einem Jahr sinkt, z. B. wegen einer Reparatur, im nächsten Jahr wieder steigt und erst später wieder sinkt. Hier kann es mehrere Schnittpunkte zwischen Grenzgewinn der alten Anlage und dem Durchschnittsgewinn der Ersatzanlage geben. Die Regel »Grenzgewinn gleich Durchschnittsgewinn« ist nur eine notwendige, keine hinreichende Bedingung für den optimalen Ersatzzeitpunkt. Hinreichend wird sie erst mit der Annahme ständig sinkender Grenzgewinne. Ist mit einem Auf und Ab des Grenzgewinns im Zeitablauf zu rechnen, so trifft man die Ersatzentscheidung am besten nach der Kapitalwertmethode. Es ist der Kapitalwert der Investitionskette aus alter und neuer Anlage bei 0, 1, 2, . . . n-jähriger Nutzung der alten Anlage zu berechnen. Der im Zeitablauf höchste Kapitalwert bestimmt den Ersatzzeitpunkt.

d) *Praktische Risikovorsorge bei Einzelentscheidungen*

1. Die Berechnung kritischer Werte

Verzichtet man auf die Erfassung der Ungewißheit in einem Gesamtplan des Unternehmensgeschehens (auf dem Wege der Programmentscheidungen) und will man das Risiko einer einzelnen Handlungsmöglichkeit nicht durch ein besonderes Risikomaß (wie die Varianz) messen, dann bietet sich die Berechnung kritischer Werte an, um ein erstes, grobes Maß für das mit einer Handlungsmöglichkeit verbundene Risiko zu erhalten. Bei der Berechnung kritischer Werte wird gefragt: Wieweit dürfen sich einzelne Daten der Investitionsrechnung ändern, ohne daß die Entscheidung für diese Alternative falsch wird? Angenommen, die Berechnung des Kapitalwerts einer Investition beruhe auf der Annahme eines Absatzpreises von 10 Mark und einer Jahresmenge von 100 000 Stück. Der Absatzpreis sei die im Grunde einzig unsichere Größe in der Planung. Für den isolierten Vorteilsvergleich stellt sich nun die Frage: Wieweit darf der Preis sinken, damit die Investition nicht unvorteilhaft wird, also einen Kapitalwert von kleiner als Null aufweist? Das sei z. B. der Fall bei einem Preis von 5 Mark. Der Preis von 5 Mark ist dann der kritische Wert dieser Investition.

Die Berechnung kritischer Werte, in der Praxis längst bekannt [14], ist in der Unternehmensforschung mit dem wohlklingenden Namen »Sensitivitätsanalyse« (Untersuchung der Empfindlichkeit des Optimums gegenüber Datenänderungen) belegt und weiter ausgebaut worden.

Als kritische Werte können alle Einflußgrößen der Investitionsrechnung herangezogen werden: Preise, Beschäftigungsgrade, Lohnkosten, Energiekosten oder die Nutzungsdauer (hier: die Amortisationsdauer). Die Berechnung des toten Punktes (jenes Beschäftigungsgrades, bei dem die Gesamterlöse erstmals die Gesamtkosten decken) ist ein klassisches Beispiel für einen kritischen Wert. Wenn von zwei konkurrierenden Anlagen, die etwa gleichen Kapitalwert (genauer: Erwartungswert des Kapitalwerts) versprechen, die erste bereits bei 50% Beschäftigung ohne Verlust arbeitet, die zweite bei 70%, so ist die erste mit ihrem niedrigeren toten Punkt im Hinblick auf Beschäftigungsänderungen anpassungsfähiger und damit weniger risikobehaftet.

Kritische Werte werden in der Praxis mitunter auch als Maß für eine Risikogrenze angesehen. Die Entscheidung erfolgt dann unter dem Ziel Gewinnstreben unter Beachtung

[14] Vgl. z. B. *Kurt Rummel*, Wirtschaftlichkeitsrechnung. In: Wirtschaftlichkeitsrechnung. Grundlagen und Beispiele für die eisenschaffende Industrie und verwandte Industriezweige. Düsseldorf 1941, S. 5–16; siehe auch *W[olfgang] Kilger*, Kritische Werte in der Investitions- und Wirtschaftlichkeitsrechnung. In: ZfB, Jg. 35 (1965), S. 338–353; *H[erbert] Jacob*, Flexibilitätsüberlegungen in der Investitionsrechnung. In: ZfB, Jg. 37 (1967), S. 1–34.

der Nebenbedingung, daß der kritische Wert nicht unterschritten (überschritten) wird, z. B.: »Nur Investitionsvorhaben sind zulässig, die bei einem Produktpreis von 5 Mark noch einen positiven Kapitalwert zeigen« oder »Nur Investitionsvorhaben sind zulässig, die auch bei einem Beschäftigungsgrad von 50% noch nicht mit Verlust arbeiten« oder »Nur Investitionsvorhaben sind zulässig, die ihre Anschaffungsausgaben innerhalb von 3 Jahren erwirtschaftet haben«. Diese letzte Risikogrenze hat als »Pay-off-Methode« in Theorie und Praxis besondere Beachtung erfahren.

2. Das Problem der Amortisationsdauer im besonderen

Untersuchungen über das Verhalten der Unternehmer bei Investitionsentscheidungen zeigen, daß die Investitionsrechnung oft hinter der Überlegung zurücktritt, ob sich die Anlagen in einem gewünschten Zeitraum amortisiert haben werden oder nicht [15]. Die Entscheidung richtet sich nach der Amortisationsdauer (der Pay-off-Periode) der Investition. Als Pay-off-Periode (bzw. »pay-back period«) wird derjenige Zeitraum verstanden, innerhalb dessen die Periodenüberschüsse die Anschaffungsausgaben verdient haben. Man hat die Amortisationsdauer auch als den Break-even-point (den toten Punkt) der Anlage bezeichnet [16]. Die Amortisationsdauer kann überschlägig oder genau berechnet werden. Die in der Praxis zu findende überschlägige Rechnung ermittelt die Pay-off-Periode als denjenigen Zeitraum, in dem die Summe der Periodenüberschüsse (meist sogar noch unter Vernachlässigung der Gewinnsteuerzahlungen) gleich den Anschaffungsausgaben ist. Natürlich wird die überschlägige Rechnung genauer, wenn die Gewinnsteuerzahlungen von den Periodenüberschüssen abgesetzt werden.
Die genauere Rechnung berücksichtigt zusätzlich den Restverkaufserlös und die Zinsen. Hier liegt die Amortisationsdauer bei der Nutzungsdauer, bei der erstmals der Ertragswert nach Steuern gleich den Anschaffungsausgaben ist (der Kapitalwert nicht mehr negativ ist).
Aufgrund der erwarteten Amortisationsdauer einer Investition läßt sich nicht entscheiden, ob die Investition vorgenommen werden soll oder nicht. Die sogenannte »Pay-off-Methode« besteht vielmehr in dem Vergleich einer Soll-Amortisationszeit mit der geplanten Ist-Amortisationszeit der Anlage.
Die Soll-Amortisationszeit ist dabei eine vom Unternehmer subjektiv geschätzte Zeitspanne, in der sich »wegen des Risikos« eine Anlage amortisiert haben muß, soll sie als vorteilhaft gelten. Solche für wünschenswert gehaltenen Amortisationsdauern werden selten länger als drei bis fünf Jahre sein. Nach empirischen Untersuchungen schwanken sie aber erheblich.

[15] Vgl. bes. *Terborgh*, Dynamic Equipment Policy, z. B. S. 190; *Walter W. Heller*, The Anatomy of Investment Decisions. In: Harvard Business Review, Vol. 29 (1951), No. 2, S. 95 bis 103, hier S. 101; *John R. Meyer, Edwin Kuh*, The Investment Decision. Cambridge (Mass.) 1957, S. 204 f.; ferner *Erich Gutenberg*, Untersuchungen über die Investitionsentscheidungen industrieller Unternehmen. Köln – Opladen 1959, S. 216–225.

[16] Vgl. *H. O. Vorlander, F. E. Raymond*, Economic Life of Equipment. In: Transactions of the American Society of Mechanical Engineers, Vol. 54 (1932), Research Papers, S. 29–51, hier S. 30.

Die Investitionsentscheidung allein nach der Pay-off-Methode zu fällen, widerspricht jeder wirtschaftlichen Vernunft, und zwar aus zwei Gründen. Zum ersten sind keine vernünftigen Maßstäbe für die Höhe der Soll-Amortisationsdauer zu finden. Zum zweiten ist die Amortisationsdauer auch als Risikomaß nur als erster, oberflächlicher Anhaltspunkt zu gebrauchen. Nehmen wir an, die Soll-Amortisationsdauer beträgt fünf Jahre. Die geschätzten Zahlungsströme einer Investition führen dazu, daß sie sich nach vier Jahren amortisiert hat; also wird diese Investition durchgeführt, und sie gilt als vorteilhaft und »relativ sicher«. Tatsächlich hat man aber doch bei diesem Vorgehen unterstellt: Die Zahlungsströme für die ersten fünf Jahre könnten ermittelt werden, ohne daß beachtenswerte Schätzungsungenauigkeiten eintreten. Mit dem Ende des fünften Jahres ändere sich das schlagartig: dann beginne die totale Ungewißheit, und nichts Glaubwürdiges könne über das sechste Jahr und die folgenden Jahre gesagt werden. Eine solche Unterstellung wird dem Risiko der Investitionen nicht gerecht.

Die Fragwürdigkeit der Pay-off-Methode erkennen wir besonders gut, wenn wir sie auf eine Ersatzinvestitionsentscheidung anwenden. Je kürzer die Soll-Amortisationszeit ist, desto höhere Gewinne muß die Ersatzanlage (der »challenger« im Sinne Terborghs) jährlich erbringen, damit die alte Anlage (der »defender«) verdrängt wird. Werden von der, sagen wir, zehnjährigen Nutzungsdauer der Ersatzanlage stets nur die ersten drei Jahre betrachtet, bedeutet das, daß sich die Ersatzanlage in drei Jahren amortisieren muß, ehe sie die alte Anlage verdrängt. Je länger die alte Anlage in Betrieb bleibt, desto mehr steigen ihre Unterhaltungsausgaben. Damit steigen zwar die Leistungseinnahmen der neuen Anlage. Jedoch wird die alte Anlage weit über ihre wirtschaftliche Nutzungsdauer in Betrieb bleiben, ehe die Einnahmen der Ersatzanlage (einschl. Reparaturkostenersparnis) so weit angewachsen sind, daß sich die Ersatzanlage schon in drei Jahren amortisiert [17].

Die Pay-off-Methode als alleiniges Entscheidungskriterium für die Vorteilhaftigkeit einer Investition ist sinnlos. Als Hilfsmaßstab kann die Schätzung der Amortisationsdauer jedoch in Zweifelsfällen sinnvoll sein. Zum Beispiel: Es konkurrieren zwei Investitionsobjekte miteinander, die sich in ihrem Kapitalwert kaum unterscheiden. Beide sind risikobehaftet, aber Objekt A amortisiert sich viel rascher als Objekt B. In diesem Fall ist es vernünftig, die Ist-Amortisationszeit bei der Entscheidung zu Hilfe zu nehmen; denn man wird der Einnahmenschätzung für die ersten Jahre einen höheren Glaubwürdigkeitsgrad zubilligen.

3. Risikoabschläge

Das Ungewißheitsproblem wird in der praktischen Investitionsplanung nur selten ausdrücklich berücksichtigt. Der erste Weg, den die Praxis wählt, um der Ungewißheit zu begegnen, besteht darin: Man verzichtet auf eine genaue Berechnung und begnügt sich mit gefühlsmäßigen Globalurteilen. Bei diesem Vorgehen wird vorsätzlich die Vernunft nicht für die Entscheidung herangezogen. Die Ergebnisse brauchen deshalb nicht schlecht zu sein. Zufällig kann eine glückliche Entscheidung getroffen werden, und, da man keine

[17] *Terborgh*, Dynamic Equipment Policy, S. 194 f. erklärt zu Recht: »[This practice] betokens a stodgy conservatism, willing to protect its aged mechanical assets by a Chinese wall.«

genauen Aufzeichnungen über Erwartungen trifft, erkennt man später nie die unterlassenen Chancen. Solange man unterlassene Chancen nicht kennt, lebt man meistens glücklich und zufrieden. Indes gilt hier wie überall: Wer Entscheidungen ohne Nachdenken trifft, handelt zwar nicht immer schlecht, aber immer unvernünftig. Theoretische Untersuchungen rechtfertigen sich durch den Versuch, bessere, vernunftgemäß begründbare Entscheidungen zu sichern.

Die zweite Möglichkeit besteht darin, daß man Investitionsrechnungen durchführt, allerdings mit vorsichtig geschätzten Werten. Das vorsichtige Schätzen läuft regelmäßig darauf hinaus, daß von den Einnahmen Risikoabschläge gemacht werden, zu den Ausgaben und dem Kalkulationszinsfuß treten Risikozuschläge. Kann diesen Risikoabschlägen oder -zuschlägen ökonomischer Sinn beigelegt werden?

Bei Einzelentscheidungen führen Risikoabschläge dazu, daß die Vorteilhaftigkeit des Vorhabens künstlich gesenkt wird. Bei einer Erweiterungsinvestition hat dies vielfach überhaupt keine Folgen, nämlich dann nicht, wenn auch nach dem Abzug des Risikoabschlages noch ein positiver Kapitalwert verbleibt. Erscheint die Erweiterungsinvestition nach dem Risikoabschlag unvorteilhaft, dann wird sie unterlassen. Das bedeutet bei Finanzierung mit Eigenkapital, daß das Geld anderen Verwendungen zufließt oder ausgeschüttet wird, und hier bliebe erst noch zu prüfen, ob damit die für das Unternehmen bessere Verwendungsmöglichkeit gefunden wird. Bei Fremdfinanzierung unterbleibt eine zusätzliche Verschuldung, insofern ist zumindest auf den ersten Blick das Unternehmensrisiko nicht vergrößert worden.

Einzelentscheidungen werden oft Ersatzprobleme betreffen. Hier ist der Grenzgewinn (oder vereinfacht: die Grenzkosten) der alten Anlage mit dem Durchschnittsgewinn (den Durchschnittskosten) der Ersatzanlage zu vergleichen. Risikoabschläge werden sich meist nur auf den Durchschnittsgewinn der neuen Anlage beziehen (bzw. Risikozuschläge auf die Durchschnittskosten). Eine Erhöhung des Kalkulationszinsfußes trifft stets nur die Ersatzanlage. Grenzgewinn und Grenzkosten der alten Anlage sind im allgemeinen überschaubar. Sind die Risikoabschläge von solchem Gewicht, daß sie die Ersatzinvestitionsentscheidungen verzögern, dann bleibt automatisch eine veraltete Anlage länger in Betrieb. Das bedeutet jedoch: Mit Sicherheit höhere Kosten (geringere Gewinne) werden möglicherweise niedrigeren Kosten (höheren Gewinnen) vorgezogen. Risikoabschläge bzw. -zuschläge können also gerade das Gegenteil dessen erzeugen, was sie bewirken sollen. Mit einem veralteten Maschinenpark wird eine Unternehmung krisenanfälliger als mit neuen Anlagen.

Risikoabschläge zielen darauf ab, unter Umständen Investitionen zu unterlassen. Aber hierbei ist stets zu bedenken, Investitionsausgaben heute einsparen, bewirkt fehlende Einnahmen morgen! Aus diesem Grunde sind nicht hinreichend begründbare Risikoabschläge zweischneidige Maßnahmen, denn das Unterlassen von Investitionen ist bestimmt nicht der beste Weg, um die wirtschaftliche Leistungsfähigkeit einer Unternehmung dauerhaft zu erhalten.

Für den Theoretiker ist es von Interesse zu untersuchen, welches Risikoverhalten hinter globalen oder individuellen Risikoabschlägen steht. Wer mit Risikoabschlägen arbeitet, setzt anstelle des Erwartungswertes (oder des häufigsten Wertes) z. B. den Betrag »80% des Erwartungswerts« an. Diese Größe wird nun zu maximieren gesucht. Maximierung des Erwartungswertes bedeutet Risikoneutralität. Maximierung des Betrages »80 % vom Erwartungswert« unterstellt natürlich dasselbe; nur, daß jetzt der Rechnung ein gegenüber dem Erwartungswert theoretisch nicht zu begründender Wert zugrunde gelegt wird. Globale Risikoabschläge sind als unvernünftig und verfehlt zu verwerfen. Praktiker werden erwidern: Sie verwenden keine globalen Risikoabschläge, sondern bei jeder Handlungsmöglichkeit individuelle. Sie bewerten das Risiko für jede Handlungsmöglichkeit gesondert und berücksichtigen es durch einen Risikoabschlag vom Gewinn (bzw. Einnahmenüberschuß). Dieses Vorgehen ist nicht von vornherein abzulehnen, denn es kann eine dem praktischen Denken gemäße, »intuitive« Art der Ermittlung eines Sicherheitsäquivalentes sein. Ohne daß der Entscheidende sich gründlich um die Analyse der alternativen Zukunftslagen und ihrer Glaubwürdigkeitsziffern kümmert, schätzt er intuitiv die Wahrscheinlichkeitsverteilung ab und gelangt über den Risikoabschlag zu einem Wert, den er als gleichwertig der Wahrscheinlichkeitsverteilung ansieht und deshalb der Rechnung zugrunde legt. Das Bemühen, individuelle Risikoabschläge bei den einzelnen Handlungsmöglichkeiten zu berücksichtigen, läßt sich als eine Art vorwissenschaftlicher Risikonutzenermittlung erklären.

Die Problematik dieses Vorgehens liegt einzig und allein in der nötigen Sorgfalt, mit der der individuelle Risikoabschlag bestimmt wird. Erfolgt die Festlegung des Risikoabschlags (und damit des Sicherheitsäquivalentes) sorgfältig, dann muß sich der Entscheidende zunächst Gedanken über sämtliche alternativen Zukunftslagen und ihre Glaubwürdigkeitsziffern machen (und nicht nur einen Erwartungswert schätzen). Er muß ferner mit Hilfe seiner persönlichen Risikoeinstellung untersuchen, welchem sicheren Einkommen er diese ungewisse Handlungsmöglichkeit gleichschätzt. Sorgfältiges Vorgehen verlangt somit das Nachvollziehen aller Schritte, welche die Theorie des Risikonutzens für rationale Entscheidungen festlegt. Das Wichtigste bei der Vorbereitung vernünftiger Entscheidungen unter Ungewißheit ist das behutsame Schritt-für-Schritt-Vorgehen: die sorgfältige Analyse sämtlicher Zukunftslagen, die Abschätzung ihrer Glaubwürdigkeitsziffern, die Ermittlung und Überprüfung der Präferenzwahrscheinlichkeiten. Denn rational entscheiden unter Ungewißheit heißt vor allem, Fehler in der eigenen subjektiven Einschätzung zu erkennen und zu vermeiden. Das erreicht man nur durch behutsame, ins einzelne gehende Untersuchungen.

III. Die Berücksichtigung von Gewinnsteuern

a) Der Gewinnverzehr durch die Gewinnbesteuerung

Investitions- und Finanzierungstätigkeiten werden durch verschiedene Steuern betroffen. Keine besonderen Schwierigkeiten bei der Berechnung der Vorteilhaftigkeit von Investitionen bereiten die sogenannten »Kostensteuern«: Verbrauchssteuern (z. B. Mineralölsteuer), Grundsteuer, Grunderwerbsteuer, Lohnsummensteuer, Gewerbekapitalsteuer, Vermögensteuer und bei der Eigenfinanzierung von Kapitalgesellschaften die Gesellschaftsteuer. In Familienbetrieben sind ferner die künftigen erbschaftsteuerlichen Folgen zu beachten. Diese Steuerzahlungen sind im Ausgabenstrom zu berücksichtigen.

Außer Ansatz kann in der Investitionsplanung die Umsatzsteuer (Mehrwertsteuer) für die Produkte bleiben, denn die bei der Investition gezahlte Mehrwertsteuer mindert als Vorsteuer die zu zahlende Umsatzsteuer der Unternehmung. Dies gilt allerdings nicht für die 1972 vorerst für ein Jahr beschlossene »Investitionssteuer«. Sie erhöht die Anschaffungsausgaben. Wer noch nach der alten Umsatzsteuer veranlagt wird, wird dem Einnahmenstrom die Umsätze nach Abzug der Umsatzsteuer zugrunde legen.

Schwierigkeiten schafft für die Investitionsplanung die Berücksichtigung von gewinnabhängigen Steuern. Zu den Gewinnsteuern zählen Einkommensteuer, Körperschaftsteuer und Gewerbeertragsteuer, sowie zur Zeit die Ergänzungsabgabe auf die Einkommen- und Körperschaftsteuer (Ergänzungsabgabegesetz vom 21. 12. 1967), die »Stabilitätsabgabe« vom 1. 7. 1973 bis vorerst 30. 6. 1974 (Art. 4 Steueränderungsgesetz 1973) von 5 % auf die jährliche Steuerschuld, bei natürlichen Personen erst ab rund 24 000 Mark Einkommen, und die Kirchensteuer.

Welchen Einfluß hat die Gewinnbesteuerung auf die Vorteilhaftigkeit von Investitionen?

Die Gewinnbesteuerung ist in der Investitionsplanung zu berücksichtigen; denn sobald der Gewinn (das Einkommen) im Unternehmensziel enthalten ist, muß beachtet werden, daß durch die Besteuerung ein erheblicher Teil der Gewinne verzehrt wird. Für die unternehmerischen Entscheidungen ist der Gewinn nach Abzug der Gewinnsteuern maßgeblich.

Der Gewinnverzehr durch die Besteuerung ist verschieden hoch, je nachdem, welcher Gewinnbegriff als Bezugsgröße gewählt und in welcher Rechtsform die Unternehmung geführt wird. Unter Gewinn verstehen wir im folgenden den Gewinn nach Einkommen- bzw. Körperschaftsteuerrecht.

Für Einzelkaufleute und Personengesellschafter liegt der Höchstsatz der Einkommensteuer z. Z. bei 53 %, einschließlich der Ergänzungsabgabe von 3 % auf die Steuerschuld sind das 54,6 %, zuzüglich der Stabilitätsabgabe 57,2 %. Wird die Gewerbeertragsteuer hinzugerechnet, ergeben sich bereits ohne Stabilitätsabgabe ca. 60 % und unter Berücksichtigung von Stabilitätsabgabe und der Kirchensteuer rund 67 %.

Für eine Kapitalgesellschaft schwankt die Steuerbelastung mit dem Verhältnis von ausgeschüttetem zu nicht ausgeschüttetem Gewinn. Die geringste Steuerbelastung ist bei vollständiger Gewinnausschüttung gegeben.

Der nach dem Körperschaftsteuergesetz für den Normalfall (die »nicht-personenbezogene« Kapitalgesellschaft) maximal ausschüttungsfähige Betrag x berechnet sich wie folgt (der steuerpflichtige Gewinn soll dabei 100 betragen):

$$100 = x + 0{,}15\,x + 0{,}51\,(100 - x)$$
$$x = 76{,}56.$$

Die Körperschaftsteuerbelastung beträgt demnach 100 — 76,56 = 23,44 %. Dabei ist 0,15 der Steuersatz für ausgeschüttete und 0,51 der Satz für nicht ausgeschüttete Gewinne einer nicht personenbezogenen Kapitalgesellschaft. Unter Berücksichtigung der Ergänzungsabgabe von 3 % auf die Steuerschuld beträgt die Gesamtsteuerbelastung 24,56 %; der maximal ausschüttbare Betrag 75,44; mit Berücksichtigung der Stabilitätsabgabe 26,51 % bzw. 73,49 %.

Die Gewerbeertragsteuer GS für eine Kapitalgesellschaft berechnet sich vom Gewerbeertrag nach Abzug der Gewerbeertragsteuer mal Steuermeßzahl (5 %) mal Hebesatz der Gemeinde (hier z. B. 300 %), also

$$GS = (G - GS) \cdot 0{,}15$$
$$\mathbf{GS = 0{,}1304\ G.}$$

Diese rund 13 % Gewerbeertragsteuer sind vom körperschaftsteuerpflichtigen Gewinn abzugsfähig. Zur Vereinfachung soll im weiteren der Gewerbeertrag gleich dem körperschaftsteuerpflichtigen Gewinn gesetzt werden.
Beträgt der Gewinn vor Steuern **100**, und soll alles ausgeschüttet werden, dann berechnet sich die Körperschaftsteuer KSt aus

$$KSt = (100 - 13)\,\% \cdot 23{,}44\,\% = 20{,}4\,\%.$$

Zusammen mit den 13 % Gewerbeertragsteuer ergibt das eine Gewinnsteuerbelastung von 33,4 %, mit Ergänzungsabgabe 34,4 %. Mit der »Stabilitätsabgabe« von jährlich 5 % auf die Körperschaftsteuer ergeben sich 36,1 %.
Für Belastungsvergleiche zwischen Kapital- und Personengesellschaften ist diese »minimale« Gewinnsteuerbelastung noch zu niedrig angesetzt, denn die Prozentsätze sind für den körperschaftsteuerpflichtigen Gewinn bzw. Gewerbeertrag berechnet. Der Gewinnbegriff des Körperschaftsteuerrechts stimmt aber nicht mit dem des Einkommensteuerrechts überein, und dieser weicht wiederum vom Handelsbilanzgewinn ab. Von den körperschaftsteuerlichen Besonderheiten sind vor allem zu beachten: (1) Die Vermögensteuer mindert den körperschaftsteuerpflichtigen Gewinn nicht; sie wird wie »nicht ausgeschütteter Gewinn« besteuert. Die Bemessungsgrundlage für die Vermögensteuer weicht von der für die Körperschaftsteuer ab, und deshalb kann die größenmäßige Auswirkung der Vermögensteuer auf den Gewinn nur im Einzelfall berechnet werden. (2) Aufsichtsratvergütungen bemessen sich nach dem Bilanzgewinn (§ 113, Abs. 3 AktG), verringern aber weder den körperschaftsteuerpflichtigen Gewinn noch den Gewerbeertrag. Sie werden wie zurückbehaltener (nicht ausgeschütteter) Gewinn besteuert. (3) Fast nie kann der gesamte Gewinn ausgeschüttet werden; die Ausschüttung richtet sich nach meistens ganzzahligen Dividendenprozentsätzen. Deshalb bleiben Spitzenbeträge als Gewinnvortrag zurück, die als zurückbehaltene Gewinne zu versteuern sind.
Für die Anteilseigner der Kapitalgesellschaft tritt noch die persönliche Einkommensteuer hinzu, soweit Gewinne ausgeschüttet werden. Der Vorstand einer Aktiengesellschaft wird zwar die Einkommensteuer der Aktionäre nur selten berücksichtigen (vgl. S. 474 ff.), wohl aber werden es die Gesellschafter-Geschäftsführer einer GmbH tun.

Wird die geplante Körperschaftsteuerreform verwirklicht, so darf die Körperschaftsteuer auf ausgeschüttete Gewinne auf die Einkommensteuerschuld angerechnet werden (§§ 30–48 KStG 1975, Bundesratsdrucksache 700/73 v. 8. 11. 1973). Auf Einzelheiten soll vor der Verabschiedung der Reform nicht eingegangen werden.

Will die Kapitalgesellschaft alle Gewinne einbehalten, dann errechnet sich ihre Steuerlast bezogen auf den körperschaftsteuerpflichtigen Gewinn so:

$$KSt = (100 - 13)\,\% \cdot 51\,\% = 44{,}4\,\%;$$

44,4 % Körperschaftsteuer + 13 % Gewerbeertragsteuer = 57,4 %; mit Ergänzungsabgabe ergeben sich 58,7 %, mit Stabilitätsabgabe 61 %.

Hinzu treten die Vermögensteuer und die Körperschaftsteuer sowie die Gewerbeertragsteuer auf die Vermögensteuer, die aus dem Gewinn zu decken sind, wenn kein Verlust entstehen soll.

Wenn wir den steuerpflichtigen Gewinn als erstes grobes Maß für die Vorteilhaftigkeit einer Investition wählen, dann ist offensichtlich, daß die Besteuerung einen starken Einfluß auf die Vorteilhaftigkeit von Investitionen nimmt. Doch ist der starke Gewinnverzehr durch die Besteuerung noch kein hinreichender Grund, um Steuern bei Investitionsüberlegungen zu berücksichtigen. Die Steuern könnten ja alle Investitionsvorhaben (Gebäude, Maschinen, Beteiligungen) in gleicher Weise beeinträchtigen.

Aber selbst wenn dies der Fall wäre, dürften die Steuern nicht aus den Investitionsüberlegungen ausgeklammert werden, denn die Investitionsentscheidung hängt nicht nur von den erwarteten Gewinnen ab, sondern auch von der Glaubwürdigkeit der einzelnen Zukunftslagen, vom Risiko der Investition. Selbst wenn die Gewinne sämtlicher Investitionsvorhaben durch die Besteuerung in gleicher Weise geschmälert würden, bliebe immer noch zu beachten, daß der Gewinnverzehr zugleich die Risikoeinschätzung der Investition verändert.

Nur unter wirklichkeitsfremden Annahmen nimmt die Gewinnbesteuerung keinen Einfluß auf die Vorteilhaftigkeit der Investition (vgl. S. 317). In der Wirklichkeit können Investitionsvorhaben, die bei Vernachlässigung der Gewinnsteuern vorteilhaft erscheinen, bei Berücksichtigung der Gewinnsteuern unvorteilhaft werden und umgekehrt; die Reihenfolge einzelner Investitionen untereinander mag wechseln, die wirtschaftliche Nutzungsdauer der einzelnen Anlagen sich ändern.

Alle wesentlichen Beurteilungsmaßstäbe einer Investition können sich bei Berücksichtigung der Besteuerung verschieben: Vorteilhaftigkeit, wirtschaftliche Nutzungsdauer, Rangordnung und Risikoeinschätzung. Deshalb muß die Besteuerung in die Investitionsrechnung einbezogen werden.

Aber hier wird der Einwand kommen: Das mag in der Theorie zutreffen. Die Theorie setzt voraus, man kenne die künftig anfallenden Steuerzahlungen. Die Höhe des zukünftigen steuerpflichtigen Gewinns stehe aber nicht fest. Er sei eine für die Zukunft geschätzte Größe, die von allen anderen Zukunftsschätzungen abhänge: Von der Entwicklung der Absatzlage, von den Preisen und Kosten, und die damit sämtliche Schätzungsungenauigkeiten widerspiegele. Die Höhe des zukünftigen steuerpflichtigen Gewinns werde ferner durch die künftigen außerordentlichen Aufwendungen, durch die Möglichkeit zur Rückstellungsbildung und ähnliches beeinflußt. Der künftige steuerpflichtige Gewinn sei deshalb schon bei Kapitalgesellschaften (die einem proportionalen Steuertarif unterliegen) schwierig zu ermitteln. Selbst bei Kapitalgesellschaften hänge die tatsächliche Steuerbelastung zusätzlich vom Verhältnis des ausgeschütteten zum nicht ausgeschütteten Gewinn ab. Bei Einzelpersonen und Personengesellschaften erschwere sich die Erfassung künftiger Steuerzahlungen noch weiter durch die Einkommensteuerprogression.

Nach diesen Einwendungen erscheint es fast als hoffnungsloses Unterfangen, die steuerlichen Wirkungen in die Investitionsplanung einzubeziehen. Aber solchen Schwierigkeiten sieht sich der Betriebswirt regelmäßig gegenüber. Er muß hierbei seine Alternativen vergleichen: Berücksichtigt er die Gewinnsteuern nicht, enthält seine Investitionsrechnung einen vorsätzlichen Fehler. Also ist es besser zu versuchen, Gewinnsteuern wenigstens der Größenordnung nach zu erfassen.

b) Voraussetzungen der Modellüberlegungen

Um die Wirkungen der Gewinnsteuern auf die Vorteilhaftigkeit von Investitionen offenzulegen, vergleichen wir den Steuerfall mit dem bisher dargestellten Nichtsteuerfall. Die Ergebnisse dieses Vergleichs gelten genausogut für den Fall, daß die Steuersätze verändert (z. B. erhöht) werden.
Um Aussagen über den Einfluß der Besteuerung auf Investition und Finanzierung zu erarbeiten, sind Vereinfachungen unerläßlich. Wir entwickeln im folgenden ein »Standardmodell« für den Einfluß der Gewinnbesteuerung auf die Investitionen. Das Standardmodell geht von folgenden Annahmen aus:
1. *Vollständige Kenntnis der Zahlungsströme:* Es ist möglich, den Zahlungsstrom der Investition ohne Steuern und unter Berücksichtigung der Gewinnsteuerzahlungen anzugeben. Das Ungewißheitsproblem gilt im Standardfall als gelöst: Wir deuten die Zahlungsreihe als Reihe von Erwartungswerten und entscheiden nach dem Erwartungswert des Kapitalwerts. Im allgemeinen Ungewißheitsfall träte an die Stelle einer Zahlungsreihe eine Wahrscheinlichkeitsverteilung von alternativ möglichen Zahlungsreihen im Zeitablauf. Als Zielgröße wären dann Risikonutzenziffern zu wählen.
Das Interdependenzproblem gilt gleichfalls als gelöst: Es sind vollständig bewertbare Investitionsvorhaben gegeben.

Bei begrenzt bewertbaren Investitionsobjekten muß allein auf Grund der Ausgaben (unter Absetzen des Restverkaufserlöses) zwischen den verschiedenen Alternativen die beste bestimmt werden. Wenn die Einnahmen eines Investitionsobjekts nicht ermittelt werden können, entstehen auch keine steuerpflichtigen Gewinne und folglich keine Steuerzahlungen: So könnte man überlegen und deshalb jede Besteuerung aus der Investitionsrechnung herauslassen. Aber ein solcher Schluß wäre falsch. Einnahmen entstehen für die Unternehmung als ganzes. Es ist nur nicht möglich, die Einnahmen verläßlich einzelnen Investitionsobjekten zuzurechnen. Daneben ist sicher, daß auch begrenzt bewertbare Investitionsobjekte Abschreibungsmöglichkeiten schaffen, die den steuerpflichtigen Gewinn der Unternehmung insgesamt mindern. Wenn die Möglichkeit eines sofortigen Verlustausgleichs (Voraussetzung 4) gegeben ist, dann ist bei begrenzt bewertbaren Investitionen der Betrag Steuersatz mal steuerliche Abschreibung vom jährlichen Ausgabenstrom abzuziehen, denn er stellt eine durch die Investition geschaffene Möglichkeit zur Steuerminderung dar. Als Zinssatz für die Barwertberechnung ist der Kalkulationszinsfuß nach Steuern (Voraussetzung 6) zu wählen.
Die Entscheidung zwischen mehreren begrenzt bewertbaren Investitionsobjekten, die einen Zweck gleich gut erfüllen, kann nicht nach dem Kapitalwert fallen, weil dieser nicht zu berechnen ist. Es entscheidet hier der niedrigste Ausgabenbarwert.
Wie ist zu entscheiden, wenn begrenzt bewertbare Investitionen für unterschiedliche Zwecke vorgesehen sind, oder wenn vollständig bewertbare mit begrenzt bewertbaren Objekten konkurrieren? Hier ist eine gemeinsame Vorteilsrechnung nicht möglich. Für die begrenzt bewert-

baren Vorhaben ist vielmehr ein Budget vorzugeben, das auf die einzelnen begrenzt bewertbaren Vorhaben aufgeteilt wird. Die Rangordnung ihrer Dringlichkeit muß vorab festgelegt werden.

2. *Nichtüberwälzbarkeit:* Periodenüberschüsse und Restverkaufserlöse sind unabhängig von der Höhe der Gewinnsteuern. Es ist also nicht möglich, höhere Gewinnsteuern durch höhere Preise auf die Verbraucher zu überwälzen. Wollten wir eine teilweise Überwälzung unterstellen, dann müßten wir im Steuerfall (bzw. bei einer Änderung der Steuersätze) und im Nichtsteuerfall (bei unveränderten Steuersätzen) mit unterschiedlichen Bruttozahlungsströmen rechnen.

Die Annahme der Nichtüberwälzbarkeit von Gewinnsteuern ist eine Vereinfachung. Die Überwälzungslehre ist der theoretisch schwächste Teil der Steuerwirkungslehre, und solange man die Überwälzungsvorgänge nicht kennt, lassen sich auch keine begründeten Annahmen über die Veränderung der Zahlungsströme auf Grund von Gewinnsteueränderungen treffen.

3. *Gewinndefinition:* Bemessungsgrundlage der Steuerzahlung ist der einkommen- bzw. körperschaftsteuerliche Gewinn. In Investitionsmodellen ist es jedoch unnötig, zu versuchen, alle Einzelvorschriften des Steuerrechts zu erfassen. Das Standardmodell arbeitet vielmehr auch hier mit einer Vereinfachung.

Bemessungsgrundlagen für Gewinnsteuerzahlungen sind Betriebsgewinn und Veräußerungsgewinn. Der Betriebsgewinn gleicht im Modell dem Periodenüberschuß abzüglich der steuerlichen Abschreibung. Das Modell sieht von allen Abweichungen zwischen dem Zeitpunkt der steuerlichen Gewinnrealisierung und dem Einnahmenzufluß ab, insbesondere von Zielverkäufen. Die steuerlichen Abschreibungen können Absetzungen für Abnutzung sein, Teilwertabschreibungen oder steuerliche Sonderabschreibungen. Die Abzugsfähigkeit der Fremdkapitalzinsen wird im Kalkulationszinsfuß berücksichtigt.

Der Veräußerungsgewinn gleicht dem Restverkaufserlös abzüglich dem Restbuchwert. Im Standardmodell sind Steuerbefreiungen oder Vergünstigungen für Veräußerungsgewinne ausgeklammert. Allerdings bereitet es wenig Schwierigkeiten, Steuerbefreiungen (wie z. B. § 6b EStG) in die Modellüberlegungen einzubeziehen. Der Veräußerungsgewinn bleibt dann steuerfrei, und der Veräußerungserlös geht ungekürzt in die Kapitalwertrechnung ein.

Das Standardmodell unterstellt, daß alle sonstigen steuermindernden Bewertungsmöglichkeiten (Vorratsbewertung, Rückstellungsbildungen) ausgenutzt werden, gleichgültig, ob die Investition durchgeführt wird oder nicht. Deshalb werden diese Bewertungsmöglichkeiten nicht ins Modell aufgenommen.

Als Vereinfachung ist vorausgesetzt, daß der Gewerbeertrag dem einkommensteuerpflichtigen Gewinn entspricht, also Hinzurechnungen und Kürzungen sich ausgleichen. Hält man diese Vereinfachung für unzulässig, so sind die später zu entwickelnden Formeln durch genauere Annahmen über den steuerpflichtigen Gewinn zu ersetzen (s. S. 305).

4. *Sofortiger Verlustausgleich:* In manchen Jahren wird es vorkommen, daß der Periodenüberschuß kleiner ist als die steuerliche Abschreibung. Gelegentlich wird auch der Restverkaufserlös unter dem Restbuchwert liegen: Es entstehen in diesen Jahren Betriebsverluste oder Veräußerungsverluste.

Wenn wir die gleich zu entwerfenden Formeln auch für den Verlustfall anwenden, so unterstellen wir: Betriebsverlust und Veräußerungsverlust erbringen für die Unternehmung eine Steuerersparnis. Die aus dem Buchverlust bei einer Anlage folgende Steuerersparnis wird der Investition zugerechnet, die den Verlust herbeiführt. Die Formeln unterstellen also einen »sofortigen Verlustausgleich«.

»Sofortiger Verlustausgleich« kann dreierlei bedeuten:

(a) Der Unternehmer hat anderweitige Einkünfte, gegen die er den Verlust aufrechnen kann (innerbetrieblicher Verlustausgleich). Dieser Fall ist praktisch häufig gegeben: Anlauf-, Betriebs- oder Veräußerungsverluste bei einer Anlage (einem Geschäftszweig, einem Zweigbetrieb) werden mit den Gewinnen aus anderen Betätigungen verrechnet. Die Möglichkeit zum innerbetrieblichen Verlustausgleich ist bei Unternehmen mit weit gefächertem Produktionsprogramm eher als bei spezialisierten Unternehmen gegeben.

(b) Das Finanzamt zahlt im Verlustfall einen Betrag in Höhe von Steuersatz mal Verlust an den Unternehmer, vorausgesetzt der Unternehmer hat früher Gewinnsteuern in mindestens der gleichen Höhe gezahlt (Verlustrücktrag). Einige Länder kennen solche Regelungen. So besteht in den Vereinigten Staaten die Möglichkeit, entweder einen Verlust auf die beiden letzten Geschäftsjahre zurückzutragen oder ihn vorzutragen auf die fünf folgenden Geschäftsjahre. In den Niederlanden und Kanada ist ein Verlustrückgang um ein Jahr oder ein Verlustvortrag zulässig. In der Diskussion um eine Steuerreform in der Bundesrepublik ist ein (meistens auf 2 Jahre begrenzter) Verlustrücktrag mehrfach gefordert worden.

(c) Das Finanzamt zahlt im Verlustfall einen Betrag in Höhe von Steuersatz mal Verlust an den Unternehmer (Negativsteuer, Verlustsubvention). Eine solche Regelung sieht z. Z. kein Steuergesetz der Welt vor. Wer jedoch eine wettbewerbsneutrale Besteuerung verwirklichen will, wird diesen Vorschlag gründlich prüfen müssen: Durch die Verlustsubvention werden kleine oder spezialisierte Betriebe gleich behandelt den großen Betrieben oder Betrieben mit breitem Fertigungsprogramm. Der innerbetriebliche Verlustausgleich schafft dann letzteren Betrieben keinen Wettbewerbsvorteil mehr. Die Verlustsubvention sichert zugleich, daß neu gegründete Unternehmen mit Anlaufverlusten wie alteingesessene Firmen besteuert werden; den Verlustrücktrag können hingegen nur Firmen beanspruchen, die früher schon Gewinne erzielt haben.

Die Annahme des sofortigen Verlustausgleichs ist nicht immer berechtigt. Treten in einem Jahr Verluste ein und bestehen keine anderweitigen Einkünfte, so können im gegenwärtigen deutschen Recht die Buchverluste fünf Jahre lang vorgetragen werden. Sie mindern in diesem Zeitraum das steuerpflichtige Einkommen (Verlustabzug nach § 10d EStG). Verloren geht der Unternehmung aber in jedem Fall der Zins: Die Ausgabenminderung tritt erst ein Jahr oder noch später nach dem Verlustfall ein. Ist für ein Jahr der Verlustausgleich nicht gewährleistet, so ist dies bei der praktischen Rechnung zu berücksichtigen (vgl. S. 311, 335 f.).

5. *Sofortige Besteuerung:* Im Zeitpunkt des Zuflusses der Einnahmen gehen die Ge-

winnsteuerzahlungen ab. Alle Investitionsmodelle beruhen auf vereinfachenden Annahmen über die Zahlungszeitpunkte. Üblicherweise werden alle Zahlungen auf das Ende eines Jahres bezogen. Nicht immer ist im Hinblick auf die Gewinnsteuerzahlung diese Vereinfachung berechtigt. Es sind einerseits die Steuervorauszahlungen zu beachten. Andererseits liegt der Termin des endgültigen Steuerbescheids oft Jahre nach dem Ende des Kalenderjahres, in dem das Einkommen zu versteuern ist. Da die steuerlichen Wirkungen oft nur aus Zinsvorteilen oder -nachteilen bestehen, kann es empfehlenswert sein, bei der Prüfung mancher steuerlicher Wahlmöglichkeiten genauer zu rechnen und einen Finanzplan aufzustellen, der vierteljährliche Zahlungszeitpunkte enthält. Das Standardmodell faßt Vorauszahlungen und Nachzahlungen in der Weise zusammen, daß am Jahresende mit dem Einnahmenzufluß zugleich die Steuerzahlungen abgehen.

6. *Proportionale Besteuerung:* Den Steuersatz sehen wir als unabhängig von der Höhe des Gewinns an. Für die grundsätzliche Erörterung der steuerlichen Wirkungen ist die Annahme proportionaler Besteuerung berechtigt. Wer im praktischen Fall bei Einzelkaufleuten und Personengesellschaften die künftigen Unternehmensgewinne hinreichend verläßlich schätzen kann, wird für die Berechnung die dazu gehörenden progressiven Steuersätze einsetzen. Es ist zu beachten, daß auch für Kapitalgesellschaften die Annahme eines proportionalen Steuersatzes nur gilt, solange das Aufteilungsverhältnis zwischen ausgeschütteten und zurückbehaltenen Gewinnen unverändert bleibt.

7. *Versteuerter Kalkulationszinsfuß:* Für einen Vorteilsvergleich braucht man einen Vergleichsmaßstab. Der Vergleichsmaßstab ist der Kalkulationszinsfuß. Die Wirkungen der Besteuerung auf die Vorteilhaftigkeit von Investitionen äußern sich im wesentlichen durch Zinsgewinne und -verluste. Deshalb gewinnt die Wahl des Kalkulationszinsfußes im Steuerfall besondere Bedeutung.

Wir wissen, daß es einen »richtigen« Kalkulationszinsfuß nicht gibt. »Richtige« Aussagen über die Vorteilhaftigkeit einzelner Investitionsvorhaben lassen sich nur treffen, wenn Finanzpläne aufgestellt werden. Sämtliche Zahlungen, die mit den Investitions- und Finanzierungsvorhaben verbunden sind, müssen darin einzeln erfaßt werden. Die einzelnen Investitions- und Finanzierungsmöglichkeiten sind entsprechend der vom Entscheidenden gewünschten zeitlichen Verteilung der Konsumentnahmen zusammenzustellen.

Sobald mit klassischen Investitionsmodellen gearbeitet wird, lautet die Aufgabe, nach plausiblen Vereinfachungen über die Finanzierungs- und Wiederanlagemöglichkeiten zu suchen. Welchen Einfluß dabei die Besteuerung nimmt, hängt davon ab, welche Umweltbedingungen der Modellschreiner als hinreichend wirklichkeitsnah ansieht.

Das Standardmodell geht davon aus, daß die Zinserträge aus Finanzanlagen versteuert werden und die Zinsen für Kredite das steuerpflichtige Einkommen mindern. Bezeichnet i den Kalkulationszinsfuß vor Steuern, s den Steuersatz für zusätzliche Gewinne (Grenzsteuersatz) und i_s den Kalkulationszinsfuß im Steuerfall, dann gilt hier $i_s = (1 - s)\, i$. Das Standardmodell geht von der Annahme eines »versteuerten Kalkulationszinsfußes« aus [18].

[18] Vgl. *Sven Erik Johansson*, Skatt-investering-värdering. Stockholm 1961, S. 84.

Die Standardannahme ist »modellgerecht«: Geldanlage und Geldverleih werden steuerlich gleich behandelt, wie es dem Modellfall des vollkommenen Kapitalmarkts entspricht. Zu dem Kalkulationszinsfuß nach Steuern können nach Belieben Gelder angelegt und Gelder entliehen werden.
Die Standardannahme vereinfacht die Wirklichkeit, denn es wird davon abgesehen, daß der Gewerbeertragsteuer auch die Zinsen für langfristiges Fremdkapital unterliegen.

Insbesondere hinsichtlich der Dauerschulden kann die Standardannahme zu grob erscheinen. Es empfiehlt sich dann, die Gewerbeertragsteuer in die Gewinndefinition aufzunehmen und zu rechnen: Periodenüberschuß minus Grenzeinkommensteuersatz mal (Periodenüberschuß minus Abschreibung minus zu zahlende Gewerbeertragsteuer).
Die Gewerbeertragsteuer errechnet sich als rund 13 % des Gewerbeertrags, der als Periodenüberschuß abzüglich Abschreibungen aufgefaßt werden kann, wenn keine weiteren Hinzurechnungen und Kürzungen vorzunehmen sind. Zu beachten ist, daß der Periodenüberschuß aus den Einnahmen einer Anlage besteht abzüglich der laufenden Ausgaben, aber ohne die Kreditzinsen. Die Zinsen auf die Dauerschulden sind also im Periodenüberschuß noch enthalten.
In einem solchen Fall ist bei der Berechnung von i_s nur der Grenzeinkommen- bzw. Grenzkörperschaftsteuersatz anzuwenden, nicht ein Steuersatz für die Gesamtbelastung aus Einkommen(Körperschaft-)steuer und Gewerbeertragsteuer.
In der Praxis werden gelegentlich die Zahlungen von Gewerbekapital- und Vermögensteuer (und der Körperschaftsteuer und Gewerbeertragsteuer auf die Vermögensteuer) nicht vom geschätzten Periodenüberschuß abgesetzt, sondern man erfaßt diese Steuern durch einen Zuschlag zum Kalkulationszinsfuß, der dann meistens mit 1,5–2 % höher festgesetzt wird. Dieses Vorgehen verfälscht den Investitionsvergleich, denn es unterstellt unter anderem, daß zwischenzeitliche Einnahmenüberschüsse zu diesem erhöhten Satz angelegt werden können. Wir nehmen für das weitere an, Gewerbekapital- und Vermögensteuer einschließlich der Körperschaft- und Gewerbeertragsteuer auf die Vermögensteuer seien in den Zahlungsströmen berücksichtigt.
Anstelle der Standardannahme »versteuerter Kalkulationszinsfuß« sind in der Literatur auch andere Annahmen gewählt worden mit der Folge, daß abweichende Aussagen über den Einfluß der Besteuerung auf die Vorteilhaftigkeit der Investitionen abgeleitet wurden.

Folgende Sonderannahmen sind gesetzt worden:

(a) *Steuerbefreite Alternativanlage:* Nehmen wir an, ein Spitzenverdiener will Geld anlegen. Dabei wird er auch Investitionsmöglichkeiten erwägen, die von Gewinnsteuern befreit sind, z. B. deutsche Auslandsbonds aus den frühen dreißiger Jahren oder bestimmte 4 oder 5 %ige Pfandbriefe, die Anfang der fünfziger Jahre ausgegeben wurden.
Nach dem Kurszettel werden z. Z. (Frühjahr 1973) 5 %ige Pfandbriefe normalerweise mit etwa 70 gehandelt. Aber diejenigen Pfandbriefe der Frankfurter Hypothekenbank, Reihe 28–48, und die einiger anderer Institute stehen z. T. über 110. Es ist merkwürdig, daß normale 5%ige Pfandbriefe mit einer Restlaufzeit von über 20 Jahren eine Rendite von rund 9 % oder mehr erbringen, einige Pfandbriefe jedoch nur etwas mehr als 4 %. Zu erklären ist der Unterschied durch die verschiedenartige steuerliche Behandlung. Die Zinserträge der normalen Pfandbriefe unterliegen der Einkommen- und Körperschaftsteuer (und Gewerbeertragsteuer), die Zinserträge jener begünstigten Pfandbriefe nicht.
Wer einen solchen steuerbefreiten Pfandbrief als Vergleichsanlage für eine Investition erwägt, für den nimmt die Besteuerung keinen Einfluß auf den Kalkulationszinsfuß. Denn in der Rendite von 4 % kommt die Steuerbefreiung schon zum Ausdruck. Nur in solchen Ausnahmefällen von »steuerbefreiten Alternativanlagen« ist der Zinssatz vor Steuern mit dem nach Steuern

identisch. Von diesem Sonderfall ging die Mehrzahl der älteren Arbeiten über den Einfluß der Besteuerung auf die Investitionen aus [19].

Man hat dort regelmäßig den Einfluß der Besteuerung auf den Kalkulationszinsfuß übersehen. Bei dieser Sonderannahme sinkt die Vorteilhaftigkeit einer Investition stets mit einer Steuererhöhung, Abschreibungserleichterungen erhöhen stets den Kapitalwert, langlebige Anlagen werden gegenüber kurzlebigen benachteiligt. Diese weitverbreiteten Vorurteile über den Einfluß der Gewinnbesteuerung auf die Vorteilhaftigkeit beruhen auf der wirklichkeitsfremden Annahme einer steuerbefreiten Alternativanlage.

(b) *Steuerbefreite Alternativanlagen und Abzugsfähigkeit der Fremdkapitalzinsen:* Der steuerpflichtige Gewinn bestimmt sich hier als Periodenüberschuß abzüglich steuerlicher Abschreibungen abzüglich Fremdkapitalzinsen. Als Kalkulationszinsfuß wird die Effektivverzinsung des Fremdkapitals (vor Steuern) gewählt, oder eine subjektive Renditevorstellung, die von der Gewinnbesteuerung nicht beeinflußt wird. Werden alle aktivierungspflichtigen Ausgaben einer Investition vollständig mit Fremdkapital finanziert, so läßt sich zeigen, daß dann das Abschreibungsverfahren keinen Einfluß auf die Vorteilhaftigkeit nimmt, wenn die Fremdkapitalrückzahlung gemäß dem Abschreibungsverlauf erfolgt [20].

Fordert man das Einhalten starrer Finanzierungsregeln zwischen Eigen- und Fremdkapital, so kann unter Umständen das Vorziehen von Abschreibungen und die damit verbundene vorzeitige Tilgung von billigem Fremdkapital unvorteilhaft werden [21].

(c) Gelegentlich wird auch der Kalkulationszinsfuß als eine *subjektive Mindestverzinsung* verstanden, die durch die Besteuerung nicht berührt werde, zur Kritik vgl. S. 275 f.

(d) Anstatt in den voraussichtlichen Ausgabenstrom die Steuerzahlungen einzubeziehen, wird nach der sogenannten *Bruttomethode* der Kalkulationszinsfuß um die Steuerwirkung erhöht [22]. Beträgt der Steuersatz 50 % und der Kalkulationszinsfuß 8 % vor Steuern, dann werden die Zahlungsströme, bevor die Steuern abgesetzt sind, mit 16 % abgezinst. Durch Beispiele läßt sich sehr leicht zeigen; daß richtige Ergebnisse nur dann zustande kommen, wenn die Steuern in den Zahlungsströmen selbst und nicht in einem Bruttokalkulationszinsfuß erfaßt werden.

[19] Vorbild war dabei die Arbeit von *E. Cary Brown*, Business-Income Taxation and Investment Incentives. In: Income, Employment and Public Policy. Essays in Honour of Alvin H. Hansen. New York 1948; wiederabgedruckt in: Readings in the Economics of Taxation. London 1959, S. 525–537.

[20] Vgl. *Dieter Schneider*, Korrekturen zum Einfluß der Besteuerung auf die Investitionen. In: ZfbF, Jg. 21 (1969), S. 297–325, hier S. 308 f.

[21] Vgl. *Peter Swoboda*, Die Wirkungen von steuerlichen Abschreibungen auf den Kapitalwert von Investitionsobjekten bei unterschiedlichen Finanzierungsformen. In: ZfbF, Jg. 22 (1970), S. 77–86, bes. S. 85.

[22] Vgl. *Horst Schwarz*, Zur Berücksichtigung erfolgssteuerlicher Gesichtspunkte bei Investitionsentscheidungen. In: BFuP, Jg. 14 (1962), S. 135–153, 199–211, hier S. 209; kritisch hierzu *Peter Mertens*, Ertragssteuerwirkungen auf die Investitionsfinanzierung – ihre Berücksichtigung in der Investitionsrechnung. In: ZfhF, NF, Jg. 14 (1962), S. 570–588, hier besonders S. 580–583.

c) *Kapitalwert und Rendite im Steuerfall*

1. Der Kapitalwert im Standardmodell

Der Kapitalwert nach Steuern berechnet sich unter den Annahmen des Standardmodells wie folgt:
Der steuerpflichtige Gewinn im Jahre t beträgt Q(t) — A(t), wobei Q(t) dem Periodenüberschuß gleicht und A(t) der steuerlichen Abschreibung.
Die Gewinnsteuerzahlung beträgt s [Q(t) — A(t)], wobei s den (Grenz-)Steuersatz für diese Gewinne bezeichnet.

Der versteuerte Überschuß eines Jahres t errechnet sich dann als:

$$Q(t) - s\,[Q(t) - A(t)].$$

Für das letzte Nutzungsjahr n sind zusätzlich noch die Gewinnsteuerzahlungen zu berücksichtigen, die aus den Veräußerungsgewinnen entstehen bzw. die Steuerersparnis, die aus Veräußerungsverlusten folgt. Der Veräußerungsgewinn gleicht dem Restverkaufserlös R(n) abzüglich dem Restbuchwert W(n). Der versteuerte Restverkaufserlös beträgt somit:

$$R(n) - s\,[R(n) - W(n)].$$

Der Abzinsungsfaktor lautet im Jahre t:

$$(1 + i_s)^{-t} = \left(\frac{1}{1 + i - is}\right)^t.$$

I sind die Anschaffungsausgaben.

Der Kapitalwert der einmaligen Investition nach Steuern (K_s) für den Standardfall lautet damit

$$K_s = \sum_{t=1}^{n} [Q(t) - s\{Q(t) - A(t)\}]\,(1 + i_s)^{-t} + [R(n) - s\{R(n) - W(n)\}] \cdot (1 + i_s)^{-n} - I. \tag{11}$$

bzw.

$$K_s = (1 - s)\,[\sum_{t=1}^{n} Q(t)\,(1 + i_s)^{-t} + R(n)\,(1 + i_s)^{-n}] - I + s\,[\sum_{t=1}^{n} A(t)\,(1 + i_s)^{-t} + W(n)\,(1 + i_s)^{-n}]. \tag{11a}$$

In Worten: Der Kapitalwert nach Steuern gleicht dem versteuerten Ertragswert abzüglich der Anschaffungsausgaben zuzüglich dem Barwert der Steuerminderungen auf Grund aller Abschreibungen; dabei ist der versteuerte Kalkulationszinsfuß anzuwenden. Vergleichen wir Gleichung (1) S. 277 mit Gleichung (11), dann können wir feststellen, ob und wie stark die Besteuerung die Vorteilhaftigkeit einer Investition mindert. Setzen wir in Gleichung (11) oder (11a) unterschiedliche Steuersätze ein, so lassen sich die Wirkungen von Steuererhöhungen oder Steuersenkungen erkennen. Arbeiten wir mit unterschiedlichen Abschreibungsverfahren, läßt sich ersehen, welchen Einfluß z. B. ein Verbot oder eine Erweiterung der degressiven Abschreibung hat.

2. Die Wirkung der Besteuerung auf Nutzungsdauer und Ersatzzeitpunkt

Die *wirtschaftliche Nutzungsdauer* einer Anlage ist dann beendet, wenn der Kapitalwert im Zeitablauf sein Maximum erreicht. Das zeitliche Kapitalwertmaximum liegt in jenem Zahlungszeitpunkt, in welchem der zeitliche Grenzgewinn Null wird, vorausgesetzt, der zeitliche Grenzgewinn ist vorher stets positiv, danach stets negativ (vgl. S. 279). Diese Voraussetzung soll im folgenden erfüllt sein.

Um die Wirkung der Steuern zu erfassen, müssen wir den versteuerten zeitlichen Grenzgewinn errechnen. Der versteuerte zeitliche Grenzgewinn besteht aus:

(1) dem versteuerten Betriebsgewinn des Jahres n: Der versteuerte Betriebsgewinn errechnet sich aus Periodenüberschuß minus Gewinnsteuerzahlung. Für die steuerliche Abschreibung des Jahres n, A(n), schreiben wir jetzt W(n–1) — W(n), also die Differenz der Restbuchwerte zweier Jahre.

(2) Hinzuzufügen ist der versteuerte Restverkaufserlös des Jahres n:
$R(n) - s[R(n) - W(n)]$.

(3) Abzuziehen ist der versteuerte Restverkaufserlös am Ende des Vorjahres, und

(4) abzuziehen sind ferner die Zinsen auf den versteuerten Restverkaufserlös des Vorjahres.

(3) und (4) ergeben: $\quad -(1+i_s)\,[R(n-1) - s\{R(n-1) - W(n-1)\}]$.

Fassen wir die einzelnen Glieder des versteuerten zeitlichen Grenzgewinns zusammen, so errechnet sich nach Kürzung der zeitliche Grenzgewinn nach Steuern, $G_s(n)$, als

$$(12) \qquad G_s(n) = (1-s)\,[Q(n) + R(n) - (1+i)\,R(n-1)] + \\ + (1-s)\,is\,[R(n-1) - W(n-1)]$$

$$(12a) \qquad G_s(n) = (1-s)\,G(n) + (1-s)\,is\,[R(n-1) - W(n-1)].$$

Der zeitliche Grenzgewinn nach Steuern gleicht dem versteuerten Grenzgewinn (vor Steuern) zuzüglich den versteuerten Zinsen auf die ersparte Steuerzahlung, die bei einer Veräußerung im Vorjahr wegen des Veräußerungsgewinns angefallen wären.

Wird der versteuerte zeitliche Grenzgewinn gleich Null gesetzt, so ergibt sich

$$(13) \qquad Q(n) + R(n) = (1+i)\,R(n-1) - is\,[R(n-1) - W(n-1)].$$

Der Einnahmenüberschuß durch Weiterverwendung der Anlage im Jahre n muß dem aufgezinsten Betrag von Veräußerung im Vorjahr und anderweitiger Anlage des freigesetzten Geldes gleichen, abzüglich der Zinsen auf die ersparte Steuerzahlung, die bei einer Veräußerung im Vorjahr wegen des Veräußerungsgewinns angefallen wäre.

Um den Einfluß der Besteuerung auf die Nutzungsdauer zu erkennen, vergleichen wir Gleichung (13) mit Gleichung (2b), S. 279. Wenn wir voraussetzen, daß mit steigender Nutzungsdauer Periodenüberschüsse, Restverkaufserlöse und Restbuchwerte stetig fallen, dann folgt:

1. Die Besteuerung hat keinen Einfluß auf die wirtschaftliche Nutzungsdauer, wenn sich Restverkaufserlös am Ende des Vorjahres und Restbuchwert am Ende des Vorjahres decken, denn dann entstehen durch den Verkauf der Anlage keine steuerpflichtigen Erträge bzw. keine steuermindernden Veräußerungsverluste.
2. Ist der Restverkaufserlös des Vorjahres höher als der Restbuchwert, wären aus dem Verkauf der Anlage im Vorjahr steuerpflichtige Veräußerungsgewinne und damit zusätzliche Steuerzahlungen entstanden. Um diese zu vermeiden, kann es sich lohnen, die Nutzungsdauer zu verlängern. Wäre ohne Berücksichtigung der Steuern die Nutzungsdauer im Jahre (n–1) beendet worden, so wird mit Berücksichtigung der Steuern die Anlage länger genutzt, da hier die Zinsen auf das noch in der Anlage gebundene Kapital geringer sind. Eine Erhöhung der Steuersätze verlängert also hier die Nutzungsdauer.
3. Ist der Restverkaufserlös im Vorjahr kleiner als der Restbuchwert, entstünden durch den Verkauf der Anlage im Vorjahr Veräußerungsverluste. Ist ein sofortiger Verlustausgleich möglich, so mindern diese Aufwendungen die Steuerzahlungen der Unternehmung. Eine Erhöhung der Steuersätze führt hier somit zu einer Kürzung der Nutzungsdauer.

Bei Steuererhöhungen lassen Veräußerungsgewinne eine längere Nutzungsdauer, Veräußerungsverluste eine kürzere Nutzungsdauer vorteilhaft erscheinen. Bei Steuersenkungen verlängern Veräußerungsverluste die Nutzungsdauer, Veräußerungsgewinne verkürzen sie. Dies gilt für die einmalige Investition, d. h. unter der Annahme, daß sich sonst nur Investitionsvorhaben bieten, die sich zum Kalkulationszinsfuß verzinsen.

Der *zielentsprechende Ersatzzeitpunkt* ist dann erreicht, wenn der Grenzgewinn der alten Anlage gleich dem Durchschnittsgewinn der neuen Anlage ist, vorausgesetzt der Grenzgewinn liegt zuvor stets über, danach stets unter dem Durchschnittsgewinn. Der Durchschnittsgewinn ist dabei als Annuität (Kapitalwert der einmaligen Investition mal Wiedergewinnungsfaktor) zu verstehen.

Ohne Berücksichtigung der Steuern lohnt sich der Ersatz, sobald (S. 290)

(10) $$G(n) < wK.$$

Entsprechend gilt für den Steuerfall

(14) $$G_s(n) < w_s K_s,$$

wobei w_s der Wiedergewinnungsfaktor für den Zinssatz i_s bedeutet und K_s der Kapitalwert der einmaligen Investition im Steuerfall ist. Setzen wir (12a) in (14) ein und formen die Gleichung um, so lohnt sich der Ersatz dann, wenn

(14a) $$G(n) < - is[R(n-1) - W(n-1)] + \frac{w_s}{1-s} K_s.$$

Vergleichen wir (10) mit (14), so ist zu beachten, daß im Regelfall, aber nicht immer,

$wK > \frac{w_s}{1-s} K_s$ ist.

Eine Steuererhöhung kann den Ersatzzeitpunkt je nach den Einzelannahmen hinaus-

schieben oder vorverlegen. Unter den Bedingungen des Standardfalls werden starke Einflüsse durch die Besteuerung auf den Ersatzzeitpunkt nicht ausgeübt.
Dies ändert sich, wenn wir von den Standardvoraussetzungen abgehen und insbesondere annehmen, daß Veräußerungsgewinne vollständig oder zeitweise steuerbefreit werden. So läßt sich nachweisen, daß das Vortragen von Veräußerungsgewinnen auf Neuinvestitionen, wie es § 6b EStG gestattet, regelmäßig den Veräußerungszeitpunkt hinausschiebt. Wirtschaftspolitische Absicht des § 6b EStG war jedoch, den Grundstücks- und Anlagenverkehr zu erleichtern, also den zielentsprechenden Ersatzzeitpunkt vorzuverlegen. § 6b EStG verfehlt deshalb seinen wirtschaftspolitischen Zweck völlig [23].

3. Einfluß der Besteuerung auf die Rendite

Die Rendite (der interne Zinsfuß) einer Investition ist ein theoretisch höchst anfechtbarer Vorteilsmaßstab (vgl. S. 205–217). Aber als praktisches Näherungsmaß ist die Rendite wohl nicht auszurotten, und deshalb müssen wir uns kurz mit dem Einfluß der Besteuerung auf die Rendite beschäftigen.
Nach der Methode des internen Zinsfußes ist eine Investition vorteilhaft, wenn ihre Rendite r über dem Kalkulationszinsfuß i liegt. Im Steuerfall gilt entsprechend, daß die Rendite nach Steuern über dem Kalkulationszinsfuß nach Steuern liegen muß:

$$r_s \geqq i_s.$$

Dabei entspricht $i_s = (1-s)i$. Gilt auch $r_s = (1-s)r$?
Nein, dies ist nur dann der Fall, wenn der Kapitalwert vor Steuern und nach Steuern gleich Null ist. Denn der interne Zinsfuß ist jener Zinssatz, bei dem der Kapitalwert einer Investition Null wird. Es läßt sich zeigen, daß die Rendite nach Steuern unter den Standardannahmen im Regelfall größer ist als $(1-s)r$.

An einem Beispiel soll der interne Zinsfuß einer Investition vor und nach Steuern berechnet werden.
Wer eine Lebensversicherung in Form einer Kapitalversicherung abschließt mit mindestens 12jähriger Versicherungsdauer, der kann die jährlichen Beiträge als Sonderausgaben von seinem steuerpflichtigen Einkommen absetzen. Das Angebot einer Versicherungsgesellschaft lautet: Beginn der Versicherung 1. 12. 73, Ende 30. 11. 85. Versicherungssumme (Auszahlungsbetrag) 5000 Mark, im Todesfall 10 000 Mark, jährlicher Beitrag 408,50 Mark. Lohnt sich diese Kapitalanlage?
Ohne Zinsen errechnet sich eine Einzahlung von $12 \times 408{,}50 = 4902$ Mark. Offensichtlich wird der interne Zinsfuß nur wenig über Null liegen. Die Investition ist unvorteilhaft, weil schon die Anlage auf dem Sparbuch mehr erbringt. Nur wer mit seinem Ableben innerhalb der nächsten 12 Jahre rechnet, für dessen Erben mag die Versicherung vorteilhaft sein.
Mit Berücksichtigung der Steuern sieht die Sache anders aus. Nehmen wir an, daß die Sonderausgaben noch nicht ausgeschöpft sind, und der Grenzsteuersatz 40 % beträgt (Monatseinkommen eines Junggesellen von rund 2000 DM, solange er aus der Kirche nicht ausgetreten ist).

[23] Vgl. im einzelnen *Dieter Schneider,* Wie wirkt die Übertragung stiller Reserven nach § 6b EStG auf den Veräußerungszeitpunkt von Anlagen? In: Der Betrieb, Jg. 22 (1969), S. 581–585.

Sind die Versicherungsbeiträge als Sonderausgaben voll abzugsfähig, belastet die jährliche Zahlung von 408,50 Mark nur zu 60 % den eigenen Geldbeutel, weil in Höhe der restlichen 40 % Steuern gespart werden. An die Stelle der Zahlungsreihe

	t_0	t_1		t_{12}
	—408,50	—408,50	usw.	+5000
tritt	—245,10	—245,10	usw.	+5000.

Die Rendite nach Steuern steigt auf rund 9 %.
Der interne Zinsfuß kann bei einer solchen Reihe nur durch Probieren gefunden werden. Am einfachsten ist es, man dividiert den Endbetrag durch die jährliche Zahlung und sieht dann in den finanzmathematischen Tabellen für nachschüssige Endwertfaktoren nach. Allerdings ist die Wahl einer tatsächlichen alternativen Anlagemöglichkeit (Sparbuch oder Anleihe) und damit die Kapitalwertberechnung einleuchtender als die Abschätzung der Rendite.

d) Gewinnbesteuerung und Vorteilhaftigkeit im Standardfall

1. Beispiel

In der wirtschaftspolitischen Diskussion herrscht die Auffassung vor, daß
a) steigende Gewinnsteuersätze die Vorteilhaftigkeit einer Investition mindern,
b) die Vorteilhaftigkeit langlebiger Anlagen stärker unter der Besteuerung leidet als die kurzlebiger.

Diese beiden Thesen wollen wir in diesem Kapitel prüfen. Zunächst ist zu fragen: Mindern steigende Gewinnsteuersätze den Kapitalwert einer Investition? Die Antwort erscheint offensichtlich: Durch die Besteuerung wird ein erheblicher Teil der Einnahmenüberschüsse dem Unternehmen entzogen, das muß die Vorteilhaftigkeit mindern. Aber nichts ist in der Wissenschaft gefährlicher als auf den ersten, offensichtlichen Eindruck zu vertrauen.
Betrachten wir folgendes Beispiel: Ein Unternehmer erwägt eine Sachinvestition mit dem Zahlungsstrom

t_0	t_1	t_2	t_3
—3000	0	+2000	+1760.

Zur Finanzierung steht Eigenkapital bereit. Der Kalkulationszinsfuß i wird hier verstanden als die Rendite einer anderen Anlage, z. B. einer Finanzanlage, und betrage 10 %. Ohne Berücksichtigung der Besteuerung errechnet sich als Kapitalwert der Sachanlage

$$K = -3000 + 2000\,(1 + 0{,}1)^{-2} + 1760\,(1 + 0{,}1)^{-3} = -25.$$

Die Sachanlage ist unvorteilhaft und wird deshalb verworfen.
Wird die Besteuerung in der Investitionsrechnung berücksichtigt, dann ist zunächst der steuerpflichtige Gewinn zu berechnen. Der steuerpflichtige Gewinn wird hier verstanden als die Differenz jährliche Einnahmen minus jährliche lineare Abschreibung. Die jährlichen Abschreibungen betragen also 1000. In t_1 sind die Einnahmenüberschüsse wegen Anlaufschwierigkeiten Null. Hier entsteht also ein steuerlicher Verlust von 1000. Der Verlust wird gemäß § 10 d EStG (und abweichend vom Standardmodell) auf das nächste Jahr vorgetragen.
In t_2 stehen den Erträgen von 2000 Mark Abschreibungen in Höhe von 1000 und der Verlust-

vortrag von 1000 gegenüber. Der steuerpflichtige Gewinn in t_2 ist Null. Es bleiben 2000 Mark dem Unternehmen erhalten. In t_3 sind ebenfalls 1000 als Abschreibung zu verrechnen. Es bleiben 760 Mark an steuerpflichtigem Gewinn. Bei einem Steuersatz von s = 50 % sind 380 Mark an Steuern zu zahlen. Der Zahlungsstrom der Sachanlage lautet dann

t_0	t_1	t_2	t_3
—3000	0	+2000	+1380.

Der Kalkulationszinsfuß ist bei einem Steuersatz von 50 % nicht mehr in Höhe von 10 % festzusetzen, denn die Erträge der Finanzanlage unterliegen ebenfalls der Besteuerung. Die Rendite der Finanzanlage beträgt 5 % nach Steuern. Bei einem Kalkulationszinsfuß von i_s = 5 % errechnet sich für den Zahlungsstrom nach Steuerzahlung ein Kapitalwert

$$K_s = -3000 + 2000\,(1 + 0{,}05)^{-2} + 1380\,(1 + 0{,}05)^{-3} = +6.$$

Die Erhöhung des Einkommensteuersatzes von 0 auf 50 % bewirkt hier, daß eine unvorteilhafte Anlage vorteilhaft wird. Wenn wir zusätzlich annehmen, daß der Gewinnsteuersatz von 50 % auf rund 67 % erhöht wird, dann wächst der Kapitalwert von + 6 sogar auf + 9.

Um nicht den Irrtum zu erwecken, die Kapitalwertsteigerung beruhe auf dem sofortigen Verlustausgleich, wurde in dem Beispiel unterstellt, der Verlust in t_1 werde vorgetragen und nicht sofort ausgeglichen. Wäre, wie sonst in der Theorie üblich, unterstellt worden, ein sofortiger Verlustausgleich sei möglich, so wüchse der Kapitalwert bei 50 % Steuern sogar auf + 29.

Das künftige Mehreinkommen aus einer zusätzlichen Investition wird üblicherweise verstanden als Rente aus dem Vermögenszuwachs, als Annuität des Kapitalwerts. Bei einem Steuersatz von 0 % ist der Einkommenszuwachs der Sachinvestition negativ, bei einem Steuersatz von 50 % positiv. Sollte damit doch die Erhöhung der Steuersätze das Nettoeinkommen des Unternehmers steigen lassen?

Die aberwitzige Vermutung ist leicht zu widerlegen. Das paradoxe Ergebnis, wachsender Kapitalwert bei steigenden Steuersätzen, folgt aus der relativen Betrachtungsweise: Einkommen aus der Sachinvestition oder Einkommen aus alternativen Finanzanlagen?

Absolut gesehen verringert die Gewinnsteuererhöhung das Nettoeinkommen des Unternehmers. Aber mit wachsenden Steuersätzen kann es sich lohnen, andere Investitionsvorhaben zu wählen, die praktisch eine Milderung der Steuererhöhung herbeiführen. Eine solche Milderung der Steuererhöhung nennt man auch »teilweise Steuereinholung«.

Am raschesten ist diese teilweise Steuereinholung durch folgende Rechnung zu belegen:
Der Unternehmer steht vor der Wahl zwischen einer Finanzanlage und der Sachanlage A. Er führt den Vorteilsvergleich vollständig durch, indem er sämtliche Zahlungen einer jeden Anlage nach Art eines Finanzplans zusammenstellt. Da die Anschaffungsausgaben für Finanzanlage und Sachanlage gleich sind, interessieren nur die Zahlungen in t_1, t_2, t_3. Vor Steuern sieht der Vorteilsvergleich so aus:

	t_1	t_2	t_3
Finanzanlage	+300	+ 300	+3300
Sachanlage	0	+2000	+1760
Erster Saldo zugunsten der Finanzanlage	+300	—1700	+1540
Wiederanlage des Überschusses in t_1 zu 10%	—300	+ 330	
Zweiter Saldo zugunsten der Finanzanlage	0	—1370	+1540
Wiederanlage des Überschusses der Sachanlage		+1370	—1507
Endgültiger Saldo zugunsten der Finanzanlage	0	0	+ 33

Die Sachanlage erwirtschaftet in t_3 33 weniger als die Finanzanlage. Dieses Minderendvermögen der Sachanlage ergibt, diskontiert auf t_0, einen Kapitalwert von — 25.

Bei einem Steuersatz von 50 % entwickelt sich folgender Finanzplan:

	t_1	t_2	t_3
Finanzanlage (nach Steuern)	+150	+ 150	+3150
Sachanlage A (nach Steuern)	0	+2000	+1380
Erster Saldo zugunsten der Finanzanlage	+150	—1850	+1770
Wiederanlage des Überschusses in t_1 zu 5% nach Steuern	—150	+ 157,5	
Zweiter Saldo zugunsten der Finanzanlage	0	—1692,5	+1770
Wiederanlage des Überschusses der Sachanlage		+1692,5	—1777,1
Endgültiger Saldo zugunsten der Finanzanlage	0	0	— 7,1

Hier erwirtschaftet die Sachanlage ein um 7,1 höheres Endvermögen als die Finanzanlage. Auf t_0 diskontiert ergibt das einen Kapitalwert von + 6.
Wegen der Abschreibungsverrechnung entsteht der Sachanlage ein Zinsgewinn, der sie mit steigenden Steuersätzen vorteilhafter erscheinen läßt als die Finanzanlage. Der Zinsgewinn ist der Grund für den wachsenden Kapitalwert. Das versteuerte Einkommen sinkt dagegen mit steigenden Steuersätzen.
Das erste, was das paradoxe Beispiel lehrt (bzw. in die Erinnerung zurückruft), lautet: Der Kapitalwert einer Investition ist kein absolutes, sondern ein relatives Maß für die Vorteilhaftigkeit. Der Kapitalwert mißt die Vorteilhaftigkeit der Sachanlage an einer konkurrierenden Investition (Finanzanlage) bzw. an den Kosten einer Finanzierungsmöglichkeit. Der Kapitalwert zeigt nicht ohne weiteres den Vermögenszuwachs, die Annuität nicht ohne weiteres den Einkommenszuwachs aus einer Investition an.
Das Steuerparadoxon (wachsender Kapitalwert bei steigenden Steuersätzen) tritt allerdings nur für Steuererhöhungen bis zu einem gewissen Ausmaß ein. Bei einem Steuersatz von 100 % sind naturgemäß Finanzanlage und Sachanlage A gleich unvorteilhaft. Es läßt sich zeigen, daß der Zinsgewinn der Sachanlage mit steigenden Steuersätzen zunächst wächst, ein Maximum erreicht und schließlich fällt. Der Zinsgewinn hängt ab vom Steuersatz, vom Zinssatz, dem Einnahmen- und Abschreibungsverlauf der Sachanlage und schließlich von der Zahl der betrachteten Perioden. Bei drei Perioden ist der Zinsgewinn eine Funktion dritten Grades, bei n Perioden eine

Funktion n-ten Grades, so daß auch mehrere Maxima des Zinsgewinns (und des Kapitalwerts) bei steigenden Steuersätzen denkbar sind.

Für Sachanlage A berechnen sich Überschuß- und Zinsgewinn wie folgt: Im ersten Nutzungsjahr erzielt die Sachanlage gegenüber der Finanzanlage einen »Überschuß« von — 300 (1 – s). Dieser Betrag kann zwei Jahre lang zum Zinssatz nach Steuern angelegt werden. Wir erhalten

$$-300(1-s)\,[1+(1-s)\,0{,}1]^2.$$

Im zweiten Nutzungsjahr beträgt der Überschuß der Sachanlage gegenüber der Finanzanlage + 2000 — 300 (1 – s). Dieser Betrag kann ein Jahr lang zum Zinssatz nach Steuern angelegt werden. Wir erhalten

$$[2000-300(1-s)]\,[1+(1-s)\,0{,}1].$$

Im dritten Jahr erwirtschaftet die Sachanlage einen Überschuß von

$$-3000+1000+(1-s)\,(760-300).$$

Fassen wir die Glieder zusammen, so errechnet sich der Endüberschuß Z als

$$Z = 3\,s^3 - 99\,s^2 + 129\,s - 33.$$

Bei Steuersätzen unter (rund) 35 % ist die Finanzanlage vorteilhafter als die Sachanlage. Bei einem Steuersatz von (rund) 35 % sind beide gleich vorteilhaft. Bei weiter steigenden Steuersätzen wächst der Kapitalwert der Sachanlage. Er erreicht in diesem Beispiel bei einem Steuersatz von (rund) 67 % sein Maximum (Kapitalwert + 9) und fällt dann, bis bei einem Steuersatz von 100 % Sachanlage und Finanzanlage gleich vorteilhaft werden. (Die dritte Nullstelle des Endüberschusses liegt bei Steuersätzen über 100 % und ist deshalb ohne ökonomischen Sinn.)

Als Ergebnis weiterer Vergleichsberechnungen können wir feststellen: Regelmäßig sinkt der Kapitalwert nach Steuern, aber in einigen Fällen entsteht das paradoxe Ergebnis, daß der Kapitalwert nach Steuererhöhungen steigt. Um zu erkennen, wann der Kapitalwert nach Steuern steigt oder sinkt, fragen wir: Wann nimmt die Gewinnbesteuerung keinen Einfluß auf die Vorteilhaftigkeit von Investitionen?

2. Die Bedingungen für die Einflußlosigkeit der Gewinnbesteuerung auf die Vorteilhaftigkeit von Investitionen

Aus Gleichung (1) und (11a) können wir ableiten: Der Kapitalwert nach Steuern K_s entspricht nur dann dem Kapitalwert vor Steuern K, wenn

$$(15)\qquad s\,[\sum_{t=1}^{n} A(t)\,(1+i_s)^{-t} + W(n)\,(1+i_s)^{-n}] = \sum_{t=1}^{n} Q(t)\,(1+i)^{-t} +$$
$$+ R(n)\,(1+i)^{-n} - (1-s)\,[\sum_{t=1}^{n} Q(t)\,(1+i_s)^{-t} + R(n)\,(1+i_s)^{-n}]\,.$$

In Worten: Die Gewinnbesteuerung beeinflußt die Vorteilhaftigkeit von Investitionen dann nicht, wenn der Barwert der Steuerminderung aufgrund aller Abschreibungen der Differenz gleicht zwischen Ertragswert der Anlage vor Steuern, zum Kalkulationszinsfuß vor Steuern berechnet, abzüglich dem versteuerten Ertragswert der Anlage, zum Kalkulationszinsfuß nach Steuern berechnet.

Dieses Ergebnis leitet sich aus dem Standardmodell ab. Unter den Voraussetzungen des Standardmodells ist vor allem Annahme (7) wichtig: Der Kalkulationszinssatz muß durch die Besteuerung gemindert werden. Bleibt der Zinssatz vor und nach Steuern derselbe, dann schrumpft die rechte Seite auf den Ausdruck Steuersatz mal Ertragswert zusammen. Die linke Seite nimmt ihren höchsten Wert bei Sofortabschreibungen an. Sie gleicht dann dem Produkt aus Steuersatz mal Anschaffungsausgaben. Bei Sofortabschreibung und unverändertem Kalkulationszinsfuß lautet die Gleichung (15): Steuersatz mal Anschaffungsausgaben gleich Steuersatz mal Ertragswert, und das ist bei rentablen Investitionen unmöglich, denn dort liegt der Ertragswert über den Anschaffungsausgaben. Eine Ausnahme wäre nur denkbar, wenn mehr als die Anschaffungsausgaben abgeschrieben werden dürfte.

Die hinreichende Bedingung, die zu den Voraussetzungen des Standardmodells treten muß, damit die Gewinnbesteuerung keinen Einfluß auf die Vorteilhaftigkeit von Investitionen nimmt, ist ein bestimmtes Verhältnis zwischen Abschreibungsverlauf und Verlauf der Einnahmenüberschüsse. Dieses Verhältnis zu bestimmen, erfordert einige Überlegungen.

Angenommen, in einem Zeitpunkt (t – 1) gleicht der Ertragswert vor Steuern dem Ertragswert nach Steuern, wie hoch müssen dann in dem späteren Zeitpunkt t die Abschreibungen sein, damit in t ebenfalls der Ertragswert vor Steuern dem Ertragswert nach Steuern entspricht?

Den Ertragswert vor Steuern in (t – 1) bezeichnen wir mit E(t – 1) und den in t mit E(t). Wir setzen zunächst voraus, der Unternehmer entnimmt zwischen (t – 1) und t nichts, und Prognosefehler treten nicht auf. Unter diesen Voraussetzungen muß der Ertragswert E (t – 1) in t um die Zinsen auf E (t – 1) angewachsen sein. Denn der Ertragswert in t ist der Barwert zukünftiger Zahlungen (in t + 1, t + 2, . . ., t + n), und diese Zahlungen werden in t um ein Jahr weniger abgezinst als in t – 1. Es gilt deshalb die Gleichung

(16) $$E(t) = (1 + i)\, E(t - 1).$$

Beispiel: Der Ertragswert der Sachanlage (S. 311) beträgt vor Steuern im Zeitpunkt t_0 2975; im Zeitpunkt t_1 muß der Betrag lauten

$$2975 + 0{,}1 \cdot 2975 = 3272{,}5,$$

und das entspricht den auf t_1 abgezinsten Einnahmen 2000 in t_2 und 1760 in t_3.

Wirft die Investition in einem Zeitpunkt t Einnahmen von Q(t) ab und entnimmt der Unternehmer diese Einnahmen, so sinkt der Ertragswert der Anlage um die entnommenen Beträge Q(t).

(17) $$E(t) = (1 + i)\, E(t - 1) - Q(t).$$

Die Differenz zwischen dem Ertragswert in (t – 1) und dem Ertragswert in t nach Entnahme der Periodenüberschüsse heißt Ertragswertabfall und wird mit D(t) bezeichnet. Es gilt also

(17a) $$D(t) = E(t - 1) - E(t) = Q(t) - i\,E(t - 1).$$

Der Ertragswertabfall D(t) gleicht dem Periodenüberschuß abzüglich dem Ertragswertzuwachs in Höhe der Zinsen auf den Ertragswert des Vorjahres. Die Zinsen auf den Ertragswert des Vorjahres nennt man den klassischen kapitaltheoretischen bzw. ökonomischen Gewinn (vgl. S. 240). Sind die Entnahmen höher als der ökonomische Gewinn, so entsteht ein Kapitalverlust, eine Ertragswertminderung. Der Ertragswertabfall ist also nichts anderes als der Kapitalverlust aufgrund von Entnahmen, die über dem ökonomischen Gewinn des Jahres liegen.

Wird in t nichts entnommen, so ist Q(t) = 0 und der Ertragswertabfall wird negativ. Diese negative »Wertminderung« entspricht einem Ertragswertzuwachs. Der Ertragswert steigt dann um den ökonomischen Gewinn des Jahres an. Beispiel: Bei der Sachanlage ist in t_1 eine Zuschreibung auf den Ertragswert von $iE(t_0) = 297{,}5$ notwendig, und es ergibt $2975 + 297{,}5 = 3272{,}5$, also der Ertragswert in t_1.

Wird mehr entnommen als der ökonomische Gewinn eines Jahres, dann ist der Ertragswert um D(t) zu vermindern. Dieser Ertragswertabfall wird als Ertragswertabschreibung bezeichnet. Man hat diese Ertragswertabschreibung als »theoretisch richtige Abschreibung« angesehen und versucht, mit ihr den »richtigen« Verlauf der bilanzmäßigen Abschreibung zu begründen [24].

Nachdem die Berechnungsweise der Ertragswertabschreibungen erklärt ist, können wir uns wieder dem Kapitalwert nach Steuern zuwenden.

Der Kapitalwert im Jahre t steigt um die Zinsen auf den Kapitalwert im Jahre (t – 1) abzüglich der Entnahmen. Diese Gleichung wenden wir nun auf den Steuerfall an. Im Steuerfall fließt dem Unternehmer nur der Einnahmenüberschuß nach Gewinnsteuerzahlung zu, also

$$Q(t) - s[Q(t) - A(t)].$$

Im Steuerfall beträgt ferner der Zinssatz $i_s = (1 - s)i$.

Demnach bestimmt der Unternehmer den Ertragswert der Anlage nach Steuern im Zeitpunkt t als: Ertragswert nach Steuern im Zeitpunkt (t – 1) plus versteuerte Zinsen auf den Ertragswert nach Steuern abzüglich seiner Entnahmen. Die Entnahmen sollen dabei dem Einnahmenüberschuß nach Gewinnsteuerzahlung entsprechen. Formelmäßig ergibt sich, wenn

$E_s(t)$ = Ertragswert nach Steuern im Jahre t und

$E_s(t-1)$ = Ertragswert nach Steuern in $t - 1$ bedeuten:

$$E_s(t) = E_s(t-1) + (1-s)\,iE_s(t-1) - [Q(t) - s\{Q(t) - A(t)\}]. \tag{18}$$

In Worten: Der Ertragswert nach Steuern in t gleicht dem aufgezinsten Ertragswert nach Steuern in (t– 1), abzüglich des entnommenen versteuerten Überschusses.

Setzt man nun den Ertragswert vor Steuern gleich dem Ertragswert nach Steuern, also Gleichung (17) mit Gleichung (18) gleich, dann folgt:

$$(1+i)\,E(t-1) - Q(t) = E_s(t-1) + (1-s)\,iE_s(t-1) - [Q(t) - s\{Q(t) - A(t)\}], \tag{19}$$

und daraus errechnet sich $\quad sA(t) = s[Q(t) - iE(t-1)]$

bzw. $\quad A(t) = D(t)$, für alle t.

Folgerung: Die steuerliche Abschreibung im Zeitpunkt t muß der Ertragswertabschreibung entsprechen, soll der Ertragswert in den Zeitpunkten (t – 1) und t vor und nach Steuern gleich hoch sein [25].

[24] Vgl. *Harold Hotelling*, A General Mathematical Theory of Depreciation. In: The Journal of the American Statistical Association, Vol. 20 (1925), S. 340–353; *Preinreich*, The Economic Life of Industrial Equipment; zu weiteren Quellen s. *Dieter Schneider*, Die wirtschaftliche Nutzungsdauer als Bestimmungsgrund der Abschreibungen, S. 49–60.

[25] Vgl. *Johansson*, S. 135, 148 f.; offenbar in Unkenntnis von Johanssons Arbeit hat Samuelson das Prinzip 1964 nochmals abgeleitet und es als »fundamental theorem of tax-rate invariance« bezeichnet, vgl. *Paul A[nthony] Samuelson*, Tax Deductibility of Economic Depreciation to Insure Invariant Valuations. In: The Journal of Political Economy, Vol. 72 (1964), S. 604–606.

Berücksichtigt man auf beiden Seiten der Gleichung (19) zusätzlich den Periodenüberschuß, dann lautet die Bedingung für die Einflußlosigkeit: *Der steuerpflichtige Gewinn muß dem ökonomischen Gewinn des Jahres gleichen.*

Diese Bedingung ist allerdings noch zu eng. Wäre in jedem Jahr die steuerliche Abschreibung gleich der Ertragswertabschreibung, dann wären Kapitalwert vor und nach Steuer gleich, ohne daß es einer Barwertberechnung bedürfte. Es ist aber auch möglich, daß in einigen Perioden die steuerliche Abschreibung über, in anderen unter der Ertragswertabschreibung liegt. Um diesen Zeitvorteil bzw. zeitlichen Nachteil zu gewichten, muß der Barwert der steuerlichen Abschreibung und der Barwert der Ertragswertabschreibung insgesamt durchgerechnet werden.

Beide Maßgrößen, die steuerlichen Abschreibungen und die Ertragswertabschreibungen, sind dabei in jeder Periode mit demselben Zinssatz abzuzinsen, nicht wie in Gleichung (15) mit zwei verschiedenen Zinssätzen.

Welcher Zinssatz angesetzt werden muß, ist rasch zu erkennen: Angenommen in (t − 1) sind die steuerlichen Abschreibungen um eine Mark höher gewesen als die Ertragswertabschreibungen. In t ist diese eine Mark auf $(1 + i_s)$ angewachsen. Sie gleicht damit $(1 + i_s)$ Mark an Ertragswertabschreibungen aus. Da die steuerlichen Abschreibungen einen Zinsgewinn in Höhe von i_s bringen, ist folglich i_s als Kalkulationszinsfuß zu wählen.

Der Kapitalwert vor Steuern gleicht also dem Kapitalwert nach Steuern, wenn

$$\text{(20)} \qquad \sum_{t=1}^{n} A(t)\,(1 + i_s)^{-t} = \sum_{t=1}^{n} D(t)\,(1 + i_s)^{-t}.$$

Unter A(t) soll diesmal auch der Restbuchwert bei Ausscheiden der Anlage verstanden werden; es sind also alle steuerlichen Abschreibungen damit gemeint.

In Worten: Wenn die Gewinnbesteuerung keinen Einfluß auf die Vorteilhaftigkeit einer Investition nehmen soll, dann muß der Barwert der steuerlichen Abschreibung dem Barwert der Ertragswertabschreibung entsprechen, berechnet zum Zinssatz nach Steuern. Dem entspricht die Aussage: *Der Barwert aller steuerpflichtigen Gewinne aus der Anlage während ihrer Nutzungsdauer muß dem Barwert aller ökonomischen Gewinne der Anlage entsprechen, berechnet zum Zinssatz nach Steuern.*

3. Die Wirklichkeitsnähe der Bedingungen für die Einflußlosigkeit der Gewinnbesteuerung

Die Bedingung (20) klärt, wann die Gewinnbesteuerung keinen Einfluß auf die Vorteilhaftigkeit einer Investition nimmt. Dabei ist zu beachten, daß die Bedingung (20) aus dem Standardmodell abgeleitet worden ist, das auf 7 Voraussetzungen aufbaut. Nur unter diesen Voraussetzungen ist die Gewinnbesteuerung »wettbewerbsneutral«. Jede Abweichung von den Voraussetzungen kann dazu führen, daß die Gewinnbesteuerung die Investitions- und Finanzierungsentscheidungen einzelner Unternehmer unterschiedlich beeinflußt und damit ihre Wettbewerbslage verzerrt. Die Voraussetzungen lauten:

1. Es herrscht vollständige Kenntnis der Zahlungsströme; Ungewißheits- und Interdependenzprobleme sind gelöst.
2. Gewinnsteuern können nicht überwälzt werden.
3. Verzerrungen der steuerlichen Gewinndefinition, wie sie durch die Abweichungen in den Bemessungsgrundlagen zwischen Einkommen-, Körperschaft- und Gewerbeertragsteuer entstehen, treten nicht auf.

4. Ein sofortiger Verlustausgleich ist möglich.
5. Alle Zahlungen werden »sofort versteuert«.

Diese Voraussetzungen sind vorn bereits erörtert worden. Ein näheres Eingehen erfordern hier nur die weiteren Annahmen.

6. Es besteht in allen Perioden ein und derselbe konstante Gewinnsteuersatz.

Proportionale Steuersätze widersprechen nach heute herrschender Auffassung der steuerlichen Gerechtigkeit, die ja durch progressive Besteuerung mit verwirklicht werden soll. Doch hier muß folgendes berücksichtigt werden: Die Steuerprogression wird von der herrschenden Lehre durch die gestiegene steuerliche Leistungsfähigkeit des Steuerzahlers gerechtfertigt. Man kann mit guten Gründen behaupten: Eine Neutralität der Gewinnbesteuerung in bezug auf die Investitionen ist nur zu fordern und zu verwirklichen, solange die steuerliche Leistungsfähigkeit des Steuerzahlers unverändert bleibt. Selbstverständlich sei aber eine höhere Leistungsfähigkeit auch stärker zu besteuern. Wenn der Steuerzahler durch eine Investition zu höherem Einkommen gelange und einem höheren Grenzsteuersatz unterliege, dann sei dies kein Verstoß gegen die Neutralität der Gewinnbesteuerung gegenüber Investitionen. Neutralität der Besteuerung ist schließlich nur definiert als das Vermeiden von *unbeabsichtigten* Wettbewerbsverzerrungen. Gelingt es, ein Steuersystem aufzubauen, das sich bei gleichem erwarteten Einkommen neutral im Hinblick auf die Vorteilhaftigkeit der einzelnen Investitionen verhält, dann ist die Wettbewerbsneutralität der Besteuerung gewahrt. Progressive Steuersätze stellen für sich allein noch keinen Verstoß gegen die Wettbewerbsneutralität der Besteuerung dar.

7. Es konkurrieren nur Investitionsvorhaben, die der Besteuerung unterliegen, und zu ein und demselben Zinssatz kann nach Belieben Geld aufgenommen und angelegt werden: Es gilt die Standardannahme über den Kalkulationszinsfuß:

$$i_s = (1 - s)\, i.$$

Die Voraussetzung, daß nur Investitions- und Finanzierungsvorhaben konkurrieren, die der Besteuerung unterliegen, sollte zu verwirklichen sein; ja, sie ist sogar aus Gründen der Gleichmäßigkeit der Besteuerung zu fordern. Es müßten frühere Fehlmaßnahmen, wie die Ausgabe steuerfreier Anleihen, korrigiert werden. Darüber hinaus wäre für ein wirksames Außensteuerrecht zu sorgen; ein Steuerrecht, das dafür sorgt, daß nicht das Gefälle in der internationalen Besteuerung zu Wettbewerbsverzerrungen führt.

Zu den sieben Voraussetzungen des Standardmodells tritt als hinreichende Bedingung für die Neutralität der Gewinnbesteuerung in bezug auf Investitions- und Finanzierungsentscheidungen:

8. Der Barwert der steuerlichen Abschreibungen gleicht dem Barwert der Ertragswertabschreibungen. Läßt sich diese Bedingung verwirklichen?

Der Pferdefuß dieser Bedingung liegt in der Tatsache, daß normalerweise steuerliche Abschreibungen nur vom Anschaffungsbetrag zulässig sind. Der linke Ausdruck der Gleichung (20) kann äußerstenfalls, nämlich bei Sofortabschreibung, gleich den Anschaffungsausgaben werden. Die »Abschreibungssumme« auf der rechten Seite ist höher, denn Abschreibung in Höhe des Ertragswertabfalls heißt: Am Ende der Nutzungsdauer ist der gesamte Ertragswert vor Steuern abgeschrieben worden, und bei rentablen Anlagen liegt der Ertragswert über den Anschaffungsausgaben. Der Sinn des ökonomischen Gewinnbegriffs und der Ertragswertabschreibung liegt ja in einer bestimmten Vorstellung von Unternehmenserhaltung: Nicht nur die Anschaffungsausgaben, auch der zu Beginn der Investition vorhandene Kapitalwert gehört zu dem Kapital, das durch Abschreibungsverrechnung erhalten bleiben soll.

Um die achte Voraussetzung im einzelnen zu würdigen, trennen wir zwei Fälle: (a) den hypothetischen Fall, daß Ertragswertabschreibungen zulässig seien und (b) den Fall der Wirk-

lichkeit, daß die Abschreibungssumme auf die Anschaffungs- oder Herstellungsausgaben beschränkt ist.
(a) Wäre eine Abschreibungssumme in Höhe des Ertragswerts zulässig, dann müßte der Abschreibungsverlauf an den Ertragswertabfall gekoppelt werden, um Neutralität der Gewinnbesteuerung zu erreichen. Würde man es bei den heute üblichen Abschreibungsverfahren belassen, dann würde das Steuerparadoxon, also steigender Kapitalwert bei wachsendem Steuersatz, mit ziemlicher Regelmäßigkeit auftreten. Bei im Zeitablauf konstanten Einnahmenüberschüssen verläuft die Ertragswertabschreibung progressiv. Damit das Paradoxon einträte, genügte hier bereits eine lineare steuerliche Abschreibung. Bei im Zeitabfall sinkenden Einnahmenüberschüssen verläuft die Ertragswertabschreibung weniger degressiv als der Einnahmenabfall, so daß regelmäßig eine steuerliche Abschreibung mit schwacher Degression das Paradoxon hervorrufen könnte.
(b) Wenn nur vom Anschaffungsbetrag abgeschrieben werden kann, ändert sich das Bild grundsätzlich. Hier tritt Einflußlosigkeit der Besteuerung bzw. das Steuerparadoxon nur ein, wenn das Schwergewicht der steuerlichen Abschreibungen zeitlich vor dem Schwergewicht der Ertragswertabschreibung liegt. Die steuerliche Abschreibung muß in den ersten Nutzungsjahren die Ertragswertabschreibung um so viel übersteigen, daß die eintretenden Zinsgewinne die höhere Abschreibungssumme bei der Ertragswertabschreibung (den Kapitalwert also) kompensieren. Aus diesem Grunde ist das Steuerparadoxon an Investitionen mit bescheidener Rendite gebunden, solange die steuerlichen Abschreibungen insgesamt die Anschaffungsausgaben nicht übersteigen dürfen.
Das Paradoxon gewinnt aber breitere Bedeutung, wenn Investitionszulagen gewährt oder Abschreibungen vom Wiederbeschaffungsbetrag zugelassen werden. Bei Investitionszulagen, wie sie z. B. das Berlinförderungsgesetz vorsieht, bleibt die Möglichkeit erhalten, vom ursprünglichen Anschaffungspreis abzuschreiben. Der tatsächliche Anschaffungspreis für Anlagen ist aber wegen der Investitionszulage niedriger. Die Prämie (von z. B. 30 %) fließt etwa nach einem Jahr zu. Der effektive Anschaffungspreis sinkt auf etwas über 70, verbunden mit der Möglichkeit, Abschreibungen von 100 vorzunehmen. Solche Vergünstigungen führen in zahlreichen Fällen dazu, daß mit steigenden Steuersätzen abschreibungsfähige Investitionen vorteilhafter werden.
Unter dem Gesichtspunkt der Gleichmäßigkeit der Besteuerung ist eine solche »Steuereinholung« genauso unerwünscht wie eine Benachteiligung der Investitionen durch die Gewinnbesteuerung. Aber praktisch läßt sich die Einflußlosigkeit (Neutralität) der Gewinnbesteuerung nicht verwirklichen, und das ist ein weiterer Beleg für meine Behauptung, daß die heutige Gewinn- bzw. Einkommensbesteuerung nicht in der Lage ist, Gleichmäßigkeit der Besteuerung tatsächlich zu verwirklichen [26].

4. Lang- und kurzlebige Investitionen

In der finanzwissenschaftlichen Diskussion hat die Frage eine Rolle gespielt, wie die Besteuerung auf die Art der Investitionen wirkt, insbesondere, ob langlebige Investitionen (z. B. Bauten) stärker unter der Besteuerung leiden als kurzlebige Investitionen. Fast alle »Infrastrukturinvestitionen« zählen zu den langlebigen Investitionen, und deshalb ist die Frage von erheblichem wachstumspolitischen Interesse.
Die heute noch vorherrschende Meinung geht dahin, daß langlebige Investitionen durch die Gewinnbesteuerung stärker behindert werden als kurzlebige. Häufig ist diese Aussage durch Beispielsrechnungen begründet worden, in denen der Kalkulationszinsfuß vor und nach Steu-

[26] Vgl. *Schneider,* Gewinnermittlung und steuerliche Gerechtigkeit, S. 371 f.

ern gleich blieb. Aber diese Annahme über den Kalkulationszinsfuß ist selten sinnvoll. Prüfen wir deshalb, wie sich die Gewinnbesteuerung auf die Vorteilhaftigkeit von lang- und kurzlebigen Anlagen auswirkt, wenn wir von der Annahme eines »versteuerten Kalkulationszinsfußes« ausgehen.

Eine langlebige Investition, Nutzungsdauer 20 Jahre, und eine Kette von vier kurzlebigen Investitionen, deren Nutzungsdauer jeweils fünf Jahre betragen soll, seien vor Steuern gleich vorteilhaft, z. B.

	t_0	t_1	t_2	t_3	t_4	t_5	t_6		t_{20}
langleb. Anlage	—300	+56,1	+56,1	+56,1	+56,1	+56,1	+56,1	...	+56,1
Kette									
kurzleb. Anlagen	—300	+100	+100	+100	+100	+100			
						—300	+100	...	+100

Bei i = 10% errechnet sich für beide Vorhaben K = 177,6.

Im Steuerfall sei lineare Abschreibung unterstellt und ein Steuersatz von 50 %, so daß i_s = 5 % wird. Es errechnet sich dann für die langlebige Investition ein Kapitalwert von 143; für die Kette aus kurzlebigen Investitionen ein Kapitalwert von 133. Mit steigenden Steuersätzen wächst damit die Vorteilhaftigkeit der langlebigen Anlage. Wegen des verringerten Zinssatzes ist nach der Steuererhöhung der Barwert der versteuerten Periodenüberschüsse bei der langlebigen Anlage höher als der Barwert der Kette aus kurzlebigen Investitionen [27].

In ähnlicher Weise läßt sich zeigen, daß kapitalintensive Investitionen lohnintensiven vorgezogen werden und folglich ein Monopolist bei Lohnsteigerungen und einer Gewinnsteuererhöhung die Preise senken müßte [28].

e) *Praktische Einzelfragen*

1. Die Auswirkungen steuerlicher Abschreibungsverfahren

aa) *Vorteile und Nachteile einer Abschreibungsvorverlegung*

Unter den Annahmen des Standardfalls erhöht jedes Vorziehen von steuerlichem Aufwand die Vorteilhaftigkeit der Investitionen. Damit erscheint degressive Abschreibung günstiger als lineare Abschreibung. In gleicher Weise erhöhen Sonderabscheibungen die Vorteilhaftigkeit.

[27] *Lutz Haegert,* Der Einfluß der Steuern auf das optimale Investitions- und Finanzierungsprogramm. Wiesbaden 1971, S. 170 f., 211 f., bestreitet dieses Ergebnis, weil bei »gleicher durchschnittlicher Kapitalintensität« für die langlebige Investition höhere Anschaffungskosten aufzuwenden seien. Doch die »gleiche durchschnittliche Kapitalintensität« ist die falsche Basis für den Vergleich von langlebigen und kurzlebigen Investitionen. Es ist von gleichen Anschaffungsausgaben und gleicher zeitlicher Erstreckung beider Investitionen auszugehen; bei der kurzlebigen Investition sind also Investitionsketten zu betrachten.

[28] Vgl. *Dieter Schneider, Hans Heinrich Nachtkamp,* Zwei Beispiele für die preissenkende Wirkung höherer Gewinnsteuern. In: ZfbF, Jg. 22 (1970), S. 499–509, insbesondere S. 500–505.

Die Aussage »Abschreibungsvergünstigungen erhöhen die Vorteilhaftigkeit von Investitionen« kann jedoch nicht auf alle Fälle der Wirklichkeit übertragen werden. Vielmehr sind die Voraussetzungen des Standardfalls zu beachten. Im einzelnen:

(1) Das Vorziehen von Abschreibungen ist unter sonst gleichen Bedingungen nur empfehlenswert, solange Gewinn oder ein sofortiger Verlustausgleich gegeben ist. Wird für ein Jahr kein Gewinn erwartet, nützen degressive Abschreibungen gegenüber linearen Abschreibungen nichts, denn sie erhöhen nur den vorzutragenden Verlust. Wenn Verlustjahre sich häufen, kann degressive Abschreibung sogar von Nachteil sein, denn über 5 Jahre alte vorgetragene Verluste mindern das steuerpflichtige Einkommen nicht mehr (§ 10d EStG). Wenn später wieder Gewinne erzielt werden, ist es besser, es verfällt eine 5 Jahre alte lineare Abschreibung als eine 5 Jahre alte höhere degressive Abschreibung.

(2) Das Vorziehen von Abschreibungen ist unter sonst gleichen Bedingungen nur bei im Zeitablauf gleichbleibenden (sinkenden, allenfalls schwach ansteigenden) Gewinnsteuersätzen empfehlenswert. Wird mit Steuererhöhungen gerechnet, dann ist die lineare Abschreibung regelmäßig besser, weil dann höhere Aufwendungen in die Jahre mit höherer steuerlicher Belastung fallen. Die Steuererhöhung muß dabei allerdings stärker sein als die Zinswirkung durch die vorgezogene Abschreibung.

(3) Das Vorziehen von Abschreibungen ist unter sonst gleichen Bedingungen nur empfehlenswert, solange keine Beschränkungen für den Gewinnausweis zu beachten sind. Zahlreiche Aktiengesellschaften legen, um ihres Prestiges willen und um die Aktionäre als künftige Geldgeber bei Laune zu halten, Wert auf eine möglichst gleichbleibende Dividende. Der Wunsch, eine gleichbleibende Dividende zu zahlen, kann gelegentlich dem Vorsatz widersprechen, steuerliche Abschreibungsvergünstigungen auszunutzen. Das deutsche Steuerrecht kennt einen Grundsatz der Maßgeblichkeit der Handelsbilanz für die Steuerbilanz und legt ihn so aus, daß in der Handelsbilanz keine höheren Wertansätze auftreten dürfen als in der Steuerbilanz. Das Ausnutzen von Abschreibungsvergünstigungen mindert den Gewinn in Steuer- und Handelsbilanz und damit die Möglichkeit, Gewinne auszuschütten.

(4) Das Vorziehen von Abschreibungen ist unter sonst gleichen Bedingungen nur empfehlenswert, wenn der Kalkulationszinsfuß im Steuerfall als »versteuerter Kalkulationszinsfuß« angesetzt werden kann. Bei anderen Annahmen über die finanzielle Umwelt läßt sich nachweisen, daß mitunter das Abschreibungsverfahren für die Vorteilhaftigkeit von Investitionen ohne Bedeutung ist oder daß ein Vorziehen der Abschreibungen sogar die Vorteilhaftigkeit mindert (vgl. S. 306, Fußnoten 20, 21).

Ein Abschreibungsnachteil ist oft auf starre Finanzierungsregeln zurückzuführen, auf die Unternehmen oder Kreditgeber nicht verzichten wollen. Gerade angesehene Firmen halten sich an solche Finanzierungsregeln, z. B. damit ihre Anleihen deckungsstockfähig bleiben, und sie deshalb billigere Kredite bekommen. § 68 des Versicherungsaufsichtsgesetzes läßt in bestimmten Fällen die Sicherung von Darlehen durch eine »Negativklausel« zu, d. h. die Verpflichtung des Kreditnehmers, künftige Gläubiger nicht besser zu stellen als den Darlehensgeber. Zusätzlich wird dabei verlangt, daß das Verhältnis der fremden Mittel zu den eigenen Mitteln einen

Satz von 2 : 1 nicht überschreitet [29]. Um eine solche Kapitalstrukturregel einzuhalten, kann es für die Unternehmung notwendig werden, Abschreibungsvergünstigungen nicht auszunutzen.
Beispiel: Eine Unternehmung will eine Kapitalstruktur von 2 : 1 bewahren. Die früher verwirklichten Investitionen haben zu Bilanzzahlen geführt, die dieses Verhältnis genau einhalten, so daß auch die zusätzlich durchzuführenden Investitionen nur im Verhältnis von höchstens 2 : 1 mit Fremdkapital finanziert werden können. Fremdkapital sei zu 6 % Zinsen verfügbar. Die geforderte Rendite des Eigenkapitals betrage hingegen 20 %.
Die starre Finanzierungsregel von 2 : 1 (Fremdkapital zu Eigenkapital) muß im Jahre der Investition und in den folgenden Jahren verwirklicht werden. Das bedeutet, daß der billige Kredit im Verhältnis der Buchwertminderung (Abschreibung) getilgt werden muß. Der Steuersatz betrage 50 %. Nachdem hier der Kalkulationszinsfuß als vorgegebene Mindestverzinsung verstanden wird, sind im steuerpflichtigen Gewinn die Fremdkapitalzinsen neben den Abschreibungen als Aufwand abz[illegible] diese Firma zeigte eine Investition bei linearer Abschreibung folgenden Finanzplan:

	t_0	t_1	t_2
Investition	—1200	+840	+670
Kredit	+ 800	—400	—400
Kreditzinsen 6%		— 48	— 24
Gewinnsteuern		— 96	— 23
Zahlungssaldo	— 400	+296	+223

Der Kapitalwert dieser Zahlungsreihe beträgt bei i = 20 % : + 1,5. Dieselbe Investition führt bei degressiver Abschreibung (t_1 : 900; t_2 : 300) und entsprechenden Kreditrückzahlungen (t_1 : 600; t_2 : 200) zu folgendem Finanzplan:

	t_0	t_1	t_2
Investition	—1200	+840	+670
Kredit	+ 800	—600	—200
Kreditzinsen 6%		— 48	— 12
Gewinnsteuern		+ 54	—179
Zahlungssaldo	— 400	+246	+279

Kapitalwert bei i = 20 % : — 1,3; obwohl bei degressiver Abschreibung sofortiger Verlustausgleich angenommen wurde.
Abschreibungsvergünstigungen werden empfohlen, um bei schlechter Konjunktur die Investitionsneigung zu stärken, d. h. die Verschuldungswilligkeit der Unternehmer zu steigern. Für diesen Zweck sind Erleichterungen bei der steuerlichen Abschreibung allerdings kaum geeignet. Verschulden bedeutet regelmäßig, ein höheres Unternehmensrisiko einzugehen. Die Verschuldungswilligkeit wächst nur dann, wenn der Gewinnzuwachs durch die fremdfinanzierten Investitionen das zusätzliche Risiko mehr als ausgleicht. Gerade in Zeiten schwacher Konjunktur

[20] Vgl. *G. E. Fromm, A. Goldberg,* Kommentar zum Versicherungsaufsichtsgesetz und Bundesaufsichtsgesetz. Berlin 1966, S. 680 f.

wird aber das Risiko hoch eingeschätzt (überschätzt). Abschreibungsvergünstigungen schaffen deshalb nur einen geringen Investitionsanreiz, selbst wenn sie die rechnerische Vorteilhaftigkeit der Investitionen erhöhen. Abschreibungserleichterungen stellen vielmehr eine Finanzierungshilfe für jene Unternehmen dar, die auch bei schwacher Konjunktur noch gut verdienen. Sie nützen also gerade den Unternehmen, die einer staatlichen Förderung nicht bedürfen.
Hinzu tritt, daß Abschreibungsvergünstigungen die Bemessungsgrundlagen der Besteuerung über Jahre hinweg verzerren und damit erheblich gegen die Gleichmäßigkeit der Besteuerung verstoßen. Zur Investitionsförderung sind offene Subventionen oder Investitionszulagen weitaus besser geeignet.

bb) Abschreibungsfonds und »150 % Steuervorteil«

Häufig werden Sie folgenden Anzeigen begegnen: »150 % Steuervorteil! Bilden Sie Vermögen durch Steuerersparnis!« Der Prozentsatz des versprochenen Steuervorteils schwankt und übersteigt gelegentlich sogar 200 %. Die angepriesenen Investitionen erstreckten sich jahrelang auf Flugzeuge, Schiffe, Kliniken, Ferienbungalows an südlichen Küsten. Nach und nach sind diese Möglichkeiten eingeschränkt worden. Geblieben sind vor allem noch Kommanditbeteiligungen in Berlin sowie bei der Zonenrandförderung und der Erwerb von Eigentumswohnungen. Dabei bilden steuerliche Sonderabschreibungen den Anlaß, um den Anschein besonders lukrativer Investitionen zu wecken. Die Sonderabschreibungen in den ersten Investitionsjahren bewirken hohe Verlustzuweisungen, die das steuerpflichtige Einkommen mindern. Bei dem Bau von Eigentumswohnungen sind es die als steuerlich abzugsfähig anerkannten Kosten während des Baus, die den »Steuervorteil« entstehen lassen.
Lohnen sich solche Vermögensanlagen? An dem Beispiel des Baus einer Eigentumswohnung sollen die Anpreisungen beurteilt werden.

»150 % Steuervorteil noch in diesem Jahr durch Kauf einer Eigentumswohnung von 51 qm für 100 000 Mark, notarieller Festpreis. Eigenkapital nur 20 %. Betreuungsgebühr nur 3 % plus Mehrwertsteuer! Kein Risiko mit der Vermietung! Der Verkäufer ist bereit, eine Vermietungsgarantie zu übernehmen und die Wohnung zu einem Mietzins zu vermieten, der unter Zugrundelegung der gegenwärtigen Steuergesetzgebung beim höchsten Steuersatz die Hypothekenzinsen für 5 Jahre deckt! Kein Risiko beim Wiederverkauf! 5 Jahre nach Fertigstellung wird die Wohnung zu 130 % des tatsächlich eingesetzten Eigenkapitals zurückgekauft, falls Sie es wünschen! Mit dem Steuervorteil von 150 % kann das erforderliche Eigenkapital überwiegend aus ersparten Steuergeldern finanziert werden!«
Woher kommt der Steuervorteil? 150 % besagen zunächst gar nichts, denn bei allen Prozentsätzen muß zuerst die Bezugsgröße genannt werden. Das ist hier das einzusetzende Eigenkapital. Die Bezugsgröße ist also ein Fünftel des Gesamtkaufpreises. Wenn irgendwelche Buchverluste auf nur 1/5 des Gesamtkaufpreises bezogen werden, ergeben sich natürlich beachtliche Prozentsätze. Der »Steuervorteil« ist dabei nicht etwa Steuerersparnis, sondern er besteht in zu verrechnenden Werbungskosten, also in steuerlichem Aufwand. Die Höhe der tatsächlichen Steuerersparnis hängt damit von der Höhe des steuerpflichtigen Einkommens ab.
Die Buchverluste entstehen vor allem durch:
1. Die **Betreuungsgebühr,** 3,33 % einschließlich Mehrwertsteuer, beträgt rund 3300 Mark. Zusammen mit rund 700 Mark Provision für die Vermietungsgarantie ergeben sich 4000 Mark. Diese, bezogen auf das Eigenkapital von 20 000 Mark, ergeben schon einen »Steuervorteil« von 20 %.

2. Die Kosten der Zwischenfinanzierung (Schuldzinsen bis zur Baufertigstellung, Geldbeschaffungs- und Schätzungskosten) erreichen 15–20 % des Gesamtkaufpreises. Die Kosten der Zwischenfinanzierung werden je zur Hälfte im Jahr des Vertragsabschlusses und im Folgejahr geltend gemacht. Sie mögen 16 000 Mark betragen und verhelfen zu einem »Steuervorteil« von 80 %.

3. Die Nebenkosten (Notar- und Grundbuchkosten, Versicherungsprämien) summieren sich auf rund 2000 Mark und seien bei Fertigstellung des Baues (Ende des ersten Jahres) zu zahlen. Sie gewähren einen »Steuervorteil« von 10 %.

4. Das Damnum für die Hypotheken kann bei Privatleuten steuerlich sofort verrechnet werden. Wird die Hypothek z. B. nur zu 93 ausgezahlt, so sind rund 86 000 Mark Hypothekenschulden aufzunehmen, damit 80 000 Mark ausgezahlt werden. Das Damnum von 6000 Mark schafft einen »Steuervorteil« von 30 %.

Damit kommen wir zwar erst auf 140 % »Steuervorteil«. Die angekündigte Prozentzahl erreicht man fast nie. Beachtliche Aufrundungen scheinen hier ein Werbemittel zu sein. Aber das macht nichts, denn dieser »Steuervorteil« sagt über die Vorteilhaftigkeit sowieso nichts aus:

(a) Je höher die steuerlich absetzbaren Aufwendungen gemacht werden, um so höher erscheint der Steuervorteil. Steigt zum Beispiel die Betreuungsgebühr von 3,33 % einschließlich Mehrwertsteuer auf 11 %, dann steigt der Steuervorteil auf rund 180 %.

(b) Je geringer die Bezugsgröße (das eingesetzte Eigenkapital) ist, um so höher erscheint der Steuervorteil. Verringert man z. B. den Eigenkapitalanteil von 20 % auf 10 %, dann werden aus den verkündeten 150 % schon 300 % Steuervorteil.

Auskunft darüber, ob sich ein Investitionsvorhaben lohnt, kann nur ein sorgfältig erstellter Finanzplan geben. In den Finanzplan sind sämtliche Ausgaben und Einnahmen mit ihren Zahlungsterminen einzutragen. Die Vorteilhaftigkeit einer Investition richtet sich nicht nach der anfänglichen Steuerersparnis, sondern vor allem nach den späteren Folgezahlungen!

Über die Vorteilhaftigkeit solcher Steuerersparnisinvestitionen entscheiden:

1. Der Kaufpreis der Wohnung. Mit weniger als 2000 Mark je qm handelt es sich um ein für 1973 preiswertes Angebot in einer Großstadt.

2. Die Ausgaben, welche der Bauherr zusätzlich zum einzuzahlenden Eigenkapital zu leisten hat. Die Vertragsgestaltungen sind hier sehr unterschiedlich. Manchmal sind alle Steuervorteils-Aufwendungen finanziell durch die Eigenkapitaleinzahlung abgegolten. Häufiger fallen Betreuungsgebühr und Nebenkosten noch als zusätzliche Ausgaben an. Mitunter sind auch alle Zwischenfinanzierungskosten vom Bauherrn zu zahlen. Im Beispiel wurde angenommen, daß nur die Betreuungsgebühr, die Provision für die Vermietungsgarantie und die Nebenkosten vom Bauherrn zusätzlich zu zahlen sind.

3. Die langfristigen Finanzierungskosten. Für das Beispiel wurde angenommen, die Hypothek werde zu 93 % ausgezahlt. Der Zinssatz betrage 9 % vom jeweiligen Darlehensbetrag und die Tilgung 2 % vom Ausgangsbetrag.

4. Die Mieteinnahmen. Der Bauträger verpflichtet sich, die Wohnung zu einem Mietzins zu vermieten, »der unter Zugrundelegung der gegenwärtigen Steuergesetzgebung beim höchsten Steuersatz die Hypothekenzinsen für 5 Jahre deckt«. Dabei ist offenbar so gerechnet worden: Spitzensteuersatz für Privatpersonen rund 55 %. Die Hypothekenzinsen von rund 7400 Mark sind steuerlich abzugsfähig, belasten also den Wohnungseigentümer nur zu 45 %, gleich 3300 Mark. Das entspricht einer Monatsmiete (ohne Umlage) von 275 Mark bzw. einem Quadratmeterpreis von rund 5,50 Mark monatlich. Zu diesem Preis wird vom Bauträger eine Vermietungsgarantie übernommen.

Was ist von dieser Rechnung zu halten? Sie ist das Muster einer Milchmädchenrechnung. Gezahlt werden müssen die Hypothekenzinsen in jedem Fall, also müssen 7400 Mark eingenommen werden, wenn kein zusätzlicher Verlust entstehen soll. Schließlich sind nicht nur die Hypothekenzinsen steuerlich abzugsfähig, sondern auch die Mieteinnahmen zu versteuern. Darüber hinaus bleiben dem Bauherrn nicht einmal 3300 Mark jährlich zur Deckung der Hypothekenzinsen. Er hat davon vielmehr die laufenden Unterhaltungskosten (Grundsteuer usw.) zu zahlen. Im Beispiel wird davon ausgegangen, daß der Nettomieterlös 3000 Mark jährlich betrage. Da der Mieter noch die Umlage für Heizung, Hausreinigung usw. zu tragen hat, wird die Bruttomiete insgesamt dennoch rund 360 Mark (etwa 7 Mark je qm) ausmachen. Diesen Mieterlös erhalten alle Bauherren, gleichgültig, wie groß ihre persönliche Steuerbelastung ist. Im Beispiel wird mit einem Grenzeinkommensteuersatz von 50 % für den Bauherrn gerechnet.

Die Provision für die Vermietungsgarantie soll hier nur 2 Netto-Monatsmieten plus Mehrwertsteuer (rund 700 Mark), zahlbar bei Vertragsabschluß, betragen.

Die Abschreibung wird mit 3,5 % angenommen (nach Aussetzen der degressiven Abschreibung beläuft sich die Gebäudeabschreibung nur noch auf 2 %; damit sinkt die Vorteilhaftigkeit der Steuerersparnisinvestition weiter). Berechnet wird die Abschreibung auf 91 000 Mark, 9000 Mark seien dem anteiligen Grundstückswert zuzurechnen. Die Abschreibung beträgt dann jährlich rund 3200 Mark.

Der Finanzplan geht davon aus, daß das Recht auf Rückkauf der Wohnung, 5 Jahre nach Fertigstellung zu 130 % des Eigenkapitaleinsatzes = 26 000 Mark, wahrgenommen wird. Ein Jahr nach Vertragsabschluß und Eigenkapitaleinzahlung sei die Wohnung bezugsfertig und werde sofort vermietet. Der Finanzplan steht auf S. 326.

Die Rendite (der interne Zinsfuß) dieser Investition errechnet sich mit rund 2 %. Auf dem Sparbuch wäre ohne zusätzliche Arbeit (Prüfen der Unterlagen, Verhandlungen) und ohne zusätzliche Risiken (verzögerte Fertigstellung, Nichtanerkennung einzelner Aufwendungen durch das Finanzamt) mehr zu verdienen gewesen. Bei niedrigerer Steuerbelastung sinkt zudem die Rendite beträchtlich.

Dabei enthält unser Finanzplan noch recht günstige Annahmen: Zunächst werden in den »Bauherrn-Angeboten« selten Vermietungs- und zugleich Rückkaufgarantien angeboten. Es wurde auch angenommen, daß die versprochene Steuerersparnis voll eintritt und die Steuerersparnis im selben Jahr entsteht, in dem der steuerliche Aufwand anfällt und die Ausgaben erfolgen. In der Wirklichkeit ist aber damit zu rechnen, daß die geringeren Steuerzahlungen erst im folgenden Jahr wirksam werden. Berücksichtigt man diese Zeitverschiebung, dann wird die Rendite der »steuersparenden Kapitalanlage in Eigentumswohnungen« u. U. negativ.

Wie steht es mit der »Geldwertstabilität« solcher Investitionen? In den Annahmen über den Veräußerungserlös ist die Preissteigerung schon eingerechnet worden. Zwar kann bei Verkauf die Wertsteigerung der Eigentumswohnung 5 Jahre nach Fertigstellung mehr als hier angenommen betragen. Aber bei den vielen leerstehenden, weil offenbar zu teuer gebauten Wohnungen ist dies keineswegs zwangsläufig.

Ob sich »Steuervorteils«-Investitionen rentieren, zeigt erst eine genaue Finanzplanung. Mehrere Pleiten bei Abschreibungsgesellschaften haben zudem die Risiken offenkundig werden lassen, die in der Sucht nach Steuervorteilen ohne vorausgehende ernsthafte Wirtschaftlichkeitsrechnung liegen. Ein gerüttelt Maß an Schuld trägt allerdings der Gesetzgeber, der durch den Erlaß zahlreicher Sonderabschreibungsmöglichkeiten erst die Versuchung zu »Steuervorteils«-Investitionen angeheizt hat. Gezielte Zuschüsse (offene Subventionen) für unterstützungsbedürftige Projekte statt allgemein wirkende Sonderabschreibungen hätten solche Fehlentwicklungen von vornherein verhindert.

Finanzplan (alle Zahlen auf 100 gerundet)

	Vertragsabschluß Ende des Jahres 0	Ende 1. Jahr	Ende 2. Jahr	Ende 3. Jahr	Ende 4. Jahr	Ende 5. Jahr	Ende 6. Jahr
Eigenkapitalein- und -rückzahlung	— 20 000						+ 26 000
Betreuungsgebühr	— 3 300						
Provision für Vermietungsgarantie	— 700						
Nebenkosten		— 2 000					
Hypothekenzinsen			— 7 700	— 7 600	— 7 400	— 7 300	— 7 100
Tilgung			— 1 700	— 1 700	— 1 700	— 1 700	— 1 700
Netto-Mieteinnahmen			+ 3 000	+ 3 000	+ 3 000	+ 3 000	+ 3 000
Zahlung vor Steuern	— 24 000	— 2 000	— 6 400	— 6 300	— 6 100	— 6 000	+ 20 200
Steuerersparnis	+ 6 000	+ 8 000	+ 4 000	+ 3 900	+ 3 800	+ 3 700	+ 3 600
Zahlungssaldo	— 18 000	+ 6 000	— 2 400	— 2 400	— 2 300	— 2 300	+ 23 800

Berechnung der Steuerersparnis

Betreuungsgebühr	— 3 300						
Provision für Vermietungsgarantie	— 700						
Zwischenfinanzierungskosten	— 8 000	— 8 000					
Nebenkosten		— 2 000					
Damnum		— 6 000					
Hypothekenzinsen			— 7 700	— 7 600	— 7 400	— 7 300	— 7 100
Abschreibungen			— 3 200	— 3 200	— 3 200	— 3 200	— 3 200
Summe der Werbungskosten	— 12 000	— 16 000	— 10 900	— 10 800	— 10 600	— 10 500	— 10 300
Netto-Mieteinnahmen			+ 3 000	+ 3 000	+ 3 000	+ 3 000	+ 3 000
Einkünfte aus Vermietung und Verpachtung	— 12 000	— 16 000	— 7 900	— 7 800	— 7 600	— 7 500	— 7 300
Steuerersparnis (s = 50%)	+ 6 000	+ 8 000	+ 4 000	+ 3 900	+ 3 800	+ 3 700	+ 3 600

2. Ein Vergleich der steuerlichen Maßnahmen zur Investitionsförderung

aa) Abzüge von der Steuerschuld, Investitionszulagen und steuerfreie Rücklagen

Neben Sonderabschreibungen sind als Maßnahmen zur Investitionsförderung drei weitere Instrumente zu nennen:

(1) *Abzüge von der Steuerschuld* bemessen sich nach einem Prozentsatz von den Anschaffungs- oder Herstellungsausgaben einer Investition und mindern die persönliche Steuerschuld des Investors. Zahlt der Investor im Jahre der Investition keine Steuern, z. B. weil er Verluste erlitten hat, dann nützt ihm die Gewährung des Abzugs von der Steuerschuld nichts. Man hat die Abzüge von der Steuerschuld auch als »unvollständige Investitionsprämien« bezeichnet. Der Abzug von der Steuerschuld beeinträchtigt die Abschreibungsmöglichkeiten nicht: Abschreibungen werden von den ursprünglichen Anschaffungs- oder Herstellungskosten berechnet.

Abzüge von der Steuerschuld sieht z. B. das Stabilitätsgesetz vor [30]. Danach kann die Bundesregierung veranlassen, daß unter bestimmten Voraussetzungen bis zu 7,5 % der Anschaffungs- oder Herstellungskosten von abnutzbaren Anlagegütern von der Einkommen- bzw. Körperschaftsteuer des Veranlagungszeitraums abgezogen werden.

(2) *Investitionszulagen* berechnen sich ebenfalls nach einem Prozentsatz von den Anschaffungs- oder Herstellungskosten. Sie werden jedoch aus dem Aufkommen an Einkommen- und Körperschaftsteuer des zuständigen Finanzamtes bezahlt. Das bedeutet, daß auch ein Unternehmer, der in einem Jahr Verluste ausweist, eine Investitionszulage erhält.

Investitionszulagen beeinträchtigen wie die Abzüge von der Steuerschuld die Abschreibungsmöglichkeiten nicht: Abschreibungen werden von den ursprünglichen Anschaffungs- oder Herstellungskosten berechnet. Solche »vollständigen Investitionsprämien« enthält das Investitionszulagengesetz und das Berlinförderungsgesetz [31].

Wer im Zonenrandgebiet, im Steinkohlenbergbaugebiet Saar und in anderen Gebieten, deren Wirtschaftskraft erheblich unter dem Bundesdurchschnitt liegt, Erweiterungsinvestitionen durchführt, dem wird eine Investitionszulage von 10 % gewährt, für Rationalisierungsinvestitionen eine Investitionszulage von 7,5 %. Wer in Berlin in abnutzbaren Wirtschaftsgütern des Anlagevermögens investiert, der erhält ebenfalls eine Zulage von 10 %. Die Zulage erhöht sich auf 25 %, wenn die Anlagen dem verarbeitenden Gewerbe dienen (aber nicht dem Baugewerbe) und auf 30 % bei Forschungs- und Entwicklungsinvestitionen. Im Bundesgebiet werden Forschungsinvestitionen nur mit einer Zulage von 10 % gefördert.

(3) *Steuerfreie Rücklagen* mindern im Jahre ihrer Bildung das steuerpflichtige Einkommen. Aber sie sind regelmäßig nach einigen Jahren wieder gewinnerhöhend aufzulösen.

Eine Steuerersparnis liegt hier nur in dem mehrjährigen Zinsvorteil (solange sich die Steuersätze nicht ändern). Steuerfreie Rücklagen werden einmal gewährt als Übergangslösung, um die Veräußerungsgewinne steuerfrei zu halten (Rücklage für Ersatzbeschaffung, Rücklage nach

[30] Vgl. Gesetz zur Förderung der Stabilität und des Wachstums der Wirtschaft vom 8. Juni 1967, § 26 Nr. 3 a bzw. § 27 Nr. 2 k; entsprechend § 51 Abs. 1 Ziff. 2 EStG; Abzüge von der Steuerschuld kennt auch § 32 des Gesetzes zur Anpassung und Gesundung des Steinkohlenbergbaus.

[31] Vgl. zu den Einzelheiten das Gesetz über die Gewährung von Investitionszulagen im Zonenrandgebiet und anderen förderungsbedürftigen Gebieten sowie für Forschungs- und Entwicklungsinvestitionen (Investitionszulagengesetz) vom 18. August 1969 (BGBl. I, S. 1211); § 1,2; Berlinförderungsgesetz vom 29. Oktober 1970 (BGBl. I, S. 1482), § 19.

§ 6 b EStG); diese Übergangslösung beschäftigt uns hier nicht. Zum anderen finden sich steuerfreie Rücklagen als gezielte Förderungsmaßnahmen im Entwicklungshilfesteuergesetz und in den verschiedenen Gesetzen zur Förderung des Steinkohlenbergbaus sowie in der Rücklage für Preissteigerungen [32].

Ein Vergleich von Abzügen von der Steuerschuld, Investitionszulagen, steuerfreien Rücklagen und Sonderabschreibungen in ihrer Wirkung auf die Vorteilhaftigkeit von Investitionen zeigt: Bei gleichem Ausmaß der Vergünstigungen (z. B. 10 %) sind Investitionszulagen besser als Abzüge von der Steuerschuld, diese erheblich besser als steuerfreie Rücklagen, und steuerfreie Rücklagen sind regelmäßig den Sonderabschreibungen überlegen.

Investitionszulagen sind den Abzügen von der Steuerschuld vorzuziehen, weil sie die wettbewerbsneutralere Maßnahme darstellen. Sie begünstigen alle investierenden Unternehmen, gleichgültig, ob im Jahre der Investition Gewinne oder Verluste entstanden. Investitionszulagen und Abzüge von der Steuerschuld bewirken eine nachträgliche Anschaffungspreisminderung, verbunden mit der Möglichkeit, Abschreibungen vom ursprünglichen Anschaffungsbetrag zu berechnen. Sie sind deshalb steuerfreien Rücklagen überlegen. Deren Vorteilswirkung liegt nur in der Zinsersparnis, weil Steuerzahlungen hinausgeschoben werden. Steuerfreie Rücklagen beeinträchtigen die Abschreibungsmöglichkeiten gleichfalls nicht. Demgegenüber bedeutet eine 10 %ige Sonderabschreibung zwar auch ein Hinausschieben der Steuerzahlung, aber die »Tilgung« dieses Steuerkredits beginnt schon im nächsten Jahr, weil wegen der Sonderabschreibung die normale Abschreibung (AfA) sinkt.

Wie stark der Vorteil von Investitionszulagen über dem von steuerlichen Rücklagen oder Sonderabschreibungen liegt, ist nur von Fall zu Fall zu entscheiden. Ein schematisches Beispiel gibt jedoch eine Vorstellung von der Größenordnung (die Abzüge von der Steuerschuld werden nicht gesondert betrachtet, sie unterscheiden sich von Investitionszulagen nur dann, wenn im Investitionsjahr Verlust vorliegt).

Eine Investition habe einen Zahlungsstrom vor Steuern von

t_0	t_1	t_2	t_3	t_4	t_5
—400	+100	+100	+100	+100	+100

Bei $i = 8\%$ ist der Kapitalwert dieser Investition Null. Vor Steuern lohnt sich die Investition nicht.

Bei $s = 50\%$ wird $i_s = 4\%$. Die lineare Abschreibung beträgt jährlich 80, der Gewinn 20 und die Steuerzahlung folglich 10. Es verbleibt ein Zahlungsstrom von

t_0	t_1	t_2	t_3	t_4	t_5
—400	+90	+90	+90	+90	+90

Und bei $i_s = 4\%$ errechnet sich hier ebenfalls ein Kapitalwert von rund Null. Die Investition ist vor Steuern und nach Steuern praktisch gleich zu bewerten.

[32] Vgl. im einzelnen Gesetz über steuerliche Maßnahmen zur Förderung von privaten Kapitalanlagen in Entwicklungsländern (Entwicklungshilfesteuergesetz) vom 15. März 1968 (BGBl. I, S. 217, geändert durch das 2. Steueränderungsgesetz 1971, BGBl. I, S. 1266) § 1; Gesetz zur Anpassung und Gesundung des deutschen Steinkohlenbergbaus vom 15. Mai 1968, § 10; Gesetz zur Förderung der Verwendung von Steinkohle (in Kraftwerken) vom 12. August 1965; § 51 Abs. 1 Ziff. 2 b EStG; § 74 EStDV; um nur einige zu nennen.

Eine Investitionszulage von z. B. 10 % wirkt wie eine nachträgliche Anschaffungspreisminderung. Die Gutschrift der Investitionszulage erfolgt erst mit dem Steuerbescheid, also überschlägig gesehen ein Jahr später. Die Gutschrift von 40 erhöht damit den Einnahmenüberschuß in t_1. Die Abschreibungsmöglichkeiten werden nicht beeinflußt. Es entsteht folgender Zahlungsstrom.

t_0	t_1	t_2	t_3	t_4	t_5
—400	+90 +40 + 130	+90	+90	+90	+90

Der Kapitalwert beträgt rund + 38.
Eine steuerfreie Rücklage von 10 %, die nach fünf Jahren gewinnerhöhend aufgelöst werden soll, bewirkt (vollständiger Verlustausgleich vorausgesetzt) den folgenden Zahlungsstrom. Dabei wird angenommen, daß im Zeitpunkt der Anschaffungsausgabe die steuerfreie Rücklage zu einer Steuerminderung führt.

t_0	t_1	t_2	t_3	t_4	t_5
—380	+90	+90	+90	+90	+70

Der Kapitalwert beträgt rund 4.
Eine Sonderabschreibung von 10 % in t_1 führt zu dem Zahlungsstrom

t_0	t_1	t_2	t_3	t_4	t_5
—400	+106	+86	+86	+86	+86

Der Kapitalwert beträgt rund 1.
Selbst durch eine Sofortabschreibung im Zeitpunkt der Anschaffung (t_0: — 200; t_1 bis t_5: + 50) könnte nicht der Kapitalwert erreicht werden, den die 10 %ige Investitionszulage verschafft. Dieses Beispiel verdeutlicht die Unterlegenheit von Abschreibungsvergünstigungen gegenüber anderen Maßnahmen zur Investitionsförderung.

bb) Beispiele für das Zusammenwirken einzelner Förderungsmaßnahmen

1. Hier soll zunächst das Zusammenwirken von Sonderabschreibungen und steuerfreien Rücklagen an einem Beispiel aus den Begünstigungsvorschriften des Entwicklungshilfesteuergesetzes gezeigt werden.
Ein Unternehmer will in einem Entwicklungsland eine Investition von 100 vornehmen, z. B. eine Tochtergesellschaft in Spanien, Griechenland oder Hongkong gründen. Auf die Investition von 100 kann er zunächst einen Bewertungsabschlag von 15 % vornehmen. Damit steht die Kapitalanlage in der deutschen Bilanz nur mit 85 zu Buch. Der Bewertungsabschlag mindert den steuerpflichtigen Gewinn. Bei einer Gesamtsteuerbelastung von rund 60 % entsteht aus dem Bewertungsabschlag eine Steuerersparnis von 9 Mark.
Als zweite Vergünstigung gewährt das Gesetz dem Unternehmer die Möglichkeit, eine Rücklage zu bilden, welche den steuerpflichtigen Gewinn mindert. Die Höhe der Rücklage kann die Hälfte des Restbuchwerts der Kapitalanlage von 85 betragen, also 42,50. Bei 60 % Steuerbelastung entsteht im ersten Jahr eine Steuerminderung von 25,50 Mark.
Bewertungsabschlag und Rücklage bringen im Jahre der Auslandsinvestitionen 9 plus 25,50 gleich 34,50 Mark an Steuerersparnis. Damit wird zunächst der Eindruck erweckt, daß über

ein Drittel der Auslandsinvestitionen durch Steuerersparnisse finanziert werden könne (und im Ausland ist häufig so argumentiert worden). In Wirklichkeit ist die bisherige Rechnung falsch: Irgendwann in der Zukunft wird die Kapitalanlage veräußert werden, und dann führt der Bewertungsabschlag zu Veräußerungsgewinnen (bzw. geringeren Veräußerungsverlusten gegenüber dem Fall ohne Sonderabschreibung).

Fragwürdig bleibt allerdings eine Annahme über den Zeitpunkt der Wiedergeldwerdung der Kapitalanlage. Von ihm hängt die Höhe der tatsächlichen Steuerersparnis durch den Bewertungsabschlag ab. Hier wird alternativ mit 10 Jahren und einem Zinssatz nach Steuern von 4 % bzw. 20 Jahren und einem Zinssatz nach Steuern von 5 % gerechnet. Dieser Rahmen erscheint realistisch. Einer Steuerminderung heute um 9 Mark steht dann in 10 (20) Jahren eine Steuermehrzahlung von 9 Mark gegenüber, die mit 4 (5) % abzuzinsen ist. Bei 10 Jahren und 4 % errechnet sich der Barwert der Steuerersparnis mit rund 3 Mark; bei 20 Jahren und 5 % errechnet sich ein Barwert von rund 5,60 Mark.

Die steuerfreie Rücklage ist ab dem 6. Jahr mit jährlich 1/6 gewinnerhöhend aufzulösen. Der Barwert der Steuerersparnis durch die Rücklage beträgt damit bei 4 % Zinsen rund 9,60 Mark, bei 5 % 8,50 Mark.

Die tatsächliche Steuerersparnis errechnet sich demnach zwischen 3,— + 9,60 = 12,60 Mark und 5,60 + 8,50 = 14,10 Mark. Die Ersparnis von 12 bis 14 % können wir als Subvention des Anschaffungspreises durch die Bundesregierung für eine Investition in einem Entwicklungsland ansehen.

Trotz dieser beachtlichen Subvention ist der entwicklungspolitische Nutzen des Gesetzes bescheiden geblieben. Das liegt zum kleineren Teil daran, daß industriell hoch entwickelte Gebiete (São Paulo in Brasilien, Hongkong) und nahe liegende, als politisch risikolos geltende Länder (Spanien, Griechenland) genauso zum Geltungsbereich gehören wie gänzlich unerschlossene Gebiete Afrikas, Asiens oder Südamerikas. Und natürlich gehen private Investitionen in erster Linie in schon entwickelte, risikoarme Gebiete. Der Fehlschlag des Gesetzes ist zum größeren Teil begründet in den wenig tauglichen Mitteln (Sonderabschreibungen, steuerfreien Rücklagen statt Investitionszulagen) und darin, daß die wirklichen Probleme für Privatinvestitionen in Entwicklungsländern an anderer Stelle liegen: in den politischen Risiken, der fehlenden Infrastruktur dieser Länder und in den Schwierigkeiten, geeignetes Führungspersonal zu bekommen und zu halten.

2. Das Zusammenwirken von Sonderabschreibungen, Investitionszulagen und Steuerermäßigungen soll an einem Beispiel aus den Begünstigungsvorschriften des Berlinförderungsgesetzes verdeutlicht werden. Im Hinblick auf die Gewinnbesteuerung werden Investitionen in Berlin auf dreifache Weise gefördert:

(1) Es wird eine Investitionszulage gezahlt, die 10, 25 oder 30 % beträgt.

(2) Es wird eine 30 %ige Einkommensteuerermäßigung gewährt.

(3) Es werden daneben Sonderabschreibungsmöglichkeiten zugelassen, die bis zu 75 % der Anschaffungs- oder Herstellungskosten im ersten Jahr und den vier folgenden Jahren ausmachen können.

Zu prüfen ist, ob diese Häufung von Maßnahmen wirtschaftlich notwendig und geeignet ist, Arbeitsplätze in Berlin zu schaffen und zu erhalten.

Wir führen den Vergleich am Beispiel der Investition S. 328 durch. Bei einem Steuersatz von 50 % und vor Steuern rentiert sich diese Investition praktisch nicht. Findet eine Investition mit diesen Zahlungsströmen in Berlin statt, so ist ein um 30 % niedrigerer Steuersatz zu wählen, anstatt mit $s = 0{,}5$ rechnen wir deshalb mit $s = 0{,}35$. Bei der Wahl des Kalkulationszinssatzes nach Steuern ist zu beachten, daß der Zinssatz eine alternative Investitions- oder Finanzierungsmöglichkeit wiedergibt. Wenn die Auswirkungen des Berlinförderungsgesetzes überprüft werden sollen, muß die Alternative in der Bundesrepublik gesehen werden. Deshalb ist bei einem Kalkulationszinssatz von i = 8 % im Steuerfall nach wie vor mit i_s = 4 % zu rechnen. Vom Periodenüberschuß 100 sind 80 an Abschreibungen abzusetzen, und der Gewinn von 20 ist mit dem Berliner Steuersatz von 35 % zu versteuern. Die Steuerzahlung beträgt 7 Mark, der verbleibende Periodenüberschuß 93. Der Barwert des Zahlungsstromes

t_0	t_1	t_2	t_3	t_4	t_5
—400	+93	+93	+93	+93	+93

errechnet sich bei i_s = 4% mit +14.

Um die Wirkung der Sonderabschreibungen zu erfassen, sei ein vollständiger Verlustausgleich unterstellt. Dann ist es am besten, den Abschreibungsvorteil bereits im ersten Jahr voll auszunutzen. Es werden also in t_1 300 an Abschreibungen berechnet und in t_2 bis t_5 je 25. In t_1 entsteht ein steuerlicher Verlust von 200, der wegen des sofortigen Verlustausgleichs zu einer Steuerersparnis von 35 % = 70 führt; in t_2 bis t_5 beträgt der Buchgewinn 75; die Steuerzahlung von 35 % = 26,25 Mark. Der Barwert des Zahlungsstroms

t_0	t_1	t_2	t_3	t_4	t_5
—400	+170	+73,75	+73,75	+73,75	+73,75

beträgt bei i_s = 4%: + 21.

Erst die Berücksichtigung der Investitionszulagen führt zu einer kräftigen Vorteilssteigerung. Bei Fertigungsanlagen (Zulage 25 %) entsteht folgender Zahlungsstrom, wenn die Zulage in t_1 zu Einnahmen führt:

t_0	t_1	t_2	t_3	t_4	t_5
—400	+270	+73,75	+73,75	+73,75	+73,75

und bei i_s = 4% errechnet sich ein Kapitalwert von 117.

Der Vergleich zeigt, daß die hohe Sonderabschreibung praktisch wirkungslos bleibt. Das ist kein Wunder: Abschreibungsvorteile schlagen nur dann steuerlich zu Buche, wenn die Steuersätze hoch sind. Sonderabschreibungen und Steuerermäßigungen gleichzeitig anzuordnen, wie im Berlinförderungsgesetz, schwächt die relative Wirksamkeit beider Maßnahmen. Es wäre wirtschaftspolitisch besser, die Sonderabschreibungen in der Berlinförderung ersatzlos zu streichen: Die Vorteilhaftigkeit von Arbeitsplätze schaffenden Investitionen in Berlin wird dadurch kaum berüht; die Scheinblüte durch wirtschaftlich bedenkliche Investitionen, über Abschreibungsfonds finanziert, würde vermieden.

3. Kauf oder Miete von Anlagen (Leasing)

Für die Miete von Anlagen (das Leasing) wird mit zwei Gründen geworben: Steuerlich seien die Mietkosten sofort abzugsfähige Betriebsausgaben, während beim Anlagenkauf nur Abschreibungen berechnet werden könnten, und finanzwirtschaftlich sei beim Leasing der Kapitalbedarf erheblich geringer.

Anlagenmiete wird in sehr unterschiedlicher Form gehandhabt. Die wichtigste Form ist jene, bei der das Mietverhältnis während einer (im Verhältnis zur Nutzungsdauer erheblichen) Grundmietzeit unkündbar ist (»Finanzierungsleasing«). Auf die Vorschriften, wann solche

Mietverträge steuerlich als Anlagenmiete und nicht als verdeckter Kauf angesehen werden, wird hier nicht eingegangen[33].

Hier interessiert nur der Vorteilsvergleich zwischen Kauf oder Miete von Anlagen. Die von Leasing-Firmen vorgelegten Berechnungen sind in ihrem betriebswirtschaftlichen Gehalt oft fragwürdig. Das belegt ein Beispiel einer Frankfurter Autoleasingfirma (1973):

Rechnung einer Leasing-Gesellschaft

Pkw-Leasing

Listenpreis DM 10 000,— Laufzeit 36 Monate – 90 000 km

	1. Jahr	2. Jahr	3. Jahr	
Anschaffungswert bzw. Buchwert	10 000,—	7 500,—	5 000,—	
AfA 25%	2 500,—	2 500,—	2 500,—	
Steuerminderung durch AfA (s = 50%)	1 250,—	1 250,—	1 250,—	
kumulierte Gesamtausgaben	8 750,—	7 500,—	6 250,—	6 250,—
Verkaufserlös nach 3 Jahren Nutzung ca. 25%				2 500,—
Gesamtaufwendungen bei Kauf nach 3 Jahren				3 750,—
Mietzahlungen	3 531,60	3 531,60	3 531,60	
Steuerminderung durch Mietausgaben	1 765,80	1 765,80	1 765,80	
kumulierte Gesamtausgaben	1 765,80	3 531,60	5 297,40	5 297,40
abzüglich Zinsgewinn durch Liquiditätsplus				2 414,—
Gesamtaufwendungen bei Leasing nach 3 Jahren				2 883,40
Berechnung des Liquiditätsplus durch Leasing	8 750,—	5 734,20	2 718,40	
plus Zinsgewinn (12%) Vorjahr	—,—	1 050,—	1 864,10	
Liquiditätsplus gesamt	8 750,—	6 784,20	4 582,50	
Zinsgewinn durch Liquiditätsplus (12%)	1 050,—	814,10	549,90	
kumulativer Zinsgewinn	1 050,—	1 864,10	2 414,—	
Endbetrag zugunsten Leasing				3 750,— —2 883,40 866,60

[33] Vgl. dazu Erlaß des BdF vom 19. 4. 1971, BStBl I, S. 264.

Was ist daran falsch gerechnet?

1. Die Berechnung der Gesamtaufwendungen ist sinnlos. Man kann nicht von den Anschaffungsausgaben die jährlichen Steuerersparnisse und den Veräußerungserlös nach und nach abziehen, ohne Berücksichtigung von Zinsen, wenn der Vorteilsvergleich »Kauf-Miete« im Ergebnis nur in Zinsvorteilen besteht.
2. Bei der Berechnung des Liquiditätsplus wurde so vorgegangen: Gesamtausgaben bei Kauf 8750,—, abzüglich Mietausgaben nach Steuern 1765,80, zuzüglich halbe Miete, wegen der monatlichen Zahlung, 1765,80, ergibt als Saldo 8750,— im ersten Jahr. Im zweiten und dritten Jahr wird in gleicher Weise verfahren. Dieses Vorgehen erfaßt den zeitlichen Anfall der Zahlungen nicht richtig. Bei einem Vergleich, der letztlich nur in Zinsvorteilen besteht, muß aber der Zeitpunkt der Zahlungen genau erfaßt werden.
3. Die Versteuerung der Zinsgewinne ist nicht berücksichtigt. Bei einem Vergleich, der letztlich nur in Zinsvorteilen besteht, ist das unhaltbar.

Für die im Beispiel genannten Zahlen lautet die Vergleichsrechnung richtig:

	Anfang des 1. Jahres	Ende des 1. Jahres	Ende des 2. Jahres	Ende des 3. Jahres
a) Kauf				
Anschaffungsausgaben/ Resterlös	—10 000,—			+2 500,—
Steuerersparnis		+1 250,—	+1 250,—	+1 250,—
6% Zinsen nach Steuern (1. Jahr)		— 600,—		
Zahlungssaldo Ende 1. Jahr		—9 350,—		
6% Zinsen nach Steuern (2. Jahr)			— 561,—	
Zahlungssaldo			—8 661,—	
6% Zinsen nach Steuern (3. Jahr)				— 519,66
Zahlungssaldo 3. Jahr				—5 430,66
b) Miete				
Jahresbetrag der monatlichen Miete*	—1 765,80	—3 531,60	—3 531,60	—1 765,80
Steuerersparnis		+1 765,80	+1 765,80	+1 765,80
6% Zinsen nach Steuern (1. Jahr)		— 105,95		
Zahlungssaldo Ende 1. Jahr		—3 637,55		
6% Zinsen nach Steuern (2. Jahr)			— 218,25	

	Anfang des 1. Jahres	Ende des 1. Jahres	Ende des 2. Jahres	Ende des 3. Jahres
Zahlungssaldo Ende 2. Jahr			—5 621,60	
6% Zinsen nach Steuern (3. Jahr)				— 337,30
Zahlungssaldo Ende 3. Jahr				—5 958,90
Endbetrag zugunsten Leasing				5 430,66
				—5 958,90
				— 528,24

* Wegen der monatlichen Zahlungsweise wird die Jahresmiete zur Hälfte auf Jahresanfang und Jahresende bezogen. Die Steuerersparnis gilt, wie beim Kauf, am Jahresende bereits als entstanden.

Erst bei einem Zinssatz von rund 9 % nach Steuern (18 % vor Steuern) sind hier Kauf und Miete gleich zu beurteilen. Dabei wäre noch zu beachten, daß bei den Anschaffungsausgaben Skonto noch nicht berücksichtigt ist und wegen der Gewerbeertragsteuer der Steuersatz mit 50 % oft zu niedrig angesetzt sein wird. Im praktischen Fall wird zudem zu beachten sein, daß bei manchen Vertragsformen (mit anderen Zahlen) die Autowartung eingeschlossen ist.
Kann zu den üblichen Marktzinssätzen Kredit beschafft werden, lohnt sich Leasing regelmäßig nicht. Gleichwohl gibt es zahlreiche Firmen, die ihr Anlagevermögen bis zu einem Drittel (oder mehr) auf dem Wege des Leasing beschafft haben. Auch angesehene Aktiengesellschaften haben diesen Weg beschritten. Zwei Gründe sind dafür verantwortlich.
Erstens ist unter den deutschen Managern das genaue Rechnen bei Investitionsentscheidungen nur selten zu finden. Die verbreitete Sucht nach übersichtlichen Vereinfachungen erzeugt Fehler und läßt die Bosse auf fragwürdige Rechnungen hereinfallen.
Der zweite Grund sind die traditionellen Kreditgewährungsbedingungen der Banken. Kreditzusagen und Höhe der Kreditzinsen werden regelmäßig von dem Einhalten bestimmter Finanzierungsregeln abhängig gemacht. Solange Leasing nicht zur Aktivierung in der Handelsbilanz führt, können Kapazitäten beschafft (und über Mietausgaben »finanziert«) werden, ohne die Bilanzrelationen zu beeinträchtigen. Gerade wachsende Unternehmen, die (z. B. wegen ihrer Großaktionäre) keine zusätzliche Eigenfinanzierungsmöglichkeit besitzen und ihre Verschuldung schon an die von den Banken geduldete Grenze vorgetrieben haben, werden auf das Leasing abgedrängt. Gegen Leasing haben die kreditgebenden Banken und Versicherungen häufig nichts einzuwenden. Ein solches Verfahren erscheint wenig vernünftig, denn das Risiko der Kredite erhöht sich erst recht, wenn Mietverträge über Zeiten bis zu 90 % der betriebsgewöhnlichen Nutzungsdauer von Anlagen abgeschlossen werden, anstatt, daß die Unternehmung den wirtschaftlich vorteilhafteren Weg des Anlagenkaufs geht.

4. Progressive Steuersätze

Das Vorziehen von Abschreibungen oder sonstigem steuerlichen Aufwand mindert den Gewinn des Jahres, erhöht ihn aber unter sonst gleichen Umständen in den Folgejahren. Bei progressiven Steuertarifen muß darauf geachtet werden, daß Aufwand in jene Jahre verlagert wird, in denen höhere Gewinne anfallen und damit wegen der Steuerprogression überdurchschnittlich hohe Steuern zu zahlen wären. Je nach der erwarteten Gewinnentwicklung kann das Vorziehen oder das Hinausschieben von steuerlichem Aufwand ratsam sein.

Wege zum Vorziehen oder Hinausschieben von steuerlichem Aufwand eröffnen die steuerlichen Bewertungswahlrechte (z. B. bei geringwertigen Wirtschaftsgütern des Anlagevermögens). Die Praxis schafft sich mitunter Bewertungswahlrechte selbst, z. B. durch Unterlassen an sich notwendiger Teilwertabschreibungen. Es ist kaum damit zu rechnen, daß der überlastete Betriebsprüfungsdienst des Finanzamts das Unterlassen von Teilwertabschreibungen bemerkt. Und ob der Wirtschaftsprüfer solche Abschreibungen beim Anlagevermögen gegen den Willen seines Mandanten durchsetzen wird, sei dahingestellt.

Hinausschieben oder Vorverlegen von Aufwand erreicht man auch indirekt durch Verzögern oder Vorziehen bestimmter Geschäftsvorfälle. Wer im Dezember keine versandfertigen Erzeugnisse mehr verschickt und keine Rechnungen schreibt, kann den Gewinn des alten Jahres niedrig belassen und wird erst im neuen Jahr die Gewinne verwirklichen.

Wann lohnt sich bei progressiven Steuersätzen ein Vorverlegen der Gewinnentstehung? Eine Gewinnerhöhung im alten Jahr lohnt sich dann, wenn der voraussichtliche Grenzsteuersatz des folgenden Jahres höher ist als der aufgezinste Grenzsteuersatz des alten Jahres. Als Kalkulationszinsfuß ist dabei der Zinsfuß nach Steuern, berechnet nach dem Grenzsteuersatz des Folgejahres, zu verwenden, denn die Zinserträge fallen erst im Folgejahr an und sind dann zu versteuern. Wenn s'_1 den Grenzsteuersatz des nächsten Jahres bezeichnet, s'_0 den Grenzsteuersatz im alten Jahr und i den Kalkulationszinsfuß vor Steuern, dann ist eine Gewinnerhöhung (ein Hinausschieben von Aufwand) im alten Jahr vorteilhaft, wenn

$$s'_1 > [1 + (1 - s'_1)\, i]\, s'_0.$$

5. Fehlender sofortiger Verlustausgleich

Die bisherigen Ableitungen bezogen sich auf den Fall, daß der Jahresverlust einer Investition durch Gewinne aus anderen Einkommensquellen bzw. durch Verlustrücktrag oder Verlustsubvention im selben Jahr ausgeglichen werden kann. Die Annahme eines sofortigen Verlustausgleichs sei nunmehr aufgehoben. Fehlt die innerbetriebliche Aufrechnungsmöglichkeit von Verlusten, so wirken sich in einigen Ländern (Schweden, Finnland) die Verluste steuerlich gar nicht mehr aus. In der Mehrzahl der Länder besteht jedoch die Möglichkeit eines zeitlich begrenzten Verlustvortrags (z. B. Verlustabzug nach § 10d EStG). Verloren geht dabei in jedem Fall der Zins, da die Verluste erst später das steuerpflichtige Einkommen mindern.

Das Fehlen des sofortigen Verlustausgleichs bedeutet deshalb in jedem Fall Minderung des Kapitalwerts einer Anlage.

Der Einfluß auf den Ersatzzeitpunkt ist etwas schwieriger zu erkennen. Der optimale

Ersatzzeitpunkt ist erreicht, wenn der zeitliche Grenzgewinn der alten Anlage gleich dem zeitlichen Durchschnittsgewinn der Ersatzanlage ist. Kann nun der Verlust eines Jahres noch während der Nutzungsdauer der alten Anlage ausgeglichen werden, so bleibt der Grenzgewinn der alten Anlage davon unberührt. Bei identischer Wiederholung der Investition sinkt jedoch gegenüber dem Fall des sofortigen Verlustausgleichs der Kapitalwert und damit der Durchschnittsgewinn der Ersatzanlage: Der Ersatzzeitpunkt wird verzögert.

Erfolgt der Ausgleich früherer Verluste erst im letzten Nutzungsjahr, dann werden gegenüber dem Fall des sofortigen Verlustausgleichs im letzten Nutzungsjahr weniger Steuern gezahlt. Folglich ist bei Ausscheiden das in der Anlage gebundene Kapital höher als im Fall des sofortigen Verlustausgleichs. Damit steigen die Zinsen auf das gebundene Kapital und der Grenzgewinn sinkt. Zwar sinkt bei identischer Wiederholung auch der Durchschnittsgewinn der Ersatzanlage, doch ist dies wegen der Zinswirkung geringer.

Kann der vorgetragene Verlust erst durch Gewinne der Ersatzanlage ausgeglichen werden, entgehen der alten Anlage die Steuerersparnisse durch Verrechnung der Buchverluste, die dafür die neue Anlage einheimst: Der Grenzgewinn der alten Anlage sinkt, der Durchschnittsgewinn der neuen Anlage steigt.

Kann der Verlust bei der alten Anlage also erst durch den Ersatzvorgang (durch Veräußerungsgewinne der alten Anlage oder durch Gewinne der neuen Anlage) ausgeglichen werden, dann wird der Ersatzzeitpunkt vorverlegt.

D. Die Planung von Investitions- und Finanzierungsprogrammen

I. Finanzierungsquellen und Kapitalmarktformen

Drei Fragen hat die Investitions- und Finanzplanung zu beantworten: Welche Investitionsvorhaben sind vorteilhaft? Wie viele Investitionsvorhaben sind zu verwirklichen? Wie werden die Investitionen finanziert?

Die Frage nach der Vorteilhaftigkeit einzelner Investitionen wurde im Teil C behandelt. Nunmehr ist zu untersuchen: Wie viele Investitionsvorhaben werden verwirklicht und wie werden sie finanziert? Die Frage nach Umfang und Zusammensetzung des Investitionsprogramms ist gemeinsam mit der Frage nach Umfang und Zusammensetzung des Finanzierungsprogramms zu beantworten: in einer »finanziellen Programmplanung«. Investition und Finanzierung sind schließlich zwei Seiten eines Problems: der optimalen Gestaltung des Zahlungsbereichs der Unternehmung.

Die Probleme der finanziellen Programmplanung werden wir in drei Schritten zu bewältigen versuchen. Im ersten Schritt soll eine begriffliche Ordnung der Finanzierungsquellen und der Kapitalmarktformen entworfen werden, die sich für die Lösung der Probleme als zweckmäßig erweist. Im zweiten Schritt werden die Grundmodelle zur Abstimmung von Investitions- und Finanzplanung, geordnet nach einzelnen Kapitalmarktformen, erörtert. Im dritten Schritt sind die Probleme finanzieller Programmplanung unter Ungewißheit darzustellen. Im Kapitel E werden wir versuchen, aus der Modellanalyse Folgerungen für das Problem der optimalen Kapitalstruktur zu ziehen.

Die Frage nach Umfang und Zusammensetzung des Finanzierungsprogramms lautet: In welchem Ausmaß sollen eigene und fremde Mittel eingesetzt werden? Entspricht es dem Unternehmensziel besser, neues Eigenkapital oder Fremdkapital aufzunehmen oder Gewinne zurückzubehalten (Selbstfinanzierung zu betreiben)?

Indes: Für eine Theorie finanzwirtschaftlicher Unternehmenspolitik, eine Theorie, die Investition und Finanzierung als Einheit sehen will, ist das Problem in dieser Form schief gestellt. Die Begriffe Eigenkapital und Fremdkapital sind rechtliche Begriffe, die nicht von selbst für die betriebswirtschaftliche Analyse passen. Das betriebswirtschaftliche Wahlproblem heißt: Wie bestimmt sich das Investitionsprogramm einer Periode (z. B. eines Jahres), und welche finanziellen Mittel sollen zur Deckung des Investitionsprogramms herangezogen werden? Wir werden uns vorerst auf einperiodische Wahlprobleme beschränken: Wieviel investiert der Unternehmer zu Beginn der Planperiode in t_0, und wie finanziert er diese Investitionen?

Für Investitions- und Finanzierungsentscheidungen in t_0 interessiert zunächst nicht das Problem: Eigenkapital oder Fremdkapital?, sondern die Frage: Kostet das zu investierende Kapital etwas zusätzlich oder nicht? Genauer: Führen die in t_0 investierten Mittel in Zukunft zu Ausgaben, die über die Rückzahlung des aufgenommenen Betrages hinausgehen? Um die Frage zu beantworten, unterscheiden wir zwei Begriffe: »Bestandskapital« und »Zusatzkapital«.

Bestandskapital ist der Betrag, über den ein Unternehmer in einem Zeitpunkt verfügen kann, ohne daß sein Einsatz zusätzliche Ausgaben in einem späteren Zeitpunkt verursacht. Der Einsatz des Zusatzkapitals erfordert demgegenüber Ausgaben, und zwar über die Rückzahlung des aufgenommenen Betrages hinaus.

Betrachten wir zunächst das *Zusatzkapital.* Wenn wir begrifflich genau sein wollen, müssen wir das Zusatzkapital in »Aufwandkapital« und »Gewinnkapital« unterteilen. Aufwandkapital liegt vor, wenn die zusätzlichen Ausgaben für das zusätzlich aufgenommene Kapital vom Ertrag der Investitionen (von der Rendite der Unternehmung) unabhängig sind. Zum Aufwandkapital gehören z. B. Bankkredite, für die ein fester Zinssatz bezahlt wird. Zum Aufwandkapital gehört auch das zusätzliche Eigenkapital, für das eine feste, unabhängig vom Gewinn zu erbringende Verzinsung vereinbart wurde. Im Regelfall ist das zusätzliche Eigenkapital allerdings Gewinnkapital. Wer Teilhaber einer Unternehmung wird, will auch am Gewinn beteiligt sein. Im Ausnahmefall kann auch die Fremdkapitalverzinsung an den Gewinn gekoppelt sein, z. B. bei partiarischen Darlehen. Sieht man von allen Sonderformen, wie partiarisches Darlehen u. ä., ab, dann kann man Aufwandkapital gleich zusätzliches Fremdkapital und Gewinnkapital gleich zusätzliches Eigenkapital (zusätzliches Beteiligungskapital) setzen. Auch zusätzliches Eigenkapital erfordert in Zukunft Ausgaben über die Rückzahlung bei Liquidation hinaus: Die Gewinnausschüttungen an die neuen Miteigentümer gehen den bisherigen Eigentümern verloren.

Um das *Bestandskapital* in t_0 zu bestimmen, sind von den gesamten finanziellen Mitteln in t_0 diejenigen Beträge abzuziehen, die zur Kreditrückzahlung verwendet werden könnten. Diese Mittel gehören wie zusätzlich aufgenommene Kredite zum Zusatzkapital, denn man muß prüfen: Sind diese Beträge zu investieren, oder ist es besser, Kredite zurückzuzahlen? Das Bestandskapital gleicht also den Zahlungsmitteln zu einem Zahlungszeitpunkt abzüglich jener Beträge, durch deren Rückzahlung Kosten vermieden werden können. Bestandskapital nennen wir also die liquiden Mittel, die »grenzkostenlos« zur Investition bereitstehen. Im einzelnen zählen hierzu:

(1) das in liquiden Mitteln vorhandene Eigenkapital des Unternehmers; von den ausschüttungsfähigen Gewinnen sehen wir vorerst ab;

(2) jener Teil der Einnahmen, der in der Vorperiode als Aufwand verrechnet wurde und nicht zugleich zu Ausgaben führte (Abschreibungsgegenwerte, Gegenwerte für Rückstellungen), einschließlich jenes Teils des buchhalterischen Gewinns, der nicht ausschüttur t-fähig ist, sondern als Rücklage zur Unternehmenserhaltung (Substanzerhaltung) i Unternehmung verbleiben muß.

(3) Zum Bestandskapital kann auch Fremdkapital zählen, z. B. in der Planperiode 1974 die Mittel aus einer Anleihe, die, in der Vorperiode (Anfang 1973) aufgenommen, frühestens in der nächsten Periode (Ende 1975) zurückgezahlt werden können.

Der ökonomische Charakter des Bestandskapitals wird durch das Anleihebeispiel am besten geklärt. Die Zinsen auf die Anleihe müssen drei Jahre lang gezahlt werden, gleichgültig, ob die Anleihebeträge investiert werden oder ob sie in der Kasse liegenbleiben.

Die Anleihe führt innerhalb der Planperiode t_0 bis t_1 (Anfang bis Ende 1974) zu »fixen«, von den Entscheidungen unabhängigen Kosten. Daraus folgt: Es ist während der Planperiode der gesamte Anleihebetrag zu investieren, um möglichst hohe Zinserträge der festen Zinslast gegenüberzustellen. Die Investition des Anleihebetrages kostet während der Planperiode nichts zusätzlich. Für das Bestandskapital gilt also: Die »Grenzkapitalkosten« sind Null.

Bestandskapital sind alle Beträge, deren Grenzkapitalkosten Null sind. Zusatzkapital führt zu zusätzlichen (vermeidbaren) Finanzierungsausgaben, zu Grenzkapitalkosten. *Kapitalkosten* einer Finanzierungsart nennen wir die über die Rückzahlung des aufgenommenen Betrags hinausgehenden Ausgaben für die Finanzierungsart: Zinsen, Disagio. *Grenzkapitalkosten* sind die zusätzlichen Ausgaben, die eine zusätzlich aufgenommene Mark über ihre Rückzahlung hinaus verursacht. *Entgangene Gewinne* (Opportunitätskosten) *zählen nicht zu den Kapitalkosten.* Es erweist sich als zweckmäßig, die zusätzlichen Ausgaben für aufgenommenes Kapital (die Grenzkapitalkosten) streng von den entgehenden Einnahmen bei einer alternativen Verwendung des Kapitals (den Opportunitätskosten) zu trennen. Der Begriff »Opportunitätskosten« verwirrt nur, wenn es gilt, ein Problem zu durchdenken. Das belegt ein Beispiel: Es soll das Ausmaß der Investitionen für das Jahr 1975 bestimmt werden. Dazu müssen wir wissen: Wie rentieren sich die Maschinen A, B, C? Welche Finanzierungsquellen stehen zur Verfügung? Um das richtige Ausmaß der Investitionen zu ermitteln, sind alle Investitionsvorhaben allen Finanzierungsvorhaben gegenüberzustellen. Ob dazu über das Bestandskapital hinaus noch Zusatzkapital benötigt wird, weiß man erst, nachdem über das Investitionsvolumen entschieden ist. Erst dann ist auch der Gewinnentgang bestimmt, wenn zurückbehaltene Gewinne zur Finanzierung von Maschine A statt von B verwendet werden. Vor der Problemlösung kennt man also gar nicht die Opportunitätskosten (die entgangenen Gewinne), und nachher braucht man sie nicht mehr zu kennen.

Es zahlt sich sofort aus, den Begriff Kapitalkosten auf die zusätzlichen Ausgaben bei einer Finanzierungsart zu beschränken; denn dann ist das Scheinproblem der Kapitalkosten (des »Kalkulationszinsfußes«) bei interner Finanzierung vom Tisch: Ein rational handelnder Unternehmer wird stets die Mittel aus interner Finanzierung (die den größten Teil des Bestandskapitals ausmachen) zuerst investieren, weil sie keine zusätzlichen Ausgaben über die Rückzahlung hinaus hervorrufen, weil sie »grenzkostenlos« sind. Ob der Unternehmer das Bestandskapital in seiner Firma oder auf dem Kapitalmarkt investiert, hängt von der Rendite der Anlagemöglichkeiten ab.

Der Unternehmer muß dabei allerdings wissen: Wie groß sind die Mittel aus interner Finanzierung? Wieviel Gewinn ist auszuschütten,und wieviel soll zur Selbstfinanzierung zurückbehalten werden? Das ist die Frage nach dem Optimum an Selbstfinanzierung.

Selbstfinanzierung bedeutet Verzicht auf Gewinnausschüttung. Entspricht es dem Unternehmensziel, nichts auszuschütten, dann sind alle Gewinne zurückzubehalten. Sie zählen voll zum Bestandskapital, denn sie verursachen keine künftigen zusätzlichen Ausgaben. Ob aber der ausschüttungsfähige Betrag ausgeschüttet wird oder nicht, das kann nur im Hinblick auf die unternehmerischen Zielgrößen beantwortet werden. Mit den Unternehmenszielen müssen wir uns also beschäftigen, sobald wir ein Optimum an Selbstfinanzierung bestimmen wollen.

Es ist zweckmäßig, die Systematik der Finanzierungsquellen aus Teil B der hier verwandten gegenüberzustellen: Nach der Art der Mittelherkunft (ob bei der Beschaffung der Leistungsbereich der Unternehmung berührt wird oder nicht) ordnet man die Finanzierungsarten nach externer Finanzierung (Eigen-, Fremdfinanzierung) und interner Finanzierung (unter der die Selbstfinanzierung eine besonders wichtige Form ist), vgl. im einzelnen S. 169. Um zielentsprechende Investitions- und Finanzierungsentscheidungen zu treffen, empfiehlt sich jedoch eine Gliederung nach der Frage: Kosten die zu investierenden Gelder etwas zusätzlich oder nicht? Danach gliedern wir in Bestandskapital und Zusatzkapital. Das Bestandskapital schließt die interne Finanzierung ein und jene Beträge aus externer Finanzierung, die für den betrachteten Planungszeitraum »grenzkostenlos« zur Verfügung stehen (die aufgenommen, erst später zurückgezahlt werden können). Das Zusatzkapital umfaßt jene Mittel aus Eigen- und Fremdfinanzierung, über deren Aufnahme bzw. Rückzahlung in der Planperiode entschieden wird. Anders ausgedrückt: Das Bestandskapital gleicht den Mitteln aus interner Finanzierung dann, wenn die Höhe der Gewinnausschüttungen feststeht, vorausgesetzt, Kündigungsbeschränkungen sind nicht zu beachten (so daß Kredite jederzeit zurückgezahlt werden können). Das Zusatzkapital gleicht den Mitteln aus externer Finanzierung, solange keine Kündigungsbeschränkungen bestehen.
Die Grenzkapitalkosten des Zusatzkapitals hängen von der Marktform auf dem Kapitalmarkt ab.
Für den Kapitalmarkt unterscheiden wir drei Marktformen:
Auf einem *vollkommenen Kapitalmarkt* können zu einem einzigen Zinssatz nach Belieben Beträge angelegt und entliehen werden. Auf dem vollkommenen Kapitalmarkt fallen Kreditzins (Sollzins) und Rendite von Finanzanlagen (Habenzins) zusammen. Auf einem *unvollkommenen Kapitalmarkt* fallen Soll- und Habenzinsen auseinander. Für die Unternehmung besteht für den Markt, auf dem sie als Geldnachfrager auftritt, ein anderer Preis als auf dem Markt, auf dem sie als Geldanbieter erscheint.
Auf einem *beschränkten Kapitalmarkt* bestehen Kreditbeschränkungen: Die Gesamtsumme der Kredite ist absolut begrenzt, oder sie hängt von einem bestimmten Verhältnis zum vorhandenen Eigenkapital ab. Dabei interessiert besonders der Fall, daß »Finanzierungsregeln« in Form von Regeln über die Kapitalstruktur einer Unternehmung zu beachten sind. Eine vieldiskutierte Finanzierungsregel ist z. B. die Aussage, Eigenkapital und Fremdkapital sollen im Verhältnis 1 : 1 stehen. Ob solche Finanzierungsregeln sinnvoll oder sinnlos sind, wird hier noch nicht untersucht. Wir gehen von der Tatsache aus, daß in der Praxis solche Finanzierungsregeln beachtet werden.
Die Marktform der Praxis ist der beschränkte Kapitalmarkt. Allerdings werden nicht alle Unternehmen ihren Finanzierungsspielraum bis an die Grenze ausnutzen, und deshalb haben wir die Aussagen über den unvollkommenen und den beschränkten Kapitalmarkt zusammenzufassen. Vollkommene Märkte sind lediglich eine gedankliche Vereinfachung, um theoretische Aussagen leichter ableiten zu können.
Die Modellanalyse erfolgt in drei Stufen. Wir beginnen mit dem einfachsten Fall: (a) dem vollkommenen Kapitalmarkt, behandeln dann (b) den unvollkommenen Kapitalmarkt; wir unterstellen, es gebe einen einzigen Sollzins und einen einzigen, vom Sollzins abweichenden Habenzins neben den Renditen der vom Unternehmer einzeln analy-

sierten Investitionsvorhaben. Erst auf der Stufe (c), dem beschränkten Kapitalmarkt, berücksichtigen wir mehrere Kreditarten, deren Höhe allerdings begrenzt ist, und behandeln die Probleme der Zusammenstellung von Investitionsprogrammen.

II. Grundmodelle zur Abstimmung von Investitions- und Finanzplanung

a) *Investitions- und Finanzplanung bei vollkommenem Kapitalmarkt: die klassische Lösung*

1. Beliebig teilbare Investitionsvorhaben

Um die schwierigen Zusammenhänge verständlich zu machen, empfiehlt es sich, mit sehr einfachen Annahmen zu beginnen:

Das Unternehmensgeschehen spiele sich in einer Periode ab. In t_0 werde investiert, in t_1 fließen sämtliche Einnahmen der Investitionsobjekte in die Unternehmung. Von der Ungewißheit der Zukunft wird abgesehen. Wie bestimmen sich Umfang des Investitionsprogramms und Art der Finanzierung in einem solchen einperiodischen Planungsmodell?

Die klassische Lösung dieses Problems ist einfach; sie wird als erste dargestellt. Die Vorteilhaftigkeit der einzelnen Investitionsobjekte wird durch ihren internen Zinsfuß gemessen. Solange wir ein statisches Modell betrachten, ist die Verwendung des internen Zinsfußes unproblematisch. Wir erinnern uns ferner der Tatsache, daß bei vollkommenem Kapitalmarkt alle finanziellen Zielsetzungen (Vermögens-, Einkommens- und Wohlstandsstreben) zu den gleichen Entscheidungen führen (vgl. S. 190). Wir brauchen also hier nicht nach den einzelnen finanziellen Zielen zu differenzieren.

Über die Investitionsdauer (die Länge der Planperiode) wird nichts ausgesagt. Sie kann einen Monat, ein Jahr oder zehn Jahre umfassen.

Die klassische Lösung läßt sich in einer Zeichnung verdeutlichen. Die Zeichnung enthält die Investitionsvorhaben und die Finanzierungsmöglichkeiten.

Die Abszisse mißt das Finanzierungsvolumen (den Kapitaleinsatz) F (die Höhe der Ausgaben in t_0), die Ordinate zeigt den internen Zinsfuß r und den marginalen internen Zinsfuß (die Grenzrendite) r' des Investitionsprogramms sowie die »Kapitalkosten«, den Kalkulationszinsfuß i.

Die Investitionsvorhaben werden zunächst nach ihrer Kapitalbeanspruchung geordnet. Das Investitionsvorhaben mit der geringsten Kapitalbeanspruchung steht an erster Stelle. Ist der Kapitaleinsatz bei mehreren Investitionsvorhaben gleich hoch und schließen sie sich gegenseitig aus, dann wird nur das mit der höchsten Rendite eingezeichnet. Schließen sich die Vorhaben nicht gegenseitig aus, dann werden sie nach ihrer Rendite geordnet. Unter allen Vorhaben mit gleichem Kapitaleinsatz steht das lukrativste an erster Stelle. Diese Art der Anordnung (erstens nach dem Kapitaleinsatz, zweitens bei gleichem Kapitaleinsatz nach der Rendite) gilt für alle Fälle. Im klassischen Modell wird allerdings die Anordnung nach dem Kapitaleinsatz hinfällig, denn das klassische Modell geht von beliebig teilbaren Investitionsvorhaben aus, d. h. jedes Investitionsvorhaben erfordert, grob gesprochen, 1 Mark. Für jeden alternativen Kapitaleinsatz (1 Mark, 2 Mark usw.)

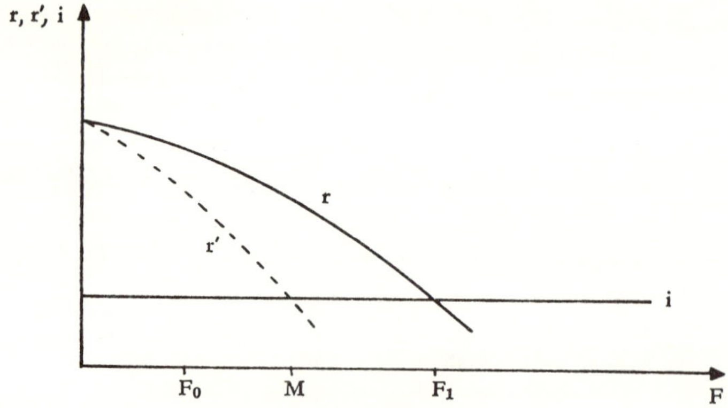

Abb. 1

wird nun das beste Investitionsvorhaben ausgesucht, dasjenige mit dem höchsten internen Zinsfuß. Die Kurve r' in Abb. 1 zeigt die höchste Rentabilität, die jede zusätzliche Mark erwirtschaftet. Daneben ist noch eine r-Kurve eingezeichnet. Sie zeigt den durchschnittlichen internen Zinsfuß, wenn 2, 3, 4 usw. Mark investiert werden.

Die Literatur bezeichnet die r'-Kurve als »Kurve des marginalen internen Zinsfußes der Investition«, die r-Kurve als »Kurve des internen Zinsfußes der Investition«. Bei dieser Benennung ist zu beachten: Wenn wir beliebige Teilbarkeit der einzelnen Investitionsobjekte unterstellen, dann schafft die erste investierte Mark einen bestimmten Ertrag, die zweite ebenso usw. Die r'-Kurve enthält also die internen Zinsfüße eines jeden einzelnen Investitionsobjektes. Die r-Kurve zeigt die Durchschnittsrendite an, wenn mehrere Investitionsobjekte zusammen verwirklicht werden.

Mehrere Investitionsobjekte, zusammen betrachtet, ergeben ein *Investitionsprogramm.* Gleichbedeutend mit dem Begriff Investitionsprogramm verwenden wir die Ausdrücke Investitionsbudget und Investitionsvolumen. Wir sprechen also von dem Investitionsprogramm bzw. -volumen, das 20 000 Mark erfordert, von dem Investitionsprogramm, das 30 000 Mark erfordert usw. Die Rendite dieses Investitionsprogramms bei 30 000 Mark Kapitaleinsatz beschreibt die r-Kurve für den Punkt M = 30 000. Die r'-Kurve zeigt demgegenüber die Änderung der Rendite des Investitionsprogramms an, wenn z. B. statt des Programms für 30 000 Mark dasjenige gewählt wird, das 30 001 Mark erfordert. Die r'-Kurve enthält also den marginalen internen Zinsfuß des Investitionsprogramms (und den internen Zinsfuß eines jeden beliebigen teilbaren Investitionsobjektes). Die r-Kurve zeigt den durchschnittlichen internen Zinsfuß des Investitionsprogramms und damit die durchschnittliche Rendite einer Gruppe von Investitionsobjekten.

Für jeden alternativen Kapitalbetrag (10 000 Mark, 20 000 Mark, 30 000 Mark) gibt es im Regelfall mehrere Investitionsprogramme, z. B. mögen 5 Gruppierungen von Investitionsobjekten bestehen, von denen jede 10 000 Mark erfordert. Diese fünf Investitionsprogramme schließen sich gegenseitig aus, denn würden zwei von ihnen verwirklicht werden, betrüge der Kapitalbedarf 20 000, nicht 10 000 Mark. Von den Investitionsprogrammen, die den gleichen Kapitalbedarf hervorrufen, interessiert nur

dasjenige, das den höchsten internen Zinsfuß erzielt. Das ist das optimale Investitionsprogramm für ein gegebenes Finanzierungsvolumen.
Bei der Kombination einzelner Investitionsobjekte zu einem Investitionsprogramm ist darauf zu achten, ob sie voneinander unabhängig sind, ob sie sich gegenseitig ausschließen oder sich gegenseitig begünstigen bzw. behindern.
Sich gegenseitig ausschließende Investitionsobjekte wären in folgendem Fall gegeben: Ein einzelner Lastwagen soll ersetzt werden. Die fünf zur Wahl stehenden Fahrzeugtypen bilden hier sich ausschließende Investitionsvorhaben.
Sich begünstigende oder behindernde (d. h. miteinander verbundene) Investitionsvorhaben liegen z. B. vor, wenn eine Unternehmung vor der Wahl steht, ein Zweigwerk neu zu errichten oder ein eigenes Kraftwerk zu bauen oder Zweigwerk und Kraftwerk zugleich zu erstellen. Wenn die Gewinne in dem Zweigwerk höher liegen, wenn das Kraftwerk zugleich miterstellt wird, sind Kraftwerk und Zweigwerk verbundene Investitionsobjekte. Den Verbund zweier Investitionsobjekte berücksichtigt die Theorie in der Weise, daß sie das gemeinsame Erstellen von Zweigwerk und Kraftwerk als ein drittes, unteilbares Investitionsobjekt betrachtet. Das Zweigwerk allein kostet z. B. 10 Mill. Mark und rentiert sich zu 8%, das Kraftwerk kostet 20 Mill. und rentiert sich zu 7%. Das gemeinsame Projekt Zweigwerk plus Kraftwerk erbringt eine Baukostenersparnis, kostet z. B. 28 Mill. Mark und rentiert sich zu 9%. Das gemeinsame Projekt bildet ein »unteilbares« Vorhaben.
Solche verbundenen Investitionsobjekte klammert die klassische Lösung aus, weil sie beliebige Teilbarkeit unterstellt.

Die Finanzierungsmöglichkeiten werden ebenfalls nach ihrer Kapitalsumme geordnet und bei gleicher Kapitalsumme nach ihrer Effektivverzinsung. Das billigste Vorhaben steht vorn.
Im klassischen Modell gelten auch die Finanzierungsvorhaben als beliebig teilbar (es können 1 Mark oder 2 Mark usw. Kredit aufgenommen werden). Daraus folgt die i-Kurve, die wir strenggenommen als Kurve des marginalen Kalkulationszinsfußes bezeichnen müssen. Im Regelfall des klassischen Modells ist die Kurve des marginalen Kalkulationszinsfußes eine Gerade, d. h. marginale und durchschnittliche Kapitalkosten gleichen sich. Gelegentlich findet sich in der Literatur auch eine Kurve steigender Kalkulationszinsfüße. An der Modellstruktur ändert sich im Grundsatz auch dann nichts, wenn statt zweier stetiger Kurven eine treppenförmig fallende Kurve der Rendite von Investitionsvorhaben einer treppenförmig steigenden Kurve der Kosten der Finanzierungsvorhaben gegenübergestellt wird[1].
Zusätzlich wird unterstellt, daß der Kalkulationszinsfuß nicht nur die Effektivverzinsung aufgenommenen Kapitals repräsentiert, sondern zugleich die Rendite aller außerhalb der Unternehmung (Firma) liegenden Geldanlagemöglichkeiten verkörpert. Zum

[1] Vgl. zu den Verästelungen bes. *Joel Dean*, Capital Budgeting. 7th printing, New York–London 1964, S. 18, 50 f.; *B. S. Keirstead*, Capital, Interest, and Profits. Oxford 1959, Chapter V; *Adolf Moxter*, Die Bestimmung des Kalkulationszinsfußes bei Investitionsentscheidungen. Ein Versuch zur Koordination von Investitions- und Finanzierungslehre. In: ZfhF, NF, Jg. 13 (1961), S. 186–200, hier S. 189.

Zinssatz i können also beliebige Beträge entliehen oder verliehen werden. Das ist mit der Bezeichnung »vollkommener Kapitalmarkt« gemeint.
Die Bestimmung des optimalen Investitionsbudgets ist aufgrund der Voraussetzungen des klassischen Modells kein Problem. In analoger Anwendung des Cournotschen Satzes läßt sich sagen: Das optimale Investitionsbudget ist bei dem Finanzierungsvolumen erreicht, bei dem die Grenzrendite (der marginale interne Zinsfuß) gleich dem Kalkulationszinsfuß ist, vorausgesetzt, die Grenzrendite liegt bei einem kleineren Kapitalbetrag darüber, bei einem größeren darunter[2].
Die Frage, ob der Unternehmer Eigenkapital hat und wieviel er hat, spielt für die Lösung unter den Voraussetzungen des klassischen Modells keine Rolle. Angenommen, der Unternehmer verfüge über einen Eigenkapitalbetrag von F_0, dann wird er zunächst sein Eigenkapital investieren und anschließend bis zur Menge M Fremdkapital aufnehmen. Bei M schneiden sich Grenzrendite und Kalkulationszinsfuß. Verfügt der Unternehmer über einen Eigenkapitalbetrag in Höhe von F_1, wird er in der Unternehmung das Investitionsbudget M durchführen und anschließend auf dem Kapitalmarkt den Restbetrag $F_1 - M$ anlegen. Für diesen Unternehmer lohnt es sich nicht, Fremdkapital aufzunehmen. Vgl. dazu Abb. 1, S. 342.

2. Unteilbare Investitionsvorhaben: das Lutz-Modell

Das klassische Modell findet sich in der Literatur auch mit einer leichten Abwandlung[3]. Aber diese Abwandlung ändert den Charakter des Modells grundlegend, ohne daß man

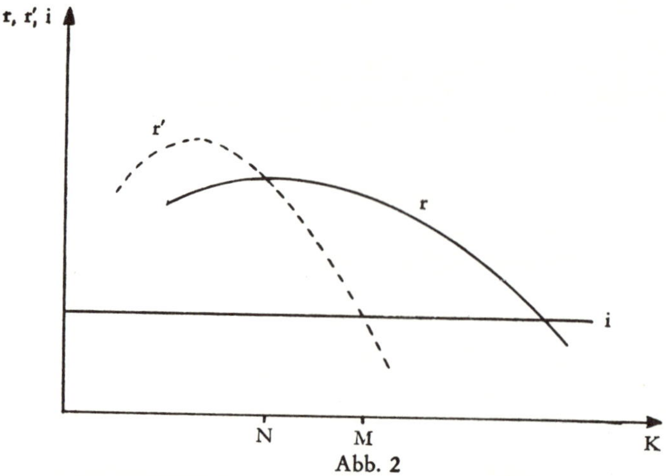

Abb. 2

[2] Das ist die hinreichende Bedingung für ein Maximum. Läge die Grenzrendite zuvor unter den Grenzkapitalkosten und stiege sie dann darüber, so läge ein Minimum vor. Die hinreichende Bedingung wird gelegentlich etwas als Fetisch behandelt. Von Stackelberg bezeichnet sie z. B. als »Wicksellsche Ungleichung« (*Heinrich von Stackelberg*, Elemente einer dynamischen Theorie des Kapitals. (Ein Versuch.) In: Archiv für mathematische Wirtschafts- und Sozialforschung, Bd. 7 (1941), S. 8–29, 70–93, hier S. 18).
[3] Vgl. z. B. *Friedrich [A.] and Vera Lutz*, The Theory of Investment of the Firm. Princeton (N. J.) 1951, S. 21.

das bisher beachtet hat. Wir nennen die Abwandlung das Lutz-Modell. Die Kurven des durchschnittlichen und des marginalen internen Zinsfußes steigen zunächst, dann fallen sie. Das Maximum des marginalen internen Zinsfußes liegt vor dem und über dem des durchschnittlichen internen Zinsfußes. Der sinkende Ast des marginalen internen Zinsfußes schneidet die Kurve des durchschnittlichen internen Zinsfußes in ihrem Maximum (Abb. 2).

Das Maximum des durchschnittlichen internen Zinsfußes ist erreicht, wenn Grenzrendite und Durchschnittsrendite sich entsprechen (Punkt N), denn: Liegt die Grenzrendite einer zusätzlichen investierten Mark über der durchschnittlichen Rendite einer bisher investierten Mark, dann muß die Durchschnittsrendite steigen. Liegt die Grenzrendite einer zusätzlichen Mark unter der Durchschnittsrendite aller bisher investierten Beträge, dann muß die Durchschnittsrendite sinken, wenn die zusätzliche Mark investiert wird. Folglich ist das Maximum der Durchschnittsrendite erreicht, wenn die Grenzrendite gleich der Durchschnittsrendite ist und zuvor über der Durchschnittsrendite lag, danach darunter liegen wird. Das Maximum der Durchschnittsrendite entspricht dem Maximum der Gesamtkapitalrentabilität der Unternehmung. Es entspricht auch dem Maximum an »Wirtschaftlichkeit«, wenn man darunter das Verhältnis von Einnahmen (bzw. Barwert der Einnahmen) zu Ausgaben (bzw. Barwert der Ausgaben) versteht[4]. In dem Modell mit erst steigenden, dann sinkenden Durchschnittsrenditen ändert sich die Bedingung für das optimale Investitionsbudget nicht. Die Grenzrendite muß dem Grenzkalkulationszinsfuß entsprechen (Punkt M). Nur: das Modell enthält eine ganz andere Art von Investitionsvorhaben, und folglich ist hier der Begriff Grenzrendite anders zu deuten.

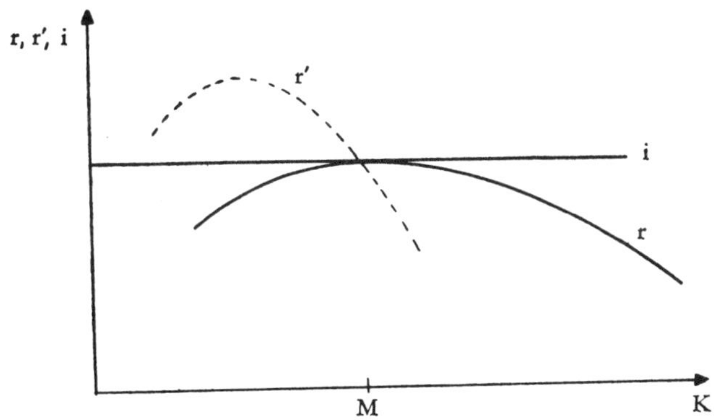

Abb. 3

Den abweichenden Inhalt des Modells erkennen wir am leichtesten, wenn wir den ungünstigen Fall der Abb. 3 betrachten: die Durchschnittsrendite gleicht nur in ihrem Maximum dem Kalkulationszinsfuß. Das heißt, allein das Investitionsbudget in Höhe von M erbringt einen Ertrag, der die Kapitalkosten deckt. Alle anderen Investitionsbudgets erbringen Verluste.

[4] Vgl. dazu näher S. 219 f. und insbesondere *Lutz*, S. 20.

Im Modell der Abbildungen 2 und 3 entsteht offenbar das Ansteigen der Durchschnittsrendite dadurch, daß zunächst steigende Grenzrenditen erscheinen. Dazu ist jedoch zu fragen: Warum investiert der Unternehmer seine erste Mark nicht in dem vorteilhaftesten Objekt, in demjenigen, das Grenzrenditen über dem Kalkulationszins verkörpert? Die Antwort kann nur lauten: Weil es ihm unmöglich ist. Er kann hier nicht jede Mark einzeln investieren, vielmehr erfordert hier jedes einzelne Investitionsvorhaben bestimmte Mindestkapitalsummen. Das lukrativste Investitionsvorhaben ist jenes, das den Betrag M erfordert. Vorhaben, die weniger Kapital voraussetzen, rentieren sich schlechter, Vorhaben, die mehr Kapital voraussetzen, ebenfalls. Das Modell der Abb. 2 und 3 geht also nicht mehr von beliebig teilbaren Investitionsobjekten aus, sondern von Investitionsobjekten, die bestimmte Mindestkapitalsummen erfordern. Modell 2 und 3 unterstellen »unteilbare« Investitionsobjekte.

Der materielle Unterschied zwischen dem Modell der Abb. 1 und dem der Abb. 2 und 3 ist folgender:

In Abb. 1 verkörpert jeder Punkt der r'-Kurve ein eigenes Investitionsobjekt. Jede Mark kann einzeln investiert werden. Jeder Punkt der r-Kurve verkörpert in Abb. 1 eine Gruppe von Investitionsobjekten, die gemeinsam verwirklicht werden. Jeder Punkt der r-Kurve bezeichnet also ein Investitionsprogramm, bestehend aus teilbaren, unverbundenen Einzelobjekten.

In Abb. 2 oder 3 kann dagegen jeder Punkt der r-Kurve zweierlei verkörpern:

a) Es kann sich um unteilbare Investitionsobjekte handeln, von denen eines z. B. 100 000 Mark erfordert, das nächste 101 000 Mark. Diese unteilbaren Investitionsobjekte schließen sich allerdings gegenseitig aus. Es können nicht Objekt I für 100 000 Mark und II für 101 000 Mark zusammen durchgeführt werden. Es ist auch nicht möglich, Objekt I zweimal zu verwirklichen. Die Deutung der Kurve als Abfolge sich ausschließender einzelner unteilbarer Investitionsobjekte ist wenig zweckmäßig, weil die Voraussetzungen kaum der Wirklichkeit entsprechen.

b) Jeder Punkt kann ein Investitionsprogramm verkörpern, das aus mehreren Investitionsobjekten zusammengestellt ist. Die Investitionsobjekte können dabei verbunden oder unverbunden sein, finanziell unteilbar oder teilbar. Die Fälle von a) werden hier mit erfaßt, z. B. kann I ein unteilbares Objekt verkörpern, das 100 000 Mark erfordert, und II ein Vorhaben, welches 101 000 Mark erfordert. II kann auch ein Investitionsprogramm sein, welches Objekt I plus 1 000 Mark Geldanlage auf dem Sparbuch enthält.

Deuten wir die r-Kurve der Abb. 2 als Abfolge der Renditen sich gegenseitig ausschließender Investitionsprogramme, so werden alle praktisch wichtigen Fälle erfaßt: Kombinationen von unteilbaren und teilbaren Objekten, mehrfache Anschaffung eines einzelnen Objektes.

Wie ist in Abb. 2 (und 3) die r'-Kurve zu deuten? Was heißt bei einer Abfolge unteilbarer Investitionsobjekte »Grenzrendite«? Grenzrendite ist die Rendite des zusätzlichen eingesetzten Kapitals, wenn statt eines Investitionsvorhabens, das z. B. 100 000 Mark erfordert, eines gewählt wird, das 101 000 Mark erfordert. Die r'-Kurve zeigt also die Renditenänderung an, wenn auf ein höheres Investitionsvolumen übergegangen wird. Grafisch gesehen zeigt die r'-Kurve für einen Punkt die Steigung der Tangente an

die r-Kurve für diesen (Abszissen-)Punkt. Auch bei einer begrenzten Zahl von sich ausschließenden Investitionsprogrammen können wir den Begriff »Grenzrendite« verwenden, wir werden das auf S. 351 f. im einzelnen erläutern.
Die klassische Bestimmung des Investitionsbudgets erfolgt bei teilbaren und unteilbaren Investitionsvorhaben nach der Regel *Grenzrendite gleich Grenzkalkulationszinssatz.* Da in diesem Modell zu ein und demselben Zinssatz nach Belieben Geld entliehen oder verliehen werden kann, spielt die Art der Finanzierung der Unternehmung und damit die Kapitalstruktur für die Höhe des Unternehmungsgewinns keine Rolle.
Die Voraussetzungen des Modells seien wiederholt:

a) Einperiodische Planung.
b) Das Ungewißheitsproblem bleibt außer acht.
c) Es bestehen beliebig viele sich gegenseitig ausschließende Investitionsprogramme bzw. unteilbare Investitionsobjekte.
d) Es ist bekannt, welche Objekte für jeden Kapitalbetrag das rentabelste Investitionsprogramm bilden.
e) Es besteht ein vollkommener Kapitalmarkt, d. h. zu einem Zinssatz kann nach Belieben Geld entliehen oder verliehen werden.

Wir werden vorläufig die Annahme einperiodischer Planung unter »Sicherheit« beibehalten. Um das statische Modell wirklichkeitsnäher zu formulieren, sind dann die Voraussetzungen c) bis e) zu überprüfen bzw. aufzuheben. Das ist der Inhalt der beiden folgenden Kapitel.

b) Investitions- und Finanzplanung bei unvollkommenem Kapitalmarkt: die präferenzabhängige Lösung

1. Das Grundmodell

Ein unvollkommener Kapitalmarkt liegt vor, wenn der Zinssatz, zu dem Kapital aufgenommen werden kann, abweicht von dem Zinssatz, zu dem Geld auf dem Kapitalmarkt angelegt werden kann. Bei unvollkommenem Kapitalmarkt führen die drei finanziellen Einzelziele Vermögens-, Einkommens- und Wohlstandsstreben zu unterschiedlichen Lösungen. Maximierung des Kapitalwertes kann nicht mehr an die Stelle der drei finanziellen Einzelziele treten (vgl. S. 190). Um hier das Optimum der Investitions- und Finanzplanung zu bestimmen, gehen wir von einem sehr einfachen Beispiel aus[5]. Wir

[5] Das Modell stellt eine Übertragung der Grundgedanken der Haushaltstheorie auf zwischenzeitliche Konsumentscheidungen und damit auf Investitionsprobleme dar. Es baut auf Gedanken Irving Fishers auf und wurde erstmals von Hirshleifer im einzelnen dargestellt. Ich habe versucht, Hirshleifers Modell von schwerverständlichen Schlacken zu reinigen, und ändere es in mehreren Punkten ab. Die Idee, die drei Lösungsbereiche in einer Investitionskurve darzustellen, entlehne ich Hållsten; Hållsten bemerkt ferner, die Zielfunktion müsse so formuliert werden, daß z. B. in Abb. 5 die Punkte auf der Investitionskurve links von I_4 »are related to non-optimal plans«. Hållstens Verwendung des Begriffes Zielfunktion erscheint mir nicht ganz glücklich. Seine Bemerkung habe ich aber bei der Definition des »effizienten Wahlbereichs« verwertet. (Vgl. *J[ack] Hirshleifer,* On the Theory of Optimal Investment Decision. In: The Journal of Political Economy, Vol. 66 (1958), S. 329–352; wiederabgedruckt in: The

betrachten in diesem Kapitel nur die personenbezogene Unternehmung. Die Besonderheiten firmenbezogener Unternehmen werden in Kapitel E bei der Untersuchung der optimalen Kapitalstruktur dargestellt.

Ein Unternehmer hat als Einnahmenüberschuß der Vorperiode einen Betrag K_0, sagen wir 1 Mill. Mark, erwirtschaftet. Er verfügt also heute, im Planungszeitpunkt t_0, über den Geldbetrag K_0. Mit diesem Betrag will er sein Vermögen steigern und seinen Lebens-

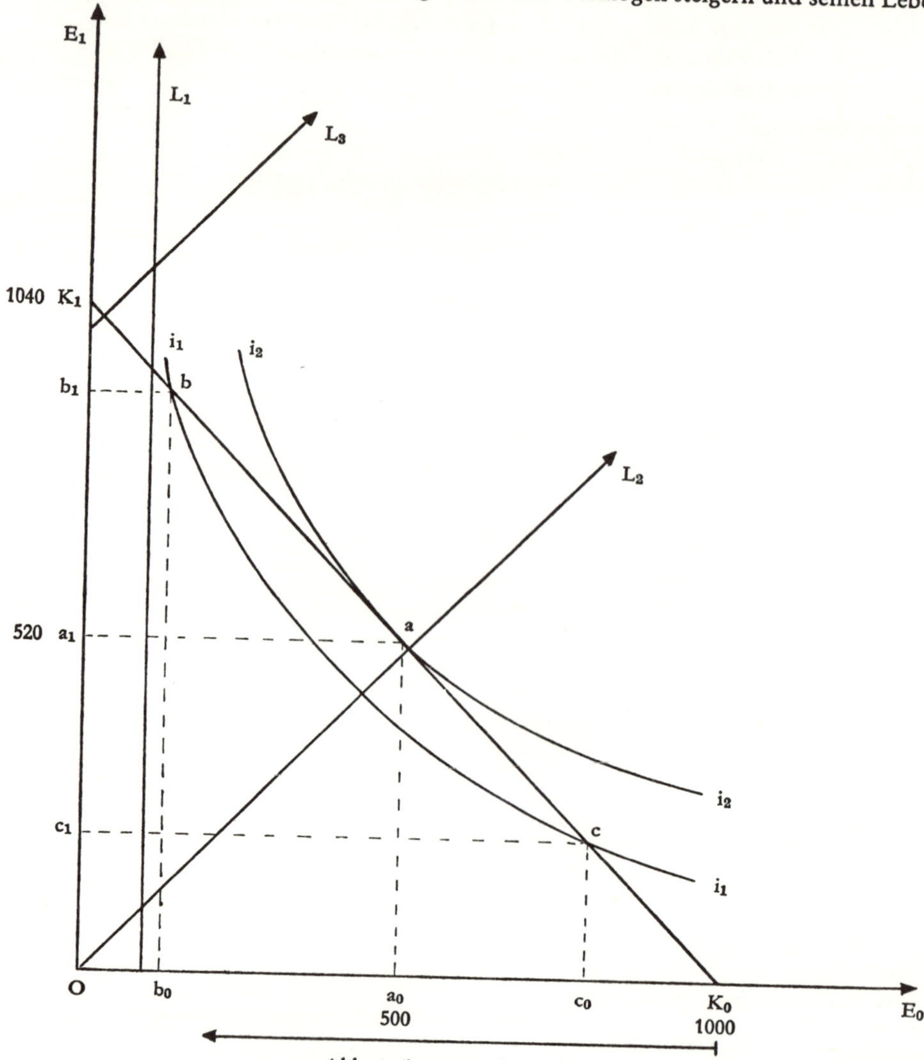

Abb. 4 (in tausend Mark)

Management of Corporate Capital, edited by Ezra Solomon. 3rd printing, London 1964, S. 205–228; *ders.*, Investment, Interest, and Capital, Chapter 3; *Bertil Hållsten*, Investment and Financing Decisions. On Goal Formulation and Model Building. Stockholm 1966, S. 4–9, Zitat S. 9.)

unterhalt in t_0 und in t_1 bestreiten. Wir nehmen an, t_0 und t_1 liegen ein Jahr auseinander.

Wie sehen die Investitions- und Finanzierungsentscheidungen aus, wenn der Unternehmer a) Vermögensmaximierung, b) Einkommensmaximierung, c) Wohlstandsmaximierung verfolgt?

Wir wollen die Modellösungen zeichnerisch verdeutlichen. In Abb. 4 nennt die Abszisse das in t_0 verbleibende Einkommen (E_0). Die Ordinate bezeichnet das durch die Investition erzielbare Einkommen (E_1) in t_1. In der Zeichnung wird für t_1 nicht zwischen Einkommen und Endvermögen unterschieden.

Das erste Investitionsvorhaben, das der Unternehmer erwägt, ist die Geldanlage auf dem Sparbuch. Von Kreditaufnahmen sehen wir bei der ersten Lösung ab; sie lohnen sich hier nicht, denn der Sollzins soll über der möglichen Rendite = Habenzins liegen. Legt der Unternehmer die 1 Mill. Mark in t_0 aufs Sparbuch, so verbleibt ihm in t_0 nichts; dafür erhält er in t_1 die Spareinlage plus Zinsen zurück. Der Zinssatz i beträgt 4%. K_1 bezeichnet das Vermögen in t_1, wenn das ganze Geld angelegt wird. $K_1 = (1 + i) K_0$, d. h. 1 040 000 Mark. Konsumiert der Unternehmer 500 000 Mark (a_0) und legt den Rest ($K_0 - a_0$) aufs Sparbuch, so erhält er 520 000 Mark (a_1 in t_1). Die Investition auf dem Sparbuch gestattet eine Vielzahl von möglichen Einkommensverteilungen zwischen t_0 und t_1, die durch die Gerade K_0K_1 angegeben werden.

Erstrebt der Unternehmer Vermögensmaximierung, so hat er von seinem Kapital von 1 Mill. Mark zunächst den Betrag abzusetzen, den er in t_0 als Konsumeinkommen entnehmen will. Das mögen 100 000 Mark sein. Der Unternehmer wird folglich diejenigen Investitionsvorhaben verwirklichen, die ihm das höchste Einkommen in t_1 (den höchsten Ordinatenwert) versprechen. Bei Vermögensmaximierung ist der »Zielpfad« mit einer Parallelen zur Ordinate identisch (Zielpfad L_1). Strebt der Unternehmer nach Vermögensmaximierung, so wird er in t_0 100 000 Mark, in t_1 936 000 Mark Einnahmen erzielen.

Erstrebt der Unternehmer Einkommensmaximierung, so hat er vorab über die zeitliche Verteilung des Einkommens und über das Vermögen in t_1 zu entscheiden. Wir nehmen als erstes an, das Endvermögen möge Null sein und der Unternehmer wolle in jedem Zahlungszeitpunkt ein gleich hohes Einkommen erzielen. Dieses Ziel erreicht der Unternehmer, wenn er einen Punkt auf der 45°-Linie durch den Koordinatenursprung verwirklicht (Zielpfad L_2). Jeder dieser Punkte zeigt ihm in t_0 und t_1 das gleiche Einkommen an. Bei Einkommensmaximierung unter der Bedingung gleicher zeitlicher Verteilung des Einkommens und einem Endvermögen in Höhe von Null, wird der Unternehmer in t_0 ca. 509 800 Mark entnehmen und die verbleibenden 490 200 Mark auf dem Sparbuch anlegen. Sie bringen ihm in t_1 ebenfalls rund 509 800 Mark.

Am Ende des Planungszeitraums (hier in t_1) fließen dem Unternehmer in zwei Formen Einnahmen zu, einmal eine Einkommenszahlung (bei Vermögensstreben hier 100 000, bei Einkommensstreben hier 509 800), zum anderen eine Vermögenszahlung (bei Vermögensstreben 836 000, bei Einkommensstreben hier 0). Was der Unternehmer mit beiden Beträgen nach dem Planungshorizont macht, ob er sie konsumiert oder reinvestiert, ist für die Modellüberlegung gleichgültig.

Wollte der Unternehmer bei Einkommensmaximierung eine ungleiche zeitliche Verteilung (bei Endvermögen Null), so müßte die Steigung des Zielpfades geändert werden. Wünschte der Unternehmer in t_1 das doppelte Einkommen gegenüber dem in t_0, so müßte die Steigung des Zielpfades tg 2, d. h. rund 63°, betragen.

Will der Unternehmer ein Endvermögen von z. B. 1 Mill. Mark behalten, so darf der Zielpfad auf der Ordinate erst bei dem Punkt 1 Mill. beginnen. Bei der Zielsetzung Erhaltung des Anfangskapitals von 1 Mill. Mark und gleiche zeitliche Verteilung des Einkommens beginnt also der Zielpfad (die 45°-Linie) bei dem Ordinatenwert 1 Mill. Mark (Zielpfad L_3). Jährlich könnten dann rund 19 600 Mark entnommen werden.

Erstrebt der Unternehmer Wohlstandsmaximierung, so muß eine Austauschregel über Vermögenswachstum (hier Einkommen in t_1) und Einkommen in t_0 bekannt sein. Der Unternehmer habe, so nehmen wir an, eine persönliche Präferenzvorstellung über das wünschenswerte Einkommen in t_0 und t_1. Diese Präferenzvorstellung kann durch Indifferenzkurven wiedergegeben werden. Eine solche Indifferenzkurve (wie i_1 oder i_2) bezeichnet alle Kombinationen von gegenwärtigen und künftigen Einkommen, die dem Unternehmer gleich wert sind. Es ist dem Unternehmer also gleichgültig, ob er das geringe Einkommen b_0 in t_0 erhält und dafür das hohe Einkommen b_1 in t_1, oder ob er das hohe Einkommen c_0 in t_0 erhält und dafür das geringe Einkommen c_1 in t_1. Nicht egal ist es dem Unternehmer, welche Indifferenzkurve er erreichen kann. Der Unternehmer wird versuchen, eine Indifferenzkurve zu erreichen, die möglichst weit vom Ursprung entfernt ist. Er zieht z. B. alle Kombinationen, die i_2 ausdrückt, den Kombinationen von i_1 vor; denn i_2 zeigt für jedes beliebige Verhältnis von gegenwärtigem und künftigem Einkommen höhere Werte als i_1. Das höchstmögliche Wohlstandsniveau, das der Unternehmer hier erreichen kann, bezeichnet die Indifferenzkurve i_2, die in Punkt a gerade die Linie der Investitionsmöglichkeiten auf dem Sparbuch berührt. Der Unternehmer sieht in diesem Modell keine Handlungsmöglichkeit, die ihm ein höheres Wohlstandsniveau (eine weiter rechts liegende Indifferenzkurve) erlaubt. In Abb. 4 wird der Unternehmer also dadurch sein Wohlstandsniveau maximieren, daß er den Betrag a_0 (500 000 Mark) in t_0 konsumiert und $K_0 - a_0$ (500 000 Mark) zur Selbstfinanzierung der Investition auf dem Sparbuch zurückbehält. Dafür gewinnt er a_1 (520 000 Mark) als Konsumeinkommen in t_1.

Ein Vergleich der drei Zielsetzungen zeigt: Vermögens- und Einkommensmaximierung sind Sonderfälle der Wohlstandsmaximierung. Bei diesen Zielen fällt eine Indifferenzkurve auf einen Punkt zusammen, eine Schar aufeinanderfolgender Indifferenzkurven verdichtet sich zu einem Zielpfad. Für die Erweiterungen des Modells legen wir deshalb von vornherein Wohlstandsmaximierung, den allgemeinen Fall also, zugrunde.

Wir nehmen nunmehr an, der Unternehmer könne für das eine Jahr auch Sachinvestitionen durchführen. Ihm werden fünf verschiedene Firmen zum Kauf angeboten, oder er kann in einer Firma fünf verschiedene Investitionsvorhaben durchführen. Die Sachinvestitionsmöglichkeiten werden mit I_1 bis I_5 bezeichnet. Die Investitionen erfordern unterschiedlichen Kapitaleinsatz, und sie erbringen sehr unterschiedliche Renditen (die Zahlen werden übertrieben, damit die Zeichnung deutlicher wird).

Ihre Zahlungsströme lauten:

	Ausgabe in t_0	Einnahme in t_1	Rendite
	in 1000 Mark		
I_1	100	200	100 %
I_2	300	550	83 %
I_3	500	770	54 %
I_4	700	1000	43 %
I_5	900	1080	20 %

Die Investitionsvorhaben schließen sich gegenseitig aus, das wird vorausgesetzt. Der Unternehmer kann I_1 oder I_2 verwirklichen, nicht I_1 und I_2 zusammen. Im Grunde betrifft dieses »Sich-Ausschließen« nur die Frage, was man als *ein* Investitionsvorhaben ansieht. Wir können z. B. annehmen, I_1 und I_2 lassen sich zusammen durchführen, bilden aber dann Vorhaben I_3; d. h. I_1 und I_2, gemeinsam verwirklicht, erfordern Zusatzbauten (verstärkte Grundmauern), so daß der Kapitaleinsatz auf 500 000 Mark steigt, und beide zusammen erbringen nur 20 000 Mark mehr als ihre Einzeleinnahmen (200 000 + 550 000) ausmachen.

Wenn wir die fünf Investitionsmöglichkeiten in die Zeichnung übernehmen wollen, müssen wir mit den Investitionsbeträgen auf der Abszisse von K_0 aus nach links gehen, denn vom Ursprung aus gesehen, wird das in t_0 verbleibende Bargeld (Einkommen) abgetragen.

Der Bequemlichkeit halber erweitern wir das Modell durch die Annahme: Der Unternehmer sehe nicht nur fünf, sondern beliebig viele Investitionsmöglichkeiten in der Unternehmung, die alle in Abb. 5 durch die »Investitionskurve« K_0I_n wiedergegeben werden. I_1 bis I_5 sind fünf dieser Investitionsmöglichkeiten. An den entscheidenden Aussagen des Modells ändert sich nichts, wenn wir beliebig viele (eine stetige Kurve) oder einige wenige Investitionsmöglichkeiten unterstellen.

Auf den veränderten Inhalt der verwendeten Begriffe ist zu achten: Bei beliebig vielen Investitionsvorhaben können wir von der »Grenzrendite« einer beliebigen Investition I_2 sprechen, d. h. vom zusätzlichen Einnahmenüberschuß (Einnahmen in t_1 minus Ausgabe in t_0) in t_1, den eine in t_0 zusätzlich investierte Mark erbringt. In der Zeichnung 5 läßt sich die Grenzrendite ermitteln als die Steigung der Tangente an die Sachinvestitionskurve. Auch bei nur fünf Investitionsobjekten können wir den Begriff »Grenzrendite« von I_2 verwenden. Gemeint ist damit aber dann die Veränderung der Rendite, wenn I_2 statt I_1 gewählt wird.

Die Berechnung dieser Renditenänderung kann zu Fehlschlüssen führen, deshalb sei sie am Beispiel verdeutlicht: Die (»Durchschnitts«-)Rendite von I_2 berechnet sich als Quotient aus Einnahmenüberschuß (Einnahme in t_1 minus Ausgabe in t_0, also 550 000 − 300 000 = 250 000) im Zähler und eingesetztem Kapital (Ausgabe in t_0 = 300 000) im Nenner, also ca. 83%. Der Einnahmenüberschuß bei I_1 beträgt 100 000, das eingesetzte Kapital ebenfalls 100 000, die Rendite von I_1 also 100%. Die Grenzrendite (Renditenänderung) von I_2 in bezug auf I_1 bezeichnet dann den Quotienten aus der Änderung des Einnahmenüberschusses, wenn I_2 gewählt wird, also 250 000 − 100 000 = 150 000 im Zähler, und der Änderung des eingesetzten Kapitals, wenn I_2 statt I_1 gewählt wird, also 300 000–100 000 = 200 000, im Nenner. Die Grenzrendite von I_2 in bezug auf I_1 beträgt folglich 150 000 : 200 000 = 75%. Gehen wir demgegenüber von einer stetigen Investitionskurve (beliebig vielen Investitionsvorhaben) aus, dann beträgt die Grenzrendite von I_2 (jetzt in bezug auf das unmittelbar benachbarte Investitionsvorhaben) nur 50%, wie S. 354 erläutert wird.

Aus der Grenzrendite von I_1 (bezogen auf die Investition von null Mark) = 100% für 100 000 Mark Kapital und der von I_2 (in bezug auf I_1) = 75% für 200 000 Mark errechnet sich als gewogenes Mittel die Gesamt(»Durchschnitts«-)Rendite von I_2 mit 83%.

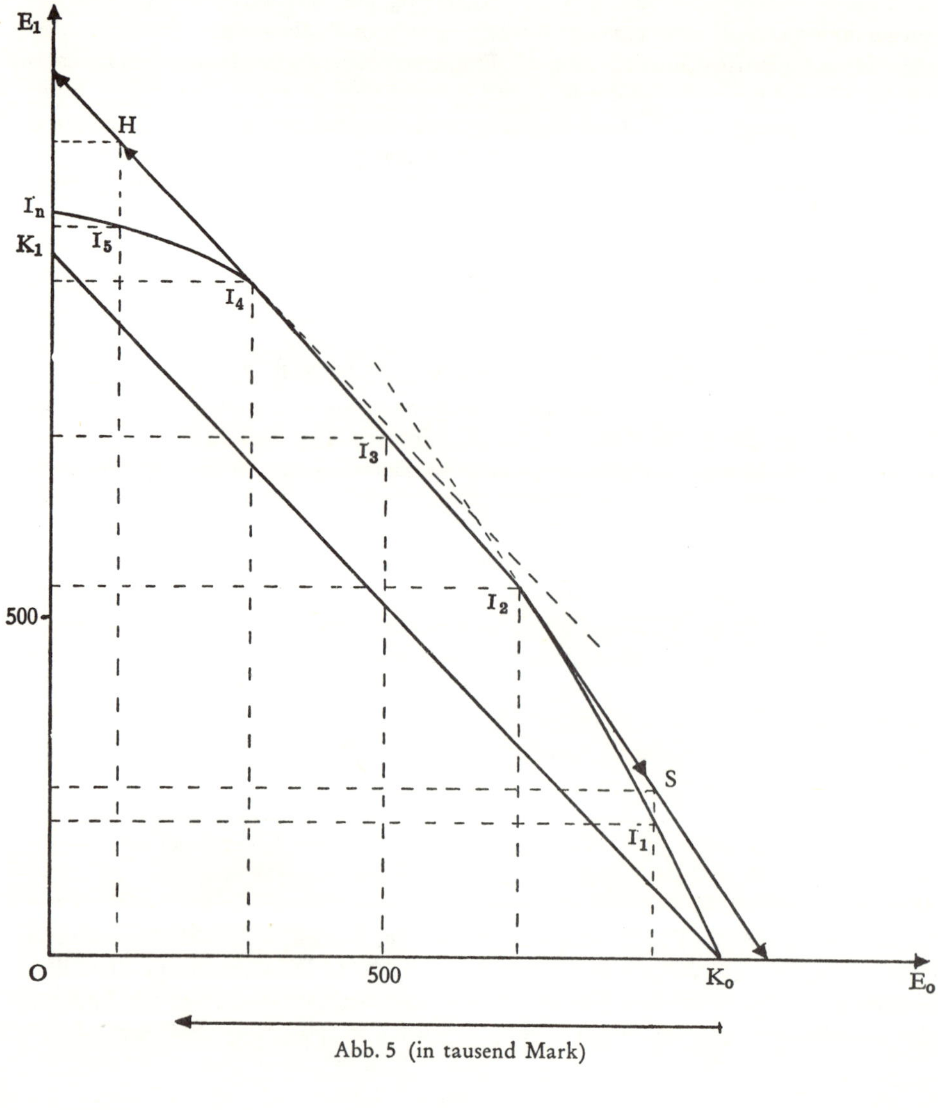

Abb. 5 (in tausend Mark)

Die Abb. 5 enthält die Sachinvestitionsmöglichkeiten des Unternehmers und zwei Erweiterungen:

(1) Der Unternehmer hat nicht nur die Wahl, entweder auf dem Sparbuch oder in Sachanlagen zu investieren, sondern er kann auch auf dem Sparbuch und in Sachanlagen zugleich investieren. Hat sich der Unternehmer z. B. für Investitionsvorhaben I_4 entschieden, dann verfügt er in t_0 noch über 300 000 Mark. Erscheint ihm dieser Konsumbetrag für t_0 zu hoch, dann muß er überlegen: Lohnt es sich, statt I_4 ein anderes Investitionsvorhaben in der Firma zu wählen, das mehr als 700 000 Mark erfordert, oder ist es besser, einen zusätzlichen Betrag auf dem Sparbuch anzulegen?
Die Linie der Investitionen zum Sparzins soll fortan »Habenzinskurve« genannt werden. Zum Habenzins kann Geld in beliebiger Menge angelegt werden.
Die Investition auf dem Sparbuch wird durch eine Parallele zur ursprünglichen Habenzinskurve K_0K_1 wiedergegeben. Die Parallele tangiert die Investitionskurve in I_4. Der Pfeil zeigt die Wirkung der Investition zum Habenzins an: Verringerung des Konsumbetrages in t_0 und Erhöhung des Einkommens in t_1.
Ein kurzes Nachdenken zeigt, daß eine Anlage auf dem Sparbuch nur von einem Unternehmer erwogen wird, der sich ohne Berücksichtigung des Sparbuches für eine Investition links von I_4 entschieden hätte, z. B. für I_5. Der Unternehmer, der zunächst I_5 für die seinen Wünschen entsprechende Investitionsgelegenheit ansieht, wählt folgenden Einkommensstrom: 100 000 Mark in t_0 und 1 080 000 in t_1. Offensichtlich stünde er sich aber besser, wenn er statt dessen nur I_4 verwirklicht, was ihm zunächst 300 000 Mark Einkommen in t_0 und 1 000 000 in t_1 erbringt. Legt der Unternehmer dann von den 300 000 Mark noch 200 000 auf dem Sparbuch an, dann verwirklicht er insgesamt den Punkt H, der folgende Einkommen anzeigt: 100 000 Mark in t_0 (wie I_5) und 1 208 000 in t_1.
Andererseits wird der Unternehmer, der I_3 erwägt, kein Geld auf dem Sparbuch anlegen, denn die Parallele zur Habenzinskurve durch I_3 verläuft (zeichnet man sie ein) teilweise unterhalb der Investitionskurve, und das bedeutet: Wählt der Unternehmer statt I_3 plus Geldanlage auf dem Sparbuch ein anderes Sachinvestitionsvorhaben (z. B. I_4), so kann er in beiden Zeitpunkten, t_0 und t_1, über mehr Geld verfügen.
Die zusätzliche Anlage auf dem Sparbuch ist also nur dann eine vernünftige (effiziente) Wahlmöglichkeit, wenn die Habenzinskurve für mindestens einen Zeitpunkt zu höherem Einkommen führt als die Sachinvestitionskurve. Dabei ist zu beachten, daß die Habenzinskurve, von I_4 ausgehend, nur in Pfeilrichtung betrachtet werden darf. Der punktierte Teil der Habenzinstangente rechts von I_4 kann nicht verwirklicht werden, denn das würde bedeuten: Investition in I_4 und dann Austausch von künftigen Einkommen zugunsten gegenwärtiger Einnahmen, d. h. es würde Kreditaufnahme zum Habenzinssatz bedeuten, und das schließen wir durch die Voraussetzung aus: Kredit kann nur zu einem höheren Sollzinssatz aufgenommen werden.

(2) Die zweite Erweiterung besteht darin, daß der Unternehmer auch Kredit von der Bank bekommen kann. Außer der Habenzinskurve, die das Investitionsvorhaben »Sparbuch« (bzw. anderweitige Geldanlage auf dem Kapitalmarkt) verkörpert, zeichnen wir eine Sollzinskurve, die das Finanzierungsvorhaben »Kreditaufnahme« (Ent-

leihen auf dem Kapitalmarkt) beschreibt. Der Sollzins liegt über dem Habenzins, d. h. die Sollzinskurve verläuft steiler. Um die Zeichnung deutlich zu machen, sind bei der Sollzinskurve Wucherzinsen unterstellt: Die Steigung beträgt — 1,5, d. h., es wird mit 50% Sollzinsen je Jahr gerechnet.

Die Kreditaufnahme lohnt sich nur für den Unternehmer, der ein rechts von I_2 liegendes Sachinvestitionsvorhaben erwägt, z. B. I_1. I_1 beläßt ihm in t_0 900 000 Mark und erbringt in t_1 200 000 Mark. Investiert der Unternehmer statt dessen I_2, so erhält er in t_0 700 000 Mark und in t_1 550 000 Mark. Nimmt er jetzt Kredit auf bis zum Punkt S, dann verfügt er in t_0 über 900 000 Mark wie bei I_1, in t_1 jedoch über 250 000 Mark. Er steht sich also besser. Der aufgenommene Kredit läßt sich auf der Abszisse ablesen als Abstand der Punkte I_2 und S. Er beträgt 200 000 Mark. Die Einnahmenminderung in t_1 durch die Kreditrückzahlung mit Zinsen läßt sich auf der Ordinate ablesen durch den Abstand der Ordinatenwerte für I_2 und S. Sie beträgt 300 000 Mark (nämlich 200 000 Mark Kreditrückzahlung plus 50% Sollzinsen).

Um Mißverständnisse zu vermeiden: Die Sachinvestitionen innerhalb der Firma bezeichnet nur die Investitionskurve $K_0 - I_n$. Durch Bewegung auf der Sollzinskurve (Kreditaufnahme) kann der Unternehmer aber das künftige Einkommen, das er durch die Sachinvestition erzielt, in gegenwärtige Einnahmen umwandeln. Der Unternehmer kann rund 367 000 Mark Kredit aufnehmen und so in t_0 über 700 000 + 367 000 = 1 067 000 Mark in barem Geld verfügen (Berührungspunkt der Sollzinskurve mit der Abszisse). Mit dieser Kreditaufnahme verzichtet er jedoch auf jedes Einkommen in t_1. Zwar erwirtschaftet er durch das Investitionsvorhaben I_2 550 000 Mark in t_1. Aber er muß diese 550 000 Mark als Kreditrückzahlung plus Zinsen an die Bank überweisen. Der Pfeil an der Sollzinskurve zeigt die zulässige Bewegungsrichtung bei Kreditaufnahmen an. Eine Bewegung nach links von I_2 würde bedeuten: Weniger Einkommen in t_0 und dafür höhere Einnahmen in t_1, also Geldanlage zum Sollzinsfuß, und das ist unmöglich. Geld kann außerhalb der Firma nur zum geringeren Habenzinssatz angelegt werden.

Wir stellen fest: Rechts von I_2 ist es vernünftig, in der Firma zu investieren und Kredit aufzunehmen. Zwischen I_2 und I_4 ist es vernünftig, in der Firma zu investieren und kein Finanzgeschäft (Kreditaufnahme, Geldanlage) durchzuführen; links von I_4 ist es vernünftig, in der Firma zu investieren und auf dem Sparbuch Geld anzulegen. Daraus folgt: In jedem Fall wird der Unternehmer eine Einkommenskombination wählen, die auf dem Streckenzug durch HI_4I_2S liegt. Denn jeder Punkt auf dieser Linie ist jedem Punkt im Innern der von dieser Linie eingeschlossenen Fläche überlegen: Er bringt mindestens in einem Zeitpunkt ein höheres Einkommen. Die Linie durch HI_4I_2S können wir deshalb als den »effizienten Wahlbereich«, als die »Kurve der guten Handlungsmöglichkeiten« bezeichnen, denn alle Punkte im Innern der von ihr eingeschlossenen Fläche sind schlechtere Handlungsmöglichkeiten. Nur auf der »Kurve der guten Handlungsmöglichkeiten« werden rationale unternehmerische Entscheidungen zu suchen sein.

Nachdem sämtliche Investitions- und Finanzierungsmöglichkeiten beschrieben sind, folgt nun die entscheidende Erweiterung des Modells: Wir gehen nicht mehr von einem einzigen Unternehmer und seinen Indifferenzkurven aus, sondern von drei verschiedenen Unternehmern, die alle vor denselben Handlungsmöglichkeiten stehen.

Unternehmer A zieht es vor, mit seiner Frau in diesem Jahr nach Tahiti zu fahren; er wünscht also viel Bargeld in t_0 und kommt mit weniger Geld im Zeitpunkt t_1 aus.

Unternehmer C will mit seiner Frau im nächsten Jahr nach Tahiti fahren und sucht deshalb ein höheres Einkommen in t_1 und weniger in t_0.

Unternehmer B schließlich ist Junggeselle und will beide Jahre nach Tahiti fahren. Er sucht in beiden Jahren ein in etwa gleich hohes Einkommen.

Für jeden Unternehmer zeichnen wir in Abb. 6 eine Indifferenzkurve ein. (Wem die Arbeit mit Indifferenzkurven mißfällt, der möge sich statt dessen drei Zielpfade mit unterschiedlicher zeitlicher Verteilung des Einkommens vorstellen; am Ergebnis ändert sich dadurch nichts.) A bezeichnet die Wertschätzung von gegenwärtigem und künftigem

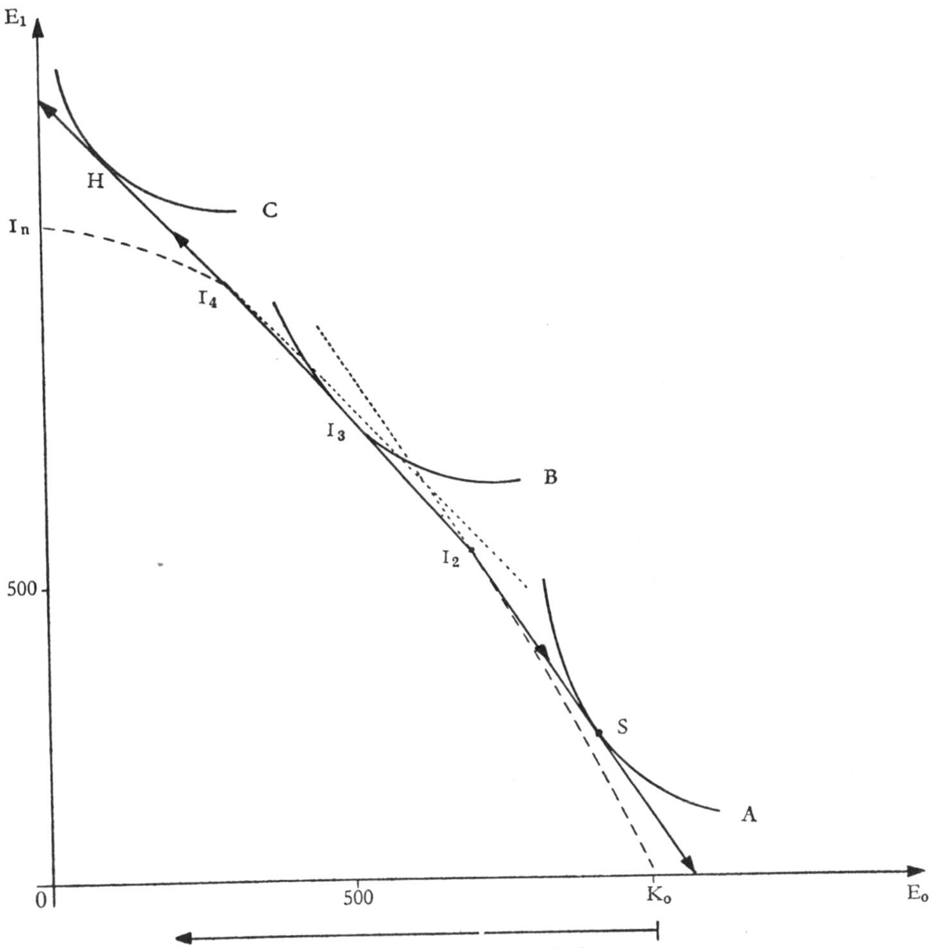

Abb. 6 (in tausend Mark)

Einkommen des Unternehmers A. B gilt für Unternehmer B und C für Unternehmer C. In Abb. 6 sind nur diejenigen Indifferenzkurven eingezeichnet, welche die Kurve der guten Handlungsmöglichkeiten berühren, denn wir wissen bereits: Nur dort kann das Optimum für die Unternehmer A, B und C liegen.

2. Folgerungen für Investitionsprogramm und Kapitalstruktur

Was sagt die Modellösung aus? Zunächst etwas recht Triviales: Je nach den persönlichen Einkommenswünschen der Unternehmer (nach ihrer Konsumpräferenz bzw. Liquiditätspräferenz) kann es sich lohnen, Kredit aufzunehmen, Geld außerhalb der Firma anzulegen oder nur in der Firma zu investieren. Aber diese triviale Einsicht gewinnt sofort Gewicht, wenn sie mit den Aussagen der klassischen Investitionstheorie verglichen wird.

aa) Umfang des Investitionsprogramms

Die klassische Bedingung für das Investitionsvolumen lautet: Das Optimum des Kapitaleinsatzes in einer Unternehmung ist erreicht, wenn die Grenzrendite den Grenzkapitalkosten gleicht (der marginale interne Zinsfuß dem marginalen Kalkulationszinsfuß). Diese Aussage ist nur eine andere Formulierung für das Ziel »Kapitalwertmaximierung«; denn der Kapitalwert steigt solange, wie eine Investition Einnahmen erzielt, die, abgezinst (um die Zinskosten bereinigt), noch einen Überschuß erbringen. Wir wenden jetzt die Optimumbedingung auf unser Modell an.

Die klassische Aussage: Grenzrendite gleich Grenzkapitalkosten (marginaler interner Zinsfuß gleich marginaler Kalkulationszinsfuß) gilt für das Sachinvestitionsvolumen, das Unternehmer A verwirklicht – also I_2. Die Grenzkapitalkosten entsprechen hier den Fremdkapitalzinsen.

Die Aussage Grenzrendite gleich Grenzkapitalkosten würde für Unternehmer C gelten, wenn der Kalkulationszinsfuß gleich dem Habenzinssatz wäre. Aber um hier die allgemeine Optimumbedingung zu halten, müßten wir »Grenzkapitalkosten« anders definieren, als wir es bisher getan haben: als Gewinnentgang (als Opportunitätskosten). Denn wenn C eine Mark zusätzlich in der Unternehmung investieren würde, verzichtet er auf die Zinsen, die ihm die Anlage auf dem Sparbuch erbrächte. Eine solche Definition ist jedoch unzweckmäßig, denn bei Unternehmer C werden zwei »Grenzrenditen« miteinander verglichen, die Grenzrendite der Sachinvestitionen und die Grenzrendite der Finanzinvestitionen, die hier Habenzins genannt wurde.

Für B läßt sich die Optimumbedingung gar nicht mehr halten. B's Investitionsvolumen wird weder durch die effektiven Kosten des zusätzlichen Kapitals (Fremdkapitalzinsen) begrenzt noch durch die Rendite alternativer Anlagen. Ein externer Kalkulationszinsfuß ist hier überflüssig. Man kann allerdings die klassische Aussage folgendermaßen zu retten versuchen: Der Kalkulationszinsfuß sei hier kein Marktzinssatz, sondern ein »Schattenpreis«[6], d. h. ein Ausdruck für den Gewinnentgang (die Opportunitätskosten). Aber das ist eine Aussage ohne entscheidungsbestimmenden Gehalt, wie wir später (S. 376) sehen werden.

[6] So *Hirshleifer*, On the Theory of Optimal Investment Decision, S. 228.

Wenn, wie in Wirklichkeit, Sollzinsen und Habenzinsen auseinanderfallen, wird der Fall B mitunter auftreten: immer dann, wenn der Unternehmer bei Investition des Bestandskapitals nur Investitionsvorhaben sieht, die weniger als den Sollzins, aber immer noch mehr als den Habenzins erbringen.

Investiert hier Unternehmer B solange, bis die Grenzrendite dem marginalen Habenzinsfuß gleicht, dann müßte er I_4 verwirklichen. I_4 liegt aber für ihn auf einer niedrigeren Indifferenzkurve als I_3. Mit I_4 würde er folglich nicht das höchste Wohlstandsniveau erreichen.

Nur wenn Soll- und Habenzins identisch sind, ist die klassische Aussage über das Investitionsvolumen unanfechtbar. Die Besonderheiten des Falles B verschwinden, für alle drei Unternehmer liegt das Optimum auf der Linie des Kalkulationszinsfußes, denn die Kurve der guten Handlungsmöglichkeiten deckt sich mit jener Zinslinie, die gerade die Sachinvestitionskurve berührt (Abb. 7).

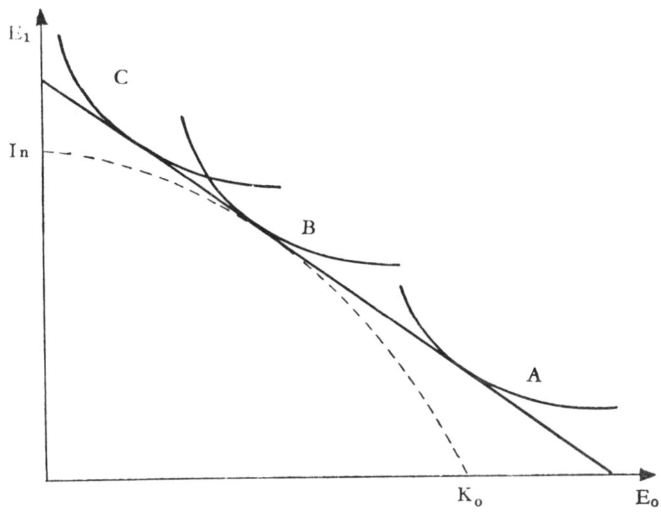

Abb. 7

Die Gerade (Zinslinie) bezeichnet hier die Kurve der guten Handlungsmöglichkeiten; von der Sachinvestitionskurve ist nur der Berührungspunkt mit der Zinslinie effizient. A, B und C bestimmen ihr optimales Investitionsprogramm nach derselben Regel »Grenzrendite gleich Kalkulationszinsfuß«. Lediglich ihre Einkommenspräferenzen entscheiden darüber, ob sie als Anbieter (C), Nachfrager (A) oder gar nicht (B) auf dem Kapitalmarkt auftreten.

Um den Unterschied zwischen der Bestimmung des Investitionsvolumens bei vollkommenem und bei unvollkommenem Kapitalmarkt weiter zu verdeutlichen, wandeln wir das Modell ab. Wir schalten das Konsumproblem aus, indem wir annehmen, der Unternehmer strebe nicht nach Wohlstandsmaximierung, sondern nach Vermögensmaximierung, und die in ihrer Höhe vorgegebenen Einkommenszahlungen seien vom Einnahmenüberschuß der Vorperiode bereits abgesetzt. Die Höhe des Bestandskapitals liege also eindeutig fest. An die Stelle der drei Unternehmer mit unterschiedlichen Konsumpräferenzen sollen nunmehr drei verschiedene Firmen, A, B, C, mit unterschiedlichen Investitionsvorhaben treten. Die drei Lösungen für das Investitionsvolumen (A: Grenzrendite = Sollzins, B: kein Marktzins entscheidet; C: Grenzrendite = Habenzins) lassen sich dann so verdeutlichen (Abb. 8):

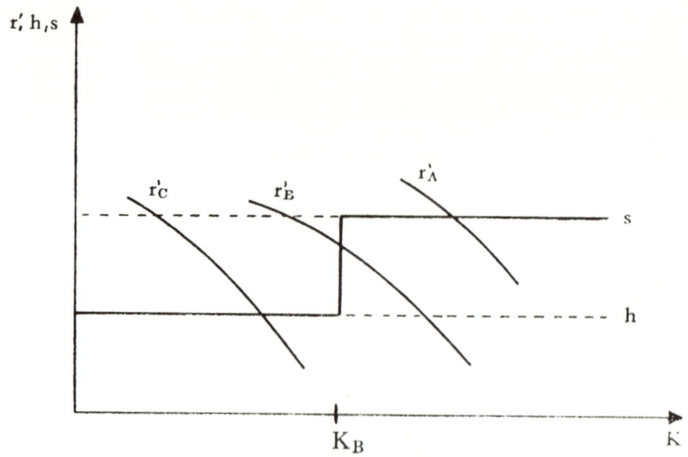

Abb. 8

Der Unternehmer wird in der Firma A das gesamte Bestandskapital K_B investieren und darüber hinaus bis zum Schnittpunkt von r'_A und s Kredit aufnehmen.
Der Unternehmer wird in der Firma B das gesamte Bestandskapital investieren. Kreditaufnahmen und Geldanlagen auf dem Kapitalmarkt kommen für ihn nicht in Betracht.
Der Unternehmer wird in der Firma C nur einen Teil des Bestandskapitals anlegen (bis zum Schnittpunkt von r'_C und h). Den Rest wird er auf dem Kapitalmarkt investieren.
Wenn wir also das Konsumproblem ausschalten (von Vermögensstreben ausgehen), läßt sich der Umfang des Investitionsprogramms nach folgender Regel festlegen: Das Bestandskapital wird in jedem Fall zuerst investiert (in der Firma oder auf dem Kapitalmarkt); darüber hinaus wird in der Firma investiert, solange die Grenzrendite noch höher ist als der marginale Sollzins.
Bei Einkommens- und Wohlstandsstreben liegt jedoch die Höhe des Bestandskapitals nicht von vornherein fest. Hier sind vom Einnahmenüberschuß am Ende einer Periode noch die Einkommenszahlungen zu leisten, deren Höhe erst errechnet werden muß. Nur wenn das Bestandskapital in seiner Höhe feststeht, ist die klassische Lösung brauchbar, wenn nicht, versagt sie. Das erkennen wir aus Abb. 9.

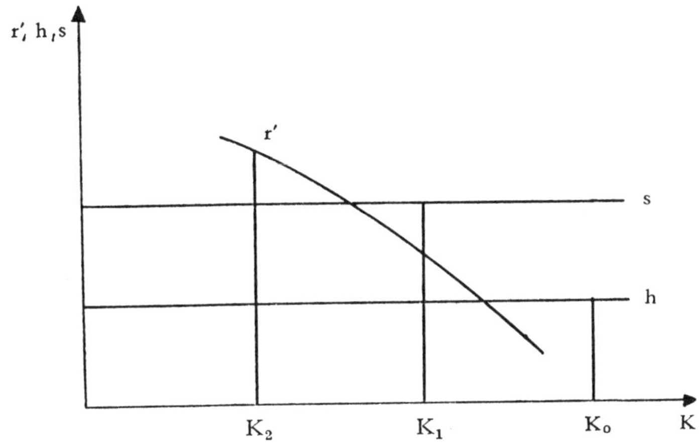

Abb. 9

K_0 ist der Einnahmenüberschuß am Ende der Vorperiode vor Abzug der Einkommenszahlung. Wenn die Einkommenszahlungen 0 sind, entspricht K_0 dem Bestandskapital, und für das Modell der Abb. 9 bestimmt sich der Investitionsumfang nach der Regel C: Grenzrendite = Habenzins.

Bei bescheidenen Einkommenszahlungen liegt das Bestandskapital z. B. bei K_1. In diesem Fall bestimmt sich das Investitionsvolumen gemäß B: weder Soll- noch Habenzins nehmen Einfluß.

Bei hohen Einkommenszahlungen schrumpft das Bestandskapital z. B. auf den Betrag K_2 zusammen. Hier gilt dann A: Grenzrendite = Sollzins.

Abb. 9 zeigt also: *Nur wenn über die Höhe der Einkommenszahlungen (und damit über die Höhe der Selbstfinanzierung) entschieden ist, sind die klassischen Aussagen haltbar.* Bei Einkommens- und Wohlstandsstreben muß jedoch die Höhe der Einkommenszahlungen mit der Investitions- und Finanzplanung abgestimmt werden, und deshalb sind bei Einkommens- und Wohlstandsstreben und unvollkommenen Kapitalmärkten die klassischen Aussagen und die klassischen Instrumente (Kapitalwert-, Annuitäts-, interne Zinsfußmethode) nicht ohne weiteres zu verwenden; denn ohne Zuhilfenahme von Einkommenspräferenzen kann nicht entschieden werden, was als Kalkulationszinsfuß zu wählen ist.

bb) Zusammensetzung des Investitionsprogramms

Das Grundmodell enthält zwei Arten von Investitionsvorhaben. Erstens solche Vorhaben, die einzeln aufgeführt und analysiert worden sind. Das sind jene Vorhaben, die durch die Kurve der Grenzrendite beschrieben werden. Wir nennen sie der Einfachheit halber »Sachanlagen«, obwohl es sich im praktischen Fall um Maschinen, Grundstücke, wie auch um Beteiligungen handeln mag. Zweitens kann Geld angelegt werden in Investitionsvorhaben, die jedem anderen außerhalb der Firma auch offenstehen: Anlage zum Habenzins. Die Habenzinskurve verkörpert alle »sonstigen«, nicht im einzelnen aufgeführten Anlagemöglichkeiten. Wir nennen die Anlage auf dem Kapitalmarkt (zum Habenzins) der Einfachheit halber »Finanzanlagen«.

Bei vollkommenem Kapitalmarkt ist die Frage nach der Zusammensetzung des Investitionsprogramms, insbesondere die Frage nach der Höhe der Finanzanlagen, bedeutungslos: Nachdem über die Höhe der Sachanlagen gemäß der Regel »Grenzrendite gleich Kalkulationszinsfuß« entschieden ist, kann man an dieser Stelle das Investitionsvolumen begrenzen oder auch zum Kalkulationszinsfuß Geld entleihen und wieder anlegen, das hat auf die Höhe des Gewinns keinen Einfluß.

Bei unvollkommenem Kapitalmarkt wird die Zusammensetzung des Investitionsprogramms zum Problem. Strebt der Unternehmer nach Vermögensmaximierung, dann liegt das Bestandskapital fest, dann gilt für A und B: Finanzanlagen werden nicht gewählt. Die Zusammensetzung des Investitionsprogramms ist damit »gelöst«, weil das Investitionsprogramm nur Sachanlagen enthält. Firma C bestimmt ihr Sachinvestitionsvolumen nach der Regel »Grenzrendite gleich Habenzins«; und der Restbetrag des Bestandskapitals wird in Finanzanlagen investiert.

Bei Einkommens- und Wohlstandsstreben ist das Bestandskapital jedoch nicht von vornherein bekannt. Es gilt (gemäß Abb. 9): Solange die Höhe der Einkommenszahlungen (und damit die Höhe der Selbstfinanzierung) nicht festliegt, wissen wir nicht, ob die betreffende Unternehmung zum Typ A, B oder C gehört, und folglich kann nicht entschieden werden, ob sie nur in Sachanlagen oder in Sachanlagen und Finanzanlagen investiert.

cc) Zusammensetzung des Finanzierungsprogramms: die Kapitalstruktur

Kapitalstruktur heißt in der Praxis das Verhältnis von Eigenkapital zu Fremdkapital. Für unsere Modellüberlegungen gehen wir davon aus, daß eine Erhöhung des Eigenkapitals nur durch Selbstfinanzierung, nicht durch Gesellschafteraufnahme möglich ist. Als einzige Quelle des Zusatzkapitals bleiben damit Kredite. Wir fragen: Welche Kapitalstruktur zeigt das Investitionsprogramm für t_0? Dazu ein Beispiel: Die Bilanz einer Unternehmung zum 31. 12. des Vorjahres sehe vor der Entscheidung über die Gewinnverteilung so aus:

Anlagen	50	Grundkapital	40
Vorräte	40	Schulden	40
Kassc	10	Gewinn	20
Summe	100	Summe	100

Die bilanzmäßige Kapitalstruktur beträgt: Eigenkapital zu Fremdkapital = 60 : 40. Von allen Bewertungsproblemen, die praktisch die Berechnung der Kapitalstruktur erschweren, wird hier abgesehen. Die Unternehmung beschließe, die Hälfte des Jahresgewinns auszuschütten. Nehmen wir an, es erfolge sofortige Barausschüttung. Der Kassenbestand ist danach 0, die Bilanzsumme schrumpft auf 90, und das Verhältnis Eigenkapital zu Fremdkapital lautet 50 : 40.

Die Unternehmung beschließe weitere Anlageinvestitionen von 30; sie werden durch Kredite finanziert. Die Kapitalstruktur dieses Investitionsprogramms wird in unseren Modellüberlegungen betrachtet. Das Investitionsprogramm wird durch Bestandskapital (im Beispiel 0) und bzw. oder durch Zusatzkapital (im Beispiel 30) finanziert. Die Kapitalstruktur des Investitionsprogramms lautet folglich: 0 : 30. Sie bezeichnet die Änderung der bilanzmäßigen Ausgangskapitalstruktur der Unternehmung nach der Gewinnverteilung (50 : 40) auf 50 : 70, denn die Bilanz zum 2. 1. dieses Jahres (nach Gewinnausschüttung und Investitionsdurchführung) lautet:

Anlagen	80	Eigenkapital	50
Vorräte	40	Schulden	70
Summe	120	Summe	120

Bei vollkommenem Kapitalmarkt ist die Kapitalstruktur für die Unternehmung bedeutungslos, denn wenn zum Kalkulationszinsfuß nach Belieben Beträge entliehen oder verliehen werden können, kann jede Investition oder Gewinnausschüttung durch Kredite finanziert, jede zurückbehaltene (selbstfinanzierte) Mark zum Kalkulationszinsfuß angelegt werden.

Bei unvollkommenem Kapitalmarkt und erst recht bei beschränktem Kapitalmarkt wird die Kapitalstruktur zum Problem. Wir unterstellen wiederum zunächst Vermögensstreben. Für Unternehmer B und C taucht das Problem der Kapitalstruktur nicht auf: Bei C ist die Kapitalstruktur »gelöst«, denn aus der Gleichheit von Grenzrendite und Habenzins folgt, daß überhaupt kein Zusatzkapital aufgenommen wird. Auch B nimmt kein Zusatzkapital auf.

Bei A ist das Bestandskapital vorgegeben, das Investitionsvolumen durch die Regel »Grenzrendite = Sollzins« bestimmt. Damit läßt sich der Betrag an Zusatzkapital ablesen, den A aufnehmen wird.

Entscheidend ist auch hier wieder, ob das Bestandskapital bekannt ist. Solange über die Höhe der Einkommenszahlung (und damit der Selbstfinanzierung) nichts ausgesagt wird, weiß man nicht, ob Fall A, B oder C vorliegt. Wenn die Höhe der Einkommenszahlungen (die Höhe der Selbstfinanzierung) nicht vorgegeben ist, kann aus der Regel »Grenzrendite gleich Grenzkapitalkosten« nichts über die Kapitalstruktur gesagt werden. Gewinnausschüttung (Selbstfinanzierung) und Bestimmung des Investitionsumfangs, der Investitionszusammensetzung und des Finanzierungsprogramms sind gemeinsam zu lösende Probleme.

dd) Eine Erweiterung: veränderliche Soll- und Habenzinsen

Bisher wurden ein konstanter Sollzins und ein konstanter Habenzins unterstellt. Nunmehr nehmen wir für A an, die Höhe des Kreditzinssatzes hänge von der Höhe des aufgenommenen Fremdkapitals ab, und für C, die Höhe der außerhalb der Firma zu erwartenden Rendite werde von der Höhe des auszuleihenden Kapitals bestimmt.

Für A bleibt die formale Aussage richtig, daß das Investitionsvolumen durch die Gleichheit von Grenzrendite und marginalem Sollzins bestimmt wird. Aber da ohne Zuhilfenahme der Präferenzvorstellung nicht die Höhe des aufgenommenen Zusatzkapitals festgelegt werden kann, kennt man ohne Wissen um die Präferenzvorstellung des Unternehmers auch nicht die Höhe des marginalen Sollzinses. Folglich kann nach der klas-

sischen Regel »Grenzrendite gleich Grenzkapitalkosten« allein nicht einmal mehr das Investitionsvolumen bestimmt werden, wenn der Sollzins in irgendeiner Form von der Höhe des aufgenommenen Zusatzkapitals abhängt.
Für Unternehmer C gilt Entsprechendes: Hängt der Habenzins von der Höhe des anzulegenden Kapitals ab, dann bleibt der marginale Habenzins ohne Kenntnis der Präferenzvorstellung unbestimmt. Folglich kann man hier nach der klassischen Regel allein nicht einmal mehr entscheiden, welches Sachinvestitionsvorhaben verwirklicht wird: das Verhältnis von Sachinvestition zu Finanzinvestition war schon bei konstantem Habenzins nicht ohne Kenntnis der Präferenzvorstellungen festzulegen. Hinzu kommt: Solange die Einkommenspräferenzen nicht bekannt sind, läßt sich nicht sagen, ob ein Unternehmer zum Typ A, B oder C gehört.

ee) Ergebnis

Fallen, wie in Wirklichkeit, Soll- und Habenzinsen auseinander, dann versagen die üblichen Methoden der Investitionsrechnung (Kapitalwert-, Annuitäts-, interne Zinsfußmethode), weil ohne Zuhilfenahme von Einkommenspräferenzen nicht entschieden werden kann, was als Kalkulationszinsfuß zu wählen ist. Eine allgemeine, von persönlichen Konsumpräferenzvorstellungen unabhängige Aussage über die Höhe des Investitionsvolumens, die Zusammensetzung des Investitionsprogramms und die Kapitalstruktur ist nicht mehr möglich. Bei unvollkommenem Kapitalmarkt entscheidet deshalb die gewünschte zeitliche Verteilung der Konsumentnahmen (bzw. die angestrebte Ausschüttungspolitik bei Kapitalgesellschaften) darüber, welche Investitions- und Finanzierungsvorhaben verwirklicht werden.

3. Finanzielles Zielsystem und die Investitions- und Finanzplanung bei unvollkommenem Kapitalmarkt

In Teil B, bei Erörterung der Grundlagen finanzwirtschaftlicher Unternehmenspolitik, wurde ein System von Modellen vorgestellt, nach denen die praktische Investitions- und Finanzplanung erfolgen kann. Wir unterschieden zwischen finanzwirtschaftlichen Totalmodellen, in denen alle Handlungsmöglichkeiten innerhalb des Planungszeitraums ausdrücklich berücksichtigt sind, und finanzwirtschaftlichen Partialmodellen, die nur die wesentlichen Investitions- und Finanzierungsmöglichkeiten aufnehmen und sonst Pauschalannahmen über weitere Investitions- und Finanzierungsquellen setzen. Finanzwirtschaftliche Partialmodelle können kombinatorische Partialmodelle oder klassische Partialmodelle sein. Kombinatorische Partialmodelle bestimmen die Zielgrößen (Endvermögen, Einkommen, Wohlstand als Verhältnis von Einkommen und Vermögenszuwachs) unmittelbar; klassische Partialmodelle verwenden Ersatzzielgrößen (wie Kapitalwert, Annuität, interner Zinsfuß).
Die Analyse des Grundmodells der Investitions- und Finanzplanung bei unvollkommenem Kapitalmarkt diente dazu, festzustellen: Wieweit können klassische Modelle – bzw. klassische Instrumente (wie Kapitalwert) und Regeln (Grenzrendite = Grenzkapitalkosten) – für die Investitions- und Finanzplanung bei unvollkommenen Kapitalmärkten

nützlich sein? Die Folgerungen für Investitionsprogramm und Kapitalstruktur, die sich aus dem Grundmodell ziehen ließen, zeigen: Die klassischen Methoden führen zu Schwierigkeiten, solange das Bestandskapital nicht vorgegeben ist. Das bedeutet: Wir haben bei der Beurteilung des Geltungsbereichs klassischer Modelle zwischen Vermögensstreben einerseits und Einkommens- bzw. Wohlstandsstreben andererseits zu trennen.

Bei Vermögensmaximierung sind die Entnahmen vorgegeben. Damit erübrigt sich die Suche nach einem Optimum an Gewinnausschüttung und Selbstfinanzierung. Sobald vom Einnahmenüberschuß eines Zahlungszeitpunktes die vorgegebenen Entnahmen abgesetzt sind, ist das Bestandskapital bekannt. Umfang und Zusammensetzung der Investitionen und die Kapitalstruktur lassen sich nach der klassischen Regel festlegen: Das Bestandskapital ist zunächst zu investieren, denn seine Grenzkapitalkosten sind Null. Sinken Grenzrendite und Habenzins auf Null, bevor das gesamte Bestandskapital investiert ist, dann ist das Horten von Geld die beste verbleibende Anlagemöglichkeit. Ob Zusatzkapital aufgenommen wird oder nicht, richtet sich danach, ob nach Investition des Bestandskapitals die Grenzrendite noch über den Grenzkapitalkosten liegt.

Bei Einkommens- und Wohlstandsstreben ist nicht bekannt, wieviel vom Einnahmenüberschuß eines Zahlungszeitpunktes zur Investition verbleibt. Einkommenszahlung, Umfang und Zusammensetzung der Investitionen und die Höhe des Zusatzkapitals sind gemeinsam zu bestimmen. Das kann nur in einem kombinatorischen Modell geschehen: In einem kombinatorischen Partialmodell oder umfassender in einem Totalmodell. Einkommensstreben ist dabei verhältnismäßig einfach in der Modellformulierung zu berücksichtigen, vgl. S. 241 f. Wohlstandsstreben bereitet größere Schwierigkeiten. Die Nutzenfunktion muß bekannt sein, ehe eine Lösung möglich ist. Bei Wohlstandsstreben wird eine kombinatorische Modellösung regelmäßig nur durch nichtlineare Programmierungsmodelle zu erreichen sein.

Aus den Investitionsvorhaben wird man oft eine Vorauswahl treffen können: Objekte, die für alle Zinssätze zwischen Sollzins und Habenzins einen positiven Kapitalwert haben, werden verwirklicht, gleichgültig, ob der Unternehmer zum Typ A, B oder C (S. 355) gehört. Die Vorhaben müssen für Sollzins, Habenzins und alle Zwischenzinssätze vorteilhaft sein, um die Fälle von S. 209 auszuschalten. Die Vorauswahl vereinfacht das kombinatorische Modell.

Selbst wenn die Investitions- und Finanzplanung nicht mit Beschränkungen (Kreditrationierungen) zu kämpfen hat, müssen bei Einkommens- und Wohlstandsstreben für mehrperiodische Planungen kombinatorische Modelle gewählt werden. Ihre volle Wirksamkeit entfalten die kombinatorischen Ansätze jedoch erst, sobald Beschränkungen zu beachten sind. Planungsprobleme bei Kreditbeschränkungen fanden in der Literatur erst verhältnismäßig spät Beachtung. Erstmals hat Hart[7] diese Fragen untersucht. Die jüngere Entwicklung, die im folgenden näher betrachtet wird, nahm ihren Ausgang von einem Aufsatz von Lorie und Savage[8].

7 Vgl. *Albert Gailord Hart*, Anticipations, Uncertainty, and Dynamic Planning. Chicago 1940, reprinted New York 1951, S. 39–50.

8 Vgl. *James H. Lorie, Leonard J. Savage*, Three Problems in Rationing Capital. In: The Journal of Business, Vol. 28 (1955), S. 229–239; wiederabgedruckt in: The Management of Corporate Capital, edited by Ezra Solomon. 3rd printing, London 1964, S. 56–66.

c) *Investitions- und Finanzplanung bei beschränktem Kapitalmarkt: die kombinatorische Lösung*

1. Der optimale Finanzplan als kombinatorisches Problem

In den Modellen mit vollkommenem und unvollkommenem Kapitalmarkt kann jederzeit Kredit in beliebiger Menge aufgenommen werden. Der Zinssatz bleibt dabei gleich, oder er steigt mit wachsender Kreditsumme. Das Problem der Zahlungsfähigkeit der Unternehmung taucht in diesen Modellen nicht auf. *Die Liquidität wird ausschließlich als Rentabilitätsproblem betrachtet.* In einer Welt mit vollkommenem oder unvollkommenem Kapitalmarkt kann eine Unternehmung nur wegen hoffnungsloser Unrentabilität zugrunde gehen, oder sie muß wegen Verstoßes gegen gesetzliche Vorschriften (Überschuldung bei einer Aktiengesellschaft) Konkurs anmelden. Zahlungsunfähigkeit kann nicht auftreten.

Wir wenden uns nun dem Fall zu, daß der Unternehmung irgendwann Kreditbeschränkungen auferlegt werden. Kapital sei nur bis zu einer bestimmten Höchstmenge zu bekommen. In der Praxis sind die höchstmöglichen Kreditsummen meist an einzelne betriebliche Daten geknüpft, insbesondere an die Höhe des Eigenkapitals oder an die Höhe des Vermögens, das als Kreditsicherung dienen kann. Wird die Höhe der zulässigen Verschuldung an bestimmte Unternehmensdaten geknüpft, dann sprechen wir davon, daß »Finanzierungsregeln« zu beachten sind. So ist es z. B. denkbar, daß eine Bank solange Kredit gewährt, bis die Höhe des Fremdkapitals gerade die Höhe des Eigenkapitals erreicht hat (Kapitalstrukturregel 1 : 1). Darüber hinaus gewährt sie Kredite erst nach einer Erhöhung des Eigenkapitals. Ob solche Finanzierungsregeln, wie sie in der Praxis zu finden sind, sinnvoll oder sinnlos sind, wird im Augenblick nicht untersucht (vgl. S. 520 ff.). Wir sehen vorerst zur Vereinfachung von solchen Finanzierungsregeln ab und nehmen an, die Kreditbeschränkung sei vorgegeben. Es könnten z. B. 100 000 Mark Kredit aufgenommen werden, aber kein Pfennig mehr.

Sobald mit Kreditbeschränkungen zu rechnen ist, also Kapitalrationierung vorliegt, wird die Zahlungsfähigkeit der Unternehmung zum Problem. Die Auswahl der Investitions- und Finanzierungsvorhaben ist dann eine Frage der Rentabilität (wie bisher) und zugleich eine Frage der Liquidität. Eine vorübergehende Zahlungsunfähigkeit bedeutet mindestens eine schwere Schädigung des Unternehmensziels. Eine dauernde Zahlungsunfähigkeit führt zum Unternehmensende, zum Konkurs. Deshalb muß die Liquidität, die jederzeitige Zahlungsfähigkeit, gesichert sein.

Die Zahlungsfähigkeit kann nur durch eine gründliche Vorausschau über Zahlungseingänge und Zahlungsverpflichtungen, durch eine systematische Finanzplanung also, gewahrt werden. *Ein Finanzplan besteht aus der Gegenüberstellung der erwarteten Einnahmen und Ausgaben für künftige Zahlungszeitpunkte. Die praktische Investitionsplanung, die mit Kreditbeschränkungen rechnen muß, besteht in der Suche nach einem zielentsprechenden (z. B. einkommensmaximalen) Finanzplan.*

Der gesuchte optimale Investitions- und Finanzplan muß die Liquidität in jedem Zahlungszeitpunkt erhalten. Das bedeutet: Die Einnahmen aus früheren Investitionen und aus aufgenommenen Mitteln müssen ausreichen, um die Ausgaben in jedem Zahlungszeitpunkt zu decken. Es ist zweckmäßig, die Kassenhaltung als ein besonderes Investitionsvorhaben anzusehen. Kassenhaltung bedeutet: Ausgabe in t_0 und Einnahme in gleicher Höhe in t_1, der Habenzins der Kassenhaltung ist null Prozent. Wenn wir die Kassenhaltung als Investition ansehen, dann können wir die Liquiditätsbedingung für jeden Zahlungszeitpunkt so formulieren: Die Summe der Einnahmen aus begonnenen bzw. weitergeführten Investitions- und Finanzierungsvorhaben muß gleich sein der Summe aller Ausgaben.

Ist die Bedingung »Einnahmen minus Ausgaben gleich Null« für jeden Zeitpunkt gewahrt, dann ist die Liquidität der Unternehmung erhalten. Gelegentlich spricht man davon, daß das »finanzwirtschaftliche Gleichgewicht« gewährleistet sei. Gegen diese Formulierung ist nichts einzuwenden, wenn man mit »finanziellem Gleichgewicht« die rechnerische Zahlungsfähigkeit, die Liquidität, meint. Aber mitunter meint man mit finanzwirtschaftlichem Gleichgewicht mehr: das Einhalten bestimmter Kapitalstrukturregeln und qualitativer Momente, und dann verschwindet der Begriff »finanzwirtschaftliches Gleichgewicht« hinter einem mystischen Schleier. Mit solchen Begriffen kann man nichts mehr anfangen.

Das Aufrechterhalten der Liquidität ist eine unumgängliche Nebenbedingung, um die Unternehmensziele zu erreichen, gleichgültig, ob die Ziele finanzieller oder nichtfinanzieller Art sind. Wir beschränken uns auf finanzielle Ziele und fragen: Wie sieht der optimale Investitions- und Finanzplan aus, wenn das Unternehmensziel Vermögensmaximierung oder Einkommensmaximierung lautet? Von Wohlstandsmaximierung sehen wir ab. Für jede Periode müßte hierbei *gesondert* der maximal entziehbare Betrag und damit zugleich die Höhe der wünschenswerten Selbstfinanzierung errechnet werden.

Vermögensmaximierung bedeutet: Am Ende des Planungszeitraums soll eine möglichst hohe Einnahme greifbar sein. Die Aufgabe lautet deshalb: Maximiere das Endvermögen am Planungshorizont (am Ende der n-ten Periode) unter der Bedingung, daß in jedem früheren Zahlungszeitpunkt die Liquidität erhalten ist (die Einnahmen gleich den Ausgaben sind).

Einkommensmaximierung bedeutet: In jedem Zahlungszeitpunkt soll ein – hier: gleich hoher – maximaler Betrag entnommen werden. Die Aufgabe lautet: Maximiere in jedem Zahlungszeitpunkt den Einnahmenüberschuß (der dann entnommen wird) unter der Bedingung, daß am Ende des Planungshorizonts das gewünschte Endvermögen erhalten ist.

Praktisch wird der optimale Finanzplan gesucht, indem sämtliche Investitions- und Finanzierungsmöglichkeiten solange miteinander kombiniert werden, bis das Ziel am besten erreicht worden ist. Als rechentechnische Hilfe zur Optimumsuche bieten sich die Verfahren der mathematischen Programmierung an. Da uns rechentechnische Details nicht interessieren, beschränken wir uns auf das einfachste Kombinationsverfahren, die lineare Programmierung.

Bei der Kombination sind alle bedeutsamen Umweltbedingungen zu beachten: Es sind die Steuerzahlungen zu berücksichtigen; es sind die Manipulationsmöglichkeiten über die Höhe des steuerpflichtigen Gewinns zu erwägen; es ist zu berücksichtigen, daß die Nutzungsdauer der Anlagen keine technisch vorgegebene Größe ist, daß also Investitionen länger oder kürzer genutzt, daß andererseits auch Finanzierungsquellen länger oder kürzer in Anspruch genommen werden können.

2. Investitions- und Finanzplanung mit Hilfe linearer Programmierung

aa) Ein Beispiel ohne Kassenhaltung

α) Grafische Lösung

Um die Investitionsplanung mit Hilfe der linearen Programmierung darzustellen, gehen wir im ersten Beispiel davon aus, der Unternehmer erwäge nicht, durch Kassenhaltung (oder Geldanlage zum Habenzins) künftige Liquiditätsengpässe zu mildern. Das folgende Beispiel wurde so einfach gewählt, daß es auch grafisch lösbar ist. Im Anschluß an die grafische Lösung sei die Simplexmethode, mit der solche Aufgaben allgemein ausgerechnet werden können, dargestellt. Es werden die Schattenpreise erläutert, mit deren Hilfe die Literatur versucht, allgemeine Optimierungsbedingungen aus Programmierungsmodellen abzuleiten. Wir berücksichtigen nur sehr wenige Handlungsmöglichkeiten und sehen zugleich vor, daß keinerlei Ganzzahligkeit beachtet werden muß. Es kann z. B. auch 1/16 Eigenheim verkauft werden. Diese Annahme erfolgt aus rechentechnischen Vereinfachungsgründen. Wir werden die Probleme, welche die Ganzzahligkeit einzelner Variablen aufwirft, anschließend, in Abschnitt 3, erörtern. Nun das Beispiel:
Ein Bauunternehmer erwägt, in einem neu zu erschließenden Wohngebiet zwei Typen von Eigenheimen zu bauen. Er rechnet damit, daß das ganze Vorhaben drei Jahre benötigt. Ein Teil der Baukosten, insbesondere die Erschließungs- und Grundstücksausgaben, fällt in t_0 an, die weiteren Kosten in t_1 und t_2, die Erlöse in t_3. Die Baukosten werden sogleich zu Ausgaben. Die Erlöse führen sofort zu Einnahmen. Ziel des Unternehmers ist Vermögensmaximierung.
Die Finanzierungskosten sind in t_3 zu zahlen und berechnen sich als Zinsen auf die Baukosten. Der Zinssatz betrage rund 10%. Gewinn sei verstanden als Vermögenszuwachs in t_3, als Erlös minus Baukosten minus Finanzierungskosten. Wir nehmen an, der Unternehmer verfüge über kein Bestandskapital. Zusätzlich sei der Kreditspielraum des Unternehmers begrenzt. Er kann einsetzen in t_0 480 000 Mark, in t_1 360 000 Mark, in t_2 450 000 Mark; in t_3 fließen die Einnahmen zu. Der Verkauf der Eigenheime bereite keine Schwierigkeiten. Für die beiden Eigenheime errechnet der Unternehmer:

		t_0	t_1	t_2	t_3
Eigenheim A:	Baukosten	60 000	40 000	30 000	–
	Finanzierungskosten				30 000
	Erlös				220 000
	Gewinn				60 000
Eigenheim B:	Baukosten	30 000	30 000	50 000	
	Finanzierungskosten				20 000
	Erlös				170 000
	Gewinn				40 000

Aufgrund der Kalkulation liegt es nahe, nur Typ A zu bauen. Wegen der finanziellen Beschränkung in t_0 lassen sich höchstens 8 Eigenheime des Typs A erstellen. Sie erbringen einen Gewinn von insgesamt 480 000 Mark. Wir haben zu prüfen, ob diese offensichtliche Lösung die bestmögliche ist.

Der Bau von B allein ist sicher nicht besser, denn hier liegt der Finanzierungsengpaß in t_2. Auf den ersten Blick können 9 Einheiten B hergestellt werden (solange wir davon ausgehen, Kassenhaltung, und d. h. Übertragung von Mitteln aus früheren Perioden, werde nicht erwogen). 9 Einheiten B erbringen 360 000 Mark Gewinn.
Zu prüfen bleibt, ob durch eine Mischung aus A und B eine bessere Lösung zu erreichen wäre. Wir wollen dieses Mischungsproblem zunächst grafisch veranschaulichen (Abb. 10). Auf der Ordinate wird die Zahl der möglichen Eigenheime A abgetragen, auf der Abszisse die Zahl der Eigenheime B. Mit den finanziellen Mitteln von 480 000 Mark, die in t_0 zur Verfügung stehen, können entweder 8 Eigenheime des Typs A oder 16 Eigenheime des Typs B oder eine Mischung aus beiden finanziert werden. Die möglichen Mischungen werden durch die Gerade wiedergegeben, die von dem Ordinatenwert 8 zum Abszissenwert 16 führt. Die Gerade wird mit t_0 bezeichnet. Mit den finanziellen Mitteln von 360 000 Mark, die in t_1 bereitstehen, könnten 9 Einheiten von A oder 12 Einheiten von B finanziert werden oder eine Mischung aus beiden. Die Mischungsverhältnisse zeigt die Gerade t_1 an, die vom Ordinatenwert 9 zum Abszissenwert 12 führt. Mit den finanziellen Mitteln von 450 000 Mark, die in t_2 bereitstehen, könnten schließlich 15 Einheiten A oder 9 Einheiten B finanziert werden oder eine Mischung aus beiden, die durch die Gerade t_2 vom Ordinatenwert 15 (A) zum Abszissenwert 9 (B) bezeichnet wird. Die grafische Darstellung unterstellt, daß keine finanziellen Mittel von einer Periode zur nächsten übertragen werden können. Der Unternehmer kann nur ein Investitionsprogramm aus A und B wählen, das in keiner Periode die Liquiditätsbedingung verletzt. In der Abbildung umfaßt diejenige Fläche, die innerhalb der Grenzen liegt, welche die drei finanziellen Nebenbedingungen setzen, alle realisierbaren, d. h. »zulässigen« Investitionsprogramme. Das ist das Fünfeck 0—a—c—d—b. Der Unternehmer kann also unter anderem folgende Investitionsprogramme verwirklichen: 8 Einheiten A und null B; 6 Einheiten A und 4 von B (die Koordinaten des Punktes c) oder $4^{1}/_{11}$ Einheiten A und $6^{6}/_{11}$ B (die Koordinaten des Punktes d) oder 9 Einheiten B und kein A sowie beliebige Zwischenwerte, da wir bewußt von der Ganzzahligkeitsbedingung absehen. Alle diese Programme auf der Strecke der Begrenzungslinien nützen die finanziellen Mittel einer Periode voll aus. In den Eckpunkten c und d werden die finanziellen Mittel zweier Perioden voll beansprucht. Jeder Punkt im Innern der Fläche, z. B. das Investitionsprogramm 4 A und 4 B, beansprucht in keiner Periode die finanziellen Mittel vollständig. Alle Investitionsprogramme, welche die vorhandenen finanziellen Kapazitäten nicht in mindestens einer Periode voll auslasten, sind von vornherein zu verwerfen. Sie sind ineffizient. Gute Handlungsprogramme liegen stets auf der Begrenzungslinie. Die »Kurve der guten Handlungsmöglichkeiten« gleicht also in diesem Modell dem Streckenzug a–c–d–b.
Mit der Kennzeichnung des Fünfecks sind diejenigen Investitionsprogramme beschrieben, die unter den gegebenen finanziellen Nebenbedingungen überhaupt zu realisieren sind. Welches der Programme erbringt den höchsten Gewinn? Der Einnahmenüberschuß (Gewinn) bei A beträgt 60 000, bei B 40 000 Mark; also erwirtschaften zwei A denselben Gewinn wie drei B.
In die Darstellung zeichnen wir »Iso-Gewinnlinien« ein, Linien gleicher Gewinnhöhe. Eine solche Iso-Gewinnlinie könnte z. B. beim Ordinatenwert 2 beginnen und zum Ab-

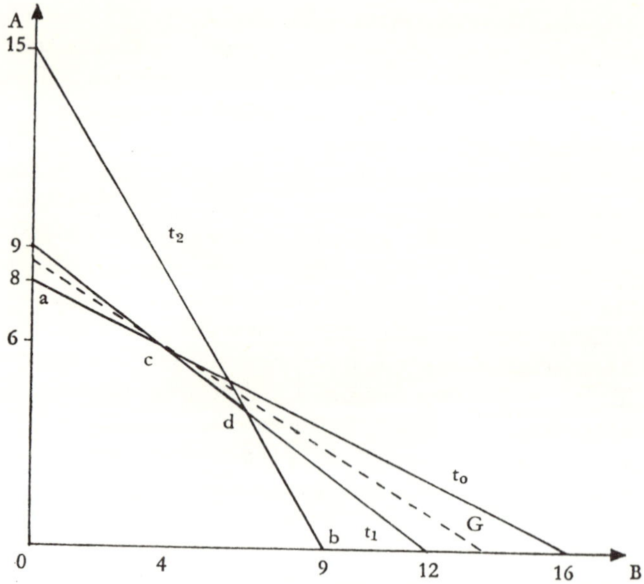

Abb. 10

szissenwert 3 führen. Jeder Punkt auf dieser Geraden erbrächte offenbar denselben Gewinn wie 2 A oder 3 B, nämlich 120 000 Mark. Die Iso-Gewinnlinie verschieben wir so lange nach rechts, bis sie gerade noch die Kurve der guten Handlungsmöglichkeiten berührt. Die äußerste Iso-Gewinnlinie G, die noch zu verwirklichen ist, läuft durch Punkt c. Das bedeutet, der höchste Gewinn wird erreicht, wenn 6 A und 4 B erstellt werden. Es entstehen 6 mal 60 000 plus 4 mal 40 000 = 520 000 Mark Gewinn.

Die erste Entscheidung, nur A zu bauen, war demnach falsch. Wegen der finanziellen Beschränkungen lohnt es sich vielmehr, auch das weniger rentable Objekt B zu verwirklichen. Aufgrund der harmlosen Voraussetzungen des Beispiels war dieses Ergebnis rasch zu erkennen.

Wir wollen dieses einfache Beispiel weiter verwenden, um die Rechentechnik zu erläutern, wie man ohne Zeichnung zu diesem Ergebnis kommen kann. Um die Versuche zu würdigen, mit Hilfe der mathematischen Programmierung allgemeine Lösungen zu finden, und um den Aussagewert der Schattenpreise zu erkennen, ist es zweckmäßig zu wissen, wie man im Einzelfall rechnet. Das allgemeine Lösungsverfahren für lineare Programme ist die sogenannte Simplexmethode. Praktische Probleme mit zahlreichen Nebenbedingungen und anderen komplizierten Zielfunktionen können nur auf Rechenmaschinen programmiert und ausgerechnet werden. Für den Leser, der sich bisher noch nicht damit beschäftigt hat, ist es nützlich, das Grundsätzliche dieses Verfahrens an einem einfachen Beispiel »mit der Hand« nachzurechnen. Der eingeweihte Leser kann β) und γ) überschlagen.

β) Die Lösung mit Hilfe der Simplexmethode

Die Zielfunktion des Modells lautet

$$G = 60\,000\ A + 40\,000\ B.$$

Sie ist zu maximieren unter den Nebenbedingungen, daß die Liquidität stets erhalten ist, also

$$\begin{aligned} t_0: &\quad 60\,000\ A + 30\,000\ B \leqq 480\,000 \\ t_1: &\quad 40\,000\ A + 30\,000\ B \leqq 360\,000 \\ t_2: &\quad 30\,000\ A + 50\,000\ B \leqq 450\,000 \\ &\quad A \geqq 0;\ B \geqq 0 \ \text{(Nichtnegativitätsbedingung)} \end{aligned}$$

Ehe wir zu rechnen beginnen, vereinfachen wir die Zahlen, indem wir alle Werte durch 10 000 dividieren. Weiterhin sehen wir für die (erste) Berechnung von der Möglichkeit ab, in t_0 und/oder t_1 Kassenbestände zu halten und damit den Liquiditätsspielraum in t_1 und/oder t_2 zu erhöhen. Das Rechenproblem entspricht somit vollständig der grafischen Darstellung.
Das Programm lautet nun

$$\begin{aligned} \text{Maximiere}\quad G &= 6\ A + 4\ B \quad \text{unter den Nebenbedingungen} \\ 48 &\geqq 6\ A + 3\ B \\ 36 &\geqq 4\ A + 3\ B \\ 45 &\geqq 3\ A + 5\ B \\ A &\geqq 0;\ B \geqq 0 \end{aligned}$$

Da wir keine Ganzzahligkeiten berücksichtigen, kennt unser Problem unendlich viele zulässige Lösungen (Kombinationen der Variablen). Man müßte also im praktischen Fall sehr viele Proberechnungen durchführen, um sich an das Gewinnmaximum heranzutasten. Das Wesen der Simplexmethode besteht darin, daß sie das Herantasten erleichtert, indem sie sicherstellt, daß die zweite Proberechnung besser ist als die erste. Mit jeder zusätzlichen Proberechnung nähert man sich dem Optimum. Die Simplexmethode ist ein systematisches Probierverfahren und enthält im Grunde nichts anderes als eine Abkürzung der Suche nach der optimalen Kombination. In der abgekürzten, systematischen Suche nach der optimalen Kombination kann das Wesen der mathematischen Programmierung schlechthin gesehen werden. Das abgekürzte Suchen geschieht in vier Schritten:
Erster Schritt: Verwandlung der Ungleichungen in Gleichungen durch Einfügen von »Schlupfvariablen«. Wir schreiben:

$$\begin{aligned} 6\ A + 3\ B + C &= 48 \\ 4\ A + 3\ B + D &= 36 \\ 3\ A + 5\ B + E &= 45 \\ A \geqq 0,\ B \geqq 0,\ C \geqq 0,\ D &\geqq 0,\ E \geqq 0. \end{aligned}$$

Das Gleichheitszeichen ist erfüllt, wenn C, D und E positive Werte annehmen oder Null werden. Sobald C, D, E negativ würden, ließe sich die ursprüngliche Nebenbedingung umgehen (z. B.

bedeutete C = – 10, daß in t_0 erst bei 58 die Liquiditätsgrenze erreicht wäre). Deshalb dürfen die Schlupfvariablen nicht negativ werden.
Der Vollständigkeit halber schreiben wir unser Modell mit den Schlupfvariablen aus:

$$\begin{array}{lrcl} & \text{Max } G & = & 6A + 4B + 0C + 0D + 0E \\ (1) & 48 & = & 6A + 3B + 1C + 0D + 0E \\ (2) & 36 & = & 4A + 3B + 0C + 1D + 0E \\ (3) & 45 & = & 3A + 5B + 0C + 0D + 1E \\ & & & (A, B, C, D, E \geqq 0) \end{array}$$

In diesem Gleichungssystem verfügen wir über drei Gleichungen mit fünf Unbekannten und über eine Zielfunktion. Mit den Mitteln der Schulalgebra ist das Problem also nicht ohne weiteres zu lösen. Zwei Unbekannte sind überzählig. Wir müssen ihre Werte willkürlich festlegen, um das Problem zu lösen.
Zweiter Schritt: Ermittlung einer zulässigen »Basislösung«. Wir suchen vorläufig nichts weiter als eine Lösung, die den Nebenbedingungen überhaupt gerecht wird. Ob die Basislösung im Hinblick auf die Zielfunktion gut oder schlecht ist, interessiert zunächst nicht. Von den fünf Unbekannten A, B, C, D, E setzen wir willkürlich zwei gleich Null. Werden die überzähligen Variablen Null gesetzt, so spricht man von einer Basislösung.
Das Bemerkenswerte an diesen Basislösungen nennt das *Simplextheorem:* Unter allen Basislösungen findet sich bereits eine optimale Lösung. Das Theorem wird in der Literatur im einzelnen bewiesen [9]. Die Bedeutung des Theorems liegt in folgendem: Das Problem kennt zunächst unendlich viele Lösungen. Das Simplextheorem reduziert die unendlich vielen Lösungen auf eine endliche Zahl. In unserem Beispiel mit fünf Unbekannten und zwei fehlenden Gleichungen gibt es 10 mögliche Basislösungen, denn die Zahl der Zweier-Kombinationen A B, A C, usw., beträgt

$$\binom{5}{2} = \frac{5 \cdot 4}{1 \cdot 2} = 10.$$

Wir brauchen also nur die 10 Kombinationen auszurechnen, um die optimale Lösung zu finden. Im praktischen Fall wäre dieses Vorgehen jedoch nicht zu empfehlen. So führt z. B. ein Problem mit 10 Gleichungen und 20 Unbekannten bereits zu 184 756 Basislösungen. Deshalb muß ein Weg gefunden werden, der ein abgekürztes, systematisches Suchen erlaubt. Diesen Weg nennt das Simplex-Kriterium in Verbindung mit einer Austauschregel. Bevor wir uns damit beschäftigen, ist es zweckmäßig, die 10 Basislösungen des Beispiels in der Abbildung 10 aufzusuchen.
Setzen wir A = B = 0, dann wird nichts produziert; das ist offenbar im Koordinatenursprung der Fall. Setzen wir A = C = 0, dann wird nur B produziert. Andererseits sind die Finanzierungsmöglichkeiten in t_0 voll ausgenutzt, da C = 0 gesetzt wurde. Nutzen wir den Finanzierungsspielraum in t_0 allein zum Bau von Eigenheimen des Typs B, so wird mit dem Bau von 16 Eigenheimen begonnen (nämlich 480 000 : 30 000 = 16). Aber dieser Plan verstößt

[9] Vgl. z. B. *George B. Dantzig*, Lineare Programmierung und Erweiterungen. Berlin–Heidelberg – New York 1966, Kapitel 6; ferner *Robert Dorfman, Paul A[nthony] Samuelson, Robert M. Solow*, Linear Programming and Economic Analysis. New York–Toronto–London 1958, S. 74–78; *Wilhelm Krelle, Hans Paul Künzi*, Lineare Programmierung. Zürich 1958, S. 28 f. Vgl. zur Technik der linearen Programmierung auch *Heiner Müller-Merbach*, Operations Research. Methoden und Modelle der Optimalplanung. Berlin–Frankfurt 1969, bes. Kapitel 4.

gegen die Finanzierungsbeschränkungen der zweiten und dritten Periode, d. h. B = 16 wäre nur dann eine Lösung des Gleichungssystems, wenn D und E negativ würden. Das ist aber unzulässig. Unter den Basislösungen gibt es also zulässige Basislösungen, die der Nichtnegativitätsbedingung der Variablen genügen, und unzulässige Basislösungen. Unter den 10 Basislösungen des Beispiels sind nur fünf Basislösungen zulässig (A = B = 0 — der Koordinatenursprung in Abb. 10; A = E ≙ 0 – der Punkt b; B = C = 0 – der Punkt a; C = D = 0 – der Punkt c; D = E = 0 — der Punkt d). Die anderen fünf Kombinationen sind unzulässige Basislösungen. Die zulässigen Basislösungen entsprechen den Ecken des Fünfeckes, und deshalb wird das Simplextheorem auch *Eckentheorem* genannt; denn es besagt: Eine optimale Lösung ist stets auf den Ecken des zulässigen Lösungsbereichs zu finden. Die Punkte auf den Verbindungslinien zwischen zwei Ecken können zwar im Ausnahmefall auch optimal sein (wenn die Steigung der Iso-Gewinnlinie der Steigung der Verbindungslinie gleicht); aber dann sind auch wieder zwei Ecken optimal, und deshalb genügt es, nur die Ecken zu betrachten, um das Optimum zu finden.

Dritter Schritt: Prüfen, ob das Optimum bereits erreicht ist durch Anwendung des Simplex-Kriteriums. Das *Simplex-Kriterium* lautet:

Formuliere die Zielfunktion so um, daß der Gewinn nur als Funktion der Null gesetzten Werte erscheint (der sogenannten Nichtbasisvariablen; Basisvariable sind Unbekannte, die nicht Null gleichgesetzt werden). Hat in dieser Gleichung eine der Nichtbasisvariablen noch positive Koeffizienten, dann ist das Optimum noch nicht erreicht. Erst wenn die Koeffizienten aller Nichtbasisvariablen Null sind oder negative Vorzeichen haben, liegt das Optimum vor.

Was das praktisch heißt, sieht man bei Durchrechnung des Beispiels. Wir suchen zunächst irgendeine zulässige Lösung. Setzen wir A = B = 0, dann sind A und B die Nichtbasisvariablen, C, D, E sind Basisvariable (Variable dieser Basislösung). Für die Rechnung ist wichtig, daß in jeder Gleichung nur eine Basisvariable den Koeffizienten 1 aufweisen darf, alle anderen müssen den Koeffizienten 0 zeigen. Nur die willkürlich 0 gesetzten »Nichtbasisvariablen« dürfen beliebige Koeffizienten annehmen (weil das Produkt aus Null und dem Koeffizienten der Nichtbasisvariablen sowieso Null ergibt). Man muß also die Gleichungen so lange umformen, bis nur eine Basisvariable den Koeffizienten 1 hat. In der ersten Basislösung ist dazu allerdings keine Arbeit nötig, denn da A = B = 0 ist, ist C die einzige Variable der Gleichung (1), die nicht Null ist. C ist die Basisvariable der Gleichung (1), entsprechend D für (2) und E für (3).

Ist der Verzicht auf Bau der Eigenheime optimal? Nach dem Simplex-Kriterium müßte dann die Zielfunktion als Funktion der 0 gesetzten »Nichtbasisvariablen« A und B erscheinen. Die ursprüngliche Zielfunktion nennt den Gewinn in Abhängigkeit von A und B. Die Koeffizienten sind beide positiv, das Optimum wird also bei Verzicht auf den Bau der Eigenheime nicht erreicht. (Natürlich ist das trivial: Der Verzicht auf Bau der Eigenheime wäre nur dann vernünftig, wenn beide Eigenheime Verlust erbrächten. Aber wir wollen hier keine neuartigen Schlüsse ableiten, sondern eine bestimmte Rechenmethode möglichst einfach erklären.)

Wenn das Optimum noch nicht erreicht ist, muß eine neue, bessere Basislösung gesucht werden. Hierzu dient der vierte Schritt.

Vierter Schritt: Ermittlung einer besseren Basislösung mit Hilfe der *Austauschregel:* Die Nichtbasisvariable mit dem höchsten Koeffizienten kommt in die Basis; aus der Basis entfernt wird jene Variable, die den geringsten Quotienten aus absolutem Glied einer Gleichung und Koeffizienten der neuen Basisvariablen in dieser Gleichung hat.

In der ersten Basislösung hat A unter den Nichtbasisvariablen A und B den höchsten Koeffizienten. A wird neue Basisvariable. Ökonomisch leuchtet das sofort ein: Eine Einheit A erbringt 60 000 Mark Gewinn, eine Einheit B nur 40 000 Mark. Wenn man zu produzieren anfängt, wird man mit A anfangen, weil der Gewinn größer ist. Welche der drei Variablen C, D, E wird jedoch anstelle von A Null gesetzt und damit aus der Basis entfernt?

Die Basisvariable der Gleichung mit dem geringsten (absoluten) Quotienten muß aus der Basis weichen. Für C errechnet sich 48 : 6 = 8, für D 36 : 4 = 9, für E 45 : 3 = 15. Damit wird im nächsten Rechengang C anstelle von A Null gesetzt. Diese Austauschregel ist für das rasche Erreichen des Optimums wichtig. Wählt man statt der Kombination B = C = 0 eine andere, z. B. B = D = 0, dann erhält man eine unzulässige Basislösung, in der gegen die Nichtnegativitätsbedingung verstoßen wird. Die Austauschregel sichert also, daß man von einer zulässigen Basislösung zur nächsten zulässigen und zugleich besseren fortschreitet.

Die erste Nebenbedingung in der ersten Basislösung hatte als Basisvariable C, an deren Stelle tritt nun A. Da aber jede Basisvariable nur den Koeffizienten 1 haben darf, teilen wir die Gleichung (1) durch 6 und erhalten

$$(1) \quad 8 = 1\,A + 1/2\,B + 1/6\,C + 0\,D + 0\,E.$$

Weiterhin ist die zweite Gleichung umzuwandeln, denn in jeder Gleichung darf nur eine Basisvariable (hier D) den Koeffizienten 1 haben. Alle anderen Basisvariablen, also hier auch A, müssen den Koeffizienten 0 zeigen. Für die Umformung benutzen wir die erste Gleichung als Hilfe, indem wir das Vierfache der ersten Gleichung von der zweiten abziehen:

$$\begin{array}{rrcl}
(2) & 36 & = & 4\,A + 3\,B + 0\,C + 1\,D + 0\,E \\
-4 \cdot (1) & -32 & = & -4\,A - 2\,B - \tfrac{2}{3}\,C - 0\,D - 0\,E \\
\hline
(2) & 4 & = & 0\,A + 1\,B - \tfrac{2}{3}\,C + 1\,D + 0\,E
\end{array}$$

Bei der dritten Nebenbedingung gehen wir in ähnlicher Weise vor.

$$\begin{array}{rrcl}
(3) & 45 & = & 3\,A + 5\,B + 0\,C + 0\,D + 1\,E \\
-3 \cdot (1) & -24 & = & -3\,A - \tfrac{3}{2}\,B - \tfrac{1}{2}\,C - 0\,D - 0\,E \\
\hline
(3) & 21 & = & 0\,A + \tfrac{7}{2}\,B - \tfrac{1}{2}\,C + 0\,D + 1\,E
\end{array}$$

Nun ist zu errechnen, welchen Wert die Zielfunktion bei dieser zweiten Basislösung hat. Der Gewinn muß dabei als Funktion der Null gesetzten Variablen (B und C) erscheinen. Dazu ist die ursprüngliche Zielfunktion umzuwandeln. Wir multiplizieren jede Gleichung der zweiten Basislösung mit dem Koeffizienten, den die Basisvariable dieser Gleichung in der ursprünglichen Zielfunktion hat. Die einzelnen Größen werden addiert. Wir multiplizieren also die Gleichung (1) (Basisvariable A) mit 6, die beiden anderen Gleichungen (Basisvariable D und E) mit Null und erhalten

$$48 = 6\,A + 3\,B + 1\,C + 0\,D + 0\,E.$$

Diesen Wert ziehen wir von der ursprünglichen Zielfunktion ab:

$$\begin{array}{rcl}
G & = & 6\,A + 4\,B + 0\,C + 0\,D + 0\,E \\
-48 & = & -6\,A - 3\,B - 1\,C - 0\,D - 0\,E \\
\hline
G - 48 & = & 0\,A + 1\,B - 1\,C + 0\,D + 0\,E
\end{array}$$

G ist hier offensichtlich eine Funktion allein von B und C. Auf diesen Ausdruck können wir das Simplex-Kriterium anwenden. Der Koeffizient der Null gesetzten »Nichtbasisvariablen« B ist weder Null noch negativ, folglich ist das Optimum noch nicht erreicht.

Für die dritte Basislösung ist B in die Basis zu nehmen, weil der Koeffizient von B positiv ist. Es lohnt sich also, A und B zu bauen. Nach der Austauschregel errechnet sich für die dritte Basislösung, daß B an die Stelle der Variablen D tritt, die Basisvariable in Gleichung (2) der zweiten Basislösung war. Es gilt zunächst die zweite Gleichung

$$(2) \quad 4 = 0\,A + 1\,B - \tfrac{2}{3}\,C + 1\,D + 0\,E.$$

Von der ersten Gleichung ist $^1/_2$ mal Gleichung (2) abzuziehen, damit der Koeffizient von B in Gleichung (1) Null wird:

$$\begin{array}{rrl} & (1) & 8 = 1\,A + \tfrac{1}{2}B + \tfrac{1}{6}C + 0\,D + 0\,E \\ -\tfrac{1}{2} & (2) & -\;2 = 0\,A - \tfrac{1}{2}B + \tfrac{1}{3}C - \tfrac{1}{2}D - 0\,E \\ \hline & (1) & 6 = 1\,A + 0\,B + \tfrac{1}{2}C - \tfrac{1}{2}D + 0\,E \end{array}$$

In der dritten Gleichung ist ebenfalls der Koeffizient von B Null zu setzen:

$$\begin{array}{rrl} & (3) & 21 = 0\,A + \tfrac{7}{2}B - \tfrac{1}{2}C + 0\,D + 1\,E \\ -\tfrac{7}{2} & (2) & -14 = 0\,A - \tfrac{7}{2}B + \tfrac{7}{3}C - \tfrac{7}{2}D - 0\,E \\ \hline & (3) & 7 = 0\,A + 0\,B + \tfrac{11}{6}C - \tfrac{7}{2}D + 1\,E \end{array}$$

Wiederum ist die Zielfunktion in eine Funktion der Nichtbasisvariablen C und D umzuformulieren. Wir multiplizieren jede Zeile der dritten Basislösung mit dem Koeffizienten der Basisvariablen in der ursprünglichen Zielfunktion und addieren das Ergebnis. Die erste Zeile mit der Basisvariablen A wird mit 6 multipliziert, die zweite mit der Basisvariablen B mit 4 und die dritte mit der Basisvariablen E mit 0. Die Größen werden addiert. Ziehen wir die Summe $52 = 6\,A + 4\,B + {}^1/_3\,C + 1\,D + 0\,E$ von der ursprünglichen Zielfunktion ab, so folgt

$$G - 52 = 0\,A + 0\,B - \tfrac{1}{3}C - 1\,D + 0\,E, \quad \text{d. h.} \quad G = 52.$$

Damit erscheint G als alleinige Funktion von C und D, den Nichtbasisvariablen. Da ihre Koeffizienten negativ sind, ist das Optimum erreicht. Der Gewinn beträgt, wie bereits bekannt, 52. Gleichung (1) enthält als Basisvariable A. Ihr Wert gleicht 6, folglich werden 6 Eigenheime des Typs A erstellt. Gleichung (2) enthält als Basisvariable B; es werden 4 Eigenheime des Typs B gebaut. Der Wert 7 für die Basisvariable E in Gleichung (3) zeigt den in t_2 nicht ausgenutzten Kapitalbetrag an: 6 A und 4 B erfordern in t_2 nur 38 von 45 verfügbaren Mitteln. Die absoluten Werte der Koeffizienten für $C = {}^1/_3$ und $D = 1$ sind die schon erwähnten Schattenpreise, die wir gleich näher betrachten werden.

Der Kern des Simplexmethode genannten Probierverfahrens zur Optimumbestimmung läßt sich demnach in vier Sätzen zusammenfassen:

a) Verwandlung der Ungleichungen in Gleichungen durch Einfügen von Schlupfvariablen.
b) Berechnung einer zulässigen Basislösung, in der die überschüssigen Variablen Null gesetzt werden.
c) Das Simplex-Kriterium zeigt an, ob eine Basislösung bereits das Optimum ist.
d) Die Austauschregel weist den Weg, von einer zulässigen Basislösung zu einer weiteren zulässigen und besseren zu kommen.

Sobald Nebenbedingungen in Form von Gleichungen auftreten oder die Austauschregel mehrere Wege anbietet, treten Komplikationen auf. Wie man sie beseitigt, zeigen die Lehrbücher über lineare Programmierung.

γ) Dualtheorem und Schattenpreise

Ein für die theoretische Analyse wichtiger Zusammenhang folgt aus dem Dualtheorem der mathematischen Programmierung. Das Dualtheorem besagt: In jedem linearen Programm gibt es zu einem Maximumproblem ein entsprechendes Minimumproblem, formuliert für die sog. »Dualvariablen« des ursprünglichen Problems. Im Beispiel ohne Kassenhaltung lautet das ursprüngliche (primale) Problem

$$\begin{aligned} \text{Max } G &= 6A + 4B \\ 48 &\geqq 6A + 3B \\ 36 &\geqq 4A + 3B \\ 45 &\geqq 3A + 5B \\ A &\geqq 0;\ B \geqq 0 \end{aligned} \qquad \text{sein Dual:} \quad \begin{aligned} \text{Min } G &= 48C + 36D + 45E \\ 6 &\leqq 6C + 4D + 3E \\ 4 &\leqq 3C + 3D + 5E \\ \\ C &\geqq 0;\ D \geqq 0;\ E \geqq 0 \end{aligned}$$

Das duale Problem erhält man aus dem primalen Programm durch Vertauschen der Koeffizienten der Zeilen mit den Spalten. Jeder Zeile wird dabei eine »Dualvariable« als neue Unbekannte zugeordnet. Wir bezeichnen die Dualvariable der ersten Zeile des ursprünglichen Programms mit C, die der zweiten Zeile mit D, die der dritten Zeile mit E, denn die Dualvariablen entsprechen den Schlupfvariablen C, D, E im primalen Programm. Im dualen Programm drehen sich ferner die Ungleichheitszeichen um.

Im primalen Problem liegt das Maximum an den Liquiditätsgrenzen; dort, wo die Finanzierungsmöglichkeiten in den Perioden t_0 und t_1 ausgeschöpft sind. Im Optimalprogramm gilt für die ersten beiden Nebenbedingungen das Gleichheitszeichen. Aufgrund dessen können wir schließen, daß das duale Programm sein Minimum erreicht, wenn das Gleichheitszeichen gilt und $C = 1/3$ und $D = 1$ und $E = 0$ werden.

Wer dies mit der Simplexmethode nachrechnet, sollte zunächst die Zielfunktion mit – 1 multiplizieren, dadurch wird aus der zu minimierenden positiven Zielgröße eine zu maximierende negative; darauf ist dann die Rechentechnik anwendbar:

$\text{Min } G = 48C + 36D + 45E$ entspricht $\text{Max } (-G) = -48C - 36D - 45E$.

Die Nebenbedingungen lauten in Gleichungsform:

$$\begin{aligned} 6 &= 6C + 4D + 3E - 1A + 0B \\ 4 &= 3C + 3D + 5E + 0A - 1B \end{aligned}$$

Um eine Basislösung zu gewinnen, setzen wir drei der fünf Unbekannten gleich Null und wählen: E, A und B (denn die Variablen, die im optimalen Primalprogramm nicht Null werden, werden im dualen Programm Null sein und umgekehrt). Nach Umformung der Zielfunktion dieser ersten Basislösung in eine Funktion der Null gesetzten Nichtbasisvariablen entsteht

$$(-G) + 52 = 0C + 0D - 7E - 6A - 4B, \quad \text{wobei} \quad C = \tfrac{1}{3};\ D = 1.$$

Um die Schattenpreise zu errechnen, wäre es nicht notwendig gewesen, das duale Programm aufzustellen und zu lösen. Die Schattenpreise für C und D ersehen wir bereits in der umgeformten Zielfunktion der optimalen Basislösung. Sie entsprechen den absoluten Werten der Koeffizienten der Nichtbasisvariablen. Die Formulierung des Duals einer Programmierungsaufgabe erlaubt indes allgemeine Aussagen über die wirtschaftliche Bedeutung der einzelnen Variablen, ohne ein Beispiel ausrechnen zu müssen – und darin sehen viele Autoren die Bedeutung des Dualtheorems für die betriebswirtschaftliche Theorie. Welche Bedeutung kann dem Dualprogramm beigelegt werden? Die Lösung des dualen Problems lautet ausgeschrieben:

Min G		C		D		E
52	=	48 . $\frac{1}{3}$	+	36 . 1	+	45 . 0
6	=	6 . $\frac{1}{3}$	+	4 . 1	+	3 . 0
4	=	3 . $\frac{1}{3}$	+	3 . 1	+	5 . 0

Daraus erkennen wir: Der gesamte Gewinn des primalen Programms wird vollständig auf die beiden Dualvariablen C und D aufgeteilt. C und D sind die Engpässe unseres Problems, denn in t_0 und t_1 werden schließlich sämtliche finanziellen Mittel investiert. Daraus können wir schließen: Im Dualprogramm wird der Gesamtgewinn den knappen Faktoren (Engpässen) zugerechnet. C und D verdienen »Engpaßrenten«. Im Beispiel ist das Geld in t_1 knapper, denn die Schattenpreise betragen für C $^1/_3$, für D jedoch 1. Jede in t_1 investierte Mark verdient in t_3 eine Mark Gewinn. Daraus läßt sich folgern: Der Gewinn einer zusätzlichen Mark beträgt offenbar auch 1 (100%). Eine kleine Nachrechnung bestätigt das: Erhöhen wir probeweise den Kapitalbetrag in t_1 auf 37 und gehen wir davon aus, daß in t_0 und t_1 der Finanzierungsspielraum voll ausgenutzt wird, dann erhalten wir

$$6\,A + 3\,B = 48$$
$$4\,A + 3\,B = 37$$

und folglich A = 5,5; B = 5. Als Gewinn errechnet sich hier 53. D. h. 10 000 Mark in t_1 erbringen einen Mehrgewinn von 10 000 Mark in t_3. Damit ist der wirtschaftliche Sinn der Schattenpreise erkannt: Sie zeigen den Zielgrößenzuwachs (hier den Grenzgewinn), wenn die Kapazitätsbeschränkung um eine Einheit verändert wird. Deshalb werden die Schattenpreise gern als »Grenzopportunitätskosten« bezeichnet. Die Bezeichnung Grenzopportunitätskosten besagt: Es handelt sich hier um den »Gewinnzuwachs« von 10 000 Mark, der entgeht, weil nur 360 000 und nicht 370 000 Mark in t_1 zur Finanzierung bereitstehen.

Bei der wirtschaftlichen Deutung der Schattenpreise ist auf zweierlei zu achten. Zum ersten können die Schattenpreise je nach der Ausgestaltung des Modells verschiedenen ökonomischen Sinn annehmen: Grenzgewinne, Grenzrenditen, Grenzumsätze usw. In unserem Modell ist der Schattenpreis als Grenzgewinn zu verstehen.

Zum zweiten ist der Grenzgewinn in bezug auf die Finanzierungsbedingungen ein mehrperiodisches Konzept: Stünden 10 000 Mark in t_1 zusätzlich zur Verfügung, dann wüchse der Gewinn in t_3 um 10 000 Mark. Der Begriff Grenzrendite wird jedoch stets als einperiodische Größe verstanden. Die jährliche »Grenzrendite« der 10 000 Mark zusätzliches Kapital in t_1 beträgt nicht 100%, sondern sie gleicht dem internen Zinsfuß, der in zwei Perioden das eingesetzte Kapital verdoppelt, also rund 41%.

Der Schattenpreis von 10 000 Mark, die in t_0 zusätzlich bereitstünden, beträgt $^1/_3$; der interne Zinsfuß, der das Kapital in drei Perioden um ein Drittel anwachsen läßt, gleicht rund 10%. Die Grenzrendite des zusätzlichen Kapitals in t_2 hingegen ist Null, da auch der Schattenpreis Null ist.

In klassischen Modellen ist im Optimum die Grenzrendite der letzten Mark gleich dem Kalkulationszinsfuß. Die Grenzrendite, welche die letzte Mark in diesem kombinatorischen Modell in jeder Periode erwirtschaftet, haben wir soeben errechnet. Wir können analog zu den klassischen Aussagen folgern:

Im Eigenheimbeispiel herrschen in drei Perioden folgende (fiktive) Gleichgewichts-Grenzrenditen bzw. -»Kalkulationszinsfüße«: in t_0 : 10%; in t_1 : 41%; in t_2 : 0%.

Der Sinn dieser Aussage ist allerdings beschränkt. Er lautet: Falls es gelänge, in t_0 (t_1; t_2) zusätzliches Kapital bereitzustellen, so erbrächte dieses Kapital in t_3 einen Gewinn von 33$^1/_3$% (100%; 0%). Das entspräche einer jährlichen Rendite von 10% (41%; 0%). Folglich würde es sich für den Unternehmer lohnen, Zusatzkapital aufzunehmen, und zwar in t_0 mit einer Laufzeit von drei Jahren, vorausgesetzt die Effektivverzinsung liegt unter 10%; in t_1 mit einer Laufzeit von zwei Jahren, vorausgesetzt die Effektivverzinsung liegt unter 41%. In t_2 wird der vorhandene Finanzierungsspielraum nicht ausgenutzt. Der Unternehmer wird keinerlei Zusatzkapital, nicht einmal kostenloses, aufnehmen, da er im Modell nur die Investitionsmöglichkeiten A und B hat; von Finanzanlagen hatten wir abgesehen.

Bei einer solchen Interpretation darf allerdings nicht vergessen werden, daß die Zinssätze bzw. Schattenpreise marginale Größen sind. Sobald soviel Zusatzkapital in t_0 oder t_1 bereitstünde, daß aufgrund des erweiterten Investitionsumfangs die Liquidität in t_2 zum Engpaß würde, sänke

schlagartig die Grenzrendite für Zusatzkapital in t_0 und t_1 auf 0%, und für t_2 entstünde eine positive Grenzrendite.
Der wirtschaftliche Sinn, welcher der Duallösung eines Programmierungsproblems zukommt, dürfte am Beispiel deutlich geworden sein. Allgemein kann man in den Schattenpreisen eine Art »innerbetriebliche Verrechnungspreise« für knappe Faktoren sehen, und in der Tat bestätigen die Schattenpreise auch die formale Richtigkeit der älteren Verrechnungspreistheorie, z. B. von Schmalenbachs »Betriebswertrechnung« [10].
Die unmittelbar praktische Bedeutung der Schattenpreise ist gering; denn der Schattenpreis fällt als Nebenprodukt der Optimierungsrechnung an: Er kann nur bei Kenntnis der Zielfunktion unter Nebenbedingungen bestimmt werden. Man muß schließlich die Gewinnwirkungen der einzelnen Handlungsmöglichkeiten und ihre Mittelbeanspruchung kennen, um den entgangenen Gewinn einer nicht realisierten Handlungsmöglichkeit bzw. eines knappen Faktors ermitteln zu können. Kennt man aber die Zielfunktion und die Nebenbedingungen, dann kann man die optimale Lösung unmittelbar ausrechnen (im primalen Programm). Eine Berechnung des Optimums aufgrund von Verrechnungspreisen (wie sie das duale Programm liefert) wird damit unnötig. Praktische Bedeutung erlangt deshalb das duale Programm meist nur dann, wenn es leichter durchzurechnen ist als die urprüngliche Aufgabe.
Die Höhe der Schattenpreise kann weiterhin als Indiz für die Empfindlichkeit eines Programms im Hinblick auf Datenänderungen angesehen werden [11].
Die Schattenpreise treten nicht nur bei linearen Programmen auf. Als Schattenpreise können auch die Lagrange-Multiplikatoren in den herkömmlichen Modellen (Maximierung einer Zielfunktion unter Nebenbedingungen in Form von Gleichungen) bezeichnet werden. Beide, Dualvariablen und Lagrange-Multiplikatoren, sind Anwendungsfälle der sogenannten Kuhn-Tucker-Bedingungen [12]. Das Kuhn-Tucker-Theorem stellt einen Existenzbeweis dar: Wenn ein Extremwert einer Zielfunktion vorliegt bei Nebenbedingungen in Form von linearen oder nichtlinearen Ungleichungen, dann existieren auch Schattenpreise. Das Theorem liefert jedoch keinen »konstruktiven« Beweis. Es sagt nicht, wie man den Extremwert oder die Schattenpreise berechnet. Seine Anwendung löst deshalb unmittelbar kein ökonomisches Problem. Einige Versuche, Rechenmethoden für nichtlineare Programmierungsaufgaben zu erarbeiten, bauen indes auf dem Kuhn-Tucker-Theorem auf [13].

[10] Vgl. dazu u. a. *Werner Kern*, Kalkulation mit Opportunitätskosten. In: ZfB, Jg. 35 (1965), S. 133–147; *Herbert Hax*, Kostenbewertung mit Hilfe der mathematischen Programmierung. In: ZfB, Jg. 35 (1965), S. 197–210; *Dieter Schneider*, Die Theorie der Verrechnungspreise heute. In: Liiketaloudellinen Aikakauskirja (The Finnish Journal of Business Economics), Jg. 16 (1967), S. 106–124 und die dort angegebene Literatur.

[11] Vgl. dazu z. B. *Tjalling C. Koopmans*, Uses of Prices. In: Proceedings of the Conference on Operations Research in Production and Inventory Control, edited by Case Institute of Technology. Cleveland (Ohio) 1954, S. 90–96; hier S. 94, 96.

[12] Vgl. *H. W. Kuhn, A. W. Tucker*, Nonlinear Programming. In: Proceedings of the Second Berkeley Symposium on Mathematical Statistics and Probability, edited by Jerzy Neyman. Berkeley 1951, S. 481–492; *Dorfman–Samuelson–Solow*, S. 198–201; eine leichter verständliche Darstellung findet sich bei *Vernon L. Smith*, Investment and Production. A Study in the Theory of Capital-Using Enterprise. Cambridge (Mass.) 1961, S. 321–327. Vgl. auch *Herbert Hax*, Investitionstheorie. Würzburg–Wien 1970, S. 76–83.

[13] Vgl. dazu z. B. *Wilhelm Krelle*, Gelöste und ungelöste Probleme der Unternehmensforschung. In: Arbeitsgemeinschaft für Forschung des Landes Nordrhein-Westfalen, Natur-, Ingenieur- und Gesellschaftswissenschaften, Heft 105, Köln–Opladen 1962, S. 7–28, hier S. 15–18; *W. S. Dorn*, Non-Linear Programming – A Survey. In: Management Science, Vol. 9 (1963), S. 171–208; *George Hadley*, Nichtlineare und dynamische Programmierung. Würzburg–Wien 1969, ab 6. Kapitel.

bb) Berücksichtigung der Kassenhaltung

Das Beispiel wird nunmehr in einem Punkt wirklichkeitsnäher gestaltet: Die Liquiditätsbedingungen der drei Perioden sind praktisch nicht voneinander unabhängig. Vielmehr können nicht ausgenutzte Mittel einer Periode über die Kassenhaltung (oder über kurzfristige Geldanlagen) auf die nächste Periode vorgetragen werden.

Wir definieren K als die Kassenhaltung in t_0 und L als Kassenhaltung in t_1. Dadurch ändert sich die Formulierung des Problems, denn K mindert in t_0 die liquiden Mittel zum Bau der Eigenheime und erhöht sie in t_1. L verringert die Mittel in t_1 und erhöht sie in t_2. Ferner sind in die Zielfunktion die Kosten der Kassenhaltung aufzunehmen. Bisher sind nur die Finanzierungskosten der Bauten erfaßt. Nunmehr ist zu berücksichtigen, daß 1 Mark Kredit, in t_0 aufgenommen, bis t_1 10 % Zinsen kostet. (Die Zinsen werden wie die anderen Finanzierungskosten erst in t_3 gezahlt, von Zinseszinsen sehen wir ab.) Die gleichen Zinskosten entstehen bei einer Kassenhaltung in t_2. Das Problem lautet nunmehr:

Maximiere $G = 6A + 4B - 0{,}1K - 0{,}1L$ unter den Nebenbedingungen

$$
\begin{array}{lrl}
(1) & 48 \geqq & 6A + 3B + 1K + 0L \\
(2) & 36 \geqq & 4A + 3B - 1K + 1L \\
(3) & 45 \geqq & 3A + 5B + 0K - 1L \\
 & & A, B, K, L \geqq 0
\end{array}
$$

Bleibt die bisherige Lösung optimal, wenn Kassenhaltung berücksichtigt wird?

Für die Ausrechnung wählen wir die einfache Schreibweise in einer Koeffizientenmatrix, wie sie allgemein üblich ist. Die Spalten bezeichnen die Koeffizienten der Variablen; unter G steht auch der Mittelvorrat. Spalte I zeigt an, welche Variable in welcher Zeile Basisvariable ist, Z nennt die Umformung der Zielfunktion. II zeigt, welche Gleichung mit welcher Rechenoperation verwandt wird. Die erste Basislösung entspricht dem Optimum des Beispiels ohne Kassenhaltung: K, L, C und D sind Null gesetzt worden.

I	II	G	A	B	K	L	C	D	E
	(1)	48	6	3	1	0	1	0	0
	— (2)	— 36	— 4	— 3	1	— 1	0	— 1	0
	Σ	12	2	0	2	— 1	1	— 1	0
A	$\cdot \frac{1}{2}$ Σ	6	1	0	1	$-\frac{1}{2}$	$\frac{1}{2}$	$-\frac{1}{2}$	0
	(2)	36	4	3	— 1	1	0	1	0
	$-\frac{2}{3}$ (1)	— 32	— 4	— 2	$-\frac{2}{3}$	0	$-\frac{2}{3}$	0	0
B	Σ	4	0	1	$-\frac{5}{3}$	1	$-\frac{2}{3}$	1	0
	(3)	45	3	5	0	— 1	0	0	1
	— 3 · A	— 18	— 3	0	— 3	$\frac{3}{2}$	$-\frac{3}{2}$	$\frac{3}{2}$	0
	— 5 · B	— 20	0	— 5	$\frac{25}{3}$	— 5	$\frac{10}{3}$	— 5	0
E	Σ	7	0	0	$\frac{16}{3}$	$-\frac{9}{2}$	$\frac{11}{6}$	$-\frac{7}{2}$	1
	6 · A	36	6	0	6	— 3	3	— 3	0
	4 · B	16	0	4	$-\frac{20}{3}$	4	$-\frac{8}{3}$	4	0
	Σ	52	6	4	$-\frac{2}{3}$	1	$\frac{1}{3}$	1	0
Z		G — 52	0	0	$\frac{17}{30}$	$-\frac{11}{10}$	$-\frac{1}{3}$	— 1	0

Wenn der Unternehmer K = 0 setzt, also die Möglichkeit außer acht läßt, durch Kassenhaltung in t_0 die Liquiditätsbedingung in t_1 zu verbessern, dann handelt er nicht optimal. Da der Koeffizient von K positiv ist, darf K, die Kasse in t_0, nicht Null sein. Gemäß der Austauschregel muß E für K weichen. In der zweiten Basislösung setzen wir L = C = D = E = 0.

I	II	G	A	B	K	L	C	D	E
	E	7	0	0	$\frac{16}{3}$	$-\frac{9}{2}$	$\frac{11}{6}$	$-\frac{7}{2}$	1
K	$\frac{3}{16}$	$\frac{21}{16}$	0	0	1	$-\frac{27}{32}$	$\frac{11}{32}$	$-\frac{21}{32}$	$\frac{3}{16}$
	B	4	0	1	$-\frac{5}{3}$	1	$-\frac{2}{3}$	1	0
	$\frac{5}{3}$ K	$\frac{35}{16}$	0	0	$\frac{5}{3}$	$-\frac{45}{32}$	$\frac{55}{96}$	$-\frac{35}{32}$	$\frac{5}{16}$
B		$\frac{99}{16}$	0	1	0	$-\frac{13}{32}$	$-\frac{3}{32}$	$-\frac{3}{32}$	$\frac{5}{16}$
	A	6	1	0	1	$-\frac{1}{2}$	$\frac{1}{2}$	$-\frac{1}{2}$	0
	− K	$-\frac{21}{16}$	0	0	−1	$\frac{27}{32}$	$-\frac{11}{32}$	$\frac{21}{32}$	$-\frac{3}{16}$
A		$\frac{75}{16}$	1	0	0	$\frac{11}{32}$	$\frac{5}{32}$	$\frac{5}{32}$	$-\frac{18}{16}$
	6 A	$\frac{450}{16}$	6	0	0	$\frac{66}{32}$	$\frac{30}{32}$	$\frac{30}{32}$	$-\frac{18}{32}$
	4 B	$\frac{396}{16}$	0	4	0	$-\frac{52}{32}$	$-\frac{12}{32}$	$-\frac{12}{32}$	$\frac{20}{16}$
	$-\frac{1}{10}$ K	$-\frac{21}{160}$	0	0	$-\frac{1}{10}$	$\frac{27}{320}$	$-\frac{11}{320}$	$\frac{21}{320}$	$-\frac{3}{160}$
	Σ	$\frac{8439}{160}$	6	4	$-\frac{1}{10}$	$\frac{167}{320}$	$\frac{169}{320}$	$\frac{201}{320}$	$\frac{17}{160}$
Z	G −	$\frac{8439}{160}$	0	0	0	$-\frac{199}{320}$	$-\frac{169}{320}$	$-\frac{201}{320}$	$-\frac{17}{160}$

Damit ist das Optimum erreicht, da L, C, D und E negative Koeffizienten aufweisen. Bei Berücksichtigung der Kassenhaltung lohnt es sich also, statt 6 Eigenheime des Typs A nur 75/16 = 4 + 11/16 zu bauen. Anstelle von 4 Eigenheimen des Typs B werden 99/16 = 6 + 3/16 errichtet. Die Kosten der Kassenhaltung in t_0 betragen 21/160 · 10 000 = 1 312,50 Mark. Der Gewinn steigt von 52 auf 8 439/169 = 52 + 119/160 bzw. umgerechnet um 7 437,50 Mark auf 527 437,50 Mark.

Der Finanzplan sieht im einzelnen so aus:

Jahr	A		B		Kasse		Kreditspielraum
t_0	281 250	+	185 625	+	13 125	=	480 000
t_1	187 500	+	185 625	=	13 125	+	360 000
t_2	140 625	+	309 375	+	0	=	450 000

Natürlich wird man praktisch kaum 11/16 Häuser veräußern können; aber von diesen Ganzzahligkeitsproblemen wird voraussetzungsgemäß vorerst abgesehen. Das Beispiel deutet jedoch bereits die Schwierigkeiten an, welche die Ganzzahligkeit machen wird; denn das einfache Runden der gebrochenen Werte führt entweder zu unzulässigen Lösungen (z. B. A = 5, B = 6) oder zu nicht optimalen Lösungen (z. B. A = 4, B = 6 bzw. A = 5, B = 5). Bei ganzzahligen Problemen ist deshalb die Simplexmethode nicht mehr anwendbar. Man benötigt dazu andere Verfahren.

Der Vergleich des Beispiels ohne Kassenhaltung mit dem bei Kassenhaltung zeigt zweierlei:

(1) Selbst auf kleine Datenänderungen kann das Optimum sehr empfindlich reagieren. Die Lösung des Beispiels mit Kassenhaltung entspricht folgender Lösung ohne Kassenhaltung: Kreditspielraum in t_0: 466 875 Mark, in t_1: 373 125 Mark, alle sonstigen Daten unverändert. Die Verschiebung der Finanzierungsgrenze in t_0 um rund 3%, bewirkt, daß von A rund 25% weniger, von B rund 55% mehr gebaut werden. Welches Gewicht solchen Ausschlägen im praktischen Fall beigemessen werden muß, wenn mit der Unsicherheit aller Daten zu rechnen ist, liegt auf der Hand.

(2) Wichtiger noch ist eine Folgerung für den Modellansatz: Modelle zur Investitions- und Finanzplanung müssen die Übertragbarkeit finanzieller Mittel von einer Periode zur nächsten beachten. Sie müssen die Kassenhaltung (oder eine beliebige, nur bis zum nächsten Zahlungszeitpunkt laufende Geldanlagemöglichkeit zum Habenzins) ausdrücklich berücksichtigen. Das bedeutet: Im praktischen Fall werden die Liquiditätsbedingungen stets als Gleichungen erscheinen; die Beschränkungen bei den einzelnen Finanzierungsquellen sind dann gesondert aufzuführen. Da in unserem Beispiel in jedem Zahlungszeitpunkt nur eine Finanzierungsquelle gegeben war, konnten wir finanzielle Beschränkungen und Liquiditätsbedingungen in einer Nebenbedingung zusammenfassen. In der Literatur sind die Liquiditätsbedingungen und die Übertragbarkeit von einer Periode zur nächsten unterschiedlich berücksichtigt worden[14] Wird in einem Modell die Übertragbarkeit nicht beachtet, dann muß man erstens fragen: Wenn in einem Zahlungszeitpunkt die finanziellen Mittel nicht voll ausgenutzt werden, was geschieht dann mit diesen Geldern? Und zweitens: Sind die errechneten Lösungen überhaupt optimal, selbst wenn im Ergebnis die finanziellen Mittel voll beansprucht werden? In unserem Beispiel war bei der ersten Lösung in t_0 und t_1 der Kreditspielraum voll ausgenutzt. Trotzdem lohnt sich bei richtiger Problemstellung die Kassenhaltung in t_0!

Aufschlußreich ist ferner ein Vergleich der Schattenpreise im Fall mit und ohne Kassenhaltung.

	C	D	E
Ohne Kassenhaltung:	$\frac{1}{3}$	1	0
Mit Kassenhaltung:	$\frac{169}{320}$	$\frac{201}{320}$	$\frac{17}{160}$

Ohne Kassenhaltung ist der Schattenpreis bei D dreimal höher als der von C. Wird die Kassenhaltung berücksichtigt, wächst die Knappheitsrente für C, weil ein Teil der Finanzierungsmittel in t_0 über die Kassenhaltung zur Milderung des Liquiditätsengpasses in t_1 abgezweigt wird und damit der für Investitionen in t_0 verbleibende Betrag noch geringer wird.

[14] Vgl. z. B. *Horst Albach*, Investition und Liquidität. Die Planung des optimalen Investitionsbudgets. Wiesbaden 1962, S. 263 f.; *H. Martin Weingartner*, Mathematical Programming and the Analysis of Capital Budgeting Problems. Englewood Cliffs 1963, reprinted Chicago 1967, S. 141 f. Kritik an beiden Modellformulierungen übt *Hållsten*, S. 84–86.

Der Schattenpreis von D fällt, weil durch die Kassenhaltung in t_0 der Finanzierungsspielraum in t_1 erweitert wird.
Da im Modell mit Kassenhaltung auch die Finanzierungsmittel in t_2 voll beansprucht werden, ist der Schattenpreis von E positiv; in t_2 entsteht eine Knappheitsrente für liquide Mittel von rund 10%.

cc) Allgemeine Formulierung linearer Planungsmodelle

Wer Einzelveröffentlichungen zur Programmplanung studieren will, muß sich mit der in der Literatur üblichen Schreibweise vertraut machen.
Wenn wir das Eigenheimbeispiel verallgemeinern, erhalten wir folgenden Ansatz: Ein Unternehmer steht vor x_i Investitionsmöglichkeiten ($i = 1, 2, \ldots, m$), Kassenhaltung ist ein Investitionsvorhaben. Er plant für t Perioden ($t = 0, 1, 2, \ldots, n$). a_{it} sei der Zahlungssaldo der i-ten Investitionsmöglichkeit im Zahlungszeitpunkt t. Wenn ein Vorhaben erst in t_2 beginnt, sind die Zahlungssalden in t_0 und t_1 gleich Null. b_t sind die beschränkten Finanzierungsmittel im Zeitpunkt t. Die Zielfunktion Z enthält die Zielbeiträge z_i der i Handlungsmöglichkeiten, z. B. ihren Beitrag zum Endvermögen am Planungshorizont. Das Modell lautet dann:

Zielfunktion	$\sum z_i x_i = Z \rightarrow \max!$
Nebenbedingungen	$\sum a_{it} x_i \leqq b_t$
	$x_i \geqq 0$

Ein Modell mit Einkommensstreben als Zielvorschrift steht auf S. 241 f. Berücksichtigt man verschiedenartige Finanzierungsvorhaben, Produktions- und Absatzbeschränkungen, Steuerzahlungen und Abhängigkeiten zwischen Rücklagenbildung (Eigenkapitalzuwachs) und Finanzierungsschranken, so wird bei dieser Schreibweise das Modell sehr unübersichtlich; daneben schafft der Zwang zu mehrfacher Indizierung Fehlerquellen. Aus allen diesen Gründen bevorzugt die Literatur gerne eine noch stärker verkürzte Schreibweise. Die Mittelbeanspruchung schlägt sich in einem Koeffizientenschema, in einer Matrix, nieder. Die einzelnen Spalten der Matrix heißen Spaltenvektoren; die Zeilen Zeilenvektoren. Vektor ist hier einfach als »Menge von Koeffizienten« bzw. »Anordnung von Zahlen« zu verstehen. Die gesamte Matrix (sämtliche Koeffizienten der Mittelbeanspruchung, z. B. alle a_{it}) wird durch einen Großbuchstaben, z. B. A, wiedergegeben, die Spaltenvektoren durch kleine Buchstaben, Zeilenvektoren durch kleine Buchstaben mit Apostroph (gelegentlich wählt man auch gotische Großbuchstaben für die Matrix und gotische Kleinbuchstaben für die Vektoren). Ein beliebiges lineares Modell schreibt sich dann abgekürzt so:

$$Z = z'x$$
$$Ax \leqq b$$
$$x \geqq 0.$$

Die Zielfunktion Z besteht also aus dem Zeilenvektor der Zielbeiträge z' mal den entsprechenden Variablen x; die Mittelbeanspruchung äußert sich in einer Matrix A. Sie enthält die Koeffizienten für die Variablen; die vorhandenen Mittel b stellen einen Spaltenvektor dar, und die Handlungsmöglichkeiten x müssen größer oder gleich 0 sein. Eine solche Darstellungsweise ist bequem, aber sie schafft natürlich keinerlei zusätzliches Wissen.
Läßt sich aus einem solchen allgemein formulierten Modell eine Aussage über das Optimum ableiten? Eine Ausrechnung wie in klassischen Modellen (z. B. in stetigen Nutzungsdauermodellen,

S. 280 f.) ist nicht möglich, und deshalb schafft die allgemeine Formulierung auch keine zusätzliche Erkenntnis.
Diese Auffassung wird allerdings bestritten[15]: Nehme man das Dualtheorem zu Hilfe, dann ließen sich die Einflußgrößen der Schattenpreise erkennen. Der einer Nebenbedingung zugeordnete Schattenpreis sei Null, wenn im Optimum für die Nebenbedingung das Ungleichheitszeichen gilt. Der Schattenpreis sei positiv, wenn das Gleichheitszeichen gilt, die vorhandenen Mittel also voll beansprucht werden. Aus den Bestimmungsgrößen der Schattenpreise ließe sich ableiten, unter welchen Umständen welche Einzelannahmen Einfluß auf das Optimum nehmen. Die Sachzusammenhänge, die Jääskeläinen hiermit aufzeigt, sind m. E. ohne Formalisierung, bei der (oft als vorwissenschaftlich geltenden) verbalen Darstellung viel leichter zu durchschauen (vgl. S. 397). Das ist im Grunde selbstverständlich: Aus keinem Modell kann mehr herausgeholt werden, als an Prämissen hineingesteckt wurde. Die allgemeine mathematische Formulierung lohnt sich nur dann, wenn Umformungen oder Ausrechnungen möglich sind, die zusätzliche Einsichten schaffen, Einsichten, die bei einer verbalen Darstellung nicht erkennbar oder mindestens nicht offensichtlich wären. Die allgemein formulierten Modelle der Unternehmensforschung, namentlich die Simultanplanungsmodelle, erlauben jedoch im allgemeinen keine solchen Umformungen und Ausrechnungen. Die allgemeine mathematische Formulierung eines solchen Problems schafft deshalb keine zusätzliche Information. Sie gibt lediglich ein Problem in einer anderen »Sprache« wieder. Sicher, man kann das »Heideröslein« auch auf amharisch oder kirchenslawisch hersagen, nur macht man es damit dem Deutschen nicht verständlicher. In der Literatur findet sich im Anschluß an die »mathematische« Modellschreibweise in Symbolen mehrfach die Behauptung: »damit sei das Problem gelöst«[16]. Ich vermag die Niederschrift in einer anderen »Sprache« nicht als Lösung der gestellten Probleme anzusehen.
Die betriebswirtschaftliche Bedeutung der Unternehmensforschung liegt darin, daß sie brauchbare Rechenverfahren (»Algorithmen«) entwickelt, mit denen praktische Einzelfälle ausgerechnet werden können. Die Bedeutung simultaner Planungsmodelle, ja vielleicht der Unternehmensforschung überhaupt, für die Gewinnung allgemeiner (»theoretischer«) Erkenntnisse scheint mir bescheidener zu sein, als bisher verkündet worden ist.

3. Investitions- und Finanzplanung bei sich ausschließenden Handlungsprogrammen

aa) Das Zusammenstellen sich ausschließender Investitionsprogramme

Investitionsobjekte zeigen in der Praxis regelmäßig zwei Eigenschaften, die für die theoretische Analyse unangenehm sind. Sie erfordern zunächst bestimmte Mindestkapitalsummen in Höhe der Anschaffungsausgaben einschließlich der Anschaffungsnebenkosten; sie sind in unserem Sprachgebrauch »finanziell unteilbar«. Daneben werden sich oft einzelne Investitionsobjekte begünstigen oder behindern; im Extremfall schließen sich einzelne Objekte gegenseitig aus. Ist z. B. ein Lastwagen zu ersetzen, so sind die vier oder fünf miteinander konkurrierenden Lastwagentypen sich ausschließende Investitionsobjekte.

15 Vgl. z. B. *Veikko Jääskeläinen,* Optimal Financing and Tax Policy of the Corporation. Helsinki 1966.
16 Vgl. z. B. *Erich Gutenberg,* Grundlagen der Betriebswirtschaftslehre. Bd. 1, Die Produktion. 14. Aufl., Berlin – Heidelberg – New York 1968, S. 186; ähnlich S. 320, 324, 354; *Horst Albach,* Investition und Liquidität, S. 104; *H. Seelbach,* Planungsmodelle in der Investitionsrechnung. Würzburg – Wien 1967, S. 60, 79.

Sich begünstigende Investitionsobjekte sind dann gegeben, wenn ihre Einnahmenüberschüsse bei gemeinsamer Verwirklichung höher liegen als bei getrennter Realisierung. Bei sich behindernden Objekten liegt die Summe der Einnahmenüberschüsse bei gemeinsamer Verwirklichung unter der Summe der einzelnen Einnahmenüberschüsse. Begünstigen oder behindern sich zwei Investitionsobjekte A und B, so lassen sie sich auf folgende Weise in der Investitionsplanung berücksichtigen: A bildet ein Vorhaben, B ein weiteres und A und B zusammen bilden ein drittes Vorhaben C. Nur über den Weg, ein neues, gemeinsames Investitionsvorhaben zu definieren, läßt sich der Verbund zweier Investitionsvorhaben rechnerisch berücksichtigen.
Unter den bisher dargestellten Ansätzen zur Abstimmung von Investitions- und Finanzplanung enthält das Lutz-Modell Investitionsprogramme aus finanziell unteilbaren Investitionsobjekten. Das Lutz-Modell setzt jedoch die Zusammensetzung dieser Investitionsprogramme als gelöst voraus. Die Frage, wie man einzelne unteilbare Investitionsvorhaben zu kombinieren hat, um eine bestimmte Kapitalsumme bestmöglich zu verwerten, diese Frage wird nicht untersucht. Sie gilt als vorab gelöst. Das ist ein Mangel; denn ohne Zweifel ist es ein betriebswirtschaftliches Problem festzustellen, wie ein Kapitalbetrag von, sagen wir, 100 000 Mark auf einzelne Investitionsobjekte verteilt werden soll, damit er den höchsten Gewinn erbringt.
Das Lutz-Modell sieht die Investitionsmischung nicht als ökonomisches Problem an. Es geht von einer Art »technischer Maximierungsbedingung« aus, wie wir in Analogie zu einer grundlegenden Annahme der Produktionstheorie sagen können[17]. Bei der Frage, wie ein gegebener Kapitalbetrag auf einzelne Investitionsobjekte am besten aufgeteilt werden soll, handelt es sich um ein Kombinationsproblem: Mehrere einzelne Investitionsobjekte sind so miteinander zu verbinden, bis die Kombination gefunden ist, die den höchsten Gewinn erbringt. Eine Besonderheit gegenüber den bisher erörterten Kombinationsproblemen kann darin liegen, daß sich die einzelnen Investitionsmischungen gegenseitig ausschließen. Unteilbarkeit und gegenseitiges Sich-Ausschließen einzelner Investitions- und Finanzierungsvorhaben, das sind Probleme, mit denen wir uns in diesem Abschnitt beschäftigen.

bb) Ein Beispiel zur ganzzahligen kombinatorischen Investitions- und Finanzplanung

α) Ohne Steuern

Der Handlungs- und Planungszeitraum des Unternehmens reiche von t_0 bis t_3, er erstrecke sich also auf vier Zahlungszeitpunkte. Unternehmensziel sei es, in den vier Zahlungszeitpunkten einen maximalen, in jedem Zahlungszeitpunkt gleich hohen Gewinn auszuschütten. Das Endvermögen in t_3 soll mindestens 600 betragen. In t_3 sind sämtliche Anlagen zu liquidieren, das Endvermögen soll dann der Kassenbestand darstellen. (Sollte die Unternehmung nach dem Planungshorizont weiterbestehen, dann

[17] Vgl. dazu z. B. *F[rancis] Y[sidro] Edgeworth*, The Laws of Increasing and Diminishing Returns. In: Papers Relating to Political Economy. London 1925, Bd. 1, S. 61 – 99, hier S. 69; *Sune Carlson*, A Study on the Pure Theory of Production. Stockholm 1939, reprinted New York 1956, S. 14 f.; *Dorfman–Samuelson–Solow*, S. 202.

wäre der Endbestand zu definieren als gewünschter »Ertragswert« oder als gewünschter Produktionsfaktorbestand am Planungshorizont.)
Wir führen zwei Rechnungen durch. Als erstes ermitteln wir das Optimum für den Fall, daß keine Gewinnsteuern zu zahlen sind. Als zweites werden wir Gewinnsteuerzahlungen berücksichtigen.
Wie sehen die Ausgangsbedingungen des Unternehmens und seine Handlungsmöglichkeiten aus?
Im Zeitpunkt t_0 verfügt die Unternehmung über mehrere in Betrieb befindliche Anlagen. Die Unternehmung hat zu prüfen, ob die wirtschaftliche Nutzungsdauer dieses Anlagenbestandes bereits beendet ist. Dabei steht die Unternehmung vor drei Wahlmöglichkeiten:

(1) Sie kann den Anlagenbestand bis zum Ende seiner technischen Nutzungsdauer in t_2 verwenden. Es sollen dabei in t_0 noch Einnahmen von 1 500 entstehen, in t_1 solche von 100 und in t_2 weitere 100. Diese Handlungsmöglichkeit sei mit B_1 bezeichnet.

(2) Die Unternehmung kann den Anlagenbestand noch 1 Jahr verwenden: Es entstehen in t_0 1 500 und in t_1 180 an Einnahmen. Das ist Handlungsmöglichkeit B_2.

(3) Die Unternehmung kann den Anlagenbestand in t_0 hinauswerfen. Sie erzielt dabei 1 500 Mark plus einen Restverkaufserlös von 100. Das ist Möglichkeit B_3.

Das Ende der wirtschaftlichen Nutzungsdauer, der optimale Ersatzzeitpunkt, wird hier also dadurch gesucht, daß man drei alternative Verfahrensweisen betrachtet und feststellt, welche der drei Möglichkeiten die beste ist. Dabei ist zu beachten, daß die drei Handlungsmöglichkeiten (sofortiger Ersatz, einjährige bzw. zweijährige Weiterverwendung) sich gegenseitig ausschließen. Die drei sich ausschließenden Desinvestitionsmöglichkeiten sind strenggenommen drei alternative Finanzierungsvorhaben: Ihre erste Zahlung (und die folgenden) sind Einnahmen.
Um das Optimum zu errechnen, brauchen wir die Zahlen der drei Desinvestitionsmöglichkeiten:

	t_0	t_1	t_2	t_3
B_1:	+ 1500	+ 100	+ 100	
B_2:	+ 1500	+ 180		
B_3:	+ 1600			

Daß sich die drei Möglichkeiten ausschließen, kann mathematisch nur auf umständliche Weise definiert werden. Es sind folgende Nebenbedingungen zu beachten:

$$B_1 + B_2 + B_3 \leqq 1$$
$$B_1 \geqq 0; \quad B_2 \geqq 0; \quad B_3 \geqq 0$$
$$B_1, B_2, B_3 \text{ ganzzahlig!}$$

Wenn z. B. $B_1 \geqq 0$ und $\leqq 1$ und ganzzahlig ist, dann kann es nur 0 oder 1 sein. Aus den drei Nebenbedingungen folgt: Wenn $B_1 = 1$ ist, dann müssen B_2 und B_3 0 sein, und Entsprechendes gilt für $B_2 = 1$ oder $B_3 = 1$.

Wir sehen bereits hier, daß die Bedingung sich ausschließender Handlungsmöglichkeiten die mathematische Problemlösung erschwert.

Wir nehmen weiter an, die Unternehmung habe im Zeitpunkt t_0 Schulden. Früher wurde ein Darlehen aufgenommen über 500 Mark zu 8%, das in t_0 oder in t_1 oder spätestens in t_2 zurückgezahlt werden kann. Dieses Darlehen ist die erste Quelle für Zusatzkapital. Wir unterstellen zunächst, das Darlehen werde in t_0 zurückgezahlt. Das sei Handlungsmöglichkeit F_0. F_0 wird immer durchgeführt, denn es ist die Voraussetzung für F_1 bzw. F_2. Es fallen also Ausgaben in Höhe von 500 an (die in t_0 zu zahlenden Zinsen seien schon von den Überschüssen der Handlungsmöglichkeiten B_1 bis B_3 abgesetzt). Damit gewinnen wir zwei sich ausschließende Finanzierungsmöglichkeiten, F_1 und F_2. F_1 besteht darin, das Darlehen ein Jahr weiterlaufen zu lassen; das bedeutet im Modell: in t_0 500 Mark an Einnahmen und in t_1 540 Mark Ausgaben (Rückzahlung einschließlich Zinsen). F_2 besteht darin, das Darlehen erst zum letzten Rückzahlungstermin t_2 zurückzuzahlen. Im einzelnen führen F_0 und die beiden Finanzierungsvorhaben zu folgenden Zahlungsströmen:

	t_0	t_1	t_2	t_3
[F_0:	— 500]			
F_1:	+ 500	— 540		
F_2:	+ 500	— 40	— 540	

Da F_1 und F_2 sich gegenseitig ausschließen, muß zusätzlich gelten:

$$F_1 + F_2 \leqq 1; \quad F_1 \geqq 0; \quad F_2 \geqq 0; \quad F_1, F_2 \text{ ganzzahlig!}$$

Als weitere Finanzierungsmöglichkeiten kommen in t_0 in Frage: Es kann ein Schuldscheindarlehen aufgenommen werden zu 7%, Auszahlungskurs 97. Das Darlehen läuft bis t_3. Das Schuldscheindarlehen kann zu einem Betrag von 400 oder 500 aufgenommen werden. Die Zahlungsströme lauten

	t_0	t_1	t_2	t_3
F_3 (Nennbetrag 400):	+ 388	— 28	— 28	— 428
F_4 (Nennbetrag 500):	+ 485	— 35	— 35	— 535

F_3 und F_4 schließen sich wiederum gegenseitig aus, folglich:

$$F_3 + F_4 \leqq 1; \quad F_3 \geqq 0; \quad F_4 \geqq 0; \quad F_3, F_4 \text{ ganzzahlig!}$$

Zusätzlich kann in jeder Periode ein Bankkredit (Kontokorrentkredit) aufgenommen werden. Der Kontokorrentkredit kostet 10%. Er ist im folgenden Jahr zurückzuzahlen, kann aber erneuert werden. Die Höchstsumme der Kreditzusagen der Bank beträgt 500. Daraus entstehen die Finanzierungsmöglichkeiten F_5 bis F_7.

	t_0	t_1	t_2	t_3
F_5:	+ 500	— 550		
F_6:		+ 500	— 550	
F_7:			+ 500	— 550

Da der Kontokorrentkredit bis zu höchstens 500 aufgenommen werden kann, gilt

$$0 \leqq F_5 \leqq 1;\ 0 \leqq F_6 \leqq 1;\ 0 \leqq F_7 \leqq 1.$$

F_5 bis F_7 schließen sich nicht gegenseitig aus. Ferner braucht das Kreditlimit nicht ausgeschöpft zu werden. Deshalb fehlt die Ganzzahligkeitsbedingung.

Die Unternehmung stehe vor folgenden Investitionsvorhaben:

Eine Großanlage I_1 führt erst nach einem Anlaufjahr zu Einnahmenüberschüssen. Eine kleine Anlage I_2 liefert hingegen einen gleichmäßigeren Einnahmenstrom. Die kleine Anlage kann drei Perioden lang genutzt werden. Sie kann bereits nach zwei Perioden desinvestiert werden und liefert dann einen bescheidenen Restverkaufserlös. Wird die kleine Anlage nur zwei Perioden genutzt, so bildet sie das Investitionsvorhaben I_3.
Die gleiche kleine Anlage kann auch in t_1 noch investiert werden. Sie bezeichnet dann das Investitionsvorhaben I_4. Im einzelnen entstehen folgende Zahlungsströme:

	t_0	t_1	t_2	t_3	Rendite
I_1:	— 600	0	+ 400	+ 500	ca. 15%
I_2:	— 120	+ 60	+ 60	+ 40	ca. 12%
I_3:	— 120	+ 60	+ 75		ca. 6%
I_4:		— 120	+ 60	+ 75	ca. 7%

(Die Renditen sind errechnet worden bei Wiederanlage der freigesetzten Mittel zu 4% bis t_3!)
Jedes Investitionsvorhaben kann mehrfach verwirklicht werden. Für die Investitionsvorhaben gilt, daß sie ganzzahlig und größer als oder gleich Null sein müssen, weil keine halben oder negativen Maschinen angeschafft werden können.

$$I_1 \geqq 0;\ I_2 \geqq 0;\ I_3 \geqq 0;\ I_4 \geqq 0;\ I_1, I_2, I_3, I_4 \text{ ganzzahlig!}$$

Die verschiedenen Investitionsvorhaben schließen einander nicht aus. So kann man z. B. in t_0 auch zwei kleine Maschinen anschaffen, von denen eine nur zwei Jahre, die andere drei Jahre genutzt wird.
Die Unternehmung kann ferner Finanzinvestitionen durchführen, also Geld auf dem Kapitalmarkt, z. B. auf dem Sparbuch, anlegen. Es verzinst sich zu 4%. Das Sparguthaben kann jederzeit abgehoben werden. Deshalb gehen wir davon aus, daß das Geld auf dem Sparbuch nur ein Jahr lang angelegt werden kann, aber dafür jedes Jahr neu. Diese willkürliche Annahme ist aus rechentechnischen Gründen zweckmäßig. Es entstehen die Investitionsvorhaben I_5 bis I_7:

	t_0	t_1	t_2	t_3
I_5:	— 100	+ 104		
I_6:		— 100	+ 104	
I_7:			— 100	+ 104

Für die Finanzanlagen gilt, daß sie nur positive Werte annehmen dürfen, also $I_5 \geqq 0$; $I_6 \geqq 0$; $I_7 \geqq 0$. Negative Werte würden Kreditaufnahmen zu 4% bedeuten. Auf dem

Sparbuch können beliebige Beträge angelegt werden. Die einzelnen Sparanlagen schließen sich nicht aus. Eine Obergrenze und eine Ganzzahligkeitsbedingung sind nicht nötig. Kassenhaltung ist in diesem Modell unvernünftig; denn die Geldanlage auf dem Sparbuch erfüllt den gleichen Zweck und bringt noch Zinsen.
Damit wären die Handlungsmöglichkeiten der Unternehmung beschrieben.
Unternehmensziel sei die Maximierung der Entnahmen zu jedem Zahlungszeitpunkt. Das Endvermögen soll nach Ausschüttung mindestens 600 betragen. Wir gehen zunächst von einer Personenunternehmung aus. Hier bestehen keine Rechtsvorschriften über die Höchstgrenze der Ausschüttungen. Ausgeschüttet werden darf auch, wenn buchhalterisch ein Verlust vorliegt.
Damit das Zusammenstellen des Programms einfacher wird, nehmen wir an, die Ausschüttungen A müßten fünf Mark betragen bzw. ein ganzzahliges Vielfaches davon. Bei Aktiengesellschaften wäre eine ähnliche Vorschrift auch praktisch gegeben, da in der Regel nur ganzzahlige Dividendensätze in Frage kommen. Diese Bedingung schreiben wir so:

$A = \max!$
$A \geqq 0$; wenn $A > 0$, dann sind nur ganzzahlige Vielfache von 5 zulässig.

Der optimale Finanzplan bestimmt sich dann nach folgender Vorschrift:

Maximiere die Ausschüttungen unter folgenden Nebenbedingungen:

(1) Die Liquidität der Unternehmung muß in jedem Zahlungszeitpunkt erhalten sein. Es muß also für die Zahlungszeitpunkte t_0 bis t_2 gelten: Einnahmen aus Investitions- und Finanzierungsmaßnahmen minus Ausgaben aus Investitions- und Finanzierungsmaßnahmen minus Ausschüttungen gleich Null.

(2) Im Schlußzeitpunkt t_3 müssen die Einnahmenüberschüsse mindestens 600 betragen. Für t_3 lautet die Liquiditätsbedingung folglich: Einnahmen aus Investitionen minus Ausgaben aus Finanzierungsvorhaben minus Ausschüttungen gleich oder größer als 600.

(3) Es sind sämtliche Nebenbedingungen zu beachten, die bei der Niederschrift der einzelnen Handlungsmöglichkeiten gesetzt worden sind: Ganzzahligkeitsbedingungen, Ausschließlichkeitsbedingungen, Vermeidung negativer Werte.

Auf die formelmäßige Niederschrift wird verzichtet, da die zur Ausrechnung anwendbaren Rechentechniken der ganzzahligen Programmierung hier nicht beschrieben werden sollen.
Der Leser sollte versuchen, durch Probieren eine Lösung zu finden; denn das Probieren schult den ökonomischen Verstand. Man muß untersuchen, welche Nebenbedingungen in welcher Periode voraussichtlich zum entscheidenden Engpaß werden, und auf sie ist die Planung abzustellen. Der Leser kann dabei zugleich prüfen, ob die hier gegebene Lösung tatsächlich die optimale ist. Für den Fall ohne Gewinnsteuern errechnet sich folgender »optimaler Finanzplan«:

	t_0	t_1	t_2	t_3
B_2:	1500	180		
F_0:	— 500			
F_2:	500	— 40	— 540	
F_4:	485	— 35	— 35	— 535
F_5:	370	— 407		
F_6:		497	— 546,7	
F_7:			116,7	— 128,4
$3 \cdot I_1$:	— 1800	0	1200	1500
$2 \cdot I_2$:	— 240	120	120	80
A:	— 315	— 315	— 315	— 315
Saldo:	0	0	0	601,6

Erläuterung: Der Engpaß liegt in der Liquidität der Periode t_1. Alle günstigeren Finanzierungsmöglichkeiten als der Kontokorrentkredit werden bis zu ihren Höchstgrenzen bzw. längstmöglichen Laufzeiten ausgenutzt. Weil in t_1 die Liquidität beengt ist, wird als Ersatzzeitpunkt für den vorhandenen Anlagenpark t_1 gewählt, denn bei Veräußerung in t_1 erbringt der vorhandene Anlagenbestand ein Höchstmaß an liquiden Mitteln. I_1 ist die lukrativste Investitionsmöglichkeit, deshalb wird versucht, möglichst viele Anlagen I_1 anzuschaffen. Vier Einheiten würden wegen der beengten Liquiditätslage nur sehr geringe Ausschüttungen in t_1 erlauben und kommen deshalb nicht in Frage. Drei Einheiten von I_1 gestatten schon 305 Mark an Ausschüttungen. Die Rentabilität von I_2 liegt ebenfalls noch über den Kosten der teuersten Finanzierungsquelle. Da bei drei Einheiten I_1 der Kreditspielraum noch nicht voll ausgeschöpft ist, lassen sich noch zwei Einheiten I_2 verwirklichen. Die Ausschüttungen steigen dann auf 315.

β) Mit Steuern

Das einfache Modell soll etwas wirklichkeitsnäher formuliert werden, indem die Gewinnsteuerzahlungen ausdrücklich berücksichtigt werden. Wir gehen hier von einer Kapitalgesellschaft aus. In welcher Höhe fallen Gewinnsteuerzahlungen an?
Der steuerliche Gewinn eines jeden Zahlungszeitpunktes berechnet sich als Einnahmenüberschuß aus den Sachinvestitionen abzüglich Abschreibungen und Fremdkapitalzinsen plus den Erträgen der Finanzanlagen. Nicht zu beachten sind natürlich die Einnahmen aus Finanzierungsvorhaben und die Kreditrückzahlungen.
Abschreibungsmöglichkeiten ergeben sich bei dem in t_0 vorhandenen Anlagenbestand und bei den Neuinvestitionen. Wir nehmen für den vorhandenen Anlagenbestand an, es seien nur lineare Abschreibungen in Höhe von 200 zulässig, und der Restbuchwert im Zeitpunkt t_0 betrage 600. Das bedeutet: Jede der drei Desinvestitionsmöglichkeiten führt zu anderen Abschreibungen und damit zu unterschiedlichen Gewinnsteuerzahlungen. Wie wir sehen werden, hat dies auf den Desinvestitionszeitpunkt erheblichen Einfluß. Im einzelnen betragen die Abschreibungen in Handels- und Steuerbilanz:

	t_0	t_1	t_2
B_1:	200	200	200
B_2:	200	400	
B_3:	600		

Für die Neuinvestitionsmöglichkeiten sei lineare oder degressive Abschreibung zulässig. Wir haben eine arithmetisch degressive Abschreibung gewählt, damit die Zahlen rund bleiben. Lineare und degressive Abschreibung schließen sich bei einer Anlage natürlich aus. Die Indizes l und d stehen für lineare und degressive Abschreibung.
Zur Ermittlung der Gewinnsteuerzahlungen sind folgende Abschreibungsmöglichkeiten zu beachten:

	t_0	t_1	t_2	t_3
Lineare Abschreibung				
I_{1l}:	0	200	200	200
I_{2l}:	0	40	40	40
I_{3l}:	0	40	80	
I_{4l}:	0	0	40	80
Degressive Abschreibung				
I_{1d}:	0	300	200	100
I_{2d}:	0	60	40	20
I_{3d}:	0	60	60	
I_{4d}:	0	0	60	60

Für alle Vorhaben beträgt die steuerliche Nutzungsdauer 3 Jahre. Wird die Anlage vorzeitig desinvestiert, ist der Restbuchwert abzuschreiben.

Dabei ist zu fordern:

$$\begin{array}{llll}
I_{1l} + I_{1d} \leqq 1 & I_{1l} \geqq 0 & I_{1d} \geqq 0 & I_{1l}, I_{2l}, I_{3l}, I_{4l}, I_{1d}, I_{2d}, \\
I_{2l} + I_{2d} \leqq 1 & I_{2l} \geqq 0 & I_{2d} \geqq 0 & I_{3d}, I_{4d} \text{ ganzzahlig!} \\
I_{3l} + I_{3d} \leqq 1 & I_{3l} \geqq 0 & I_{3d} \geqq 0 & \\
I_{4l} + I_{4d} \leqq 1 & I_{4l} \geqq 0 & I_{4d} \geqq 0 &
\end{array}$$

Mit dieser Formulierung haben wir auch den Fall ausgeschlossen, daß von zwei Anlagen des Typs I_1 eine linear und die andere degressiv abgeschrieben wird. Das Finanzamt verlange also, sämtliche Anlagen eines Typs ausschließlich linear oder ausschließlich degressiv abzuschreiben.
Bei den Fremdkapitalzinsen ist nur beim Schuldscheindarlehen eine Besonderheit zu beachten: Das Disagio ist auf die Jahre der Laufzeit zu verteilen und jährlich als Aufwand zu verrechnen. Der steuerlich abzugsfähige Aufwand des Schuldscheindarlehens beträgt also je Periode 32 bzw. 40 (d. h. 28 bzw. 35 an Zinsen und 4 bzw. 5 anteiliges Disagio). Wir gehen davon aus, daß ein steuerlicher Verlustvortrag zulässig sei, den möglichen Verlust in t_0 bezeichnen wir mit V_0 (in t_1 mit V_1 usw.); der Verlustvortrag einer Periode mindert den steuerpflichtigen Gewinn der folgenden Perioden. Weil der

Verlustvortrag besonders aufgeführt ist, deshalb kann der Buchgewinn schlimmstenfalls Null werden. Gleichzeitig müssen wir formal sicherstellen, daß der Verlustvortrag selbst nicht negativ werden kann.
Der steuerpflichtige Gewinn eines jeden Zahlungszeitpunktes hängt somit von zahlreichen Handlungsmöglichkeiten ab. Für t_0 bestimmt sich der steuerpflichtige Gewinn G_0 z. B. als

$$G_0 = 1500\ B_1 + 1500\ B_2 + 1600\ B_3 - 200\ B_1 - 200\ B_2 - 600\ B_3 + V_0$$

bzw.

$$G_0 = 1300\ B_1 + 1300\ B_2 + 1000\ B_3 + V_0$$
$$V_0 \geqq 0.$$

Wir nehmen einen gespaltenen Körperschaftsteuersatz an. 25% seien auf die ausgeschütteten Gewinne zu zahlen und 50% auf den einbehaltenen Betrag. Wir gehen dabei so vor: Der steuerpflichtige Gewinn werde grundsätzlich mit 50% besteuert. Für jede ausgeschüttete Mark D erhält die Unternehmung jedoch eine Gutschrift von 0,25 Mark, allerdings nur in Höhe der Steuerzahlungen S dieser Periode. Werden in früheren Perioden voll versteuerte Rücklagen zur Dividendenzahlung genutzt, so bezeichnen wir sie mit M; für sie erhält die Unternehmung keine Steuerrückvergütung. Es gilt:

$$\begin{aligned} S_0 &= 0{,}5\ G_0 - 0{,}25\ D_0 & \qquad S_0, S_1, S_2, S_3 \geqq 0 \\ S_1 &= 0{,}5\ (G_1 - V_0) - 0{,}25\ D_1 \\ S_2 &= 0{,}5\ (G_2 - V_1) - 0{,}25\ D_2 \\ S_3 &= 0{,}5\ (G_3 - V_2) - 0{,}25\ D_3 \end{aligned}$$

Es ist zu beachten, daß die Steuerlast bei Vollausschüttung des Gewinns einer Periode $33^1/_3$% beträgt, denn nach Vollversteuerung der buchhalterischen Gewinne wären z. B. in t_0 0,5 G_0 übrig. Die 0,5 G_0 und die Steuergutschrift in Höhe von 0,25 D_0 ergeben den maximal ausschüttbaren Betrag (für t_1 usw. gilt das Entsprechende).

$$0{,}5\ G_0 + 0{,}25\ D_0 = D_0$$
$$D_0 = 2/3\ G_0$$

Dividenden können aus dem Gewinn der abgelaufenen Periode gezahlt werden und durch Auflösung früher gebildeter Rücklagen. Wir trennen zwischen der Dividendenzahlung aus dem Gewinn einer Periode, D_0, D_1, D_2, D_3, und der Dividendenzahlung aus Rücklagen früherer Perioden (die mit 50% versteuert sind): M_1, M_2, M_3.
Die Höhe der Rücklagen R_0, R_1, R_2, R_3 bestimmt sich wie folgt:

$$\begin{aligned} G_0 - S_0 - D_0 &= R_0 & \qquad R_0 \geqq 0;\ R_1 \geqq 0;\ R_2 \geqq 0;\ R_3 \geqq 0; \\ G_1 - V_0 + R_0 - S_1 - D_1 - M_1 &= R_1 & \qquad M_1 \geqq 0;\ M_2 \geqq 0;\ M_3 \geqq 0; \\ G_2 - V_1 + R_1 - S_2 - D_2 - M_2 &= R_2 \\ G_3 - V_2 + R_2 - S_3 - D_3 - M_3 &= R_3 \end{aligned}$$

Wir werden sehen, daß es aufgrund unserer Annahmen notwendig sein wird, eine vollversteuerte Rücklage zu bilden, um diese teilweise in t_1 auszuschütten. Die Unternehmung zahlt damit mehr Steuern, als sie zahlen müßte, wenn sie vor t_0 investiert hätte und so für einen gleichmäßigeren Buchgewinn gesorgt hätte.

Zu maximieren sind jetzt die Ausschüttungen A, wobei weiterhin gelten soll, daß nur ganzzahlige Vielfache von fünf Mark in Frage kommen.
Die Ausschüttungen gleichen der Summe aus erwirtschafteten Dividenden der betreffenden Periode (versteuert zu $33^1/_3\%$) und der Rücklagenauflösung (früher zu 50% versteuert):

$A = \max!$, wobei $A = D_0 = D_1 + M_1 = D_2 + M_2 = D_3 + M_3$.
$A \geqq 0$; wenn $A > 0$, dann sind nur ganzzahlige Vielfache von 5 zulässig.

Für die Nebenbedingungen gilt:

(1) Es ändert sich die Liquiditätsbedingung für jeden Zahlungszeitpunkt, denn die Gewinnsteuern müssen durch die Einnahmen gedeckt sein. Die Liquiditätsbedingung lautet nun: Einnahmen aus Investitions- und Finanzierungsvorhaben minus Ausgaben aus Investitions- und Finanzierungsvorhaben minus Gewinnsteuerzahlungen minus Dividendenzahlungen gleich Null. An die Stelle der Ausschüttungen in den Liquiditätsbedingungen des Falls ohne Steuern tritt also jetzt die Summe aus Steuer- und Dividendenzahlungen.

(2) Für den Schlußzeitpunkt ändert sich entsprechend die Liquiditätsbedingung: Einnahmen aus Investitionen minus Ausgaben aus Finanzierungsvorhaben minus Steuerzahlungen minus Dividenden gleich oder größer als 600.

(3) Alle sonstigen Nebenbedingungen gelten weiter.

Selbst unter unseren harmlosen, wenige Handlungsmöglichkeiten umfassenden Annahmen erhalten wir einen reichlich aufwendigen Modellansatz. Der Leser versuche, das Modell formelmäßig niederzuschreiben.
Nach einigem Probieren entsteht der folgende Finanzplan. Ist er bereits optimal?

	t_0	t_1	t_2	t_3
B_3:	1600			
F_0:	— 500			
F_2:	500	— 40	— 540	
F_4:	485	— 35	— 35	— 535
F_5:	27,5	— 30,3		
F_6:		415,3	— 456,8	
1. I_{11}:	— 600	0	400	500
8. I_{21}:	— 960	480	480	320
6. I_{4d}:		— 720	360	450
I_7:			— 97,8	101,7
S:	— 482,5	0	— 40,4	— 159,5
A:	— 70	— 70	— 70	— 70
Saldo:	0	0	0	607,2
Entwicklung des Rücklagenkontos:	447,5	254,7	382,8	
Steuerliche Verlustvorträge (im Rücklagenkonto bereits abgesetzt):	0	122,8	0	

Erläuterung: Engpässe sind hier der Buchgewinn in t_1, der die Dividendenhöhe begrenzt, und die Liquiditätslage in t_1. Das Ziel lautet: Maximiere den gleichmäßigen Dividendenstrom! Das bedeutet: In jeder Periode muß ein Buchgewinn (nach Abzug der Steuerzahlungen zuzüglich früher gebildeter Rücklagen) mindestens in Höhe der Dividende erwirtschaftet werden. Nun führt I_1 in t_1 zu 200 Mark Abschreibungen, aber zu keinen Erträgen. Damit in t_1 Dividenden gezahlt werden können, müssen folglich in t_0 (versteuerte) Rücklagen gebildet werden. Es sind mehrere Anlagen I_2 zu investieren, von denen jede (bei linearer Abschreibung) 20 Mark Buchgewinn bringt. Wegen des Engpasses »Handelsbilanzgewinn« in t_1 kann von der rentabelsten Anlage I_1 nur eine Einheit investiert werden. Um die Steuerzahlungen in t_0 so gering wie möglich zu machen, wird der bisherige Anlagenbestand bereits in t_0 desinvestiert. Die Abschreibung des Restbuchwertes von 600 läßt die Steuerzahlungen soweit sinken, daß eine genügend hohe Rücklage verbleibt, um auch in t_1 Dividenden zahlen zu können.
Weil die Gewinne so ungleichmäßig anfallen, wird die volle Dividende in t_1 aus voll versteuerten Rücklagen gezahlt. Weil in t_1 der Buchgewinn zum entscheidenden Engpaß wird, verbietet sich sowohl für I_1 wie für I_2 degressive Abschreibung. I_4 ist hingegen degressiv abzuschreiben, dadurch mindern sich die Steuerzahlungen in t_2, und damit kann mehr Geld zinsbringend angelegt werden. Um andererseits den Einnahmenüberschuß in t_1 noch anzulegen, wird I_4 verwirklicht. Das Investitionsvolumen von I_4 wird durch die Kreditbeschränkung beim Kontokorrentkredit begrenzt. In t_2 kann ein Restbetrag auf dem Sparbuch angelegt werden.

Gegenüber dem Fall ohne Steuern zeigt sich:

(1) Die Dividende sinkt von 315 auf 70, obwohl der Steuersatz zwischen 50% (für Rücklagen) und 25% (für Dividenden) liegt. Es ist also nicht so, daß eine Erhöhung der Steuersätze die Gewinne proportional beschneidet. Da die Steuersätze die Investitions- und Finanzierungsvorhaben beeinflussen, müssen hier ganz andere Vorhaben gewählt werden! In unserem Fall muß wegen des Zwanges zur gleichmäßigen Dividendenzahlung auf sehr vorteilhafte Investitionsvorhaben verzichtet werden. Deshalb schrumpft die Dividende auf etwas mehr als 20% der Ausschüttung im Nichtsteuerfall (was bei naiver Betrachtung einem durchschnittlichen Steuersatz von fast 80% entspräche). In unserem Beispiel liegt das vor allem daran, daß die Unternehmung vor t_0 versäumt hat, rechtzeitig zu investieren. Das zwingt sie jetzt dazu, auf die Investition der vorteilhaften Großanlage I_1 weitgehend zu verzichten.

Nach allgemeiner Ansicht beschneidet eine Investition heute die Investitionsmöglichkeiten morgen, weil die finanziellen Mittel ausgegeben sind. Das trifft meistens zu, aber (wie wir sehen) nicht immer. Investitionen heute können auch die Voraussetzung dafür sein, daß morgen überhaupt lukrative Investitionen finanziert werden können. Um ungleichmäßig anfallende Buchgewinne auszugleichen, kann es vorteilhaft sein, sich heute stark zu verschulden und zu investieren, statt morgen hohe versteuerte Rücklagen zu bilden, um später Dividenden zahlen zu können. Diese zusätzlichen Steuerzahlungen morgen können die Finanzlage so verschlechtern, daß danach die vorteilhaftesten Investitionen unterbleiben müssen.

(2) Aufgrund der Besteuerung sinkt zunächst das Investitionsvolumen von 2 040 in t_0 auf 1 560 in t_0, dazu treten jedoch 720 in t_1, so daß die Gesamtinvestitionssumme im

Handlungszeitraum im Steuerfall mit 2 280 sogar höher liegt. Es ändert sich zugleich die Struktur der Investitionsvorhaben. An die Stelle von zwei I_1 treten sechs I_2 und sechs I_4.

(3) Die Besteuerung mindert zugleich die Verschuldungsbereitschaft: Wegen der anfänglich geringeren Investitionstätigkeit und der geringeren Ausschüttungssumme ist auch die Kreditbeanspruchung geringer.

Die überraschenden Folgerungen aus dem Beispiel zeigen, daß die Zusammenhänge zwischen Investition, Finanzierung und Besteuerung vielschichtiger sind, als meistens angenommen wird.

cc) Das Problem der Rechentechnik

Wie läßt sich der optimale Finanzplan finden? Welche Investitionsvorhaben und welche Finanzierungsmöglichkeiten sind zu wählen und welche zu verwerfen? Zwei Lösungen gibt es:

(1) Der erste Weg besteht in einem unsystematischen Probieren, bei dem man sich auf das Fingerspitzengefühl verläßt. Um hier mit Sicherheit das Optimum zu erreichen, sind alle (oder fast alle) Kombinationsmöglichkeiten durchzuprobieren. Solange man nicht alle Kombinationen zwischen den einzelnen Handlungsmöglichkeiten ausgerechnet hat, kann man nie sicher sein, das tatsächliche Optimum gefunden zu haben. Diese unsystematische Probiermethode wurde bisher verwandt.

(2) Der zweite Weg besteht in dem Versuch, ein allgemeines Verfahren zur Optimumbestimmung zu finden. Bei der Struktur unseres Problems kann das nur heißen: eine Methode zu einem systematischen Probieren zu suchen und Kriterien zu entwickeln, nach denen man auch ohne Durchrechnen sämtlicher Kombinationen feststellen kann, ob das Optimum erreicht ist.

Den zweiten Weg beschreiten die Verfahren der mathematischen Programmierung. Leider bietet der zweite Weg für unser Problem vorerst nur geringe Aussicht auf Erfolg: Es gibt bis heute kein Rechenverfahren, das zu einer praktisch befriedigenden Lösung für »lineare gemischt-ganzzahlige Programme« führt. Die Abhängigkeiten in unserem Modell sind lineare Abhängigkeiten in Form von Gleichungen bzw. Ungleichungen. Demnach müßten die Rechenverfahren der linearen Programmierung, wie die Simplexmethode, anwendbar sein. Tatsächlich wäre unser Problem zu lösen, wenn die Ganzzahligkeitsvorschrift für die Mehrzahl der Variablen nicht bestünde.

Unser Problem verlangt jedoch für die meisten Variablen ganzzahlige Lösungen und läßt für andere Variablen nichtganzzahlige Lösungen zu: Es ist ein »gemischt-ganzzahliges Programm«. In der Literatur sind mehrere Rechenverfahren (Algorithmen) für ganzzahlige und gemischt-ganzzahlige Programme vorgetragen worden. Am bekanntesten ist der Algorithmus von Gomory[18]. Leider zeigen sich hier bei der praktischen Anwen-

[18] Ein leicht verständliches Beispiel zu diesem Rechenverfahren bringt *Alan S. Manne*, Economic Analysis for Business Decisions. New York – Toronto – London 1961, Chapter 6. Zu den grundsätzlichen Problemen vgl. *George B. Dantzig*, On the Significance of Solving Linear Programming Problems with Some Integer Variables. In: Econometrica, Vol. 28 (1960), S. 30–44; *Hadley*, 8. Kapitel; vgl. ferner *Klaus Lüder*, Zur Anwendung neuerer Algorithmen der ganzzahligen linearen Programmierung. In: ZfB, Jg. 39 (1969), S. 405–434; *Müller-Merbach*, Kapitel 11.

dung erhebliche Schwierigkeiten. In manchen Fällen führt das Verfahren rasch zu einer Lösung, in anderen nicht. »Somit kann man im gegenwärtigen Zeitpunkt nicht behaupten, daß zur Lösung ganzzahliger Programmierungsprobleme wirksame numerische Verfahren verfügbar sind[19].«
Damit besteht eine mißliche Situation:
Berücksichtigt man Unteilbarkeiten und gegenseitiges Sich-Ausschließen, dann bleibt für die praktische Lösung vorerst nur die »Methode« der vollständigen Durchrechnung aller zulässigen Lösungen. Ein solches Vorgehen ist theoretisch ein bißchen blamabel. Doch ist zu beachten, daß die geforderte Ganzzahligkeit die Zahl der möglichen Lösungen stark herabsetzt. Deshalb genügt meistens etwas Nachdenken über die entscheidenden Engpässe, um nach einigem Probieren eine gute (wenn vielleicht auch nicht die beste) Lösung zu finden. Will man die Verfahren mathematischer Programmierung für die langfristige Unternehmensplanung nutzbar machen, dann ist eine Weiterentwicklung der Techniken ganzzahliger Programmierung unerläßliche Vorbedingung.
Wer hingegen die Probleme theoretisch weiter untersuchen will, der steht vor dem unerfreulichen Tatbestand, daß solche ganzzahligen (gemischt-ganzzahligen) Modelle bis heute noch kaum allgemeingültige Aussagen erlauben. So sind insbesondere die Schattenpreise nicht (mindestens nicht immer) ökonomisch sinnvoll zu deuten. Vielmehr hängt ihre Höhe teilweise vom Verlauf der Rechnung selbst ab[20].
Bei diesem gegenwärtigen Stand muß eine Wahl erfolgen zwischen theoretisch befriedigender Lösbarkeit der Modelle (Verzicht auf Ganzzahligkeit) und praktischer Brauchbarkeit (Verzicht auf befriedigende Rechentechniken zur Optimumbestimmung). Die Wahl kann dem Betriebswirt nicht schwerfallen: Der Verzicht auf Ganzzahligkeit entwertet die Modelle für die praktische Investitions- und Finanzplanung weitgehend, wenn nicht vollständig. Deshalb sind die nicht-ganzzahligen Modelle der linearen (oder auch nichtlinearen) Programmierung zur simultanen Investitions- und Finanzplanung allenfalls für den Schulgebrauch zu verwenden.

Wie stark das Fehlen der Ganzzahligkeitsbedingungen den ökonomischen Gehalt eines Modells entwertet, erkennen wir an unserem einfachen Beispiel:
(1) Desinvestitionsentscheidungen betreffen stets sich ausschließende Handlungsmöglichkeiten. Folglich kann in der Programmplanung das Nutzungsdauerproblem nur mit Hilfe von Ganzzahligkeitsbedingungen gelöst werden. Wer auf die Ganzzahligkeit verzichtet, klammert das Problem des optimalen Ersatzzeitpunktes aus der Planung aus.

(2) Alle anderen sich ausschließenden Investitionsvorhaben können gleichfalls nicht mehr erfaßt werden. Das praktische Investitionsproblem besteht in erster Linie jedoch nicht in der Frage, ob ein Lastwagen gekauft oder das Pförtnerhaus neu gebaut werden

[19] *Hadley*, S. 306. Manche ganzzahligen Probleme lassen sich auch als dynamische Programmierungsfälle auffassen; doch auch hier ergeben sich zahlreiche Schwierigkeiten, vgl. z. B. *Hadley*, S. 519.

[20] Vgl. dazu *Ralph E. Gomory, William J. Baumol*, Integer Programming and Pricing. In: Econometrica, Vol. 28 (1960), S. 521–550; *Weingartner*, Kapitel 5.

soll. Das Problem lautet regelmäßig: Welcher Typ von Lastwagen ist zu wählen (also Wahl unter sich ausschließenden Objekten), und kann daneben noch das Pförtnerhaus gebaut werden?

(3) Die Tatsache, daß Investitions- und Finanzierungsvorhaben Mindestkapitalsummen erfordern, daß keine halben oder viertel Maschinen angeschafft werden können, bleibt bei Nicht-Ganzzahligkeit außer acht.

Die Literatur hat regelmäßig erkannt, daß gerade in der Investitions- und Finanzplanung die Ganzzahligkeitsbedingung unabweisbar ist. Die Ganzzahligkeit wird denn auch gefordert: Die Bedingung niederzuschreiben, die Variablen sollten ganzzahlig sein, kostet schließlich nichts. Wie man sie aber bei der praktischen Rechnung verwirklichen kann, das wird durchweg übergangen. Natürlich sind solche Aufgaben lösbar: Bei einer endlichen Zahl möglicher Kombinationen ist nach Durchrechnen sämtlicher Kombinationen auch die optimale Lösung gefunden. Aber diesen selbstverständlichen Weg kann man nicht unter die anspruchsvolle Überschrift »mathematische Programmierung« stellen.

4. Kombinatorische Investitions- und Finanzplanung in der Literatur

Die mathematische Programmierung gilt als Verfahren, um Planinterdependenzen zu lösen: um eine gemeinsame Abstimmung von Beschaffung und Produktion, Produktion und Absatz, Produktion und Investition, Investition und Finanzierung zu erreichen. Die einzelnen Ansätze lassen sich unterteilen in Modelle mit leistungswirtschaftlichem Schwergewicht, in denen vorwiegend Beschaffungs-, Produktions- und Absatzbeschränkungen beachtet werden, und in Modelle mit finanzwirtschaftlichem Schwergewicht, in denen die Liquiditätsbedingungen und die Finanzierungsmöglichkeiten im Vordergrund stehen. Auf die Modelle mit leistungswirtschaftlichem Schwergewicht kommen wir im Teil F zu sprechen. Hier interessieren die »Simultanplanungsmodelle« mit finanzwirtschaftlichem Schwergewicht.

Simultane Planungsmodelle mit finanzwirtschaftlichem Schwergewicht müssen besonderes Augenmerk auf die Festlegung der finanziellen Zielgrößen und der einzelnen Finanzierungsbedingungen einschließlich der Kassenhaltung wenden.

Der erste Ansatz wurde von Charnes-Cooper-Miller[21] vorgetragen.

Charnes-Cooper-Miller erkennen (S. 231) klar, daß das lineare Programmieren hilft, die Schwierigkeiten bei der Ermittlung der Rendite einzelner Investitionsobjekte bzw. der Grenzrendite zu vermeiden. Sie maximieren die undiskontierten, über alle Perioden angehäuften Gewinne als Differenz zwischen Einnahmen und Ausgaben je Periode. Die Maximierung der undiskontierten Gewinne entspricht der Vermögensmaximierung unter der Annahme, daß liquide Mittel nicht verzinslich angelegt werden können. Zunächst ist in ihrem Modell eine Geldanlage außerhalb der Investitionsobjekte (Aufstockung des Lagers im Lagerhaus) nicht möglich. In einer Modellerweiterung berücksichtigen sie Kreditaufnahmen und Geldanlagen zu ein und demselben Zins-

[21] Vgl. *A. Charnes, W. W. Cooper, M. H. Miller,* Application of Linear Programming to Financial Budgeting and the Costing of Funds. In: The Journal of Business, Vol. 32 (1959), S. 20–64; wiederabgedruckt in: The Management of Corporate Capital, edited by Ezra Solomon. 3rd printing, London 1964, S. 229–255. Auf diesem Ansatz bauten auch auf *Y. Jjiri, F. K. Levy, R. C. Lyon,* A Linear Programming Model for Budgeting and Financial Planning. In: The Journal of Accounting Research, Vol. 1 (1963), S. 198–212.

fuß. Ihre Zielfunktion (S. 248) entspricht hier praktisch der Kapitalwertmaximierung. Den Einfluß einer finanziellen Beschränkung auf das Lagerhausproblem versuchen sie durch eine Interpretation des Dualtheorems, d. h. der Schattenpreise, zu bestimmen. Besonderheiten bei den Investitionsmöglichkeiten, wie sich ausschließende Vorhaben oder Unteilbarkeit, bleiben außer Betracht. Trotz dieser Begrenzung der Aufgabenstellung findet der Leser in ihrem Modell zwei wesentliche Aussagen: Einmal die Erkenntnis, daß die Zielfunktion bei Investitions- und Finanzierungsüberlegungen sich nicht in Kapitalwertmaximierung zu erschöpfen braucht, und zum anderen eine Analyse der Schattenpreise. Die Tatsache, daß Schattenpreise analysiert werden, bedeutet die Einsicht, daß vor der Untersuchung eines Problems nicht gesagt werden kann, welche Faktoren tatsächlich zu Engpässen werden. Viel mehr an allgemeinen Aussagen zur Investitionstheorie geben die Modelle der mathematischen Programmierung auch nicht her. Ihr Wert liegt im wesentlichen darin, eine praktische Lösung für den Einzelfall zu errechnen.

Im deutschen Schrifttum sind Finanzierungsprobleme mit Hilfe linearer Programmierung ausführlich von Albach in seinem Buch »Investition und Liquidität« untersucht worden[22]. Dem Buch geht ein Aufsatz voran, in dem Albach ein ganzzahliges Problem beschreibt, und dem Buch folgt ein Aufsatz über Investitionsentscheidungen in Mehrproduktbetrieben[23]. Beide Aufsätze legen das Schwergewicht auf die leistungswirtschaftlichen Abhängigkeiten (vgl. S. 575 ff.). Das Buch enthält im Textteil mehrere einfache Beispiele für die Abstimmung von Investitions- und Finanzplanung. In der Darstellung theoretischer Fragen bleibt Albach hinter dem Entwurf von Charnes-Cooper-Miller zurück, z. B. hinsichtlich der Zielfunktion und dem Versuch, Knappheitspreise ökonomisch zu deuten. Seine Zielfunktion lautet Kapitalwertmaximierung. Als Kalkulationszinsfuß wird ein Zinssatz gewählt, der die langfristige Durchschnittsrendite des Unternehmens widerspiegeln soll. Dieses Ziel läßt, so heißt es, die im Kalkulationszinsfuß enthaltene Annahme sinnvoll erscheinen, daß für Reinvestitionen eine Mindestverzinsung verlangt werde. Langfristig sei diese Annahme vertretbar, denn die Durchschnittsrendite des Unternehmens lasse gerade erkennen, daß es dem Unternehmen bisher gelungen sei, Reinvestitionen zu diesem Zinssatz vorzunehmen. Damit seien die gegen den Kalkulationszinsfuß der traditionellen Theorie gemachten Einwendungen ausgeschaltet (S. 86 f.).

Albachs Zielfunktion und ihre Begründung haben Kritik hervorgerufen[24]. Zunächst trifft es nicht zu, daß mit einem Zinsfuß in Höhe der bisherigen Durchschnittsrendite die Einwendungen gegen die Kapitalwertmethode ausgeklammert sind. Zum anderen ist es verfehlt, anzunehmen, nicht verplante Einnahmenüberschüsse (einschließlich der Kassenbestände!) könnten sich mit der Durchschnittsrendite der Unternehmung in der Vergangenheit verzinsen. Da ein Durchschnitt anzeigt, daß es in der Vergangenheit besser und schlechter rentierende Investitionen gab, kann die Durchschnittsrendite der Vergangenheit keine Mindestrendite sein, und sofern es in Zukunft besser rentierende Investitionen gibt, wird die Durchschnittsrendite und damit die Mindestverzinsung für nicht einzeln verplante Einnahmenüberschüsse laufend steigen müssen. Ferner bleiben die Ausführungen über die Wahl einzelner Finanzierungsarten (z. B. zur Eigenfinan-

22 Vgl. *Horst Albach*, Investition und Liquidität. Wiesbaden 1962.

23 Vgl. *Horst Albach*, Lineare Programmierung als Hilfsmittel betrieblicher Investitionsplanung. In: ZfhF, NF, Jg. 12 (1960), S. 526–549; *ders.*, Investitionsentscheidungen im Mehrproduktunternehmen. In: Betriebsführung und Operations Research, herausgegeben von Adolf Angermann. Frankfurt am Main 1963, S. 24–48.

24 Vgl. zur Kritik *Adolf Moxter*, Lineares Programmieren und betriebswirtschaftliche Kapitaltheorie. In: ZfhF, NF, Jg. 15 (1963), S. 285–309, z. B. S. 289–302; *Herbert Hax*, Investitions- und Finanzplanung mit Hilfe der linearen Programmierung. In: ZfbF, Jg. 16 (1964), S. 430–446, bes. S. 434; *Hållsten*, S. 85; *Ulrich Blumentrath*, Die Maximierung des Endwertes der Unternehmung in der Investitionsprogrammplanung. Diss. Münster 1968, bes. S. 275–285.

zierung) unverbindlich, so werden insbesondere die finanziellen Auswirkungen von Gewinnausschüttungen nicht beachtet.

Eine Erweiterung gegenüber Charnes-Cooper-Miller liegt in der Tatsache, daß mehrere Finanzierungsvorhaben einzeln aufgeführt werden. Im Anhang des Buches findet sich dazu noch eine »dynamische« Formulierung, die im wesentlichen eine Symbolansammlung in Vektorschreibweise ist, aus der man ersehen kann, daß es möglich sei, auch Investitions- und Finanzierungsentscheidungen in späteren Perioden zu berücksichtigen und auch das Problem des Ersatzzeitpunktes zu erfassen (S. 316–322). Indes: Solange man, wie Albach an dieser Stelle, keine Ganzzahligkeits- und Ausschließlichkeitsbedingungen setzt, ist zumindest das Problem des Ersatzzeitpunktes nicht operational formuliert.

Weingartner[25] wählt in seiner etwa zur gleichen Zeit fertiggestellten Dissertation im wesentlichen denselben Ausgangspunkt wie Albach. Er stellt jedoch stärker die allgemeinen theoretischen Zusammenhänge in den Vordergrund. Einen großen Umfang nehmen dabei die Fragen ganzzahliger Programmierung ein. Weingartner setzt zunächst die Maximierung des Kapitalwerts als Ziel. Als Kalkulationszinssatz gilt dabei ein externer Marktzinssatz. Im letzten Teil seines Buches geht Weingartner von dem vorgegebenen Kalkulationszinsfuß ab, wählt Vermögensmaximierung als Ziel und unterscheidet dabei nach einzelnen Kapitalbeschaffungsmöglichkeiten. Dabei berücksichtigt er auch kurzfristige Geldanlagen. Bei ihm findet sich auch ein Modell, das etwa einem »zeitlich unvollständigen Totalmodell« entspricht. Er erkennt weiterhin, daß sich zusätzliche Eigenfinanzierung nur lohnt, wenn der Gesamtwert der Unternehmung steigt (S. 174 f.). Bei den Investitionsvorhaben wird von Weingartner die Tatsache, daß einzelne Vorhaben sich gegenseitig ausschließen können, im Anschluß an die grundlegende Arbeit von Lorie und Savage ausdrücklich berücksichtigt (vgl. Fußnote 8, S. 363 dieses Buches).

Eine klare Zusammenfassung des ökonomischen Gehalts dieser Modelle bringt Herbert Hax[26]. Er unterscheidet zwischen Einkommensmaximierung und Vermögensmaximierung und berücksichtigt bei den Investitionsvorhaben Ganzzahligkeits- und Ausschließlichkeitsbedingungen. Wie Charnes–Cooper–Miller und Weingartner untersucht er das Verhältnis zwischen Dualvariablen und Kalkulationszinsfuß.

Jacob [27] erörtert das Problem der Einnahmenzurechnung und vermeidet im zweiten Teil seiner Arbeit die Annahme eines Kalkulationszinsfußes durch die Wahl der Vermögensmaximierung als Zielsetzung und durch ausdrückliches Berücksichtigen sämtlicher Anlagemöglichkeiten.

Jääskeläinen[28] erweitert die Problemstellung bei dem Ziel Vermögensmaximierung noch um die Wahlmöglichkeiten der Eigen- und Selbstfinanzierung und berücksichtigt ausdrücklich die Besteuerung. Sein Modell ist das umfassendste der bisher vorgetragenen. Es zeigt zugleich die Grenzen dieser Ansätze. Immer dann, wenn mit Hilfe des Dualtheorems Aussagen gewonnen werden, die anscheinend von der herrschenden Meinung abweichen, erkennt man bei näherem

[25] Vgl. *H. Martin Weingartner*, Mathematical Programming and the Analysis of Capital Budgeting Problems. Englewood Cliffs 1963, reprinted Chicago 1967. Kritik an den Zielfunktionen und der Behandlung der Kassenhaltung bei Weingartner üben *William J. Baumol, Richard E. Quandt*, Investment and Discount Rates under Capital Rationing – A Programming Approach. In: The Economic Journal, Vol. 75 (1965), S. 317–329.

[26] Vgl. *Herbert Hax*, Investitions- und Finanzplanung mit Hilfe der linearen Programmierung, bes. S. 434.

[27] Vgl. *Herbert Jacob*, Investitionsplanung auf der Grundlage linearer Optimierung. In: ZfB, Jg. 32 (1962), S. 651–655; *ders.*, Neuere Entwicklungen in der Investitionsrechnung. In: ZfB, Jg. 34 (1964), S. 487–507, 551–594.

[28] Vgl. *Veikko Jääskeläinen*, Optimal Financing and Tax Policy of the Corporation. Helsinki 1966. Ähnlich *Lutz Haegert*, Der Einfluß der Steuern auf das optimale Investitions- und Finanzierungsprogramm. Wiesbaden 1971.

Hinsehen, daß sie auf altbekannten Gründen beruhen, die bei Modellformulierungen nur häufig ausgeklammert werden. Jääskeläinen zeigt z. B., daß in einem Sonderfall die steuerliche Abzugsfähigkeit der Fremdkapitalzinsen keinen Einfluß auf die Höhe der Finanzierungskosten hat (S. 97): Eine Unternehmung, die wegen guter Zukunftsaussichten sehr stark die Kapazitäten ausweitet, wird zu Beginn sehr hohe Abschreibungen und im Verhältnis dazu wenig Erträge aufweisen. Nimmt man an, wie Jääskeläinen, daß keine Möglichkeit besteht, einen Buchverlust steuerwirksam auf die nächsten Jahre vorzutragen, dann ist klar, daß die Unternehmung z. B. von der Möglichkeit, steuerlich degressiv abzuschreiben oder Sonderabschreibungen im Jahr der Investition vorzunehmen, u. U. gar nichts hat. Auch die Abzugsfähigkeit der Fremdkapitalzinsen nützt nichts, wenn die Unternehmung bereits vor Berücksichtigung der Fremdkapitalzinsen einen steuerlichen Verlust ausweist, der in den folgenden Jahren nicht die Einkommensteuerzahlungen mindert.

Andererseits kann es sich lohnen, Erweiterungsinvestitionen durchzuführen, bevor die Kapazitätsgrenzen erreicht sind (im Steuerfall also früher zu investieren als in einer Welt ohne Steuern), um durch das zeitliche Auseinanderziehen der Investitionen einen gleichmäßigeren Verlauf der steuerpflichtigen Buchgewinne zu erzielen, bei Einzelunternehmen schon deshalb, um der Steuerprogression zu entgehen und um zusätzlich alle abzugsfähigen Aufwendungen auch auszunutzen. Diese einzelnen Gesichtspunkte waren in der betriebswirtschaftlichen Steuerlehre bekannt, bevor es simultane Planungsmodelle gab.

Jääskeläinens Verdienst ist es jedoch, daß er durch seine umfassende Modellformulierung einen wesentlichen Teil der vielfältig verschachtelten Beziehungen zwischen Investition, Finanzierung und Besteuerung offengelegt hat. Jüngere Arbeiten haben diese Ergebnisse inzwischen in einigen Punkten ergänzt.

III. Programmentscheidungen unter Ungewißheit

Bisher wurde bei der Abstimmung von Investitions- und Finanzplanung das Ungewißheitsproblem vernachlässigt. Jetzt heben wir diese Vereinfachung auf. In der allgemeinen Darstellung des Ungewißheitsproblems (Teil A III) blieb eine Frage ausgeklammert: die Kombination zahlreicher risikobehafteter Handlungsmöglichkeiten zu alternativen »guten« Handlungsprogrammen. Gute Handlungsprogramme sind solche, die nur mehr die Wahl zwischen geringem Risiko und geringem Einkommen einerseits und hohem Risiko und hohem Einkommen andererseits lassen. Das Problem der Investitionsmischung unter Ungewißheit ist Gegenstand dieses Kapitels. Den einfachsten Zugang zur Theorie der Programmentscheidungen unter Unsicherheit finden wir im Problem der Wertpapiermischung.

a) Die Theorie der Wertpapiermischung

1. Ein Beispiel

Der wesentliche Unterschied zwischen Investitionen in Wertpapieren und Investitionen in Sachanlagen besteht darin, daß Wertpapiere in höherem Maße teilbar sind. Da die Theorie im ersten Anlauf stets die Teilbarkeit der Handlungsmöglichkeiten voraussetzt, soll hier die Theorie der Wertpapiermischung als erster Ansatz dienen, um die Probleme der Mischung von Sachanlagen unter Risikogesichtspunkten zu behandeln.

Manche Geldanlagen sind kaum risikobehaftet, z. B. die Geldanlage auf dem Sparbuch; andere bringen Verlustgefahren und versprechen aber bei etwas Glück hohe Erträge, z. B. Anlage in Aktien von Unternehmen, die in öden Wüsten nach Erdöl bohren, oder von kleineren Gesellschaften, die unter dem Verdacht stehen, bald von einem Großen geschluckt zu werden, und deren Kurse so lange in die Höhe getrieben werden, bis der Aufkäufer die gewünschte Mehrheit besitzt oder sein Interesse an der Gesellschaft verliert. In solchen Wertpapieren tummeln sich die Spekulanten. Daneben gibt es zahlreiche solide Anlagewerte, die einen angemessenen Ertrag bei erträglichem Risiko abwerfen, und Mauerblümchen, deren verborgene Reize nur von Liebhabern rechtzeitig entdeckt werden.

Wer sein Geld in Wertpapieren anlegt, kann verschiedene Ziele verfolgen: Einer kann einen Vermögensteil bewußt zum Zwecke der Spekulation einsetzen. Er sagt sich, auf die Dauer ist es bequemer, an der Börse zu spekulieren, als sein Glück in Monte Carlo zu versuchen, und die Gewinnchancen sind höher. Ein anderer sucht sicheren Zinsertrag und ruhiges Leben, und ein dritter nimmt in Grenzen Risiken in Kauf, um höhere Gewinne zu erzielen. Jeder der drei »Kapitalisten« wird sich einen anderen Wertpapierbestand zulegen. Die Zusammensetzung des Wertpapierportefeuilles hängt von der persönlichen Risikoneigung ab. Aber die Zusammensetzung des Wertpapierbestandes wird nicht nur durch die persönliche Risikoneigung bestimmt. Soll der Spekulant nur risikoreiche Erdölaktien kaufen? Der Rentner nur Staatsanleihen? Der vorsichtige Anleger nur Standardaktien der Großchemie und der Banken? Soll jeder nur Wertpapiere von einer Art halten oder seine Anlagen mischen?

Welche Wertpapierbestände wird jeder der drei Anleger anderen Portefeuilles vorziehen? Lassen sich gute und weniger gute Portefeuilles trennen, ohne daß auf die persönliche Risikoneigung des Entscheidenden zurückgegriffen werden muß? Das sind die Fragen, auf die wir hier eine Antwort suchen.

Wir suchen auch hier die »Kurve der guten Handlungsmöglichkeiten«. Auf S. 347 ff. bestand das Wahlproblem darin, die guten Kombinationen von Einkommen heute (t_0) und morgen (t_1) zu finden. Hier lautet das Wahlproblem: Welches Wertpapierportefeuille ist im Hinblick auf Gewinn und Risiko allen anderen Portefeuilles überlegen?

Nehmen wir an, eine Erbschaft habe jemandem 10 000 Mark in die Hand gegeben. In zwei Jahren will er sich ein Haus bauen und die 10 000 Mark dafür verwenden. Der Planungshorizont beträgt also zwei Jahre. Den Gewinn eines jeden Wertpapiers messen wir am Vermögenszuwachs zum Ende des Planungshorizonts. Der Vermögenszuwachs besteht aus dem Veräußerungserlös in zwei Jahren abzüglich der Anschaffungsausgaben zuzüglich der inzwischen gezahlten Zinsen bzw. Dividenden und Bezugsrechtserlöse. Die zwischenzeitlichen Erlöse sollen auf das Sparbuch getragen werden; auch die Zinsen zählen hier zum Vermögenszuwachs, der durch das Wertpapier entsteht. Welche Wertpapiere werden in das Depot aufgenommen?

Die Theorie der Wertpapiermischung setzt folgendes voraus[29]:

1. Jedes Wertpapier wird durch einen »Gewinnwert« gekennzeichnet. Als Gewinnwert sehen wir hier den Erwartungswert des Vermögenszuwachses an.

2. Jedes Wertpapier wird ferner durch einen »Risikowert« beschrieben. Der Risikowert gleicht der Standardabweichung σ. Wir setzen voraus, σ sei das zutreffende Risikomaß.

Aus der Erörterung des Ungewißheitsproblems in Teil A III wissen wir, daß die ökonomische Problematik einer jeden Investition, gleichgültig ob Sach- oder Finanzanlage, im Erfassen und Bewerten einzelner Zukunftslagen liegt, also in der Messung der Gewinne und des Risikos. Wenn wir für eine Handlungsmöglichkeit, hier ein Wertpapier, die Zielgrößen Gewinn und Risiko als bekannt voraussetzen, dann ist das entscheidende Problem bereits vorab gelöst. Es verbleibt nur die technische Aufgabe, aus den gegebenen Gewinn- und Risikoinformationen gute Handlungsmöglichkeiten auszusuchen und sie zu Programmen zusammenzustellen. Um die Technik des Zusammenstellens geht es hier. Wir gehen also davon aus, daß der Unternehmer sich Vorstellungen über die Gewinn- und Risikowerte der einzelnen Wertpapiere gebildet hat.
Zur Vereinfachung wählen wir nur sieben Wertpapiere aus. Zwischen ihnen fällt die Entscheidung. Zunächst wird angenommen, daß die gesamten Geldmittel (10 000 Mark) in jeweils einer Anlagemöglichkeit investiert werden. Der Gewinnwert von A bezieht sich also auf den Vermögenszuwachs, der entsteht, wenn 10 000 Mark in A investiert werden. Um einfacher rechnen zu können, wurden die Werte schematisiert. Der Gewinnerwartungswert $g = 10$ steht z. B. für einen Vermögenszuwachs von 10% (für den zweijährigen Planungszeitraum, also knapp 5% Verzinsung im Jahr), d. h. 1 000 Mark Vermögenszuwachs bei 10 000 Mark investiertem Kapital. Die Standardabweichung zeigt entsprechend die Schwankungsbreite der Rendite an, die bei A Null sei. Über die sieben Anlagemöglichkeiten bestehen folgende Erwartungen:
A sei die Anlage auf dem Sparbuch mit jährlicher Kündigung; ein Kursrisiko ist ausgeschaltet, deshalb kann das Risiko gleich Null gesetzt werden. A habe die Werte $g_A = 10$ und $\sigma_A = 0$.
B sei ein festverzinsliches Wertpapier, z. B. eine Bundesanleihe. Der Gewinnwert betrage $g_B = 20$, der Risikowert $\sigma_B = 10$. Das Risiko ist bei festverzinslichen Papieren nicht Null. Angenommen, die Bundesanleihe erbringt beim Erwerb eine Rendite von 6%; nach zwei Jahren, im Verkaufszeitpunkt, sei der Kapitalmarktzins auf über 9% gestiegen, und der Kurs der Anleihe ist von 100% auf vielleicht 86 gesunken. Wer nach

[29] Zur Theorie der Wertpapiermischung vgl. besonders *Harry M. Markowitz*, Portfolio Selection. New York – London 1959. Das Buch stellt eine breite Wiedergabe seiner früheren Ausführungen über Wertpapiermischung im Journal of Finance, Vol. 7 (1952), S. 77–91, dar. Kritisch analysiert wurde Markowitz's Theorie u. a. von *Ludwig Orth*, Die kurzfristige Finanzplanung industrieller Unternehmungen. Köln – Opladen 1961, S. 132–155, mit weiteren Literaturangaben. Eine klare Darstellung und Weiterführung im Hinblick auf die Folgerungen für die partielle Gleichgewichtsanalyse auf Anlagemärkten findet sich bei *William F. Sharpe*, Capital Asset Prices: A Theory of Market Equilibrium under Conditions of Risk. In: The Journal of Finance, Vol. 19 (1964), S. 425–442, und bei *James Tobin*, The Theory of Portfolio Selection. In: The Theory of Interest Rates, edited by F. H. Hahn, F. P. R. Brechling. London 1965, S. 3–51.

zwei Jahren verkauft, hat 12 Mark an Zinsen verdient, verliert aber 14 Mark beim Verkauf. Weiter lehrt die Erfahrung, daß die Gefahr einer Inflation und eines Staatsbankrotts nicht völlig auszuschließen sind. Da unsere Wirtschaftspolitiker zwar viel von Preisstabilität reden, aber selten danach handeln, und jährliche Preissteigerungen, die 2% nicht übersteigen, schon als wunderbare Frucht wirtschaftspolitischer Weisheit gepriesen werden, beträgt die Realverzinsung nur 4%. Von dem Risiko der Geldwertverschlechterung wollen wir in diesem Beispiel jedoch absehen.

C besteht aus Aktien eines Versorgungsunternehmens. Versorgungsunternehmen besitzen das Monopol der Stromversorgung für einzelne Gebiete. Monopolisten pflegen gut zu verdienen und ein ruhiges Leben zu führen. Die Großaktionäre sind meistens Gemeinden, Landschaftsverbände u. ä. bürokratische Einrichtungen, die der Preispolitik dieser Gesellschaften Grenzen auferlegen, gelegentlich leider auch den unternehmerischen Erfindungsgeist der Vorstände in Schranken halten. Die Gewinnchancen sind ziemlich sicher, aber nicht zu groß: Der Erwartungswert des Vermögenszuwachses für 100 Mark investiertes Kapital beträgt 40, die mögliche Abweichung 20.

$$g_C = 40; \qquad \sigma_C = 20.$$

D ist eine Stahlaktie. Langfristig werden der Stahlindustrie nicht sehr rosige Zukunftsaussichten eingeräumt; doch die Ertragslage gilt bis auf weiteres als zufriedenstellend. Hier steigt der Erwartungswert des Vermögenszuwachses für 100 Mark investiertes Kapital auf 60, die Streuung auf 40.

$$g_D = 60; \qquad \sigma_D = 40.$$

E ist eine Autoaktie. Hier rechnet man mit Wachstumschancen (Kursgewinnen), vorausgesetzt, die Konjunktur bleibt gut.

$$g_E = 90; \qquad \sigma_E = 70.$$

F ist die Aktie eines Chemiekonzerns, dem sehr gute Zukunftsaussichten unterstellt werden, es bestehen aber auch erhebliche Konjunktur- und Konkurrenzrisiken.

$$g_F = 100; \qquad \sigma_F = 70.$$

G sei schließlich eine Außenseiteraktie. Es handle sich um ein dahinsiechendes Textilunternehmen mit Großgrundbesitz in einer Industriestadt Ostwestfalens. Hier wird spekuliert: Wird der Betrieb liquidiert, dann entstehen hohe Liquidationserlöse. Siecht der Betrieb weiter dahin, dann war die Investition sehr unvorteilhaft.

$$g_G = 110; \qquad \sigma_G = 100.$$

Zusammengefaßt zeigen die sieben Wertpapiere folgende Eigenschaften:

	g	σ		g	σ
A	10	0	E	90	70
B	20	10	F	100	70
C	40	20	G	110	100
D	60	40			

Unter den sieben Werten ist E von vornherein unterlegen, denn F zeigt bei gleichem Risiko einen höheren Gewinnwert. Die verbleibenden sechs Wertpapiere sind gute Einzellösungen, solange keine Wertpapiermischung erwogen wird.

Durch das Mischen verschiedener Wertpapiere läßt sich das Risiko vermindern, allerdings auf Kosten der Gewinne. Wir prüfen als erstes: Enthält ein optimales Portefeuille alle sechs verbleibenden Wertpapiere? Oder sind für die Wertpapiermischung einige Wertpapiere von vornherein unterlegen?

Die Suche nach einer richtigen Entscheidung besteht darin, von zahlreichen Handlungsmöglichkeiten die guten von den weniger guten zu trennen. Dieser Weg wird auch hier beschritten. Unter den sieben möglichen Einzelwertpapieren wurden zunächst sechs gute und ein weniger gutes erkannt. Nun suchen wir die guten Wertpapiere, die in einem gemischten Wertpapierbestand enthalten sein werden. Dazu sind Gewinn und Risiko einer jeden Wertpapiermischung auszurechnen. Das schafft hohen Rechenaufwand. A (die Anlage auf dem Sparbuch mit jährlicher Kündigung) ist beliebig teilbar, B (die Bundesanleihe) ist gestückelt in 100 Mark, also sind 100 Teile denkbar, C (die Versorgungsaktie) habe einen Mindestnennwert von 100 Mark und einen Kurs von 300, hier sind also 33 Teile möglich; D (die Stahlaktie) habe einen Kurs von 200, es sind 50 Stück möglich. F, die Chemieaktie, habe einen Kurs von 250; hier sind also 40 Teile möglich. G habe einen Kurs von 100, also sind 100 Teile möglich. Die Zahl der möglichen Kombinationen überschreitet somit mehrere tausend. Bei der Zusammenstellung des Investitionsprogramms ist also auf die beschränkte Teilbarkeit zu achten. Vorerst vernachlässigen wir jedoch das Teilbarkeitsproblem und unterstellen, beliebig kleine Geldbeträge könnten in jedes Wertpapier investiert werden.

Wir versuchen zunächst auf grafischem Weg, die Zahl der guten Wertpapiermischungen einzugrenzen. Folgende Überlegung drängt sich auf: Investieren wir in A und C je 5 000 Mark, also je 50% des Kapitals, dann wird die Mischung M einen Gewinn g_M erzielen von

$$g_M = 0{,}5 \cdot 10 + 0{,}5 \cdot 40 = 25$$

Wenn wir annehmen, das Risiko der Mischung entspricht dem Durchschnitt der Risiken von A (σ_A = Null) und C ($\sigma_C = 20$), dann beträgt das Risiko der Mischung 10. Daraus folgt: Eine Mischung aus $\frac{1}{2}$ A + $\frac{1}{2}$ C ist dem Wertpapier B überlegen, denn die Mischung erbringt bei einem gleichen Risiko einen höheren Gewinn. Wir schließen daraus: B ist schlechter als eine Mischung von A und C. In einem guten Wertpapierportefeuille ist deshalb B nicht enthalten.

Allgemein gilt: Werden i Wertpapiere gemischt, deren Gewinn mit g_i ($i = 1,2, \ldots, n$) bezeichnet wird, und beträgt der Anteil des i-ten Wertpapiers am gesamten Investitionsbetrag α_i, dann errechnet sich der Gewinn der Mischung g_M als

$$g_M = \sum_{i=1}^{n} \alpha_i g_i, \text{ wobei } \sum_i \alpha_i = 1 \text{ ist.}$$

Der Gewinn der Mischung gleicht hier dem mit dem Anteil gewogenen arithmetischen Mittel aus den Einzelgewinnen der Wertpapiere.

Wie hoch ist das Risiko der Mischung im allgemeinen Fall? Eben wurde angenommen, das Risiko der Mischung der Wertpapiere entspräche dem mit den Anteilen gewichteten arithmetischen Mittel aus den Risikowerten der einzelnen Wertpapiere. Unter dieser

Annahme werden in der grafischen Darstellung der Abb. 11 sämtliche Gewinne und Risikowerte einer Mischung aus A und C auf der Geraden zwischen A und C liegen. Die gleiche Überlegung läßt sich für Mischungen aus C und F anstellen. Mehrere Mischungen aus C und F erscheinen der Aktie D überlegen. Für diese Aussage ist jedoch eine Unterstellung notwendig: daß Mischungen aus C und D, D und F, bzw. C, D und F sich nicht im Risiko stärker begünstigen als Mischungen aus C und F. Von dieser Annahme gehen wir aus. Auf das »Sich-Begünstigen-im-Risiko« kommen wir gleich im einzelnen zu sprechen.

Wir erhalten als Zwischenergebnis: Ein guter Wertpapierbestand enthält weder Wertpapier E noch Wertpapiere B und D. Gute Anlagemöglichkeiten sind allein A, C, F, G.

Dieses Ergebnis nennt noch nicht die endgültige Lösung. Wäre dies die endgültige Lösung, dann könnte ein guter Wertpapierbestand stets nur aus höchstens zwei Wertpapieren bestehen (A und C, C und F, F und G). Die Kurve A—C—F—G wäre die Kurve der guten Handlungsmöglichkeiten. Jeder Eckpunkt der Kurve enthält nur ein Wertpapier, und Mischungen, die diese Kurve verkörpern, enthalten lediglich zwei benachbarte Wertpapiere. Selbst wenn zu Beginn 1 000 oder noch mehr Wertpapiere in die Planung einbezogen werden und das Risiko einer Wertpapiermischung dem gewogenen Durchschnitt der Einzelrisiken gleicht, dann bestehen gute Wertpapierportefeuilles

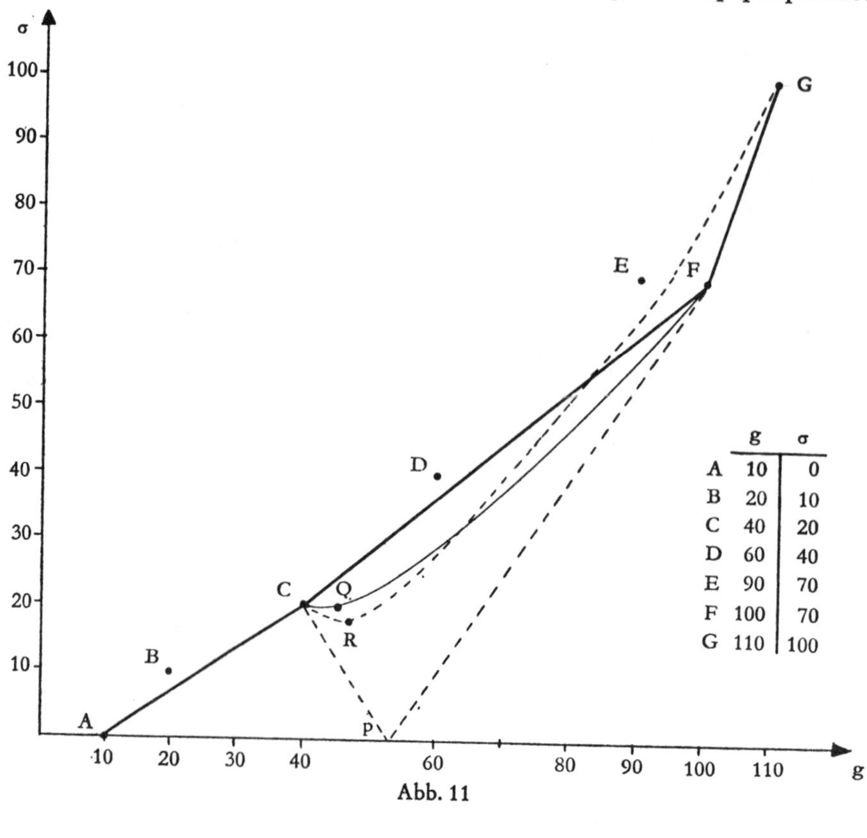

	g	σ
A	10	0
B	20	10
C	40	20
D	60	40
E	90	70
F	100	70
G	110	100

Abb. 11

nur aus höchstens zwei Wertpapieren. Das ist ein Ergebnis, das der Alltagserfahrung widerspricht. Schon deshalb wird das Risiko einer Wertpapiermischung im allgemeinen nicht durch das arithmetische Mittel der Einzelrisiken gekennzeichnet werden können.

Im vorliegenden Modell wird das Risiko durch die Standardabweichung ausgedrückt; das verlangt, die Varianz der Summe zweier zufallsabhängiger Größen zu berechnen. In der Statistik wird gelehrt: Die Varianz einer Summe gleicht der Summe der Einzelvarianzen, vorausgesetzt, die Einzelgrößen (z. B. die alternativen Kurse eines Wertpapiers) sind vollständig voneinander unabhängig. Unabhängig heißt: Die Gründe, die den Kurs eines Wertpapiers steigern, haben keinen Einfluß auf die Kursentwicklung anderer Wertpapiere. In der Praxis sind allerdings die Kurse der meisten Papiere voneinander abhängig. Sind die Einzelgrößen voneinander abhängig, dann ist ein Korrelationskoeffizient zu berücksichtigen. Für die Standardabweichung σ_M einer Mischung zweier abhängiger Anlagewerte A und C gilt dann die Gleichung

$$\sigma_M = \sqrt{\alpha^2 \sigma_A^2 + (1-\alpha)^2 \sigma_C^2 + 2\, k_{AC}\, \alpha (1-\alpha) \sigma_A \sigma_C}\,.$$

Hierbei bedeuten: σ_M = Risiko (Standardabweichung) der Mischung aus den Wertpapieren A und C; α = Anteil des Wertpapiers A, $(1-\alpha)$ = Anteil des Wertpapiers C; σ_A = Risiko von A; σ_C = Risiko von C; k_{AC} = Korrelationskoeffizient zwischen A und C[30].

Der Korrelationskoeffizient ist ein Maß für die lineare (!) Abhängigkeit zwischen zwei Größen. Der Korrelationskoeffizient liegt zwischen – 1 und + 1. Beträgt der Korrelationskoeffizient + 1, verlaufen die beiden Größen (z. B. die Kurse der Wertpapiere) stets in gleicher Richtung. Beträgt der Korrelationskoeffizient – 1, verlaufen die beiden Kurse strikt entgegengesetzt. Sind zwei Wertpapiere voneinander völlig unabhängig, dann ist ihr Korrelationskoeffizient Null.

Aber nicht immer, wenn der Korrelationskoeffizient Null ist, sind die Größen unabhängig: In bezug auf die allgemeine Nachfrage nach Kunststoffen oder Arzneimitteln weisen z. B. zwei chemische Werke eine hohe positive Korrelation auf. Bei Hochkonjunktur werden beide gut verdienen, in der Depression beide wenig. Die allgemeine Konjunktur ist jedoch nur *eine* Bestimmungsgröße des Gewinns. Schließlich konkurrieren die beiden Chemiekonzerne. Den Marktanteil, den ein Konzern gewinnt, jagt er wenigstens teilweise dem anderen Konzern ab. In bezug auf die Konkurrenzlage ist die Korrelation negativ. Wenn wir die Kursentwicklung bei den Chemieaktien vergleichen, werden wir vermutlich feststellen: In Zeiten guter Konjunktur ist die Korrelation stark positiv, in Zeiten nachlassender Konjunktur (verstärkter Konkurrenz) ist es denkbar,

30 In statistischen Lehrbüchern wird die Varianz einer Summe abhängiger Einzelgrößen meistens mit Hilfe der sog. Kovarianzen ausgedrückt. Die Varianz einer Summe von Zufallsvariablen gleicht dann

$$\sigma_M^2 = \alpha^2 \sigma_A^2 + (1-\alpha)^2 \sigma_C^2 + 2\,\alpha (1-\alpha)\, \sigma_{AC}.$$

Zwischen der Kovarianz σ_{AC} und dem Korrelationskoeffizienten k_{AC} besteht folgende Beziehung: $k_{AC} = \frac{\sigma_{AC}}{\sigma_A \cdot \sigma_C}$. Deshalb läßt sich der Begriff Kovarianz leicht vermeiden und durch den bekannteren Korrelationskoeffizienten ersetzen; Markowitz arbeitet mit Kovarianzen; die im Text gewählte Darstellung findet sich bei *Sharpe*, S. 430, und *Tobin*, The Theory of Portfolio Selection, S. 24f.

daß die Korrelation gegenläufig wird, wenn eine Unternehmung sich besser behauptet als eine andere. Im Saldo ergibt sich möglicherweise eine schwache, kaum aussagefähige Korrelation, vielleicht sogar eine Korrelation von Null. Die Korrelation zwischen den Kursen zweier Chemieaktien kann also Null sein, obwohl beide Unternehmen Konkurrenten sind. Das gilt für den Zeitreihenvergleich, die statistische Deutung der Vergangenheit. Noch schwieriger wird es, für die künftige Entwicklung die gegenseitige Abhängigkeit der Kurse vorherzusagen. Genau das verlangt aber die Theorie der Wertpapiermischung. Wir erkennen bereits hier die Schwierigkeiten, die ihrer praktischen Anwendung entgegenstehen. Aber vorerst sehen auch wir mit der Tollkühnheit, den »reine« Theoretiker stets gegenüber der Wirklichkeit beweisen, von allen praktischen Erfassungsschwierigkeiten ab.
Mit Hilfe der Formel für das Risiko der Wertpapiermischung stellen wir fest: Da A ein Risiko von Null besitzt, liegen alle Mischungen, die A enthalten, auf einer Geraden. Um das nachzuweisen, brauchen wir nur in der Formel für σ_A den Wert Null einzusetzen, und wir erhalten

$$\sigma_M = \sqrt{(1 - \alpha)^2 \sigma_C^2} = (1 - \alpha)\, \sigma_C \,.$$

Das Risiko einer Mischung aus C und F ist hingegen schwieriger zu bestimmen. Wir müssen dazu die Korrelation kennen, die zwischen Dividenden und Aktienkursen des Elektrizitäts-Versorgungsunternehmens und denen des Chemiekonzerns besteht. Zunächst spricht einiges dafür, daß die Kurse beider Unternehmungen nichts miteinander zu tun haben. Sicher sind beide keine Konkurrenten, und wenn gar der Chemiekonzern im Süden Deutschlands, das Elektrizitätsunternehmen im Norden liegt, werden auch keine wirtschaftlichen Beziehungen zwischen beiden bestehen. Trotzdem wird die Entwicklung beider ähnlich verlaufen. Ist die Konjunktur gut, wird es beiden gut gehen, ist die Konjunktur schlecht, wird es beiden schlecht gehen.

Ehe wir eine Einzelannahme über die Abhängigkeit setzen, empfiehlt es sich, die Extremfälle gegenseitiger Abhängigkeit und die Unabhängigkeit zu betrachten:
a) Es besteht eine sehr enge Korrelation zwischen beiden Wertpapieren. Damit das praktisch glaubhaft wird, sehen wir C nicht mehr als Versorgungsunternehmen und F nicht mehr als Chemiekonzern an, sondern erklären C für einen Moment zu einem Kunstfaserfabrikanten, der seine gesamte Produktion an den Textilverarbeiter F weiterliefert. Ist eine Mischung der Aktien so eng verflochtener Unternehmen vorteilhaft? Setzen wir den Korrelationskoeffizienten zwischen beiden Unternehmungen $= +1$, dann erhalten wir für das Risiko der Mischung folgenden Ausdruck:

$$\sigma_M = \sqrt{\alpha^2 \sigma_C^2 + (1 - \alpha)^2 \sigma_F^2 + 2\, \alpha(1 - \alpha)\, \sigma_C\, \sigma_F} \text{ bzw.}$$
$$\sigma_M = \alpha\, \sigma_C + (1 - \alpha)\, \sigma_F \,.$$

Bei einer Korrelation zwischen zwei Wertpapieren von $+1$ gleicht das Risiko der Mischung also dem mit den Anteilen gewogenen Durchschnitt der Einzelrisiken. Die Gewinn- und Risikowerte der Mischung werden durch eine Gerade wiedergegeben. Das ist der Fall, den wir eingangs unterstellt hatten. Nun ist offenbar die vollständige positive Korrelation der ungünstigste Fall, der eintreten kann, denn sie bedeutet: Geht es F schlecht, dann geht es C genauso schlecht. Ist hingegen die Gewinnentwicklung der beiden Firmen nicht so stark voneinander abhängig, dann kann man damit rechnen, daß es C noch erträglich geht, wenn es F schlecht geht, und umgekehrt. Folglich ist das Risiko einer Wertpapiermischung dann geringer als der gewogene Durchschnitt der Einzelrisiken, wie sich gleich zeigen wird (Fall c).

b) Es besteht eine völlig gegenläufige Gewinnentwicklung zwischen C und F. Der Korrelationskoeffizient beträgt − 1. Es ist schwer, dafür ein vernünftiges Beispiel zu finden. Nehmen wir an, C sei der Monopolist für Zucker, F sei der Monopolist für Süßstoff. Die Konjunktur bleibe gleichmäßig gut, zwischen beiden Unternehmen sei ein Prozeß entstanden, ausgelöst durch Werbebehauptungen von F, jeder, der Zucker esse, werde dick, und da die Verbraucher von ihren Eisbeinen nicht lassen wollen, würden sie bei Zuckergenuß Jahre früher an Herzverfettung sterben; nur die Verwendung von Süßstoff könne sie retten. Prozeßkosten und Schadenersatzforderungen seien in solcher Höhe angewachsen, daß gesagt werden könne, der Gewinn des einen sei der Verlust des anderen. Lohnt es sich, die Aktien derartig gegensätzlicher Firmen ins Portefeuille zu nehmen? Wir errechnen

$$\sigma_M = \pm [\alpha\sigma_C - (1 - \alpha)\, \sigma_F].$$

(Bisher konnten wir das Minuszeichen bei der Wurzelauflösung vernachlässigen, weil die Streuung nur als positiver Wert definiert ist; hier ist zu berücksichtigen, daß Minus mal Minus zu positiven Werten führt.) Durch Einsetzen des Wertes von z. B. $\alpha = 7/9$ erkennen wir die merkwürdige Form, welche die Risiko-Gewinn-Werte der Mischung hier annehmen. Die Kurve der Risiko-Gewinn-Mischung in Abb. 11 entartet zu einem Dreieck, das beim Aufteilungsverhältnis 7/9 für C und 2/9 für F zu einem Risiko von Null führt und einen Gewinn von $53^1/_3$ sichert (Punkt P)[31]. Diese Mischungskurve hat einen ineffizienten Teil: die Strecke CP. Alle Mischungen, die mehr als 7/9 an C enthalten, zeigen bei gleichem Risiko einen geringeren Gewinn als diejenigen, die zwischen 7/9 und 5/9 aus C bestehen. Z. B. verkörpert die Mischung 8 Teile C, 1 Teil F, ein Risiko von $\sigma = 10$, mit einem Gewinn von $46^2/_3$. Die Mischung von zwei Teilen C und einem Teil F führt zu demselben Risiko mit einem Gewinn von 60. Das Mischungsverhältnis fünf Teile C, vier Teile F enthält dasselbe Risiko wie Wertpapier C allein, verspricht aber einen Gewinn von $66^2/_3$ gegenüber 40 bei C.

Vollständig gegensätzliche Entwicklung (Korrelation − 1) ist ein abstruser Sonderfall. Er lehrt aber eines: Bestehen negative Korrelationen, dann kann das Risiko einer Mischung aus zwei gegensätzlichen Wertpapieren das Einzelrisiko des risikoärmsten Wertpapiers erheblich unterschreiten. Am deutlichsten wird das an einem makabren Beispiel: Die Investition in einer Textilfabrik in einem afrikanischen Staat verspreche einen Gewinn von 10, wenn Frieden bleibt. Sie bringt einen Verlust von 6, wenn ein Bürgerkrieg entsteht. Bleibt Frieden, erwirtschaftet eine Waffenfabrik einen Gewinn von 2, bricht der Bürgerkrieg aus, wächst der Gewinn auf 20. Der weltfremde Menschheitsfreund wird in der Textilfabrik investieren und entweder 10 gewinnen oder 6 verlieren. Der zynische Menschenverächter wird in der Waffenfabrik investieren und

[31] Vgl. hierzu näher *Tobin*, The Theory of Portfolio Selection, S. 25.

mindestens 2, vielleicht sogar 20 gewinnen. Der vorsichtige Geldanleger hingegen wird (z. B.) zur Hälfte auf Frieden spekulieren (Aktien der Textilfabrik erwerben), zur anderen Hälfte auf Krieg und folglich im Frieden 6 verdienen, im Krieg 7. Sicher wird mancher Leser eine solche Anlagepolitik als unmoralisch verwerfen. Indes: Moral ist meist nur das, was man an Leuten vermißt, die wirkungsvoller handeln als man selbst. Der Vater, der seine Kinder versorgen will, wird vernünftigerweise so investieren, daß im Frieden wie im Krieg der Wohlstand gesichert bleibt.

c) Es besteht Unabhängigkeit zwischen den Gewinnen beider Firmen. Wir kehren zum ersten Beispiel zurück. C ist das norddeutsche Versorgungsunternehmen, F der süddeutsche Chemiekonzern. Das Risiko in der Gewinnentwicklung ist in Ursachen begründet, die für beide Unternehmen verschieden liegen. Unter dieser Annahme ist es sinnvoll, von Unabhängigkeit der Gewinnentwicklung auszugehen, und d. h. einen Korrelationskoeffizienten von Null anzusetzen. Wir errechnen

$$\sigma_M = \sqrt{\alpha^2 \sigma_C^2 + (1 - \alpha)^2 \sigma_F^2}\,.$$

Für die Mischung C = 9 Teile, F = 1 Teil erhalten wir z. B. einen Gewinn von 46 und ein Risiko von $\sigma = \sqrt{0{,}81 \cdot 400 + 0{,}01 \cdot 4900}$, d. h. ungefähr 19,3, vgl. Punkt Q in Abb. 11, S. 402.

Auch bei voneinander unabhängigen Wertpapieren kann das Risiko einer Mischung unter das Einzelrisiko des risikoärmsten Wertpapieres sinken. Die Mischung aus 9 Teilen C und 1 Teil F bringt ein geringeres Risiko bei höherem Gewinn als C allein. Daraus folgt: Ein optimales Portefeuille kann bei unabhängiger Gewinnentwicklung der guten Einzelwertpapiere nie aus dem risikoärmsten Papier allein bestehen. Die Verbindungskurve CQF zeigt die Risiko-Gewinn-Werte sämtlicher Mischungen aus C und F bei unabhängiger Gewinnentwicklung von C und F. Dabei sind die Mischungen auf der Strecke CQ ineffizient.

Das Sinken des Risikos einer Mischung unter das Einzelrisiko der risikoärmsten Anlage C tritt sogar noch bei positiver Korrelation ein. Selbst wenn die Gewinnentwicklung zweier Wertpapiere teilweise gleichgerichtet ist, kann eine Mischung aus beiden Papieren zu einem geringeren Risiko führen als die Anlage im risikoärmsten Papier allein. Bei der Mischung 9 Teile C, 1 Teil F kann der Korrelationskoeffizient z. B. + 0,1 betragen, damit das Risiko der Mischung (bei höherem Gewinn) etwas unter dem Einzelrisiko von C liegt. Bei einem Mischungsverhältnis von 99 Teilen C und 1 Teil F kann der Korrelationskoeffizient sogar + 0,2 betragen, und das Risiko der Mischung liegt (bei höherem Gewinn) etwas unter dem Einzelrisiko von C.

Nachdem die Risikoeigenschaften einer Wertpapiermischung im einzelnen beschrieben sind, schreiten wir weiter bei dem Versuch, gute und weniger gute Wertpapierportefeuilles zu trennen.

Als nächstes bietet sich an, die Mischungen zwischen C und G zu prüfen. Vielleicht gelingt es nachzuweisen, daß eine Mischung von C und G dem Vorhaben F überlegen ist. Wir nehmen für das Weitere an, die Korrelation zwischen C und F sei Null. Die Risiko-Gewinn-Werte der Mischungen sind durch die Kurve C–Q–F in Abb. 11 wiedergegeben.

Wir rechnen zunächst das Risiko einer Mischung aus C und G aus, das den gleichen Ertrag wie F erbringt. Den Ertrag von 100 erbringt eine Mischung aus einem Teil C und sechs Teilen G ($\alpha_C = 1/7$). Um das Risiko zu berechnen, müssen wir den Korrelationskoeffizienten zwischen C und G kennen. Im Regelfall wird zwischen derart im Risiko auseinanderklaffenden Investitionsvorhaben C und G keine positive Korrelation bestehen. In unserem Beispiel können wir sogar mit einer leicht negativen Korrelation rechnen, und zwar aus folgender Erwägung: Bleibt die Konjunktur gut, dann wird C Gewinn abwerfen, G wird hingegen kaum liquidiert werden, sondern sich gerade über Wasser halten. Bei schlechter Konjunktur werden hingegen die Gewinne von C sinken, die Chance, daß G liquidiert wird, steigt, und selbst wenn die Liquidationserlöse bei schlechter Konjunktur nicht so hoch sein werden wie bei guter, so ist doch mit einem beträchtlichen Überschuß zu rechnen. Wir wollen deshalb annehmen, der Korrelationskoeffizient gleiche – 0,3. Die Wertpapiermischung aus einem Teil C und sechs Teilen G zeigt ein Risiko von

$$\sigma_M = \sqrt{\frac{1}{49} \cdot 20^2 + \frac{36}{49} \cdot 100^2 + 2 \cdot \frac{1}{7} \cdot \frac{6}{7} \cdot 20 \cdot 100\,(-0{,}3)}, \text{ d. h. rund } 85.$$

Damit ist bewiesen, daß F in einem guten Portefeuille enthalten ist, denn die Mischung aus C und G, die den gleichen Ertrag wie F abwirft, verkörpert ein größeres Risiko.

Es ist jedoch nicht bewiesen, daß die Mischung aus C und F allein stets einer Mischung von C und G überlegen ist. Das wird durch folgende Überlegung klar: Sobald die Korrelation zwischen C und G kleiner als + 1 ist, sinkt bei bestimmten Mischungsverhältnissen das Risiko einer Mischung aus C und G unter das Risiko von C. Wie weit das Risiko einer Mischung unter das Einzelrisiko C sinkt, hängt vom Korrelationskoeffizienten ab. Wenn die Korrelation bei beiden Wertpapiermischungen CF und CG gleich hoch wäre, wäre die Mischung CG stets unterlegen. Nun ist aber die Korrelation zwischen C und G mit – 0,3 kleiner als die zwischen C und F mit Null. Deshalb wird das Risiko der Mischung CG bei geringen Anteilen für G unter dem Risiko der Mischung CF liegen. Als Beleg wählen wir das Mischungsverhältnis 9 Teile C, 1 Teil F bzw. G. Die Mischung aus C und F (Punkt Q) zeigt $g = 46$, $\sigma = 19{,}3$. Für die Mischung aus C und G errechnet sich $g = 47$, $\sigma = 17{,}8$ (Punkt R in Abbildung 12, S. 408).

Wir erhalten als weiteres Zwischenergebnis: In bestimmten Bereichen ist die Mischung CG, in anderen die Mischung CF überlegen.

Als nächstes ist die Mischung FG zu prüfen. Die Korrelation zwischen F und G betrage Null. Zwar gilt das Argument, das für eine negative Korrelation zwischen Versorgungsunternehmen und Textilfabrik sprach, auch hier. Andererseits soll berücksichtigt werden, daß bisher die Textilfabrik ihre Kunstfasern von dem Chemiekonzern bezog und bei einer Liquidation ein wichtiger Kunde ausfällt. Beide Wirkungen mögen sich ausgleichen. Zunächst erscheint die Überlegung über die Korrelation etwas an den Haaren herbeigezogen. Der Leser prüfe jedoch, wie tief das Risiko bei einer Mischung aus F und G sinken würde, wenn die Korrelation auch – 0,3 betrüge. Die starke Empfindlichkeit des Risikos einer Wertpapiermischung gegenüber Korrelationen, die praktisch nicht oder nur sehr unzuverlässig geschätzt werden können, ist ein gewichtiges Argument gegen die in der Theorie der Wertpapiermischung verwandte Art der Risikomessung.

Die Risiko-Gewinn-Werte der Mischungen aus F und G (bei einem Korrelationskoeffizienten von 0) sind in Abb. 12 wiedergegeben. Punkt S verkörpert das Mischungsverhältnis 2/3 F, 1/3 G ($\alpha = 2/3$). Es errechnet sich $g_S = 103$; $\sigma_S = 57{,}3$ (das ist ein um rund 20% niedrigeres Risiko, als es F allein verkörpern würde).

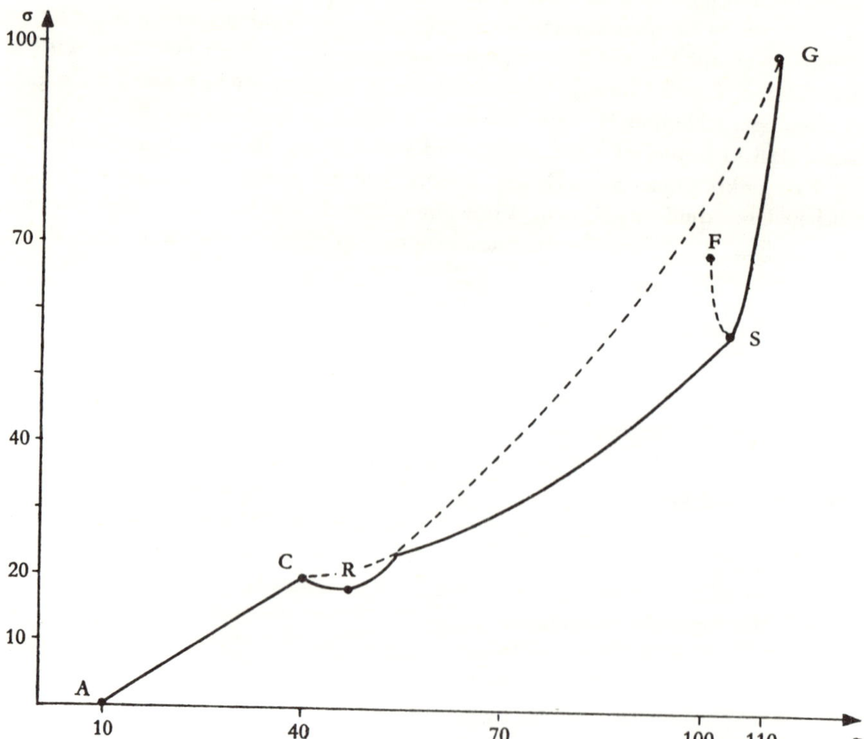

Abb. 12

Abb. 12 zeigt als neues Zwischenergebnis die folgende Kurve (scheinbar) »guter« Handlungsmöglichkeiten: G–S–R–C–A. Aber offensichtlich ist das noch nicht die beste Lösung.

Es bietet sich zunächst eine Mischung aus den Portefeuilles R und S an. R enthält die Aktien C und G. S besteht aus den Aktien G und F. Bei genauer Analyse müßten auch Portefeuilles in der Nachbarschaft von R mit Portefeuilles in der Nachbarschaft von S kombiniert werden. Wir wollen uns jedoch darauf beschränken, ein annähernd richtiges Ergebnis zu errechnen und betrachten Mischungen aus R und S.

R besteht aus den Wertpapieren C mit 9/10 und G mit 1/10; $g_R = 47$, $\sigma_R = 17{,}8$; S besteht aus den Wertpapieren F mit ²/₃ und G mit ¹/₃; $g_S = 103$, $\sigma_S = 57{,}3$.

Um die Risiko-Gewinn-Werte der Mischung RS zu berechnen, müssen wir feststellen, ob Korrelationen zwischen beiden Ausgangsportefeuilles R und S bestehen. Ohne Rücksicht auf statistische Feinheiten (die bei der Rohheit der angenommenen Werte

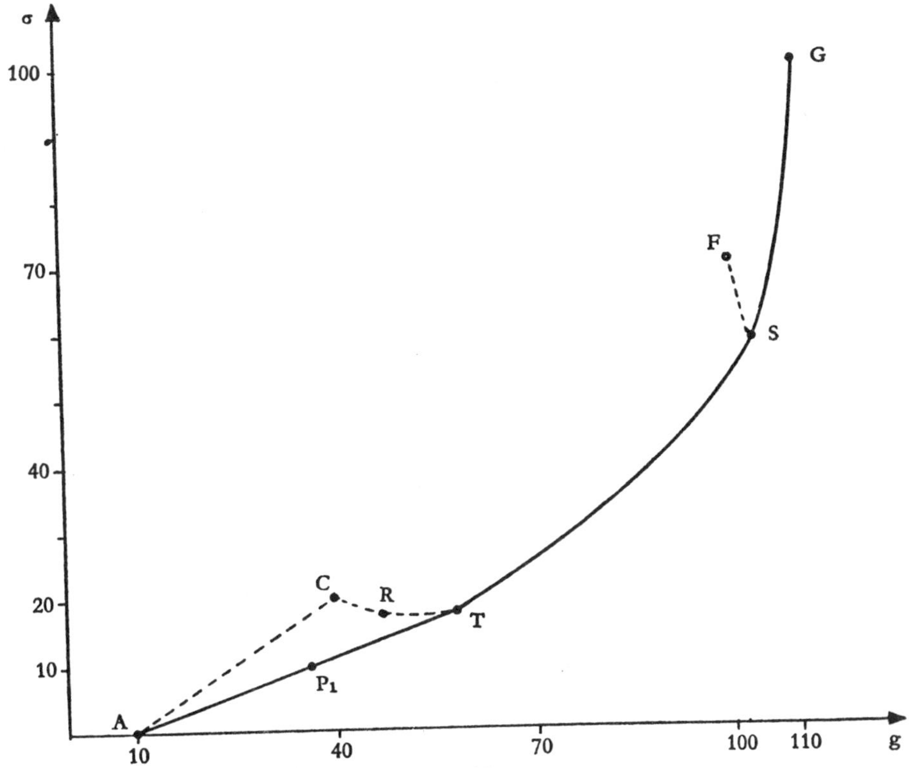

Abb. 13

fehl am Platze wäre) können wir wie folgt über den Daumen peilen: Zwischen G in R und G in S besteht natürlich eine »Korrelation« von + 1; zwischen C in R und G in S besteht eine Korrelation von – 0,3; zwischen G in R und F in S und zwischen C und F besteht jeweils eine Korrelation von Null. Einer hohen positiven Korrelation bei einem geringen Teil der Werte steht eine negative gegenüber. Wir können insgesamt von einer Korrelation von Null ausgehen.

Die Mischung aus den Portefeuilles R und S ergibt in Abb. 13 die Kurve RTS. Der Punkt T besteht dabei aus 4/5 R und 1/5 S.

$$g_T = 58{,}2, \ \sigma_T = 18{,}3$$

Damit erhalten wir den Streckenzug G–S–T–R–C–A. Der Bereich T–R–C–A kann jedoch keine guten Handlungsmöglichkeiten enthalten, denn jedes Mischungsverhältnis zwischen A und T zeigt bei gleichem Gewinn ein geringeres Risiko als die Mischungen auf der Strecke A–C–R–T. Wir erreichen damit folgende Kurve »vorläufig guter Handlungsmöglichkeiten«: A–T–S–G.

Die »endgültig guten Handlungsmöglichkeiten« sind allerdings immer noch nicht gefunden. Eine Rechnung beweist es: Wir wählen ein Portefeuille, das zu 95% aus T besteht und zu 5% aus G. Die Korrelation zwischen T und G können wir wiederum Null setzen. Wir errechnen für die Kombination $g_N = 60{,}8$; $\sigma_N = 18{,}1$. Das bedeutet, eine Kombination von T und G ist mindestens teilweise der Kombination T überlegen.

Da T keine optimale Lösung ist, sind auch alle Kombinationen zwischen A und T nicht optimal. Gleichwohl wollen wir an dieser Stelle die Suche nach der Kurve der guten Handlungsmöglichkeiten abbrechen (wie man exakt rechnet, steht auf S. 412 f.). Der Verzicht auf die Suche nach weiteren, besseren Mischungen rechtfertigt sich aus drei Gründen:

(a) Eine weitere Aufspaltung des Portefeuilles ist bei der Grobheit der Ausgangsschätzungen sinnlos. Das Risiko bei den einzelnen Wertpapieren ist in Zehnerabständen geschätzt worden, mit z. B. 10, 20, 40. Das inzwischen errechnete Portefeuille T zeigt ein Risiko von 18,3 und ein benachbartes anderes (R = 3/4; S = 1/4) ein σ von 19,6. Um zwischen beiden Portefeuilles einen Risikounterschied zu spüren, muß der Entscheidende hier auf das Risiko praktisch zehnmal empfindlicher reagieren als bei der Abschätzung der Einzelrisiken.

(b) Eine weitere Aufspaltung der Portefeuilles verbietet sich wegen der mangelnden Teilbarkeit der einzelnen Wertpapiere. Der Kurs von einer Aktie C beträgt z. B. 300, und das heißt, im Portefeuille können maximal 33 Aktien von C enthalten sein. Ein Portefeuille, das z. B. 14% an C verlangen würde, ist schon aus technischen Gründen unmöglich. Es können nur entweder 4 oder 5 Aktien von C erworben werden.

(c) Das Ziel des Modells ist bereits erreicht: Wir erkennen die Vorteile der Anlagenmischung und sehen zugleich, daß die Bestimmung der besten Mischung (der Kurve der guten Handlungsmöglichkeiten) mit hohem Rechenaufwand verbunden ist.

Wir sehen die Kurve A—T—S—G als »hinreichend gut« an und versuchen nun, daraus allgemeine Schlüsse zu ziehen.

Jeder Wertpapierkäufer, ob Hasardeur oder Hasenfuß, wird ein Portefeuille auf der Kurve der hinreichend guten Handlungsmöglichkeiten wählen. Welches er wählt, hängt von seiner Risikoneigung ab. Wir unterscheiden 4 Typen von Wertpapierkäufern:

1. Der extrem risikoscheue Anleger wird gar kein Risiko eingehen wollen. Er kann nur dadurch sein Vermögen maximieren, daß er das Geld auf dem Sparbuch mit jährlicher Kündigung festlegt. Er investiert 10 000 Mark in A. Dem extrem risikoscheuen Investor helfen unsere Überlegungen zur Wertpapiermischung nichts.

2. Der vorsichtige Anleger geht, so wollen wir annehmen, höchstens ein Risiko von $\sigma = 10$ ein. Er hätte also Bundesanleihen gekauft, bevor er an die Wertpapiermischung dachte. Für diesen Anleger sind unsere Überlegungen nützlich. Der vorsichtige Anleger hätte bei Bundesanleihen einen Gewinn von 20 erzielt. Wählt er statt dessen das mit gleichem Risiko behaftete Portefeuille P_1 (Abb. 13), so erzielt er einen Gewinn von 36. Er hat also durch die Investitionsmischung bei gleichem Risiko seinen Gewinn fast verdoppelt.

Wie sieht das Portefeuille P_1 aus? Portefeuille P_1 zeigt als g-, σ-Werte: 36; 10. Da es aus A (10; 0) und T (58,2; 18,3) besteht, errechnet sich für P_1 ein Anteil von ca. 54% T und 46% A. Da wir hier schon in Teilbarkeitsschwierigkeiten kommen, lassen wir das optimale Portefeuille zur Hälfte aus A und zur Hälfte aus T bestehen. T besteht seinerseits aus 80% R und 20% S. R aus 90% C und 10% G, S aus 67% F und 33% G. Nachdem wir aus den verschiedenen Portefeuilles die Anteile der einzelnen Wertpapiere errechnet haben, können wir die Aufteilung der Erbschaft von 10 000 Mark auf das optimale Wertpapierportefeuille bestimmen. Wegen mangelnder Teilbarkeit runden wir $6^2/_3$% F auf 5% ab, $7^1/_3$% G auf 9% auf. Der vorsichtige Investor legt an:

50 %	auf dem Sparbuch mit jährlicher Kündigung	5000 Mark
36 %	in der Versorgungsaktie C	3600 Mark
5 %	in der Chemieaktie F	500 Mark
9 %	in der liquidationsreifen Textilfabrik G	900 Mark

Der Ertrag dieses Portefeuilles beträgt ca. 34 (er ist gegenüber dem oben errechneten gesunken, weil hier die mangelnde Teilbarkeit berücksichtigt worden ist). Welcher vorsichtige Anleger unter den Lesern hätte bewußt unter Risikogesichtspunkten sein Wertpapierportefeuille auf verschiedene, darunter stark risikobehaftete Anlagen aufgeteilt? Die Mehrzahl der vorsichtigen Anleger wird ihr Geld nur auf dem Sparbuch oder in Bundesanleihen oder auf dem Sparbuch und in Rentenwerten und vielleicht einer risikoarmen Aktie halten.

3. Ein weniger ängstlicher Anleger mag insgesamt ein Risiko von $\sigma = 40$ in Kauf nehmen und neigt, bevor er die Wertpapiermischung erwägt, zu der Stahlaktie D. Er hätte dann einen Gewinn von 60 erzielt. Durch ein gut gemischtes Wertpapierportefeuille ist er hingegen bei gleichem Risiko in der Lage, einen Gewinn von über 80 zu erzielen. Um das optimale Portefeuille für diesen Risikotyp von Anleger zu berechnen, mischen wir T und S. Das Mischungsverhältnis wird auch diesmal möglichst einfach gehalten. Wir setzen $T = {}^1/_3$ und $S = {}^2/_3$ an. Wenn wir annehmen, zwischen T und S bestehe eine Korrelation von Null, dann liegt das Risiko dieser Mischung etwa bei $\sigma = 39$. Wir errechnen:

$$C = 24\ \%$$
$$F = 48^8/_9\ \%$$
$$G = 27^1/_9\ \%$$

Bei diesem Depot sind Rundungen unerläßlich. Wir entscheiden uns für 30% C, 50% F und 20% G (25% für C und G führen zu $\sigma > 40$). Der Anleger investiert folglich:

$$30\ \%\ C = 3000\ \text{Mark}$$
$$50\ \%\ F = 5000\ \text{Mark}$$
$$20\ \%\ G = 2000\ \text{Mark}$$

Sein Gewinn beträgt 84, das ist, bei etwas geringerem Risiko, als die Stahlaktie verkörpert, 40% mehr an Gewinnerwartung.

4. Der risikofreudige Anleger mag insgesamt ein Risiko von 70 für tragbar halten. Er hätte, bevor er die Mischung erwogen hat, in der Chemieaktie investiert und einen Gewinn von 100 erzielt. Für ihn lohnt sich, wie wir wissen, jedoch eher eine Mischung aus dem Spekulationspapier G und der Chemieaktie. Denn bei gleichem Risiko erzielt er hier mehr Gewinn, und zwar allein wegen der Mischung der Risiken, da gemäß unse-

rer Annahme beide Wertpapiere völlig unabhängig voneinander sind. Der risikofreudige Anleger wird ein Portefeuille wählen, das zu etwa 60% aus Wertpapier G und 40% aus Wertpapier F besteht. Sein Risiko liegt dann etwas unter 70 ($\sigma = 66$). Der risikofreudige Anleger investiert also:

in der liquidationsreifen Textilfabrik G	6000 Mark
in der Chemieunternehmung F	4000 Mark

Er erwartet dabei einen Gewinn von 106.
Vergleichen wir die vier Investoren, dann zeigt sich, daß der vorsichtige Anleger den größten Nutzen aus der Wertpapiermischung zieht.

2. Allgemeine Bestimmung der guten Handlungsmöglichkeiten und des Optimums

Im Beispiel hatten wir uns mit einer Kurve der »hinreichend guten« Handlungsmöglichkeiten begnügt. Wie läßt sich der effiziente Wahlbereich, die Kurve der guten Handlungsmöglichkeiten, vollständig bestimmen? Die Kurve der guten Handlungsmöglichkeiten zeigt für jeden Risikowert den maximalen Gewinn bzw. für jeden Gewinnwert das minimale Risiko. Um einen Punkt auf der Kurve der guten Handlungsmöglichkeiten zu berechnen, z. B. diejenige Wertpapiermischung, die einen Gewinn von 80 mit einem minimalen Risiko erwirtschaftet, müssen wir folgendes Problem lösen: Ziel der Rechnung ist es, das Risiko der Mischung zu minimieren unter den Nebenbedingungen, daß der Gewinn der Mischung mindestens 80 beträgt und daß der Anschaffungsbetrag der Wertpapiermischung den verfügbaren Geldbetrag nicht überschreitet. Im Beispiel mit den Wertpapieren A, C, F und G erhalten wir folgenden Ansatz, wenn A, C, F, G zugleich die Anteilsprozentsätze der entsprechenden Wertpapiere bezeichnen:

$$\text{Min } \sigma_M^2 = 0^2 A^2 + 20^2 C^2 + 70^2 F^2 + 100^2 G^2 - 0{,}3 \cdot 2 \cdot 20 \cdot 100 \cdot C \cdot G$$

unter den Nebenbedingungen

$$80 \leqq 10\,A + 40\,C + 100\,F + 110\,G$$
$$1 = A + C + F + G$$
$$A, C, F, G \geqq 0.$$

Die Zielfunktion lautet in Worten: Es ist das Risiko, gemessen in der Varianz, zu minimieren. Das Risiko folgt aus der Summe der mit ihren Anteilen gewichteten Risiken der einzelnen Wertpapiere, soweit die Wertpapiere im Risiko voneinander unabhängig sind. Sind die Wertpapiere nicht voneinander unabhängig, wie C und G, dann sind ihre Korrelationen zusätzlich zu berücksichtigen. Das Beispiel enthält nur eine gegenseitige Abhängigkeit, die zwischen C und G, die hier – 0,3 betragen soll. Alle anderen Korrelationskoeffizienten zwischen den Wertpapieren wurden Null gesetzt. Im praktischen Fall werden zahlreiche, meist positive Korrelationen zu beachten sein.

Die erste Nebenbedingung nennt die Gewinnanforderung: Die Summe der mit ihren Gewinnerwartungen gewichteten Wertpapieranteile muß mindestens 80 ergeben. Die zweite Bedingung sichert, daß A, C, F und G tatsächlich als Anteilsprozentsätze auftreten.

Der Rechenansatz führt zu einem nichtlinearen Programmierungsproblem: Eine quadratische Zielfunktion ist zu minimieren unter linearen Nebenbedingungen. Anstelle dieses Ansatzes können wir auch einen anderen wählen: Maximiere den Gewinn einer Wertpapiermischung unter der Nebenbedingung, daß ein bestimmtes Risiko nicht überschritten wird und daß die Summe sämtlicher Anteile der Einzelwertpapiere gleich eins ist. In diesem Fall wäre eine lineare Zielfunktion mit einer quadratischen und einer linearen Nebenbedingung gegeben. Rechentechnisch einfacher ist die erste Formulierung mit der quadratischen Zielfunktion. Auf die Techniken, mit denen nichtlineare Programmierungsprobleme gelöst werden können, sei hier nicht eingegangen [32]. Die Optimumberechnung ist durchweg aufwendiger als bei linearen Programmen. Hinzu tritt die Tatsache, daß die Lösung eines solchen quadratischen Programms nur einen einzigen Punkt auf der Kurve der guten Handlungsmöglichkeiten liefert. Um den Verlauf der Kurve der guten Handlungsmöglichkeiten wenigstens ungefähr zu bestimmen, sind zahlreiche solcher quadratischen Programme auszurechnen, z. B. für die Gewinnwerte 80, 75, 70, 65 usw. Werden einzelne Daten (hier die Gewinnvorgabe in der ersten Nebenbedingung) in einem Programmierungsproblem verändert, so spricht man von »parametrischer Programmierung« (der Parameter Gewinnvorgabe wird variiert). Um die Kurve der guten Handlungsmöglichkeiten wenigstens ungefähr festzulegen, sind also parametrische quadratische Programme auszurechnen. Der Rechenaufwand, der dabei zu bewältigen ist, liegt auf der Hand.

Weiter ist zu beachten, daß mit der Kenntnis der wichtigsten Punkte auf der Kurve der guten Handlungsmöglichkeiten das Problem der optimalen Wertpapiermischung noch nicht gelöst ist. Es sind nur schlechte Investitionsmischungen von guten getrennt worden. Welche der guten Wertpapiermischungen optimal ist, das hängt von der Risikoneigung des Entscheidenden ab. Die Festlegung der wichtigsten Punkte auf der Kurve der guten Handlungsmöglichkeiten schließt deshalb nur die Entscheidungsvorbereitung ab, nicht den Entscheidungsprozeß selbst.

Kennt man die Risikopräferenzfunktion, dann ist die Optimumbestimmung allerdings recht einfach. Gehen wir z. B. von der quadratischen Risikopräferenzfunktion aus, die in den Beispielen des Teils A III verwandt wurde, dann wäre bei Berücksichtigung der 4 Wertpapiere A, C, F und G folgende Aufgabe auszurechnen (μ steht für 1000 Mark!):

$$\begin{aligned}
\text{Max } N &= -\mu^2 + 200\,\mu - 1900 - \sigma^2 \\
\mu &= (10\,A + 40\,C + 100\,F + 110\,G) \cdot 10 \\
\sigma^2 &= 20^2 C^2 + 70^2 F^2 + 100^2 G^2 - 0{,}3 \cdot 2 \cdot 20 \cdot 100 \cdot CG \\
1 &= A + C + F + G \\
& A, C, F, G \geqq 0.
\end{aligned}$$

Die Bestimmungsgleichungen für das Einkommen und das Risiko können unmittelbar in die Zielfunktion eingesetzt werden, und damit ist eine quadratische Zielfunktion der Variablen A, C, F und G zu maximieren unter einer Nebenbedingung in Form einer Glei-

[32] Vgl. dazu *Markowitz*, Appendix B, S. 330 ff.; eine allgemeine Darstellung der Lösungsmethoden bringt *Hadley*, insbes. Kapitel 7; vgl. auch *Müller-Merbach*, Kapitel 5.

chung, die die Anteilsprozentsätze der Wertpapiere festlegt. Auf den ersten Blick erscheint das Problem so einfach, daß es mit Hilfe der Lagrangeschen Multiplikatoren gelöst werden könnte. Leider versagt die einfache Methode wegen der Bedingung, daß keine der Variablen negativ werden darf, und so entpuppt sich auch diese Aufgabe als ein etwas mühsam zu lösendes quadratisches Programmierungsproblem.

Im praktischen Fall kennt man die algebraische Gestalt der Risikopräferenzfunktion nicht. Sobald die Gestalt der Risikopräferenzfunktion unbekannt ist, wird die Suche nach der optimalen Investitionsmischung zu einem noch aufwendigeren Problem. In diesem Fall muß man nämlich erst die Kurve der guten Handlungsmöglichkeiten bestimmen (oder wenigstens zahlreiche Punkte auf der Kurve), ehe sich der Unternehmer entscheiden kann. Die Berechnung einer Reihe alternativer »guter« Wertpapiermischungen ist die Voraussetzung dafür, daß der Unternehmer überhaupt zwischen mehr Einkommen/mehr Risiko und weniger Einkommen/weniger Risiko wählen kann. Unter den »guten« Wertpapiermischungen muß der Unternehmer gemäß seiner Risikoneigung die für ihn beste heraussuchen.
Die Berechnung der effizienten Programme schafft zugleich eine Grundlage, um die eigenen, ursprünglichen Schätzungen über Risiko- und Einkommenserwartung zu überprüfen. So wird sich der vorsichtige Unternehmer des Beispiels auf S. 410 f. fragen müssen, ob er seine Annahmen über die Unabhängigkeit der einzelnen Aktien aufrechterhalten kann, die dazu führt, daß ein Portefeuille, das zur Hälfte aus Aktien, zur Hälfte aus einem Sparbuch besteht, das gleiche Risiko verkörpert wie der Kauf von Bundesanleihen. Es gilt auch hier, was bereits mehrfach betont wurde: Nur durch ständiges Überprüfen der einzelnen subjektiven Schätzungen lassen sich vernünftige Entscheidungen unter Ungewißheit treffen. Die beste Vorsorge für die Zukunft ist immer noch das Mißtrauen gegenüber sich selbst.

b) Voraussetzungen einer allgemeinen Theorie der Investitionsmischung

1. Die Bedeutung der Risikopräferenzfunktion und der Risikonutzenfunktion für die Bestimmung guter Handlungsprogramme

In der Theorie der Wertpapiermischung, so wie sie Markowitz, Tobin u. a. vortragen, wird jede Handlungsmöglichkeit durch den Erwartungswert ihrer Gewinne und durch die Standardabweichung als Risikomaß beschrieben. Auf dieser Grundlage läßt sich das Ergebnis ableiten, daß im allgemeinen das Risiko einer Mischung mehrerer risikobehafteter Wertpapiere unter dem Mittelwert der Einzelrisiken liegt, ja, daß das Risiko der Mischung sogar unter das Einzelrisiko der risikoärmsten unter den risikobehafteten Handlungsmöglichkeiten sinkt. Nur in dem Sonderfall, daß zwischen zwei Handlungsmöglichkeiten eine Korrelation von + 1 besteht oder eine Anlage risikolos ist, gleicht das Risiko der Mischung dem mit den Anteilen gewogenen arithmetischen Mittel der Einzelrisiken. Die Zusammenstellung der Kurve guter Handlungsmöglichkeiten baut auf diesem Effekt der Risikominderung durch Investitionsmischungen auf.
Grundsätzlich kann die Theorie der Wertpapiermischung auf alle Aufgaben der Pro-

grammplanung übertragen werden, auch auf die Zusammenstellung des optimalen Investitions- und Finanzierungsprogramms oder die Suche nach dem besten Produktions- und Absatzprogramm unter Ungewißheit.

Die Probleme der »Theorie der Wertpapiermischung« liegen vor allem in der Erfassung der Daten. Wie will man insbesondere zu verläßlichen Aussagen über die gegenseitigen Abhängigkeiten zwischen den Wertpapieren kommen, wie die verschiedenen Korrelationskoeffizienten schätzen? Vor allem an der Schwierigkeit, die Korrelationskoeffizienten zu nennen, droht die praktische Anwendung der Theorie der Wertpapiermischung zu scheitern. Sehen wir von den Problemen der Datenerfassung einmal ab, dann ist gegen die Theorie immer noch ein grundsätzlicher Einwand zu erheben: Darf eine Handlungsmöglichkeit jederzeit durch den Erwartungswert ihrer Gewinne und durch die Standardabweichung als Risikomaß beschrieben werden? Mit dieser Beschreibung der Handlungsmöglichkeit wird doch unterstellt, daß alle Handlungsmöglichkeiten (Wahrscheinlichkeitsverteilungen) mit demselben Erwartungswert und derselben Streuung als gleichwertig betrachtet werden. Aus der allgemeinen Erörterung der Ungewißheitstheorie wissen wir aber, daß die Aussage »alle Handlungsmöglichkeiten mit demselben Erwartungswert und derselben Streuung sind gleichwertig« nur unter sehr engen Voraussetzungen zulässig ist. Die Aussage gilt nur dann, wenn (S. 147):

a) die Wahrscheinlichkeitsverteilungen der Gewinnerwartungen sämtlicher Handlungsmöglichkeiten Normalverteilungen sind (dann darf die Risikonutzenfunktion beliebige Formen annehmen) oder

b) die Risikonutzenfunktion quadratisch ist (dann dürfen die Wahrscheinlichkeitsverteilungen beliebige Formen annehmen).

In Teil A sahen wir weiter: Die Bedingung der Normalverteilung ist für Investitions- und Finanzierungsentscheidungen praktisch nie erfüllt. Die Festlegung der Zukunftslagen und ihrer Glaubwürdigkeitsziffern (die Bestimmung subjektiver Wahrscheinlichkeitsverteilungen) beruht auf zahlreichen »Entweder-Oder«-Argumenten. (Senkt die Konkurrenz ihre Preise, oder senkt sie sie nicht? Erfolgt ein Importstopp, oder erfolgt er nicht? usw.) Weil subjektive Wahrscheinlichkeitsziffern nur auf der Abschätzung einzelner »Alternativentwicklungen« beruhen können, deshalb besitzt die Normalverteilung für alle wichtigen wirtschaftlichen Entscheidungen keinen entscheidungsbestimmenden Gehalt. Für Nebenprobleme (Qualitätskontrollen, stichprobenhafte Inventuraufnahmen) mag dies anders sein. Im Bereich Investition und Finanzierung oder im Bereich der Preispolitik ist die Annahme einer Normalverteilung nicht berechtigt. Hier handelt es sich um die das Unternehmensgeschehen bestimmenden »einmaligen«, von den »Handlungsparametern anderer« abhängigen Entscheidungen. Selbst wenn die Entscheidung sich später wiederholt (z. B. Ersatz einer Anlage), dann fällt die neue Entscheidung regelmäßig unter sehr veränderten Umweltbedingungen.

Auf der anderen Seite wäre die Annahme einer quadratischen (bis zu ihrem Maximum definierten) Risikonutzenfunktion eine sehr einschneidende Vereinfachung.

Es ist deshalb zu prüfen, inwieweit die Aussagen über die risikomindernde Wirkung einer Investitionsmischung aufrecht erhalten bleiben, wenn die Zukunftslagen jeder Handlungsmöglichkeit und ihre Glaubwürdigkeitsziffern nicht auf zwei Parameter (Erwartungswert, Standardabweichung) reduziert, sondern wenn bei jeder Handlungsmöglichkeit sämtliche Zukunftslagen und ihre Glaubwürdigkeitsziffern – die gesamte Wahrscheinlichkeitsverteilung also — unmittelbar betrachtet werden.

Auch hier werden die Zusammenhänge durch ein Beispiel deutlich:

Bei der Wertpapiermischung war ein Portefeuille aus der Versorgungsaktie C ($g_C = 40$; $\sigma_C = 20$) und der Chemieaktie F ($g_F = 100$; $\sigma_F = 70$) der Stahlaktie D ($g_D = 60$; $\sigma_D = 40$) überlegen, denn ein Portefeuille aus zwei Teilen C und einem Teil F erbringt den gleichen Gewinn wie D, ist jedoch mit einem geringeren Risiko verbunden. Selbst wenn wir den risikoungünstigsten Fall einer Korrelation von +1 zwischen C und F unterstellen, sinkt σ für das Portefeuille $^2/_3$ C plus $^1/_3$ F auf rund 37.

Bleibt D auch unterlegen, wenn für C, F und D einzelne Zukunftslagen und ihre Glaubwürdigkeitsziffern betrachtet werden, die zu den oben genannten g- und σ-Werten führen?

Die drei Aktien mögen z. B. folgende Zukunftslagen zeigen (g = Vermögenszuwachs, p = Wahrscheinlichkeit):

	g_1	p_1	g_2	p_2	g_3	p_3
C:	10	$\frac{2}{9}$	40	$\frac{5}{9}$	70	$\frac{2}{9}$
F (gerundet):	0	$\frac{1}{3}$	150	$\frac{2}{3}$	–	
D:	20	$\frac{1}{2}$	100	$\frac{1}{2}$	–	

Der Vermögenszuwachs bei C hänge von der Binnenkonjunktur ab; bei F entscheide die Auslandsnachfrage, bei D die Höhe des Verteidigungsetats. Die Unabhängigkeit der einzelnen Zukunftslagen entspricht einer Korrelation von Null bei einer Mischung der Wertpapiere. Die Mischung aus zwei Teilen C und einem Teil F ergibt folgende Wahrscheinlichkeitsverteilung für die Mischung M:

$$\frac{20}{3} \text{ mit } p = \frac{2}{27};\ \frac{80}{3} \text{ mit } \frac{5}{27};\ \frac{140}{3} \text{ mit } \frac{2}{27};\ \frac{170}{3} \text{ mit } \frac{4}{27};\ \frac{230}{3} \text{ mit } \frac{10}{27};\ \frac{290}{3} \text{ mit } \frac{4}{27}.$$

Die Stahlaktie D bringt mit Sicherheit einen Gewinn von mindestens 20. In der Mischung M wird ein Gewinn von mindestens 20 nur mit einer Wahrscheinlichkeit von rund 93 % ($\frac{25}{27}$) erreicht. Niemand wird deshalb von vornherein behaupten dürfen, daß die Mischung M der Stahlaktie D überlegen sei. Wenn wir uns des Unternehmers aus Kapitel A III erinnern, der mit Sicherheit einen Gewinn von 10 als Existenzminimum wünscht, dann ist offensichtlich, daß dieser Unternehmer die Mischung gar nicht als zulässige Handlungsmöglichkeit betrachten wird, denn in der Mischung muß er mit einer Wahrscheinlichkeit von etwa 7 % damit rechnen, daß er ein Einkommen unter seinem Existenzminimum erzielt.

Erst wenn Einzelannahmen über die Risikoneigung (die Risikonutzenfunktion) erfolgen, läßt sich somit entscheiden, ob die Mischung aus Versorgungs- und Chemieaktie besser ist als die Stahlaktie. Als Einzelannahme über die Risikoneigung ist auch die Aussage anzusehen, der Unternehmer schätze alle Handlungsmöglichkeiten mit demselben Erwartungswert und derselben Streuung gleich ein. Damit ist, wie wir wissen, zugleich die sehr enge Annahme unterstellt, daß die Risikonutzenfunktion des Unternehmers quadratisch verlaufe. Engen wir zusätzlich die quadratische Nutzenfunktion auf den Bereich zwischen Existenzminimum und nutzenmaximalem Einkommen ein, dann wird der Bereich zulässiger Handlungsmöglichkeiten (Wahrscheinlichkeitsverteilungen) noch weiter beschränkt: Zulässig sind dann nur mehr Handlungsmöglichkeiten, deren niedrigste Einkommensgrenze z. B. 10 beträgt. Dadurch werden im Beispiel F und M unzulässig.

Die Folgerung aus dem Beispiel lautet: *Sobald sämtliche Zukunftslagen und ihre Glaubwürdigkeitsziffern (sobald die gesamte Wahrscheinlichkeitsverteilung) einer Handlungsmöglichkeit betrachtet werden, ist es kaum mehr möglich, gute und schlechte Handlungsmöglichkeiten zu trennen, wenn nicht zugleich Unterstellungen über die Risikonutzenfunktion getroffen werden.* Natürlich ist eine Handlungsmöglichkeit einer anderen dann überlegen, wenn sie bei gleicher Anzahl und gleichen Wahrscheinlichkeiten der Zukunftslagen für mindestens eine Zukunftslage ein höheres Einkommen, für alle anderen mindestens das gleiche Einkommen gewährt (Dominanzprinzip). Aber solche offensichtlich besseren Handlungsmöglichkeiten werden selten zu finden sein. Im praktischen Regelfall wird zunächst die Zahl der Zukunftslagen nicht gleich sein, ihre Glaubwürdigkeitsziffern werden differieren, und dann werden bei einzelnen Zukunftslagen die Einkommen über, bei anderen unter denen einer konkurrierenden Handlungsmöglichkeit liegen. Eine Kurve der guten Handlungsprogramme zu bestimmen, erscheint dann ohne Rückgriff auf die Risikonutzenfunktion nicht mehr möglich.

Weil es kaum möglich ist, gute und weniger gute Handlungsprogramme zu trennen, ohne auf die Risikonutzenfunktion zurückzugreifen, deshalb haben wir in Teil A so ausführlich das Ungewißheitsproblem und die Theorie des Risikonutzens besprochen. *Die Planung des Investitions- und Finanzierungsprogramms unter Ungewißheit (d. h.: die praktische Investitions- und Finanzplanung) kann nur dann mit Aussicht auf Erfolg erörtert werden, wenn zuvor die Bedingungen für rationale Programmentscheidungen unter Ungewißheit klargelegt worden sind.*

Die vier Axiome des Bernoulli-Prinzips und das Prinzip der Beschränkung der Risikonutzenfunktion bilden die Grundlage, um die Probleme der Programmplanung unter Ungewißheit zu lösen. Die fünf Axiome erlauben allerdings erst dann eine eindeutige Lösung, wenn der Unternehmer seine persönliche Risikoneigung durch das Nennen von Präferenzwahrscheinlichkeiten offenbart. Erst wenn man zusätzlich zu den vier Axiomen und der Beschränkungsannahme Risikoabneigung als allgemeine Verhaltensnorm festlegt, können wir eine quadratische Risikonutzenfunktion als empirisch »mindestens näherungsweise gültig« betrachten und damit die Entscheidung nach der (μ, σ)-Regel, wie sie die herkömmliche Theorie der Wertpapiermischung unterstellt, als »mindestens näherungsweise richtig« ansehen.

Will man nicht die fragwürdigen Unterstellungen der (μ, σ)-Präferenzfunktion hinnehmen, bleibt nur die Möglichkeit, bei der Bewertung einer Handlungsmöglichkeit alle Zukunftslagen zu berücksichtigen und bei der Mischung verschiedener Handlungsmöglichkeiten zu einem Handlungsprogramm aus den Zukunftslagen der einzelnen Handlungsmöglichkeiten eine neue Anordnung von Zukunftslagen für die Mischung zu berechnen.

2. Der Risikoverbund in Investitionsmischungen

aa) Risikoverbund als eine Form gegenseitiger Abhängigkeit zwischen Investitionsvorhaben

Grundlage für alle Programmberechnungen sind die Ursprungsdaten: die Einkommensziffern für die einzelnen Zukunftslagen und die Glaubwürdigkeitsvorstellungen über die Zukunftslagen. Auf ihre sorgfältige Ermittlung muß das Schwergewicht gelegt werden. Dabei bereitet besondere Schwierigkeiten die Bestimmung der gegenseitigen Abhängigkeit zwischen den einzelnen Handlungsmöglichkeiten (im Beispiel: Festlegung der Korrelationskoeffizienten zwischen den Wertpapieren). Verläßliche Erfahrungswerte aus der Vergangenheit (wie sie eigentlich Voraussetzung für Korrelationsberechnungen sind) liegen meist nicht vor. Die gegenseitigen Abhängigkeiten müssen geschätzt werden: durch Nachdenken über Lieferverbund, Absatzverbund, Konkurrenzverhältnisse, über die Konjunkturabhängigkeit der einzelnen Firmen. Angesichts der hierbei zu bewältigenden Schwierigkeiten und angesichts des Einflusses, den diese Annahmen auf das Ergebnis der Rechnung ausüben, werden die rechentechnischen Probleme der Optimumbestimmung zu Fragen zweiter Ordnung.

Die wesentliche praktische Aufgabe bei einer Programmzusammenstellung besteht darin, sich begünstigende Vorhaben zu finden und sie zu koppeln. Wir gehen dazu von dem Wertpapierbeispiel ab und betrachten die Probleme der Investitionsmischung bzw. Programmzusammenstellung allgemein.

Das Sich-Begünstigen oder -Behindern von Investitionsvorhaben hat vielfältige Gründe. Für unsere Zwecke genügt es, zwischen Sachverbund und Risikoverbund von Handlungsmöglichkeiten zu trennen. Sachverbund heißt: Der Zielbeitrag zweier Handlungsmöglichkeiten, gemeinsam verwirklicht, weicht von der Summe der Zielbeiträge ab, die sich bei Einzelverwirklichung ergeben. Zwei Investitionsvorhaben begünstigen sich dann, wenn bei gemeinsamer Verwirklichung für mindestens eine Zukunftslage ihr Einnahmenüberschuß über der Summe der Einnahmenüberschüsse liegt, die sich bei Einzelverwirklichung errechnen würden. Der Sachverbund von Investitionsvorhaben ist durch Ersparnisse bei den Anschaffungsausgaben, den Betriebskosten oder im Absatzverbund einzelner Erzeugnisse begründet. Der Sachverbund interessiert in diesem Zusammenhang nicht näher. Dem Sachverbund wird man nur gerecht, indem die gemeinsame Verwirklichung zweier Vorhaben als ein neues Investitionsvorhaben definiert und entsprechend behandelt wird (vgl. S. 343). Hier beschäftigt uns der *Risikoverbund,* die Frage also, wie entwickelt sich das Risiko, wenn mehrere Vorhaben gemeinsam durchgeführt werden und sämtliche Zukunftslagen mit ihren Glaubwürdigkeitsziffern betrachtet werden.

Um den Risikoverbund näher zu beschreiben, müssen wir sämtliche Zukunftslagen nach Sachgründen ordnen, nach den Anlässen, die zur Unterscheidung der einzelnen Zukunftslagen führten. Die Anordnung der Zukunftslagen erfolgt z. B. nach dem Schema: Preisverfall im Inland, Preisverfall im Ausland, kein Preisverfall. Wir nehmen dabei die Anordnung der einzelnen Zukunftslagen stets nach der Höhe der Einkommensbeträge vor, also z. B.

	Preisverfall Inland	Preisverfall Ausland	Kein Preisverfall
Investitionsvorhaben I	10	40	70

Wir nennen diese Reihe *die Ordnung der alternativen Zielbeiträge* des ersten Vorhabens. Ordnungen der Zielbeiträge sind für alle Handlungsmöglichkeiten aufzustellen. Beim Ordnen der Zielbeiträge aller Handlungsmöglichkeiten eines Handlungsprogramms sind zwei Fälle denkbar:
(1) Die Sachgründe für die Anordnung der Zukunftslagen sind für alle Handlungsmöglichkeiten dieselben: einfache Ordnung der Zielbeiträge.
(2) Die Sachgründe für die Anordnung der Zukunftslagen sind für die Handlungsmöglichkeiten verschieden: mehrfache Ordnung der Zielbeiträge.

bb) Die Formen des Risikoverbundes bei einfacher Ordnung der Zielbeiträge

Bei einfacher Ordnung der Zielbeiträge sind drei Fälle des Risikoverbundes denkbar:
a) Die Ordnungen der Zielbeiträge aller Handlungsmöglichkeiten sind gleichgerichtet. Das ist der Fall des »Risikogleichlaufs«. Er entspricht dem Fall eines Korrelationskoeffizienten von + 1 aus dem Wertpapierbeispiel.
b) Die Ordnungen der Zielbeiträge aller Handlungsmöglichkeiten sind nur teilweise gleichgerichtet, teilweise laufen sie entgegengesetzt. Das ist der Fall der »Risikominderung«. Er entspricht dem Korrelationskoeffizienten von unter + 1 aber über — 1.
c) Die Ordnungen der Zielbeiträge der Handlungsmöglichkeiten verlaufen strikt entgegengesetzt. Das ist der Fall, der zum »Risikoausgleich« (zur Mischungssicherheit) führt. Er deckt sich mit dem Korrelationskoeffizienten von — 1.

Ein Beispiel: Neben dem Vorhaben I wird Vorhaben II erwogen.

Vorhaben II zeige ebenfalls drei Zukunftslagen mit den Einkommen 0, 50, 100. Wir nehmen weiter an, daß für Vorhaben I und II die schärfste Form der Ungewißheit vorliegt: Jede der Zukunftslagen ist gleichwahrscheinlich. Dann können die drei Fälle a, b, c so verdeutlicht werden:

a) Vorhaben I und Vorhaben II zeigen ihren geringsten Zielbeitrag bei Preisverfall im Inland und den höchsten bei Ausbleiben des Preisverfalls. M bedeutet eine Mischung aus I und II je zur Hälfte.

	Preisverfall Inland	Preisverfall Ausland	Kein Preisverfall
I:	10	40	70
II:	0	50	100
M:	5	45	85

Die Erwartungswerte betragen: I = 40, II = 50, M = 45. Bei Risikoneutralität würde II vorgezogen werden, eine Mischung käme nicht in Frage. Mehr läßt sich jedoch nicht aussagen; es sei denn, wir legten die Risikonutzenfunktion näher fest. Ob die Mischung

gut oder schlecht ist, kann nicht entschieden werden: I zeigt einen Erwartungswert von 40 bei einer Abweichung von 30 nach oben und unten, II einen Erwartungswert von 50 bei einer Abweichung von 50 nach oben und unten und die Mischung einen Erwartungswert von 45 bei einer Abweichung von 40.
Hier besteht ein vollständiger Gleichlauf der Risiken von I und II. Vollständiger Gleichlauf ist der ungünstigste Fall, der im Hinblick auf das Risiko eintreten kann.

b) Vorhaben II zeige diesmal das geringste Einkommen bei einem Preisverfall im Ausland, II ist also stärker exportabhängig als I. Wir erhalten dann:

	Preisverfall Inland	Preisverfall Ausland	Kein Preisverfall
I:	10	40	70
II:	50	0	100
M:	30	20	85

Ein Gleichlauf der Zielgrößenordnungen ist hier nur teilweise gegeben; deshalb sinkt das Risiko der Mischung. Der Erwartungswert der drei Möglichkeiten ist unverändert geblieben, aber die Abweichung vom Erwartungswert ist bei der Mischung erheblich geschrumpft. Sie beträgt nur mehr 25 nach unten, 40 nach oben. Hier läßt sich bereits aussagen, daß bei Risikoneutralität und bei jeder Form der Risikoabneigung die Mischung der Handlungsmöglichkeit I vorgezogen wird, denn es stehen sich folgende Mindesteinkommen gegenüber:

kumulierte Wahrscheinlichkeit	M	I	II
1	20	10	0
$\frac{2}{3}$	30	40	50
$\frac{1}{3}$	85	70	100

Bei Risikoabneigung wird das höhere Mindesteinkommen bei M höher geschätzt als das Mehreinkommen von I bei dem Glaubwürdigkeitsgrad $^2/_3$. Damit ist bei Risikoabneigung stets M besser als I. Bei Risikoneutralität entscheidet für M der höhere Erwartungswert. Bei beachtlicher Risikoabneigung (und stets bei dem Wunsch, ein Mindesteinkommen von 20 zu erzielen) ist die Mischung M sogar Handlungsmöglichkeit II überlegen.

c) Vollständige Risikominderung ist gegeben, wenn die Zielgrößenordnung der Handlungsmöglichkeiten gegensätzlich verläuft, z. B.:

I:	10	40	70
II:	100	50	0
M:	55	45	35

Bei einem Mischungsverhältnis von $^1/_2 : ^1/_2$ ist die Abweichung vom Mittelwert nach oben und unten auf 10 geschrumpft. Bei einem Mischungsverhältnis von $^5/_8$ des Vorhabens I und $^3/_8$ des Vorhabens II errechnet sich für alle drei Zukunftslagen ein Einkommensbetrag von $43^3/_4$. Bei vollständiger Gegenläufigkeit der Einkommensordnung (Korrelationskoeffizient – 1) ist also durch geeignete Mischung stets ein sicherer Gewinn zu erzielen. Natürlich ist auch hier bei Risikoabneigung und Risikoneutralität die Mischung M der Handlungsmöglichkeit I vorzuziehen. In den meisten Fällen der Risikoabneigung werden $43^3/_4$ mit Sicherheit sogar der Alternative II vorgezogen, die eine gleichwahrscheinliche Verteilung von 0, 50 und 100 zeigt.

cc) Risikounabhängigkeit und Risikoverbund bei mehrfacher Ordnung der Zielbeiträge

Bei mehrfacher Ordnung beruht die Aufteilung in alternative Zukunftslagen bei den einzelnen Handlungsmöglichkeiten auf verschiedenen Sachgründen. Hier sind zwei Fälle zu trennen:

(1) Die einzelnen Sachgründe sind voneinander unabhängig.

(2) Es bestehen Abhängigkeiten zwischen den Sachgründen.

Unabhängigkeit der Sachgründe sei durch folgendes Beispiel erläutert. Für I mag die Preisentwicklung entscheidend sein, für II aber nicht die Preisentwicklung, sondern die Frage: Sind keine Arbeitskräfte zu bekommen (Zielbeitrag 0), kann die Hälfte der Stellen besetzt werden (Zielbeitrag 50), oder gelingt es, alle Stellen zu belegen (Zielbeitrag 100)? In einem solchen Fall zerflattert die Wahrscheinlichkeitsverteilung der Mischung. Es kann dann jede Zukunftslage von I mit jeder Zukunftslage von II zusammentreffen, also z. B. »Preisverfall Inland« zusammen mit »keinen neuen Arbeitskräften«, »mit halber Besetzung», »mit voller Belegung« usw.

I:		10			40			70	
II:	0	50	100	0	50	100	0	50	100
	5	30	55	20	45	70	35	60	85
M (geordnet):	5	20	30	35	45	55	60	70	85

Die Wahrscheinlichkeiten der neun Zukunftslagen errechnen sich aus dem Produkt der Wahrscheinlichkeiten für die einzelnen Fälle, z. B. für den Preisverfall im Inland gilt: $^1/_3$; ebenso für den Fall »keine neuen Arbeitskräfte«. Deshalb ist der Zielbeitrag für die Zukunftslage »Preisverfall im Inland und keine neuen Arbeitskräfte« mit $^1/_9$ wahrscheinlich. In diesem Beispiel sind alle neun Mischungszukunftslagen gleich wahrscheinlich. Ob die Mischung gegenüber I oder II vorzuziehen ist, kann erst entschieden werden, wenn genauere Angaben über die Risikoneigung erfolgen.

Nur wenn die Sachgründe für das Anordnen der Zukunftslagen (Preisentwicklung, Entwicklung am Arbeitsmarkt) voneinander gänzlich unabhängig ist, liegt Risikounabhängigkeit (»statistische Unabhängigkeit«) vor. Diese Annahme wird in der Theorie regelmäßig gemacht.

Bei der Mischung von Investitionen wird jedoch der Fall »statistischer Unabhängigkeit« nur selten gegeben sein. Fast alle Vorhaben sind konjunkturempfindlich (in bezug auf diese Einflußgröße besteht weitgehend Risikogleichlauf). Sie können jedoch gegenüber anderen Einflußgrößen, z. B. der Konkurrenzlage, Beschaffungsschwierigkeiten, unabhängig sein oder sich teilweise begünstiger

Abhängigkeiten zwischen den Sachgründen wären in unserem Beispiel durch folgende Fragen zu erkunden: Treten Preisverfall im Inland und entspannter Arbeitsmarkt gemeinsam auf oder ist Preisverfall auch bei angespanntem Arbeitsmarkt denkbar? Hat ein Preisverfall im Ausland Rückwirkungen auf die inländische Arbeitsmarktlage während des Planungszeitraums?

Es ist klar, daß die wirklichen Probleme für die Erfassung des Risikoverbundes in der Untersuchung der gegenseitigen Abhängigkeiten liegen, die zwischen den Sachgründen bestehen, nach denen Zukunftslagen geordnet werden. Um die Einflüsse zu erkennen, die von Preisentwicklungen auf den Arbeitsmarkt ausgehen, um die Abhängigkeiten zwischen z. B. Wechselkursänderungen, Lohnerhöhungen, Konkurrenzdruck usw. zu erfassen (die für ein drittes, viertes usw. Investitionsvorhaben den Ausschlag geben mögen), benötigt man das gesamte Wissen der Wirtschaftswissenschaften und noch einiges an praktischer Erfahrung dazu. Dieses Wissen kann hier nicht dargestellt werden. Wir müssen uns auf die Darstellung der Technik des Vorgehens beschränken.

Es empfiehlt sich auch bei Abhängigkeit der Sachgründe, zunächst von der Unterstellung auszugehen, die einzelnen Sachgründe seien unabhängig voneinander und demgemäß sind alle denkbaren Fälle des Zusammenwirkens der einzelnen Sachgründe zusammenzustellen, z. B. Preisverfall mit entspanntem Arbeitsmarkt, verschärftem Konkurrenzdruck und unverändertem Wechselkurs, Preisverfall mit entspanntem Arbeitsmarkt, verschärftem Konkurrenzdruck und Aufwertung um 3 % usw.

Die Wahrscheinlichkeit für diese einzelnen Mischungszukunftslagen läßt sich bei Abhängigkeit jedoch nicht mehr durch Ausmultiplizieren der Einzelwahrscheinlichkeiten wie im Fall statistischer Unabhängigkeit errechnen. Vielmehr muß an die Stelle des Ausmultiplizierens von Wahrscheinlichkeiten jetzt eine Neuschätzung der Glaubwürdigkeitsziffern treten auf Grund der gegenseitigen Abhängigkeiten der Sachgründe für die Anordnung der Zukunftslagen: War bei »Unabhängigkeit« Preisverfall im Inland mit entspanntem Arbeitsmarkt mit je rund 11 % genauso wahrscheinlich wie Preisverfall im Inland mit Überbeschäftigung, so ist bei »Abhängigkeit« zu prüfen, ob nicht eher 15 % dafür sprechen, daß Preisverfall mit entspanntem Arbeitsmarkt gemeinsam auftritt und nur 7 % für den Fall, daß Preisverfall im Inland mit Überbeschäftigung einhergeht. Entsprechend sind die Glaubwürdigkeitsziffern der anderen Mischungszukunftslagen festzulegen.

Bei »Abhängigkeit« kann damit gerechnet werden, daß einige der Mischungszukunftslagen, die bei Unabhängigkeit zu beachten gewesen wären, hier mit der Glaubwürdigkeit Null zu belegen sind und damit entfallen. Abhängigkeit unter den Sachgründen unterscheidet sich von der Unabhängigkeit durch eine »dichtere« Wahrscheinlichkeitsverteilung, weil gegenüber der Unabhängigkeit häufig weniger, höchstens genau so viele Zukunftslagen auftreten werden. Vor allem aber sind weniger gleichwahrscheinliche Zukunftslagen zu erwarten. Die Abhängigkeiten in den Sachgründen äußern sich also in der Anzahl der Zukunftslagen und ihrer Glaubwürdigkeiten, die im Mischungsfall (bei der Programmzusammenstellung) zu beachten sind. Bei gegebenen Zukunftslagen können grundsätzlich die Zielgrößenordnungen der einzelnen Vorhaben gleichgeordnet, teilweise gleichgeordnet oder strikt entgegengesetzt verlaufen. Aber die

beiden Extremfälle des Risikogleichlaufs und des Risikoausgleichs haben kaum praktische Bedeutung.
Bei der Programmplanung unter dem Gesichtspunkt der Risikomischung dürfen die technischen Probleme nicht übersehen werden. Wenn wir z. B. fünf Investitionsvorhaben betrachten, für den ersten Zahlungszeitpunkt fünf Zukunftslagen bei jedem Vorhaben unterscheiden, und für jedes der fünf Investitionsvorhaben unterschiedliche Sachgründe für das Unterteilen der Zukunftslagen annehmen, so ergeben sich für den ersten Zahlungszeitpunkt schon $5^5 = 3125$ alternative Mischungszukunftslagen. Da für jeden späteren Zahlungszeitpunkt mit einer weiteren Verästelung gerechnet werden muß, ist man vermutlich im dritten Jahr in den Millionen.

Es bleibt praktisch nichts anders übrig, als Tausende von denkbaren Zukunftslagen zu einigen wenigen repräsentativen Zukunftslagen zusammenzufassen mit der Gefahr, daß zusätzliche Fehlerquellen entstehen. Die Hauptschwierigkeit von Entscheidungen unter Ungewißheit liegt bereits im Anordnen der Zukunftslagen (vgl. S. 74 ff.).
Sehen wir von diesen praktisch-technischen Erschwernissen ab, so können wir festhalten:

Wer Programmplanung verwirklichen will, hat für jede Handlungsmöglichkeit sämtliche Zukunftslagen und ihre Glaubwürdigkeitsziffern (die gesamte Wahrscheinlichkeitsverteilung) einzeln aufzuführen. Daraus ist eine Wahrscheinlichkeitsverteilung für jede Mischung abzuleiten. Bei der Zusammenstellung von Investitionsmischungen lassen sich ohne Rückgriff auf die Risikonutzenfunktion nur selten gute von weniger guten Handlungsprogrammen trennen. *Um den Bereich »guter« Wahlmöglichkeiten zu erkennen, müssen Annahmen über die Risikonutzenfunktion erfolgen; ohne sie ist nicht einmal eine brauchbare Entscheidungsvorbereitung möglich.* Die Entscheidung unter den vorab ausgewählten guten Handlungsmöglichkeiten kann immer nur bei Kenntnis der persönlichen Risikoneigung fallen.

Weil ohne Rückgriff auf die Risikonutzenfunktion kaum noch gute von weniger guten Handlungsprogrammen getrennt werden können, deshalb ist die Theorie des auf Nicht-Grenzentscheidungen beschränkten Risikonutzens so wichtig für die Planung des Investitions- und Finanzierungsprogramms unter Ungewißheit.

c) *Optimumbestimmung bei kombinatorischer Investitions- und Finanzplanung unter Ungewißheit*

Die Suche nach dem optimalen Finanzplan verlangt unter wirklichkeitsnahen Bedingungen die Anwendung kombinatorischer Modelle. Wie kann man für kombinatorische Modelle Optima finden, wenn die Daten ungewiß sind?
Drei Lösungsansätze sind zu nennen: die Empfindlichkeitsanalyse (Sensitivitätsanalyse), das stochastische lineare Programmieren und die Optimumbestimmung für hinreichend zulässige Programme (Chance-constrained Programming). Das Wesen der drei Verfahren läßt sich am raschesten erkennen, wenn wir von der allgemeinen Formulierung eines linearen Programmierungsproblems ausgehen. In der abgekürzten Vektor- bzw. Matrixschreibweise lautet das Problem

$$\text{Max } Z = z'x$$

unter

$$Ax \leqq b$$
$$x \geqq 0.$$

In Worten: Maximiere die Zielfunktion Z, wobei die Zielfunktion aus den Zielbeiträgen z' der Handlungsmöglichkeiten x besteht. Die Maximierung erfolgt unter zwei Nebenbedingungen: A bezeichnet die Koeffizientenmatrix (die Mittelbeanspruchung durch die jeweiligen Handlungsmöglichkeiten), und b bezeichnet die vorhandenen Mittel. Selbstverständlich dürfen die Handlungsmöglichkeiten nicht negative Werte annehmen. Im praktischen Fall werden alle Daten, z', A und b ungewiß sein. Das heißt, alle Daten, also jeder Zielbeitrag, die Mittelbeanspruchung einer jeden Handlungsmöglichkeit und die vorhandenen Mittel, werden nur durch eine Wahrscheinlichkeitsverteilung beschrieben werden können. Damit sind die beiden Probleme der Optimumbestimmung offenkundig:

(a) Welche Zielfunktion ist unter Ungewißheit zu wählen, und wie sind die alternativen ungewissen Zielbeiträge der Handlungsmöglichkeit dabei zu gewichten?

(b) Wie kann gewährleistet werden, daß die Mittelbeanspruchung nicht die vorhandenen Mittel übersteigt, wenn weder über die Höhe der Mittelbeanspruchung noch über die Höhe des Mittelvorrates sichere Aussagen gemacht werden können?

1. Empfindlichkeitsanalyse

Der einfachste Weg, um die Ungewißheit der Daten zu umgehen, besteht darin, nur mit einem einzigen ausgewählten Wert zu rechnen. Wenn dieses Vorgehen überhaupt Anspruch auf Rationalität erheben will, dann muß dafür der Erwartungswert gewählt werden. Nachdem das Optimum für die zugrunde gelegten Erwartungswerte ausgerechnet ist, wird im Rahmen der Empfindlichkeitsanalyse geprüft, wieweit die einzelnen Daten sich ändern dürfen, damit die rechnerische Lösung optimal bleibt. Dieses Verfahren wurde schon beim Eigenheimbeispiel kurz angedeutet. Eine Änderung der vorhandenen Mittel um 3% veränderte die Programmzusammensetzung erheblich. Im Hinblick auf Gewinnänderungen reagierte das Programm weniger heftig. Die Erhöhung der finanziellen Mittel um 3% ließ den Gewinn nur um 1,5% steigen. Das bedeutet: Die Höhe des Gewinns ändert sich nur wenig, wenn die Abweichungen in den verfügbaren Mitteln bescheiden bleiben. Drastisch reagiert hingegen die Zusammensetzung des Bauprogramms auf Änderungen der finanziellen Mittel (S. 379).
Die Analyse der Empfindlichkeit beschränkt sich nicht auf Änderungen in den vorhandenen Mitteln. Abweichungen in den Zielbeiträgen der einzelnen Handlungsmöglichkeiten können in ihren Auswirkungen unmittelbar erfaßt werden, indem ein neues Programm mit den geänderten Zielbeiträgen durchgerechnet wird. In vielen Fällen ist es jedoch bequemer, auf das duale Programm zurückzugreifen. Die Zielbeiträge des primalen Programms entsprechen ja den »vorhandenen Mitteln« des dualen Programms. Werden Änderungen der Zielbeiträge des primalen Programms im dualen Programm berücksichtigt, dann führen sie zu denselben rechentechnischen Problemen wie eine Änderung der Kapazitätsbedingungen im Primal.

Im Grunde setzt die Empfindlichkeitsanalyse »parametrisches Programmieren« voraus, das Ermitteln von Optima unter wechselnden Umweltbedingungen. Besteht für ein ökonomisches Problem ein leistungsfähiges Rechenprogramm, so ist die Durchrechnung mit alternativen Werten nicht schwierig. Unangenehm sind nur ganzzahlige Programme, weil sie, soweit heute überhaupt lösbar, meist sehr viel Rechenzeit in Anspruch nehmen.

In der Berücksichtigung der Ungewißheit steht die Empfindlichkeitsanalyse theoretisch auf derselben Stufe wie jene praktischen Faustformeln, die durch Sicherheitsabschläge bei den Einnahmen oder Zuschläge bei den Ausgaben eine Lösung des Ungewißheitsproblems zu finden hoffen. Jede Minderung der Zielbeiträge bzw. der vorhandenen Mittel kann als ein Sicherheitsabschlag, jede Erhöhung der Mittelbeanspruchung als ein Ausgabenzuschlag angesehen werden. Es liegt auf der Hand, daß dieses Vorgehen dem Ungewißheitsproblem nicht gerecht wird. Die Zielfunktion ist darüber hinaus nicht angemessen formuliert: Maximierung des Erwartungswertes bedeutet Risikoneutralität, und die kann bei Programmentscheidungen nicht als allgemeingültig vorausgesetzt werden. Gänzlich ungelöst bleibt das zweite Problem: Wenn Mittelbeanspruchung und vorhandene Mittel selbst ungewiß sind, dann ist durch das Festlegen von Erwartungswerten auf beiden Seiten der Ungleichung in keiner Weise sichergestellt, daß das errechnete »optimale« Programm tatsächlich die Nebenbedingungen einhält. Eine Verringerung der vorhandenen Mittel zeigt zwar den Einfluß an, den diese Kapazitätsbeschränkung auf die Zielfunktion ausübt. Offen bleibt jedoch vorerst, ob ein solcher Risikoabschlag in den vorhandenen Mitteln sicherstellt, daß das errechnete Programm bei Unsicherheit in der Mittelbeanspruchung und in den vorhandenen Mitteln tatsächlich später die Nebenbedingungen nicht verletzt.

Die Empfindlichkeitsanalyse kann deshalb nur als Versuch gewertet werden, Informationen über die Problemstruktur zu gewinnen: Sie gibt Anhaltspunkte darüber, ob man sich intensiver um die Datenbeschaffung kümmern muß oder nicht. Zeigt sich ein einmal gewähltes Programm als verhältnismäßig unempfindlich gegenüber Datenänderungen, dann läßt sich daraus schließen: Selbst bei weiteren Bemühungen um verläßlichere Daten wird man kein wesentlich besseres Programm finden; und selbst wenn die Daten sich ändern, wird das Ergebnis immer noch befriedigend bleiben. Reagiert das einmal gewählte Programm hingegen sehr empfindlich auf Datenänderungen, dann ist dies ein Hinweis dafür, näher zu untersuchen, ob es nicht doch bessere Informationsmöglichkeiten über das »empfindliche« Datum gibt. Darüber hinaus entsteht die Aufgabe, nach neuen Handlungsmöglichkeiten Ausschau zu halten, um nicht so stark von einem empfindlichen Datum abhängig zu sein. Hierzu ein Beispiel: Ein Mehrproduktunternehmen erwägt einen Investitionsplan, der die Ausweitung der Kapazitäten aller Erzeugnisse vorsieht. Wenn die Preise fallen, sinkt natürlich der Gewinn. Aber daß alle Preise fallen, ist unwahrscheinlich, und wenn bei einem Erzeugnis Verluste eintreten, so besteht die Hoffnung, daß die anderen Erzeugnisse die Unternehmung über Wasser halten. Das Investitionsprogramm wird auf Preisänderungen nicht allzu empfindlich reagieren. Anders sieht es in einem zweiten Unternehmen aus, das seinen Investitionsplan ganz auf die Ausweitung der Kapazität eines Produkts ausgerichtet hat: Sobald die starke Abhängigkeit des Gewinns von der Änderung eines einzigen Preises erkannt ist, bleibt zu prüfen, ob nicht verläßlichere Informationen über die Preisentwicklung zu gewinnen sind. Das ist meist sehr schwierig. Erscheint dies nicht möglich, dann entsteht die neue Aufgabe, zu prüfen, ob nicht ein anderes Investitionsprogramm möglich ist, das nicht so stark von einer einzigen ungewissen Größe, dem Preis eines Produktes, abhängt. Das Bemühen um »Diversifikation« ist regelmäßig aus solchen Risikoüberlegungen heraus zu verstehen.

2. Mathematisches Programmieren unter Ungewißheit

aa) Stochastisches lineares Programmieren

Drei Verfahrensweisen werden unter »linearer Programmierung unter Ungewißheit« verstanden. Bei der ersten Verfahrensweise geht es um die Berechnung der Wahrscheinlichkeitsverteilung der Zielfunktion. Dieses »stochastische lineare Programmieren« sei zunächst dargestellt.

Angenommen, man verfüge über Häufigkeitsziffern (empirische Wahrscheinlichkeitsverteilungen) der Zielbeiträge, der Mittelbeanspruchung und der vorhandenen Mittel. Dann liegt es nahe zu versuchen, eine Wahrscheinlichkeitsverteilung für die Zielfunktion zu berechnen. Zum Beispiel: Das Endvermögen im Zeitpunkt t_5 sei zu maximieren. Als Daten liegen vor die Wahrscheinlichkeitsverteilungen über die Zahlungsreihen der einzelnen Investitionsvorhaben, die zu einem 5jährigen Investitions- und Finanzplan kombiniert werden sollen. Die finanziellen Mittel einer jeden Periode seien beschränkt: Auch für den Kreditspielraum bestehe eine Wahrscheinlichkeitsverteilung, ebenso über die Höhe der Erträge kurzfristiger Geldanlagen. Aus diesen Daten soll nun eine Wahrscheinlichkeitsverteilung für das Endvermögen in t_5 errechnet werden. Das ist das Ziel des stochastischen linearen Programmierens.

Falls es gelänge, eine Wahrscheinlichkeitsverteilung aller denkbaren Endvermögen zu berechnen, was wäre dann gewonnen? Die Antwort lautet: Noch nichts! Man weiß zwar, welche Endvermögen mit welchen Wahrscheinlichkeiten möglich sind, aber welches Programm gewählt werden soll, darüber wird nichts ausgesagt. Natürlich ließe sich ein Wert aus dieser Wahrscheinlichkeitsverteilung herausgreifen, z. B. der Erwartungswert, und dann das Programm suchen, das den Erwartungswert maximiert. Aber damit wäre dem Ungewißheitsproblem nicht Genüge getan. Hinzu tritt: Die Berechnung einer solchen Wahrscheinlichkeitsverteilung aller Endvermögen ist im allgemeinen gar nicht möglich. Dieser Ansatz des stochastischen linearen Programmierens, der auf Tintner[33] zurückgeht, entscheidet das ökonomische Problem nicht und ist, wenn überhaupt, dann nur in Sonderfällen lösbar.

[33] Vgl. *G[erhard] Tintner,* Stochastic Linear Programming with Applications to Agricultural Economics. In: Proceedings of the Second Symposium in Linear Programming, Vol. 1, edited by H. A. Antosiewicz. Washington 1955, S. 197–228; zur Kritik vgl. *Bertil Näslund,* A Model of Capital Budgeting under Risk. In: The Journal of Business, Vol. 39 (1966), S. 257–271, hier S. 259; *Hadley,* S. 225 f.

bb) Das »strenge« Vorgehen des linearen Programmierens unter Ungewißheit

Das strenge Vorgehen des linearen Programmierens unter Ungewißheit grenzt den Bereich zulässiger Lösungen auf jene Programme ein, die mit Sicherheit die Nebenbedingungen nicht verletzen. Unter diesen unter allen Umständen zulässigen Programmen wird dann das optimale (z. B. das mit dem höchsten Ertragswert) gesucht. Unter strengem Vorgehen wird hier die »fat formulation« verstanden, wie sie Madansky im Anschluß an Dantzig vorgetragen hat. Sobald Unternehmensforscher gezwungen sind, sich verbal auszudrücken, gehen ihre Begriffe oft durcheinander. So auch hier. Dantzig denkt bei der »fat formulation« an den Einbau von Sicherheitsreserven, vor allem für unvorhergesehene Ereignisse [34]. Madansky versteht unter »fat formulation« etwas anderes. Er will das Optimum unter jenen Handlungsprogrammen suchen, die für alle vorhergesehenen Zukunftslagen zulässig sind, also z. B. die Liquiditätsbedingungen in keinem Fall verletzen. Madansky erkennt, daß dieses »strenge« Vorgehen für praktische Planungszwecke unbrauchbar ist, denn in zahlreichen Fällen wird es dann überhaupt keine zulässige Lösung geben, bei der die Variablen (z. B. die Zahl der Eigenheime) größer als Null sind [35]. Die extrem vorsichtige Problemlösung führt dazu, daß man Investitionen unterläßt, und dadurch kann man erst recht das langfristige Gedeihen der Unternehmung aufs Spiel setzen.

cc) Das »milde« Vorgehen des linearen Programmierens unter Ungewißheit

Die Problemlösung wird hier in zwei Stufen zerlegt [36]. Zunächst wird ein Investitionsplan errechnet, z. B. der Plan, in dem für alle Daten die Erwartungswerte eingesetzt sind. Auf der zweiten Stufe wird untersucht, wieweit der Plan aufgrund der Zufallsver-

[34] Vgl. *George B. Dantzig*, Linear Programming under Uncertainty. In: Management Science, Vol. 1 (1955), S. 197–206; *ders.*, Recent Advances in Linear Programming, In: Management Science, Vol. 2 (1956), S. 131–144; *ders.*, Lineare Programmierung und Erweiterungen, Kap. 25.

[35] Vgl. *Albert Madansky*, Linear Programming under Uncertainty. In: Recent Advances in Mathematical Programming, edited by Robert L. Graves and Philip Wolfe. New York–San Francisco–Toronto–London 1963, S. 103–110; zur Kritik vgl. *Bertil Näslund, Andrew Whinston*, A Model of Multi-Period Investment under Uncertainty. In: Management Science, Vol. 8 (1962), S. 183–200, bes. S. 184 f.; *Jääskeläinen*, Optimal Financing, S. 159 f.
Mit dem Vorgehen Madansky's deckt sich die »flexible Planung« mit Hilfe der linearen oder dynamischen Programmierung im Sinne von Hax und Laux, vgl. *Herbert Hax*, Investitionstheorie, S. 135–152; *Herbert Hax, Helmut Laux*, Flexible Planung – Verfahrensregeln und Entscheidungsmodelle für die Planung bei Ungewißheit. In: ZfbF, Jg. 24 (1972), S. 318–340; s. dazu auch *Dieter Schneider*, Flexible Planung als Lösung der Entscheidungsprobleme unter Ungewißheit? in der Diskussion. In: ZfbF, Jg. 24 (1972), S. 456–476, bes. S. 461–466, 471 f.; zu den Anwendungsmöglichkeiten dynamischer Programmierung vgl. auch *Helmut Wagner*, Simultane Planung von Investition, Beschäftigung und Finanzierung mit Hilfe der dynamischen Programmierung. In: ZfB, Jg. 37 (1967), S. 709–728, hier S. 709 f. und die dort genannten Quellen.

[36] Vgl. *Dantzig*, Linear Programming under Uncertainty, S. 198; *Madansky*, S. 104 f.

teilung der Daten verletzt werden kann. Damit der optimale Plan in jedem Falle zulässig wird, unterstellt man, es sei möglich, die Liquiditätsbedingungen zu erweitern; allerdings koste die Erhöhung des Kreditspielraums Strafzinsen (Überziehungsprovisionen); diese Überziehungsprovisionen sind in der Zielfunktion zu berücksichtigen. Gesucht wird schließlich derjenige Investitionsplan, der unter Berücksichtigung der Gewinnerwartungen und der möglichen Überziehungsprovisionen optimal ist. Das Vorgehen sei am Beispiel verdeutlicht:

Wir erinnern uns des Eigenheimbaus. In t_1 mußte unter Vernachlässigung des Kassenbestandes aus dem ersten Baujahr folgende Liquiditätsbedingung erfüllt sein (S. 366):

$$4\,A + 3\,B \leqq 36.$$

Wir nehmen zur Vereinfachung an, die Baukosten seien sicher, aber für den Kreditspielraum in t_1 gelte folgende Wahrscheinlichkeitsverteilung F_1 (x = Betrag, p = Einzelwahrscheinlichkeit, m = Wahrscheinlichkeit, daß der Betrag mindestens erreicht ist):

	x	p	m
	24	0,05	1
	30	0,25	0,95
F_1 =	36	0,40	0,70
	42	0,25	0,30
	48	0,05	0,05

Auch die Literatur beschränkt sich bisher auf den Fall, daß nur die vorhandenen Mittel ungewiß sind. Damit jederzeit die Nebenbedingung erfüllt ist, muß die Möglichkeit bestehen, einen Überziehungskredit aufzunehmen. Für jedes mögliche Bauprogramm und jede mögliche Datenkonstellation existiert ein bestimmter Überziehungskredit, der sicherstellt, daß das gewählte Programm in jedem Fall zulässig ist. Für das Bauprogramm von 6 Eigenheimen des Typs A und 4 des Typs B beträgt bei einem Mittelvorrat von 24 der Überziehungskredit 12; bei einem Mittelvorrat von 30 nur 6. Die einzelnen Überziehungskredite sind unterschiedlich wahrscheinlich, der Überziehungskredit von 12 ist z. B. nur zu 5% glaubwürdig. Aus allen Einzelwerten des Überziehungskredits ist der Erwartungswert des Überziehungskredits zu berechnen, und daraus folgt der Erwartungswert der Überziehungsprovision; der Erwartungswert der Überziehungsprovision (bzw. der sonstigen »Strafkosten« für die Überschreitung einer Nebenbedingung) ist in der Zielfunktion abzusetzen.

Allgemein formuliert: Aus dem linearen Programm bei Sicherheit

$$\begin{aligned} \text{Max } Z &= z'x \\ Ax &\leqq b \\ x &\geqq 0 \end{aligned} \qquad \text{wird} \qquad \begin{aligned} \text{Max } Z &= \mu\,[z'x - y'c] \\ Ax - Bc &\leqq b \\ x &\geqq 0 \\ c &\geqq 0, \end{aligned}$$

wobei μ den Erwartungswert der um die Strafzinsen verminderten Zielgröße, y' die Strafzinsen für eine Einheit Überziehungskredit und B die Mittelbeanspruchung der zu entleihenden Engpaßfaktoren c (hier: Kredite) bedeuten.

Ein solcher Rechenansatz bläht zunächst das Optimierungsproblem auf. Zudem zeigen sich erhebliche Schwierigkeiten, wenn b *und* A ungewiß sind. Für den Betriebswirt wiegt jedoch schwerer die Tatsache, daß die ökonomischen Unterstellungen des Ansatzes nicht überzeugen:

1. Das Ziel lautet Maximierung des Erwartungswertes, und damit wird risikoneutrales Verhalten unterstellt.
2. Durch die Bedingung, daß jederzeit (wenn auch zu hohen Strafzinsen) Engpässe beseitigt werden können, wird das Engpaßproblem umgangen. Das Liquiditätsproblem wird damit in ein Rentabilitätsproblem zurückverwandelt. Soweit praktisch die Engpässe nicht wirklich starr sind, ist das zulässig. Dieser Weg versagt jedoch, sobald zusätzliche Mittel unter keinen Umständen zu bekommen sind.
3. Die Methode setzt voraus, daß der Strafzinssatz (die Überziehungsprovision) bekannt ist und nicht mit der Höhe der Inanspruchnahme variiert. Wenn tatsächlich Überziehungskredite in Anspruch genommen werden können, wird man sie bei vernünftiger Planung sowieso berücksichtigen und ausrechnen, ob sie in Anspruch genommen werden sollen oder nicht. Die Strafzinsen werden jedoch bei der hier besprochenen Methode für alle möglichen Überschreitungen der Nebenbedingungen angesetzt. Sie sollen grundsätzlich als Opportunitätskosten, als Gewinnentgang, verstanden werden, falls eine Bedingung nicht eingehalten werden kann. Indes: Wie hoch ist die Gewinnminderung, wenn die Unternehmung in einem Zahlungszeitpunkt ihren Zahlungsverpflichtungen nicht mehr nachkommen kann?

Aus diesen Gründen ist auch das lineare Programmieren unter Ungewißheit nicht als brauchbarer Ansatz zur Investitions- und Finanzplanung unter Ungewißheit anzusehen.

dd) *Optimumbestimmung für hinreichend zulässige Programme*

Aus der Kritik der »strengen« und »milden« Form des linearen Programmierens unter Ungewißheit ist folgender Gedanke entstanden: Die Nebenbedingungen lassen sich nicht immer auf Kosten von »Strafzinsen« erweitern und in Rentabilitätsprobleme umwandeln. In diesen Fällen müßte dann »streng« formuliert werden. Bei der Planung nur jene Handlungsmöglichkeiten als zulässig anzusehen, die für alle Zukunftslagen die Nebenbedingungen streng einhalten, schränkt aber den Handlungsspielraum zu stark ein. Denn in den meisten Fällen ist dann »mit Sicherheit« kaum eines der Investitionsvorhaben zulässig. Um dem zu begegnen, nimmt man ein beschränktes Risiko in Kauf. Man berücksichtigt auch »hinreichend zulässige Programme«. Das sind Programme, die mit einer ausreichenden Wahrscheinlichkeit die Beschränkung nicht verletzen. Diese Optimumbestimmung für hinreichend zulässige Programme heißt in der angelsächsischen Literatur »chance-constrained programming«. Auch für diesen Ansatz gilt, wie für viele der Unternehmensforschung, daß überflüssige Formalismen das Vordringen zum einfachen Kern des Modells behindern.
Der Unterschied zwischen dem »chance-constrained programming« und der strengen oder milden Form des linearen Programmierens unter Ungewißheit liegt darin, daß bei der strengen oder milden Form die Nebenbedingungen mit einer Wahrscheinlichkeit

von 100 % erfüllt sein müssen. Beim »chance-constrained programming« begnügt man sich mit einer etwas geringeren Wahrscheinlichkeit [37].

Bei der strengen Form müßte die Liquiditätsbedingung im ersten Jahr des Eigenheimbaues

$$4\,A + 3\,B \leqq F_1$$

jederzeit erfüllt sein (F_1 steht für die Wahrscheinlichkeitsverteilung des Finanzierungsspielraums, vgl. S. 428). Begnügt man sich mit hinreichend zulässigen Programmen, dann gelten alle Handlungsprogramme als zulässig, welche die Liquiditätsbedingung z. B. zu mindestens 95 % erfüllen. Formal sieht diese Anforderung so aus

$$p\{4\,A + 3\,B \leqq F_1\} \geqq \alpha.$$

In Worten: Die Wahrscheinlichkeit, daß die Nebenbedingung erfüllt wird, muß größer oder gleich α (z. B. 95 %) sein. Diese Nebenbedingung ist im Beispiel sofort zu lösen: An die Stelle von F_1 und F_2 tritt jeweils 30. Unter dieser Bedingung errechnet sich dann das optimale Programm ohne zusätzliche Schwierigkeiten.

In der Literatur ist die Festsetzung des zu α sicheren Finanzierungsspielraums in umständlicher und mißverständlicher Weise als die Bestimmung eines »Sicherheitsäquivalentes« beschrieben worden [38]. Gesucht wird nämlich nicht ein Sicherheitsäquivalent (ein sicherer Betrag, der einer Wahrscheinlichkeitsverteilung gleichgeschätzt wird), sondern gesucht wird ein Betrag, der mit z. B. 95 % Wahrscheinlichkeit mindestens erreicht wird. Dieser zu 95 % sichere Betrag hat mit einem Abwägen sicheren gegen unsicheren Einkommens (mit der Anwendung des Stetigkeitsprinzips, auf dem die Existenz von Sicherheitsäquivalenten beruht) überhaupt nichts zu tun. Hinzu kommt, daß die Literatur der Festlegung dieses zu 95 % wahrscheinlichen Wertes längere mathematische Ableitungen widmet, die dem mit der mathematischen Statistik nicht Vertrauten zwar schauerndes Entzücken über die erhabene Wissenschaftlichkeit des Vorgehens bereiten, aber im Falle, daß nur die vorhandenen Mittel ungewiß sind, völlig

[37] Vgl. *A. Charnes, W. W. Cooper,* Chance-Constrained Programming. In: Management Science, Vol. 6 (1960), S. 73–79; *dies.,* Deterministic Equivalents for Optimizing and Satisfizing under Chance Constraints. In: Operations Research, Vol. 11 (1963), S. 18–39; *G. L. Thompson, W. W. Cooper, A. Charnes,* Characterisations by Chance-Constrained Programming. In: Recent Advances in Mathematical Programming, edited by Robert L. Graves, Philip Wolfe. New York–San Francisco–Toronto–London 1963, S. 113–120; *Bertil Näslund, Andrew Whinston,* A Model of Multi-Period Investment under Uncertainty. In: Management Science, Vol. 8 (1962), S. 184–200; *Bertil Näslund,* A Model of Capital Budgeting under Risk. In: The Journal of Business, Vol. 39 (1966), S. 257–271; dem Vorschlag von Näslund entspricht das als »taktisch« bezeichnete Vorgehen bei *Horst Albach,* Das optimale Investitionsbudget bei Unsicherheit. In: ZfB, Jg. 37 (1967), S. 503–518; vgl. ferner *Madansky,* S. 106 f., und *Jääskeläinen,* Optimal Financing, S. 161–182.

[38] Vgl. *A. Charnes, W. W. Cooper, G. H. Symonds,* Cost Horizons and Certainty Equivalents: An Approach to Stochastic Programming of Heating Oil. In: Management Science, Vol. 4 (1958), S. 235–263, bes. S. 244–246; *Näslund-Whinston,* S. 198 f.; *Albach,* Das optimale Investitionsbudget bei Unsicherheit, S. 506; *Jääskeläinen,* Optimal Financing, S. 169 f.

überflüssig sind. Möglicherweise haben einige Autoren übersehen, daß dann, wenn die Wahrscheinlichkeitsverteilung bekannt ist (und ohne ihre Kenntnis kann kein praktisches Problem gelöst werden), ihr »Sicherheitsäquivalent« (der zu 95 % sichere Wert) unmittelbar abgelesen werden kann.

Im allgemeinen Fall besteht jedoch Ungewißheit bei den knappen Mitteln (hinsichtlich des Finanzierungsspielraums in jedem Zahlungszeitpunkt) und Ungewißheit hinsichtlich der Mittelbeanspruchung (weil die Höhe der Ausgaben für den Eigenheimbau nur als Wahrscheinlichkeitsverteilung geschätzt werden kann) und hinsichtlich der Zielbeiträge, weil Höhe und Zeitpunkt des Einnahmeneingangs ungewiß sind. Ein »Algorithmus« (ein Rechenverfahren) besteht für diesen allgemeinen Fall bis heute nicht.

Lösungsverfahren sind erst zu finden, wenn man Beschränkungen in Kauf nimmt. So befassen sich die Modelle des »chance-constrained programming«

a) nur mit Normalverteilungen,

b) nur mit der Ungewißheit einzelner Daten, entweder den Liquiditätsbeschränkungen (allgemeiner: den vorhandenen Mitteln) oder mit der Ungewißheit in der Mittelbeanspruchung (der Koeffizientenmatrix A),

c) nur mit der statistischen Unabhängigkeit zwischen den Wahrscheinlichkeitsverteilungen für die Mittelbeanspruchung und denen für die vorhandenen Mittel.

Die Annahme statistischer Unabhängigkeit wiegt schwer. Damit werden Fälle vernachlässigt, wie der, daß bei überhitzter Konjunktur sowohl die Baukosten beider Eigenheimtypen steigen als auch die Finanzierungsmöglichkeiten wegen Dämpfungsmaßnahmen der Bundesbank stark sinken können.

Unterstellt man Normalverteilung und statistische Unabhängigkeit, dann vereinfacht sich das Kombinationsproblem entscheidend. Jede Wahrscheinlichkeitsverteilung kann dann durch zwei Parameter ersetzt werden: durch ihren Erwartungswert und ihre Standardabweichung. Eine allgemeine Berechnung des Risikoabschlags vom Erwartungswert (des fälschlicherweise »Sicherheitsäquivalent« genannten Wertes) ist dann möglich[39]. Dabei ergeben sich nichtlineare Nebenbedingungen, die eine Optimumbestimmung erschweren, zumal die Zielbeiträge nicht gewiß sein werden, sondern ebenfalls in Form von Wahrscheinlichkeitsverteilungen vorliegen. Wenn die Zielbeiträge auch als normalverteilt angenommen werden (was die rechentechnisch einfachste Annahme ist), dann ist eine Risikopräferenzfunktion nach der (μ, σ)-Regel zu maximieren, also eine quadratische Zielfunktion mit quadratischen und linearen Nebenbedingungen. Auch hier sucht man allerdings noch nach leistungsfähigen Rechenverfahren.

Jedoch sind solche, auf Normalverteilungen und statistischer Unabhängigkeit aufbauende Modelle für die Investitions- und Finanzplanung ihres betriebswirtschaftlichen Gehaltes weitgehend beraubt, da beide Voraussetzungen kaum jemals der Wirklichkeit entsprechen. Es kann allerdings gelingen, durch Mischungen aus Normalverteilungen jede beliebige Wahrscheinlichkeitsverteilung näherungsweise wiederzugeben. Der zusätzliche Rechenaufwand, der dann zur Bestimmung der Risikoabschläge

[39] Vgl. dazu z. B. *Näslund*, bes. S. 264; *Fred Hanssmann*, Operations Research Techniques for Capital Investment. New York–London–Sydney 1968, S. 92 f.

vom Erwartungswert (der angeblichen »Sicherheitsäquivalente«) nötig ist, steht indes kaum mehr im Verhältnis zum Ertrag. Für praktische Probleme ist dann meist ein Suchen »per Hand« durchweg rascher und auch verläßlicher, weil es eine gleichzeitige Kontrolle der Einzelannahmen erlaubt.

3. Ein praktikabler Weg zur Optimumbestimmung für hinreichend zulässige Programme

aa) Jederzeit zulässige gegen hinreichend zulässige Programme

Wer eine mehrjährige Investitionsplanung durchführen will, steht vor Wahrscheinlichkeitsverteilungen für die knappen Mittel, die Mittelbeanspruchung und die Zielbeiträge und dies für alle Zahlungszeitpunkte. Wie kann unter den Bedingungen der Wirklichkeit das zielentsprechende Investitions- und Finanzierungsprogramm gefunden werden?

Sollte jemand über Planungskapazitäten in unbegrenzter Höhe verfügen, so könnte er alle sich ihm bietenden Handlungsmöglichkeiten einschließlich aller denkbaren Anpassungsmaßnahmen (wie Vergleichsangebote, Verhandlungen mit anrüchigen Geldverleihern) in einen Plan aufnehmen und versuchen, durch ein »strenges« Vorgehen beim Einhalten der Nebenbedingungen ein Optimum zu errechnen. Streng müßten die Nebenbedingungen schon deshalb eingehalten werden, weil sämtliche Auswege aus einer Liquiditätsklemme von vornherein in den umfassenden Gesamtplan aufzunehmen wären. Dieser Weg ist als »flexible Planung« mit Hilfe der linearen oder dynamischen Programmierung vorgeschlagen worden (vgl. Fußnote 35, S. 427). Inwieweit ein solches Totalmodell rechnerisch lösbar wäre, mag hier offen bleiben: Im praktischen Fall müßten unter Millionen von Zukunftslagen ganzzahlige Lösungen gesucht werden. Wie die Möglichkeiten zur Investitionsmischung den Rechenumfang aufblähen, wurde auf Seite 100 ff. dargestellt. Da die Zielfunktion (Risikonutzenfunktion) nicht linear sein wird, ergeben sich weitere rechentechnische Erschwernisse.

Ein solches Vorgehen bleibt jedoch aus drei Gründen Illusion. Erstens wird das Aufbereiten eines so riesenhaften Ausgangsmaterials (mit z. B. 3125 Zukunftslagen bereits für den ersten Zahlungszeitpunkt, vgl. S. 423) soviel Zeit in Anspruch nehmen, daß der Plan durch die Entwicklung vermutlich bereits überholt sein wird, ehe er überhaupt ausgerechnet werden konnte. Zweitens gewinnt man halbwegs verläßliche Angaben über Anpassungsmaßnahmen (wie Teilliquidationen u. ä.) nur durch Anfragen bei technischen Sachverständigen, Maklern usw. Und damit bringt man völlig unnötig die Unternehmung ins Gerede. Drittens entstehen durch einen solchen umfassenden Planungsansatz erhebliche Planungskosten. Denn Planung unter Ungewißheit heißt stets: sich auf alternative Entwicklungen, z. B. fünf verschiedene denkbare Fälle vorzubereiten, obwohl nur einer davon eintreten wird. Und nicht selten wird ein sechster Fall eintreten, auf den man sich gerade nicht vorbereitet hatte.

Vereinfachungen sind deshalb unvermeidlich. Die Vereinfachungen werden in zwei Richtungen gehen: Es wird nur ein Teil aller denkbaren Handlungsmöglichkeiten bzw.

Handlungsprogramme und nur ein Teil aller denkbaren Zukunftslagen in die Planung einbezogen.

Die Beschränkung der Handlungsmöglichkeiten ergibt sich regelmäßig durch die bisherige Lage der Unternehmung: Ein Stahlhandel wird im allgemeinen nicht das Eröffnen eines Modesalons erwägen, und auf das Durchplanen aller denkbaren Anpassungsmöglichkeiten, wie von Vergleichsangeboten für den Fall einer Liquiditätskrise, wird so lange verzichtet, solange es der Firma noch gut geht. Solche Maßnahmen zu erwägen genügt, wenn der ungünstigste Fall drohend bevorsteht (z. B. mit einer Wahrscheinlichkeit von mindestens 5 % zu erwarten ist, was immer noch ein sehr vorsichtiges Verhalten wäre).

Die Beschränkung der Zukunftslagen ergibt sich aus der Notwendigkeit, die Höhe der Planungskosten zu begrenzen. Es werden nur wenige »repräsentative« Zukunftslagen beachtet. Aber selbst wenn man für jede Handlungsmöglichkeit nur wenige Zukunftslagen einsetzt, zerflattert die Wahrscheinlichkeitsverteilung beim Mischen von Handlungsmöglichkeiten sehr rasch in Hunderte oder Tausende von Einzelfällen. Selbst wenn hier noch einmal verdichtet wird, bleiben zahlreiche Fälle übrig, wenn vorhandene Mittel und Mittelbeanspruchung ungewiß sind.

Der für die Praxis gangbare Ausweg lautet: bewußt ein »gewisses« Risiko an Zahlungsunfähigkeit einzugehen. Erst durch die Beschränkung auf wenige Zukunftslagen und durch die Annahme, daß auch jene Handlungsprogramme zulässig sind, welche z. B. die Liquiditätsbedingungen der ersten Periode gar nicht verletzen, die der zweiten zu höchstens 3 %, die der dritten zu höchstens 5 % und der vierten und aller weiteren Perioden zu höchstens 10 % Glaubwürdigkeit überschreiten, wird gewährleistet, daß nicht von vornherein alle erfolgversprechenden Handlungsprogramme als unzulässig vom Tisch gefegt werden wie beim strengen Vorgehen. Was man tut, wenn eine der wenig wahrscheinlichen Zukunftslagen einzutreten droht, für die nach dem Plan die Zahlungsfähigkeit nicht gegeben ist, darüber wird heute gerade nicht entschieden. Man nimmt bewußt ein gewisses Risiko künftiger Zahlungsunfähigkeit in Kauf.

Die Höhe des Risikos hofft man durch zwei Vorgehensweisen zu beschränken: Erstens durch die überlappende Planung. Für jeden Zahlungszeitpunkt werden auf Grund der neu gewonnenen Informationen die bisherigen Pläne überarbeitet. Die zweite Risikobeschränkung erfolgt durch die Wahl des Sicherheitsniveaus (ob die Nebenbedingungen zu 90, 95 oder 98 % erfüllt sein müssen).

Theoretisch befriedigt dieses Vorgehen nicht. Das überrascht aber nicht. Wir kennen keine wirtschaftlich optimale Informationsauswertung, und hier geht es um dieses Problem: Soll man umfassende Planungsmodelle mit hohen Planungskosten oder weniger umfassende mit geringeren Planungskosten wählen. Die Theorie kann an dieser Stelle nur die Alternativen beschreiben und ihre Vor- und Nachteile offenlegen. Der Ansatz mit »hinreichend zulässigen Programmen« erscheint mir als der Weg, den die praktische Planung am ehesten beschreiten kann. Allerdings sind die vom »chance-constrained programming« bisher vorgeschlagenen Lösungsansätze wegen ihrer Voraussetzungen ungeeignet. Welche Probleme sich der praktischen Planung mit hinreichend zulässigen Programmen stellen, soll im folgenden am Beispiel des Eigenheimbaues dargelegt werden. Dabei werden wir die Ungewißheit Schritt für Schritt in das Modell einfügen.

bb) Ungewißheit über die knappen Mittel

Im ersten Fall nehmen wir an, nur die Höhe des Kreditspielraums sei ungewiß. Es gelten also die Daten von S. 366 (um jeweils 10 000 gekürzt) mit zwei Änderungen. An die Stelle des Kreditspielraums von 36 in t_1 tritt jetzt eine Wahrscheinlichkeitsverteilung; wir bezeichnen sie mit F_1. An die Stelle des Kreditspielraums von 45 in t_2 tritt ebenfalls eine Wahrscheinlichkeitsverteilung von möglichen Kreditspielräumen; wir bezeichnen sie mit F_2. Alle anderen Daten seien zunächst »sicher«. Der Bauunternehmer steht damit unter Vernachlässigung der Kassenhaltung vor folgendem Problem:

$$\text{Max } G = 6\,A + 4\,B$$
$$6\,A + 3\,B \leqq 48$$
$$4\,A + 3\,B \leqq F_1$$
$$3\,A + 5\,B \leqq F_2$$
$$A, B \geqq 0.$$

Die Wahrscheinlichkeitsverteilung der Kreditspielräume hänge davon ab, wie sich die sonstigen Geschäfte des Unternehmers gestalten. Verlaufen sie gut, dann stehen dem Unternehmer in t_1 Gewinne zur Verfügung, und folglich erhöht sich sein Finanzierungsspielraum (durch die Gewinne und durch die zusätzlichen Kredite, die er aufgrund vorzuweisender Gewinne erhält). Verlaufen die Geschäfte hingegen schlecht, weist der Unternehmer Verluste aus, dann sinkt sein Finanzierungsspielraum – einmal, weil eine (bei den sonstigen Geschäften eingeplante) Selbstfinanzierung entfällt, zum anderen, weil er bei Verlusten damit rechnen muß, daß er keinen neuen Kredit bekommt.
Die Wahrscheinlichkeitsverteilungen des Kreditspielraums in t_1 und t_2 mögen wie folgt aussehen (x = Betrag, p = Einzelwahrscheinlichkeit, m = Wahrscheinlichkeit dafür, daß der Betrag mindestens eintrifft).

	x	p	m		x	p	m
	24	0,05	1		20	0,05	1
	30	0,25	0,95		30	0,30	0,95
F_1 =	36	0,40	0,70	F_2 =	40	0,20	0,65
	42	0,25	0,30		50	0,30	0,45
	48	0,05	0,05		80	0,15	0,15

Die Wahrscheinlichkeitsverteilung F_1 entspricht also einer (diskontinuierlichen) Normalverteilung, die Wahrscheinlichkeitsverteilung F_2 läßt sich keiner der üblichen statistischen Verteilungen zuordnen, weil gleich zwei häufigste Werte auftreten. (Sie kann allenfalls als Mischung aus zwei Normalverteilungen gedeutet werden.) Aber mit solchen Verläufen muß man praktisch rechnen, wenn eine geplante Entwicklung günstig oder ungünstig verlaufen kann.
Welche Wege stehen offen, um das Optimum zu bestimmen?
Wir können F_1 und F_2 durch Einzelgrößen vertreten lassen, z. B. durch die Erwartungswerte 36 und 45. Hierbei besteht jedoch eine ganz erhebliche Wahrscheinlichkeit dafür, daß im optimalen Programm die Nebenbedingungen verletzt werden: In F_1 deckt z. B.

die Kreditgrenze 36 nur 70% aller möglichen Fälle; mit 30% Glaubwürdigkeit wird ein geringerer Finanzierungsspielraum erwartet. In F_2 kommt der Einzelwert 45 gar nicht vor. Er verbietet sich schon deshalb als Ansatz. Wird statt dessen »vorsichtigerweise« 40 gewählt, dann bleibt immer noch eine Wahrscheinlichkeit von 35%, daß der Liquiditätsspielraum überschritten wird.
Um sicherzugehen, daß keinesfalls Finanzierungsschwierigkeiten auftreten, müßte in t_1 der Kreditspielraum mit 24, in t_2 mit 20 angesetzt werden. In diesem Beispiel und bei Sicherheit der Bauausgaben könnte das sinnvoll sein. Im praktischen Fall ist jedoch auch die Mittelbeanspruchung ungewiß. Den höchstmöglichen Wert für jede Mittelbeanspruchung und den geringsten Wert für die vorhandenen Kapazitäten einzusetzen, führt zu dem extrem vorsichtigen Verhalten des »strengen« Vorgehens zurück. Damit verbietet sich oftmals jegliches Handeln.
Wählen wir als Sicherheitsniveau 95 %, dann ist an Stelle von F_1 und F_2 je 30 zu setzen.

cc) Ungewißheit über Mittelvorrat und Mittelbeanspruchung

Im zweiten Fall gehen wir davon aus, daß sowohl die Matrix (die Koeffizienten der Mittelbeanspruchung A) als auch der Spaltenvektor der vorhandenen Mittel b ungewiß sind. Im Eigenheimbeispiel bedeutet dies, daß in t_1 neben der Höhe des verfügbaren Finanzbetrages auch die Höhe der Ausgaben für den Bau der Eigenheime A und B ungewiß ist. Um das Beispiel einfach zu halten, sehen wir von der Kassenhaltung ab. An die Stelle der ursprünglichen Nebenbedingung

$$4\,A + 3\,B \leqq 36$$

tritt jetzt z. B. folgende Nebenbedingung (y = Werte der Mittelbeanspruchung, x = Werte der vorhandenen Mittel, p = Wahrscheinlichkeit):

$$\begin{matrix} y & p \\ \end{matrix} \qquad \begin{matrix} y & p \end{matrix} \qquad \begin{matrix} x & p \end{matrix}$$

$$\left\{\begin{matrix} 5 \text{ mit } 0{,}2 \\ 4 \text{ mit } 0{,}6 \\ 3 \text{ mit } 0{,}2 \end{matrix}\right\} A + \left\{\begin{matrix} 4 \text{ mit } 0{,}5 \\ 2 \text{ mit } 0{,}5 \end{matrix}\right\} B \leqq \left\{\begin{matrix} 24 & 0{,}05 \\ 30 & 0{,}25 \\ 36 & 0{,}40 \\ 42 & 0{,}25 \\ 48 & 0{,}05 \end{matrix}\right\}$$

Das Problem lautet: Für die Optimumbestimmung sind alle Kombinationen von A und B als unzulässig auszuschalten, die mit mehr als 5% Glaubwürdigkeit diese Nebenbedingung verletzen. Obwohl das Beispiel und die Wahrscheinlichkeitsverteilungen denkbar einfach sind, ist es eine mühsame Angelegenheit, herauszufinden, welche Kombinationen von A und B zulässig sind und welche nicht. Eine allgemeine analytische Lösung dieses Problems (für abhängige und unabhängige Wahrscheinlichkeitsverteilungen) kenne ich nicht. Im allgemeinen Fall muß man sich auf eine ganz gewöhnliche, abzählende Suche nach den zulässigen Kombinationen verlassen.
Der erste Schritt besteht darin, die Wahrscheinlichkeiten festzustellen, mit denen jeweils eine Zahlungskombination von A und B auftreten kann. Die Spalte A in Tabelle 1 zeigt den Ausgabenbetrag für A, die Spalte B den für B, die Spalte p zeigt die Wahr-

scheinlichkeit, mit der beide zusammen auftreten können. Die Zeilen a–f nennen die einzelnen Zukunftslagen, in denen die Ausgaben von A und B zusammentreffen. Die Spalte 24 zeigt die Wahrscheinlichkeit, daß ein bestimmter Ausgabenbetrag für A und ein bestimmter Ausgabenbetrag für B zusammen eintreten für den Fall, daß der Finanzbetrag nur 24 beträgt; die Spalte 30 zeigt das Entsprechende für den Finanzbetrag 30, die Spalte 36 für den Finanzbetrag 36 (auf die Spalten für 42 und 48 wurde verzichtet). Bei der Berechnung der Wahrscheinlichkeiten gehen wir davon aus, daß die einzelnen Größen voneinander unabhängig sind, daß also jeder Wert von A mit jedem Wert von B zusammentreffen kann, und gleichgültig, welche Werte von A und B eintreten, die Wahrscheinlichkeitsverteilung für den Kreditspielraum sich nicht ändert. Diese Prämisse »statistischer Unabhängigkeit« wird von der Literatur stets gesetzt; sie ist aber keineswegs immer erfüllt.

Tabelle 1

	A	B	p	24	30	36
a	5	4	0,1	0,005	0,025	0,04
b	4	4	0,3	0,015	0,075	0,12
c	3	4	0,1	0,005	0,025	0,04
d	5	2	0,1	0,005	0,025	0,04
e	4	2	0,3	0,015	0,075	0,12
f	3	2	0,1	0,005	0,025	0,04
			1,00	0,05	0,25	0,40

Nun ist sicherzustellen, daß bei einer Kombination von A und B nur höchstens 5% aller Kombinationen die Nebenbedingung verletzen. Um dieses Kombinationsproblem überhaupt in den Griff zu bekommen, gehen wir davon aus, nur ganzzahlige Kombinationen seien zulässig. Damit wird die Zahl der möglichen Fälle rücksichtslos beschnitten. Die Annahme der Ganzzahligkeit ist für Investitionsvorhaben allerdings wirklichkeitsnah. Wir wissen, daß dann, wenn die Erwartungswerte der Daten (4 A + 3 B = 36) zugrunde gelegt werden, die Kombination A = 6 und B = 4 zulässig und sogar (im Falle ohne Kassenhaltung) optimal ist. Im einzelnen werden folgende Bauprogramme der Typen A und B geprüft: 6 : 4; 4 : 4; 4 : 3 und 3 : 4. Es ergibt sich folgende finanzielle Beanspruchung:

Tabelle 2

Bauprogramm	A : B 6 : 4	A : B 4 : 4	A : B 4 : 3	A : B 3 : 4
a	30 + 16 = 46	20 + 16 = 36	20 + 12 = 32	15 + 16 = 31
b	24 + 16 = 40	16 + 16 = 32	16 + 12 = 28	12 + 16 = 28
c	18 + 16 = 34	12 + 16 = 28	12 + 12 = 24	9 + 16 = 25
d	30 + 8 = 38	20 + 8 = 28	20 + 6 = 26	15 + 8 = 23
e	24 + 8 = 32	16 + 8 = 24	16 + 6 = 22	12 + 8 = 20
f	18 + 8 = 26	12 + 8 = 20	12 + 6 = 18	9 + 8 = 17

Wir betrachten als erstes das Bauprogramm A = 6, B = 4 unter der Annahme, daß nur 24 an finanziellen Mitteln verfügbar sind. Das Bauprogramm 6 : 4 übersteigt in allen Zukunftslagen a–f der Tabelle 1 die finanziellen Mittel von 24. Der Fall, daß die finanziellen Mittel nur 24 betragen, ist zu 5% wahrscheinlich. Beträgt der Finanzbetrag 30, dann sind alle Zukunftslagen außer f unzulässig. Bei einem Mittelvorrat von 30 sind a) bis e) gemäß Tabelle 1 zu 22,5% wahrscheinlich. Damit besteht bereits jetzt eine Wahrscheinlichkeit von 27,5%, daß die Liquiditätsbedingung verletzt wird. Selbst wenn die Mittel 36 betragen, besteht noch eine Wahrscheinlichkeit von 20% (nämlich Zukunftslagen a, b, d) dafür, daß die Kombination 6 : 4 gegen die Liquiditätsbedingung verstößt. Hinzu tritt, daß bei finanziellen Mitteln in Höhe von 42 Zukunftslage a) unzulässig ist mit einer Wahrscheinlichkeit von 2,5%. Insgesamt errechnet sich für 6 : 4 eine Wahrscheinlichkeit von 50% dafür, daß die Liquiditätsbedingung verletzt wird. (Das Verhältnis 6 : 4 war zulässig für den Erwartungswert 36; natürlich liegen beim Erwartungswert, der aus einer »Normalverteilung«, wie hier, errechnet wird, 50% der Fälle darunter, deshalb besteht eine Wahrscheinlichkeit von 50% dafür, daß das Bauprogramm 6 : 4 die finanziellen Möglichkeiten übersteigt.)

Wir sehen daraus, daß das Zugrundelegen von Erwartungswerten bei den Nebenbedingungen ein sehr waghalsiges Unternehmen ist: In der Hälfte aller denkbaren Fälle muß damit gerechnet werden, daß die Liquidität in t_1 nicht aufrechterhalten bleibt.

Wie einschneidend das Beachten der vollen Wahrscheinlichkeitsverteilungen der Daten auf die zulässigen Wahlmöglichkeiten wirkt, erkennen wir daraus, daß sogar das Verhältnis 4 : 4 die geforderte Vertrauenswahrscheinlichkeit von 95% nicht gewährleistet. Bei einem Mittelbestand von 24 besteht für das Übertreten der Liquiditätsbedingung eine Wahrscheinlichkeit von 3%; bei 30 eine Wahrscheinlichkeit von 10%, insgesamt wird beim Verhältnis 4 : 4 die Liquiditätsbedingung mit einer Wahrscheinlichkeit von 13% verletzt.

Beim Verhältnis 4 : 3 beträgt die Wahrscheinlichkeit für den Verstoß gegen die Liquiditätsbedingung gerade 5%; bei 3 : 4 ebenfalls. Nach der Zielfunktion bietet jedoch das Verhältnis 4 : 3 den höheren Gewinn. Es wäre die optimale Lösung, vorausgesetzt, auch in der Liquiditätsbedingung für t_2 bliebe das Verhältnis 4 : 3 zulässig. Angenommen, das wäre der Fall, dann sinke der Gewinn von 52 (bei Zugrundelegen der Erwartungswerte) auf 36 (bei Zugrundelegen der Wahrscheinlichkeitsverteilungen und einer Übertretungswahrscheinlichkeit von 5%).

Praktisch wird die Ausrechnung noch dadurch erschwert, daß unter Ungewißheit der Kassenhaltung besondere Bedeutung zukommt. Bei Berücksichtigung der Kassenhaltung wird z. B. das Verhältnis 4 : 4 zulässig, weil dann in t_0 eine Kasse von 12 gehalten werden kann und der Liquiditätsspielraum in t_1 auf mindestens 36 steigt.

Im Regelfall werden A und B nicht »statistisch unabhängig« voneinander sein. Der Zweck eines aufeinander abgestimmten Investitionsprogramms besteht ja gerade darin, sich im Risiko begünstigende Vorhaben zusammenzustellen, also dafür zu sorgen, daß Vorhaben gewählt werden, bei denen die Zielgrößenordnungen für einzelne Zukunftslagen entgegengesetzt laufen. Besteht eine solche Risikominderung, dann werden die Beschränkungen erheblich abgeschwächt. Eine solche Risikominderung wäre z. B. gegeben, wenn die Mittelbeanspruchung 5 bei A nur mit 2 bei B zusammentreffen kann und 3 bei

A nur mit 4 bei B. Daneben seien noch möglich 4 bei A und 4 bei B, 4 bei A und 2 bei B. Kann z. B. 5 bei A nur mit einer einzigen Zukunftslage von B zusammentreffen, dann ist die Wahrscheinlichkeit dieses Zusammentreffens gleich der Wahrscheinlichkeit, daß bei A 5 auftritt. Insgesamt ergäbe sich folgende Kombination:

A	B	p	24	30	36
5	2	0,2	0,010	0,050	0,08
4	4	0,3	0,015	0,075	0,12
4	2	0,3	0,015	0,075	0,12
3	4	0,2	0,010	0,050	0,08
		1,00	0,05	0,25	0,40

Hierbei läßt sich berechnen, daß das Verhältnis 4 : 4 zu 11% unzulässig wird; das Verhältnis 4 : 3 hat nur mehr eine Übertretungswahrscheinlichkeit von 2,5%.
Das einfache Beispiel zeigt, daß ein erheblicher Rechenaufwand erforderlich ist, um die zulässigen Lösungen bei zahlreichen Nebenbedingungen zu ermitteln. Unter den zulässigen Lösungen ist dann noch die beste herauszusuchen. Der Rechenaufwand ist durch die Ganzzahligkeitsbedingung etwas in Grenzen zu halten; gleichwohl ist das mühsame Ausrechnen, welche ganzzahligen Kombinationen zulässig sind, theoretisch unbefriedigend. Lösbar ist das Problem natürlich: Da nur eine endliche Zahl von Kombinationen möglich ist, werden irgendwann die zulässigen Kombinationen errechnet sein.

dd) Ungewißheit in den Zielbeiträgen

Ein Problem blieb bisher ausgeklammert: Die Ungewißheit in der Zielfunktion. Im Regelfall wird die stärkste Ungewißheit in den Zielbeiträgen liegen: Bei einperiodischer Produktions- und Absatzplanung gehen hier die Absatzpreise und -mengen ein; bei mehrperiodischer Investitionsplanung sind es, je nach der Modellstruktur, alternative Kapitalwerte oder Endvermögensbeiträge, die jeweils auf Absatzpreisen und Absatzmengen aufbauen.
Nicht in jedem praktischen Fall ist allerdings die Zielgröße ungewiß. Sicher ist sie, so merkwürdig das klingt, bei Einkommensstreben. Bei Einkommensstreben stellt sich die Frage: Wieviel des Einnahmenüberschusses der Vorperiode kann entnommen, wieviel muß für Investitionen zurückbehalten werden? Es ist die Entnahme zum Entscheidungszeitpunkt t_0 zu maximieren unter der Bedingung, daß mit hinreichender Wahrscheinlichkeit (von z. B. 95%) in allen Zahlungszeitpunkten die Liquidität gewahrt bleibt und am Planungshorizont das gewünschte Endvermögen erhalten ist.
Bei Einkommensstreben ist es berechtigt, die Zielgröße im Modell als »sicher« anzusetzen, denn die Höhe der Ausschüttungen wird endgültig nur für den Entscheidungszeitpunkt t_0 berechnet, und als ausschüttungsfähig gilt jener Betrag, der bei der gegenwärtigen Datenkenntnis auch an jedem künftigen Periodenende als Einkommen entnommen werden könnte. Aufgrund der Datenänderungen und neuen Informationen wird für den nächsten Zahlungszeitpunkt das hinreichend zulässige Investitions- und Finanzierungsprogramm neu bestimmt werden, das die Ausschüttungen zu maximieren erlaubt.

Ungewiß werden die Zielgrößen nur dann, wenn nicht die gegenwärtigen Entnahmen Zielgröße sind, sondern ein künftiger Betrag, z. B. das Endvermögen am Planungshorizont. Treten an die Stelle einzelner Zielbeiträge Wahrscheinlichkeitsverteilungen dieser Zielbeiträge, dann kann nicht mehr Gewinn- (oder Vermögens-)maximierung als Ziel gesetzt werden. Wir stehen vor dem Problem der Zielsetzung unter Ungewißheit, das ausführlich in Teil A III erörtert wurde.

Die Literatur hilft sich durchweg damit, daß als Ziel »Maximierung des Erwartungswertes« gesetzt wird. Dieses Ziel hat den Vorteil, daß die Zielfunktion linear bleibt. Im Eigenheimbeispiel können wir z. B. 6 als Erwartungswert des Deckungsbeitrages von A interpretieren und 4 als Erwartungswert des Deckungsbeitrages von B. So ändert sich rechnerisch an der Zielfunktion nichts. Die Wahl des Erwartungswertes wird u. a. damit gestützt, daß bei der Optimumbestimmung für hinreichend zulässige Programme bereits die Formulierung der Nebenbedingungen bewirke, daß risikoreiche Programme ausgeklammert bleiben, so daß die Annahme der Risikoneutralität vertretbar werde [38].

Indes ist dieses Argument nicht stichhaltig. In die Zielfunktion geht die Einschätzung von Preisen für Eigenheime in t_3 ein. Das Risiko, daß z. B. Käufer abspringen, eine Fernstraße nahe am Baugrund vorbeigeführt wird und deshalb die Preise fallen, besteht jedoch unabhängig von den Liquiditätsanforderungen in t_1 und t_2. Für Nebenbedingungen und Zielfunktion gelten im allgemeinen ganz verschiedene Risikogründe. Darüber hinaus gewährleistet die Formulierung der Nebenbedingungen gerade nicht, daß *alle* risikoreichen Kombinationen ausgeklammert bleiben; sie sichert nur, daß mit hinreichender Wahrscheinlichkeit Kombinationen außer acht bleiben, welche die Nebenbedingungen verletzen könnten.

Welche anderen Wege als der Erwartungswert bieten sich an?

Wäre die Risikonutzenfunktion numerisch bekannt, dann läge es nahe, sie zu verwenden. Damit entstünden sofort nichtlineare Zielfunktionen [39]. Ein einfaches Beispiel zeigt die Zusammenhänge.

Angenommen, der Zielbeitrag durch A und B wäre durch folgende Wahrscheinlichkeitsverteilungen p(A) und p(B) gegeben

$$p(A) \begin{Bmatrix} Z & & p \\ 8 & \text{mit} & 0{,}2 \\ 6 & \text{mit} & 0{,}5 \\ 5 & \text{mit} & 0{,}2 \\ 4 & \text{mit} & 0{,}1 \end{Bmatrix} \qquad p(B) \begin{Bmatrix} Z & & p \\ 5 & \text{mit} & 0{,}3 \\ 4 & \text{mit} & 0{,}4 \\ 3 & \text{mit} & 0{,}3 \end{Bmatrix}$$

Die Risikonutzenfunktion möge lauten:

$$N = -E^2 + 200\,E - 1900.$$

Das Ziel lautet hier, den Erwartungswert des Risikonutzens zu maximieren, wobei der Risikonutzen von der Kombination der Handlungsmöglichkeiten A und B abhängt:

[38] Vgl. *Jääskeläinen*, Optimal Financing, S. 162.

[39] Vgl. *Madansky*, S. 103 f.

$$\begin{aligned}\max \mu(N) = {} & 0{,}2\,[-8\,A^2 + 200 \cdot 8\,A] + 0{,}5\,[-6\,A^2 + 200 \cdot 6\,A] + \\ & + 0{,}2\,[-5\,A^2 + 200 \cdot 5\,A] + \\ & + 0{,}1\,[-4\,A^2 + 200 \cdot 4\,A] + 0{,}3\,[-5\,B^2 + 200 \cdot 5\,B] + \\ & + 0{,}4\,[-4\,B^2 + 200 \cdot 4\,B] + \\ & + 0{,}3\,[-3\,B^2 + 200 \cdot 3\,B] - 1900.\end{aligned}$$

$$\max \mu(N) = -6\,A^2 + 1200\,A - 4\,B^2 + 800\,B - 1900.$$

Man erhält in diesem Fall eine quadratische Nutzenfunktion. Bei den Nebenbedingungen ergeben sich keine neuen Schwierigkeiten. Das entscheidende Problem liegt natürlich in der Festlegung der Risikonutzenfunktion. Dazu bietet sich folgendes Vorgehen an:
Durch Befragen werden die Präferenzwahrscheinlichkeiten für den relevanten Einkommensbereich ermittelt, und daraus wird eine möglichst einfache Risikonutzenfunktion abgeleitet. Eine solche Risikonutzenfunktion wird linear, quadratisch (oder logarithmisch — also mit abnehmenden Risikonutzenzuwächsen), allenfalls kubisch sein (zunächst steigende, dann abnehmende Risikonutzenzuwächse). Es wird in manchen Fällen sogar möglich werden, die nichtlinearen Risikonutzenfunktionen durch lineare Teilstücke näherungsweise wiederzugeben, um die rechentechnisch so zweckmäßige lineare Formulierung aufrechtzuerhalten.

Bei bekannter Risikonutzenfunktion ergeben sich also nur rechentechnische Probleme: Zu den im allgemeinen nichtlinearen Nebenbedingungen (zu denen die Ermittlung hinreichend zulässiger Programme führt) treten nichtlineare Zielfunktionen. Diese rechentechnischen Probleme sind Fragen der angewandten Mathematik, nicht der Betriebswirtschaftslehre.

Den Betriebswirt interessiert in erster Linie die Frage der Datenbeschaffung. Hier ist zu beachten, daß im praktischen Fall die Risikonutzenfunktion nicht in ihrem numerischen Ausdruck gegeben oder hinreichend genau konstruiert werden kann.

Aufgrund der einschränkenden Annahmen, welche die Rechentechniken zur Optimumbestimmung erfordern, und aufgrund der verbleibenden rechentechnischen Schwierigkeiten bei nichtlinearen und ganzzahligen Programmen muß für die praktische Investitions- und Finanzplanung heute noch ein anderer Weg gesucht werden.

Dieser Weg besteht darin, aus den Wahrscheinlichkeitsverteilungen der Mittelbeanspruchung und der vorhandenen Mittel »per Hand« hinreichend zulässige Handlungsprogramme auszuwählen, Handlungsprogramme, die an die Grenze des zulässigen Wahrscheinlichkeitsbereichs heranführen, bis zu dem die Nebenbedingungen nicht eingehalten zu werden brauchen. Auf S. 392 f. wurde auf dieses Vorgehen schon hingewiesen. Sind mehrere solcher »hinreichend guter« zulässiger Handlungsprogramme erkannt, dann ist das beste unter ihnen zu suchen. Das geschieht in der Weise, daß Präferenzwahrscheinlichkeiten erfragt werden und mit ihrer Hilfe nach der Theorie des Risikonutzens die alternativen Handlungsprogramme bewertet werden.

Bei diesem Vorgehen ist bewußt die Optimumbestimmung in zwei Stufen zerlegt worden: Zunächst wird versucht, wenigstens näherungsweise eine Art Kurve der guten Handlungsmöglichkeiten festzulegen, mit Hilfe eines systematischen Rechenverfahrens (wenn eines greifbar ist), sonst »per Hand« aufgrund der erfahrungsgemäßen »Einsicht in die Problemstruktur«. Das Gegenüberstellen alternativer Handlungsprogramme, von denen

z. B. das erste die Liquiditätsbedingungen der ersten Periode stark ausschöpft, das zweite Liquiditätsüberschreitungen in den letzten Perioden vermuten läßt, erlaubt zugleich eine nochmalige Kontrolle der Einzelannahmen über Zielbeiträge und Risikoeinschätzung. Stetige Kontrolle der in alternativen Programmen zusammengesetzten subjektiven Wahrscheinlichkeitsverteilungen (der Einzelschätzungen über Zukunftslagen und ihre Glaubwürdigkeitsziffern bei verschiedenen Handlungsmöglichkeiten), das ist die beste Gewähr für rationale Entscheidungen unter Ungewißheit.

Auf der zweiten Stufe erfolgt dann die Bewertung alternativer Handlungsprogramme aufgrund der persönlichen Risikoeinstellung. Diese stufenweise, theoretisch wenig befriedigende Entscheidungsfindung erscheint heute als vorerst einzig praktikabler Weg.

ee) Das Problem des Sicherheitsniveaus

Bei zahlreichen Nebenbedingungen und umfangreichen Wahrscheinlichkeitsverteilungen für die Mittelbeanspruchung und die vorhandenen Mittel wird das Ausmaß zulässiger Lösungen stark vom gewünschten Sicherheitsniveau beeinflußt. Wir haben bisher beispielhaft mit einem Sicherheitsprozentsatz von 95% (einer Übertretungswahrscheinlichkeit von 5%) gearbeitet. Es ist jedoch zu fragen, ob ein von vornherein festgelegtes Sicherheitsniveau (eine vorgegebene Übertretungswahrscheinlichkeit) zielentsprechend ist.

So mag im Eigenheimbeispiel unter Berücksichtigung beider Zahlungszeitpunkte t_1 und t_2 nur das Bauprogramm A : B wie 3 : 2 zulässig sein, wenn ein Sicherheitsniveau von 95% verlangt wird; aber vielleicht 4 : 2 bei 94% und 4 : 3 bei 90%. Die Entscheidung über das verlangte Sicherheitsniveau hinsichtlich der Liquiditätseinhaltung (und der Einhaltung sonstiger Nebenbedingungen) muß mit der unternehmerischen Risikoneigung abgestimmt werden. Die Wahl des Sicherheitsniveaus ist jedoch nicht ausschließlich psychologisch bestimmt, sondern auch durch die Wahlmöglichkeiten, durch die ökonomischen Gegebenheiten des Problems, bedingt.

Der erste Weg, um das zielentsprechende Sicherheitsniveau zu finden, besteht in einer Empfindlichkeitsanalyse für α, den Sicherheitsprozentsatz. Jeder gewünschte Sicherheitsprozentsatz führt zu einem bestimmten Wertansatz für die vorhandenen Mittel. Bei 100% Sicherheitsniveau mag der verbleibende hinreichend zulässige Finanzierungsspielraum z. B. 20 000 Mark betragen, bei 95% 30 000 Mark, bei 90% 40 000 Mark. Jedem Sicherheitsprozentsatz α entspricht also ein Wert für die vorhandenen Mittel. Durch parametrisches Programmieren (durch Verändern des Wertansatzes der vorhandenen Mittel) läßt sich die Zieländerung berechnen, die durch eine Veränderung des Sicherheitsprozentsatzes bewirkt wird. Bei kleinen Veränderungen des Sicherheitsprozentsatzes von z. B. 95% auf 94% läßt sich mit Hilfe der Schattenpreise unmittelbar erkennen, welche Gewinnsteigerung eine Herabsetzung des Sicherheitsniveaus von 1% nach sich zieht. Der Gewinnzuwachs kann so beträchtlich sein, daß der Unternehmer die Herabsetzung des Sicherheitsniveaus in Kauf nimmt [40].

Ein wirkliches Optimum des Sicherheitsniveaus könnte allerdings nur ermittelt werden in einem Modell, das optimales Programm und Sicherheitsniveau simultan festlegt. Es wäre das Maximum des Risikonutzens zu suchen für alternative Handlungsprogramme

[40] Vgl. *Näslund*, S. 263 f.; *Jääskeläinen*, Optimal Financing, S. 173–175.

bei alternativen Sicherheitsprozentsätzen. Das ergäbe ein Problem der Variationsrechnung, das durch Ungleichungen als Nebenbedingungen noch erschwert wird. Eine näherungsweise Lösung bietet folgendes Vorgehen:

Man rechnet das optimale Programm für alternative Sicherheitsprozentsätze aus: Für 100%, 99% usw. Der Risikonutzen dieser optimalen Programme unter alternativer Sicherheit wird stetig steigen. Bei 100% Sicherheitsanforderung wird z. B. vermutlich nur die Unterlassung des Eigenheimbaus zulässig sein, bei 99% Wahrscheinlichkeit sei ein Bauprogramm von 1 : 1 zulässig, bei 95% vielleicht schon ein Verhältnis von 3 : 2, bei 20% Sicherheitsniveau hingegen vielleicht 10 : 10. Diese Bauprogramme für alternative Sicherheitsgrade und ihr Risikonutzen sind aber selbst ungewiß. Werden die beiden Eigenheimtypen im Verhältnis 3 : 2 gebaut, dann ist man immerhin zu 95% sicher, daß die Unternehmung nicht zwischenzeitlich in Liquiditätsschwierigkeiten gerät. Werden hingegen 10 Eigenheime A und 10 Eigenheime B gebaut, dann muß mit 80% Wahrscheinlichkeit mit Liquiditätsschwierigkeiten gerechnet werden. Die Risikonutzenziffern für die alternativen Handlungsprogramme sind also ungewiß, weil die Handlungsprogramme nur mit einer bestimmten Wahrscheinlichkeit zulässig sind. Es bleibt dann zu prüfen, ob die Steigerung des »ungewissen« Risikonutzens höher eingeschätzt wird als das Sinken des Sicherheitsgrades (des Zulässigkeitsgrades des optimalen Programmes). Diese Prüfung verlangt ein Abwägen der Folgen für den Fall, daß das gewählte optimale Programm im Laufe der Zeit unzulässig wird. Angenommen, die Höhe des verbleibenden Gewinns bei einer Verletzung der Nebenbedingungen wäre bekannt, dann wäre der Risikonutzen dieses Restvermögens zu errechnen. Der Risikonutzen im Falle der Einhaltung der Nebenbedingung, gewichtet mit dem Sicherheitsprozentsatz, und der Risikonutzen des Resteinkommens bei Verletzung der Nebenbedingungen, gewichtet mit der Übertretungswahrscheinlichkeit, ergäben dann den Erwartungswert des Risikonutzens für das optimale Handlungsprogramm bei diesem Sicherheitsniveau. Aus dem Vergleich der Erwartungswerte des Risikonutzens für alternative Sicherheitsniveaus ließe sich die »nutzenmaximale Programm-Sicherheitsniveau-Kombination« ersehen.

Von dem Problem des Sicherheitsniveaus ist das Problem der Sicherheitsreserven für unvorhergesehene Datenänderungen zu trennen. Wenn überlappend geplant wird, also die langfristigen Investitions- und Finanzpläne nach den Erfahrungen des abgelaufenen Jahres und den Neuschätzungen für die Zukunft laufend korrigiert werden, besteht eine geringe Glaubwürdigkeit dafür, daß Situationen, an die man überhaupt nicht gedacht hat, auftreten werden. Es ist jedoch nicht auszuschließen, daß gelegentlich denkbare Zukunftsentwicklungen übersehen werden. Was man nicht vorhersieht, kann nicht in die Planung eingehen. Für diesen Fall muß ein Handlungsspielraum bleiben, der durch »Sicherheitsreserven« (leicht liquidierbares Reservevermögen, unausgenutzte Kreditzusagen) geschaffen wird. Die Höhe dieser Sicherheitsreserven ist nur durch die subjektive Risikoneigung, nicht durch ökonomische Optimumüberlegungen zu bestimmen, denn Sicherheitsreserven werden ja gerade für den Fall gehalten, daß man in der Planung etwas übersehen hat.

d) Zusammenfassung der Schwierigkeiten der Programmplanung unter Ungewißheit

1. Unter Ungewißheit wird die Zielfunktion zum Problem:

a) Die Literaturansätze zur Programmplanung wählen fast durchweg den Erwartungswert der Zielgröße als Entscheidungskriterium. Damit ist eine einzige Spielart der unternehmerischen Risikoneigung als allgemeingültig unterstellt worden: die Risikoneutralität. Das ist für Programmentscheidungen nicht haltbar.

b) Ohne Kenntnis der Zielvorstellungen läßt sich kein Optimum bestimmen. Deshalb muß für Programmentscheidungen unter Ungewißheit die Risikoneigung angegeben (erfragt) werden, z. B. in Form von Aussagen über Präferenzwahrscheinlichkeiten. Die Bestimmung des Optimums mit Hilfe von Präferenzwahrscheinlichkeiten setzt voraus, daß die alternativen Handlungsprogramme bekannt sind. Sie zu berechnen, ist aber erst das Anliegen der Programmplanung, namentlich der Programmplanung mit Hilfe mathematischer Programmierung.

2. Unter Ungewißheit wird das Einhalten der Nebenbedingungen und damit die Berechnung zulässiger Programme zum Problem:

a) Die Empfindlichkeitsanalyse klammert die Schwierigkeiten aus, wie bei ungewisser Mittelbeanspruchung und ungewissen Mittelvorräten die Nebenbedingungen eingehalten werden können. Sie ist deshalb kein nützliches Verfahren zur Programmplanung unter Ungewißheit. Der Nutzen der Empfindlichkeitsanalyse liegt auf anderem Gebiet und ist darin zu sehen, daß sie Informationen über das Gewicht einzelner Datenänderungen für die Zielerfüllung und damit über die Elastizität des Optimums liefert. Sie gibt damit Anlaß, nach weiteren Informationen zu suchen oder neue Handlungsmöglichkeiten zu erkunden, bei denen eine weniger starke Empfindlichkeit gegenüber einzelnen ungewissen Daten gegeben ist.

b) Das lineare Programmieren unter Ungewißheit stellt in seiner strengen Form praktisch unhaltbare Anforderungen an die Einhaltung der Nebenbedingungen. In seiner milden Form degenerieren die Nebenbedingungen zu Rentabilitätsproblemen.

c) Die Optimumbestimmung für hinreichend zulässige Programme läßt in engen Grenzen zu, daß Nebenbedingungen verletzt werden können. Sie fordert eine bestimmte Mindestwahrscheinlichkeit für das Einhalten der Nebenbedingungen. Dieser Weg erscheint als einziger gangbar.

3. Die Literatur zur Optimumbestimmung für hinreichend zulässige Programme beschränkt sich vorerst:

a) Auf die Ungewißheit einiger, nicht aller Daten (nur die knappen Mittel, nur die Mittelbeanspruchung). Die Berücksichtigung der Ungewißheit sowohl in der Mittelbeanspruchung wie bei den vorhandenen Mitteln wirft zusätzliche, noch nicht befriedigend gelöste Rechenprobleme auf.

b) Auf Normalverteilungen dieser ungewissen Daten; Normalverteilungen sind für alle wichtigen betriebswirtschaftlichen Kombinationsprobleme nicht einmal näherungsweise gegeben.

c) Auf »statistische Unabhängigkeit«. Sie ist praktisch kaum gegeben; zudem besteht die Aufgabe der Programmplanung gerade darin, im Risiko sich begünstigende Vorhaben zu kombinieren.

Die Vereinfachungen, welche die Literatur setzt, um Programmierungsprobleme unter Ungewißheit zu lösen, entwerten die Modellansätze für betriebswirtschaftliche Planungen weitestgehend. Die Vereinfachungen sind aus Rücksicht auf die Rechentechnik erzwungen. Gleichwohl sind die verbleibenden Rechenprobleme (nichtlineare Zielfunktionen und Nebenbedingungen, Ganzzahligkeit) keineswegs befriedigend gelöst.

4. Das Aufstellen hinreichend zulässiger Handlungsprogramme für die Unternehmung als Ganzes in einer eintreffende Informationen verarbeitenden, sich überlappenden Planung erscheint als der angemessene Weg, um den Schwierigkeiten einer langfristigen Unternehmungspolitik Herr zu werden.

Dem Aufstellen sich zeitlich überlappender, hinreichend zulässiger Handlungsprogramme stehen zahlreiche technische Schwierigkeiten entgegen. Die Verfahren der mathematischen Programmierung bieten der praktischen Planung hierfür noch wenig Hilfe.

Da man aber praktisch zu einer Lösung kommen muß, bleibt vorerst in vielen Fällen nur der Weg, die an der Grenze der Zulässigkeit liegenden Handlungsprogramme »per Hand« herauszusuchen und sie dann mit Hilfe von Präferenzwahrscheinlichkeiten (Risikonutzenziffern) gegeneinander abzuwägen. Dieses Vorgehen ist in seiner ersten Stufe »primitiv«, weil es auf das vollständige Abzählen aller zulässigen Kombinationen hinausläuft, und es ist dementsprechend arbeitsaufwendig. Indes sichert vorerst allein das Suchen nach zulässigen Programmlösungen per Hand, daß die praktisch entscheidenden Tatbestände erfaßt werden können, nämlich

a) das gegenseitige Sich-Ausschließen einzelner Handlungsmöglichkeiten,

b) der Sachverbund und der Risikoverbund einzelner Handlungsmöglichkeiten,

c) die Suche nach zulässigen Lösungen unter Berücksichtigung der vollen Wahrscheinlichkeitsverteilungen für die Mittelbeanspruchungen und die vorhandenen Mittel,

d) die Auswirkungen von Einzelannahmen über Zukunftslagen und Glaubwürdigkeitsziffern auf das Handlungsprogramm und

e) das Abwägen einzelner risikobehafteter Handlungsprogramme im Hinblick auf die höchstens in Form einiger Präferenzwahrscheinlichkeiten geäußerte Risikoneigung des Entscheidenden.

Die Daumenmethode des Suchens per Hand ist alles andere als befriedigend. Sie wird vorerst erzwungen durch die Vielzahl von Problemen bei der Suche nach allgemeinen Lösungen, zum Teil aber auch durch das bisherige Versagen der Unternehmensforschung gegenüber zahlreichen praktisch bedeutsamen Problemen.

Wer die Schwierigkeiten in der Praxis für die Erfassung von Daten und Planinterdependenzen kennt, versteht, daß man vielfach darauf verzichtet, das »Optimum« zu finden, statt dessen die Aufgabe eher im Ausarbeiten alternativer »hinreichend guter« Handlungsprogramme sieht, unter denen dann die Vorstandsgruppe (für die sich praktisch nie eine einzige Risikonutzenfunktion aufstellen läßt) einen für die Mehrzahl der Entscheidenden tragbaren Kompromiß aushandelt.

Aufgabe der betriebswirtschaftlichen Theorie ist es allerdings zu zeigen, wie man es besser machen könnte. Die Darstellung der Methoden der Programmplanung diente diesem Zweck.

E. Das Problem der optimalen Kapitalstruktur

I. Finanzierungsgrundsätze und Wahlprobleme zwischen den Finanzierungsarten

a) Die Problematik von Finanzierungsregeln

Wie sieht eine zielentsprechende Finanzierungspolitik aus? Praxis und Literatur antworten: Der Unternehmer müsse bestimmte Finanzierungsgrundsätze beachten. Grundlegend für die herkömmlichen Finanzierungsgrundsätze sei vor allem der Bindungsgedanke: Kapital müsse so langfristig zur Verfügung gestellt werden, wie es in den Investitionsobjekten gebunden sei. Dieses Prinzip der »Fristenkongruenz« zwischen den Zahlungen der Finanzierungsart und den Zahlungen des Investitionsobjektes läßt sich auf die sogenannte »Goldene Bankregel« (Goldene Bilanzregel) zurückführen. Sie besagt, daß kurzfristig aufgenommene Gelder grundsätzlich nur kurzfristig ausgeliehen (investiert) werden dürfen, für langfristige Ausleihungen (Investitionen) müssen langfristige Mittel zur Verfügung stehen. Von diesem Grundsatz der Bindung von Finanzierungsmitteln an die Investitionen gibt es zahlreiche Verästelungen, die uns hier nicht interessieren[1].

Die goldene Bankregel und ihre Abkömmlinge zielen ab auf das Verhältnis einzelner Aktivposten (Investitionen) in der Bilanz zu einzelnen Passivposten (Finanzierungsquellen). Solche Regeln wollen wir als »Bindungsregeln« bezeichnen. Bindungsregeln setzen also Vermögen (Investition) und Kapital (Finanzierung) zueinander in Beziehung. Eine andere Gruppe von Finanzierungsregeln bezieht sich auf das Verhältnis der einzelnen Kapitalarten zueinander, z. B. auf das Verhältnis von Eigenkapital zu Fremdkapital. So werden Regeln für das Verhältnis von Eigenkapital zu Fremdkapital genannt, die eine Beziehung von 1 : 1 oder 1 : 2 fordern oder bei Banken von 1 : 20. Hier handelt es sich um Aussagen über die (bilanzmäßige) Kapitalstruktur. Wir nennen solche Aussagen »Kapitalstrukturregeln«.

Finanzierungsregeln (Finanzierungsgrundsätze) erscheinen also in Form von Bindungsregeln und Kapitalstrukturregeln.

Um die Finanzierungsregeln zu verdeutlichen und ihre Problematik zu erkennen, wählen wir ein Beispiel. Es werde gefordert, das Anlagevermögen (die »langfristigen« Investitionen) sei durch langfristige Mittel, das Umlaufvermögen (die »kurzfristigen« Investi-

[1] Eine systematische Darstellung und Kritik des Bindungsgedankens bringt *Ludwig Mülhaupt*, Der Bindungsgedanke in der Finanzierungslehre unter besonderer Berücksichtigung der holländischen Finanzierungsliteratur. Wiesbaden 1966; vgl. auch *Dietrich Börner*, Die Bedeutung von Finanzierungsregeln für die betriebswirtschaftliche Kapitaltheorie. In: ZfB, Jg. 37 (1967), S. 341–353; *Erich Gutenberg*, Grundlagen der Betriebswirtschaftslehre. Bd. III, Die Finanzen. Berlin – Heidelberg – New York 1969, S. 277–296, alle mit weiteren Quellenangaben.

tionen) durch kurzfristige Mittel zu finanzieren (Goldene Bilanzregel). Weiterhin solle die Kapitalstruktur (eigene Mittel zu fremden Mitteln) mindestens 1 : 1 betragen. Eine Unternehmung weise dazu folgende Bilanz auf:

Anlagen	500	Eigenkapital	300
Vorräte	400	Anleihe	300
Kasse	100	Bank	200
		Lieferanten	200
	1000		1000

Die Unternehmung erfüllt also die gewünschte Bindungsregel, denn zu den langfristigen Mitteln zählen das Eigenkapital und die Anleihe. Das Verhältnis von Anlagen zu langfristigen Mitteln beträgt 5 : 6; es sind also mehr langfristige Mittel vorhanden, als der Finanzierungsgrundsatz verlangt. Das Vorratsvermögen gilt als kurzfristige Investition. Das Verhältnis von kurzfristiger Investition zu kurzfristigen Mitteln (Bankkredite, Lieferantenkredite) beträgt 5 : 4, ein Teil der kurzfristigen Investitionen ist also mit langfristigen Mitteln finanziert worden.

Die Unternehmung genügt jedoch nicht der Kapitalstrukturregel. Das Verhältnis Eigenkapital zu Fremdkapital beträgt nicht 1 : 1, sondern nur 3 : 7. Daraus könnte man folgern, die Unternehmung habe eine unsolide Finanzierungspolitik betrieben. Ist das tatsächlich der Fall?

Betrachten wir zunächst die Berechnung der Bindungsregel etwas genauer: Unter den Anlagen können sich Posten befinden, die sehr rasch verkauft werden können und insofern kurzfristige Investitionen darstellen, z. B. börsengängige Wertpapiere, Reservegrundstücke in guter Lage. Der Marktwert beider kann das Fünf- oder Zehnfache des Bilanzansatzes betragen. Daneben ist ein Teil der Vorräte langfristig gebunden, denn in einer arbeitenden Unternehmung muß stets ein Mindestbestand an Vorräten vorhanden sein. Auf der anderen Seite braucht Eigenkapital keineswegs langfristig zur Verfügung zu stehen. Zum ersten kann es kurzfristig durch Verluste aufgezehrt werden; zum zweiten sind Gesellschaftereinlagen kündbar. Eine Kommanditeinlage muß nach Kündigung im allgemeinen nach einem halben Jahr ausbezahlt werden. Weiter: Die Anleihe kann bereits im nächsten Monat fällig werden oder erst in 10 Jahren. Die Bankkredite sind zwar meistens formell kurzfristig, werden aber im allgemeinen stillschweigend verlängert, so daß sie mindestens teilweise langfristig zur Verfügung stehen. Ähnliches gilt für die Lieferantenkredite. Sie müssen zwar kurzfristig zurückgezahlt werden, lassen sich aber durch neue Werkstoffkäufe wieder erneuern.

Aufgrund dieser Umstände erscheint die Aussagefähigkeit der Finanzierungsgrundsätze fragwürdig. Aber es sind noch weitere Einwände zu erheben. Die Liquiditätslage ist aus der Bilanz nur recht dürftig abzulesen: Lohn- und Gehaltszahlungen, fällige Steuerzahlungen und andere Aufwandsposten, die rasch zu Ausgaben werden, treten nicht in Erscheinung. Anlagen können gemietet worden sein (Leasing); sie erscheinen im Regelfall nicht »über dem Strich« in der Handelsbilanz, führen aber zu beträchtlichen laufenden Mietausgaben. Aus der Gewinn- und Verlustrechnung ist zwar die Höhe derartiger Aufwendungen für das vergangene Jahr zu erkennen, aber nicht ihre künftige Höhe und vor allem kein Zahlungstermin. Auf der anderen Seite werden auch die künftigen Einnahmen nicht beachtet.

Ferner: Wen stört der geringe Eigenkapitalanteil, wenn die Unternehmung voll beschäftigt ist, Lieferfristen von einem Jahr setzen muß und sogar Vorauszahlung verlangen kann, sofern sie ihre Erzeugnisse rascher liefert? Was nützt andererseits ein Eigenkapitalanteil von 70% einer Unternehmung, die nur zu 30% ausgelastet ist, hohe Jahresverluste zu erwarten hat und deren Anlagen bei Liquidation vielleicht 10% des Buchwertes erbringen? Es sind diese Gesichtspunkte, die Kritik an den herkömmlichen Finanzierungsgrundsätzen hervorgerufen haben.

In den früheren Kapiteln haben wir gesehen, daß Investition und Finanzierung gemeinsam zu lösende Probleme sind. Ein Optimum läßt sich meistens nur in einem kombinatorischen Planungsmodell bestimmen. Welche Investitionen durchgeführt, welche Kredite aufzunehmen sind, wieviel Gewinn auszuschütten und wieviel zur Selbstfinanzierung zu verwenden ist, das folgt als Ergebnis aus der Suche nach dem optimalen Finanzplan. *Da Änderungen in den Investitionsvorhaben, in den Finanzierungsmöglichkeiten, den Steuer- und Zinssätzen jeweils andere optimale Finanzpläne erzeugen, lassen sich keine allgemeingültigen Finanzierungsregeln aufstellen.*

Als Entscheidungshilfen für den planenden Unternehmer sind weder Bindungs- noch Kapitalstrukturregeln theoretisch zu rechtfertigen: Es ist weder sinnvoll, einzelne Investitionen einzelnen Kreditarten zuzuordnen, noch feste Beziehungen zwischen eigenen und fremden Mitteln zu verlangen. Entscheidend ist allein, daß der mehrjährige Finanzplan so aufgebaut ist, daß zu keinem Zeitpunkt die Zahlungsfähigkeit verletzt wird.

Eine andere Frage ist jedoch, ob die Regeln als Faustformeln eine grobe Richtschnur für zweckmäßiges finanzwirtschaftliches Verhalten der Geldgeber (Gläubiger, Aktionäre), nicht der planenden Unternehmung, bilden können. Diese Frage werden wir zu beantworten suchen.

b) Zielsetzung und Wahlprobleme zwischen den Finanzierungsarten

Um die Wahlprobleme zwischen den Finanzierungsarten in den Griff zu bekommen, erinnern wir uns der Unterscheidung zwischen Bestandskapital und Zusatzkapital.

Bestandskapital, also der Betrag, der für den Planungszeitraum »grenzkostenlos« zur Verfügung steht, wird in jedem Fall investiert. Ob er in einer Firma angelegt wird oder außerhalb, hängt von den Investitionsmöglichkeiten ab. Die Wahlprobleme zwischen den Finanzierungsarten beschränken sich auf die Bestimmung der Höhe des Bestandskapitals (sollen Gewinne ausgeschüttet oder zurückbehalten werden?) und auf das Zusatzkapital: Ist das Eigenkapital zu erhöhen oder Fremdkapital aufzunehmen, um die Investitionen zu finanzieren? Das zusätzliche Eigenkapital sehen wir als Gewinnkapital an, das Fremdkapital als Aufwandkapital; Sonderformen, wie partiarische Darlehen, und Mischformen, wie Wandelschuldverschreibungen[2], bleiben außer Betracht. Bei der Frage »Eigenfinanzierung, Selbstfinanzierung oder Fremdfinanzierung« schafft das Verhältnis von Eigen- zu Selbstfinanzierung Schwierigkeiten. Wir haben zu

[2] Vgl. hierzu z. B. *Heinrich Rittershausen,* Industrielle Finanzierungen. Wiesbaden 1964, 7. Kap.; *Johannes Welcker,* Wandelobligationen. In: ZfbF, Jg. 20 (1968), S. 798–838; *Peter Swoboda,* Finanzierungstheorie. Würzburg–Wien 1973, S. 180–196.

prüfen: Kann es bei den verschiedenen finanziellen Zielen, bei Handeln im Interesse der Anteilseigner und bei firmeneigenem Vermögensstreben, überhaupt zu einer Konkurrenz zwischen Eigenfinanzierung und Selbstfinanzierung kommen? Diese Frage ist vorab zu beantworten, ehe wir Finanzierungsoptima ableiten können.

(1) Handeln im Interesse der Anteilseigner kann bedeuten (vgl. S. 186 ff.):

(aa) Einkommensmaximierung (Streben nach maximalen Ausschüttungen).

Bei Publikumsgesellschaften heißt Einkommensmaximierung, den Aktionären die Entscheidung überlassen, ob sie konsumieren oder investieren wollen. Bei Einkommensstreben ist der maximal entziehbare Betrag auch auszuschütten. Ein Wahlproblem: Ausschüttung (und Eigenfinanzierung) oder Selbstfinanzierung gibt es nicht. Gleichwohl mag zusätzliche Eigenfinanzierung erwünscht sein, um neue Kreditquellen zu erschließen, vorteilhafte Investitionen auszuführen und so das künftige Einkommen zu erhöhen. Hierbei kann der Fall auftreten, daß aus steuerlichen Gründen ein Zurückhalten von Gewinnen in der Firma mehr Eigenkapital erbringt als eine Ausschüttung mit gleichzeitiger Kapitalerhöhung. Diese günstige Selbstfinanzierung ist mit Einkommensstreben strenggenommen nicht vereinbar. Deshalb gilt: Bei Einkommensstreben besteht nur die Wahl zwischen Eigenfinanzierung und Fremdfinanzierung.

(bb) Vermögensmaximierung für den Durchschnittsaktionär.

Hier wird ein möglichst hohes Endvermögen am Planungshorizont angestrebt. Gewinne werden ausgeschüttet, wenn sie der Aktionär außerhalb der Firma besser anlegen kann als die Firma selbst, im anderen Fall wird selbstfinanziert. Ist es vorteilhaft, Gewinne auszuschütten, dann lohnt sich keine Eigenfinanzierung; denn die Mittel für die Kapitalerhöhung müßten ja anderen, voraussetzungsgemäß besseren Anlagemöglichkeiten vorenthalten werden. Erst wenn es vorteilhaft ist, Gewinne zurückzubehalten, diese Selbstfinanzierungsbeträge zur Deckung der Investitionsausgaben aber nicht ausreichen, kann darüber hinaus Eigenfinanzierung zweckmäßig sein. Es gibt auch hier keine Konkurrenz zwischen Eigenfinanzierung und Selbstfinanzierung. Allerdings ist zu beachten, daß die steuerlichen Bedingungen statt Selbstfinanzierung eine Ausschüttung mit gleichzeitiger Kapitalerhöhung vorteilhafter erscheinen lassen können. Von diesem Problem der »Schütt-aus-hol-zurück-Politik« abgesehen, gilt also: Ein Wahlproblem besteht nur zwischen Eigen- und Fremdfinanzierung.

(2) Bei Handeln im firmeneigenen Vermögensinteresse sind zwei Fälle zu unterscheiden: Es bestehen unbeschränkte oder beschränkte Eigenfinanzierungsmöglichkeiten.

(aa) Sind die Eigenfinanzierungsmöglichkeiten unbeschränkt, dann kann die Firmenleitung nach Belieben Kapitalerhöhungen durchführen, vorausgesetzt, sie kann glaubhaft machen, daß die Aktionäre stets eine bestimmte Mindestrendite, einen Habenzins, erhalten. Besteht hier eine Konkurrenz zwischen Selbstfinanzierung und Eigenfinanzierung? Zur Selbstfinanzierung steht der Gewinnüberschuß nur insoweit bereit, als er früher eingegangene Dividendenverpflichtungen übersteigt. Sind die Eigenfinanzierungsmöglichkeiten unbeschränkt, dann braucht dieser Gewinnüberschuß nicht ausgeschüttet zu werden, um heute Kapitalerhöhungen zu ermöglichen. Der Gewinnüberschuß gilt damit als Bestandskapital. Bei unbeschränkter Eigenfinanzierungsmöglichkeit besteht folglich nur die Wahl zwischen Eigenfinanzierung und Fremdfinanzierung.

(bb) Bei beschränkter Eigenfinanzierungsmöglichkeit hängt von der Ausschüttung des gegenwärtigen Gewinnüberschusses die gegenwärtige Eigenfinanzierungsmöglichkeit ab. Hier besteht also Konkurrenz zwischen Eigenfinanzierung und Selbstfinanzierung. Wird der Gewinnüberschuß zurückbehalten, versiegen die Eigenfinanzierungsquellen, wird er ausgeschüttet, so fließen sie.

Nur bei firmeneigenen Zielen und beschränkter Eigenfinanzierungsmöglichkeit sowie bei unterschiedlicher steuerlicher Behandlung von Ausschüttung und Selbstfinanzierung besteht deshalb eine Wahl zwischen Eigenfinanzierung und Selbstfinanzierung. In allen anderen Fällen und nachdem die Wahl zwischen Eigen- und Selbstfinanzierung getroffen ist, bleiben nur Wahlprobleme zwischen Eigenfinanzierung oder Fremdfinanzierung bzw. Selbstfinanzierung oder Ausschüttung mit Fremdfinanzierung der Investitionen.

Wenn wir im folgenden das Problem der optimalen Kapitalstruktur modellmäßig analysieren, stellen sich also folgende Fragen: Eigenfinanzierung oder Fremdfinanzierung der Investitionen? Selbstfinanzierung oder Fremdfinanzierung? Selbstfinanzierung oder Eigenfinanzierung? Wir werden diese Fragen zunächst unter Vernachlässigung der Ungewißheit zu beantworten suchen.

Optima für praktische Probleme können zwar regelmäßig nur in kombinatorischen Modellen bestimmt werden; aber kombinatorische Modelle erlauben kaum allgemeine Aussagen, eben weil sie auf den Einzelfall abgestellt sind. Um Optima der Eigen-, Selbst- und Fremdfinanzierung abzuleiten, werden wir deshalb auf einfache Modelle zurückgreifen. Es genügt dabei, mit dem groben Vorteilsmaßstab »Rendite« (interner Zinsfuß) zu arbeiten.

Die Erörterung der Finanzierungsoptima unter Ungewißheit wird sich auf das Problem der risikooptimalen Verschuldung beschränken. Die Gefahr, daß Gesellschaftereinlagen gekündigt bzw. durch Privatentnahmen entzogen werden, wird nicht im einzelnen untersucht. Es ist Aufgabe der Gesellschaftsverträge vorzusorgen, daß aus der Kündigung von Gesellschaftereinlagen keine Existenzgefährdung der Unternehmung entsteht.

II. Finanzierungsoptima bei Vernachlässigung der Ungewißheit

a) Eigenfinanzierung oder Fremdfinanzierung?

1. Kapitalerhöhungen in personenbezogenen Unternehmen

Die Frage, ob neues Eigenkapital für die Unternehmung aufgenommen werden soll, kann nicht ohne Rücksicht auf die Rechtsform der Unternehmung beantwortet werden. Nach dem wirtschaftlichen Inhalt der einzelnen Rechtsformen hat man unterschieden[3]: Einzelunternehmung (Einzelunternehmer, aber auch eine GmbH oder eine AG, bei der

[3] Vgl. *Fritz Lehmann,* Rechtsformen und Wirtschaftstypen der privaten Unternehmung. Mannheim 1925; *Karl Hax,* Langfristige Finanz- und Investitionsentscheidungen. In: Handbuch der Wirtschaftswissenschaften, Bd. 1, herausgegeben von Karl Hax, Theodor Wessels. 2. Aufl., Köln–Opladen 1966, S. 399–489, hier S. 421 f.

eine Person sämtliche Anteile besitzt), Unternehmergesellschaft (OHG, aber auch Familien-AG oder GmbH, bei der die Gesellschafter zugleich Geschäftsführer sind), Einlagengesellschaft (KG, d. h. einige Teilhaber haften nur mit ihrer Einlage und sind nicht an der Geschäftsführung beteiligt) und Kapitalgesellschaft (hier liegt die Unternehmensleitung nicht in Händen der Anteilseigner, sondern in Händen angestellter Geschäftsführer).

Für unsere Probleme brauchen wir allerdings keine so weitgehende Trennung. Wir unterscheiden: personenbezogene Unternehmung und Publikumsgesellschaft als besonders ausgeprägte »firmenbezogene Unternehmung«. In personenbezogenen Unternehmen sind die Anteilseigner zugleich Geschäftsführer, daneben können einige Anteilseigner nicht an der Geschäftsführung beteiligt sein; aber sie stehen in einer engen, durch den Gesellschaftsvertrag bestimmten Beziehung zur Unternehmung. Zu den personenbezogenen Unternehmen zählen Einzelunternehmer, stille Gesellschaft, OHG, KG, personenbezogene GmbH und AG (Familien-AG). Bei Publikumsgesellschaften sind Geschäftsführer und Anteilseigner nicht identisch. Typisch sind die Publikums-Aktiengesellschaften; ihnen gleichstellen können wir hier die Genossenschaften.

Wir erörtern zunächst das Problem der Eigenfinanzierung in personenbezogenen Unternehmen und gehen der Einfachheit halber vom Einzelunternehmer aus. Wann wird der Unternehmer Kapital aufnehmen, das gewinnberechtigt ist? Bei der Zuführung von Eigenkapital in die Unternehmung unterscheiden wir zwei Fälle:

(a) Der bisherige Unternehmer zieht Kapital aus anderen Einkommensquellen, um es in dieser Firma zu investieren, oder er verzichtet auf Konsum, um mehr zu investieren.

(b) Der bisherige Einzelunternehmer nimmt einen Gesellschafter auf.

Die Frage, ob der Unternehmer sein Kapital in dieser oder einer anderen Firma investieren soll, ist rasch zu beantworten. Er wählt diejenige Firma, in der sich das Kapital am höchsten rentiert. (Allerdings gilt das nur, solange das Risiko außer acht bleibt; unter Ungewißheit sind die Vorteile der Risikomischung wahrzunehmen.) Wir müssen das gesamte Eigenkapital des bisherigen Unternehmers als Einheit betrachten. Es ist ein Teil seines Bestandskapitals. Die Frage, Konsum oder Sparen (das Problem der Selbstfinanzierung), wurde bereits auf S. 347 ff. erörtert. In personenbezogenen Unternehmen gibt es somit kein eigenständiges Wahlproblem zwischen Selbstfinanzierung und Eigenfinanzierung durch die bisherigen Gesellschafter. Bei »personenbezogenen« Kapitalgesellschaften kann allerdings die Doppelbesteuerung ein solches aufwerfen. Es ist ähnlich zu lösen wie bei Publikumsgesellschaften, vgl. S. 489. Steuerliche Überlegungen bleiben in diesem Kapitel ausgeklammert. Hier müßte eine Fülle steuerrechtlicher Details beachtet werden, welche die Kapitalausstattung und die Wahl der Rechtsform der Unternehmung beeinflussen.

Hier ist deshalb nur (b) im einzelnen zu betrachten: Ein Unternehmer überlegt, ob er einen Gesellschafter aufnimmt.

In personenbezogenen Unternehmen stehen der Eigenfinanzierung besondere Schwierigkeiten entgegen: Der Kapitalanleger hat zu bedenken, daß er seine Beteiligung im allgemeinen nur sehr schwer wieder lösen kann. Kommanditeinlagen und stille Einlagen werden nicht wie Aktien an der Börse gehandelt; sie durch Kündigung aus einer Unternehmung herauszuziehen, kann das Ende des Unternehmens und dadurch Verlust auch der Einlage bedeuten.

Die Entscheidung, einen neuen Gesellschafter aufzunehmen, wird meistens beherrscht von organisatorischen und persönlichen Überlegungen, z. B. von den Fragen: Wer führt die Geschäfte? Wie wird sich die Zusammenarbeit gestalten? Aber diese organisatorischen und persönlichen Überlegungen müssen hier außer acht bleiben. Wir betrachten nur einen, den finanziellen Aspekt der Gesellschafteraufnahme und fragen lediglich: Wann soll neues Gesellschafterkapital aufgenommen werden und wieviel?
Die Antwort hängt von der Gestaltung der Vertragsverhältnisse ab. Der Fall, daß der neue Gesellschafter eine feste Verzinsung erhält ohne Rücksicht auf die Ertragslage, bleibt hier außer acht, denn dann wäre das neue Kapital Aufwandkapital, nicht Gewinnkapital, und Aufwandkapital verursacht Grenzkapitalkosten. Für diesen Fall gilt als Optimumbedingung: Es wird solange Kapital aufgenommen, bis die Grenzrendite den Grenzkapitalkosten gleicht. Wir vernachlässigen zugleich andere Formen der Diskriminierung neuer Gesellschafter. Wir berücksichtigen auch nicht, daß ein neuer Gesellschafter eine bestimmte Beteiligungshöhe fordert.
Nur zwei Möglichkeiten der Vertragsgestaltung werden hier untersucht:
Zunächst wird unterstellt, der neue Gesellschafter sei nicht bereit, ein Aufgeld (Agio) für seinen Anteil zu zahlen, um als gleichberechtigter Gesellschafter aufgenommen zu werden. Wann lohnt es sich unter dieser Voraussetzung, neues Gesellschafterkapital aufzunehmen? Anschließend wird gefragt: Wie hoch ist der Mindesteintrittspreis für den neuen Gesellschafter, wenn es für den bisherigen Unternehmer vorteilhaft sein soll, neue Gesellschafter aufzunehmen? Wie hoch ist also der »Mindestausgabekurs« für das zusätzliche Eigenkapital?

aa) Beteiligung ohne Aufgeld

Lohnt sich die Aufnahme zusätzlichen Eigenkapitals, wenn der neue Gesellschafter kein Aufgeld zahlt? Um die Frage zu beantworten, müssen wir zurückgreifen auf die Unterscheidung zwischen dem Standardmodell mit teilbaren Investitionsvorhaben (von Anfang an sinkenden Durchschnittsrenditen) und dem Lutz-Modell mit unteilbaren Investitionsvorhaben (erst steigenden, dann sinkenden internen Zinsfüßen).
(aa) Bei teilbaren Investitionsvorhaben lohnt es sich unter unseren Voraussetzungen nie, neues Eigenkapital heranzuziehen. Das beweisen wir in zwei Schritten:
(α) Fremdkapital sei unabhängig von der Höhe des Eigenkapitals verfügbar. Hier wird der Unternehmer Fremdkapital aufnehmen, bis die Grenzrendite des Investitionsprogramms auf die Grenzkapitalkosten gesunken ist. Der Mehrwert, den das investierte Fremdkapital erbringt, erhöht die Einnahmenüberschüsse des bisherigen Unternehmers und erhöht die Rentabilität seines Eigenkapitals. Lohnt es sich, das Investitionsvolumen über den Punkt hinaus zu erweitern, in dem sich Grenzrendite und (marginaler) Sollzins gleichen? Dazu müßte zusätzliches Eigenkapital herangezogen werden. Aber in diesem Fall erbringt das zusätzliche Eigenkapital eine geringere Rendite, als bisher verdient wurde, denn die Grenzrendite weiterer Investitionen liegt unter den Grenzkapitalkosten und damit erst recht unter der bisherigen Durchschnittsrendite. Folglich sinkt die Durchschnittsrentabilität der Unternehmung. Der Gewinnanteil des neuen Gesellschafters errechnet sich aus Durchschnittsrentabilität der Gesamtunternehmung mal Kapitalanteil, da er in seinem Gewinnanspruch nicht diskriminiert werden darf. Sinkt nach

Aufnahme eines Gesellschafters die Durchschnittsrentabilität, so verbleibt dem bisherigen Unternehmer weniger als früher. Deshalb wird er kein zusätzliches Eigenkapital aufnehmen.

(β) Die Höhe des Fremdkapitals hängt von der Höhe des Eigenkapitals ab. Die Unternehmung steht einem »beschränkten Kapitalmarkt« gegenüber. Um zusätzliche Kredite zu bekommen, muß die Unternehmung z. B. eine bestimmte Kapitalstruktur nachweisen. Wir nehmen an, daß eine Mark zusätzlicher Kredit gewährt wird, wenn zugleich eine Mark zusätzliches Eigenkapital der Unternehmung zugeführt wird (Kapitalstrukturregel 1 : 1). Lohnt es sich in diesem Fall, einen neuen Teilhaber aufzunehmen?
Der bisherige Unternehmer wird einen Teilhaber nur aufnehmen, wenn ihm nach der Gesellschafteraufnahme mehr Einkommen verbleibt als vorher, d. h. zugleich: wenn die Rentabilität seines Eigenkapitals durch die Gesellschafteraufnahme erhöht wird. Bevor die Überlegung angestellt wird, einen neuen Teilhaber aufzunehmen, wird der Unternehmer seinen Kreditspielraum voll ausschöpfen. Die Kapitalstruktur der Unternehmung beträgt also bei der Überlegung, einen neuen Gesellschafter aufzunehmen, bereits 1 : 1, und zusätzlicher Kredit ist nur durch Beibehalten dieser Kapitalstruktur und damit durch zusätzliche Eigenfinanzierung zu bekommen.
Da bei teilbaren Investitionsvorhaben die Grenzrendite der Investitionen von Anfang an fällt, sinkt durch die zusätzliche Eigenfinanzierung die Durchschnittsrentabilität des Eigenkapitals der Gesamtunternehmung. Der bisherige Unternehmer erzielte somit nach der Gesellschafteraufnahme als Einkommen das Produkt konstantes unternehmereigenes Kapital mal gesunkene Durchschnittsrendite. Es lohnt sich also auch hier nicht, einen Teilhaber aufzunehmen. Das Ergebnis wäre anders, wenn sich mit wachsendem Investitionsvolumen die Kapitalstruktur verschlechtern dürfte, so daß jede zusätzliche Mark an Eigenkapital jeweils mehr als eine Mark an Fremdkapital induziert. Aber eine solche Annahme ist unrealistisch.

(bb) Wir betrachten jetzt unteilbare Investitionsvorhaben. Lohnt sich bei unteilbaren Investitionsvorhaben (im Lutz-Modell) die Aufnahme eines Gesellschafters? Wir gehen gleich davon aus, daß zusätzliches Fremdkapital nur durch zusätzliches Eigenkapital zu erhalten ist. Hier sind zwei Fälle zu unterscheiden:

(α) Die eigenen Mittel des bisherigen Unternehmers und das ohne Erweiterung des Eigenkapitals erreichbare Fremdkapital erlauben ein Investitionsvolumen, das gleich oder größer ist als der Betrag, den das lukrativste Investitionsprogramm (das mit dem höchsten durchschnittlichen internen Zinsfuß) erfordert.
Hier steht der Unternehmer bei der Entscheidung, zusätzliches Eigenkapital aufzunehmen, vor einer Investitionskurve mit fortan fallenden Durchschnittsrenditen. Es gilt das für teilbare Investitionsvorhaben Gesagte.

(β) Die eigenen Mittel des Unternehmers und das damit induzierte Fremdkapital reichen nicht aus, um das lukrativste Investitionsprogramm zu verwirklichen. Hier bedeutet die Aufnahme einer zusätzlichen Mark an Gesellschafterkapital, daß die Durchschnittsrentabilität der Gesamtunternehmung steigt. Folglich steigt auch das Einkommen, das dem bisherigen Unternehmer verbleibt. Der Unternehmer wird solange neues Gesellschafterkapital aufnehmen, bis das lukrativste Investitionsprogramm verwirk-

licht werden kann, denn dann ist die Durchschnittsrentabilität der Unternehmung maximiert.
Zahlt der neue Gesellschafter kein Aufgeld, dann lohnt sich die Aufnahme eines neuen Gesellschafters also nur, wenn unteilbare Investitionsvorhaben vorliegen und das Eigenkapital des bisherigen Unternehmers sowie das dadurch induzierte Fremdkapital nicht ausreichen, um das lukrativste Investitionsprogramm zu verwirklichen.

bb) Beteiligung mit Aufgeld

Zahlt der neue Gesellschafter Aufgeld, dann sind drei Fragen zu beantworten:
(aa) Wie hoch ist der Mindestausgabekurs, um den bisherigen Unternehmer zu veranlassen, Anteilsrechte abzugeben?
(bb) Wie hoch ist der Ausgabekurs, den der bisherige Unternehmer bestenfalls erreichen kann?
(cc) Welchen Gesamtbetrag an Anteilen wird der Unternehmer ausgeben?
Wir sehen auch hier von mehreren praktisch bedeutsamen Einflüssen ab, insbesondere von dem Problem der Geschäftsführung und der Mehrheitsbildung (»Überfremdung«) in der Unternehmung. Wir betrachten nur den Zusammenhang zwischen Eigenfinanzierung, Fremdfinanzierung und Rentabilität der Investitionsvorhaben.
Zu (aa): Der Unternehmer wird nur bereit sein, Fremden Anteilsrechte einzuräumen (eine Kapitalerhöhung durchzuführen), wenn ihm nach der Kapitalerhöhung ein höherer Einkommensbetrag verbleibt als vorher. Als Folge der Kapitalerhöhung können neue Investitionsvorhaben verwirklicht werden. Diese Investitionsvorhaben, in t_0 durchgeführt, erbringen in t_1 zusätzliches Einkommen, das wir mit $\triangle E$ bezeichnen. An die neuen Gesellschafter ist ein Gewinn abzuführen in Höhe von Durchschnittsrendite des Grundkapitals der Unternehmung nach der Kapitalerhöhung (r_n) mal Nennbetrag der Anteile der neuen Gesellschafter (N). Für den bisherigen Unternehmer lohnt sich also die Kapitalerhöhung nur, wenn die Gewinne, die an die neuen Gesellschafter abzuführen sind, vollständig aus dem Zusatzgewinn (dem Einnahmenüberschuß $\triangle E$) bezahlt werden können. Dabei muß der Zusatzgewinn größer sein als die Gewinnzahlungen an die neuen Gesellschafter, damit das Einkommen des bisherigen Unternehmers steigt. Die Kapitalerhöhung lohnt sich also nur, wenn

$$\Delta E > r_n \cdot N. \tag{1}$$

Der Mehrgewinn $\triangle E$ wird erwirtschaftet durch die Investition des Zusatzkapitals, das sich zusammensetzt aus dem Nennwert N der Anteile der neuen Gesellschafter sowie dem Agio, das die neuen Gesellschafter zu zahlen haben, sowie dem durch die Eigenkapitalzuführung induzierten Fremdkapital. Das zusätzliche Eigenkapital (Nennbetrag plus Agio) bezeichnen wir mit $\triangle K_E$. Der Ausgabekurs A der Gesellschaftsanteile (in Prozent) errechnet sich als

$$A = \frac{\Delta K_E}{N} \cdot 100. \tag{2}$$

Für den Mindestausgabekurs muß in Gleichung (1) ein Gleichheitszeichen treten. Gleichung (1) in (2) eingesetzt und umgeformt ergibt

$$(3) \qquad A = \frac{r_n}{\frac{\Delta E}{\Delta K_E}} \cdot 100 .$$

Das heißt, der Mindestausgabekurs hat dem Verhältnis von Durchschnittsrendite nach einer Kapitalerhöhung im Zähler und Grenzrendite des zusätzlichen Eigenkapitals im Nenner zu gehorchen. Der Begriff Grenzrendite des zusätzlichen Eigenkapitals bedarf einer Erläuterung: Der Einkommenszuwachs Δ E wird vom zusätzlichen Eigenkapital und von dem durch das zusätzliche Eigenkapital induzierten Fremdkapital erwirtschaftet. Gleichwohl beziehen wir diesen Gewinnzuwachs nur auf das zusätzliche Eigenkapital. Wir wollen grundsätzlich vereinbaren, daß auf beschränkten Kapitalmärkten die Rendite einer zusätzlich eingesetzten Mark (die Grenzrendite) als Rendite des zusätzlichen Eigenkapitals unter Berücksichtigung der Gewinne aus dem Einsatz des zusätzlich induzierten Fremdkapitals zu verstehen ist. Zum Beispiel: Bringt eine Mark neues Eigenkapital 10%, die dadurch induzierte Mark zusätzliches Fremdkapital 9% und kostet das Fremdkapital 7%, dann beträgt die Rendite der zusätzlichen Mark Eigenkapital 10% + 9% – 7% = 12%.

Gleichung (3) bezeichnet das Verhältnis einer Durchschnittsgröße (r_n) zu einer Grenzgröße $\left(\frac{\Delta E}{\Delta K_E}\right)$. Das umgekehrte Verhältnis: Grenzgröße zu Durchschnittsgröße bezeichnet man in der Wirtschaftstheorie als Elastizität (vgl. z. B. die Nachfrageelastizität in bezug auf den Preis).

Für den reziproken Wert des Mindestausgabekurses können wir deshalb eine Elastizität definieren:

$$(4) \qquad \frac{1}{A} = \frac{\Delta E}{\Delta K_E} : r_n .$$

Das Verhältnis $\frac{\Delta E}{\Delta K_E} : r_n$ nennen wir Einkommenselastizität (Gewinnelastizität) der Investition und schließen: Der Mindestausgabekurs gleicht der (mit 100 multiplizierten) reziproken Einkommenselastizität der Investition.

Zur Verdeutlichung mögen zwei Beispiele dienen:

1. Der bisherige Unternehmer hat 1 Mill. Mark investiert und erzielt daraus 100 000 Mark Einkommen in t_1. Er will den Kapitaleinsatz verdoppeln. Die zusätzlich zu investierende Million erbringt ein zusätzliches Einkommen von 80 000 Mark. Die Grenzrendite des Geldes aus der Kapitalerhöhung beträgt also acht Prozent. Die Durchschnittsrendite der Unternehmung stellt sich danach auf neun Prozent, nämlich 180 000 Mark für 2 Mill. Kapitaleinsatz. Das Zusatzkapital beträgt 1 Mill. Mark. Der Mindestausgabekurs für die Gesellschaftsanteile errechnet sich gemäß Gleichung (3) als $A = \frac{9}{8} \cdot 100 =$ 112,5%. Im praktischen Fall wäre dieser Prozentsatz noch um die Kosten der Kapitalerhöhung (z. B. Provisionen, Gebühren für die Beratung bei der Abfassung des Gesellschaftsvertrages) zu erhöhen. Wir sehen davon ab. Der Nennbetrag der neuen Anteils-

rechte errechnet sich nach Formel (2) als Quotient aus Zusatzkapital (1 Mill.) durch Ausgabekurs (112,5%). Dem neuen Gesellschafter werden folglich für rund 890 000 Mark Gesellschaftsanteile eingeräumt, für die er aber das 1,125fache, also rund 1 Mill. Mark zu zahlen hat. Nach der Kapitalerhöhung stellt sich der Eigenkapitalanteil des bisherigen Unternehmers auf 1 Mill. plus rund 110 000 Zuzahlung des neuen Anteilseigners, gleich rund 1,11 Mill. Mark. Diese, verzinst mit neun Prozent, der Durchschnittsrendite der Unternehmung nach der Kapitalerhöhung, ergibt das bisherige Einkommensniveau des Unternehmers von rund 100 000 Mark jährlich. Aus dem Beispiel ersehen wir, daß die obige Berechnung des Mindestausgabekurses unterstellt, das Agio fließe dem bisherigen Eigentümer in Form von gewinnberechtigten Anteilen zu. Bei Aktiengesellschaften ist das Agio jedoch in die gesetzliche Rücklage einzustellen. Das bereits erzwingt einen höheren Mindestausgabekurs, vgl. S. 469.

2. Der bisherige Unternehmer hat 1 Mill. Mark investiert und daraus 80 000 Mark Einkommen erzielt. Er will den Kapitaleinsatz verdoppeln. Die Grenzrendite der Investition beträgt diesmal zehn Prozent. Die zweite Million erbringt also insgesamt 100 000 Mark. Die Durchschnittsrendite der Unternehmung steigt nach der Kapitalerhöhung von acht Prozent auf neun Prozent. Wie hoch ist der Mindestausgabekurs bei wachsendem internen Zinsfuß (bei steigender Durchschnittsrendite) der Unternehmung? Der Mindestausgabekurs berechnet sich als $A = \frac{9}{10} \cdot 100 = 90\%$. Das heißt, der neue Gesellschafter muß 1 Mill. Mark bezahlen; er erhält dafür aber Gesellschaftsanteile in Höhe von rund 1 110 000 Mark. Der bisherige Unternehmer muß 110 000 Mark seines Anteils als Anteil des neuen Gesellschafters umbuchen. Ihm verbleiben nur 890 000 Mark. Diese rund 890 000 Mark, verzinst mit der neuen Durchschnittsrendite von neun Prozent, sichern ihm das bisherige Einkommen von 80 000 Mark.

Zu (bb): Der bisherige Unternehmer wird versuchen, mehr als den Mindestausgabekurs zu erzielen. Wie hoch ist der maximale Ausgabekurs? Die obere Grenze des Ausgabekurses wird durch die Rendite der alternativen Anlagemöglichkeiten der Kapitalgeber (der möglichen neuen Gesellschafter) gesetzt. Zur Vereinfachung gehen wir davon aus, die möglichen neuen Gesellschafter hätten nur eine alternative Anlagemöglichkeit in Höhe von sechs Prozent. Rentiert sich die Unternehmung nach der Kapitalerhöhung mit neun Prozent, dann läge der maximale Ausgabekurs bei 150 Prozent; denn durch einen Einsatz von 150 Mark könnten damit in der Unternehmung neun Mark verdient werden, also ebensoviel wie bei Anlage zur Alternativrendite von 6%. Im ersten und zweiten Beispiel wird durch die Verwirklichung dieses maximalen Ausgabekurses das Einkommen des bisherigen Unternehmers auf 120 000 Mark steigen. Denn den neuen Gesellschaftern würden Anteile in Höhe von rund 667 000 Mark eingeräumt werden, wenn sie 1 Mill. Mark einbezahlten. Sie erhalten auf die 667 000 Mark einen Gewinn von neun Prozent gleich 60 000 Mark. Die restlichen 120 000 Mark des Gesamtgewinns von 180 000 Mark fließen dem bisherigen Unternehmer zu.

Im praktischen Fall muß hier stärker differenziert werden. Will ein Unternehmer oder eine Personengesellschaft einen weiteren Teilhaber aufnehmen, so werden einmal die Gesichtspunkte der Mindestbeteiligung und der Geschäftsführung eine Rolle spielen, und weiterhin werden dem bisherigen Unternehmer nicht alle alternativen Anlagemöglichkeiten des möglichen neuen Teilhabers bekannt sein. Jeder der Beteiligten wird bei jeder Handlungsmöglichkeit die anfallenden Einkommensteuerzahlungen zu berücksichtigen haben. Das tatsächliche Aufgeld folgt als Ergebnis einer Verhandlung mit dem neuen Teilhaber, in der regelmäßig geblufft, gedroht und Desinteresse geheuchelt wird. Für diese Verhandlungssituation lassen sich theoretisch nur die Preisgrenzen klären: der Mindestausgabekurs, unter dem der bisherige Unternehmer sein Interesse an der Kapitalerhöhung verliert, und der maximale Ausgabekurs, bei dem der mögliche Teilhaber sich ernstlich nicht mehr beteiligen will.

Bisher sind wir davon ausgegangen, daß der Betrag der Kapitalerhöhung bekannt war, gesucht wurde der Ausgabekurs. Es ist aber auch der andere Fall zu betrachten: Wie bestimmt sich das Ausmaß der Kapitalerhöhung?

Zu (cc): Für den Umfang der Kapitalerhöhung gilt die Regel »Grenzrendite gleich Kalkulationszinsfuß«. Kalkulationszinsfuß ist dabei die Rendite, die dem neuen Anteilseigner geboten werden muß. Gelingt es, die Rendite niedrig zu halten (einen Ausgabekurs in der Nähe des maximalen Ausgabekurses zu erreichen), dann wird der Umfang der Kapitalerhöhung und damit das Investitionsvolumen größer sein als bei starker Verhandlungsmacht der neuen Gesellschafter, wenn sie sich eine hohe Rendite sichern können (einen Ausgabekurs in der Nähe des Mindestausgabekurses erzielen).

Im praktischen Fall wird der Gesichtspunkt, eine bestimmte Beteiligungsquote beizubehalten, vielfach ein geringeres Investitionsvolumen nahelegen.

2. Kapitalerhöhungen in Publikumsgesellschaften

aa) Zielsetzung und Wahlprobleme bei Eigenfinanzierung

Bei Publikumsgesellschaften sind Unternehmer (der Vorstand) und Anteilseigner verschiedene Personen. Das wirft die Frage auf: Handeln die Manager im Interesse der Anteilseigner oder verfolgen sie »firmeneigene« Ziele? Selbst wenn die Unternehmer im Interesse der Anteilseigner handeln wollen, bleibt zu klären: Lassen sich die Wünsche einer Vielzahl von Anteilseignern in einer Zielgröße erfassen? Diese Fragen wurden bereits auf S. 185 ff. untersucht. Hier gehen wir zunächst vom Handeln im Interesse der Anteilseigner aus. Zum zweiten werden wir untersuchen, wie das Problem der Eigenfinanzierung bei dem Wunsch nach firmeneigener Vermögensmaximierung (dem Wunsch nach »Unternehmenswachstum«) zu bestimmen ist.

Handeln im Interesse der Anteilseigner ist zu verstehen als Handeln im Interesse der bisherigen Aktionäre. Die Optimumbedingungen bei Eigenfinanzierung sind verschieden, je nachdem, ob die alten Aktionäre mit den Beziehern der jungen Aktien »identisch« sind oder nicht. Identität der Anteilseigner darf nicht dahingehend verstanden werden, daß tatsächlich vor und nach der Kapitalerhöhung dieselben Personen Aktien im gleichen Verhältnis wie früher besitzen. Bei Aktien, die an der Börse gehandelt werden, wird das praktisch nie der Fall sein. Identität der Anteilseigner ist als »mögliche Identität« zu verstehen: Den bisherigen Aktionären muß die Chance gegeben sein, falls sie es wünschen, im gleichen Anteilsverhältnis wie vor der Kapitalerhöhung an der Unternehmung beteiligt zu bleiben. Der Fall der möglichen Identität der Anteilseigner wird vom deutschen Aktiengesetz gefordert. Den Aktionären steht das Recht zu, neue Aktien zu beziehen.

Ob die Altaktionäre ihr Bezugsrecht ausüben und die neuen Aktien übernehmen oder durch Verkauf von Bezugsrechten auf junge Aktien verzichten, das bleibt ihnen selbst überlassen.
Das Problem der Aufnahme eines neuen Kreises von Anteilseignern stellt bei Kapitalgesellschaften einen Ausnahmefall dar. Dieser Fall liegt vor, wenn durch die Hauptversammlung ein »genehmigtes Kapital« geschaffen wird und der Vorstand die Möglichkeit erhält, diese Aktien »im Interesse der Firma« zu verwerten, sie z. B. gegen Sacheinlagen (Übernahme von Zuliefer- oder Konkurrenzunternehmen) auszugeben. Durch diese »Verwertungsaktien« werden grundsätzlich neue Aktionäre gewonnen: Das ist der Fall »fehlender Identität der Anteilseigner«.

bb) Das Ausmaß an Eigenfinanzierung

α) Handeln im Interesse der Anteilseigner

Für den Normalfall einer Kapitalerhöhung gilt als Bedingung die »mögliche Identität« der Aktionäre. Um für diesen Fall das Optimum an Eigenfinanzierung abzuleiten, trennen wir nach den drei Kapitalmarktformen.

(1) Bei vollkommenem Kapitalmarkt sind Soll- und Habenzins identisch. Es ist folglich belanglos, ob sich die Gesellschaft fremdfinanziert oder ob sie neues Eigenkapital aufnimmt. Auf einem vollkommenen Kapitalmarkt ist, wie wir wissen (S. 347), die Kapitalstruktur bedeutungslos.

(2) Auf einem unvollkommenen Markt müssen wir nach den steuerlichen Gegebenheiten unterscheiden.
(aa) In einer Welt ohne Gewinnsteuern wird regelmäßig der marginale Sollzins über dem marginalen Habenzins liegen. Daß der Habenzins höher ist als der Sollzins, ist nur denkbar, wenn Zuschläge für Emissionskosten auftreten oder Risikoprämien, welche die Anteilseigner, nicht aber die Gläubiger verlangen.
Wenn r′ die Grenzrendite, i den marginalen Sollzins und h den marginalen Habenzins (einschließlich Risikoprämie) bezeichnen, bestimmt sich das Investitionsvolumen nach

(5) $$r' \geqq i \text{ bzw. } r' \geqq h.$$

Liegt der Sollzins unter dem Habenzins, wird nur fremdfinanziert, sonst wird nur eigenfinanziert. (Die Risikoprämie im Habenzins kann auch vom Ausmaß der Fremdfinanzierung, vom Verschuldungsgrad, abhängen. Dieses Problem wird auf S. 503 ff. erörtert.)
(bb) In einer Welt mit Gewinnsteuern ist die Rendite der Investition nach Steuern zu berechnen. Die Rendite nach Steuern ist definiert als jener Zinssatz, zu dem die versteuerten Einnahmenüberschüsse plus der »Steuerrückvergütung« aufgrund der Abschreibungen für jeden Zahlungszeitpunkt abgezinst werden müssen, um nach Abzug der Anschaffungsausgaben einen Kapitalwert von Null zu ergeben; sofortiger Verlustausgleich wird vorausgesetzt. (Allerdings ist eine solche mehrperiodische Rendite nur

als Näherungslösung brauchbar wegen der Schwierigkeiten, die dem internen Zinsfuß innewohnen.)

Da Ausschüttung und Selbstfinanzierung unterschiedlich besteuert werden, müssen wir hier zwischen Einkommensstreben und Vermögensmaximierung für den Durchschnittsaktionär trennen.

Zunächst sei *Einkommensstreben* (Maximierung der Ausschüttungen) unterstellt.

Bei Doppelbesteuerung mit einem Steuersatz v (für Körperschaft- und Gewerbeertragsteuer, vgl. S. 299) für ausgeschüttete Gewinne gilt:

(6) $$r'_v \geqq (1 - v)\ i \text{ bzw. } r'_v \geqq h,$$

wobei r'_v die Grenzrendite nach Steuern, i den marginalen Sollzins, h den marginalen Habenzins bezeichnet. Zur Vereinfachung gehen wir im weiteren von konstanten marginalen Soll- und Habenzinsen aus. Den Sollzins nach Berücksichtigung der steuerlichen Abzugsfähigkeit wollen wir »effektiven Sollzins« nennen. Die Ungleichungen besagen:

Besteht keine Möglichkeit zur Kapitalerhöhung, lohnt es sich, Investitionen fremdzufinanzieren, solange die Rendite einer zusätzlichen Investition nach Steuern über dem effektiven Sollzins liegt. Besteht keine Möglichkeit zur Fremdfinanzierung, lohnt es sich, Investitionen durch Kapitalerhöhungen zu finanzieren, solange die Rendite einer Investition nach Steuern über dem marginalen Habenzins liegt. Der Habenzins verkörpert dabei eine Rendite, die außerhalb der körperschaftsteuerpflichtigen Unternehmung zu erzielen ist. Ausgeschüttete Gewinne der Gesellschaft und Erträge aus der Anlage zum Habenzins unterliegen zusätzlich beim Aktionär der Einkommensteuer. Solange die Einkommensteuer beide Wahlmöglichkeiten trifft, nimmt sie auf die Entscheidung keinen Einfluß.

Ist zwischen Eigen- und Fremdfinanzierung zu wählen, so wird fremdfinanziert, wenn der Habenzins über dem effektiven Sollzins liegt; es wird eigenfinanziert, wenn der effektive Sollzins höher ist als der Habenzins.

Bei *Handeln im Vermögensinteresse* der Anteilseigner ist danach zu fragen, ob es sich lohnt, die aus der Eigenfinanzierung entstehenden Gewinne auszuschütten oder wieder anzulegen (vgl. S. 481 f.). Für den Ausschüttungsfall gilt das bei Einkommensstreben Gesagte. Im Wiederanlagefall ist zu beachten, daß Selbstfinanzierung lukrativer Investitionen zu Kurssteigerungen führt und die Kursgewinne im allgemeinen einkommensteuerfrei realisiert werden können. Zinserträge außerhalb der Firma sollen der Einkommensteuer unterliegen (von Kursgewinnen an anderer Stelle wird also abgesehen). Die Grenzrendite selbstfinanzierter Investitionen sei mit r'_t bezeichnet, wobei t der Steuersatz für zurückbehaltene Gewinne ist.

Wenn wir zur Vereinfachung annehmen, daß die Kurssteigerungsrate gleich der Grenzrendite nach Steuern der zusätzlichen Investitionen ist, und e den marginalen Einkommensteuersatz des Durchschnittsaktionärs bezeichnet, so gilt:

(7) $$r'_t \geqq (1 - t)\ i \text{ bzw. } r'_t \geqq (1 - e)\ h.$$

Vernachlässigen wir hier die Fremdfinanzierung, so lohnt sich Eigenfinanzierung, solange die Steigerungsrate der (einkommensteuerfrei realisierbaren) Kursgewinne größer ist als der Habenzins nach Einkommensteuer bei anderweitiger Anlage.

(3) Auf einem beschränkten Kapitalmarkt muß der marginale effektive Sollzins unter dem Habenzins liegen, denn die Kreditbeschränkung kann nur wirksam werden, wenn sich Fremdfinanzierung überhaupt lohnt. Eigenkapitalaufnahme soll jedoch unbeschränkt möglich sein. Bei diesen Annahmen wird die Unternehmung zunächst versuchen, den Fremdkapitalspielraum auszuschöpfen. Wir nehmen an, der Spielraum sei ausgeschöpft, wenn Fremdkapital in gleicher Höhe wie Eigenkapital vorhanden ist (Kapitalstruktur 1 : 1). Eine zusätzliche Mark Fremdkapital ist nur durch Zuführung einer zusätzlichen Mark Eigenkapital zu erhalten.

Die weitere Erörterung wird erleichtert, wenn wir wie oben für den beschränkten Kapitalmarkt vereinbaren: Der Begriff Grenzrendite wird auf eine Mark zusätzliches Eigenkapital bezogen. Die Grenzrendite berechnet sich dann nach dem Einnahmenüberschuß, den die zusätzliche Mark Eigenkapital und die durch sie induzierte zusätzliche Mark Fremdkapital erwirtschaften, abzüglich der Fremdkapitalzinsen.

Ohne Steuern gilt: *Das optimale Investitionsvolumen ist bei jener Kapitalmenge erreicht, bei der die Grenzrendite des Eigenkapitals gleich dem marginalen Habenzins ist.*

Das Investitionsvolumen wird also nicht durch die bisherige Durchschnittsrendite des Eigenkapitals in der Unternehmung bestimmt, sondern durch die Rendite, die vom Eigenkapital anderwärts zu erzielen wäre. In der Literatur ist hingegen mitunter vorgeschlagen worden, das optimale Investitionsvolumen an der bisherigen Rendite in der Unternehmung auszurichten[4]. Ein solches Vorgehen führt nicht zum maximalen Einkommen bzw. Vermögen der Anteilseigner.

Im Steuerfall ist zu beachten, daß bei Berechnung der Grenzrendite des Eigenkapitals die Abzugsfähigkeit der Zinsen auf das induzierte Fremdkapital berücksichtigt wird. Danach lassen sich die Bedingungen analog Abschnitt (2) ableiten.

β) Firmeneigenes Vermögensstreben

Wir gehen hier von unbeschränkter Eigenfinanzierungsmöglichkeit aus. Ob bei firmeneigenen Zielen eine Kapitalerhöhung durchgeführt wird oder Kredite aufgenommen werden, ist ausschließlich eine Frage der Kosten des Kapitals.

Dürfen die Dividende und die zu ihr tretenden Steuern als »Eigenkapitalkosten« bezeichnet werden? Kosten sind stets das, was beim Anstreben eines Ziels aufgewendet wird. Solange die Ausschüttungen selbst Zielgröße sind, ist der Begriff der Eigenkapitalkosten verfehlt. Die Ausschüttungen sind Zielgröße bei Handeln im Interesse der Anteilseigner. Bei Einkommensstreben ist das selbstverständlich; bei Vermögensstreben im Interesse der Anteilseigner sind die Ausschüttungen abgeleitete Zielgröße, denn, ob ausgeschüttet wird oder nicht, richtet sich danach, wo die wieder anzulegenden Gewinne mehr verdienen, in der Firma oder außerhalb. Wir haben bisher das Wort Eigenkapitalkosten vermieden, weil bei Handeln im Interesse der Anteilseigner die Dividende Zielgröße des Handelns ist. Bei firmeneigenen Zielen kann man den Begriff Eigenkapitalkosten verwenden, denn Zielgröße ist jetzt das Endvermögen in der Firma.

4 Vgl. *Ezra Solomon*, Measuring a Company's Cost of Capital. In: The Journal of Business, Vol. 28 (1955), S. 240–252; hier zitiert nach dem Wiederabdruck in: The Management of Corporate Capital, edited by Ezra Solomon. 3rd printing, London 1964, S. 128–140, hier S. 130 f.; *Horst Albach*, Investition und Liquidität. Die Planung des optimalen Investitionsbudgets. Wiesbaden 1962, S. 86.

In der Praxis berechnet man die Eigenkapitalkosten folgendermaßen: Muß den Aktionären 5% Aktienrendite geboten werden (z. B. 10 Mark Dividende auf eine 50-Mark-Aktie, deren Kurs 200 beträgt), so müssen die Investitionen mindestens 7,5% erwirtschaften, damit die Dividende gezahlt werden kann, denn die Belastung der ausgeschütteten Gewinne mit Körperschaft- und Gewerbeertragsteuer beträgt rund 33%. Ein Gewinn von 7,50 ist folglich erforderlich, um nach Steuern 5% ausschütten zu können. In diesem Fall wären die Eigenkapitalkosten 7,5%. Werden die Emissionskosten (Gesellschaftsteuer, Provisionen u. ä.) von etwa 8% der Emissionserlöse berücksichtigt, steigen die Kapitalkosten bei Pari-Emissionen auf knapp 8%. Bei Überpari-Emissionen sind sie noch höher, da hier die Emissionskosten nicht als steuerliche Betriebsausgaben gelten.

Bei der Berechnungsart der Praxis ist darauf zu achten, daß die Steuern nicht doppelt berücksichtigt werden. Bestimmt man, wie hier, die Eigenkapitalkosten nach der Bruttomethode (auf die Mindestausschüttung wird die Gewinnsteuerbelastung zugeschlagen), dann ist bei Fremdfinanzierung der Sollzins vor Steuern und bei der Investition die Rendite vor Steuern zu wählen. Nach der Bruttomethode der Praxis fällt die Entscheidung gemäß:

$$r' \geqq i \text{ bzw. } r' \geqq \frac{h}{1 - v}. \tag{8}$$

Genauer wird die Berechnung, wenn die Besteuerung bei der Berechnung der Vorteilhaftigkeit der Investitionen berücksichtigt wird. Der Ermittlung der Rendite nach Steuern ist deshalb der Steuersatz für zurückbehaltene Gewinne zugrunde zu legen, der Sollzins ist um diesen Satz zu vermindern. Bei der Mindestausschüttung an die Aktionäre ist zu beachten, daß jede ausgeschüttete Mark wegen des gespaltenen Körperschaftsteuersatzes Steuern spart, nämlich z. Z. w = 36%. Für das optimale Investitionsvolumen gilt deshalb:

$$r_t' \geqq (1 - t)\, i \text{ bzw. } r_t' \geqq (1 - w)\, h, \tag{9}$$

wobei t der Steuersatz für zurückbehaltene Gewinne (nach Körperschaft- und Gewerbeertragsteuer, t = rund 57%), w die Steuerersparnis bei Ausschüttung ist. Die Ungleichungen besagen:

Besteht nur die Möglichkeit zur Fremdfinanzierung, so wird solange investiert, wie die Grenzrendite nach Gewinnsteuern über dem effektiven Sollzins liegt.

Kann nur eigenfinanziert werden, so wird investiert, solange die Rendite nach Gewinnsteuern höher ist als der »effektive« Habenzins. Im »effektiven« Habenzins ist die Steuerersparnis berücksichtigt, die jede ausgeschüttete Mark erbringt.

Ist zwischen Eigenfinanzierung und Fremdfinanzierung zu wählen, dann wird fremdfinanziert, wenn der effektive Sollzins unter dem effektiven Habenzins liegt; es wird eigenfinanziert, wenn der effektive Habenzins niedriger als der effektive Sollzins ist.

Vergleichen wir die Bestimmung von Investitionsvolumen und Finanzierungsart nach der Bruttomethode (8) und dem richtigen Vorgehen (9), so zeigt sich, daß die Bruttomethode bei der Wahl der Finanzierungsart zur richtigen Entscheidung führt, denn

$\frac{1 - t}{1 - w} = 1 - v$. Das Investitionsvolumen wird jedoch nicht richtig festgelegt, weil (abgesehen von wenigen Sonderfällen) $r'_t > (1 - t)\, r'$ ist.

3. Einzelfragen

aa) Der Emissionskurs

Soll eine Kapitalerhöhung zu pari erfolgen oder mit Aufgeld? Gibt es einen optimalen Ausgabekurs (Emissionskurs)? Diese Fragen versuchen wir zu beantworten unter der Annahme, daß die Firmenleitung im Interesse der Aktionäre handelt.

In Ländern, die nur nennwertlose Aktien und/oder kein gesetzliches Bezugsrecht kennen, läßt sich die Kapitalerhöhung nur durch »freihändigen« Verkauf der jungen Aktien an der Börse durchführen. Beurteilen die Aktionäre die Aussichten gut, werden sie das zusätzliche Aktienangebot zu gleichbleibenden oder steigenden Kursen aufnehmen. Beurteilen sie die Aussichten schlecht, werden die Kurse sinken.

Der Emissionskurs ist an die Vorschrift eines gesetzlichen Bezugsrechts gebunden, an rechtliche Besonderheiten also, und deshalb kann es (vom bestehenden Börsenkurs abgesehen) strenggenommen keine ökonomische Begründung für den Emissionskurs geben. *Ein optimaler Emissionskurs ist nicht zu definieren.* Dies widerspricht der herrschenden Meinung. Also müssen wir die Zusammenhänge näher untersuchen.

Zunächst ist deutlich der Unterschied zum Mindest- und Höchstausgabekurs bei Aufnahme neuer Gesellschafter zu erkennen. Wird ein neuer Aktionärskreis angesprochen, z. B. bei Verwertungsaktien, dann geht es darum, den bisherigen Aktionären mindestens das Einkommen zu sichern, das sie bisher erzielten.

Hier geht es darum, mehr Kapital von den bisherigen Aktionären zu erhalten, sie zu veranlassen, mehr in dieser Firma zu investieren und weniger an anderer Stelle. Für diese Entscheidung können ökonomisch nur die Rendite in der Firma und der Habenzins (die Alternativrendite oder ein »Preis für den Konsumverzicht«) maßgebend sein, nicht irgendwelche rechtlichen Details, wie Nennwert-Aktien und Ausgabekurse.

Bei den folgenden Überlegungen vernachlässigen wir den Umstand, daß die jungen Aktien regelmäßig erst für das folgende Jahr voll dividendenberechtigt werden. Wir gehen davon aus, die jungen Aktien werden am Tage der ordentlichen Hauptversammlung ausgegeben und sind fortan den alten Aktien in allen Rechten gleichgestellt. Da der Einzahlungstag beim Bezug der jungen Aktien meist erheblich vom Tag der Dividendenzahlung abweicht, sind die jungen Aktien im ersten Jahr nur teilweise dividendenberechtigt, und deshalb liegt ihr Kurs einige Punkte unter dem der alten Aktien. Weiterhin unterstellen wir, daß die Alternativrendite, die sich den Aktionären außerhalb der Unternehmung bietet, für alle gleich ist und hinreichend genau angegeben werden kann. Mit dieser Annahme ist zugleich unterstellt, die Aktionäre investierten nur in einer »Risikoklasse«; Wahlprobleme zwischen mehr oder weniger risikobehafteten Anlagen klammern wir hier aus. In einer Risikoklasse werden alle Wertpapiere zusammengefaßt, die in etwa gleich risikobehaftet sind, z. B. einmal alle Aktien der Großchemie oder zum anderen alle Versorgungswerte. (Der Begriff der Risikoklasse wurde von Modigliani-Miller in die Diskussion eingeführt, vgl. S. 506 ff.)

Gibt es für die Altaktionäre einen optimalen Bezugskurs junger Aktien? Wir beantworten diese Frage am besten an einem Beispiel.

Nehmen wir an, das bisherige Grundkapital sei 2 Mill., die übliche (effektive) Rendite von Aktien in dieser Risikoklasse betrage 4%. Der Dividendensatz sei 20%. Bei 2 Mill. Grundkapital werden an Dividende jährlich 400 000 Mark verdient und ausgeschüttet. Damit errechnet sich ein ertragsgerechter Kurs von 20% Dividende durch 4% Alternativrendite mal 100 gleich 500. Der tatsächliche Börsenkurs schwankt um den ertragsgerechten Kurs aus zwei Gründen: zum einen wegen markttechnischer Verzerrungen und zum anderen, weil sich die Einschätzung des Risikos der Aktien und damit ihrer künftigen Erträge ändert, also Aktien einer Gesellschaft in der Einschätzung des Publikums von einer Risikoklasse in eine andere rutschen. Wir unterstellen der Einfachheit halber, es gelte immer der ertragsgerechte Kurs.

Der Unternehmung biete sich nun ein Investitionsvorhaben, das bei Einsatz von 1 Mill. zusätzlichem Eigenkapital jährlich 60 000 Mark zusätzlich erbringt. Die Unternehmung kann in Zukunft jährlich insgesamt 460 000 Mark ausschütten. Vor der Kapitalerhöhung errechnet sich der Gesamtkurswert der Gesellschaft nach der Formel Dividendensumme dividiert durch Alternativrendite dieser Risikoklasse, d. h. 400 000 : 4% = 10 Mill. Mark. Nach der Kapitalerhöhung steigt der Gesamtkurswert der Gesellschaft auf 460 000 : 4% = 11,5 Mill. Mark.

Es ist zu beachten, daß der Gesamtkurswert der Unternehmung mit der Ermittlung des ausgeschütteten Gewinns und mit Kenntnis der üblichen Aktienrendite von 4% festgelegt ist. Der Gesamtkurswert bestimmt sich unter den genannten Voraussetzungen einfach als Barwert der unendlichen Reihe künftiger Gewinnausschüttungen, also $W = \frac{G}{r}$, wobei G die ausschüttungsfähigen Gewinne (hier 460 000 Mark), r die Rendite in dieser Risikoklasse (hier 4%) und W den Kurswert bezeichnet.

Nach herrschender Meinung bildet der ertragsgerechte Kurs alter Aktien zugleich den Höchstausgabekurs für junge Aktien. Das wollen wir zunächst überprüfen.

Nehmen wir an, Vorstand und Aufsichtsrat unserer Unternehmung seien »übergeschnappt« und kündigten Erweiterungsinvestitionen an und mit ihnen eine Kapitalerhöhung um 100 000 Mark (Bezugsverhältnis alte Aktien zu neue Aktien von 20 zu 1) bei einem Emissionskurs von 1 000%.

Zunächst wird man folgern: Vorstand und Aufsichtsrat werden keine einzige junge Aktie verkaufen, schließlich erhält man alte Aktien bereits für 500 Mark. Aber die Folgerung stimmt nicht. Wenn die Aktionäre streng rational handeln, müssen sie unter unseren Annahmen (daß insbesondere der Gewinn aus der Erweiterungsinvestition zweifelsfrei fließen wird) folgern: »Nur wenn jeder von uns die jungen Aktien bezieht, kann die Erweiterungsinvestition durchgeführt werden. Bisher fließen uns für 500 Mark Kurswert (= »investiertes Kapital«) 20 Mark Dividende zu. Das entspricht der branchenüblichen Verzinsung von 4%. Investieren wir nun noch einmal eine Mill. Mark, so fließen uns zusätzlich 60 000 Mark zu, also 6% Grenzrendite statt 4% Verzinsung bei sonstiger Anlage. Unser Einkommen steigt folglich, trotz des abschreckenden Ausgabekurses.«

Je unverschämter der Ausgabekurs ist, desto höher steigt der künftige Dividendensatz.

Bei dem Emissionskurs von 1 000 fallen jährlich 460 000 Mark Gewinn an auf 2,1 Mill. Grundkapital. Also wächst der Dividendensatz auf 21,9%. Gelingt die neue Emission, dann wird der Börsenkurs auf rund 548 (nämlich Dividende 21,9% dividiert durch branchenübliche Verzinsung 4% mal 100) steigen. Besitzt ein Aktionär Aktien im Nennwert von 2 000 Mark, so verfügt er vor der Kapitalerhöhung über 10 000 Mark Vermögen. Nachdem er weitere 1 000 Mark zusätzlich eingezahlt hat, erhält er dafür einen Nennwert von 2 100 Mark und besitzt ein Vermögen von rund 11 500 Mark. Jeder einzelne Aktionär kann nur dadurch sein Vermögen maximieren, daß er solidarisch mit den anderen junge Aktien zu dem horrenden Ausgabekurs bezieht.

Wenn ein Aktionär nicht beziehen will, wird er versuchen, sein Bezugsrecht für junge Aktien zu verkaufen. Aber er wird die Bezugsrechte von 20 Aktien, die zum Bezug einer neuen Aktie berechtigen, nur unter Zuzahlung von rund 452 Mark loswerden. Für den Erwerber stellt sich dann der Bezugskurs der jungen Aktie auf 1 000 – 452 = 548 Mark. Umgerechnet auf die einzelne Aktie (20 : 1) beträgt also das Bezugsrecht – 22,6 Mark. Den Wert des Bezugsrechts berechnen wir hier nach der Formel: »Dividiere die Differenz ertragsgerechter Kurs nach der Kapitalerhöhung minus Emissionskurs durch das Bezugsverhältnis«. Die herkömmliche Formel lautet anders, vgl. S. 467.

Die Emission zu 1 000 Mark würde also gelingen, wenn der Aktionär das Bezugsrecht wahrnehmen bzw. eine Zubuße in Höhe des negativen Bezugsrechts leisten müßte. Rechtlich besteht keine Zubußepflicht, und deshalb wird praktisch der Plan des »übergeschnappten« Vorstandes fehlschlagen. Aus dem Beispiel lernen wir: Weil in der Praxis keine Bezugsverpflichtung oder Zuschußpflicht besteht bzw. Bezugsrechte unabhängig von den Aktien veräußert werden können, nur deshalb bildet der ertragsgerechte Börsenkurs die Höchstgrenze für den Ausgabekurs.

Bei einem Ausgabekurs 500 (dem Bezugsverhältnis 10 : 1), beträgt die künftige Dividende 460 000 : 2 200 000 = $20\frac{10}{11}$%; der ertragsgerechte Kurs liegt bei rund 523, und bei genauer Rechnung ist nach Teilnahme an der Kapitalerhöhung das Vermögen des Aktionärs so hoch wie im ersten Beispiel; denn um das Vermögen aller Aktionäre zu errechnen, braucht man nur den als ewig gedachten Dividendenstrom (460 000) durch die branchenübliche Rendite (den »Kalkulationszinsfuß«) von 4% zu dividieren. Verzichtet ein Aktionär auf die Ausübung seines Bezugsrechts, so wird er sein Bezugsrecht zu etwa 2,30 Mark verkaufen können, denn die Bezugsrechte von 10 Aktien im Nennwert von 100 Mark erlauben es, zum Preis von 500 Mark eine neue Aktie zu beziehen, deren Börsenkurs sich auf 523 stellen wird.

Bei einem Ausgabekurs von 100 beträgt das Bezugsverhältnis 2 : 1, der Dividendensatz sinkt auf 460 000 : 3 Mill. = $15\frac{1}{3}$%; der ertragsgerechte Kurs nach der Kapitalerhöhung beläuft sich auf $383\frac{1}{3}$, der rechnerische Wert des Bezugsrechts auf $141\frac{2}{3}$, denn zwei Altaktien gewähren unter Zuzahlung von 100 Mark den Bezug einer neuen Aktie, die zu $383\frac{1}{3}$ verkauft werden kann.

Bezugskurs und Bezugsverhältnis nehmen also auf das Endvermögen des Aktionärs keinen Einfluß; vorausgesetzt, es herrschen börsenmäßige Idealbedingungen, so daß ohne Kauf- und Verkaufspesen stets der ertragsgerechte Kurs verwirklicht wird.

Bisher sind wir von einem vorgegebenen Bedarf an Eigenkapital ausgegangen. Die Höhe des aufzunehmenden Eigenkapitals ist bestimmt, wenn die Alternativrendite (der

Habenzins bzw. die »Eigenkapitalkosten«) bekannt sind, denn das Investitionsvolumen und damit der Kapitalbedarf folgen (ohne Rücksicht auf Steuern) aus der Regel »Grenzrendite gleich marginaler Habenzins«. Im praktischen Fall ist zu beachten, daß durch das allgemeine Auf und Ab der Börsenkurse (durch die »Kapitalmarktlage«) die Aktienrenditen in allen Risikoklassen und damit die Habenzinsen der Anleger im Zeitablauf schwanken. Bei günstiger Kapitalmarktlage (hohen Kursen und d. h. geringer Aktienrendite) wird die Aktiengesellschaft versuchen, ihr Kapital auf Vorrat zu erhöhen, weil sie zu anderen Zeiten, wenn Erweiterungsinvestitionen notwendig werden, bei ungünstiger Kurssituation weniger Kapital aufnehmen könnte. Bei gedrückten Aktienkursen stehen weniger Mittel für Aktienkäufe bereit; das erschwert Kapitalerhöhungen. Aber auch in diesem Fall wird die Unternehmung sich zunächst überlegen, wieviel Kapital aufzunehmen ist.
Ist das Ausmaß der Kapitalerhöhung bekannt, gilt das oben Abgeleitete: Der Emissionskurs ist bei rationalem Verhalten für das Gelingen der Kapitalerhöhung bedeutungslos; es besteht nur eine Obergrenze (gleich dem Börsenkurs der Altaktien), weil keine Bezugspflicht gegeben ist.

Da unsere Aussage zu dem praktischen Verhalten im Widerspruch steht, müssen wir sämtliche Argumente prüfen, die für oder gegen einen hohen bzw. niedrigen Ausgabekurs vorgebracht werden. Mit diesen Argumenten wird in der Literatur versucht nachzuweisen, daß der Erfolg der Kapitalerhöhung doch vom Ausgabekurs abhängt.

Gründe für niedrige (gegen hohe) Ausgabekurse[5]:

(1) Ein niedriger Ausgabekurs sei zu wählen, wenn man nicht in erster Linie neues Geld brauche, sondern vielmehr den zu schweren Aktienkurs verwässern wolle, damit die Handelbarkeit erleichtert werde. Dazu ein Beispiel: Eine Aktiengesellschaft zahlt 20% Dividende bei einem Kurs von 500. Ein Käufer braucht also mindestens 500 Mark, um eine Aktie zu erwerben. Führt die Kapitalgesellschaft jedoch eine Kapitalerhöhung im Verhältnis 4 : 1 zu pari durch und schüttet sie insgesamt nicht mehr aus, dann verteilen sich 20 Mark Ausschüttung nunmehr auf das 1,25fache Grundkapital. Die Dividende sinkt auf 16%, und bei diesem Dividendensatz wird der Kurs nur 400 betragen. Wird die gleiche Dividendensumme auf ein vergrößertes Grundkapital bezahlt, spricht man von Kapitalverwässerung (Verwässerung der Ertragskraft der Unternehmung durch Kapitalerhöhung).
Gegen das Argument ist einzuwenden: Die niedrigeren Aktienkurse wären auch durch einen Aktiensplit, eine Teilung, z. B. durch Ausgabe von Gratisaktien, zu erreichen oder durch Einführung einer 50-Mark-Aktie bzw. einer Stücknotiz. Das Argument unterstellt einen nicht vernünftig handelnden Vorstand: Das Kapital wird erhöht, obwohl das Mehrkapital nicht benötigt wird.
Richtig ist allerdings, daß die Handelbarkeit der Aktie durch niedrige Bezugskurse verbessert wird. Der Grund liegt in der mangelnden Teilbarkeit des Aktienbestandes bei Kleinaktionären. Ein Kleinaktionär besitzt z. B. zwei Aktien. Bei einer Pari-Emission im Verhältnis 1 : 1 wird er bereit sein, 100 Mark zusätzlich zu investieren. Bei einem Emissionskurs von 500, Bezugsverhältnis 10 : 1, muß er entweder auf den Bezug verzichten oder 8 Bezugsrechte hinzukaufen und 500 Mark investieren. Die Teilbarkeit ist ein Tatbestand, der für niedrige Bezugskurse spricht.

[5] Vgl. *Rittershausen*, Industrielle Finanzierungen, S. 86–98.

(2) Man verwässere das Kapital, um bei niedrigerem Dividendensatz trotzdem mehr ausschütten zu können. Jemandem, der von Wirtschaft keine Ahnung hat, erscheinen 20% Dividende sehr hoch. Stehe die Aktiengesellschaft nunmehr einer ungebildeten Volksmeinung und klassenkämpferischen Gewerkschaften gegenüber, die 10% Dividende (ohne Rücksicht auf den Kurs) schon als zu hoch empfinden und 20% als Ausbeutung der werktätigen Klasse, lassen sich nur dann höhere Gewinne ausschütten, wenn optisch der Dividendensatz gesenkt wird. Die Unternehmung, die bisher 20 Mark ausgeschüttet hat und nunmehr 30 ausschütten will, wird dann folgern: Wir erhöhen das Kapital im Verhältnis 1 : 1 zu pari. Statt bisher auf 100 Mark Nennwert 20 Mark auszuschütten, werden nunmehr auf 200 Mark Nennwert 30 Mark ausgeschüttet, der Dividendensatz sinkt auf den optisch angenehmeren Satz von 15%.

Hier handelt die Unternehmung rational. Sie muß sich nur einer ökonomisch ungebildeten Umwelt anpassen. In Deutschland scheint dieses Argument in den letzten 10 Jahren keine Bedeutung mehr zu besitzen.

(3) Niedrigere Bezugskurse würden es den Aktionären erleichtern, ihre bisherigen Anteilsquoten beizubehalten. Hohe Bezugskurse könnten dazu führen, daß ein Betrag vom Aktionär gefordert werde, den er nicht aufzubringen imstande sei, um sein bisheriges Anteilsverhältnis zu wahren. Könne ein Aktionär seinen bisherigen Anteil nicht halten, werde er auf der Hauptversammlung der Kapitalerhöhung nicht zustimmen.

An dem Argument ist richtig, daß Großaktionäre, die keine Gelder flüssig haben, mit allen Mitteln verhindern werden, daß als Folge einer Kapitalerhöhung ihre Majorität oder Sperrminorität (25%) verlorengeht. Indes ist die Höhe des Bezugskurses für diesen Gesichtspunkt bedeutungslos. Die Kapitalerhöhung erfolgt, weil die Unternehmung einen bestimmten Betrag an eigenen Mitteln braucht, z. B. 5 Mill., um eine andere Unternehmung aufzukaufen oder um die Kapitalstruktur zu verbessern und so neue Fremdfinanzierungsquellen zu erschließen. Der Großaktionär wird zu verhindern suchen, daß die Aktiengesellschaft einen Eigenkapitalbetrag anfordert, der seine Möglichkeiten überschreitet. Er wird im Zweifel der Gesellschaft lukrative Investitionsvorhaben unmöglich machen. Bei gegebenem Einforderungsbetrag an Eigenkapital (z. B. 5 Mill.) ist es dem Großaktionär gleichgültig, ob er die 2 Mill. Mark, die auf ihn entfallen, zu dem Emissionskurs von 100 bezahlt (also nominal 2 Mill. neue Aktien bei 5 Mill. Kapitalerhöhung erhält) oder zu einem Kurs von 500 (400 000 Mark Nennwert neue Aktien bei einer Kapitalerhöhung um 1 Mill. Mark). Das Argument ist also falsch.

Als Gründe für hohe (gegen niedrige) Emissionskurse werden genannt:

(1) Wenn der Emissionskurs niedrig sei, dann flössen zu wenig Mittel in die Unternehmung, weil im allgemeinen die Kapitalerhöhung nur einen geringen Prozentsatz des Grundkapitals ausmache.

Auch dieses Argument zieht nicht, denn bei rationalem Vorgehen wird zunächst der Bedarf an eigenen Mitteln festgestellt, und dann folgt die Überlegung hinsichtlich des Ausgabekurses. Es ist auch kein vernünftiger Grund dafür zu finden, daß die Kapitalerhöhung nur einen geringen Prozentsatz des Grundkapitals ausmachen soll. Entscheidend ist schließlich der Betrag, der den Aktionären abverlangt wird.

(2) Bei niedrigen Emissionskursen müsse, um den gewünschten Eigenkapitalbetrag zu bekommen, der Prozentsatz der Kapitalerhöhung hoch gegriffen werden und folglich das Kapital stark verwässert werden. Wenn der Gewinn in den nächsten Jahren nicht oder nur wenig steige, müsse der Dividendensatz herabgesetzt werden, was einen schlechten Eindruck mache.

Dieses Argument sticht nur, wenn die Aktionäre dumm sind, wie folgendes Beispiel zeigt: Bei 20% Dividende, 2 Mill. Mark Grundkapital, betrage der Kurs 500. Eine weitere Mill. Eigenkapital werde benötigt; darauf werden in Zukunft 60 000 Mark zusätzlich ausgeschüttet. Wird zu pari emittiert, dann muß das Kapital im Verhältnis 2 : 1 erhöht werden. Der Dividendensatz muß auf 15¹/₃% verringert werden; bei einer Alternativrendite von 4% in dieser Risikoklasse sinkt der Kurs auf ca. 383. Daraus einen schlechten Eindruck abzuleiten, unterstellt, daß die Aktionäre sich am Dividendensatz, statt an der tatsächlich ausgeschütteten Summe orientieren. Sicher werden oberflächliche Börseninteressenten ihre Entscheidung am Dividendensatz ausrichten. Aber wer seine Entscheidung an dem Dividendensatz ohne Rücksicht auf den Kurs fällt, wer die Ertragskraft an einem willkürlichen Prozentsatz statt an der Summe der Ausschüttungen orientiert, ist selbst daran schuld. Muß der Vorstand mit derartigem Fehlverhalten rechnen, dann kann er die Aktionäre darüber aufklären, daß in Zukunft der Dividendensatz sinken werde, obwohl die Gesellschaft in der Lage sei, die Gesamtsumme der Ausschüttungen zu steigern. Kein vernünftiger Aktionär wird bei der überproportionalen Steigerung der Ausschüttungssumme einen schlechten Eindruck von der Gesellschaft erhalten.

Nur bei Kapitalerhöhungen auf Vorrat liegt es nahe, aus Gründen der Optik einen hohen Ausgabekurs zu wählen: Bei hohen Ausgabekursen braucht die Gesellschaft nur verhältnismäßig wenig mehr auszuschütten, um den Dividendensatz konstant zu halten. Kapitalerhöhungen auf Vorrat können im Interesse der Anteilseigner liegen: Sie zeichnen lieber dann, wenn die Kurse hoch und sie selbst flüssig sind. Für die Aktionäre gilt auch hier: Ob der Dividendensatz gleichbleibt, ist ohne Belang. Es entscheidet allein der ausgeschüttete Betrag.

(3) Bei Pari-Emissionen würden unvertretbar hohe Grenzgewinne erscheinen, wenn die Dividende von 20% weiterbezahlt werde. In diesem Fall sei die Durchschnittsrendite der alten Aktien z. B. 4%; die Grenzrendite der zu pari emittierten Aktien jedoch 20%.

Der »unvertretbar hohe Grenzgewinn« ist ein Scheinargument. Wenn die Gesellschaft ihr Kapital im Verhältnis 10 : 1 erhöht und 20% Dividende weiterzahlt, dann schüttet sie vor der Kapitalerhöhung bei 2 Mill. Mark Grundkapital 400 000 Mark aus, nach der Kapitalerhöhung bei 2,2 Mill. Mark Grundkapital insgesamt 440 000 Mark. Die Ausschüttung hat in demselben Verhältnis wie das Grundkapital zugenommen.

(4) Bei Pari-Emissionen müßten die Emissionsspesen aus dem Betriebsgewinn gedeckt werden; darüber hinaus sei aus dem Gewinn der Zusatzinvestitionen erst die gesetzliche Rücklage aufzufüllen, ehe Gewinne ausgeschüttet werden könnten.

Dieses Argument erscheint nicht von vornherein verfehlt. Um die Emissionsspesen zu decken und nach Abzug der Emissionsspesen zugleich die gesetzliche Rücklage entsprechend aufzufüllen, wird der Mindestausgabekurs nicht bei 100, sondern vielleicht bei 120 anzusetzen sein. Notwendig ist diese Emissionskurserhöhung natürlich auch nicht, denn der Bezugskurs ist bei rationalem Verhalten aller Beteiligten (und Handeln im Interesse der Anteilseigner) ohne jeden Einfluß auf das Aktionärsvermögen. Man kann z. B. argumentieren: Warum sollen die Aktionäre 20 Mark mehr einschießen, um die Emissionskosten und die gesetzliche Rücklage zu decken? Warum werden diese Aufwendungen bzw. Rücklagenzuführungen nicht vorab aus dem Investitionsgewinn gezahlt? Im übrigen wird das Argument »Erhöhung des Bezugskurses wegen der Emissionsspesen und der Auffüllung der gesetzlichen Rücklage« in der Praxis selten gebracht. Es widerspricht einem viel gewichtigeren praktischen Interesse: die steuerliche Absetzbarkeit der Emissionskosten auch bei Über-pari-Emissionen zu erreichen.

Bei rationalem Verhalten hat der Emissionskurs keine Bedeutung, trotzdem gibt es unter der gegenwärtigen steuerlichen Regelung einen »optimalen« Bezugskurs: Nur bei der Pari-Emission mindern die Emissionskosten den steuerpflichtigen Gewinn der Gesellschaft. Dadurch erhöht sich der Wohlstand der Anteilseigner. Davon und von mangelnder Teilbarkeit abgesehen, gilt, daß keines der Argumente für oder gegen hohe bzw. niedrige Bezugskurse haltbar ist. Die Argumente treffen nur zu, wenn die Umwelt nicht rational urteilt, und man etwa unterstellen muß, daß sich die Aktionäre am Dividendenprozentsatz statt an der tatsächlich ausgeschütteten Summe orientieren. Lassen sich die Aktionäre bei einem konstanten, hohen Dividendensatz einreden, das sei eine besonders aktionärsfreundliche Politik, dann liegen allerdings hohe Bezugskurse im Interesse der Firmenleitung. Hohe Emissionskurse halten das dividendenberechtigte Kapital niedrig, erlauben damit bei eindrucksvollen Prozentsätzen absolut geringe Beträge auszuschütten, und (so wurde behauptet) sie fördern das Einkommen der Vorstände und Aufsichtsräte, deren Tantiemen vielfach an den Dividendenprozentsatz gekoppelt sind.

bb) Die Problematik der herkömmlichen Bezugsrechtsformel

Bei der Berechnung des Bezugsrechts sind wir von dem künftigen auszuschüttenden Betrag und damit dem künftigen Börsenkurs ausgegangen. Wir berechneten (S. 463) R, das Bezugsrecht, als

$$R = \frac{K_n - B}{\frac{a}{b}},$$

wobei K_n der Kurs nach der Kapitalerhöhung, B der Bezugskurs (Emissionskurs) und $\frac{a}{b}$ das Bezugsverhältnis (Nennwert der alten Aktien a zu Nennwert der neuen Aktien b) ist. Die übliche Formel lautet hingegen:

$$R = \frac{K_a - B}{\frac{a}{b} + 1}$$

K_a ist der Börsenkurs alter Aktien. Diese übliche Formel geht also vom gegenwärtigen Börsenkurs aus. Sie unterstellt, der Börsenkurs nach Kapitalerhöhung gleiche dem mit dem Bezugsverhältnis gewogenen Mittel aus gegenwärtigem Börsenkurs und dem Bezugskurs junger Aktien. Unter dieser Voraussetzung sind beide Formeln identisch, wie man rasch erkennt, wenn $K_n = \frac{aK_a + bB}{a + b}$ gesetzt wird.

Die herkömmliche Formel nimmt an, die neu zugeführten Mittel verzinsten sich gerade mit der bisherigen Aktienrendite. In der Literatur hat man diese Unterstellung als »Substanzwertüberlegung« bezeichnet und sie der »Ertragswertrechnung« gegenübergestellt, welche die erste Formel enthält[6]. Gegen die herkömmliche Bezugsrechtsermittlung ist einzuwenden: Würden durch die Kapitalerhöhung die künftigen Gewinne nicht steigen, dann wäre die Kapitalerhöhung betriebswirtschaftlich verfehlt. Hiervon gibt es allerdings eine Ausnahme: Die Unternehmung ist in eine andere Risikoklasse abgerutscht. Das ist dann der Fall, wenn die Banken, die bisher mit einer Kapitalstruktur (Eigen- zu Fremdkapital) von z. B. 1 : 1 zufrieden waren, nunmehr meinen, wegen des verstärkten Risikos in der Branche, in der die Unternehmung tätig sei, müsse eine

[6] Vgl. z. B. *Hans E. Büschgen*, Wertpapieranalyse. Stuttgart 1966, S. 282 f., und die dort genannten Quellen.

Kapitalstruktur von z. B. 1,2 : 1 beachtet werden. In diesem Fall muß eine Unternehmung eine Kapitalerhöhung auch bei geringerer Rendite durchführen, um die ihr bisher gewährten Kreditzusagen zu erhalten.

Wenn wir von solchen Besonderheiten absehen, dann wird bei Handeln im Interesse der Aktionäre eine Kapitalerhöhung nur durchgeführt, um Gewinnsteigerungen zu erreichen. In diesem Fall ist die herkömmliche Formel nur dann berechtigt, wenn im Börsenkurs der alten Aktien die künftigen Gewinnsteigerungen bereits vollständig vorweggenommen sind. In der Praxis mag das mitunter näherungsweise der Fall sein: Die Ankündigung einer Kapitalerhöhung (ohne daß der Bezugskurs schon bekannt wäre) wirkt regelmäßig kurssteigernd. Zunächst wird bei nicht kriselnden Unternehmungen unterstellt, sie beschafften sich neues Eigenkapital nur, um ertragreiche Investitionen zu finanzieren. Sodann wird eine Unternehmung, die eine Kapitalerhöhung durchführen will, offenherziger über ihre künftige Entwicklung berichten als die Mehrzahl der anderen Gesellschaften. Die verstärkte Publizität gestattet einen besseren Einblick in die Ertragslage und erlaubt so eine ertragsgerechtere Bewertung. Schließlich sehen die Aktionäre mitunter günstige Bezugsrechte als eine Art Zusatzdividende an, obwohl es sich bei der Veräußerung des Bezugsrechts nur um eine Liquidation von Vermögensteilen handelt. Sie werden schon deshalb bei der Ankündigung des Bezugsrechts zu Käufen dieser Aktie angelockt.

Für unsere Beispielüberlegungen verglichen wir jedoch den Kurs vor Bekanntwerden der Kapitalerhöhungsabsicht mit dem als sicher erwarteten ertragsgerechten Kurs nach der Kapitalerhöhung. Deshalb konnten wir die herkömmliche Bezugsrechtsformel nicht benutzen.

cc) Verwertungsaktien

Werden die neuen Aktien nicht den Altaktionären angeboten, sondern »im Interesse der Firma verwertet«, gilt für das Optimum an Eigenfinanzierung im Grundsatz das, was über die Aufnahme neuer Gesellschafter gesagt wurde: Für die bisherigen Eigentümer (Aktionäre) lohnt es sich nur dann, Beteiligungsrechte abzugeben, wenn durch die mit der Kapitalerhöhung finanzierten Investitionen das Einkommen (Vermögen) der Altaktionäre wächst. Die Rentabilität des Eigenkapitals nach Kapitalerhöhung und Investition muß höher liegen als zuvor. Ein häufiger Fall, in dem ein genehmigtes Kapital geschaffen und unter Ausschluß des gesetzlichen Bezugsrechts im Interesse der Firma verwertet wird, ist bei der Übernahme von Zulieferer- oder Konkurrenzbetrieben gegeben. Hier werden die Verwertungsaktien gegen die Sacheinlage »Zulieferer- bzw. Konkurrenzbetrieb« getauscht. Verstärkung der Bindung an Zulieferer oder Verminderung des Konkurrenzdrucks führt regelmäßig zu einer Erhöhung der Rentabilität des Eigenkapitals.

Einem solchen Tausch »Aktien gegen zu erwerbendes Unternehmen« werden im allgemeinen langwierige Verhandlungen vorausgehen, in denen über den Wert des zu erwerbenden Unternehmens gefeilscht wird. Das Problem der Bewertung ganzer Unternehmen soll hier nicht im einzelnen untersucht werden. Im Grundsatz ist der optimale Finanzplan der Aktiengesellschaft nach Übernahme des zu erwerbenden Unternehmens zu suchen. Er ist zu vergleichen mit dem optimalen Finanzplan bei Verzicht auf die Übernahme. Die Differenz der Zahlungsströme (ohne die vorerst unbekannten »Anschaffungsausgaben« des zu erwerbenden Unternehmens) zeigt den für die Bewertung des Übernahmeobjektes maßgebenden Zahlungsstrom an. Es ist dann zu untersuchen, welchen Kapitalbetrag die Aktiengesellschaft in den ihr sonst gegebenen Investitionsgelegenheiten investieren müßte, um denselben Zahlungsstrom zu erwirtschaften, der ihr bei Übernahme der zu erwerbenden Unternehmung zufließt. Dieser Kapitalbetrag nennt den Preis, den die Aktiengesellschaft äußerstenfalls für die Übernahme zu zahlen bereit sein wird.

Wir gehen davon aus, der Übernahmepreis sei bekannt, und damit liege die Rendite der zusätzlichen Investition »Übernahme eines Unternehmens« fest. Nun sind noch die für das zu erwerbende Unternehmen auszugebenden Aktien zu bewerten. Es erfolgt schließlich keine Barzahlung, sondern ein Tausch: zu erwerbende Unternehmung gegen Aktien. Die früher abgeleitete Formel für den Mindestausgabekurs können wir hier nicht verwenden, denn die frühere Formel unterstellte, das Agio, das die neu hinzutretenden Gesellschafter (die hier eine Unternehmung einbringen) erhalten, werde als gewinnberechtigtes Kapital den Kapitalkonten der bisherigen Gesellschafter gutgeschrieben. Diese Voraussetzung ist bei Aktiengesellschaften nicht erfüllt. Das Agio ist in die gesetzliche Rücklage zu buchen. Die Bestimmung des Mindestausgabekurses wirft gleichwohl keine Probleme auf. Die Altaktionäre wollen mindestens ihr bisheriges Einkommensniveau beibehalten. Da der Nennwert der Anteile der Altaktionäre unverändert bleibt, erhalten sie das gleiche Einkommensniveau nur dann, wenn in Zukunft der gleiche Dividendensatz bezahlt wird wie bisher. Zur Verdeutlichung wandeln wir die beiden Beispiele ab, die auf S. 454 f. benutzt wurden.

Eine Aktiengesellschaft habe 1 Mill. Mark Eigenkapital (davon 500 000 Mark Grundkapital) und erziele daraus 100 000 Mark Gewinn jährlich. Um sich mit einem Konkurrenten zusammenzuschließen, soll der Kapitaleinsatz verdoppelt werden. 1 Mill. Mark sei der Übernahmepreis für die Konkurrenzfirma. Diese zusätzlich zu investierende Million erbringt einen zusätzlichen Gewinn von jährlich 80 000. Die Rendite der Erweiterungsinvestition »Übernahme der Konkurrenzfirma« beträgt also 8%. Die Durchschnittsrendite der Unternehmung stellt sich auf 9%, nämlich 180 000 Mark Gewinn für 2 Mill. Mark Eigenkapital. Damit die Altaktionäre sich nicht schlechter stehen, muß der bisherige Dividendensatz von 20% beibehalten werden. Um 20% Dividende auszuschütten, stehen 180 000 Mark zur Verfügung, d. h. das dividendenberechtigte Grundkapital darf 900 000 Mark betragen gegenüber bisher 500 000 Mark. Die neuen Aktionäre erhalten also für die Firma im Wert von 1 Mill. Mark höchstens Aktien im Nennwert von 400 000 Mark. Der Mindestausgabekurs beträgt folglich 250%.

Dieselbe aufnehmende Gesellschaft habe bisher nur 80 000 Mark erzielt. Der Dividendensatz betrug also 16% bei 500 000 Mark Grundkapital. Der Übernahmepreis der Konkurrenzfirma beträgt wiederum 1 Mill. Mark. Nach dem Zusammenschluß erwirtschaftet die aufnehmende Gesellschaft zusätzlich 100 000 Mark Gewinn. Wiederum stehen nach der Kapitalerhöhung 180 000 Mark Gewinn zur Ausschüttung bereit. Werden damit 16% Dividende gezahlt, darf das Grundkapital 1 125 000 Mark betragen. Die neuen Aktionäre erhalten also für die 1 Mill., die sie einbringen, Aktien im Nennwert von höchstens 625 000 Mark. Der Mindestausgabekurs beträgt hier 160%, denn 625 000 Mark · 160% = 1 Mill. Mark.

Schwierigkeiten treten dann auf, wenn die aufnehmende Aktiengesellschaft kaum Rücklagen ausweist: Diesmal sollen Grundkapital und Eigenkapital der Aktiengesellschaft vor der Kapitalerhöhung 1 Mill. Mark betragen haben, der Gewinn 80 000 Mark. Der Dividendensatz ist folglich 8%. Nach der Kapitalerhöhung stehen 180 000 Mark Gewinn zur Verfügung, um 8% Dividende auszuschütten. Das Grundkapital darf damit 2 250 000 Mark betragen. Wenn 1 Mill. Mark der Übernahmepreis ist, müßte eine Unter-pari-Emission erfolgen: Für eine Mill. Mark Eigenkapital werden Aktien im Nennwert von 1 250 000 ausgegeben; Mindestausgabekurs also 80%. Unter-pari-Emissionen sind jedoch rechtlich unzulässig.

Die Schwierigkeiten lassen sich beheben. Handelt es sich bei der zu erwerbenden Gesellschaft um eine Aktiengesellschaft, so läßt sich vereinbaren, daß für eine Aktie der zu erwerbenden Gesellschaft 1¼ Aktien der aufnehmenden Gesellschaft bezogen werden können. Eine zweite Möglichkeit besteht darin, bei Umtausch im Verhältnis 1 : 1 den neuen Aktionären Vorzugsaktien einzuräumen, die stets das 1¼fache der Dividende der Stammaktie erhalten. Die Altaktionäre erhalten auf ihre Stammaktien 8% Dividende, die neuen Aktionäre 10%. Anstelle von Vorzugsaktien können auch Genußscheine mit Sonderrechten ausgegeben werden. Praktische Bedeutung wird der hier behandelte Fall nicht oft gewinnen. Zunächst ist zu bedenken, daß selten der Mindestausgabekurs realisiert wird, sondern ein für die Altaktionäre günstigerer Kurs. Schließlich ist die aufnehmende Gesellschaft der aktivere, mächtigere Teil. Das Problem der Unter-pari-Emission würde schon dann nicht auftreten, wenn die Unternehmung mit 100 000 Mark Gewinn (10% Rendite) aufnehmende Gesellschaft wäre.

Im Interesse der übernehmenden Gesellschaft liegt es, den Höchstausgabekurs zu erzielen und damit den neuen Anteilseignern eine möglichst geringe Dividendenzahlung zu leisten. Die Steigerung des Ausgabekurses findet eine Grenze dort, wo die Eigentümer der zu erwerbenden Unternehmung ihr Interesse am Verkauf des Unternehmens an die Aktiengesellschaft verlieren, d. h. bei der Dividendensumme, die sie auch bei Selbständigkeit (oder bei anderweitigem Verkauf des Unternehmens) verdienen würden. Wie bei der Gesellschafteraufnahme in personenbezogenen Unternehmen bestimmt sich der Höchstausgabekurs nach der Alternativrendite, über welche die neuen Aktionäre verfügen.

Ob ein Übernahmekurs in der Nähe des Mindestausgabekurses oder des maximalen Ausgabekurses realisiert wird, hängt vom Verhandlungsgeschick und den Machtpositionen der beiden Verhandlungsparteien ab.

Der Geschäftsvorfall »Hergabe von Aktien gegen Sacheinlagen« wurde hier in zwei Fragen aufgespalten, in die Bewertung der Sacheinlagen und in die Verhandlung über den Ausgabekurs. Praktisch läßt sich beides kaum trennen. Ob man beide Fragen als Einheit betrachtet oder ob und wie man beide Fragen trennt, ist ein erstes Problem der Verhandlungsführung. Für den Verhandlungsführer der aufnehmenden Gesellschaft bietet sich an, den Börsenkurs seiner Gesellschaft als maßgeblichen Bezugskurs zu erklären (ihn vielleicht noch durch Aufkäufe zu steigern) und das Schwergewicht auf die Bewertung der Sacheinlagen zu legen. Es ist die Frage, ob die Gegenseite darauf eingeht, wie stark ihre Interessen am Abschluß sind und wieweit es gelingt, die jeweilige Gegenseite über das eigene Bedürfnis nach einem Zusammenschluß im unklaren zu lassen. Die Theorie der Verhandlungen ist ein wenig entwickeltes, höchst reizvolles Gebiet, in das einzudringen wir uns aus Raumgründen versagen müssen.

b) Selbstfinanzierung oder Fremdfinanzierung?

1. Zielsetzung und Selbstfinanzierung

Bei *personenbezogenen Unternehmen* wurden drei finanzielle Ziele unterschieden: Vermögensstreben, Einkommensstreben und Wohlstandsstreben. Das Optimum an Selbstfinanzierung für diese drei Ziele läßt sich unmittelbar aus dem Grundmodell über die Investitions- und Finanzplanung auf unvollkommenen Kapitalmärkten (S. 347 ff.) erkennen:

Selbstfinanzierung bedeutet Nichtausschüttung von Gewinnen. Wenn wir dem üblichen Sprachgebrauch folgen, bedeutet sie Nichtausschüttung von buchhalterischen Gewinnen. Ob diese buchhalterischen Gewinne ausschüttungsfähig sind oder nicht, hängt von den finanziellen Zielvorstellungen ab.

Verfolgt der Unternehmer *Vermögensmaximierung*, dann sind seine Entnahmen vorgegeben. Sie gehen als Ausgaben wie Lohnzahlungen in die Planung ein. Ist der buchhalterische Gewinn eines Jahres größer als die vorgegebenen Entnahmen, liegt eine durch die Zielsetzung erzwungene Selbstfinanzierung vor. Übersteigen die vorgegebenen Entnahmen den buchhalterischen Gewinn, so wird das Eigenkapital gemindert. Praktisch geht das nur, soweit nicht Rechtsvorschriften Entnahmen über den buchhalterischen Gewinn hinaus verbieten (wie bei Kapitalgesellschaften). Aber hier kann der Geschäftsführer-Gesellschafter der GmbH (der Eigentümer-Vorstand der AG) sich bei seiner Firma immer noch verschulden. Wie dem im einzelnen sei, bei Vermögensmaximierung ist das Ausmaß an Selbstfinanzierung durch die Differenz buchhalterischer Gewinn minus Entnahmen bestimmt. Die Frage nach dem Optimum an Selbstfinanzierung taucht nicht auf.

Bei der Zielsetzung *Einkommensmaximierung* sind die Entnahmen selbst Zielgröße. Ziel der Investitions- und Finanzplanung ist es hier, den maximal entziehbaren Betrag zu berechnen. Dieser ausschüttungsfähige Gewinn ist zu entnehmen; denn wird ein Investitions- und Finanzierungsprogramm unter der Zielsetzung Einkommensmaximierung bestimmt, dann ist das Programm nur dann optimal, wenn der sich danach ergebende ausschüttungsfähige Betrag tatsächlich ausgeschüttet wird. Zurückbehalten von ausschüttungsfähigen Gewinnen (wachstumsfördernde Selbstfinanzierung) ist keine zielentsprechende Verhaltensweise.

Überschreitet der buchhalterische Gewinn den von der Zielsetzung her maximal ausschüttbaren Betrag, dann liegt auch hier eine durch die Zielsetzung erzwungene Selbstfinanzierung vor. Wir sprechen in diesem Fall von einer unternehmenserhaltenden Selbstfinanzierung (vgl. S. 258), weil dann nicht der gesamte buchhalterische Gewinn ausschüttungsfähig ist, sondern ein Teil des Gewinns zur Erhaltung der künftigen

Ertragskraft der Unternehmung in der Firma verbleiben muß. Auch bei Einkommensstreben besteht keine Wahl, mehr oder weniger auszuschütten, und deshalb stellt sich hier die Frage nach dem Optimum an Selbstfinanzierung nicht. Wir können allenfalls sagen, das Optimum an Selbstfinanzierung gleiche dem für die Erhaltung der Ertragskraft der Unternehmung notwendigen Minimum an Selbstfinanzierung.

Nur bei *Wohlstandsstreben* als der finanziellen Zielsetzung, bei der die zeitliche Verteilung der Entnahmen nicht vorab festgelegt ist, kann ein echtes Optimum an Selbstfinanzierung auftreten; denn hier ist zu prüfen, ob Beträge zu entnehmen sind oder ob auf Ausschüttungen zugunsten stärkeren Vermögenswachstums verzichtet werden soll. Das Optimum kann nur gefunden werden, wenn die Austauschregel zwischen künftigem und gegenwärtigem Einkommen bekannt ist: wenn die Indifferenzkurven zwischen Entnahme heute und Entnahme morgen gegeben sind. Aus diesem Grunde bildet der Rückgriff auf die Haushaltstheorie die allgemeine Lösung des Problems der optimalen Selbstfinanzierung.

Welche finanziellen Ziele in *firmenbezogenen Unternehmen* angestrebt werden können, wurde auf S. 184 ff. dargestellt: Die Entscheidenden in der Firma können im Interesse der Anteilseigner handeln, dann werden sie a) entweder nach Einkommensmaximierung (Maximierung der Ausschüttungen) streben oder b) nach Vermögensmaximierung für den Durchschnittsaktionär. Handeln die Entscheidenden nicht im Interesse der Anteilseigner, dann werden sie c) das firmeneigene Vermögen zu maximieren suchen.

Für das Ziel *Einkommensmaximierung in firmenbezogenen Unternehmen* gilt das über personenbezogene Unternehmen Gesagte: Der maximal entziehbare Betrag ist auszuschütten; die Frage nach dem Optimum an Selbstfinanzierung tritt nicht auf.

Firmeneigene Vermögensmaximierung wirft ebenfalls keine Wahlprobleme auf. Übersteigt der buchhalterische Gewinn die vorgegebene (z. B. branchenübliche) Dividende, dann werden Rücklagen gebildet. Nur im Fall »beschränkter Eigenfinanzierungsmöglichkeit« entsteht ein Wahlproblem zwischen Selbstfinanzierung und Ausschüttung, vgl. S. 488.

Wir werden uns deshalb für das Folgende nur mit dem Ziel *Vermögensmaximierung für den Durchschnittsaktionär* befassen, weil es im Zusammenhang mit der Selbstfinanzierung neue Probleme aufwirft. Der Vorstand der Aktiengesellschaft muß sich hier fragen: Wächst das Vermögen der Aktionäre mehr, wenn Gewinne nicht ausgeschüttet werden (Selbstfinanzierung betrieben wird) oder wenn Dividenden gezahlt werden und die Aktionäre ihr Einkommen in anderen Investitionsobjekten anlegen?

Die angelsächsische Literatur beschränkt sich durchweg auf ein Ziel, das der Vermögensmaximierung für den Durchschnittsaktionär gleichen soll[7]. Man spricht von Anteilswertmaximierung bzw. Maximierung des »Marktwertes« der Aktien.

Anteilswertmaximierung heißt, die Firmenleitung betreibt nur dann Selbstfinanzierung, wenn dadurch das Vermögen des Aktionärs stärker wächst als bei Ausschüttung und

[7] Vgl. im einzelnen *Diran Bodenhorn*, On the Problem of Capital Budgeting. In: The Journal of Finance, Vol. 14 (1959), S. 473–492, bes. S. 489; *Ezra Solomon*, The Theory of Financial Management. New York–London 1963, S. 15–25; *Myron J. Gordon*, The Investment, Financing, and Valuation of the Corporation. Homewood 1962, S. 36 f.; *James T. S. Porterfield*, Investment Decisions and Capital Costs. Englewood Cliffs 1965, S. 10, 65 ff.

anderweitiger Anlage. Anteilswertmaximierung entspricht der Maximierung des Börsenkurses, solange wir von der Ausgabe von Gratisaktien (Kapitalerhöhung aus Gesellschaftsmitteln) oder von der Umstellung der Börsennotiz von 100-Mark- auf 50-Mark-Aktien absehen.
Ob das Ziel Vermögensmaximierung in der Praxis vorherrscht, sei dahingestellt. Vermögensmaximierung für den Durchschnittsaktionär ist in erster Linie ein Idealziel, das der Vorstand verfolgen kann, wenn er im Interesse der Anteilseigner handeln will. Das zweite Idealziel wäre Einkommensmaximierung, d. h. Maximierung der Ausschüttungen. Dieses Ziel wird sicher nicht im Regelfall der Wirklichkeit verfolgt; es wird nicht das Maximum dessen ausgeschüttet, was ausgeschüttet werden könnte, damit trotz der Ausschüttung die Ertragskraft der Unternehmung erhalten bleibt.
Sind beide Idealziele gleichberechtigt? Einkommensmaximierung läge dann im Interesse der Aktionäre, wenn sie die Dividendeneinkünfte konsumieren wollten oder sich zumindest selbst die Entscheidung vorbehalten möchten, ob sie konsumieren oder reinvestieren. Falls die ausschüttende Unternehmung die beste Wiederanlagemöglichkeit böte, dann wäre eine Wiederanlage nur durch Kauf von Aktien bzw. durch Kapitalerhöhungen der Gesellschaft (»Schütt-aus-hol-zurück-Politik«) möglich. Die steuerlichen, bank- und börsentechnischen Umweltbedingungen können jedoch so sein, daß Selbstfinanzierung geringere Kosten verursacht als eine Schütt-aus-hol-zurück-Politik. Das Ziel Einkommensmaximierung schließt die in diesem Fall günstigere Selbstfinanzierung aus.
Vermögensmaximierung für den Durchschnittsaktionär stellt gerade auf diesen Fall ab. Den Aktionären wird ein Verzicht auf Ausschüttungen zugemutet, wenn die Gewinne in der Firma rentabler angelegt werden können als bei Ausschüttung und anderweitiger Anlage. Der Pferdefuß dieses Zieles sind jedoch die dafür notwendigen Unterstellungen. Diese Unterstellungen geben dem Vorstand einen weiten Ermessensspielraum, wie wir gleich erkennen werden. Darüber hinaus führt in der Mehrzahl der Fälle Vermögensmaximierung für den Durchschnittsaktionär zu denselben Entscheidungen wie firmeneigene Vermögensmaximierung. Wir werden sehen, daß sich unter realistischen Umweltbedingungen eine Ausschüttung meistens nicht lohnt. Der Vorstand, der aus firmeneigenem Interesse nichts ausschütten will, wird deshalb leicht erklären können, hohe Selbstfinanzierungsraten lägen im Interesse der Vermögensmaximierung für den Durchschnittsaktionär.
Demnach läßt sich bezweifeln, ob das Ziel Vermögensmaximierung für den Durchschnittsaktionär ein sinnvolles Ziel ist, an dem das Handeln im Interesse der Anteilseigner ausgerichtet werden kann. Indes, wer die Vermögensmaximierung für den Durchschnittsaktionär als brauchbares Idealziel ablehnt, der muß folgern: Nur Einkommensmaximierung (maximale Ausschüttungspolitik) läge im Interesse der Anteilseigner. Ich neige dieser Auffassung zu, denn Einkommensmaximierung überläßt dem Aktionär die Entscheidung, ob und wo er reinvestieren will. Um zu gewährleisten, daß die Vorstände das Ziel Einkommensmaximierung wirklich verfolgen, wären allerdings grundlegende Änderungen des Gesellschafts- und des Steuerrechts notwendig. Solange das nicht erreicht ist, muß auch die Vermögensmaximierung für den Durchschnittsaktionär als zulässiges Handeln im Interesse der Anteilseigner angesehen werden.

Wer Vermögensmaximierung und Einkommensmaximierung als Idealziele ablehnt, der verwirft das ganze Problem des Handelns im Interesse der Anteilseigner. Wer jedoch eine breite Vermögensstreuung als wünschenswert ansieht, kommt an der Lösung dieses Problems nicht vorbei. Kriterien für eine näherungsweise Lösung des Problems zu erarbeiten, wie Handeln im Interesse der Aktionäre auszusehen hätte, erscheint mir besser, als von vornherein auf jeden ernsthaften Lösungsansatz zu verzichten, weil zahlreiche und nicht restlos überwindbare Schwierigkeiten im Wege stehen. Welche Schwierigkeiten das Streben nach »Vermögensmaximierung für den Durchschnittsaktionär« mit sich bringt und zu welchen Investitions- und Dividendenentscheidungen es führt, ist nunmehr zu untersuchen.

2. Bestimmungsgründe optimaler Selbstfinanzierung bei Handeln im Vermögensinteresse der Anteilseigner

aa) Die allgemeinen Voraussetzungen einer Vermögensmaximierung für den Durchschnittsaktionär

Bei der Antwort auf die Frage »Ausschüttung oder Selbstfinanzierung« sind das Investitionsvolumen und das Ausmaß der einzelnen Finanzierungsarten gemeinsam zu bestimmen. Auf S. 448 wurde gezeigt, daß bei Handeln im Interesse der Anteilseigner keine Konkurrenz zwischen Eigenfinanzierung und Selbstfinanzierung besteht, vom Problem »Schütt-aus-hol-zurück« abgesehen. Hier fragen wir deshalb allein nach dem Ausmaß der Investitionen, der Selbstfinanzierung und der Fremdfinanzierung.
Dabei ist zu trennen der Fall, daß die Ausschüttung »ohne Ausschüttungsprämie« erfolgt, von dem zweiten Fall, daß die Ausschüttung honoriert oder bestraft wird: dem Fall »mit Ausschüttungsprämie«. Die Ausschüttungsprämie beruht auf zwei steuerlichen Wirkungen: einer gegenwärtigen Prämie und einer zukünftigen Prämie.
Ein Beispiel: Eine Unternehmung habe 100 Mark Gewinn erzielt. Erfolgt die Ausschüttung ohne Ausschüttungsprämie, dann fließen dem Aktionär die 100 Mark zu, und er kann diese 100 Mark in seinem Privatvermögen anlegen. Der Fall ohne Ausschüttungsprämie ist jedoch eine Vereinfachung. Praktisch sieht das Problem anders aus: Eine Aktiengesellschaft hat 100 Mark vor Steuern verdient. Schüttet sie nichts aus, dann bleiben ihr nach Abzug der Körperschaft- und Gewerbeertragsteuer (bei den derzeitigen Steuersätzen) ca. 43 Mark; schüttet sie alles aus, dann fließen dem Aktionär zunächst ca. 67 Mark zu; diese 67 Mark unterliegen seiner Einkommensteuer, und wenn wir der Einfachheit halber Einkommensteuer gleich Kapitalertragsteuer setzen, geht davon ein Viertel (und die Ergänzungsabgabe) ab, und es bleiben ihm rund 50 Mark. Wenn der Aktionär dieses Geld anlegen würde, müßte er davon noch einige Bruchteile als Bankspesen, Börsenumsatzsteuer, Depotgebühren usw. absetzen. Wir nehmen an, das sei bereits in den 50 Mark berücksichtigt. Eine Unternehmensleitung, die im Interesse der Vermögensmaximierung der Aktionäre handelt, steht also bei dem Wahlproblem »Ausschüttung oder Selbstfinanzierung« vor der Tatsache, daß die Ausschüttung dem Aktionär 50 Mark Kapital zur Wiederanlage erbringt, in der Unternehmung aber bei Einbehaltung nur 43 Mark verbleiben. Das heißt, die Ausschüttungsprämie beträgt 7 Mark; bezogen auf 43 Mark Selbstfinanzierung sind das rund 16%. Bei den heutigen Steuersätzen wird die Ausschüttungsprämie Null, wenn der marginale Einkommen-

steuersatz des Aktionärs 36% beträgt (für den Junggesellen, der Kirchensteuer zahlt, also bereits bei rund 20 000 Mark steuerpflichtigem Jahreseinkommen). Bei höheren marginalen Einkommensteuersätzen wird sie negativ.

Die gegenwärtige Prämie bezeichnet also den Betrag, den die Anteilseigner bei Ausschüttung mehr investieren können als die Unternehmung bei Selbstfinanzierung.

In die zukünftige Prämie geht der Tatbestand ein, daß die Wiederanlage von Gewinnen in der Firma zu Kurssteigerungen führt, die, von Sonderfällen abgesehen, bei Verkauf der Aktien einkommensteuerfrei realisiert werden können.

Der Fall »mit Ausschüttungsprämie« verlangt eine Korrektur des Habenzinses. Die Alternativrendite des Aktionärs nach Berücksichtigung der gegenwärtigen Prämie und der künftigen einkommensteuerfreien Realisierung von Kursgewinnen bezeichnen wir als »korrigierten Habenzinssatz«. Die Höhe der Korrektur des Habenzinssatzes hängt ab

1. von der gegenwärtigen Ausschüttungsprämie,
2. von der Länge des Planungszeitraums und
3. von dem Nettoerlös (abzüglich etwaiger Steuern) bei Veräußerung der Anlagen.

Ein Beispiel: Bei einer Ausschüttungsprämie von 20% stehe die Unternehmung vor der Wahl, 100 Mark zur Selbstfinanzierung zu behalten und dafür eine Gratisaktie über 100 Mark auszugeben oder den Aktionären durch Ausschüttung einen Betrag von 120 Mark zufließen zu lassen. Werden die 120 Mark fünf Jahre lang außerhalb der Unternehmung zu 6% angelegt und wird dabei berücksichtigt, daß die Zinserträge mit 25% Einkommensteuer besteuert werden, beträgt die Effektivverzinsung nur 4,5%. Nach fünf Jahren sind die 120 Mark auf rund 150 Mark angewachsen. Blieben die 100 Mark in der Unternehmung, dann müßten sie eine jährliche Rendite von ca. 8% (nach Körperschaft- und Gewerbeertragsteuer) erwirtschaften, um in fünf Jahren auf 150 Mark angewachsen zu sein. Im Idealfall könnte dann die Gratisaktie zu 150 verkauft werden, und zwar einkommensteuerfrei. Folglich beträgt die Alternativrendite (der korrigierte Habenzinsfuß) 8%[8].

An vier Voraussetzungen ist die Vermögensmaximierung für den Durchschnittsaktionär gebunden:

1. Die überwiegende Mehrheit der Aktionäre muß die Dividenden reinvestieren, nicht konsumieren wollen.
2. Die steuerliche Belastung muß mindestens für die Mehrzahl der Aktionäre ungefähr gleich sein.
3. Die Anlagemöglichkeiten müssen mindestens für die Mehrzahl der Aktionäre in etwa gleich sein.
4. Die Kursentwicklung der Firma und die Renditen alternativer Anlagemöglichkeiten müssen für den gewählten Planungszeitraum hinreichend genau geschätzt werden können.

[8] Auf ähnliche Korrekturüberlegungen stützen sich die Ansätze zur Bestimmung der »Kapitalkosten« der Selbstfinanzierung, vgl. z. B. *Ezra Solomon*, Measuring a Company's Cost of Capital. In: The Journal of Business, Vol. 28 (1955), S. 240–252; *ders.*, The Theory of Financial Management, S. 51–68; *A[dolf] Moxter*, Die Bestimmung des optimalen Selbstfinanzierungsgrades unter privatwirtschaftlichem Aspekt. In: Der Betrieb in der Unternehmung, Festschrift für Wilhelm Rieger. Stuttgart 1963, S. 300–317.

Die drei ersten Voraussetzungen sind rasch abzuhandeln: Von einem »durchschnittlichen« Aktionär auszugehen, stellt ohne Zweifel eine arge Vereinfachung dar. Wer diese Vereinfachung für zu weitgehend hält, der kann, wie erwähnt, Handeln im Interesse der Aktionäre nur als Einkommensmaximierung deuten.
Insbesondere ist zu beachten: Streut die Steuerbelastung bei den Aktionären erheblich, dann bedeutet jede Dividendenentscheidung die Bevorzugung einer Gruppe von Aktionären und die Benachteiligung einer anderen.
Fraglich erscheint die Annahme eines einheitlichen korrigierten Habenzinssatzes. In zahlreichen Fällen ist sie allerdings nicht so wirklichkeitsfremd, wie es auf den ersten Blick aussieht. So wird ein Volksaktionär einem marginalen Steuersatz von weniger als 36% unterliegen; er errechnet sich eine positive Ausschüttungsprämie, steht aber nur vor den jedermann offenstehenden Anlagemöglichkeiten auf dem Aktien- und Rentenmarkt. Ein wohlhabender Aktionär wird mit einem höheren marginalen Einkommensteuersatz rechnen; seine Ausschüttungsprämie wird negativ sein. Andererseits kann er überdurchschnittlich rentierende Alternativanlagen sehen. Für beide Aktionäre mögen die korrigierten Habenzinsen per Saldo nur wenig abweichen.
Die Berechnung des korrigierten Habenzinses verlangt ferner, für einen durchschnittlichen Aktionär Annahmen über seinen Planungszeitraum und die sich ihm bietenden Veräußerungserlöse am Planungshorizont zu treffen. Strenggenommen wird dabei verlangt, Börsenkurse über Jahre hinweg vorherzusehen. Das ist kaum möglich, und auf diesen Einwand stützt sich vor allem die Kritik am Ziel Vermögensmaximierung[9]. Bei näherer Betrachtung erscheint jedoch dieser Einwand nur bedingt stichhaltig. Die Entwicklung der Börsenkurse hängt von folgenden Einflußgrößen ab: von den Ertragsaussichten der Unternehmung, von spekulativen und markttechnischen Sonderbewegungen, von den besonderen Risiken dieses Papiers und von der allgemeinen Kapitalmarktlage (dem allgemeinen Börsenrisiko).
Sonderbewegungen der einzelnen Kurse ereignen sich z. B., weil Aufkäufe von Großaktionären vermutet werden oder weil fast alle Aktien in fester Hand sind und so bereits kleine Aufträge zu starken Kursausschlägen führen. Solche Sonderbewegungen sind im allgemeinen nicht vorhersehbar, und in der Tat müssen wir von solchen Sonderbewegungen abstrahieren. Da wir keine Theorie der Börsenkursbildung entwerfen wollen, beschränken wir uns darauf, Anteilswertmaximierung zu verstehen als: Maximierung des ertragsgerechten Kurses.
Die speziellen Risiken der Aktie und der Alternativanlagen scheinen gleichfalls von Einfluß zu sein. Indes, solange wir das Entscheidungsproblem des Aktionärs: höhere Gewinnerwartungen und höheres Risiko oder geringere, aber risikoärmere Gewinne? nicht untersuchen wollen, dürfen wir ohne Verlust an Allgemeingültigkeit davon ausgehen, die Alternativanlage erfolge in Papieren der gleichen Risikoklasse. Denn für das hier zur Wahl stehende Problem ist es weder notwendig noch sinnvoll anzunehmen, der Aktionär wäge Papiere geringen Risikos (wie Versorgungswerte) gegen Papiere hohen Risikos (z. B. Aktien afrikanischer Bergwerksgesellschaften) ab. Wir können uns auf den Vergleich Versorgungsaktie A gegen Versorgungsaktie B oder Versorgungsaktie

[9] Vgl. z. B. *Hans E. Büschgen*, Zum Problem optimaler Selbstfinanzierungspolitik in betriebswirtschaftlicher Sicht. In: ZfB, Jg. 38 (1968), S. 305–328, bes. S. 313–316.

gegen Großbankaktie beschränken, also auf Papiere, die als in etwa gleich risikobehaftet gelten. Damit kann auch das individuelle Risiko eines Papiers außer acht bleiben.
Das allgemeine Konjunktur- und Kapitalmarktrisiko trifft Aktie wie Alternativanlage einer Risikoklasse in gleicher Weise. Wir können es vernachlässigen. Von den Bestimmungsgründen des Börsenkurses sind folglich nur die Ertragsaussichten zu untersuchen.

bb) Gewinnthese oder Dividendenthese?

Bei der Beurteilung der künftigen Erträge bzw. Börsenkurse spielt nach der Literatur[10] ein Problem eine besondere Rolle:
Schätzen die Aktionäre gegenwärtige Dividenden höher als Selbstfinanzierung mit der Möglichkeit künftig steigender Ausschüttungen? Nach der einen Auffassung (der Gewinnthese) bestimmt sich der ertragsgerechte Börsenkurs W aus dem Verhältnis der jährlichen Unternehmensrendite r zur Alternativrendite h,

$$W = \frac{r}{h} \cdot 100 .$$

Die zweite Auffassung hält nicht den Unternehmensgewinn für entscheidend, sondern den ausgeschütteten Dividendensatz d. Nach der Dividendenthese bestimmt sich der ertragsgerechte Kurswert als

$$W = \frac{d}{h} \cdot 100 .$$

Beide Thesen vernachlässigen die steuerlichen Wirkungen.
In ihrer starren Form sind weder Gewinnthese noch Dividendenthese haltbar. Es ist auf lange Sicht unvorstellbar, daß nur der Gewinn, nicht die Höhe der Dividenden auf den Börsenkurs von Einfluß sei. Angenommen, zwei Aktiengesellschaften verdienen jährlich 10 Mark auf 100 Mark Grundkapital. Die erste schütte die 10 Mark aus, die Alternativrendite betrage 5%, der Kurs eines Anteils also 200. Die zweite schütte nichts aus, sondern lege die 10 Mark in der Firma zu jeweils 5% wieder an. Ihr Kurs müßte (nach der Gewinnthese) ebenfalls 200 betragen, obwohl ihre heutigen Aktionäre, ja sogar noch deren Urenkel, nie eine Dividende sehen werden (und im Extremfall verhungern müßten, wenn sie nicht schleunigst die Aktien verkauften). Die Dividendenthese andererseits unterschlägt die Erträge der Selbstfinanzierung: Der Kurs der Aktiengesellschaft, die 10 Mark verdient und ausschüttet, beträgt 200. Er wäre danach genauso hoch wie der einer anderen Gesellschaft, die 50 verdient und gegenwärtig nur 10 ausschüttet.
Die richtige Antwort über den Einfluß der Ertragsaussichten lautet: Der ertragsgerechte Kurs hängt von allen Beträgen ab, welche die Gesellschaft dem Aktionär während des Planungszeitraums zahlt. Grundsätzlich entscheidet über den ertragsgerechten Kurs das Verhältnis Ausschüttung zu Alternativrendite; dabei ist jedoch nicht nur die gegenwärtige Ausschüttung zu betrachten, sondern es sind die künftigen Ausschüttungen und der Verkaufserlös der Aktien am Planungshorizont zu schätzen. Wenn Selbstfinanzierung heute bewirkt, daß in Zukunft mehr ausgeschüttet werden kann, dann wird auch die Zurückhaltung von Gewinnen die Kurse

[10] Vgl. besonders *Solomon*, The Theory of Financial Management, S. 58; *Gutenberg*, Finanzen, S. 247–255; vgl. auch *Alexander A. Robichek, Stewart C. Myers*, Optimal Financing Decisions. Englewood Cliffs 1965, S. 54.

steigern. Fraglich ist nur, ob Selbstfinanzierung heute den Kurs genauso steigen läßt wie höhere Ausschüttungen heute – das behauptet im Grunde die Gewinnthese – oder ob künftige Dividendenerhöhungen als Folge heutiger Selbstfinanzierung geringer eingeschätzt werden als gegenwärtige Ausschüttungen – das ist der Kern der Dividendenthese.

Die meisten Urteile über die Gewinn- und Dividendenthese laufen auf den Satz hinaus, der Spatz in der Hand (die Dividenden heute) sei den Aktionären lieber als die Taube auf dem Dache[11]. Sicher werden zahlreiche Aktionäre so denken; aber sie denken falsch, weil das Wahlproblem so nicht vollständig formuliert ist. Nur bei Konsumzielen (Wohlstandsstreben) stellt sich die Frage: Konsum heute oder morgen? Bei Vermögensstreben lautet das Wahlproblem hingegen: Künftige Einnahmen über den Weg der Selbstfinanzierung oder künftige Einnahmen über den Weg Barausschüttung plus Wiederanlage durch den Aktionär? Wie Selbstfinanzierung auf den Börsenkurs wirkt, ist also

1. eine Frage, wieweit die Aktionäre rational handeln (ob sie das Wahlproblem vollständig formulieren); bei rationalem Verhalten ist es
2. eine Frage der Zielsetzung der Aktionäre (ob sie gegenwärtigen Konsum oder künftigen wünschen) und
3. eine Frage des Vertrauens in den Vorstand der selbstfinanzierenden Unternehmung.

Dieser dritte Gesichtspunkt scheint mir besonders wichtig:

Sind die Aktionäre sicher, der Vorstand handele ausschließlich in ihrem Interesse, dann läßt sich auch bei Ungewißheit kein Grund ersehen, der gegen die Gewinnthese spräche, denn dann wird nur selbstfinanziert, wenn Selbstfinanzierung die beste Anlagemöglichkeit für die Aktionäre bedeutet.

Zweifeln die Aktionäre daran, daß der Vorstand ausschließlich in ihrem Interesse handelt, dann ist die Entscheidung nicht mehr eindeutig. Wird dem Vorstand firmeneigenes Vermögensstreben, aber sonst kluges, einfallsreiches Handeln unterstellt (wird also das Geld nicht in unsinnige Projekte gesteckt), dann bleibt im Regelfall die Gewinnthese richtig, denn wie wir sehen werden, führt firmeneigenes Vermögensstreben und Handeln im Vermögensinteresse der Aktionäre weitgehend zu denselben Entscheidungen.

Der Dividendenthese könnte der Vorrang in zwei Fällen einzuräumen sein. Einmal dann, wenn der Verdacht besteht, daß Selbstfinanzierungsbeträge weniger wirtschaftlich angelegt werden als andere Mittel. Diese Behauptung (die wir gleich näher betrachten) ist gleichbedeutend mit der Aussage, der Vorstand bestehe aus betriebswirtschaftlichen Dummköpfen oder er versuche, die Aktionäre zu schädigen. Als Kleinaktionär würde ich allerdings schon bei der ersten Vermutung in dieser Richtung diese Gesellschaft auch nicht nach dem Verhältnis Dividende zu Alternativanlage (übliche Aktienrendite dieser Risikoklasse) bewerten, sondern so rasch wie möglich den Anteil verkaufen, mindestens aber in der Hauptversammlung die Berufsopponenten unterstützen.

Die Dividendenthese gewinnt dann praktisches Gewicht, wenn die Aktionäre nicht rational handeln, z. B. 100 Mark Dividende höher schätzen als Selbstfinanzierung, die bei ertragsgerechter Bewertung 100 Mark Kurssteigerung nach Spesen verursacht. Mangelnde Teilbarkeit der Aktien und die Verkaufsspesen begünstigen diese Einschätzung. Aber selbst wenn Teilbarkeit gegeben ist und die Kurssteigerung Verkaufsspesen und (alternative) Dividendenzahlung deckt, muß damit gerechnet werden, daß vielen Aktionären die Dividende lieber wäre. Die meisten sehen in Dividenden einen willkommenen Einkommenszuwachs, in gleich hohen Kurssteigerungen einen Vermögenszuwachs, den zu realisieren bedeuten würde, das Vermögen an-

[11] Vgl. u. a. *M[yron] J. Gordon*, Optimal Investment and Financing Policy. In: The Journal of Finance, Vol. 18 (1963), S. 264–272, hier S. 266.

zutasten. Jedoch: Wer seine Konsumbeträge erhöhen oder sein Endvermögen maximieren will, für den ist es gleichgültig, in welcher Form ihm mehr Geld zufließt, in realisierter Form der Dividende oder in gleicher Höhe in Form realisierbarer Kurssteigerungen. Das unvernünftige Verhalten, Bardividenden höher einzuschätzen als entsprechende Kurssteigerungen, ist damit durch Vorurteile zu erklären und mit der Tatsache, daß nur wenige Aktionäre genügend Zeit aufwenden, um neben ihren sonstigen Arbeiten auch ihre Geldanlagen streng rational zu planen. Die Kursentwicklung der meisten Papiere beruht zum großen Teil auf wenig durchdachten Kauf- und Verkaufsentschlüssen.

Über die ertragsgerechte Bewertung der Anteile entscheiden also bei Handeln im Interesse der Anteilseigner die künftigen ausschüttungsfähigen Gewinne (Gewinnthese), nicht die tatsächlich ausgeschütteten Dividenden. Die Bewertung an den tatsächlich ausgeschütteten Dividenden (meistens noch: an dem gegenwärtigen Dividendensatz) auszurichten, bedeutet bei rationalem Verhalten ein Mißtrauen gegenüber der Verwaltung: Einmal, ob der Vorstand willens ist, im Interesse der Anteilseigner zu handeln, zum anderen, ob er fähig ist, Selbstfinanzierungsbeträge vorteilhaft anzulegen. Bewerten nach der Dividendenthese kann weiterhin auf fehlerhaftem, unvernünftigem Verhalten der Aktionäre beruhen, z. B., daß sie die Erträge der Selbstfinanzierungsbeträge nicht berücksichtigen.

Bei dem Ziel Vermögensmaximierung für den Durchschnittsaktionär handelt voraussetzungsgemäß der Vorstand im Interesse der Anteilseigner und selbstfinanziert nur dann, wenn die Rendite in der Unternehmung höher liegt als der korrigierte Habenzins, den die Aktionäre verdienen könnten. Anlage in der Firma und Alternativanlage erfolgen in der gleichen Risikoklasse; wegen dieser Annahme spricht auch nicht die Ungewißheit der Zukunft zugunsten gegenwärtiger Ausschüttung. Deshalb trifft die Behauptung von Modigliani und Miller[12] zu, daß bei rationalem Verhalten die Dividendenpolitik auf den Kurs der Aktien keinen Einfluß habe, solange einzelne Aktionäre sich bei Zurückbehaltung nicht steuerlich günstiger stehen als andere.

Dem steht nun die Behauptung entgegen, daß Selbstfinanzierungsmittel durch die Unternehmen unwirtschaftlich angelegt werden. So fand z. B. Little[13] keinen Zusammenhang zwischen Unternehmenswachstum und Selbstfinanzierung und schloß daraus, daß die zurückbehaltenen Mittel nur in sehr unwirtschaftlicher Weise verwandt wurden. Ein solches Verhalten ist praktisch nicht auszuschließen, aber keineswegs zwingend. Statistische Untersuchungen, wie die Littles, müssen auf den veröffentlichten Jahresabschlüssen aufbauen. Solange Unterbewertungen möglich sind (und praktisch findet man sie in jedem Land, in England vielleicht nicht so stark wie in Deutschland) und solange nicht beachtet wird, daß es auch eine versteckte Selbstfinanzierung über nichtaktivierungspflichtige Investitionen gibt, ist das Ausmaß an Selbstfinanzierung nicht hinreichend genau zu bestimmen, und folglich bleiben Aussagen über die Vorteilhaftigkeit selbstfinanzierter Investitionen eine waghalsige Angelegenheit. Die Möglichkeit, Gewinne in nicht aktivierungspflichtigen Investitionen, wie Forschung, Werbung, fließen zu lassen (versteckte Selbstfinanzierung), ist auch als Argument gegen die Zweckmäßigkeit offener Selbstfinanzierung eingewandt worden. Jääskeläinen[14] folgert: Eine hohe Selbstfinanzierungsrate sei manchmal von sich aus schon ein Zeichen für unwirtschaftliche Ver-

[12] Vgl. *Merton H. Miller, Franco Modigliani,* Dividend Policy, Growth, and the Valuation of Shares. In: The Journal of Business, Vol. 34 (1961), S. 411–433; vgl. hierzu S. 454 ff.

[13] Vgl. *I. M. D. Little,* Higgledy Piggledy Growth. In: Bulletin of the Oxford University Institute of Statistics, Vol. 24 (1962), S. 387–412.

[14] Vgl. *Veikko Jääskeläinen,* Growth of Earnings and Dividend Distribution Policy. In: The Swedish Journal of Economics, Vol. 69 (1967), S. 184–195.

wendung finanzieller Mittel, weil Selbstfinanzierungsbeträge hohe Körperschaftsteuerzahlungen verursachten und diese durch rechtzeitige nichtaktivierungspflichtige Investitionen vermieden werden könnten. Der Gewinn vor Steuern sei »Entscheidungsvariable«, er sei durch nichtaktivierungspflichtige Investitionen zu beeinflussen. Dieser Gesichtspunkt sei in der Diskussion um optimale Selbstfinanzierung durch die angelsächsische Literatur übersehen worden, und bereits deshalb stehe die Aussage »hohe Selbstfinanzierung liege im Interesse der Aktionäre« auf wackligen Füßen. Hinzu trete, daß ein Außenstehender gar nicht unterscheiden könne, warum hohe Buchgewinne auftreten; Ob die Unternehmung ihre Kapitalstruktur verbessern, Vorsorge für künftige Dividendenzahlungen treffen wolle, tatsächlich so viel verdient habe, daß ein hoher Gewinnausweis unumgänglich werde, oder ob nichtaktivierungspflichtige Investitionen übersehen worden seien.

Der Hinweis auf die versteckte Selbstfinanzierung ist wertvoll; Jääskeläinens Behauptung, daß in der Praxis nichtaktivierungspflichtige Investitionen übersehen werden und deshalb hohe Gewinne und damit hohe Selbstfinanzierungsraten auftreten, erscheint mir allerdings etwas an den Haaren herbeigezogen.

Erfahrungsgemäß werden in Großunternehmen bereits nach Jahresmitte, wenn die Zahlen für das erste Halbjahr vorliegen, Erwägungen angestellt, wie der zu erwartende steuerpflichtige Gewinn gemindert werden kann. Es ist natürlich möglich, daß einzelne Firmenleitungen nicht sehen, daß Forschungs- und Entwicklungsarbeiten vorteilhaft sein können (welche Handlungsmöglichkeiten in einer Unternehmung gesehen werden, ist immer ein Problem der Qualität der Unternehmensleitung), aber daß eine Aktiengesellschaft heute mehr Steuern zahlt, als sie unbedingt zahlen muß (und zugleich höhere Buchgewinne ausweist, als sie ausweisen muß), ist doch ein Ausnahmefall. Vorstellbar ist eher, daß Klein- und Mittelbetriebe in diesem Punkt benachteiligt sind, weil sie sich die Steuerspezialisten nicht leisten können, die eine zielgerechte Steuerpolitik gewährleisten. Hinzu kommt, daß die Feststellung der tatsächlichen Selbstfinanzierungsrate reichlich schwierig ist, weil zumindest in Deutschland einer geschickten Unternehmungsleitung immer noch hinreichend große Unterbewertungsmöglichkeiten verbleiben.

3. Kapitalmarktformen und das Optimum an Selbstfinanzierung

Um das Optimum an Selbstfinanzierung bei Vermögensmaximierung für den Durchschnittsaktionär abzuleiten, unterscheiden wir zwischen vollkommenem, unvollkommenem und beschränktem Kapitalmarkt und trennen zwischen dem Fall ohne Ausschüttungsprämie (unkorrigierter Habenzins) und dem mit Ausschüttungsprämie (bei Korrektur des Habenzinses).

Zur besseren Kennzeichnung der abgeleiteten Optima soll zwischen einem Randoptimum und einem Innenoptimum unterschieden werden. Von einem *Randoptimum* sprechen wir dann, wenn entweder alles ausgeschüttet wird oder gar nichts. Ein *Innenoptimum* verlangt hingegen die Aufteilung des ausschüttungsfähigen Gewinns auf Dividenden und Selbstfinanzierung. Ein Randoptimum »keine Ausschüttung« schließt dabei nicht aus, daß eine Mindestdividende vorab bezahlt wird. Die Überlegung, Ausschüttung oder Selbstfinanzierung, bezieht sich dann nur auf den Teil des ausschüttungsfähigen Gewinns, der die vorgegebene Mindestdividende übersteigt.

aa) Vollkommener Kapitalmarkt

α) Keine Ausschüttungsprämie

Vollkommener Kapitalmarkt heißt: Zu ein und demselben Zinssatz kann Geld angelegt und verliehen werden. Es brauchen also nicht alle Voraussetzungen für einen »vollkommenen« Markt zu gelten (vgl. S. 196). Da zum Kalkulationszinsfuß beliebige Beträge entliehen oder verliehen werden können, ist es völlig gleichgültig, was der Unternehmer mit dem ausschüttungsfähigen Betrag macht. Schüttet der Unternehmer 100 Mark aus und nimmt statt dessen 100 Mark Kredit auf, so zahlt er z. B. 6 Mark Kreditzinsen, und dafür verdienen die Aktionäre mit den 100 Mark, wieder angelegt, 6 Mark Zinsen dazu. Ihr Vermögen wird also von der Wahl zwischen Gewinnausschüttung und Selbstfinanzierung nicht berührt. Die Ausschüttungssumme ist für den Wert der Unternehmung (und damit für das Ziel der Aktionäre: Vermögensmaximierung) völlig bedeutungslos! Es ist klar, daß diese der Wirklichkeit widersprechende Aussage logisch einwandfrei ist: Nach den gesetzten Prämissen ist sie zwingend. Die Aussage: Die Kapitalstruktur der Unternehmung (und damit auch die Frage: Gewinnausschüttung oder Selbstfinanzierung?) sei den Aktionären völlig gleichgültig, ist deshalb nicht »schockierend«, sondern wegen der Voraussetzungen praktisch belanglos. Auf dieser logisch einwandfreien, aber praktisch belanglosen Aussage bauen die Arbeiten von Modigliani-Miller auf, die besonders in der angelsächsischen Literatur in beängstigender Ausführlichkeit diskutiert werden – wie es meistens geschieht, wenn überraschende Aussagen, durch wirklichkeitsfremde, zunächst nicht überschaubare Voraussetzungen erzwungen, mit viel Mathematik der staunenden Umwelt dargeboten werden (vgl. im einzelnen S. 506 ff.).

β) Mit Ausschüttungsprämie

Erbringt die Ausschüttung gegenüber der Wiederanlage in der Unternehmung eine positive Prämie, wird die Unternehmung alles ausschütten. Denn da sie zum Kalkulationszinsfuß beliebige Beträge entleihen kann, ist sie in der Lage, das gleiche Investitionsvolumen wie im Fall ohne Ausschüttungsprämie zu verwirklichen. Ist die Ausschüttungsprämie negativ, dann wird nichts ausgeschüttet werden. Es ist für die Aktionäre lukrativer, wenn die Unternehmung das Geld zum Habenzinssatz anlegt.

Ergebnis: Bei vollkommenem Kapitalmarkt ohne Ausschüttungsprämie ist kein Optimum an Selbstfinanzierung zu bestimmen; es ist belanglos, ob ausgeschüttet oder selbstfinanziert wird. Bei vollkommenem Kapitalmarkt mit Ausschüttungsprämie existieren Randoptima der Selbstfinanzierung: Bei positiver Prämie (einem Zuschlag zum Kalkulationszinsfuß) wird alles ausgeschüttet, bei negativer nichts.

bb) Unvollkommener Kapitalmarkt

α) Keine Ausschüttungsprämie

Unvollkommener Kapitalmarkt ohne Ausschüttungsprämie war der Ausgangspunkt des Grundmodells, S. 347. Dort war die Entnahmepräferenz vorgegeben. Hier lautet die Zielsetzung »Vermögensmaximierung«, das Konsumproblem ist ausgeschaltet. Auch bei dieser vereinfachten Zielsetzung lassen sich die drei Gleichgewichtslösungen verdeutlichen. In Abb. 1 bezeichnet G den ausschüttungsfähigen Gewinn jeder der drei Firmen A, B, C; r'_A ist die Grenzrendite für Firma A, r'_B für B, r'_C für C. Der Sollzins wird durch i, der Habenzins durch h wiedergegeben. Von Gewinnsteuern wird hier abgesehen.

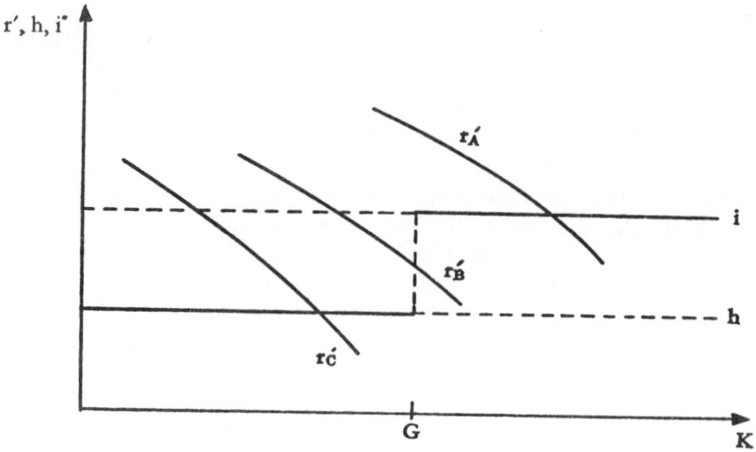

Abb. 1

In den Firmen A und B wird nichts ausgeschüttet, da die Alternativrendite der Aktionäre geringer ist als die Grenzrendite, die das Investitionsvolumen bestimmt. Nur die sich schlecht rentierende Unternehmung C kann einen Teil ihrer Gewinne ausschütten; denn sie begrenzt ihr (Sach-)Investitionsvolumen nach der Regel »Grenzrendite gleich Habenzinssatz«. Es ist darauf zu achten, daß aber auch bei C kein Optimum an Selbstfinanzierung bestimmt ist. Da keine Ausschüttungsprämie gezahlt wird (und Risikoüberlegungen ausgeklammert sind), ist es den Aktionären gleichgültig, ob die Unternehmung C Gewinn ausschüttet, den sie selbst dann zum Habenzinssatz anlegen, oder ob das Geld in der Unternehmung verbleibt und von der Unternehmung zum Habenzinssatz angelegt wird. Das Ausmaß der Selbstfinanzierung ist im Fall C belanglos.

β) Mit Ausschüttungsprämie

Der Fall »mit Ausschüttungsprämie« entsteht durch die Berücksichtigung steuerlicher Wirkungen. Unter Grenzrendite ist im Falle mit Ausschüttungsprämie die Grenzrendite nach Steuern (beim Steuersatz für zurückbehaltene Gewinne) r'_t zu verstehen, unter Sollzins s der effektive Sollzins; s = (1−t) i (vgl. S. 460).
Ob bei unvollkommenem Kapitalmarkt und Ausschüttungsprämien Dividenden gezahlt werden oder nicht, läßt sich am raschesten erkennen, wenn wir sämtliche Kombinationen zwischen der Grenzrendite (r'_t), dem Sollzins (s) und dem korrigierten Habenzins (k) zusammenstellen. Nach dem Doppelpunkt steht dabei die Bedingung, nach der sich das Investitionsvolumen und damit auch die Selbstfinanzierung bestimmt.
Folgende Fälle treten auf:

(1)	$r'_t > s > k$	: $r'_t \geqq s$	keine Ausschüttung
(2)	$r'_t > k > s$	: $r'_t \geqq s$	Ausschüttung
(3)	$s > r'_t > k$	: $r'_t \geqq k$	keine Ausschüttung
(4)	$s > k > r'_t$	: –	Ausschüttung
(5)	$k > s > r'_t$	: –	Ausschüttung
(6)	$k > r'_t > s$	: $r'_t \geqq s$	Ausschüttung

Fall (1): Wenn die Grenzrendite über dem Sollzins und dieser über dem korrigierten Habenzins liegt, dann wird zunächst der Gewinn und anschließend Fremdkapital investiert. Es wird nichts ausgeschüttet, weil die Alternativrendite, welche die Aktionäre erzielen können, trotz Ausschüttungsprämie geringer ist als die Kosten des Fremdkapitals. Es hat keinen Sinn, Beträge auszuschütten, die den Aktionären nur 6% erbringen, wenn dafür in der Unternehmung Fremdkapital zu 8% aufgenommen werden muß.
Fall (2): Wenn die Grenzrendite über dem korrigierten Habenzins und dem Sollzins liegt, ist Fremdkapital die billigste Finanzierungsart. Deshalb werden die Investitionen mit Fremdkapital finanziert. Der gesamte Gewinn wird ausgeschüttet.
Fall (3): Der Sollzins liegt über der Grenzrendite und dem korrigierten Habenzins, und folglich wird kein Fremdkapital aufgenommen. Die Investitionen werden durch zurückbehaltene Gewinne finanziert. Solange die Investition in der Firma mehr erbringt als außerhalb, wird nichts ausgeschüttet.
Fall (4) und (5): Die Grenzrendite ist niedriger als der Sollzins und der korrigierte Habenzins. Deshalb wird in der Unternehmung nichts investiert. Da nichts investiert wird, sind die Gewinne auszuschütten.
Fall (6): Der korrigierte Habenzins ist höher als die Grenzrendite. Die beste Gewinnverwendung liegt deshalb außerhalb der Unternehmung. In der Firma wird gleichwohl investiert, weil die Grenzrendite höher als der Sollzins ist.

Ergebnis: Bei unvollkommenem Kapitalmarkt wird ohne Ausschüttungsprämie nichts ausgeschüttet. Unternehmung C können wir ausklammern; bei ihr ist es belanglos, ob ausgeschüttet wird oder nicht.
Im Fall mit Ausschüttungsprämie gilt:
Es wird nichts ausgeschüttet, solange in der Firma investiert wird und der Sollzins über dem korrigierten Habenzins liegt ($s > k$). Das tritt ein, (a) wenn das Investitionsvolumen durch den Sollzins begrenzt wird und der korrigierte Habenzins darunter liegt – Fall (1); (b) wenn der Sollzins von Anfang an über der Grenzrendite liegt, also kein Kredit aufgenommen wird, die Grenzrendite jedoch höher als der korrigierte Habenzins ist – Fall (3).
Es wird ausgeschüttet, wenn in der Firma keine lohnenden Investitionsvorhaben vorhanden sind (die Grenzrendite von Anfang an niedriger als Sollzins und korrigierter Habenzins ist) – Fall (4) und (5). Wird in der Firma investiert, dann wird ausgeschüttet, wenn der korrigierte Habenzins über dem Sollzins liegt ($k > s$). Das tritt ein, wenn das Investitionsvolumen durch den Sollzins begrenzt wird – Fall (2) und (6).
Teilweise Ausschüttung (ein Innenoptimum an Selbstfinanzierung) ist nur möglich, wenn das Investitionsvolumen durch den korrigierten Habenzins begrenzt wird. Dazu

muß die Grenzrendite (nach Steuern) erst höher, dann geringer als der korrigierte Habenzins sein – ähnlich Unternehmer C in Abb. 1, S. 482. Ehe $r'_t = k$ (in Abb. 1 : h) erreicht ist, liegt Fall (1) oder (3), danach (4) vor.

cc) Beschränkter Kapitalmarkt

In der Praxis fallen Soll- und Habenzinsen auseinander, Ausschüttungsprämien sind durch die Steuergesetzgebung und durch die Provisionsrechnung der Banken gegeben, Kredit kann nicht in beliebiger Höhe aufgenommen werden.

Wir nehmen an, daß durch Zuführung neuen Eigenkapitals in Form von Selbstfinanzierung auch zusätzliches Fremdkapital zu beschaffen ist. Wir gehen wieder davon aus, daß die Grenzrendite des Eigenkapitals berechnet werde für den Ertrag, den eine Mark Eigenkapital einschließlich des dadurch neu gewonnenen Fremdkapitals verspricht. (Das Problem, daß sich bei Ausschüttung auch der Aktionär stärker verschulden kann, klammern wir aus.) Die Grenzrendite ist wiederum nach Steuern zu verstehen.

Hier interessiert nur der Fall, daß bei der Entscheidung »Ausschüttung oder Selbstfinanzierung« die Kreditbeschränkung bereits wirksam ist. Ist sie noch nicht wirksam, liegt der »unvollkommene Kapitalmarkt« vor.

Ist die Kreditbeschränkung wirksam, dann sind zwei Fälle möglich: Es wird nichts ausgeschüttet, nämlich dann, wenn auch nach Investition des gesamten ausschüttungsfähigen Betrages die Grenzrendite noch über dem korrigierten Habenzinssatz liegt (was der Regelfall sein dürfte), und es wird teilweise ausgeschüttet, wenn die Grenzrendite vor Ausschöpfung des Gesamtgewinns unter den korrigierten Habenzinssatz fällt.

Auch bei einem beschränkten Kapitalmarkt stellt somit das Innenoptimum an Selbstfinanzierung den Sonderfall dar.

dd) Zusammenfassung

In der Wirklichkeit liegen Kreditbeschränkungen vor, aber nicht jede Unternehmung wird ihren Kreditrahmen ausschöpfen. Wir haben deshalb die Ergebnisse des unvollkommenen Kapitalmarktes mit denen des beschränkten Kapitalmarktes zu kombinieren:

Es wird nichts (oder nur die »vorgegebene« branchenübliche Mindestdividende) ausgeschüttet,

(a) wenn die Kreditbeschränkung noch nicht wirksam ist (ein unvollkommener Kapitalmarkt vorliegt), in der Unternehmung investiert wird und der effektive Sollzins über dem korrigierten Habenzins liegt;

(b) wenn die Kreditbeschränkung wirksam ist und die Grenzrendite nach Steuern höher als der korrigierte Habenzins ist.

Es wird alles ausgeschüttet,

(a) wenn sich in der Unternehmung keine lohnenden Investitionsvorhaben bieten;

(b) wenn bei Investitionsabsicht die Kreditbeschränkung noch nicht wirksam ist und der korrigierte Habenzins über dem effektiven Sollzins liegt.

Teilweise Ausschüttung (ein Innenoptimum an Selbstfinanzierung) tritt auf, wenn die

Grenzrendite nach Steuern unter den korrigierten Habenzins fällt, ehe der gesamte ausschüttungsfähige Gewinn investiert ist.

Daraus folgt:

(1) Im Regelfall liegen Randoptima, im Sonderfall Innenoptima der Selbstfinanzierung vor.

(2) Lohnt es sich, nichts auszuschütten, so führt Vermögensmaximierung für den Durchschnittsaktionär zu denselben Entscheidungen wie firmeneigene Vermögensmaximierung. Die Grenzrendite wird vor allem in gut verdienenden Unternehmen über dem korrigierten Habenzins des Durchschnittsaktionärs liegen. Wenn dann noch der Sollzins über dem korrigierten Habenzins liegt, entsteht kein Zielkonflikt zwischen Firmeninteresse (Unternehmenswachstum) und Aktionärsinteresse, falls die Aktionäre nach Vermögenswachstum streben. Ein Zielkonflikt ergibt sich nur, wenn sie Konsumeinkommen, nicht Vermögenswachstum wünschen.

(3) In weniger gut verdienenden Unternehmen werden eher die Bedingungen für Vollausschüttung gegeben sein. Für solche Unternehmen decken sich Einkommens- und Vermögensstreben der Aktionäre. Der Zielkonflikt zwischen firmeneigener Vermögensmaximierung und Aktionärsinteressen tritt offen zutage.

Die Problematik der Selbstfinanzierung in Publikumsgesellschaften rührt einmal daher, daß nicht klar ist, was »Handeln im Interesse der Aktionäre« bedeutet: maximale Ausschüttungspolitik (was die beste Lösung wäre, sobald die steuerliche Diskriminierung der Schütt-aus-hol-zurück-Politik beseitigt ist) oder maximale Wachstumspolitik oder das, was man als praktische Unverbindlichkeit meist zu hören bekommt: angemessene Dividenden und befriedigendes Wachstum. Soll geprüft werden, ob ein Vorstand im Interesse der Aktionäre handelt, so muß zunächst deren Interesse eindeutig definiert werden. Die Problematik der Selbstfinanzierung in Publikumsgesellschaften erwächst weiter daraus, daß Vorstand und Aufsichtsrat die Unternehmensziele in eigener Machtvollkommenheit festlegen. Sie entscheiden nicht nur über die tatsächliche Selbstfinanzierungsrate, sondern, weil sie die Unternehmensziele erst definieren, zugleich auch über das, was ein Optimum an Selbstfinanzierung ist.

ee) Exkurs: Aktienbewertungsmodelle und optimale Selbstfinanzierung

Nachdem die Optima der Selbstfinanzierung bei der Zielsetzung Vermögensmaximierung für den Durchschnittsaktionär geklärt sind, können wir uns kurz den Aktienbewertungsmodellen in der angelsächsischen Literatur zuwenden, die bei gleicher Zielsetzung ein Optimum an Selbstfinanzierung mit Hilfe »dynamischer Wachstumsmodelle« bestimmen wollen. Die Literatur[15] geht im einfachsten Fall von folgender Überlegung aus: Ziel der Unternehmensleitung

[15] Vgl. *Gordon*, The Investment, bes. S. 44–50; *John Lintner*, The Cost of Capital and Optimal Financing of Corporate Growth. In: The Journal of Finance, Vol. 18 (1963), S. 292–310; *ders.*, Optimal Dividends and Corporate Growth under Uncertainty. In: The Quarterly Journal of Economics, Vol. 78 (1964), S. 49–95; und insbes. *Eugene M. Lerner, Willard T. Carleton*, The Integration of Capital Budgeting and Stock Valuation. In: The American Economic Review, Vol. 54 (1964), S. 683–702, bes. S. 687 f.; *dies.*, Financing Decisions of the Firm. In: The Journal of Finance, Vol. 21 (1966), S. 202–214.

sei Maximierung des Gegenwartswertes der Aktien. Die Unternehmung verdiene einen Gewinn G_0 in t_0 und in jedem späteren Zeitpunkt. Sie könne (zur Vereinfachung) überhaupt keinen Kredit bekommen, stehe aber vor sehr lukrativen Investitionsvorhaben; bei jeder Investitionshöhe gleiche die Rendite r % (z. B. 10%). Wenn die Unternehmung den Gesamtgewinn ausschüttet, kann sie auch in Zukunft nur eine Dividende in Höhe des Gewinns G_0 zahlen (z. B. 10 Mark für eine 100-Mark-Aktie). Aus Gründen mathematischer Bequemlichkeit wird angenommen, die Unternehmung habe eine unendlich lange Lebensdauer. Um den Wert der Unternehmung (ihren ertragsgerechten Kurs) zu bestimmen, ist der Barwert sämtlicher künftiger Dividenden zu berechnen. Um den Barwert zu bestimmen, braucht man einen Kalkulationszinsfuß (h). Er sei der Satz, »zu dem die Aktionäre diskontieren«, also eine Rendite alternativer Anlagen. Nehmen wir an, h betrage 6%. Da die Unternehmung eine unendlich lange Lebensdauer hat, kann die Formel für den Barwert einer ewigen Rente verwandt werden. Bei Vollausschüttung beträgt dann der ertragsgerechte Kurs $W = \frac{G_0}{h}$, d. h. für eine 100-Mark-Aktie $W = \frac{10}{0{,}06} = 167$.

Behält die Unternehmung aber einen Teil b der Gewinne zurück (z. B. b = 40%), so kann sie den zurückbehaltenen Betrag wiederum zu r % investieren. Ihr Gewinn im nächsten Jahr steigt:

$$G_1 = G_0 + b \cdot r \cdot G_0, \quad \text{also} \quad 10 + 0{,}4 \cdot 0{,}1 \cdot 10 = 10{,}40 \text{ Mark}.$$

Das heißt, die Gewinne in t_1 liegen um 4% über dem Gewinn in t_0, weil die Unternehmung Selbstfinanzierung betrieben hat. Werden im Jahre t_0 von 10 Mark Gewinn 6 Mark als Dividende ausgeschüttet, so können im Jahre t_1 bei gleicher Selbstfinanzierungsrate von 40% von nunmehr 10,40 Mark Gewinn 6,24 Mark an Dividenden ausgeschüttet werden und im Jahre t_2 bereits 6,49 Mark.

Wenn die Selbstfinanzierungsrate b = 40% beträgt, dann steigen von Jahr zu Jahr die Dividenden um b · r = 4%. Folglich wächst auch der Gesamtwert der Unternehmung von Jahr zu Jahr. In der Barwertrechnung werden die jährlichen Dividenden mit h = 6% abgezinst. Statt mit ständig um 4% steigenden Dividenden zu rechnen, können wir auch von einer jährlich gleichbleibenden Dividende ausgehen und dafür den Abzinsungssatz von 6% um 4% vermindern, so daß die effektive Abzinsungsrate nur 6% — 4% = 2% beträgt (die Rechnung in dieser Form gilt allerdings nur bei stetiger Verzinsung — das sei der mathematischen Bequemlichkeit wegen unterstellt). Wir drücken also das durch die stetige Selbstfinanzierung bewirkte künftige Dividendenwachstum in einer Minderung des Abzinsungsfaktors aus. So gesehen, können wir sagen: Auch im Selbstfinanzierungsfall liege eine »ewige Rente« von $(1-b)G_0$ vor (d. h. 6 Mark für eine 100-Mark-Aktie), der Zinssatz sinke aber auf 2%. Es gilt damit:

$$W = \frac{(1 - b)\, G_0}{h - br},$$

und im Beispiel beträgt der Kurs

$$W = \frac{6}{0{,}02} = 300.$$

Nun kann man fragen: Gibt es ein Optimum an Selbstfinanzierung? Wie hoch soll b gewählt werden, um den Kurs zu maximieren? Formal ist die Maximumermittlung kein Problem. Es

ist W nach b zu differenzieren und die Ableitung gleich Null zu setzen. Dummerweise läßt sich kein Maximum bestimmen, weil an der Nullstelle die zweite und alle höheren Ableitungen verschwinden. Und das ist ein Zeichen dafür, daß an den Prämissen des Modells etwas nicht stimmt[16].
Wir wollen deshalb auf Verästelungen des Modells (wie Berücksichtigung des Risikos) im einzelnen nicht eingehen.

Die ökonomische Problematik besteht darin: Die Rendite der zurückbehaltenen und investierten Gewinne ist stets r; sie liegt über der Alternativrendite der Aktionäre h. Lautet das Ziel Vermögensmaximierung der Aktionäre, dann darf eigentlich überhaupt keine Dividende ausgeschüttet werden, denn die Aktionäre können schließlich nur 6% damit verdienen; in der Unternehmung verdient das Geld aber 10%. Blieben indes 60% oder mehr in der Unternehmung, dann würden die Gewinne der Unternehmung in jedem Jahr um 6% oder mehr steigen (weil voraussetzungsgemäß jede zurückbehaltene Mark 10% erwirtschaftet). Der jährliche Gewinnzuwachs wäre gleich dem oder höher als der Abzinsungsfaktor und d. h.: Der Gegenwartswert der Unternehmung wüchse mit steigender Lebensdauer über alle Maßen. Bei der unterstellten unendlichen Lebensdauer ergäbe sich ein Gesamtwert und damit ein Kurs von Unendlich, was sinnlos ist. Kurz: Die Annahme, daß (bei konstantem Kalkulationszinsfuß) bis in alle Ewigkeit für jede zurückbehaltene Mark in der Unternehmung konstant 10% verdient werden können, ist nicht nur wirklichkeitsfremd, sondern unsinnig. Dem versucht die Literatur[17] durch eine neue Annahme zu begegnen. Mit wachsender Selbstfinanzierungsrate falle die Rendite der Investition (bzw. der Kalkulationszinsfuß steige); also können z. B. bei 40% Selbstfinanzierung in t_0 und in jedem späteren Zeitpunkt die zurückbehaltenen Mittel 10% erwirtschaften, bei 50% Selbstfinanzierung nur 9%. Mit steigendem Selbstfinanzierungsgrad sinke damit das Dividendenwachstum. Auf diese Weise läßt sich (unter bestimmten zusätzlichen Annahmen) eine optimale Selbstfinanzierungsrate bestimmen, und sie steht – entgegen der Auffassung von Lerner und Carleton – völlig im Einklang mit der herkömmlichen

16 Die Mathematik sieht im einzelnen so aus: Nach t Jahren beträgt die Höhe der Dividende $D(t) = (1 - b)\, G_0(1 + br)^t$. Wird stetige Wiederanlage und Verzinsung der Einfachheit halber vorausgesetzt, so können wir schreiben:

$$D(t) = (1 - b)\, G_0 e^{brt}.$$

Die Zinssätze bei jährlicher und stetiger Verzinsung können strenggenommen nicht identisch sein; aber da hier keine numerischen Werte ausgerechnet werden, wurde das vernachlässigt. Der Barwert B(t) der Dividende des t-ten Jahres beträgt

$$B(t) = (1 - b)\, G_0 e^{brt} e^{-ht}.$$

Der Gesamtwert W der Unternehmung als Summe der Barwerte aller Dividenden bei unendlicher Lebensdauer der Unternehmung errechnet sich als (sofern $h > br$)

$$W = (1 - b)\, G_0 \int_{t=0}^{\infty} e^{-(h-br)t} dt$$

und folglich $W = \dfrac{(1 - b)\, G_0}{h - br}$.

Für $\dfrac{dW}{db} = 0$ ergibt sich $h = r$, alle höheren Ableitungen verschwinden an dieser Stelle.

17 Vgl. *Gordon*, The Investment, S. 49 f.; *Lerner-Carleton*, Integration, S. 695 f.

Aussage: Grenzrendite gleich Kalkulationszinsfuß (bzw. korrigierter Habenzins)[18]. Gleichwohl ist das Modell nicht sehr sinnvoll geworden, denn konstante Rendite bei konstantem Selbstfinanzierungsgrad heißt doch, daß von Jahr zu Jahr wachsende Selbstfinanzierungsbeträge stets zum gleichen Ertragssatz angelegt werden können, etwas mehr an Selbstfinanzierung heute aber die Rendite für alle Ewigkeit senkt. »Dynamische« Modelle mit konstantem Dividendenwachstum sind deshalb zur Lösung des Problems der optimalen Selbstfinanzierung nicht sonderlich geeignet[19]. Zumindest hat sich bisher keine Aussage halten lassen, die von den statischen Optimierungskriterien abwich.

c) Selbstfinanzierung oder Eigenfinanzierung?

Das Wahlproblem »Selbstfinanzierung oder Eigenfinanzierung« taucht unter zwei Umweltbedingungen auf: 1. bei firmeneigenem Vermögensstreben und beschränkter Eigenfinanzierungsmöglichkeit und 2. bei steuerlicher Diskriminierung der Selbstfinanzierung, die eine Schütt-aus-hol-zurück-Politik nahelegt (vgl. S. 449).

1. Bei beschränkter Eigenfinanzierungsmöglichkeit entscheidet über die Wahl zwischen Selbstfinanzierung und Eigenfinanzierung das Verhältnis, in dem eine gegenwärtige Ausschüttung Kapitalerhöhungen ermöglicht. Das Ausmaß der Eigenkapitalzuführung E hängt ab vom Gewinnüberschuß G, vom Habenzins h und von institutionellen Bedingungen (z. B. der allgemeinen Kapitalmarktlage).

Hier sollen nur zwei Formen betrachtet werden. Im ersten Fall setzen wir $E = \frac{G}{h}$. Hier ermöglichen z. B. 100 Mark, zusätzlich ausgeschüttet, bei einem Habenzins von 5% eine Eigenkapitalzuführung von 2000 Mark. In diesem Fall rechnen die Aktionäre folgendermaßen: Wenn die Firma heute in der Lage ist, 100 zusätzlich auszuschütten, dann wird sie das auch in Zukunft tun, und folglich lohnt es sich, bis zu 2000 Mark in dieser Firma zu investieren. Unter solchen oder ähnlichen Umständen empfiehlt sich Selbstfinanzierung praktisch nie. Selbstfinanzierung wäre z. B. erst vorteilhaft, wenn am Planungshorizont, nach n Jahren, das Vermögen aus 100 Mark Selbstfinanzierung, das jährlich um r % wächst, jenes Vermögen übertrifft, das bei 2000 Mark (Eigenfinanzierung) jährlich um (r – h)% wächst.

Im zweiten Fall sei angenommen, daß die Firma nur das zurückbekommt, was sie ausschüttet. Ohne Berücksichtigung der Steuern lohnt sich dann die Ausschüttung und anschließende Eigenfinanzierung wegen der Emissionskosten nie.

Bei Berücksichtigung der Steuern ist auch die persönliche Einkommensteuerbelastung der Aktionäre zu beachten, da nur der Betrag nach Abzug der Einkommensteuer wieder gespart werden kann. Gleichen sich Einkommensteuersatz und Körperschaftsteuerersparnis, so lohnt sich hier die Ausschüttung und anschließende Eigenfinanzierung nie, da bei Eigenfinanzierung in Zukunft höhere Dividendenzahlungen zu leisten sind. Nur wenn die Körperschaftsteuerersparnis erheblich größer ist als der marginale Einkommensteuersatz, könnte hier das Vermögenswachstum bei Ausschüttung und Eigenfinanzierung höher sein als bei Selbstfinanzierung. Praktisch wird auch in einem solchen Fall nur selbstfinanziert werden; die Firmenleitung ist schließlich bei Ausschüttung nicht sicher, ob sie das Geld zurückerhält.

Es hängt also von den Einzelannahmen über das Verhältnis ab, in dem eine gegenwärtige Ausschüttung Kapitalerhöhungen ermöglicht, ob Eigen- oder Selbstfinanzierung das firmeneigene Vermögen stärker wachsen lassen.

[18] Vgl. dazu *Haim Ben-Shahar, Abraham Ascher,* The Integration of Capital Budgeting and Stock Valuation: Comment. In: The American Economic Review, Vol. 57 (1967), S. 209–214; *Jean Crockett, Irwin Friend,* The Integration of Capital Budgeting and Stock Valuation: Comment. Ebenda, S. 214–220.

[19] Vgl. auch *Merton H. Miller,* Discussion [to Lintner]. In: The Journal of Finance, Vol. 18 (1963), S. 313—316, hier S. 315 f.; *Crockett-Friend,* S. 217.

2. Bei Handeln im Aktionärsinteresse besteht eine Wahl zwischen Eigen- und Selbstfinanzierung nur bei steuerlicher Diskriminierung der Selbstfinanzierung. Wir trennen zwei Fälle.

Im ersten Fall gehen wir davon aus, daß der Eigenkapitalbedarf kleiner sei als der ausschüttbare Gewinn. Das zusätzliche Eigenkapital kann also bereitgestellt werden durch Selbstfinanzierung, durch Eigenfinanzierung (Kapitalerhöhung) bei Ausschüttung der Gewinne oder durch eine Mischung aus Selbstfinanzierung und Kapitalerhöhung. Im zweiten Fall übersteige der Eigenkapitalbedarf die verfügbare Ausschüttungssumme. Hier muß eine Kapitalerhöhung erfolgen; ihr Ausmaß bestimmt sich nach dem wünschenswerten Selbstfinanzierungsgrad.

Der erste Fall: Eine Aktiengesellschaft habe 1 000 Mark vor Steuern verdient. Ihr Eigenkapitalbedarf betrage 300. Der Steuersatz für nicht ausgeschüttete Gewinne sei 57% (Körperschaftsteuer, Gewerbeertragsteuer), der Steuersatz für ausgeschüttete Gewinne 33⅓%. Wie sehen die Handlungsmöglichkeiten aus?

(a) Die Gesellschaft kann 300 Mark des versteuerten Gewinns zur Selbstfinanzierung verwenden, ohne das Grundkapital zu verändern. Dafür benötigt sie ca. 700 Mark des Gewinns vor Steuern, denn auf 700 Mark Gewinn sind bei Zurückbehaltung 400 Mark an Steuern zu zahlen. Die restlichen 300 Mark des Gewinns vor Steuern sollen zur Dividendenzahlung verwandt werden. Es sind also noch 100 Mark an Körperschaft- und Gewerbeertragsteuer zu zahlen, und zur Ausschüttung verbleiben 200 Mark. Die persönliche Einkommensteuer der Aktionäre sei der Einfachheit halber gleich der Kapitalertragsteuer von 25% gesetzt. (Dieser marginale Steuersatz entspricht einem Jahreseinkommen von ca. 12 000 Mark für den Junggesellen.) Den Aktionären fließen damit 150 Mark zu.

(b) Die Gesellschaft kann Zusatzaktien ausgeben. Die Ausgabe von Zusatzaktien anstelle der Ausschüttung spielt in Amerika eine stärkere Rolle als in Deutschland. Man spricht von »Stockdividenden«. Die Aktiengesellschaft bildet zunächst eine Rücklage und gewährt den Aktionären in Höhe von 300 Mark Zusatzaktien. Gegenüber der Rechnung (a) fallen nun noch die Kosten der »Kapitalerhöhung aus Gesellschaftsmitteln« an: Bekanntmachung in den Gesellschaftsblättern, Druck der Aktien, Börseneinführung, Bankprovisionen. Diese Kosten dürften etwa 3–4% betragen. Im Beispiel rechnen wir mit 10 Mark. Der Gewinn vor Steuern sinkt auf 990 Mark. Den Aktionären werden rund 193 Mark ausgeschüttet, abzüglich der Kapitalertragsteuer bleiben ihnen 145 Mark.

Die Ausschüttung an die Aktionäre ist gesunken. Trotzdem ist es denkbar, daß ihr Vermögen gestiegen ist, weil zusätzliche Aktien die Handelbarkeit der Papiere erleichtern oder Spekulationen wachrufen können, so daß der Gesamtkurswert des Aktienportefeuilles eines Aktionärs wächst.

Ein solcher spekulativer Anreiz zu Kurssteigerungen über den ertragsgerechten Kurs hinaus könnte auch aus dem sogenannten »Stockdividenden-Multiplikator«[20] abgeleitet werden, einem jener Denkfehler, die bei Aktienbewertungen so schwer auszurotten sind: Wir gehen von der Aktiengesellschaft aus, die bei 2 Mill. Grundkapital 400 000 Mark ausschüttet und bei einem Dividendensatz von 20% einen Kurs von 500 zeigt. In diesem

[20] Vgl. *Rittershausen*, Industrielle Finanzierungen, S. 131–133.

Jahr beschließe die Gesellschaft, statt der Bardividende eine Stockdividende zu zahlen, also nichts auszuschütten, und dafür um 400 000 Mark das Grundkapital zu erhöhen (Emissionskurs 100). Angenommen, der Kurs der Aktien bliebe nach der Kapitalerhöhung bei 500, dann könnte der Aktionär seine 20% Stockdividende (z. B. neue Aktien im Nennwert von 200 Mark bei einem Bestand von 1 000 Mark Nennwert) für 1 000 Mark veräußern. Bei einer Bardividende hätte er nur 200 Mark erzielt. Ein Fünftel der Stockdividende hätte also genügt, um dem Aktionär denselben Betrag zu geben, den er bei einer Bardividende erhalten hätte. Folglich werde der Kurs steigen. Dieser Stockdividenden-Multiplikator bewirke sogar eine gewisse Steuereinholung[21], d. h. eine steuerliche Besserstellung des Aktionärs (der Verkauf von Aktien ist für den Privatmann im allgemeinen einkommensteuerfrei, Bardividenden sind einkommensteuerpflichtig).

Es ist nicht auszuschließen, daß Aktionäre so rechnen und aufgrund dieses Denkfehlers den Kurs in die Höhe treiben. Richtig sieht der Vergleich zwischen Bardividende und Stockdividende (unter Vernachlässigung von Steuern und Emissionskosten) so aus: Der Aktionär, der 1 000 Mark Nennwert der Aktien besitzt, hält bei einer Bardividende ein Vermögen von 5 000 plus 200 gleich 5 200 Mark. Der Aktionär, der 1 000 Mark Nennwert besitzt und neue Aktien im Nennwert von 200 Mark als Stockdividende erhält, wird erleben, daß der ertragsgerechte Kurs fällt. Wir nehmen an, die Aktiengesellschaft könne die 400 000 Mark zusätzliches Eigenkapital gerade zu 4% anlegen, der Alternativrendite der Aktionäre, mit der sie die Gewinnausschüttungen kapitalisieren. Dann stehen in Zukunft 416 000 Mark Gewinn 2,4 Mill. Mark Grundkapital gegenüber, und bei der Dividende von $17^1/_3$% sinkt der ertragsgerechte Kurs auf $433^1/_3$. Auch hier ergäbe sich bei Verkauf der Stockdividenden-Aktien ein beträchtlicher Barerlös (der einen Stockdividenden-Multiplikator auslösen könnte), nämlich für 200 Mark Nennwert $866^2/_3$ Mark Erlös. Aber das Gesamtvermögen des Aktionärs besteht aus dem Kurswert von 1 000 Mark Nennwert gleich 4 $333^1/_3$ Mark plus dem Erlös der Stockdividende von $866^2/_3$ Mark gleich 5 200 Mark, wie im Falle der Bardividende.

Die ertragsgerechte Bewertung hängt von den künftigen Auszahlungen ab, nicht davon, ob heute Bargeld oder neue Aktien ausgeschüttet werden (es sei denn, Steuern und Emissionskosten verzerren diesen Grundsatz).

(c) Die Aktiengesellschaft kann Barausschüttung und Kapitalerhöhung miteinander koppeln. Man spricht hier von einer »Schütt-aus-hol-zurück-Politik«, von Bonusaktien bzw. einer Dividenden-Kapitalerhöhung[22].

Das Prinzip dieses Vorgehens besteht darin, den Aktionären mindestens den Betrag auszuschütten, den sie auf dem Wege der Kapitalerhöhung wieder in der Unternehmung investieren sollen.

Damit die Aktionäre 300 Mark Kapital in die Unternehmung einschießen können, muß

[21] Vgl. *Rittershausen*, Industrielle Finanzierungen, S. 133.

[22] Vgl. hierzu *Wolfgang Stützel*, Aktienrechtsreform und Konzentration. In: Die Konzentration in der Wirtschaft. Bd. 2: Ursachen der Konzentration, herausgegeben von Helmut Arndt. Berlin 1960, S. 907–987, bes. S. 917–927; *Karl Hax*, Probleme der Aktienfinanzierung unter dem Einfluß des gespaltenen Körperschaftsteuer-Satzes. In: ZfhF, NF, Jg. 15 (1963), S. 49–64, bes. ab S. 58; *Rittershausen*, Industrielle Finanzierungen, S. 119–146.

ihnen ein Betrag von 400 (vor Kapitalertragsteuer) zufließen. Um 400 Mark Dividenden ausschütten zu können, werden rund 600 Mark Gewinn benötigt; die restlichen 400 Mark können demnach zusätzlich ausgeschüttet werden. Die Unternehmung entscheidet sich also zunächst für eine Vollausschüttung; d. h. bei den hier gewählten Steuersätzen sind 333 an Körperschaft- und Gewerbeertragsteuer und 667 an Dividenden zu zahlen. Der Gewinnverwendungsvorschlag der Gesellschaft sieht im einzelnen jedoch so aus: Der Aktionär erhält nicht 667 Mark in bar, sondern für 300 Mark neue Aktien aus der Kapitalerhöhung plus 367 Mark Bardividende. Die Bardividende genügt, um die insgesamt fällige Kapitalertragsteuer von 167 Mark zu zahlen. Im Ergebnis erhält der Aktionär einen Einkommensbetrag von 200 Mark sowie die neuen Aktien. (In der Praxis ist es üblich, den Aktionären ein Wahlrecht zu lassen, ob sie 667 Mark in bar oder 367 in bar und für 300 neue Aktien wünschen.)

In der bisherigen Rechnung sind die Emissionskosten für die neuen Aktien nicht berücksichtigt. Da hier im Gegensatz zu den Zusatzaktien der Unternehmung Geld zugeführt wird, fällt (ab 1. 1. 1974) 1% Gesellschaftsteuer an. Es werden hier die Bankprovisionen höher liegen als bei der Kapitalerhöhung aus Gesellschaftsmitteln, die den Banken im allgemeinen weniger Verwaltungsarbeit macht. Wir gehen davon aus, daß die neuen Aktien zu pari ausgegeben werden, so daß die Emissionskosten den steuerpflichtigen Gewinn mindern. Ein Emissionskostensatz von etwa 6–7% ist wirklichkeitsnah. Wir rechnen bei dem Beispiel mit 19 Mark; der Gewinn vor Steuern beträgt also nur 981 Mark. Dann verbleiben als Gesamtausschüttung 654 Mark. Nach Abzug der Kapitalertragsteuer stehen 490,50 Mark und d. h. neben den jungen Aktien in Höhe von 300 noch 190,50 Mark als Bardividende zur Verfügung.

Ein Vergleich der drei Handlungsmöglichkeiten zeigt: In diesem Beispiel ist die Methode der Dividenden-Kapitalerhöhung für den Aktionär erheblich günstiger als reine Selbstfinanzierung oder Selbstfinanzierung mit Ausgabe von Zusatzaktien. Allerdings gilt dieses Ergebnis nur dann, wenn der marginale Einkommensteuersatz des Aktionärs tatsächlich bei 25% liegt. Berücksichtigt man die Emissionsspesen, so wird bereits ab einem Grenzeinkommensteuersatz von rund 31% die Selbstfinanzierung vorteilhafter. Gegenüber der Selbstfinanzierung empfiehlt sich »Schütt-aus-hol-zurück-Politik« nur, wenn der zurückgeflossene Betrag über dem Betrag bei Selbstfinanzierung liegt. Wenn g den Emissionskostensatz, t den Steuersatz für zurückbehaltene, v den für ausgeschüttete Gewinne bezeichnet (S. 458), dann gilt für den »kritischen« Grenzeinkommensteuersatz e:

$$(1-v)\,(1-e)\,(1-g) = 1-t \text{ bzw. } e = \frac{t-v\,(1-g)-g}{(1-v)\,(1-g)}$$

Bei der Beurteilung der Dividenden-Kapitalerhöhung ist also zu beachten:

1. Es muß in jedem Fall eine Bardividende zusätzlich zu dem Bezugsangebot für die Aktien gezahlt werden, denn die Kapitalertragsteuerzahlungen des Aktionärs sind von der Gesellschaft zu leisten. Eine darüber hinausreichende Einkommensteuer interessiert die Gesellschaft nicht unmittelbar.

2. Die Emissionskosten sind höher als bei Zusatzaktien, insbesondere wegen der Gesellschaftsteuer.

3. Ob die Dividenden-Kapitalerhöhung im Interesse der Aktionäre liegt, hängt von ihren marginalen Einkommensteuersätzen ab.

4. Eine Dividenden-Kapitalerhöhung schafft meistens technische Unbequemlichkeiten. Das Bezugsverhältnis ist relativ klein, und das Grundkapital muß um ungerade Beträge erhöht werden, weil die Aktionäre ein Wahlrecht haben. Auch das wirkt sich hemmend aus.

Aus diesen Gründen hat das Verfahren der Dividenden-Kapitalerhöhung keine weite Verbreitung gefunden.

Wird in der Körperschaftsteuerreform das Anrechnungsverfahren verwirklicht, dürfte der kritische Grenzeinkommensteuersatz von heute rund 30% auf über 50% steigen (v kann dann Null gesetzt werden). Zusatzaktien gewännen an Bedeutung, wenn dem Vorschlag gefolgt würde, bei ihrer Ausgabe eine Anrechnung der früher auf die zurückbehaltenen Gewinne gezahlten Körperschaftsteuer vorzunehmen.

Im zweiten Fall sei der Bedarf an Eigenkapital so hoch, daß er den ausschüttbaren Gewinn übersteige. Hier werden in jedem Fall die Aktionäre zur Kasse gebeten. Zu prüfen bleibt, ob hier zuvor (oder gleichzeitig) Dividenden auszuschütten sind oder ob selbstfinanziert und damit das Ausmaß der Kapitalerhöhung verringert werden soll. Bei streng rationalem Verhalten ist klar, daß über die Frage Selbstfinanzierung oder Ausschüttung vor der Kapitalerhöhung nur die Höhe der Ausschüttungsprämie entscheidet. Wenn wir die Steuersätze des vorigen Beispiels unterstellen, dann ist bis zum marginalen Einkommensteuersatz von 31% die Ausschüttungsprämie positiv, folglich ist es hier besser, alles auszuschütten und das Grundkapital entsprechend stärker zu erhöhen.

Aber im praktischen Fall kann man nicht mit streng rationalem Verhalten rechnen: Stellen wir uns wieder eine Unternehmung vor mit 2 Mill. Grundkapital, 400 000 Mark Gewinn, Kurs 500, die bisher 20% Dividende ausgeschüttet hat. Sie benötige zusätzlich 1 Mill. Mark Eigenkapital, um damit jährlich 60 000 Mark zusätzlich zu verdienen. Sie beschließt in diesem Jahr, den Dividendensatz auf 0% zu senken, die 400 000 Mark Gewinn zurückzubehalten, und bietet den Aktionären eine Kapitalerhöhung im Verhältnis 10 : 1 zum Emissionskurs 300 an (400 000 Mark Selbstfinanzierung und 600 000 Mark aus der Kapitalerhöhung ergeben die gewünschte Million Eigenkapital). Die vermutliche Folge des Beschlusses, die Dividende auf Null zu senken, wird ein Sturm an Entrüstung sein. Die Aktionäre werden schimpfen: Bei einer Dividende von Null % wird uns zugemutet, neue Aktien auch noch über pari, sogar zu 300, zu zeichnen!

Etwas besser sieht es nach landläufiger Meinung dann aus, wenn eine Kapitalerhöhung im Verhältnis 10 : 3 zu pari erfolgt. Aber auch hier gilt die Kapitalerhöhung als gefährdet, wenn zuvor keine Dividende ausgeschüttet wird. Nach Ansicht der Bank- und Börsenfachleute lautet die richtige Vorbereitung der Kapitalerhöhung: Ausschüttung von 20% Dividende mit der Ankündigung einer Kapitalerhöhung etwa im Verhältnis 5 : 1, Emissionskurs 250. Hierbei ergibt sich ein rechnerisches Bezugsrecht herkömmlicher Art (S. 467) von $41^2/_3$. Jeder Aktionär erhält also für eine 100-Mark-Aktie 20 Mark Dividende und nochmal das attraktive Bezugsrecht von $41^2/_3$, also als Vorbereitung für die Kapitalerhöhung einen Erlös von insgesamt $61^2/_3$.

Wir wissen, daß keines der Argumente für diese gepflegte Kapitalerhöhung ökonomisch zwingend ist. Es kann sich nur um Gesichtspunkte handeln, die psychologisch die Aktionäre geneigt machen sollen. Und die Psychologie der Marktteilnehmer ist stets eine Frage ihrer Information. Es liegt ausschließlich an mangelnder Publizität und Unkenntnis ökonomischer Zusammenhänge, wenn für die Kapitalerhöhung im Verhältnis 10 : 1 zu 300 bei 0% Ausschüttung keine Mehrheit in der Hauptversammlung zu erhalten ist.

Wenn der Vorstand erklärt: »Wir brauchen, um die künftigen Ausschüttungen zu erhöhen, 1 Mill. Mark Eigenkapital. Wenn wir dieses Jahr auf die Dividenden verzichten, sparen wir 8% von 400 000 = 32 000 Mark Emissionskosten, und Sie, verehrte Aktionäre, brauchen insgesamt nur 568 000 Mark einzuschießen, damit wir statt bisher 400 000 in Zukunft 460 000 Mark ausschütten können«, so werden sich die Aktionäre diesem Argument schwerlich verschließen. Handelt es sich um verhältnismäßig wenige, gut verdienende Aktionäre, so werden sie diesem Vorgehen zustimmen. Kleinaktionäre werden hingegen – zu Recht – gegen diese Behandlung protestieren, denn aus steuerlichen Gründen ist ihre Ausschüttungsprämie positiv. Sie würden sich besser stehen, wenn vorher ausgeschüttet würde.

Das gegenwärtige Steuerrecht führt dazu, daß mit jedem Eigen- oder Selbstfinanzierungsbeschluß Aktionärsgruppen zwangsläufig bevorzugt oder benachteiligt werden. Das wäre zu vermeiden, sobald der Vorschlag verwirklicht würde, die Körperschaftsteuerzahlungen der Gesellschaft beim Aktionär auf die zu zahlende Einkommensteuer anzurechnen. Das Ausmaß an Selbstfinanzierung würde dann zugunsten stärkerer Ausschüttungen mit Kapitalerhöhungen zurückgedrängt werden.

Die übliche Praxis, vor einer Kapitalerhöhung erst recht auszuschütten, um damit das Klima für die Kapitalerhöhung zu verbessern, erklärt sich also zum ersten daraus, daß die Mehrzahl der Aktionäre über die wirtschaftlichen Zusammenhänge nur ungefähr unterrichtet ist und sich an falschen Kriterien, wie dem Dividendenprozentsatz statt der Ausschüttungssumme, orientiert; zum zweiten, daß die Aktionäre schlecht informiert werden: über die tatsächlichen Ertragsaussichten der Unternehmung und über das, was in der Vergangenheit verdient wurde; zum dritten erklärt sie sich daraus, daß Kleinaktionäre (bei ihren Steuersätzen zu Recht) Bargeld gern sehen, selbst, wenn sie es postwendend zurückgeben sollen.

III. Der Einfluß der Ungewißheit auf die Kapitalstruktur

a) Bedingungen für das Optimum an Fremdfinanzierung

1. Der Verschuldungshebel

Unter Vernachlässigung der Ungewißheit lassen sich die Bedingungen für das Optimum an Fremdfinanzierung unmittelbar aus den Optima für Eigen- und Selbstfinanzierung ablesen:

Bei vollkommenem Kapitalmarkt ist die Kapitalstruktur für den Erfolg einer Unternehmung ohne Bedeutung; es gibt kein Optimum.

Bei unvollkommenem Kapitalmarkt entscheidet über das Optimum an Fremdfinanzierung das Verhältnis von marginalen Fremdkapitalkosten (Sollzins) zu marginalem Habenzins. Liegt der Habenzins über dem Sollzins, wird nur Fremdkapital aufgenommen, und zwar bis die Grenzrendite des Investitionsprogramms dem Sollzins gleicht. Liegt der Sollzins über dem Habenzins, wird nur selbst- oder eigenfinanziert. Erst steuerliche Überlegungen erschweren diesen einfachen Grundsatz.

Bei beschränktem Kapitalmarkt wird eigenfinanziert, um neue Fremdfinanzierungsquellen zu erschließen. Liegt dabei irgendwann der Sollzins über dem korrigierten Habenzins, wird nur eigenfinanziert; Fremdkapitalaufnahme lohnt sich nicht. Es liegt im Grunde kein beschränkter Kapitalmarkt mehr vor.

Kurz gesagt: *Es wird immer dann fremdfinanziert, wenn die eigenen Mittel bereits investiert sind oder besser anderwärts angelegt werden können.* Das beruht darauf, daß Fremdkapital Aufwandkapital ist. Es beansprucht eine feste Verzinsung. Sobald Fremdkapital zu Gewinnkapital wird, also am Gewinn teilhat (z. B. partiarisches Darlehen), gilt das, was über das Optimum an Gewinnkapital = Eigenkapital gesagt wurde.

Die Kapitalstruktur beeinflußt die Rentabilität des Eigenkapitals: Mit wachsender Verschuldung steigt der Gewinn der Anteilseigner und damit die Rentabilität des Eigenkapitals, sofern sich die Investitionen überhaupt lohnen, d. h. die Grenzrendite über dem Sollzins liegt. Wir nehmen an, eine Unternehmung verdiene bei 1 Mill. Eigenkapital 100 000 Mark jährlich. Die Rendite des Eigenkapitals dieser unverschuldeten Unternehmung ist 10%. Der Unternehmung bieten sich weitere Investitionen mit 10% Rendite, Fremdkapital koste 8%. Investiert die Unternehmung eine zusätzliche Million, erzielt sie 100 000 + 100 000 – 80 000 = 120 000 Gewinn. Die Rendite des Eigenkapitals ist auf 12% gestiegen. Investiert die Unternehmung eine dritte Million, so verdient die dritte Million: 10% – 8% = 2% zusätzlich. Die Rendite des Eigenkapitals steigt auf 14% usw. Für diesen Zusammenhang läßt sich eine einfache Formel gewinnen[23]. r_E bezeichnet die Rendite des Eigenkapitals, r die Rendite der Investitionen (Konstanz der Grenzrendite vorausgesetzt), i die Fremdkapitalzinsen und E das Eigenkapital, F das Fremdkapital. Dann gilt für den Gewinn G

$$G = r \cdot E + (r - i)\, F,$$

und da $r_E = \frac{G}{E}$ ist, folgt

$$r_E = r + (r - i)\,\frac{F}{E}\,. \tag{1}$$

Diese gewinnsteigernde Wirkung der Fremdfinanzierung bei lukrativen Investitionen wird in der angelsächsischen Literatur als »leverage«-Effekt bezeichnet, *als Hebelwirkung wachsender Verschuldung auf die Rentabilität.*

Sinkt die Grenzrendite mit wachsendem Investitionsvolumen, dann schwächt sich die Hebelwirkung nach und nach ab, und das Optimum an Fremdfinanzierung ist erreicht, wenn die Grenzrendite dem marginalen Sollzins gleicht.

[23] Vgl. z. B. *Solomon,* The Theory of Financial Management, S. 73; *Gutenberg,* Finanzen, S. 184–186.

Wie sieht die Hebelwirkung aus, wenn der Verschuldungsgrad einer Unternehmung erhöht wird, deren Investitionen 10% erbringen, wenn der Sollzins 8% beträgt und die Alternativrendite der Aktionäre 4%? 1 Mill. Mark Eigenkapital erwirtschaften in dem verschuldungsfreien Unternehmen 100 000 Mark. Arbeiten in dem Unternehmen 500 000 Mark Eigenkapital und 500 000 Mark Fremdkapital, dann sind von 100 000 Mark Bruttogewinn 40 000 als Sollzins abzuziehen; es verbleiben 60 000 Mark Gewinn. Die eingesparten 500 000 Mark Eigenkapital können jedoch nur 4% = 20 000 Mark außerhalb der Firma erzielen, so daß den Aktionären insgesamt nur 80 000 statt 100 000 Mark zur Verfügung stehen. Bei wachsender Verschuldung steigt zwar die Rendite der 500 000 Mark Eigenkapital in der Firma; die Rendite des Gesamtbetrages an Eigenkapital von 1 Mill. Mark sinkt jedoch. *Das Anheben der Eigenkapitalrentabilität durch zusätzliche Verschuldung ist auf den Fall beschränkt, daß sich die Verschuldung überhaupt lohnt.* Im letzten Beispiel (Sollzins liegt über dem Habenzins) ist jedoch nur Eigenfinanzierung, nicht Fremdfinanzierung vorteilhaft. Fremdfinanzierung lohnt hier erst, wenn keine Möglichkeit zur Eigen-(oder Selbst-)finanzierung besteht.

2. Risiko und Verschuldungsgrad

Es liegt auf der Hand, daß die Hebelwirkung wachsender Verschuldung nicht bis ins Unendliche reichen kann. Das Ende des Hebeleffektes kann durch fallende Grenzrenditen verursacht sein oder durch steigende Sollzinssätze; meistens wird der Grund jedoch im wachsenden Risiko gesehen, das ein hoher Verschuldungsgrad mit sich bringt. Man behauptet: Trotz Sollzinsen, die unter konstanten Grenzrenditen liegen, verzichte die Firma auf weitere Investitionen, weil bei weiter steigendem Verschuldungsgrad den Eigentümern das Risiko zu hoch würde. Mit diesem Kapitalstrukturrisiko aus der Sicht der Anteilseigner werden wir uns zunächst auseinandersetzen. Das Kapitalstrukturrisiko der Anteilseigner ist zu trennen vom Kapitalstrukturrisiko der Gläubiger. Auch die Gläubiger werden sich überlegen, ob sie noch zusätzliche Mittel in eine bereits stark verschuldete Unternehmung einbringen sollen. Das Kapitalstrukturrisiko aus der Sicht der Gläubiger ist Gegenstand von Kapitel c), ab S. 511.
Wir verzichten vorerst darauf, auf die Bestimmungsgründe des Kapitalstrukturrisikos der Anteilseigner im einzelnen einzugehen. Das erfolgt in Kapitel b). Um das steigende Risiko bei wachsender Verschuldung zu zeigen, sei ein Beispiel gewählt:
Praktisch kann eine Unternehmung nicht mit Sicherheit 10% Rendite erwarten. Die Zahlungsströme (vereinfacht: die Renditen) werden für alternative Zukunftslagen unterschiedlich hoch sein. Es besteht eine Wahrscheinlichkeitsverteilung der Renditen, z. B.

	I	II	III
p =	0,2	0,6	0,2
r =	4 %	10 %	16 %

Diese Wahrscheinlichkeitsverteilung soll auch für die Erweiterungsinvestitionen gelten. Die Kreditkosten betragen hingegen mit Sicherheit 8%. Erweitert eine zunächst schuldenfreie Unternehmung ihr Investitionsvolumen von bisher 1 Mill. auf 2 Mill., dann wählt sie ein Verhältnis von Eigenkapital zu Fremdkapital von 1 : 1. Ihr Verschuldungsgrad beträgt 50 %, denn *als Verschuldungsgrad bezeichnet man das Verhältnis von Fremdkapital zum Gesamtkapital.* Für den Verschuldungsgrad von 50 % ist nun die Rendite bei den drei möglichen Zukunftslagen zu errechnen. Im schlechtesten Fall beträgt die interne Verzinsung 4 %, die Rendite des Eigenkapitals nach der Formel (1), S. 494, folglich

$$r_E = 4 + (4 - 8) \cdot 1 = 0.$$

In der folgenden Tabelle 1 sind die Renditen der Unternehmung bei den drei Zukunftslagen zusammengestellt, und zwar für die Investitionsvorhaben 1 Mill. Mark (nur Eigenfinanzierung, Verschuldungsgrad 0 %); 2 Mill. Mark (Verschuldungsgrad 50 %); 3 Mill. Mark (Verschuldungsgrad 67 %) und 10 Mill. Mark (Verschuldungsgrad 90 %), V = Verschuldungsgrad.

Tabelle 1

V	I	II	III
0 %:	+ 4	+ 10	+ 16
50 %:	0	+ 12	+ 24
67 %:	— 4	+ 14	+ 32
90 %:	— 32	+ 28	+ 88

Mit wachsender Verschuldung streuen die Renditen immer stärker. Die Hebelwirkung zeigt sich bei allen drei Zukunftslagen: Bei den günstigen Umweltbedingungen in der gewohnten Weise, daß mit wachsender Verschuldung die Rendite steigt. Bei der ungünstigen Zukunftslage (die interne Verzinsung liegt unter dem Sollzins) drückt der Hebel nach unten. Die Verluste steigen mit wachsender Verschuldung, denn bei steigender Verzinsung steht eine wachsende Zinsbelastung unverändert geringen Erträgen gegenüber. Diesen Tatbestand benutzen wir, um das Kapitalstrukturrisiko zu definieren: *Das Risiko der Kapitalstruktur äußert sich in den Zielbeiträgen und Glaubwürdigkeitsziffern jener Zukunftslagen, für die der Verschuldungshebel nach unten drückt.* Im Beispiel; Der effektive Sollzins liegt bei I über der Rendite nach Steuern.
Aus dem Beispiel können wir schließen: Sobald mit beachtlicher Wahrscheinlichkeit eine Zukunftslage besteht, deren Rendite geringer ist als die Sollzinsen, wächst das Risiko mit wachsendem Verschuldungsgrad. Ob das Risiko mit wachsender Verschuldung steigt, hängt ab von der Rendite der Investition in ungünstigen Zukunftslagen und von der Höhe des Sollzinssatzes.
Nehmen wir an, der effektive Sollzins betrage nur 4 % (8 % vor Steuern bei einem Steuersatz von 50 %, die Renditen seien Renditen nach Steuern), dann errechnet sich folgende Tabelle:

Tabelle 2

V	I	II	III
0 %:	4	10	16
50 %:	4	16	28
67 %:	4	22	40
90 %:	4	64	124

Die Streuung der Renditen nimmt auch hier zu. Aber das Risiko ist bei wachsendem Verschuldungsgrad anders zu beurteilen als im ersten Fall. Für die schlechteste Zukunftslage bleibt ein Mindestgewinn unabhängig vom Verschuldungsgrad gesichert. Für die günstigeren Zukunftslagen steigt die Rendite. Von einem steigenden Risiko bei wachsender Verschuldung (einem Kapitalstrukturrisiko) kann nicht mehr gesprochen werden, im Gegenteil: Nach dem Dominanzprinzip ist hier ein höherer Verschuldungsgrad stets einem geringeren vorzuziehen! Daraus folgt:

1. Ein wachsender Verschuldungsgrad führt nur dann zu steigendem Risiko, wenn für mindestens eine Zukunftslage die interne Verzinsung geringer ist als der Sollzins (allgemeiner: die Einnahmenüberschüsse geringer sind als die Fremdfinanzierungsausgaben des betreffenden Zahlungszeitpunktes).

2. Wie stark das Risiko mit wachsendem Verschuldungsgrad wächst, hängt von der Wahrscheinlichkeitsverteilung der Renditen und von der Höhe des Zinssatzes ab (bzw. im allgemeinen Fall: von der Wahrscheinlichkeitsverteilung der Sollzinssätze).

Die Höhe der Sollzinsen wirkt bei wachsendem Verschuldungsgrad auf das Unternehmensrisiko in doppelter Weise: Einmal senken die Zinszahlungen die verbleibenden Einnahmenüberschüsse bei jeder Zukunftslage; das ist die normale, den Bruttogewinn mindernde Wirkung der Fremdfinanzierung. Zum anderen können steigende Zinssätze verursachen, daß in einzelnen Zukunftslagen der Verschuldungshebel nach unten umschlägt. Erst dadurch steigt das Risiko mit wachsendem Verschuldungsgrad. Eine Zukunftslage, die 4% Mindestrendite ausweist, erhöht erst bei Sollzinssätzen über 4% mit wachsendem Verschuldungsgrad das Unternehmensrisiko, bei Zinssätzen unter 4% ist wachsende Verschuldung risikolos [24].

Der Umschlag des Verschuldungshebels bei Zinsänderungen ist vor allem wichtig, wenn man den Einfluß der Besteuerung auf Investition und Finanzierung unter Ungewißheit untersuchen will (was hier nicht geschehen soll) oder wenn auch die Höhe der Zinssätze ungewiß ist. In diesem Fall kommt es darauf an, ob niedrige Zinssätze mit niedrigen Renditen zusammentreffen werden (was z. B. in einer Depression möglich ist).

Im Regelfall wird allerdings damit zu rechnen sein, daß mindestens für eine Zukunftslage die Einnahmenüberschüsse der Investitionsobjekte unter den Sollzinszahlungen liegen, so daß mit wachsender Verschuldung das Risiko steigt.

Bei Eigenfinanzierung ist voraussetzungsgemäß das Kapitalstrukturrisiko (Verschuldungsrisiko) Null. Dies bedeutet nicht, daß jedes Finanzierungsrisiko verschwindet: Auch eine unverschuldete Unternehmung kann durch zu hohe Privatentnahmen gefährdet werden, und bei kündbarem Eigenkapital (z. B. Kommanditeinlagen) ist die Gefahr einer

[24] *Gutenberg*, Finanzen, S. 190—192, weist mit einer ähnlichen Rechnung nach, daß das Risiko mit wachsendem Verschuldungsgrad ständig steige und unabhängig vom Fremdkapitalzinsfuß sei. Er mißt dabei das Risiko in der Streuung der Renditen. Eine Abhängigkeit des Kapitalstrukturrisikos vom Zinssatz zeige sich erst, wenn ein anderes Risikomaß (z. B. das Verhältnis Streuung zu Erwartungswert) gewählt werde. Gutenberg übersieht dabei den Fall, daß der Hebel bei steigenden Zinssätzen in einer wachsenden Zahl von Zukunftslagen umschlagen wird. Darauf beruht das Kapitalstrukturrisiko. Die Streuung der Renditen ist keineswegs immer ein sinnvolles Risikomaß.

Kündigung gesondert zu beachten. Die Gefahr, daß einer Unternehmung auch Eigenkapital entzogen werden kann, läßt sich als Eigenfinanzierungsrisiko bezeichnen. Wir gehen darauf nicht näher ein.

b) Das Optimum an Fremdfinanzierung aus der Sicht der Anteilseigner

1. Personenbezogene Unternehmen

Will man die Beziehungen zwischen Kapitalstruktur und Risiko untersuchen, dann muß zunächst das Kapitalstrukturrisiko genau eingegrenzt werden. Zu diesem Zweck unterscheiden wir zwischen dem allgemeinen leistungswirtschaftlichen Risiko und dem speziellen Kapitalstrukturrisiko. Das leistungswirtschaftliche Risiko erfaßt alle Unsicherheiten aus dem Leistungsprozeß der Unternehmung: die Wahrscheinlichkeitsverteilung der Zahlungsströme, die aus den Entscheidungen im Beschaffungs-, Produktions- und Absatzbereich folgen (die Wahrscheinlichkeitsverteilung der Renditen, wenn wir uns auf eine grobe bzw. einperiodische Betrachtung beschränken). Das leistungswirtschaftliche Risiko erfaßt zugleich die Verlustgefahr aus einer möglichen zwischenzeitlichen Anlage von Einnahmenüberschüssen. Nur Verlustgefahren aufgrund der Wahl der Finanzierungsart sind nicht im leistungswirtschaftlichen Risiko berücksichtigt. Sie bestimmen das Kapitalstrukturrisiko. Das leistungswirtschaftliche Risiko bestimmt die »Risikoklasse«, in der sich eine Unternehmung befindet; es besteht also bei jeder Kapitalstruktur, auch bei vollständiger Eigenfinanzierung. Das Kapitalstrukturrisiko entsteht zusätzlich, sobald Fremdkapital aufgenommen wird.
Die Abgrenzung zwischen leistungswirtschaftlichem und Kapitalstrukturrisiko ist notwendig, will man den Zusammenhang zwischen Kapitalstruktur und Risikoneigung untersuchen.
Wie schwierig die Trennung von leistungswirtschaftlichem und Kapitalstrukturrisiko ist, zeigt ein einfaches Beispiel. Ein Unternehmer erwäge eine Investition mit folgender Wahrscheinlichkeitsverteilung der Zahlungsströme:

Verteilung 1

t_0		t_1		t_2	
p	z	p	z	p	z
1	—1000	0,1	— 100	0,1	800
		0,8	0	0,3	1100
		0,1	+ 100	0,4	1200
				0,2	1600

Rechnet man mit Erwartungswerten für jeden Zahlungszeitpunkt, dann verkörpert diese Investition eine Rendite von 10%.
In dieser Wahrscheinlichkeitsverteilung müßte sich das leistungswirtschaftliche Risiko äußern. Wenn man eine Risikopräferenzfunktion als Zielfunktion wählte, ließe sich die Verteilung auf wenige Merkmale, z. B. auf Erwartungswert und Streuung der Rendite, verdichten. Wir wollen jedoch das Problem vollständig analysieren, ohne vorweg ein-

schränkende Annahmen über die Risikoneigung zu machen, und untersuchen deshalb die vollständige Wahrscheinlichkeitsverteilung.
Bei Eigenfinanzierung muß voraussetzungsgemäß das Kapitalstrukturrisiko Null sein, hierfür zeigt die Verteilung das leistungswirtschaftliche Risiko an. Indes ändert sich bei Eigenfinanzierung die Verteilung, und zwar aus zwei Gründen: Zum ersten ist das Handlungsprogramm vollständig zu formulieren, es werden also Differenzinvestitionen bzw. Zusatzfinanzierungen notwendig, und zum zweiten müßten eigentlich die gewinnabhängigen Ausgaben (Steuerzahlungen, Gewinnausschüttung) berücksichtigt werden; die Steuerzahlungen würden bei Eigenfinanzierung erheblich von denen bei Fremdfinanzierung abweichen. Wir vereinfachen hier und nehmen an, gewinnabhängige Ausgaben fielen nicht an. Gleichwohl ändert sich die Verteilung und zwar wegen der Finanzierungszahlungen.
Der Unternehmer muß mindestens 1 000 Mark Eigenkapital in t_0 und 100 Mark zusätzlich in t_1 besitzen, sonst kann er die Handlungsmöglichkeit nicht eigenfinanzieren. Mit 90% Wahrscheinlichkeit braucht er dabei die 100 Mark in t_1 nicht. Wir nehmen für einen solchen Fall an, das Geld könne sicher zu 10% bis t_2 angelegt werden. Im allgemeinen bestehen auch für die Wiederanlagemöglichkeiten Wahrscheinlichkeitsverteilungen; das erschwert die Rechnung, führt jedoch nicht zu neuen Einsichten. Deshalb gehen wir von sicherer Reinvestition aus. Aufgrund der Wiederanlage ändern sich die Zahlungen in t_2, und zwar bleiben sie mit 10% Wahrscheinlichkeit unverändert, mit 80% Wahrscheinlichkeit sind in jeder Zukunftslage in t_2 110 Mark zuzuzählen, mit 10% Wahrscheinlichkeit in jeder Zukunftslage in t_2 220 Mark (nämlich für den Fall, daß in t_1 100 Mark Überschuß entstehen). Wir erhalten damit folgendes vollständig formulierte Handlungsprogramm:

Verteilung 2

t_0		t_1		t_2							
				Ausgangswerte		Ergänzung		Endwerte		Neuschätzung	
p	z	p	z	p	z	p	z	p	z		
1	— 1000	1	— 100			0,1	0	0,01	800		
				0,1	800	0,8	110	0,08	910	0,1	910
						0,1	220	0,01	1020		
						0,1	0	0,03	1100		
				0,3	1100	0,8	110	0,24	1210	0,3	1210
						0,1	220	0,03	1320		
						0,1	0	0,04	1200		
				0,4	1200	0,8	110	0,32	1310	0,4	1310
						0,1	220	0,04	1420		
						0,1	0	0,02	1600		
				0,2	1600	0,8	110	0,16	1710	0,2	1710
						0,1	220	0,02	1820		

Bei dieser Tabelle wurde vorausgesetzt, daß die Zukunftslagen in t_1 unabhängig von denen in t_2 sind. Es besteht also kein Ereignis-Verbund zwischen den beiden Perioden. Diese Voraussetzung ist praktisch nicht immer erfüllt. Im Gegenteil: Wenn in t_1 die Konjunktur schlecht war, dann wächst die Wahrscheinlichkeit, daß sie auch in t_2 noch nicht überwältigend ist. Es muß also zunächst beachtet werden, ob zwischen dem Risiko verschiedener Perioden irgendwelche Abhängigkeiten bestehen.
Da in der zusammengefaßten Tabelle Glaubwürdigkeitsziffern bis auf 1% genau angegeben werden, haben wir diese Tabelle in einer Neuschätzung vereinfacht, gemäß der Übereinkunft auf S. 82.

Die Verteilung 2 läßt sich bei vollständiger Eigenfinanzierung als Ausdruck des leistungswirtschaftlichen Risikos definieren. Mit ihrer Hilfe den Einfluß des Verschuldungsgrades zu untersuchen, enthält eine zusätzliche Unterstellung: Bei Eigenfinanzierung muß in t_1 von 100 Mark zusätzlichem Kapital ausgegangen werden. Bei Fremdfinanzierung wird man jedoch nicht in jedem Fall noch einmal 100 Mark aufnehmen, um sie anzulegen. Damit das leistungswirtschaftliche Risiko unverändert bleibt, müssen wir unterstellen, bei Fremdfinanzierung werde auch die Zusatzinvestition von 100 Mark durchgeführt. Diese Unterstellung erscheint allerdings tragbar: Wenn wir Fremdkapitalaufnahme und Investition auch der 100 Mark in t_1 unterstellen, setzen wir zugleich voraus, durch diese Differenzinvestition werde das Unternehmensrisiko nicht wesentlich berührt.

Eine zweite Unterstellung betrifft das »Eigenfinanzierungsrisiko« neben dem Kapitalstrukturrisiko. Nur bei Aktiengesellschaften lassen sich Zahlungen an die Anteilseigner vermeiden. Bei personenbezogenen Unternehmen fallen laufende Privatentnahmen an, welche die Firma stärker belasten können als Kreditzinsen. Bei GmbHs besteht die Möglichkeit, daß sich die Gesellschafter bei der Firma verschulden. Solche Ausgaben wirken ähnlich (wenn nicht stärker) wie Zins- und Tilgungszahlungen auf das Risiko. Im folgenden unterstellen wir, ein Eigenfinanzierungsrisiko bestehe nicht.

Wie sieht die Glaubwürdigkeitsverteilung der Zahlungen aus, wenn ein bestimmter Verschuldungsgrad gewählt wird? Um das Kapitalstrukturrisiko bei einem Verschuldungsgrad von 50% zu untersuchen, könnten wir von dem Investitionsvolumen 1 000 in t_0 ausgehen und unterstellen, in t_0 seien 500, in t_1 50 fremdfinanziert worden. In diesem Fall tritt aber sofort die Frage auf: Was geschieht mit den eingesparten eigenen Mitteln von 500 in t_0 und 50 in t_1? Sie werden anderweitig angelegt. Aber diese anderweitige Anlage kann zu einem anderen leistungswirtschaftlichen Risiko führen, z. B. dann, wenn wir unterstellen, das Geld würde zu 10% mit Sicherheit angelegt werden. Exakt wird die Aussage über das Kapitalstrukturrisiko nur, wenn die freiwerdenden eigenen Mittel in Investitionen mit derselben Wahrscheinlichkeitsverteilung investiert werden. Es erscheint deshalb zweckmäßig, von vornherein von einem gegebenen, investierten Eigenkapitalbetrag auszugehen und die Risikowirkungen der Verschuldung anhand von fremdfinanzierten Erweiterungsinvestitionen zu untersuchen. Die Investition nach Verteilung 2 wird also mehrmals durchgeführt. Praktisch braucht das nicht immer sinnvoll zu sein. Würden statt dessen andere Investitionen gewählt, dann kann die fremdfinanzierte Investition einer anderen »Risikoklasse« angehören als die eigenfinanzierte, und damit ändert sich das leistungswirtschaftliche Risiko bei wachsendem Verschuldungsgrad. Die Abhängigkeit des Risikos vom Verschuldungsgrad kann jedoch nur bei Konstanz des leistungswirtschaftlichen Risikos untersucht werden. Weil praktisch das leistungswirtschaftliche Risiko nicht gleichbleiben wird, schon deshalb ist es sehr schwierig, verläßliche empirische Aussagen über den Einfluß der Risikoneigung auf die Verschuldung zu finden.

Wir nehmen an, zu der eigenfinanzierten Investition von 1 000 Mark in t_0 trete eine gleichartige hinzu, die vollständig fremdfinanziert werde. Die Sollzinsen betragen mit Sicherheit 6%, Zinszahlung und Tilgung des Kredits erfolgen in t_2. 1 000 Mark Kredit werden in t_0, 100 Mark in t_1 aufgenommen und evtl. wieder angelegt. Es entstehen dann in t_2 rund 1 230 Mark an Tilgungs- und Zinsausgaben. Der Zahlungssaldo der Handlungsmöglichkeit (Investition mit Finanzierungszahlungen) ergibt dann in t_2 folgende Wahrscheinlichkeitsverteilung:

Verteilung 3

p	z
0,1	910 — 1230 = — 320
0,3	1210 — 1230 = — 20
0,4	1310 — 1230 = + 80
0,2	1710 — 1230 = + 480

Im allgemeinen Fall wird es auch für die Zins- und Tilgungszahlungen eine Wahrscheinlichkeitsverteilung geben. So ist es denkbar, daß bis t_1 ein Zins von 6% herrscht, von t_1 bis t_2 mit 20% Glaubwürdigkeit der Zins auf 5% sinkt, mit 60% bei 6% bleibt und mit 20% auf 7% steigt. In einem solchen Fall ist zu prüfen, welche Zinssatz-Zukunftslage mit welcher leistungswirtschaftlichen Zukunftslage zusammenfallen wird. Es ist der Risikoverbund zwischen Investitionszahlungen und Finanzierungszahlungen zu untersuchen. Besteht Risikogleichlauf, dann werden die höchsten Zinszahlungen dann anfallen, wenn die niedrigsten Einnahmen entstehen. Es ist auch der umgekehrte, günstigere Fall denkbar, daß die niedrigen Zinssätze mit niedrigen Einnahmen zusammentreffen. Besteht Unabhängigkeit zwischen Investition und Finanzierungszahlungen, dann wäre für die ungünstigste leistungswirtschaftliche Zukunftslage (910 Mark mit 10% Wahrscheinlichkeit) damit zu rechnen, daß mit 20% Wahrscheinlichkeit 1 218 Mark in dieser Zukunftslage zu zahlen sind (1 000 Mark Kredit zu 6% für 1 Jahr = 1 060; 1060 plus 100 in t_1 zu 5% für das 2. Jahr = 1218). Mit 60% Wahrscheinlichkeit bliebe es bei 1230 Mark, und mit 20% wären rund 1 241 Mark zu zahlen.

Für das Weitere gehen wir der Einfachheit halber von sicheren Zins- und Tilgungszahlungen aus; die Sollzinsen mögen 6% betragen. In der folgenden Tabelle sind die möglichen Zahlungen in t_2 zusammengestellt, und zwar für die Verschuldungsgrade V = 33⅓%, 50% und 75%. Bei 33⅓% Verschuldung besteht eine Investitionssumme von 1 500 in t_0, von der 500 fremdfinanziert sind; bei 50% Verschuldung eine Investitionssumme von 2 000 in t_0, davon 1 000 fremdfinanziert; bei 75%iger Verschuldung sind

4 000 in t_0 investiert und davon 3 000 fremdfinanziert worden. Es ergeben sich für die fremdfinanzierten Investitionen folgende Verteilungen für den Zahlungssaldo in t_2:

Verteilung 4

p	V = 33⅓ %	V = 50 %	V = 75 %
0,1	— 160	— 320	— 960
0,3	— 10	— 20	— 60
0,4	+ 40	+ 80	+ 240
0,2	+ 240	+ 480	+ 1440
	μ = 45	μ = 90	μ = 270

Der steigende Erwartungswert μ zeigt die durchschnittliche Hebelwirkung an. Im Druck des Verschuldungshebels nach unten bei den ungünstigen Zukunftslagen äußert sich das Kapitalstrukturrisiko.

Um den optimalen Verschuldungsgrad zu bestimmen, müßte für jeden Verschuldungsgrad der Erwartungswert des Risikonutzens berechnet werden. Dabei ist das Investitions- und Finanzierungsprogramm des Unternehmers als Einheit zu sehen, denn eine verläßliche praktische Ermittlung des Risikonutzens (bzw. der Präferenzwahrscheinlichkeiten) ist nur bei einer Gesamtbetrachtung möglich. Deshalb sind eigenfinanzierte und fremdfinanzierte Investitionen zusammenzufassen.

Danach errechnen sich folgende Zahlungssalden in t_2:

Verteilung 5

p	V = 0 %	V = 33⅓ %	V = 50 %	V = 75 %
0,1	910	750	590	— 50
0,3	1210	1200	1190	1150
0,4	1310	1350	1390	1550
0,2	1710	1950	2190	3150

Wir können annehmen, für eine personenbezogene Unternehmung verkörpere diese Tabelle die gesamte Vermögenslage. Bei einem Verschuldungsgrad von 75% muß der Unternehmer also mit 10% Glaubwürdigkeit damit rechnen, daß er Konkurs anmelden muß. Den Verschuldungsgrad 75% wird er folglich kaum als zulässige Handlungsmöglichkeit ansehen. Für welchen Verschuldungsgrad der Erwartungswert des Risikonutzens des Unternehmers maximal ist, läßt sich rasch ausrechnen, wenn die Risikonutzenfunktion (bzw. die Tabelle der Präferenzwahrscheinlichkeiten) bekannt ist.

Der optimale Verschuldungsgrad wird also bestimmt durch
1. das leistungswirtschaftliche Risiko,
2. die Zins- und Tilgungszahlungen (bzw. deren Wahrscheinlichkeitsverteilung),
3. die persönliche Risikoneigung (die Risikonutzenfunktion).

Vom leistungswirtschaftlichen Risiko (vereinfacht: der Wahrscheinlichkeitsverteilung der Renditen) und von den Zins- und Tilgungszahlungen (der Wahrscheinlichkeitsverteilung der Sollzinsen) hängt es dabei ab, für welche Zukunftslagen der Verschuldungshebel nach unten drückt. Das Kapitalstrukturrisiko ist erst zu bestimmen, wenn das leistungswirtschaftliche Risiko gegeben ist. *Ein allgemeines Verschuldungs-(Kapitalstruktur-)risiko, unabhängig von den Besonderheiten der gewählten Investitionen (dem leistungswirtschaftlichen Risiko), gibt es nicht.* Schon deshalb sind allgemeine Finanzierungsregeln in Form von Kapitalstrukturregeln abzulehnen.

2. Publikumsgesellschaften

Bei firmeneigenen Zielen gilt hinsichtlich der Risikoeinstellung grundsätzlich das soeben Abgeleitete: Es ist jene Kapitalstruktur zu wählen, die den Erwartungswert des Risikonutzens maximiert. Schwierigkeiten treten praktisch dadurch auf, daß eine Gruppe (das Vorstandskollegium zusammen mit dem Aufsichtsrat) über die Finanzierungsentscheidungen befindet. Die Risikonutzenvorstellungen der Mitglieder der Gruppe werden voneinander abweichen; es wird eine Mehrheitsentscheidung und/oder ein Kompromiß gesucht werden müssen. Gruppenentscheidungen tendieren deshalb meist mehr in Richtung auf eine traditionsgebundene als auf eine streng rationale Entscheidung.
Bei Handeln im Interesse der Anteilseigner müßte der Erwartungswert des Risikonutzens von einigen tausend oder zehntausend Aktionären maximiert werden. Das geht nicht. Die Rendite einer Aktie (Dividende zu Börsenkurs) kann jedoch als grobes Maß für die Risikoeinschätzung der Aktionäre dienen, denn von den Kauf- und Verkaufsentscheidungen der Aktionäre hängt der Börsenkurs ab. Wie werden die Aktionäre bei ihren Entscheidungen über Aktienkauf und -verkauf das Kapitalstrukturrisiko berücksichtigen? Über diese Frage ist ein Streit entbrannt, der sich in zwei Thesen äußert. Der Börsenkurs soll sich dabei, so nimmt man an, nach den Ertragsaussichten (nach dem Gesamtwert der Unternehmung) richten.

aa) Die These von der Abhängigkeit des Unternehmenswertes vom Verschuldungsgrad

Die herkömmliche Ansicht über das Verhältnis von Gesamtwert der Unternehmung zu Verschuldungsgrad geht von folgender Überlegung aus[25]: Beginnt eine zunächst eigenfinanzierte Unternehmung mit Verschuldung, so steigt ihr Kurswert wegen der Hebelwirkung der Verschuldung. Es sei jedoch nicht damit zu rechnen, daß der Kurswert der Aktien mit wachsendem Verschuldungsgrad ständig steige. Dann wäre tatsächlich ein Verschuldungsgrad von Unendlich (totale Fremdfinanzierung) optimal. Die Aktionäre sähen vielmehr in einer wachsenden Verschuldung zusätzliche Risiken. Sobald der Verschuldungsgrad eine kritische Schwelle überschritten habe, z. B. 50%, würden die Aktionäre diese Unternehmung gegenüber einer gleichen Unternehmung mit geringerem Verschuldungsgrad als risikoreicher einstufen. Das bedeutet: Sie würden den Bewertungssatz (die gewünschte Alternativrendite) für diese Unternehmung erhöhen, weil durch den hohen Verschuldungsgrad die Unternehmung in eine andere Risikoklasse abgerutscht sei. Die Aktionäre erhöhen also den »Habenzins« um einen Risikozuschlag.

[25] Vgl. hierzu vor allem *Solomon,* The Theory of Financial Management, S. 81–98, mit weiteren Quellenhinweisen. Verschiedene Varianten der herkömmlichen Ansicht tragen vor *Eli Schwartz,* Theory of the Capital Structure of the Firm. In: The Journal of Finance, Vol. 14 (1959), S. 18–39; *Helmut Lipfert,* Optimale Unternehmensfinanzierung. 3. Aufl., Frankfurt 1969.

Ein Beispiel: Eine Aktiengesellschaft mit 1 Mill. Eigenkapital verdient 10% auf ihre Investitionen, und der Kapitalisierungsfaktor, mit dem die Aktionäre die Gewinne bewerten (die Alternativrendite), sei 8%. Kurswert also 1,25 Mill. Mark. Dieser Kapitalisierungsfaktor bleibe jedoch nur bei 8%, solange der Verschuldungsgrad unter 50% liege. Bei einem Verschuldungsgrad von 50% verdiene die Gesellschaft 200 000 brutto auf 2 Mill. eingesetztes Kapital. Abzüglich 6% Sollzinsen auf 1 Mill. Mark Fremdkapital = 60 000 Mark errechnen sich eine Eigenkapitalrendite von 14% und ein Kurswert von 14/8 · 1 Mill. = 1,75 Mill. Mark. Übersteigt der Verschuldungsgrad 50%, dann empfänden die Aktionäre ein Kapitalstrukturrisiko. Dieses höhere Risiko seien sie nur zu tragen bereit, wenn der Kapitalisierungszinsfuß von 8% auf z. B. 9% steige. Angenommen, die Gesellschaft zeige in diesem Jahr einen Verschuldungsgrad von 60%, d. h. sie weise 1 Mill. Eigenkapital und 1,5 Mill. Fremdkapital aus. Bei einer Rendite der Investitionen von 10% verdient sie brutto 250 000 Mark, abzüglich 90 000 Mark Fremdkapitalzinsen bleiben 160 000 Mark Gewinn. Die Rendite des Eigenkapitals betrage also 16%. Bei einem Kapitalisierungssatz von 8% müßte der Kurswert der Aktien 2 Mill. betragen. Nun sehen aber die Aktionäre in dem Verschuldungsgrad von 60% ein zusätzliches finanzielles Risiko; sie kapitalisieren zu 9%, und der Kurswert der Aktien liegt bei rund 1,78 Mill. Mark (160 000 dividiert durch 9%). Der Kurswert hat sich also gegenüber dem Verschuldungsgrad von 50% kaum verändert. Wächst der Verschuldungsgrad auf 70%, so möge die Kapitalisierungsrate auf 12% steigen; der Kurswert sinkt auf 1,6 Mill. Mark.

Ein wachsender Verschuldungsgrad werde also zunächst zu einem steigenden Kurswert der Aktien führen. Dann sei mit einem mehr oder weniger breiten Bereich zu rechnen, in dem die Hebelwirkung zusätzlicher Verschuldung durch das steigende finanzielle Risiko (die steigende Kapitalisierungsrate der Aktionäre und/oder den steigenden marginalen Sollzins) im wesentlichen ausgeglichen werde, so daß der Kurswert der Aktien bei wachsendem Verschuldungsgrad ungefähr gleich bleibe, und schließlich werde die kursdrükkende Wirkung des wachsenden finanziellen Risikos die Hebelwirkung zusätzlicher Verschuldung übersteigen. Der Kurswert werde mit weiter wachsendem Verschuldungsgrad fallen.

Ziel der Unternehmungsleitung sei Vermögensmaximierung für den Durchschnittsaktionär bzw. Anteilswertmaximierung. Der Vorstand werde also jenen Verschuldungsgrad anstreben, bei dem der Kurswert der Aktien möglichst hoch sei. Der optimale Verschuldungsgrad ist erreicht, wenn der Kurswert der Unternehmung sein Maximum erreicht.

Allerdings stellt die Literatur bei der Erörterung des optimalen Verschuldungsgrades nicht in erster Linie auf den Kurswert der Unternehmung (Marktwert der Aktien) ab, sondern auf die »durchschnittlichen Kapitalkosten«. Die durchschnittlichen Kapitalkosten entsprechen dem Verhältnis von Bruttogewinn der Unternehmung zu Gesamtwert des Vermögens (Marktwert der Aktien und Marktwert der Schulden). Die durchschnittlichen Kapitalkosten gleichen einer Art von »Gesamtkapitalrentabilität«. Üblicherweise berechnet man die Rentabilität des Gesamtkapitals als Gewinn plus Zinsen, bezogen auf den Nominalwert des eingesetzten Kapitals. Bei der Berechnung der »durchschnittlichen Kapitalkosten« steht jedoch der Marktwert des Kapitals (Kurswert der Aktien und der Anleihen) im Nenner. Im Beispiel errechnen sich die durchschnittlichen Kapitalkosten wie folgt: Bei vollständiger Eigenfinanzierung gleichen die »durchschnittlichen Kapitalkosten« dem Verhältnis Gewinn zu Marktwert der Aktien (der Rentabilität des Eigenkapitals, bewertet zu Marktpreisen) gleich 8%. Bei dem Verschuldungsgrad 50% beträgt der Bruttogewinn 200 000; Marktwert der Aktien 1,75 Mill. Der Marktwert der Schulden gleicht dem Börsenwert einer Anleihe; wir nehmen an, der Sollzinsfuß von 6% sei der Satz, zu dem die Börse Anleihezinsen kapitalisiert, so daß der Kurs der Anleihe 100 beträgt, ihr Marktwert folglich 1 Mill. Mark. Der Gesamtwert des Vermögens errechnet sich als 1,75 Mill. (Marktwert der Aktien) plus 1 Mill. (Marktwert der Anleihe) = 2,75 Mill. Mark. Die Rentabilität des Gesamtkapitals beträgt damit 200 000 dividiert durch 2,75 Mill. = 7,3%. Das sind die »durchschnittlichen Kapitalkosten« der Unternehmung. Kurswert der Unternehmung und »durchschnittliche Kapitalkosten« entwickeln sich gegenläufig: Steigender Kurswert bedeutet sinkende »durchschnittliche Kapitalkosten«. Deshalb spricht die Literatur davon, das Ziel der Finanzierungspolitik bestehe darin, das Minimum der durchschnittlichen Kapitalkosten zu erreichen.

Grafisch läßt sich die herkömmliche Ansicht so verdeutlichen[26]:
r ist die Rendite der Investitionen; d sind die durchschnittlichen Kapitalkosten; i ist der Sollzins; k ist die Kapitalisierungsrate der Aktionäre, V der Verschuldungsgrad.

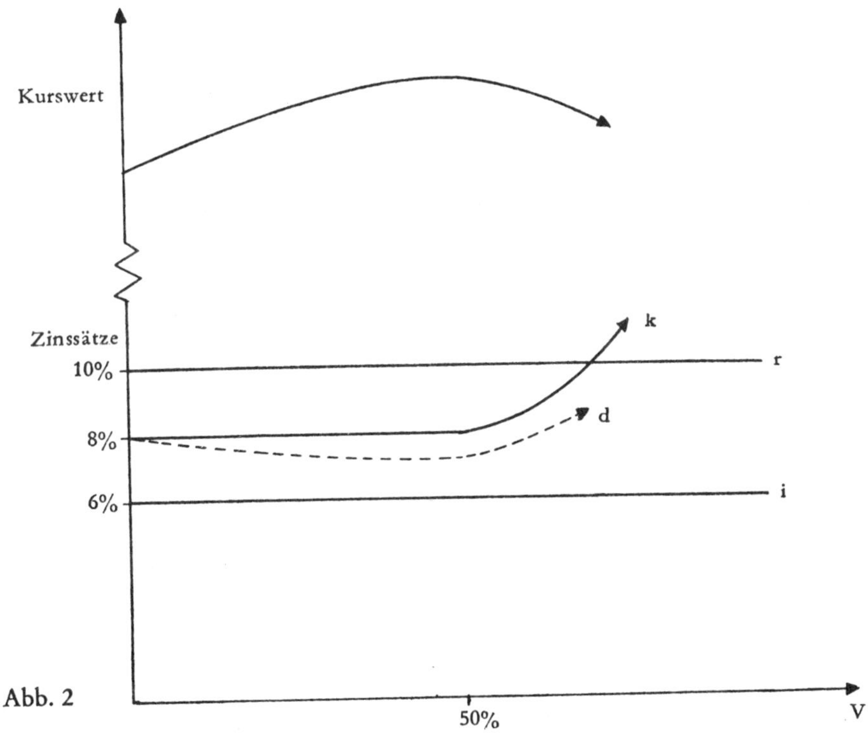

Abb. 2

[26] Vgl. *Solomon*, The Theory of Financial Management, S. 96, der allerdings steigende Sollzinsen annimmt.

Da die »Theorie des Kapitalkostenverlaufs« allein den Zusammenhang zwischen Verschuldungsgrad und Kurs betrachtet, vernachlässigt sie

(1) spekulative oder durch Marktengen erzeugte Kursveränderungen,
(2) den Einfluß der allgemeinen Kapitalmarktlage (der »Börsenkonjunktur«) sowie
(3) das leistungswirtschaftliche Risiko der Unternehmung durch die Annahme einer gegebenen Risikoklasse.

Ohne Bezug auf das leistungswirtschaftliche Risiko ist jedoch das Kapitalstrukturrisiko nicht zu messen; schon deshalb kommt der »Theorie des Kapitalkostenverlaufs« wenig Bedeutung zu.

Weiter ist zu fragen, ob man den Zusammenhang von Börsenkurs und Verschuldungsgrad unter der Überschrift »Kapitalkostenverlauf« erörtern und den optimalen Verschuldungsgrad durch ein »Theorem der minimalen durchschnittlichen Kapitalkosten« definieren soll[27]. Für die Bestimmung des maximalen Kurswertes und damit des optimalen Verschuldungsgrades braucht man nicht auf den Begriff der durchschnittlichen Kapitalkosten zurückzugreifen – und auf überflüssige Begriffe verzichtet man besser.

bb) Die These von der Unabhängigkeit des Unternehmenswertes vom Verschuldungsgrad

Die Gegenthese zur herkömmlichen Ansicht haben Modigliani und Miller aufgestellt[28]. Sie behaupten: Sehe man von Steuern und Börsenspesen ab, dann habe die Kapitalstruktur keinen Einfluß auf den Kurswert einer Unternehmung. Die »durchschnittlichen Kapitalkosten« verliefen unabhängig vom Verschuldungsgrad. Anders ausgedrückt: Die Art der Finanzierung habe keinen Einfluß auf den Wert einer Unternehmung. Es müsse ein Denkfehler sein, wenn behauptet werde, Fremdkapital könne billiger oder teurer sein als Eigenkapital!

Bei der Würdigung dieser Aussage sind zwei Fälle streng zu trennen: Ist die Modigliani-Miller-These als Modellaussage über die Zustände auf einem vollkommenen Kapitalmarkt aufzufassen oder als Hypothese über die praktischen Gegebenheiten?

Modigliani-Miller weisen die Gültigkeit ihrer Aussagen nach für den Fall eines vollkommenen Kapitalmarktes und rational handelnder Aktionäre (strenges Gewinnstreben ist ein Wesensmerkmal des vollkommenen Kapitalmarktes). Bei Vernachlässigung der Ungewißheit ist die These von Modigliani-Miller natürlich richtig, aber trivial. Bei Ungewißheit leuchtet ihre These ebenfalls unmittelbar ein:

Wir nehmen an, zwei Aktiengesellschaften zeigen das gleiche leistungswirtschaftliche Risiko und sie verdienen gleich viel. Die erste Gesellschaft sei eigenfinanziert, die zweite teilweise verschuldet. Die erste, eigenfinanzierte Gesellschaft verdiene 100 000 Mark auf

[27] Kritisch äußert sich auch *Otfrid Fischer*, Neuere Entwicklungen auf dem Gebiet der Kapitaltheorie. In: ZfbF, Jg. 21 (1969), S. 26–42, bes. S. 35–40.

[28] Vgl. *Franco Modigliani, Merton H. Miller*, The Cost of Capital, Corporation Finance, and the Theory of Investment. In: The American Economic Review, Vol. 48 (1958), S. 261 bis 297; wiederabgedruckt in: The Management of Corporate Capital, edited by Ezra Solomon. 3rd printing, London 1964, S. 150–181, mit einer anschließenden Kritik von *David Durand* (S. 182–197); ferner *dies.*, Dividend Policy, Growth, and the Valuation of Shares. In: The Journal of Business, Vol. 34 (1961), S. 411–433; *dies.*, Corporate Income Taxes and the Cost of Capital: A Correction. In: The American Economic Review, Vol. 53 (1963), S. 433–443.

1 Mill. Eigenkapital, ihr Börsenkurs betrage 100, 10% sei die Kapitalisierungsrate der Aktionäre.
Die zweite Gesellschaft habe 1 Mill. zusätzlich investiert, verdiene brutto 200 000 Mark. Die zweite Million sei durch Fremdkapital, Sollzins 6%, finanziert worden. Das Eigenkapital erzielt damit eine Rendite von 14%; gleichzeitig trage die zweite Gesellschaft wegen der Verschuldung zusätzlich zwar ein finanzielles Risiko, doch das sei bei einem Verschuldungsgrad von 50% noch nicht spürbar. In diesem Beispiel müßten nach Modigliani-Miller beide Gesellschaften gleiche Kurse zeigen, während nach herkömmlicher Sicht die eigenfinanzierte Unternehmung einen Kurs von 100, die verschuldete einen Kurs von 140 haben müßte. Modigliani-Miller gelangen zu ihrer Auffassung durch folgende Überlegung: Würde der Kurs von Unternehmung II auf 140 steigen, dann wäre es für den Aktionär vorteilhaft, diese Aktien zu verkaufen und zusätzlich in gleicher Höhe Kredit aufzunehmen und Aktien der Gesellschaft I zu kaufen, damit könnte er einen Gewinn erzielen. Im einzelnen: Ein Aktionär besitzt 1 000 Mark Aktien von Gesellschaft II. Steigt durch die Verschuldung der Kurs auf 140, dann verkauft er diese Aktien und erlöst 1 400 Mark. Zusätzlich nimmt er Kredit von 1 400 Mark auf (zu 6%) und kauft für 2 800 Mark Aktien der unverschuldeten Gesellschaft I. Sein Risiko hat sich durch diese Transaktion nicht verändert: Bei Gesellschaft II betrug der Verschuldungsgrad 50%; durch Kauf der Aktien der unverschuldeten Gesellschaft auf Kredit ist sein *privater* Verschuldungsgrad auf 50% gestiegen. Bei gleichem Risiko erhält nun der Aktionär jährlich 280 Mark Dividende, zahlt daraus 84 Mark Sollzinsen, und ihm verbleiben 196 Mark. Behielte der Aktionär hingegen die Anteile der Gesellschaft II, würde er nur 140 Mark Einkommen erzielen. Da rationale Aktionäre so handeln würden, müßte der Kurs der Gesellschaft II fallen, die Chance eines Verschuldungsgewinns werde auf diese Weise verschwinden. Allgemein ausgedrückt: Weisen zwei Unternehmen im unverschuldeten Zustand gleiche Ertragskraft und das gleiche leistungswirtschaftliche Risiko auf und verschulde sich ein Unternehmen, so daß wegen der Hebelwirkung seine Eigenkapitalrendite steigen müßte, dann würden die Aktionäre Anteile des höher bewerteten, verschuldeten Unternehmens verkaufen und unter Kreditaufnahme Anteile des unverschuldeten Unternehmens erwerben, um Gewinn zu realisieren. Die Gewinnsteigerung, welche die Gesellschaft II durch Verschuldung erreicht, könnten die Aktionäre auch bei der unverschuldeten Gesellschaft I erzielen, wenn sie bereit wären, Aktien der unverschuldeten Gesellschaft auf Kredit zu kaufen. Auf vollkommenen Märkten würde also das Risiko, zu dem die Verschuldung einer Gesellschaft führt, durch private Verschuldung der Aktionäre und Kauf von Aktien der unverschuldeten Gesellschaft ausgeglichen. Die Aktionäre erzeugen durch die private Verschuldung eine Art häuslicher Hebelwirkung. Die häusliche Hebelwirkung gleicht der Hebelwirkung bei der Gesellschaft, und folglich könnten die Kurse der beiden Gesellschaften auf lange Sicht nicht voneinander abweichen.
Läge andererseits aus irgendwelchen Gründen der Kurs der Gesellschaft II aufgrund ihrer Verschuldung unter dem Kurs einer unverschuldeten Gesellschaft, dann böte sich folgende gewinnträchtige »Arbitrage«:
Kurs der unverschuldeten Gesellschaft 100; Ausschüttung 10. Kurs der zu 50% verschuldeten Gesellschaft 80; Ausschüttung 14 (= 20 minus 6 Anleihezinsen). Das Ver-

schuldungsrisiko werde also hier so hoch empfunden, daß es durch die höhere erwartete Ausschüttung nicht ausgeglichen wird. Der Aktionär wird die Aktien der unverschuldeten Gesellschaft verkaufen; Erlös z. B. 10 000. Damit verzichtet er auf Einnahmen von 1 000. Er wird Aktien und Schuldverschreibungen der verschuldeten Gesellschaft kaufen, und zwar entsprechend dem Verschuldungsgrad, hier also im Verhältnis 1 : 1. 5 000 Mark Anleihen erbringen einen als sicher unterstellten Zinsertrag von 6% = 300. (Bei Modigliani-Miller empfinden offenbar nur die Aktionäre, nicht die Gläubiger ein Kapitalstrukturrisiko.) Mit 5 000 Mark lassen sich ferner Aktien im Nennwert von 6 250 Mark kaufen. Die erwartete Ausschüttung beträgt 14% = 875 Mark; erwartetes Gesamteinkommen 1 175 Mark gegen 1 000 Mark bei der unverschuldeten Gesellschaft. Und wie entwickelt sich das Kapitalstrukturrisiko nach diesem Kauf? Das sei Null, nur das leistungswirtschaftliche Risiko bestehe (so wird behauptet): Denn der Aktionär sei in dem Maße Gläubiger der Gesellschaft, in dem sie selbst verschuldet ist. Da die Anleihezinsen als sicher gelten, sei das Risiko, daß wegen der Verschuldung bei Eintreffen ungünstiger Zukunftslagen die Dividenden ausfallen, durch das sichere Zinseinkommen kompensiert. Diese gewinnträchtige Arbitrage verschwinde erst, wenn die Kurse von verschuldeter und unverschuldeter Gesellschaft gleich sind.

Diese Arbitrage ist allerdings an die Voraussetzung gebunden, daß die Aktionäre willens sind, sich privat zu verschulden, und als Gläubiger kein Kapitalstrukturrisiko empfinden. Faßt man den Begriff des vollkommenen Kapitalmarkts so weit, daß die private Verschuldungswilligkeit darunter fällt und daß kein Unterschied zwischen privater Verschuldung und Verschuldung der Gesellschaft und kein Gläubiger-Kapitalstrukturrisiko besteht, dann ist die Aussage von Modigliani-Miller zwingend – allerdings nur für das Modell eines vollkommenen Kapitalmarkts in einer Welt ohne Steuern und Börsenspesen. Jedoch machen diese Voraussetzungen die Ableitung praktisch belanglos. Das wäre ohne Bedeutung, wenn Modigliani-Miller nur eine Modellaussage beabsichtigten. Indes versuchen sie mit ihrem Modell eine Hypothese über das tatsächliche Geschehen zu geben. Hier beginnt jedoch die Problematik[29]:

1. Werden Gewinnsteuern berücksichtigt, dann gilt, daß bei der Aktiengesellschaft die Fremdkapitalzinsen als Betriebsausgaben den körperschaftsteuerpflichtigen Gewinn mindern. Es ist dann für den Aktionär günstiger, wenn eine Aktiengesellschaft Kredit aufnimmt, statt daß er Aktien einer unverschuldeten Gesellschaft kauft und sich privat

[29] Vgl. zur Kritik besonders *David Durand*, The Cost of Capital, Corporation Finance, and the Theory of Investment: Comment. In: The American Economic Review, Vol. 49 (1959), S. 639–655; *Solomon*, The Theory of Financial Management, S. 102 f., 115 f.; *Alexander Barges*, The Effect of Capital Structure on the Cost of Capital. A Test and Evaluation of the Modigliani and Miller Propositions. Englewood Cliffs 1963, bes. S. 80 f., 90–99. Vgl. ferner *M[yron] J. Gordon*, Optimal Investment and Financing Policy. In: The Journal of Finance, Vol. 18 (1963), S. 264–272; *Ezra Solomon*, Leverage and the Cost of Capital. Ebenda, S. 273–279; sowie zahlreiche weitere Stellungnahmen u. a. in der American Economic Review, z. B. zu dem Versuch einer statistischen Verifizierung in Vol. 57 (1967), S. 1258–1300, und im Journal of Finance (1968). Vgl. ferner *Adolf Moxter*, Optimaler Verschuldungsgrad und Modigliani-Miller-Theorem. In: Aktuelle Fragen der Unternehmensfinanzierung und Unternehmensbewertung, Festschrift für Kurt Schmaltz. Stuttgart 1970, S. 128–155.

verschuldet. Im Steuerfall ergibt sich unter den sonstigen Voraussetzungen von Modigliani-Miller, daß mit wachsendem Verschuldungsgrad der Kurswert der Aktiengesellschaft immer stärker wächst, und d. h. der optimale Verschuldungsgrad läge hier bei 100%[30].

2. Verschuldung der Aktiengesellschaft ist im Risiko nicht gleichzustellen einer privaten Verschuldung des Aktionärs. Zunächst ist in der Aktiengesellschaft die Haftung beschränkt; der Aktionär haftet jedoch unbeschränkt für seine Privatschulden. Das bedeutet praktisch: Besitzt ein Aktionär Aktien im Wert von 10 000 Mark von einer Gesellschaft, die Konkurs macht, dann beträgt bei Eigenfinanzierung sein Verlust 10 000 Mark. Hat er die Aktien auf Kredit gekauft, verliert er 10 000 Mark und muß noch 10 000 Mark plus Zinsen an die Bank zurückzahlen. Sodann kaufen nicht nur Privatleute Aktien. Treten andere Gesellschaften oder Investmentfonds als Käufer auf, so trifft das Argument mit der privaten Verschuldung auch nicht mehr zu. Schließlich kann sich ein Privataktionär verschulden, gleichgültig, ob er Aktien von der verschuldeten oder unverschuldeten Gesellschaft erwirbt. Sein Sollzins wird davon kaum beeinflußt. Finanzierungsmöglichkeiten und Sollzinsen einer Aktiengesellschaft hängen jedoch im allgemeinen von ihrer Verschuldung ab.

3. Ein Aktionär kann sich auch verschulden, um Aktien einer bereits verschuldeten Gesellschaft zu kaufen, hier wächst sein Gewinn bei höherem finanziellem Risiko. Darf tatsächlich ausgeschlossen werden, daß er die zusätzlichen Gewinne höher einschätzt als das zusätzliche Risiko? Dieser Gesichtspunkt wirft die Frage auf, welche Risikoneigung die Aktionäre besitzen: Modigliani-Miller behaupten, ihr Modell gelte, gleichgültig, welche Risikoneigung im einzelnen bei den Aktionären vorherrsche[31]. Zunächst ist zu beachten, daß die Aussage von Modigliani-Miller auf keinen Fall stimmt, wenn die Rendite der Gesellschaft in *jeder* Zukunftslage über dem Sollzins liegt. Hier bringt höhere Verschuldung keine Risiken mit. Wir sehen jedoch von diesem Sonderfall ab und betrachten als Beispiel Tabelle 1, S. 496. Nach Modigliani-Miller müssen alle vier Verschuldungsgrade den gleichen Risikonutzen gewähren. Das ist nur der Fall, wenn man eine ganz spezielle Form der Risikoabneigung unterstellt. Wertpapierkäufe tragen jedoch stets ein gut Teil spekulativen Charakter: Für die meisten Aktionäre handelt es sich um Einzelentscheidungen (marginale Investitionsprogrammänderungen), nicht um Programmentscheidungen. Bei Untersuchung des Käuferverhaltens auf dem Wertpapiermarkt kann nicht generell von Risikoabneigung und erst recht nicht von einem bestimmten Verlauf der Risikoabneigung ausgegangen werden.

[30] Werden zur Gewinnbesteuerung zusätzlich die Börsenspesen bei Kauf und Verkauf berücksichtigt, dann läßt sich nach Baumol und Malkiel nachweisen, daß ein optimaler Verschuldungsgrad besteht, vgl. *William J. Baumol, Burton G. Malkiel,* The Firm's Optimal Debt-Equity Combination and the Cost of Capital. In: The Quarterly Journal of Economics, Vol. 81 (1967), S. 547–578. Eine weitere Verschuldungsgrenze ergibt sich dann, wenn Aktionäre und Gläubiger von einer beschränkten Risikonutzenfunktion ausgehen, also das Ruin-Risiko gesondert bewerten, vgl. dazu *Nevins D. Baxter,* Leverage, Risk of Ruin, and the Cost of Capital. In: The Journal of Finance, Jg. 22 (1967), S. 395–403.

[31] Vgl. *Modigliani–Miller,* The Cost of Capital, Corporation Finance, and the Theory of Investment, S. 269, 279; vgl. hierzu auch *Barges,* S. 81–86.

Kurz: Die These von Modigliani-Miller ist für den vollkommenen Kapitalmarkt in einer Welt ohne Gewinnsteuern, Börsenspesen und Gläubigerrisiko unbestreitbar. Als Begründung für das wirkliche Geschehen ist sie nicht zu retten.

cc) Die Problematik der Erfassung des Kapitalstrukturrisikos

Werden die Aktionäre das Kapitalstrukturrisiko einer Unternehmung nach einer der beiden Thesen beurteilen? Von ihren Kauf- und Verkaufsentscheidungen hängt die Entwicklung des Börsenkurses ab. Wenn wir die Ergebnisse für personenbezogene Unternehmen übertragen, läßt sich sagen: Der Aktionär, der sich bemüht, rational zu handeln, kann den für ihn optimalen Verschuldungsgrad bestimmen, wenn das leistungswirtschaftliche Risiko hinreichend genau bekannt ist, wenn er die Wahrscheinlichkeitsverteilung der Finanzierungszahlungen zusätzlich berücksichtigt und eine Programmentscheidung aufgrund seiner Risikonutzenvorstellungen zu treffen sucht.
Keine dieser Bedingungen ist indes für den Kleinaktionär erfüllt. Er kennt im Regelfall weder die durchschnittliche Rendite noch das Risiko der geplanten Investition mit hinreichender Verläßlichkeit. Er kennt nicht die Auswirkungen zusätzlicher Verschuldung auf die einzelnen Zukunftslagen der Unternehmung. Zwischen Kleinaktionären und dem Entscheidenden in der Firma besteht ein erhebliches Informationsgefälle. Selbst wenn wir von dem gedachten Fall ausgehen, daß Unternehmenspläne unverzerrt publiziert würden, werden einzelne Aktionäre das Risiko anders beurteilen als der Vorstand. Im praktischen Fall werden aber kaum Pläne publiziert, sogar die Einzelberichterstattung über die Ereignisse der Vergangenheit liegt teilweise im argen. Der Informationsverlust kann zum Teil durch das Vertrauen in die entscheidenden Personen gemindert werden. Es kann aber auch zu dem Informationsverlust ein erhebliches Vertrauensrisiko gegenüber den Entscheidenden treten, insbesondere dahingehend, ob sie tatsächlich im Interesse der Anteilseigner zu handeln bemüht sind. Der Aktienerwerb ist ferner für den Kleinaktionär keine Programmentscheidung, sondern im Regelfall eine Einzelentscheidung bei überzähligen Mitteln. Letztlich ist zu beachten, daß die Mehrzahl der Kauf- und Verkaufsentscheidungen über Wertpapiere ohne vorheriges gründliches Nachdenken aufgrund von Stimmungen oder fragwürdigen Geheimtips erfolgt.
Selbst wenn wir unterstellen, die Aktionäre bemühten sich, rational zu handeln, so ist für die Analyse des Zusammenhangs von Kapitalstruktur und Risikoneigung die Konstanz des leistungswirtschaftlichen Risikos Voraussetzung. Das leistungswirtschaftliche Risiko bleibt in der Beurteilung der Aktionäre aber nicht konstant.
Aufgrund der mangelnden Informationen, welche die Kleinaktionäre besitzen, und aufgrund der zahlreichen mehr oder weniger vernünftigen Bestimmungsgründe des Börsenkurses glaube ich nicht, daß das Kapitalstrukturrisiko für den Aktionär überhaupt eine faßbare Größe ist, eine Größe, auf deren Veränderungen er reagiert. Ceteris paribus würde er bei rationalem Verhalten vielleicht reagieren. Aber die Umstände bleiben eben nicht gleich; deshalb werden Änderungen im Kapitalstrukturrisiko praktisch nicht berücksichtigt werden können. Die Frage nach dem optimalen Verschuldungsgrad von Publikumsgesellschaften dürfte deshalb kein besonders ergiebiges Problem sein. So wie es wichtige und weniger wichtige Kosteneinflußgrößen gibt, so gibt es wichtige und weniger wichtige Bestimmungsgrößen des Kurswertes. Unter der Ceteris-paribus-Klausel

und bei zahlreichen mehr oder weniger plausiblen Einzelannahmen läßt sich für jede wichtige oder unwichtige Einflußgröße eine Theorie aufstellen und ein Optimum definieren. Entscheidend ist jedoch, ob nach Aufhebung der Ceteris-paribus-Klausel davon noch eine spürbare Rückwirkung auf den Gesamtzusammenhang (die Kostenentwicklung, den Kurswert) übrigbleibt. Bei der Kapitalstruktur wird das kaum der Fall sein, einfach, weil den Aktionären die ausreichenden Informationen fehlen, um das leistungswirtschaftliche Risiko so genau abzuschätzen, daß Änderungen der Kapitalstruktur für die Beurteilung des Risikos der Gesellschaft insgesamt spürbar werden.

Hier liegt ein Gegenargument nahe: Wenn ein Jahresabschluß veröffentlicht werde, der als Ausdruck schwieriger Geschäftslage eine erheblich gestiegene Verschuldung zeige, dann werde der Kurs der Gesellschaft gedrückt. Offenbar empfänden die Aktionäre doch ein Kapitalstrukturrisiko. Doch diese Karte sticht nicht: Wertpapierkäufer und -verkäufer reagieren nur scheinbar auf die Änderung der Kapitalstruktur. Sie sehen in der verschlechterten Kapitalstruktur vielmehr den Niederschlag eines erheblich vergrößerten leistungswirtschaftlichen Risikos. *Das Kapitalstrukturrisiko läßt sich jedoch nur beurteilen, wenn das leistungswirtschaftliche Risiko als unverändert angesehen wird. Die mangelnde Meßbarkeit des Kapitalstrukturrisikos und nicht die Begründung von Modigliani-Miller ist der Grund, weshalb praktisch das Kapitalstrukturrisiko kaum einen Einfluß auf den Kurs nimmt.*

Die Kapitalstruktur in Publikumsgesellschaften erscheint mir durch die persönliche Risikoneigung der Manager, die Wünsche der Gläubiger und durch traditionelle Gewohnheiten bestimmt, nicht durch die Überlegungen der Anteilseigner über einen optimalen Verschuldungsgrad.

c) *Das Optimum an Fremdfinanzierung aus der Sicht der Gläubiger*

1. Gläubigerrisiko und Kreditbeschränkung

aa) *Bestimmungsgründe des Gläubigerrisikos*

Für den Gläubiger ist die Kreditgewährung eine Investition. Über sie ist nach den Kriterien zu entscheiden, die für Investitionsentscheidungen unter Ungewißheit in Kapitel D erarbeitet wurden. Der Gläubiger hat den einzelnen Kredit im Rahmen seiner sonstigen Geschäfte zu beurteilen und Risikoänderungen zu beachten, die sein gesamtes Investitionsprogramm durch eine zusätzliche Kreditgewährung erfährt. Die ökonomischen Probleme liegen im wesentlichen darin, die notwendigen Informationen über die Risiken der Kreditgewährung zu gewinnen und zu gewichten. Für unsere allgemeinen Überlegungen ist es dabei nicht von Belang, ob der Gläubiger eine Bank ist, eine Versicherungsgesellschaft, die Schuldscheindarlehen gewährt, oder ein Lieferant.

Das Risiko der Kreditgewährung besteht wie bei jeder anderen Investition darin, daß die geplanten (vereinbarten) Einnahmenüberschüsse (hier Zins- und Tilgungszahlungen) nicht rechtzeitig oder gar nicht eintreffen. Die Gründe für das Entstehen einer Wahrscheinlichkeitsverteilung über die Rückzahlungsbeträge (das Kreditrisiko) sind:

(a) Das Unternehmensrisiko des Schuldners. Im Unternehmensrisiko sind das leistungswirtschaftliche Risiko und das Kapitalstrukturrisiko zusammengefaßt, wie z. B. in Verteilung 5, S. 502; hier bestünde für den Gläubiger ein Risiko erst, wenn der Verschuldungsgrad 75% erreicht wird, vorausgesetzt, er glaubt, die Werte der Verteilung 5 akzeptieren zu können.

(b) Ein Informations- bzw. Vertrauensrisiko gegenüber der Person des Schuldners: Sind die Angaben des Schuldners (z. B. in Verteilung 5) verläßlich? Wird der Schuldner überhaupt zahlen wollen?

Der Kreditgewährung gehen Kreditverhandlungen voraus. In diesen Verhandlungen gilt es, das Informationsrisiko zu minimieren und das Unternehmensrisiko des Schuldners zu erkennen. Zweck einer jeden Kreditwürdigkeitsprüfung ist es, festzustellen, ob der Schuldner in der Lage sein wird, zu zahlen. Verläßliche Informationen können auch hier nur gründlich erarbeitete Finanzpläne für alternative Zukunftslagen geben. Ein vertrauenswürdiger Schuldner wird solche erarbeiten. Ob er bereit ist, den künftigen Gläubiger (z. B. die Bank) Einsicht nehmen zu lassen, ist eine Frage der Verhandlungsmacht. Für den Schuldner entscheidet dabei die Beurteilung der Gefahren, welche aus einer möglichen Verbreitung der Pläne erwachsen können. Weil die langfristige Gesamtplanung in vielen Unternehmen noch sehr im argen liegt, benutzt man in Kreditwürdigkeitsprüfungen heute noch meist Bilanzzahlen. Über deren Unzuverlässigkeit gibt man sich allerdings keiner Illusion hin; aber eine mehrdeutige, nur begrenzt aussagefähige Information ist immer noch besser als gar keine. In vielen Fällen wird die Prüfung des Kreditantrages zugleich mit einer Beratung verbunden über die zweckmäßige zeitliche Staffelung der Zins- und Tilgungszahlungen, z. B. in der Form, daß die Tilgungszahlungen sich an die »verdienten Abschreibungen« des zu investierenden Objektes anlehnen, d. h. die Rückzahlung erfolgt gemäß den Einnahmenüberschüssen der Investition. In einem solchen Vorgehen finden wir den Kapitalbindungsgedanken wieder: Einzelinvestitionen und einzelne Finanzierungsmaßnahmen werden als Einheit gesehen. Betriebswirtschaftlich vernünftig ist das nicht, da über die Zahlungsfähigkeit einer Unternehmung allein der Zahlungssaldo für die Unternehmung insgesamt entscheidet. Aber solange keine ausgebauten Unternehmungspläne bestehen, gibt die Anpassung der Zins- und Tilgungszahlungen an den erwarteten Einnahmenverlauf einer isoliert betrachteten Investition immerhin eine Dispositionshilfe.

Die Prüfung des Kreditantrages wird zu einer Glaubwürdigkeitsverteilung über die Rückzahlung des Kredites führen. Aufgrund dieser Wahrscheinlichkeitsverteilung über die Rückzahlung hat der Gläubiger zu entscheiden, ob er den Kredit gewährt, ablehnt oder an Bedingungen knüpft.

Drei Bedingungen kann der Gläubiger nennen, ehe er Kredit gewährt: Einflußnahme auf die Entscheidungen des Schuldners, das Bereitstellen von Sicherheiten und eine Verbesserung der Kapitalstruktur.

Die Möglichkeit, sich Einfluß auf die laufenden Geschäfte des Schuldners zu verschaffen, ist für den Gläubiger eine zweischneidige Maßnahme. Er schaltet zwar damit das Informationsrisiko weitgehend aus. Jedoch schafft die Einflußnahme eine zusätzliche Gefahr: Der Gläubiger hat (juristisch oder moralisch) im Falle des Schadens für den Schaden mit einzustehen. Und nicht immer kann sich ein Gläubiger (z. B. eine Bank) der moralischen Haftung entziehen. Die Rückwirkungen auf andere Geschäfte könnten katastrophal sein. Des weiteren wird sich der Schuldner im Regelfall einer Einflußnahme entschieden widersetzen, von wirtschaftlicher Knebelung und ähnlichem

sprechen. Weil eine unmittelbare Einflußnahme zweischneidig wirkt, deshalb ziehen Banken den mittelbaren Einfluß über Aufsichtsratsposten vor.
Auf Sicherheiten und die Verbesserung der Kapitalstruktur gehen wir in gesonderten Abschnitten ein.
Hier prüfen wir zunächst: Bei welcher Verschuldungshöhe wird der Gläubiger eine weitere Kreditgewährung ablehnen? Wie bestimmt sich das Kreditlimit, das der Gläubiger dem Schuldner setzt? Dazu nehmen wir an, daß früher gegebene Sicherheiten nicht vermehrt werden können und das haftende Eigenkapital nicht erhöht werden kann. Später prüfen wir: Wie läßt sich der Kreditspielraum erweitern? Welchen Einfluß nimmt insbesondere die Verbesserung der Kapitalstruktur auf die Erweiterung des Kreditlimits? Mit der Untersuchung dieses Einflusses können wir zugleich die Frage beantworten, ob es für den Gläubiger vernünftig ist, vom Schuldner das Einhalten bestimmter Kapitalstrukturregeln zu verlangen. Ist das der Fall, dann sind solche Finanzierungsregeln Nebenbedingungen, welche die kreditsuchende Unternehmung zu beachten hat.

bb) Das Problem der Kreditgrenze

Bis zu welchem Höchstbetrag darf Kredit gewährt werden? Bei der Antwort sehen wir von allen institutionellen Einflüssen ab, welche die Kredithöhe beschränken, z. B. gesetzliche oder satzungsmäßige Vorschriften, die einer Bank auferlegt sind. In solchen Fällen entsteht kein ökonomisches Wahlproblem.
Um das Kreditlimit zu bestimmen, müssen wir davon ausgehen, der Schuldner frage alternative Kredithöhen nach. Diese Annahme erscheint selten erfüllt: Kreditanträge lauten durchweg auf einen festen Betrag. Es ist jedoch zu beachten, daß vor diesem Kreditantrag meistens schon andere gestellt wurden, die teilweise noch laufen, und daß in Zukunft mit weiteren Anträgen oder dem Versuch zu Kontoüberziehungen gerechnet werden muß. Die Bank (wie jeder andere Gläubiger) interessiert sich jedoch für die Gesamtverschuldung. Bei den Überlegungen über den Höchstbetrag der Kreditgewährung sind auch die künftigen Kreditanträge bzw. Wünsche nach Kontoüberziehungen zu berücksichtigen, um rechtzeitig zu bremsen. Alle diese zeitlich gestaffelten Kreditwünsche fassen wir vereinfachend zusammen, indem wir annehmen, der Schuldner frage alternative Kredithöhen nach und der Gläubiger habe zu entscheiden, ob und wo er eine Kreditgrenze setzt.
Zur Vereinfachung beziehen wir alle Zins- und Tilgungszahlungen auf einen Zeitpunkt. Der Gläubiger schätzt also die Wahrscheinlichkeitsverteilung der Endeinnahmen aus dem Kreditgeschäft oder der Barwerte der Zins- und Tilgungsbeträge. Bei der Festlegung der möglichen Rückzahlungsbeträge sind die Geldeintreibungskosten zu berücksichtigen. Es ist ja nicht damit getan, daß z. B. vermutet wird, im schlimmsten Fall muß auf die Zinsen verzichtet werden. Es sind vielmehr auch die zusätzlichen Ausgaben zu beachten, die bei Zahlungsaufschub, bei einem Vergleich, bei Verwertung von Sicherheiten und bei möglichen Prozessen über die Verwertungsrechte an den Sicherheiten entstehen werden.

Wie entwickelt sich das Risiko des Gläubigers mit wachsender Kredithöhe? Als erstes könnte man annehmen, die Wahrscheinlichkeitsverteilung der Rückzahlungsbeträge (das »Risiko« der Rückzahlung) sei unabhängig von der Verschuldungshöhe[32]; aber das ist unrealistisch. Die übliche Annahme lautet, daß mit wachsendem Kreditbetrag das Risiko der Rückzahlung ständig steige. Praktisch trifft auch das nicht immer zu. Nehmen wir an, eine Unternehmung brauche für eine Erweiterungsinvestition einen Kredit für fünf Jahre über 2 Mill. Mark. Wird ihr der langfristige Kredit nur über 1 Mill. eingeräumt oder wird die Laufzeit auf 2 Jahre beschränkt, dann muß sie u. U. auf die Investition verzichten. Es entsteht die Gefahr, mit der Konkurrenz technisch nicht mehr mithalten zu können: Das leistungswirtschaftliche Risiko der Unternehmung steigt. Oder die Unternehmung führt die Investition trotzdem durch, dann wird sie gezwungen sein, sich kurzfristig zu finanzieren, z. B. durch teuere und kurzfristige Wechselkredite. Bei vorübergehend nachlassender Konjunktur kann sie dabei in eine Liquiditätskrise geraten. Wegen der Notwendigkeit, auf kurzfristige und teuere Kredite zurückzugreifen, steigt das Unternehmensrisiko. Wird hingegen der langfristige Kredit über 2 Mill. Mark gewährt, dann kann das Unternehmensrisiko insgesamt geringer sein als im Fall des Verzichts auf die Investition oder im Fall der Finanzierung mit kurzfristigen Krediten, die sich bei einer Konjunkturwende nicht verlängern bzw. erneuern lassen.

Bei wachsenden Kreditsummen kann somit das Risiko des Gläubigers fallen, konstant bleiben oder steigen. Der Kredit wird natürlich erst im Bereich steigenden Risikos begrenzt werden. Um den Höchstbetrag der Kreditgewährung zu bestimmen, müssen wir ferner voraussetzen, das leistungswirtschaftliche Risiko und die einzelnen Sicherheiten bzw. Haftungshöhen für alle Kreditsummen blieben unverändert. Ergäbe sich z. B., daß bei doppelter Kreditsumme als Folge der gestiegenen Unternehmensgröße sich das leistungswirtschaftliche Risiko wandelt, dann änderte sich auch das Risiko für den Gläubiger grundlegend. In der Bundesrepublik können z. B. Großbetriebe praktisch nicht mehr in Konkurs gehen. Ab 5 000 bis 10 000 Beschäftigten (wenn nicht schon früher) ist fast mit Sicherheit mit staatlichen Stützungsaktionen zu rechnen. Das Risiko tragen allein die Eigentümer, nicht die Gläubiger.

Wir gehen zum ersten davon aus, mit wachsender Kreditsumme blieben der Sollzins und das Unternehmensrisiko des Schuldners konstant. Der Schuldner zahle für den zusätzlichen Kredit z. B. 8%, das Risiko des Gläubigers ändere sich nicht. Wenn der Gläubiger keine besseren Anlagemöglichkeiten sieht, wird er den Kredit gewähren. Durch erhöhte Kreditgewährung steigt dann der Erwartungswert des Risikonutzens des Gläubigers, denn bei unverändertem Risiko erhält er zusätzliche Gewinnchancen.

Als zweites nehmen wir an, das Risiko wachse bei der Gewährung eines zusätzlichen Kredits. Steigt bei konstantem Sollzins das Risiko mit wachsender Kreditsumme, dann

[32] Davon geht Hodgman aus; diese und andere einschränkende Annahmen (insbesondere hinsichtlich der Präferenzstruktur) wurden in der Diskussion seines Beitrages aufgehoben. Vgl. *Donald R. Hodgman*, Credit Risk and Credit Rationing. In: The Quarterly Journal of Economics, Vol. 74 (1960), S. 258–278; *Sam B. Chase, Jr.*, Credit Risk and Credit Rationing: Comment. Ebenda, Vol. 75 (1961), S. 319–327; *Harl E. Ryder, Jr.*, »Credit Risk and Credit Rationing«: Comment. Ebenda, Vol. 76 (1962), S. 471–479; *Merton H. Miller*, Further Comment. Ebenda, S. 480–488; *Donald R. Hodgman*, Reply. Ebenda, S. 488–493. Vgl. in diesem Zusammenhang auch *H[ans] J[acob] Krümmel*, Finanzierungsrisiken und Kreditspielraum. In: ZfB, Jg. 36 (1966), 1. Ergänzungsheft, S. 134–157.

wird zunächst der Erwartungswert des Risikonutzens noch zunehmen (die Einschätzung der Gewinnchancen über der Einschätzung des zusätzlichen Risikos liegen), aber irgendwann wird das zusätzliche Risiko die zusätzliche Gewinnerwartung ausgleichen und bei höheren Kreditbeträgen übersteigen.

Bei gegebenem Kreditzinssatz und steigendem Kreditbetrag wird der Erwartungswert des Risikonutzens also zunächst wachsen, dann fallen. An der Stelle des Maximums des Erwartungswertes des Risikonutzens wird der rational handelnde Gläubiger den Kredit begrenzen.

Diese einfache formale Überlegung ist jedoch an zahlreiche einengende Annahmen gebunden: Die Kreditgewährung ist schließlich eine Investitionsentscheidung, in die alle Überlegungen hinsichtlich des Investitionsprogramms und der Finanzierung (diesmal des Gläubigers) eingehen. So wäre bei einer Bank z. B. zu prüfen, wie die Erhöhung des Kreditlimits eines Kunden auf das Risiko aus dem gesamten Investitions- und Finanzierungsprogramm der Bank zurückwirkt. Um nur einige Gesichtspunkte zu nennen (da hier keine Theorie der Bankunternehmungspolitik entwickelt werden kann): Schwimmt die Bank in Geld (sind also vorteilhafte Anlagemöglichkeiten rar, die Geldbeschaffung leicht), dann kann das auch zu einer anderen Risikobeurteilung der Krediterhöhung führen als im Fall von Geldknappheit. Daneben werden die Bedingungen des Einzelfalls zu beachten sein: Sicherheiten, Kündigungstermine und die Konkurrenz der Kreditinstitute untereinander. Die Frage, welches Risiko zusätzlich in Kauf genommen wird, ist stets abhängig von dem Investitions- und Finanzierungsprogramm, das bereits verwirklicht ist bzw. werden kann. Wir müssen hier, um wenigstens einige Aussagen über das Ausmaß von Kreditbeschränkungen ableiten zu können, die praktischen Verhältnisse erheblich vereinfachen.

cc) Der Einfluß des Zinssatzes auf die Kreditgrenze

Für die kreditsuchende Unternehmung ist es wichtig zu wissen, von welchen Einflußgrößen ihr Kreditlimit abhängt und durch welche Zugeständnisse sie es erweitern kann. Im Einzelfall wird das in Kreditverhandlungen geklärt werden. Wir können hier nur untersuchen, welche Einflußgrößen bei streng rationalem Verhalten der Gläubiger das Kreditlimit bestimmen, das sie gegenüber einer kreditsuchenden Unternehmung setzen. Dazu halten wir zunächst Sicherungsmöglichkeiten und leistungswirtschaftliches Risiko konstant und prüfen: Läßt sich das Kreditlimit hinausschieben, wenn dem Kreditgeber höhere Zinsen geboten werden?

Bliebe das Risiko des Kredits unverändert, dann stieg der Risikonutzen des Gläubigers mit wachsendem Grenzzins. Das Risiko bleibt jedoch nicht gleich: Höhere Zinssätze bedeuten für den Schuldner einen höheren Rückzahlungsbetrag, und zwar bei gegebenem Investitionsvolumen des Schuldners, d. h. bei unveränderter Ertragskraft und unverändertem leistungswirtschaftlichem Risiko. Durch steigende Rückzahlungsbeträge bei gegebenem Investitionsvolumen erhöht sich das Kapitalstrukturrisiko des Schuldners und damit das Risiko für den Gläubiger. Höhere Zinssätze werden also nur eine Zeitlang in der Lage sein, den Risikonutzen des Gläubigers zu steigern. Deshalb gibt es ein absolutes Kreditlimit, selbst bei wachsenden Zinssätzen.

Im Beispiel sieht das so aus: Bei 6% Zinsen betrage das Kreditlimit 100 000 Mark, der vereinbarte Rückzahlungsbetrag nach 5 Jahren also rund 134 000 Mark. Werden 7% Zinsen geboten, dann liege das Kreditlimit bei 110 000 Mark (Rückzahlungsbetrag rund 154 000 Mark). Bei weiter steigenden Zinssätzen muß beachtet werden, daß durch die höheren Rückzahlungsverpflichtungen das Unternehmensrisiko des Schuldners wächst, die Rückzahlung des Betrages deshalb unsicherer wird. Aus diesem Grund mag bei 10% Zinsen der Kredit bei 120 000 limitiert werden (Rückzahlungsbetrag rund 193 000). 10% möge zugleich der Erwartungswert der Rendite der Investitionen des Schuldners sein. Eine Zinserhöhung über 10% hinaus muß deshalb das Kapitalstrukturrisiko des Schuldners und damit das Kreditrisiko noch weiter erhöhen, weil bei höheren Zinsen in mehr Zukunftslagen Verluste entstehen. 12% Zinsen ergäben z. B. bei 120 000 Mark Kredit einen Rückzahlungsbetrag von rund 211 000 Mark. Da jedoch der Erwartungswert der Einnahmenüberschüsse nur bei 193 000 Mark liegt, wird nur beim Eintreten »guter« Zukunftslagen noch Gewinn erzielt werden. Bei einem (z. B. institutionell vorgegebenen) Zinssatz von 12% könnte also z. B. der Gläubiger nur 110 000 Mark Kredit gewähren (Rückzahlungsbetrag rund 194 000), wenn durch die hohen Zinsen nicht die Kreditrückzahlung zusätzlich gefährdet werden soll.

Eine Gefährdung der Kreditrückzahlung liegt jedoch nicht nur dann vor, wenn der Sollzins über den Erwartungswert der Rendite der Investitionen steigt. Zusätzlich ist zu beachten: Bei steigenden Zinssätzen drückt der Verschuldungshebel in einer wachsenden Zahl von Zukunftslagen nach unten. Das wachsende Kapitalstrukturrisiko legt eine weitere, schärfere Kreditbeschränkung nahe. Deshalb wird bei 12% Zinsen der rational handelnde Bankier vielleicht nur 100 000 Mark als Kreditgrenze ansetzen. Grafisch ergäbe sich folgendes Bild:

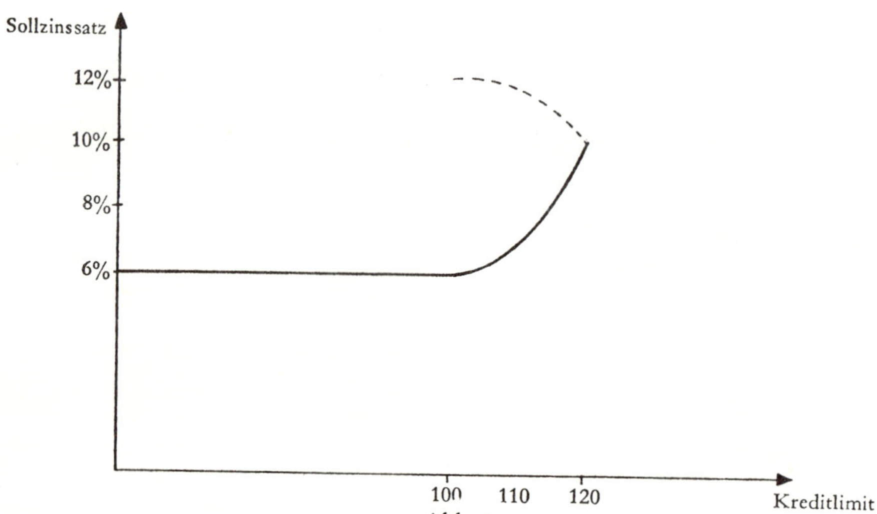

Abb. 3

Reagiert das Kreditlimit auf Veränderungen des Zinssatzes, so kann man von einer »schwachen« Kreditrationierung sprechen[33].

Praktisch häufiger anzutreffen ist die starre Form, daß bei konstantem Zinssatz eine feste Kreditgrenze gesetzt wird, die auch durch Zugeständnisse in der Verzinsung nicht verschoben werden kann.

Wie läßt sich eine starre (zinsunabhängige) Kreditrationierung erklären? Freimer-Gordon führen sie darauf zurück, daß der Kreditzuwachs, der durch höhere Zinssätze erzielt wird, von den Schuldnern gering eingeschätzt wird. Die Schuldner werden sich zu 6% bis z. B. 100 000 Mark verschulden, aber nicht für 20% Mehrkredit 12% Zinsen für den gesamten Kredit bezahlen wollen. Denn dann beträgt im Beispiel der Grenzzinssatz für die Kreditsteigerung von 100 000 auf 110 000 Mark 17% (für 110 000 sind 7 700 jährlich an Zinsen zu zahlen, für 100 000 nur 6 000); von 110 000 auf 120 000 Mark steigt der Grenzzinssatz sogar auf 43% (für 120 000 Mark Kredit sind jährlich 12 000 Mark Zinsen zu zahlen, für 110 000 Mark Kredit nur 7 700 Mark). Derartige Zinssätze wirken abschreckend. Allerdings werden sich die Banken in ihren Verhandlungen nur auf Änderungen des Durchschnittszinses einlassen, weil optisch eine Zinserhöhung von 6 auf 7% niemanden aufregt, der dadurch bewirkte Grenzzins von z. B. 17% jedoch schon als Wucherzins angesehen werden würde.

Dieser Gesichtspunkt erklärt jedoch nicht die starre Kreditrationierung, denn hier begrenzen die Schuldner, nicht die Gläubiger, die Kredithöhe.

Der wirkliche Grund für eine zinsunabhängige Kreditbeschränkung ist der Wunsch nach einer Begrenzung des Gesamtrisikos des Gläubigers. Er sieht sich einer mehr oder weniger guten Mischung an Investitionen (Krediten) gegenüber. Um das Risiko der Mischung tragbar zu halten und jede Existenzgefährdung auszuschließen, dürfen die Einzelrisiken nicht zu hoch werden. Steigende Sollzinssätze mindern jedoch das »Existenzrisiko« nicht oder kaum. Es ist vor allem der Gesichtspunkt der »Existenzsicherung«, aufgrund dessen in Kreditrichtsätzen und Satzungsvorschriften z. B. für Banken Kredithöchstgrenzen festgelegt werden.

Insgesamt können wir festhalten: Das Kreditlimit, das ein Gläubiger setzt, läßt sich durch höhere Zinssätze vielleicht etwas, sicher nicht entscheidend hinausschieben.

Von dieser Aussage über rationales Verhalten des Gläubigers ist eine zweite Aussage über die taktische Bedeutung des Risikos bei Kreditverhandlungen zu trennen: Der Gläubiger wird auf sein wachsendes Risiko hinweisen, um höhere Sollzinsen durchzusetzen, mehr Einfluß und mehr Sicherheiten zu erzielen.

2. Die Abhängigkeit des Kreditspielraums von den Kreditsicherheiten

Die Mehrzahl der Kredite werden gegen Sicherheiten gewährt. Wir können zwei Sicherungsformen unterscheiden.

(1) Sachliche Sicherheiten: Verpfändung oder Übereignung von Vermögensgegenständen, Eigentumsvorbehalt bei Warenlieferungen.

[33] Vgl. *Marshall Freimer, Myron J. Gordon,* Why Bankers Ration Credit. In: The Quarterly Journal of Economics, Vol. 79 (1965), S. 397—416, hier S. 398.

(2) Persönliche Sicherheiten: Bürgschaften, Wechselindossierungen. Persönliche Sicherheiten werden oft von den Gesellschaftern einer GmbH verlangt, um die Haftungsbeschränkung der GmbH zu umgehen. Damit wird eine Rückgriffsmöglichkeit auf das Privatvermögen der Gesellschafter geschaffen.

Die betriebswirtschaftliche Bedeutung der rechtlichen Details bei den einzelnen Kreditarten liegt in ihren Auswirkungen auf die zeitliche Wiedergeldwerdung und in den Liquidationsmöglichkeiten der Sicherheiten. Bei der Würdigung der einzelnen Sicherungsformen ist die Leichtigkeit des Zugriffs zu beachten: Wechselstrenge erlaubt z. B. einen raschen Zugriff auf noch vorhandenes Vermögen. Wir können hier die einzelnen Kreditarten nicht untersuchen [34]. Nur die allgemeine Wirkung von Sicherheiten auf das Kreditrisiko und damit den Kreditspielraum soll dargestellt werden.

Sicherheiten werden verlangt, um sie im ungünstigsten Fall verwerten zu können. Der Erlös von Vermögensgegenständen, die versteigert oder anderweitig rasch verkauft werden, ist aber auch ungewiß. Deshalb werden die Sicherheiten nur bis zu einer bestimmten Grenze beliehen. Für Beleihungsgrenzen gibt es Erfahrungssätze. Aber sich darauf zu verlassen, ist keine wirtschaftlich befriedigende Lösung. Im Grunde soll die Beleihungsgrenze den Erlös anzeigen, der bei Verwertung der Sicherheit nicht, oder nur mit einer »unbeachtlichen« Wahrscheinlichkeit (z. B. weniger als 5%) unterschritten wird.

Die Wirkung von Sicherheiten und Beleihungsgrenzen auf das Kreditrisiko soll an einem Beispiel erläutert werden. Nehmen wir an, zunächst sei über einen ungesicherten Personalkredit in Höhe von 1 000 für zwei Jahre zu 10% verhandelt worden. Nach Prüfung aller Unterlagen gelangt der Gläubiger, eine Bank, zu folgenden Glaubwürdigkeitsvorstellungen (p = Wahrscheinlichkeit, z = Rückzahlungsbetrag):

Zukunftslage:	p	z
Konkurs des Schuldners	0,05	0
Vergleichsverfahren	0,05	500
Zahlungsaufschub (Stillhalteabkommen)	0,10	1000
Glatte Abwicklung	0,80	1210

Erwartungswert des Rückzahlungsbetrages = 1 093; erwartete Rendite folglich nur rund $4^1/_2$%.

Das erscheint der Bank zu ungünstig. Sie verlangt Sicherheiten. Als Sicherheit werden der Bank langfristige Kundenforderungen abgetreten im Nennwert von 2 000 Mark. Hält die Bank diese Zession als Sicherheit für den Rückzahlungsbetrag von 1 210 für ausreichend, dann wählt sie eine Beleihungsgrenze von rund 60% (1 210 : 2 000). Um die Wirkung einer Änderung der Beleihungsgrenzen zu untersuchen, betrachten wir daneben den Fall, daß 3 000 Mark Forderungen zediert werden, die Beleihungsgrenze also auf etwa 40% zurückgenommen wird.

Bei den Forderungen mag mit folgenden Zukunftslagen gerechnet werden (die Zahlungen sind wieder auf t_2 bezogen):

[34] Ansätze zu einer Optimierung der Fremdkapitalstruktur sucht *Swoboda*, Finanzierungstheorie, Kapitel 3, zu erarbeiten.

	p	Beleihungsgrenze 60%	40%
Forderungsnennwert		2000	3000
	0,2:	500	750
	0,4:	1000	1500
	0,4:	2000	3000

In diesem Beispiel scheint beide Male die Sicherheit schlecht, die Beleihungsgrenze viel zu hoch gegriffen, denn es besteht die sehr beachtliche Wahrscheinlichkeit von 60% bei der Zession von 2 000 Mark, die von 20% bei der Zession von 3 000 Mark, dafür, daß der Erlös der Sicherheit unter der Rückzahlungsforderung liegt. Es erscheint deshalb gewagt, Sicherheiten im Nennwert von 2 000 Mark, ja sogar von 3 000 Mark als ausreichend für einen Kredit mit einem Rückzahlungsbetrag von 1 210 Mark anzusehen. Indes läßt sich ein Urteil über den Wert der Sicherheit nur fällen, wenn die Wahrscheinlichkeitsverteilungen der Sicherheit und des Kredites zusammen betrachtet werden. Sobald zwei Wahrscheinlichkeitsverteilungen zusammenzufassen sind, ist zu prüfen, ob sie unabhängig voneinander sind oder ob ein Risikoverbund besteht. Wir nehmen hier zunächst an, es bestünde Risikogleichlauf. Der schlechteste Fall für den Schuldner (Konkurs) falle zusammen mit dem schlechtesten Erlös bei den Forderungen (eine Annahme, die sicher nicht ganz aus der Luft gegriffen ist). Dann ergibt sich für die Bank folgende Situation: Sie erhält mit einer Wahrscheinlichkeit von

p	m	Beleihungsgrenze 60 %	Beleihungsgrenze 40 %
0,05	1,00	500	750
0,05	0,95	1000	1210
0,90	0,90	1210	1210

(m ist die kumulierte Wahrscheinlichkeit, einen Betrag mindestens zu erhalten).

Ob aus den Sicherheiten mehr erlöst wird, als die Forderung beträgt, interessiert die Bank nicht.

Selbst wenn wir den ungünstigsten Fall des Risikogleichlaufs annehmen, wird durch die an sich recht zweifelhafte Sicherheit das Kreditrisiko entscheidend vermindert. Der Erwartungswert des gesicherten Kredites bei einer Beleihungsgrenze von 60% (Abtretung von 2 000 Mark Forderungen) beträgt 1 164, d. h. die erwartete Rendite steigt auf knapp 8%. Bei der Beleihungsgrenze von 40% beträgt der Erwartungswert 1 187, der Erwartungswert der Rendite rund 9%.

Für den ungünstigsten Fall des Risikogleichlaufs wird die Beleihungsgrenze von 40% ausreichen, um das Kreditrisiko bereits als tragbar erscheinen zu lassen: 95% Wahrscheinlichkeit stehen dafür, daß die vereinbarten Einnahmen eingehen, mit 5% Wahrscheinlichkeit muß damit gerechnet werden, daß nur rund 60% (750 Mark) eingehen.

Nun braucht aber zwischen Kreditausfall und Erlös für die Sicherheiten keineswegs Risikogleichlauf zu bestehen. Nehmen wir an, beide Wahrscheinlichkeitsverteilungen sind voneinander unabhängig, dann können die Zukunftslagen Konkurs, Vergleich usw. mit jeder der drei Zukunftslagen für die Erlöse der Sicherheiten zusammentreffen. Bei der Zukunftslage »Konkurs« (Glaubwürdigkeit 5%) fließen dann zu 1/5 (p = 1%) 500 Mark zurück, zu 2/5 1 000 Mark, zu den restlichen 2/5 1 210 Mark. Bei der Zukunftslage »Vergleich« fließen zu 1% 1 000, zu den restlichen 4% 1 210 Mark zurück. Es entsteht folgende Verteilung:

p	m	Beleihungsgrenze 60 %	Beleihungsgrenze 40 %
0,01	1,00	500	750
0,03	0,99	1000	1210
0,96	0,96	1210	1210

Bei der Beleihungsgrenze 60% steigt der Erwartungswert auf 1 196,6; die erwartete Rendite auf knapp $9^1/_2$%. Aber der Erwartungswert sagt wenig aus: Das Risiko, daß dieser gesicherte Kredit einen Zinsausfall oder gar einen Verlust einbringt, ist praktisch unter die Fühlbarkeitsschwelle gesunken. Für die Beleihungsgrenze von 40% sieht das Ergebnis noch günstiger aus.

Banken und Literatur [35] betonen, daß keine Sicherheiten beliehen, sondern Kredite an kreditwürdige Unternehmen gegeben werden. Das mag das Ziel sein. Es läßt sich jedoch nicht leugnen, daß Sicherheiten den Erwartungswert der Rendite entscheidend erhöhen, eben weil sie das Risiko erheblich vermindern. Die Steigerung der erwarteten Rendite und die Risikominderung sind um so größer, je geringer die Beleihungsgrenzen angesetzt werden. Für einen gut abgesicherten Kredit besteht praktisch kein Risiko mehr, und ein Bankier, der einen gut abgesicherten Kredit nicht gewährt, mit der Begründung, er beleihe keine Sicherheiten oder die Kapitalstruktur dieser Unternehmung sei schlecht oder das leistungswirtschaftliche Risiko zu hoch, handelt einfach unvernünftig: Er läßt sich sichere Gewinnchancen entgehen.

3. Die Abhängigkeit des Kreditspielraums von der Verbesserung der Kapitalstruktur

Gegenüber der Risikominderung durch Sicherheiten oder durch Einflußnahme auf die Entscheidungen spielt die Verbesserung der Kapitalstruktur eine untergeordnete Rolle. Ob sie überhaupt das Risiko spürbar mindert, ist nun zu prüfen.

Die ungünstigste Zukunftslage, die für den Gläubiger eintreten kann, ist der Konkurs des Schuldners. Die Konkursgründe sind bei Personen- und Kapitalgesellschaften verschieden. Beide sind bankrott, wenn sie zahlungsunfähig sind. Aber Kapitalgesellschaften müssen das Konkursverfahren auch eröffnen, wenn sie überschuldet sind. Das Überschuldungsrisiko bei Kapitalgesellschaften heben wir uns für später auf. Vorerst betrachten wir die Zahlungsunfähigkeit.

Läßt sich die Gefahr der Zahlungsunfähigkeit verringern, indem der Gläubiger vom Schuldner eine bestimmte Kapitalstruktur verlangt?

Die Beurteilung der Kreditwürdigkeit einer Unternehmung ausschließlich nach ihrer Kapitalstruktur ist Unsinn. Über die Zahlungsfähigkeit entscheidet in erster Linie das leistungswirtschaftliche Risiko. Sinn kann die Frage nach dem Verhältnis von Kapitalstruktur und Kreditrisiko nur bekommen, wenn man ceteris paribus argumentiert: Wie ändert sich das Risiko des Gläubigers, wenn sich bei gleichem leistungswirtschaftlichem Risiko die Kapitalstruktur der verschuldeten Unternehmung ändert?

[35] Vgl. z. B. *Gutenberg*, Finanzen, S. 199.

Wir gehen zunächst von dem praktisch häufigsten Fall aus, daß der Gläubiger weniger Informationen über das leistungswirtschaftliche Risiko der verschuldeten Unternehmung hat als der Schuldner. Die Beurteilung des Kapitalstrukturrisikos setzt jedoch eine Einschätzung des leistungswirtschaftlichen Risikos voraus. Selbst wenn der Gläubiger darüber sämtliche greifbaren Informationen besäße, würde er wohl gegenüber der Zukunft etwas mißtrauischer sein als der investierende Unternehmer. Für den Gläubiger gewinnt deshalb die Information über das leistungswirtschaftliche Risiko und das Vertrauen in die ihm vom Schuldner gegebenen Unterlagen entscheidendes Gewicht. Die Mehrzahl der Gläubiger, namentlich die kleineren Lieferanten, werden hierüber wenig Informationen besitzen, bei Aktiengesellschaften kaum mehr als die Aktionäre; sie können folglich nicht zu einer angemessenen Beurteilung des Risikos gelangen. Sie müssen sich auf die ihnen verfügbaren Informationen (wie bisherige Zahlungsweise, bei publizitätspflichtigen Gesellschaften auch auf die Bilanzanalyse und damit auf die Kapitalstruktur) verlassen.

Die Kreditgewährung an der Kapitalstruktur auszurichten, ist also damit zu erklären, daß die Gläubiger neben ihrer bisherigen Erfahrung mit dem Schuldner und neben der Einschätzung der Entwicklung der Branche keine anderen Informationen besitzen als Bilanzzahlen. Die Analyse der Bilanzzahlen und die Anwendung von Faustregeln erlauben den Gläubigern eine verbesserte Beurteilung des Unternehmensrisikos des Schuldners. Aufgrund solcher wenig aussagefähigen Informationen (wie sie Handelsbilanzzahlen bieten) kann zwar keine überzeugende Abschätzung des Unternehmensrisikos des Schuldners erfolgen. Doch sind begrenzt verwertbare Informationen immer noch besser als gar keine. Die Orientierung der Praxis an Bilanzzahlen (an Bindungs- und Kapitalstrukturregeln) erklärt sich vor allen Dingen aus den mangelnden Informationen, die den Gläubigern geboten werden – und dies bei einem Handels- und Gesellschaftsrecht, das dem Gläubigerschutz den Vorrang einräumt!

Um überhaupt das Unternehmensrisiko des Schuldners beurteilen zu können, bleibt also dem Gläubiger vielfach gar nichts anderes übrig, als mit Hilfe von Bindungs- und Kapitalstrukturregeln zu versuchen, wenigstens einen ungefähren Anhaltspunkt über die Gefahr der Zahlungsunfähigkeit des Schuldners zu gewinnen. Die Orientierung des Gläubigers an Finanzierungsregeln ist deshalb vernünftig, solange er keine besseren Informationen erlangen kann. Es unterliegt jedoch keinem Zweifel, daß der Gläubiger zu einer wohlbegründeten Entscheidung nur dann kommt, wenn bessere Informationen als Bilanzzahlen gegeben werden.

Nachdem dies geklärt ist, gehen wir von der günstigen Annahme aus, der Gläubiger besitze gegenüber dem Schuldner keinen Informationsverlust, und prüfen: Mindert unter dieser Voraussetzung die Verbesserung der Kapitalstruktur das Unternehmensrisiko des Schuldners?

Vier Wege bestehen, um die Kapitalstruktur zu verbessern:

(a) Buchtechnische Manipulation: Auflösung von stillen Rücklagen oder Bilanzfrisuren (z. B. Unterlassen von Passivierungen). Wir beschränken uns hier auf die rechtlich zulässigen Möglichkeiten. Zulässig ist es, niedrige Bilanzansätze auf die handelsrechtlich höchstzulässigen Werte zu bringen. So sei eine Beteiligung zu 10 Mill. Mark erworben worden. Zwischenzeitlich wurden 2 Mill. Mark abgeschrieben. Heute seien die Ertragsaussichten wieder gestiegen. Man geht auf den handelsrechtlichen Höchstwert von 10 Mill. Mark zurück. Durch diese Bewertungsmanipulation entstehen buchtechnisch 2 Mill. Mark Gewinn (und wenn wir annehmen, daß in der Steuerbilanz die Beteiligung stets mit 10 Mill. zu Buche stand, folgen daraus keinerlei Steuerzahlungen). Diese Gewinnerhöhung verbessert naturgemäß die Kapitalstruktur auf der Passivseite der Bilanz. Eine solche Kapitalstrukturverbesserung ändert jedoch am Unternehmensrisiko nichts. Im Gegenteil: Regelmäßig besitzen die Gläubiger nicht die Information des Schuldners. Sie werden ein gewisses Maß an stillen Reserven in der Bilanz vermuten. Da sie nicht hinter die Bewertungsmanipulationen schauen, können sie nunmehr leicht das Ausmaß stiller Reserven überschätzen.

(b) Realisierung von Gewinnen: In der Bilanz einer Gesellschaft mögen Grundstücke mit Anschaffungsausgaben von 100 (seit der DM-Eröffnungsbilanz) stehen, das restliche Vermögen betrage 900. Das Eigenkapital sei 100, die Schulden 900. Die Kapitalstruktur ist also schlecht. Gelingt es, das Grundstück so zu verkaufen, daß nach Steuerzahlung 1 000 verbleiben, dann stehen 1 000 Mark Eigenkapital 900 Mark Schulden gegenüber. Hat dies Einfluß auf das Unternehmensrisiko? Gewinnrealisierung mindert insofern das Risiko, als die Gewinne nicht mehr wegschwimmen können. Aber ob dies durchgreift, hängt vom Einzelfall ab. Wenn ein ähnliches Grundstück in zwei Jahren benötigt wird und dann 2 500 an Ausgaben entstehen, ist weder eine Gewinnsteigerung noch eine dauerhafte Risikominderung eingetreten. Von Notsituationen abgesehen, wird man betriebsnotwendige Vermögensteile nicht veräußern. Wie stark sich nach einer Gewinnrealisierung das Unternehmensrisiko wandelt, hängt weiter davon ab, ob die Grundstückserlöse besteuert bzw. ausgeschüttet (und damit der Unternehmung entzogen) oder investiert werden und in welche Investitionen sie fließen. Deshalb können wir nur sagen: Im allgemeinen wirken Gewinnrealisierungen risikomindernd; in jedem Fall gibt aber die Änderung der Kapitalstruktur ein falsches Bild über das Ausmaß der Risikominderung. Durch die Gewinnrealisierung hat sich keinesfalls das Unternehmensrisiko so grundlegend geändert, wie es z. B. der Wechsel der Kapitalstruktur von 1 : 9 zu 10 : 9 ausdrückt.

(c) Abbau von Schulden: Werden Kredite getilgt, schrumpfen die Aktivseite und die Passivseite der Bilanz. Die Kapitalstruktur verbessert sich zwangsläufig. Ist dadurch das Unternehmensrisiko für die verbleibenden Kredite gesunken? Wiederum entscheidet das leistungswirtschaftliche Risiko der Unternehmung insgesamt. Dabei ist zu berücksichtigen, welche andere Verwendung sich den Geldern geboten hätte. Solange zur Schuldentilgung nicht notwendige Vermögensteile liquidiert werden müssen, können wir annehmen, daß der Schuldenabbau das leistungswirtschaftliche Risiko nicht berührt. Das Kapitalstrukturrisiko sinkt entsprechend; z. B. mag vor Tilgung der Verschuldungsgrad 75% in Verteilung 5 (S. 502), gelten, nach Tilgung der Verschuldungsgrad 50%. Auf Grund dieser Verbesserung der Kapitalstruktur Kredit zu gewähren, bedeutet jedoch nur, den bisherigen Zustand (75% Verschuldung) wieder herzustellen.

(d) Zuführen von zusätzlichem Eigenkapital: In diesem Fall sinkt das Risiko für den Gläubiger, denn bei unverändertem leistungswirtschaftlichem Risiko erhält die Schuld-

nerunternehmung Mittel. Ihre Liquidität verbessert sich. Ob die Risikominderung dauerhaft ist, hängt allerdings davon ab, in welche Investitionen die neuen Mittel fließen, ob also das leistungswirtschaftliche Risiko durch die Erweiterungsinvestitionen steigt oder gesenkt werden kann.
Nur wenn die Verbesserung der Kapitalstruktur zugleich eine Zuführung von Geld bedeutet (Zuführung zusätzlichen Eigenkapitals, Gewinnrealisierung und/oder Unterlassung von Ausschüttungen), wird sich das Unternehmensrisiko vermindern, vorausgesetzt, die neuen Gelder fließen nicht in Investitionen, die das leistungswirtschaftliche Risiko erhöhen. Buchtechnische Verbesserungen der Kapitalstruktur sind wirkungslos, vielleicht sogar gläubigerschädigend.
Das Kreditlimit auf Grund einer Verbesserung der Kapitalstruktur zu erhöhen, ist also nur dann gerechtfertigt, wenn die Verbesserung der Kapitalstruktur durch eine Zuführung neuer Mittel erreicht wurde.
In welchem Ausmaß kann das Kreditlimit erweitert werden? Ist eine starre Beziehung (z. B. eine Mark Eigenkapital induziert eine Mark Fremdkapital) vernünftig? Eine starre Verknüpfung unterstellt, daß unabhängig von der absoluten Höhe der Verschuldung das Risiko für den Gläubiger gleich bleibt. Das ist nur dann der Fall, wenn das leistungswirtschaftliche Risiko der neuen Investitionen dem bisherigen entspricht, denn die Zuführung eigener Mittel bei gleichzeitiger Kreditzunahme sichert allenfalls, daß sich das Kapitalstrukturrisiko nicht erhöht. Wenn vorausgesetzt werden darf, daß das leistungswirtschaftliche Risiko gleichbleibt, keine Änderungen im Informationsrisiko auftreten, dann und nur dann ist eine starre Verknüpfung von Eigenkapitalzuführungen und Erweiterung des Kreditlimits vernünftig. Mangels besserer Informationen wird man praktisch oft diese Konstanzannahmen setzen müssen.
Eine Verbesserung der Kapitalstruktur kann also das Gläubigerrisiko mindern. Damit rechtfertigen sich Kapitalstrukturregeln als grobe Entscheidungshilfe für den Gläubiger. Diese »Rechtfertigung« der Kapitalstrukturregeln ist beschränkt auf (1) liquiditätswirksame Verbesserungen der Kapitalstruktur bei (2) gleichbleibendem leistungswirtschaftlichem Risiko und Informationsrisiko. Unter diesen Voraussetzungen ist es sinnvoll, daß Gläubiger die Einhaltung bestimmter Kapitalstrukturen verlangen. Die kreditsuchende Unternehmung hat dann jene Finanzierungsentscheidungen zu treffen, die für das Modell des beschränkten Kapitalmarkts abgeleitet wurden.
Welche Kapitalstruktur soll der Gläubiger verlangen: Eigenkapital zu Fremdkapital im Verhältnis 1 : 1, 2 : 1, 1 : 2? Auf diese Frage läßt sich nur antworten: Das hängt vom leistungswirtschaftlichen Risiko der kreditsuchenden Unternehmung ab, also von der Branche, der Absatzlage, Beschaffungslage, den Produktionsbedingungen einschließlich des technischen Fortschritts und von der persönlichen Risikoneigung des Gläubigers (seiner subjektiven Beurteilung des leistungswirtschaftlichen und des Informationsrisikos). Praktiker werden sich auf Erfahrungssätze der Vergangenheit berufen. Hier ist jedoch zu beachten: Was in der Vergangenheit einer vom anderen übernommen hat, ist eine Konvention. Nichts spricht dafür, daß es ein Optimum ist, denn Tradition kann auch nur Schlamperei sein.
Will ein Gläubiger die Verschuldungsfähigkeit einer Unternehmung vernunftgemäß beurteilen, muß er zunächst das leistungswirtschaftliche Risiko untersuchen und prüfen, ob

durch die Kapitalstrukturverbesserung tatsächlich Einnahmen in die Unternehmung geflossen sind. Er muß die gegenwärtige Zahlungsfähigkeit und die voraussichtliche Entwicklung der Zahlungsströme zu ergründen suchen, d. h. im Grunde braucht er die Kapitalstruktur gar nicht. Nur wenn seine Informationen so dürftig sind, daß er sich keine Vorstellungen über das leistungswirtschaftliche Risiko und die Finanzpläne des Schuldners machen kann, muß er auf Bilanzzahlen und Finanzierungsregeln zurückgreifen. Für den Gläubiger wird bei diesen beschränkten Informationen die Beurteilung des Kreditrisikos zu einer ungewissen Sache, und wir können schließen: Wer sich bei Kreditwürdigkeitsprüfungen ausschließlich auf Finanzierungsregeln (insbesondere Kapitalstrukturregeln) verlassen muß, der steht stets einem besonders risikoreichen Geschäft gegenüber.

In der Literatur wird dem Eigenkapital neben anderen Aufgaben eine Garantie- bzw. Haftungsfunktion zugeschrieben [36]. Je höher das Eigenkapital, desto größere Verluste könnten aufgefangen werden, desto geringer sei die Gefahr der Überschuldung. Wie hoch die Garantiefunktion zu veranschlagen ist, ist in erster Linie ein Bewertungsproblem. Von der Bewertung der Vermögensgegenstände hängt schließlich die Höhe des Eigenkapitals ab. Selbst wenn wir von Bewertungsmanipulationen absehen, schafft die Haftungsfunktion nur eine sehr beschränkte Risikominderung. Verluste entstehen, weil, grob gesprochen, die Einnahmen unter den Ausgaben liegen. Würde im Verlustfall vor der Überschuldung die Unternehmung rasch liquidiert werden, dann käme die Haftungsfunktion zum Tragen. Der Verlust träfe nur die Anteilseigner, nicht die Gläubiger (immer vorausgesetzt, die Bilanzansätze ließen sich realisieren!). Aber praktisch ist das nicht der Fall: Die Unternehmung läuft weiter. Nur durch eine Änderung der Unternehmungspolitik oder ein Umschlagen der Umweltbedingungen wird die Verlustzone überwunden. Tritt das ein, so ist die Haftungsfunktion nicht von Bedeutung. Geht es mit der Unternehmung jedoch weiter bergab, so droht Zahlungsunfähigkeit. Die Haftungsfunktion bewährt sich also nur bei einer *rechtzeitigen* Liquidation und auch dann nur, wenn sich die Bilanzansätze in Einnahmen von ausreichender Höhe niederschlagen.

Zusätzliche Bedeutung gewinnt die Haftungsfunktion des Eigenkapitals bei Kapitalgesellschaften. Überschuldung ist hier ein selbständiger Konkursgrund, und d. h. die Überschuldung bildet ein Vorwarnschild: Die Zahlungsunfähigkeit droht in absehbarer Zeit! Nur bei Kapitalgesellschaften gewinnt damit die Garantiefunktion eine bescheidene Bedeutung: Da der Konkurs auf den Zeitpunkt der Überschuldung vorverlegt wird, besteht die Hoffnung, daß die Gläubiger mehr erhalten als in dem Fall, daß erst bei Zahlungsunfähigkeit (und weiter gewachsenen Schulden) das Konkursverfahren eröffnet wird.

d) Zusammenfassung

Das Ergebnis dieses Kapitels lautet:

(1) Der rational handelnde Unternehmer wird sich nur so lange verschulden, bis er den maximalen Erwartungswert des Risikonutzens erreicht hat. Bei seinen Planungen wird er die Vorstellungen der Gläubiger berücksichtigen müssen, die von ihm vermutlich das

[36] Vgl. dazu und zum Problem Kapitalstruktur und Risiko auch *Karl Schwantag*, Eigenkapital als Risikoträger. In: ZfhF, NF, Jg. 15 (1963), S. 218–231; *Mülhaupt*, S. 67–79.

Einhalten einer bestimmten Kapitalstruktur fordern werden. Risikoneigung, leistungswirtschaftliches und Kapitalstrukturrisiko sowie die Kreditgrenzen der Gläubiger bzw. ihre Wünsche nach zusätzlichen Sicherheiten und Einflußnahme bestimmen die Kapitalstruktur.

(2) Für die Anteilseigner von Publikumsgesellschaften ist es praktisch kaum möglich, leistungswirtschaftliches Risiko und Kapitalstrukturrisiko zu trennen. Die »Theorie des Kapitalkostenverlaufs in Abhängigkeit vom Kapitalstrukturrisiko« und das »Theorem der minimalen durchschnittlichen Kapitalkosten« haben deshalb wenig praktische Bedeutung. Zudem ist es verfehlt, bei Handeln im Interesse der Anteilseigner von »Eigenkapitalkosten« zu sprechen.

(3) Für den rational handelnden Gläubiger stellt die Kreditgewährung eine Investition dar, die er im Rahmen seines gesamten Investitions(Kreditgewährungs-)programms und Finanzierungsprogramms zu beurteilen hat. Kreditlimitierung ist eine durch die Ungewißheit erzwungene Notwendigkeit, die der Gläubiger in erster Linie aufgrund seiner Beurteilung des Unternehmensrisikos des Schuldners festzulegen hat. Das Kreditlimit läßt sich durch Sicherheiten stark, durch höhere Zinssätze nur wenig erweitern.

(4) Der rational handelnde Gläubiger wird sein Kreditlimit auch erhöhen, wenn der Schuldner-Unternehmung zugleich neue eigene Mittel zugeführt werden. Es kann also (bei Konstanz des leistungswirtschaftlichen Risikos, bei Konstanz des Informationsrisikos, bei gegebenen Kreditsicherheiten) vernünftig sein, eine bestimmte Kapitalstruktur zu fordern als Voraussetzung für die Erhöhung des Kreditlimits. Das gewünschte Kapitalstrukturverhältnis wird durch das leistungswirtschaftliche Risiko bestimmt. Selbst als rohe Näherungslösungen können deshalb einzelne Kapitalstrukturregeln (wie 1 : 1) allenfalls für einzelne Branchen und dort nur unter bestimmten Konjunktur- und Konkurrenzbedingungen sinnvoll sein.

(5) Die Anwendung von Bindungs- und Kapitalstrukturregeln wird allerdings dann erzwungen, wenn der Schuldner keine verläßlicheren Informationen zu liefern bereit ist. Legt der Schuldner keinen Finanzplan vor, dann bieten Bindungsregeln eine begrenzt nützliche Dispositionshilfe. Kapitalstrukturregeln erlauben eine rohe Abschätzung des Kapitalstrukturrisikos zwischen vergleichbaren Unternehmen (Unternehmen mit etwa gleichem leistungswirtschaftlichem Risiko). Muß der Gläubiger sich bei der Beurteilung der Kreditwürdigkeit auf Bindungs- und Kapitalstrukturregeln verlassen, steht er (wegen der geringen Informationen) einem im Grunde besonders risikoreichen Kredit gegenüber. Aufgrund von Finanzierungsregeln Kredit zu gewähren, unterstellt damit ein besonders starkes Vertrauen in den Schuldner – und dann braucht man eigentlich keine Finanzierungsregeln als Hilfe.

F. Finanzwirtschaftliche Grundlagen einer Theorie der Gesamtplanung

I. Die gegenseitige Abhängigkeit von Zahlungs- und Leistungsbereich der Unternehmung

Geld – Ware – mehr Geld, so wird der Kreislauf des Unternehmensgeschehens beschrieben: Man gibt Geld aus (investiert), um Produktionsfaktoren zu beschaffen. An die Beschaffung (das Erstellen der Leistungsbereitschaft) schließt sich der Einsatz der Produktionsfaktoren zur Leistungserstellung an, die Produktion. Der Absatz ist durch das Bemühen gekennzeichnet, die erstellten Leistungen wieder zu Geld werden zu lassen. So gesehen, ist der leistungswirtschaftliche Bereich in den Zahlungsbereich eingebettet. Klammern wir den Entscheidungs- und Organisationsbereich aus dem Kreislauf des Unternehmensgeschehens aus, dann läßt sich das folgende Schema der gegenseitigen Abhängigkeiten zwischen Zahlungs- und Leistungsbereich aufstellen. Die Pfeilrichtung zeigt die Einflußnahme an: Die finanziellen Mittel bestimmen die Höhe der Ausgaben; die Ausgaben legen die Beschaffung fest, andererseits nimmt die Art der Beschaffung Einfluß auf Höhe und Zeitpunkt der Ausgaben usw.

Finanzielle Mittel → Ausgaben ↔ Beschaffung ↔ Produktion ↔
↔ Absatz ↔ Einnahmen → Finanzielle Mittel

In den bisherigen Teilen des Buches sind wir davon ausgegangen, Ausgaben und Einnahmen als Folgen einer jeden Entscheidung könnten geschätzt werden, ohne daß vorab überlegt werde, wie im einzelnen Beschaffung, Produktion und Absatz aussehen müßten. Aus der Kette betrieblicher Verflechtungen wurden nur zwei Glieder, Ausgaben und Einnahmen, betrachtet: der Zahlungsbereich. Diese Vereinfachung war notwendig, um die finanziellen Probleme des Unternehmensgeschehens herauszuarbeiten. Jetzt ist es an der Zeit, diese Vereinfachung aufzuheben.

Über das Unternehmensgeschehen entscheiden Einnahmen und Ausgaben zu jedem Zahlungszeitpunkt. Eine vollständige optimale Gesamtplanung des Unternehmensgeschehens müßte für jeden einzelnen Zahlungszeitpunkt (jeden Tag) Investition, Finanzierung, Beschaffung, Produktion, Absatz miteinander in einem simultanen Gesamtplan für den Planungszeitraum des Unternehmers festlegen. Jede Datenänderung müßte die Suche nach einem neuen Optimum für das Unternehmensgeschehen innerhalb des Planungszeitraums (z. B. der nächsten 1800 Tage) auslösen.

Eine solche totale Simultanplanung ist nicht nur aus der Sicht der Praxis ein Hirngespinst. Sie wäre auch theoretischer Unsinn, denn hier würden die Kosten der Suche nach dem Optimum (die »Informations- bzw. Planungskosten«) sträflich vernachlässigt. Nach einer Datenänderung eine Umstellung der langfristigen Unternehmenspläne zu erwägen, lohnt sich nur dann, wenn nach Abzug der Planungs- und Umstellungskosten das Unternehmensziel besser erreicht wird als bei Hinnahme der Datenänderung ohne Planumstellung. Die Frage, wann auf Datenänderungen reagiert werden soll und in welchem Ausmaß die Pläne umzustellen sind, führt allerdings in schwieriges Fahrwasser: Wir werden in das Problem der Informationsauswertung abgetrieben, in jenes Problem, für das kein Optimum zu finden ist, weil es in erster Linie durch den Arbeitseinsatz des Entscheidenden und durch seine »unternehmerischen Qualitäten« bestimmt wird (vgl. S. 35 ff.).

Die »kurzfristige« Trennung von Zahlungs- und Leistungsbereich ist eine organisatorische Notwendigkeit. Ein gegenseitig abgestimmter Produktions-, Absatz- und Finanzplan wird z. B. nur für jedes Quartal aufgestellt; innerhalb des Quartals erfolgen »Einzelentscheidungen« in den Unternehmensbereichen. Für diese Einzelentscheidungen wird das Interdependenzproblem vernachlässigt. Nur von Quartal zu Quartal versucht man, Leistungs- und Zahlungsbereich aufeinander abzustimmen; dabei werden die Schwellenwerte gegenseitiger Einflußnahme der einzelnen Unternehmensbereiche überschritten. Bei diesem Vorgehen wird die Abhängigkeit zwischen Leistungs- und Zahlungsbereich nur in der Grobplanung des Unternehmensgeschehens erfaßt, in den »langfristigen« Unternehmensplänen, in die z. B. jedes Quartalsende als ein Zahlungszeitpunkt eingeht.

Die Aufgabe dieses Kapitels lautet: Welche Ansätze bestehen für eine solche simultane Planung des Leistungs- und Zahlungsbereichs der Unternehmung, und was leisten diese Ansätze?

Um die Frage zu beantworten, empfiehlt es sich, das Abstimmungsproblem bei einperiodischer Planung zu trennen von den Abstimmungsproblemen bei mehrperiodischer Planung. Wohl kaum ein Unternehmer wird nur für zwei Zahlungszeitpunkte (eine Abrechnungsperiode) planen. Aber die Vielfalt der Abhängigkeiten wird durchsichtiger, wenn wir zunächst von statischen Modellen ausgehen und hier bei den leistungswirtschaftlichen Wahlproblemen auf den gesicherten Bestand der Produktions- und Absatztheorie zurückgreifen. Die Ansätze zur Abstimmung zwischen Produktions- und Investitionstheorie bei mehrperiodischer Planung sind nur für den fortgeschrittenen Leser genießbar. Aber es ist notwendig zu wissen, was die Ansätze zur Verbindung von Produktions- und Investitionstheorie geleistet haben (oder leisten könnten), um die Abhängigkeiten bei mehrperiodischer Planung zu erkennen. Dynamische Absatzmodelle untersuchen wir nicht, weil es sie in einer für unsere Zwecke brauchbaren Form noch nicht gibt.

Durch die Untersuchung der Ansätze zur Verbindung von Produktions- und Investitionstheorie werden wir die Schwierigkeiten erkennen, die einer aussagefähigen Produktions- und Kostentheorie entgegenstehen. Aus der Untersuchung der Frage, inwieweit Faktoreinsätze mit Ausgaben verbunden sind, wird sich ein Urteil über die Aussagefähigkeit einzelner produktionstheoretischer Ansätze ergeben. Folgerungen, welche die Untersuchung von Investition und Finanzierung für die Theorie der Unternehmensrechnung nahelegt, beschließen das Buch.

Das Ungewißheitsproblem kann in diesem Kapitel ausgeklammert werden. Die Ergebnisse des Kapitels über Programmentscheidungen unter Ungewißheit lassen sich auf die hier gestellten Wahlprobleme übertragen.

II. Die Abstimmung zwischen Zahlungs- und Leistungsbereich bei einperiodischer Planung

a) Produktions- und Absatzplanung ohne Engpässe

1. Voraussetzungen und leistungswirtschaftliche Wahlprobleme

Bei einperiodischer Betrachtung fallen Ausgabe, Beschaffung und Faktoreinsatz (Beginn der Produktion) mit dem Periodenanfang zusammen. Fertigstellung des Erzeugnisses, Absatz und Einnahme liegen am Periodenende. Abstimmungsprobleme zwischen Beschaffung und Produktion entstehen nicht. Über die zeitliche Abstimmung von Produktion und Absatz braucht man sich keine Gedanken zu machen. Es gibt keine Lagerhaltung. Eine einperiodische Analyse hat nur dann Sinn, wenn die Entscheidungen dieser Abrechnungsperiode spätere Handlungsmöglichkeiten nicht verbauen oder begünstigen. Die statische Betrachtung setzt Unverbundenheit der einzelnen Abrechnungsperioden voraus.

Die zwangsläufige Unverbundenheit der Perioden wirft Probleme auf: Gibt es im statischen Modell dauerhafte Produktionsfaktoren, wie Anlagen?

Anlagegüter lassen sich in statische Produktionsmodelle einbeziehen, wenn die Voraussetzung der Unverbundenheit der Perioden beachtet wird. Jedes Anlagegut verkörpert eine bestimmte Leistungsbereitschaft, z. B. eine technische Totalkapazität von 21 000 Maschinenstunden und eine Periodenkapazität von maximal 5 000 Maschinenstunden. Als Totalkapazität bezeichnet man die Gesamtzahl der möglichen Leistungsabgaben während ihrer technischen Lebensdauer. (Aus Gründen der Bequemlichkeit haben wir die Kapazität in Stunden gemessen.) Die Periodenkapazität nennt die möglichen Leistungsabgaben für eine Abrechnungsperiode.

Die erste Möglichkeit, eine solche Anlage in ein statisches Modell einzubeziehen, wäre: Man ordnet jeder Periode eine feste Maschinenstundenzahl zu, z. B. 3000; dann läßt sich 1/7 des Anschaffungspreises als Kosten der Anlagennutzung dieser Periode definieren. Da in keiner Periode mehr oder weniger genutzt werden kann, sind die einzelnen Perioden praktisch unverbunden[1].

Indes unterstellt diese Annahme, daß in jeder Periode die gleiche Beschäftigung verwirklicht wird. Das ist eine unrealistische und überflüssige Einschränkung, denn es kommt allein darauf an, daß die Leistungsabgaben der Anlage heute nicht zu vorzeitiger Ersatzbeschaffung oder künftig höheren Anlagenunterhaltungsaufwendungen führen. Die Unterstellung, das technische Leistungsbündel einer Anlage werde von vornherein gleichmäßig auf alle Nutzungsperioden verteilt, läßt in der Abrechnungsperiode nur eine einzige Ausbringungsmenge zu und macht damit statische Produktionsmodelle sinnlos: Eine ihrer wesentlichen Aufgaben ist schließlich zu erklären, mit welchen Kosten alternative Ausbringungsmengen in einer Abrechnungsperiode erstellt werden können.

[1] Vgl. *Horst Albach*, Zur Verbindung von Produktionstheorie und Investitionstheorie. In: Zur Theorie der Unternehmung, Festschrift zum 65. Geburtstag von Erich Gutenberg, herausgegeben von Helmut Koch. Wiesbaden 1962, S. 137–203, hier S. 147 f.

Die zweite (einzig brauchbare) Möglichkeit besteht darin, von vornherein vorauszusetzen, daß eine Variation der Leistungsabgaben je Periode innerhalb bestimmter Grenzen möglich ist, aber nicht die Weiterverwendungsmöglichkeit der Anlage in späteren Perioden beeinträchtigt. Man kann die Auffassung vertreten, solche Anlagen gebe es nicht. Damit verbannt man alle dauerhaften Produktionsfaktoren (zugleich die meisten fixen Kosten) aus der statischen Produktionstheorie; wäre diese Auffassung richtig, dann gehörte die statische Produktionstheorie sofort in den Mülleimer. Zum Glück gibt es solche Anlagen; sie sind der praktische Regelfall: Unterliegt eine Anlage der technischen und wirtschaftlichen Überholung, dann kann es sein, daß es sich lohnt, die Anlage nur 5 Jahre zu nutzen. Auf jedes Nutzungsjahr entfallen im Durchschnitt 4 200 Maschinenstunden; nach der Analyse der Absatzmöglichkeiten ist zu erwarten, daß im Durchschnitt nur jährlich 3 000 genutzt werden können. Rechnet man damit, daß vom zweiten bis zum fünften Jahr insgesamt 12 000 Maschinenstunden verfahren werden, dann könnte im ersten Jahr die Leistungsabgabe der Anlage zwischen 0 und 9 000 Maschinenstunden variieren, ohne daß eine Rückwirkung auf die planmäßigen Leistungsabgaben der Folgejahre eintritt. Die technisch maximale Periodenkapazität betrage 5 000. Danach bleibt der Ersatzzeitpunkt (und die Reparaturaufwendungen, so wollen wir annehmen) von der Variation der Leistungsabgaben zwischen Null und 5000 Maschinenstunden im ersten Jahr unberührt: Die Variation der Einsatzdauer der Anlage (oder auch ihrer Einsatzintensität) erlaubt unterschiedlich hohe Leistungsabgaben. Die einzelnen Leistungsabgaben des Faktors Anlagen stehen der Unternehmung »grenzkostenlos« zur Verfügung.

Eine dritte Möglichkeit, Anlagegüter zu berücksichtigen, läge in der Unterstellung: Von der Vorperiode werde ein Anlagegut zu einem Verrechnungspreis »gekauft« und am Periodenende an die folgende Periode »veräußert«. Die Differenz zwischen Anschaffungs- und Veräußerungspreis bildet die Kosten der Anlagennutzung. Wie bestimmen sich die Verrechnungspreise für die von einer Periode zur nächsten übertragenen Anlagen? Um die Frage zu beantworten, ist zu klären: Nimmt die Höhe der Leistungsabgaben einer Periode Einfluß auf die Höhe des Veräußerungspreises? Ein Einfluß ist dann gegeben, wenn die heute verzehrten Anlageleistungen in künftigen Perioden verwandt werden könnten. Eine Lösung mit Hilfe von Verrechnungspreisen verlangt also eine mehrperiodische Planung. Sie ist für statische Modelle ausgeschlossen.

Welche »Kosten« sind insgesamt mit einer Anlage je Abrechnungsperiode verbunden? Ausgaben fallen nur im Anschaffungsjahr an; für die späteren Abrechnungsperioden sind die Anschaffungsausgaben versunken und vergessen. *Über den Einsatz des Produktionsfaktors entscheiden nur künftige Ausgaben* (höhere Ausgaben wegen Vorverlegung des Ersatzzeitpunkts, Reparaturausgaben). Aber solche Ausgaben fallen wegen der vorausgesetzten Unverbundenheit der Perioden nicht an. Es ist üblich, einer Anlage je Abrechnungsperiode »fixe Kosten« (Abschreibungen) anzulasten. Welchen unternehmungspolitischen Sinn hat das? Keinen, denn auf leistungswirtschaftliche Optima nehmen die fixen Kosten keinen Einfluß. Ob und wann Anlagen beschafft oder ersetzt werden sollen, ist erst recht nicht nach den fixen Kosten, sondern nach den tatsächlichen Zahlungen zu entscheiden. Bei Anlagen fixe Kosten in Höhe der Abschreibungen zu verrechnen, ist also eine Denkschablone ohne entscheidungsbestimmenden Gehalt. Anders sieht es nur dann aus, wenn die Anlagen für jeweils eine Abrechnungsperiode gemietet werden. Zu Beginn der Abrechnungsperiode fallen die Mietausgaben an. Sie können als fixe, von der Ausbringungsmenge unabhängige Ausgaben (Kosten) angesehen werden. Es handelt sich bei der Anlagenmiete um eine einperiodische Investitionsentscheidung. Wir stellen damit fest: Sobald der Kostenbegriff vom Ausgabenbegriff gelöst wird, verliert er seinen entscheidungsbestimmenden Gehalt. Nur für eine vereinfachende, mit Pauschalannahmen arbeitende Untersuchung ist ein eigenständiger Kostenbegriff, getrennt von dem der Ausgaben, notwendig (vgl. auch S. 594). Deshalb scheint mir ein »pagatorischer« Kostenbegriff[2] einem »wertmäßigen« (am Güterverzehr ausgerichteten) überlegen zu sein.

Im leistungswirtschaftlichen Bereich sind bei einperiodischer Planung nur Produktion und Absatz aufeinander abzustimmen. Es entstehen die drei klassischen Wahlprobleme der Produktionstheorie:

(1) Bestimmung des Produktionsverfahrens bei gegebenem Absatzvolumen: Hier entscheidet die Minimalkostenkombination der Produktionsfaktoren.
(2) Bestimmung des Produktionsprogramms bei gegebenem Faktoreinsatz: Über das Produktionsprogramm entscheidet die Maximalerlöskombination.
(3) Bestimmung des Produktionsniveaus für eine Erzeugnisart: Die Höhe der Ausbringungsmenge wird durch das Cournot'sche Theorem festgelegt.

Wie die Optima im einzelnen aussehen, darüber unterrichten die einführenden Lehrbücher der Kostentheorie.

Im allgemeinen werden die drei Probleme nicht isoliert zu lösen sein. Es stehen mehrere Produktionsverfahren zur Auswahl, von denen jedes unterschiedliche Ausbringungsmengen und/oder Produktionsprogramme zu erzeugen erlaubt. Jedes der Produktionsverfahren ist dann als ein Investitionsvorhaben anzusehen. Solange keine Engpässe im Produktions- und Absatzbereich zu beachten sind, lassen sich über die Minimalkosten- oder Maximalerlöskombination Ausgaben und Einnahmen eines jeden Produktionsverfahrens (Investitionsvorhabens) bestimmen. »Zurechnungsprobleme« für die Einnahmen (bzw. die Ausgaben) entstehen erst, wenn Engpässe zu beachten sind.

2. Der Einfluß des Zahlungsbereichs auf den Leistungsbereich

aa) Vollkommener und unvollkommener Kapitalmarkt

Bei vollkommenem Kapitalmarkt nimmt der Zahlungsbereich nur Einfluß auf die Rentabilität des Leistungsbereichs; ein Liquiditätsproblem entsteht nicht. Wir haben also zu prüfen: Verändert die Berücksichtigung der Finanzierungskosten das Produktionsverfahren, das Produktionsprogramm und das Produktionsniveau?

Die Frage ist rasch zu beantworten: Im einperiodischen Modell fallen alle Ausgaben zu Beginn der Abrechnungsperiode an; Zahlungsziele gibt es nicht. Die Zinskosten sind proportional den Faktorpreisen. Alle Faktorpreise werden im gleichen Verhältnis erhöht, folglich kann keine Änderung der Minimalkostenkombination eintreten. Das Produktionsverfahren wird durch die Finanzierungskosten nicht verändert.

[2] Vgl. dazu *Helmut Koch*, Grundprobleme der Kostenrechnung. Köln–Opladen 1966, S. 9–62, und die dort angegebene Literatur.

Für die Wahl des Produktionsprogramms gilt das gleiche. Das optimale Produktionsprogramm ist durch den Berührungspunkt von Produktisoquante und -isoerlöslinie definiert. Eine Produktisoquante enthält alle Produktionsmengenkombinationen, die mit den gleichen Faktorausgaben hergestellt werden können. Die Finanzierungskosten ändern die Produktisoquante nicht. Damit bleibt bei gegebenen Preisen der Produkte die Maximalerlöskombination erhalten.
Lediglich das Produktionsniveau wird beeinflußt. Die Zinskosten wirken wie eine Preiserhöhung der Faktoren. Sie verschieben die Grenzkostenkurve nach oben. Bei gegebener Grenzerlöskurve sinkt das Produktionsniveau: An die Stelle des einfachen Cournot-Theorems tritt das »finanzwirtschaftliche Cournot-Theorem« (S. 200): Die aufgezinsten Grenzkosten müssen den Grenzerlösen gleichen.
Fallen Soll- und Habenzinsen auseinander (unvollkommener Kapitalmarkt), dann hängt das Investitionsvolumen (Produktionsniveau) von den finanziellen Ziel-(Entnahme-) vorstellungen des Unternehmers ab. Als »richtiger« Kalkulationszins ist je nach den Entnahmewünschen der Sollzins, der Habenzins oder gar kein Marktzins zu wählen.
Solange der Soll- oder der Habenzins entscheidet, gilt ebenfalls das finanzwirtschaftliche Cournot-Theorem. Der dritte Fall, daß kein Finanzgeschäft im Handlungsprogramm enthalten ist, tritt dann ein, wenn im Entnahmeoptimum das letzte Produkt eine Rendite abwirft, die unter dem Sollzins, aber über dem Habenzins liegt (vgl. S. 356 f.). Da man von vornherein nicht weiß, ob Sollzins, Habenzins oder gar kein Marktzins das Investitionsvolumen begrenzt, läßt sich bei unvollkommenem Kapitalmarkt das Produktionsniveau nur dadurch festlegen, daß die alternativen Ausbringungsmengen als Investitionsvorhaben auf der »Sachinvestitionskurve« (S. 352) abgetragen und diese den Entnahme-Indifferenzkurven gegenübergestellt werden.
Produktionsverfahren (bei gegebener Ausbringungsmenge) und Produktionsprogramm (bei gegebenen Faktorausgaben) werden auch hier nicht durch den Finanzbereich beeinflußt.

bb) Beschränkter Kapitalmarkt

Bei Kapitalbeschränkung wird es notwendig, die produktionswirtschaftlichen Optima neu zu formulieren. Die Wahl des Produktionsverfahrens, des Produktionsprogramms und des Produktionsniveaus erfolgt hier unter der Nebenbedingung, daß nur ein begrenzter Kapitalbetrag zur Verfügung steht. Für die formale Lösung bieten sich die Verfahren der mathematischen Programmierung an. Indes ist das Problem – unter einer zusätzlichen Einschränkung – auch im Rahmen der »neoklassischen« Theorie lösbar.
Das Instrumentarium der mikroökonomischen Produktionstheorie (Produktionsfunktionen mit substitutionalen Produktionsfaktoren), auf Verteilungsprobleme angewandt, führte zur neoklassischen Verteilungstheorie (Grenzproduktivitätstheorie). So erklärt sich der Name neoklassische Theorie, gut ist er nicht. Gemeint sind nämlich alle Ansätze, einzelwirtschaftliche Optima zu bestimmen durch Extremwerte einer Zielfunktion unter Nebenbedingungen in Form von Gleichungen. Extremwertbestimmung bei Ungleichungen als Nebenbedingungen führt demgegenüber zur »modernen«, auf der Unternehmensforschung aufbauenden Theorie der Unternehmung. Mir erscheint es fragwürdig, herkömmliche (neoklassische) und »moderne« betriebswirtschaftliche Theorie danach zu

trennen, mit welcher Rechentechnik sie Optima bestimmen. Aber diese Trennung hat sich eingebürgert, und als grobe Kennzeichnung genügt sie.

Die Vorarbeiten zur Abstimmung des Zahlungs- und Leistungsbereichs bei beschränktem Kapitalmarkt wurden von Autoren geleistet, die versuchten, neoklassische Produktionstheorie und Kapitaltheorie zu vereinigen[3]; Überlegungen zur Verallgemeinerung der ökonomischen Theorie gaben zusätzlichen Anlaß[4].

Zur Ermittlung der produktionswirtschaftlichen Optima ist die Zielfunktion der Unternehmung zu maximieren unter zwei Nebenbedingungen. Die erste Nebenbedingung bezeichnet die Produktionsfunktion; die zweite fordert, daß der Kapitalbedarf aus der Beschaffung der Faktoren nicht größer ist als der verfügbare Kapitalbetrag. K bezeichnet den Kapitalwert; q_j sind die Preise der Produkte x_j ($j = 1, 2, \ldots, m$). Die q_j sind als Barwerte der Preise zum Periodenanfang zu verstehen; Kalkulationszins ist die Alternativrendite, die sich bei anderweitiger Anlage des Finanzbetrages bietet. a_i sind die Preise (Ausgaben) der Produktionsfaktoren r_i ($i = 1, 2, \ldots, n$). Die erste Nebenbedingung beschreibt die implizite (d. h. Null gleichgesetzte) Form einer Produktionsfunktion. Sie erfaßt die Beziehungen zwischen allen Produkten und allen zu deren Erzeugung erforderlichen Faktoreinsatzmengen. Um eine Tasse Tee (x) zu erzeugen, braucht man z. B. eine Tasse heißen Wassers (r_1) und einen Teebeutel (r_2), also $r_1 + r_2 = x$ bzw. allgemein: $f(r_1, r_2) = x$ oder $\varphi(r_1, r_2, x) = 0$. F bezeichnet den Finanzbetrag, der zur Faktorbeschaffung bereitsteht.

$$\text{Maximiere } K = \sum_j q_j x_j - \sum_i a_i r_i$$

$$\text{unter den Nebenbedingungen} \qquad \varphi(r_i, x_j) = 0$$

$$\sum_i a_i r_i \leqq F.$$

Durch die finanzwirtschaftliche Ungleichung entsteht ein nichtlineares Programmierungsmodell; es läßt sich jedoch unter einer zusätzlichen Voraussetzung in ein neoklassisches Modell umwandeln. Wenn sicher ist, daß das Kapital die Produktion begrenzt, wird das Ungleichheitszeichen überflüssig, und das Modell läßt sich »neoklassisch« nach der Lagrangeschen Methode maximieren.

Die neoklassische Lösung sei an einem sehr einfachen Beispiel gezeigt. Dabei wird zunächst die Finanzbedingung vernachlässigt.

Wir nehmen an, es werde ein Produkt mit Hilfe zweier Faktoren erzeugt. Die Produktionsfunktion weise die typischen neoklassischen Eigenschaften auf: Eine Verdoppelung aller Faktoren führe zum doppelten Ertrag (Homogenität erster Ordnung), und die Faktoren könnten gegeneinander substituiert werden.

[3] Vgl. *Wassily [W.] Leontief*, Interest on Capital and Distribution: A Problem in the Theory of Marginal Productivity, Note. In: The Quarterly Journal of Economics, Vol. 49 (1934/35), S. 147–164, hier S. 151 f.; und besonders auch *Arthur Smithies*, The Austrian Theory of Capital in Relation to Partial Equilibrium Theory. In: The Quarterly Journal of Economics, Vol. 50 (1935/36), S. 117–150.

[4] Vgl. z. B. *Albert Gailord Hart*, Anticipations, Uncertainty, and Dynamic Planning. Chicago 1940, reprinted New York 1951; S. 39–50; *H[elen] Makower, William J. Baumol*, The Analogy Between Producer and Consumer Equilibrium Analysis. In: Economica, New Series, Vol. 17 (1950), S. 63–80, bes. Part II.

Das einfachste Beispiel ist wohl eine »Cobb-Douglas«-Funktion von der Form

$$x = \sqrt{r_1 r_2}.$$

Für eine solche Produktionsfunktion ist bei vorgegebenem Absatzpreis das Produktionsniveau unbestimmt, wenn die Einsatzmengen beider Faktoren verändert werden können. Damit sich ein optimales Produktionsniveau ergibt, mögen die Grenzerlöse stark fallen. Die Preis-Absatz-Funktion laute $q = \frac{10}{\sqrt{x}}$. Der Erlös beträgt also 10 Mark, wenn am Ende der Abrechnungsperiode nur ein Stück zum Verkauf angeboten wird; werden zwei Einheiten verkauft, erlöst man je Einheit 7,07 Mark; werden drei Einheiten verkauft, erlöst man je 5,77 Mark. Die Umsatzfunktion folgt dann als $U = q \cdot x = 10\sqrt{x}$. Beträgt der Preis je Einheit von r_1 und r_2 1 Mark, so lautet das Modell (in der Lagrangeschen Form geschrieben, d. h. die Nebenbedingung wird gleich Null gesetzt, mit einem unbekannten Multiplikator μ multipliziert und von der Zielfunktion abgezogen):

$$K = 10\sqrt{x} - r_1 - r_2 - \mu\,[\sqrt{r_1 r_2} - x].$$

Durch partielles Differenzieren und Nullsetzen der Ableitungen errechnet sich ein Produktionsniveau von 6,25 Einheiten[5].

Der Lagrangesche Multiplikator μ ist ein »Schattenpreis«; er bezeichnet hier die Grenzkosten des Produkts und beträgt 2, was trivial ist, denn offensichtlich braucht man gemäß der Minimalkostenkombination je eine Einheit von r_1 und r_2, um eine Erzeugniseinheit zu fertigen.

Damit das Kapital die Produktion begrenzt, nehmen wir an, daß zur Faktorbeschaffung nur 10 Mark bereitstehen. Die zweite Nebenbedingung lautet deshalb: $r_1 + r_2 - 10 = 0$. Das soeben errechnete optimale Fertigungsniveau verlangt 12,50 Mark. Unter Berücksichtigung beider Nebenbedingungen errechnet sich dann $x = r_1 = r_2 = 5$[6]. Der Kapitalwert sinkt von 12,50 Mark auf 12,36 Mark. Die Grenzkosten der Produktion betragen je Einheit 2,24, und der Schattenpreis der Finanzbedingung η errechnet sich auf

[5] Im einzelnen:

$$K = 10\sqrt{x} - r_1 - r_2 - \mu\,[\sqrt{r_1 r_2} - x]$$

a) $\frac{\partial K}{\partial x} = 5\,x^{-0,5} + \mu = 0$ b) $\frac{\partial K}{\partial r_1} = -1 - 0{,}5\mu\, r_2^{0,5}\, r_1^{-0,5} = 0$

c) $\frac{\partial K}{\partial r_2} = -1 - 0{,}5\,\mu\, r_1^{0,5}\, r_2^{-0,5} = 0$ d) $\frac{\partial K}{\partial \mu} = \sqrt{r_1 r_2} - x = 0$

Aus a) bis d) errechnen sich die Unbekannten x, r_1, r_2 und μ.

[6] $K = 10\sqrt{x} - r_1 - r_2 - \mu\,[\sqrt{r_1 r_2} - x] - \eta\,[r_1 + r_2 - 10]$

a) und d) wie bei Fußnote 5.

b) $\frac{\partial K}{\partial r_1} = -(1 + \eta) - 0{,}5\mu\, r_1^{-0,5}\, r_2^{0,5} = 0$

c) $\frac{\partial K}{\partial r_2} = -(1 + \eta) - 0{,}5\mu\, r_1^{0,5}\, r_2^{-0,5} = 0$

e) $\frac{\partial K}{\partial \eta} = r_1 + r_2 - 10 = 0$

(knapp) 0,12. Naturgemäß leiden Produktionsumfang und Kapitalwert unter der Kapitalrationierung. Interessant sind deshalb allein die Schattenpreise. Der Lagrangesche Multiplikator der Finanzbedingung ist als derjenige Preis zu verstehen, den man höchstens für eine zusätzliche Mark Kapital unter den sonstigen Modellbedingungen zahlen würde. Es handelt sich somit um den aus dem Programm errechneten »marginalen Kalkulationszins«. Derjenige Kalkulationszinssatz, der das Investitionsvolumen (Produktionsniveau) begrenzt, liegt hier bei knapp 12%. Die Interpretation des Multiplikators als Zinssatz geht auf Lange zurück[7]. Lange schließt aus seinem im einzelnen anders aufgebauten Produktionsmodell, daß der Zins bei Kapitalknappheit zwangsläufig aus den Annahmen der Produktionstheorie folge und daß somit den statischen Modellen eine Zeitraumbetrachtung innewohnen müsse, weil der Zins definitionsgemäß eine Zeitdimension besitzt. Bei Kapitalknappheit liegen die Grenzkosten der Produktion (2,24) höher als die »monetären« Grenzkosten, die tatsächlichen Ausgaben für die zur Fertigung notwendigen Faktoren. Das erklärt sich einfach: Zusätzliche Kosten je Produkt sind nicht nur die Beschaffungsausgaben, sondern auch die Zinskosten für die durch die Beschaffung eingetretene Kapitalbindung (monetäre Grenzkosten in Höhe von 2 Mark plus Zinsen 12% auf 2 Mark Kapital ergibt 2,24). Obwohl keine Zinsausgaben anfallen, werden »kalkulatorische Zinsen« als Opportunitätskosten, als Gewinnentgang, verrechnet. Das entspricht ganz der vorherrschenden betriebswirtschaftlichen Konvention, den Kostenbegriff unabhängig von dem der Ausgaben zu deuten.

Die überkommene betriebswirtschaftliche Konvention (Kosten von Ausgaben zu trennen) ist also nur dann berechtigt, wenn es unternehmungspolitisch sinnvoll ist, entgangene Gewinne (wie sie die Schattenpreise der Finanzierungsschranke anzeigen) als Kosten zu bezeichnen. Wir wissen aber bereits, daß den Schattenpreisen keine unmittelbare unternehmenspolitische Aussagekraft zukommt (S. 376) und finden hierin bereits eine Bestätigung der Ketzerei, daß eine Trennung des Kostenbegriffs vom Ausgabenbegriff dem Kostenbegriff den entscheidungsbestimmenden Gehalt nimmt.

Dieses einfache einperiodische Modell enthält den Kern aller simultanen Planungsmodelle zur Abstimmung leistungs- und finanzwirtschaftlicher Aussagen: Es zeigt, wie Kapitalknappheit eine vorteilhafte Produktion zusätzlich beschränken kann. Alle weiteren Modelle bauen diesen Grundgedanken aus.

b) Produktions- und Absatzplanung bei Engpässen

1. Das leistungswirtschaftliche Optimum

Zunächst soll ein einfaches Beispiel zur gemeinsamen Abstimmung von Absatz-, Produktions- und Investitionsplanung formuliert werden, um den Grundgedanken zu erweitern. Wir nehmen an: Eine Unternehmung produziere zwei Erzeugnisse. Für beide Erzeugnisse erziele sie den gleichen Bruttogewinn (Preis minus variable Kosten) von 100 Mark. Die Unternehmung kann von Erzeugnis x_1 in der Abrechnungsperiode 10 Stück verkaufen, von Erzeugnis x_2 14 Stück.

[7] Vgl. *Oskar Lange*, The Place of Interest in the Theory of Production. In: The Review of Economic Studies, Vol. 3 (1935/36), S. 159–192, hier S. 174 f., 177.

Die Produktionskapazität der Unternehmung sei begrenzt. Die beiden Erzeugnisse durchlaufen zwei Fertigungsstufen. In der Produktionsstufe I kann die Unternehmung höchstens 10 Einheiten von x_1 oder 15 Einheiten von x_2 herstellen. In der Produktionsstufe II kann die Unternehmung höchstens 16 Einheiten von x_1 herstellen oder 12 Einheiten von x_2. Wir messen die Kapazität durch die Anzahl von x_1, die höchstens je Abrechnungsperiode erstellt werden können, also

$$\text{I:} \qquad x_1 + 2/3\, x_2 \leqq 10$$
$$\text{II:} \qquad x_1 + 4/3\, x_2 \leqq 16.$$

Das sei die Grundstruktur des Modells. Das Modell läßt sich sehr einfach in einer Zeichnung (Abb. 1) veranschaulichen. Dazu tragen wir auf der Ordinate die Höchstabsatzmengen und die Höchstproduktionsmengen für x_1 ab, auf der Abszisse die entsprechenden Mengen für x_2.

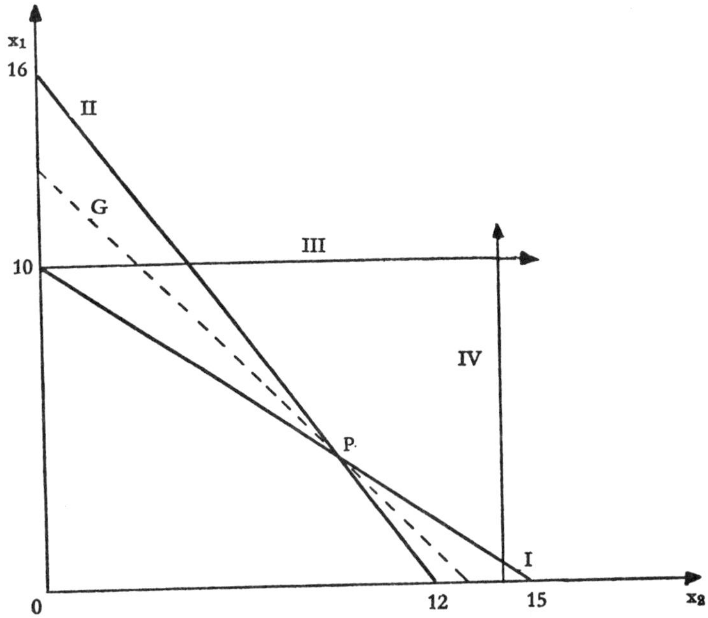

Abb. 1

I bezeichnet die Produktionsmöglichkeiten in der ersten Produktionsstufe, d. h. sämtliche Mengenverhältnisse von x_1 zu x_2, welche die Kapazität der Produktionsstufe I auslasten. Diese Kapazitätslinie entspricht einer Produktisoquante in der neoklassischen Produktionstheorie.

II nennt die Kapazitätslinie für die Produktionsstufe II. Aus I und II läßt sich der produktionswirtschaftliche Wahlbereich ablesen, die »Kurve der guten Handlungsmöglichkeiten« bei weitestgehender Vollauslastung der Produktionsmöglichkeiten. Der produktionswirtschaftliche Wahlbereich entspricht der Fläche 0–10–P–12. Es können also maximal 10 Einheiten x_1 hergestellt werden (wegen der begrenzten Kapazität der Produk-

tionsstufe I) oder maximal 12 Einheiten x_2 (wegen der beschränkten Kapazität der Produktionsstufe II) oder verschiedene Kombinationen von x_1 und x_2, z. B. das Verhältnis 4 Einheiten x_1 und 9 Einheiten x_2, entsprechend dem Schnittpunkt P der beiden Kapazitätslinien.
III und IV bezeichnen die Absatzengpässe. Es können 10 Einheiten x_1 und 14 x_2 je Abrechnungsperiode abgesetzt werden. Wir haben damit unterstellt, der Absatz der beiden Erzeugnisse sei unabhängig voneinander. Verwandtschaftsbeziehungen zwischen den Produkten liegen nur im Produktionsbereich vor. Dort konkurrieren beide Erzeugnisse um die begrenzten Kapazitäten. Die Absatzbeschränkung für x_1 bildet eine Parallele zur Abszisse durch den Punkt 10 auf der x_1-Achse. Die Absatzbeschränkung für x_2 bildet eine Parallele zur Ordinate durch den Punkt 14.
Bei der gegenwärtigen Kapazität der Unternehmung ist die Absatzbeschränkung ohne Bedeutung: Es könnte mehr verkauft werden als produziert wird. Das legt den Wunsch nach Erweiterungsinvestitionen nahe.
Ehe wir die Investitionen in das Modell einführen, sei rasch ausgerechnet, in welchem Verhältnis zur Zeit die Unternehmung x_1 und x_2 produziert und wieviel sie dabei verdient. Wir brauchen dieses Ergebnis, um nach den Erweiterungsinvestitionen die Änderung der Gewinne und die Änderung des Produktionsprogramms feststellen zu können. Der Bruttogewinn (Deckungsbeitrag) beider Erzeugnisse beträgt je 100 Mark. In der graphischen Darstellung tragen wir deshalb Linien gleicher Gewinnhöhe (Iso-Gewinn-Linien) ein. Alle Mengenverhältnisse zwischen x_1 und x_2, die den gleichen Bruttogewinn erzielen, werden in einer Iso-Gewinn-Linie wiedergegeben. In unserem Fall haben die Iso-Gewinn-Linien die Steigung -1, denn eine Einheit x_1 oder ein halbes x_1 plus ein halbes x_2 oder ein x_2 ergeben den gleichen Bruttogewinn (Deckungsbeitrag) von 100 Mark. Für jede Gewinnhöhe läßt sich eine Iso-Gewinn-Linie zeichnen. Die Iso-Gewinn-Linie, die gerade noch den Kapazitätsbereich berührt, zeigt den höchsten Gewinn an, der erzielt werden kann: Linie G.

Das optimale Produktionsprogramm beträgt 4 Einheiten x_1 und 9 Einheiten x_2. Daraus folgt ein Deckungsbeitrag von 1 300 Mark je Abrechnungsperiode. Aus der Darstellung ist ersichtlich, daß die Preise der beiden Produkte sehr stark schwanken können (die Steigung der Iso-Gewinn-Linie sehr stark verändert werden kann), ehe ein anderes Produktionsprogramm optimal wird. Selbst wenn sich das Preisverhältnis (das Verhältnis der Deckungsbeiträge zueinander) für beide Erzeugnisse auf 3 zu 2 ändert (z. B. 120 Mark für x_1 und 80 Mark für x_2), ist immer noch das Verhältnis 4 zu 9 optimal, dann allerdings auch jedes andere auf der Begrenzungslinie I vom Schnittpunkt der Kapazitätslinie I und II bis zur Ordinate, denn dann würden $2x_1$ denselben Deckungsbeitrag erwirtschaften wie $3x_2$. Das einfache Beispiel zeigt dieselbe Problemstruktur wie der Eigenheimbau S. 366 ff. Bei algebraischer Formulierung ergäbe sich ein lineares Programmierungsproblem.

Wir nehmen an, zusätzliche Kapazitäten könnten für eine Abrechnungsperiode gemietet werden. Die Erweiterungsinvestitionen bestehen also im Leasing von Anlagen. Die Miete beträgt in Produktionsstufe I 40, in II 80 Mark, zahlbar am Periodenende. Die gemieteten Kapazitätseinheiten bezeichnen wir mit y_1 für die Abteilung I und y_2 für die Abteilung II. Um wieviel Einheiten ist die Kapazität der Unternehmung auszudehnen? Algebraisch lautet das Problem nunmehr folgendermaßen:

Zielfunktion:		$100\,x_1 + 100\,x_2 - 40\,y_1 - 80\,y_2 = \max!$
Nebenbedingungen:		
Produktionsstufe	I	$x_1 + {}^2/_3\,x_2 \leqq 10 + y_1$
	II	$x_1 + {}^4/_3\,x_2 \leqq 16 + y_2$
Absatz von x_1:	III	$x_1 \leqq 10$
Absatz von x_2:	IV	$x_2 \leqq 14$

$$x_1 \geqq 0 \quad x_2 \geqq 0$$

Natürlich läßt sich die Lösung mit der Simplexmethode ausrechnen. Aber man kann die Lösung für dieses Beispiel auch aus Abb. 2 ersehen.
Für die Produktionsstufe I kostet eine zusätzliche Kapazitätseinheit 40 Mark. Mit dieser Kapazitätseinheit soll eine Einheit x_1 hergestellt werden können, Zuwachs des Bruttogewinns 100. Statt dessen lassen sich auch 3/2 x_2 fertigen, Zuwachs des Bruttogewinns 150. Gleichgültig, welches Produktionsprogramm gewählt wird, es errechnet sich ein Überschuß; offenbar lohnt sich die Erweiterungsinvestition.
Nun ist aber die Kapazitätsbeschränkung in der Produktionsstufe II zu beachten. Damit mehr an x_1 oder x_2 hergestellt werden kann, muß die Kapazität von II erweitert werden. Um ein x_1 zusätzlich zu erzeugen, müßte eine Kapazitätseinheit I und eine Einheit II

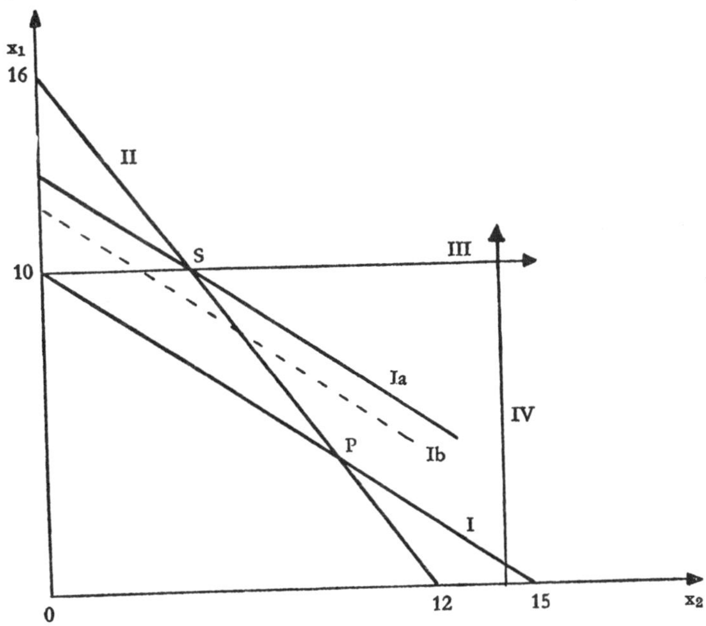

Abb. 2

beschafft werden, Gesamtkosten 120 Mark. Das gleiche Investitionsvolumen erlaubt nur 3/4 von x_2 herzustellen. Für beide Produkte liegen also die Kosten der zusätzlichen Kapazität über dem zusätzlichen Bruttogewinn. Anscheinend lohnen sich Investitionen doch nicht.

Indes ist zu bedenken, daß es vielleicht auch genügt, allein die Kapazität von I zu erhöhen und gleichzeitig das Produktionsprogramm zu ändern. Diese Lösung wird anhand der Abb. 2 sofort klar: Kapazitätserweiterung bei I bedeutet Parallelverschiebung der Kapazitätslinie I. Die Produktion wird nunmehr begrenzt durch die Absatzschranken von x_1 und durch den Engpaß II. Der Schnittpunkt S der beiden Engpässe ($x_1 = 10$; $x_2 = 4{,}5$) zeigt nunmehr das Optimum an. Die Kapazität von I wird ausgeweitet, bis die neue Kapazitätslinie Ia durch diesen Schnittpunkt geht. Es sind drei Kapazitätseinheiten zu investieren. Die Unternehmung erreicht damit einen Gewinn von

$$G = 100 \cdot 10 + 100 \cdot 4{,}5 - 3 \cdot 40 = 1330.$$

Der Gewinn steigt durch die Investition um 30. Auf der Produktionsstufe I ist es günstiger, Produkt x_2 zu fertigen, denn hier erlaubt eine Kapazitätseinheit, 3/2 x_2 zu erzeugen; es entsteht ein Bruttogewinn von 150 gegenüber 100 bei Produkt x_1. Trotzdem ändert sich nach der Erweiterungsinvestition in I das Produktionsprogramm zugunsten von x_1! Die isolierte Betrachtung einzelner Produktionsstufen und einzelner Produktionsbedingungen führt in die Irre. Es entscheidet das Zusammenwirken aller Produktions- und Absatzbedingungen.

Das Beispiel lehrt: Erst wenn das Produktionsprogramm bekannt ist, steht die Höhe der Einnahmen einer Investition fest. Das Produktionsprogramm wird jedoch durch die Investitionen verändert. Es ist diese Interdependenz zwischen Produktionsprogramm und Investitionsvorhaben, von der die Ansätze zur Simultanplanung mit Hilfe der linearen Planungsrechnung ausgehen. Erst die lineare Planungsrechnung erlaube es, so sagt man, das Problem der »Einnahmenzurechnung« auf einzelne Investitionsobjekte zu lösen, indem Produktionsprogramm und Investitionsvolumen gemeinsam bestimmt werden.

Um das Optimum ohne Rechenaufwand zu erkennen, wurde das Modell übervereinfacht: starre Absatzschranken, Anlagenmiete, lineare Abhängigkeit in der Kapazitätsbeanspruchung, keine Produktionsverluste durch die Umstellung der Produktion von einem Erzeugnis auf das andere. Wir fragen nun: Wenn von den Vereinfachungen des Beispiels abgesehen wird, welche Abhängigkeiten zwischen Investitions- und Programmplanung lassen sich durch lineare Modelle erfassen?

Das lineare Modell berücksichtigt eine Verbundenheit sehr einfacher Art. Die Interdependenz zwischen den Variablen Produktionsprogramm und Investitionsprogramm besteht allein darin, daß eine Variable (die Kapazität) eine Obergrenze für eine zweite Variable (Produktionsprogramm) setzt, die erste Variable (Kapazität) aber durch die dritte Variable (Investitionsprogramm) verschoben werden kann. Die starre Mengenbeschränkung ist sicher ein wichtiger Fall gegenseitiger Abhängigkeit, aber es ist der einfachste Fall.

Im allgemeinen Fall besteht die gegenseitige Abhängigkeit darin, daß zwei Einflußgrößen bei jedem Verhältnis zueinander sich begünstigen oder behindern. In solchen Fällen versagt die lineare Programmierung, denn eine ihrer Grundvoraussetzungen ist »Additivität«[8]: Es dürfen keine Produktionshemmnisse und -begünstigungen dadurch entstehen, daß zwei Prozesse zugleich durchgeführt werden.

Die Aussage der Literatur[9], das Problem der Einnahmenzurechnung werde nur von den Methoden der mathematischen Programmierung gelöst, ist deshalb nur für den einfachsten Fall des »Verbundes« berechtigt. Darüber hinaus ist sie unfair gegenüber den klassischen Methoden: Die neoklassische Theorie kann das Interdependenzproblem genausogut lösen, wenn eine Abhängigkeit der Einnahmen etwa vom Produktionsprogramm angenommen wird, z. B. über Produktions- und Absatzfunktionen. Solche Modelle hat die ältere Literatur erörtert, und zwar für den theoretisch viel allgemeineren Fall von nichtlinearen Abhängigkeiten (vgl. S. 564 ff.). Das Problem liegt einzig und allein darin, die benötigten Daten, hier für die Abhängigkeiten (Produktions- und Absatzfunktionen) zu beschaffen. Das Problem der Datenerfassung stellt sich aber linearen und neoklassischen Ansätzen gleichermaßen.

2. Der Einfluß des Zahlungsbereichs auf den Leistungsbereich

Im Beispiel war das Finanzierungsproblem ausgeschaltet worden durch die Voraussetzung, die Ausgaben für die zu mietenden Kapazitäten könnten aus den Erlösen beglichen werden. Jetzt nehmen wir an, die Ausgaben der Erweiterungsinvestition seien zu Beginn der Abrechnungsperiode fällig, die Erlöse fielen an ihrem Ende an.

Bei vollkommenem Kapitalmarkt ist die Zielfunktion neu zu formulieren: Die Erlöse sind zu diskontieren. Bei hohen Zinsen wird dann die Erweiterungsinvestition unvorteilhaft werden; im Beispiel bei 25%. Der Barwert der Deckungsbeiträge beträgt dann ohne Investition 1 040; mit Investition 1 160–120 Mietausgaben = 1 040. Aber diese Folge ist selbstverständlich.

Bei unvollkommenem Kapitalmarkt und Kapitalbeschränkungen ist eine kombinatorische Lösung zu suchen. Wir beschränken uns auf den Fall der Kapitalrationierung. Er läßt sich durch eine zusätzliche Nebenbedingung erfassen.

Nehmen wir an, die Unternehmung verfügt nur über 80 an finanziellen Mitteln. Sie erlauben es, die Kapazität von I nur um 2 Einheiten aufzustocken.

Wird diese Finanzierungsbeschränkung berücksichtigt, dann ist eine Höchstgrenze für die Kapazitätslinie gegeben. Die Höchstgrenze entspricht der gestrichelten Linie I b in Abb. 2. Das optimale Programm ist dann durch den Schnittpunkt von Kapazitätslinie I b und Kapazitätslinie II bestimmt. Es werden $8x_1$ und $6x_2$ hergestellt; Gewinn 1 400 — 80 = 1 320 Mark.

Praktisch bedeutsam wird der Einfluß des Zahlungsbereichs auf den Leistungsbereich allerdings erst bei mehrperiodischen Wahlproblemen. Hier erweitert sich die Vielfalt von Interdependenzen schlagartig.

8 Vgl. *Tjalling C. Koopmans*, Analysis of Production as an Efficient Combination of Activities. In: Activity Analysis of Production and Allocation, edited by Tjalling C. Koopmans. New York–London 1951, S. 33–97, hier S. 35 f.

9 Vgl. *Peter Swoboda*, Die Ermittlung optimaler Investitionsentscheidungen durch Methoden des Operations Research. In: ZfB, Jg. 31 (1961), S. 96–103, hier S. 96 f.; *H[erbert] Jacob*, Neuere Entwicklungen in der Investitionsrechnung. In: ZfB, Jg. 34 (1964), S. 487–507, 551–594, bes. S. 506 f.

III. Ansätze zur Abstimmung zwischen Zahlungs- und Leistungsbereich bei mehrperiodischer Planung

a) Die Abstimmungsprobleme bei mehrperiodischer Planung

Bei mehrperiodischer Betrachtung sind zunächst die drei leistungswirtschaftlichen Bereiche Beschaffung, Produktion, Absatz in ihrem zeitlichen Zusammenhang zu sehen. Zeitlicher Beschaffungsverbund besagt, daß die Einkaufs- und Personalplanung sich über mehrere Abrechnungsperioden erstrecken muß, weil die Beschaffungsbedingungen einer Abrechnungsperiode von denen früherer oder späterer abhängen. Um nur einige Gegebenheiten zu nennen: Nur zu bestimmten Terminen sind Rohstoffe oder Vorprodukte in genügender Menge und Qualität greifbar (Erntezeiten, Fachmessen); die Beschaffungspreise unterliegen saisonalen Schwankungen; die Transportkosten, Unteilbarkeit von Anlagen und die Kündigungsfristen für Arbeiter und Angestellte verlangen bündelweise Vorab-Beschaffung von Produktionsfaktoren für mehrere Abrechnungsperioden (Kauf von Arbeitsleistungen für mehrere Wochen oder Monate).
Zeitlicher Produktionsverbund bedeutet einmal, die Faktoreinsätze mehrerer Perioden sind miteinander verbunden: Es werden z. B. Anlagegüter verwandt, bei denen eine stärkere Leistungsabgabe heute den geplanten Ersatzzeitpunkt vorverlegt. Zeitlicher Produktionsverbund kann auch auf der Produktseite bestehen: Aus fertigungstechnischen Gründen ist z. B. eine gleichmäßige Beschäftigung während mehrerer Abrechnungsperioden (über 12 Monate hinweg) erforderlich, der Absatz häuft sich in einzelnen Abrechnungsperioden (Weihnachtsgeschäft).
Zeitlicher Absatzverbund hat ähnliche Gründe wie zeitlicher Beschaffungsverbund (nur diesmal vom Verkäufer, nicht vom Einkäufer aus gesehen). Zusätzlich ist hier vor allem der zeitliche Verlauf der Konsumentenwünsche zu beachten. Wer dächte dabei nicht an Osterhasen und Martinsgänse?
Die zeitlichen Einflüsse, die vom (Beschaffungs- oder Absatz-)Markt ausgehen, müssen wir vernachlässigen. Sie gehen bisher in die Modellüberlegungen nicht ein oder nur in einer vorgegebenen, nicht beeinflußbaren Form. Die Theorie des Marktverhaltens der Unternehmung hat noch nicht den Grad an Verfeinerung erreicht, der mehrperiodische Analysen fruchtbar erscheinen läßt.
Selbst wenn wir uns auf den zeitlichen Produktionsverbund beschränken, Beschaffung und Absatz als Daten annehmen, sieht sich eine mehrperiodische Analyse zahlreichen Schwierigkeiten gegenüber: Alle Probleme, die sich »operationalen« statischen Modellen entgegenstellen (wie die Datenbeschaffung), bleiben bei mehrperiodischer Betrachtung erhalten, sie vermehren sich sogar kräftig. Typisch mehrperiodische Probleme treten hinzu. Die mathematischen Anforderungen dynamischer Produktionsmodelle belasten sogar das Verständnis jener Leser, die nicht von vornherein jeder Formel zitternd und zagend entgegentreten.
Die zeitlichen leistungswirtschaftlichen Abhängigkeiten sind denen des Zahlungsbereichs gegenüberzustellen. Im allgemeinen klaffen Beschaffung und Ausgabe, Absatz und Einnahme auseinander. Aus den unterschiedlichen Zahlungszielen ergeben sich zusätzliche Abstimmungsaufgaben.

Zwar läßt sich all das unter Modellvereinfachungen untersuchen: Man nehme hier ein Gramm Lagerhaltung, zwei Teelöffel Zahlungsziele, einen halben Liter dynamische Produktionsfunktionen und koche das Ganze mit einer Extremwert-Zielvorschrift. Aus dem Topf quillt jedoch dann ein kaum genießbarer Brei, denn solange keine operationalen Modelle für einperiodische Planungen vorliegen, führt auch die Dynamisierung zu keiner größeren Wirklichkeitsnähe.

Um Schwierigkeiten und Verlockungen dynamischer Modelle zu erkennen, werden wir im folgenden die wichtigsten Ansätze darstellen. Wir prüfen zunächst jene Versuche, welche über die Kapitalbindung leistungswirtschaftlicher Prozesse die Abhängigkeit von Zahlungs- und Leistungsbereich beschreiben wollen. Diese Versuche werden sich als kaum befriedigend erweisen (gleichgültig, ob man sie als »dynamisch« einordnet oder nicht). Wir erörtern dann die Theorie der mehrperiodischen leistungswirtschaftlichen Abhängigkeiten. Die Analyse der Ansätze zur Verbindung von Produktions- und Investitionstheorie wird zeigen, daß die ungelösten Probleme gar nicht in der »Dynamik« des Unternehmensgeschehens liegen. Die Erfassungs- und Bewertungsschwierigkeiten, denen sich bereits einperiodische Modelle gegenübersehen, stellen sich in gleicher, ja verstärkter Weise bei mehrperiodischen Problemen ein. Sie begrenzen die Aussagekraft dynamischer Ansätze.

b) Die Analyse der Kapitalbindung leistungswirtschaftlicher Prozesse

1. Kapitalbedarfsfunktionen und ihre Problematik

aa) Kapitalbedarfsfunktionen und Zahlungsströme

Eine Tiefbaufirma hat den Auftrag erhalten, eine Brücke neu zu bauen, geplante Bauzeit 1 Jahr. Der Jahresbeginn und jedes Quartalsende stellen einen Zahlungszeitpunkt dar: In t_0 beginnt der Bau der Notbrücke, Ausgaben 20; danach wird die alte Brücke abgerissen, Ausgaben in t_1: 10; in t_2 wird die neue Brücke im Rohbau errichtet, Ausgaben 30; in t_3 erfolgt der Endausbau, Ausgaben 20; in t_4 erfolgt die Bezahlung, Einnahmen 100. Im Zeitablauf entstehen folgende kumulierte Ausgaben entsprechend der durchgezogenen Linie in Abb. 3.

Aber nun wird die Firma nicht nur diese Brücke bauen; in t_1 beginnt sie vielleicht mit den Reparaturarbeiten an einem Autobahnzubringer. Es »folgt dem Produktionsprozesse ... ein zweiter, ein dritter ..., auch wenn der erste noch nicht beendet ist«[10]. Die gestrichelte Linie deutet dies an. Eine solche zeitliche Folge der kumulierten Ausgaben aller Produktionsprozesse einer Unternehmung bezeichnet man als Kapitalbedarfsfunktion.

Der Kapitalbedarf sinkt mit der Bezahlung eines Produktes. Aber da vor Bezahlung dieses Produktes bereits andere Produktionsprozesse begonnen wurden, bleibt ein dauerhafter Kapitalbedarf bestehen, entsprechend z. B. der gestrichelten Linie in Abb. 3. Wenn die Fertigung ein und desselben Erzeugnisses wiederholt wird und nach Abschluß

[10] *N. J. Polak*, Grundzüge der Finanzierung mit Rücksicht auf die Kreditdauer, Berlin–Wien 1926, S. 109.

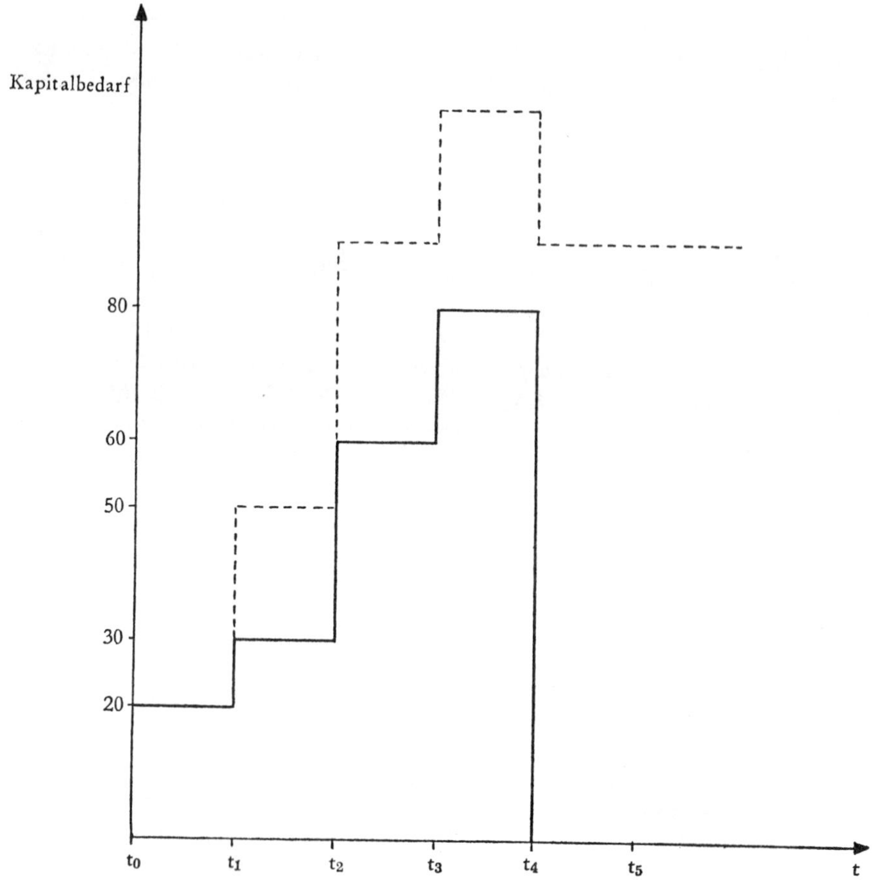

Abb. 3

der Arbeiten in der ersten Fertigungsstufe mit einem neuen Produkt begonnen wird, läßt sich der konstante Kapitalbedarf wie folgt errechnen: B ist der Kapitalbedarf, n die Zahl der während der Herstellungszeit eines Produktes begonnenen Fertigungsprozesse; a_1, $a_2, \ldots, a_n$ sind die Höhe der Ausgaben (des Kapitalbedarfs) auf jeder der n »Produktionsstufen« (Notbrücke, Abbrucharbeiten usw.). Nachdem Produktionsgleichlauf eingetreten ist, beginnt in jedem Zahlungszeitpunkt ein neuer Prozeß und endet einer. Somit entsteht n-mal der Kapitalbedarf der ersten Produktionsstufe, denn n Produkte sind in der Fertigung; (n-1)mal entsteht der Kapitalbedarf der zweiten Stufe: Nur für den gerade begonnenen Prozeß sind die Arbeiten auf der ersten Produktionsstufe noch nicht abgeschlossen. In der letzten Bearbeitungsstufe wird gerade ein Erzeugnis fertiggestellt: Nur für ein Erzeugnis fällt der Kapitalbedarf der letzten Bearbeitungsstufe an.

Der Kapitalbedarf errechnet sich damit als:

$$B = na_1 + (n - 1)\, a_2 + \cdots + 2\, a_{n-1} + a_n.$$

Kapitalbedarfsanalysen dieser Art sollen die finanzwirtschaftliche Bedeutung einer zeitlichen Staffelung des Produktionsbeginns offenlegen. Werden drei Produktionsprozesse in t_0 begonnen, dann ist in t_3 der dreifache Kapitalbedarf entstanden, ehe die ersten Einnahmen zufließen. Beginnt hingegen die Produktion nacheinander, dann fließen Einnahmen zu, aus denen die Ausgaben für die späteren Produktionsprozesse bestritten werden können: Der Kapitalbedarf nivelliert sich im Zeitablauf.
Die Ausgleichswirkung von Kapitalbedarfsabbau durch Verkauf der Erzeugnisse und von anwachsendem Kapitalbedarf durch Neuproduktion hängt von mehreren Einflußgrößen ab: von der Anzahl der Produktionsstufen, der Produktionsgeschwindigkeit (Herstellungszeit) und von den Kosteneinflußgrößen, wie Beschäftigung, Produktionsprogramm, Betriebsgröße. Besonderes Gewicht kommt dabei der Art und Weise zu, wie die einzelnen Produktionsprozesse zeitlich angeordnet werden[11].
Von welchen Voraussetzungen gehen Kapitalbedarfsfunktionen aus? Wie sieht die Kapitalbedarfsfunktion bei einer Zahlungsstrombetrachtung aus?
Die Kapitalbedarfsfunktion enthält in zeitlicher Folge die kumulierten Ausgaben für die Leistungserstellung. Wird ein Stück verkauft, dann sinkt bei Erlöseingang der Kapitalbedarf dieses Stückes auf Null. Kapitalbedarfsfunktionen arbeiten mit der Fiktion, die Einnahmen eines Produktes glichen den Ausgaben. Gewinn und Verlust betreffen nicht den Kapitalbedarf, sondern den »Kapitalfonds«, die zur Finanzierung bereitstehenden Mittel. Der Kapitalbedarfsfunktion einer Unternehmung stehe der Kapitalfondsprozeß[12] (die Kapitalbereitstellungs- bzw. »Finanzierungsfunktion«) gegenüber. Der Kapitalfonds werde durch Eigenkapital, Fremdkapital und durch Selbstfinanzierung errichtet und durch verlustbedingten Abbau von Eigenkapital gemindert. Aufgabe der finanzwirtschaftlichen Unternehmenspolitik sei es, die Kapitalbedarfskurve mit der Kapitalfondskurve zur Deckung zu bringen.
Eine solche Betrachtungsweise zersägt die interne Finanzierung: Jene Umsatzeinnahmen, die frühere Ausgaben abdecken, werden der Kapitalbedarfsfunktion zugeordnet; Mehreinnahmen erhöhen als Selbstfinanzierungsbeträge den Kapitalfonds. Bleiben die Einnahmen hinter den Ausgaben zurück (wird mit Verlust verkauft), dann sinkt der Kapitalfonds um den Verlustbetrag. Als Quellen des Kapitalfonds bleiben Eigenfinanzierung, Fremdfinanzierung und Selbstfinanzierung. Diese am Kapitalbedarf und der Kapitalbindung ausgerichtete Betrachtungsweise ist durch jahrzehntelange betriebswirtschaftliche Tradition erhärtet.
Es wäre jedoch auch eine andere Deutung von Kapitalbedarfs- und Kapitalfondsfunktionen denkbar: Sämtliche kumulierten Ausgaben werden in der Kapitalbedarfsfunktion erfaßt: Faktorausgaben und Rückzahlung von Krediten. Sämtliche Einnahmen gehen in die Kapitalfondsfunktion ein: Umsatzeinnahmen (interne Finanzierung) und Einnahmen aus externer Kapitalbeschaffung. Diese Betrachtung erschiene sinnvoller; sie entspräche zugleich der Zahlungsstrombetrachtung, welche die Investitionstheorie verwendet. Die Ausgaben an einem Zahlungszeitpunkt wären dann nichts anderes als die Werte

[11] Vgl. *Erich Gutenberg*, Grundlagen der Betriebswirtschaftslehre. Bd. III, Die Finanzen. Berlin–Heidelberg–New York 1969, S. 40.
[12] Vgl. *Gutenberg*, Finanzen, S. 18 f., S. 126.

der »marginalen Kapitalbedarfsfunktion« (Zuwachs der kumulierten Ausgaben an einem Zahlungszeitpunkt). Die Einnahmen je Zahlungszeitpunkt glichen den Werten der »marginalen Kapitalfondsfunktion« im Zeitablauf (dem Zuwachs der kumulierten Einnahmen für jeden zusätzlichen Zahlungszeitpunkt).

Die übliche Definition von Kapitalbedarfs- und Kapitalfondsfunktionen kennt diesen unmittelbaren Bezug zu den Zahlungsströmen nicht. Sie baut auf der Trennung der Einnahmen in Ausgabenrückflüsse und Einnahmenüberschüsse auf. Läßt sich die Trennung rechtfertigen?

Der Teufel wohnt stets im Detail. Bei näherer Betrachtung häufen sich die Schwierigkeiten, Kapitalbedarfsfunktionen herkömmlicher Art abzugrenzen und damit hinreichend genau festzulegen.

Kapitalbedarfsfunktionen sehen sich folgenden Abgrenzungsschwierigkeiten gegenüber:

(1) Die Mehrzahl der Produktionsfaktoren wird in Bündeln beschafft. Besonders deutlich ist das bei Anlagegegenständen. Hier besteht ein technischer Zwang zur bündelweisen Beschaffung. So verkörpert eine Drehbank z. B. ein Leistungsbündel, das für 7 Jahre Dreharbeiten erlaubt und (so sei angenommen), technisch gesehen, 20 000 Einzelbearbeitungen zuläßt. Sobald der Kaufpreis von z. B. 60 000 Mark bezahlt wird, entsteht der Kapitalbedarf. Dieser Kapitalbedarf wird nach und nach abgebaut, wenn die einzelnen bearbeiteten Erzeugnisse verkauft sind und die Erlöse eingehen. In welcher Höhe wird der Kapitalbedarf verringert? Legen wir das technische Nutzungsbündel von 20 000 Leistungen zugrunde, dann werden je Stück 3 Mark als leistungsmäßige Abschreibungen verrechnet. In dieser Höhe wird bei Einnahmeneingang der Kapitalbedarf vermindert. Nun mag aber die Drehbank der technischen und wirtschaftlichen Überholung unterliegen. Sie dient nur 5 Jahre in der Produktion, das voraussichtlich wirtschaftlich nutzbare Leistungsbündel beträgt 15 000 Einheiten. Folglich müßten wohl als leistungsmäßige Abschreibung 4 Mark berechnet und entsprechend der Kapitalbedarf gesenkt werden. Wie schwierig die praktische Berechnung eines solchen wirtschaftlichen Nutzungsbündels ist, braucht nicht dargestellt zu werden; die Fehlerquellen sind offensichtlich.

Ferner: Was geschieht, wenn die Anlage normalerweise 3 000 Leistungen jährlich abgibt, im fünften Jahr aber eine besonders günstige Auftragslage herrscht, so daß 1 000 Stück zusätzlich hergestellt werden? Die 1 000 zusätzlichen, nicht im voraus eingeplanten Leistungen verursachen keine Grenzkosten der Anlage; denn durch die unvorhergesehenen Aufträge können von dem technischen Leistungsbündel von 20 000 Einheiten nunmehr 16 000 statt, wie ursprünglich geplant, nur 15 000 genutzt werden. Dürfen für die 1 000 zusätzlichen Stück Abschreibungen verrechnet werden, die den Kapitalbedarf vermindern? Das ist offenbar unzulässig, denn dann wäre nach Ablauf der wirtschaftlichen Nutzungsdauer mehr abgeschrieben (mehr an Kapitalbedarf abgebaut worden), als die Anschaffungsausgaben betrugen. Deshalb müßten wohl 4 000 Mark des Erlöses dieser 1 000 Stück als zusätzlicher Gewinn den Kapitalfonds erhöhen, obwohl die Anlage noch nicht vollständig abgeschrieben ist. Weiter: Nehmen wir an, die Anlage sei abgeschrieben, aus der Produktion entfernt und diene in der Lehrlingswerkstatt. Man wird sagen, sobald die Anlage abgeschrieben ist, sei kein Kapital mehr in ihr gebunden. Aber welche Abschreibung entscheidet: die kalkulatorische, die handelsbilanzielle oder die steuerliche

Abschreibung? Was geschieht, wenn in der Fertigung eine neue Drehbank defekt wird und für 3 Wochen die alte, längst abgeschriebene Drehbank wieder produktiv eingesetzt werden muß? Bleibt der Kapitalbedarf der neuen Drehbank konstant (weil sie keine Leistungen abgibt), und fließen die Erlösanteile, die sonst den Abschreibungen der neuen Anlage entsprochen hätten, jetzt (da die alte Anlage keine Abschreibungen zu tragen braucht) als »Gewinn« dem Kapitalfonds zu? Wenn der Defekt der neuen Anlage nachhaltig ist, wird auf sie eine Sonderabschreibung erfolgen. Mindern solche Sonderabschreibungen den Kapitalbedarf in der Kapitalbedarfsfunktion?
Es sind diese Einzelprobleme, die das Konzept der Kapitalbedarfsfunktion fragwürdig werden lassen.

(2) Die Kapitalbedarfsfunktion enthält auch Ausgaben für »nichtproduktbezogene Arbeitsleistungen und Sachgüter« (z. B. Hilfsmaterial, Versicherungsprämien) sowie »Steuern der verschiedensten Art«[13]. Unter den Steuern nehmen die Gewinnsteuern den wichtigsten Platz ein. Nun führt es aber in einen Widerspruch, Gewinn und Verlust aus der Kapitalbedarfsfunktion herauszunehmen, die aus den Gewinnen folgenden Zwangsausgaben (wie Gewinnsteuern) der Kapitalbedarfsfunktion wieder zuzurechnen. Gewinnausschüttungen an die Anteilseigner berühren hingegen nur den Kapitalfonds, es handelt sich um »Kapitalentzug«. Der Widerspruch verstärkt sich dadurch, daß bei Kapitalgesellschaften die Höhe der Gewinnsteuerzahlungen von der Höhe der Gewinnausschüttung abhängt. Wie sollen ferner Gewinnbeteiligungen der Arbeitnehmer behandelt werden? Erhöhen sie den Kapitalbedarf oder vermindern sie den Kapitalfonds?

(3) Mit dem Zufluß der Einnahmen soll der Kapitalbedarf eines Erzeugnisses auf Null sinken. Wie werden nachträgliche Garantiearbeiten behandelt? Durch die Ausgaben entsteht ja neuer Kapitalbedarf. Hier muß nach Erledigung der Garantiearbeiten eine »Verlust-Einnahme« fingiert werden, um diesen Kapitalbedarf aus der Kapitalbedarfsfunktion zu tilgen. Demgegenüber kann in der Kosten- und Erfolgsrechnung durch kalkulatorische Kosten bzw. Aufwendungen für Rückstellungen für derartige Fälle vorgesorgt worden sein.

Die Abgrenzungsschwierigkeiten zeigen: Kapitalbedarfsfunktionen bauen auf der Identität von Kosten und Kapitalbedarf (Ausgaben) auf. Sobald aber Zeitpunkt der Ausgabe und Zeitpunkt des Faktoreinsatzes (der Kostenentstehung) auseinanderfallen, begegnen den Kapitalbedarfsfunktionen kaum lösbare Abgrenzungsschwierigkeiten. Hinzu treten sämtliche Erschwernisse, die einer betriebswirtschaftlich richtigen Kostenermittlung entgegenstehen; die Schwierigkeiten wachsen weiter durch die Tatsache, daß gewinnabhängige Zwangsausgaben auftreten. Kapitalbedarfsfunktionen lassen sich nur dann einwandfrei abgrenzen, wenn Produktionsfaktoren einzeln für jedes Erzeugnis beschafft und bezahlt werden, wenn nichtproduktbezogene Ausgaben (z. B. die Grundsteuer) überhaupt nicht anfallen, wenn die Einnahmen gleich den Ausgaben sind und keine Gewinnsteuern gezahlt werden müssen. Da diese Voraussetzungen mit der Wirklichkeit nichts gemeinsam haben, müssen wir schließen: Kapitalbedarfsfunktionen besitzen keine unternehmungspolitische Bedeutung.

[13] *Gutenberg*, Finanzen, S. 38 f.

bb) Die Aufgaben von Kapitalbedarfsfunktionen

Die einfachste Kapitalbedarfsfunktion ist das »Sägezahnmodell«, mit dem die durchschnittliche Kapitalbindung bestimmt wird, wie sie z. B. der klassischen Bestellmengen- oder Losgrößenformel zugrunde liegt. Wegen der haarsträubenden Annahmen, die der Vorstellung einer durchschnittlichen Kapitalbindung innewohnen, lassen sich damit nützliche Entscheidungshilfen kaum geben.

Mit weniger groben Kapitalbedarfsfunktionen will man die Höhe der Zinskosten planen oder Produktions- und Finanzplanung aufeinander abstimmen. Für diese Zwecke werden jedoch die engen Voraussetzungen, auf denen Kapitalbedarfsfunktionen aufbauen, nicht erweitert; vielfach werden sogar ausdrücklich Faktoreinsatz und Ausgabe zeitgleich gesetzt. Nun hängt es vom Zweck eines Modells ab, welche Vereinfachungen tragbar sind. Was die wichtigsten Ansätze aussagen, die mit Kapitalbedarfsfunktionen arbeiten, soll kurz dargestellt werden:

(1) Polak, auf den die oben genannte »allgemeine Formel für den Kapitalbedarf« zurückgeht, wollte nur das im Produktionsprozeß gebundene Kapital ermitteln. Bei dieser engen, auf einen Bereich der Unternehmung zugeschnittenen Betrachtungsweise entfallen die Abgrenzungsschwierigkeiten weitgehend.

Eine andere Frage ist allerdings, welcher unternehmenspolitische Wert einer solchen Kapitalbedarfsanalyse für die Produktion (ohne Lagerhaltung) zukommen soll. Zur Abstimmung von Produktions- und Finanzplanung trägt Polaks Ansatz praktisch nichts bei. Bei Polak gleichen sich Kosten und Kapitalbedarf; die Kapitalbindung in den Rohstoff- und Fertiglägern wird als konstant angenommen, unabhängig von den Anforderungen des Produktionsprozesses. Gleichen sich aber Kosten und Kapitalbedarf und stellt der Kapitalbedarf für bereitgestellte, nicht eingesetzte Produktionsfaktoren bzw. Fertigerzeugnisse eine vorgegebene Größe dar, dann kann es kein Abstimmungsproblem zwischen Produktion und Finanzbereich geben. Der Produktionsprozeß mit den geringsten Kosten ist zugleich der liquiditätsgünstigste; der Finanzbereich nimmt keinen Einfluß auf die leistungswirtschaftlichen Optima; nur die Finanzierungskosten sind von Bedeutung.

(2) Goldschmidt[14] hat Polaks Ansatz ausgebaut. Mit Hilfe eines linearen Planungsmodells berechnet er produktionswirtschaftliche Optima und leitet daraus die Finanzierungskosten ab. Daß die Finanzierungskosten das produktionswirtschaftliche Optimum mitbestimmen, übersieht er. Über die Finanzierungsart entscheidet er nach dem Bindungsgedanken. Goldschmidt spricht von einer »qualitativen Finanzierungsnorm«, die einen Ausbau der goldenen Bilanzregel darstellt.

Goldschmidt bietet trotz des wesentlich gesteigerten Modellaufwands (seine Kapitalbedarfsformel erstreckt sich über mehr als zwei Druckseiten) kaum mehr als Polak. Die Auswahl der Finanzierungsquellen mit Hilfe der qualitativen Finanzierungsnorm sollte wohl durch die Kapitalbedarfsfunktionen begründet werden, aber seine Ausführungen hierzu sind weder überzeugend noch klar[15]. Die Abgrenzungsschwierigkeiten hinsichtlich der Kapitalbedarfsfunktion treffen Goldschmidts Ansatz in vollem Maße. Zusätzliche Bedenken weckt die Annahme, daß jeder einzelne Produktionsprozeß eiserne Bestände an Faktoren und Produkten notwendig mache. In Wirklichkeit gibt es wohl kaum eine solche enge Beziehung zwischen Lager und Herstellungsvorgang. Die Kapitalbindung bei Anlagen vermindert Goldschmidt im Zeitpunkt der Abschreibung statt im Zeitpunkt des Erlöseingangs.

[14] Vgl. *H. O. Goldschmidt*, Financial Planning in Industry. Leiden 1956.
[15] Vgl. dazu auch *Gutenberg*, Finanzen, S. 293 f.

(3) Kapitalbedarfsfunktionen sind weiterhin als Grundlage für die Berechnung der Zinskosten verwandt worden. Das Anliegen von Pack[16] ist es, den zur Ausbringungsmenge fixen und den von der Ausbringungsmenge abhängigen Kapitalbedarf festzustellen. Wegen der bündelweisen Beschaffung der meisten Produktionsfaktoren ist in der Regel der fixe Kapitalbedarf höher als der variable. Lagerhaltung und Zahlungsziele werden jedoch ausgeklammert.

Auf einer ähnlichen Grundlage versucht Heinen, die Bedeutung des Kapitals für die Kostentheorie zu untersuchen. Zu den Zinsen als dem Preis des Kapitals sei eine Mengengröße, der Kapitalverbrauch, zu konstruieren. Eine Kapitalverbrauchsfunktion erkläre die Mengenkomponente kalkulatorischer Zinsen. »Eine vollständige Erklärung des Mengengerüsts der Kosten ist . . . nur erreichbar, wenn die Produktionsfunktion durch eine Kapitalverbrauchsfunktion ergänzt wird«[17].
Kapitalverbrauchsfunktionen tragen indes stets fiktiven Charakter. Die Mengen des Kapitalverbrauchs sind nicht meßbar wie der Verbrauch an Werkstoffen. Kapitalverbrauchsfunktionen dienen deshalb vor allem für Erklärungszwecke. Die Kapitalbindung tritt ferner nicht durch den Faktoreinsatz (durch die Kostenentstehung) ein, nicht einmal durch die Beschaffung, sondern nur durch die Bezahlung. Auch in einem Erklärungsmodell für die Zinskosten müssen die Zahlungsziele berücksichtigt werden.

(4) Zahlungsziele gehen ausdrücklich in die Kapitalbedarfsfunktion bei V. L. Smith ein[18]. Er ist der einzige Autor, der unmittelbare produktionswirtschaftliche Folgerungen aus der Kapitalbedarfsfunktion zieht. Smith versucht, leistungswirtschaftliche Optima unter Berücksichtigung der Zahlungsziele und der dadurch ausgelösten Kapitalbindung abzuleiten, und zwar bei Vorhandensein finanzieller Engpässe. Sein Modell soll hier nicht im einzelnen dargestellt werden, denn es enthält zwei Schwächen, die seinen Ansatz scheitern lassen:
Zunächst treten in dem Modell zwei Zinssätze auf, der Sollzins und ein Schattenpreis für knappes Kapital. Smith berechnet den Kapitalwert mit Hilfe des Sollzinses, obwohl er Kapitalrationierung unterstellt. Damit werden Einnahmen und Ausgaben falsch gewichtet. Wenn das Kapital wirklich beschränkt ist, wird sowieso der ganze Kapitalbetrag investiert, die Sollzinsen werden bedeutungslos; es ist (wenn überhaupt) mit dem Schattenpreis abzuzinsen. Dieser Mangel läßt sich jedoch durch eine Neuformulierung des Modells beheben.
Die zweite Schwäche ruiniert das Modell. In die Nebenbedingung für die Kapitalbeschränkung gehen nicht die tatsächlichen Ausgaben ein, sondern das durchschnittlich gebundene Kapital bei der Beschaffung der Produktionsfaktoren unter Ausnutzung des Zahlungszieles. Setzt man die Zahlungsziele gleich Null, unterstellt man also Kauf der Rohstoffe und Verkauf der Waren in bar, fallen die Ausgaben für Rohstoffe und die Verkaufserlöse aus der finanzwirtschaftlichen Nebenbedingung. Nur die Ausgaben für Anlagen bleiben; denn für sie ist unterstellt worden, sie könnten nicht mit Zahlungsziel erworben werden.
Der Fehler beruht darauf, daß die durchschnittliche Kapitalbindung als Liquiditätsbeanspruchung gedeutet wird. Die Vorstellung einer durchschnittlichen Kapitalbindung, wie sie aus

16 Vgl. *Ludwig Pack*, Maximierung der Rentabilität als preispolitisches Ziel. In: Zur Theorie der Unternehmung, Festschrift zum 65. Geburtstag von Erich Gutenberg, herausgegeben von Helmut Koch. Wiesbaden 1962, S. 73–135, hier S. 128–135.

17 *Edmund Heinen*, Das Kapital in der betriebswirtschaftlichen Kostentheorie. Wiesbaden 1966, S. 15.

18 Vgl. *Vernon L. Smith*, Investment and Production. A Study in the Theory of the Capital-Using Enterprise. Cambridge (Mass.) 1961, S. 188–200.

Kapitalbedarfsfunktionen folgt, ist jedoch losgelöst von den Zahlungsströmen. Damit können die Besonderheiten finanzwirtschaftlicher Vorgänge nicht erfaßt werden.
Eine Verbindung von zahlungs- und leistungswirtschaftlichen Aussagen läßt sich deshalb nicht über Kapitalbedarfsfunktionen herstellen. Dazu sind Modelle zu entwickeln, in welche die Zahlungsbereitschaft für jeden Zahlungszeitpunkt als Nebenbedingung eingeht.
(5) Gutenberg[19] beschreibt die Bestimmungsgründe von Kapitalbedarfsfunktionen sehr ausführlich, um so die Beanspruchung der finanziellen Sphäre aus den güterwirtschaftlichen Gegebenheiten einer Unternehmung abzuleiten. Den Kapitalbedarfsfunktionen stellt er den Kapitalfondsprozeß gegenüber. Bei der Darstellung der Abstimmungsprobleme zwischen güter- und leistungswirtschaftlichem Bereich greift er jedoch (zu Recht) nicht mehr auf diese Unterteilung zurück. Die letzten beiden dem Abstimmungsproblem gewidmeten Kapitel seines Buches sind die einzigen, in denen er investitionstheoretische Überlegungen aufnimmt. Daraus könnte geschlossen werden, daß Gutenbergs Auffassung über den unternehmenspolitischen Wert von Kapitalbedarfsfunktionen der hier vertretenen ähnelt; Gutenberg scheint jedoch Kapitalbedarfsfunktionen als gutes Erklärungsmodell für den Einfluß des leistungswirtschaftlichen Bereichs auf den Zahlungsbereich anzusehen. Ich bezweifle sogar ihren Nutzen für Erklärungszwecke. Die Abgrenzungsschwierigkeiten bei Kapitalbedarfsfunktionen lassen keine wirklichkeitsnahe Beschreibung des Einflusses des Leistungsbereichs auf den Zahlungsbereich zu. Darüber hinaus mißtraue ich allen Erklärungsansätzen, die sich nicht zugleich als sinnvolle Entscheidungsmodelle formulieren lassen. Aufgabe der betriebswirtschaftlichen Theorie ist es schließlich nicht, die Wirklichkeit in bestimmten Systemen zu beschreiben, sondern zu zeigen, wie die Entscheidungen über knappe Mittel verbessert werden können.

cc) Ein Anwendungsfall: Der Kapazitätserweiterungseffekt

Erfolgen Investitionen nicht sofort, sondern werden sie zeitlich hintereinander geschaltet, so ebnen sie den Verlauf des Kapitalbedarfs ein. Auf dieser Wirkung beruht ein »Effekt«, der die Literatur jahrelang bewegt hat.
Die Benennung von Entdeckungen liefert Histörchen besonderer Art. Üblicherweise spricht man vom Lohmann-Ruchti-Effekt. Indes nimmt unter den Verdiensten Lohmanns sein Beitrag zum Kapazitätserweiterungseffekt einen sehr bescheidenen Platz ein. Ruchti hat den Zusammenhang vor Lohmann ausführlich, aber nicht besonders klar beschrieben. Dessen Vorläufer war insbesondere Polak 1926. Polaks Darstellung ging eine Untersuchung in der Zeitschrift für Kleinbahnen im Jahre 1913 durch Goedeke voraus. Erstmals findet sich der Tatbestand jedoch im Schriftwechsel zwischen Karl Marx und Friedrich Engels. Marx war sich über die Wirkungen der Abschreibungen auf die Investitionen nicht im klaren, und Engels erläutert sie ihm an einem Beispiel, das als Muster für den Kapazitätserweiterungseffekt gelten kann. In den Jahren nach 1950 wurden die Voraussetzungen des Effektes im einzelnen untersucht[20].

[19] Vgl. *Gutenberg,* Finanzen, erster und zweiter Teil sowie dreizehntes und vierzehntes Kapitel.

[20] Vgl. Der Briefwechsel zwischen Friedrich Engels und Karl Marx, 1844–1883, herausgegeben von A. Bebel und Ed. Bernstein. Bd. 3, Stuttgart 1913, S. 394–400; abgedruckt auch in: ZfhF, NF, Jg. 10 (1958), S. 222–226; teilweise abgedruckt auch in *Karl Marx,* Das Kapital. Bd. II, Ausgabe Dietz Verlag. Berlin 1957, Anhang, S. 536–540; *C. H. Goedeke,* Die Bewegung des Erneuerungsfonds und seine Beziehungen zum Tilgungsfonds. In: Zeitschrift für Kleinbahnen, Jg. 20 (1913), S. 302–320; *Polak,* S. 92–94; *Hans Ruchti,*

Eine Unternehmung investiert in t_0 1 000 Maschinen mit je fünfjähriger Nutzungsdauer für 10 Mill. Mark. Werden den Anlagen jeweils Einnahmen in Höhe der linearen Abschreibungen als Kapitalbedarfsminderungen zugerechnet, dann entwickelt sich der Kapitalbedarf während der 5 Jahre so: t_0: 10 Mill.; t_1: 8 Mill.; t_2: 6 Mill.; t_3: 4 Mill.; t_4: 2 Mill.; t_5: Null; der Kapitalbedarf sinkt treppenförmig im Zeitablauf.

Welche Leistungen können die Anlagen während ihrer Nutzungsdauer abgeben? Wir unterscheiden zwischen der Leistungsbereitschaft einer Anlage während ihrer gesamten Nutzungsdauer (Totalkapazität) und ihrer Leistungsbereitschaft während eines Jahres (Periodenkapazität). Während ihrer Nutzungsdauer möge eine Anlage 15 000 Maschinenstunden laufen bzw. 30 000 Stück bearbeiten können. Das ist ihre Totalkapazität. Während eines Jahres kann die Anlage 3 000 Stunden laufen oder 6 000 Stück bearbeiten. Das ist ihre Periodenkapazität.

Das Modell des Kapazitätserweiterungseffektes geht im einfachsten Fall von der Annahme aus, die Periodenkapazität bliebe im Zeitablauf konstant. In jedem der fünf Nutzungsjahre würde jede Maschine genau 3 000 Stunden laufen (6 000 Stück bearbeiten). Unter dieser Voraussetzung leistet eine Anlage in ihrem fünften Lebensjahr dasselbe wie im ersten, und wir können die Periodenkapazität des Maschinenparks insgesamt einfach durch die Anzahl der Maschinen messen, die in einem Jahr im Betrieb dienen.

Um über eine Periodenkapazität von 1 000 (Anlagen je Jahr) zu verfügen, muß im ersten Jahr Kapital in Höhe von 10 Mill. gebunden sein, im fünften Jahr jedoch nur 2 Mill. Im Durchschnitt der 5 Jahre genügen 6 Mill., sofern nur einmal jährlich Abschreibungen vom ursprünglich investierten Betrag verrechnet werden. Werden Abschreibungen stetig innerhalb eines Jahres verrechnet, genügen im Durchschnitt 5 Mill. Mark. Diesen Tatbestand hat man als Kapitalfreisetzungseffekt bezeichnet.

Nun erhebt sich die Frage: Was geschieht mit den Einnahmen als Gegenwert der Abschreibungen? Wenn die Absatzlage der Unternehmung günstig ist, wird sie die zurückfließenden Einnahmen wieder anlegen. Wir nehmen an, in jedem Zeitpunkt werden Beträge in Höhe der Abschreibungen reinvestiert. Dann bleibt in jedem Zeitpunkt die ursprüngliche Kapitalbindung von 10 Mill. erhalten. Wie entwickelt sich die Jahreskapazität?

Die Bedeutung der Abschreibung für den Betrieb. Berlin 1942; *M[artin] Lohmann*, Abschreibungen, was sie sind und was sie nicht sind. In: Der Wirtschaftsprüfer, Jg. 2 (1949), S. 353–357; *Helmut Neubert*, Anlagenfinanzierung aus Abschreibungen. In: ZfhF, NF, Jg. 3 (1951), S. 367–383, 415–423; *Heinz Langen*, Die Kapazitätsausweitung durch Reinvestition liquider Mittel aus Abschreibungen. Diss. FU Berlin 1952; *Edgar O. Edwards*, The Effect of Depreciation on the Output-Capital Coefficient of a Firm. In: The Economic Journal, Vol. 65 (1955), S. 654–666; *Karl Hax*, Die Substanzerhaltung der Betriebe. Köln–Opladen 1957, S. 226–263; *Adolf Moxter*, Der Zusammenhang zwischen Vermögensumschichtung und Kapazitätsentwicklung bei veränderlichen Leistungsabgaben von Aggregaten pro Zeiteinheit. In: ZfhF, NF, Jg. 11 (1959), S. 457–473; *Robert Buchner*, Das Problem der Kapazitätsausweitung durch laufende Reinvestition in Höhe des Abschreibungsaufwandes. Diss. Frankfurt 1960; *Karl Hax*, Die Bedeutung von Abschreibungs- und Investitionspolitik für das Wachstum industrieller Unternehmungen. In: Industriebetrieb und industrielles Rechnungswesen, Festschrift für Erwin Geldmacher. Köln–Opladen 1961, S. 9–36.

Die folgende Tabelle zeigt in der Spalte »Bestand« die Entwicklung der Jahreskapazität, wenn jeweils Beträge in Höhe der Jahresabschreibungen reinvestiert werden: Über dem Strich stehen die Abschreibungen, unter dem Strich die je Jahr neu hinzukommenden Maschinen. Im dritten Jahr fallen z. B. an Abschreibungen an: 200 von den Anlagen, die im ersten Jahr investiert wurden, 40 von den Anlagen, die am Ende des ersten Jahres investiert wurden, und 48 für die am Ende des zweiten Jahres investierten Anlagen. Um nicht mit Brüchen von Maschinen zu arbeiten, wurden in den späteren Jahren nur ganzzahlige Abschreibungsbeträge verrechnet.

Jahr	Bestand zu Beginn des Jahres	*Abschreibung*/Investition am Ende des Jahres														
		1	2	3	4	5	6	7	8	9	10	11	12	13	14	15
1	1000	200	200	200	200	200										
2	1200	200	40	40	40	40	40									
3	1440		240	48	48	48	48	48								
4	1728			288	57	58	57	58	58							
5	2073				345	69	69	69	69	69						
6	1488					415	83	83	83	83	83					
7	1585						297	59	59	60	59	60				
8	1662							317	63	63	64	63	64			
9	1706								332	66	66	67	66	67		
10	1702									341	68	68	68	68	69	
11	1627										340	68	68	68	68	68

Jahr	Bestand	Alter der Maschinen in Jahren				
		1	2	3	4	5
1	1000	1000				
2	1200	200	1000			
3	1440	240	200	1000		
4	1728	288	240	200	1000	
5	2073	345	288	240	200	1000
6	1488	415	345	288	240	200
7	1585	297	415	345	288	240
8	1662	317	297	415	345	288
9	1706	332	317	297	415	345
10	1702	341	332	317	297	415
11	1627	340	341	332	317	297
20	1663	333	333	333	332	332

Im elften Jahr ist bereits eine weitgehend gleichmäßige Altersverteilung der Anlagen erreicht. Verfolgt man die Tabelle weiter, so ist etwa ab dem 20. Jahr eine fast gleichmäßige Altersverteilung gegeben, und die Periodenkapazität liegt in der Folgezeit bei 1 663 bzw. 1 664 (wegen der mangelnden Teilbarkeit ist kein vollständiges Gleichgewicht erreicht).

Das zahlenmäßige Ergebnis wird beeinflußt durch die mangelnde Teilbarkeit der Anlagen und durch die stoßweise Reinvestition jeweils am Jahresende. Betrachtet man die Investition als kontinuierlichen Vorgang (in jeder Sekunde fallen Abschreibungen an, die sofort reinvestiert werden), dann läßt sich nachweisen, daß der Erweiterungsmultiplikator durch das Verhältnis Nutzungsdauer zu mittlerer Kapitalbindungsdauer bestimmt wird[21]. Bei stetiger linearer Abschreibung im Zeitablauf ist die mittlere Kapitalbindungsdauer gleich der halben Nutzungsdauer, und folglich läge im Idealfall der stetigen Abschreibung und sofortigen Reinvestition der Erweiterungsmultiplikator bei 2. Das Gleichgewicht wäre bei einer Jahreskapazität von 2 000 erreicht.

Bei stetiger Abschreibung sinkt die durchschnittliche Kapitalbindung während der Nutzungsdauer auf die Hälfte des Investitionsbetrages; bei stetiger Abschreibung und Reinvestition bleibt die Kapitalbindung in Höhe des ursprünglichen Investitionsbetrages erhalten, die periodische Leistungsfähigkeit steigt jedoch auf das Doppelte. Kapitalfreisetzungs- und Kapazitätserweiterungseffekt entsprechen sich.

Werden die Voraussetzungen stetiger Abschreibung, stetiger Reinvestition und beliebiger Teilbarkeit der Anlagen aufgehoben, bleibt der Erweiterungsmultiplikator unter 2, in unserem Beispiel bei knapp 1,7.

Der Effekt beruht auf folgenden Voraussetzungen:

1. Sofortige Reinvestition der Abschreibungen; das bedeutet im einzelnen:
a) Die Abschreibungen müssen verdient sein; der Unternehmung müssen Einnahmen mindestens in Höhe der Abschreibungen zugeflossen sein;
b) hinreichende Teilbarkeit der Anlagen.

2. Die Abschreibungen entsprechen dem Abbau der Totalkapazität (Abschreibungsverlauf gleich Nutzungsverlauf); dies bedeutet im einzelnen:
a) Bei linearer Abschreibung muß die periodische Leistungsfähigkeit (die Jahreskapazität) bis zum Nutzungsdauerende konstant bleiben;
b) Preise und Leistungsfähigkeit der neuen Anlage müssen denen der alten Anlagen entsprechen, damit die verzehrte Kapazität vollständig aufgefüllt werden kann;
c) das technische Nutzenbündel muß voll genutzt werden; technische und wirtschaftliche Nutzungsdauer müssen identisch sein.

Der Effekt ist nicht an die lineare Abschreibung gebunden; entscheidend ist vielmehr das Verhältnis von Abschreibungsverlauf und Nutzungsverlauf (Abbau der Totalkapazität). Entsprechen sich Abschreibungsverlauf und Nutzungsverlauf, dann bleibt die Totalkapazität gleich, die Periodenkapazität wächst. Bei geometrisch degressivem

[21] Vgl. *Karl Hax*, Langfristige Finanz- und Investitionsentscheidungen. In: Handbuch der Wirtschaftswissenschaften, Bd. 1, herausgegeben von Karl Hax, Theodor Wessels. 2. Aufl., Köln–Opladen 1966, S. 399–489, hier S. 455.

Abschreibungs- und Nutzungsverlauf entsteht ein Sonderfall: Die Periodenkapazität wächst bei Abschreibung bis auf Null nicht; da aber eine geometrisch degressive Abschreibung erst im Unendlichen den Buchwert Null erreicht, ist auch hier spurenweise ein Erweiterungseffekt gegeben.

Geht der Abschreibungsverlauf dem Nutzungsverlauf voran, dann wird mehr an Abschreibungsaufwand verrechnet, als es der Leistungsabgabe (dem Abbau des Nutzungsvorrats in der Anlage) entspricht. In den verrechneten Abschreibungen stecken also stille Reserven. Werden in Höhe dieser Abschreibungen Investitionen durchgeführt, dann werden versteckte Gewinne reinvestiert. Diese verdeckte Selbstfinanzierung erhöht naturgemäß die Totalkapazität; der Buchwert der Anlagen bleibt jedoch gleich, weil es sich um »stille« Selbstfinanzierung handelt. Geht der Abschreibungsverlauf dem Nutzungsverlauf voran, dann wachsen also bei ständiger Reinvestition Periodenkapazität und Totalkapazität. Wegen der gleichzeitigen Selbstfinanzierung ist der Erweiterungsmultiplikator für die Periodenkapazität hier höher als in dem Fall, in dem sich Abschreibungs- und Nutzungsverlauf decken.

Bleibt der Abschreibungsverlauf hinter dem Nutzungsverlauf zurück (oder steigen die Preise für die Ersatzanlagen), dann wird weniger investiert, als es dem Leistungsverzehr entspricht. Der Erweiterungsmultiplikator wird abgeschwächt; bei geringen Abschreibungsfehlbeträgen kann gleichwohl die periodische Leistungsfähigkeit bei gleichmäßiger Altersverteilung über der Anfangskapazität liegen.

Die bisher erarbeiteten Aussagen gelten allerdings nur unter einer Voraussetzung, welche die Literatur nicht diskutiert hat: Das technische Nutzenbündel muß dem wirtschaftlichen Nutzenbündel entsprechen. Die Möglichkeit, mit der Anlage Einnahmen zu erzielen, muß am Ende des fünften Jahres schlagartig auf Null sinken. Ist nämlich die wirtschaftliche Nutzungsdauer kürzer als die technische, dann verfügt z. B. die Anlage über ein technisches Nutzenbündel von 20 000 Maschinenstunden (Nutzungsdauer rund 7 Jahre), von denen es sich in einer unendlichen Kette identisch wiederholter Investitionen nur lohnen mag, 15 000 (Nutzungsdauer 5 Jahre) zu nutzen. Wächst nun die Unternehmung durch laufende Reinvestitionen der erzielten Einnahmen, dann ändert sich diese wirtschaftliche Nutzungsdauer: In einer wachsenden Unternehmung bestimmt sich die Nutzungsdauer nach den Bedingungen für die einmalige, nicht wiederholte Investition (vgl. S. 288). Am Beispiel könnte dieses Wachstum bedeuten, daß es sich für die Unternehmung lohnt, die einzelnen Anlagen nicht nur fünf Jahre (15 000 Stunden), sondern 6 Jahre (18 000 Stunden) zu nutzen. Weicht also die wirtschaftliche Nutzungsdauer von der technischen ab, dann entsteht auch bei Gleichlauf von Abschreibungs- und Nutzungsverlauf eine Erhöhung der »Totalkapazität«: Wegen der Verlängerung der Nutzungsdauer im Wachstumsprozeß wächst die wirtschaftlich verwertbare Totalkapazität einer jeden Anlage von z. B. 15 000 auf 18 000 Stunden.

Eine zweite Ergänzung drängt sich auf: Der Effekt kann nicht auf Abschreibungen beschränkt sein. Werden Werkstoffvorräte »bündelweise« beschafft und in gleicher Weise bündelweise ergänzt, dann liegt die Faktorausgabe genauso vor dem Einsatz der Faktoren wie die Anschaffungsausgabe vor der Leistungsabgabe der Maschinen. Der Effekt beschreibt also nicht nur das Verhältnis von Abschreibung und Finanzierung, sondern viel allgemeiner das Verhältnis von »Ausgabenstößen« wegen bündelweiser

Beschaffung (Schaffung von Faktorvorräten, die später im Produktionsprozeß untergehen) und gleichmäßig fließenden Einnahmen der Erzeugnisse.
Nachdem die Theorie des Kapazitätserweiterungseffektes durch diese zusätzlichen Gesichtspunkte abgerundet wurde, müssen wir uns fragen, welche unternehmenspolitische Bedeutung diesem Effekt zukommt.
Die Praxis hat nie viel von diesem Effekt gehalten (und wir werden sehen, wie richtig das Gespür der Praxis war). Die Literatur hat demgegenüber argumentiert: Der Effekt sei nur schwer nachweisbar, weil sich die Buchwerte bei Reinvestition nicht änderten, weil Unteilbarkeiten und verspätete Reinvestition den Multiplikator drückten und weil die wechselnden Umweltbedingungen mit Erweiterungsinvestitionen den Effekt überdeckten. Man hat ferner darauf hingewiesen, daß es sich keineswegs um eine wunderbare Brotvermehrung handle, weil nur die Periodenkapazität, nicht die Totalkapazität steige (die Totalkapazität wachse nur bei Selbstfinanzierung).
Beginnen wir mit dem letzten Argument: Ist die Periodenkapazität oder die Totalkapazität unternehmenspolitisch entscheidend? Betriebswirtschaftlich interessiert, genau besehen, nur die periodische Leistungsfähigkeit, diese aber für den gesamten Planungszeitraum der Unternehmung. Gelingt es also, die Periodenkapazität dauerhaft zu erhöhen (was durch den Effekt erreicht wird), dann ist es der Unternehmung möglich, aus eigener Kraft, ohne Zuführung neuer Mittel, mehr zu erzeugen. Lassen sich die zusätzlichen Erzeugnisse zu unveränderten Preisen mit Gewinn verkaufen, dann wird durch den Effekt doch eine wunderbare Brotvermehrung erreicht. Wenn 10 Mill. Mark Erstinvestition einen jährlichen Umsatz von 20 Mill. Mark und einen Gewinn von 1 Mill. Mark erzielen, dann ist im Gleichgewichtstadium des Beispiels der Umsatz auf 1,66 x 20 Mill. = 33,2 Mill. gestiegen und der Gewinn auf 1,66 Mill. (mit guten Gründen kann man annehmen, daß die Umsatzrendite nach dieser Umsatzausweitung sogar über 5% liegt, aber davon wollen wir absehen). Daß die Totalkapazität unverändert bleibt, ist gänzlich belanglos. Wenn die Voraussetzungen des Modells gültig sind, ist die Gewinnsteigerung auf das rund 1,7fache dauerhaft!
Der Kapitalist kann also seine Kapazität erhöhen, ohne »einen Farthing seines eigentlichen Profits in die neue Anlage zu stecken«[22]; dadurch gelingt es ihm, seinen Profit kräftig zu mehren. Wen das stört, der mag sich allerdings damit trösten, daß wegen der mangelnden Teilbarkeit und der Konjunkturschwankungen der Kapitalist diesen Effekt nicht voll ausnutzen kann: Zur vollen Wirksamkeit vermag, so wurde behauptet[23], der Effekt erst in einem Riesenunternehmen, z. B. in einem sozialistischen Staat mit Zentralverwaltungswirtschaft, zu gelangen. Doch erhöht der Effekt tatsächlich den Profit des Kapitalisten und die Effizienz der sozialistisch organisierten Wirtschaft?
Um das zu beurteilen, müssen wir eine Vergleichsbasis schaffen. Der Kapazitätserweiterungseffekt setzt bündelweise Faktorbeschaffung (z. B. Kauf von Anlagen mit mehr-

[22] *Engels*, in: Der Briefwechsel zwischen Friedrich Engels und Karl Marx, zitiert nach ZfhF, NF, Jg. 10 (1958), S. 223.
[23] Vgl. *Ottomar Kratsch*, Zu einigen Abschreibungsproblemen. In: Wirtschaftswissenschaft, Jg. 5 (1957), S. 551–565.

jährigem Nutzungspotential) voraus. In dem Effekt etwas Bemerkenswertes zu sehen, unterstellt im Grunde: Hier, bei bündelweiser Beschaffung (als deren Folge die Abschreibungen auftreten), ergibt sich die Möglichkeit der Ausweitung der Periodenkapazität; bei nichtbündelweiser Beschaffung (bei Einzelbeschaffung von Vorräten, von menschlicher Arbeitskraft, bei denen Faktoreinsatz und Ausgabe praktisch zeitgleich erfolgen) fehlen diese Möglichkeiten. In dieser stillschweigenden Gegenüberstellung liegt der Trugschluß, daß der Kapazitätserweiterungseffekt unternehmungspolitische Bedeutung haben könne. Um diesen Trugschluß nachzuweisen, werden wir deshalb bündelweise Faktorbeschaffung (Kapazitätserweiterungseffekt) mit Einzelbeschaffung für jedes Produkt vergleichen und dabei einmal annehmen, die Einnahmen glichen den Abschreibungen, und zum anderen, die Einnahmen überstiegen die Abschreibungen, es werde also mit Gewinn verkauft. Dazu greifen wir auf die finanzwirtschaftliche (investitionstheoretische) Betrachtungsweise zurück, auf die Analyse von Zahlungsströmen; denn betriebswirtschaftliche Zusammenhänge werden erst dann durchsichtig, wenn man sie auf die tatsächlichen Einnahmen und Ausgaben zurückführt.

Um die Darstellung überschaubar zu halten, gehen wir davon aus, eine Anlage koste 100, 2 Jahre sei ihre Nutzungsdauer, die Abschreibungen betragen 50, und die Einnahmen entsprechen zunächst den Abschreibungen. Beliebige Teilbarkeit der Anlage wird vorausgesetzt, jede zurückfließende Einnahme werde sofort investiert. Investitionen sollen letztmalig in t_3 erfolgen.

Dann entwickelt sich folgender Zahlungsstrom dieser wachsenden Unternehmung:

	t_0	t_1	t_2	t_3	t_4	t_5
Kassenbestand	+ 100					
1. Investition	— 100	+ 50	+ 50			+ 68,75
2. Investition		— 50	+ 25	+ 25		
3. Investition			— 75	+ 37,5	+ 37,5	
4. Investition				— 62,5	+ 31,25	+ 31,25
Übertrag					— 68,75	
Zahlungssaldo	0	0	0	0	0	100,—

Fließen in den Einnahmen nur die Ausgaben (bzw. Abschreibungen) zurück, so wächst zwar durch die Reinvestition das »Geschäftsvolumen« (die Zahlungsströme); ihre Wirkung auf den Gewinn ist aber Null.

Wir gehen nunmehr von der bündelweisen Beschaffung in t_0 ab und prüfen: Wie entwickeln sich die Zahlungsströme, wenn Einzelbeschaffung für jedes Erzeugnis möglich ist? Die Einzelbeschaffung erfolgt einen Zahlungszeitpunkt vor dem Erlöseingang. Beschafft werden Werkstoffe und Arbeitskräfte. Wir nehmen also z. B. an, die Erzeugnisse werden per Hand gefertigt. Das soll das gleiche kosten wie die Erzeugung durch Maschinen.

Um das Modell sinnvoll zu formulieren, ist auch hier von einem Kassenbestand von 100 in t_0 auszugehen.

	t_0	t_1	t_2	t_3	t_4	t_5
Kassenbestand	+ 100	+ 50	+ 25	+ 37,5	+ 31,25	+ 68,75
1. Investition	— 50	+ 50				
2. Investition		— 75	+ 75			
3. Investition			— 62,5	+ 62,5		
4. Investition				— 68,75	+ 68,75	
5. Investition					— 31,25	+ 31,25
Übertrag	— 50	— 25	— 37,5	— 31,25	— 68,75	
Zahlungssaldo	0	0	0	0	0	100,—

Die zweite Zahlungsreihe ist so gestaltet, daß derselbe Zahlungssaldo wie bei der ersten entsteht. Natürlich kommt in diesem zweiten Modell am Ende dasselbe heraus wie im ersten: Es entstehen 100 an Einnahmen. Die Einzelbeschaffung der Produktionsfaktoren bewirkt jedoch, daß in t_0 nur die Hälfte des Eigenkapitals eingesetzt wird. Die Kassenbestände während der Laufzeit stehen für *anderweitige* Investitionen zur Verfügung!

Nur wenn der Habenzins Null ist (wie hier angenommen) führt also bündelweise Beschaffung und Einzelbeschaffung zu denselben Ergebnissen. Sobald sich dem Unternehmer eine Anlagemöglichkeit bietet, ist Einzelbeschaffung günstiger!

Das Modell beruht darauf, daß die Einnahmen gleich den Abschreibungen sind; die Investition ist also nicht vorteilhaft. Sobald wir einen positiven Habenzins annehmen, müssen wir die Einnahmen der Investition erhöhen, um keine unvorteilhafte Investition zu unterstellen. Wir nehmen an, es fließen Einnahmen zu, die 20% über den Abschreibungen liegen. Dann entwickelt sich das Kapazitätserweiterungsmodell folgendermaßen:

	t_0	t_1	t_2	t_3	t_4	t_5
Kassenbestand	+ 100					
1. Investition	— 100	+ 60	+ 60			
2. Investition		— 50	+ 30	+ 30		
3. Investition			— 75	+ 45	+ 45	
4. Investition				— 62,5	+ 37,5	+ 37,5
Zahlungssaldo	0	10	15	12,5	82,5	37,5

Da nur die Abschreibungen reinvestiert werden, sind die Zahlungssalden hier als Ausschüttungen anzusehen. Natürlich lohnt sich die Reinvestition, solange keine besser rentierenden Anlagemöglichkeiten beachtet werden. Die gewinnsteigernde Wirkung des Effektes wird deutlich. Aber ist daran wirklich etwas Besonderes? Wie sieht die Zahlungsreihe bei Einzelbeschaffung aus?

Wir planen die Reihe so, daß (bis auf t_5) dieselben Ausschüttungsbeträge entstehen wie oben.

	t_0	t_1	t_2	t_3	t_4	t_5
Kassenbestand	+ 100					
1. Investition	— 100	+ 120				
2. Investition		— 110	+ 132			
3. Investition			— 117	+ 140,4		
4. Investition				— 127,9	+ 153,48	
5. Investition					— 70,98	+ 85,18
Zahlungssaldo	0	10	15	12,5	82,5	85,18

Natürlich zeigt sich bei Einzelbeschaffung das weitaus bessere Ergebnis. Von einer besonderen, günstigen Wirkung der bündelweisen Beschaffung (des Kapazitätserweiterungseffektes) kann also nicht die Rede sein. Hier mag der Einwand kommen: Die beiden Fälle seien nicht vergleichbar; im zweiten Fall seien die Investitionen lukrativer (Rendite 20%); bei bündelweiser Beschaffung betrage die Rendite für (— 100; + 60; + 60) nur rund 13%. Die Rendite bei bündelweiser Vorab-Beschaffung ist natürlich niedriger; aber das beweist gerade, daß der Kapazitätserweiterungseffekt auf einer unvollständigen und d. h. falschen Betrachtungsweise beruht. Der Zwang zur bündelweisen Vorab-Beschaffung bei gegebenen Einnahmen bedeutet in jedem Fall eine Schlechterstellung des Investors, eben weil die Ausgaben früher anfallen als bei Einzelbeschaffung!

Eine wirtschaftlich sinnvolle Betrachtungsweise muß davon ausgehen, daß der Unternehmer in einem Zeitpunkt ein bestimmtes Kapital zur Verfügung hat, das er in verschiedenen Investitionen anlegen kann. Die Einnahmenzuflüsse schaffen zusätzliche Investitionsmöglichkeiten. Für die Unternehmensplanung entscheidet der Zahlungssaldo eines jeden Zahlungszeitpunktes, gleichgültig, ob er den verrechneten Abschreibungen, dem zurückbehaltenen Gewinn oder freigesetzten Mitteln aus Lagerabbau entspricht.

Der »Effekt«, daß eine Reinvestition von Abschreibungsgegenwerten die Kapazität erhöht, besagt in Geldgrößen ausgedrückt: Investitionen können durch Umsatzeinnahmen finanziert werden, es gibt eine »interne Finanzierung«. Und das ist, weiß Gott, trivial. Alle anderen Schlüsse aus dem Kapazitätserweiterungseffekt sind schief, weil sie aus der unvollständigen Modellformulierung folgen, denn:

(1) Entsprechen die Einnahmen den Abschreibungen, dann lohnt sich keine Erweiterungsinvestition, das Wachstum der Periodenkapazität ist sinnlos.

(2) Übersteigen die Einnahmen die Abschreibungen, dann lohnen sich zwar die Erweiterungsinvestitionen, aber das Wachstumsmodell ist unvollständig formuliert. Was geschieht mit den Einnahmen, die nicht investiert werden? Sie auszuschütten, bedeutet wechselnde Entnahmen in jeder Periode. Man kann jedoch Planungsmodelle nur sinnvoll formulieren, wenn zunächst die Zielfunktion (z. B. die Entnahmehöhe) festgelegt wird.

(3) Der Effekt beruht auf der bündelweisen Beschaffung und dem nach und nach erfolgenden Eingang der Einnahmen. Eine Investition, in der alle Ausgaben vorab erfolgen müssen, ist (bei positiven Zinssätzen) der ungünstigste Fall. Einzelbeschaffung

oder spätere Bezahlung der Anschaffungsausgaben erhöhen bei gleichen Einnahmen die Vorteilhaftigkeit der Investition. Die gewinnsteigernde Wirkung des Kapazitätserweiterungseffekts zeigt sich nur deshalb, weil der ursprüngliche Faktorvorrat (der Anlagenbestand) als bezahlt gilt und nun Einnahmen entstehen, die reinvestiert werden können. Daß eine Reinvestition von Einnahmen in vorteilhafte Investitionen den Gewinn erhöht, ist aber selbstverständlich.
Die Reinvestition der Einnahmenanteile in Höhe der Abschreibungen stellt also keineswegs einen Vorteil dar, von einer wunderbaren Brotvermehrung ganz zu schweigen. Der ganze Effekt beruht auf der unvollständigen Modellformulierung, in der nicht alle Zahlungsströme niedergeschrieben und nicht ihre Wiederanlagemöglichkeiten geprüft werden. Im Grunde ist es das Denken in durchschnittlicher Kapitalbindung, in Kapitalbedarfsvorstellungen, das zu diesem Trugschluß verführt. Das Denken in Durchschnittsgrößen, in periodenbezogenen Größen (Aufwand, Kosten), ist für eine Unternehmensgesamtplanung unbrauchbar. Der Pfad betriebswirtschaftlicher Tugend folgt allein den Zahlungsströmen.

2. Kapital und Kapitalbindungsdauer als eigenständige Produktionsfaktoren

Der Weg, über Kapitalbedarfsfunktionen leistungs- und finanzwirtschaftliche Aussagen zu verbinden, hat sich als Sackgasse erwiesen.
Einige Autoren haben versucht, das »Kapital« als selbständigen Produktionsfaktor anzusehen, es in die Produktionsfunktionen einzubeziehen und produktionswirtschaftliche Optima unter Berücksichtigung des Produktionsfaktors Kapital unmittelbar abzuleiten.
Zwei Ansätze sind zu unterscheiden: Einmal sieht man die finanziellen Mittel, das Geld, als Produktionsfaktor an, zum anderen die Kapitalbindungsdauer, die Zeitspanne zwischen der Ausgabe für einen Faktor und dem Einnahmeneingang für das Produkt. Lassen sich mit Hilfe dieser Ansätze Leistungs- und Zahlungsbereich aufeinander abstimmen?
In der Literatur ist die Behauptung aufgestellt worden, die neoklassische Produktionsfunktion enthalte das Geldkapital als eigenständigen Produktionsfaktor[24]. Gelänge es, die zur Produktion erforderlichen finanziellen Mittel als Produktionsfaktor, wie Werkstoff oder Betriebsmittel, zu betrachten, dann wäre eine unmittelbare Verbindung von Produktions- und Finanzbereich möglich. Indes bleibt der Ansatz unfruchtbar. Ohnehin ist die Behauptung nicht zu belegen, daß in der neoklassischen Theorie das Geldkapital als eigenständiger Produktionsfaktor angesehen wurde. Selbst wenn bei verteilungstheoretischen oder anderen gesamtwirtschaftlichen Erörterungen in die Produktionsfunktion der Faktor »Kapital« aufgenommen wurde, war damit stets das Sachkapital (Anlagegüter), nicht das Geld zu seiner Finanzierung, gemeint. Was sollte es auch für einen Sinn haben, eine Isoquante aufzustellen, in der »technisch« Geld gegen Arbeitskräfte oder Werkstoffe substituiert werden kann?

[24] Vgl. *André Gabor, I. F. Pearce,* The Place of Money Capital in the Theory of Production. In: The Quarterly Journal of Economics, Vol. 72 (1958), S. 537–557, hier S. 537.

Die Idee, die Kapitalbindungsdauer als eigenständigen Produktionsfaktor anzusehen, entstand bei dem Bemühen, neoklassische Produktionstheorie und (österreichische) Kapitaltheorie zu vereinen. So meint Leontief[25], die Aufzählung aller Faktoreinsatzmengen ergäbe keine erschöpfende Beschreibung einer Produktionsfunktion. Die Zeitindizes des Faktoreinsatzes seien zusätzlich aufzuführen. Das könnte in der Weise geschehen, daß für jeden Produktionsfaktor seine Kapitalbindungsdauer als eigenständiger Produktionsfaktor zusätzlich in die Produktionsfunktion eingehe. Für den Einprodukt-Zweifaktorfall schreibt man üblicherweise

$$x = \varphi(r_1, r_2). \tag{1}$$

Leontief formuliert hingegen:

$$x = \varphi(r_1, r_2, t_1, t_2). \tag{2}$$

(2) sei als Leontiefs »finanzwirtschaftliche Produktionsfunktion« bezeichnet. Hier gibt t_1 die Kapitalbindungsdauer des ersten Faktors an, t_2 die des zweiten Faktors. Die Kapitalbindungsdauer wird gemessen durch die »speeds of turnover« (die Umschlagsdauer), also durch den reziproken Wert der Umschlagshäufigkeit. Die Kostenfunktion lautet dann

$$A = a_1 r_1 + a_2 r_2 + i(a_1 r_1 t_1 + a_2 r_2 t_2), \tag{3}$$

wobei A die Kosten, a_1 und a_2 die Preise der Faktoren r_1 und r_2 bezeichnen und i den Zinssatz nennt. Die Kapitalbindung eines jeden Faktors folgt als Produkt aus Faktorpreis mal Faktormenge mal Kapitalbindungsdauer. Wiederum ist hier der Faktoreinsatzzeitpunkt (Beginn der Kapitalbindung) als Ausgabezeitpunkt anzusehen. So gesehen, wird die »Kostenfunktion« (3) zu einer Funktion des Gegenwartswertes der Ausgaben im Kalkulationszeitpunkt. Kalkulationszeitpunkt ist hier der Tag des Erlöseingangs (das Ende der Kapitalbindung). Die Faktorausgaben werden aufgezinst. Der Zeitpunkt des tatsächlichen Fertigungsbeginns (der Kostenentstehung durch Faktoreinsatz) ist für die ökonomische Analyse unbeachtlich.

Das Modell wird mehrperiodisch, sobald t_1 und t_2 voneinander abweichen. Dann sind unterschiedliche Faktorbeschaffungszeitpunkte berücksichtigt. Setzt man den Produktpreis gleich 1, so ist die Produktionsfunktion mit 1 zu multiplizieren, um die Umsatzfunktion zu erhalten. Produktionsfunktion und Umsatzfunktion sind formal identisch. Die »Gewinnfunktion« der Unternehmung folgt als Differenz zwischen Umsatzfunktion (Produktionsfunktion) und Kostenfunktion (Ausgabenendwertfunktion). Das Gewinnmaximum ist bestimmt, wenn die partiellen Ableitungen der vier Unbekannten (r_1, r_2, t_1, t_2) Null gesetzt werden (und die hinreichenden Bedingungen hinsichtlich der zweiten Ableitung erfüllt sind):

[25] Vgl. *Leontief*, Interest on Capital and Distribution, S. 151 f.

(4) $$G = \varphi(r_1, r_2, t_1, t_2) - a_1 r_1 - a_2 r_2 - i(a_1 r_1 t_1 + a_2 r_2 t_2)$$

(4a) $$\frac{\partial G}{\partial r_1} = \frac{\partial \varphi}{\partial r_1} - a_1(1 + i t_1) = 0$$

(4b) $$\frac{\partial G}{\partial t_1} = \frac{\partial \varphi}{\partial t_1} - i a_1 r_1 = 0.$$

Die Ableitung nach r_2 ist analog der von r_1, die nach t_2 analog der nach t_1; $\frac{\partial \varphi}{\partial r_1}$ bezeichnet die partielle Ableitung der Umsatzfunktion (Produktionsfunktion) nach r_1.

Die Ableitung nach der Faktormenge ist in der Literatur als Satz von Taussig bekannt: Im Optimum gleichen sich Faktorpreise und diskontierte Grenzproduktivitäten des Faktors[26].

Vernachlässigt man die Zinsen, dann entsteht die herkömmliche »Einkaufsbedingung«: Ein Faktor wird solange beschafft, bis die Grenzproduktivität des Faktors dem Faktorpreis gleicht.

Die Identität der Ableitung mit dem Satz von Taussig ist nach einer Umformung leicht zu erkennen. Nach a_1 aufgelöst, folgt aus (4a)

(5) $$a_1 = \frac{\frac{\partial \varphi}{\partial r_1}}{1 + i t_1}.$$

i gibt den Jahreszins an; t_1 als Kapitalbindungsdauer wird gemessen durch den reziproken Wert der Umschlagshäufigkeit. Beträgt die Abrechnungsperiode ein Jahr, die Kapitalbindungsdauer drei Monate, dann wäre die Umschlagshäufigkeit 4 je Abrechnungsperiode und $t_1 = \frac{1}{4}$. Die Grenzproduktivität $\frac{\partial \varphi}{\partial r_1}$ ist also nur um ein Viertel des Jahreszinses zu diskontieren.

Die Ableitungen nach der Kapitalbindungsdauer deutet Leontief so, daß der Zinssatz proportional der Grenzproduktivität verlaufe. Das sagt ökonomisch wenig aus. Nach einer Umstellung erkennen wir jedoch, daß es sich um nichts anderes als die Optimierungskriterien für die wirtschaftliche Nutzungsdauer (die Investitionsdauer) eines Gutes handelt. Die Ableitung nach t_1 (Gleichung 4b) ergibt nach Umformung den Ausdruck

(6) $$\frac{\frac{\partial \varphi}{\partial t_1}}{a_1 r_1} = i.$$

[26] Vgl. *F[rank] W[illiam] Taussig*, Principles of Economics. 3rd revised edition, New York 1924, Vol. II, S. 214; vgl. dazu auch *Lange*, S. 174; *Albert Gailord Hart*, Imputation and the Demand for Productive Resources in Disequilibrium. In: Explorations in Economics. Notes and Essays Contributed in Honor of F. W. Taussig. New York–London 1936, S. 264–271, bes. S. 265 f.; *Fritz Machlup*, On the Meaning of the Marginal Product. Ebenda, S. 250–263, bes. S. 259.

Der Zähler zeigt den zusätzlichen Ertrag bei Verlängerung der Kapitalbindungsdauer um eine kleine Einheit ∂t_1 an, der Nenner zeigt den investierten Kapitalbetrag für diesen Faktor. Der Bruch weist folglich die Grenzrentabilität in bezug auf die Zeit aus, den »relativen zeitlichen Grenzertrag« der Investition dieses Faktors. Die Gleichung sagt also, daß der relative zeitliche Grenzertrag im Optimum dem (marginalen) Kalkulationszinssatz gleicht. Das ist nichts anderes als die altbekannte Zinsgleichung von Jevons für die optimale Investitionsdauer (vgl. S. 281).

Sind t_1 und t_2 Konstanten, dann kann die Kapitalbindungsdauer nicht selbständig variiert werden. Die Ableitungen nach t_1 und t_2 verschwinden; es gelten die Bedingungen Taussigs allein.

Die formale Bedeutung von Leontiefs Ansatz ist klar: Die Kapitaltheorie wird auf diese Weise in die neoklassische Produktionstheorie einbezogen.

Die betriebswirtschaftlich entscheidende Frage lautet: Kann die Kapitalbindungsdauer der einzelnen Faktoren selbständig variiert werden?

Die Kapitalbindungsdauer ist die Spanne zwischen dem Zeitpunkt der Faktorausgabe und dem des Erlöseingangs. Im Regelfall kann man die Faktoren beliebig lange vor dem Einsatzzeitpunkt beschaffen. In diesem Sinne ist die Kapitalbindungsdauer regelmäßig variabel. Jedoch hat es keinen Sinn, diese Variationsmöglichkeit zu erwägen, weil in dem Modell von Beschaffungspreisänderungen und Lieferschwierigkeiten abgesehen wurde. Die gewinnmindernde Wirkung der Zinsen erzwingt das Zusammenschrumpfen der Lagerzeit auf den kürzest möglichen Zeitraum. Das Modell unterstellt aber Veränderung der Kapitalbindungsdauer als freiwillige ökonomische Entscheidung. Eine Verlängerung der Kapitalbindungsdauer als freiwillige ökonomische Entscheidung läßt sich nur damit begründen, daß sie die Ausbringung beeinflußt. Anders ausgedrückt: Bei vorgegebener Ausbringungsmenge muß eine Erhöhung der Kapitalbindungsdauer wenigstens in Grenzen eine Ersparnis an anderen Faktoren erlauben.

Die Vorstellung, daß durch eine Erhöhung der Kapitalbindungsdauer andere Faktoren eingespart werden können, mag befremden. Sie wird plausibel durch folgendes Beispiel: Die Erhöhung der »Kapitalbindungsdauer« eines gemieteten Kraftwagens für eine gegebene Strecke bedeutet längere Fahr-(Miet-)Zeit und damit geringere Intensität der Motorleistung, und das kann sehr wohl mit geringeren Einsatzmengen an Treibstoff verbunden sein.

Leontiefs Ansatz beschreibt einen Fall der Verbindung von finanz- und produktionswirtschaftlichen Aussagen. Der Kern seiner Frage lautet: Ist eine Beschleunigung der Durchlaufzeit der einzelnen Produkte finanzwirtschaftlich vorteilhaft?

Das Problem »Erhöhung der Intensität, um die Kapitalbindung in der Produktion zu verringern«, verliert allerdings an Bedeutung, wenn der Erlöseingang nicht mehr unmittelbar mit dem Ende des Fertigungsprozesses zusammenfällt, und wenn die Fertigung in mehreren, durch Zwischenlager getrennten Fertigungsstufen erfolgt. Lagerzeiten und Zahlungsfristen lassen den Vorteil, durch eine Verkürzung der Herstellzeiten die finanzielle Beanspruchung der Unternehmung zu senken, zusammenschrumpfen. Denn je länger die Lagerzeiten und die Zahlungsfristen sind, um so stärker fallen die Kosten der Lagerhaltung ins Gewicht: Zwar sinkt bei verkürzter Durchlaufzeit die finanzielle Beanspruchung in der Fertigung; aber sie steigt im Fertiglager und bei der

Gewährung von Zahlungsfristen. Der Kapitalbedarf für die Lagerung und den Zahlungsaufschub ist im Fall verkürzter Durchlaufzeit höher, weil die Produktionskosten wegen der intensitätsmäßigen Anpassung steigen. Es mußte mehr ausgegeben werden, ehe überhaupt ein Stück das Fertiglager erreicht. Wegen dieser Umstände besitzt Leontiefs Ansatz als Entscheidungsmodell nur geringes Gewicht.

c) Die Ansätze zur Verbindung von Produktions- und Investitionstheorie

In diesem Buch wurde der Begriff Investition allein dem Zahlungsbereich zugeordnet. In der Literatur hat der Begriff Investition neben dem finanzwirtschaftlichen Aspekt einen güterwirtschaftlichen Aspekt: Auch das Beschaffen von Produktionsfaktoren, das Erstellen einer Leistungsbereitschaft faßt man unter Investition. Planung der Kapazitäten, der Betriebsgröße und Investitionsplanung überdecken sich im praktischen Sprachgebrauch weitgehend. Die Ansätze zur Verbindung von Produktions- und Investitionstheorie gehören demgemäß überwiegend in die leistungswirtschaftliche Theorie. Sie behandeln Probleme der Abstimmung von Faktorbeschaffung (Erstellen der Leistungsbereitschaft) und Faktoreinsatz (Leistungserstellung). Wir prüfen hier: Welche Bedeutung gewinnen die mehrperiodischen leistungswirtschaftlichen Abhängigkeiten, insbesondere die zwischen Beschaffung und Leistungserstellung, für die Abstimmung von Zahlungs- und Leistungsbereich?

Zu diesem Zwecke vereinfachen wir die Bedingungen im Zahlungsbereich und unterstellen einen vollkommenen Kapitalmarkt. Bei unvollkommenem und beschränktem Kapitalmarkt ist, wie wir wissen, das Optimum im allgemeinen nur in einem kombinatorischen Modell zu suchen. Es bereitet keine Schwierigkeiten, ein kombinatorisches Produktionsmodell durch zusätzliche finanzwirtschaftliche Nebenbedingungen zu ergänzen und zu einem Modell der Abstimmung von Leistungs- und Zahlungsbereich zu erweitern. Will man auf diese Weise den optimalen Finanzplan erstellen, muß der Zahlungsstrom einer jeden Handlungsmöglichkeit bekannt sein. Um die Festlegung der Zahlungsströme von Handlungsmöglichkeiten geht es bei der Untersuchung des Interdependenzproblems, und dazu müssen wir die mehrperiodischen Abhängigkeiten zwischen Beschaffung, Produktion und Absatz untersuchen.

1. Die mehrperiodischen leistungswirtschaftlichen Abhängigkeiten

Um die Beziehungen zwischen Beschaffung, Produktion und Absatz in den Griff zu bekommen, unterscheiden wir vier Formen mehrperiodischer Produktion:

1. die zeitlich isolierte Produktion,
2. die zeitlich produktverbundene Produktion,
3. die zeitlich faktorverbundene Produktion,
4. die zeitlich faktor- und produktverbundene Produktion.

Zeitlich isolierte Produktion liegt vor, wenn die Beschaffung der Produktionsfaktoren zu Beginn einer Abrechnungsperiode nur der Produktion dieser Abrechnungsperiode dient. Es findet weder bei Faktoren noch bei Produkten Lagerhaltung statt. Eine selbständige Hebamme erstellt Dienstleistungen, die »abrufbedingt« sind. Wählt die Hebamme als Abrechnungsperiode einen Tag, dann kann ihre Tätigkeit von Tag zu Tag als zeitlich isolierte Produktion bezeichnet werden: Sie muß dabei allerdings zu Fuß gehen, darf keine dauerhaften Produktionsfaktoren verwenden. Ihre Leistungen sind auch nicht »lagerfähig«. Ein Beispiel für zeitlich isolierte Produktion läßt sich also nur unter Gewaltanwendung finden. Welche Bedeutung besitzt die mehrperiodische, dynamische Analyse der zeitlich isolierten Produktion?

Keine, da zwischen den Abrechnungsperioden keine leistungswirtschaftlichen Beziehungen bestehen. Eine mehrperiodische Planung ist witzlos. Gleichwohl sind mehrere dynamische Produktionsmodelle so formuliert worden, daß sie nur auf die zeitlich isolierte Produktion zutreffen [27].

Zeitlich produktverbundene Produktion entsteht, wenn die Erzeugnisse von einer Periode zur nächsten übertragen werden können. Die Erzeugnisse sind lagerfähig. Die Produktionsfaktoren werden zu Beginn der Abrechnungsperiode beschafft, in der sie eingesetzt werden. Die Lagerhaltungstheorie hat sich in den letzten Jahren sehr weit verästelt. Die Akribie, mit der die mathematischen Schwierigkeiten gesucht und erörtert werden, steht jedoch vorerst in keinem Verhältnis zur Wirklichkeitsnähe der gemachten Voraussetzungen. Hier werden wir nur einen kleinen Ansatz erörtern, der die Schwierigkeiten zeigen soll.

Zeitlich faktorverbundene Produktion ist gegeben, wenn die Beschaffung der Faktoren für mehrere Abrechnungsperioden erfolgt, sei es, indem Rohstofflager gebildet werden oder dadurch, daß ein technischer Zwang zur bündelweisen Beschaffung besteht, wie beim Kauf von Anlagen. Die Fertigerzeugnisse werden jedoch in der Periode verkauft, in der sie erstellt werden. Auf der Produktseite müssen also wiederum abrufbedingte Dienstleistungen stehen: Der Taxifahrer beschafft sich seinen wichtigsten Produktionsfaktor, das Auto, für mehrere Abrechnungsperioden; ein zeitlicher Ausgleich auf der Absatzseite ist für ihn kaum möglich.

Zeitlich faktor- und produktverbundene Produktion ist der Regelfall. Die Produktionsfaktoren werden für mehrere Abrechnungsperioden beschafft, und die Produkte sind lagerfähig.

Als Ansätze zur Verbindung von Beschaffung und Leistungserstellung untersuchen wir zuerst zwei Probleme der zeitlich faktorverbundenen Produktion, das Problem der leistungsabhängigen Nutzungsdauer und ein Wachstumsmodell, in dem die mehrperiodischen leistungswirtschaftlichen Gleichgewichtsbedingungen abgeleitet werden. Das Wachstumsmodell wird ergänzt durch ein Lagerhaltungsproblem, das zugleich als Beispiel faktor- und produktverbundener Fertigung dient. Der Versuch zu einer Verallgemeinerung dieser Ansätze wird zeigen, welche Probleme gelöst werden müssen, um eine Simultanplanung des Leistungs- und Zahlungsbereichs der Unternehmung zu ermöglichen.

2. Produktion und Investition in der neoklassischen Theorie

aa) Die leistungsabhängige Nutzungsdauer

In Teil C wurde für jeden Zahlungszeitpunkt angenommen, die Höhe der Einnahmenüberschüsse sei bekannt. Das war eine Vereinfachung; denn die Höhe der Einnahmenüberschüsse hängt von den produktionswirtschaftlichen Entscheidungen in jeder Abrechnungsperiode ab: ob z. B. eine

[27] Vgl. z. B. das dynamische Produktionsmodell von *Gerhard Tintner*, A Contribution to the Nonstatic Theory of Production. In: Studies in Mathematical Economics and Econometrics. In Memory of Henry Schultz, edited by Oscar Lange, Francis Mc Intyre, Theodore O. Yntema. Chicago 1942, S. 92–109, hier S. 96–98. Für die zeitlich faktor- und produktverbundene Fertigung ist seine dynamische Produktionsfunktion unzureichend formuliert. Ähnlich *Karl Förstner, Rudolf Henn*, Dynamische Produktionstheorie und Lineare Programmierung. Meisenheim am Glan 1957, S. 39–50. Im Modell von Förstner–Henn erkennt man die zeitliche Isolierung dann, wenn das Modell ohne Berücksichtigung der zweiten Periode durchgerechnet wird. Für die erste Periode ergibt sich das gleiche Produktionsprogramm wie im mehrperiodischen Fall. Beurteilt man solche Modelle nach ihrem ökonomischen Gehalt, dann ist mit der formal beeindruckenden Dynamisierung der Leser nur geblufft worden.

Mehrproduktion durch zusätzliche Maschinenstunden und/oder durch höhere Intensität je Maschinenstunde erreicht wird. Welche dieser Anpassungsmaßnahmen optimal ist, läßt sich erst bestimmen, wenn man weiß, ob und inwieweit eine zeitliche oder intensitätsmäßige Mehr- oder Minderinanspruchnahme der Anlagen, deren künftige Leistungsabgaben und damit die Ersatzzeitpunkte berührt.

Der Kapitalwert hängt also ab von der Produktionsmenge jeder Periode, wir nennen sie x (t), und von der Änderungsrate der Produktion von Periode zu Periode, $\frac{dx(t)}{dt} = x'(t)$.

Die Abhängigkeit des Gewinns von der Änderung der Produktion ist darin begründet, daß die Änderung der Produktion Ausdruck für das Ausmaß der notwendigen zeitlichen und intensitätsmäßigen Anpassungsmaßnahmen ist. Der Kapitalwert hängt weiter ab von t, dem Zeitablauf selbst (von der Länge der Nutzungsdauer). $R(n)e^{-\rho n}$ ist der Barwert des Restverkaufserlöses, I die Anschaffungsausgabe; Q ist der Funktionsausdruck für die Periodenüberschüsse, bei deren Ermittlung hier die Preise als vorgegeben angenommen wurden. Der Kapitalwert ist damit für dieses Modell definiert als:

$$K = \int_0^n Q[x(t), x'(t), t]\, e^{-\rho t}\, dt + R(n)e^{-\rho n} - I.$$

Auf dieser formalen Grundlage bauen (mit einigen Vereinfachungen) bereits die ersten abschreibungs- und nutzungsdauertheoretischen Untersuchungen auf[28]. Praktische Bedeutung haben sie nie erlangt, weil man nicht hoffen kann, die angenommenen Funktionsgrößen schätzen zu können. Die planungsrechnerische Ermittlung der Nutzungsdauer und des Kapitalwerts muß voraussetzen, daß die periodischen produktionswirtschaftlichen Wahlprobleme bereits gelöst sind. Sie geht von einem »erwarteten« Einnahmen- und Ausgabenstrom aus. Das noch ungeklärte Abschreibungsproblem hat jedoch immer wieder Untersuchungen in dieser Richtung hervorgerufen. In jüngerer Zeit hat vor allem Gerelli hierzu eine ausführliche Darstellung vorgetragen, in der er u. a. auch finanzielle Beschränkungen bei der Ermittlung der Optima zu berücksichtigen suchte[29]. Die Berechnung des im Zeitablauf maximalen Kapitalwerts nach obiger Gleichung verlangt die Anwendung der Variationsrechnung. Variationsrechnung heißt die Analyse der Frage, wann ein »Funktional« zu einem Maximum oder Minimum wird. Ein Funktional ist eine Funktion mit »unendlich vielen Veränderlichen«. Um den Begriff des Funktionals zu erklären, grenzen wir ihn gegen den Begriff der Funktion einer Funktion ab. Wir können z. B. sagen, der Gewinn sei abhängig von den Kosten, also

$$G = \varphi(K),$$

die Kosten ihrerseits sind abhängig von der Ausbringungsmenge, also

$$K = f(x),$$

[28] Vgl. *Harold Hotelling,* A General Mathematical Theory of Depreciation. In: The Journal of the American Statistical Association, Vol. 20 (1925), S. 340–353; und bes. *Charles F. Roos,* The Problem of Depreciation in the Calculus of Variations. In: Bulletin of the American Mathematical Society, Vol. 34 (1928), S. 218–228; *ders.,* Dynamic Economics. Bloomington 1934, S. 201 f.

[29] Vgl. *Emilio Gerelli,* Sulla determinazione della distribuzione temporale della quantità da produrre e della durata di un impiantio produttivo. In: Economia Internazionale, Vol. 10 (1957), S. 647–680.

folglich ist $G = \varphi\ [f(x)]$; G ist die Funktion einer Funktion. Jedem Wert von x ist hier ein Gewinnwert zugeordnet, z. B. $G = 10$ für $x = 100$, $G = 20$ für $x = 200$. Wenn G ein Funktional der Kosten ist: $G = F\{K\}$, dann heißt das hingegen, daß für jeden Wert G eine ganz bestimmte Kostenfunktion gilt, also z. B. für $G = 10$ die Kostenfunktion $K = a \cdot x^2$; wenn der Gewinn $G = 20$ betragen soll, würde die Kostenfunktion $K = ax$ gelten. Mit der Extremwertbestimmung für solche Funktionale beschäftigt sich die Variationsrechnung. Evans[30] hat die Bedeutung der Variationsrechnung für die Wirtschaftswissenschaften herausgestellt. Sie ist ein Instrument, um schwierige Interdependenzbeziehungen zwischen einzelnen ökonomischen Variablen formal zu erfassen. Die »dynamische Programmierung« verwendet gleichfalls in reichlichem Maße die Variationsrechnung[31].

Die unmittelbare unternehmungspolitische Bedeutung der Variationsrechnung ist bescheiden. Zum einen ist das Problem der Datenbeschaffung in diesen mehrperiodischen Modellen besonders offenkundig, und zum anderen sind die mathematischen Schwierigkeiten, die ihre Anwendung hervorruft, mitunter durch die willkürliche Wahl des Modellansatzes, nicht durch die Problemstruktur bedingt. Die Anwendung der Variationsrechnung ist z. B. notwendig, wenn mit stetigen Funktionen in bezug auf die Zeit gearbeitet wird. Unstetige Funktionen (Periodenanalysen also) sind nicht nur wesentlich realistischer, sondern (vielfach) auch mathematisch einfacher. Es sind dann nur Extremwerte einer Funktion mit mehreren Veränderlichen bzw. mit mehreren Nebenbedingungen zu suchen[32].

Wir werden die mathematischen Extremwertbedingungen für Variationsprobleme nur für zwei vereinfachte Modelle untersuchen.

bb) Wachstumsmodelle der Unternehmung

Jeder Versuch, einen optimalen Wachstumspfad der Unternehmung zu bestimmen, muß sich mit dem Abstimmungsproblem von lang- und kurzfristigen Entscheidungen im Produktionsbereich auseinandersetzen, denn ein langfristiges »stetiges« Wachstum läßt sich nur verwirklichen, wenn aus den kurzfristigen Entscheidungen keine Störungsquellen entspringen.

Die Untersuchungen über die Bedingungen des einzelwirtschaftlichen Wachstums stehen noch am Anfang[33]. Die dynamischen Wachstumsmodelle von Arrow-Beckmann-Karlin und Smith, auf die hier Bezug genommen wird, verweilen zudem wegen ihres hohen Abstraktionsgrades außerhalb der bisherigen betriebswirtschaftlichen Wachstumsdiskussion.

Das Wachstumsmodell von Arrow-Beckmann-Karlin[34] kann als Ansatz zur Lösung der Probleme zeitlich faktorverbundener Fertigung gezählt werden. Arrow-Beckmann-Karlin versuchen, die Bedingungen für das optimale Kapazitätswachstum einer Unternehmung zu bestimmen unter den Voraussetzungen:

[30] Vgl. *Griffith C. Evans,* Mathematical Introduction to Economics. New York – London 1930, ab S. 154; die m. W. erste Anwendung der Variationsrechnung auf wirtschaftliche Probleme findet sich bei *Vilfredo Pareto,* Manuel d'Economie Politique. Traduit sur l'édition italienne par Alfred Bonnet. 2ième édition, Paris 1927, S. 631–636.

[31] Vgl. bes. *Richard Bellman,* Dynamic Programming. Princeton (N. J.) 1957.

[32] Vgl. *R. G. D. Allen,* Mathematik für Volks- und Betriebswirte. Übersetzt von Erich Kosiol. 2. Aufl., Berlin 1962, S. 557, Fußnote.

[33] Vgl. als Einführung bes. *Edith T[ilton] Penrose,* The Theory of the Growth of the Firm. Oxford 1959, reprinted 1966; *Waldemar Wittmann,* Überlegungen zu einer Theorie des Unternehmungswachstums. In: ZfhF, NF, Jg. 13 (1961), S. 493–519.

[34] *Kenneth J. Arrow, Martin J. Beckmann, Samuel Karlin,* The Optimal Expansion of the Capacity of a Firm. In: Kenneth J. Arrow, Samuel Karlin, Herbert Scarf, Studies in the Mathematical Theory of Inventory and Production. Stanford 1958, S. 92–105.

(1) Einmal installierte Anlagen können nicht wieder abgebaut werden, besitzen also eine unendliche Lebensdauer, ihre Leistungsabgaben bleiben stets gleich hoch (!),

(2) die Anlagenunterhaltungskosten sind proportional zur Ausbringungsmenge,

(3) die Produkte sind nicht lagerfähig,

(4) die Preise sind konstant und

(5) die Gewinnfunktion als Funktion der Zeit und der Kalkulationszinssatz sind bekannt.

Die Autoren erkennen selbst, daß das Problem vom ökonomischen Standpunkt als überaus vereinfacht angesehen werden muß. Tatsächlich vermeiden sie mit ihrer Annahme, die einmal aufgebaute Kapazität halte ewig, alle Probleme, welche die Abstimmung von Leistungserstellungspolitik und Kapazitätspolitik hervorruft. Erst die Lösung dieses Abstimmungsproblems gestattet es, ein optimales betriebliches Wachstum zu definieren. Der »methodisch bedeutsame Versuch«, die Variationsrechnung mit dem linearen Programmieren bzw. der Spieltheorie zu vereinen (was die Absicht der Autoren ist), ist mit der ökonomischen Bedeutungslosigkeit der Problemlösung erkauft worden. Es ist wohl besser, solche Fragen von vornherein als ausschließlich mathematisch interessierende Probleme zu betrachten.

Das Wachstumsmodell von Smith zählt ebenfalls zur zeitlich faktorverbundenen Produktion. Smith glaubt, sein dynamischer Ansatz enthalte alles, was eine dynamische Theorie der Produktion und Investition bieten könne[35]. In seinem Modell werden simultan die Mengen der zu beschaffenden und einzusetzenden Verbrauchsfaktoren, die Mengen der Investitionsgüter sowie der optimale Erweiterungszeitpunkt der Anlagenkapazität bestimmt. Smith entwickelt damit ein Wachstumsmodell, das zugleich die produktionswirtschaftlichen Wahlprobleme lösen will.

Smith nimmt an: Die Betriebskosten seien zu minimieren. Eine solche Zielsetzung ist nur sinnvoll, wenn wir unterstellen, daß die Absatzmengen vorgegeben sind und keine Möglichkeiten zu selbständiger Preispolitik bestehen. Um Lagerhaltungsfragen auszuschalten, wird angenommen, das Erzeugnis ist nicht lagerfähig. Zu Beginn der Planperiode wird aufgrund der bekannten Absatzanforderungen eine bestimmte Anzahl von Anlagen des Typs A investiert. Gesucht wird einmal derjenige Zeitpunkt t_1 innerhalb der Planperiode, in dem Anlagen des Typs B, die technisch verbessert sein können, zusätzlich investiert werden. Bei den Anlagen B handelt es sich also nicht um Ersatzinvestitionen. Man kann sich fragen, warum Typ B nicht von Anfang an angeschafft wird. Um dieser Frage zu begegnen, unterstellen wir, daß Typ B in t_0 noch nicht verfügbar ist, aber in t_1 eingesetzt werden kann. Das Modell ist also so zu formulieren, daß nach t_1 Anlagen der Typen A und B nebeneinander laufen. Über das Nutzungsdauerende der Anlagen des Typs A erfolgen (zunächst) keine Annahmen. Smith setzt voraus, daß keine Anlage unbeschäftigt bleiben darf. Reserveanlagen werden also nicht gehalten. Aufgrund dieser Annahme hofft Smith, das Nutzungsdauerproblem für Typ A »implizit« lösen zu können. Wir kommen darauf zurück. Der Planungshorizont reiche über t_1 hinaus bis t_n. Für die Zeit danach nehmen wir eine unendliche Kette identischer Reinvestitionen des zweiten Investitionsprogramms an, in dem A und B verwandt werden.

Zu entscheiden ist: (1) Wieviele Anlagen des Typs A sind zu Beginn der Planperiode anzuschaffen? (2) Wann ist t_1 erreicht? (3) Wieviele Anlagen des Typs B sind in t_1 zu investieren? (4) Wie bestimmen sich die Faktoreinsätze des Verbrauchsfaktors r in der Planperiode, wenn vorausgesetzt wird, daß r teilweise gegen A und B substituiert werden kann? (5) Wann ist die Nutzungsdauer der Anlagen A beendet?

[35] Vgl. *Smith*, S. 283–298.

Es ist notwendig, diese Probleme auch formal ausführlich zu erörtern, zumal bei Smith sowohl die Zielfunktion als auch die Extremwertbedingungen unzutreffend formuliert sind[36].
Um eine allgemeine formale Lösung zu gewinnen, wird das Problem als kontinuierliches dynamisches Modell formuliert.
K ist der Ausgabenbarwert in t_0, dem Beginn der Planperiode, a der Preis des Verbrauchsfaktors r, P_A der eines Anlagegutes vom Typ A, P_B der eines vom Typ B. $r_A(t)$ bezeichnet die Verbrauchsfaktormengen für Anlagegut A in Abhängigkeit vom Zeitablauf, es handelt sich also um eine Faktorverbrauchsfunktion in bezug auf die Zeit; $r_{A1}(t)$ bezieht sich auf das Intervall t_0 bis t_1, $r_{A2}(t)$ auf t_1 bis t_n; $r_B(t)$ nennt die Mengen des Verbrauchsfaktors bei B; Planperiodenende ist n, t_1 ist der Zeitpunkt der Realisierung der Erweiterungsinvestition; $e^{-\rho t}$ ist der Abzinsungsfaktor. $\frac{1}{1-e^{\rho n}}$ nennt den Multiplikator für die unendliche Kette (vgl. S. 285).
Die Zielfunktion lautet dann

$$K = \int_{t_0}^{t_1} a \cdot r_{A1}(t)\, e^{-\rho t}\, dt + P_A A + \{ \int_{t_1}^{t_n} a[r_{A2}(t) + r_B(t)]\, e^{-\rho t} dt + P_B B\} \frac{e^{-\rho t_1}}{1-e^{-\rho n}}.$$

Sie ist zu minimieren unter den Nebenbedingungen der beiden Produktionsfunktionen

$$x(t) = f[r_{A1}(t), A] \quad \text{im Intervall} \quad t_0 \leqq t \leqq t_1$$

$$x(t) = f_1[r_{A2}(t), A] + \varphi[r_B(t), B] \quad \text{im Intervall} \quad t_1 \leqq t \leqq t_n,$$

x(t) stellt hierbei einen Parameter dar: Die periodischen Absatzmengen des nicht lagerfähigen Produkts sind bekannt. Wenn wir diese Einschränkung aufheben wollten, müßte das Modell als Gewinnmaximierungsmodell formuliert werden. Das Unterstellen einer periodischen Preis-Absatzfunktion würde den ohnehin schon komplizierten Ansatz noch mehr aufblähen. Im Modell fallen Bereitstellung und Einsatz des Verbrauchsfaktors zusammen. Fielen sie auseinander, und würde die Voraussetzung eines nicht-lagerfähigen Produkts aufgehoben, wären zusätzliche Nebenbedingungen für die Lagerhaltung erforderlich.
Da die Nebenbedingungen selbst Funktionen der Zeit sind, genügt es nicht, zwei (Lagrangesche) Multiplikatoren zu wählen, um die Nebenbedingungen in die Zielfunktion einzubauen. Die »Multiplikatoren« müssen vielmehr Funktionsausdrücke sein. Wir bezeichnen diese »Lagrangeschen Funktionen« mit μ_1 und μ_2. Ihr ökonomischer Sinn wird später erklärt. Analog dem einperiodischen Modell auf S. 533 schreiben wir

$$\mu_1 \{f[r_{A1}(t), A] - x(t)\} \quad \text{und} \quad \mu_2 \{f_1[r_{A2}(t), A] + \varphi[r_B(t), B] - x(t)\}.$$

36 Ziel bei *Smith* (S. 294, Gleichung 11.3.1) ist es, die periodischen Betriebskosten zu minimieren. Der Fehler liegt darin, daß die Kosten des Verbrauchsfaktors nach t_1 nicht richtig berechnet sind. Die Kosten sind definiert als Integral der Barwerte der periodischen Aufwendungen von t_1 bis t_n. Berechnet wird so der Barwert aller variablen Kosten zum Zeitpunkt t_1. Um daraus eine Annuität zu berechnen, ist dieser Betrag zusätzlich von t_1 auf t_0 abzuzinsen, genauso wie es Smith zu Recht für die Anschaffungsausgaben der Anlagen des Typs B macht, die in t_1 anfallen. Außerdem erscheint es unzweckmäßig, die Lagrangeschen Funktionen als *diskontierte* Grenzkostenfunktionen zu definieren. Die Aussagen hinsichtlich des optimalen Erweiterungszeitpunkts sind unzutreffend.
Anstatt, wie Smith, die (durchschnittlichen) periodischen Betriebskosten zu minimieren, sei hier als Ziel Minimierung des Ausgabenbarwerts (Gesamtkostenbarwerts) gesetzt; das ist formal einfacher. Zugleich werden die Symbole geändert, da die Darstellung bei Smith unübersichtlich ist.

Es ist dann die erweiterte Zielfunktion

$$K = \int_{t_0}^{t_1} [a r_{A1}(t) - \mu_1\{f[r_{A1}(t), A] - x(t)\}] e^{-\rho t} dt + P_A A +$$

$$+ \frac{e^{-\rho t_1}}{1-e^{-\rho n}}\{P_B B + \int_{t_1}^{t_n} [a\{r_{A2}(t) + r_B(t)\} - \mu_2\{f_1 [r_{A2}(t), A] + \varphi[r_B(t), B] - x(t)\}] e^{-\rho t} dt\}$$

zu minimieren im Hinblick auf die (nicht negativen) Funktionen $r_{A1}(t)$, $r_{A2}(t)$, $r_B(t)$ und die Variablen A, B (Menge der Investitionsgüter) und t_1.
Dazu differenzieren wir partiell nach den einzelnen Unbekannten: den drei Funktionen für den Einsatz des Verbrauchsfaktors, $r_{A1}(t)$, $r_{A2}(t)$, $r_B(t)$, den beiden Investitionsgütern A und B und dem Erweiterungszeitpunkt t_1[37].
α) Die notwendigen Bedingungen für das Kostenminimum beim Einsatz des Verbrauchsfaktors sind dann:

(1) $$a - \mu_1 \left\{\frac{\partial}{\partial r_{A1}(t)} [r_{A1}(t), A]\right\} = 0$$

(2) $$a - \mu_2 \left\{\frac{\partial}{\partial r_{A2}(t)} [r_{A2}(t), A]\right\} = 0$$

(3) $$a - \mu_2 \left\{\frac{\partial}{\partial r_B(t)} [r_B(t), B] \right\} = 0.$$

Um (1) verbal zu interpretieren, lösen wir (1) nach der unbekannten Funktion μ_1 auf:

(1a) $$\mu_1 = \frac{a}{\frac{\partial}{\partial r_{A1}(t)} [r_{A1}(t), A]}.$$

Der Nenner ist die Ableitung der Produktionsfunktion nach dem Faktor r_{A1}, beschreibt also die Grenzproduktivität des Faktors r_{A1}. Der Zähler gibt den Faktorpreis an. Wir erkennen damit sofort die ökonomische Bedeutung von μ_1. μ_1 bezeichnet den Preis für eine Faktoreinheit dividiert durch den Ertragszuwachs bei Vermehrung des Faktoreinsatzes um diese Einheit, d. h. nichts anderes als die Grenzkosten je Produkteinheit. Die Lagrange-Funktion μ_1 gibt also für jeden beliebigen Zeitpunkt die in diesem Zeitpunkt gültige Grenzkostenfunktion an. Es ist zu beachten, daß die Grenzkostenfunktion μ_1 nur formal definiert wurde. (1a) gestattet nicht, die Grenzkostenfunktion zu berechnen, weil wir den Ausdruck der Ableitung noch nicht kennen. Um sie zu berechnen, benötigen wir vielmehr 8 Gleichungen: die 6 Extremwertbedingungen des Pro-

[37] Es ist auch nach den unbekannten Funktionen $r_{A1}(t)$, $r_{A2}(t)$, $r_B(t)$ zu differenzieren. Für solche Probleme der Variationsrechnung gilt als notwendige Extremwertbedingung die Euler-(Lagrange-)sche Gleichung $\frac{\partial f}{\partial x(t)} - \frac{\partial}{\partial t} \cdot \frac{\partial f}{\partial x'(t)} = 0$, wenn $\int_a^b f[(t), x(t), x'(t)]$ die Zielfunktion ist (vgl. z. B. *Allen*, Mathematik, S. 550–552). Da in unserem Problem keine Ableitung unter dem Integral erscheint, reduziert sich Eulers Gleichung hier auf die einfache Form $\frac{\partial f}{\partial x(t)} = 0$. Die allgemeine Bedingung brauchen wir auf S. 573.

blems, von denen (1) bis (3) als Differentialgleichungen erscheinen, die erst aufgelöst werden müssen, und die algebraische Gestalt der beiden Produktionsfunktionen, aufgrund deren wir μ_1 und μ_2 eingeführt haben. Wir wollen uns die mühselige Durchrechnung an einem Beispiel ersparen.

Nachdem die ökonomische Bedeutung der Lagrangeschen Funktion μ_1 erkannt ist, läßt sich die Extremwertbedingung (1a) sehr leicht plausibel machen: Für jeden beliebigen Zeitpunkt gilt die bekannte Optimierungsbedingung der statischen Einkaufstheorie (Theorie der Nachfrage nach Produktionsfaktoren), daß die Grenzkosten gleich dem Faktorpreis dividiert durch das Grenzprodukt sein müssen (vgl. S. 559). Für die Bedingungen (2) und (3) gilt das Entsprechende. Aus (2) und (3) leitet sich zugleich das Haupttheorem für Mehrmaschinenunternehmungen ab[38] (jede Anlage soll dabei eine Kapazitätseinheit verkörpern): Alle Anlagen, die dem gleichen Fertigungszweck dienen, sind so zu beschäftigen, daß die Grenzkosten in jedem Fertigungsprozeß gleich sind (μ_2 gilt für (2) und (3)). Das bedeutet, daß die Anlagen vom Typ B mit einer höheren Intensität zu fahren sind als die älteren Anlagen A, denn wir können davon ausgehen, daß die Grenzkosten des mit B durchgeführten Fertigungsprozesses für jedes Produktionsniveau geringer sind als die mit A, weil es sich bei B um jüngere Anlagen handelt, die darüber hinaus noch technisch verbessert sein können. In einer Unternehmung mit Anlagen unterschiedlichen Alters bzw. technischen Reifezustands, die dem gleichen Zweck dienen, ist es also verfehlt, alle Anlagen mit der gleichen Intensität laufen zu lassen (vorausgesetzt, das Alter bzw. der technische Reifegrad beeinflussen die Verbrauchsfunktionen des Aggregats).

β) Die Optimierungsbedingungen für das Investitionsvolumen an A in t_0 und B in t_1 lauten:

$$(4) \qquad -\int_{t_0}^{t_1} \mu_1 \frac{\partial}{\partial A} [r_{A1}(t), A]\, e^{-\rho t} dt - \frac{e^{-\rho t_1}}{1-e^{-\rho n}} \int_{t_1}^{t_n} \mu_2 \frac{\partial}{\partial A} [r_{A2}(t), A]\, e^{-\rho t} dt + P_A = 0$$

$$(5) \qquad -\int_{t_1}^{t_n} \mu_2 \frac{\partial}{\partial B} [r_B(t), B]\, e^{-\rho t} dt + P_B = 0.$$

In Gleichung (5) bezeichnet die erste Ableitung der Produktionsfunktion nach B den Ausbringungs-(Ertrags-)zuwachs bei Vermehrung des dauerhaften Produktionsfaktors B um eine (strenggenommen infinitesimal kleine) Einheit. Der Ausbringungszuwachs, multipliziert mit der Grenzkostenfunktion μ_2, ergibt die Kostenänderung bei dem Verbrauchsfaktor r für den Ausbringungszuwachs infolge einer zusätzlichen Investition von B. Da aber die Ausbringungsmenge hier vorgegeben ist, führt die Vermehrung von B zu einer Einsparung des Verbrauchsfaktors. Das Produkt bezeichnet damit nichts anderes als die (mit dem Faktorpreis bewertete, »dynamische«) Grenzrate der Substitution des Verbrauchsfaktors r in bezug auf das »Kapitalgut« B. Wir erkennen das vielleicht am einfachsten dann, wenn wir (3) nach μ_2 auflösen:

$$\mu_2 = \frac{a}{\frac{\partial}{\partial r_B(t)} [r_B(t), B]}$$

und die rechte Seite der Gleichung an die Stelle von μ_2 in (5) setzen

[38] Vgl. dazu z. B. *Wassily W. Leontief*, Multiple-Plant Firms: Comment. In: The Quarterly Journal of Economics, Vol. 61 (1947), S. 650 f.

(5a) $$\int_{t_1}^{t_n} - \frac{\frac{\partial}{\partial B}\,[r_B(t), B]}{\frac{\partial}{\partial\, r_B(t)}\,[r_B(t), B]} \cdot a \cdot e^{-\rho t} dt + P_B = 0.$$

Der Bruch benennt die Grenzrate der Substitution des Gutes r in bezug auf das Gut B; denn sie ist definiert als $g_r = \frac{\partial f}{\partial B} : \frac{\partial f}{\partial r_B(t)}$, wenn f für den Funktionsausdruck steht.

Das Produkt in (5) gibt also die Ersparnisse an Kosten des Verbrauchsfaktors (Ersparnis an »kurzfristig variablen« Kosten) durch Investition einer zusätzlichen Einheit von B an. Das Integral in (5) nennt folglich die Summe der Barwerte (zum Zeitpunkt t_1) aller Kostenersparnisse. (5) besagt deshalb, daß das Investitionsvolumen an B zu erhöhen ist, solange die Summe der Barwerte aller Ersparnisse an »kurzfristig variablen« Kosten noch über den Anschaffungsausgaben (P_B) einer zusätzlichen Anlage vom Typ B liegt.
In (4) besteht die Gesamtersparnis an kurzfristig variablen Kosten aus der Summe der Barwerte der Ersparnisse von t_0 bis t_1 (erstes Integral) und der Summe der Barwerte der Ersparnisse von t_1 bis t_n (zweites Integral), berechnet auf den Zeitpunkt t_0. Das optimale Investitionsvolumen an A ist dann erreicht, wenn der Barwert sämtlicher Ersparnisse an »kurzfristigen variablen« Kosten bei Investition einer zusätzlichen Einheit A gleich dem Preis dieser Einheit ist.
(4) und (5) spiegeln eine dynamische Form der Minimalkostenkombination wider, das sei an (5a) gezeigt. (5a) kann auch in der Form

(5b) $$\int_{t_1}^{t_n} \frac{\frac{\partial}{\partial B}\,[r_B(t), B]}{\frac{\partial}{\partial r_B(t)}\,[r_B(t), B]}\, e^{-\rho t} dt = \frac{P_B}{a}$$

geschrieben werden. (5b) offenbart die Definition der Minimalkostenkombination, daß die (hier »dynamische«) Grenzrate der Substitution des Faktors r in bezug auf Faktor B dem reziproken Preisverhältnis beider Faktoren entspricht.

γ) Hinsichtlich des optimalen Erweiterungszeitpunkts ist zu beachten, daß der gesuchte Zeitpunkt t_1 nicht den Ersatzzeitpunkt der Anlagen A gegen B bezeichnet, sondern den Zeitpunkt des Ersatzes zweier »Investitionsprogramme« I und II; I besteht nur aus Anlagen des Typs A; II enthält die bereits vorhandenen Anlagen A und neu zu investierende des Typs B.
Bei der Ableitung des Optimierungskriteriums ist weiterhin zu berücksichtigen, daß der Ausdruck für die »kurzfristig variablen« Kosten des Programms II formal so behandelt werden kann, als ob er ein Parameter wäre; gleich wann t_1 gewählt wird (und ob überhaupt innerhalb der Planperiode II an die Stelle von I tritt), immer berechnet sich der Barwert der »kurzfristig variablen« Kosten als Integral von t_1 bis zum vorgegebenen Planperiodenhorizont t_n.
Wir erhalten bei partieller Differentiation der Zielfunktion nach t_1 und Nullsetzen der Ableitung:

(6) $$a r_{A1}(t_1) - \frac{\rho}{1-e^{-\rho n}} \{P_B B + \int_{t_1}^{t_n} a[r_{A2}(t) + r_B(t)]\, e^{-\rho t} dt\} = 0.$$

Der optimale Erweiterungszeitpunkt t_1 ist erreicht, wenn die zusätzlichen Ausgaben beim Weiterbetrieb des ersten Investitionsprogramms gleich sind der Annuität auf den Ausgabenbarwert des zweiten Investitionsprogramms. Da die »Annuität auf den Ausgabenbarwert« nichts anderes beschreibt als die Kostenannuität, d. h. die »durchschnittlichen periodischen Kosten« des Programms II, enthält (6) somit die bekannte Aussage, daß der optimale Ersatzzeitpunkt dann erreicht ist, wenn die Grenzkosten in bezug auf die Zeit der »alten Anlage« (Programm I) gleich den periodischen Durchschnittskosten der »neuen Anlage« (Programm II) sind, vgl. S. 292.

δ) Als Ergebnis der Überlegungen zu diesem betrieblichen Wachstumsmodell halten wir fest, daß die bekannten statischen Optimierungsbedingungen im dynamischen Fall weitergelten, mitunter in »dynamischer« Form; ferner dürfen sie nicht mehr isoliert betrachtet werden. Sie müssen vielmehr alle zugleich erfüllt sein.

Eine Würdigung des Modellansatzes ergibt, daß die Aussage von Smith reichlich gewagt ist, das Modell enthalte praktisch das Ganze einer dynamischen Theorie der Verbindung von Produktion und Investition. Die wichtigsten Einschränkungen sind: (1) Die Zielsetzung Kostenminimierung ist nicht allgemeingültig. (2) Nur die zeitlich faktorverbundene Produktion wird betrachtet. (3) Lagerhaltungsfragen sind ausgeklammert. (4) Das Modell gestattet keine explizite Bestimmung des Nutzungsdauerendes der Anlagen vom Typ A. (5) Es beschränkt die Erweiterungsinvestitionen auf einen einzigen Zeitpunkt. (6) Es schaltet alle finanzwirtschaftlichen Schwierigkeiten durch die stillschweigende Annahme eines vollkommenen Kapitalmarktes aus. (7) Es vernachlässigt die Ungewißheit.

Die Einschränkung (4) und (5) hat Smith versucht aufzuheben. Wir wollen seine weiterreichende Analyse kurz betrachten.

Das Einführen von mehr als einem Erweiterungszeitpunkt ist formal ohne weiteres möglich. Zu Schwierigkeiten führt der Versuch, mehr als zwei dauerhafte Faktoren zu berücksichtigen. Hier ist im allgemeinen Fall eine Lösung nicht möglich, solange nicht die Abstände der Kaufdaten der einzelnen dauerhaften Faktoren bekannt sind[39].

Von besonderem Interesse ist die Erweiterung des Grundmodells, mit der Smith hofft, das Nutzungsdauerende der Anlagen des Typs A zu bestimmen. Smith glaubt nämlich, durch eine Anwendung der Kuhn-Tucker-Bedingungen des Programmierens eine implizite Antwort für das Nutzungsdauerproblem aus seinem Modell ableiten zu können. Die Kuhn-Tucker-Bedingungen stellen eine Verallgemeinerung der Lagrangeschen Multiplikatoren für den Fall von Ungleichungen als Nebenbedingungen dar (vgl. S. 376). Kuhn und Tucker[40] haben für den Programmierungsfall, d. h. für das Vorliegen von Nebenbedingungen in Form von (linearen oder nichtlinearen) Ungleichungen, nachgewiesen: Wenn bestimmte Werte der Unbekannten die Zielfunktion maximieren unter den Nebenbedingungen in Form der Ungleichungen, dann existiert auch für jede Nebenbedingung ein »Lagrangescher Multiplikator« μ, ein »Schattenpreis«. Wenn im Optimum das Ungleichheitszeichen gilt (die Nebenbedingung nicht voll ausgenutzt wird), ist der Schattenpreis Null. Gilt das Gleichheitszeichen, wird die Kapazitätsbeschränkung wirksam, dann ist der Schattenpreis positiv.

Der wesentliche Unterschied zur Methode der Lagrangeschen Multiplikatoren ist folgender: Die Lagrangeschen Multiplikatoren erlauben die Ausrechnung des Optimums; sie liefern eine »kon-

[39] Vgl. *Smith*, S. 302 f.

[40] Vgl. *H. W. Kuhn, A. W. Tucker*, Nonlinear Programming. In: Proceedings of the Second Berkeley Symposium on Mathematical Statistics and Probability, edited by Jerzy Neyman. Berkeley 1951, S. 481–492; *Robert Dorfman, Paul A[nthony] Samuelson, Robert M. Solow*, Linear Programming and Economic Analysis. New York–Toronto–London 1958, S. 198–201; *Smith*, S. 321–327. Vgl. auch *Dieter Schneider*, Die Theorie der Verrechnungspreise heute. In: Liiketaloudellinen Aikakauskirja (The Finnish Journal of Business Economics), Jg. 16 (1967), S. 106–124, hier Anhang I, S. 120–122.

struktive« Lösung. Das Theorem von Kuhn und Tucker hingegen stellt lediglich einen Existenzbeweis dar (wenn ein Extremwert der Zielfunktion vorliegt, dann existieren auch Schattenpreise). Es liefert keine konstruktive Lösung. Es sagt nicht, wie man den Extremwert bzw. die Schattenpreise errechnet. Seine Anwendung löst deshalb auch das ökonomische Problem nicht, das Smith in seinem Modell aufwirft.

Durch Anwendung der Kuhn-Tucker-Bedingungen tritt in (1) bis (3) (S. 567) an die Stelle des Gleichheitszeichens die Aussage »kleiner / gleich Null«. Smith argumentiert nun, wenn in einer Periode die Ungleichung gilt, dann wird von dem variablen Faktor r nichts eingesetzt. Da aber vorausgesetzt wurde, daß keine Anlage leerstehen darf, bedeutet das, daß in diesem Zeitpunkt die Nutzungsdauer des Anlageguts beendet ist. Die »strategische Rolle« der Ungleichungen bestehe also darin, daß sie implizite das Nutzungsdauerende der Anlagen des Typs A beschreiben. Diese Rolle können indes die Ungleichungen nur dann spielen, wenn bekannt ist, daß trotz der Ungleichung hier ein Kostenminimum erreicht ist. Da aber bisher kein allgemeines Verfahren zur Gewinnung dieser Erkenntnis greifbar ist, beantwortet das Modell Smiths die Frage nach der Nutzungsdauer nicht.

Man muß sich die hier verwandte »Methodik« klar vor Augen führen: Es werden die Extremwerte von Zielfunktionen ermittelt, die Gleichungen (Produktionsfunktionen) als Nebenbedingung enthalten; anschließend werden die Kriterien des Optimums erweitert auf den Fall von Ungleichungen. Für diesen Fall werden die partiellen Ableitungen als Kuhn-Tucker-Bedingungen interpretiert. Wie soll aber in ein Modell mit Nebenbedingungen in Form von Produktionsfunktionen, die als Gleichung zwischen Faktoreinsatz und Ausbringung definiert sind, ein Ungleichheitszeichen kommen? Wieso kann daraus eine Aussage über eine Größe (die Nutzungsdauer) folgen, die in das Modell nicht ausdrücklich aufgenommen wurde?

cc) Ein Lagerhaltungsmodell

Der Fall, dem die Wirklichkeit regelmäßig entspricht, ist die produkt- und faktorverbundene Produktion. Hier fallen sowohl auf der Faktorseite Bereitstellung und Einsatz auseinander als auch auf der Ertragsseite Produktbereitstellung und Verkauf. Als Beispiel der produkt- und faktorverbundenen Produktion soll wiederum ein Modell im Anschluß an Smith erörtert werden[41]. Es unterstellt, daß ein Anlagegut am Produktionsprozeß beteiligt und das Produkt lagerfähig ist. Zur Fertigung wird weiterhin ein Verbrauchsfaktor benötigt, für ihn fallen Bereitstellung und Einsatz zusammen. Die periodischen Verkaufsmengen sind vorgegeben. Das Modell von Smith erweitert ein Lagerhaltungsmodell von Modigliani-Hohn[42] dadurch, daß die Investitionsentscheidung über das Anlagegut in das Modell einbezogen wird.

Vorausgesetzt werden ferner Einproduktbetrieb und eine begrenzte Planperiode. Ziel ist bei Smith und Modigliani-Hohn die Minimierung der (undiskontierten) Gesamtkosten für die Planperiode. Dieses Ziel erscheint wenig sinnvoll, denn es setzt voraus, daß der Zinssatz Null ist. Wir unterstellen als Ziel Minimierung des Ausgabenbarwerts aller Perioden.

Die Lagerhaltung des Produkts in jedem Zeitpunkt L(t) bestimmt sich als Summe der Anfangslagerhaltung L(0) und der kumulierten Produktionsmenge für einen Zeitpunkt X(t), abzüglich der kumulierten Verkaufsmenge S(t), also

$$L(t) = L(0) + X(t) - S(t).$$

[41] Vgl. *Smith*, S. 306–310.

[42] Vgl. *Franco Modigliani, Franz E. Hohn*, Production Planning over Time and the Nature of the Expectation and Planning Horizon. In: Econometrica, Vol. 23 (1955), S. 46–66.

k ist der Betrag, den die Lagerhaltung eines Produkts während einer Periode kostet. k bezeichnet die als konstant angesehenen marginalen Lagerkosten. Wenn a der Preis des Verbrauchsfaktors r und P der des Anlagegutes ist, r(t) die periodischen Verbrauchsmengen von r und A die Zahl der zu Beginn der Planperiode zu investierenden Anlagegüter beschreibt (von Restverkaufserlösen in t_n sehen wir ab), dann lautet die Zielfunktion:

$$K = \int_{t_0}^{t_n} [ar(t) + k \{L(0) + X(t) - S(t)\}] e^{-\rho t} dt + PA.$$

Es sind die periodischen Verbrauchsmengen an r, der Investitionsumfang an A, die periodische Produktionsmenge $\frac{\partial X(t)}{\partial t}$ so zu wählen, daß bei vorgegebenen Absatzmengen der Ausgabenbarwert minimiert wird.

Dabei ist der Produktionsfunktion

(1) $$f[r(t), A] - \frac{\partial X(t)}{\partial t} = 0$$

und der Lagerhaltungsbedingung

(2) $$L(t) = L(0) + X(t) - S(t) \geqq 0$$

zu genügen. Weiter gilt die Bedingung

(3) $$X(n) = \int_{t_0}^{t_n} f[r(t), A] \, dt = S(n) - L(0).$$

Zu (1): Die Produktionsfunktion beschreibt die Abhängigkeit der periodischen Produktionsmengen von den Faktoreinsätzen. Die periodischen Produktionsmengen sind die erste Ableitung der kumulierten Produktionsmengen nach der Zeit (anders ausgedrückt: Die Summe (das Integral) aller periodischen Produktionsmengen ergibt die kumulierte Produktionsmenge). Das erklärt, warum hier die Produktionsfunktion in der Form einer Differentialgleichung erscheint.
Zu (2): Die Lagerhaltungsbedingung läßt zu, daß in jedem Zeitpunkt auch Lagerbestände vorhanden sind. Das Gleichheitszeichen auf der rechten Seite würde bedeuten, daß nie Lagerbestände gehalten werden.
Zu (3): Diese Bedingung besagt, daß die gesamte Produktionsmenge der Planperiode einschließlich des Anfangslagerbestands am Ende der Planperiode verkauft sein muß. Es leuchtet ein, daß es keinen Sinn hat, mehr zu produzieren als zu verkaufen, wenn die Planperiode begrenzt ist, d. h. wenn stillschweigend unterstellt wird, in t_n werde die Unternehmung liquidiert.
Die Bestimmung der Extremwerte erfolgt ähnlich wie bei der faktorverbundenen Produktion. Die Multiplikatorfunktion μ definiert wieder die Grenzkostenfunktion. Es sind also die Extremwerte für r(t), A, X(t), μ aus der Gleichung zu bestimmen:

$$K = \int_{t_0}^{t_n} \left[ar(t) + k \{L(0) + X(t) - S(t)\} - \mu \left\{f[r(t), A] - \frac{\partial X(t)}{\partial t}\right\}\right] e^{-\rho t} dt + PA.$$

Die notwendigen Bedingungen für das Kostenminimum lauten:

(a) $$a - \mu \frac{\partial}{\partial r(t)} [r(t), A] = 0$$

(b) $$\int_{t_o}^{t_n} \mu \frac{\partial}{\partial_A} [r(t), A]\, e^{-\rho t} dt + P = 0$$

(c) $$k - \frac{\partial}{\partial t} (\mu) = 0$$

(d) $$f[r(t), A] - \frac{\partial X(t)}{\partial t} = 0$$

als Bedingung, aufgrund derer μ eingeführt wurde.

Die Bedingung (a) ist analog den Bedingungen (1) bis (3), S. 567, zu erklären. Es wird in jeder Periode soviel von dem Verbrauchsfaktor eingesetzt, bis der Beschaffungspreis der letzten Faktoreinheit gleich dem Produkt aus Grenzkosten des Erzeugnisses mal Grenzprodukt des Faktors ist (Einkaufskriterium).

Die Bedingung (b) entspricht (4) und (5), S. 568. Im Optimum muß die Summe der Barwerte der Ersparnisse durch stärkere Verwendung des Anlagegutes (infolge einer Substitution von r durch A) gleich dem Preis von A sein (»dynamische« Minimalkostenkombination).

Neu ist lediglich die Bedingung (c). Sie folgt unmittelbar aus der Eulerschen Gleichung (S. 567[37]). Um sie ökonomisch zu interpretieren, ist die Differentialgleichung durch Integration aufzulösen.

Wenn (c) von t bis (t + ε) integriert wird, erhalten wir

$$\int_{t}^{t+\varepsilon} \left[k - \frac{\partial}{\partial t} (\mu)\right] dt = k\varepsilon - \mu\,(t + \varepsilon) + \mu\,(t) = 0$$

oder

(3a) $$\mu(t) + k\varepsilon = \mu(t + \varepsilon).$$

μ (t) bezeichnet die Grenzkostenfunktion im Zeitraum t. ε ist ein Zeitintervall. $k \cdot \varepsilon$ sind folglich die Lagerkosten je Stück im Zeitintervall ε.

(3a) besagt, daß die Grenzkosten einer Produkteinheit in einem Zeitpunkt (t + ε) gleich der Summe der Grenzkosten einer Einheit bei Produktion in einer früheren Periode und den Lagerkosten bis zu diesem Zeitpunkt (t + ε) sein müssen. Würden nämlich die Grenzkosten in einem Zeitpunkt (t + ε) über der Summe aus Grenzkosten bei früherer Produktion und Lagerkosten liegen, dann wäre es besser, das Stück bereits in den Vorperioden zu fertigen.

Die Bedingung (3a) muß naturgemäß auch über die ganze Planperiode hinweg gelten, d. h.

$$\int_{t_o}^{t_n} \left[k - \frac{\partial}{\partial t} (\mu)\right] dt = k(t_n - t_o) - \mu(t_n) + \mu(t_o) = 0.$$

Damit ist die Grenzkostenfunktion μ als lineare Funktion in Abhängigkeit von der Zeit definiert. Die Veränderung der Grenzkostenfunktion im Zeitablauf ist unabhängig von den Verkaufsmengen und der Produktion. Darin unterscheidet sich der Fall produkt- und faktorverbundener Produktion von dem der faktorverbundenen Produktion. Bei faktorverbundener Produktion hängt die dynamische Grenzkostenfunktion von allen Gleichgewichtsbedingungen ab, insbesondere muß die Höhe der periodischen Einsätze des Verbrauchsfaktors bekannt sein[43].

[43] Die notwendigen Bedingungen hierfür lassen sich leicht dadurch ableiten, daß man die Lagerkosten (k mal Klammer) aus der Zielfunktion eliminiert. Es verbleiben die oben genannten Bedingungen für das Optimum (a), (b) und (d); unbekannt sind r(t), A und μ.

Sobald Lagerhaltung zugelassen wird, ist die Grenzkostenfunktion im Optimum »unabhängig« von der Produktionsfunktion und der Grenzproduktivitätsbedingung. Die Höhe der periodischen Beschäftigung und damit der Verbrauch an r richtet sich vielmehr in erster Linie danach, ob durch erhöhte Produktion und Lagerhaltung nicht zukünftige hohe Produktionskosten vermieden werden können.

Bei Smith[44] lautet (3a), offenbar durch eine stillschweigende Anwendung des Kuhn-Tucker-Theorems bedingt:

$$\mu(t) + k\varepsilon \geqq \mu(t + \varepsilon).$$

Sie läßt damit zu, daß die Grenzkosten in einer späteren Periode kleiner sein können als die Summe aus Grenzkosten bei vorzeitiger Produktion und Lagerkosten. Bei näherer Betrachtung zeigt sich jedoch auch hier, daß die Erweiterung der Modellaussage durch die Anwendung des Kuhn-Tucker-Theorems zu keiner ökonomisch belangvollen Aussage führt. Gilt nämlich in einem Intervall $t_1 < (t + \varepsilon) \leqslant t_2$ die Ungleichung (und liegt dennoch ein Kostenminimum vor), dann kostet die Produktion (und Lagerung) in t_1 mehr als später. Man wird danach streben, die Produktion in t_1 so klein wie möglich zu machen. Sind in t_1 bereits Lagerbestände vorhanden, wird folglich zunächst nichts produziert: Wenn das Anfangslager verkauft ist, wird nur die periodische (Rest-)Verkaufsmenge produziert. Das heißt aber, daß immer dann, wenn die Ungleichung gilt, die Lagerhaltung als Entscheidungsproblem aus dem Modell verschwindet. Die Erweiterung des neoklassischen Modells durch die Kuhn-Tucker-Bedingungen führt dazu, daß das Typische des Modells, die Einbeziehung der Lagerhaltung, nicht mehr zum Ausdruck kommt.

Wir halten fest:

1. Auch die neoklassische Theorie kann Probleme simultaner Produktions- und Investitionsplanung lösen.
2. Die Anwendung der allgemeinen Optimumbedingungen für Programmierungsprobleme, der Kuhn-Tucker-Bedingungen, schafft keine zusätzlichen Erkenntnisse, solange das Modell nicht von vornherein als kombinatorisches Problem (als Modell mit Ungleichungen) formuliert ist.
3. Die Lösungsansätze zur simultanen Planung stehen teilweise noch vor mathematischen Schwierigkeiten; entscheidend ist jedoch, daß die Modelle ökonomisch leer bleiben, solange nicht die sachlichen Schwierigkeiten behoben sind, wie die mehrperiodischen leistungswirtschaftlichen Abhängigkeiten praktisch erfaßt werden können.

3. Der kombinatorische Ansatz zur Produktions- und Investitionsplanung

Im Vergleich zu den soeben beschriebenen neoklassischen Versuchen zur formalen Lösung der Abstimmungsprobleme sind die Ansätze, die auf der linearen Planungsrechnung aufbauen, methodisch wesentlich einfacher. Das legt die Vermutung nahe, daß hier erheblich engere Voraussetzungen unterstellt werden, als sie die herkömmliche dynamische Theorie forderte. Im folgenden wird versucht, die Voraussetzungen offenzulegen.

Im Mittelpunkt der »simultanen Planungsmodelle« steht dabei die Frage nach der gemeinsamen Bestimmung von Produktionsprogramm und Investitionsvolumen[45]. Das Prinzip dieser Pro-

[44] Vgl. *Smith*, S. 308.

[45] Vgl. bes. *Förstner-Henn*, S. 119–122; *Mario Bertoletti, Jorge Chapiro, Horacio Rieznik*, Optimization of Investment – A Solution by Linear Programming. In: Management Technology, January 1960, S. 64–74; *Horst Albach*, Lineare Programmierung als Hilfsmittel betrieblicher Investitionsplanung. In: ZfhF, NF, Jg. 12 (1960), S. 526–549; *ders.*, Investitionsentscheidungen im Mehrproduktunternehmen. In: Betriebsführung und Operations Research,

blemlösung wurde auf S. 534 ff. erläutert. Aus der Fülle von Ansätzen soll hier nur ein Modell Albachs erörtert werden, das die leistungswirtschaftlichen Zusammenhänge im einzelnen untersucht[46]. Das Modell ist trotz seiner Mängel der am stärksten ausgefeilte Ansatz dieser Art. Jacob[47] wählt für sein leistungswirtschaftlich einfaches Modell schärfere finanzielle Annahmen (er vermeidet einen Kalkulationszinsfuß, indem er sämtliche Geldanlagemöglichkeiten ausdrücklich in sein Modell mit Vermögensmaximierung als Ziel aufnimmt). Swoboda[48] führt eine Annahme über Desinvestitionen ein, um so Ersatz-(Rationalisierungs-)Investitionen sinnvoll berücksichtigen zu können. Die Einbeziehung der Restverkaufserlöse beim Ersatz ist notwendig, führt jedoch nicht viel weiter. Im allgemeinen Fall hängt die Höhe des Restverkaufserlöses von den vorher verwirklichten Produktionsprogrammen ab (danach bestimmt sich der Verschleiß der Anlagen). Eine solche Simultaneität ist im linearen Modell wohl kaum zu berücksichtigen.

Albach sieht folgende Größen als bedeutsam für die Investitionsentscheidung im Mehrproduktunternehmen an:

(1) die zu fertigenden Produkte,

(2) die während des gesamten Planungszeitraums möglichen Investitionsobjekte,

(3) die »Größe« der Investitionsobjekte,

(4) die Interdependenz der einzelnen Investitionsobjekte,

(5) die Finanzierungsform des Unternehmens,

(6) die Marktform,

(7) den Planungszeitraum, der durch einen Planungshorizont begrenzt wird,

(8) die Unsicherheit der Informationen über diese Faktoren.

Von diesen Einflußgrößen werden ausgeklammert: (5) und (2), soweit es sich um Investitionen nach der ersten Periode handelt, durch die Annahme, daß zum Kalkulationszinssatz beliebig viel Geld aufgenommen und angelegt werden kann (vollkommener Kapitalmarkt); (3) durch die Annahme beliebiger Teilbarkeit[49]. Diese Annahme beliebiger Teilbarkeit erlaubt zugleich, auf eine ausdrückliche Berücksichtigung produktionspolitischer Anpassungsmaßnahmen zu verzichten, denn »bei beliebiger Teilbarkeit der Produktionsfaktoren ... gibt es keine Disproportionalitäten im Betrieb. Auf jede Veränderung in den Produktions- und Absatzbedingungen reagiert das Unternehmen quantitativ. Es herrscht stets Vollbeschäftigung der Aggregate bei Beanspruchung der Betriebsmittel in ihrem Leistungsoptimum«[50]. Ausgeklammert wird auch (8) durch die Annahme, daß stets ein Erwartungswert für die Daten repräsentativ ist.

herausgegeben von Adolf Angermann. Frankfurt am Main 1963, S. 24–48; *Peter Swoboda*, Die Ermittlung optimaler Investitionsentscheidungen durch Methoden des Operations Research. In: ZfB, Jg. 31 (1961), S. 96–103; *ders.*, Die simultane Planung von Rationalisierungs- und Erweiterungsinvestitionen und von Produktionsprogrammen. In: ZfB, Jg. 35 (1965), S. 148–163; *Herbert Jacob*, Investitionsplanung auf der Grundlage linearer Optimierung. In: ZfB, Jg. 32 (1962), S. 651–655; *ders.*, Neuere Entwicklungen in der Investitionsrechnung. In: ZfB, Jg. 34 (1964), S. 487–507, 551–594.

46 Vgl. *Albach*, Mehrproduktunternehmen, S. 26 f.

47 Vgl. *Jacob*, Neuere Entwicklungen in der Investitionsrechnung, S. 583.

48 Vgl. *Swoboda*, Die simultane Planung, S. 149.

49 *Albachs* Hinweis (Mehrproduktunternehmen, S. 27), daß beliebige Teilbarkeit in der traditionellen Theorie stets unterstellt wurde, trifft nicht zu, vgl. die Interpretation der Lutz-Kurve, S. 344.

50 *Albach*, Mehrproduktunternehmen, S. 27 f.

Stillschweigend vernachlässigt werden weiter (4), (6) und (7) und die Frage, ob eine Produktlagerhaltung erwünscht bzw. möglich ist, so daß als Problem allein übrig bleibt die Ermittlung des periodischen Produktionsprogramms und die Bestimmung des Investitionsvolumens in der ersten Periode[51]. Damit ist das simultane Planungsmodell auf einen recht harmlosen Fall zurückgeführt worden.

Der Verbund der einzelnen Perioden, der eine mehrperiodische Planung erfordert, liegt hier darin, daß die Investitionsobjekte für mehrere Perioden als Produktionsfaktoren des Produktionsprogramms dienen. Es liegt zeitlich faktorverbundene Produktion vor. Wir stehen damit vor einer linearen Version des »dynamischen« Nutzungsdauermodells von S. 562 f. Diese lineare Version ist allerdings viel einfacher aufgebaut als das neoklassische Modell. Die optimale Investitionsdauer ist allein »technisch« bestimmt durch den Verzehr eines als vorgegeben angesehenen Nutzungsbündels. Von allen praktisch entscheidenden Einflußgrößen, wie z. B. technische und wirtschaftliche Überholung, Verlauf des Restverkaufserlöses, wird abgesehen.

Drei Fälle der Investitionsentscheidungen im Mehrproduktbetrieb sind nach Albach zu unterscheiden:

a) Eine Unternehmung, die nur eine Produktionsstufe umfaßt, schafft Einzweckmaschinen an;
b) eine einstufige Unternehmung erwirbt Mehrzweckmaschinen;
c) eine mehrstufige Unternehmung schafft Mehrzweckmaschinen an.

Zu a): Da jede Anlage nur eine Produktart fertigt, können die Zahlungsströme dieses Investitionsobjekts bei Vernachlässigung der Unsicherheit ohne Schwierigkeiten ermittelt werden. Die Investitionsentscheidungen sind deshalb unabhängig vom Produktionsprogramm. Man erwirbt die Anlagen gemäß dem Kapitalwert, den sie versprechen; daraus folgt zwangsläufig das Produktionsprogramm. Warum benötigt man dann einen Programmierungsansatz, um das Planungsproblem zu lösen? Nur wenn unterstellt wird, daß einige der variablen Faktoren in begrenzter Menge vorhanden sind (nicht mit den zum Kalkulationszinsfuß unbegrenzt verfügbaren Finanzierungsmitteln beschafft werden können!), ist ein Programmierungsansatz erforderlich.

Zu b): Da auf den Anlagen mehrere Produktarten gefertigt werden können, hängen die Einnahmen dieser Anlage von dem realisierten Produktionsprogramm ab. Dabei wird jedoch hier wie in den anderen mir bekannten Programmierungsmodellen zur Programmplanung unterstellt, daß die Fertigung mehrerer Erzeugnisse gegenüber der eines Erzeugnisses in der gleichen Periode ohne Kapazitätseinbuße möglich ist, d. h. die Umstellung der Anlagen auf ein anderes Produkt beansprucht keine Zeit (und kostet nichts zusätzlich).

Die einzelnen Produkte, die auf einer Anlage hergestellt werden können, belasten die Anlage unterschiedlich stark. Es muß deshalb eine Bedingung gesetzt werden, die diese Beanspruchung ausdrückt. Die Summe aller periodischen »Leistungsabgaben« des Anlageguts über die gesamte Nutzungsdauer hinweg darf nicht größer sein als das »Leistungsbündel«, das die Anlage verkörpert. Die periodischen Leistungsabgaben errechnen sich als Summe der Leistungsabgaben je Produkt in einer Periode. Die Leistungsabgaben je Erzeugnis sind das Produkt aus Produktionskoeffizient des Erzeugnisses mal Erzeugnismenge. In Symbolen:

$$\text{(1)} \qquad \sum_{t=1}^{n} \sum_{j=1}^{n} r_{ijt} x_j \leq l_i A_i,$$

wobei r_{ijt} der Produktionskoeffizient in der Periode t beim Faktor i für das Produkt x_j ist; l_i ist das Leistungsbündel einer Anlage, A_i die Anzahl der Anlagen vom Typ i. »Das entscheidende Element ... ist das Gesamtleistungspotential einer Maschine«. Darin kommt zum Ausdruck, daß

[51] Vgl. *Albach*, Mehrproduktunternehmen, S. 29.

die Mehrzweckmaschine eine Einheit ist, die »in der Lage ist, mehrere Produkte zu bearbeiten, weil alle Produkte die gleichen Leistungsabgaben erfordern«[52] (gemeint ist wohl: qualitativ, nicht mengenmäßig gleiche Leistungsabgaben). Albach nimmt an, die Gesamtsumme an Leistungsabgaben eines Investitionsobjekts sei vorgegeben. Zu dieser Annahme ist zweierlei zu sagen:

α) Unterstellt, es entspräche der Wirklichkeit, daß die Gesamtsumme an Leistungsabgaben einer Anlage fixiert sei, dann muß aber zusätzlich eine Bedingung über die Höhe der Leistungsabgaben je Tag gesetzt werden: Mehr als 24 Maschinenstunden sind nicht möglich, und bei intensitätsmäßiger Anpassung ist das höchste: maximale Intensität je Stunde mal 24 Stunden. Das Problem ist also nicht vollständig formuliert, wenn diese periodische Kapazitätsbeschränkung nicht berücksichtigt wird. Die »dynamische Interdependenzbedingung« Albachs (1) kann deshalb nicht in dieser Form geschrieben werden, sondern ist in zwei Teile zu zerlegen:

(2)
$$\sum_{j=1}^{m} r_{ij} x_j \leqq k_{it} A_i$$
$$\sum_{t=1}^{n} k_{it} A_i \leqq l_i A_i,$$

wobei k_{it} die periodische Maximalleistungsabgabe einer Einheit des i-ten Faktors bezeichnet.

(β) Ist die Gesamtleistungsabgabe je Investitionsobjekt überhaupt fixiert? Unter der Gesamtleistungsabgabe (Totalkapazität) eines Anlagegutes kann man das »technische Nutzenbündel« verstehen, das eine Anlage verkörpert, oder das »wirtschaftliche«. Das technische Nutzenbündel ist die Gesamtsumme an Leistungsabgaben, die überhaupt technisch möglich ist. Das wirtschaftliche Nutzenbündel bezeichnet den Teil des technischen, der innerhalb der wirtschaftlichen Nutzungsdauer voraussichtlich genutzt werden kann. In unserem Zusammenhang kommt als Leistungsobergrenze nur das technische Nutzenbündel in Betracht. Jedoch ist die Feststellung eines eindeutigen technischen Nutzenbündels nur in Ausnahmefällen möglich. Das technische Nutzenbündel ist ökonomisch bestimmt, nämlich durch die Instandhaltungs- und Wartungsausgaben während der Nutzungsdauer. Denn es gilt: »Replacement . . . is distinct from routine maintenance only in technical detail«[53]. Selbst für Anlagegüter, für die sich Instandhaltungsmaßnahmen nicht lohnen, wie z. B. Glühbirnen, ist im praktischen Fall das technische Nutzenbündel (die Brenndauer) nur als wahrscheinlicher Wert aus einer Häufigkeitsverteilung bekannt. Um das technische Nutzenbündel ökonomisch zu bestimmen, müßten für die einzelnen Investitionsobjekte »Zusatzinvestitionen« in Form von Anlagenunterhaltungsausgaben berücksichtigt werden.

Lassen sich Zusatzinvestitionen für die Anlagenunterhaltung in das Modell einbauen? Der Versuch dazu scheitert. Die Prämisse, daß nur in der ersten Periode Investitionen vorgenommen werden, ist nämlich nicht nur Vereinfachungsmaßnahme, sondern systemnotwendig, wenn das Modell mit dem von Albach angewandten Rechenverfahren gelöst werden soll. Die Voraussetzung, daß die einzelnen Investitionsobjekte beliebig teilbar sind, besagt doch im Grunde, daß jede einzelne Leistungsabgabe isoliert angeschafft werden kann. Man betrachtet die Anlagen, die investiert werden, als handelte es sich etwa um ein Sand- oder Zementlager. Würde es nun zugelassen, daß in jeder Periode investiert werden könnte, dann würde bei Gültigkeit der Teilbarkeitsbedingungen stets nur soviel an Leistungsabgaben investiert, wie in der Periode verbraucht

[52] *Albach*, Mehrproduktunternehmen, S. 36.
[53] *Frank H. Knight*, Capital, Time, and the Interest Rate. In: Economica, New Series, Vol. 1 (1934), S. 257–286, hier S. 280.

würden. Das Modell wäre seines dynamischen Charakters entkleidet: Der zeitliche Faktorverbund wäre aufgehoben. »Leistungsabgabelager« zu halten, wäre deshalb unvernünftig, weil die Preise der Faktoren konstant sind; je später die Ausgaben anfielen, desto länger könnte Geld anderweitig angelegt werden. Kapitalwertmaximierung impliziert unter den hier gesetzten Annahmen möglichst lagerlose Fertigung. In dem Modell kommt der zeitliche Faktorverbund nur dadurch zustande, daß für einen Produktionsfaktor, die Anlageleistungen, unterstellt wird, sie seien nur in der ersten Periode zu beschaffen. Deshalb muß man von diesem Faktor für die gesamte Planperiode »Vorräte« halten.
Auch Fall b) ist nicht so formuliert, daß er einen nützlichen Lösungsansatz für die Probleme der Investitions- und Produktionsplanung bietet.

Zu c): Im mehrstufigen Modell tritt eine Nebenbedingung hinzu: In keiner Fertigungsstufe darf die Gesamtsumme der verbrauchten Zwischenprodukte dieser und der Vorperioden die Anlieferungen aus der Vorstufe übersteigen (plus eines eventuell gehaltenen Anfangslagerbestandes). Diese notwendige Bedingung ist für mehrstufige Modelle jedoch nicht hinreichend[54]. Die Produktionszeit muß ausdrücklich als Komponente aufgenommen werden. In Albachs Modell geht die Fertigungszeit nur als Kapazitätsverzehr (als »Faktoreinsatzmenge«) ein. Die Tatsache, daß mit der Produktion in einer Fertigungsstufe erst begonnen werden kann, wenn bestimmte Mengen in der Vorstufe erzeugt sind, bleibt unbeachtet. Die sonstigen Bedingungen sind denen des Falls b) analog. Wir gehen nicht näher darauf ein, weil die Frage der Mehrstufigkeit für unser Anliegen (die Erfassung der Interdependenzen) nur am Rande liegt.
Zu den bisher aufgezeigten Mängeln des Modells tritt die grundsätzliche Frage: Handelt es sich überhaupt um ein wichtiges Problem?

Bei Vernachlässigung des Unsicherheitsmoments erscheint es nicht sehr zweckmäßig, Mehrzweckmaschinen anzuschaffen. Lediglich die Ganzzahligkeit (Unteilbarkeit) kann den Kauf von Mehrzweckmaschinen nahelegen. Regelmäßig wird auch dann noch auf Einzweckmaschinen kostengünstiger produziert. Selbst dann, wenn keine Einzweckmaschinen zur Verfügung stehen, wird man danach streben, auf jeder Anlage nur ein Produkt zu fertigen, um die Umstellzeiten und -kosten zu minimieren. Deshalb werden die Investitionsobjekte soweit als möglich als Einzweckaggregate aufgefaßt. Mehrzweckmaschinen werden vor allem aus »Elastizitätsgründen« gewählt, um bei unvorhergesehenen Beschäftigungsänderungen für einzelne Produkte ohne zu hohe zusätzliche Kosten ein anderes Fertigungsprogramm verwirklichen zu können. Die hier diskutierte Fragestellung wird also erst bei ausdrücklicher Beachtung der Ungewißheit bedeutsam.

Hinzu kommt, daß die Interdependenz zwischen kurzfristigen Entscheidungen (Wahl des Produktionsprogramms) und langfristiger Investitionsentscheidung nur auf der Einnahmenseite gesehen wird. Die produktionspolitischen Anpassungsmaßnahmen sind durch die Teilbarkeitsbedingung für die Investitionsobjekte ausgeschaltet. Es liegt aber nahe, den Zusammenhang zwischen Investition und Produktion vor allem im Faktorbereich zu sehen, im Auseinanderklaffen von Faktorbereitstellung und Faktoreinsatz. Dabei tritt die Frage nach dem Einfluß zeitlicher und intensitätsmäßiger Anpassungsmaßnahmen eines Aggregats auf die Investitionspolitik in den Vordergrund (quantitative Anpassung eines Aggregats bedeutet Investition oder Desinvestition; zeitweilige Stillegung wollen wir als Extremfall zeitlicher Anpassung betrachten). Zu fragen ist hier: Verkürzen zeitliche und intensitätsmäßige Anpassung an Beschäftigungsänderungen die Nutzungsdauer der Anlagen?
Die zeitliche Anpassung ist formal einfach zu erfassen. Selbst die Annahme, daß längere Lauf-

[54] *Albach*, Mehrproduktunternehmen, S. 45, erkennt selbst an, daß diese Bedingung nicht hinreicht.

zeiten (etwa Zweischicht- gegen Einschichtbetrieb) das Aggregat mehr als doppelt so stark beanspruchen, wirft formal kein Problem auf, weil man die Nebenbedingung einführen kann, daß die Laufstunden der zweiten Schicht das Leistungsbündel stärker belasten als die der ersten. Auch hier liegt die ungelöste Frage allein im materialen Bereich: wie diese Äquivalenzziffern zu ermitteln sind.

Die intensitätsmäßige Anpassung ist schwieriger in den Griff zu bekommen. Zwei Einflüsse sind hier auseinanderzuhalten:

a) Der Einfluß von Intensitätsänderungen auf den Potentialfaktor (das Investitionsobjekt) selbst;
b) der Einfluß von Intensitätsänderungen des Potentialfaktors auf die einzelnen Verbrauchsfaktoren (z. B. Betriebsstoffe).

Zu a): Ein Investitionsobjekt, das intensitätsmäßig anpassungsfähig ist, verkörpert je Zeiteinheit nicht ein, sondern verschiedene Leistungsbündel, je nach der Intensität, mit der es gefahren wird. Wir können die Bearbeitungszeit je Stück (Herstellzeit) als das Maß der Intensität ansehen. Wenn x_j ein j-tes Produkt, z_r irgendeine Intensität (Herstellzeit) bedeutet, t die Abrechnungsperiode und Z die Gesamtzeit, in der das Aggregat je Abrechnungsperiode eingesetzt werden kann, dann gilt

(3) $$\sum_j z_{rjt} x_{jt} \leqq Z_t .$$

Wann wird die Investitionsdauer (Nutzungsdauer) eines Potentialfaktors durch Intensitätsänderungen beeinträchtigt? Für das einperiodische Planungsmodell wurde dargelegt, daß Intensitäts- und Betriebszeitänderungen das Restleistungsbündel des Aggregats nicht beeinflussen dürfen, wenn das einperiodische Modell die Fertigungsbedingungen bei dauerhaften Produktionsfaktoren wiedergeben soll. Für mehrperiodische Modelle ist zunächst zu erörtern, wie ein Einfluß von Intensitätsänderungen in einer Periode auf das Restleistungsbündel formal einzufangen ist. Man kann dabei folgende Annahmen wählen[55]:

1) Die Totalkapazität des Investitionsobjekts ist bei Anschaffung bekannt.

2) Sowohl die ausbringungsabhängige Abnutzung als auch der »Zeitverschleiß« (zeitabhängige Entwertungsursache; Albach berücksichtigt nur den ruhenden Verschleiß) beeinträchtigen die (Rest-)Totalkapazität im Zeitablauf.

Dabei wäre die Wirkung des Zeitverschleißes in einem Abnahmekoeffizienten etwa in der Form zu berücksichtigen:

(4) $$L_t = L_1[1 - \varkappa(t - 1)],$$

wobei L_t das Gesamtleistungsbündel zu Beginn der Periode t, L_1 das zum Anschaffungszeitpunkt bedeutet, und $\varkappa$ der periodische Abnahmekoeffizient ist.

Die Wirkung der Abnutzung ist dadurch zu berücksichtigen, daß vom Gesamtleistungsbündel die bis zum Berechnungszeitpunkt abgegebenen Aggregatleistungen abgezogen werden:

(5) $$L_t = L_1 - \sum_{t=1}^{t-1} l_t ,$$

wobei l_t die periodischen Leistungsabgaben sind. Faßt man zeit- und abnutzungsbedingten Verschleiß zusammen, so erhält man

(6) $$L_t = L_1[1 - \varkappa(t - 1)] - \sum_{t=1}^{t-1} l_t$$

[55] Vgl. *Albach*, Zur Verbindung, S. 187–189.

als Ausdruck für die Restkapazität eines Investitionsobjekts zu Beginn der Periode t. Je länger die Anlage dem Zeitverschleiß unterliegt und je größer die Zahl der abgegebenen Leistungen ist, desto näher rückt das Nutzungsdauerende, der Zeitpunkt, in dem das anfängliche Nutzenbündel verzehrt ist.

Damit wird unterstellt, daß sich die Wirkungen der beiden Verschleißkomponenten addieren. Außerdem müssen die einzelnen Intensitätsunterschiede in einheitliche Leistungsabgaben umgerechnet werden, etwa in der Form, daß eine Stunde Maximalintensität 1,5 Stunden optimaler Intensität im Hinblick auf den Verschleiß gleichgesetzt wird, obwohl die Ausbringung bei maximaler Intensität nur etwa das 1,2fache bei optimaler Intensität beträgt.

Erlaubt die formale Beschreibung des Einflusses der Anpassungsarten auf das Restnutzenbündel eines Potentialfaktors, praktische Planungsprobleme zu lösen?

Das hängt davon ab, ob es gelingt, »Leistungsabgaben« als selbständige Produktionsfaktoren in Produktionsfunktionen aufzunehmen und ihre Abhängigkeit von anderen Produktionsfaktoren zu erfassen. Wann dies möglich ist, wird S. 583–588 erörtert.

Zu b): Die Intensität, mit der eine Anlage gefahren wird, bestimmt den Verbrauch einer Reihe von Produktionsfaktoren. Diese Beziehung zwischen Faktorverbrauch und Aggregatleistung hat Gutenberg in seinen »Verbrauchsfunktionen« einzufangen versucht[56]. Die Abhängigkeit des Faktorverbrauchs von der Aggregatleistung ist vielfach nicht linear. Um die Verbrauchsfunktionen in ein rechenbares lineares Programm einzugliedern, sind Vereinfachungen notwendig. Man berücksichtigt nicht mehr die ganze Skala von Intensitäten, sondern nur einzelne Intensitätspunkte[57]. Auf einem Aggregat können nunmehr verschiedene »Prozesse« verwirklicht werden, solche mit hoher Intensität und damit hohem variablem Faktorverbrauch und solche mit geringerer Intensität. Diese Prozesse können alternativ verwandt werden oder in Prozeßkombinationen gleichzeitig. Das Prozeßniveau ist begrenzt durch die Gleichung (5). Jedem Prozeß sind andere variable Faktormengen zugeordnet. Um die Zuordnung formal zu ermöglichen, ist es zweckmäßig, ein (qualitativ einheitliches) Produkt, das durch r verschiedene Intensitäten hergestellt werden kann, als r verschiedene Produkte zu definieren. (In der Zielfunktion führen diese r Produkte zum gleichen Bruttoerlös).

Weiter bliebe zu berücksichtigen, daß sich die Verbrauchsmengen der Faktoren im Zeitablauf wegen der Verschleißeinwirkung erhöhen können. Ähnlich wie für die Leistung des Potentialfaktors selbst kann auch für die variablen Faktoren die Zeitabhängigkeit durch Trendfaktoren wie $\varkappa$ erfaßt werden[58]. Damit wären »dynamische Verbrauchsfunktionen« definiert. Aus den »dynamischen Verbrauchsfunktionen« eines Aggregats entsteht die »dynamische Produktionsfunktion vom Typ B«.

Das Problem lautet hier: 1) Wie und für welche Faktoren sind überhaupt Verbrauchsfunktionen zu ermitteln? Und: 2) Lassen sich die Zeit- und Leistungseinflüsse eindeutig in der Gestalt solcher Funktionen einfangen? Darauf wird ab S. 583 eingegangen.

Formal eignet sich also unter zusätzlichen Vereinfachungen auch ein lineares Modell dazu, die Zusammenhänge zwischen Produktion und Investition zu beschreiben. Aufgrund der eben

[56] Vgl. *Erich Gutenberg*, Grundlagen der Betriebswirtschaftslehre. Bd. I, Die Produktion. 14. Aufl., Berlin–Heidelberg–New York 1968, ab S. 315.

[57] Vgl. *Gert Laßmann*, Die Produktionsfunktion und ihre Bedeutung für die betriebswirtschaftliche Kostentheorie. Köln–Opladen 1958, S. 83, 164; *Horst Albach*, Produktionsplanung auf der Grundlage technischer Verbrauchsfunktionen. In: Arbeitsgemeinschaft für Forschung des Landes Nordrhein-Westfalen, Natur-, Ingenieur- und Gesellschaftswissenschaften, Heft 105, Köln–Opladen 1962, S. 45–96, hier S. 64.

[58] Vgl. *Albach*, Zur Verbindung, S. 190 f.

erörterten Faktorverbrauchsfunktionen ist ein Gesamtmodell zu bauen, in dem Produktionsprogramm, Produktionsprozesse und Investitionsvolumen simultan zu bestimmen sind, wobei die Finanzmittel, Investitionsobjekte, Kapazitäten der Potentialfaktoren und u. U. mehrere Verbrauchsfaktoren, deren Faktoreinsatzmengen durch linearisierte Verbrauchsfunktionen zu erfassen sind, als Nebenbedingungen eingehen. Ein solches Programm wäre gemischt-ganzzahlig durchzurechnen, da der Modellansatz nur bei Berücksichtigung der Ganzzahligkeit der Investitionsobjekte zu einem nicht-trivialen Ergebnis führt. Bei vollkommener Teilbarkeit der Investitionsobjekte bliebe das Rechenergebnis trivial, weil dann stets nur »quantitative« Anpassungsmaßnahmen der Potentialfaktoren effizient wären. Es würden keine »Leistungsabgabelager« gehalten werden, und damit wäre die Faktorverbundenheit der einzelnen Perioden aus dem Spiel, wenn in jeder Abrechnungsperiode investiert werden könnte.

Etwaige mathematische Schwierigkeiten des linearen »Totalmodells« interessieren hier nicht: Die ungelösten okonomischen Fragen liegen im neoklassischen wie im linearen System bei den inhaltlichen Voraussetzungen des Modells, insbesondere in der Frage, wie die Potentialfaktoren als Investitionsobjekte in die produktionstheoretische Erörterung einzubeziehen sind (vgl. S. 583).

4. Verallgemeinerung dynamischer Produktions- und Investitionsmodelle

Das Modell der zeitlich produkt- und faktorverbundenen Produktion kann verallgemeinert werden, insbesondere kann es in das Wachstumsmodell eingebaut werden, das bei der faktorverbundenen Produktion erörtert wurde. Zu grundsätzlich neuen Aussagen kommt man dadurch nicht. Man kann noch einen Schritt weiter gehen und die Beschaffung der Verbrauchsfaktoren von ihrem Einsatz trennen und hätte damit, wenn man preispolitische Maßnahmen zuließe, alle formalen Aspekte der Abstimmung produktions- und investitionstheoretischer Aussagen erfaßt[59].

Es wären z. B. im einzelnen zu unterscheiden:

(1) die kumulierten, beschafften Produktionsfaktoren als Funktionen der Zeit, die periodischen Bestellmengen (als erste Ableitung der verschiedenen Beschaffungsfunktionen in bezug auf die Zeit), u. U. die Veränderung der periodischen Bestellmenge von Periode zu Periode (als die zweite Ableitung der Beschaffungsfunktion). Von allen drei Funktionen hängen im allgemeinen Fall die Faktorpreise ab; von der periodischen Bestellmenge und ihrer Änderung darüber hinaus die Höhe der Beschaffungskosten.

(2) Die eingesetzten Faktormengen je Periode als Funktionen der Zeit und die kumulierten Faktormengen; beide bestimmen das notwendige Ausmaß der Faktorbereitstellung. Sie hängen wiederum ab von der Menge der hergestellten Produkte, und zwar von

(3) der kumulierten Produktionsmenge aller Erzeugnisse, dem periodischen Produktionsniveau und der Veränderung des periodischen Produktionsniveaus. Die kumulierte Produktionsmenge besitzt dann einen Einfluß auf die Höhe der Faktoreinsätze und damit der Kosten, wenn wir die Existenz einer »Lernkurve« unterstellen, d. h. den Tatbestand, die Leistungserstellung werde

[59] Das Folgende führt formal gesehen zu einer Erweiterung des Modells von *Gabriel A. D. Preinreich*, The Mathematical Theory of the Firm. In: Economia Internazionale, Vol. 2 (1949), S. 492–508; *ders.*, Discontinuities in the Theory of the Firm. In: Metroeconomica, Vol. 3 (1951), S. 55–69. Preinreich arbeitet mit noch höheren Ableitungen als der zweiten (ähnlich wie *Gerhard Tintner*, Monopoly over Time. In: Econometrica, Vol. 5 (1937), S. 160–170, bes. S. 161); indes fällt es schwer, der dritten, vierten usw. Ableitung noch einen ökonomischen Sinn beizulegen. Die Verallgemeinerung des Modells von Preinreich besteht darin, daß zwischen Beschaffung und Einsatz, Ausbringung und Verkauf ausdrücklich unterschieden wird, sowie die Restwert- und Lagerhaltungsbedingungen explizit genannt werden.

mit wachsender Gesamtproduktionsmenge durch laufende Verbesserungen des Produktionsablaufs, größere Übung u. ä. billiger. Wir unterstellen damit eine qualitative Verbesserung der Produktionsfunktion mit wachsender Ausbringung[60].

(4) Die kumulierten Verkaufsmengen, die periodischen Verkaufsmengen und die Änderungsraten der periodischen Verkäufe. Die drei Funktionen bestimmen im allgemeinen Fall mit die Höhe der Absatzpreise und die Vertriebskosten.

(5) In der Zielfunktion ist weiterhin der Restverkaufserlös der dauerhaften Produktionsfaktoren zu berücksichtigen. Man kann seine Höhe als eine Funktion der kumulierten Ausbringungsmenge und ihrer Änderungen sowie der Absatzpreise der Erzeugnisse ansehen. Letztlich ist der Bestand an Produktionsfaktoren aufzuführen, die zu ihrem Veräußerungswert liquidiert werden können. (Die Preise der Faktoren und Produkte brauchen dann nicht ausdrücklich in der Zielfunktion berücksichtigt zu werden, weil sie durch ihre funktionalen Beziehungen zu den Beschaffungs- und Absatzmengen bereits im Ansatz enthalten sind.)

(6) Weiterhin ist im allgemeinen Fall zu beachten, daß das Ende der Planperiode nicht das Ende der Unternehmung zu bedeuten braucht. Man kann das Modell als Investitionskettenmodell formulieren.

(7) Ferner sind Lagerhaltungsnebenbedingungen anzugeben, denn in keinem Zeitpunkt kann die Gesamtsumme der verbrauchten Faktoren (verkauften Produkte) über der Summe der beschafften Faktoren (erzeugten Produkte) liegen.

(8) Im allgemeinen Fall können mengenmäßige Beschränkungen bei einzelnen Faktoren und bei den Absatzmengen nicht ausgeschlossen werden.

(9) Die finanzwirtschaftliche Seite müßte vollständig beschrieben werden: durch Liquiditätsbedingungen, in die sämtliche Ausgaben (einschließlich Steuerzahlungen) und Einnahmen eingehen.

(10) Es wären die Glaubwürdigkeitsverteilungen für die einzelnen Daten anzuführen und die Zielfunktion aufgrund der finanziellen Beschränkungen und der Ungewißheit neu zu formulieren.

Die mathematische Formulierung eines derartigen »Totalmodells« der simultanen Planung des Leistungs- und Zahlungsbereichs hat wenig Sinn: Mit den Ungleichungen als Nebenbedingungen ist das Problem mathematisch generell noch nicht lösbar, selbst dann nicht, wenn wir alle Beschränkungen und die Ungewißheit vernachlässigen. Es bleiben immer noch die Lagerhaltungsbedingungen. Definiert man sie als Gleichungen, dann ist die Lagerhaltung Null, und man behandelt die produkt- und faktorverbundene Produktion formal als zeitlich isolierte Produktion. Der Grund für die dynamische Analyse des Problems wird damit hinfällig (es sei denn, die Preise sind eine Funktion der Zeit). Hinzu kommt, daß es im Regelfall unnötig ist, die Preise der Faktoren und Produkte in so diffiziler Form in das Modell einzubauen.

[60] Im Grunde läuft ein von Hirshleifer und anderen als neuer Ansatz gepriesenes Modell Alchians auf die hier gewählte Fragestellung hinaus. Vgl. *Jack Hirshleifer*, The Firm's Cost Function: A Successful Reconstruction? In: The Journal of Business, Vol. 35 (1962), S. 235–255; *Armen [A.] Alchian*, Costs and Outputs. In: The Allocation of Economic Resources. Essays in Honor of Bernard Francis Haley, edited by Moses Abramovitz u. a. Stanford 1959, S. 23–40. Die Kostenfunktion abhängig zu sehen sowohl von der kumulierten Ausbringungsmenge (»volume«) als auch von der periodischen (»rate« of output), stellt jedoch keineswegs eine neue Konzeption dar. Diese Betrachtungsweise ist der älteren dynamischen Theorie immanent, vgl. z. B. *Evans*, S. 157 f., 167 f.; und vor allem *Preinreich*, The Mathematical Theory of the Firm, S. 493 f.
Zu den »Lernkurven« in der Produktion vgl. *Dieter Schneider*, »Lernkurven« und ihre Bedeutung für Produktionsplanung und Kostentheorie. In: ZfbF, Jg. 17 (1965), S. 501–515.

Das übliche Vorgehen der heutigen theoretischen Forschung geht dahin, zunächst die mathematischen Schwierigkeiten zu beheben, d. h. zu versuchen, durch einschränkende Annahmen über die Gestalt der funktionalen Zusammenhänge einen allgemeinen Algorithmus zu entwickeln, mit dem die zielentsprechende Lösung solcher simultanen Planungsmodelle ausgerechnet werden kann. Dem Vorgehen der heutigen theoretischen Forschung entspräche, wenn im zweiten Schritt geprüft würde, wie praktisch die funktionalen Zusammenhänge ermittelt werden können, damit die Modellüberlegungen für die Unternehmungspolitik nutzbar werden. Aber der zweite Schritt wird selten versucht.

Zwangsläufig führte dieser Weg zunächst zu Untersuchungen von fast ausschließlich mathematischem Interesse. Das gilt auch für die Mehrzahl der Ansätze des »dynamischen Programmierens«. Mir scheint es demgegenüber nützlicher, die Reihenfolge umzukehren, d. h. zuerst die inhaltlichen Probleme zu klären, die einer Verbindung von Leistungs- und Zahlungsbereich entgegenstehen. Erst wenn die ökonomischen Umstände hinreichend genau erfaßt sind, entsteht für die Lösung des Interdependenzproblems ein mathematisches Problem, das im allgemeinen wesentlich leichter als im oben beschriebenen Fall zu beantworten sein wird, weil es sich dann um spezielle Zusammenhänge handelt.

Die inhaltlichen Schwierigkeiten, um den Interdependenzen einzelner Unternehmensbereiche gerecht zu werden, liegen in dem für unternehmenspolitische Zwecke unbefriedigenden Stand der leistungswirtschaftlichen Theorie, der Beschaffungs-, Produktions- und Absatztheorie. Beschaffungs- und Absatztheorie (die Theorie des Marktverhaltens der Unternehmung) wirklichkeitsnäher zu formulieren, dazu kann ich an dieser Stelle nichts beitragen. Ich beschränke mich darauf, die Grundlagen der Produktionstheorie dem Denken in Zahlungen gegenüberzustellen. Daraus lassen sich Folgerungen für die Aussagefähigkeit der Produktions- und Kostentheorie wie für die Grundbegriffe der Unternehmensrechnung ziehen.

IV. Folgerungen: Investition und Finanzierung in ihrem Verhältnis zur leistungswirtschaftlichen Theorie und zur Unternehmensrechnung

a) Zahlungsströme und die Grundlagen der Produktions- und Kostentheorie

1. Messung des Faktoreinsatzes in Produktionsfunktionen und Produktionsprozessen

Um die Abhängigkeiten zwischen Zahlungs- und Leistungsbereich zu erfassen, ist vor allem zu klären: In welchem Verhältnis stehen Ausgaben, Kosten und Faktoreinsatz zueinander? Kosten werden nach herrschender Auffassung durch den Faktoreinsatz, nicht durch die Ausgaben verursacht (der Verbrauch, nicht der Kauf von z. B. Kupfer führt zu Kosten). Schwierigkeiten bereiten jene Produktionsfaktoren, bei denen Zeitpunkt der Ausgabe und des Faktoreinsatzes auseinanderfallen, die, als Bündel angeschafft, über mehrere Abrechnungsperioden genutzt werden. Solche Faktoren nennt man Potentialfaktoren. Potentialfaktoren, wie Anlagegüter, Arbeitsleistungen, schaffen die ungelösten Probleme, denen sich die Modelle zur Verbindung von Produktions- und Investitionstheorie gegenübersehen.

Wie lassen sich Potentialfaktoren in Produktionsfunktionen einbeziehen?

Drei Möglichkeiten bestehen, einen Potentialfaktor als Faktoreinsatzmenge zu definieren:

a) durch den »Bestand«, dann geht in die Produktionsfunktion z. B. ein Auto ein;

b) durch die Einsatzzeit des Potentialfaktors, dann gehen in die Produktionsfunktion z. B. 5 Fahrstunden ein;
c) durch die Leistungsabgaben als Maß der Intensität, mit der das Auto benutzt wird. Man kann zunächst meinen, das Auto selbst dürfe nicht in der Produktionsfunktion enthalten sein, weil es einen Faktorbestand verkörpert, und nach vielfach vertretener Ansicht gehen in die Produktionsfunktion »nicht die Faktorbestände, sondern die Faktoreinsatzmengen (die abgegebenen Faktorleistungen) ein«[61]. Indes hat diese Ansicht eine weitreichende, ungewollte Konsequenz: Eine Produktionsfunktion, welche die eingesetzten Bestände außer acht läßt und nur auf Faktorleistungen (Einsatzzeiten oder Leistungsabgaben) aufbaut, kann sinnvollerweise nur »variable« Produktionsfaktoren enthalten. Fixe Kosten sind dann produktionstheoretisch nicht zu erklären. Ein triviales Beispiel belegt das:

Ein Sonntagsfahrer mietet sich ein Auto für 50 Mark. Die Benzinkosten trägt er selbst. Wie sieht die Produktionsfunktion aus? Die Ausbringung sind gefahrene Kilometer. Produktionsfaktoren sind:

1. Der Fahrer selbst; ihn können wir vernachlässigen, weil er seine Dienste kostenlos zur Verfügung stellt. Schließlich fährt er zu seinem Vergnügen.
2. Der Benzinverbrauch; er hängt von der Länge der Strecke (und anderen Faktoren) ab. Bei Verbrauchsfaktoren ist es gleichgültig, ob sie in »Beständen« (Literzahl) oder in Form von Leistungsabgaben (etwa Gesamtkalorienzahl) gemessen werden.
3. Das Auto bzw. seine Fahrleistungen. Dürfen in die Produktionsfunktion nur »Faktorleistungen« eingehen, dann muß der produktive Beitrag des Autos in Fahrleistungen ausgedrückt werden. Eine Fahrleistungseinheit sei definiert als die Leistungsabgabe des Autos, die notwendig ist, um einen Kilometer zurückzulegen.

Das erste Problem lautet: Wie soll der Begriff der Fahrleistungseinheit gemessen werden? Wichtiger noch ist die ökonomische Frage: Aus den Faktormengen der Produktionsfunktion soll auf die Kosten der Leistungserstellung geschlossen werden. Das ist bei der Leistungsabgabedefinition unmöglich, denn hier führt der Faktorbestand als solcher zu Ausgaben, nicht die Nutzung des Faktorbestandes. Gleichgültig, ob 100 oder 1000 km gefahren werden, die Höhe der Leistungsabgaben des Autos ist für die Höhe der Ausgaben bei diesem Faktor unbeachtlich. Der Mietpreis betrifft den Faktorbestand. Nun muß aber jeder Faktoreinheit ein Preis beigelegt werden (wie will man sonst »Kosten« bestimmen?). Wegen dieses Kriteriums der Preiseindeutigkeit kann hier als Faktoreinsatzmenge nur der Faktorbestand, der Potentialfaktor »Auto« selbst, in die Produktionsfunktion für die Abrechnungsperiode »Sonntag« eingehen.

Es gibt also zwei grundverschiedene Möglichkeiten, Potentialfaktoren in Produktionsfunktionen aufzunehmen: Die erste Möglichkeit ist die, welche die überwiegende Mehrheit der Autoren im Auge hat: Danach gehen die Potentialfaktoren nicht selbst, nicht als Bestände, sondern durch ihre Leistungsabgaben oder durch ihre Einsatzzeiteinheiten in die Produktionsfunktion ein[62]. Leistungsabgabe- und Einsatzzeitdefinition trennen

[61] *Gutenberg*, Produktion, S. 217.
[62] Vgl. neben *Gutenberg*, Produktion, S. 217, beispielsweise *Sune Carlson*, A Study on the Pure Theory of Production. Stockholm 1939, reprinted New York 1956, S. 2, oder *George J. Stigler*, The Theory of Price. 15th printing, New York 1965, S. 109.

wir hier nicht; sie sind, sofern man beliebige Teilbarkeit der Einsatzzeit unterstellen kann, gleichwertig. Intensitätsänderungen werden als ein Vielfaches der normalen Leistungsabgabe je Sekunde gemessen.

Eine Produktionsfunktion, in der die Potentialfaktoren (Betriebsmittel, Arbeitskräfte) durch ihre Leistungsabgaben oder ihre Einsatzzeiten gemessen werden, nenne ich *Leistungsabgabefunktion.* Sie kann fixe Kosten nicht erklären. Im Sonntagsfahrer-Beispiel gehen in die Leistungsabgabefunktion weder das Mietauto noch die Fahrleistungseinheiten (Leistungsabgaben) des Autos ein; das Mietauto nicht, weil es ein »Bestand« ist, die Leistungsabgaben nicht, weil sie kostenlos sind.

Als andere Möglichkeit bleibt, die Potentialfaktoren nicht durch ihre Faktorleistungen, sondern als eingesetzte »Bestände« in die Produktionsfunktion aufzunehmen. Ich nenne diesen Typ *Bestandseinsatzfunktion.* Das Mietauto erscheint hier als konstanter Faktor, weil es für die Abrechnungsperiode von der Leistungserstellung unabhängige, fixe Kosten aufweist.

Praktisch wird auch der Fall eintreten, daß ein Potentialfaktor in seinen Leistungsabgaben, ein anderer in seinem Bestand gemessen werden muß. Dieser Mischfall sei hier vernachlässigt. Hier dient die Trennung von Leistungsabgabe- und Bestandseinsatzfunktion allein dem Zweck, das Preisproblem des Potentialfaktoreinsatzes und damit den Ausgabenverbund zu analysieren.

Gegen die Bestandseinsatzdefinition könnte man folgendes einwenden: Das Mietauto sei gar nicht während der gesamten Abrechnungsperiode eingesetzt. Es stehe nur als Faktorvorrat zur Verfügung. Einsatzzeit sei nur die Fahrzeit, »Faktoreinsatzmenge« folglich nur die Zahl der Zeiteinheiten oder die Zahl der Leistungsabgaben. Eine so enge Definition des Einsatzes widerspricht aber dem Zweck produktionstheoretischer Erörterungen: die betriebliche Kostenstruktur zu erklären. Um die begriffliche Schwierigkeit zu beheben, empfiehlt es sich, zwischen physischem Faktoreinsatz (Faktorverzehr) und ökonomischem Faktoreinsatz (Faktorverzehr) zu trennen. Die kritisierte »zu enge Definition« bezieht den Begriff »Einsatz« nur auf den physischen Einsatz. Produktionstheoretisch wichtig ist jedoch der ökonomische Einsatz. Er verursacht die Kosten. Wenn der Sonntagsfahrer 50 Liter Benzin verfährt, ist der Tankinhalt physisch und ökonomisch »eingesetzt«, verzehrt worden. Die gemieteten 24 Autostunden sind zwar ökonomisch eingesetzt worden, physisch sind nur die tatsächlichen Fahrstunden »verzehrt«.

Die Gegenüberstellung von Leistungsabgabe- und Bestandseinsatzfunktion wurde gewählt, um beide Möglichkeiten herauszustellen, wie Potentialfaktoren in der Produktionsfunktion erfaßt werden können. Zwei Aufgaben verbleiben: Zunächst sind Leistungsabgabe- und Bestandseinsatzfunktionen gegenüberzustellen den neoklassischen Produktionsfunktionen und den linearen Produktionsprozessen, welche die Literatur als zwei eigenständige Ansätze der Produktionstheorie betrachtet. Anschließend ist zu untersuchen, in welchen Fällen die Leistungsabgabedefinition und in welchen Fällen die Bestandseinsatzdefinition der Potentialfaktoren der Wirklichkeit gerecht wird.

Ein Vergleich der Leistungsabgabe- und Bestandseinsatzfunktionen mit den Produktionsfunktionen und -prozessen wird dadurch erschwert, daß das Prozeßmodell des mathematischen Programmierens ökonomisch mehrdeutig ist. Das Modell lautet (in der abgekürzten Schreibweise, vgl. S. 380):

$$z'x = Z \rightarrow \max!$$
$$A\,x \leqq b$$
$$x \geqq 0.$$

Die Mehrdeutigkeit folgt aus der rechten Seite der Nebenbedingungen. Die begrenzten Faktorkapazitäten b können »echte« Vorräte sein, aber auch »eingesetzte Faktorbestände«. Das sei kurz verdeutlicht:

Die begrenzten Kapazitäten stellen »echte« Vorräte dar, wenn der Verzicht auf Vollausnutzung Vorräte für künftige Abrechnungsperioden übrig läßt, wenn also nichtausgenutzte Werkstoffvorräte auf künftige Abrechnungsperioden vorgetragen werden können oder wenn die nicht in der Abrechnungsperiode verfahrenen Maschinenstunden die Nutzungsdauer des Aggregats »verlängern«, also in künftigen Perioden noch verfahren werden können. Handelt es sich um »echte« Vorräte, dann führen bereitgestellte Kapazitäten nicht zu fixen Kosten.

Ist hingegen die bereitgestellte, begrenzte Kapazität nach Ablauf der Abrechnungsperiode ökonomisch verzehrt, dann sind die begrenzten Kapazitäten als eingesetzte Faktorbestände anzusehen. So wird eine Anlage, die der technischen und wirtschaftlichen Überholung unterliegt, zu beschäftigungsfixen Kosten führen. Die Maschinenstunden, die in einer Abrechnungsperiode nicht produktiv eingesetzt werden, sind verschwendet. Der Verzicht auf ihre Ausnutzung erhöht nicht die künftigen Leistungsmöglichkeiten.

Diesen zweiten Fall hat, so scheint mir, die Literatur regelmäßig im Auge. Nur für diesen Fall sind nämlich die Schattenpreise nicht vollausgenutzter Faktorvorräte Null. Im ersten Fall können sie es ökonomisch nicht sein; wenn sie es mathematisch sind, ist das Modell nicht ökonomisch sinnvoll formuliert.

Den zweiten Fall nenne ich das »Prozeßmodell mit Fixkosten verursachenden Faktorbeständen«. Hier führen nicht die Produktionskoeffizienten zu Kosten. Die einzelnen Prozesse sind vielmehr (grenz-)*kostenlos*.

Man sieht, wie schief die Interpretation ist, im linearen Modell stelle die Matrix der Produktionskoeffizienten A (die Gesamtheit aller Prozesse) die »Produktionsfunktion« der Unternehmung dar. Nach den Zielfunktionen der Modelle zu urteilen, wird regelmäßig unterstellt, die begrenzten Faktorkapazitäten führen zu fixen Kosten. Dann sind aber sämtliche Prozesse (grenz-)»kostenlos«. Kosten entstehen nicht auf der Seite der Matrix, sondern durch die Faktorkapazitäten, die hier als »eingesetzte Faktorbestände« zu definieren sind. Matrix- und Kapazitätsseite des Modells sind aber nicht identisch, denn im Programmierungsmodell gilt gerade nicht notwendigerweise das Gleichheitszeichen zwischen Kapazitätsbeanspruchung und Kapazitätsbestand.

Diese Fehlinterpretation ist nur ein Ausfluß der Überbetonung technischer Eigenheiten der Produktionstheorie und der Vernachlässigung des ökonomischen Kerns, der Bewertung[63].

[63] Die schiefe Ansicht vertreten z. B. *Robert Dorfman*, Mathematical, or »Linear«, Programming: A Nonmathematical Exposition. In: The American Economic Review, Vol. 43 (1953), S. 797–825, hier S. 798; *R. G. D. Allen*, Mathematical Economics. London 1956, S. 622;

Im ersten Fall führt hingegen nicht die Bereitstellung der knappen Kapazitäten zu Kosten, sondern allein ihr Einsatz durch Verwirklichung einzelner Prozesse. Hier verursachen die Produktionskoeffizienten der Faktoren Kosten. Ich nenne diesen Fall das »Prozeßmodell mit Grenzkosten verursachenden Produktionsprozessen«. Allein die Produktionsprozesse dieses Modells können mit der (linear-)limitationalen Produktionsfunktion identisch sein; denn nur hier entstehen durch die Realisierung der Prozesse zusätzliche Kosten.

Bei der Gegenüberstellung von Bestandseinsatz- und Leistungsabgabefunktionen ist weiter zu beachten, daß allein Bestandseinsatzfunktionen fixe Kosten erklären können, also fixe (konstante) Produktionsfaktoren enthalten können, und daß für Verbrauchsfaktoren die Bestands- und die Leistungsabgabedefinition identisch sind. Daraus folgt:

(a) In *Bestandseinsatzfunktionen* sind die Faktoreinsatzmengen ökonomisch eingesetzte Faktorbestände. Diese Faktordefinition wohnt inne

(1) der neoklassischen, substitutionalen Produktionsfunktion (einschließlich der ertragsgesetzlichen Produktionsfunktion) und

(2) dem »Prozeßmodell mit Fixkosten verursachenden Faktorbeständen«.

(b) In *Leistungsabgabefunktionen* sind die Faktoreinsatzmengen Faktorleistungen (Leistungsabgaben oder Faktoreinsatzzeiteinheiten). Bei den Leistungsabgabefunktionen kann es sich handeln um

(1) linear-limitationale Produktionsfunktionen oder um die Prozesse des Programmierens in einem »Prozeßmodell mit Grenzkosten verursachenden Prozessen«; in ihm werden begrenzte, aber nicht ausgenutzte Faktorkapazitäten in späteren Abrechnungsperioden noch verwandt;

(2) nichtlineare limitationale Produktionsfunktionen, wie die »Produktionsfunktion vom Typ B« und damit das System der »Verbrauchsfunktionen«. Gutenberg schreibt: Die Verbrauchsmengen der Faktoren r_i (»Energieverbrauch, Verbrauch an Hilfsstoffen, an Maschinenwerkzeugen, Instandhaltungsaufwand, Anlagenverschleiß«[64]) sind eine Funktion 1. der technischen Eigenschaften des betrachteten Aggregats, 2. der vom Aggregat verlangten Leistung. Da Gutenberg die Leistung in Stücken je Zeiteinheit mißt (»Tonnen, Hektoliter, Stückzahl . . .«), kann die Aggregatleistung gleich der Ausbringungsmenge bei diesem Aggregat (bei dieser Fertigungsstufeneinheit) gesetzt werden. Bleiben die technischen Eigenschaften der Aggregate konstant, dann »können die Verbrauchsmengen r_i als alleinige Funktion der Leistung . . . aufgefaßt werden«, und umgekehrt, so ist zu schließen, die Ausbringungsmenge als (im Regelfall) nichtlineare limitationale Funktion der Verbrauchsmengen.

Zweierlei ist hier zu fragen: (1) Lassen sich die technischen Einflußgrößen messen, insbesondere die Leistungsabgaben, die aus dem Instandhaltungsaufwand und dem Anlagenverschleiß folgen? (2) Kann jeder Leistungsabgabe ein kostenbestimmender Preis zugeordnet werden? Nur wenn beide Fragen bejaht werden können, bringt Gutenbergs Ansatz einen Fortschritt für eine wirklichkeitsnahe Produktionstheorie.

Erich Schneider, Einführung in die Wirtschaftstheorie. II. Teil, Wirtschaftspläne und wirtschaftliches Gleichgewicht in der Verkehrswirtschaft. 10. Aufl., Tübingen 1965, S. 216.

64 Vgl. *Gutenberg*, Produktion, S. 222 f.

Die Frage nach der Messung der technischen Einflußgrößen ist heute so zu beantworten: Im wesentlichen läßt sich nur für den Energieverbrauch ein eindeutiger Zusammenhang zwischen Faktoreinsatz (Benzin, Stromverbrauch) und Leistungsabgabe eines Aggregats herstellen. Ein Zusammenhang zwischen dem Anlagenverschleiß oder gar dem Instandhaltungsaufwand und den einzelnen Leistungsabgaben der Anlage ist im allgemeinen nicht abzuleiten. Verschleiß und Instandhaltung hängen von zu vielen technischen Einflußgrößen ab, von denen die verlangte Leistung der Anlage nur eine und mitunter gar nicht die wichtigste ist. Es kann deshalb nicht gelingen, den Anlagenverschleiß oder den Instandhaltungsaufwand als Leistungsabgabe des Produktionsfaktors Anlagen anzusehen und von daher in Form von Verbrauchsfunktionen eine eindeutige Beziehung zur verlangten Aggregatleistung herzustellen.
Selbst wenn die Messung der Leistungsabgaben eines Faktors möglich ist, so kann es immer noch verfehlt sein, die Anzahl der Leistungsabgaben als Einsatzmengen eines Produktionsfaktors anzusehen. Damit jede einzelne Leistungsabgabe eines Produktionsfaktors als Faktoreinsatzmenge angesehen werden kann, muß jeder Leistungsabgabe auch ein Preis beigelegt sein. Schließlich dient die Produktionstheorie dazu, die Kosten einer Unternehmung zu bestimmen, und Kosten sind formal definiert als Preis mal Faktoreinsatzmenge. Mit der Preisbestimmung für Leistungsabgaben beschäftigen wir uns jetzt.

2. Das Preisproblem des Faktoreinsatzes und der Ausgabenverbund der Faktoren

aa) Die Bedeutung der Ausgaben- und Faktoreinsatzzeitpunkte für die Kostenentstehung

Einen Preis besitzt der Faktorverzehr nur dann, wenn er zusätzliche Ausgaben hervorruft oder einen künftigen Einnahmenentgang verursacht. Wann entstehen zusätzliche Ausgaben durch den Faktoreinsatz?
Zusätzliche Ausgaben aufgrund des Faktoreinsatzes können heute entstehen (unmittelbarer Ausgabenverbund) oder später (mittelbarer Ausgabenverbund).
Unmittelbarer Ausgabenverbund liegt vor, wenn die Faktorbeschaffung für das zu lösende Wahlproblem erfolgt. Hier führen die zusätzlichen Kosten der Handlungsalternative gleichzeitig zu zusätzlichen Ausgaben. Der unmittelbare Ausgabenverbund zusätzlicher Faktoren belastet die Finanzplanung der zu planenden Periode. Gleichwohl ist er zur Erörterung der Abstimmungsprobleme zwischen Produktions- und Finanzbereich unproblematisch; denn führen alle Handlungsalternativen zu Faktoreinsatzmengen, die unmittelbar mit Ausgaben verbunden sind, dann ist die kostengünstigste Lösung stets die mit der geringsten finanziellen Belastung. Es bleibt allein zu bestimmen, ob eine Handlung unternommen oder ob darauf verzichtet werden soll. Das ist nach den üblichen Investitionskriterien zu entscheiden.
Mittelbare Ausgaben entstehen, wenn Faktoreinsatz heute zu Ausgaben in der Zukunft führt. Das ist in zwei Fällen möglich: Einmal, wenn Faktoren mit Zahlungsziel beschafft und heute eingesetzt werden; zum anderen, wenn Faktorvorräte beansprucht werden, die ursprünglich zukünftigen Abrechnungsperioden zugedacht waren. Werden die Faktorvorräte heute eingesetzt, dann wird eine vorzeitige Ersatzbeschaffung not-

wendig. Der Einsatz dieser Faktoren belastet allein die künftige Finanzplanung, mitunter jedoch in erheblichem Ausmaß, z. B. wenn infolge teilweiser Überlastung ein großes Aggregat ein Jahr früher als geplant ersetzt werden muß.
Bei mittelbarem Ausgabenverbund entsteht ein Abstimmungsproblem zwischen Produktions- und Finanzbereich. Hier kann die isolierte produktionswirtschaftliche Entscheidung anders lauten als die Entscheidung nach Berücksichtigung der finanzwirtschaftlichen Gegebenheiten. Das sei an einem Beispiel verdeutlicht. Um in einer Periode ein höheres Beschäftigungsniveau zu verwirklichen, mögen zwei Handlungsalternativen bestehen: einmal »zeitliche Anpassung« der Potentialfaktoren (Arbeit, Betriebsmittel), zum anderen »intensitätsmäßige Anpassung« der Potentialfaktoren. Die erforderlichen Werkstoffe führen für beide Alternativen unmittelbar zu Ausgaben. Das gleiche gelte für die Arbeitskräfte. Wegen der höheren zeitlichen Inanspruchnahme seien jedoch bei zeitlicher Anpassung die unmittelbaren Ausgaben für Arbeitskräfte höher. Die zeitliche Längerbeanspruchung der Betriebsmittel verändere hingegen ihre erwartete Nutzungsdauer nicht; wohl aber muß mit einer Verkürzung der Nutzungsdauer gerechnet werden, wenn die Anlagen intensitätsmäßig stärker beansprucht werden. Dadurch wird der Anlagenersatzzeitpunkt vorverlegt. Unter diesen Voraussetzungen wäre eine Entscheidung gegen die kostengünstigste Anpassungsart (z. B. zeitliche Anpassung) und für die im Moment liquiditätsgünstigere (intensitätsmäßige Anpassung) denkbar.
Um unmittelbaren und mittelbaren Ausgabenverbund im einzelnen zu verdeutlichen, unterscheiden wir Faktoreinsatz heute, Faktoreinsatz später und Faktoreinsatz heute oder später.
Zwischen Ausgabenanfall und Faktoreinsatz bestehen dann folgende Abhängigkeiten:

1. *Faktoreinsatz heute:* »heute« heißt dabei in der zu planenden Abrechnungsperiode. Einsatz heißt »ökonomischer Einsatz«, also keine Weiterverwendungsmöglichkeit der Faktorvorräte in späteren Abrechnungsperioden. Die Beschaffung der Faktorvorräte kann früher erfolgt sein oder heute stattfinden; die Zeitpunkte der Beschaffung und der Auszahlung entscheiden darüber, ob »Kosten« vorliegen:

a) Ausgabe früher: Die in der Vergangenheit erfolgten Ausgaben sind für ökonomische Entscheidungen heute belanglos, wenn keine Weiterverwendungsmöglichkeit der Vorräte in späteren Perioden besteht (»sunk costs«). Die Faktorvorräte stehen für die gegenwärtige Abrechnungsperiode »grenzkostenlos« zur Verfügung, obwohl die Faktoreinsätze in der Kostenrechnung zu Einzelkosten führen können. Der »Ausgabe früher« gleichzusetzen ist das Fälligwerden der Verbindlichkeiten heute oder später für früher beschaffte Vorräte. Hier kann die Ausgabe nicht mehr vermieden werden.

b) Ausgabe heute: Barkauf der Faktoren. Hinsichtlich des Kostencharakters der Faktoreinsätze ist zu unterscheiden, ob der beschaffte Faktor teilbar oder unteilbar (besser: beschränkt teilbar) ist.
α) Ist der Faktor teilbar, dann kann genau diejenige Menge beschafft werden, die der Produktionsplan erfordert. Die Kosten dieses Faktors entstehen proportional der gewünschten Faktoreinsatzmenge. Es handelt sich um variable Faktoreinsatzmengen und unmittelbaren Ausgabenverbund.

β) Ist der Faktor unteilbar, dann muß u. U. eine größere Menge beschafft werden als benötigt wird. Die nicht ausgenutzte Menge ist »verschwendet«, weil sie in späteren Perioden nicht verwandt werden kann. Hier ist z. B. an leicht verderbliche Waren zu denken, die nur in Mindestmengen beschafft werden können. Die Kosten dieses Faktors sind, ökonomisch betrachtet, (intervall-)fixe Kosten. Gleichgültig, ob die beschaffte Mindestmenge ausgenutzt wird oder nicht, die Höhe der Ausgaben (Kosten) bleibt unverändert. Das Auto des Sonntagsfahrers, das für mindestens 24 Stunden gemietet werden muß, zählt hierzu. Der »Faktorbestand« ist beschränkt teilbar, wenn das Auto nur tageweise gemietet werden kann. Nur der Faktorbestand, nicht die Leistungsabgaben sind unmittelbar ausgabenverbunden. Die Leistungsabgaben des Bestands sind jedoch (bis zu einer Höchstgrenze) vermehrbar, und sie stehen (grenz-)kostenlos zur Verfügung.

c) Ausgabe später: Faktorbeschaffung heute mit Zahlungsziel. Hier ist ebenfalls zwischen teilbaren und unteilbaren Faktoren zu unterscheiden.

α) Ist der Faktor teilbar, dann entstehen variable Faktoreinsätze. Nur wird durch diese Faktoreinsätze die gegenwärtige Finanzplanung zu Lasten künftiger Perioden entlastet: Das führt zu »mittelbarem« Ausgabenverbund. Mehreinsatz dieses Faktors heute und das Einsparen eines unmittelbar ausgabenverbundenen Faktors entlastet die gegenwärtige Finanzplanung.

β) Ist der Faktor unteilbar, dann liegen »eingesetzte Faktorbestände« vor. Es entstehen fixe Kosten. Nur der Faktorbestand, nicht die einzelnen Leistungsabgaben sind mittelbar mit Ausgaben verbunden. Entlastet der Mehreinsatz dieses Faktors und das Einsparen eines unmittelbar ausgabenverbundenen Faktors die gegenwärtige Finanzplanung? Nein, der Faktorvorrat verursacht fixe Kosten, die einzelnen Leistungsabgaben aus diesem Faktorvorrat sind also »grenzkostenlos« greifbar. Es wird deshalb stets so produziert werden, daß der Einsatz variabler Faktoren minimiert wird. Es wird also stets der Prozeß verwirklicht, der zu dem geringsten Mengeneinsatz der variablen Faktoren führt und zur höchsten Beanspruchung des fixen Faktors. Ein weiterer »Austausch« von fixem Faktor gegen variable Faktoren ist technisch nicht möglich, und deshalb sind hier kostenminimaler und liquiditätsgünstigster Prozeß identisch. Es entsteht hier kein Abstimmungsproblem zwischen Produktions- und Finanzbereich.

2. *Einsatz später:* Gleich, wann hier die Beschaffung und die Ausgabe erfolgen, es handelt sich um Lagerhaltung, die den Produktionsbereich nicht berührt.

3. *Einsatz heute oder später:* Die Beschaffung kann früher oder heute erfolgen, die Ausgabe früher, heute oder später. Es kann sich z. B. um ein Anlagegut handeln, dessen Lebensdauer allein durch den abnutzungsbedingten Verschleiß begrenzt wird. Wenn die Wahl zwischen Einsatz heute oder später besteht, müssen die einzelnen Leistungsabgaben des Potentialfaktors betrachtet werden; denn hier erfordert der Einsatz einer Faktorleistungseinheit zusätzliche Ausgaben in der Zukunft: vorzeitige Ersatzbeschaffung oder höhere Instandhaltungsaufwendungen. Das Wahlproblem: Einsatz heute oder später? führt zu mittelbarem Ausgabenverbund.

Ein *künftiger Einnahmenentgang* ist nur zu beachten, wenn erstens die Wahl zwischen Einsatz heute oder später besteht, und zweitens auch durch künftige Ausgaben der heute zu verbrauchende Faktor nicht mehr zu beschaffen ist. Davon sehen wir im weiteren ab.

bb) Ausgabenverbund der Faktoren und das System der Produktionsfunktionen und Produktionsprozesse

Der Ausgabenverbund entscheidet über die Preise, die den Faktoreinsätzen beizulegen sind. Damit entscheidet der Ausgabenverbund auch, welche Arten von Produktionsfunktionen betriebswirtschaftlich aussagefähig sind, ob Bestandseinsatz- oder Leistungsabgabefunktionen zu wählen sind.

Bei unmittelbarem Ausgabenverbund ist durch die Investition der Preis der Faktoreinsatzmengen vorgegeben. Handelt es sich bei den unmittelbar ausgabenverbundenen Faktoren um Verbrauchsfaktoren, dann ist die Frage, ob sie als eingesetzte Bestände oder in ihren Leistungsabgaben in die Produktionsfunktion eingehen, ökonomisch unbedeutend. Handelt es sich um Potentialfaktoren, dann kann nur die Bestandseinsatzdefinition zu einer aussagefähigen Produktionsfunktion führen. Bei unmittelbarem Ausgabenverbund (Einsatz heute) besitzen die als Bündel beschafften Leistungsabgaben (Faktoreinsatzmengen) keine künftige Weiterverwendungsmöglichkeit. Physisch nicht verzehrte Faktorvorräte an Leistungsabgaben sind am Ende der Abrechnungsperiode ökonomisch wertlos. Zu (fixen) Kosten führt das gesamte Bündel, der beschaffte Vorrat insgesamt. Er ist als ökonomisch eingesetzter Faktorbestand anzusehen.

Ist der Faktorbestand, nicht die einzelne Leistungsabgabe unmittelbar ausgabenverbunden, dann sind nur Bestandseinsatzfunktionen betriebswirtschaftlich aussagefähig. Leistungsabgabefunktionen, d. h. ein System von Verbrauchsfunktionen oder ein System linearer, grenzkostenverursachender Prozesse für die Potentialfaktoren, besitzen bei unmittelbarem Ausgabenverbund des Faktorbestandes keine unternehmenspolitische Bedeutung.

Bei mittelbarem Ausgabenverbund ist durch die Investition nicht der Preis der Faktoreinsatzmengen vorgegeben. Hier entscheiden die durch den heutigen Faktorverzehr in Zukunft entstehenden Ausgaben oder bei Beschaffungshemmnissen die künftig entgehenden Einnahmen. Das wirft »Verrechnungspreisprobleme« auf. Das Verrechnungspreisproblem tritt allerdings nur auf, wenn keine simultane Planung vorliegt: Der richtige Verrechnungspreis wäre ein Schattenpreis, und Schattenpreise kennt man erst nach Lösung des Planungsproblems (vgl. S. 376). Verrechnungspreise als Ausdruck mittelbaren Ausgabenverbunds bzw. möglichen Einnahmenentgangs werden nur bei vereinfachter, nicht simultaner Planung benötigt: Sie sind nur als Pauschalannahmen festzulegen.

Bei mittelbarem Ausgabenverbund entscheidet nicht der Faktorbestand, sondern die einzelnen Faktorleistungen über die Höhe der Kosten. Deshalb sind bei mittelbarem Ausgabenverbund nur Leistungsabgabefunktionen betriebswirtschaftlich aussagefähig. Das bedeutet zugleich, Leistungsabgabefunktionen lassen sich nur dann verwenden, wenn nicht simultan, und das heißt strenggenommen: nicht optimal geplant wird; wenn man etwa einperiodisch plant, statt mit mehrperiodischen Simultanmodellen zu arbeiten. Wann darf, bei vereinfachter, z. B. einperiodischer Planung, die Leistungsabgabedefinition für die Potentialfaktoren gewählt werden statt der Bestandseinsatzdefinition?

Die Leistungsabgabedefinition ist zu wählen, wenn nicht der Faktorbestand, sondern die einzelne verbrauchte Leistungsabgabe zusätzliche Ausgaben oder einen Einnahmenentgang hervorruft. Wann das eintritt, kann nicht generell beantwortet werden. Allerdings lassen sich für die typischen Potentialfaktoren unter den gegenwärtig herrschenden sozialen und technischen Umweltbedingungen »typische« Antworten geben: Für die Arbeitskräfte führt zunächst die Definition der einzelnen Leistungsabgaben zu einem kaum lösbaren Messungsproblem. Meßbar sind allerdings die Einsatzzeiteinheiten. Kann der Produktionsfaktor Arbeit als Faktoreinsatzmenge durch die Zahl der Arbeitsstunden ausgedrückt werden? Man sollte meinen ja; denn der Preis je Arbeitsstunde als Stundenlohn plus anteilige Soziallöhne steht bei Zeitentlohnung fest. Aber um einem Produktionsfaktor einen eindeutigen Preis zuzuordnen, dazu gehört nicht nur, daß man einen Preisausdruck findet, sondern auch, daß die Zahl ökonomisch von Belang ist. Der Verzicht auf eine Arbeitsstunde muß eineKosteneinsparung in Höhe des Stundenlohns bewirken. Eine Mehrinanspruchnahme muß die Kosten erhöhen.

Die Kosten des Faktors Arbeit können im Regelfall nicht von Stunde zu Stunde vermindert werden, sondern frühestens nach Ablauf der tariflichen Kündigungsfrist. Das bedeutet aber, daß immer dann, wenn die Kündigungsfrist gleich der Abrechnungsperiode (oder länger) ist, der Arbeiter für die gesamte Abrechnungsperiode ökonomisch eingesetzt wird, gleichgültig, ob er schafft oder trödelt. Damit verbietet sich die Definition des Faktors Arbeit in Einsatzzeiteinheiten. Sie wird im Regelfall nur für Überstunden und bei Akkordlöhnen, soweit sie den Mindestakkordlohn übertreffen, zulässig sein.

Für Betriebsmittel ist die Leistungsabgabedefinition unter dem Problem verbrauchsabhängiger Abschreibungen diskutiert worden. Unter Rückgriff auf S. 529 kann gesagt werden: Dann, wenn technische und wirtschaftliche Überholung Einfluß auf die Nutzungsdauer der Betriebsmittel nehmen, ist das wirtschaftlich verwertbare Leistungsbündel geringer als das technisch mögliche. Damit stehen – bis auf wenige Ausnahmen – die einzelnen Leistungsabgaben der Betriebsmittel grenzkostenlos zur Verfügung. Daraus folgt, daß im Regelfall bei Anlagen und bei Arbeitskräften die Bestandseinsatzdefinition zu wählen ist.

3. Ergebnis

In der Produktions- und Kostentheorie gelten Gutenbergs System der Verbrauchsfunktionen und die »linear-limitationalen« Produktionsprozesse der mathematischen Programmierung als die Marksteine in der jüngeren Entwicklung. Ich bin so verwegen, die betriebswirtschaftliche Bedeutung beider Ansätze zu bezweifeln. Das Untersuchen des Mengengerüstes der Kosten stellt doch das Grenzgebiet zwischen Betriebswirtschaftslehre und Technik dar. Die Produktionstheorie ist der Grenzübergang zu den Ingenieurwissenschaften. Die technischen Wissenschaften haben das Erfahrungswissen über die Beziehungen zwischen Faktoreinsatzmengen und Ausbringungsmengen zu vermitteln. Sie werden es in ihrer Sprache tun. Eine betriebswirtschaftlich aussagefähige Produktionstheorie muß dieses Wissen in ein für ihre Zwecke geeignetes Begriffsschema umformen. Sie muß von den Preisen der Faktoren ausgehen. Denn das Wissen über technische Abhängigkeiten gewinnt erst dann betriebswirtschaftliches Gewicht, wenn den Faktoreinsatzmengen und den Ausbringungsmengen Preise zugeordnet werden können. Deshalb muß eine betriebswirtschaftliche Produktionstheorie den Grund-

begriff »Produktionsfaktor« so definieren, daß jeder Faktoreinheit ein Preis beigelegt werden kann. Beachtet man dies, dann sind die verschiedenen Arten von Produktionsfunktionen und -prozessen so zu beurteilen:
Betriebswirtschaftlich aussagefähige Produktionsfunktionen sind im allgemeinen nur Bestandseinsatzfunktionen: die neoklassische, substitutionale Produktionsfunktion oder (in stärkerem Maße) das »Prozeßmodell mit Fixkosten verursachenden Faktorbeständen« und damit: grenzkostenlosen Produktionsprozessen.

Leistungsabgabefunktionen, d. h. das System Grenzkosten verursachender Produktionsprozesse (linear-limitationaler Produktionsfunktionen) und die »Produktionsfunktionen vom Typ B«, das System der Verbrauchsfunktionen, sind für simultane, dynamische Planungsmodelle nicht brauchbar; denn solche mehrperiodischen Modelle arbeiten mit Zahlungsströmen (mit Ausgaben, Einnahmen) unmittelbar. Selbst für vereinfachte, einperiodische Planungen, in die »Kosten« statt Ausgaben eingehen, können Leistungsabgabefunktionen für Potentialfaktoren unter den gegenwärtigen sozialen und technischen Umweltbedingungen nur in Ausnahmefällen die Wirklichkeit der Betriebe beschreiben.

Bestandseinsatzfunktionen gelten bei unmittelbarem Ausgabenverbund der Faktoreinsätze. Hier treten keine Abstimmungsprobleme zwischen kurzfristiger Finanz- und Produktionsplanung auf: Grenzkosten und zusätzliche Ausgaben sind identisch.

Leistungsabgabefunktionen gelten bei mittelbarem Ausgabenverbund. Grenzkosten und zusätzliche Ausgaben dieser Abrechnungsperiode weichen voneinander ab. Deshalb ist eine direkte Einflußnahme der Liquiditätslage auf die produktionswirtschaftlichen Entscheidungen möglich. Die Abweichung zwischen Grenzkosten und zusätzlichen Ausgaben entsteht allerdings nur deshalb, weil hier in die Grenzkosten »Opportunitätskosten«, also künftige Ausgaben oder Einnahmenminderungen, eingerechnet werden: weil nicht simultan, und das heißt: nur eingeschränkt rational, geplant wird.

b) Zahlungsströme und die Grundlagen der Unternehmungsrechnung

Von Anfang an stand das Rechnungswesen im Mittelpunkt der Betriebswirtschaftslehre. Die Theorie des Rechnungswesens und der Bewertung ist stolz darauf, vom Ausgaben-Einnahmendenken zu einem Aufwand-Ertrags-, einem Kosten- und Leistungsdenken fortgeschritten zu sein. Soweit die Betriebswirtschaftslehre Theorie des Rechnungswesens ist, ist sie vor allem Bewertungstheorie; und bewerten heißt, in der Kostenrechnung und mitunter auch in der Bilanzierung, Geldansätze finden, die in ihrer Höhe oder im Zeitpunkt ihrer Verrechnung von den tatsächlichen Zahlungen abweichen.
Die Investitions- und Finanzierungstheorie, das Bemühen also um eine zielentsprechende Gestaltung des Zahlungsbereichs der Unternehmung, drängt folgende Schlüsse über die Ausgestaltung der Unternehmensrechnung auf:
1. Gewinn ist als betriebswirtschaftlicher Begriff nur dann sinnvoll definiert, wenn er als entnahmefähiger Betrag, als Einkommen, als Zahlungsgröße, verstanden wird. Ertrag und Aufwand sind Konventionen, traditionell gewachsen; für die Berechnung des Erfolges entscheiden jedoch allein die künftigen Zahlungsströme der Unternehmung.

Lediglich der Zwang zu einer *nachprüfbaren* öffentlichen Rechnungslegung verlangt die Anwendung von Bewertungskonventionen und auch hier scheint, daß den tatsächlichen Zahlungen (Bewertung zu Anschaffungsausgaben, Gewinnverwirklichung erst bei Einnahmenzufluß) der Vorrang eingeräumt werden müsse; selbst Verlustgefahren lassen sich auf andere Weise besser berücksichtigen als durch Wertansätze, die von den Anschaffungsausgaben abweichen.
Autoren, die den Gewinnbegriff zur Gänze ablehnen, greifen nur noch auf eine Rechnungslegung in Form von Zahlungsströmen (Finanz- bzw. Kapitalflußrechnungen) zurück.

2. Verrechnungspreise als Wertansätze, die von den tatsächlichen Zahlungen abweichen, also »Betriebswerte«, lassen sich theoretisch befriedigend nur als Schattenpreise definieren, sind also erst nach Lösung des Entscheidungsproblems zu berechnen, und dann braucht man sie nicht mehr.

3. Kosten sind nur dann ein Begriff von entscheidungsbestimmendem Gehalt, wenn sie unmittelbar mit Ausgaben verknüpft sind. Nur wenn nichtsimultan, und d. h.: bewußt nicht optimal, geplant wird, sind die für die Entscheidung bedeutsamen Kosten nicht mit Ausgaben des Planungszeitraums identisch. Die Kosten weichen dann um vorweggenommene künftige Ausgaben oder Einnahmenminderungen von den tatsächlichen Zahlungen ab. Solche Opportunitätskosten können aber aus der Sache heraus nie theoretisch exakt sein. Es handelt sich stets um Pauschalannahmen über das künftige Geschehen, um bewußte Vereinfachungen, die man hinnimmt, um Planungsprobleme leichter lösen zu können.
Was für Kosten gilt, gilt analog für Leistungen: Sie »richtig« bewerten heißt, die durch sie der Unternehmung zuwachsenden Einnahmen bestimmen.

Was ist also von der Bewertungstheorie, der Diskussion um den Aufwand- und Kostenbegriff, um die richtigen Verrechnungspreise geblieben? Bewerten muß man, wenn keine Gesamtplanung des Unternehmensgeschehens erfolgt. Die Wertansätze weichen dann durch Pauschalannahmen, durch vereinfachende Unterstellungen über die künftige Entwicklung, von den tatsächlichen Zahlungen ab. Praktisch kann man nur mit vereinfachenden Modellen und d. h. mit Pauschalannahmen arbeiten.
Das Problem der Theorie der Unternehmungsrechnung lautet deshalb nicht, richtige Wertansätze zu suchen; richtig sind nur die tatsächlichen Zahlungen in einem Gesamtmodell des Unternehmensgeschehens. Das Problem der Theorie der Unternehmungsrechnung lautet: Welche vereinfachenden Pauschalannahmen sind unter bestimmten Umweltbedingungen zulässig? Es ist der Grad zulässiger Vereinfachungen zu suchen, den man bei praktischen Planungsproblemen hinnehmen kann. Ich habe nicht den Eindruck, daß dies bisher von der Bilanztheorie, der Kostenrechnung und der Kostentheorie immer deutlich erkannt wurde.
Doch gerade auf diesen Punkt muß die Theorie der Unternehmensrechnung ihr Augenmerk richten. Weil man nur unter Vereinfachungen theoretische und praktische Probleme bewältigen kann, deshalb ist eine operationale Theorie der Unternehmung so schwierig. Sie erscheint dem Praktiker zu aufwendig, dem Theoretiker wegen der immer noch not-

wendigen Pauschalannahmen anfechtbar und zu vergröbert. Ihr Problem ist jedoch nicht, alle Einflüsse zu erfassen, sondern zu versuchen, die wesentlichen Zusammenhänge zu erkennen. Für alle Fragen langfristiger Unternehmenspolitik sind das die Abstimmungsprobleme innerhalb des Zahlungsbereichs, die Suche nach einem optimalen Finanzplan. Dieser Betrachtungsweise entspricht die Rückführung und Ausrichtung betriebswirtschaftlicher Grundbegriffe auf die tatsächlichen Zahlungen.

Das Rückbesinnen auf die Vorherrschaft der Zahlungsströme scheint mir der allgemeine Schluß aus der Untersuchung der zielentsprechenden Gestaltung von Investition und Finanzierung zu sein. Es wird deshalb in Zukunft zu prüfen sein: Was kann noch von dem altüberkommenen Gedankengut übernommen werden, das auf der Trennung von Zahlungs- und Leistungsbereich beruht (bei jahrzehntelanger Vernachlässigung des Zahlungsbereichs), und auf der säuberlichen Scheidung von Zahlungsvorgängen dort, Aufwands- und Ertrags-, Kosten und Leistungsbeziehungen hier aufbaut? Für die Betriebswirtschaftslehre erscheint es an der Zeit, einen Satz Tertullians zu beherzigen: Multa sunt sic digna revinci, ne gravitate adorentur.

Oder sollte der Leser jenen Satz eher auf dieses Buch anzuwenden geneigt sein?

Literaturverzeichnis

Adam, Dietrich, Die Bedeutung der Restwerte von Investitionsobjekten für die Investitionsplanung in Teilperioden. In: ZfB, Jg. 38 (1968), S. 391–408.

Albach, Horst, Wirtschaftlichkeitsrechnung bei unsicheren Erwartungen. Köln–Opladen 1959.

–, Lineare Programmierung als Hilfsmittel betrieblicher Investitionsplanung. In: ZfhF, NF, Jg. 12 (1960), S. 526–549.

–, Investition und Liquidität. Die Planung des optimalen Investitionsbudgets. Wiesbaden 1962.

–, Produktionsplanung auf der Grundlage technischer Verbrauchsfunktionen. In: Arbeitsgemeinschaft für Forschung des Landes Nordrhein-Westfalen, Natur-, Ingenieur- und Gesellschaftswissenschaften, Heft 105. Köln–Opladen 1962, S. 45–96.

–, Zur Verbindung von Produktionstheorie und Investitionstheorie. In: Zur Theorie der Unternehmung, Festschrift zum 65. Geburtstag von Erich Gutenberg, herausgegeben von Helmut Koch. Wiesbaden 1962, S. 137–203.

–, Investitionsentscheidungen im Mehrproduktunternehmen. In: Betriebsführung und Operations Research, herausgegeben von Adolf Angermann. Frankfurt am Main 1963, S. 24–48.

–, Grundgedanken einer synthetischen Bilanztheorie. In: ZfB, Jg. 35 (1965), S. 21–31.

–, Das optimale Investitionsbudget bei Unsicherheit. In: ZfB, Jg. 37 (1967), S. 503–518.

–, Informationswert. In: Handwörterbuch der Organisation. Stuttgart 1969, Sp. 720–727.

Alchian, Armen [A.], Costs and Outputs. In: The Allocation of Economic Resources. Essays in Honor of Bernard Francis Haley, edited by Moses Abramovitz u. a. Stanford 1959, S. 23–40.

Allais, M., Le Comportement de l'Homme Rationnel devant le Risque: Critique des Postulats et Axiomes de l'École Américaine. In: Econometrica, Vol. 21 (1953), S. 503–546.

Allen, R. G. D., Mathematical Economics. London 1956.

–, Mathematik für Volks- und Betriebswirte. Übersetzt von Erich Kosiol. 2. Aufl., Berlin 1962.

Anderegg, Jürgen, Das Problem der optimalen Kapitalausstattung der Unternehmung. Diss. Frankfurt 1956.

Arrow, Kenneth J., Alternative Approaches to the Theory of Choice in Risk-Taking Situations. In: Econometrica, Vol. 19 (1951), S. 404–437.

–, Social Choice and Individual Values. 2nd edition, New York–London–Sydney 1963.

–, The Role of Securities in the Optimal Allocation of Risk-bearing. In: Review of Economic Studies, Vol. 31 (1964), S. 91–96.

Arrow, Kenneth J.; Beckmann, Martin J.; Karlin, Samuel, The Optimal Expansion of the Capacity of a Firm. In: Kenneth J. Arrow, Samuel Karlin, Herbert Scarf, Studies in the Mathematical Theory of Inventory and Production. Stanford 1958, S. 92–105.

Ascher, Abraham, siehe Ben-Shahar, Haim.

Barges, Alexander, The Effect of Capital Structure on the Cost of Capital. A Test and Evaluation of the Modigliani and Miller Propositions. Englewood Cliffs 1963.

Baumol, William J., The Cardinal Utility which is Ordinal. In: The Economic Journal, Vol. 68 (1958), S. 665–672.

Baumol, William J.; Malkiel, Burton G., The Firm's Optimal Debt-Equity Combination and the Cost of Capital. In: The Quarterly Journal of Economics, Vol. 81 (1967), S. 547–578.

Baumol, William J.; Quandt, Richard E., Investment and Discount Rates under Capital Rationing – A Programming Approach. In: The Economic Journal, Vol. 75 (1965), S. 317–329.

Baumol, William J., siehe Gomory, Ralph E.

Baumol, William J., siehe Makower, H[elen].

Baxter, Nevins D., Leverage, Risk of Ruin, and the Cost of Capital. In: The Journal of Finance, Jg. 22 (1967), S. 395–403.

Beckmann, Liesel, Die betriebswirtschaftliche Finanzierung. 2. Aufl., Stuttgart 1956.

–, Kapitalbedarfsrechnung. In: Handwörterbuch der Betriebswirtschaft. 3. Aufl., Bd. 2, Stuttgart 1958, Sp. 2966–2971.

Beckmann, Martin J., siehe Arrow, Kenneth J.

Bellinger, Bernhard, Langfristige Finanzierung. Wiesbaden 1964.

Bellman, Richard, Dynamic Programming. Princeton (N. J.) 1957.

Ben-Shahar, Haim; Ascher, Abraham, The Integration of Capital Budgeting and Stock Valuation: Comment. In: The American Economic Review, Vol. 57 (1967), S. 209–214.

Bernoulli, Daniel, Specimen theoriae novae de mensura sortis. In: Commentarii academicae scientiarum imperialis Petropolitanae, Jg. 5 (1738), S. 175–192; deutsche Übersetzung (durch Alfred Pringsheim): Versuch einer neuen Theorie der Wertbestimmung von Glücksfällen. Leipzig 1896.

Bertoletti, Mario; Chapiro, Jorge; Rieznik, Horacio, Optimization of Investment – A Solution by Linear Programming. In: Management Technology, January 1960, S. 64–74.

Bidlingmaier, Johannes, Unternehmerziele und Unternehmerstrategien. Wiesbaden 1964.

Blumentrath, Ulrich, Die Maximierung des Endwertes der Unternehmung in der Investitionsprogrammplanung. Diss. Münster 1968.

Bodenhorn, Diran, On the Problem of Capital Budgeting. In: The Journal of Finance, Vol. 14 (1959), S. 473–492.

von Böhm-Bawerk, Eugen, Kapital und Kapitalzins. 2. Abt.: Positive Theorie des Kapitales. 4., unveränd. Aufl., Jena 1921.

Börner, Dietrich, Die Bedeutung von Finanzierungsregeln für die betriebswirtschaftliche Kapitaltheorie. In: ZfB, Jg. 37 (1967), S. 341–353.

Borch, Karl H., Wirtschaftliches Verhalten bei Unsicherheit. Wien–München 1969.

Boulding, K[enneth] E., The Theory of a Single Investment. In: The Quarterly Journal of Economics, Vol. 49 (1934/35), S. 475–495.

–, Time and Investment. In: Economica, New Series, Vol. 3 (1936), S. 196–220.

–, Economic Analysis. Revised edition, New York 1948.

–, Implications for General Economics of More Realistic Theories of the Firm. In: The American Economic Review, Vol. 42 (1952), Papers and Proceedings, S. 35–44.

–, The Present Position of the Theory of the Firm. In: Linear Programming and the Theory of the Firm, edited by Kenneth E. Boulding, W. Allen Spivey. New York 1960, S. 1–17.

Brede, Helmut, Die wirtschaftliche Beurteilung von Verwaltungsentscheidungen in der Unternehmung. Köln–Opladen 1968.

Brown, E. Cary, Business-Income Taxation and Investment Incentives. In: Income, Employment and Public Policy. Essays in Honor of Alvin H. Hansen, New York 1948; wiederabgedruckt in: Readings in the Economics of Taxation. London 1959, S. 525–537.

Buchner, Robert, Das Problem der Kapazitätsausweitung durch laufende Reinvestition in Höhe des Abschreibungsaufwandes. Diss. Frankfurt 1960.

Büschgen, Hans E., Wertpapieranalyse. Stuttgart 1966.

–, Zum Problem optimaler Selbstfinanzierungspolitik in betriebswirtschaftlicher Sicht. In: ZfB, Jg. 38 (1968), S. 305–328.

Busse von Colbe, Walther, Substanzerhaltung. In: Handwörterbuch der Betriebswirtschaft. 3. Aufl., Bd. 3, Stuttgart 1960, Sp. 5310–5321.

–, Die Planung der Betriebsgröße. Wiesbaden 1964.

–, Aufbau und Informationsgehalt von Kapitalflußrechnungen. In: ZfB, Jg. 36 (1966), 1. Ergänzungsheft, S. 82–114.

Canning, John B., The Economics of Accountancy. New York 1929.

Carleton, Willard T., siehe Lerner, Eugene M.

Carlson, Sune, A Study on the Pure Theory of Production. Stockholm 1939, reprinted New York 1956.

Chapiro, Jorge, siehe Bertoletti, Mario.

Charnes, A.; Cooper, W. W., Chance-Constrained Programming. In: Management Science, Vol. 6 (1960), S. 73–79.

–, Management Models and Industrial Applications of Linear Programming. Vol. I, New York – London 1961.

–, Deterministic Equivalents for Optimizing and Satisficing under Chance Constraints. In: Operations Research, Vol. 11 (1963), S. 18–39.

Charnes, A.; Cooper, W. W.; Miller, M. H., Application of Linear Programming to Financial Budgeting and the Costing of Funds. In: The Journal of Business, Vol. 32 (1959), S. 20–64; wiederabgedruckt in: The Management of Corporate Capital, edited by Ezra Solomon. 3rd printing, London 1964, S. 229–255.

Charnes, A.; Cooper, W. W.; Symonds, G. H., Cost Horizons and Certainty Equivalents: An Approach to Stochastic Programming of Heating Oil. In: Management Science, Vol. 4 (1958), S. 235–263.

Charnes, A., siehe Thompson, G. L.

Chase, Sam B. Jr., Credit Risk and Credit Rationing: Comment. In: The Quarterly Journal of Economics, Vol. 75 (1961), S. 319–327.

Chipman, John S., The Foundations of Utility. In: Econometrica, Vol. 28 (1960), S. 193–224.

Clarkson, Geoffrey P. E.; Simon, Herbert A., Simulation of Individual and Group Behavior. In: The American Economic Review, Vol. 50 (1960), S. 920–932.

Coenen, Dieter, siehe Krelle, Wilhelm.

Cooper, W. W., siehe Charnes, A.

–, siehe Thompson, G. L.

Crockett, Jean; Friend, Irwin, The Integration of Capital Budgeting and Stock Valuation: Comment. In: The American Economic Review, Vol. 57 (1967), S. 214–220.

Dantzig, George B., Linear Programming under Uncertainty. In: Management Science, Vol. 1 (1955), S. 197–206.

–, On the Significance of Solving Linear Programming Problems with Some Integer Variables. In: Econometrica, Vol. 28 (1960), S. 30–44.

–, Lineare Programmierung und Erweiterungen. Berlin – Heidelberg – New York 1966.

Dean, Joel, Capital Budgeting. 7th printing, New York–London 1964.

Debreu, Gerard, Theory of Value. New York – London 1959.

Deutsch, Paul, Grundfragen der Finanzierung. 2. Aufl., Wiesbaden 1967.

Dinkelbach, Werner, Unternehmerische Entscheidungen bei mehrfacher Zielsetzung. In: ZfB, Jg. 32 (1962), S. 739–747.

Domar, Evsey D.; Musgrave, Richard A., Proportional Income Taxation and Risk-Taking. In: The Quarterly Journal of Economics, Vol. 58 (1943/44), S. 389–422.

Dorfman, Robert, Mathematical, or »Linear«, Programming: A Nonmathematical Exposition. In: The American Economic Review, Vol. 43 (1953), S. 797–825.

Dorfman, Robert; Samuelson, Paul A[nthony]; Solow, Robert M., Linear Programming and Economic Analysis. New York – Toronto – London 1958.

Dorn, W. S., Non-Linear Programming – A Survey. In: Management Science, Vol. 9 (1963), S. 171–208.

Durand, David, The Cost of Capital, Corporation Finance, and the Theory of Investment: Comment. In: The American Economic Review, Vol. 49 (1959), S. 639–655.

Edgeworth, F[rancis] Y[sidro], The Laws of Increasing and Diminishing Returns. In: Papers Relating to Political Economy. London 1925, Bd. 1, S. 61–99.

Edwards, Edgar O., The Effect of Depreciation on the Output-Capital Coefficient of a Firm. In: The Economic Journal, Vol. 65 (1955), S. 654–666.

Ellsberg, Daniel, Risk, Ambiguity, and the Savage Axioms. In: The Quarterly Journal of Economics, Vol. 75 (1961), S. 643–669.

Endres, Walter, Der erzielte und der ausschüttbare Gewinn der Betriebe. Köln–Opladen 1967.

Engelhardt, Werner, Die Finanzierung aus Gewinn im Warenhandelsbetrieb und ihre Einwirkungen auf Betriebsstruktur und Betriebspolitik. Berlin 1960.

Engels, Friedrich; Marx, Karl, Der Briefwechsel zwischen Friedrich Engels und Karl Marx, 1844–1883, herausgegeben von A. Bebel und Ed. Bernstein. Bd. 3, Stuttgart 1913, S. 394–400; abgedruckt auch in: ZfhF, NF, Jg. 10 (1958), S. 222–226.

Evans, Griffith C., Mathematical Introduction to Economics. New York – London 1930.

de Finetti, Bruno, La prévision: ses lois logiques, ses sources subjectives. In: Annales de l'Institut Henri Poincaré, Vol. 7 (1937), S. 1–68.

Fischer, Otfrid, Bankbilanz-Analyse. Meisenheim 1956.

–, Neuere Entwicklungen auf dem Gebiet der Kapitaltheorie. In: ZfbF, Jg. 21 (1969), S. 26–42.

Fishburn, Peter C., Decision and Value Theory. New York–London–Sydney 1964.

Fisher, Irving, The Nature of Capital and Income. New York 1906, reprinted 1965.

–, The Theory of Interest. New York 1930, reprinted 1965.

–, Die Zinstheorie. Ins Deutsche übertragen von Hans Schulz, Jena 1932.

Fisher, Lawrence, Determinants of Risk Premiums on Corporate Bonds. In: The Journal of Political Economy, Vol. 67 (1959), S. 217–237.

Förstner, Karl; Henn, Rudolf, Dynamische Produktionstheorie und Lineare Programmierung. Meisenheim am Glan 1957.

Freimer, Marshall; Gordon, Myron J., Why Bankers Ration Credit. In: The Quarterly Journal of Economics, Vol. 79 (1965), S. 397–416.

Friedman, Milton; Savage, L[eonard] J., The Utility Analysis of Choices Involving Risk. In: The Journal of Political Economy, Vol. 56 (1948), S. 279–304.

–, Savage, L[eonard] J., The expected Utility Hypothesis and the Measurability of Utility. In: The Journal of Political Economy, Vol. 60 (1952), S. 463–474.

Friend, Irwin, siehe Crockett, Jean.

Frisch, Ragnar, On the Notion of Equilibrium and Disequilibrium. In: The Review of Economic Studies, Vol. 3 (1935/36), S. 100–105.

Fromm, G. E.; Goldberg, A., Kommentar zum Versicherungsaufsichtsgesetz und Bundesaufsichtsgesetz. Berlin 1966.

Gabor, André; Pearce, I. F., The Place of Money Capital in the Theory of Production. In: The Quarterly Journal of Economics, Vol. 72 (1958), S. 537–557.

Gäfgen, Gérard, Theorie der wirtschaftlichen Entscheidung. 2. Aufl., Tübingen 1968.

Gerbel, B. M., Rentabilität. Fehlinvestitionen, ihre Ursache und ihre Verhütung. 2. Aufl., Wien 1955.

Gerelli, Emilio, Sulla determinazione della distribuzione temporale della quantità da produrre e della durata di un impiantio produttivo. In: Economia Internazionale, Vol. 10 (1957), S. 647–680.

Goedeke, C. H., Die Bewegung des Erneuerungsfonds und seine Beziehungen zum Tilgungsfonds. In: Zeitschrift für Kleinbahnen, Jg. 20 (1913), S. 302–320.

Goldberg, A., siehe Fromm, G. E.

Goldschmidt, H. O., Financial Planning in Industry. Leiden 1956.

Gomory, Ralph E.; Baumol, William J., Integer Programming and Pricing. In: Econometrica, Vol. 28 (1960), S. 521–550.

Gordon, Myron J., The Investment, Financing, and Valuation of the Corporation. Homewood 1962.

–, Optimal Investment and Financing Policy. In: The Journal of Finance, Vol. 18 (1963), S. 264–272.

–, siehe Freimer, Marshall.

Gordon, R[obert] A[aron], Short-Period Price Determination in Theory and Practice. In: The American Economic Review, Vol. 38 (1948), S. 265–288.

Grant, Eugene L.; Norton, Paul T. Jr., Depreciation. Revised printing, New York 1955.

Grayson jr., C. Jackson, Decisions under Uncertainty, Drilling Decisions by Oil and Gas Operators. Boston 1960.

Gutenberg, Erich, Untersuchungen über die Investitionsentscheidungen industrieller Unternehmen. Köln–Opladen 1959.

–, Grundlagen der Betriebswirtschaftslehre. Bd. I, Die Produktion. 14. Aufl., Berlin–Heidelberg–New York 1968.

–, Grundlagen der Betriebswirtschaftslehre. Bd. III, Die Finanzen. Berlin–Heidelberg–New York 1969.

Hadley, George, Nichtlineare und dynamische Programmierung. Würzburg–Wien 1969.

Haegert, Lutz, Der Einfluß der Steuern auf das optimale Investitions- und Finanzierungsprogramm. Wiesbaden 1971.

Hagenmüller, Karl Fr[iedrich[, Der Bankbetrieb. Bd. II, Wiesbaden 1964.

Hållsten, Bertil, Investment and Financing Decisions. On Goal Formulation and Model Building. Stockholm 1966.

Hammarskjöld, Dag, Utkast till en algebraisk metod för dynamisk prisanalys. In: Ekonomisk Tidskrift, Årgang 34 (1932), S. 157–176.

Hansen, Palle, The Accounting Concept of Profit. København–Amsterdam 1962.

Hanssmann, Fred, Operations Research Techniques for Capital Investment. New York–London – Sydney 1968.

Hart, Albert Gailord, Imputation and the Demand for Productive Resources in Disequilibrium. In: Explorations in Economics. Notes and Essays Contributed in Honor of F. W. Taussig. New York – London 1936, S. 264–271.

–, Anticipations, Uncertainty, and Dynamic Planning. Chicago 1940, reprinted New York 1951.

Hasenack, W[ilhelm], Die Anlagenabschreibung im Wertumlauf der Betriebe und die Sicherung der Wirtschaft. In: ZfB, Jg. 15 (1938), S. 113–144.

Hax, Herbert, Rentabilitätsmaximierung als unternehmerische Zielsetzung. In: ZfhF, NF, Jg. 15 (1963), S. 337–344.

–, Investitions- und Finanzplanung mit Hilfe der linearen Programmierung. In: ZfbF, Jg. 16 (1964), S. 430–446.

–, Kostenbewertung mit Hilfe der mathematischen Programmierung. In: ZfB, Jg. 35 (1965), S. 197–210.

–, Bewertungsprobleme bei der Formulierung von Zielfunktionen für Entscheidungsmodelle. In: ZfbF, Jg. 19 (1967), S. 749–761.

–, Investitionstheorie. Würzburg–Wien 1970.

Hax, Herbert, Laux, Helmut, Flexible Planung – Verfahrensregeln und Entscheidungsmodelle für die Planung bei Ungewißheit. In: ZfbF, Jg. 24 (1972), S. 318–340.

Hax, Karl, Die Substanzerhaltung der Betriebe. Köln–Opladen 1957.

–, Buchbesprechung zu Beckmann, L[iesel], Die betriebswirtschaftliche Finanzierung. 2. Aufl. In: ZfhF, NF, Jg. 9 (1957), S. 408–411.

–, Die Bedeutung von Abschreibungs- und Investitionspolitik für das Wachstum industrieller Unternehmungen. In: Industriebetrieb und industrielles Rechnungswesen, Festschrift für Erwin Geldmacher. Köln–Opladen 1961, S. 9–36.

–, Probleme der Aktienfinanzierung unter dem Einfluß des gespaltenen Körperschaftsteuer-Satzes. In: ZfhF, NF, Jg. 15 (1963), S. 49–64.

–, Langfristige Finanz- und Investitionsentscheidungen. In: Handbuch der Wirtschaftswissenschaften, Bd. 1, herausgegeben von Karl Hax, Theodor Wessels. 2. Aufl., Köln–Opladen 1966, S. 399–489.

–, Unternehmensplanung und gesamtwirtschaftliche Planung als Instrumente elastischer Wirtschaftsführung. In: ZfbF, Jg. 18 (1966), S. 447–465.

Heinen, Edmund, Das Zielsystem der Unternehmung. Wiesbaden 1966.

–, Das Kapital in der betriebswirtschaftlichen Kostentheorie. Wiesbaden 1966.

Heller, Walter W., The Anatomy of Investment Decisions. In: Harvard Business Review, Vol. 29 (1951), No. 2, S. 95–103.

Hempstead, Jean C., siehe Marston, Anson.

Henn, Rudolf, siehe Förstner, Karl.

Hicks, J[ohn] R[ichard], Maintaining Capital Intact: A Further Suggestion. In: Economica, New Series, Vol. 9 (1942), S. 174–179.

–, Value and Capital. 2nd edition, Oxford 1946, reprinted 1965.

Hirshleifer, J[ack], On the Theory of Optimal Investment Decision. In: The Journal of Political Economy, Vol. 66 (1958), S. 329–352; wiederabgedruckt in: The Management of Corporate Capital, edited by Ezra Solomon. 3rd printing, London 1964, S. 205–228.

–, The Firm's Cost Function: A Successful Reconstruction? In: The Journal of Business, Vol. 35 (1962), S. 235–255.

–, Investment Decision under Uncertainty: Choice-Theoretic Approaches. In: The Quarterly Journal of Economics, Vol. 79 (1965), S. 509–536.

–, Investment Decision under Uncertainty: Applications of the State-Preference Approach. In: The Quarterly Journal of Economics, Vol. 80 (1966), S. 252–277.

–, Investment, Interest, and Capital. Englewood Cliffs 1970.

Hodgman, Donald R., Credit Risk and Credit Rationing. In: The Quarterly Journal of Economics, Vol. 74 (1960), S. 258–278.

–, Reply. In: The Quarterly Journal of Economics, Vol. 76 (1962), S. 488–493.

Hohn, Franz E., siehe Modigliani, Franco.

Honko, Jaakko, Yrityksen vuositulos. The Annual Income of an Enterprise and Its Determination. A Study from the Standpoint of Accounting and Economics, Summary. Helsinki 1959.

Hood, Wm. C., Some Aspects of the Treatment of Time in Economic Theory. In: The Canadian Journal of Economics and Political Science, Vol. 14 (1948), S. 453–468.

Hotelling, Harold, A General Mathematical Theory of Depreciation. In: The Journal of the American Statistical Association, Vol. 20 (1925), S. 340–353.

Ijiri, Yuji, Management Goals and Accounting for Control. Amsterdam 1965.

Ijiri, Y.; Levy, F. K.; Lyon, R. C., A Linear Programming Model for Budgeting and Financial Planning. In: The Journal of Accounting Research, Vol. 1 (1963), S. 198–212.

Jacob, Herbert, Investitionsplanung auf der Grundlage linearer Optimierung. In: ZfB, Jg. 32 (1962), S. 651–655.

–, Neuere Entwicklungen in der Investitionsrechnung. In: ZfB, Jg. 34 (1964), S. 487–507, 551–594.

–, Flexibilitätsüberlegungen in der Investitionsrechnung. In: ZfB, Jg. 37 (1967), S. 1–34.

Jääskelainen, Veikko, Optimal Financing and Tax Policy of the Corporation. Helsinki 1966.

–, Growth of Earnings and Dividend Distribution Policy. In: The Swedish Journal of Economics, Vol. 69 (1967), S. 184–195.

Jean, William H., On Multiple Rates of Return. In: The Journal of Finance, Vol. 23 (1968), S. 187–191.

Jevons, W. Stanley, Die Theorie der politischen Ökonomie. Ins Deutsche übertragen von Otto Weinberger, Jena 1924.

Johansson, Sven-Erik, Skatt – investering – värdering. Stockholm 1961.

Karlin, Samuel, siehe Arrow, Kenneth J.

Keirstead, B. S., Capital, Interest and Profits. Oxford 1959.

Kern, Werner, Kalkulation mit Opportunitätskosten. In: ZfB, Jg. 35 (1965), S. 133–147.

Keynes, John Maynard, A Treatise on Probability. London 1921, reprinted 1957.

Kilger, W[olfgang], Kritische Werte in der Investitions- und Wirtschaftlichkeitsrechnung. In: ZfB, Jg. 35 (1965), S. 338–353.

–, Zur Kritik am internen Zinsfuß. In: ZfB, Jg. 35 (1965), S. 765–798.

Klahr, Carl N., Multiple Objectives in Mathematical Programming. In: Operations Research, Vol. 6 (1958), S. 849–855.

Knight, Frank H., Risk, Uncertainty, and Profit. Boston–New York 1921, reprinted Chicago 1957.

–, Capital, Time, and the Interest Rate. In: Economica, New Series, Vol. 1 (1934), S. 257–286.

Koch, Helmut, Absatzplanung. In: Handwörterbuch der Sozialwissenschaften, Bd. 1, Stuttgart – Tübingen – Göttingen 1956, S. 15–20.

–, Betriebliche Planung. Wiesbaden 1961.

–, Grundprobleme der Kostenrechnung. Köln–Opladen 1966.

–, Grundlagen der Wirtschaftlichkeitsrechnung. Wiesbaden 1970.

Koopmans, Tjalling C., Analysis of Production as an Efficient Combination of Activities. In: Activity Analysis of Production and Allocation, edited by Tjalling C. Koopmans. New York – London 1951, S. 33–97.

–, Uses of Prices. In: Proceedings of the Conference on Operations Research in Production and Inventory Control, edited by Case Institute of Technology. Cleveland (Ohio) 1954, S. 90–96.

Kosiol, Erich, Modellanalyse als Grundlage unternehmerischer Entscheidungen. In: ZfhF, NF, Jg. 13 (1961), S. 318–334.

Kratsch, Ottomar, Zu einigen Abschreibungsproblemen. In: Wirtschaftswissenschaft, Jg. 5 (1957), S. 551–565.

Krelle, Wilhelm, Unsicherheit und Risiko in der Preisbildung. In: Zeitschrift für die gesamte Staatswissenschaft, Bd. 113 (1957), S. 632–677.

–, Gelöste und ungelöste Probleme der Unternehmensforschung. In: Arbeitsgemeinschaft für Forschung des Landes Nordrhein-Westfalen, Natur-, Ingenieur- und Gesellschaftswissenschaften, Heft 105. Köln–Opladen 1962, S. 7–28.

Krelle, Wilhelm, unter Mitarbeit von Dieter Coenen, Präferenz- und Entscheidungstheorie. Tübingen 1968.

Krelle, Wilhelm; Künzi, Hans Paul, Lineare Programmierung. Zürich 1958.

Krümmel, H[ans] J[acob], Finanzierungsrisiken und Kreditspielraum. In: ZfB, Jg. 36 (1966), 1. Ergänzungsheft, S. 134–157.

Künzi, Hans Paul, siehe Krelle, Wilhelm.

Kuh, Edwin, siehe Meyer, John R.

Kuhn, H. W.; Tucker, A. W., Nonlinear Programming. In: Proceedings of the Second Berkeley Symposium on Mathematical Statistics and Probability, edited by Jerzy Neyman. Berkeley 1951, S. 481–492.

Kurtz, Edwin B., The Science of Valuation and Depreciation. New York 1937.

Lange, Oskar, The Place of Interest in the Theory of Production. In: The Review of Economic Studies, Vol. 3 (1935/36), S. 159–192.

Langen, Heinz, Die Kapazitätsausweitung durch Reinvestition liquider Mittel aus Abschreibungen. Diss. FU Berlin 1952.

Langholm, Odd, Tidshorisonten. Bergen 1964.

Laßmann, Gert, Die Produktionsfunktion und ihre Bedeutung für die betriebswirtschaftliche Kostentheorie. Köln–Opladen 1958.

Laux, Helmut, siehe Hax, Herbert.

Lehmann, Fritz, Rechtsformen und Wirtschaftstypen der privaten Unternehmung. Mannheim 1925.

Lehmann, M[ax] R[udolf], Liquidität und Liquiditätsbilanz. In: Annalen der Betriebswirtschaft, Bd. 1 (1927), S. 329–347, 480–504.

–, Allgemeine Betriebswirtschaftslehre. 3. Aufl., Wiesbaden 1956.

Leontief, Wassily [W.], Interest on Capital and Distribution: A Problem in the Theory of Marginal Productivity, Note. In: The Quarterly Journal of Economics, Vol. 49 (1934/35), S. 147–164.

–, Multiple-Plant Firms: Comment. In: The Quarterly Journal of Economics, Vol. 61 (1947), S. 650 f.

Lerner, Eugene M.; Carleton, Willard T., The Integration of Capital Budgeting and Stock Valuation. In: The American Economic Review, Vol. 54 (1964), S. 683–702.

–, Financing Decisions of the Firm. In: The Journal of Finance, Vol. 21 (1966), S. 202–214.

Levy, F. K., siehe Ijiri, Y.

Lindahl, Erik, The Concept of Income. In: Economic Essays in Honour of Gustav Cassel. London 1933, reprinted 1967, S. 399–407.

–, The Dynamic Approach to Economic Theory. In: Studies in the Theory of Money and Capital. London 1939, 2nd impression 1950, S. 21–136.

–, The Concept of Gains and Losses. In: Festskrift til Frederik Zeuthen. Utgivet af Nationaløkonomisk Forening. Nationaløkonomisk Tidskrift – Beilage zum 96. Band. København 1958, S. 208–219.

Lintner, John, The Cost of Capital and Optimal Financing of Corporate Growth. In: The Journal of Finance, Vol. 18 (1963), S. 292–310.

–, Optimal Dividends and Corporate Growth under Uncertainty. In: The Quarterly Journal of Economics, Vol. 78 (1964), S. 49–95.

Lipfert, Helmut, Optimale Unternehmensfinanzierung. 3. Aufl., Frankfurt 1969.

Little, I. M. D., Higgledy Piggledy Growth. In: Bulletin of the Oxford University Institute of Statistics, Vol. 24 (1962), S. 387–412.

Lohmann, Martin, Der Wirtschaftsplan der Unternehmung. Die kaufmännische Budgetrechnung. 2. Aufl., Berlin – Leipzig – Wien 1930.

–, Abschreibungen, was sie sind und was sie nicht sind. In: Der Wirtschaftsprüfer, Jg. 2 (1949), S. 353–357.

–, Einführung in die Betriebswirtschaftslehre. 4. Aufl., Tübingen 1964.

Lorie, James H.; Savage, Leonard J., Three Problems in Rationing Capital. In: The Journal of Business, Vol. 28 (1955), S. 229–239; wiederabgedruckt in: The Management of Corporate Capital, edited by Ezra Solomon. 3rd printing, London 1964, S. 56–66.

Luce, R. Duncan; Raiffa, Howard, Games and Decisions. New York–London 1957.

Lücke, Wolfgang, Finanzplanung und Finanzkontrolle in der Industrie. Wiesbaden 1965.

Lüder, Klaus, Zur Anwendung neuerer Algorithmen der ganzzahligen linearen Programmierung. In: ZfB, Jg. 39 (1969), S. 405–434.

Lundberg, Erik, Studies in the Theory of Economic Expansion. New York 1937, reprinted 1954.

Lutz, Friedrich [A.] and Vera, The Theory of Investment of the Firm. Princeton (N. J.) 1951.

Lyon, R. C., siehe Ijiri, Y.

Machlup, Fritz, On the Meaning of the Marginal Product. In: Explorations in Economics. Notes and Essays Contributed in Honor of F. W. Taussig. New York – London 1936, S. 250–263.

–, Marginal Analysis and Empirical Research. In: The American Economic Review, Vol. 36 (1946), S. 519–554.

Madansky, Albert, Linear Programming under Uncertainty. In: Recent Advances in Mathematical Programming, edited by Robert L. Graves, Philip Wolfe. New York – San Francisco – Toronto – London 1963, S. 103–110.

Majumdar, Tapas, Behaviourist Cardinalism in Utility Theory. In: Economica, New Series, Vol. 25 (1958), S. 26–33.

Makower, H[elen]; Baumol, William J., The Analogy Between Producer and Consumer Equilibrium Analysis. In: Economica, New Series, Vol. 17 (1950), S. 63–80.

Makower, H[elen]; Marschak, J[acob], Assets Prices and Monetary Theory. In: Economica, New Series, Vol. 5 (1938), S. 261–288.

Malkiel, Burton G., siehe Baumol, William J.

Manne, Alan S., Economic Analysis for Business Decisions. New York – Toronto – London 1961.

Markowitz, Harry M., Portfolio Selection. New York – London 1959.

Marschak, Jakob, Towards an Economic Theory of Organization and Information. In: Decision Processes, edited by R. M. Thrall, C. H. Coombs, R. L. Davis. New York – London 1954, S. 187–220.

Marschak, J[acob], siehe Makower, H[elen].

Marshall, Alfred, Principles of Economics. Vol. I, 2nd edition, London 1891.

–, Principles of Economics. Vol. I, 3rd edition, reprinted New York 1949.

Marston, Anson; Winfrey, Robley; Hempstead, Jean C., Engineering Valuation and Depreciation. 2nd edition, New York – Toronto – London 1953.

Marx, Karl, Das Kapital. Bd. II, Ausgabe Dietz Verlag. Berlin 1957.

–, siehe Engels, Friedrich.

Menger, Karl, Das Unsicherheitsmoment in der Wertlehre: Betrachtungen im Anschluß an das sogenannte Petersburger Spiel. In: Zeitschrift für Nationalökonomie, Bd. 5 (1934), S. 459–485.

Mertens, Peter, Ertragsteuerwirkungen auf die Investitionsfinanzierung – ihre Berücksichtigung in der Investitionsrechnung. In: ZfhF, NF, Jg. 14 (1962), S. 570–588.

–, Simulation. Stuttgart 1969.

Meyer, John R.; Kuh, Edwin, The Investment Decision. Cambridge (Mass.) 1957.

Miller, Merton H., Further Comment. In: The Quarterly Journal of Economics, Vol. 76 (1962), S. 480–488.

–, Discussion [to Lintner]. In: The Journal of Finance, Vol. 18 (1963), S. 313–316.

Miller, Merton H.; Modigliani, Franco, Dividend Policy, Growth, and the Valuation of Shares. In: The Journal of Business, Vol. 34 (1961), S. 411–433.

Miller, M. H., siehe Charnes, A.

Miller, Merton H., siehe Modigliani, Franco.

von Mises, Richard, Wahrscheinlichkeit, Statistik und Wahrheit. 3. Aufl., Wien 1951.

Modigliani, Franco; Hohn, Franz E., Production Planning over Time and the Nature of the Expectation and Planning Horizon. In: Econometrica, Vol. 23 (1955), S. 46–66.

Modigliani, Franco; Miller, Merton H., The Cost of Capital, Corporation Finance, and the Theory of Investment. In: The American Economic Review, Vol. 48 (1958), S. 261–297; wiederabgedruckt in: The Management of Corporate Capital, edited by Ezra Solomon. 3rd printing, London 1964, S. 150–181.

–, Corporate Income Taxes and the Cost of Capital: A Correction. In: The American Economic Review, Vol. 53 (1963), S. 433–443.

Modigliani, Franco, siehe Miller, Merton H.

Montalbano, Michael, siehe Teichroew, Daniel.

Morgenstern, Oskar, Die Theorie der Spiele und des wirtschaftlichen Verhaltens. In: Jahrbuch für Sozialwissenschaft, Bd. 1 (1950), S. 113–139.

Morgenstern, Oskar, siehe von Neumann, John.

Moxter, Adolf, Der Zusammenhang zwischen Vermögensumschichtung und Kapazitätsentwicklung bei veränderlichen Leistungsabgaben von Aggregaten pro Zeiteinheit. In: ZfhF, NF, Jg. 11 (1959), S. 457–473.

–, Die Bestimmung des Kalkulationszinsfußes bei Investitionsentscheidungen. Ein Versuch zur Koordination von Investitions- und Finanzierungslehre. In: ZfhF, NF, Jg. 13 (1961), S. 186–200.

–, Die Bestimmung des optimalen Selbstfinanzierungsgrades unter privatwirtschaftlichem Aspekt. In: Der Betrieb in der Unternehmung, Festschrift für Wilhelm Rieger. Stuttgart 1963, S. 300–317.

–, Lineares Programmieren und betriebswirtschaftliche Kapitaltheorie. In: ZfhF, NF, Jg. 15 (1963), S. 285–309.

–, Präferenzstruktur und Aktivitätsfunktion des Unternehmers. In: ZfbF, Jg. 16 (1964), S. 6–35.

–, Die Grundsätze ordnungsmäßiger Bilanzierung und der Stand der Bilanztheorie. In: ZfbF, Jg. 18 (1966), S. 28–59.

–, Optimaler Verschuldungsgrad und Modigliani-Miller-Theorem. In: Aktuelle Fragen der Unternehmensfinanzierung und Unternehmensbewertung, Festschrift für Kurt Schmaltz. Stuttgart 1970, S. 128–155.

Mülhaupt, Ludwig, Der Bindungsgedanke in der Finanzierungslehre unter besonderer Berücksichtigung der holländischen Finanzierungsliteratur. Wiesbaden 1966.

Müller-Merbach, Heiner, Operations Research. Methoden und Modelle der Optimalplanung. Berlin – Frankfurt 1969.

Münstermann, Hans, Wert und Bewertung der Unternehmung. Wiesbaden 1966.

–, Diskussionsbeitrag auf der Arbeitstagung der Schmalenbach-Gesellschaft in Köln am 1. Juli 1966. In: ZfbF, Jg. 18 (1966), S. 577 f.

Musgrave, Richard A., siehe Domar, Evsey D.

Myers, Steward C., siehe Robichek, Alexander A.

Nachtkamp, Hans Heinrich, Der kurzfristige optimale Angebotspreis der Unternehmen bei Vollkostenkalkulation und unsicheren Nachfrageerwartungen. Tübingen 1969.

Nachtkamp, Hans Heinrich, siehe Schneider, Dieter.

Näslund, Bertil, A Model of Capital Budgeting under Risk. In: The Journal of Business, Vol. 39 (1966), S. 257–271.

Näslund, Bertil; Whinston, Andrew, A Model of Multi-Period Investment under Uncertainty. In: Management Science, Vol. 8 (1962), S. 184–200.

Neubert, Helmut, Anlagenfinanzierung aus Abschreibungen. In: ZfhF, NF, Jg. 3 (1951), S. 367–383, 415–423.

von Neumann, John; Morgenstern, Oskar, Spieltheorie und wirtschaftliches Verhalten. 2., unveränd. Aufl., Würzburg 1967.

Nicklisch, H[einrich], Budgetierung und Rechnungswesen. In: Zeitschrift für Handelswissenschaft und Handelspraxis, Jg. 22 (1929), S. 50–55.

Norton, Paul T. Jr., siehe Grant, Eugene L.

Oettle, Karl, Unternehmerische Finanzpolitik. Stuttgart 1966.

Ohlin, Bertil, A Note on Price Theory with Special Reference to Interdependence and Time. In: Economic Essays in Honour of Gustav Cassel. London 1933, S. 471–477.

Opie, Redvers, Marshall's Time Analysis. In: The Economic Journal, Vol. 41 (1931), S. 199–215.

Orth, Ludwig, Die kurzfristige Finanzplanung industrieller Unternehmungen. Köln–Opladen 1961.

Pack, Ludwig, Betriebliche Investition. Wiesbaden 1959.

–, Maximierung der Rentabilität als preispolitisches Ziel. In: Zur Theorie der Unternehmung, Festschrift zum 65. Geburtstag von Erich Gutenberg, herausgegeben von Helmut Koch. Wiesbaden 1962, S. 73–135.

Papandreou, Andreas G., Some Basic Problems in the Theory of the Firm. In: A Survey of Contemporary Economics, Vol. II, edited by Bernard F. Haley. Homewood (Ill.) 1952, S. 183–219.

Pareto, Vilfredo, Manuel d'Economie Politique. Traduit sur l'édition italienne par Alfred Bonnet. 2ième édition, Paris 1927.

Pearce, I. F., siehe Gabor, André.

Penrose, Edith T[ilton], The Theory of the Growth of the Firm. Oxford 1959, reprinted 1966.

Polak, N. J., Grundzüge der Finanzierung mit Rücksicht auf die Kreditdauer. Berlin – Wien 1926.

Popper, Karl R., Logik der Forschung. 2. Aufl., Tübingen 1966.

Porterfield, James T. S., Investment Decisions and Capital Costs. Englewood Cliffs 1965.

Preinreich, Gabriel A. D., The Economic Life of Industrial Equipment. In: Econometrica, Vol. 8 (1940), S. 12–44.

–, The Mathematical Theory of the Firm. In: Economia Internazionale, Vol. 2 (1949), S. 492–508.

–, Discontinuities in the Theory of the Firm. In: Metroeconomica, Vol. 3 (1951), S. 55–69.

–, Replacement in the Theory of the Firm. In: Metroeconomica, Vol. 5 (1953), S. 68–86.

Preiser, Erich, Der Kapitalbegriff und die neuere Theorie. In: Die Unternehmung im Markt. Festschrift für Wilhelm Rieger. Stuttgart–Köln 1953, S. 14–38.

Quandt, Richard E., siehe Baumol, William J.

Raiffa, Howard, Risk, Ambiguity, and the Savage Axioms: Comment. In: The Quarterly Journal of Economics, Vol. 75 (1961), S. 690–694.

Raiffa, Howard, siehe Luce, R. Duncan.

Ramsey, Frank Plumpton, Truth and Probability. In: The Foundations of Mathematics and other Logical Essays, edited by R. B. Braithwaite. New York 1931, 2nd impression 1950, S. 156–198.

Raymond, F. E., siehe Vorlander, H. O.

Rehberg, Jürgen, Wert und Kosten von Informationen. Frankfurt 1973.

Richter, Marcel K., Cardinal Utility, Portfolio Selection and Taxation. In: The Review of Economic Studies, Vol. 27 (1959/60), S. 152–166.

Riebel, Paul, Die Problematik der Normung von Abschreibungen. In: Der Betrieb, Jg. 13 (1960), S. 729–734.

Rieger, Wilhelm, Einführung in die Privatwirtschaftslehre. 3. unveränd. Aufl., Erlangen 1964.

Rieznik, Horacio, siehe Bertoletti, Mario.

Rittershausen, Heinrich, Industrielle Finanzierungen. Wiesbaden 1964.

–, Die kurzfristigen Finanzdispositionen. In: Handbuch der Wirtschaftswissenschaften, Bd. 1, herausgegeben von Karl Hax, Theodor Wessels. 2. Aufl., Köln–Opladen 1966, S. 343–397.

Robbins, Lionel, Remarks upon Certain Aspects of the Theory of Costs. In: The Economic Journal, Vol. 44 (1934), S. 1–18.

Robichek, Alexander A.; Myers, Stewart C., Optimal Financing Decisions. Englewood Cliffs 1965.

Roblchek, Alexander A., siehe Teichroew, Daniel.

Rødseth, T., Allokering av kapital. Bergen 1961.

Roos, Charles F., The Problem of Depreciation in the Calculus of Variations. In: Bulletin of the American Mathematical Society, Vol. 34 (1928), S. 218–228.

–, Dynamic Economics. Bloomington 1934.

Rosenstein-Rodan, P. N., The Rôle of Time in Economic Theory. In: Economica, New Series, Vol. 1 (1934), S. 77–97.

Roy, A. D., Safety First and the Holding of Assets. In: Econometrica, Vol. 20 (1952), S. 431–449.

Ruchti, Hans, Die Bedeutung der Abschreibung für den Betrieb. Berlin 1942.

Rummel, Kurt, Wirtschaftlichkeitsrechnung. In: Wirtschaftlichkeitsrechnung. Grundlagen und

Beispiele für die Eisen schaffende Industrie und verwandte Industriezweige. Düsseldorf 1941, S. 5–16.

Ryder, Harl E. Jr., »Credit Risk and Credit Rationing:« Comment. In: The Quarterly Journal of Economics, Vol. 76 (1962), S. 471–479.

Samuelson, Paul A[nthony], Some Aspects of the Pure Theory of Capital. In: The Quarterly Journal of Economics, Vol. 51 (1936/37), S. 469–496.

–, Foundations of Economic Analysis. Cambridge 1947, 5th printing 1958.

–, Probability, Utility, and the Independence Axiom. In: Econometrica, Vol. 20 (1952), S. 670–678.

–, Tax Deductibility of Economic Depreciation to Insure Invariant Valuations. In: The Journal of Political Economy, Vol. 72 (1964), S. 604–606.

Samuelson, Paul A[nthony], siehe Dorfman, Robert.

Sauermann, Heinz; Selten, Reinhard, Anspruchsanpassungstheorie der Unternehmung. In: Zeitschrift für die gesamte Staatswissenschaft, Bd. 118 (1962), S. 577–597.

Savage, Leonard J., The Foundations of Statistics. New York – London 1954.

Savage, L[eonard] J., siehe Friedman, Milton.

Savage, Leonard J., siehe Lorie, James H.

Schäfer, Erich, Die Unternehmung. 6. Aufl., Köln – Opladen 1966.

Schätzle, Gerhard, Forschung und Entwicklung als unternehmerische Aufgabe. Köln – Opladen 1965.

Schlaifer, Robert, Probability and Statistics for Business Decisions. New York – Toronto – London 1959.

Schmalenbach, E[ugen], Grundlagen dynamischer Bilanzlehre. In: ZfhF, Jg. 13 (1919), S. 1–60, 65–101.

–, Finanzierungen. 6. Aufl., Leipzig 1937.

–, Dynamische Bilanz. 13. Aufl., Köln – Opladen 1962.

–, Die Beteiligungsfinanzierung. 9. Aufl., Köln–Opladen 1966.

Schmidt, Fritz, Die organische Tageswertbilanz. Unveränd. Nachdruck der 3. Aufl. 1929, Wiesbaden 1951.

Schmidt-Sudhoff, Ulrich, Unternehmerziele und unternehmerisches Zielsystem. Wiesbaden 1967.

Schneeweiß, Hans, Entscheidungskriterien bei Risiko. Berlin – Heidelberg – New York 1967.

Schneider, Dieter, Die wirtschaftliche Nutzungsdauer von Anlagegütern als Bestimmungsgrund der Abschreibungen. Köln – Opladen 1961.

–, Bilanzgewinn und ökonomische Theorie. In: ZfhF, NF, Jg. 15 (1963), S. 457–474.

–, »Lernkurven« und ihre Bedeutung für Produktionsplanung und Kostentheorie. In: ZfbF, Jg. 17 (1965), S. 501–515.

–, Die Theorie der Verrechnungspreise heute. In: Liiketaloudellinen Aikakauskirja (The Finnish Journal of Business Economics), Jg. 16 (1967), S. 106–124.

–, Ausschüttungsfähiger Gewinn und das Minimum an Selbstfinanzierung. In: ZfbF, Jg. 20 (1968), S. 1–29.

–, Lohnänderungen und unternehmenspolitische Anpassungsprozesse. In: Lohnpolitik und Einkommensverteilung, herausgegeben von Helmut Arndt. Berlin 1969, S. 232–254.

–, Wie wirkt die Übertragung stiller Reserven nach § 6 b EStG auf den Veräußerungszeitpunkt von Anlagen? In: Der Betrieb, Jg. 22 (1969), S. 581–585.

–, Korrekturen zum Einfluß der Besteuerung auf die Investitionen. In: ZfbF, Jg. 21 (1969), S. 297–325.

–, Die Problematik betriebswirtschaftlicher Teilwertlehren. In: Die Wirtschaftsprüfung, Jg. 22 (1969), S. 305–313.

–, Gewinnermittlung und steuerliche Gerechtigkeit. In: ZfbF, Jg. 23 (1971), S. 352–394.

–, »Flexible Planung als Lösung der Entscheidungsprobleme unter Ungewißheit?« in der Diskussion. In: ZfbF, Jg. 24 (1972), S. 456–476.

–, Anpassungsfähigkeit und Entscheidungsregel unter Ungewißheit. In: ZfbF, Jg. 24 (1972), S. 745–757.

Schneider, Dieter; Nachtkamp, Hans Heinrich, Zwei Beispiele für die preissenkende Wirkung höherer Gewinnsteuern. In: ZfbF, Jg. 22 (1970), S. 499–509.

Schneider, Erich, Der Realismus der Marginalanalyse in der Preistheorie. In: Weltwirtschaftliches Archiv, Bd. 73 (1954 II), S. 38–58.

–, Einführung in die Wirtschaftstheorie. II. Teil, Wirtschaftspläne und wirtschaftliches Gleichgewicht in der Verkehrswirtschaft. 10. Aufl., Tübingen 1965.

–, Kritisches und Positives zur Theorie der Investition. In: Weltwirtschaftliches Archiv, Bd. 98 (1967 I), S. 314–348.

–, Wirtschaftlichkeitsrechnung. Theorie der Investition. 7. Aufl., Tübingen – Zürich 1968.

Schumpeter, Joseph [A.], Theorie der wirtschaftlichen Entwicklung. 5. Aufl., Berlin 1952.

Schwantag, Karl, Eigenkapital als Risikoträger. In: ZfhF, NF, Jg. 15 (1963), S. 218–231.

Schwartz, Eli, Theory of the Capital Structure of the Firm. In: The Journal of Finance, Vol. 14 (1959), S. 18–39.

Schwarz, Horst, Zur Berücksichtigung erfolgssteuerlicher Gesichtspunkte bei Investitionsentscheidungen. In: BFuP, Jg. 14 (1962), S. 135–153, 199–211.

Seelbach, H., Planungsmodelle in der Investitionsrechnung. Würzburg – Wien 1967.

Selten, Reinhard, siehe Sauermann, Heinz.

Shackle, G. L. S., Expectation in Economics. 2nd edition, Cambridge 1952.

Sharpe, William F., Capital Asset Prices: A Theory of Market Equilibrium under Conditions of Risk. In: The Journal of Finance, Vol. 19 (1964), S. 425–442.

Shubik, Martin, Simulation of the Industry and the Firm. In: The American Economic Review, Vol. 50 (1960), S. 908–919.

Simon, Herbert A., Models of Man. New York – London 1957.

–, Theories of Decision-Making in Economics and Behavioral Science. In: The American Economic Review, Vol. 49 (1959), S. 253–283.

Simon, Herbert A., siehe Clarkson, Geoffrey P. E.

Smith, Vernon L., Investment and Production. A Study in the Theory of the Capital-Using Enterprise. Cambridge (Mass.) 1961.

Smithies, Arthur, The Austrian Theory of Capital in Relation to Partial Equilibrium Theory. In: The Quarterly Journal of Economics, Vol. 50 (1935/36), S. 117–150.

Solomon, Ezra, Measuring a Company's Cost of Capital. In: The Journal of Business, Vol. 28 (1955), S. 240–252; wiederabgedruckt in: The Management of Corporate Capital, edited by Ezra Solomon. 3rd printing, London 1964, S. 128–140.

–, The Theory of Financial Management. New York – London 1963.

–, Leverage and the Cost of Capital. In: The Journal of Finance, Vol. 18 (1963), S. 273–279.

Solow, Robert M., siehe Dorfman, Robert.

von Stackelberg, Heinrich, Elemente einer dynamischen Theorie des Kapitals. (Ein Versuch.) In: Archiv für mathematische Wirtschafts- und Sozialforschung, Bd. 7 (1941), S. 8–29, 70–93.

Stigler, George J., The Theory of Price. 15th printing, New York 1965.

Strasser, Helge, Zielbildung und Steuerung der Unternehmung. Wiesbaden 1966.

Strobel, Arno, Die Liquidität. 2. unveränd. Aufl., Stuttgart 1953.

Stützel, Wolfgang, Aktienrechtsreform und Konzentration. In: Die Konzentration in der Wirtschaft. Bd. 2: Ursachen der Konzentration, herausgegeben von Helmut Arndt. Berlin 1960, S. 907–987.

Swoboda, Peter, Die Ermittlung optimaler Investitionsentscheidungen durch Methoden des Operations Research. In: ZfB, Jg. 31 (1961), S. 96–103.

–, Die simultane Planung von Rationalisierungs- und Erweiterungsinvestitionen und von Produktionsprogrammen. In: ZfB, Jg. 35 (1965), S. 148–163.

–, Die Wirkungen von steuerlichen Abschreibungen auf den Kapitalwert von Investitionsprojekten bei unterschiedlichen Finanzierungsformen. In: ZfbF, Jg. 22 (1970), S. 77–86.

–, Finanzierungstheorie. Würzburg–Wien 1973.

Symonds, G. H., siehe Charnes, A.

Taussig, F[rank] W[illiam], Principles of Economics. 3rd revised edition, New York 1924.

Teichmann, Heinz, Die Bestimmung der optimalen Information. In: ZfB, Jg. 41 (1971), S. 745–774.

–, Die optimale Komplexion des Entscheidungskalküls. In: ZfbF, Jg. 24 (1972), S. 519–539.

Teichroew, Daniel; Robichek, Alexander A.; Montalbano, Michael, An Analysis of Criteria for Investment and Financing Decisions under Certainty. In: Management Science, Vol. 12 (1966), S. 151–179.

Terborgh, George, Dynamic Equipment Policy. A Mapi Study, Machinery and Allied Products Institute. New York–Toronto–London 1949.

–, Business Investment Policy. A Mapi Study and Manual, Machinery and Allied Products Institute. Washington 1958.

Thompson, G. L.; Cooper, W. W.; Charnes, A., Characterisations by Chance-Constrained Programming. In: Recent Advances in Mathematical Programming, edited by Robert L. Graves, Philip Wolfe. New York – San Francisco – Toronto – London 1963, S. 113–120.

Tinbergen, J[an], Bestimmung und Deutung von Angebotskurven. Ein Beispiel. In: Zeitschrift für Nationalökonomie, Bd. 1 (1930), S. 669–679.

–, Ein Problem der Dynamik. In: Zeitschrift für Nationalökonomie, Bd. 3 (1932), S. 169–184.

–, The Notions of Horizon and Expectancy in Dynamic Economics. In: Econometrica, Vol. 1 (1933), S. 247–264.

Tintner, Gerhard, Monopoly over Time. In: Econometrica, Vol. 5 (1937), S. 160–170.

–, A Contribution to the Nonstatic Theory of Production. In: Studies in Mathematical Economics and Econometrics. In Memory of Henry Schultz, edited by Oscar Lange, Francis Mc Intyre, Theodore O. Yntema. Chicago 1942, S. 92–109.

–, Stochastic Linear Programming with Applications to Agricultural Economics. In: Proceedings of the Second Symposium in Linear Programming, Vol. 1, edited by H. A. Antosiewicz. Washington 1955, S. 197–228.

Tobin, J[ames], Liquidity Preference as Behavior towards Risk. In: The Review of Economic Studies, Vol. 25 (1957/58), S. 65–86.

–, The Theory of Portfolio Selection. In: The Theory of Interest Rates, edited by F. H. Hahn, F. P. R. Brechling. London 1965, S. 3–51.

Tucker, A. W., siehe Kuhn, H. W.

Vorlander, H. O.; Raymond, F. E., Economic Life of Equipment. In: Transactions of the American Society of Mechanical Engineers, Vol. 54 (1932), Research Papers, S. 29–51.

Vormbaum, Herbert, Die Zielsetzung der beschäftigungsbezogenen Absatzpolitik erwerbswirtschaftlich orientierter Betriebe. In: ZfhF, NF, Jg. 11 (1959), S. 624–636.

–, Das finanzwirtschaftliche Gleichgewicht des Betriebes. In: ZfB, Jg. 32 (1962), S. 65–81.

Wagner, Helmut, Simultane Planung von Investition, Beschäftigung und Finanzierung mit Hilfe der dynamischen Programmierung. In: ZfB, Jg. 37 (1967), S. 709–728.

Walb, Ernst, Die Erfolgsrechnung privater und öffentlicher Betriebe. Berlin – Wien 1926.

–, Unternehmungsgewinn und Betriebsgewinn. In: ZfhF, Jg. 20 (1926), S. 545–559.

Weingartner, H. Martin, Mathematical Programming and the Analysis of Capital Budgeting Problems. Englewood Cliffs 1963, reprinted Chicago 1967.

Welcker, Johannes, Wandelobligationen. In: ZfbF, Jg. 20 (1968), S. 798–838.

Whinston, Andrew, siehe Näslund, Bertil.

Wicksell, Knut, Lectures on Political Economy. Vol. I, General Theory. 6th impression, London 1951.

Winfrey, Robley, siehe Marston, Anson.

Wittgen, Robert, Moderner Kreditverkehr. München 1970.

Wittmann, Waldemar, Unternehmung und unvollkommene Information. Köln – Opladen 1959.

–, Überlegungen zu einer Theorie des Unternehmungswachstums. In: ZfhF, NF, Jg. 13 (1961), S. 493–519.

Wright, C. A., A Note on »Time and Investment«. In: Economica, New Series, Vol. 3 (1936), S. 436–439.

Sachverzeichnis